济南市志

JI NAN SHI ZHI

济南市史志编纂委员会 编

方志出版社

图书在版编目（CIP）数据

济南市志．1，1986—2010/济南市史志编纂委员会编．——北京：方志出版社，2013.7
ISBN 978-7-5144-0931-4

Ⅰ．①济… Ⅱ．①济… Ⅲ．①济南市—地方志—1986—2010 Ⅳ．K295.21

中国版本图书馆 CIP 数据核字（2013）第 170389 号

济南市志（1986—2010）1

编　　者：济南市史志编纂委员会
责任编辑：李志瑜

出 版 者：方 志 出 版 社
（北京市东城区夕照寺 14 号院富瑞苑公寓 6 层）
邮编　100061
网址　http://www.fzph.org
发　　行：方志出版社发行部
（010）67120966-6008
经　　销：新华书店总店北京发行所
法律顾问：北京市大禹律师事务所
设计排版：济南志鉴图文设计制作有限公司
印　　刷：济南黄氏印务有限公司

开　　本：889×1194　　1/16
印　　张：38.5
字　　数：954 千字
版　　次：2013 年 7 月第 1 版　2013 年 7 月第 1 次印刷
印　　数：0001～3000 册

ISBN 978-7-5144-0931-4/K·747　　**定价**：580.00 元

凡　例

一、本志以马列主义、毛泽东思想、邓小平理论、“三个代表”重要思想、科学发展观为指导，力求思想性、资料性、科学性的统一。

二、本志为《济南市志》（1997年版）的续志，为全面记述济南市自然与社会、历史与现状的资料性著述。

三、体裁，以志为主，述、记、传、图、表、录辅之；结构为卷、篇、章、节、目体。

四、时间断限，上起1986年，下至2010年；部分内容有所上溯或下延。

五、区域范围，一般为2010年济南市行政区域；部分内容为当时行政区域。

六、纪年，一般采用公元纪年，视情括注历史纪年。部分贯通古今的内容，民国以前采用历史纪年，视情括注公元纪年；民国以来采用公元纪年。

七、地名、称谓，采用当时的名称。历史地名视情括注今称。

八、行文用字，使用现行的规范简化字；数字使用，遵循《出版物上数字用法的规定》；计量单位，遵循《中华人民共和国法定计量单位》的规定。

九、统计数据，一般采用统计部门的数据；统计部门未有的，采用事业主管部门的数据。

十、所载照片，凡拍摄时间明确者，在其照片说明后括注拍摄时间。

十一、人物传记遵循“生不立传”原则，只收录已故人物，编排以卒年为序。

济南市史志编纂委员会

（2012.2～　　）

名誉主任　王　敏

顾　　问　张福山　诸葛士廉　朱文兴

主　　任　杨鲁豫

第一副主任　巩宪群

副 主 任　李华贤　任建新　陈　荣　刘　民　杜　平　张德萍

崔春荣　凌安中　王宏志　蒋晓光　张　利　李吉祥

委　　员　李会宝　田　庄　陈东生　徐　群　史同伟　刘程华

孙竹兮　尹清忠　岳绍红　王玉玲　贾　杰　朱传东

张树振　李四灵　马军远　王　军　孙元文　崔　刚

济　南　市　志

主　　编　李吉祥

副 主 编　朱佩峰　綦延辉　杜加臣　郭建群

编　　辑（以姓氏笔画为序）

丁爱军　刁文菁　王　炜　王　洋　王　群

代戈红　祁忠举　孙　广　李国宇　杨薇薇

宋高峰　张　阳　张超强　陈　蕾　庞新华

宣　涛　夏　兵　高江娜　郭德芳　董殿勋

景国富　路玉增

济南市史志办公室组成人员

（以到职先后为序）

党组书记 庄虔贵* 王历历* 李吉祥

主　　任 庄虔贵* 袁淑玲* 李吉祥

副 主 任 王历历* 李明亮* 朱佩峰* 綦延辉　杜加臣

巡 视 员 朱佩峰

副巡视员 杜加臣* 郭建群

工作人员 王鲁宁* 杨薇薇　郭德芳　于香萍* 夏　兵　高江娜　高进录*

宣　涛　王　炜　郭建群* 杜加臣* 李国宇　董殿勋　刘兴亮*

刁文菁　李文丽* 路玉增　宋高峰　陈　蕾　丁爱军　张　阳

庞新华　景国富　代戈红　孙　广　王　洋　张超强　王　群

胡健美* 祁忠举　王海峰

注：名单所列组成人员为2005年9月以来的情况。“*”表示离任。

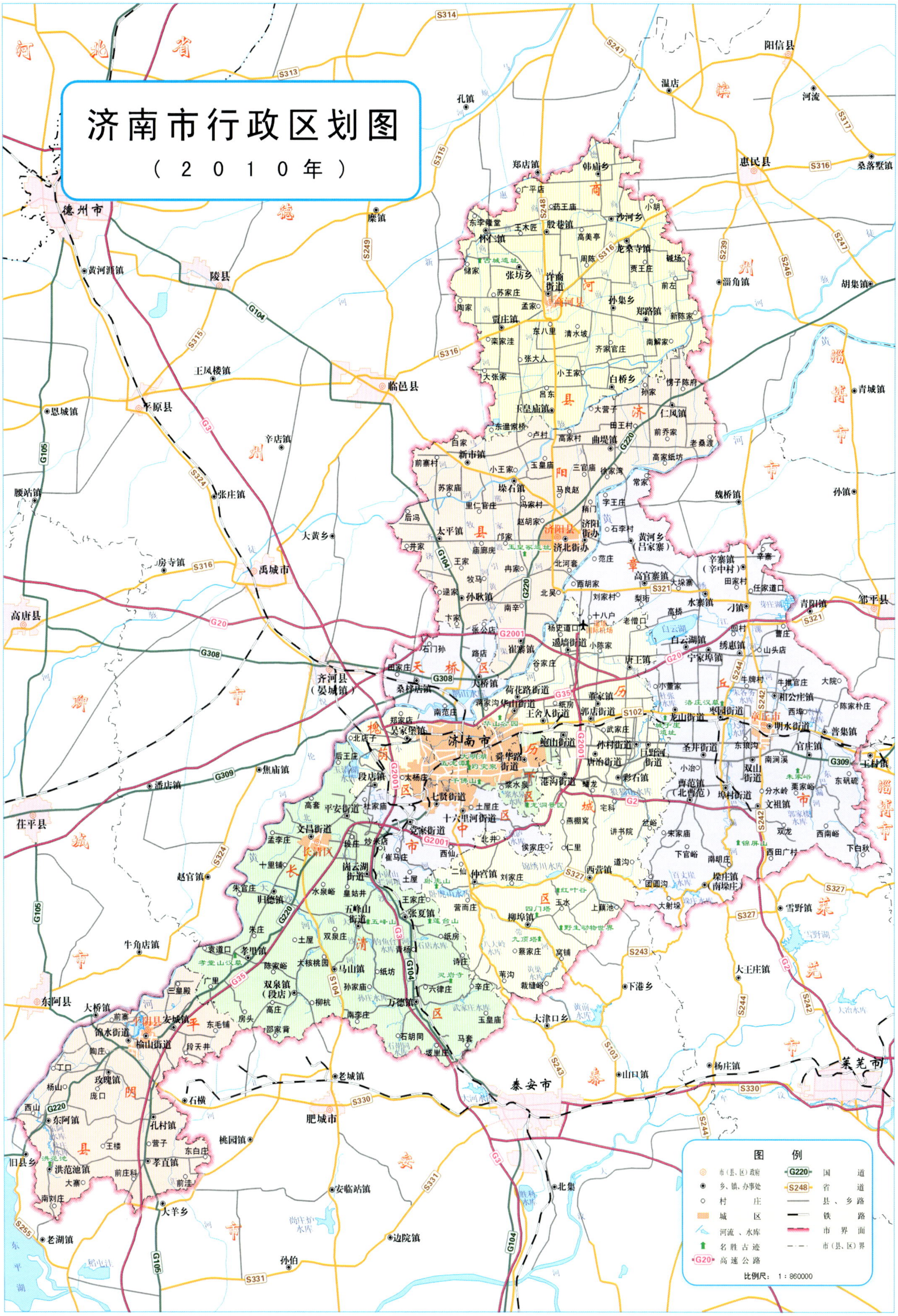

鲁 SG（2013）095 号

济南城区图

（2010年）

天
桥
区
槐
荫
区
市
中
鲁唐庄
郑家店
段家庄
李家寺
小魏庄
新徐庄
丁庄
月牙坝
鹊山西村
太平庄
大鲁庄
小鲁家庄
泺口西村
马家庄
李家庄
新城庄
大杨庄立交桥
周官屯
楚家庄
肖家屯
东沙王庄
洋涓庄
卢家庄
袁家庄
济南动物园
刘家庄
董家庄
北宋家庄
南吴家堡
王炉庄
田家庄
联四村
清河村
彭家庄
匡山庄
黄岗庄
无影山中路
北园立交桥
于家庄
荷香村
大明湖
堤口庄
济南站
孟王庄
大饮马庄
西郊森林公园
老屯
大金庄
小金庄
担山屯
济南西立交桥
段店镇
槐荫区委区政府
刘家庄
段店新村
闫千户
腊山立交桥
段店
大杨庄
腊山新村
宋家庄
西红庙
前周王庄
任家庄
张庄庄
水屯
韩家庄
山四庄
济南南站
前龙窝庄
济南大学（西校区）
双龙庄
七贤庄
郑庄
董庄
大庙屯
黄山店
东风
鸡耳屯
殷家林
殷家林枢纽立交
罗而庄
魏家庄
邵而庄
小白村
九曲庄
北康而庄
南康而庄
分水岭
柏石峪
复兴村
大涧沟
大涧沟立交桥
刘家林
蛮子庄
吴家庄
西仙
市政府
市人大
市政协
市委
市中区委区政府
省委
省政府
八一立交桥
玉函立交桥
泉城公园
济南大学（东校区）
千佛山
英雄山
马鞍山
六里山
七里山
郎茂山
青龙山
卧牛山
大青山
凤凰山
马武寨
万灵山
兴隆山
老虎洞
三王寨
二王寨
元白山
长更山
桃花山
G104

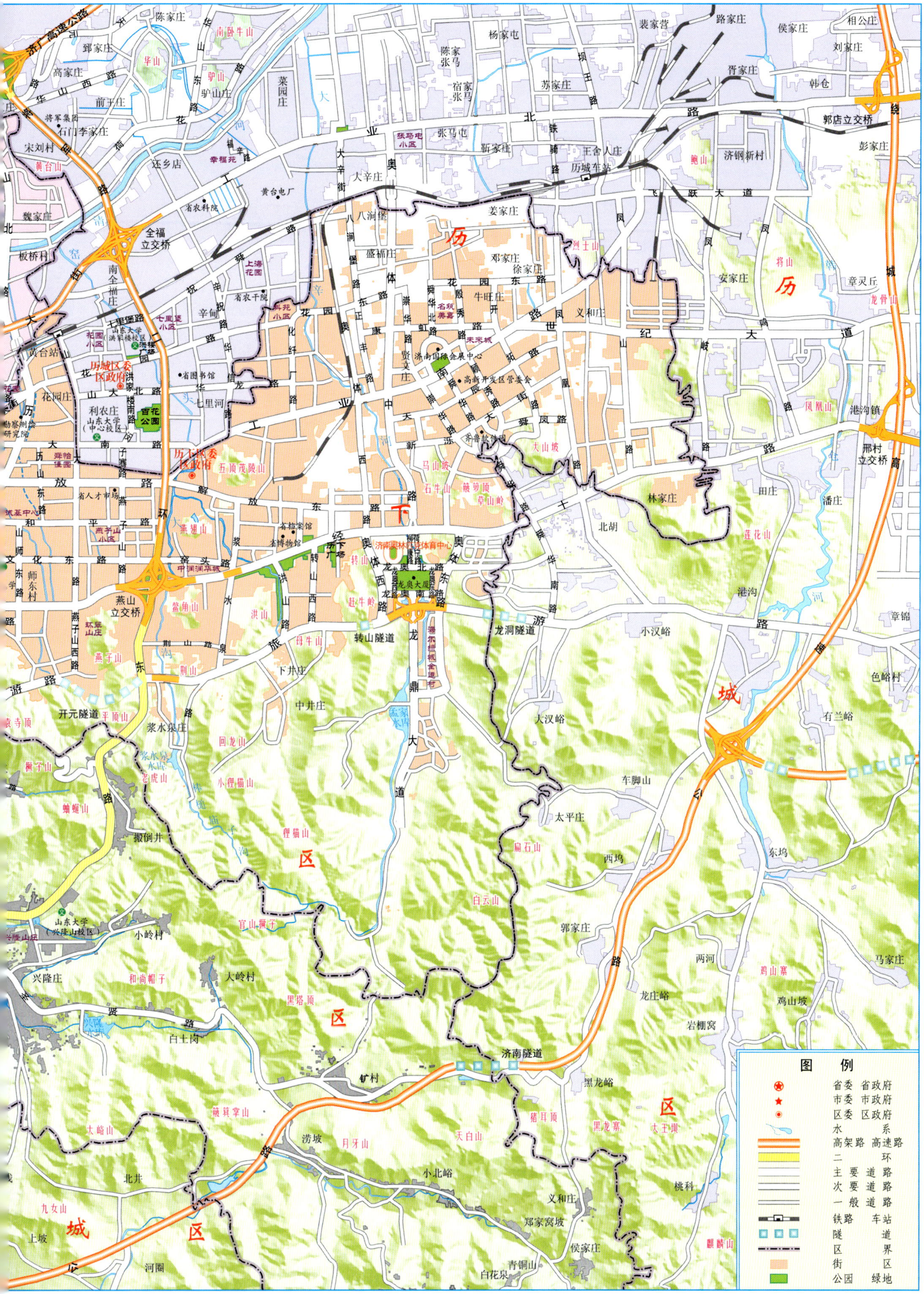

鲁 SG（2013）095 号

济南城区图

（1986年）

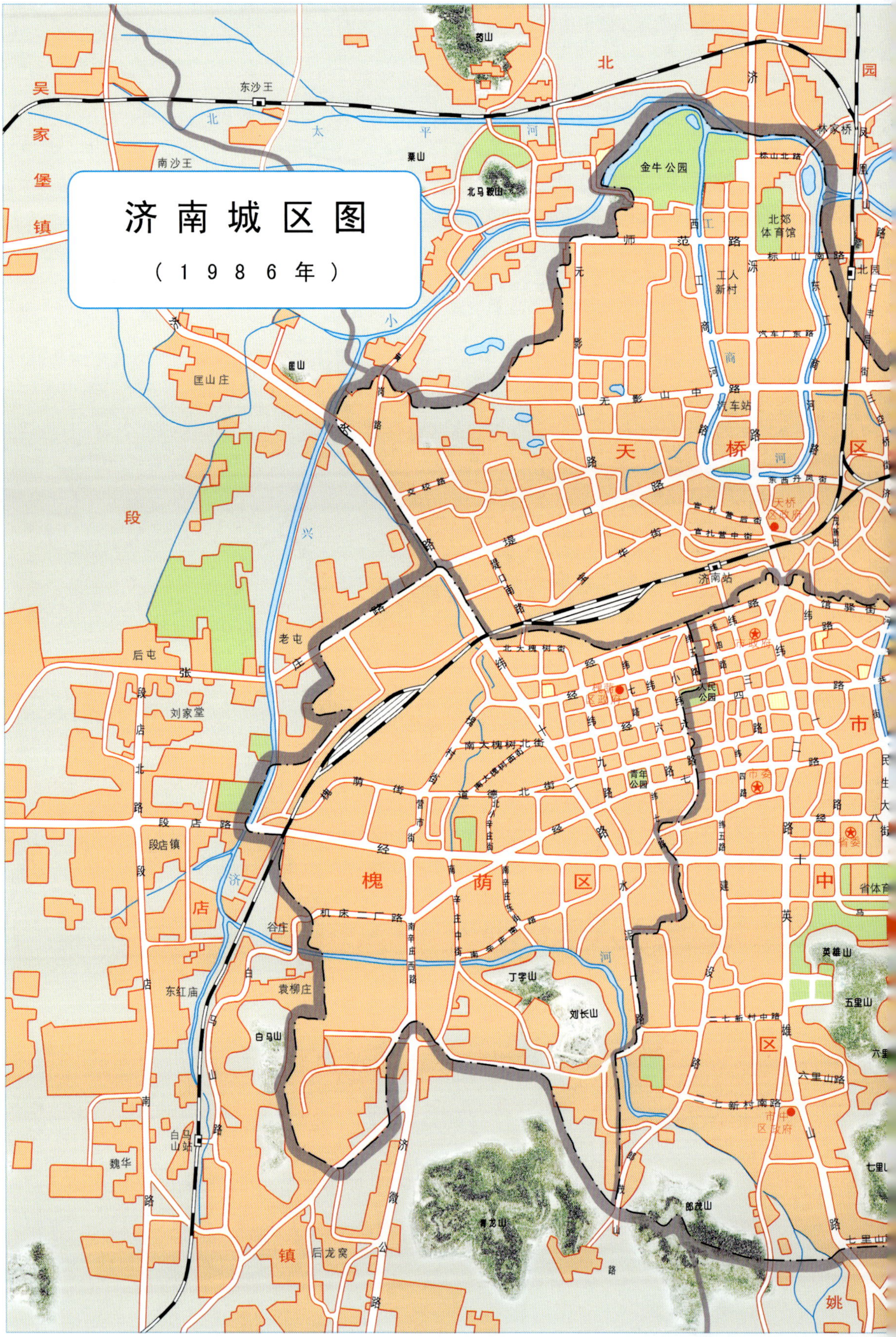

吴家堡镇
东沙王
南沙王
北太平河
粟山
北马鞍山
药山
金牛公园
北园
林家桥
标山北路
北郊体育馆
标山南路
西工商河路
师范路
工人新村
汽车厂东路
无影山中路
汽车站
天桥区
东西丹凤街
天桥区政府
官扎营中街
济南站
小清河
匡山
匡山庄
段店
老屯
后屯
张庄路
刘家堂
段店北路
段店路
段店镇
兴济河
纬二路
纬七路
北大槐树街
南大槐树北街
槐荫街
道德北街
营市街
经七路
槐荫区
槐荫区政府
人民公园
青年公园
市政府
市委
省委
市中区
省体育场
英雄山
五里山
六里山路
七里山
七新村中路
七新村南路
市中区政府
建设路
机床二厂路
南辛庄西路
南辛庄中街
谷庄
袁柳庄
东红庙
丁字山
刘长山
白马山
白马山站
魏华路
济微公路
后龙窝
青龙山
郎茂山
段店镇

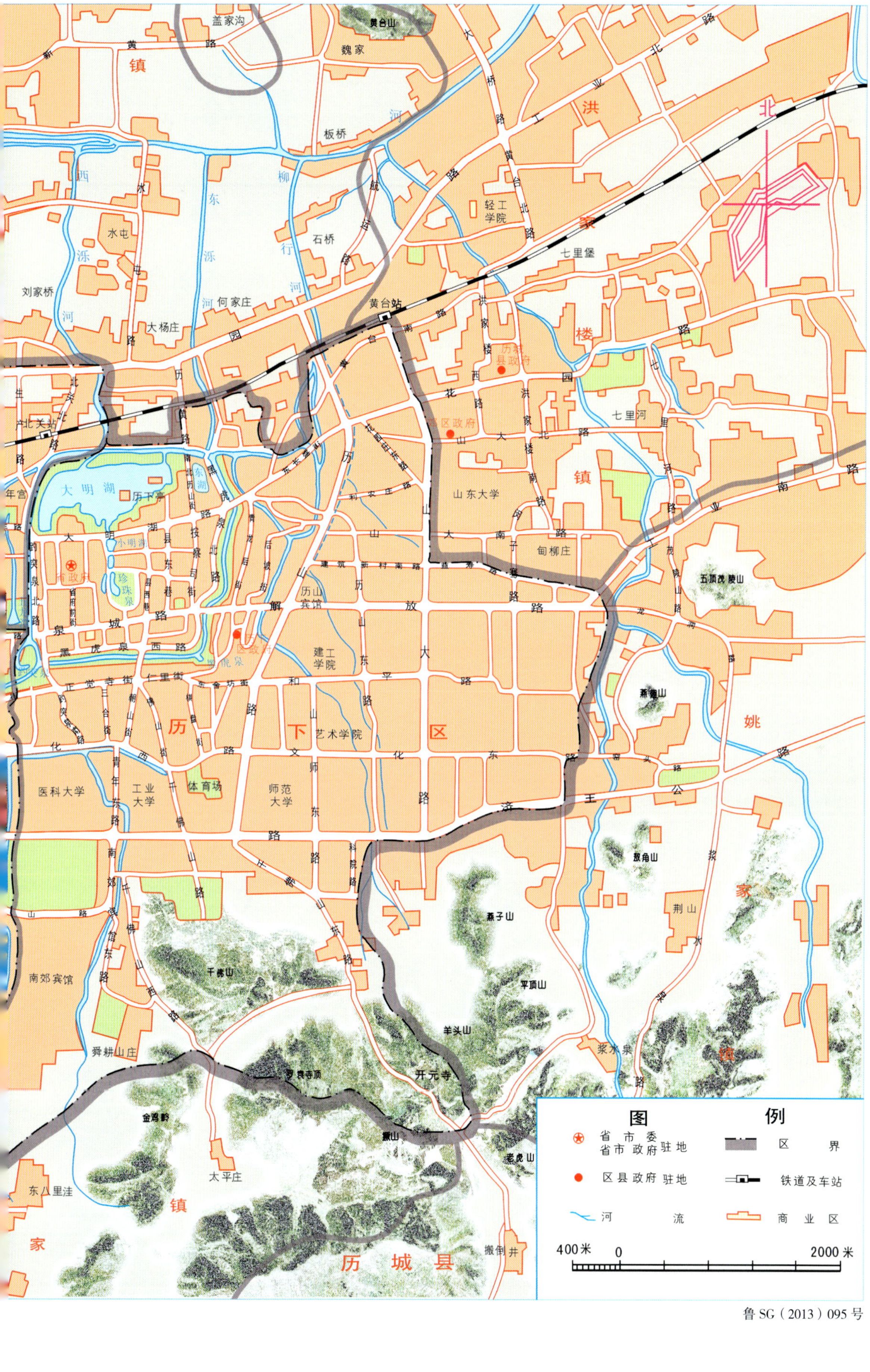

鲁 SG（2013）095 号

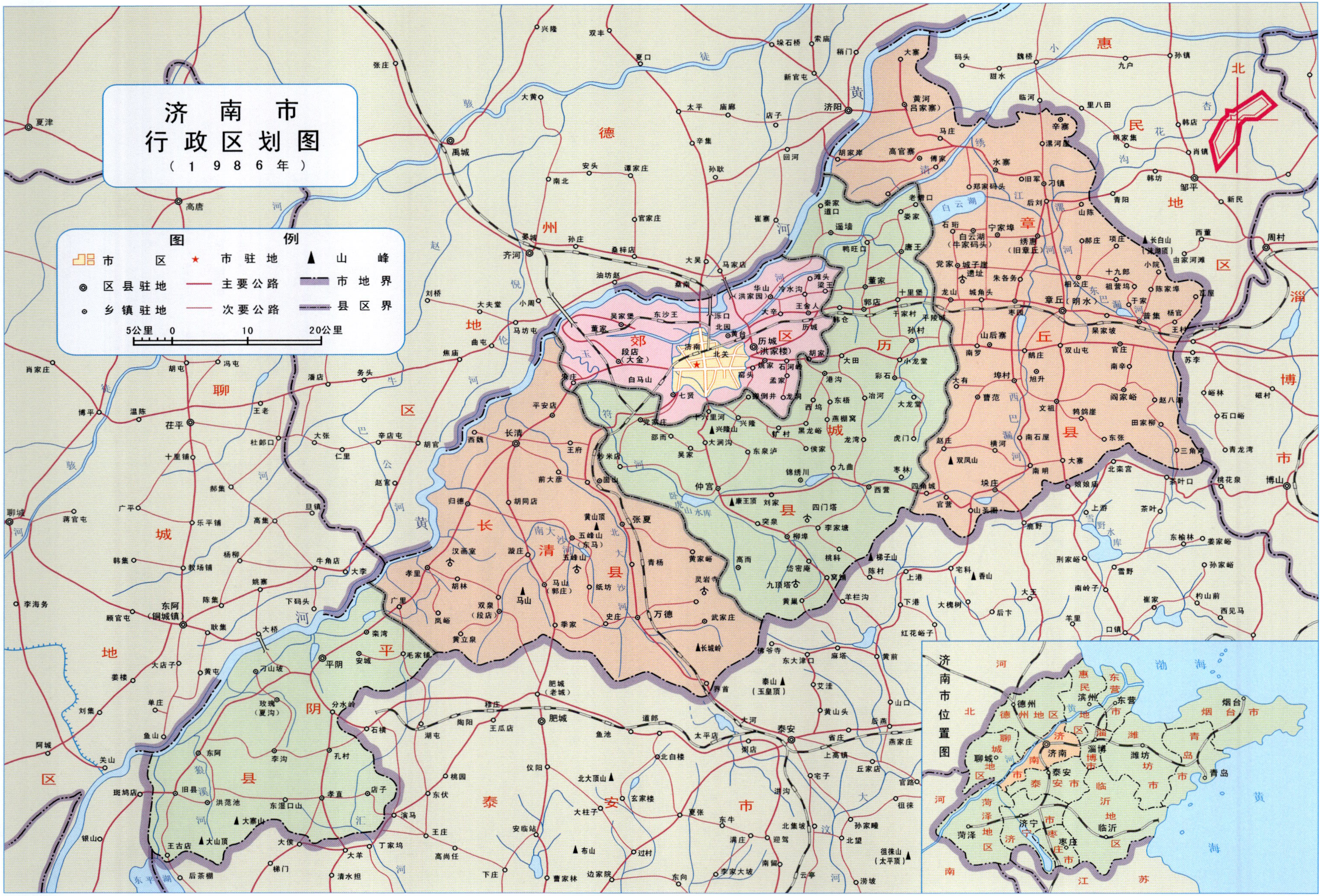

鲁SG（2013）095号

济南市行政区划图

（1990年）

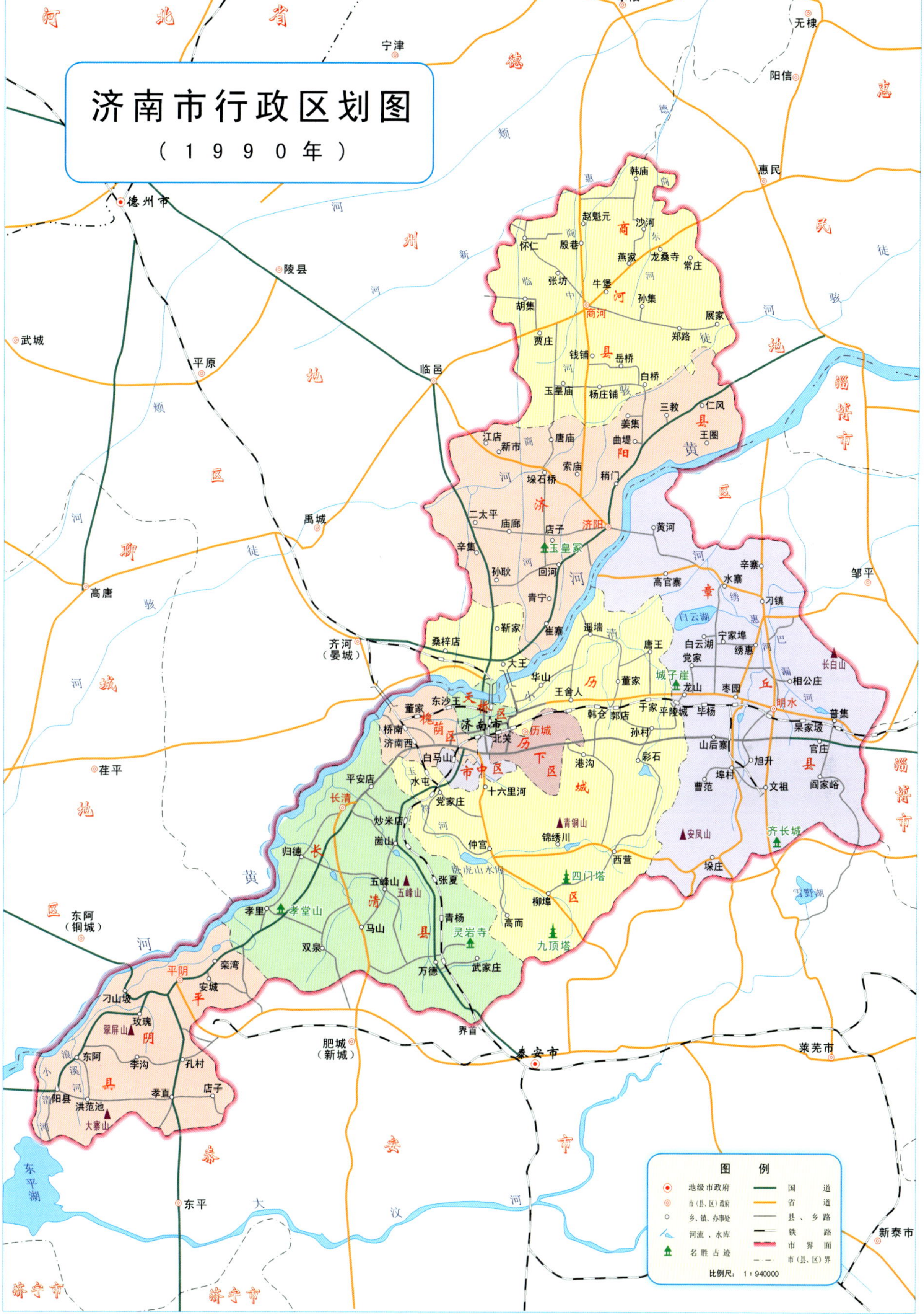

鲁SG（2013）095号

济南市中心城区影像图(2012 年)

鲁 SG（2013）095 号

大明湖鸟瞰（2010 年）

泉城夜景（2008 年）

经十路（2010年）

趵突泉（2007 年）

珍珠泉（2005 年）

百脉泉（2004 年）

黑虎泉（2010 年）

五龙潭（2009 年）

洪范池（2010 年）

灵岩寺（2006年）

千佛山（2009年）

红叶谷（2010年）

护城河（2009 年）

小清河夜景（2010 年）

小清河（2011 年）

发祥巷安居工程（2010 年）

顺河安居工程夜景（2009 年）

健身广场（2010 年）

喜迁新居（2009 年）

BRT 开通（2009 年）

照顾孤寡老人（2010 年）

雨中执勤（2009 年）

交通助学岗（2011 年）

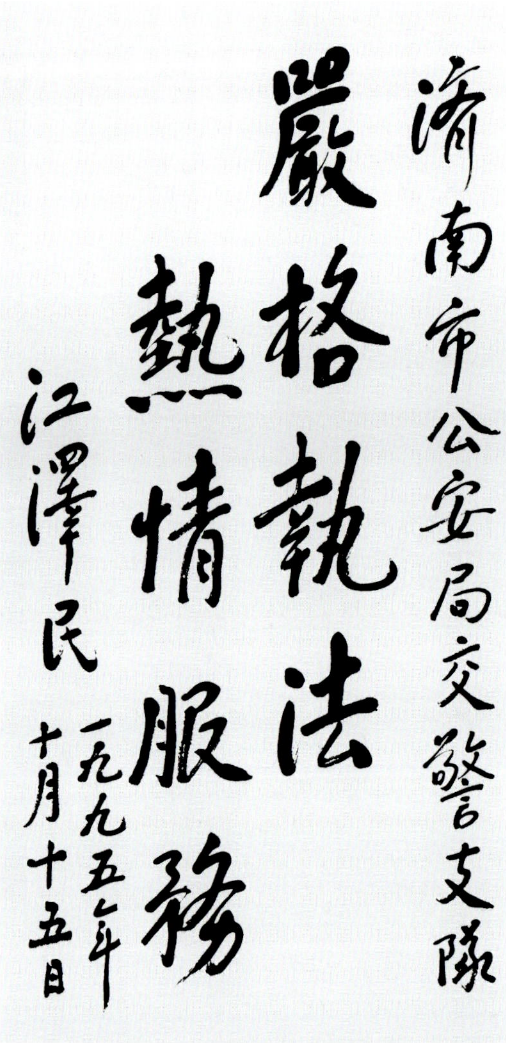

济南交警从大练基本功、执勤规范化入手，内强素质、外树形象，以拼搏和汗水得到社会的肯定与认可，成为全国各界学习的榜样。1995 年 10 月 15 日，江泽民总书记为济南交警支队题词：严格执法，热情服务。

济南民政“爱心大篷车”助老行动中宣传贴心一键通（2011 年）

十分钟生活圈实现居民不出社区就可办理各项事务（2010 年）

济南连续获全国双拥模范城七连冠，图为为驻军培训各类技术骨干和两用人才（2011 年）

“亲情妈妈”在为孤残儿童服务（2011 年）

济南市民政系统坚持围绕中心、服务大局、与时俱进、改革创新，从“大社会”着眼，从“小社会”入手，以“满意在民政”活动为总揽，不断创新民政工作体制机制，推进民政事业又好又快发展，在和谐平安济南建设中发挥了重要的基础性作用。

中华人民共和国第十一届运动会

全运会火炬（2009 年）

全运会山东代表团入场（2009 年）

全运会主场馆——济南奥体中心全景（2009 年）

中华人民共和国第十一届运动会于 2009 年 10 月 16 日在山东举行，主会场设在山东省会——济南，本届全运会适逢共和国成立 60 周年、全运会创办 50 周年之际举办，是 2008 年北京奥运会后对我国竞技体育和群众体育的大检阅，是一次具有特殊重大意义的体育盛会。

全运会场馆夜景（2009 年）

工业持续稳定发展

吉利帝豪轿车生产线（2009 年）

济南二机床铸造有限公司全自动大型快速双臂冲压线（2009 年）

济钢 1700 连铸连轧生产线（2008 年）

高新技术产业迅速提升

济南留学人员创业园（2011 年）

浪潮科技园（2009 年）

齐鲁软件园(2005 年）

农业、农村经济持续发展

科学育种实验田（2009年）

联合收割机械作业（2009年）

卧虎山水库（2008年）

车载式喷雾机防治路林（2008 年）

腊山分洪鸟瞰（2009 年）

第三产业发展水平不断提高

恒隆广场（2011 年）

泉城路商业街（2007 年）

银座购物广场（2010 年）

万达广场（2011 年）

中国工商银行济南分行（2010年）

中国建设银行济南分行（2010年）

舜耕国际会展中心（2010年）

城市功能形象跨越提升

段店立交桥（2011 年）

西部新城（2011 年）

顺河安居工程（2010年）

老城区新貌（2010年）

交通运输快速发展

“齐鲁号”豪华特快列车（2008 年）

济南西客站（2011 年）

济南遥墙国际机场(2010 年)

建邦黄河大桥（2010年）

济青高速零点立交桥（2010年）

文化事业蓬勃发展

济南西藏中学（2010年）

济南大学（2010年）

山东大学（2012年）

山东省科技馆（2010 年）

山东省图书馆（2007 年）

山东博物馆（2011 年）

改革开放　成就辉煌

生产总值（亿元）

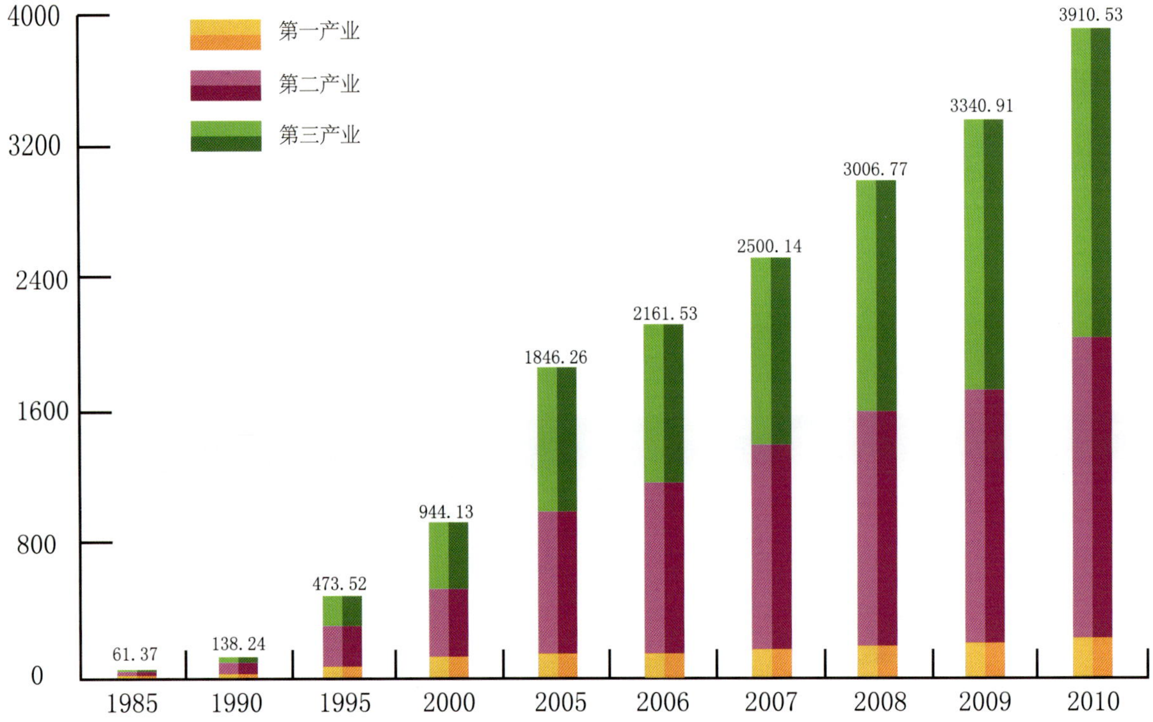

人均生产总值（元）

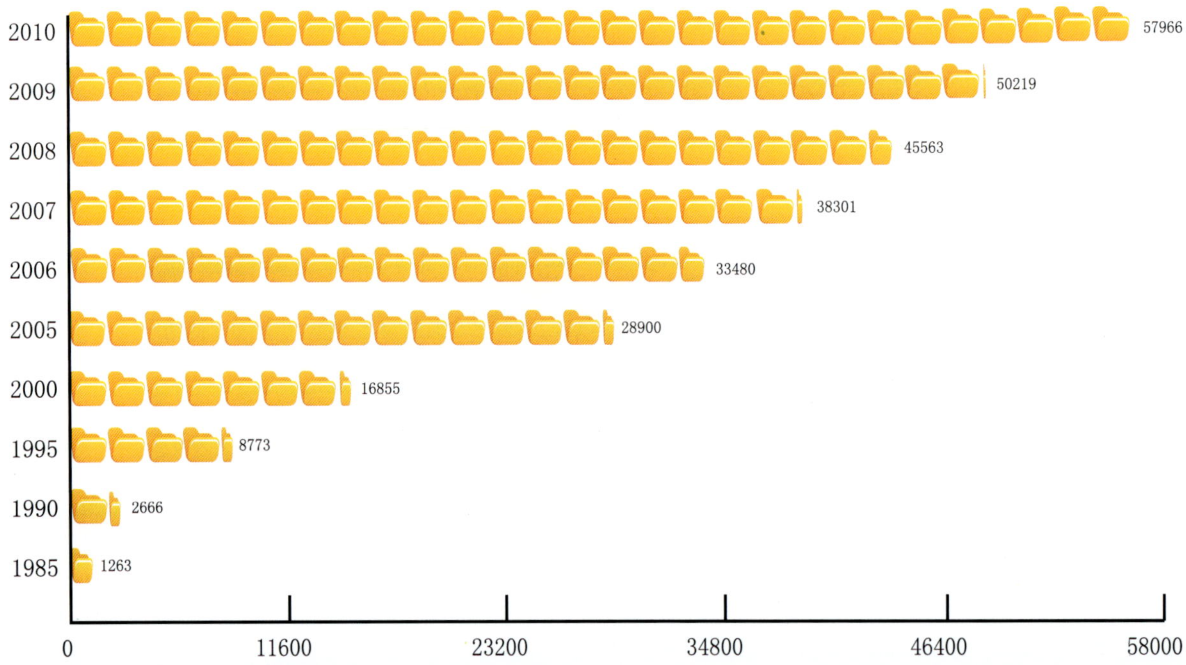

规模以上工业主营业务收入（亿元）

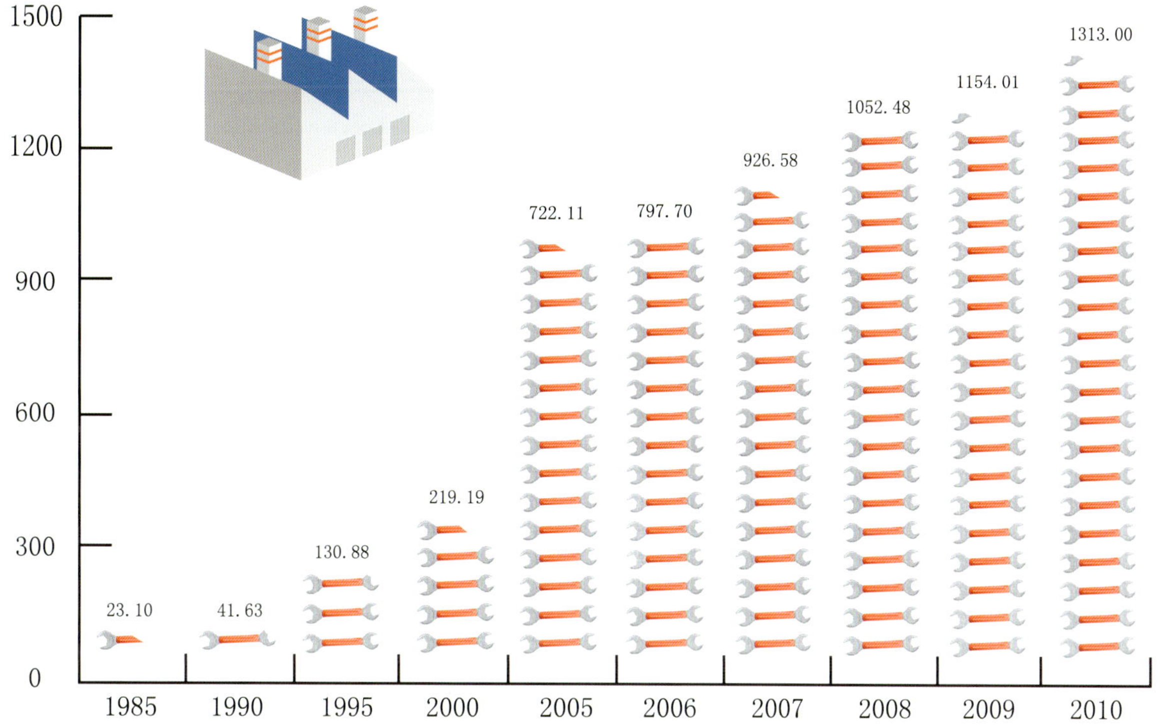

主要工业品产量

钢材（万吨）

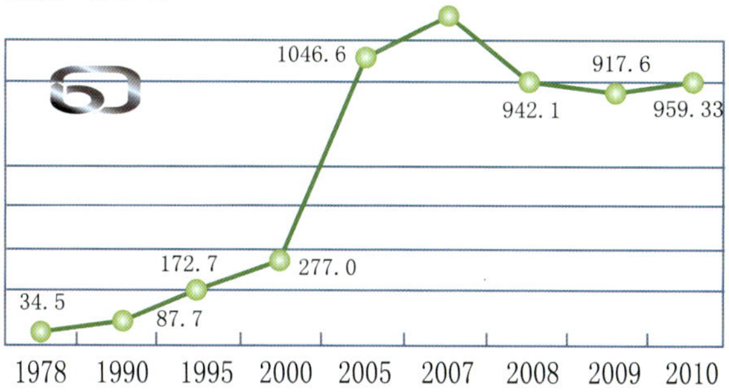

发电量（亿千瓦时）

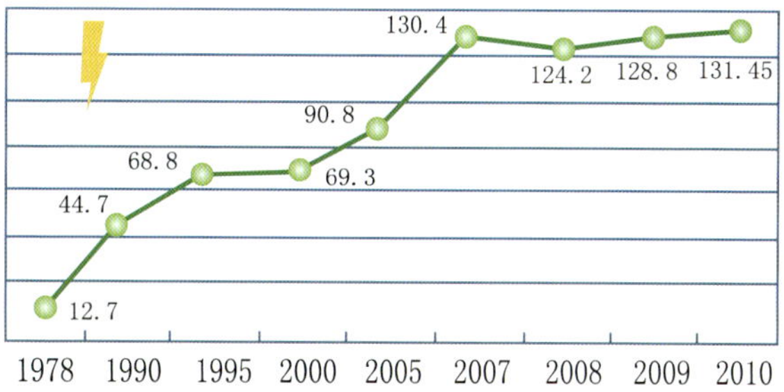

汽车（辆）

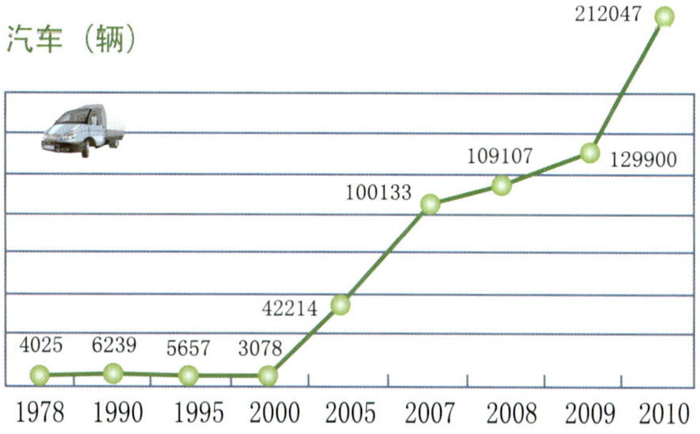

化肥（万吨）

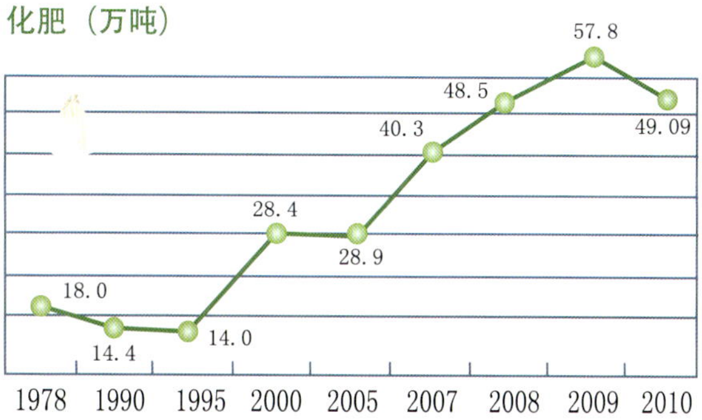

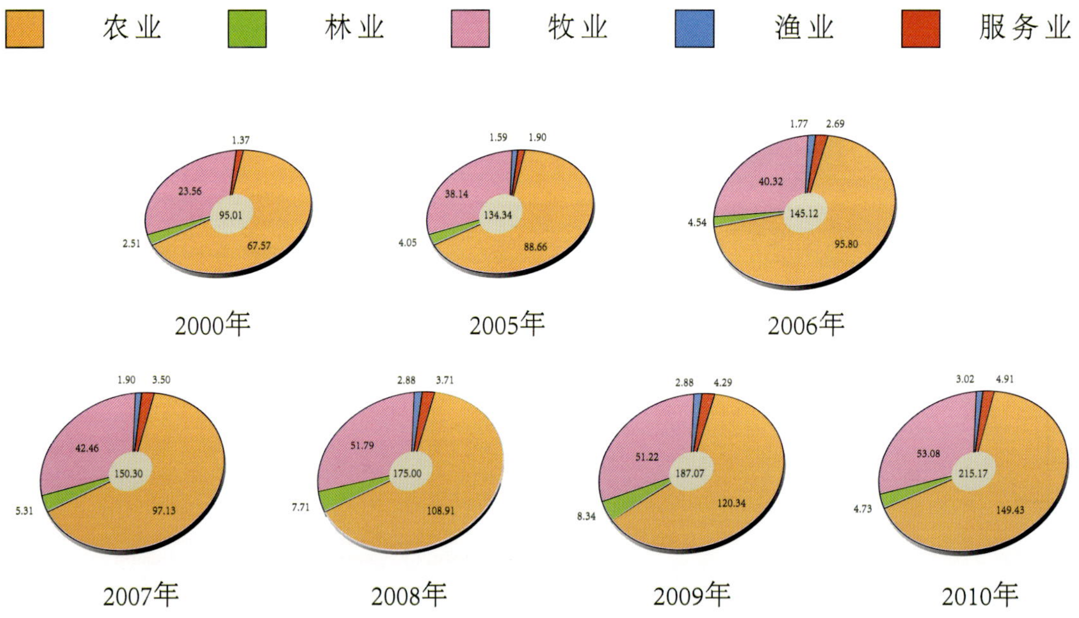
农业
林业
牧业
渔业
服务业
1.37
23.56
95.01
2.51
67.57
2000年
1.59
1.90
38.14
134.34
4.05
88.66
2005年
1.77
2.69
40.32
145.12
4.54
95.80
2006年
1.90
3.50
42.46
150.30
5.31
97.13
2007年
2.88
3.71
51.79
175.00
7.71
108.91
2008年
2.88
4.29
51.22
187.07
8.34
120.34
2009年
3.02
4.91
53.08
215.17
4.73
149.43
2010年

主要农产品产量（万吨）

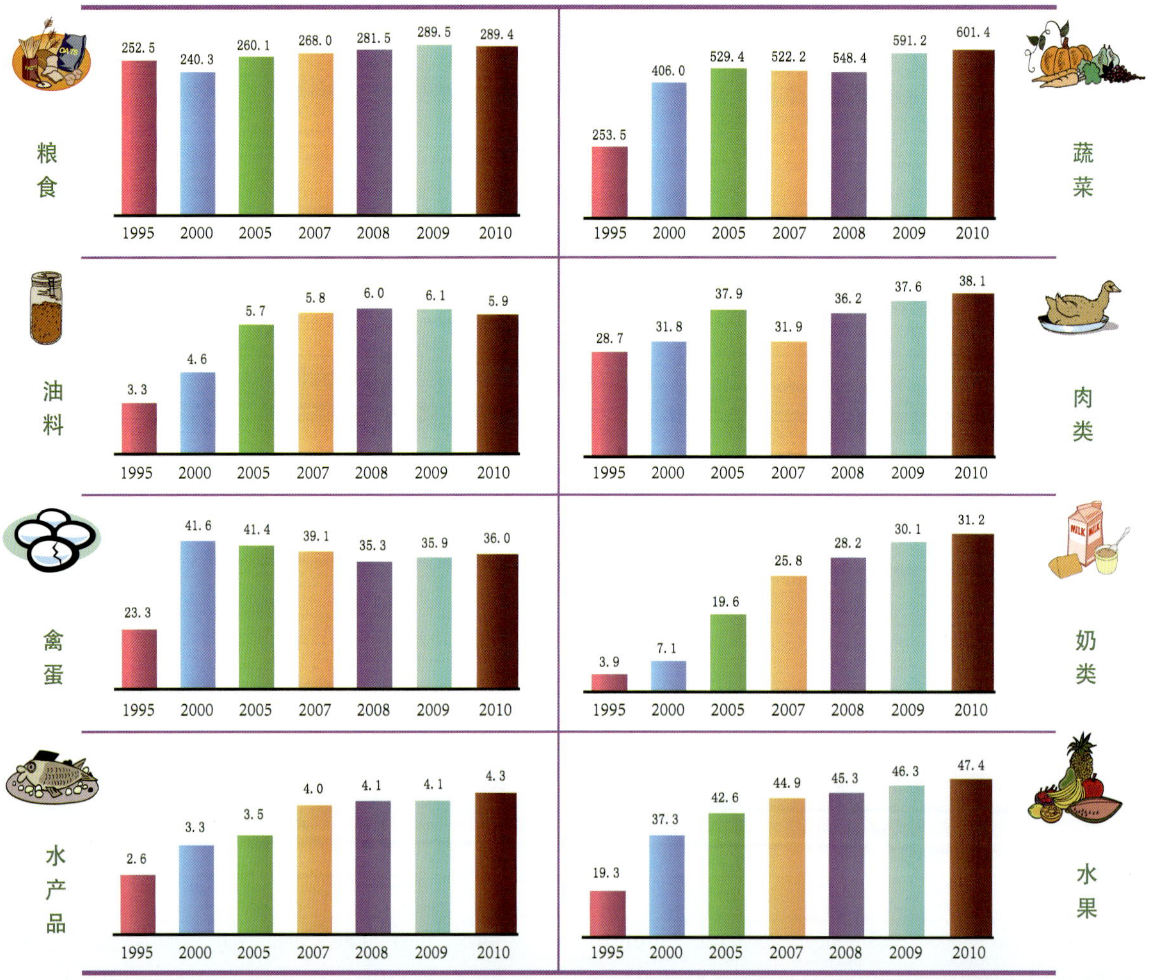
粮食
252.5
240.3
260.1
268.0
281.5
289.5
289.4
1995
2000
2005
2007
2008
2009
2010
蔬菜
253.5
406.0
529.4
522.2
548.4
591.2
601.4
1995
2000
2005
2007
2008
2009
2010
油料
3.3
4.6
5.7
5.8
6.0
6.1
5.9
1995
2000
2005
2007
2008
2009
2010
肉类
28.7
31.8
37.9
31.9
36.2
37.6
38.1
1995
2000
2005
2007
2008
2009
2010
禽蛋
23.3
41.6
41.4
39.1
35.3
35.9
36.0
1995
2000
2005
2007
2008
2009
2010
奶类
3.9
7.1
19.6
25.8
28.2
30.1
31.2
1995
2000
2005
2007
2008
2009
2010
水产品
2.6
3.3
3.5
4.0
4.1
4.1
4.3
1995
2000
2005
2007
2008
2009
2010
水果
19.3
37.3
42.6
44.9
45.3
46.3
47.4
1995
2000
2005
2007
2008
2009
2010

社会消费品零售总额及构成（亿元）

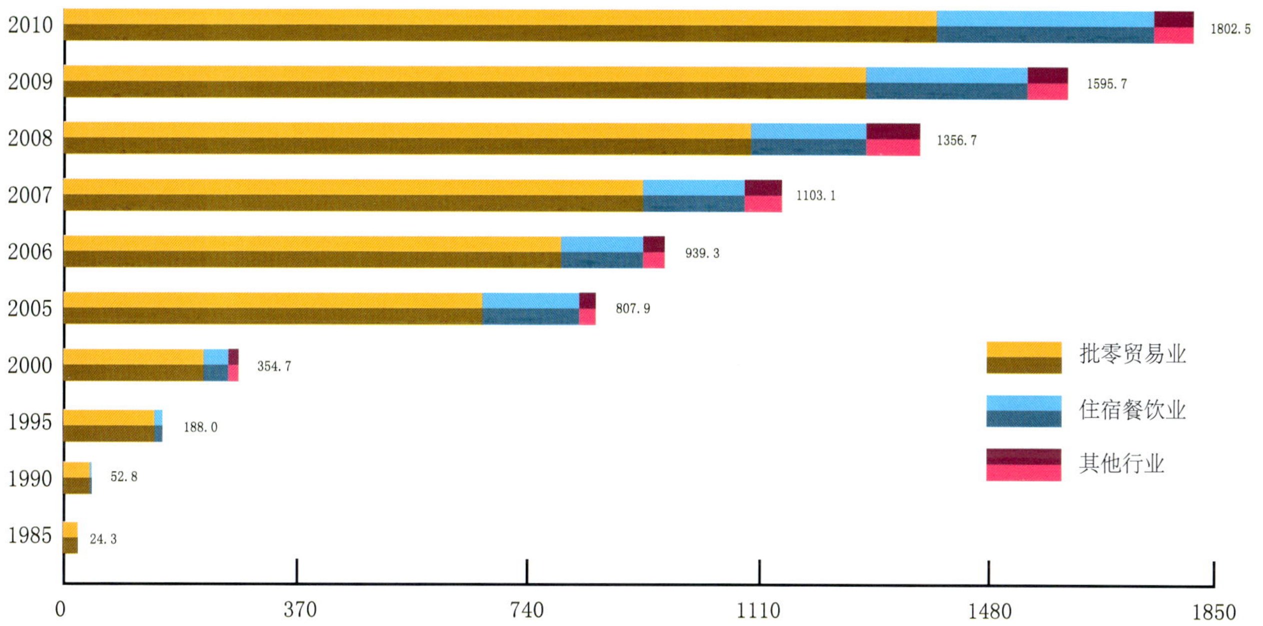

客运量（万人）

铁路

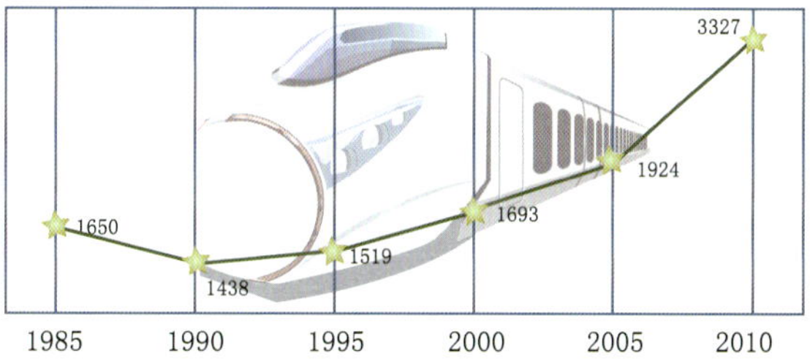

公路

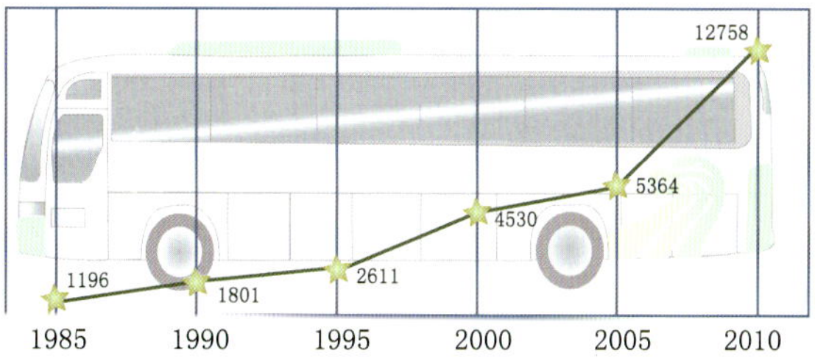

航空

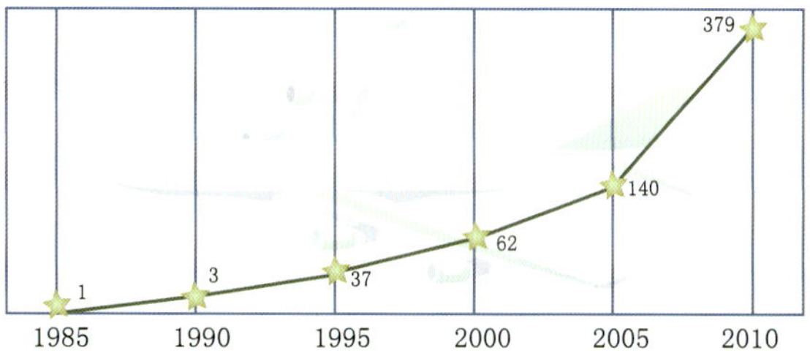

货运量（万吨）

[铁路]

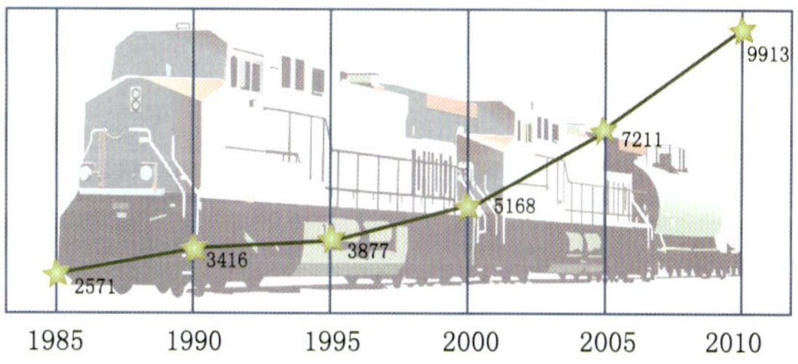

[公路]

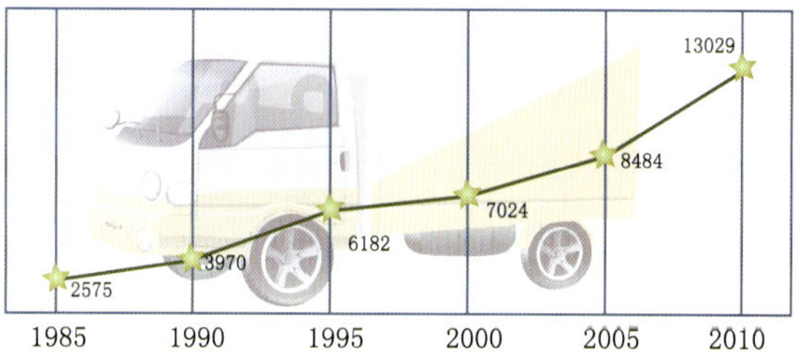

[航空]

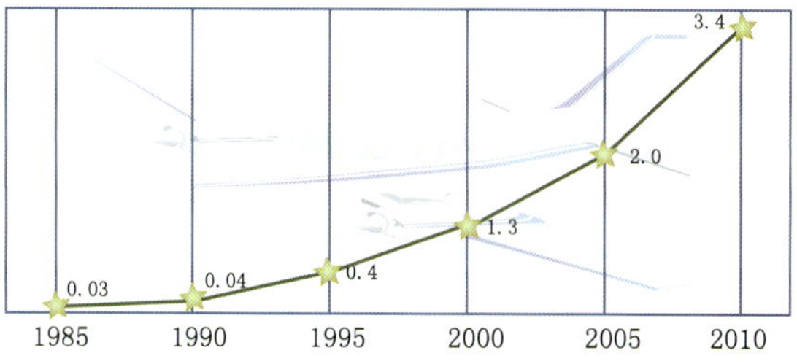

海关进出口总值（万美元）

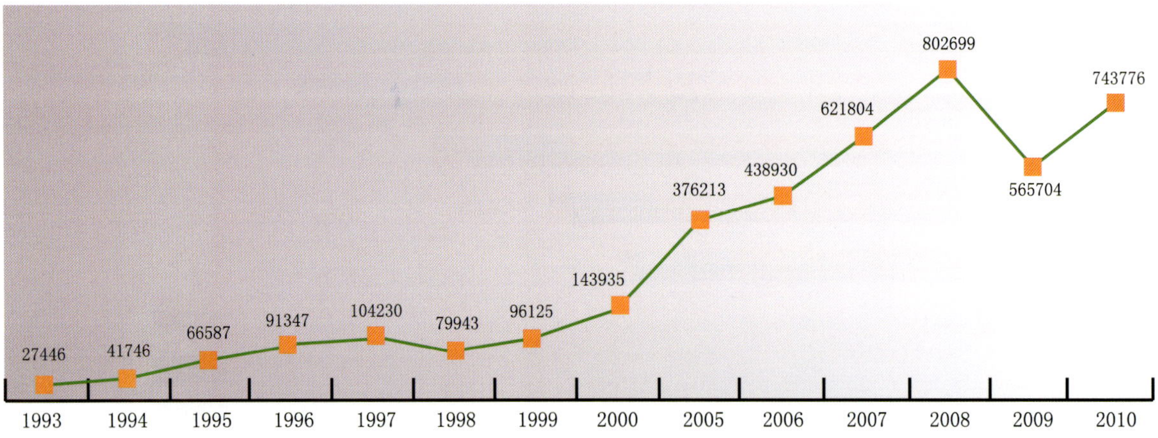

实际外资金额（万美元）

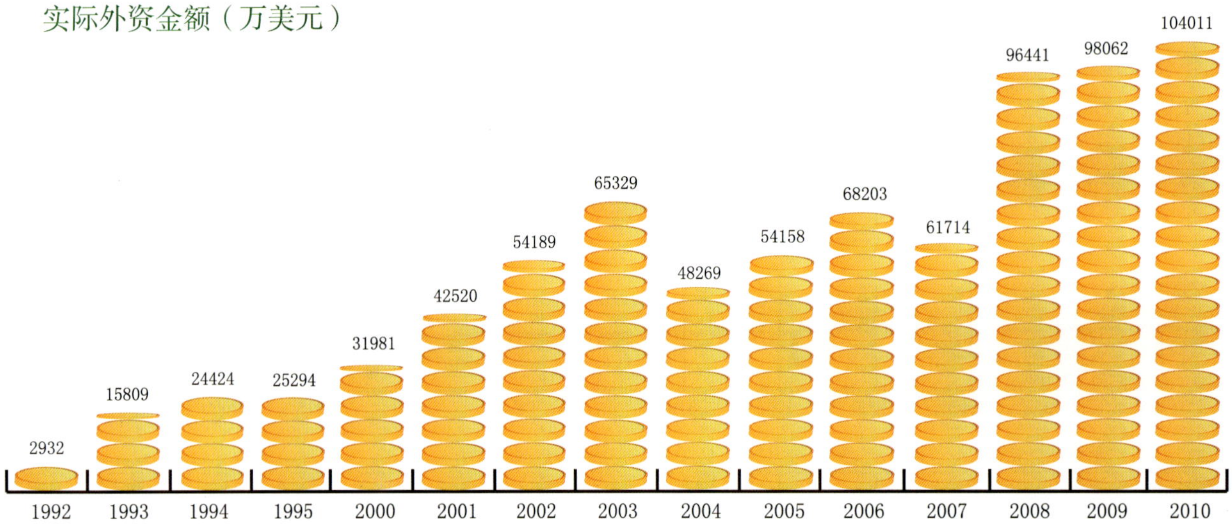

全社会用电量（万千瓦时）

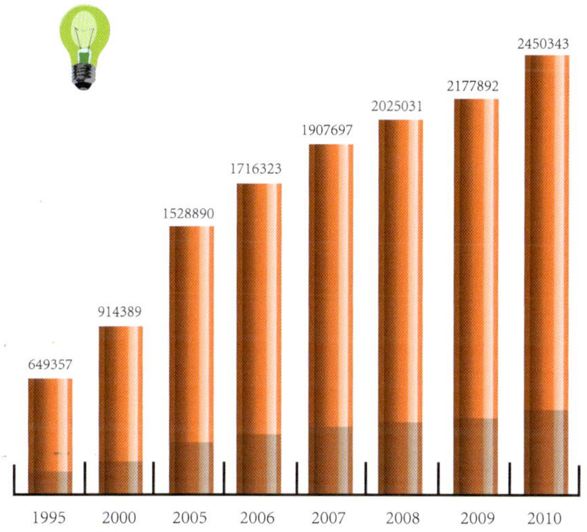

全社会供气量

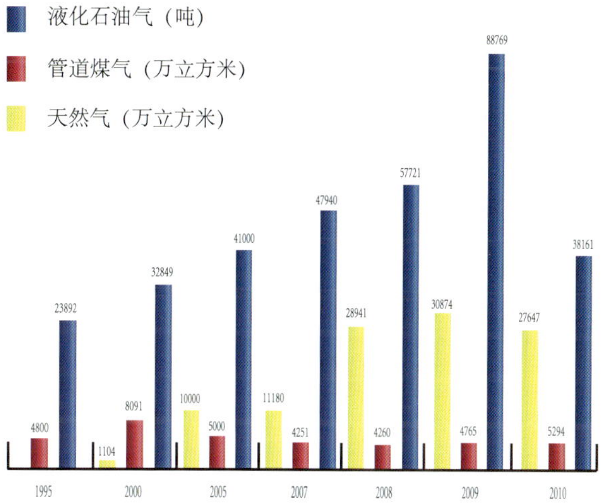

公共交通客运量（万人次）

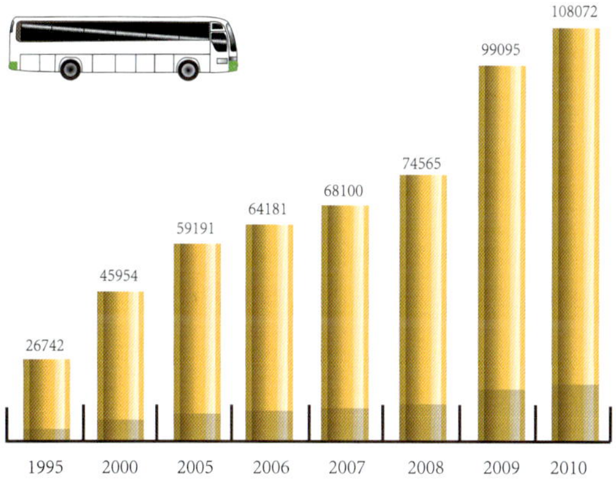

供热面积（万平方米）

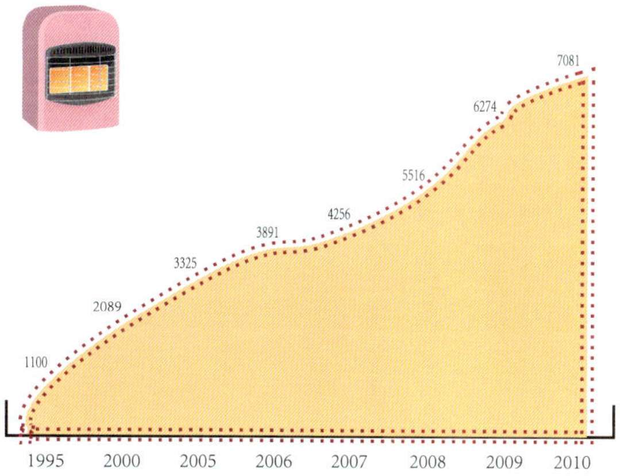

人均公共绿地面积（平方米 / 人）

普通高校在校生和毕业生人数及高校数量

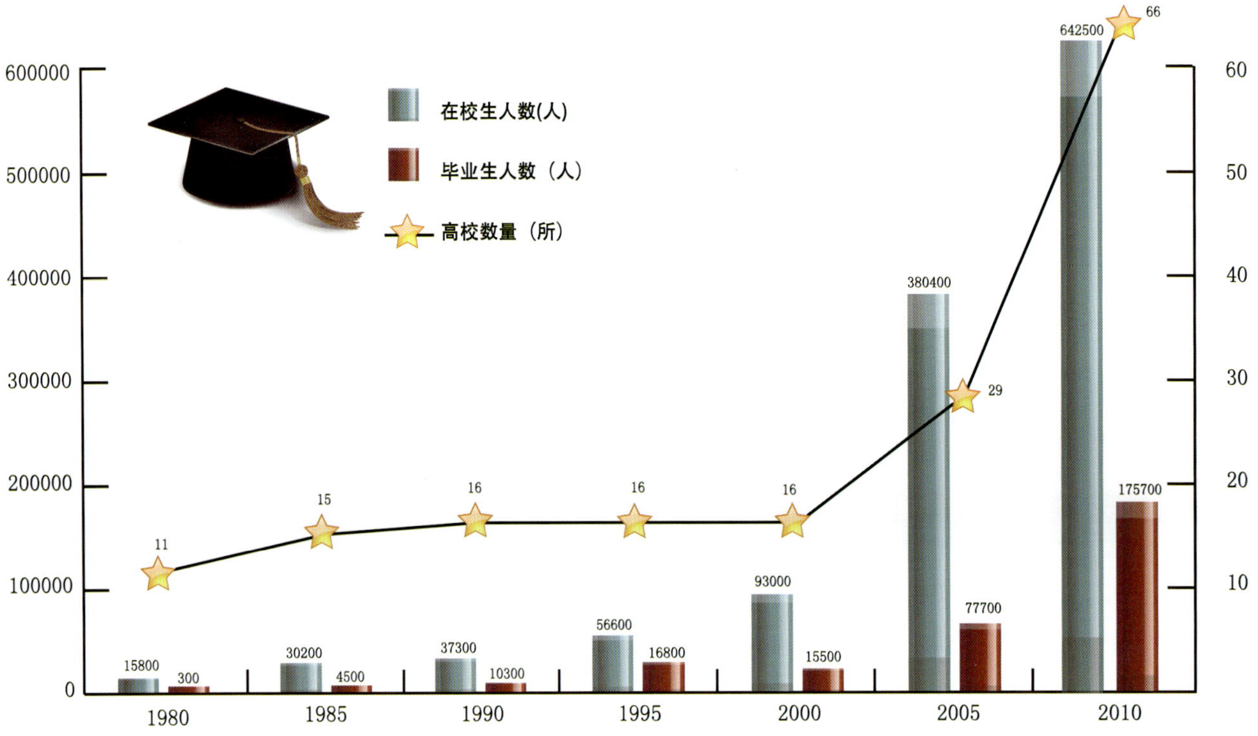

卫生机构数

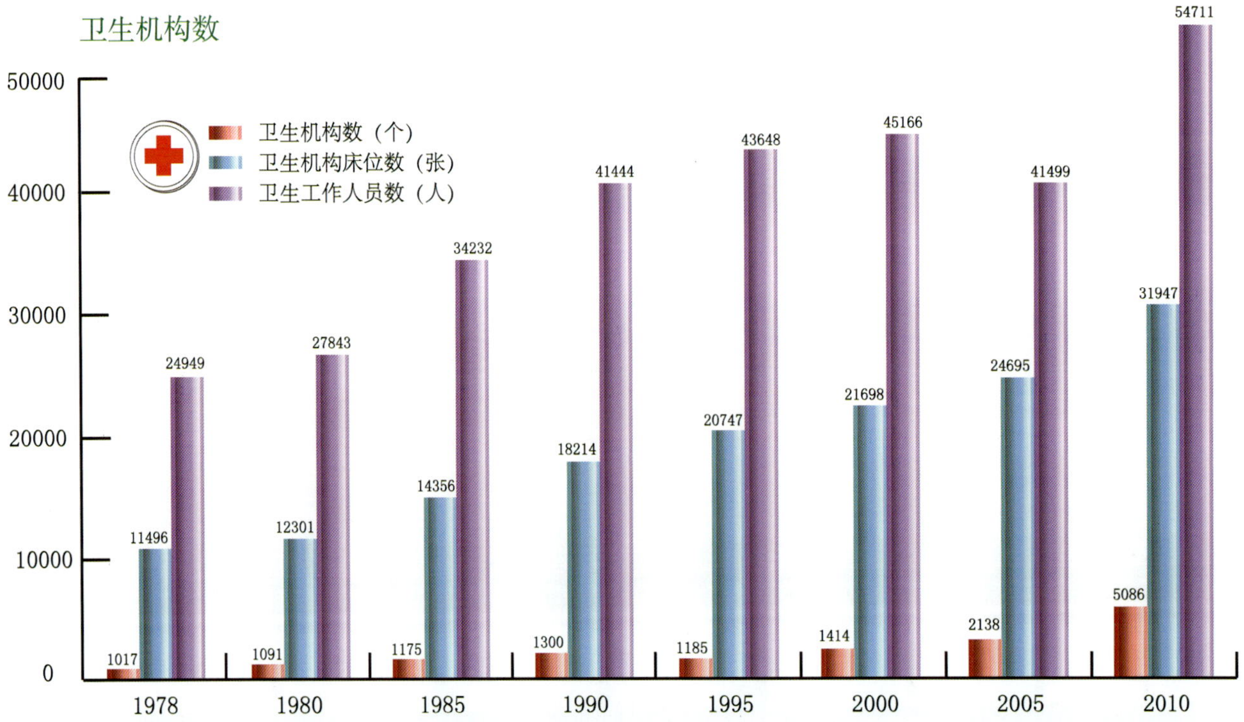

城市居民人均可支配收入和农民人均纯收入（元）

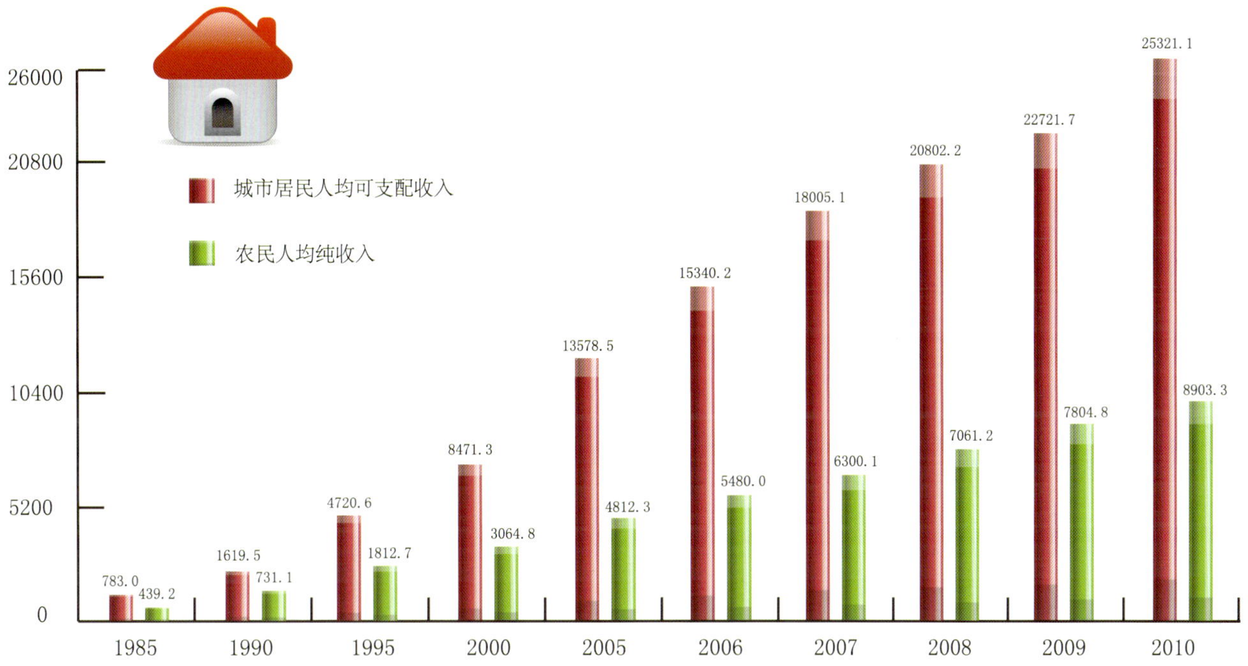

城市居民人均消费性支出和农民人均生活费支出（元）

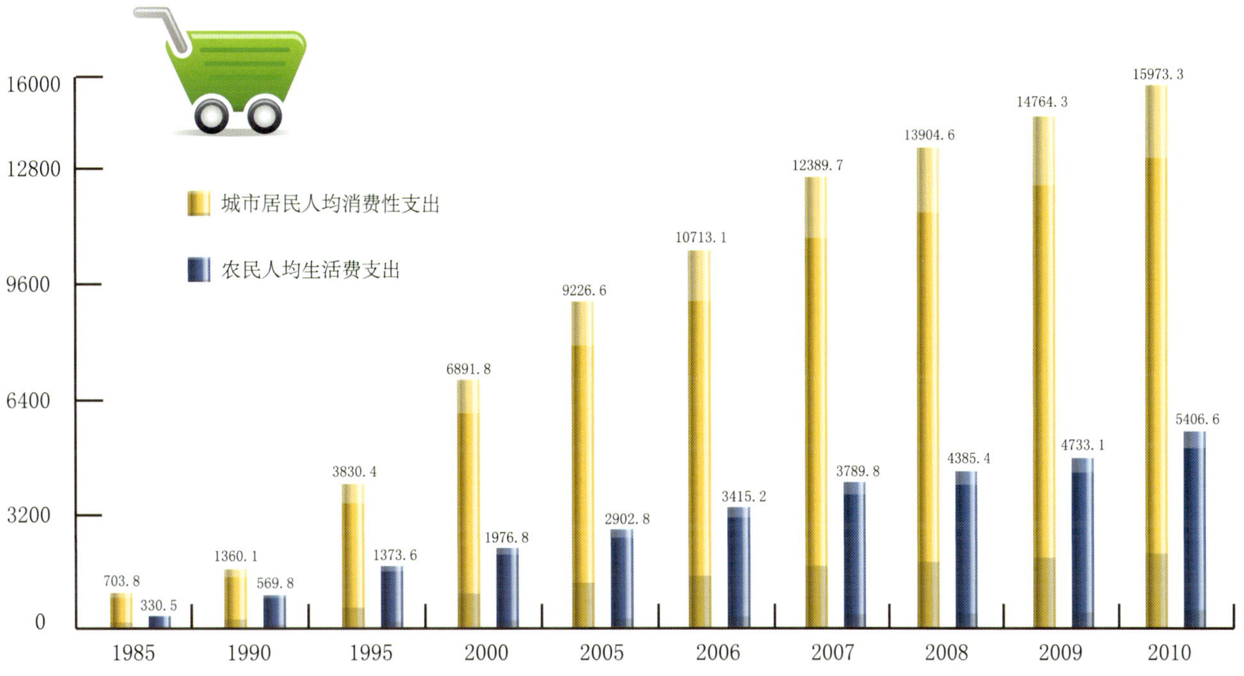

济南的一天

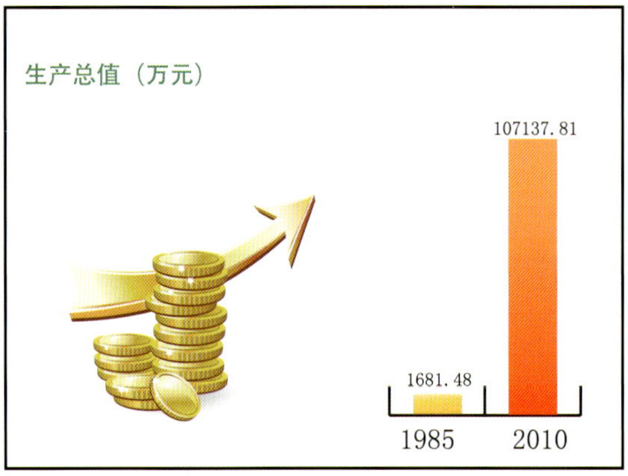
生产总值（万元）
107137.81
1681.48
1985
2010

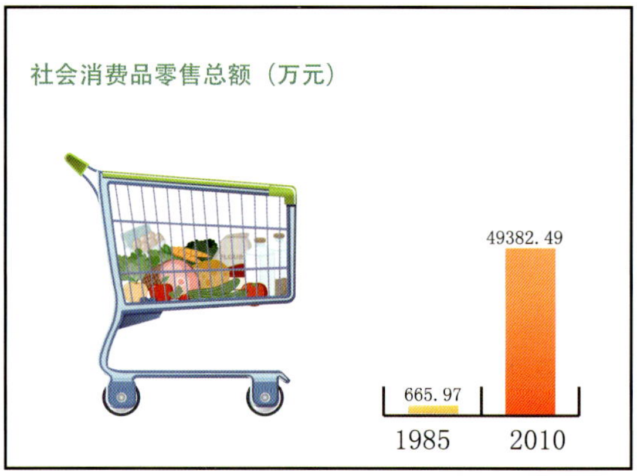
社会消费品零售总额（万元）
49382.49
665.97
1985
2010

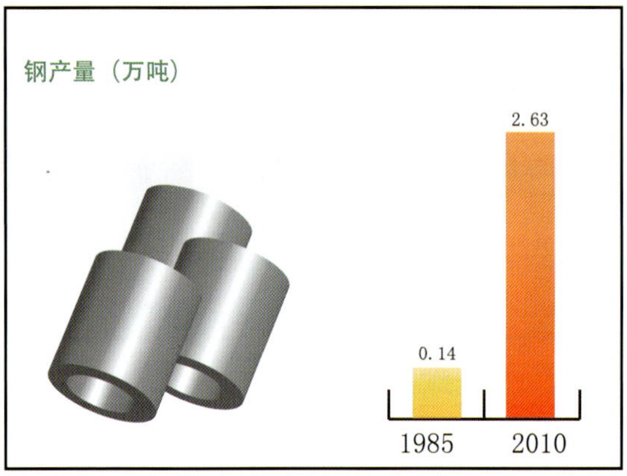
钢产量（万吨）
2.63
0.14
1985
2010

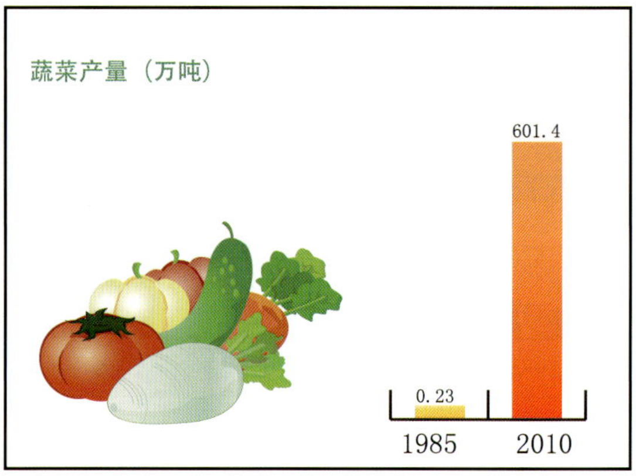
蔬菜产量（万吨）
601.4
0.23
1985
2010

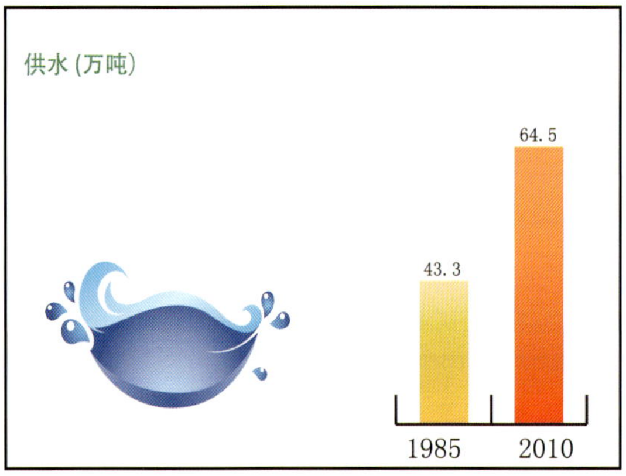
供水(万吨)
64.5
43.3
1985
2010

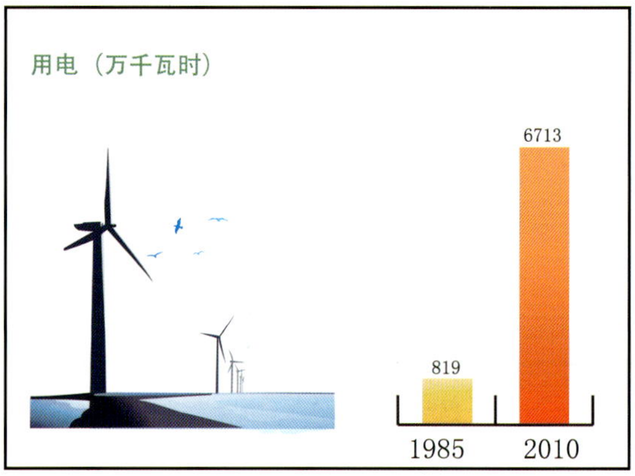
用电（万千瓦时）
6713
819
1985
2010

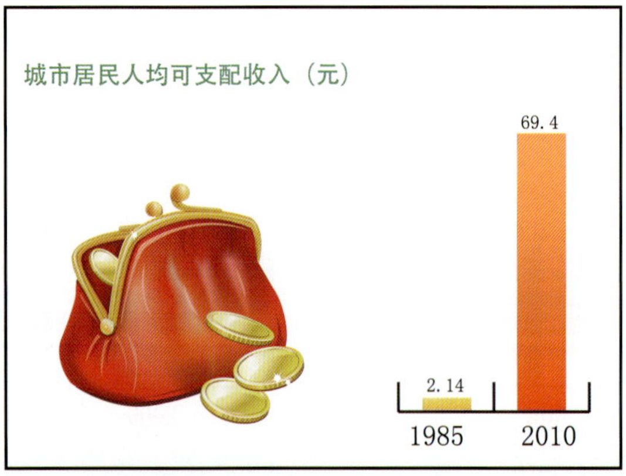
城市居民人均可支配收入（元）
69.4
2.14
1985
2010

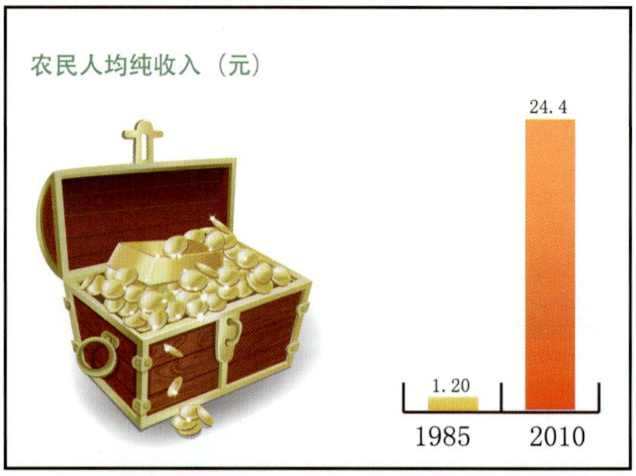
农民人均纯收入（元）
24.4
1.20
1985
2010

史志事业硕果累累

濟南史志
濟南史志
濟南史志
濟南史志

WENCHUANTEDADIZHEN
JINANJIUZHUYUANJIANZHI
汶川特大地震
济南救助援建志
济南出版社

当代山东地方概览丛书
当代济南概览
济南
JINAN
济南市史志办公室 编

开放的洗礼
KAIFANG DE XILI
1979—2000年济南市对外开放历程回顾
济南出版社

济南
乡镇企业
JI NAN XIANG ZHEN QI YE
济南乡镇企业的发展历史

山东省历史文化村镇
济南

济南年鉴
2007
JINAN YEAR BOOK
济南年鉴
JINAN YEARBOOK
2012
济南年鉴
JINAN YEARBOOK
2011

山东省年鉴"裕隆杯"综合奖
特等奖
山东省年鉴学会
一九九七年十一月
特等奖
特等奖
特等奖

道光《济南府志》是1840年以前至上古时期济南各朝代历史脉络最完备的一部志书，在体例、内容、价值上堪称史志上品。济南市史志办公室于2011年启动了这部志书的整理工作。2013年5月，道光《济南府志》点校本正式出版发行。众多国内、省内古籍整理专家一致认定这是一部国内古籍整理点校的上乘之作。

济南市史志办公室于2011年初启动编纂《济南泉水志》，历时两年，2013年4月正式出版发行。这是济南市第一部系统记述泉水全貌的综合性志书。该书旨在挖掘绵延千年的泉水文脉，整合泉城独特的自然和人文特色，进一步提升泉城的文化内涵。全书共分六大板块、130万字，400余幅图片，精品装2卷。

目　　录

序

凡例

地图

画页

卷　　首

市情综述

市情综述 …… 3

大事记

1986 年 …… 18

1987 年 …… 22

1988 年 …… 28

1989 年 …… 32

1990 年 …… 37

1991 年 …… 41

1992 年 …… 50

1993 年 …… 58

1994 年 …… 65

1995 年 …… 73

1996 年 …… 81

1997 年 …… 89

1998 年 …… 100

1999 年 …… 107

2000 年 …… 114

2001 年 …… 122

2002 年 …… 131

2003 年 …… 141

2004 年 …… 149

2005 年 …… 158

2006 年 …… 168

2007 年 …… 178

2008 年 …… 188

2009 年 …… 197

2010 年 …… 205

第一卷 境域 自然环境 泉水 人口

第一篇 境 域

第一章 建 置........................217
第一节 概 述 217
第二节 沿 革 217
第三节 行政区划 220
第二章 县（市）区概况 224
第一节 历下区 224
第二节 市中区 232
第三节 槐荫区 239
第四节 天桥区 245
第五节 历城区 252
第六节 长清区 261
第七节 章丘市 269
第八节 平阴县 277
第九节 济阳县 285
第十节 商河县 293

第二篇 自然环境

第一章 地 质........................302
第一节 地 层 302
第二节 岩浆岩 304
第三节 构 造 307
第四节 水文地质 308
第二章 地 貌........................311
第一节 侵蚀低山区 312
第二节 剥蚀丘陵区 313
第三节 堆积平原区 314
第三章 气 候........................315
第一节 气候特征 315
第二节 日 照 315
第三节 热 量 318
第四节 降 水 324
第五节 风 330
第六节 相对湿度和蒸发 335
第七节 物 候 336
第四章 水 文........................338
第一节 地表径流 338
第二节 河 流 339
第三节 湖泊 沼泽 洼地 343
第四节 地下水 345
第五章 土 壤........................347
第一节 土壤类型及分布 347
第二节 土壤物理性状 351
第三节 土壤化学性质 353
第六章 植 被........................354
第一节 森林植被 354

第二节 灌草丛及草甸植被 355
第三节 农业植被 356

第七章 自然资源 356
第一节 土地资源 356
第二节 水资源 357
第三节 矿产资源 358
第四节 植物资源 360
第五节 动物资源 361

第八章 自然灾害 364
第一节 旱 灾 364
第二节 水 灾 366
第三节 风 冻 冰雹灾害 370
第四节 其他气象灾害 375
第五节 地 震 376

第三篇 泉 水

第一章 综 述 379
第一节 泉水成因 379
第二节 泉水分布 380
第三节 十大泉群 382

第二章 七十二名泉 385
第一节 七十二名泉的由来 385
第二节 七十二名泉大观 392

第三章 其他泉 418
第一节 济南老城区诸泉 418
第二节 老城区外及历城区境诸泉 ... 429
第三节 长清区境诸泉 452
第四节 章丘市境诸泉 461
第五节 平阴县境诸泉 472
第六节 消失（失考）的泉 477
济南泉水一览表 486

第四篇 人 口

第一章 人口状况 521
第一节 人口数量 521
第二节 人口分布与密度 522

第二章 人口构成 525
第一节 性别构成 525
第二节 年龄构成 527
第三节 文化构成 529
第四节 行业及职业构成 530
第五节 民族构成 537

第三章 人口变动 539
第一节 自然变动 539
第二节 机械变动 541
第三节 暂住人口 542

第四章 计划生育 543
第一节 生育政策与管理制度 543
第二节 宣传教育 546
第三节 流动人口计生服务管理 550
第四节 科技与服务 552
第五节 优生优育 555
第六节 管理机构 557

卷　首

市情综述　大事记

SHI QING ZONG SHU
DA SHI JI

市 情 综 述

济南位于山东省中部，地理位置介于北纬 36°01′～37°32′、东经 116°11′～117°44′，南依泰山，北跨黄河，地势南高北低。地形可分为三区：北部黄河冲积平原区，中部山前平原区，南部低山丘陵区。济南是中国东部沿海经济大省山东省的省会，全省政治、经济、文化、科技、教育和金融中心，重要的交通枢纽。四周与德州、滨州、淄博、莱芜、泰安、聊城等市相邻。总面积 8177 平方千米，市区面积 3257 平方千米。

济南地处中纬度地带的山东内陆，属暖温带半湿润大陆性季风气候，冬季干燥寒冷，春季和煦少雨，夏季炎热多雨，秋季天高气爽。年平均气温在 13℃～14℃之间。

济南地理条件优越，自然环境优美，境内泉水众多，号称“七十二名泉”，被誉为“泉城”。清代著名小说家刘鹗在《老残游记》中描写济南“家家泉水，户户垂杨”。济南南部绵延起伏的群山与城中众多的泉水、大明湖以及北部的黄河共同构成济南独具魅力的“山、泉、湖、城、河”浑然一体的风景特色，形成济南“四面荷花三面柳，一城山色半城湖”的秀丽风光。

济南历史悠久，是国务院公布的历史文化名城。济南是中华文明的重要发祥地之一，约公元前 22 世纪，中国原始部落的首领——舜曾生活在济南一带。济南东郊的城子崖是中国新石器时代晚期以黑陶为标志的龙山文化（距今 4000—4600 年前）的发现地，这里发现了中国最古老的城址约 20 万平方米。作为城市，济南已有 4000 多年的历史。秦始皇建立郡县制时，今天的济南地区属于济北郡。汉初，设立济南郡，因地处古四渎之一“济水”（故道为今黄河所据）之南而得名。自明清以来，济南一直是山东省省会。1929 年 7 月设立济南市。济南文物古迹众多，有舜文化遗址——舜耕山（公元前 22 世纪），有先于秦长城的齐长城（公元前 3 世纪），中国最古老的地面房屋建筑——汉代孝堂山郭氏墓石祠（公元前 1 世纪），中国最古老的石塔——隋代柳埠四门塔（公元 7 世纪）和被誉为“海内第一名塑”的灵岩寺宋代彩塑罗汉（公元 11 世纪）等。济南诞生了许多中国历史上的著名人物，像中医科学的奠基人扁鹊，阴阳五行学派大师邹衍，唐代（公元 618–907 年）开国元勋房玄龄、秦琼，中国著名文学家李清照、辛弃疾等。另外，李白、杜甫、苏轼、曾巩等历代杰出的作家学者，都先后在济南生活游历，故有“济南名士多”的佳誉。

新中国成立后，开始进入社会主义新时代。1958 年，历城县划归济南市。其后，章丘、长清县于 1978 年，平阴县于 1985 年，济阳、商河县于 1990 年陆续划归济南市管辖。1994 年 2 月，济南市被正式确定为副省级城市。济南市辖历下区、市中区、槐荫区、天桥区、历城区、长清区、章丘市、平阴县、济阳县、商河县，设 86 个街道、55 个乡镇（6 个乡、49 个镇）。2010 年末户籍总人口 604.1 万人。

1949—1985 年，济南人民在进行社会主义建设的过程中，取得了巨大的成就，也曾经受过严重挫折。新中国的建立，为济南的经济建设和发展奠定了根本的政治前提和制度基础。但是，由于经验缺乏、体制僵化等因素的影响，走了不少弯路，长期未能发挥出应有的活力。1978 年，中共十一届三中全会的召开，揭开了改革开放、开辟中国特色社会主义新道路的序幕。经过 7 年的励精图治，济南的经济建设和社会发展取得了显著进步，人民生活明显改善。

1986—2010年，是济南市国民经济和社会发展“七五”规划至“十一五”规划实施时期，也是以城市为中心的全面改革和发展阶段。在这一阶段，改革从农村扩展到城市，从经济领域扩展到政治、科技、教育及其他社会生活领域，在许多方面都取得了一系列重大的突破。企业改革在继续扩大企业自主权的同时，积极健全现代企业制度；价格改革使原有的不合理的价格体系和价格管理体制有了很大的变化；所有制结构的改革迈开了步伐，以公有制为主体、多种经济成分并存的格局初步形成；对外开放继续扩大，初步形成了多层次、宽领域的对外开放格局；开始探索科技体制改革，政治体制改革提到了议事议程。在这一阶段的探索中，济南与全国一起经受了1989年国际国内政治风波的考验、1988—1991年经济发展剧烈波动的考验和2008年的国际金融危机的考验。经过历次考验，济南克服重重困难，实现了经济、政治和社会的稳定，为正确处理改革、发展和稳定的关系积累了经验，为继续深化改革和扩大开放奠定了有利的基础。在这25年中，全市人民积极作为，济南市经济建设和社会发展取得了巨大成就，城乡区域发展协调，城乡面貌发生显著变化，人民生活水平大幅度提高，走出了一条经济发展、生活富裕、生态良好的可持续发展道路。2010年，全市完成生产总值3910.8亿元，是“六五”期末1985年61.37亿元的63.7倍；第一产业增加值215.2亿元，是1985年12.92亿元的16.7倍；第二产业增加值1637.4亿元，是1985年31.82亿元的51.5倍；第三产业增加值2058.2亿元，是1985年16.63亿元的123.8倍；地方财政一般预算收入266.1亿元，是1985年8.90亿元的29.9倍；城市居民人均可支配收入为25321元，是1985年783.0元的32.3倍；农民人均纯收入8903元，是1985年439.2元的20.2倍；三次产业结构比例由1985年的21.1∶51.8∶27.1，调整为2010年的5.5∶41.9∶52.6。

一、农业、农村经济持续发展

济南农业已有近万年的历史。早在八九千年前的西河类型文化时期，远古居民的经济生活便进入以农业为主的时代。济南解放以前，生产规模狭小，劳动工具落后，依然停留在小生产的水平上。济南解放后，随着土地改革和农业合作化的逐步实现，农业生产曾取得较快的发展。但由于20世纪50年代末、60年代初自然灾害和各种政治运动的干扰，以及“文化大革命”时期“左”倾错误的影响，特别是片面强调“以粮为纲”，农民的生产积极性受挫，致使农村经济不稳定，农业结构比例严重失调。1978年12月，中共十一届三中全会召开，中国实行改革开放，农村实行家庭联产承包责任制，为济南农业发展创造了良好机遇。1986年，济南市认真贯彻执行中央《关于经济体制改革的决定》，实行有计划的商品经济，由着重运用指令性计划和行政手段转到运用指导性计划，利用价格、税收、信贷等手段调节农业生产和农村经济的运行，全市农业取得了前所未有的重大进展，广大农村实现了从贫困到温饱的历史巨变。进入20世纪90年代后，尤其是1992年邓小平视察南方重要讲话至2002年，济南农村各业进入了全面发展的新时期。这期间，全市确立了发展社会主义市场农业的战略，进一步调整农村产业结构，各级围绕“农业增效、农民增收、农村稳定”的目标，以市场为导向，积极应对加入WTO的新形势，大力推进科技、组织、制度创新，加快农业产业、产品、结构调整，全市农业和农村经济保持平稳增长态势。在这一阶段农业生产形势总体良好，农业区域化布局、专业化生产和特色农业日趋明显，农业标准化建设取得新的进展，农业产业化经营保持良好发展态势，乡镇企业继续保持健康稳定发展态势。

2002年以来，中央和各级党委、政府高度重视“三农”工作，济南市委、市政府切实把“三农”工作放在重中之重的位置，坚持以科学发展观为指导，按照城乡统筹发展方略，认真贯彻落实“工业反哺农业、城市支持农村”以及“多予、少取、放活”的方针，围绕发展现代农业、增加农民收入这个中心，大力实施农民增收“6521”工程（通过调整农业结构，使农民年人均收入增加600元以上；通过大力发展农村二、三产业，使农民年人均收入增加500元以上；通过劳务输出，使农民年人均收入增加200元以上；通过落实直补减负政策，使农民年人均收入增加100元以上，确保到2007年全市农民年人均纯收入突破5000元，实现城乡居民收入比不再扩大的目标）、财政支农“1020”工程（在本届政府任期内，采取10项积极措施、市本级筹集20亿元支持“三农”的“1020”财政支农工程、通过建立三项制度，完善三个机制，加强三个方面建设，健全一个体系，力争实现农民自主发展、互助发展、持续发展的新格局），积极培植具有省会特色的现代农业产业体系，努力提升农业发展的科技水平和农民整体素质，全面改善农民生产生活条件和农村整体环境，合理保护农民合法权益，实现了农业增产增效、农民持续增收、现代农业加快发展、新农村建设扎实推进的良好局面：

1. 现代农业产业体系初步建成。济南通过实施城乡一体化和农业产业化，转变运行机制和增长方式，制定促进农业增效、农民增收等多项改革和发展措施，全市农业由传统农业向现代农业加快转变，由粗放经营向集约经营加快转变，由工农分离、城乡分割的二元经济格局向工农协调、城乡一体化的方向加快转变，农业综合经济实力快速增长，具有省会特色的优质、高产、高效、生态、安全的现代农业新格局加快构建。

2. 现代农业经营体系稳步推进。采取龙头企业、生产基地、合作组织多措并举，政策引导、资金扶持、技术服务多管齐下，深化加工、布局市场、扩大出口多元发展的综合措施，农业产业化进入了良性互动和协调推进的新阶段。2010年，规模以上农业龙头企业达到350家，其中过亿元企业45家；农民专业合作社2658家；涵盖种子、蔬菜、林果、畜牧、水产多行业，涉及种、养、加、销和技术服务多领域，55%的农户纳入了农业产业化经营范畴。

3. 现代农业标准化体系初步建立。深入贯彻落实《中华人民共和国农产品质量安全法》，大力实施“无公害食品行动计划”和“优势农产品竞争力提升工程”，农业标准化生产进程明显加快。全市主要农产品初步形成了国家、行业、地方三级相配套，贯穿产前、产中、产后的质量标准体系。农产品质量检测体系得到加强，市农业质量检测中心通过了国家实验室认可，成为全省一流的农业综合检测中心，达到全国同行业先进水平。

4. 现代农业科技支撑体系迈上新层次。围绕农业科技创新体系，农业科技成果转化体系，农民、农业企业和农民专业合作组织三大群体的科技应用服务体系、农业科技管理体系和农业科技保障体系的有效运行，加快农业科技项目推广步伐，2010年，全市农业科技贡献率达到55%以上。

5. 现代农业发展保障体系步入法制化轨道。继续深化农村经济体制改革，不断加大农民负担监督管理、农村土地承包管理和农村集体资产与财务管理的力度，认真贯彻落实农民负担“一票否决”制、涉农案件通报制，努力探索农民负担监管的长效机制。严格贯彻执行农村税费改革的各项政策，2005年济南市率先在全省全面取消农业税，农民负担大为减轻；积极落实粮食直补资金、农机购置补贴、良种补贴、农资增支补贴等各项支农、惠农政策。农业综合执法迈出新步伐，积极推进放心农资下乡进村，大力开展农产品质量安全专项整治，农民和消费者合法权益得到有效维护。

6. 城乡融合的现代农业生产关系开始形成。农民生活水平由小康型向富裕型迈进。农民人均纯收入持续稳定增长，农村从总体上看已基本实现小康目标，部分乡（镇）、村开始向富裕型迈进。农民收入已由单一的农业收入发展为多渠道增收。农业从业人员结构发生显著变化，传统的城乡生产要素分割状态被打破，城市对农村的辐射、渗透、融合大大提高。

到2010年，济南的农林牧渔业总产值由1985年的18.36亿元提高到378.43亿元；农民人均纯收入由1985年的439.2元提高到8903元；粮食总产量由1985年的163.5万吨提高到289.4万吨；蔬菜总产量由1985年的84.11万吨提高到601.4万吨；肉类、禽蛋、奶类产量分别达到38.1、36、31.2万吨；水产品产量4.3万吨。农业机械化总动力509.7万千瓦。全市各类畜牧业规模化小区（场）达到747处。自来水入村率超过95%，基本实现村村通公路。

二、工业、建筑业持续、稳定、协调发展

济南工业历史悠久。早在春秋战国时期，冶铁、纺织、制陶等手工业就已达到一定水平。至明代，则成为全国33个手工业比较发达的城市之一。济南真正使用机器生产的近代工业则始于1875年山东巡抚丁宝桢创立的山东机器局。1904年胶济铁路的开通促进了工业的发展。新中国成立后，在中国共产党和人民政府的领导下，经过对社会经济结构进行合理调整以及采取对关系国计民生企业重点扶持的措施，轻、重工业比例发生了明显变化，一批大中型能源、加工骨干企业有计划地建成，钢铁、电力、机械、电子、汽车制造、化学纤维等一些新兴工业开始兴办。“文化大革命”期间，已步入正轨的济南工业生产遭到严重摧残。1978年中共十一届三中全会后到1985年，济南工业全面贯彻“调整、改革、整顿、提高”和“改革、开放、搞活”的方针，深入推进经济体制改革，加快企业技术进步，强化企业管理，走出了一条“纵横弹跳”式的改革发展之路。选择山东造纸东厂、济南国棉一厂等10个企业进行简政放权的试点，实行各种形式的经济责任制，实行厂长（经理）负责制度，发展横向经济联合。这一系列改革措施，使济南工业企业素质和产品质量得到提高，新产品开发驶入快车道，技术改造取得重大进展，整个工业生产进入持续、稳定、协调发展的新阶段。1985年，济南的工业增加值达到27.54亿元，是1978年12.89亿元的2.1倍。

1986年以来，尤其是进入20世纪90年代以来，是中国全面推进经济体制改革，系统建立社会主义市场经济体制的一个重要时期。针对国有大中企业普遍存在的经营机制不活、资产负债率过高、富余人员过多、社会负担过重等问题，济南市提出了“抓大放小、名优膨胀、三改联动、管转并重”的工业经济发展和国企改革方针，制定了《关于进一步加快国有企业改革与发展的指导意见》等一系列文件，以产权制度改革为突破口，加大企业重组改制的力度，克服了宏观环境变化带来的种种困难，工业经济保持了持续、稳定、健康发展，国企改革取得明显成效。结构调整成效明显，主导产业初具规模。不断加大工业结构调整力度，工业结构得到了进一步优化和升级，并且通过改造提高传统产业和加快发展高新技术产业的两线并进，促进了主导产业和重点企业集团的发展与壮大。2001年，济南工业结构在呈现出明显重型化特征的同时，加工工业比重不断上升。技术相对密集的六大机电产业所占比重已经达到32%，工业结构的技术集约化程度得到提高。工业结构调整中所表现出的重型化、高加工化和技术集约化三大特征，充分反映了济南工业结构的优化和升级。济钢、轻骑、小鸭、浪潮、山水等18个重点企业的工业增加值已占全市规模以上工业增加值的32%。经过几年的调整，济南市已经正式确立了以电子信息制造业、交通设备制造业、家用电器制造业、机械制造业和生物工程产业为五大主导产业，而且五大产业中均已经形成了一批重点骨干企业和主导产品，从根本上改变了一个时期以来济南市支柱产业优势不明显、高新技术产业发展相对缓慢的状况，为济南市工业经济的未来发展和结构升级打下坚实的基础。围绕建立社会主义市场经济的总体目标，济南市工业经济体制改革全面展开，在国有工业布局调整、建立现代企业制度以及以国有经济为主体、加快多种所有制经济发展等各个方面都取得了新进展和新突破。国有工业布局得到调整和优化，国有企业改革成效显著，企业所有制结构得

到调整。济南通过抓企业内部管理、大力推进企业技术进步和全方位强化市场营销，工业企业的综合素质和市场竞争能力得到了提高，为济南工业的发展构筑起了牢固的微观基础。全市工业企业以深化“两本管理”（以人本管理和成本管理为主要内容的企业管理思想和管理方法）为重点，努力实现企业管理现代化，在企业管理的各个方面都有新进展。尤其是济钢的“节能降耗实施低成本战略”、建材集团的“坚持两本管理深化国企改革”、二机床集团的“比价采购和成本控制体系”、小鸭集团的“超值服务工程”和以加强思想政治工作为特色的文化建设，在全国范围内都引起了很大反响。全市工业企业加大力度推进企业技术进步，技术开发条件明显改善，技术开发能力进一步增强，技术装备水平大大提高，技改投入不断加大，技改项目逐步增多。济钢、浪潮、齐鲁制药、山水等一批重点集团经济效益大幅增长，重汽大幅度减亏，成为拉动全市工业经济效益增长的主要动力。2001 年济钢集团成为济南市第一个工贸收入过“百亿”的企业。全市第二产业增加值由 1991 年的 76.55 亿元增加到 2001 年的 350.71 亿元。

2002 年以来，市委、市政府全面贯彻落实科学发展观，坚持科学发展、协调发展、可持续发展，坚定不移地走新型工业化道路。济南工业经济快速发展，工业经济实力不断增强，企业规模明显扩大，经济效益明显提高，工业结构调整成效显著。以重汽为代表的交通运输业，以济钢、庚辰为代表的冶金钢铁，以中石化济南分公司、正昊化纤为代表的石化制品，以将军、齐鲁制药为代表的食品药品，以浪潮、中创为代表的电子信息，以济锅、二机床为代表的机械装备六大产业集群为代表的骨干企业对全市带动作用明显提高。济钢、重汽、炼油、浪潮四大行业龙头陆续跨越百亿大关，初步形成以园区为载体的新型工业化布局和良好的发展局面，工业规模迅速壮大。

1986 年至 2010 年年底，济南全部工业企业从 2584 家发展到 37521 家；全部工业增加值从 27.54 亿元增加到 1352.42 亿元。工业产业结构不断优化。形成了以黑色金属冶炼、交通运输设备、电子及通讯设备、石油加工、通用设备、电气机械、生物医药、烟草加工、化纤新材料等具有聚集和辐射带动优势特点的产业结构布局。工业结构调整向新型工业化发展取得巨大进步。工业经济效益不断提高。随着企业经营管理能力、科技水平和劳动力素质逐步提升，工业效益和生产效率快速提高。2010 年，全市规模以上工业企业实现利润总额为 584.53 亿元，是 1985 年年末 13.98 亿元的 41.8 倍。科技含量大幅提高。工业科研、创新能力持续提高，高新技术产业从小到大、由弱到强，逐步形成了以交通装备、电子信息、先进制造、新材料等行业为支撑的高新产业体系，工业核心竞争力持续增强。新型工业化布局初步形成。以章丘、历城、长清、高新区为主体的近郊区，以园区为载体大力发展工业，形成了一批工业集群，新型工业化布局初步形成。建筑业较快发展。2010 年全市资质以上的建筑业企业由 1990 年的 10 家发展到 739 家；建筑业实现增加值 285.0 亿元，总产值 894.3 亿元。

三、第三产业从低水平向高质量，由传统向现代转变

济南自古以来便是一座商贸发达的都市。1904 年，济南自开商埠。城市区域随之扩大，工商各业有长足发展。1911 年年末，津浦铁路黄河大桥建成通车，济南成为南北交通枢纽。由于地理位置优越，20 世纪初已成为鲁、豫、晋三省的货物集散地和华北的重要市场。泰康食物公司、瑞蚨祥绸布店、宏济堂药店、大观园商场等均建于二三十年代。30 年代末至济南解放的十余年间，由于日本侵略和国民党的反动统治，商业市场呈一派萧条景象。新中国成立后，随着国民经济的恢复和发展，市场逐渐复苏并趋于繁荣。1978 年到 1985 年，由于济南市农业基础地位的加强和重工业的调整，全市以商贸、餐饮、交运等为主的第三产业的增长速度低于整个国民经济的增长速

度，第三产业占国内生产总值的比重始终在25%以下的低水平徘徊。

1986—1991年，是济南市第三产业高速发展阶段。这一阶段从总体上看，具有补偿发展不足、调整比例关系的特征，初步扭转了徘徊下降的局面，年平均增长速度达到17.5%，比国内生产总值的平均增长速度高6.4个百分点，占国内生产总值的比重提高了10个百分点，与第一产业、第二产业分别下降5.6和4.9个百分点形成鲜明对照，这一时期的显著特征是劳动力等资源配置向第三产业倾斜和转移。交通邮电发展迅速。济南交通邮电四通八达，运输、通讯能力大大提高，成为全省的交通枢纽和通讯中心。

1992—2001年，济南市第三产业发展的显著特点是基础设施建设包括能源、交通和通讯的建设成为城市经济建设的重点。第三产业发展与市民收入和需求水平的不断提高相适应，进入持续稳定增长阶段。1992年中共中央关于加快发展第三产业的决定出台后，济南市充分利用各级政府决定加快发展第三产业的有利时机，加大工作力度，使整个第三产业不仅在数量上明显壮大，而且在结构、水平、机制上都发生了质的变化，第三产业的发展进入一个新阶段。改造传统流通业，推进流通产业现代化。这一时段，济南流通产业发展经历了四个“三级跳”。一是在经济成分上，从抓国合商业主渠道，到鼓励多种经济成分多种社会力量参与流通业发展，再到台湾大润发、上海华联、北京华联、北京国美等外资和外地强势企业抢滩济南；二是在业态形式上，从传统百货商店一统天下，到连锁经营的初步尝试，再到大卖场、专卖店等多种新兴业态的风起云涌，以及现代物流、电子商务的初步尝试；三是在商业企业改革上，从引入竞争机制，到国有民营，再到资产置换；四是在网点布局上，从鼓励各级部门、各种经济力量大力兴办集贸市场，到商业网点建设规划的实施，再到马路市场的“退路进厅”和专业市场的二次创业。金融服务逐渐完善。济南金融部门执行党中央、国务院一系列方针政策，加大对国有企业改革的支持力度，金融改革不断深化，服务水平进一步提高，在防范金融风险、促进地方经济发展和社会稳定等方面发挥出了越来越重要的作用。2001年年底，济南市存贷款余额大幅度增长，货币回笼创历史最高水平。这一方面表明济南的城市功能进一步增强，另一方面也表明国家启动内需政策效果明显。信息产业发展迅速。1997年，按照《济南市信息化规划纲要》的要求，济南市确立了“以信息服务为核心，抓好网络基础设施建设，推动信息产业发展，加快人才培养、普及信息化知识”的发展规划，在市委、市政府的正确领导下，各项工作取得明显进展。2001年年底，全市互联网注册用户30多万户，网络经济模式初步形成，全市信息技术企业超过3500家，实现销售收入300亿元。做好泉水文章，拓宽旅游市场。济南旅游业在“节水保泉”活动的有力配合下，加大了对外宣传的力度，加强与泰安、曲阜等地的联系，联合开发“一山、一水、一圣人”的旅游促销活动，推动了济南旅游业的发展。2001年，全市旅游业总收入相当于全市国内生产总值的5.9%，创历史最高水平。到2001年年末，第三产业增加值实现521亿元，年均增长17%，三次产业的比重调整为10 ∶ 43.9 ∶ 46.1。三次产业所占GDP的比重初步实现产业相互推动的“三二一”的新格局。

2002—2010年，全市牢固树立和认真落实科学发展观，采取正确的发展战略和对策，继续优化交通、商贸、餐饮等传统服务业，大力发展现代服务业，特别是现代物流业、会展业、信息产业，开始加强发展新闻出版、广播电视、文化艺术为核心的文化产业，不断开创第三产业发展的新局面，第三产业保持了较快的增长。

消费品市场繁荣活跃。2002年以来，济南市积极贯彻落实国家扩大内需的方针政策，启动市场消费，推动经济增长由单一投资拉动向投资、消费双轮驱动转变。消费结构升级加快，以汽车、住宅、通信为代表的消费热点已经形成。现代服务业快速崛起。其中，金融保险业、房地产业和旅游业都保持了良好的发展势头。到2010年，金融、信息服务、物流、会展、文化旅游等现代服务业增加值实现918.1亿元，占服务业比重达到44.6%。2010年8月，济南被确定为国家首批服务业综合改革试点区，已成长为济南市服务业发展的亮点和新增长点，成长为济南市服务业的支柱产业。

金融业高速发展。到2010年，济南金融机构现金收入7402.9亿元；现金支出7282.2亿元。银行卡消费大幅增长，本外币消费金额836.2亿元。保险业快速增长。年末各类保险承保额16802亿元；保险业务收入首次突破百亿元，达到122.3亿元；保险业务支出43.8亿元。资本市场健康发展。股票基金交易成交总量7865.7亿元；国债交易量98.7亿元,金融业增加值288.3亿元，年末金融机构本外币各项存款余额7601.9亿元；本外币各项贷款余额7035.0亿元。

房地产业较快增长。2010年，济南市房地产业增加值204.4亿元。房屋施工面积2363.5万平方米，其中住宅1868.4万平方米；房屋新开工面积971.8万平方米；竣工面积245.8万平方米。商品房销售面积531.5万平方米，其中住宅477.3万平方米。商品房销售额332.6亿元，其中住宅291.1亿元。

旅游业快速发展。2010年接待国内外游客3388.3万人次。其中，接待国内游客3365.2万人次，接待入境游客23.1万人次。实现旅游总收入313.8亿元。其中，实现国内旅游总收入306.3亿元，旅游外汇收入1.14亿美元。济南市入选“中国十大旅游城市”。

物流、软件规模扩张。2010年年末，物流相关产业企业及个体工商户6.02万家，年营业收入2370.8亿元。软件业服务业收入590亿元，入选“中国软件名城”创建试点城市。

会展业进入全国先进行列。2010年度全国39个流动展举办城市的调查排名中，济南因2010年秋季全国糖酒会的成功举办而从二三线会展城市中脱颖而出，在流动展承办城市中排名全国前十位，位列北京、上海、成都、南京、深圳、重庆之后。

交通、通信健康发展。2010年年末，济南市公路通车里程1.16万千米（含村级公路），其中高级次高级路面里程1.12万千米。 民用汽车拥有量80.7万辆。公交线路长度4012千米，线路209条。邮电通讯业营业收入63.8亿元。固定电话用户数213.3万户；移动电话用户数857.6万户；宽带网用户数117.3万户。

1986—2010年，济南市第三产业不断发展壮大，已成为济南市的重要支柱产业。现代服务业迅速发展，各种新型业态层出不穷，有力地提升了济南第三产业对国民经济特别是对制造业的支撑能力及全市经济的和谐发展。2010年，济南市第三产业增加值达2058.18亿元，是1985年的123.7倍，第三产业对生产总值的贡献率达到59%，第三产业人均增加值达34072元。

四、对外交往不断增多，外经、外贸稳定发展

新中国成立初期，济南被列为半开放城市，外事往来不断发展。1973年又被列为全面开放城市。1978年以后，对外交往日益频繁。1978—1985年间，同世界五大洲95个国家和地区建立、发展了政治、经济、科学、文化领域的交流与合作关系。济南市对外经济贸易适应改革开放新形势，实现了稳定发展。1985年，济南市兴办了第一家中外合资企业——济南市东港实业有限公司。

1988年后，济南在外经贸管理体制上逐步实现合理配置。经贸相互促进、优势互补的优越性得到充分发挥与体现，带动了全市对外经贸工作的长足发展。1990年，经国务院批准，济南市划入沿海经济开放区。1991年，济南市的三资企业发展到210家，实现出口16.3亿元，形成了一批生产出口商品的骨干企业和一批优质畅销的出口工业产品。建立了一批“工贸”“农贸”“技贸”联合体，实行生产、加工、储运、出口成龙配套。提高了出口商品专业化、社会化生产水平。为适

应出口创汇的需要和国际市场的变化，出口商品结构也不断改善和优化，由过去的粗加工向精加工、初级产品向高级产品发展，其中工业产品所占的比重上升到90%左右，出口商品销往130多个国家和地区。对外经济合作日益扩大。到1991年,济南市与世界近80个国家和地区建立了经济、科学技术、贸易合作与交流关系。同时，与日本国的山口市、和歌山市，英国的考文垂市，美国的萨克拉门托市，加拿大的里贾纳市缔结了友好城市关系，并且积极开展了技术引进、合作经营、补偿贸易、来料加工、来件装配、租赁等多种形式的对外经济技术合作与交流。

1992年后，济南市参照国际惯例，按照“统一政策，平等竞争，自主经营，自负盈亏，工贸结合，推行代理制”的改革目标，取消了对出口企业的补贴及对企业外汇留成等优惠政策，彻底改变了过去那种高度集中经营和垄断经营的状况，外贸企业基本实现了按国际通行规则自主经营、自负盈亏，初步形成了多层次、多渠道、多类型的经贸企业共同参与的大经贸格局。1998年年底，济南市提出了发展外向型经济的十条路子：一是走好境外办企业的路子；二是走好兴办外商独资企业的路子；三是走好兴办合作企业的路子；四是走好兴办中外合资企业的路子；五是拓展自营企业的路子；六是走好来料加工的路子；七是走好来件装配的路子；八是走好来图来样加工的路子；九是走好补偿贸易的路子；十是走好权尽所用的路子。这期间，济南市利用外资规模扩大、领域拓宽，技术合作有了新进展，投资环境日臻完善，涉外服务体系日趋合理，对外贸易完成了由间接出口向直接创汇的历史性转变。2001年全市进出口总额达到14.4亿元。对外贸易基础条件和素质明显提高。出口主体规模不断扩大，全市获自营进出口权企业由“八五”期末的53家，发展到2001年的315家，形成了外贸企业、自营进出口企业和外商投资企业三支出口主力军。出口市场进一步拓宽，重点开发了东亚、东南亚等亚洲传统市场，进一步拓展了欧美市场，逐步向中东、南美、独联体等新兴市场发展。出口商品由“八五”期末的400余种增加到2001年的600多种。由出口初级原料型产品为主，发展为钢铁、纺织、服装、机电、农副产品、轻工日用品、化工医药等多类产品的出口。外商投资领域得到拓宽。在省委、省政府提出济南“五年大变样”以后，济南市适时调整招商引资战略，按照“市内、国内、境外”三条路子招商的思路，采取境外招商、叩门招商、中介招商、以外引外等多种招商方式，取得明显成效。涉外服务体系日趋合理。这一时期，济南市重点抓了交通运输、邮电通讯、能源供给等基础设施建设。先后开通了济南国际集装箱分流中心、济南至俄罗斯国际货运包机航线、济南至香港陆路货运通道、济南国际邮件验关业务，建成启用了济南国际经贸信息网络系统等，并且相继出台了《关于进一步改善外商投资软环境的决定》等十多个地方性涉外法规，为依法管理外商投资企业和依法维护外商投资企业各方的合法权益提供了依据，为外商到济南投资兴业创造了条件。

2002年以来，济南市对外贸易规模持续扩大，吸引外资水平稳步提高，对外开放程度不断扩大，对外经济进入一个崭新的阶段。对外出口队伍逐年壮大，市场多元化战略初见成效，出口的商品结构进一步优化，机电产品、高新技术产品成为主要的贸易增长点，外商直接投资稳步增长，进出口总额呈现较好发展态势，外贸出口对经济增长的贡献日益突出。外商投资涉及石油、化工、电子、机械、纺织、医学生物、建筑地产、商饮、宾馆和娱乐等多种行业领域。已有来自中国港、澳、台，以及日本、美国、法国、德国、澳大利亚、马来西亚、捷克等30多个国家和地区在济南投资建厂。2010年年底，落户济南的世界500强企业达38家，世界500强企业中的沃尔沃公司、德国西门子、美国麦当劳、法国家乐福公司、法国电力、美国摩根士丹利公司、微软公司、可口可乐、日本郡是、NEC公司、日本松下、三洋、铃木、日本伊藤忠、法国标致、正大集团等前来济南投资落户，新加坡旺旺集团、台湾宏全食品、台湾三功集团、润泰集团、香港中华煤气、百江燃气等实力雄厚的知名企业也相继落户济南，为济南经济带来了活力。出口商品结构不断改善。2010年，出口商品在全市形成了钢铁及制品、纺织服装、农副产品、机械电器、化工原料及产品、车辆及附件、文体用品等骨干出口商品格局，机电产品、高新技术产品和软件产品已成为济南市出口的重要支柱商品。出口主体多元化。改革开放初期，对外贸易处于垄断经营，济南市对外贸易进出口主体只有国有外贸企业。随着对外开放程度进一步加大，逐渐发展“三来一补”业务，引进出口型外资企业，放开外贸经营权，发展工业自营出口，开办境外企业，形成了外贸、外资、外经“三外”齐发，外贸公司、自营进出口企业、外资企业、来料加工企业和境外企业“五路大军”协同作战的格局。

2010年，济南市全年实现进出口总值74.4亿美元，其中进口33.9亿美元，出口40.5亿美元。出口产品结构进一步优化，机电产品出口25.3亿美元，高新技术产品出口4.74亿美元。新签外商投资项目87个，实现合同外资额12.1亿美元；实际到账外资10.4亿美元。共签订对外承包和劳务合作合同金额34.5亿美元；完成营业额15.1亿美元。服务外包保持强劲发展势头，离岸执行额2.28亿美元。新设境外企业30家。对外直接投资1.57亿美元。

五、社会建设在突破传统模式中全面发展

济南解放后，随着社会主义制度的建立，济南的社会建设步伐逐渐加快。“文化大革命”中，济南的社会建设遭受严重破坏。1978年，中共十一届三中全会召开，为各项工作的恢复和发展提供了转机。

1986—2000年，济南市广大干部职工解放思想，深化改革，以邓小平视察南方重要讲话为契机，认真学习和贯彻中国特色的社会主义理论，增强了改革意识、竞争意识和服务观念，结合济南实际，对社会建设的各项工作进行了改革和探索，在很多方面实现了突破。进一步建立和完善社会保障体系，涌现出民政、交警、依法治市、社区建设等在全国树立的典型。

1996年8月6日，济南市民政系统在《济南日报》正式向社会公开推出以城市居民最低生活保障服务、农村五保供养服务、优待抚恤服务、退伍安置服务、婚姻服务、殡葬服务、收养登记服务、农村社会养老保险服务、“三无对象”收养服务、“三无对象”精神病人收养治疗服务为主要内容的“为民解难十项服务”总体方案。对十项服务的政策法规依据、服务标准、服务程序、时限要求、承办单位及联系人、监督手段等六十二条具体规定，也同时全部向社会公开。

为适应社会主义市场经济体制的需要，这一时期济南开展了以全心全意为人民服务为核心内容的职业道德建设，活动中坚持为人民服务的宗旨，把人民群众满意不满意、高兴不高兴作为工作的出发点和落脚点，促使了许多行业纷纷改善管理、转变作风、端正行风，带来广泛的社会效应。济南交警等一批先进单位成为全国典型，有力促进了全社会精神文明的发展。1995年10月15日，江泽民总书记为济南交警题词：“严格执法　热情服务”。济南交警解答了在社会普遍比较注重追求物质利益的环境中，如何树立共产主义理想信念，如何坚持党的全心全意为人民服务的宗旨这一难题。他们的做法是开展“理想实践”的考核活动，教育与管理并重。一方面，教育民警发扬“从严治警，严格执法；一心为民，热情服务；爱岗敬业，无私奉献”的交警精神。另一方面，把宗旨、理想、信念量化为工作指标，以考核来要求和约束。这样，就把每个交警的人生价值追求融于执法服务的一招一式、一言一行中，就把无形的思想要求变为有形的工作考核，使每个人在工作中为实现理想和坚持宗旨而奋斗。

依法治市工作全面推进。济南市委、市政府高度重视法制建设，始终坚持依法治市。章丘市

依法治理工作成绩突出，成为全国典型。章丘市从依法治村做起，大力开展普法教育，努力提高广大干部群众的法律素质；全面建立依法治理章程，确保法律法规落到实处；推进民主决策，保证人民群众当家做主；实施依法决策，保证重大决策符合法律和群众的切身利益；落实执法责任，提高行政执法部门的工作水平；坚持从严治吏，建设高素质的行政执法队伍，逐步形成全员学法、全面建制、全社会参与、全方位推进的依法治市新格局。为此，1992年8月，中组部、司法部、民政部和中央政策研究室联合在章丘市召开会议，向全国推广“依法建制，以制治村，民主管理”的典型经验。

城市管理水平全面提高。围绕构筑具有济南特色的社区建设新格局，2000年，济南市按照“两级政府、三级管理、四级落实”的要求，不断深化街道、社区体制改革，逐步建立起“以块为主、条块结合”的新型社区管理体制和运行机制，为和谐社区建设奠定了良好的组织基础。济南以和谐社区创建活动为抓手，以社区管理体制创新为突破口，以建立新型社区、强化城市管理、完善社区服务、实现基层民主为目标，探索创新，全面推进社区建设取得积极进展，被民政部命名为“全国社区建设示范市”。

卫生事业长足发展。改革开放后，伴随着一系列规章制度的恢复，济南市卫生医疗体制改革提到日程。1989年7月1日起，按照省物价、卫生、财政部门的统一部署，在全市医疗机构实行新的收费标准。卫生防疫保健工作逐步规范化和制度化。1988年妇幼保健程序化及《母子保健手册》的推行适用，使全市妇幼保健工作进入了科学化管理的新阶段。首创社区卫生服务。1995—1997年，济南的社区卫生服务，先点后面，典型引入，循序渐进，逐步扩展，探索出一条富有济南特色的基层卫生发展的新路子。至1999年年末，覆盖城乡的社区卫生服务组织体系基本建成。1997年9月和11月全省城市社区卫生工作座谈会和全国社区卫生服务工作现场会分别在济南召开，中央和省领导对济南社区卫生服务工作给予充分肯定。新华社、人民日报等60多家新闻单位作了报道，全国28个省市自治区前来考察。2010年，济南市拥有卫生机构5086个，其中医院196个；卫生机构床位3.2万张，其中医院床位2.5万张；各类卫生技术人员3.94万人；每千人拥有病床5.3张，每千人拥有执业医师2.9人。

进入新世纪后，济南市的社会建设以科学发展观为统领，以解决人民最关心、最直接、最现实的利益问题为重点，坚持发展为了人民、发展依靠人民、发展成果由人民共享，努力打造和谐济南。

专项救助成效显著。为有效解决困难家庭医疗难、受教育难、住房难、打官司难等问题，陆续出台了城乡医疗救助、教育救助、住房救助、法律救助、取暖救助、爱心救助等一系列制度措施。社会保障体系的逐步健全和完善，维护了困难群众的基本生活权益，有力地促进了社会公平和社会和谐。

公共就业服务体系逐步完善。统筹城乡就业试点初见成效，全市68个乡镇劳动保障事务所实现了联网，并在4770个行政村全面建立劳动保障协理员制度。各县（市）区对辖区农业劳动力的基本情况进行摸底调查，建立农业劳动力资料数据库，实现了“零就业家庭”动态消零的目标任务。

社会保障体系逐步建立完善。2010年年底，全市城镇基本养老、基本医疗、失业、工伤、生育保险参保人数分别为149万人、254.5万人、91.6万人、129.2万人和72.3万人。农村五保截至2010年年底，五保老人12292人，基本实现五保对象“愿进全进”的目标。在2010年元旦春节期间，全市筹集送温暖救助资金4988.6万元，救助城乡各类困难群众79260户。全年销售各种福利彩票8.24亿元，同比增长35%。慈善事业全年市、县慈善总会共募集善款8948.3万元，支出善款6273.8万元，用于社会救助活动。

农民工就业环境有了新改善。农民工工作联席会议制度和农民工协调机制基本建立。农民工参加工伤和医疗保险工作稳步推进。全市公共就业服务机构全部对农民工免费开放，针对农民工的就业服务体系逐步完善。继续组织开展“春风行动”，免费向农民工提供就业服务。

老龄事业取得明显成绩。济南市老龄事业认真贯彻“党政主导、社会参与、全民关怀”的老龄工作方针，以老有所养、老有所医、老有所教、老有所学、老有所为、老有所乐为工作目标，老龄事业发展取得明显成绩。老年法规政策体系不断完善，保障了老年人合法权益。全市两级法院发挥审判职能作用，成立了维护老年人合法权益领导小组，在执行局成立了涉老案件执行小组，实行了涉老案件专案专办、司法援助、规章制度公示等制度，对侵害老年人合法权益的案件做到优先立案、优先审理、优先执行，还依法运用先予执行、财产保全等法律手段，使老年当事人从起诉到法院受理那天起，就在经济和物质生活上得到保障。老年照料服务体系不断完善，加强了老年福利服务设施建设。老年文体活动组织网络进一步健全，举办了民族音乐会、老年人书画展、老年人专场文艺演出等活动。

残疾人工作取得新成就。基层残疾人组织和基础设施建设不断加强。2003年以来，以深入开展“基层残疾人组织建设年”活动为契机，健全完善了县（市）区、乡镇（街办）、村（社区）三级基层残疾人组织网络，历下区、市中区、天桥区先后被中国残联命名为“全国社区残疾人工作示范区”。

平安建设始终走在全省前列。自2003年年底开展平安济南建设工作以来，全市各级各部门按照“建设平安济南、打造首善之区”的目标要求，全面落实维护社会稳定的各项措施，平安建设各项目标任务完成情况始终走在全省前列，进一步巩固了省会政治稳定、社会和谐、治安良好、人民群众安居乐业的良好局面。济南公安建设警区化的巡逻堵截体系、社会化的群防群治体系、市场化的技术防范体系、规范化的社区警务体系、动态化的分析预警体系和专业化的阵地控制体系六大体系，初步架构起社会治安防控大格局。在全面推进“平安济南”建设中，牢固树立“居民稳则社区稳、社区安则城市安”的指导思想和构建和谐稳定社区的理念，积极拓展社区平安建设领域，在筑牢平安建设根基上下工夫、做文章，努力以“小平安”实现“大稳定”，收到了很好的效果。

2010年年末，全市从业人员380万人，其中第二产业、第三产业从业人员分别占33%和42%，城镇登记失业率3.84%。全市城镇职工基本养老保险参保人数149万人，增加12.4万人；城镇基本医疗保险参保人数254.5万人；失业保险参保人数91.6万人。社会保障力度加大。享受城镇最低生活保障的城镇居民2.7万户、6万人，发放最低生活保障金及各类补贴1.6亿元；享受农村最低生活保障的农村居民4.7万户、8万人，发放最低生活保障金及各类补贴0.74亿元。保障性住房建设加快推进。完成棚户区拆迁建筑面积80万平方米，安置房建设竣工70万平方米、新开工80万平方米。开工建设经济适用住房35万平方米，完成实物配租1493套，开工建设公共租赁住房3500套，向4262户家庭发放廉租住房租赁补贴1841万元。

六、城市建设迅速提升

济南是一座历史文化名城，以地上、地下众多的文物古迹和山清水秀的自然景色闻名遐迩。然而，千百年来，济南的城市建设却一直处于自然发展、自然形成的状态，缺乏整体的科学规划、合理布局，致使城市建设的步伐十分缓慢。新中国成立后，济南城市建设开始发生巨大变化，市政基础设施不断完善。1978年中共十一届三中全会召开后，全国实行以市带县的新体制，给城市建设提供了巨大的发展机遇。济南坚持解放思想，提升境界，开拓进取，务实创新，城市建设事业保持了又好又快发展的良好态势，城市面貌发生了显著变化。

1986—2010年，是济南市城市建设迅速提升时期。然而，城市建设面临的困难和问题也越来越尖锐，主要是对市场经济条件下省会现代化建设规律的认识还不够深透；城市发展空间严重不足，与经济社会快速发展不适应的矛盾越来越突出；城市综合服务功能还不完善，市区交通拥挤状况日益加剧；城市规划相对滞后，违法违章建设还不同程度地存在；城市管理体制和运作机制还不适应现代化建设的要求。为此，1997 年 6 月 15 日，中共山东省委召开常委扩大会议，明确提出“用 5 年的时间，使济南的城市面貌有一个明显的改观，综合经济实力和服务功能明显提高”。绕城高速公路、顺河高架路的建成通车及市内 50 多条主次干道的拓宽改造，济南机场一期工程的实施，鹊山水库、玉清湖两大水库的建成，使济南的聚集辐射功能明显增强。泉城广场的建成、泉城路商业街的拓宽改造及大明湖、趵突泉、千佛山三大名胜的整治扩建，使泉城特色和品位明显提高。

实施“新区开发、老城提升、两翼展开、整体推进”的城建思路，全面提升城市建设水平。2002 年 1 月 22 日，省委、省政府召开济南城市建设现场办公会，提出要坚持高起点规划、高标准建设，高效能管理，把济南建设成为充分体现悠久历史文化、独特自然景观和新世纪现代化气息的省会城市。2002 年 4 月 6 日，在济南市建设工作会议上，济南市委提出：立足于率先基本实现现代化，围绕“实现新跨越，建设新泉城”的目标，力争到 2007 年，使城市形态布局更合理，服务功能更完善，泉城特色更突出，生态环境更良好，综合竞争力更强，为建成现代化区域中心城市奠定坚实的基础。

按照“东拓、西进、南控、北跨、中疏”的空间战略和“新区开发、老城提升、两翼展开、整体推进”的思路，提升了交通服务功能。积极推进北园大街、历山路 BRT 系统建设，2006 年获全国首批“优先发展城市公共交通示范城市”称号。提升了公共服务功能。通过加强水、气、热等市政基础设施建设，城市公共服务能力进一步提高。城市环境承载能力得到增强。先后建成燕山健身广场、泉城公园、社区健身路径等一批公共服务设施，为群众健身休闲提供了新的场所。奥体文博片区、大明湖扩建、小清河综合整治工程、西客站区片、棚户区改造等重点建设项目进展顺利。依法整治违法违章建设。对严重违反城市规划及占压河道、管线，影响公共利益和公共安全的违法建设依法进行了拆除，对参与违法建设的房地产开发和设计、施工、监理等企业依法进行查处。

大力治理脏乱差。对主干道两侧、大型公共场所、城乡结合部、居民小区的“八乱”进行集中整治，清理卫生死角，规范整顿户外广告。进一步理顺管理体制，城市管理不断加强。加快区、街职能转变，“两级政府、三级管理、四级网络”的城市管理模式初见成效；构建新的管理平台，积极推进数字化网格化管理，促进城市管理由粗放型向精细型转变，市级数字化城管系统平台建设基本完成；探索城市管理长效机制，在历下、市中、长清三区开展了城市管理长效机制试点；深化市政公用事业单位改革，引入竞争机制，提高了市政管理的市场化程度。

棚户区旧貌换新颜。早在 2007 年 4 月 27 日，济南市政府就推进棚户区改造做出详细部署，力争 3 年内基本完成棚户区的改造。截至 2010 年年底，全市启动旧城区 38 个集中连片棚户区和 34 个零星片区棚户区改造工作，动迁居民约 6 万户、18.3 万人，拆迁建筑总面积约 430 万平方米，安置房开工建设 290 万平方米、竣工 130 万平方米，约 1.7 万户居民回迁，累计完成投资 120 亿元。改造前棚户区居民户均居住面积约 32 平方米，改造后户均居住面积可达到 62 平方米。

2010 年，济南城市建成区面积达到 347 平方千米，城市绿化覆盖率 37%，人均公共绿地面积 11 平方米。老城区改造提升和三大新区开发建设加快推进。实施了棚户区、城中村和危旧简易楼群三大改造，恒隆广场、华强广场等项目进展顺利，万达广场投入使用，护城河全线通航，泉水自2003年以来保持常年喷涌。省博物馆和档案馆新馆、黄金时代广场等重点项目竣工，奥体文博片区初具规模；西客站站房主体完工，大剧院、济西湿地公园一期等重点项目开工建设；小清河综合治理二期工程扎实推进。城市基础设施不断完善，京沪高铁济南段铺轨竣工，建邦黄河大桥建成通车，德大铁路济南段开工建设，完成黑虎泉西路、文化东路等市政道路建设维护，济西应急供水一期工程和28个供水低压片区管网升级改造完工，新建及改建热源厂9座、污水处理厂4座。

七、文化建设蓬勃发展

济南作为历史文化名城，文化建设历史久远。宋开国后，社会的长时期相对稳定使济南呈现一派太平盛世景象。著名诗人黄庭坚曾以“济南潇洒似江南”的诗句赞美济南的湖光山色。北、南宋之交，济南“二安”相继蜚声文坛：女词人李清照（号易安），词作情真、意深、语新，具有独特的艺术风格，被称为“婉约派”之宗；“豪放派”词人辛弃疾（字幼安），不仅是一位毕生致力于国家统一的民族英雄，也是一位高产的文学家，他创作的词慷慨悲壮，笔力雄厚，与苏轼并称为“苏辛”。金元之际，济南仍是文化繁荣之乡。著名散曲家杜仁杰、张养浩博学多才，诗文俱佳。明清两代，济南经济发展较快，清康熙以后，已成为具有一定规模的商业城市。与之相适应，文化事业相当发达，一批著名学者应运而生。明代文坛著名的“前七子”之一、历城人边贡，诗作以清新婉转、平淡和粹、兴象飘逸见长；“后七子”领袖李攀龙，则是文学复古运动的积极倡导者，对明代文坛产生过较大影响；著名戏剧作家、章丘人李开先，有《宝剑记》等传世；清代著名学者、历城人周永年，是《四库全书》的主要编纂者之一；马国翰则穷其毕生精力，完成《玉函山房辑佚书》，成为中国辑佚学的皇皇巨著。余如许邦才、殷士儋、于慎行等，均在文坛享有盛名。

20世纪前，旧式教育的儒学、书院已延续了千百年。新中国成立后，实行教育向工农开门的方针，同时不断进行教育改革，提高教育质量，为国家培养了一大批德、智、体全面发展的合格人才。“文化大革命”期间，各级各类学校在一段时间内全部“停课闹革命”，教育秩序一片混乱，新中国成立17年建立起的已基本合理的教育结构被打乱。1978年中共十一届三中全会以后，经过拨乱反正，教育事业又走上全面振兴的道路。

科技事业进入历史发展新阶段。新中国成立后，国家重视科学技术事业的发展，济南地区长期以来一直处于蜗行状态的近代科技逐步向现代科技迈进。1985年，济南市各级各类科研机构共104处，科学技术已深入到各行各业的各个领域，涌现出一大批科技成果。1978—1985年，济南地区获市级以上各级奖励的科技成果共1534项，其中获国际级奖的4项，获国家级奖的105项，获部级奖的25项，获省级奖的1021项，获市级奖的379项。科技成果的推广和应用，推动了社会生产力的发展，促进了社会的繁荣和人民生活水平的提高。

1986—2000年，济南市以《中共中央关于科学技术体制改革的决定》、科教兴国战略方针、邓小平批准“863”计划所作“发展高技术，实现产业化”的指示和“科学技术是第一生产力”的思想为指导，大力推进改革开放，引入市场竞争机制，各项科技工作取得显著成绩。在山东率先进行“双放”（放活科研机构、放活科技人员）改革试点和科技人员职务聘任制改革，并迅速完成。济南科技市场被科技部誉为科技市场发展的“济南模式”；实施培养跨世纪人才工程（包括“千百万”科技人才培养工程和济南青年科技明星计划），市拨专款用于学科带头人、青年拔尖人才、科技明星的重点培养，使高层次、复合型科技人才不断涌现。2000年，济南地区各类专业科技人员37万人，其中，具有高级职称的1.6万人，各类优秀科技人才1500余人。

2001—2010年，济南市大力实施科技兴市、人才强市战略和科技创新工程，有力地推动了科技创新能力和科技竞争实力的迅速提高。2003年济南市科技竞争力跃入全国十强，2002年、2004年两次获全国科技系统最高荣誉——“全国科技进步先进市”称号。市拨科技三项经费由2000年的2386万元增至2005年的4800万元。2005年，在高层次人才中，有两院院士3人、国家“千百万人才工程”22人、国家级突出贡献专家59人、国务院特殊津贴专家1581人，2005年专利申请6507件，列全国副省级城市第六位。2005年12月，又被批准为全国知识产权示范城市创建市；自主创新能力显著增强。2008年，济南市成为世界科技城市联盟正式成员，全年申请专利首次突破万件，达11584件。2010年，济南市启动实施“百千万引才工程”，引进3批高层次人才，其中，4人入选国家“千人计划”，13人入选省“万人计划”第一层次，73人带成果带资金到济南创业。

创新型城市顺利推进，自主创新不断加强。为全面实施以自主创新为中心环节的建设创新型国家的强国战略，加强自主创新，推动济南社会经济又好又快发展，市委、市政府于2006年出台了《关于实施科技规划纲要建设创新型城市的决定》，陆续出台了一系列建设创新型城市的相关政策和措施，对支持企业技术研发机构升级、争创名牌产品、驰名商标和著名商标、参与标准制定等都作出了有关规定。2010年，济南市入选创建国家创新型城市试点。全年专利申请总量15519件，其中发明专利申请量3432件。专利授权量9593件，其中发明专利授权量1260件。实施各类科技计划1274项，大型精密复合冲压成型机床创新平台等近20个项目被列为国家重大重点专项。创新平台建设更加完善。全年新认定国家级企业技术中心2家、省级企业技术中心7家；市级以上企业技术中心达204家。新认定：省级工程技术研究中心24家，国家级特色产业基地2家，省级软件工程技术研究中心6家。建立起以大型仪器共享平台等六大服务平台为代表的公共资源共享平台，提高了省城创新资源利用效率。以山东济南生产力促进中心为依托，建立了网上网下互动的济南市科技成果转化交易服务平台。

教育事业快速发展。济南教育事业源远流长。1901年，济南第一所高等学府——官立山东大学堂的建立，成为新式教育的发端。随后，各学科的专门学校相继建立。至1949年，市区共有包括高等学校、中等专业学校、普通中学、小学、幼儿园、聋哑学校在内的各级各类学校167所，在校学生总数60049人。1985年，济南市业已形成包括高等教育、普通教育、职业教育、成人教育和特殊教育在内的、比较完整的教育体系，全市有各级各类学校4364所，其中市区908所；在校生604788人，其中市区274762人。全市平均每万人口中有在校生1640人。

1986—2000年，济南市市区和农村全部依法进入了实施义务教育阶段。1989年，市政府又从全市基础教育的实际情况出发，提出了实施义务教育分三步走的总体目标。2001—2010年，济南市以科学发展观统领全局，深化教育体制改革，全面践行“让更多的人接受更好的教育”的理念，加快教育结构优化调整，建立加大教育投入机制，不断深化对教育体制、管理体制的改革，教育事业全面协调发展。高等教育经过调整结构、改革体制、提高质量、扩大规模等阶段，已基本形成多层次、多形式、学科门类齐全的体系。2010年，济南市各类学校在校学生144.74万人；专任教师8.29万人，普通高校34所，招生15.5万人。学龄儿童入学率100%，小学毕业生升学率100%。

文化艺术事业繁荣发展。济南历来为文化艺术荟萃之地，不仅有一批不同艺术风格和不同艺术流派的艺术表演团体，而且拥有一批卓有成就的专业艺术人才。济南解放前夕，社会动荡不安，使得文化事业一片萧索。新中国成立后，随着社会的稳定、经济的发展，文化事业开始繁荣。文艺队伍迅速发展，演员素质和表演水平不断提高，吕剧、舞蹈、杂技等专业艺术团体创作演出了一批脍炙人口的优秀剧（节）目，并多次在国际、国内比赛中获奖。广播电视、新闻出版、图书、档案等项事业也得到进一步发展、完善，为建设社会主义、宣传党的方针政策、提高国民素质、丰富人民群众的文化生活，发挥了巨大作用。

“七五”（1986—1990年）时期，济南市的文化事业迅速发展。1986年，市杂技团的《蹬板凳》节目参加在英国伦敦举行的第十一届杂技锦标赛，一举夺得团体冠军和特技项单项冠军，赢得最高奖“英航杯”。文学创作成绩显著，许多作品在全国全省获得较大影响。如《轮椅上的梦》获全国首届“奋发文明进步奖长篇小说一等奖”,《净魂》获中宣部组织的“五个一工程奖”和全国第十三届“飞天奖”三等奖。

“八五”到“十一五”（1991—2010年）期间，济南市逐渐加大对文化的投入，文化设施建设明显加强。济南剧院、济南图书馆、济南市博物馆和济南画院相继建成投入使用，增加了丰富群众文化生活的场所，为文化事业的发展提供了载体。文物保护和管理工作实现突破。1998年12月，颁布文物保护的第一个地方性法规——《济南市文物保护管理规定》，公布了第二批市级文物保护单位47处，树立了文物保护标志，依法登记文物263处，并与使用单位签订了文物保护责任书。西河遗址、洛庄汉王陵陪葬坑和祭祀坑发掘成果分别入选1997年、2000年全国十大考古新发现。文化市场更加繁荣有序。市级各县（市）、区相继建立了文化市场管理机构，成立了专职稽查队伍，全市各级文化市场管理部门坚持繁荣与管理并举，加大执法力度，打击违法、违规经营，维护合法经营，确保了文化市场繁荣、健康、有序发展。到2010年,全市拥有各种艺术表演团体14个，文化馆（站）及群众艺术馆145个,博物馆11个，档案馆14个，公共图书馆12个。全年出版报纸16.8亿份，各类杂志0.7亿册，图书2.4亿册。有线广播电视用户151.6万户，其中数字电视用户32.3万户。

“诚信、创新、和谐”作为济南的城市精神，是全体市民共同的价值理念、维系市民关系的重要精神纽带和推动济南发展的强大精神动力，是济南的精神旗帜。25年来，勤劳、朴实、智慧、文明的泉城儿女，在中国共产党的领导下，在济南历史上书写了一段辉煌篇章。在科学发展、和谐发展的新征程中，600多万济南人民，必将以更加饱满的发展和建设激情，把泉城建设成美丽、富裕、和谐的家园。

大 事 记

1986年

1月8日 济南市政府颁布《济南市城市道路、桥涵管理实施细则》。

1月9—24日 黄河章丘段出现1969年以来的特大凌洪，刘家园险工以下4号坝滩地生产堤溃决，滩区27个自然村被水包围，其中8个自然村进水，2330公顷土地被淹，受灾人口1.26万人。

1月24日 济南市10种产品获国家产品质量奖，其中济南针织厂生产的山花牌40支精梳弹力衫裤、济南液压泵厂生产的泉城牌C13220402050齿轮油泵获金质奖，济南第二机床厂生产的JD36-400型闭式双点机械压力机等8种产品获银质奖。

1月29日 1985年全国高中生数学联赛结果揭晓，山东省实验中学高三学生许力耕夺得全国冠军。

1月29—30日 市第九届人大常委会举行第二十次会议，通过《关于命名济南市市树、市花的决定》，确定柳树、荷花为济南市市树、市花。

1月31日 济南市普及法律教育动员大会召开，市区普法工作于2月中旬全面铺开。年内，全市城乡146.7万人受到普法教育，占普法对象的55.4%。

2月2日 济南风味小吃评审结果揭晓，87个品种被评为“济南风味小吃”。

2月6日 市妇联、市总工会、团市委联合发出通知，决定将1986年作为“提高妇女素质年”，号召广泛开展提高妇女思想、文化、科学技术素质活动。

2月16日 中共中央政治局委员、全国人大常委会委员长彭真抵济南视察。

2月21日 中共济南市委、市政府制定《关于市委、市政府领导成员加强自身思想、作风建设的10条规定》。

2月25—28日 市委、市政府召开全市教育工作会议，讨论通过《关于搞好教育体制改革，振兴济南教育的决定》。

3月1—4日 在全国计划生育先进集体、先进个人代表会议上，济南市被授予全国“计划生育先进集体”。

3月3—14日 济南市举行“热爱家乡，建设泉城”群众文艺调演，80多个单位、近1000名演员参加演出。

3月4日 市委、市政府召开大会，授予带领农民脱贫致富的济南市郊区段店镇军队离休干部颜锡笙“优秀共产党员”“劳动模范”称号，动员全市开展向颜锡笙学习的活动。11月25日，颜锡笙被授予“全国优秀共产党员”称号。

3月5日 济南市首届妇女书画展览开展，展出作品353件。

3月8日 济南试验机厂研制成功国内第一台50吨液压式弹簧压力试验机。

3月11日 济南市工商河综合治理工程开工，10月竣工。全市1.6万人参加治河义务劳动，共清挖淤泥32万立方米，砌垒护岸土墙长1.6万米（6万立方米），修建污水处理设施72套，铺设截污主次管道7285米，沿河20多个污染源单位均建成污水处理系统。

3月12日 以副市长王炳琴为团长的济南综合经济考察团离济前往美国萨克拉门托市考察。

3月21日 中国第一台双点单动1600吨机械压力机由济南第二机床厂研制成功并通过

鉴定。

同日 市第九届人大常委会举行第二十一次会议，决定翟永浡任济南市代理市长。

3 月 22 日 山东省人民集资兴建的省体育中心体育场工程在济南市破土动工，1988 年 1 月 20 日建成。体育场总面积 5.5 万平方米，包括田径、足球、网球场，可容纳 5 万名观众。

同日 济南—烟台—大连、济南—郑州—西安民用航线开航。

3 月 29 日 中共山东省委副书记兼济南市委书记姜春云到济南客车厂，与该厂 700 多名职工就工资、物价、党风等问题进行座谈。

同日 市委、市政府发出《关于贯彻中央〔1986〕1 号文件和省委 5 号文件精神的通知》，对 1986 年农村工作作出安排，提出加强农村工作的 33 条措施。

4 月 1 日 市委决定，建立与党外人士“双月座谈会”制度，并举行第一次座谈会，邀请市各民主党派、人民团体负责人及部分党外知名人士就济南市“七五”计划草案要点进行座谈，听取与会者的修改意见和建议。

4 月 2 日 澳大利亚南澳州政府总理约翰·查尔斯·班依率南澳州政府和贸易代表团访问济南。

4 月 9 日 市政府颁布《济南市科学技术进步奖励试行办法》。

4 月 11 日 凌晨 2 时许，德州地区第二运输公司一辆大客车行至长清县平安店镇大刘村附近，与一辆货车相撞，客车当即起火爆炸，35 人死亡，17 人受伤。

4 月 1—23 日 由市长麦克南率领的英国考文垂市友好访问团访问济南。

4 月 24 日 市委、市政府召开济南市职工劳动模范和先进班组命名表彰大会，命名 120 名职工为“济南市职工劳动模范”，30 个班组为“济南市先进班组”。

4 月 30 日 济南第一机床厂厂长孙宝君、山东酒精总厂科研所副所长张庆荣、山东造纸机械厂技术科科长王家骏、济南第三棉纺织厂工人赵玉美获中华全国总工会颁发的五一劳动奖章。

5 月 8 日 市委、市政府印发《关于贯彻执行〈国务院关于进一步推动横向经济联合若干问题的规定〉的意见》，提出推进横向经济联合的总构想：明确省会、中心城市的地位、作用，不断增强城市的辐射力和吸引力，逐步建立五个层次的纵横交错的经济技术协作网络，进而把济南市建成开放型、多功能、现代化的中心城市。

5 月 13 日 全国人大常委会副委员长廖汉生到济南视察普法教育工作。

5 月 16 日 济南市第一条彩色电视机生产线在山东电视机厂建成投产。

5 月 17 日 市政府发布《济南市文明市民公约》。内容是：热爱祖国，建设泉城；讲究卫生，美化环境；遵纪守法，见义勇为；说话和气，礼貌待人；救死扶伤，助人为乐；尊师重教，敬老爱幼；爱护公物，拾金不昧；自尊自重，举止文明；移风易俗，计划生育；扶正祛邪，爱憎分明。

5 月 20 日 山东省第一个邮政储蓄点——济南市市中邮政分局营业厅开办邮政储蓄业务。省邮电管理局将 5 月 20 日定为“山东邮政储蓄纪念日”。

5 月 21 日 全国人大常委会副委员长赛福鼎视察济南钟表厂和济南刺绣厂。

5 月 24 日 市委、市政府召开绿化近郊荒山会议，动员全市军民划片包干，绿化荒山，逐步使近郊荒山和道路两侧变成山绿水清、道路林荫的风景区。

同日 市委、市政府决定，济南市于 1986、1987 两年分两步改革市区中学招生办法，即将高、初中统一设校逐步改为高、初中分别设校，改革后取消重点初中，实行小学毕业生划片就近入学。

5 月 25 日 中共济南市第四届委员会第七次全体会议召开，讨论审议《济南市国民经济和社会发展第七个五年计划（草案）》。

同日 新加坡第二副总理王鼎昌和夫人一行 8 人访问济南。

5 月 26—31 日 政协济南市第七届委员会第

四次会议召开，听取和审议《政协济南市第七届委员会工作报告》，选举陈宝玺为市政协主席。全体委员列席市九届人大四次会议，听取讨论《关于〈济南市国民经济和社会发展第七个五年计划（草案）〉的报告》及其他报告,并提出意见和建议。

5月27日 市政府发布《济南市城市建设档案管理试行规定》。次年5月1日，山东省最大的城市建设档案馆库——济南市城建档案馆大楼落成交付使用，建筑面积3600平方米。

5月27日—6月1日 济南市第九届人民代表大会第四次会议召开，583名代表出席会议，听取并审议通过代市长翟永涥所作的《关于〈济南市国民经济和社会发展第七个五年计划（草案）〉的报告》、市人大常委会主任李元荣所作的《济南市人民代表大会常务委员会工作报告》及《关于〈济南市1986年国民经济和社会发展计划（草案）〉的报告》《关于〈济南市1985年财政决算和1986年财政预算（草案）〉的报告》《济南市中级人民法院工作报告》《济南市人民检察院工作报告》。会议决定接受徐貞吉、张扬、王善志、王寿春辞去市九届人大常委会副主任职务的请求，接受何宗贵辞去济南市市长职务的请求，接受刘耀华、谭庆琏辞去济南市副市长职务的请求；会议补选牛子重、刘振嵩为市九届人大常委会副主任；选举翟永涥为济南市市长，赵传明、刘统侠为济南市副市长。

5月28日—6月1日 济南市召开城乡一体经济技术横向联合洽谈会，全市城乡3000余名代表和全国16个市、县的代表到会洽谈；共签订产品扩散和联营项目366项，科研生产联合项目17项，科技成果转让和协作意向书182项；达成人才交流协议73项，乡镇企业聘请技术顾问81人。会上还调剂一批闲置设备和积压物资。

5月30日 济南市学生联合会恢复成立（曾于1955年10月撤销）。

5月31日 济南市图书馆、少年儿童图书馆新馆落成。图书馆总建筑面积8517平方米，包括1座5层成人借阅楼，1座6层少儿借阅楼和1座12层书库楼。

同日 坐落在南辛庄中街的济南市儿童医院新院竣工，总建筑面积1.4万平方米。

6月1日 济南市历下区妇联家长学校、槐荫区小辛庄小学家长学校被全国妇联、国家教育委员会评为“全国百所优秀家长学校”之一。

6月4—5日 全市县（区）人民武装部交接工作会议召开，宣布原属济南军分区管辖的济南市区、县人武部，实行地方和军队双重领导。

6月5日 济南皇亭体育馆落成，建筑面积1.47万平方米，可容纳4500名观众。

6月8日 济南各界群众热烈欢迎老山前线参战部队某部凯旋。15时，济南军区在济南张庄机场举行阅兵式。之后，受阅部队分乘200多辆汽车进入市区，受到69万群众夹道欢迎。沿途群众敲锣打鼓，挥舞彩带花束，向凯旋战士献花、赠送慰问品。欢迎活动持续至晚9时许。

6月9—20日 第一届中美图论及其应用国际会议在济南举行，中国及21个国家和地区的200多名专家、学者参加会议。

6月10日 著名国画艺术家李苦禅的400余件作品由其家属捐赠给济南市。次日，李苦禅纪念馆在万竹园开馆。

6月16日 济南市开始推行住宅商品化，以每平方米（按建筑面积计）300元的价格向个人出售，城市住房制度改革迈出重要一步。

6月19日 济南市召开公民义务献血动员大会，动员全市公民有计划地按部门、系统和单位踊跃参加义务献血活动。7月4日，《济南市公民义务献血和医疗用血管理暂行规定》实施。

6月19—26日 1986年全国武术“鲁屏杯”比赛在济南市举行，24个省、市、自治区和5所部属体育院校的300多名运动员参加比赛。

6月24日 由55个少数民族代表组成的全国少数民族学习参观团一行250余人抵达济南市参观。

6月26日 济南儿童歌舞团赴英国参加“考文垂—济南”青少年节活动并进行访问演出。

7月1—2日 市委、市政府召开全市发展商品经济、加强供销工作大会，对82个供销工作先进集体、735名先进供销工作者给予表彰奖励。

7月17日 济南市在大明湖公园举办首届市花——荷花展览，展出品种60多个。

次年7月 全国首届荷花展在大明湖公园开展，参展荷花150余种。

7月29日 济南市第四机床厂研制的MMK1612型精密数控端面外圆磨床通过部级鉴定，填补国内一项空白。

7月29—30日 市第九届人大常委会举行第二十四次会议，通过《关于加强审计工作的决议》，作出《关于济南市人民代表大会代表持证检查工作的决定》。

7月 济南市首次使用飞机试播造林，济南军区派出飞机向南郊卧虎山、万灵山等16座荒山飞播侧柏、刺槐树种2500千克，播种面积266公顷。

同月 济南市市区由五类工资区调为六类工资区。

8月5日 济南市著名画家王天池画展在山东省美术馆开展。8月16日，市政府举行王天池捐赠作品交接仪式，接受其作品100幅。

8月10日 在新疆乌鲁木齐市举行的第三届全国少数民族传统体育运动会上，历城县党家庄镇被评为全国少数民族地方体育先进单位。

8—9月 市委组织4500余名干部，组成近千个验收小组对全市落实知识分子政策情况进行全面检查验收。经检查验收确定，属于知识分子的冤假错案、应补发的工资、被查抄的财物、被挤占的私房和清档工作，均按规定进行了纠正、发还、清退、补偿或限期解决。次年9月，自1984年7月开始的济南市清退“文化大革命”中查抄财物工作基本结束，对被查抄财物的25950户补偿金额206万元，清退图书、文物、字画等原物7810件（册），为5000个被抄重点户发还变价款4995108元，为被抄户补办银行储蓄利息20713元。济南市落实知识分子政策、解决历史遗留问题的任务基本完成。

9月4日 济南市百货大楼被共青团中央、商业部命名为“全国城市文明经营示范单位”。

9月8日 市委、市政府在山东剧院召开庆祝教师节大会，对324名优秀教师、70个尊师重教先进单位和30名先进个人进行表彰。

9月11—13日 济南市思想政治工作会议召开，中共山东省委副书记兼济南市委书记姜春云作题为《坚持改革创新，做好新形势下的思想政治工作》的讲话，49名先进思想政治工作者受到表彰。

9月20日 日本山口市友好访问团抵济南，参加庆祝济南、山口缔结友好城市一周年活动。

9月21—24日 全国60家工业品贸易中心联合举办的第二届商品交易会在济南举行，全国26个省市自治区的2000多个厂家及商业企业代表近万人参会。交易会成交总额5.33亿元，其中济南市成交4870万元，居各地市交易团之首。

9月23日 济南搪瓷厂搪烧二组被全国总工会、国家经委命名为全国先进班组，并获五一劳动奖状；组长程远和被授予“全国先进班组长”称号，并获五一劳动奖章。

10月1日 济南市开始实行国务院公布的《国营企业实行劳动合同制暂行规定》《国营企业招用工人暂行规定》《国营企业辞退违纪职工暂行规定》《国营企业职工待业保险暂行规定》。

10月7—18日 全国聋哑人“泰山杯”篮球邀请赛在济南市举行，16个省市的20支男女篮球队参赛，以济南队员为主力的山东男女篮球队均获冠军。

10月14—18日 以市长拉里·施耐德为团长的加拿大里贾纳市友好访华团一行8人访问济南。

10月15日 解放阁及环城公园落成典礼举行，山东省暨济南市领导、驻济部队首长及各界群众1万多人参加典礼。解放阁高24.1米，建筑面积617平方米，为仿古二层阁楼，整个台阁雄伟壮观。环城公园沿济南旧城护城河两岸辟建，为长6.2千米、绿化面积26.3公顷的开放式环状公园。

10月20日 以市委副书记孟云为团长的济南市农业考察团赴日本山口市考察访问。

10月24日 以济南罐头食品厂为主要厂家生产的飞轮牌芦笋罐头，在法国巴黎第12届国际食品博览会上获得金奖；次年9月，在联邦德国科隆举行的国际食品博览会上。再次获得金质奖。

10月25日 济南市海外联谊会成立。

10月26日 第三届“泰山杯”全国女子马拉松暨山东省马拉松比赛在济南举行，全国19个省、市的运动员参加比赛。

10月29日—11月1日 国务委员谷牧视察济南。

10月30日 市政府召开全市节水紧急动员大会，号召全市人民为节水“三保”（保生产、保生活、保泉涌）作贡献，并公布《济南市节约用水奖惩办法》。

11月11日 市长翟永渟率济南市综合经济考察团离济赴日本和歌山市考察和友好访问。

11月12日 为纪念孙中山诞辰120周年，市政府决定，人民公园恢复“中山公园”名称。

11月21日 市政府发布《关于鼓励外商投资的实施办法》。

11月26日 山东省体育中心游泳馆在济南建成，总建筑面积1.36万平方米。

11月 济南市第一处街道办社会福利院在历下区解放阁街道建立，共有床位14张。

12月8日 济南市被国务院批准为第二批国家历史文化名城。

同日 由中央电视台、中国摄影家协会、山东青年摄影家协会和济南对外文化交流协会联合举办的“国际和平年”全国青年摄影大奖赛结束，授奖大会于当晚在山东省体育馆举行。

12月9日 济南市杂技团邓宝金、孟燕等7人表演的《蹬板凳》节目，在英国伦敦举行的第十一届世界杂技锦标赛上获得对抗赛“特技项”单项冠军，并获得比赛最高奖“英航杯”。次年2月11日，在巴黎举行的第十届世界“明日”杂技节上，该节目再次获得金奖。3月12日，市委、市政府决定，给《蹬板凳》小组记大功一次；授予邓宝金、孟燕“济南市劳动模范”称号，并分别向小组成员发放物质奖励。

12月17日 济南第二机床厂锻压机械联合公司成立。至1988年，全市先后组建跨地区、跨行业、跨部门的科研、设计、生产、经营、技术和金融一体化的经济联合体（集团、公司）16个，各种经济联合组织600多个。

12月23—25日 中共济南市第四届委员会第八次全体会议召开，审议姜春云代表市委常委会所作《充分动员起来，为全市工作上一个新的比较大的台阶而奋斗》的工作报告，通过《济南市“七五”期间社会主义精神文明建设实施规划》《济南市1987年国民经济和社会发展计划安排意见》。

12月24日 市委印发《关于改革干部制度、进一步加强领导班子建设的意见》，就坚持干部“四化”（革命化、年轻化、知识化、专业化）建设、建立健全干部考核制度、实行干部交流、干部培训制度和领导干部离任审计评议制度等提出10条意见。

12月27—29日 济南市支援乡镇企业人才交流大会召开，567名技术人员报名到乡镇企业工作，62项科技成果由市区企业转让给乡镇企业，落实技术投标承包项目51个。

12月30日 山东友谊书社在济南成立，为以出版对外宣传和旅游读物为主的出版社。

12月 济南市落实私房政策工作基本结束，对10984户在“文化大革命”期间被挤占的46350间房屋落实了政策，占应落实政策的98%；2836户在1958年私房改造中的遗留问题得到重新处理。

1987年

1月1日 济南市首家实行租赁经营的商业

企业——市百货公司新市场针织品商店开业。

1 月 7—9 日 济南市农村工作会议召开，要求深入进行改革，搞活农村商品经济，加快乡镇企业发展。

1 月 8—9 日 市委、市政府举行济南市文化发展战略研讨会，170 多名教授、专家、学者和理论、文化工作者参加研讨。

1 月 10 日 市委发出通知，部署开展反对资产阶级自由化的斗争。

同日 市政府举行新闻发布会，市长翟永溥介绍济南市两个文明建设情况，并宣布 1987 年度将在城市建设方面为全市人民办 10 件实事。

1 月 13 日 济南市计划经济工作会议召开，部署 1987 年度经济工作，确定年度经济工作奋斗目标是工业总产值过百亿元。

1 月 15—17 日 市第九届人大常委会举行第二十八次会议，审议批准《济南市九年义务教育实施规划》。

1 月 21 日 市委、市政府印发《济南市小型企业实行租赁经营暂行规定》《济南市企业实行股份制暂行规定》。

同日 市委、市政府印发《济南市开放生产资料市场，改革物资供应体制的暂行规定》，要求逐步在全市形成上下贯通、大中小结合、综合与专业相配套的市区县乡“四位一体”的物资流通网络。

1 月 济南半导体实验所研制的硅 PNP 高频小功率晶体管和集成运算放大器电路，获国防科工委颁发的“国家级特等科学技术进步奖”。

同月 济南市直属各部门内设科室改为处室，市委、市人大常委会、市政府、市政协办公室分别改称办公厅。

2 月 13 日 济南柴油机厂生产的驰动牌柴油机获得“国家产品质量金质奖”，济南蔬菜公司副食品加工厂生产的飞龙牌芝麻辣豆酱获“银质奖”。

2 月 16 日 章丘县麻风病患病率已降至十万分之零点六，成为山东省第一个基本消灭麻风病的达标县（标准为十万分之一）。

2 月 21 日 市委、市政府在济南剧院召开表彰大会，授予济南第一机床厂等 148 个单位“双文明建设先进单位”称号，授予济南搪瓷厂搪瓷车间搪烧二组等 273 个班组、车间、科室和县属企业“先进集体”称号,授予赵玉美等 494 人“先进生产（工作）者”称号。

2 月 26 日 市委、市政府召开精神文明建设新闻发布会，命名 602 个单位为 1986 年度“市级文明单位”，同时宣布撤销 76 个单位的原“市级文明单位”称号。

2 月 28 日 市委、市政府颁布《关于国营工业企业厂长任期目标责任制及其审计的试行办法》《济南市国营企业厂长（经理）离任经济责任审计评议试行办法》。

3 月 4 日 美国国务卿舒尔茨率美国政府访华团一行 140 人，在外交部副部长朱启祯陪同下访问山东省，抵达济南。

同日 《潇洒济南》丛书公开发行。首先发行的 1 ～ 5 册为《现代名士话济南》《济南名山》《济南文物》《济南食苑》《济南民间故事》。

3 月 20 日 以副市长王炳琴为团长的济南市经济考察团一行 5 人，赴日本山口市考察访问。

3 月 31 日 济南市生产资料贸易市场开业。市场占地 20 多公顷，包括 1 个综合贸易中心、7 个专业物资市场，拥有库房 8700 多平方米。

3—7 月 济南市文化局连续组织“济南市青年歌手大奖赛”“泉城十大歌星比赛”“泉城十大舞星比赛”，近 3000 名群众参赛。

4 月 4 日 因一青年乱扔烟头，历城县柳埠林场藕池、赵家林区发生特大火灾，过火面积 103 公顷。省市领导李昌安、姜春云、翟永溥等连夜赶赴现场，指挥军民上千名奋力扑救。次日 8 时，大火被扑灭。1.49 万株树木被烧毁，直接经济损失 19 万元。

同日 市政府召开节水紧急动员大会，号召家家惜水，户户节水，人人爱水。因持续干旱，市区水位下降至 25.14 米，为历史上有记录以来最低水位。

4月5—15日 首届“泉城书市”在济南图书发行大楼举行，参展图书2万多种，共接待读者15万人次，销售图书90万册，价值94.5万元。

4月6—8日 中共中央纪律检查委员会第二书记王鹤寿在济南视察工作。

4月6—9日 政协济南市第七届委员会第五次会议召开，听取和审议常委会工作报告，增选王炳琴、诸葛士廉、王世墉、姚兆迪为市政协副主席。全体委员列席市九届人大五次会议，听取讨论《政府工作报告》及其他报告，提出意见和建议。

4月7—10日 济南市第九届人民代表大会第五次会议召开，听取并审议通过市长翟永溥所作的《政府工作报告》、市人大常委会主任李元荣所作的《济南市人民代表大会常务委员会工作报告》及《关于〈济南市1987年国民经济和社会发展计划（草案）〉的报告》《关于〈济南市1986年财政决算和1987年财政预算〉的报告》《济南市中级人民法院工作报告》《济南市人民检察院工作报告》。

4月8日 中国联合航空公司北京—济南—广州航线开通。

4月10日 中原航空公司安阳—郑州—济南航线开通。

同日 市委、市政府印发《关于1987年经济体制综合改革工作意见》《关于深化商业流通体制改革的意见》《关于1987年发展横向经济联合的意见》。

4月11日 国务院批准，撤销济南市郊区和历城县建置，设立历城区，以历城县和郊区的洪家楼镇、华山镇、王舍人镇为历城区行政区域。原郊区所辖北园镇划归天桥区，七贤镇划归市中区，段店镇、吴家堡镇划归槐荫区，姚家镇划归历下区。调整后，济南市辖历下、市中、天桥、槐荫、历城五区和章丘、长清、平阴三县，市区面积1942.75平方千米，人口2098016人，其中非农业人口1222242人。

4月14日 济南市“五讲四美三热爱”活动委员会改为市精神文明建设协调委员会，中共山东省委常委、济南市委副书记贺国强任主任。

4月17日 由济南著名学者徐北文任主编的第一部较为系统、全面记述济南历史的书籍——《济南简史》出版发行。

4月18日 市人大常委会召开第三十一次会议，根据市长翟永溥的提请，决定任命张福山、谭永青为济南市副市长。

同日 东郊应急供水工程提前竣工，日出水量5.3万立方米，市区供水紧张局面有所缓解。

同日 燕子山居民小区开工，1988年年底主要建筑项目基本完工。小区是建设部确定的全国三个“城市住宅新技术新设计综合实验小区”之一，占地面积17.3万平方米，建筑面积约22万平方米，其中住宅面积20.1万平方米。

4月23日 济南市中心医院首次将脂肪抽吸术应用于临床获得成功，填补了国内美容外科的空白。

4月25日 中共济南市第四届委员会第九次全体（扩大）会议召开，酝酿确定济南市出席中共十三大代表候选人预选名单，推举济南市出席省党代会的代表。

4月25—26日 济南市首届健美比赛在皇亭体育馆举行，59名男女运动员参赛。

4月27日 济南第一机床厂获中华全国总工会颁发的“五一劳动奖状”，济南汽车制造总厂生产调度处长陈国恒、济南第四棉纺织厂工人董凡玉、济南邮政局投递员孙庆瑞、济南市杂技团演员邓宝金、历下区工会主席马耀华获五一劳动奖章。

5月3日 以副市长庄庆臣为团长的济南市经济技术考察团一行6人，赴法国考察。

5月8—11日 济南市横向经济联合洽谈会举行，洽谈项目893项，成交额55760多万元。

5月11—13日 全国扁鹊（秦越人）里籍学术研讨会在长清县召开，经论证，认定扁鹊的出生地在齐国卢邑（今长清县）。

5 月 12 日 全国首次辛弃疾学术研讨会在济南举行。来自全国 24 个省、市、自治区的 86 位教授、学者和研究工作者参加会议，提交论文 50 篇。

5 月 16 日 济南市残疾人福利基金会成立。

5 月 21 日 市政府举行恢复颁发任命书仪式，市长翟永溥向被任命的 16 名国家机关行政领导干部和县级企事业单位行政正职领导干部颁发任命书。

5 月 22 日 市委、市政府印发《关于贯彻中共中央、国务院〈关于制止机构、编制和干部队伍膨胀的通知〉的意见》，提出今后不再成立非常设机构，各部门与单位的干部指标应与工人指标分开。

5 月 26 日 市政府召开全市职称改革工作会议，对职改工作进行部署。会后，全市专业技术职务评定、聘任工作开始，共建立 20 个专业技术系列的中级评审委员会 33 个。至 1988 年 6 月，共评聘（任命）高级专业技术职务者 1846 名（不含离退休的 574 名）、中级专业技术职务者 10145 名（不含离退休的 605 名）、初级专业技术职务者 24863 名。1990 年 4 月，历时 3 年的全市职称改革工作基本结束，共评聘各类专业技术人员 15 万余人，其中高级技术职务 4600 余人、中级技术职务 28000 余人。

5 月 30 日 济南市改革干部人事制度，采取面向社会、公开报名、统一考试、择优选用的办法，招聘市委、市政府办公厅工作人员。

6 月 1 日 济南市儿童乐园第一期工程建成，并举行开园典礼。

6 月 4 日 市政府发布《济南市地下水资源暂行管理办法》。

6 月 5 日 济南第二机床厂、济南毛纺织厂、济南钢铁厂中板分厂、济南铁路分局西车辆段、济南航空中心修理厂被国家环境保护局命名为“全国环境优美工厂”。

6 月 13 日 济南市人民对外友好协会成立。

6 月 14 日 以市长翟永溥为团长的济南市综合经济考察团，赴英国考文垂市进行友好访问和经济考察。

6 月 19—21 日 美国萨克拉门托市青年交响乐团一行 87 人在济南访问演出。

6 月 26 日 美国利弗欧克青年鼓乐团一行 150 余人抵济南演出。

7 月 1 日 济南市开始推行国营企业固定职工退休费用社会统筹。至年底，有 400 个国营企业和非财政拨款的事业单位参加，涉及在职职工 31 万人、离退休职工 6.1 万人。

7 月 3 日 市政府《关于进一步深化企业改革、增强企业活力的意见》提出，小型国营企业和集体企业要试行租赁制和股份制；10 人以下的小商业门店、饮食服务门市部，可实行拍卖或折股出售；长期亏损的小型工业企业也可整体拍卖；全民所有制大中型企业，都要实行不同形式的承包经营责任制；年内县属以上的企业均要争取全面推行厂长（经理）负责制。

7 月 5 日 济南市儿童歌舞团赴日本山口县访问演出。

7 月 10 日 济南市邮政局开办国际、国内特快专递业务。

7 月 19 日 美国康涅狄格州哈特福德青年管弦乐团一行 80 人到济南访问演出。

7 月 20 日 市政府颁布《济南市图书报刊市场管理暂行办法》。次日召开大会，部署整顿文化市场、打击非法出版活动工作。

7 月 21 日 贺国强任中共济南市委书记。

7 月 28 日 市政府颁布《关于对行政事业单位实行定期审计制度的试行办法》，对定期审计的范围、重点、方式、程序、考核等问题作出规定。

同日 济南市老龄问题委员会成立。

8 月 5 日 以市长翟永溥为团长的济南市友好访问团一行 5 人，赴加拿大里贾纳市访问。10 日，在里贾纳市政厅举行济南市与里贾纳市结为友好城市协议书签字仪式，济南市市长翟永溥与里贾纳市市长施奈德分别在协议书上签字。

8 月 14 日 市委、市政府、济南军分区联合印发《关于加强民兵预备役建设若干问题的意见》。

8月19—20日 济南市体育代表团参加在日本东京举行的第四届亚洲城市田径运动会，获得金牌7枚、银牌2枚，获金牌总数名列参赛的30个城市代表团之首。

8月26日 济南市遭受特大暴雨和龙卷风袭击。14时至次日2时30分，市区平均降水317.5毫米，积水面积30平方千米，总积水量6600万立方米。市区12座立交桥全部积水无法通车，铁路客货运输中断6个多小时。主要排水河道小清河水位涨至26.78米，超过警戒水位2.6米，河水流量达131立方米／秒。长清县马山、双泉两乡和平阴县的50多个村庄遭受龙卷风袭击，房屋倒塌1.1万多间，损坏1.7万多间。全市47人死亡、595人受伤，805家工厂企业、72座大中型商业库房和一大批零售商店进水，其中，618家工厂企业被迫停产，4.3万公顷农田、0.3万公顷菜田被淹，直接经济损失3.7亿元。灾情发生后，市委、市政府立即采取措施，组织抢险救灾。至29日，市区积水基本排完，供电线路、供水管道全部修复，公交线路全部通车，90%以上受灾停产的工业企业恢复生产，被淹的零售商店全部恢复营业。9月12日，市委、市政府召开表彰大会，对在抗洪救灾中的230个先进单位和350名先进个人给予表彰。

8月27日 市区地下水位上升到27.33米，干涸14个月的趵突泉等恢复喷涌。

8月29日 新加坡第二副总理王鼎昌一行访问济南。

8月 济泺路23万吨污水处理中心泵站建成使用，工商河两岸工厂的污水被截入污水干管，引进污水中心泵站排入小清河，工商河水质得到较大改善。

同月 国务委员姬鹏飞到济南视察。

9月6—7日 济南市工交系统慰问灾区代表团赴长清、平阴县受龙卷风灾害严重地区，将本系统职工捐献的10万元捐款及生产、生活物资捐送给受灾农民。

9月14日 国务委员谷牧到济南视察。

9月15日 市政府召开首次引进国外智力工作会议，讨论制订济南市“七五”期间引进国外智力规划。

9月17日 市政府就济南化学试剂总厂西厂连续两次发生液氨、氯气泄漏事故造成108人中毒事件发出通报，责令该厂立即停产整顿，查清事故责任，严肃处理。

9月18日 以市长小林兼年为团长、市议会议长杉山胜良为副团长的日本山口市行政考察团一行11人访问济南。

9月21日 市政府发布《济南市劳务市场试行规定》。同日，济南市劳务市场开业。至年底，共为4120人办理招工手续，为2364人办理就业培训手续，介绍临时用工210人，交流技术工人117人。

9月25日 市政府公布废止和自行失效的法规性文件目录。这批法规性文件是市政府（包括市人委、市革委）在1949—1986年间颁发的，共283件。

9月26日 意大利利利亚娜·科西和马里耐尔·斯得法耐斯库芭蕾舞团抵济，当晚在济南剧院首场演出芭蕾舞剧《人类的觉醒》。

9月27日 五龙潭公园建成开放，公园占地面积5.44公顷。

10月1—5日 由副市长汤姆·陈率领的美国萨克拉门托市友好访问团访问济南。

10月2日 著名书画家王雪涛、孙墨佛作品捐赠仪式在济南举行。次日，位于趵突泉公园沧园的王雪涛纪念馆和位于大明湖公园南丰祠的剑门（孙墨佛号剑门老人）书画馆开馆。

10月2—8日 第一届山东艺术节在济南举行，中央乐团和缅甸国家艺术团应邀参加艺术节演出。

10月6日 济南市人民政府驻广州办事处成立。

同日 英国考文垂市市长杰·怀特一行3人访问济南。

10月8日 章丘县档案馆向社会开放首批共998卷历史档案，成为山东省第一个向社会开放历史档案的档案馆。

10月9日 山东省电力建设重点工程——济南黄台火力发电厂至付家220千伏高压输变电工程竣工。

10月12—13日 市委召开全市领导干部会议，民主评议和推荐市人大常委会、市政府、市政协领导成员及换届领导班子成员候选人。

10月13日 济南市被国家物价局确定为全国10个价格总水平计划预报试点省市之一。

10月14日 为纪念山东省共青团组织建立65周年，共青团山东省委、济南市委在济南育英中学设立“山东建团遗址”永久性标志，并举行揭幕仪式。

10月20日 市委、市政府印发《关于加强专业技术拔尖人才选拔和管理工作的试行意见》。

10月20—22日 济南市经济技术协作洽谈会举行，济南市450个企业和外省市42个大专院校、科研单位、军工企业、科研开发部门的1300名代表参加洽谈，签订意向协议、合同168项。

10月22日 济南市万门程控电话交换系统开通，市内电话通讯紧张的状况有所缓解。

10月27日 市委决定，授予济南市第三人民医院妇产科主治医师刘芳仪“优秀共产党员”称号，号召全市党员向刘芳仪学习。次日，市妇联授予刘芳仪“三八红旗手标兵”称号。此后，山东省政府和卫生部先后授予刘芳仪“山东省劳动模范”“白求恩式的援外医疗队员”称号。

10月28日 日本和歌山市议会议长岗本基率和歌山市友好访华团一行11人抵达济南，参加和歌山市与济南市结为友好城市5周年庆祝活动。

11月10—17日 朝鲜平壤杂技团在济南访问演出。

11月10—22日 以意大利弥凯大区主席马西为团长的意大利政府代表团一行35人访问济南。

11月14日 市政府获1987年“全国抗洪先进集体”称号。

同日 黄台火力发电厂30万千瓦机组建成投产。

11月20日 济南市公共汽车公司研制的国内第一套城市公交路线调度自动监控系统通过部级技术鉴定。

11月24日 济南光学仪器厂实行租赁承包，成为济南市第一家实行租赁承包的国营企业。

11月28日 因修建八一立交桥，济南军区八一礼堂被爆破拆除。1989年12月，新八一礼堂在八一立交桥东北侧建成交付使用，建筑面积12000平方米，坐席1800个。

12月1日 捷克斯洛伐克帕费尔·什莫克布拉格室内芭蕾舞团访问济南。

12月4日 济南明湖热电厂建成投产，开始供应生产用蒸汽和采暖热水，并通过电网向济南地区供电。

12月8日 中国致公党济南市工作委员会成立。

12月14日 济南市1987年工业总产值完成100.03亿元（1980年不变价格），提前17天实现年工业总产值过百亿的奋斗目标。

12月14—16日 中共济南市第四届委员会第十次全体会议举行。市委书记贺国强作《沿着十三大指引的方向，把济南市两个文明建设继续推向前进》的报告。会议讨论了《济南市1988年国民经济和社会发展计划安排意见（草案）》《济南市1988年经济体制改革的初步方案》，决定1988年6、7月间召开中共济南市第五次代表大会。

12月18日 济南洗衣机厂引进的滚筒式、波轮式洗衣机改造项目投产，成为国内第一家独立生产全自动滚筒式洗衣机的企业。

12月19日 济南市第一座大型园林式公墓——玉函山安息园，在南郊玉函山麓建成，占地26公顷。

12月20日 山东省代省长姜春云、副省长马连礼、济南市委书记贺国强等，与济南市居民代表就物价问题进行对话。

12 月 25 日 在 1987 年全国铁路进京文明列车竞赛中，济南列车段 297/298 次济南—北京旅客列车被评为直快组第一名。

12 月 26—28 日 济南市天主教爱国会、基督教三自爱国会、基督教协会召开代表会议，通过市天主教爱国会、基督教三自爱国会、基督教协会章程。

12 月 28 日 济南市引黄供水工程竣工通水。

12 月 29 日 市委副书记刘耀华等一行 10 人赴青岛，代表市委、市政府慰问中国自行设计制造的导弹驱逐舰——“济南舰”全体官兵，向该舰赠送“保卫祖国海疆，共建文明泉城”锦旗。

1988 年

1 月 3—8 日 政协济南市第八届委员会第一次会议召开，听取和审议《第七届常委会工作报告》，选举产生第八届委员会主席、副主席、秘书长和常务委员；刘耀华当选主席，王砚耕、王炳琴、张明山、吴鸣岗、张东木、诸葛士廉、冯德英、王耀生、李清岷、陈景法、王世墉、姚兆迪当选副主席。全体委员列席市十届人大一次会议，听取讨论《政府工作报告》和其他报告，提出意见和建议。

1 月 4—13 日 济南市第十届人民代表大会第一次会议召开，审议通过市长翟永溥所作的《政府工作报告》、市九届人大常委会主任李元荣所作的《市九届人大常委会工作报告》，并审议通过《关于济南市 1987 年国民经济和社会发展计划执行情况及 1988 年计划安排意见的报告》《关于济南市 1987 年财政预算执行情况和 1988 年财政预算安排意见的报告》《济南市中级人民法院工作报告》《济南市人民检察院工作报告》。会议选出济南市出席省七届人大代表 80 人；选举产生济南市第十届人大常委会，李元荣继续当选市人大常委会主任，刘振嵩、艾鲁川、郭德耀、王儒学、王忠堂、饶曼妮（女）当选副主任；选举翟永溥为济南市市长，赵传明、庄庆臣、张福山、谭永清、封居尚、刘统侠为副市长。

1 月 13 日 国务院公布济南市历城区柳埠千佛崖造像（包括龙虎塔、九顶塔）为第三批全国重点文物保护单位。

1 月 18 日 以副市长刘统侠为团长的济南市职业教育考察团赴日本山口市考察。

同日 济南市第一座公路立交桥——八一立交桥破土动工，8 月 8 日建成通车。立交桥采用苜蓿叶形互通式三层立体交叉，占地 5.23 公顷。

1 月 23 日 济南第一机床厂生产的济一机牌 J1FCNC（1–N）系列数控车床、济南第二机床厂生产的济二机牌 JD31–250 闭式单点压力机、山东化工厂生产的山泉牌 FN–309 胶黏剂、山东木材厂生产的山花牌硬质纤维板、济南第二印染厂生产的航天牌 21×21 纯棉大花哔叽等 5 种产品，获国家产品质量银质奖。

1 月 25 日 市政府设立市长公开电话。

1 月 29 日 市委、市政府召开体制改革工作会议，市委书记贺国强讲话，要求引入竞争机制，进一步完善社会主义市场体系；强调农村改革要向更深层次发展，住房、科技教育体制改革要取得新进展。

2 月 6 日 济南市计划工作会议召开。会议研究四项改革措施：（一）建立市基本建设基金；（二）建立地方电力建设基金；（三）改革现有的外汇管理办法，取消外汇使用指标；（四）实行计划内外物资“同一销价，价差返还，逐步放开，扩大市场”。

3 月 3 日 全市首次农民企业家座谈会召开，市委书记贺国强、市长翟永溥等同农民企业家座谈，探讨全市乡镇工业发展的新路子。济南市农民企业家协会同时成立。

3 月 7 日 济南市“四优”新女性（优秀女生产能手、优秀女节约能手、优秀女致富能手、优秀女厂长经理）评选结果揭晓，市妇女联合会召开 50 名“四优”新女性事迹发布会。

3 月 9 日 民航济南—广州航线开通。

3 月 12 日 以副市长张福山为团长的济南市

经济考察团赴美国萨克拉门托市考察访问。

3 月 19 日 济南市供电、自来水等九大服务行业历时一年的优质服务“十佳”竞赛活动结束，市政府召开总结表彰大会，济南供电局、市自来水公司、市燃料公司、市电信局获得“十佳”竞赛金杯奖。

3 月 29 日 共青团济南市委、市工商局、市个体劳动者协会联合在全市青年个体劳动者中开展历时一年的“五好杯”竞赛活动结束，60 名个体青年获得“五好杯”荣誉证书。

4 月 5 日 市政府发布《济南市组建企业集团的暂行规定》，对企业集团的组建条件、职责权限及所享受的政策等作出具体规定。

4 月 6—9 日 济南市“珠海之春”经济技术贸易洽谈会在珠海市举办，签订协议、合同 66 项，合同投资额 3000 万元。

4 月 8—15 日 济南市在深圳市举办“三来一补”（来料加工、来件装配、来样来图制作、补偿贸易）贸易洽谈会。济南市 300 多个企业参加洽谈，与外商达成协议、签订合同 40 项，合同投资额 4600 万美元，其中利用外资 2100 万美元。

4 月 9—11 日 1988 年“古贝春、亘古泉、钢山特曲杯中国跳水公开赛”在山东省体育中心游泳馆举行，苏联队、民主德国队、朝鲜队、日本队、美国队、罗马尼亚队、意大利队、中国队以及香港队、中国联想队等 10 支代表队参赛。

4 月 11 日 市委、市政府召开大会，部署开展“友爱在泉城”活动，为全国首届城市运动会在济南举办创造良好的社会环境。

同日 市政府发布《济南市发展外向型经济的试行规定》《济南市放活科技人员暂行规定》。

4 月 13 日 市政府发布《济南市全民所有制企业承包经营责任制暂行规定》。

4 月 14 日 以市委书记贺国强为团长的济南市综合经济考察团赴英国考文垂市考察访问。

4 月 15 日 市委、市政府印发《关于选派科技副县（区）长的意见》。至 6 月，被选聘的科技副县（区）长陆续就职。

4 月 20 日 历时 10 个月的济南市首届儿童戏剧电视大奖赛结束，评出演出、创作的一、二、三等奖各 13 个。

4 月 23 日 市政府发布《关于外商到济南投资兴办企业优惠政策的规定》。

4 月 25 日 山东省第一家人才市场——济南市人才市场开业。

同日 经中央爱国卫生运动委员会考核鉴定，济南市达到无鼠害城市标准。

4 月 26 日 济南市首次市级优质产品评审结果揭晓，74 项产品被评为 1987 年度济南市优质产品。

4 月 28 日 济南市第四人民医院副主任医师刘梵、明水化肥厂厂长孙华田、济南市第二运输公司汽车司机部敬富、济南市第一百货商店营业员赵红卫、济南市新技术研究所副总工程师李官鹏获全国五一劳动奖章。

4 月 章丘县宁家埠古文化遗址开始发掘。

5 月 2 日 山东省济南市社会科学界举行济南“五三”惨案学术报告会，纪念“五三”惨案 60 周年。由市政协、市社科所和市档案馆举办的“五三”惨案史料展览同日开展。次日，省市各界人士代表 120 余人在原国民政府山东特派交涉员蔡公时遇难处集会，悼念“五三”惨案遇难同胞，并前往五三街旧址，向“五三”惨案纪念碑敬献花圈。

5 月 3 日 中共中央总书记赵紫阳到济南视察，先后察看城市建设和市容市貌，听取济南市委、市政府工作汇报，并对如何落实沿海地区经济发展战略问题作出指示。

5 月 7 日 中共山东省党史陈列馆在中共山东党组织早期领导机关旧址（原济南东流水街 105 号）开馆。

同日 市委、市政府发布《关于深化农村改革、活跃农村经济若干问题的规定》。

5 月 10—13 日 洪都拉斯国民议会代表团访问济南。

5 月 11 日 邓小平为《济南日报》题写报名。

5 月 11—12 日 爱尔兰共和国总统帕特里

克·约翰·希勒里偕夫人一行20人访问济南。

5月14日 市委、市政府发布《关于党政机关要廉洁的几项规定》，要求党政机关干部带头端正党风，不准经商办企业，不准接受下属单位物品，不准插手下属单位的人事变动等。

5月17日 市政府发布《济南市县以上集体企业固定职工退休费用社会统筹试行办法》。

5月19—20日 “鲁冶杯”国际女排邀请赛在山东省体育馆举行，古巴、日本、美国、中国女子排球队参赛。

5月27—28日 市政府召开济南市第二次民族团结进步先进集体、先进人物表彰大会，21个先进集体、64名先进个人受到表彰。

5月27日—6月1日 加拿大里贾纳市市长拉里·施耐德率里贾纳市经济贸易代表团访问济南。

6月5—12日 山东省第十四届运动会在省体育中心举行，济南市代表队金牌总数和团体总分均列全省各市地之首。

6月23日 中共中央政治局委员、国务院副总理田纪云到济南视察。

6月30日 济南市人民检察院成立经济、法纪罪案举报中心。

7月1日 济南市万名群众走上街头，纪念“亚洲三十亿人口日”，开展计划生育宣传活动。

7月18—23日 市第十届人大常委会举行第四次会议，决定篆书“泉”字形为济南市市标，批准调整《济南市九年制义务教育实施规划》，审议通过《济南市城市规划管理办法》《济南市人民代表大会常务委员会议事规则》《济南市人民代表大会常务委员会关于人事任免暂行办法》《济南市人大常委会关于联系市人民代表大会代表办法》。

7月25日 “泰山杯”国际柔道邀请赛在济南皇亭体育馆举行，联邦德国、中国和济南市男女柔道代表队参赛。

8月25日 中共中央政治局常委、中纪委书记乔石到济南视察。

同日 山东省第一个城市街道居民代表大会——历下区东关地区首届居民代表大会召开，听取讨论了《东关街道办事处工作报告》《东关人民法庭工作报告》，审议通过《东关地区居民代表大会章程》，选举产生历下区东关地区第一届居民代表大会工作委员会。

8月25—26日 市政府召开振兴中医大会，宣布自1988年起，每年拨款30万元发展中医事业，并命名李乐园、李廷来等18人为“济南市名老中医”。

8月26日 为安置1987年8月26日遭受水灾的居民，济南市工人新村改建一期工程提前两个月竣工，建成69栋居民楼，建筑面积20万平方米。

9月1—6日 中共济南市第五次代表大会召开，489名代表出席大会，听取并讨论通过贺国强代表四届市委所作的报告及市纪委工作报告，选举产生中共济南市第五届委员会（委员32人，候补委员7人）、新一届中共济南市纪律检查委员会（委员21人）以及出席中共山东省第五次党代会代表。大会号召全市各级党组织和广大党员解放思想，团结奋进，把济南社会主义现代化建设提高到一个新的水平。

9月7日 中共济南市第五届委员会第一次全体会议召开，通过《中共济南市委关于加强自身建设的决定》，选举产生由贺国强、翟永淳、孙常印、亓凤海、倪士崇、赵传明、王涛7人组成的市委常委会，贺国强当选书记，翟永淳当选副书记。会议通过市纪委一次全会选举结果，孙积汉当选市纪委书记。

9月8日 济南市杂技团离济赴巴西访问演出。

9月17日 市政府决定，在历城区洪家楼镇建立“济南市新技术产业试验区”。

9月19日 市政府进行企业经营机制改革超前试验，确定济南炼油厂等51家企业为首批济南市“特试企业”，赋予这些企业更大的经营自主权，并享受更优惠的政策，

同日 市政府常务会议决定，自1989年起，

每年编辑出版一部《济南年鉴》。1990 年 1 月，首部《济南年鉴》出版发行。

9 月 20 日 市政府召开全市林业工作会议，市长翟永淳与市辖三县五区县（区）长签订为期五年的“绿化责任状”。

9 月 21 日 济南出版社成立。

9 月 23 日 市委、市政府在解放阁举行济南解放 40 周年纪念大会，5000 多名干部群众和驻济部队指战员参加大会，济南市委书记贺国强、山东省副省长马忠臣、济南军区副政委曹艽生先后讲话。会后，山东省省长姜春云、济南军区司令员李九龙为《解放济南战役革命烈士纪念碑》揭幕。

9 月 26—29 日 市第十届人大常委会举行第五次会议，审议通过《关于加强大气污染防治工作的决议》《济南市人民代表大会常务委员会监督司法工作暂行办法》。

9 月 27 日—10 月 1 日 巴布亚新几内亚首都地区临时执行委员会主席杰克 · 诺翁率巴新首都地区友好访问团一行 8 人访问济南。9 月 28 日，在济南市政府会议厅举行济南市与巴布亚新几内亚首都地区结为友好城市签字仪式，

10 月 10 日 市委召开全市党员领导干部会议，传达贯彻中央工作会议和中共十三届三中全会精神，部署治理经济环境、整顿经济秩序、全面深化改革工作。

同日 市政府发布《济南市行政监察工作暂行规定》《济南市国家行政机关工作人员行政纪律处分的暂行规定》。

10 月 15 日 中共一大代表邓恩铭烈士塑像，在邓恩铭烈士母校济南一中落成。

10 月 19 日 市政府召开紧急会议，贯彻国务院、省政府指示精神，部署清理固定资产投资在建项目，并设立群众举报电话。10 月 27 日，市政府决定停建 69 个固定资产投资项目，压缩建筑面积 11 万平方米，压缩投资 1.19 亿元。

10 月 20 日 市政府召开落实环境保护目标责任制大会，市长翟永淳分别与市建委、市经委、历下区、市中区、槐荫区、天桥区、历城区负责人签订“环保目标责任书”。

10 月 22 日 傍晚，中华人民共和国 1988 年城市运动会火炬交接及传递仪式在济南市英雄山北麓广场举行。

10 月 22—23 日 加拿大里贾纳市友好访问团、日本和歌山市友好访问团、美国萨克拉门托市友好访问团、日本山口市体育考察团先后抵达济南。

10 月 23 日 中华人民共和国 1988 年城市运动会在济南开幕。16 时 30 分，开幕式在省体育中心体育场举行，中共中央政治局委员、国务委员李铁映，中顾委常委余秋里，全国政协副主席杨静仁，国家体委主任兼城运会组委会主任李梦华，中华全国体育总会副主席荣高棠，中共山东省委书记梁步庭，山东省省长姜春云，济南军区司令员李九龙，以及中共济南市委书记贺国强，市长翟永淳及全国 40 个城市代表团及 5 万名观众参加开幕式。济南市 1.4 万名青少年成功表演了大型团体操《龙腾虎跃》。运动会历时 10 天，于 11 月 2 日闭幕。40 个城市的 3200 多名运动员参加了 12 个项目的比赛，打破 4 项全国纪录，超 4 项亚洲纪录、1 项世界青年纪录。济南市代表团夺得 7 枚金牌，名列各参赛代表团第十位，总分列第六位。

10 月 23—24 日 中共中央政治局委员、中组部部长宋平，在济南考察贯彻中共十三届三中全会精神和基层党组织建设情况。

10 月 25 日 阳谷县一辆超载客车在长清县境内济兰公路兰夏桥处与同向行驶的拖拉机相撞，客车跌入桥下，酿成 13 人死亡、25 人受伤的重大交通事故。

10 月 30 日 中共中央政治局委员、国务院副总理吴学谦视察济南市部分旅游点。

10 月 济南市半导体元件实验所研制的“国防战略武器配件”，获国家科技进步特等奖，并受到国防科工委嘉奖。

11 月 10 日 全市地下管线普查成果通过验收，历时一年半的地下管线普查工作结束。

11 月 26 日 第一届济南国际妇产科学术会议召开，280 多名中外代表和专家参加研讨。

11 月 30 日—12 月 3 日 中共济南市第五届委员会召开第二次全体会议，研究制定 1989 年治理经济环境、整顿经济秩序、深化改革的工作目标，原则通过《关于加强和改进企业思想政治工作的意见》。

下旬 济南市杂技团《双层晃板》节目在长沙举行的全国新苗杯杂技比赛中夺得金牌。

12 月 1 日 济南第四棉纺织厂生产的纯棉精梳 30 支、40 支针织用纱，平阴县阿胶厂生产的福字牌阿胶，济南刺绣总厂生产的竹林七贤图发丝绣获得国家产品质量金质奖；济南洗衣机厂生产的小鸭牌全自动滚筒洗衣机、济南市服装六厂生产的夹克衫获得国家质量银质奖。

12 月 9 日 全国人大法制工作委员会、国务院法制局、国家档案局组成的联合检查组，到济南检查贯彻执行“档案法”情况。

12 月 13 日 中国—科威特济南遥墙机场贷款协议在济南签字。中国从科威特贷款 300 万科威特第纳尔（约合 1000 万美元），用于修建济南遥墙国际机场；1990 年 11 月 15 日，该机场破土动工；1992 年 7 月 26 日，济南遥墙机场通航。

中旬 全国首次石英钟质量检测结果揭晓，济南钟表厂生产的康巴丝牌石英钟以 100 分获质量第一名。

12 月 22 日 市政府发布《济南市企业民兵工作暂行规定》。

12 月 30 日 市委、市政府命名 43 名技术人员为首批“市级专业技术拔尖人才”。

1989 年

1 月 4 日—2 月 市委、市政府组织近万名干部在全市范围内集中开展调查研究、体察民情、为群众排忧解难活动。

1 月 17—19 日 全市农村工作会议召开，提出今后一个时期农村工作的指导思想，明确 4 个战略重点，即：把粮食生产放在全局的战略地位上、加强蔬菜副食品基地建设、稳步发展乡镇企业、继续搞好贫困地区经济开发。

1 月 18 日 济南市 1.5 万名青少年走上街头，开展“爱泉城爱泉水”宣传活动。

1 月 21 日 市委、市政府召开全市领导干部会议，部署进一步搞好廉政勤政，决定市直机关自 3 月 10 日至 6 月底开展廉洁勤政活动。

1 月 24 日 济南市区出现逆温天气，大气监测发现酸雾，pH 值 4.5 左右，空气中二氧化硫最高值达 2.35 毫克／立方米，能见度低于 10 米。

1 月 24—26 日 市第十届人大常委会举行第七次会议，通过《关于开展依法治市活动的决定》。2 月 27 日，市委、市人大常委会、市政府召开依法治市动员大会，发布《济南市依法治市实施方案》。

1 月 25 日—2 月 25 日 济南市开展“执行物价政策谁最好”评选活动，济南百货大楼等 40 家商店入选。

2 月 12 日 济南市杂技团《双层晃板》节目小组在摩纳哥蒙特卡洛杂技节上获“银小丑”奖第一名，并获蒙特卡洛杂技协会奖。

2 月 15 日 济南市设立市级星火科技奖，并发布《济南市星火奖励试行办法》。

2 月 21—23 日 全市体制改革工作会议召开，讨论修改《济南市 1989 年全面深化经济体制改革的意见》及 8 项配套政策。

2 月 24 日—3 月 2 日 加拿大里贾纳市经贸代表团一行 8 人访问济南。

2 月 28 日 日本和歌山市经济考察团一行 21 人抵济南考察。

3 月 1 日 济南市 3 名学生在全国“华罗庚金杯”数学竞赛中获奖，其中济南市纬九路小学学生柳耸获小学组金牌。

3 月 3 日 市政府确定 1989 年为“企业管理年”。

3 月 4 日 济南市从市属科研单位、大中型企业选派的 65 名科技干部，分赴市辖各县区 63

个乡镇任科技副乡、镇长。

3月5—6日 全国人大常委会副委员长、全国总工会主席倪志福视察济南。

3月6日 济南市苏爱卿、张秀玲、周爱菊等3人获全国“三八红旗手”称号。

3月9日 《济南日报》报道，济南市农村基本实现一个乡镇一处人民法庭，市辖五区三县已建立人民法庭75处。

3月10日 市政府命名556个企业为“重合同、守信用企业”，分别授予20个企业主管部门和423名个人“经济合同管理先进单位”和“优秀经济合同管理员”称号。

3月14—19日 政协济南市第八届委员会举行第二次会议，听取《常委会工作报告》和《八届一次会议以来提案工作情况的报告》，列席市十届人大二次会议并听取讨论《政府工作报告》和其他报告。

3月15—20日 济南市第十届人民代表大会举行第二次会议，436名代表出席会议，听取并审议通过市长翟永溥所作的《政府工作报告》、市人大常委会主任李元荣所作的《济南市人大常委会工作报告》和其他工作报告，通过关于设立市人大法制、财政经济、城乡建设环境保护、教育科学文化卫生4个专门委员会的决定。

3月23日 济南市泉城路地区联防治保会主任李绍信在与犯罪分子搏斗中壮烈牺牲，被山东省人民政府追认为“革命烈士”。4月5日，市委、市政府召开大会，决定在全市开展向李绍信学习的活动。

3月24日 中共济南市委直属机关工作委员会、中共济南市人民政府机关工作委员会成立。

同日 市委、市政府印发《济南市深化教育改革的意见》。

3月24—25日 全市政法工作会议召开，要求努力稳定社会治安，继续严厉打击危害社会、危害改革和经济建设的犯罪活动。4月1日，市委印发《关于加强政法工作维护社会安定的意见》。

3月30日 市政府召开全市扶贫工作会议，提出今后三年扶贫工作任务。要求到1991年，全市15个贫困乡镇人均占有粮食350千克，人均纯收入达到600元以上。

4月1日 全省第一个城市街道司法所在历下区东关街道成立。

4月4日 由共青团槐荫区委募捐建立的“四五”烈士纪念碑在青年公园落成并举行揭幕仪式。

4月7日 市政府发布《济南市测绘管理办法》。

4月11—21日 以市人大常委会主任李元荣为团长的市人大友好访问团一行5人，赴日本山口市进行友好访问。

4月20—27日 全国少年乒乓球赛在济南举行，360多名运动员参赛。

4月24日 市委、市政府决定在全市范围内集中开展一次“打流窜、反盗窃、挖窝子、摧团伙”专项斗争。28日，市公安机关一举摧毁20多个犯罪团伙，抓捕200多名流窜犯和其他严重刑事犯罪分子。

4月26日 市委、市政府发出通知，要求广大党员、干部、群众认真学习《人民日报》4月26日社论，积极行动起来，同一切反对四项基本原则的言行作坚决斗争，自觉维护安定团结、改革开放和四化建设的大局。

4月27日—5月4日 以市长翟永溥为团长的济南市友好访问团一行5人，应邀对巴布亚新几内亚首都地区进行友好访问。

4月28日 市委召开全市党员领导干部会议，号召全市党员、干部、群众维护安定团结的政治局面。

4月29日 由中国对外文化交流协会、山东国际文化交流中心、山东省旅游局联合举办的“孔子家乡国际旅游艺术节”在济南开幕。

5月2—28日 济南市青少年纪念“五四”运动70周年联欢晚会暨“潇洒泉城1989”青少年文化艺术节开幕式在皇亭体育馆举行。

5月3日 共青团济南市委召开座谈会，纪念“五四”青年节，并向评选出的1989年泉城青年“十杰”、济南青年“白衣天使十佳”、济南青年“育才十佳”颁发荣誉证书。

5月3—7日 南非共产党总书记乔·斯洛沃率领南非共产党代表团一行4人访问济南。

5月5日 济南第一家外商独资企业——济南惠子时装服饰有限公司成立。

5月7日 1989年“骆驼杯”全国拳击锦标赛在济南举行。

5月9日 济南市与珠海市结为姊妹城市签字仪式在珠海举行。

同日 章丘县黄河、高官寨和平阴县的旧县、洪范池等乡镇遭受冰雹与狂风袭击，损失约400万元。

5月10日 美籍华人刘佩贞捐款20万美元筹建的德春新长医院，在其母亲家乡长清县平安店镇藤屯村举行奠基仪式。

同日 金牛动物园改名为济南动物园。

5月11日 市政府作出《关于加快林业发展，全面绿化泉城的决定》，确定了今后5年全市林业建设的任务和重点，提出到1995年全市森林覆盖率达到30%。

5月15日 市政府发布《济南市建设项目环境保护管理办法》《济南市乡镇街道企业环境管理办法》。

5月27—29日 民主柬埔寨主席诺罗敦·西哈努克亲王及夫人莫尼克公主一行18人，由外交部副部长刘述卿和山东省副省长马世忠陪同访问济南。

6月1日 济南至青岛朝发夕归“齐鲁号”豪华型特快列车开行。

6月5日 市委发出通知，要求各级党组织、全体共产党员和全市人民认真学习中共中央、国务院《告全体共产党员和全国人民书》。

6月9日 市政府发布《关于确保城市安全和稳定的通告》。

同日 中共济南市纪委发出通知，要求全市各级党组织和全体共产党员认真学习、坚决贯彻中纪委《关于严明党的纪律，维护党的团结统一的通知》。

6月20日 济南市清理企业相互拖欠贷款领导小组成立，全市清欠工作全面展开。

6月23日 国内第一辆中国产的斯太尔大吨位（总载重32吨）载重汽车在济南汽车制造总厂党家庄分厂下线。

6月26日 市委宣传部发出通知，号召全市人民深入开展热爱中国共产党、热爱社会主义祖国、热爱人民解放军的“三热爱”活动。

7月1日 济南第二机床厂为上海大众汽车有限公司和广州标致汽车有限公司设计制造的两种压力机通过部级鉴定，填补国内空白。

7月5日 山东省和济南市新闻出版局联合检查济南市区书刊市场，查缴各类淫秽色情书刊和非法出版物27种、655册。

7月5—7日 中共济南市第五届委员会第三次全体（扩大）会议举行，传达贯彻中共十三届四中全会和山东省第五届委员会第二次全体（扩大）会议精神，听取并审议通过贺国强代表市委常委会所作的报告，研究部署下半年工作任务。

7月12日 市委召开常委会议，确定以中共十三届四中全会精神为指导，决心抓好6件实事：彻底清理整顿公司，解决党政干部经商问题；查处一批经济大案要案；修订完善领导干部廉政守则；狠刹“卡脖子”“敲竹杠”等利用职权困扰企业和基层单位的问题；整顿城市市场秩序；清理整顿文化市场。

7月19日 市委、市政府发布《关于党政机关副局级以上领导干部发扬艰苦朴素作风，加强廉政建设的暂行规定》。

7月20日 1978—1988泉城十大景观(建筑)评选结果揭晓，八一立交桥、省体育中心、黄河公路大桥、解放阁、环城公园、舜耕山庄、舜井商业街、五龙潭公园、燕子山住宅实验小区、齐鲁宾馆当选。

7月22日 市委召开全市领导干部廉政会议，

动员全市各级党政组织行动起来，肃贪倡廉，惩治腐败，推进济南市廉政建设。

7 月 23 日 以副市长张福山为团长的济南市经济贸易展销团一行 24 人，赴加拿大里贾纳市举行经济贸易展览会。7 月 31 日，济南市经济贸易展览会在里贾纳市开幕，展出 10 大类 420 种名优特产品。

7 月 24 日 驻济南部队 5000 多名官兵和济南市万余名党政机关干部、民兵、群众走上街头，开展军爱民、民拥军活动。

7 月 25 日 市政府召开全市严厉打击制销假冒伪劣商品违法活动大会，对制销假冒伪劣商品的 10 个单位和个人予以公开处理。

7 月 31 日 济南市 7 种轻工产品在首届北京国际博览会上获奖，其中飞轮牌芦笋罐头、佳丽牌香皂、双喜牌火柴获金奖。

8 月 6 日 济南市、县区两级监察机关设立举报电话，集中受理贪污、受贿和弄权勒索，党政干部经商，公款吃喝以及以权谋私四方面的举报。

8 月 9 日 市委、市政府召开整顿文化市场公开处理大会，当众销毁非法出版的录像带 3000 多盘、淫秽黄色书刊 2 万余册，依法惩处 23 名传播淫秽物品、干扰社会治安秩序的不法分子。9 月 20 日，市委、市政府召开全市整顿文化市场工作大会，动员再次掀起整顿文化市场、扫除“精神毒品”和“文化垃圾”的高潮。

8 月 13 日 济南保泉绿化第一期工程项目经林业部批复立项，总投资 2322 万元，重点加强南部山区 1055 平方千米的绿化建设。

8 月 16—17 日 世界银行中国局局长夏希德 J · 伯基一行 3 人到济南，考察使用世界银行贷款的农业发展项目、种子项目和济青公路项目。

8 月 16—19 日 罗马尼亚国家乒乓球队一行 8 人到济南访问比赛。

8 月 22—26 日 全国城市住宅小区建设现场会在济南召开，推广济南市燕子山实验小区建设经验。

8 月 24—25 日 全市学校思想政治工作会议举行，传达全国、全省宣传工作、高校工作会议精神，以及江泽民、李鹏等中央领导讲话，研究进一步做好学校思想政治工作。

8 月 26 日 美籍华人王志芳出资 1 万美元，在济南设立以其母亲姓名命名的“姜树芳女士奖学金”，用于资助济南市考入济南地区大学、品学兼优、家境困难的学生完成学业。9 月 2 日举行首次颁奖仪式。

9 月 1 日 济南市区开始实施初等义务教育。

9 月 5 日 济南市少数民族知识分子联谊会设立民族教育奖励基金。

9 月 9 日 济南市庆祝教师节大会举行，表彰奖励 41 个“教书育人先进单位”、70 个“教书育人先进集体”、249 名“优秀教师”和 72 个“尊师重教先进单位”、32 名“尊师重教先进个人”。

9 月 12—17 日 济南市第二届专业文艺创作调演举行，8 个市、县级专业剧团演出剧（节）目 58 个。

9 月 13 日 以副议长孙圣弼为团长的朝鲜民主主义人民共和国最高人民会议代表团一行 6 人访问济南。

9 月 14—16 日 全市宣传思想工作会议召开。27 日，市委印发《关于加强宣传思想工作的意见》。

9 月 19 日 市政府发布《济南市推进企业科技进步暂行规定》。

9 月 21 日 济微公路长清县境内发生一起特大交通事故。辽宁省朝阳市重型机械厂一辆日本三菱面包车违章超车，与迎面驶来的一辆黄河汽车相撞，死亡 7 人。

9 月 22 日 首届泉城文艺创作奖评选结果揭晓，是日举行颁奖大会。

9 月 25 日 第二届山东艺术节在济南历山剧院开幕。

9 月 28 日 济南市易炜里、朱成汉、董凡玉、杨玉廷、赵长海、李秀美、胡宏智、邓宝金、杨基耀、李春圃、胡咸勇 11 人分别被国务院授予“全国劳动模范”和“全国先进工作者”称号。

9月29日 第六届“泰山杯”、首届“工行杯”全国女子马拉松、山东省马拉松比赛在济南举行。

同日 山东省第一个植物园——济南植物园和济南百花公园建成开放。次日，章丘百脉泉公园建成开放。

同日 济南市庆祝新中国成立40周年科技成果展览在市工人文化宫开幕。

10月1日 山东省暨济南市数十万群众参加庆祝中华人民共和国成立40周年游园活动和在大明湖举行的焰火晚会。

10月5日 中共济南钢铁总厂委员会、中共济南第一棉纺织厂委员会获“全国先进基层党组织”称号，济南第一机床厂党委书记段书勤获“全国优秀党务工作者”称号。

10月7日 济南钢铁厂、济南卷烟厂、济南汽车制造总厂、济南炼油厂被国务院发展研究中心、《管理世界》杂志、中国企业评价中心和国家统计局工交司列入1988年全国500家大企业名单。

10月9—12日 济南市举办首届少数民族文艺调演。

10月12日 济南市52名职工和10个生产（工作）班组分别获“山东省职工劳动模范”和“山东省先进班组”称号。

同日 济南市光明街小学学生边荣唐获“全国十佳少先队员”称号。

10月13日 市政府发布《济南市森林防火奖惩办法》。

10月19—23日 美国萨克拉门托市友好人士旅游团一行近百人到济南观光旅游。

10月19—28日 日本山口市友好访问团访问济南。

10月23—24日 以泰国总理府国务部长阿努瓦·瓦那蓬西里为团长的泰国政府代表团一行15人到济南参观考察。

10月23—25日 市委召开全市党建工作会议，就贯彻中共中央《关于加强党的建设的通知》提出8条具体实施意见。

10月26日 市委、市政府召开进一步清理整顿公司动员大会。至年底，撤并党政机关和社会团体等主办的公司（中心）406户，占实有公司（中心）户数的32.7%。

10月28日 《济南市文明单位管理条例》开始实施。

11月1日 市政府发布《济南市违章建设处理细则》。

11月3日 市委、市政府成立“解困”工作领导小组，并发出《关于抓好机关廉政建设，努力为企业和基层“解困”的通知》。

11月7日 济南市北园镇清河村投资建造的济南国际贸易大厦建成并开始营业。

11月10—12日 全市农村党的基层组织建设工作会议在长清县召开，讨论修改《关于加强农村党的基层组织建设的意见》和《关于开展农村党支部工作达标升级活动的意见》。

11月14日 市政府决定，对全市社会办学进行清理整顿。

同日 济南市公安机关破获“中国民主共和党”反革命集团案，3名主犯落网。

11月16日 市委召开全市党员领导干部大会，传达贯彻中共十三届五中全会和中央工作会议精神。

11月21日 济南市开始对技术市场进行整顿。

11月27日 新华社济南记者站成立。

11月28日—12月3日 全国政协副主席谷牧在济南视察。

12月2日 国务院批准，德州地区的济阳、商河县划归济南市，齐河县的靳家乡、大王乡和桑梓店镇划归济南市历城区。1990年1月1日起，按新区划开展工作。

12月8日 由济南锅炉厂与中国科学院工程热处理研究所共同研制的国家“七五”重点科技攻关项目——35吨循环流化床电站锅炉在明水热电厂通过国家级鉴定。

12月11—14日 中共济南市第五届委员会

第四次全体（扩大）会议召开，审议通过中共济南市委《关于贯彻中共中央〈关于进一步治理整顿和深化改革的决定〉的实施意见》《济南市1990年国民经济和社会发展计划安排意见（草案)》。

12月12日 济南市公安机关进行扫除“六害”斗争的第一次统一行动，集中抓捕拐卖妇女儿童、卖淫嫖娼、制作贩卖传播淫秽物品、私种吸食贩运毒品、聚众赌博、利用封建迷信骗财害人6种危害社会的违法犯罪分子。

12月14日 历城区仲宫镇、天桥区北园镇清河村分别获“全国文明集镇”和“全国文明村庄”称号。

12月15日 济南市国家安全局破获一起台湾国民党派遣特务案，案犯陈安东被抓获。

12月19日 市政府发布《济南市企业内部债券管理暂行规定》。

12月21日 济南第四机床厂生产的单菱牌MG1312高精度外圆磨床获“国家产品质量金质奖”，济南第一印染厂生产的岱顶牌34/2×34/2杂色涤卡、济南钟表厂生产的康巴丝牌石英钟、济南制锁总厂生产的佳菱牌双舌门锁、济南塑料三厂生产的历山牌农用聚乙烯吹塑薄膜、济南罐头食品厂和济南肉联厂生产的飞轮牌芦笋罐头获“银质奖”。

同日 国家科委重点引进项目、国内最大的万吨无水氟化氢装置在济南化工厂试车成功。

同日 全国筹措教育经费改善办学条件山东现场会在济南举行大会，中共中央政治局委员、国务委员兼国家教委主任李铁映到会讲话。

12月25日 市政府发布《济南市医疗机构管理暂行规定》。

12月27日 济南市体育总会成立。

1990年

1月1日 为节水保泉，济南市实行限量供水，市民计划用水每人每月1.5立方米。

1月1日—3月 济南市开展严厉打击掺杂使假和查处伪劣商品的“扫假清劣”统一行动。

1月8日 市政府发布《济南市封山育林管理规定》。

1月10日 市政府召开全市整顿医药市场动员大会。

1月12日 市委、市政府召开全市加强社会治安综合治理动员大会。

1月14日 50万青少年走上街头，开展“学雷锋、学赖宁、奉献在泉城”活动。

1月15日 济南市五区160多万选民投票选举区人大代表。

1月21日 共青团济南市委等六单位联合发出通知，在全市青年中广泛开展“奉献在泉城”系列竞赛活动。

1月25日 济南市电信局开办国际及港澳台长途电话直拨业务，同时受理传真业务。

2月1日 市委、市政府组织党政机关干部500余人下派挂职和包村、包企业，为群众解决反映最强烈、要求最迫切的突出问题。

2月3日 市委在珍珠泉礼堂召开市级机关处以上干部大会，市委书记贺国强在会上作题为《振奋精神，努力工作，以崭新的姿态跨入九十年代》的讲话。

2月4日 国务委员宋健到济南视察。

2月9日 市委、市政府、济南军分区召开民兵预备役建设先进集体、先进个人表彰大会，145个“先进单位”和57名“先进个人”受到表彰。

同日 市政府下发《关于实施吨粮田开发的通知》。

2月10日 济南海关开关。

2月19日 国务院批准将济南市划入沿海经济开放区。

2月19—20日 埃及、卡塔尔驻华大使和沙特阿拉伯驻华商务代表访问济南。

2月26—28日 济南市经济体制改革工作会议召开，通过《济南市1990年经济体制改革综合方案》和4个配套改革意见。

2月28日 济南市首届企业文化月活动开始。

3月1日 市纪委发布《关于密切联系群众，改进工作作风的几项措施》。

3月2日 山东省暨济南市召开以学雷锋、学王铁人、学焦裕禄、学赖宁为中心内容的“学先进、讲奉献、树新风”动员大会。

同日 共青团济南市委授予17名见义勇为、舍己救人的团员青年“泉城好青年”称号。

3月4日 济南市50万军民走上街头，参加学雷锋奉献日活动。

3月8日 市委、市政府首次召开全市新闻报道工作会议，向15个“新闻报道工作先进集体”，20名“优秀新闻报道员”和13名“先进新闻（出版）工作者”颁奖。

3月12日 市政府印发《认真贯彻国务院和省政府关于将济南市划入沿海经济开放区批复的意见》。

3月14—15日 全市企业党的建设和思想政治工作会议召开，讨论修改《关于进一步加强企业党组织建设的意见》《关于进一步加强企业干部管理的意见》和《济南市优秀思想政治工作企业、优秀思想政治工作者管理条例》。

3月16日 市委召开常委扩大会议，传达贯彻中共十三届六中全会精神。

3月17—22日 政协济南市第八届委员会举行第三次会议，听取常委会工作报告和提案工作情况报告。全体委员列席市十届人大三次会议，听取并讨论《政府工作报告》和其他报告，提出意见和建议。

3月18—23日 济南市第十届人民代表大会第三次会议举行，496名代表出席会议，审议并通过市长翟永溥所作的《政府工作报告》、市人大常委会主任李元荣作的《济南市人大常委会工作报告》和其他工作报告，通过关于增设市人大农村经济、民族侨务外事两个专门委员会的决定，补选房立为市十届人大常委会副主任。

3月20日 建筑面积14738平方米的大观园商场营业主楼建成开业。

3月25—26日 中共济南市委第五届委员会第五次全体（扩大）会议召开，通过《关于以整风的精神学习贯彻中共中央〈关于加强党同人民群众联系的决定〉意见》。

3月28日 济南市开始向社会公开销售亚运会奖券。至7月20日，销售奖券金额197万多元。

3月30月 济南市公安机关开展“除六害、反盗窃、打团伙”专项斗争。

4月3日 济南市开展第二个卫生月活动。

4月4—18日 由贺国强率领的济南市赴粤学习考察组先后在珠海、深圳、惠州、东莞、广州5个城市学习考察。

4月10—14日 济南市经济贸易洽谈会在深圳举行，共签订项目46个，利用外资3034万多美元，外贸出口成交额1.8亿元人民币。

4月15—18日 全国花样游泳冠军赛在山东省体育中心游泳馆举行。

4月17日 市委、市政府召开创建卫生城市动员大会；**12月22日**，济南市被国家爱国卫生运动委员会评为全国“十佳卫生城市”。1991年**10月**，济南市保持“全国十佳卫生城市”称号。1992年11月28日，第二次全国卫生城市检查评比结果揭晓，济南市又获“十佳卫生城市”称号。1995年8月31日，市委、市政府召开迎接全国第三次城市卫生大检查动员大会；1996年1月20日，第三次全国城市卫生检查评比结果在北京揭晓，济南市再获“全国卫生城市”称号。

4月26—29日 全国政协副主席杨成武视察济南。

4月27日 济南市5名职工和山东化工厂分别获得全国五一劳动奖章、奖状。

同日 市委召开全市领导干部会议，传达中共中央《关于坚持和完善中国共产党领导的多党合作和政治协商制度的意见》。

4月28日 济南市5万多人走上街头宣传“婚姻法”，纪念第一部“婚姻法”颁布40周年，第二部“婚姻法”颁布10周年。

5月4—12日 “泰山电视杯”全国青年古典

式、自由式摔跤锦标赛在皇亭体育馆举行。

5月9日 市委、市政府在北京邀请中央驻京新闻单位负责人和记者举行座谈会，就济南市划入沿海经济开放区以及济南市对外开放、发展外向型经济的情况进行宣传和交流。

5月10日 济南市第一座城市道路高架桥——辛庄高架桥工程开工，10月1日竣工通车。桥长500米、宽17.2米，双向4车道。

5月10—15日 1990年全国百货商品春季交流会在济南举行。

5月19日 济南市“八五”计划重点建设项目——外环路工程开工；10月31日，外环路一期工程——西北外环路工程基本建成，总长23.38千米。1992年4月1日，西南外环路工程开工，11月15日竣工通车，工程总投资3000万元。1993年2月10日，济南市东、南外环路工程开工，工程全长18.92千米，总投资3.4亿元，12月30日竣工通车。1993年4月12日，中共中央政治局委员、山东省委书记姜春云等省市领导视察东、南外环路工程；5月15日，济南驻军支援外环路建设工程，济南军区司令员张太恒、政委宋清渭等10名将军到工地参加义务劳动。1994年2月25日，西、北外环路拓宽工程开工，8月30日竣工通车。

5月20日 以日本和歌山市议会议长武田典也为团长的和歌山市第七次友好访问团访问济南。

同日 济南市近千名画童共同在400米长的画卷上作画，绘画作品作为济南市少年儿童的礼物献给亚运会。

5月22日 市委印发《关于贯彻中共中央〈关于加强党同人民群众联系的决定〉的实施意见》。

5月22—24日 济南市第十届人大常委会举行第十六次会议，通过《济南市关于集会游行示威的若干规定》和《济南市园林绿化管理办法》。

5月28—30日 市委、市政府召开全市对外开放工作会议，研究部署近期发展外向型经济的规划和政策。

5月28日—9月底 全市部分单位进行中共党员重新登记，历经学习教育、个人总结、申请登记、民主评议等阶段。

5月29日 全国首届中、小学生绘画、书法、摄影艺术大奖赛作品展在省美术馆开展，6月11日评奖结果揭晓。

6月1日 济南市监察局首次聘任各民主党派13名专家为特邀监察员。

6月2日 济南市未成年人保护委员会成立。

6月6日 济南师范专科学校与济南职业大学合并组建的济南联合大学举行成立大会。

6月13—14日 济南市对市区文化市场进行全面检查，共查缴违禁书刊和非法出版物20多种6000余册。

6月20—21日 由民主德国、苏联、美国、中国参加的“丛林河杯”济南四国跳水对抗赛在山东省体育中心游泳馆举行。

6月21日 市委、市政府命名19人为第二批“市级专业技术拔尖人才”。

6月29日 济南市首届少数民族书画展在解放阁开展。

7月1日 全国第四次人口普查工作在济南市全面展开，7月10日结束。全市人口总数为5293314人，其中男2689855人、女2603459人。

7月3日 济南至青岛一级公路开工建设。

7月7日 市委、市政府召开全市领导干部大会，市长翟永溥作题为“学习福建经验，进一步开创我市对外开放工作新局面”的报告。

同日 莫桑比克民族解放斗争战士协会代表团访问济南。

7月9日 市政府印发《关于对民用爆炸物品、枪支弹药开展清查整顿工作的安排意见》。

7月12日 加拿大前总理皮埃尔·特鲁多一行3人访问济南。

7月13日 台湾赴大陆工业考察团一行7人抵济南考察。

7月17日 市政府印发《济南市近期外向型经济发展规划》，提出近期发展外向型经济的指导思想、计划目标、发展重点及实施规划的措施等。

7月20日 市政府发布《关于改善公办中小学办学条件，推进九年义务制教育的决定》。

7月24日 市第十届人大常委会第十七次会议通过《济南市职工教育条例》。

7月26日 济南市中级人民法院依法对潘家隆、姚宁江经济犯罪案件进行公开宣判。原省建委副主任潘家隆因受贿罪被判处有期徒刑8年。

7—9月 济南市举办“行政诉讼法”知识竞赛，全市10万人参赛，中央电视台三次播放实况录像。

8月5日 国务委员兼财政部部长王丙乾抵济南视察。

8月7—9日 济南市残疾人联合会成立，并召开第一次代表大会。

8月12日 16时，长清城南小屯、凤鸣庄一带出现历史上罕见的特大规模蜻蜓群，蜻蜓群长4千米，宽约1.5千米，厚约20米。

8月13日 市政府发布《关于鼓励外商到济南投资兴办企业的优惠政策》。

8月19日 全国业余青少年射击比赛在济南举行，济南选手王丽在女子标准步枪60发卧射中，以592环的成绩超世界青少年587环的纪录。

8月25日 济南市公安局在全市开展严厉打击偷盗自行车犯罪活动的专项斗争。

8月27—31日 济南市举行安全生产知识竞赛，共举办742场，约10万人参赛。

8月28日 市委、市政府召开全市廉政建设工作会议，研究部署党风和廉政建设的任务和措施。

9月6日 市政府印发《济南市农村实现2000年人人享有卫生保健规划目标》。

9月10日 市政府发布《济南市计划生育管理实施办法》。

9月14日 市政府印发《关于扶持乡镇企业发展的若干规定》。

9月15日 山东省暨济南市“亚运之光”火炬传递交接仪式及山东省“亚运圣火燃遍齐鲁大地”火炬接力长跑在省体育馆举行。

9月16—19日 济南市经济技术协作洽谈会举行，共签订经济技术协作合同194项。

9月17—19日 济南市第十届人大常委会举行第十八次会议，通过《济南市大环境绿化建设方案》。

9月25日 台湾省知名人士访问团一行14人访问济南。

9月26日 济南市首届私营企业代表大会召开。

9月29日 市政府发布《关于鼓励推动科技与经济联合协作的有关规定》。

10月7日 “海外华文教育界人士访华观光团”一行50多人抵济南参观游览。

10月8日 市政府决定建立济南火炬高技术产业开发区。开发区设在历城区洪家楼镇与历下区姚家镇交界区，规划面积3平方千米。

10月9日 在1990年度国家质量奖评选中，济南第四棉纺织厂生产的聘贤牌C18.2tex纯棉普梳纱获金奖，济南第三棉纺织厂等7家企业生产的7项产品获银奖，济南燕子山实验住宅小区获优质工程银奖。

10月9—14日 由世界粮食计划署援助的白云湖水产综合开发项目通过终期评估。

10月11日 交通银行济南支行开业。

10月12日 以日本山口市市长佐内正治为团长的山口市友好访华团一行7人及山口市民友好访华团一行34人抵达济南，参加两市缔结友好城市关系5周年纪念活动。

10月14日 日本山口市政府和济南市政府主办的山口风物展在济南市少年宫开展。

10月16日 市委、市政府印发《关于依靠科技进步振兴济南农业的实施意见》。

10月20日 济南泺口黄河浮桥建成通车。

10月22日 济南市市长翟永溥作为中国沿海城市市长代表团副团长，到日本访问。26日，翟永溥在千叶市新大谷饭店经济恳谈会上发表讲话。

10 月 26 日 济南市老干部活动中心落成。

10 月 29 日 市政府发布《济南市水污染物排放许可证管理办法》。

10 月 31 日—11 月 5 日 台湾影视歌星演出团一行 13 人在济南为第十一届亚运会集资义演。

11 月 2 日 济南市召开清房工作会议，部署开展清理纠正干部职工违纪违法建私房和用公款超标准装修住房问题。

11 月 8—9 日 以日本山口市前市长崛泰夫为团长的山口市友好访华团一行 5 人访问济南。

11 月 8—15 日 以加拿大里贾纳市市长道格拉斯·亚齐为首的里贾纳市友好访华团一行 12 人访问济南。

11 月 11 日 中国第一套“催化裂解”新工艺工业放大试验装置在济南炼油厂一次投料开车成功。

11 月 12—13 日 以朝鲜人民武装力量部副部长金光振大将为团长的朝鲜军事代表团一行 7 人访问济南。

11 月 16 日 市委发出《关于今冬明春在全市农村开展社会主义思想教育的通知》，决定抽调 7000 余名干部分赴基层农村进行宣讲。

11 月 22—23 日 市委、市政府召开全市区街经济工作会议，确定济南的经济发展要实行大中型企业、乡镇企业、区街企业“三个轮子一起转”。12 月 12 日，市政府印发《关于促进区街经济发展的若干规定》。

12 月 3—7 日 由中国艺术研究院等单位联合举办的山东快书研讨会在济南历山剧院召开。

12 月 4 日 市政府发布《济南市关于在市区实行义务植树登记制度的规定》。

同日 为纪念在对越自卫还击战中英勇牺牲的一级战斗英雄、国家二级英模、原济南军区陆军学院见习排长王光华烈士修建的“光华碑”和“光华亭”在济南陆军学院落成。

12 月 12 日 章丘县党家乡党家村一妇女在山东省立医院足月生下 4 个男婴。四胞胎足月妊娠分娩，在国内外尚属罕见。

12 月 14—16 日 市委召开全市政协工作会议，要求坚持和完善政治协商、民主监督制度，更好地发挥人民政协的职能作用。

12 月 18 日 山东省“七五”期间重点工程之一——黄台电厂第二台 30 万千瓦机组并网发电。

12 月 20—22 日 市委举行第五届委员会第六次全体（扩大）会议，审议通过贺国强代表市委常委会作的报告，审议《济南市 1991 年国民经济和社会发展计划安排意见（草案）》。

12 月 28 日 山东省第一家企业产权转让市场——济南企业产权交易市场开业。

1991 年

1 月 1 日 济南市工商局成立租赁市场管理所，同时发布《济南市租赁柜台管理暂行规定》。

1 月 3 日 《济南日报》报道，济南汽车制造总厂生产的黄河牌 JN162 系列载货汽车获部优产品称号，成为全国重型汽车行业唯一获得该项质量奖的产品。

1 月 10 日 市政府发布《济南市矿产资源管理办法》。

1 月 11 日 济南市社会主义学院成立。

1 月 15 日 市委印发《关于贯彻中共中央〈关于实行党和国家机关领导干部交流制度的决定〉的意见》。

1 月 16 日 《济南日报》报道，济南第一机床厂晋升为国家一级企业，成为济南市市属企业第一家获此称号的厂家。

1 月 16—17 日 由济南第二机床厂研制的中国规格参数最大、技术最密集、性能最先进的机械压力机——2000 吨闭式四点双动拉伸压力机，通过机电部验收。

1 月 18 日 由市财办、市消费者协会等联合组织的首次评选市“消费者满意商店”活动结果揭晓，40 家商店获“消费者满意商店”称号。

1 月 19—30 日 以市委副书记李启万为团长的济南市友好访问团一行 5 人对日本山口市进行

友好访问。

1月20日 市委、市政府印发《关于贯彻落实中共中央、国务院〈关于1991年农业和农村工作的通知〉的意见》。

1月26日 济南市第一家台资企业——济南市天樱时装服饰有限公司成立。

1月27日 全国城市卫生检查评比表彰大会在北京举行，济南市获1990年全国十佳卫生城市锦旗和奖杯，市长翟永浡获十佳卫生城市市长奖杯。

1月28日 济南市青工（青年职工简称）工作会议召开，济南第一棉纺织厂、济南第一机床厂和济南钢铁总厂团委被命名为“特级团委”。1991年，济南第一棉纺织厂团委被评为“全国先进团委”。

同日 在全国第十七届“新星杯”乒乓球赛上，济南市代表队获男子儿童甲级团体冠军。

1月29日 济南市第二届少代会召开，选举产生济南市第二届少先队工作委员会，庞雪巍等10名少年获“济南市十佳少年”称号。

同日 济南仪表厂承担的国家“七五”期间科技攻关项目——PM系列智能仪表通过国家鉴定。

2月2日 由总部设在济南的中国重型汽车集团公司组织实施的重型汽车引进项目——国产“斯太尔”汽车通过中奥双方验收，签字仪式在北京人民大会堂举行。

2月7日 由山东电视台和济南电视台联合摄制的历史巨片《孔子》拍摄完成。

2月8日 济南市环卫工作会议召开，11个单位和24名职工获“泉城环卫杯”和“优秀城市美容师”称号。

2月12日 市政府发出《关于进一步做好制止乱收费、乱罚款和各种摊派工作的通知》，全市治理“三乱”工作展开。13日，市治理“三乱”领导小组成立。通过清理和审核，1991年全市共废止“三乱”项目128个，每年可减轻企业和群众负担约2500万元。4月19日，济南市治理“三乱”纠正行业不正之风工作会议召开。市政府、各县区和97个部门行业都成立“纠风”领导小组。6月份市纠风办集中对各县区和委办局的“纠风”工作进行调度和检查指导，调查处理问题153条。

2月24日—3月2日 全国农村经济工作经验交流会在济南举行，国务院副总理田纪云主持会议，并于25—26日考察济南的农业和农村工作。

2月28日 全国人大常委会副委员长陈慕华到济南视察工作。

3月1日 省会城乡大环境绿化动员大会召开，提出用10年时间植树造林47000公顷，建成11个风景游览区和8个风景点。

3月3日 全国扶贫开发工作会议在济南召开。会议总结交流“七五”期间扶贫开发经验，分析扶贫开发形势，研究部署“八五”期间扶贫开发工作。

3月5日 山东省最大的城市污水处理项目——济南污水处理厂工程破土动工，设计日处理污水45万吨，1998年6月1日竣工。济南污水处理厂的运行，使城市近30%的工业废水和生活污水得以净化，有效改善了城市环境状况。

同日 中国东方航空公司山东分公司在济南西郊机场成立。

同日 济南市引黄保泉二期工程破土动工，1992年年底竣工，日供水量20万立方米。引黄保泉一期工程于1987年年底建成投产，日供水量20万立方米。

3月5—9日 第一届全国渔具博览交易会在济南举行。

3月6日 济南市高技术产业开发区被国务院批准为国家高新技术产业开发区。4月22日，济南市高技术产业开发区建设管理委员会成立。11月4日，济南市高技术产业开发区新区（科技城）开工奠基仪式举行。1992年8月，高新技术产业开发区科技城道路一期工程开工，12月22日竣工通车。

3月8日 济南市第一家农机商场在历城区开业。

同日 国家工商局确定济南市工商局为全国15个企业综合性监督管理试点局之一。

同日 《济南日报》报道，在全国体育竞赛工作会议上，济南市获“1990年全国最佳赛区”称号。

3月11日 市政府发布《济南市城市容貌管理办法》《济南市建设用地管理办法》。

3月11—14日 英国驻华大使阿兰·唐纳德一行14人访问济南。

3月13日 由朝鲜人民军总政治局宣传部部长韩东根少将率领的朝鲜人民军协奏团，在八一礼堂举行首场演出。

3月15—19日 全国第25届旅游产品交易会在济南举行。

3月17日 《济南日报》报道，由市第四人民医院设计制造的人工食道通过省内外专家鉴定，该技术达到国际领先水平。

3月18日 原日本反战同盟成员访华团一行9人访问济南。

3月20日 中国第一条高档薄页纸生产线在山东造纸总厂东厂开机试产。

3月22日 济南仪表厂首批百台P100S记录仪出口英国，实现中国仪表整机批量出口零的突破。

3月23日—4月1日 以美国萨克拉门托市市长安妮·鲁丁为团长的萨克拉门托市友好访问团一行34人访问济南。

3月26日 中共济南市委、市人民政府、济南军分区印发《关于开展创建“双拥模范城”活动的意见》，并成立创建双拥模范城领导小组。

同日 市政府发布《济南市图书报刊市场管理规定》《济南市文化娱乐市场管理规定》《济南市音像制品市场管理规定》。

3月28日 济南市水利勘测设计院成立。

3月29日 市人大常委会颁布《济南市城市环境卫生管理办法》。

同日 市委、市政府转发《市委宣传部、市司法局〈关于在公民中开展法制宣传教育的第二个五年规划〉》。

4月1日 济南汽车运输公司与市电车公司联合经营的济南至长清区间客运班车通车，这是全国首条城市公交企业与公路交通运输业联合营运的线路。

4月1—28日 济南市杂技团一行25人组成中国艺术团济南分团，赴朝鲜参加“四月之春”艺术节。

4月2日 市委、市政府印发《关于贯彻省委、省政府〈关于进一步深化改革搞好企业若干问题的规定（试行）〉的实施意见》。

4月2—8日 政协济南市第八届委员会第四次会议召开，通过《市政协八届四次会议决议》，增补惠熙和为市政协八届委员会副主席。

4月3日 市政府授予961家企业“重合同、守信用”称号，同时撤销28家企业的该项称号。

4月3—10日 济南市第十届人民代表大会第四次会议举行，审议通过《济南市国民经济和社会发展十年规划及“八五”计划纲要》等报告，补选刘正宗、刘锡藩为市十届人大常委会副主任。

4月5—9日 “康丰杯”全国女子举重锦标赛在皇亭体育馆举行。邢芬等8名选手被济南市政府授予“荣誉市民”称号。

4月6—8日 英国外交大臣道格拉斯·赫德偕夫人及驻华大使一行22人访问济南。

4月7日 由邮电部与瑞士哈斯拉公司共同开发研制的世界上第一套用户电报和公众自动转报二合一TM203交换系统，在市电信局割接开通。

4月8—12日 第三届济南产品展谈会在深圳举行。共签订利用外资合同、协议48项，利用外资3731.3万美元，外贸出口成交额33267万元。

4月8—15日 济南选手张瑾、彭新勇获1991年全国青少年羽毛球比赛女子甲组双打冠军。

4月9—10日 由全国人大法律委员会顾问、原香港特别行政区基本法起草委员会秘书长李后率领的香港基本法起草委员会香港委员访问团一行19人访问济南。

4月15日 济南市10种轻工产品在第二届

北京国际博览会上获奖。其中，轻骑牌QM50摩托车、QK90摩托车、康巴丝石英钟、双喜牌火柴、佳丽牌香皂、趵突泉啤酒获金奖。

4月18日 济南市畜牧局成立。

同日 《济南日报》报道，济南炼油厂与抚顺石油化工研究院合作研制开发的重交通沥青获1990年国家科技进步一等奖。

4月19日 中共山东省委任命翟永溥为中共济南市委书记。

4月20—23日 “封王御液杯”全国花样游泳冠军赛在省体育中心游泳馆举行。

4月21日 0时起，具有80多年历史的黄河最早的铁路大桥——济南泺口黄河铁路大桥封闭停用。

4月22日 济南地区科学器材协作网成立。全国科学仪器设备展销会同时开幕。

4月23日 由中央新闻纪录电影制片厂摄制的彩色纪录片《济南名士多》在光明电影院举行首映式。

4月24日 以赖明堂博士为团长的美国萨克拉门托市华人工商联协会访华团访问济南。

4月26日 市政府发布《济南市环境卫生监督处罚规定》。

4月28—29日 外国驻华大使馆武官旅行团一行76人访问济南。

4月29日 山东省暨济南市庆祝五一国际劳动节105周年大会举行。济南炼油厂获全国五一劳动奖状，王静侠等5名职工获全国五一劳动奖章，10个班组和53名职工获山东省“富民兴鲁劳动奖章”。

4月30日 济南职工科技大学成立。

5月1日 泺源大街工程开工，12月20日竣工通车。

5月2日 团市委授予勇斗歹徒的山东木材厂储蓄所代办员杨立芬“新长征突击手”称号。

同日 济南市第一所市民学校在泉城路街道建立。

5月4—8日 国际暨全国妇产科学技术交流会在济南召开。

5月4日—6月27日 济南市首届中小学文化艺术节举行。

5月5日 市政府发布《济南市确认和处理无效技术合同暂行规定》《济南市技术广告审批管理办法》。

同日 济南啤酒集团总公司成立。

5月6—8日 全国政协副主席王恩茂在济南视察。

5月7日 《济南日报》报道，济南第二机床厂自行研制的B2316龙门铣刨床首次直接进入日本市场。

5月8日 山东省国际信托投资公司在济南设立证券交易厅。

5月10日 全省第一家县级股份金融机构——济南市城市信用社联合社成立。

5月11日 国家“星火”计划、黄淮海开发重点项目——平阴县黄河涝洼综合治理工程开工，6月1日竣工。项目使860多公顷涝洼地变成粮田。

5月12日 济南市第一家县级二级批发公司——济南齐鲁工业品批发集团总公司在平阴成立。

5月12—16日 澳大利亚前总理、澳中友好协会理事会主席高夫·惠特拉姆率领的澳中理事会代表团一行9人访问济南。

5月13日 济南试验机厂在全国试验机行业评比中第五次夺得第一名。

5月13日—6月6日 济南杂技团一行25人赴巴基斯坦参加中巴建交40周年庆祝活动。

5月14日 《济南日报》报道，济南市利用世界银行贷款发展农业新项目——商河县徒骇河流域中低产田农业综合开发，进入全面实施阶段。该项目是省计委1987年确定的全省三大农业综合开发项目之一，总投资达4119.73万元，其中世界银行贷款折合人民币1615万元。

5月15日 济南市开展残疾人保障法宣传月和助残日活动。

5 月 18 日　《济南日报》报道，章丘县龙山镇生产的黑陶获北京第二届国际博览会黑陶类产品最高奖铜质奖。

5 月 19—21 日　全国青年（男子）田径锦标赛在省体育中心体育场举行。

5 月 20 日　章丘县被省委、省政府命名为全省社会文化先进县。

同日　济南市镁碳砖厂生产的 120 吨镁碳砖运抵日本，是中国镁碳砖产品首次进入日本市场。

5 月 22 日　济南市社会治安综合治理委员会成立。

5 月 23—24 日　以巴基斯坦伊斯兰共和国国民议会议长古哈尔·阿尤布·汗为团长的巴基斯坦国民议会代表团访问济南。

5 月 25 日　中国自行开发设计的单台生产规模最大的四氟乙烯装置，在济南化工厂一次投料试车成功。

5 月 27 日　济南市公安局防暴支队成立。

5 月 28 日　市政府发布《济南市殡葬管理办法》。

5 月 29 日　山东造纸总厂东厂被国家爱卫会授予“全国无吸烟先进单位”，这是全市第一个获此称号的企业。

5 月 30 日　以巴布亚新几内亚独立国议会议员阿贝贾为团长的议员代表团一行 3 人访问济南。

同日　山东省第一家性医学专业机构——济南市性功能障碍防治中心成立。

5 月　济南市组团赴美国匹兹堡参加第七届发明及新产品展览交易会。

6 月 1 日　济南市首次对城镇待业青年实行基础教育和发放就业许可证。

同日　济南市开始实行盲人免费乘车制度。

6 月 1—2 日　由巴布亚新几内亚独立国总督赛雷·艾里率领的政府访问团一行 10 人访问济南。

6 月 5 日　济南市人民检察院反贪污贿赂工作局成立。

6 月 5—8 日　由瑞典驻华使馆商务参赞筒·斯德博哥率领的瑞典经济考察团一行 10 人访问济南。

6 月 7 日　市政府发布《济南市性病防治管理办法》。

同日　中国第一部村民自治章程在章丘县埠村镇埠西村诞生。

6 月 13 日　济南机务段东风 4 型内燃机车 1329 次货物列车发生追尾事故，直接经济损失 73 万元。

6 月 16 日　济南市革命文物展览在省博物馆开展。

6 月 19 日　浪潮电子信息产业集团等 10 家企业被认定为济南市首批高新技术企业。

6 月 20 日　中共山东省委任命谢玉堂为中共济南市委常委、副书记，李华理为中共济南市委常委。

同日　日本山口艺术访华团抵达济南，并作首场演出。

同日　济南民族医院落成开业。

6 月 20—28 日　济南市组团参加中国青岛对外经济贸易洽谈会，签订利用外资合同、协议 58 项，利用外资 5240.6 万美元，外贸出口成交额 15583 万元。

6 月 22 日　世界银行副行长拉贾哥波兰等实地考察章丘县农村卫生世界银行贷款项目实施情况。

6 月 25 日　市政府发布《济南市城市环境卫生有偿服务管理办法》《济南市市区山岭管理办法》。

6 月 27 日　市委举行《中共济南市组织史资料》《中共济南党史大事记》首发式和党史教育片《巍巍丰碑》首映式。

6 月 29 日　《济南日报》报道，章丘县、平阴县被省委命名为全省农村党建工作先进县。

6 月 30 日　在全市范围内开展打击拐卖妇女儿童、查禁取缔卖淫嫖娼专项斗争。9 月 5 日，全市召开打击拐卖妇女儿童、查禁取缔卖淫嫖娼活动会议。到年底，共抓获这两类违法犯罪分子 438 名。

7月4日 济南第一机床厂厂长易炜里被中共中央组织部授予“优秀领导干部”称号。

同日 全国青少年武术运动协会在济南成立。

同日 山东省实验中学学生杨杰获布达佩斯世界中学生田径杯赛5千米竞走冠军。

7月6日 济南市首届个体饮食行业优质产品评选结果揭晓，59种产品获金、银奖。

同日 在第二届全国“火炬”高新技术及产品展交会上，济南市4个项目获奖，其中，MJ—50CNC数控车床获金奖。

7月10日 济阳、章丘、商河3个县18个乡镇遭受冰雹、龙卷风袭击，受灾作物面积5万公顷，直接经济损失2.97亿元。

同日 市人大常委会颁布《济南市城市建设拆迁管理办法》。

7月15日 济南一中高三学生金宁以总分第一名的成绩，获第23届国际化学奥林匹克比赛金牌。

7月17日 济南市救灾办公室成立。济南市各行各业和驻济部队以各种形式捐款捐物，支援南方和山东省灾区人民，至年底，累计捐赠救灾款物2044万余元。

7月19日 中国第一部汉字传呼机和汉字传呼中心系统在浪潮电子信息产业集团公司问世。

7月20日 市委、市政府印发《关于进一步加强社会治安综合治理的意见》。

7月23—26日 市第十届人大常委会举行第二十三次会议，任命王丕俊、徐会三为济南市副市长，接受庄庆臣辞去副市长的请求。

7月25日 市委印发《关于加强青少年工作的意见》。

同日 济南市在5区5县及市属46家批发零售企业进行商业企业“四放开”改革试点。

7月28—29日 由于连降大暴雨，长清县11个乡镇受灾，直接经济损失1560万元。

7月29日 市政府发布《济南市城市供水管理办法》。

7月30日 国家“七五”期间重点建设项目——济南涤纶工程全部竣工。工程于1988年动工兴建，是日，济南涤纶工程4套主生产装置先后投料试车一次成功。同时，济南涤纶工程更名为中国济南化纤总公司。1996年1月，济南锦纶工程——5000吨短丝合资项目在济南化纤厂建成投产，该项目是国内最大，设备、技术水平最先进的锦纶短丝生产线。1997年1月，中国济南化纤总公司通过法国国际质量认证有限公司(BVQI)和中国质量管理协会质量保证中心（CQAC）联合认证，成为省内纺织行业第一家通过这两项认证的企业。2000年7月30日，中国东方资产管理公司和信达资产管理公司与济南化纤总公司共同签订全国纺织系统最大一笔债转股协议，转股金额24亿多元。2002年6月18日 济南化纤债转股后组建的新公司——济南正昊化纤新材料有限公司成立。

7月31日 集多种教育手段于一体的永久性国防教育宣传阵地——济南市国防宫在市青少年宫开宫。工程于1990年3月开始筹建，占地2200平方米。

同日 全国最大的2000升稳定温度聚合新装置在济南化工厂一次投料试车成功。

7月 济南市首家境外合资企业——兆泉实业有限公司落户美国加利福尼亚州奥克兰市。

8月2日 朝鲜黄海南道艺术团在历山剧院举行首场访问演出。

8月3日 以林登志雄为团长的日本山口市中学生友好访问团访问济南。

同日 《济南日报》报道，济南啤酒厂12°优质趵突泉啤酒、长清酒厂54°白鹤泉特酿获西班牙巴塞罗那“第30届世界优质产品评选会”最高金奖和金奖。

8月6日 市委、市政府作出《关于发展壮大村级集体经济的决定》。

8月7日 济南市第一家民办股份制企业——济南威进科技股份公司成立。

8月8日 市委、市政府印发《关于严厉打击盗窃犯罪切实加强防范工作的意见》。

8月9日　济南市第一个消费者协会监督站在人民商场成立。

8月13—15日　全市城乡经济一体化工作会议召开，14个大型企业与14个乡镇结成对子，111个企业之间成为协作伙伴。

8月14日　济南市振兴街道中心幼儿园的66名儿童因食用污染的个体户牛奶，引起细菌性食物中毒。15日中午，中毒儿童全部脱离危险。

8月17日　'91首届中国国际少年儿童舞蹈夏令营在济南开营。

8月19日—9月3日　以市委书记翟永淳为团长的济南市经贸考察团在美国萨克拉门托市进行考察访问。

8月20—25日　以斯里兰卡西北省省长佩雷拉为团长的友好访问团访问济南。

8月22日　市委、市政府在市供电局召开现场会，推广该局“全方位优质服务工作法”。

8月24日　市委印发《关于加强县以上机关党的建设的意见》。

8月26日　济南第一机床厂、济南石油化工二厂晋升为国家一级计量企业。

8月27日　市政府发布《济南市筹集城市商业网点建设资金管理办法》《济南市对集贸市场和摊点群实行统一收费的规定》。

8月30日　济南市285人获公安部首次颁发的人民警察荣誉章，其中59人获一级金盾荣誉章。

8月30日—9月8日　市人大常委会副主任房立一行2人到巴布亚新几内亚莫尔斯比港首都地区进行友好访问。

8月31日　市政府发布《济南市施行〈行政复议条例〉规定》。

8月　济南市制订对“三线一片”实行山、水、林、田、路、村统一规划，综合治理分期实施方案，成立济南市“三线一片”治理指挥部。

9月3日　《济南日报》报道，由七八三工厂研制的二次雷达，在济南张庄机场投入使用，标志着中国进入了世界上少数几个生产使用该系统的国家行列。

9月4日　中国人民银行全国电子联行济南卫星站开通。

9月7日　国务院副总理兼国家计委主任邹家华视察济南。

9月7—9日　由台湾同贸企业股份有限公司董事长阮昭雄夫妇等组成的台湾实业考察团访问济南。

9月11—12日　以朝鲜民主女性同盟中央委员会副委员长兼秘书长康占淑为团长的朝鲜女性同盟代表团一行7人访问济南。

9月13日　市政府发布《济南市高新技术产业开发区管理规定》。

同日　济南市打击制销假冒劣商品违法活动大会在珍珠泉礼堂召开，公开处理10起制销假冒劣商品的大要案，并展览假冒劣商品。

9月14日　济南市19家宾馆、餐馆、商店被市旅游局定为首批旅游涉外定点单位。

9月15日　济南市首次派出环保技术代表团赴加拿大里贾纳市进行为期4周的考察访问。

9月16日　济南市政协邀请市级各民主党派、工商联负责人和无党派爱国人士，以及各群众团体代表举行座谈会，纪念九一八事变60周年。

同日　市政府发布《济南市闲置设备调剂利用暂行规定》。

9月17日　工商银行济南分行开始承办解付台湾私人汇款业务。

同日　济南至香港包机航线通航。

9月18日　济南市进出口公司成立。

9月20日　中央军委副主席刘华清视察济南。

9月20—27日　第二届全国城市运动会在唐山市举行，济南代表队获5枚金牌、7枚银牌和8枚铜牌。

9月25日　市政府发布《关于加强军政军民团结支持济南驻军建设若干问题的规定》。

9月26—28日　加拿大里贾纳市副市长兰迪·朗加德及夫人访问济南。

9月26日—10月5日　济南产品展销会在

省工展馆举行，成交额达3.5亿元。

9月27日 市委、市政府印发《关于建设大市场搞活大流通的意见》。

同日 ’91世界旅游日庆祝活动和首届中国旅游书画艺术节开幕式分别在省体育馆广场、省博物馆举行。

同日 济南市工业品批发市场开业。

9月28日 中国国际旅游书画院济南分院成立。济南市博物馆馆藏明清书画精品展、济南历史文物珍品展同时开展。

同日 1600多位老年人在珍珠泉人民会堂集会，庆祝第一个国际老人节。

9月28日—10月30日 “’91泉城金秋恳谈会”在舜耕山庄举行。会议签订利用外资合同、协议36项，成交额1.79亿美元，利用外资1.1亿美元。

10月5日 西汉时期著名外交家终军铜像在历城区仲宫镇落成。

10月7—8日 朝鲜劳动党中央委员会总书记、朝鲜民主主义人民共和国主席金日成访问济南。

10月11日 市政府发布《济南市外商、华侨、港澳台商投资企业和常设代表机构中的外国人、华侨、港澳台人员管理办法》。

10月12日 中国工商银行全国业务技术比赛开幕式在南郊宾馆举行。济南市4名选手各获1项第一名。

同日 纪念发掘城子崖遗址60周年国际学术研讨会在济南开幕。

同日 由济南市第四建筑公司承建的济南军区八一礼堂工程、市第一建筑公司承建的济南炼油厂催化裂化工程获国家银质奖。

10月13日 山东建筑机械厂生产的JS350型双卧轴强制式混凝土搅拌机获国优金奖。

10月14日 市政府发布《济南市行政执法暂行规定》《济南市行政执法监督暂行规定》。

10月15日 市政府印发《济南市企业兼并暂行办法》《济南市推进企业兼并若干政策暂行规定》《济南市企业产权转让市场章程》。

10月15—17日 由济南市伊斯兰协会等单位联合举办的“伊斯兰文化与中国”学术讨论会召开。

10月16日 济南第一机床厂生产的JIMK530、JIMK460、CM6125三种出口车床获商检“质量标志”，这是全国机床行业首家获得该项质量认可证的厂家。

10月16—17日 以香港大公报社社长杨奇为团长的港澳新闻界代表团一行12人访问济南。

10月18日 市委、市政府作出《关于奋战十年绿化济南的决定》。

同日 中国房地产及住宅研究会城市房屋拆迁委员会成立大会在济南召开。

10月19日 济南市对外经济贸易委员会重新组建。

10月20—27日 由外交部新闻司组织的外国驻北京记者赴山东参观采访团一行17人访问济南。

10月22—25日 济南市第二届经济技术协作洽谈会在八一礼堂举行，共签订合同297项，协议意向386项，友好协作协议124个，成交额2.32亿元。

10月24日 济南市94个市级社会团体获首批市政府颁发的登记证书。

10月25日 “希望工程”全国百场巡回义演在省体育馆进行首场演出。

同日 济南市地下管线普查工作及其成果通过鉴定，测绘技术、成果精度均达到国际先进水平。

10月26日 济南市被国家科委列为全国科技兴市试点城市。

10月28日 济南市纪委作出《关于区分经济活动中违纪与非违纪界限的规定》。

同日 《济南日报》报道，济南列车段济京297/8次列车，在进京列车评比中，连续4年夺取进京列车第一名。

10月31日 济南市与相邻地市社会治安联

席会议召开，决定成立结合部地区治安防范工作协调小组。

11月1日 中华人民共和国济南卫生检疫所、中华人民共和国济南进口食品卫生监督检验所开始对外办公。

11月2日 市政府发布《济南市城市节约用水管理办法》。

同日 华东最大的皮毛专业市场——济南市辛集皮毛市场建成并投入使用。该市场于6月开始筹建，地点位于济南市济阳县辛集回族乡政府驻地，占地6.8万平方米。

11月3日 中共中央政治局常委、国务院总理李鹏视察济南。

11月4—10日 以日本和歌山市议会议员、日中友好议员联盟常任理事武田典也为团长的日本和歌山市友好访华团一行10人访问济南。

11月5日 在全国“七五”星火计划成果博览会上，济南市10个项目获金银奖，51个项目获优秀奖。

11月10日 济南市举行新中国成立后第一次大规模的脱盲考试，对第四次人口普查中15—40周岁的文盲、半文盲进行统一文化考试，46604人达到及格以上水平。

11月上旬 济南锅炉总厂与中国科学院联合开发研制的35吨/时循环流化床锅炉，获“国家‘七五’科技攻关重大成果奖”。

11月11日 由清华大学、省无线电厂和济南无线电一厂联合开发研制的点对多点无线电通讯系统，在京演示成功。该系统达到国际先进水平。

11月11—15日 德国驻华大使韩培德一行3人访问济南。

11月12日 团市委将济南革命烈士陵园、中共山东省党史陈列馆、济南“四五”烈士纪念碑、济南解放纪念阁和中共济南乡师党史陈列室确定为“济南市青少年革命传统教育基地”。

同日 济南华侨医院开诊。

11月13日 市委、市政府印发《关于进一步加强和改进知识分子工作的意见》。

11月15日 济南青少年宫少年武术队一行14人结束为期1个月的访日演出返回济南。

11月16日 市委、市政府印发《济南市发展城乡经济一体化“八五”规划纲要》。

11月20日 历时2个月的全市范围内的清欠工作结束，共清理各种债务15亿元。

11月21—22日 济南市高技术产业开发区专家咨询委员会成立大会及第一次全体会议召开，评议通过《济南市高技术产业开发区十年规划和“八五”计划》。

11月24日—12月3日 以市委副书记孙常印为团长的济南市综合经济考察团一行5人到加拿大里贾纳市访问考察。

11月24日—12月13日 以副市长张福山为团长的济南市经济考察团赴日本山口市、和歌山市和韩国访问。

11月26日 以市委常委、市委组织部部长亓凤海为团长的济南市人才交流考察团一行5人到日本和歌山市考察访问。

同日 《济南日报》报道，在全国职工健身7项锻炼标准达标评比活动中，济南市被评为全国先进城市。

11月30日 济南市公安局发出《缉拿“三逃”人犯布告》，全市范围内缉拿“三逃”（即从羁押管教场所外逃，批准逮捕、刑事拘留、劳动教养后外逃，负案在逃）犯罪分子的斗争展开，一个月时间共抓获“三逃”人犯54名。

11月 历下区获“全国游泳之乡”称号。

12月1日 济南第一百货商店新营业楼竣工并试营业。

12月4日 历下区被国家科委列为首批国家级星火密集区之一。

12月10日 济南市被省委、省政府、省军区命名为“双拥模范城”。

12月11日 市政府印发《关于部分国营大中型企业放开经营转换机制改革试点的意见》，公布济南试验机厂等17个企业为试点单位。

同日 济南市最大的集贸市场——段店集贸中心开业。

12月13日 济南驻军义务参加大环境绿化建设动员大会在卧虎山南麓举行，驻济南部队各大单位现场签订参加济南市大环境绿化责任书。

12月14日 中国重型汽车集团公司被国务院确定为全国重点企业集团试点单位。

12月18日 济南市黄淮海平原农业开发工作总结大会召开，济南市黄淮海平原农业综合开发项目“七五”期间后3年开发成果展览同时开展。

同日 济南化肥厂2万吨浓硝酸装置投料开车成功，结束济南市无浓硝酸产品的历史。

12月19日 济南市青年漫画家黎青的漫画《无题》获日本第13届读卖国际漫画大奖赛最高奖。

12月20日 山东航空旅行社在济南成立。

12月20—21日 中国致公党济南市第一次党员大会召开，选举产生中国致公党济南市第一届委员会。

同日 济南市杂技团一行12人赴印尼进行为期3个月的演出。

12月24日 10时45分，济南钢铁总厂实现年产钢百万吨，跨入全国大型钢铁企业行列。

12月25日 济南国际航空运输代理服务中心开业。

1991年 济南市23个贫困乡镇全部脱贫，年人均收入超过300元。

1992年

1月1日 济南纺织服装市场开业。

1月2日 市委印发《关于全市农村实现小康的规划》。

1月7日 济南市召开减轻农民负担监督管理工作会议，决定凡不符合国务院《农民承担费用和劳务管理条例》《山东省农民负担管理条例》的摊派一律废止。

1月8日 《济南日报》报道，济南站在全国铁路1991年度大客运站评比中获得第一名，济京297/298次列车在全国进京列车评比中再次夺魁，实现五连冠。

1月9日 济南市—德州地区经济技术协议签字仪式在济南舜耕山庄举行。

1月12日 市政府发布《济南市地名管理办法》。

同日 0时，济南市2.8万门程控电话割接开通，在网运行近30年的步进制设备全部淘汰。

1月14日 市委、市政府召开全市优秀乡镇企业家表彰大会，对160名优秀乡镇企业家进行命名表彰。市乡镇企业协会同时成立。

1月16日 全国双拥模范城（县）命名大会在北京举行，济南市获“全国双拥模范城”称号。全国双拥模范城（县），每4年评选一次。至2008年，济南市连续6次获这一称号。

1月17—22日 以加拿大里贾纳市环保与建设委员会主任布兰·布朗为团长的加拿大环保技术代表团一行9人在济南考察。

1月18日 中国定型生产的首列500米长轨列车在济南投产使用。

1月21日 济南市关心下一代工作委员会成立。

同日 中国太平洋保险公司济南代理处成立。

1月25日 市政府发布《关于禁止向企业乱收费、乱罚款和各种摊派的若干规定》。

同日 济南市代表队获1992年全国“奇安特杯”少年儿童乒乓球赛男子团体冠军。

1月 济南市皮肤病防治院获“全国卫生系统先进集体”称号。

2月2日 市政府发布《济南市经纪活动管理暂行办法》。

2月14日 全国首届商河鼓子秧歌研讨会在商河县举行。

2月14—21日 以日本和歌山县商工劳动部参事中原武夫为团长的和歌山市经济考察团访问济南。

2月15日 济南市与福州市结为友好城市签

字仪式在济南舜耕山庄举行。

2月20日 中央电视台“中国质量万里行”采访组一行23人抵济南，在济南市及山东省有关地市进行为期5天的采访。

2月22日 济南市法院驻济南市公路管理段行政巡回法庭成立。

2月26日 国内第一台集光、机、电为一体的自动油印机——BY910型自动油印机由济南吉美乐办公设备制造公司研制成功，并通过省级技术鉴定。

2月29日—3月1日 以安东尼奥·安德拉德·法哈尔多博士为团长的厄瓜多尔议会代表团一行6人访问济南。

3月2日 济南市管道煤气公司对外营业。

3月4日 市政府发布《济南市星火奖励办法》。

3月5日 市委、市政府召开全市首批企业改革工作组全体会议，市直机关首批派往40个重点企业的250多名工作组成员出席会议。

同日 山东省济南市西藏中学成立。

3月6日 市政府发布《济南市人民防空工程建筑管理办法（试行）》。

3月14日 山东建筑机械厂等15家企业获济南市首批“科技进步优秀企业”称号。

3月15日 “牡丹卡杯”全国竞走锦标赛（场地比赛）在山东体育中心体育场举行。

3月16—18日 以亨利·鲁伊斯为团长的尼加拉瓜桑地诺解放阵线代表团一行3人访问济南。

3月20日 市政府批准仲宫镇为经济计划单列镇。

3月21日 市政府发布《济南市住房公积金管理办法》。

同日 济南市首批200名从待业青年中招聘的小学和幼儿教师，获市人事局颁发的“聘用通知书”。

3月22日 市政府发布《济南市行政执法证件管理办法》。

3月24日 “黄海杯”济南国际室内田径邀请赛在省体育运动技术学院举行。

3月27日 济南国际人才交流协会成立。

3月29日 全国节能计划工作座谈会在济南召开。

下旬 经过3年的努力，济南市在册的1424户住房特困户全部得到安置。

4月1日 经七路西段道路拓宽工程开工，8月18日竣工通车。

同日 纬二路改造工程开工，5月竣工。工程全长2207米，总投资400万元。

4月2日 济南市首家乡镇企业集团——济南铁编企业集团公司在商河县成立。

4月3日 由市伊斯兰协会主办的济南穆斯林民俗展，在清真南大寺开幕。

4月6日 市政府召开1991年建筑工程质量总结奖惩大会，获“双十佳”工程称号的5个施工单位、35名先进个人受到表彰，28个工程质量低劣的施工企业受到处罚。

4月6—11日 济南（香港）经贸洽谈会在香港举行，共签订合同协议62项，总投资2亿美元，贸易成交额3000万美元。

4月9日 中央军委副主席刘华清视察济南城建工作。

同日 市委、市政府发布《关于深化改革转换企业经营机制若干问题的暂行规定》。

同日 市政府召开会议，研究部署清理“三角债”、限产压库促销和扭亏增盈工作。

4月13日 济南轻骑摩托车总厂的TB50A型、K90A型摩托车和东风制药厂生产的新肤螨灵霜，获北京“中国新产品技术博览会”金奖。

同日 省内首家临床免疫中心在市第一人民医院成立。

4月15—18日 1992年“聊泵杯”全国艺术体操锦标赛在省体育中心体育馆举行。

4月15—22日 “工行杯”全国青少年羽毛球比赛在济南举行，济南选手获女子甲组双打冠军和混合双打亚军。

4月17—18日 市委召开下派干部工作会议。

会后，第四批175名干部赴基层第一线。

4月17—18日 市公安机关采取集中统一行动，依法抓捕352名刑事犯罪分子。

4月17—21日 罗马尼亚《真理报》访华团一行3人到济南参观采访。

4月18日 济南市典当服务总店开业。

4月18—26日 以市议会议长三轮正明为团长的日本山口市民友好团一行8人访问济南。

4月20日 全国食品工业技术交流会在长清县召开。

4月21日 市中级人民法院召开宣判大会，依法对16案39名严重刑事犯罪分子进行公开审判，12名罪犯被处决。

4月22日 济南北园至北关特大高架铁路桥竣工通车。

同日 济南衡器厂成为济南市首家获劳动部门签证的全员合同制企业。

4月22日—5月21日 英国考文垂市卡洛博士夫妇在济南，与市有关部门就两市关系的发展等问题进行洽谈。

4月23日 在全国爱国卫生工作会议上，章丘县、长清县、平阴县和天桥区、历下区分别获得农村自来水建设先进县（区）和农村卫生改水先进县（区）称号。

4月25日 国家科委授予济南高新技术产业开发区国家高新技术产业开发区认定标牌，浪潮电子信息产业集团公司等22家高新技术企业获省科委认定证书。经市政府批准，济南高新技术产业开发区管理机构由局级升格为副市级，并成立济南市高新技术产业开发区特别管理委员会。

同日 奥地利联邦议会常务副议长施图岑贝格一行15人访问济南。

同日 山东省首家有偿全方位老年服务机构——历下区老年公寓成立。

4月28日 济南社会科学院举行挂牌仪式。

4月29日 全国第二批城市住宅建设试点小区——济南佛山苑小区开工建设。1994年6月，该工程竣工并通过建设部验收；7月13日，该小区获建设部第二批“城市住宅小区建设试点金牌奖”“施工质量一等奖”“规划设计科技进步二等奖”，谢玉堂、谭永青获“优秀领导奖”，市房地产开发总公司获优秀管理奖；1995年1月，该小区四至十四号住宅楼被建设部评为1994年度“优质样板工程”；12月，获建设部“鲁班工程”奖。

同日 《济南日报》报道，济南市获“全国开展第七套广播体操先进市”称号。

4月30日 济南市文化市场在英雄山北麓开市。

4月 根据卫生部指示精神，济南市成立医院评审委员会，开始实施医院分级管理。

5月2—8日 济南市开展无偿献血宣传周活动，全市500多人无偿献血1万多毫升。

5月3—6日 “将军杯”全国跳水冠军赛在省体育中心游泳馆举行。

5月4日 济南金融市场开业。

5月6—15日 首届全国当代花鸟画展在济南画院展出。

5月8日 国务院副总理田纪云视察济南市黄河防汛工作。

5月15日 中国首例宫腔配子移植婴儿在省立医院诞生。

5月18日 市委、市政府印发《关于贯彻省委、省政府〈关于进一步扩大对外开放，加快发展外向型经济的决定〉的实施意见》。

5月21日 “台湾省文艺作家协会访鲁书画展”在济南开幕。

同日 朝鲜社会安全部艺术团抵济南演出。

5月22日 济南市纪念毛泽东《在延安文艺工作座谈会上的讲话》发表50周年大型文艺晚会在济南剧院举行。

同日 中美合资济南双凤山矿泉水场生产的双凤山牌天然矿泉水获首届全国天然矿泉水展览金奖。

5月25日 日本和歌山县山东省友好城市协会向济南市赠送的首批500株樱花树运抵济南，并在济南市植物园举行植树仪式。

5月26日 济南物资调剂市场开业。

5月26—29日 以杨亨燮议长为团长的朝鲜最高人民会议代表团一行10人访问济南。

5月27日 市委、市政府授予勇斗歹徒的天桥公安分局治安民警刘同德“模范治安民警”称号。

同日 济南市最大的矿泉水生产企业——济南龙池天然矿泉水总公司在平阴县建成投产。

同日 中澳脑移植学术研讨会在济南举行。

5月28日—6月7日 以市人大常委会副主任艾鲁川为团长的济南市财贸考察团一行5人在日本山口市参观考察。

5月 为贯彻邓小平视察南方重要讲话和省、市改革开放会议精神，济南市制订支持改革开放的12条税收优惠政策。

同月 台北曹氏基金会向济南市残疾人联合会和商河县残疾人联合会捐赠轮椅130多辆，总价值8万多元。

6月1日 商河县残疾人协会贾庄乡栾洼村分会成立，为济南市第一个村级残疾人组织。

6月1—2日 28个国家的35名驻华使节和文化官员访问济南。

6月2日 联合国人口基金教科文卫组织官员代表团考察济南第一中学。

6月3日 全市城乡经济一体化工作会议召开，讨论修改《济南市城乡企业专业化配套生产暂行规定》。

6月6日 济南市第一家保税仓库在中国轻骑摩托车集团总公司成立。

6月8日 济南市举行声势浩大的节水宣传活动，“全国城市节约用水宣传周”活动在济南拉开序幕。

同日 市政府发布《济南市城市供热设施保护办法》。

6月10日 由东航山东分公司和济南市联运公司联办的航空货物联运营业部开业。

6月12日 市政府召开表彰大会，授予张海迪等9名残疾人“自强模范”称号，74个“助残先进集体”、36名“助残先进个人”受到表彰。

同日 济南市经济开发投资公司开业。

6月13—14日 张万年、宋清渭等14位将军及驻济南部队2600多名官兵，到经七路西段拓宽工程工地义务劳动。

6月18日 市政府发布《济南市园林绿化管理办法实施细则》。

6月20—29日 济南市组团参加1992年中国青岛对外经济贸易洽谈会，共签订利用外资合同165项，总投资4．2亿美元，利用外资2亿多美元；签订出口贸易合同20项，成交额1400万美元。

6月24—25日 以总书记雷尔·毛杰为团长的厄瓜多尔共产党代表团一行2人访问济南。

6月25—27日 市第十届人大常委会第二十九次会议召开，任命谢玉堂为济南市代理市长，接受翟永浡辞去济南市市长职务的请求，接受赵传明辞去济南市副市长职务的请求。

6月28日 市政府发布《关于对做出突出贡献的科技人才实行重奖的暂行办法》。

6月29日 被市政府列为重点工程的回民小区工程举行奠基仪式，1995年12月竣工。小区占地面积52.2公顷，建筑面积42万平方米，其中新建居民住宅26万平方米，建筑总投资4.3亿元。项目一次动迁居民4100余户，其中回族占75%以上。工程在实施过程中，保留清真南大寺、北大寺，恢复重建清真女寺。回民小区建设创下济南市住宅小区开发建设史上一次动迁户数最多，投资最大，回迁安置率最高等多项纪录。

6月30日 由韩美林创作的巨型雕塑“天下第一牛”和“黑虎”“金虎”，分别在济南动物园和黑虎泉畔落成。

7月1日 《济南市住房制度改革实施方案》实施。

同日 济南市在五县五区和市属商业、粮食、供销、物资、蔬菜、旅游、纺织等系统全面推行流通领域经营、价格、用工、分配“四放开”改革。

同日 济南火车站新客站动工兴建。始建于1911年的济南火车站（初名津浦车站）拆除。1995年6月8日，济南火车站新客站竣工并举行通车典礼。

同日 高184米的济南电视台新发射塔投入使用。

7月3—4日 市委、市政府召开全市科技工作会议，对作出突出贡献的4位科技人员给予重奖，并分别授予“泉城科技明星”称号。

7月5日 零时，济南电信局6万门程控电话工程一次割接成功。至此，济南市市话全部实现程控化，总容量达10.5万门，成为全国第4个实现程控化的省会城市。

7月5—14日 济南青少年友好访问团一行12人访问日本山口等市。

7月9日 市委发布《济南市“八五”期间精神文明建设规划》。

7月11日 济南市首处融购物、饮食、娱乐为一体的大观消夏夜市开市。

7月13日 武警济南支队被武警总部命名为“全国武警部队拥政爱民模范单位”。

7月14日 《济南日报》报道，济南鲁雅制药有限公司获“全国外商投资双优企业”称号。

7月15日 《济南日报》报道，章丘县进入“中国农村综合实力百强县”行列，居第54位。

7月17日 济南市民主评议行风动员大会召开。决定从7月中旬至11月，对市公安局、电信局、工商局、交通局、税务局、卫生局、公用局、房管局、市农行9个单位的行业作风建设情况进行民主评议。

7月18日 市政府印发《关于引进科技人才的优惠政策》《关于对引荐外资项目人员的奖励办法》。

7月22—24日 以朝鲜劳动党中央委员会委员、黄海南道委员会责任书记向范洙为团长的朝鲜黄海南道友好代表团一行7人访问济南。

7月23日 平阴县4个乡镇遭受冰雹和飓风袭击，555公顷农作物受灾。

7月23—31日 中共中央总书记江泽民在山东考察。在济南期间，视察济南第一机床厂、浪潮电子信息集团公司。

7月30日 济南军区、省暨济南市在南郊宾馆隆重举行庆祝中国人民解放军建军65周年军民联欢晚会，中共中央总书记、中央军委主席江泽民出席晚会并发表重要讲话。

7月31日 市政府发布《济南市科学技术成果鉴定办法》《济南市生活饮用水卫生管理办法》。

8月1日 经国务院批准，撤销章丘县，设立章丘市，由山东省直辖，济南市代管。

同日 济南市粮食副券停止使用。

8月2日 《济南日报》报道，平阴县济南阁老贡酒厂生产的阁老贡酒、长清酒厂生产的39度白鹤泉特酿和49度白鹤泉陈曲，获比利时布鲁塞尔第三十届世界优质产品评选金奖。

8月9—11日 以地方政府联合会主席马克西姆·莱维为团长的以色列访华团一行4人访问济南。

8月17日 民生大街拓宽工程竣工通车。

8月19日—9月2日 以市人大常委会主任李元荣为团长的济南市经贸考察团一行5人到美国萨克拉门托市访问考察。

8月20日 市政府发布《济南市规范性文件备案监督管理规定》《济南市粉煤灰综合利用规定》。

8月20—21日 市第十届人大常委会举行第三十次会议，接受徐克勤辞去济南市副市长职务的请求。

8月21—22日 济南市第三产业工作会议召开。9月19日，市委、市政府印发《关于贯彻中共中央国务院〈关于加快发展第三产业的决定〉的实施意见》，提出尽快把济南市建成覆盖全省、辐射全国的商业服务中心、交通信息中心、科技文化中心和金融信息中心，促进经济建设和社会主义事业更快更好地发展。

8月25日 市委、市政府印发《关于进一步加强民族工作的意见》。

8月26—29日 全国依法治村民主管理经验

交流会在章丘市召开，章丘市在会上介绍了依法治村的经验，来自全国30个省（市）自治区的280名代表出席会议并对章丘市的12个村进行考察。

8月27日 市政府发布《济南市油气田勘探开发环境保护监督管理办法》。

同日 山东拍卖总行在济南成立。

8月28日 市政府发布《济南市查处生产销售假冒劣商品行为暂行规定》。

8月31日—9月12日 以阿迪亚匹国际股权有限公司董事长、菲律宾伊斯兰社团领袖曼杰伦苏丹为首的投资考察团一行5人访问济南，签订在济建立“阿迪亚匹山东国际伊斯兰教育、文化、贸易中心”的协议书。

8月 济南第二机床厂与香港联合集团有限公司达成合资协议，双方投资1.6亿美元建立合资企业，港方投资7000万美元。

9月3日 济南铁路分局4.6万名职工由固定工转为合同制工人。

9月4日 市委、市政府作出《关于加快济南高新技术产业开发区建设的决定》。

9月5日 市政府发出《关于清理整顿土地市场的通知》。

同日 济南市律师协会成立，并召开第一次代表大会。

9月6日 首届中国电视节目展播颁奖暨研讨会在济南举行。

9月7日 济南市首家合作制律师事务所“大明律师事务所”成立。

9月7—27日 市委书记翟永漭率济南经济贸易考察团一行4人赴日本、韩国考察。

9月9日 山东省暨济南市召开命名表彰大会，授予商河县岳桥乡岳桥村青年民兵张训柱“无私无畏好民兵”称号，并给予物质奖励。

同日 市政府召开市级乡镇农技人员表彰大会，授予160人市级“优秀乡镇农技（机）技术员”称号，并给予每人每年连续3年300元的奖励。

9月11日 济南市信托投资公司加入深圳证券交易所和天津证券交易中心。

9月12日 济南百货大楼被省体改委批准为山东省第一家大型国有零售企业股份制改革试点单位。

9月15日 市政府召开全市房改动员大会，对实施房改进行部署。

9月15—21日 全国公路自行车锦标赛在平阴县举行。

9月16日 济南市精神病防治中心成立。

9月20日 新华社山东信息社在济南成立。

9月 22—29日 以加拿大里贾纳市市长达哥· 阿切尔为团长的里贾纳市友好访华团访问济南。

9月23日 《济南日报》报道，商河鼓子秧歌获第二届沈阳国际秧歌节暨全国优秀秧歌民间舞蹈大赛优胜奖。

9月23—25日 全国中药交流大会在济南举行。

9月25日 9时许，济南国际机场跑道东北方向上空出现海市蜃楼景观，场面蔚为壮观，持续到10时。

9月26日 山东省第十六届运动会在淄博闭幕，济南市代表团获团体总分第1名，金牌总数位居第2。

同日 美国、俄罗斯等7个国家驻华科技外交官访问济南。

同日 济南汽车制造总厂生产的黄河牌JN162载货汽车，获1992消费者信得过国产车金奖。

9月28日 济南烟草贸易公司成立。

9月28—30日 第二届泉城金秋经贸洽谈会举行，共签订利用外资合同、协议194项，总投资5.7亿美元，外资额2.3亿美元。

9月29日 市政府批准济南第一机床厂为全市第一家按照三资企业模式转换经营机制，并享有合资企业一切优惠政策的试点单位。

9月30日 济南市公共交通总公司成立。

10月1日 济南市千佛山万佛洞对外开放。

10月2日 宝信石材有限公司等5户济南私营企业被核准冠以山东省名称。

10月4日 济南市首次时装设计和“十佳”模特大奖赛拉开帷幕。

10月8日 全国社会保险工作会议在济南召开。

10月9—20日 市委书记翟永滓、济南第一机床厂厂长易炜里、大观园商场营业员张秀玲出席中国共产党第十四次全国代表大会。

10月10—12日 以多米尼加劳动党主席何塞·冈萨雷斯·埃斯皮诺萨为团长的多米尼加劳动党代表团一行4人访问济南。

10月14日 市政府发布《济南市托幼工作暂行规定》。

10月16日 市委、市政府召开全市乡镇工业产值突破百亿元新闻发布会，济南市乡镇企业实现历史性跨越。

同日 市委、市政府印发《关于在全市国合小型商业实行“国有自营”的实施意见》。

10月17—19日 全国第三届珠算技术比赛在济南举行，此次比赛各项成绩首次分别列为全国纪录。

10月17—20日 济南市第三届经济技术协作洽谈会举行，共签订项目合同298个，总投资2.4亿元，签订协议意向书396个。

10月19日 省工商银行信托投资股份公司股票交易大厅开业，“金泰杯”股票模拟交易大奖赛同时拉开帷幕。

10月20日 济南拍卖行在泉城路167号挂牌开业。

10月20—22日 市十届人大常委会第三十一次会议举行，通过《济南市古树名木保护管理办法》。

10月21日 市委、市政府印发《关于贯彻省委、省政府〈关于进一步加快山区开发建设的决定〉的实施意见》。

10月22—26日 第九届中日电视艺术交流活动在山东省举行，以日本全国朝日放送董事长高木建介为团长的日本代表团一行13人访问济南。

10月22—28日 以日本和歌山市议会议长西殿香连为团长的日本和歌山市第九次友好访华团一行11人访问济南。

10月23日 中国城市环境卫生协会在济南成立。

10月25日 山东省内首家职工第二职业市场——济南市职工综合贸易市场在济南第二工人文化馆开业。

10月26日 马来西亚成功集团有限公司代表团和香港喜多来有限公司代表团抵济南考察。

同日 马来西亚建筑业访华代表团到济南参观考察。

10月30日 市委、市政府召开新闻发布会，经国务院批准，济南航空口岸对外国籍飞机开放。

同日 第六届华东地区“田汉戏剧奖”颁奖大会在济南举行。

11月1日 济南市区放开粮油销售价格。

同日 沈阳—济南—海口航线开通。

同日 第二届中国与国际民间组织研讨会在济南举行。

11月2—5日 日本山口县知事平井龙、议会议长河野博行分别率领山口县友好代表团和议会代表团访问济南。

11月4日 日本山口县赠送山东省的永久性友好纪念建筑物“防长亭”在济南植物园落成。

同日 《济南日报》报道，济南市杂技团演员邓宝金获第一届中国杂技艺术家协会“百戏奖”特别贡献奖。

11月6日 济南钢铁总厂4号焦炉点火投产，日产煤气68万立方米，基本解决济南市管道煤气气源问题。至此，1990年开工建设的济南市管道煤气工程基本建成。

11月7日 济南市旧城改造最大工程——北坦小区首期工程开始动迁，首期工程计划一年半建成，整个小区计划5年建成。

11月10日 济南邮政大厦竣工投入使用。

11月14日 市委、市政府召开引进人才智力工作经验交流会，全市已从全国各地引进人才7102名。

同日 济南市公安局公共交通公安分局成立。

11月15日 济南—西安—乌鲁木齐航线开通。

11月18日 市政府发布《济南市城镇国有土地使用权出让和转让暂行办法》《济南市外商投资开发经营房地产管理暂行办法》。

11月21日 济南服装集团总公司成立。

11月23日 济南市第一条液化石油气输气管道开通，结束济南20多年靠卧罐槽车运气的历史。

11月23日—12月3日 以市委副书记庄庆臣为团长的济南农业考察团一行5人在加拿大里贾纳市访问。

11月24—25日 摩尔多瓦共和国议会外事委员会主席瓦西里·内德尔丘克一行2人访问济南。

11月25日 《济南日报》报道，济南市与四川省万县市对口支援首批合作项目达成协作意向15个，并结成7个经济技术协作对子。

同日 成都—济南—哈尔滨航线开通。

11月28日 市政府发布《济南市城镇国有土地使用权出让和转让暂行办法》。

12月1日 济南—青岛旅游11/12次双层客车投入运营。

12月2日 济南市及章丘市、商河县、历城区获“全国平原绿化先进单位”称号。

12月4日 济南第二机床厂与法国BMO公司签订全面合作生产数控机床协议。

12月5日 市委、市政府印发《济南市发展职业技术教育方案》。

同日 市委、市政府召开济南市第三批市级专业技术拔尖人才命名表彰大会，授予段守铭等27人市级“专业技术拔尖人才”称号。

12月8日 市政府发布《济南市城市客运出租管理办法》。

同日 济南长途汽车站新站落成启用，建筑面积13936平方米。

同日 济南市首家由国有企业济南衡器厂改组为股份制的济南金钟电子衡器股份有限公司成立。

12月9日 代市长谢玉堂会见韩国大宇集团公司副社长廉准世率领的技术考察团，并代表市政府授予廉准世济南市“荣誉市民”称号。

12月10日 明湖路东段拓宽工程建成通车。

12月11日 章丘市被省委、省政府、省军区命名为省级双拥模范市。

12月15—18日 全国城市建设工作会议在济南举行。济南市等10个城市获“全国城市环境综合治理优秀城市”称号，同时，济南市等3个城市被国家命名为“洁净城市”称号。

12月17日 市委、市政府制定《关于国家机关人员离岗从事经济活动的暂行规定（试行）》。

同日 济南市跨入“中国城市综合实力50强及首批城市投资硬环境40优”行列。

12月18—24日 济南市“打假”成果展览举行。同时，济南市公开处理12起制销假冒劣商品违法案件。

12月19日 经省委批准：王怀远任中共济南市委常委、书记，张福山、谭永青任市委副书记；翟永浡不再担任市委书记、常委职务，庄庆臣不再担任市委副书记、常委职务。

同日 济南百货大楼股份有限公司和人民商场股份有限公司成立。

12月20日 ’92全国新闻学术年会在济南召开。

12月22日 市委、市政府举行济南市高新技术产业开发区116个进区项目签字仪式。

12月23日 《济南市公费医疗制度改革试行办法》发布，1993年1月1日起实施。

同日 俄罗斯技术代表团考察济南高新技术产业开发区，并开展项目洽谈及技术交流活动。

同日 济南出版社被中华人民共和国新闻出版总署和人事部授予“全国新闻出版系统先进集体”称号。

12月24日 长清县获“全国保险先进县”称号，并获1万元防灾奖励。

12月25日 济南市杂技团一行37人赴希腊

进行为期半个月的访问演出。

12月27日 济南市“双拥月”活动拉开序幕，万余军民上街开展“双拥共建宣传日”活动，隆重纪念开展双拥运动50周年。

同日 济南市争创经济强县工作会议召开，传达部署市委、市政府《关于1993年在全市农村开展“村办企业年”活动的决定》。

12月28日 济南—青岛高速公路1992年度表彰大会暨第一合同段竣工通车典礼在济南举行。

同日 济南眼科医院在市第二人民医院成立。

12月28—30日 市第十届人大常委会第三十二次会议举行，决定任命徐华东、李华理为济南市副市长，接受刘统侠辞去济南市副市长职务的请求。

12月29日 济南肿瘤医院成立。

同日 《济南日报》报道，济南市市中区、历下区获“全国城市计划生育工作先进集体”称号。

12月31日 山东电网“八五”期间重点工程——济南市220千伏章丘变电站投入电网运行。

1992年 济南市燕子山住宅小区被评为全国文明住宅小区。小区是建设部“七五”期间重点技术开发项目，1987年4月动工，1989年4月竣工交付使用，总投资1.2亿元。

1993年

1月4日 市委、市政府作出《关于1993年在全市农村开展“村办企业年”活动的决定》。

1月5日 市委、市政府作出《关于表彰天桥区北园镇率先成为全市第一个“小康镇”的决定》。1992年，天桥区北园镇率先跨入“小康镇”，全镇经济总收入30亿元，实现利税过1亿元，人均纯收入1501元。

同日 中国规模最大的中美合资美式大型游乐园在槐荫区吴家堡镇举行奠基仪式，第一期工程1994年年底竣工。

1月5—9日 济南市首届城乡企业专业化协作配套展览会举行，城乡双方成交项目106个。

1月6日 全国烟草行业首家集团公司——济南烟草集团公司成立。

1月6—10日 ’93中国数学奥林匹克暨第八届全国中学生数学冬令营在济南举行。

1月11日 济南市电信局127自动寻呼业务开通。

1月12日 市政府发布《济南市地名管理办法》。

同日 市委、市政府印发《关于进一步加强环境保护工作的意见》。

1月13日 济南市商标事务所成立。

1月14日 市政府作出《关于1993年在全市开展“市场效益年”活动的决定》。

同日 《济南日报》报道，国内生产的最大吨位的机械压力机——3000吨机械压力机在济南机床二厂研制成功。

1月15日 济南市第二批共31名有突出贡献的人才获政府特殊津贴。

1月16日 济南大易造纸有限公司成立，济南市5家造纸骨干企业整建制并入该公司；1994年11月2日该公司入选1993年度中国最大的500家外商投资工业企业行列；1997年7月8日，济南大易造纸有限公司被依法撤销合资企业批准证书。

1月25日 《济南日报》报道，经对外经贸部批准，济南高新技术产业开发区进出口公司成立。

1月 济南市管道煤气三期工程开工，至年底基本竣工。工程共铺设干支管81831米，建成通气点火3万户，形成9万户的供气规模。

2月2日 市政府发布《济南市经济活动管理暂行办法》。

同日 济南市首批237人通过经纪人资格审查，取得资格证书和服务许可证。

2月4日 中共中央政治局委员、山东省委书记姜春云等率省直有关部门负责人到长清县现场办公，并参加植树活动。

2月10日 济南市第一家公关专业化公司——济南市公共关系总公司开业。

2月20日 济南啤酒厂获中国消费者基金会设立的最高奖——保护消费者杯。

2月21日 中共中央政治局常委、国务院副总理朱镕基视察济阳县农村工作。

2月24日 市政府发布《济南市人物档案管理办法》。

2月24—25日 济南市经济体制改革工作会议召开，提出1993年经济体制改革工作基本任务。

2月28日 济南市企业集团联合会成立。

同日 中国东方航空齐鲁有限公司在济南成立。

3月1日 济南市经济工作会议召开，会议提出“做好发展、开放、管理三篇文章，实现全市经济超常规大跨度发展”。

3月2日 市委、市政府在北京召开乡镇企业招商引资新闻发布会，达成合作意向72个，融资2.09亿元。

同日 羊头峪供水工程开工，8月10日建成启用。

3月4—9日 政协济南市第九届委员会第一次会议举行，刘耀华当选市政协第九届委员会主席。

3月5—11日 济南市第十一届人民代表大会第一次会议举行，李启万当选市第十一届人大常委会主任。

3月8日 济南市公交总公司31路线获“全国巾帼‘建功杯’先进集体”称号。

同日 济南国际信托投资公司成立。

3月11日 市委办公厅、市政府办公厅下发《关于贯彻省委办公厅、省政府办公厅〈关于开展减轻农民负担“四清理”“三整顿”工作的通知〉的通知》。

3月18日 济南经济广播电台开播。

3月18—29日 济南青年企业家考察团一行7人赴日本山口市访问考察。

3月20日 中共济南市纪律检查委员会和济南市监察局合署办公。

3月21日 市政府发布《济南市住房公积金管理办法》《济南市住宅建设债券发行和认购办法》。

3月27日—4月1日 市长谢玉堂率济南市经贸代表团参加在香港举行的山东省经贸洽谈会。洽谈会期间达成合同、协议281项，总投资25.5亿美元，利用外资13.5亿美元。

3月28日 中国济南招商有限公司香港分公司成立。

3—5月 济南市各级公安机关开展围歼“车匪路霸”集中统一行动，共抓获“车匪路霸”分子43名，摧毁“车匪路霸”团伙15个，破获重大“车匪路霸”案件37起，缴获赃款赃物价值16万余元。

4月3日 中德合资济南考格尔特种汽车有限公司成立。

4月4日 奥地利共和国总理弗朗茨·弗拉尼茨基及夫人一行76人访问济南。

4月4—23日 以市长谢玉堂为团长的济南经贸代表团一行24人赴新加坡、马来西亚、泰国进行招商及考察活动。

4月6日 市政府发布《济南市医疗机构使用药品管理办法》。

4月10日 市政府颁布《济南市实施〈全民所有制工业企业转换经营机制条例〉的若干规定》。

同日 市政府发出通告，即日起放开济南市城市客运出租市场。

4月12日 济南旅游学校成立。

4月18日 全福立交桥工程开工，12月30日建成通车。立交桥为三层直通式高架桥，工程总投资7000万元。

4月22日 新加坡总理吴作栋偕夫人一行36人访问济南。

4月24日 济南制锁总厂等10家企业获济南市首批产品免检荣誉证书。

4月25—27日 泰王国披沙迪·拉差尼亲王

及夫人一行 4 人访问济南。

4 月 26 日 市委、市政府作出《关于在全市深入开展学习张海迪活动的决定》。29 日，张海迪事迹报告会举行。

4 月 27 日 济南市生产资料市场开业。

4 月 28 日 济南市机电产品批发市场开业。

4 月 29 日 济南钢铁总厂、山东水泥厂、济南列车段济京 297/298 次列车获全国五一劳动奖状，张建等 5 名职工获全国五一劳动奖章。济南市 45 人获山东省富民兴鲁劳动奖章，2 个单位、7 个班组获山东省富民兴鲁劳动奖状。

4 月 黄台北路铁路立交道工程开工，12 月 30 日建成通车。

5 月 5 日 《济南日报》报道，济南百货大楼获 1992 年全国百家最大规模商店、全国 40 家最佳效益商店称号。

5 月 8 日 山东省第一家汉字 BB 机寻呼专用台——128 台，在济南电信局开通使用。

5 月 9 日 "高联工业城"奠基仪式在市高新技术产业开发区举行。1993 年年底，第一期 1.9 万平方米标准厂房的主体工程完工。

同日 济南市首届少年儿童卡拉 OK 电视大赛结束。

5 月 9—10 日 中共中央政治局委员、书记处书记、中纪委书记尉健行在济南考察。

5 月 12 日 凌晨 6 时 40 分，山东天兴塑化有限公司发生火灾，直接经济损失达 37 万元。

同日 济南电信局磁卡电话开通。

5 月 15 日 市政府发布《济南市城市集中供热管理办法》。

5 月 16—18 日 以澳大利亚南澳州政府总理雷恩·阿诺德为团长的南澳州政府和经济代表团一行 24 人访问济南。

5 月 17—20 日 国家语言文字工作委员会社会用字检查小组一行 6 人对济南市社会用字进行检查。

5 月 17—25 日 以日本和歌山市市长旅田卓宗为团长的和歌山市友好访问团一行 55 人在济南参加济南市与和歌山市建立友好城市关系 10 周年庆祝活动。

5 月 18 日 济南信息市场及济南市经纪人事务所开业。

同日 济南国家粮油批发市场在济南第三粮库成立。

5 月 19 日 济南市与日本和歌山市庆祝建立友好城市关系 10 周年植树活动和纪念碑揭幕仪式在千佛山公园举行。

5 月 27 日 市委、市政府发布《关于全市党政机关副局级以上领导干部廉洁勤政的规定》。29 日，市委、市政府召开全市党风廉政建设工作会议。

5 月 31 日 市委、市政府作出《关于在全市工基交财战线深入开展社会主义劳动竞赛的决定》。

同日 市委印发《关于加强县以上领导班子建设的意见》。

同日 第五届"济南小名士"命名仪式在珍珠大酒店举行。

5 月 济南市在市区东部开辟经济技术开发区，成立济南经济技术开发区领导小组。12 月 25 日，济南经济技术开发区基础设施建设一期工程完成。1994 年 5 月，济南经济技术开发区管理委员会成立。

6 月 6 日 济南市老年人医院开诊。

6 月 8 日 市政府作出《关于建立济南市农业高新技术产业开发区的决定》。

同日 山东省第一家治疗脑血管病的专业医院——济南脑血管病医院成立。

6 月 12 日 市政府发布《关于鼓励发展个体、私营经济的若干规定》。

6 月 15 日 济南市个体私营经济工作会议召开，100 名个体工商业者和 20 家私营企业分获"模范个体商户""文明私营企业"称号。

同日 济南市新闻工作者协会、济南市新闻学会成立。

6 月 15—21 日 济南市经贸代表团在中国哈

尔滨第四届边境、地方经济贸易洽谈会上共达成经济技术合作项目 7 个，总金额 1000 万元，签订易货贸易合同、意向书 20 项，总金额 1 亿元。

6 月 18 日　中共中央政治局委员、国务院副总理邹家华到济南考察。

6 月 18—23 日　全国公路建设工作会议在济南召开。

6 月 18 日—7 月 29 日　济阳县农民鼓子秧歌民间艺术代表团一行 26 人赴德国、法国参加民间艺术节表演。

6 月 19 日　济南第一机床厂质量体系通过国际认证合格证书。

6 月 20—29 日　济南市参加'93 中国青岛对外经贸洽谈会，共签订外资合同、协议 368 项，外资额 7.9 亿美元。

6 月 22 日　18 时 50 分，济南市遭受暴风雨袭击，市区 38 条供电高压线、300 余条低压线路遭破坏，近 1/6 的用户断电。至 23 日 23 时，市区恢复正常供电。

6 月 22 日—7 月 13 日　以市人大常委会主任李启万为团长的济南市经贸考察团一行 7 人赴俄罗斯、乌克兰考察访问。

6 月 24 日　市委发出《关于毛泽东同志诞辰 100 周年纪念活动的通知》。市委召开纪念毛泽东诞辰 100 周年座谈会。济南市纪念毛泽东诞辰 100 周年文艺晚会在铁路文化宫举行。

6 月 25 日　市委、市政府印发《关于进一步完善机关目标管理责任制的意见》。

6 月 26 日　济南市星火企业家协会成立。

6 月 26—30 日　以日本和歌山县山东省友好城市协会会长山崎利雄为团长的第二次友好之樱访华团一行 20 人访问济南。在济南期间，举行了庆祝和歌山和济南建立友好城市关系 10 周年、樱花树纪念揭幕仪式和植树活动。

6 月　国家重点铁路建设工程——济南西铁路枢纽改造工程全面完工。济南西铁路枢纽是全国 7 个主要铁路路网性编组站之一。

7 月 1 日　中国最大的锦纶项目——2.4 万吨锦纶长丝工程在济南化学纤维厂开工，工程总投资 9946 万美元，至年底建成投产。该工程产品锦纶长丝是“八五”期间国家重点发展的化纤产品。

同日　济南市开始对服务商标实施注册保护。

同日　济南市开始全面推行机关、企事业单位和社会团体统一代码标识制度。

同日　济南有线电视台开机试播。

7 月 1 日—8 月 5 日　济南市杂技团一行 12 人赴南太平洋斐济等 5 国访问演出。

7 月 5 日　市政府制订完成《济南市防黄河大洪水应急预案》。

7 月 8—12 日　商河、济阳两县连续遭受暴风雨袭击，农作物受灾面积 24680 公顷，直接经济损失 4000 多万元。

7 月 9 日　济南市第一所“希望小学”——商河县张坊乡小学破土动工，至年底竣工并投入使用。

7 月 12—14 日　美国洛杉矶萨克拉门托市管弦乐团到济南访问演出。

7 月 14 日　济南市证券管理委员会成立。

7 月 16—18 日　济南市首届龙舟比赛在大明湖公园举行。

7 月 19 日　济南市口岸办公室成立。

7 月 22 日　济南市首次老年教育工作会议召开。

7 月 22—24 日　政协济南市第九届委员会第二次常委会议召开，通过《关于加强我市南部山区综合治理工作的建议》。

7 月 23 日　市政府印发《关于加快发展第三产业的意见》。

7 月 23—24 日　新加坡驻华大使郑东发应邀访问济南。

7 月 24 日　济南市技术合同仲裁委员会成立。

7 月 26 日　济南市政府、济南军分区印发《济南市人武系统开展以劳养武活动的暂行规定》。

7 月 27 日　济南市拥军办、市妇联命名赵长菊、李敏等 20 人“义务兵好母亲”“军人好妻子”称号。

7 月 29 日 市人大常委会颁布《济南市预算外资金管理办法》。

8 月 13 日 市委、市政府召开会议，动员全市开展向发生特大洪涝灾害的鲁西南地区进行捐助。至月底，共捐款 310 万元，捐物折款 800 多万元。

8 月 14 日 济南市首次回族计划生育工作会议召开。

8 月 22 日 济南第一条双层公共汽车“特 1 路”线路开通。

8 月 23 日 团省委、团市委授予济南钢铁总厂动力分厂青年工人张明生“山东省新长征突击手”和“舍己救人好青年”称号。

8 月 24 日 ’93 全国城市典当工作会议在济南召开。

8 月 28 日 济南市首次外商独资企业工作会议召开。

同日 济南市法律事务服务中心开业。

8 月 28 日—9 月 3 日 济南代表团赴烟台参加’93 中韩国际经济贸易技术洽谈会。济南市出口成交额 520 万美元；签订利用外资合同、协议、意向 30 项，投资总额 3141 万美元，其中利用外资 1725 万美元。

8 月 30 日—9 月 14 日 以市长谢玉堂为团长的济南市经济考察团一行 5 人赴加拿大里贾纳市、美国萨克拉门托市访问考察。

9 月 2 日 济南市医德医风建设工作会议召开，倡议全市医务工作者深入开展“拒收‘红包’、拒收礼品、拒宴请，向病人送温暖”的“三拒一送”活动。

同日 中国台湾商工统一促进会山东考察团一行 17 人到济南进行经贸考察。

9 月 6—19 日 以副市长李华理为团长的济南市经济贸易考察团一行 33 人在韩国仁川、汉城、水原市举行招商活动。

9 月 7—9 日 以韩国庆尚南道知事尹汉道为团长的庆尚南道政府友好代表团一行 13 人访问济南。在济南期间，与山东省缔结友好省道关系。

9 月 8 日 中国国际商会济南高新技术产业开发区国际商会成立。

9 月 11 日 济南市乡镇企业招商恳谈会在厦门举行。

同日 济南市公共关系协会成立。

9 月 14 日 市委召开全市深入开展反腐败斗争、加强党风廉政建设工作会议，传达学习中共中央总书记江泽民的重要讲话和中纪委二次会议精神。20 日，市委印发《关于落实中央和省委近期反腐败斗争工作部署的实施意见》。

9 月 15—17 日 以赞比亚陆军司令西姆贝叶中将为团长的赞比亚陆军代表团一行 13 人访问济南。

9 月 16 日 济南市第一家教育电视台——长清县教育电视台开播。

9 月 21 日 市政府发出《关于加强预算外资金管理的通知》。30 日，市政府召开首次预算外资金管理工作会议。

9 月 22 日 市委、市政府印发《关于加快山区七乡镇开发建设的意见》，将开发建设难度较大，且对绿化保泉有重要影响的南部山区 7 个乡镇作为开发建设的重点，列为“市长二号工程”。1994 年 4 月 23 日，市委、市政府在章丘市垛庄镇召开“市长二号工程”建设暨全市消灭宜林荒山战前动员大会，市长二号工程建设全面展开。至 1998 年，工程区内有林地面积增加到 24266.7 公顷；农田水浇地面积达到 2713.3 公顷，新增 673.3 公顷；治理水土流失面积 40 平方千米；农民人均纯收入达到 2173 元；通电话的村 305 个，通公路的村 311 个；山区农村面貌发生明显变化。

9 月 24 日 第二次山东省人民群众见义勇为先进分子表彰大会召开。济南市杜吉昌、崇秀梅、盛连昌获“全省人民群众见义勇为先进分子”称号。

9 月 27 日—10 月 4 日 以日本山口市副市长小田文雄为团长的山口市经济考察团一行 8 人访问济南。

同日 济南市拍卖总公司成立并进行首次拍卖。

9 月 30 日 中共山东省委任命谢玉堂为中共济南市委书记，王怀远不再担任市委书记、常委、委员职务。

同日 根据国务院的规定，济南市开始对国家机关、事业单位工资制度进行改革。

10 月 济南电视台摄制的八集电视剧《净魂》先后获中宣部第二届精神产品“五个一工程奖”和全国第十三届“飞天奖”三等奖。

10 月 2—3 日 济南市代表团参加全国人才市场首届人才与技术交流大会，达成人才交流意向 2357 人，现场交流成功 824 人。

10 月 3—10 日 以日本山口市友好协会副会长旧原正美为团长的山口市市民友好访问团一行 16 人访问济南。

10 月 5 日 市委、市政府制定《关于切实减轻农民负担的若干规定》。

同日 市政府发布《济南市对违法转让、出租、抵押划拨土地使用权行为的处罚暂行规定》。

10 月 8 日 刘鹗及《老残游记》国际学术讨论会在济南举行。

10 月 9 日 市政府发布《济南市查处违章使用通讯终端设备管理规定》。

同日 以德国巴伐利亚州财政部常任副部长阿尔方斯·策勒为团长的德国企业家代表团一行 9 人到济南进行为期 10 天的访问。在济南期间，与济南考格尔汽车集团等企业签订合作项目 12 项，德方总投资 1367.1 万美元。

10 月 11—14 日 市第十一届人大常委会第四次会议举行，会议任命陈国栋为市人民政府副市长。

10 月 12 日 济南市土地巡回法庭成立。

10 月 13 日 市委召开全市领导干部会议。谢玉堂在会上指出，要重点抓紧抓好三个建设，即党的建设、经济建设和城市基础设施建设。

10 月 14 日 环渤海地区经济联合市长（专员）联席会第五次会议在东营市召开，济南市被批准加入该组织。

10 月 15 日 济南市召开打击严重经济犯罪领导小组会议，要求重点查办大案要案，严厉打击经济犯罪。

同日 《济南日报》报道，济南人民商场股份有限公司被共青团中央、贸易部授予“全国文明经营先进单位”称号。

10 月 15—27 日 以副市长谭永青为团长的济南经济考察团一行 5 人赴日本和歌山市考察访问。

10 月 16 日 济南 168 自动电话信息台开通。

10 月 17 日 市政府发布《济南市民办科技机构管理办法》《济南市盐业管理规定》。

10 月 18 日 济南市伊斯兰教经学院成立并举行首届学员开学典礼。

10 月 20 日 天桥区北园镇、章丘市明水镇、历下区姚家镇、长清县归德镇和城关镇、市中区七贤镇、历城区华山镇和孙村镇被评为山东省“百强乡镇”，北园镇居全省百强之首。

10 月 21—23 日 济南市第四届经济协作洽谈会举行，共签订项目合同 108 项，协议意向 138 项，签订合同总投资 1.24 亿元。

10 月 25 日 市政府发布《济南市流动人口计划生育管理办法》。

同日 济南市推行股份合作制会议召开，国有小型企业股份合作制开始试点。1993 年，全市共有 2950 户股份合作制企业。

10 月 26 日 济南市保泉绿化第一期工程通过国家计委、林业部的检查验收。

10 月 26—28 日 以韩国水原市市长全永国为团长的水原市友好访问团一行 18 人访问济南。在济南期间，双方签订了缔结友好城市关系协议书。

10 月 27 日—11 月 1 日 中国共产党济南市第六次代表大会召开，通过《中共济南市第五届委员会工作报告》，选举产生中共济南市第六届委员会和中共济南市纪律检查委员会及出席中共山东省第六次党代会代表；谢玉堂当选书记，孙常印、张福山、谭永青当选副书记；倪士崇当选中共济南市纪律检查委员会书记，李荣芝、徐可翔、胡占平当选副书记。

10月28—29日 南非共产党总书记恩夸库拉访问济南。

10月28日—11月16日 中国大熊猫保护工程展览活动首次在济南市动物园举行。

10月29日 “工行杯”山东省首届体育舞蹈及交谊舞锦标赛在皇亭体育馆结束，济南选手获体育舞蹈拉丁舞冠军。

11月1日 以新加坡贸易工业部部长丹那巴南为团长的新加坡工贸代表团一行18人访问济南。

11月3日 市政府印发《关于进一步推行和完善城乡集体企业股份合作制的意见》。

11月8日 济南市与意大利扎努西工业公司多方面合作协议书签字仪式在北京举行。

11月9日 济南市外商投资企业管理局成立。

11月11日 市委、市政府印发《关于从市直机关和企事业单位选派干部到济阳、商河两县挂职和包村驻点的实施意见》。12月13日，千名下派干部到济阳、商河挂职包村。至1994年年底，下派干部及下派单位共为济阳、商河两县确立新上项目543项，筹措资金连同支援的物资、设备折价总计达1.1亿元。

11月11—13日 以墨西哥民主革命党总书记马里奥·召塞多为团长的民主革命党代表团访问济南。

11月14日 以副市长谭永青为团长的济南经济考察团一行14人赴日本进行经济考察。

11月19日 红十字会济南第五次代表大会举行，选举产生市红十字会第五届理事会。

11月21—24日 以朝鲜黄海南道政府行政经济指导委员会委员长崔兴洙为团长的黄海南道政府友好代表团一行5人访问济南。

11月22日 山东省首家国有国际期货交易经济公司——济南华易期货经济有限公司开业。

11月25—29日 中国考古学会第九次年会在济南召开。

11月25日—12月10日 以副市长刘克昌为团长的济南市农贸考察团一行6人赴加拿大里贾纳市访问考察。

11月30日—12月1日 济南市佛教协会第一届代表会议召开，会议通过市佛教协会章程，选举产生市佛协第一届理事。

12月3日 220千伏章丘变电站二期扩建工程竣工并一次送电成功。

12月4日 济南市召开大会，表彰全国公安战线二级英雄模范陈道顺、王月松，奖励陈道顺烈士家属和王月松现金各1万元。

12月6日 济南轻骑摩托车股份有限公司股票在上海证券交易所上市，成为济南市第一家上市公司。

同日 历城区税务局被国家税务总局、国家人事部授予“全国税收先进集体”称号。

12月10日 市政府发布《济南市城市冬季清扫冰雪规定》《济南市有线电视设施管理规定》。

同日 市委、市政府印发《关于进一步加强居民委员会建设的意见》。

同日 济南市第一项由外商出资兴建的道路工程——文化东路延长线道路工程开工。

12月12日 0时，济南市区电话号码由6位升至7位。

12月14日 新加坡中华总商会副会长、潮阳会馆理事长张昌隆带领考察团一行23人考察市高新技术产业开发区，达成合作项目协议30多个，引进外资1000多万美元。

12月18日 济南—青岛高速公路全线建成通车。中共中央总书记江泽民和国务院总理李鹏分别为济青高速公路通车题词；中共中央政治局委员、国务院副总理邹家华，中共中央政治局委员、山东省委书记姜春云为通车剪彩。

同日 济南市县乡机构改革工作会议召开，部署实施济南市五县（市）及历城区党政机构改革方案。

12月24日 市委、市人大常委会召开全市实行执法责任制动员大会，决定自1994年1月起在市直机关中实行执法责任制。

12月28日 市委、市政府召开全市教育工作会议，决定实行大教委教育管理体制。

同日 市委、市政府印发《关于贯彻省委、省政府〈关于加强企业技术改造工作的决定〉的意见》。

同日 经四路西段拓宽改造工程竣工通车。

同日 济南市安全无事故承包总结表彰大会召开，对连续5年实现安全生产无事故的99个安全承包先进单位给予表彰。

12月29日 济南市对外工作委员会成立。

1993年 1993年济南市通过多种渠道安置人均居住面积不足2平方米的漏报和新生住房特困户740户，累计安置2714户，成为全国率先解决住房特困户的城市之一。

同年 全市开展“扫黄”“打非”工作。市委、市政府在2月、3月和7月先后三次召开“扫黄”“打非”工作会议。4月至11月，先后组织125次突击检查，收缴淫秽书刊和非法出版物350余种、6545册，查处大案要案11起。

1994年

1月1日 济南经济广播电台开播。

1月8日 济南市特大综合室内市场——新世界商城投入试运营。

1月10日 济南军区召开命名大会，授予徐洪刚“见义勇为的英雄战士”、高清波“献身国防的英雄战士”、某团一连“全国建设模范连”称号。

同日 市政府作出《关于在全市开展“管理效益年”活动的决定》。

1月11日 山东省暨济南市青年志愿服务队授旗仪式在济南火车站东站广场举行。

同日 济南市经济体制改革工作会议召开，会议指出1994年的改革要以建立现代企业制度和宏观调控体系为重点，着力抓好财税、金融、投资、外贸和国有资产管理体系五大改革。

1月15日 市委、市政府召开全市开展“一创两迎”活动动员大会，市委书记、市长谢玉堂，副市长谭永青分别同5区区长和13个市直部门签订开展“一创两迎”活动目标责任书。20日，市委、市政府印发《关于开展“一创两迎”活动的意见》，决定在全市范围内开展群众性创建国家卫生城活动，并以此迎接国庆45周年，迎接济南金秋经贸洽谈会。1995年1月23日，济南市召开建设工作会议暨“一创两迎”总结表彰大会。

1月16日 市委、市政府印发《关于进一步扩大对外开放的意见》。

1月17日 市人大常委会颁布《济南市城市私有房屋管理办法》。

1月19日 中共中央政治局委员、山东省委书记姜春云等走访济南市部分困难企业及职工家庭，并向他们发放救济金。

1月20—29日 以市人大常委会副主任封居尚为团长的济南市林业考察团一行7人赴韩国水原、庆州等5城市考察。

1月21日 大桥路拓宽改建工程开工。

1月22日 《济南日报》报道，1992年中国农村综合实力百强县评比结果揭晓，章丘市再次成为“全国百强县”。

1月30日 济南市重点工程——110千伏泉城变电站举行竣工典礼。

2月1日 共青团中央授予济南军区某部班长徐洪刚“见义勇为青年英雄”称号。2月21日，山东省、济南军区在八一礼堂举行徐洪刚见义勇为先进群体事迹报告会。4月7日，市委、市政府作出《关于授予徐洪刚同志济南市“荣誉市民”称号的决定》。

同日 济南市历城区公安分局被公安部授予“全国优秀城市公安分局”称号，天桥区交警大队民警梁鑫等5人获“全国优秀人民警察”称号。

2月3日 市人大常委会颁布《关于办理市人大代表建议、批评和意见的规定》。

2月7日 中共中央政治局委员、山东省委书记姜春云就如何搞好国有大中型企业问题在济南调查研究。

2月24日 以副市长李华理为团长的济南市韩国工业园招商团一行6人赴韩国招商。

同日 越南国会代表团及越南驻华大使邓严衡等一行21人访问济南。

同日 山东省首家产权交易市场——济南产权交易市场挂牌，3月8日开业。

2月25日 济南领导干部会议召开，会议要求1994年济南市六大班子领导干部都要实行"三个一"承包，即每位领导承包一个亏损企业、一个重点技改项目和一条街。

同日 中央机构编制委员会决定将包括济南在内共16个市的行政级别定为副省级。

3月1日 根据国务院规定，济南市实行新工时制度，职工每日工作8小时，平均每周工作44小时。

3月5日 济南土地管理工作会议召开，会议提出深化土地使用制度改革，扩大国有土地使用权出让范围，进一步规范全市地产市场等要求。

3月6日 以加拿大前任国会议员、里贾纳市前任市长拉力·施耐德为团长的友好访华团一行3人访问济南。

3月12—18日 在'94中国青岛对外经济贸易洽谈会期间，济南代表团共签订利用外资合同、协议252项，外资额110226.3万美元，签订海外办企业项目4项、劳务输出项目2项，派出劳务人员270人。

3月15日 济南市物价局发出通知，自即日起，对全市花生油和标准粉销售价格实行最高限价。

3月17日 由济南中银实业有限公司兴建的济南国际金融大厦奠基。

3月18日 市政府印发《济南市企业整顿改造产权出售及破产的试行意见》《济南市市属企业组建国有独资有限责任公司的试行意见》。

同日 济南市气象局成立，5月9日挂牌办公。

3月19日 以副市长张福山为团长的济南市赴新加坡产业招商团赴新加坡进行为期一周的招商活动。其间，共签订投资项目46项，投资总额5.5亿美元，外资额3.2亿美元。

同日 济南市地方立法咨询委员会成立。

3月21日 市政府印发《济南市驻境外经济机构管理暂行规定》《济南市鼓励各方面人才到驻境外资机构工作的暂行规定》。

3月28日—4月1日 美国萨克拉门托市市长约·塞纳率友好城市访问团访问济南。

4月1日 济南市168信息台与广播电台联网，成为全国首家实现同步、异步传输广播节目的电话信息台。

同日 《济南日报》报道，堤口路果品批发市场跻身"全国百强集贸市场"，位居第26位。

同日 济南市胜利大街小学等8所学校被省教委命名为第二批省级规范化学校。

4月6日 中共中央委员、团中央第一书记李克强到济南检查指导工作。

4月9日 市委召开县乡两级党委书记会议，再掀"村办企业年"活动新高潮。

4月11日 市政府发布《济南市城市建设拆迁纠纷裁决规定》《济南市园林绿化工程施工管理办法》。

4月13日 1993年度全国优秀企业、第五届全国优秀企业家评选结果在北京揭晓，中国轻骑摩托车集团总公司总经理、董事长张家岭获"全国优秀企业家"称号。

同日 济南华厦证券公司试营业。

4月15日 市委、市政府召开全市第三产业会议，会议指出，1994年济南要加快速度、提高比重、扩大规模、完善体系发展第三产业。

4月16日 23时，济南电信寻呼台20万门大容量寻呼系统——语音箱开通。

同日 北京—济南—昆明航线开通。

4月19日 济南市妇女儿童工作委员会成立。

同日 济南市首例国有企业破产案——济南第八棉纺织厂破产案，由历城区人民法院审结。

4月21日 市人大常委会颁布《济南市城市自来水供水管理办法》。

同日 由倪士崇、胡志明率队的市政府赴阿拉伯联合酋长国经贸考察团离济南赴阿联酋迪拜市考察。

同日 济南市老年学会成立。

4 月 24 日 济南市'94 人才交流大会召开，接待各类专业人才 22000 人次，达成交流意向 1686 人。

4 月 25—28 日 韩国驻华大使黄秉泰一行 4 人到济南参观考察。

4 月 26 日 市政府召开 1993 年度建筑工程质量总结奖惩大会，20 个“双十佳”工程、60 家施工企业和建设单位受到表彰，并向 316 个优良工程颁发证书，对建筑工程质量低劣及违反建筑市场管理规定的 20 家施工企业和建设单位给予处罚。

4 月 28 日—5 月 1 日 以加拿大里贾纳市市政经理鲍勃·林纳为团长的里贾纳市经济代表团访问济南，双方签订了经济合作会谈备忘录。

4 月 29 日 山东省 1993 年度人口与计划生育目标责任奖惩兑现大会举行，济南市获人口目标责任一等奖。

4 月 30 日 济南市第一家副食品超级自选商场——万紫巷超市和鲜活市场开业。

4 月 30 日—5 月 3 日 以俄中友协主席谢尔盖·列昂尼德维奇·齐赫文斯基为团长的俄罗斯汉学家代表团一行 4 人访问济南。

4 月 以彻底转换企业经营机制、建立现代企业制度为目的的改革试点工作在全市逐步展开。由市政府确定的机床一厂、机床二厂等 30 家市属试点企业，开始按照新型企业制度的要求进行运作。至年底，现代企业制度试点工作基本完成，济南洗衣机厂等 27 家企业改建为股份有限公司或有限责任公司，初步完成由工厂制向公司制的转轨。

同月 工业南路拓宽工程开工，9 月 20 日竣工通车。

5 月 1 日 济南市第一座国际标准五星级饭店——利源大酒店破土动工。

5 月 3 日 市委、市政府印发《关于在全市十县（市）、区开展“一对一”竞赛活动的意见》。

5 月 5 日 济南市公安局巡警支队和历下、市中、天桥区巡警大队成立。

5 月 9 日 第三届全国种子交易会在历城区王舍人镇开幕。

5 月 15—17 日 玻利维亚议会前议长、现左派革命阵线主席奥斯卡·萨莫拉一行 2 人访问济南。

5 月 16 日 山东省首家中外合资血液净化中心——济南友谊血液净化医疗中心在市中心医院成立。

5 月 16—18 日 德意志联邦共和国驻华大使傅泰民及夫人一行 3 人访问济南。

5 月 18—19 日 国家副主席荣毅仁视察济南。

5 月 18—20 日 中共中央组织部部长吕枫在济调查研究。

5 月 19 日 市政府发布《关于加强市容文化建设和管理工作的通告》。

同日 中国太平洋保险公司济南分公司成立。

5 月 20 日 市委、市人大常委会、市政府召开全市第八次普法教育依法治理工作会议。

5 月 20—27 日 以日本和歌山市中日友好议员联盟会长武田典也为团长的和歌山市第 11 次友好访问团一行 8 人访问济南。

5 月 23—26 日 济南市经贸代表团参加中国'94（香港）投资、贸易洽谈会，共签订合同、协议意向 58 项，合同、协议总投资额 92987 万美元，利用外资额 60351 万美元。

5 月 25 日 市政府发布《济南市鼓励外商在开发区内兴办外商独资区的若干规定》。

同日 济南经济贸易学校在第六职业中专成立。

同日 《济南日报》报道，国家科委“火炬计划”项目、亚洲最大的无特定病原鸡实验种鸡场，在历城区建成。

5 月 26 日 中信实业银行济南分行开业。

同日 国内首家生产特种汽车的企业集团——

济南考格尔汽车集团总公司成立。

5月27日 位于济南市南郊羊头峪的开元寺风景区开发建设工程开工。

5月31日 市政府决定，成立济南市史志编纂委员会，撤销原济南市志编纂委员会。

6月1日 ’94西班牙工业技术博览会介绍会在济南齐鲁宾馆举行。

6月5日 济南军区前卫歌舞团和济南市杂技团组成的中国山东艺术团抵达斯里兰卡演出。

6月6日 “山东名牌”产品授牌大会举行，济南市9家企业生产的9个产品获“山东名牌”称号。

6月9日 济南市政府法制工作会议召开，市政府立法咨询委员会成立。

6月9—28日 市委书记、市长谢玉堂率济南经济技术考察团一行12人赴美国旧金山等5市考察。在美期间，共签订合同、意向58个，意向投资额4.5亿美元。

6月14—18日 以朝鲜劳动党黄海南道委员会书记金运基为团长的黄海南道党委代表团一行7人访问济南。

6月16日 市人大常委会颁布《济南市禁止燃放烟花爆竹的规定》。

6月17日 市政府印发《关于分税制财政体制的决定》《关于加强国有资产管理工作的意见》《关于深化投融资体制改革的实施意见》《关于加快全市金融体制改革的意见》《关于深化对外贸易体制改革的实施意见》。

同日 市政府发出《关于进一步加快棉花生产发展的通知》。

6月18日 济南市国土房地产信息中心成立。

6月20日 章丘市相公庄镇牛推官庄一村110户居民全部通上电话，成为济南第一个电话村。

6月22日 中国驻外大使、参赞赴鲁学习参观团一行42人在济南参观考察。

同日 加蓬共和国经社理事会主席恩科戈率团访问济南。

6月23日 市政府发布《济南市人民警察巡察暂行规定》《济南市人民警察巡察处罚程序暂行规定》。

6月23—25日 以副市长刘克昌为团长的济南经贸代表团参加在马来西亚关丹市举行的’94关丹国际博览会，其间共签订利用外资项目14项，外资额3.6亿美元，出口成交340万美元。

6月24日 市政府授予日本和歌山市立普乐精工株式会社社长横川外二济南市“荣誉市民”称号。

6月26—28日 马来西亚驻华大使达图诺尔·阿德南一行3人访问济南。

6月27—28日 加拿大驻华大使弗瑞德·比尔德一行4人在济南参观考察。

6月29日 市委、市政府印发《关于加快发展个体私营经济的意见》。

6月29日—7月7日 济南市连降大到暴雨，10个县（市）、区遭受不同程度的灾害，其中济阳、长清、平阴受灾严重，直接经济损失达1.47亿元以上。

6月30日 济南经上海至韩国汉城包机航线开通。

7月1日 济南百货大楼等7个国营大店实行“无烟商店”制。

7月2—3日 济南市首届民营企业科技成果、人才经贸洽谈会在省工展馆开幕，共达成科技成果转让意向76项，实现协议交易额700多万元，300余人达成人才流动意向。

7月4日 市委作出《关于在全市广泛开展向王广顺同志学习活动的决定》。

7月7日 济南市中区房地产开发总公司等3单位获首届中国房地产综合效益百强企业称号。

7月9日 市政府印发《关于鼓励出国留学人员来济工作的若干规定》。

同日 济南国棉一厂改建为济南鲁成有限责任公司，为全市首例以有限责任公司形式改造的国有大中型企业。

同日 济南市重点工程及重点扶贫项目——济阳县220千伏索庙变电站奠基。

7月10日 全国第八届荷花展及水生植物展在大明湖公园开幕。

7月10—15日 以俄罗斯下诺夫哥罗德市副市长萨哈罗夫为团长的下诺夫哥罗德市友好代表团访问济南。

7月12日 市政府发布《济南市鼓励企业招商引资实行产业嫁接的暂行规定》《济南市城市危险房屋管理办法》《济南市燃气管理办法》。

7月13日—8月12日 济南市公安机关在全市范围内开展彻底查缴非法枪支以及危害社会的弹药、管制刀具的集中统一行动。

7月14—24日 以副市长陈国栋为团长的济南市经贸、旅游招商团在韩国汉城进行招商活动，共签订协议书近50项，总投资额达2.7亿美元。

7月19日 济南市首家闲置设备物资调剂市场开始营运。

7月21日 南丰祠修复工程竣工。南丰祠是为纪念“唐宋八大家”之一、曾在济南任职（齐州知州）的曾巩（号“南丰先生”）而修建的。

7月22日 济南市规模最大的物资贸易市场——济南物资贸易中心建成开业。

7月24—31日 以美国萨克拉门托市友协主席、美国麦王国际公司总裁王易虹为团长的城建考察团一行7人访问济南。27日，双方举行设计建设济南市中美一条街签字仪式。

7月25—27日 以奥地利共和国农林部长蒋施勒为团长的奥地利农业和经济代表团一行17人访问济南。

7月26日 山东省第一个陆路口岸——济南凤凰山公路口岸对外开放。

7月27日 济南市成人教育局成立。

同日 市政府印发《济南市机关事业单位工作人员社会养老保险暂行办法》，自1994年12月1日始，在机关事业单位中收缴基本养老保险金。

8月3日 济南客车厂与韩国合资合作生产大客车项目签字仪式举行，项目总投资2737万美元。

同日 《济南日报》报道，济南市境内最高的铁路桥——葛家河铁路特大桥主体工程竣工。

8月5—10日 济南市中学生代表团一行8人赴日本和歌山市参加中学生国际友好会议并进行友好访问。

8月8日 济南市首家村办农民医院——济南东城医院挂牌问诊。

8月9日 市人大常委会颁布《济南市民办学校管理办法》《济南市烟尘污染防治办法》《济南市建筑市场管理办法》。

8月13日 济南市第一起环保行政诉讼案——山东省烟草高新技术开发公司与历城区环保局的环保行政处罚案，由市中级人民法院审结。

8月15日 济南市国家税务局、济南市地方税务局分别成立。

8月16日 ’94中国济南电视展播周开播仪式暨新闻发布会在美国洛杉矶举行。

8月17—26日 市人大常委会主任李启万率领的济南市赴日友好访问团一行8人赴和歌山市访问考察。

8月20—24日 第三届全国大学生田径锦标赛在山东师范大学体育场举行。

8月23日 市委、市政府召开全市援藏工作会议，传达贯彻全国第三次西藏工作座谈会和全省援藏工作会议精神，安排部署全市援藏工作任务。

8月24日 首届全国警察“兰陵杯”体育五项比赛在济南举行。

8月26日—9月9日 由市委副书记孙常印率领的济南市工商业代表团，在美国东西海岸主要都市举办招商活动，共签订项目102项，总投资28.5亿美元。

8月28—29日 马来西亚副总理安瓦尔及夫人率政府代表团一行31人、企业家代表团一行118人访问济南。

8月30日 中国济南投资贸易推介会在中国驻美国大使馆举行。

8月 济南市投资最大的支农扶贫项目——济阳220千伏中索变电站开工，1995年12月8

日竣工并举行送电典礼。

9月4日 位于七贤镇文庄附近的9731炼油厂发生重大火灾，直接经济损失30多万元。

9月5日 济南市驻洛杉矶办事处挂牌办公。

9月6日 《济南日报》报道，中国名牌产品认定暨中国明星企业评选活动结果揭晓，中国济南轻骑集团被评为中国明星企业，轻骑牌潇洒木兰、豪华木兰、QM100（野马）、雄风摩托车被评为中国名牌产品。

9月7—9日 以日本宇部市议会议长山下胜由为团长的宇部市友好访问团一行30人访问济南。

9月7—12日 由市政协主席刘耀华率领的济南市赴厦门招商团在厦门进行招商，其间，签订经济技术合作项目134个，总投资额36984万美元，利用外资23573万美元。

9月9日 市政府作出《关于加快实施产学研工程推动经济发展的决定》。

9月9—10日 市委、市政府召开全市农村社会治安综合治理工作会议，确定在全市范围内集中开展一次整治农村治安的斗争。至年底，全市抓获村霸、市霸、街霸、车匪路霸等违法犯罪分子557名，破获刑事案件199起。

9月10—12日 中共中央政治局常委、书记处书记胡锦涛视察济南。

9月11日 《济南日报》报道，济南酿酒厂生产的“趵突泉特酿”，获“中国公认名牌产品”称号。

9月13日 中共中央政治局常委、国务院副总理朱镕基在济南市考察。

9月14日 全国科教电影展映月活动开幕式在章丘市举行。

同日 济南’94全国省、市、区科学院科技成果发布洽谈会举行，发布最新科技成果项目260多项。

9月15日 四条主要城市出入口公路大桥路、济王路、济微路、济兖路拓宽改建工程全部竣工，使济南主要城市出入口公路全部达到一级公路标准。

9月17日 市政府发布《济南市城市户外装饰灯管理办法》《济南市市容文化管理试行规定》。

同日 中央交响乐团在济南八一礼堂举行首场演出。

9月18日 武中奇书法篆刻展览馆建馆10周年暨书法新作展开幕式在五龙潭公园举行。

9月19—21日 德国驻华大使傅泰民一行3人访问济南。

9月20日 济南市首届“食品精品”评选结果揭晓，102种产品获“济南市食品精品”称号。

9月21日 总建筑面积4.3万平方米的现代化商业大厦——人民商场股份有限公司新营业大楼开业。

9月21—24日 以日本和歌山市议会副议长高垣弼为团长的和歌山市经济考察团一行9人访问济南，参加“’94济南金秋经贸洽谈会”。

9月21—26日 以韩国水原市市长李相龙为团长的水原市经贸考察团一行21人访问济南。在济期间，两市签署了《济南市—水原市互派公务人员研修协议书》。

9月21—28日 以俄罗斯下诺夫哥罗德市议会议长卡尔尼林为团长的下诺夫哥罗德市友好代表团一行5人访问济南并出席“’94济南金秋经贸洽谈会”开幕式和洽谈活动。9月25日，济南市与俄罗斯下诺夫哥罗德市结为友好城市签字仪式举行。

9月22—26日 以加拿大里贾纳市前市长拉里·施耐德为团长的经济考察团一行5人访问济南。参加“’94济南金秋经贸洽谈会”，同10个单位签署协议书、意向书12项。

9月22—29日 以日本山口市议会议长杉山胜良为团长的山口市经济考察团一行11人访问济南，参加“’94济南金秋经贸洽谈会”，签署两市缔结友好城市关系10周年纪念活动的备忘录。

9月23日 济南市博物馆出土文物展、书画精品展开幕。

同日 城子崖遗址出土文物展在章丘市龙山镇开幕，城子崖遗址博物馆落成典礼同时举行。

9月23—28日 '94济南金秋经贸洽谈会暨龙山文化艺术节举行。洽谈会期间，对外发布项目1800余项，签订对外合同协议715项，投资总额27.7亿美元，外资额17.42亿美元。

9月25—28日 '94济南海峡两岸经贸商务活动举行，共签署合同、协议、意向书32项，总投资9713万美元，合同利用外资6304万美元。

9月26日 济南市海外交流协会成立。

9月27日 济南市经济技术开发区在美国旧金山设办事处签字仪式举行。

9月28日 济南市无人售票公共汽车33路、双层特1路试运行。

9月29日 新建总占地面积2万多平方米的泺口服装城对外营业。

10月1—4日 荷兰驻华大使郝德扬一行3人访问济南。

10月2—4日 新加坡政府内阁资政李光耀偕夫人一行24人访问济南。

10月6—8日 全国首届乡镇企业暨中外合资企业人才技术交流大会在京举行，济南市代表团接待各类专业人才3445人，达成流动意向307人。

10月7日 市政府发布《关于坚决淘汰取缔污染严重炉具，强化烟尘污染防治的通告》。

10月8—10日 以格鲁吉亚议会议长戈古阿泽为团长的格鲁吉亚议会代表团一行7人访问济南。

10月9日 以副市长谭永青为团长的济南市城市建设考察团一行6人赴加拿大里贾纳市和美国萨克拉门托市考察访问。

10月10日 济南市个体劳动者协会为济南首批26户44个体业户、私营企业者办理农转非户口。

10月12日 第五届国际精密化学和功能高分子研讨会在济南召开。

10月13日 市人大常委会颁布《济南市行政村档案管理办法》《济南市水土保持管理办法》《济南市电力管理条例》《济南市保障残疾人合法权益的若干规定》。

同日 济南市最大的一座石雕牌坊在历下区开元寺落成。牌坊总重68吨，由50块石雕构成。

10月13—17日 济南市24项星火科技优秀产品参加'94成都全国星火科技展示会，合同成交额185万元。芦笋糖浆等21个展品获全国星火科技精品金奖，获奖数量和展品成交额列全省榜首。

10月15日—11月20日 济南市城乡开展大规模破案会战，共破获各类刑事案件418起，其中重特大案件134起，抓获犯罪分子383名，缴获赃款赃物总价值80多万元。

10月16日 全军第七届专用枪射击锦标赛在济南举行。

10月16—22日 山东省第十七届运动会在济南举行，济南市代表团金牌总数和团体总分双列第二位。

10月19日 市政府发布《济南市城市喷泉管理办法》。

10月21日 《济南日报》报道，章丘市上皋煤矿跃居"'94中国乡镇企业综合评价500佳"全国地方煤矿之首。

10月23—24日 外国驻华大使馆武官一行24人访问济南。

24日 市政府发布《济南市黄河浮桥、渡口建设使用管理办法》。

10月25—30日 '94中国山东（慕尼黑）经贸洽谈会在德国慕尼黑举行。济南市共签订对外经济技术合作项目45项，其中利用外资合同、协议17个，总投资11720万美元，利用外资4409万美元。

10月28日 市政府发布《济南市室内装饰行业管理办法》。

10月28—30日 以朝鲜人民军副总参谋长吴龙方大将为团长的朝军友好参观团一行11人访问济南。

10月29日—11月4日 首届中国环渤海地区中外经济技术合作招商洽谈会在北京举行。济南市代表团共签订招商项目合同、协议 9 项，意向 27 项，项目总投资 3.27 亿美元。

11 月 1 日 市人大常委会颁布《济南市水土保持管理办法》。

11 月 1—3 日 全国农村精神文明建设座谈会在章丘市召开。

11 月 2 日 山东省第一家商标协会——济南市商标协会成立。

11 月 6 日 由济南出版社出版的《中国古代名物大典》一书获第八届中国图书奖。

11 月 8 日 市政府发布《济南市民办学校管理办法》《济南市建筑市场管理办法》。

11 月 11 日 市政府发布《济南市城市建设档案管理办法》《济南市电力管理条例》。

11 月 21 日—12 月 4 日 以常务副市长张福山为团长的济南市经济贸易代表团一行 9 人访问英国、法国、荷兰 3 国。访问期间，与英国考文垂市签署两市友好合作会谈纪要。

11 月 22 日 农业部山东小麦原种繁殖总场在长清建立。

11 月 24 日 山东省第一个高层居民住宅楼群在邮电新村居民小区奠基。

11 月 28 日 中国数字数据 DDN 网济南本地网及中国电话卡 200 业务在济南开通。

11 月 30 日 中德合资生产大型电力变压器的西门子变压器有限公司举行开业典礼。

12 月 1 日 济南有线电视台开播。

12 月 5 日 以市人大常委会副主任刘正宗为团长的市经贸考察团赴捷克、匈牙利、罗马尼亚 3 国访问。

12 月 6 日 市人大常委会颁布《济南市经纪人管理条例》《济南市城市公有房屋管理办法》。

同日 济南市饮食业协会成立。

12 月 8 日 全国第七届中华诗词研讨会在济南举行。

12 月 10 日 全国首家高等院校与农民联合兴办的大学——山东建筑工程学院北院在北园镇黄台村挂牌，并举行开学典礼。

12 月 12—15 日 以色列驻华大使本 · 亚可夫一行 3 人访问济南。

12 月 14 日 济南教育电视台开播。

同日 山东医科大学济南临床学院在市中心医院成立，这是山东省首家正式命名的临床学院。

12 月 16 日 章丘市获“全国科技实力强县（市）”称号。

12 月 17 日 市委、市政府召开企业解困工作会议，重点解决困难企业、富余人员就业问题。

12 月 18 日 ’94 全国名优轻工机械展示订货会在济南召开。

同日 《济南日报》报道，中国济南洗衣机厂生产的“小鸭 · 圣吉奥”全自动滚筒洗衣机，一次通过 SOSYERSLEY 国际认证服务公司、中国轻工质量体系认证中心和中国兴轻质量体系认证中心的现场评审，成为国内洗衣机行业唯一一家同时取得国内外 3 家 ISO 9000 94 质量体系认证的企业。

12 月 19—21 日 市第十一届人大常委会举行第十一次会议，任命董绍诚为济南市政府副市长。

12 月 20 日 以市政协副主席张钰为团长的济南经贸考察团一行 12 人赴越南、孟加拉国考察访问，1995 年 1 月 3 日返回济南。期间共签订 17 项经济技术合作和工程承包项目以及 19 个正式贸易合同。

12 月 22 日 章丘市农村电气化各项指标通过省政府电气化验收委员会考评，成为全省第二个农村电气化市。

12 月 27 日 市政府印发《济南市文化体制改革的意见》。

12 月 28 日 由中日合资兴建的济南轻骑铃木摩托车有限公司奠基仪式举行。

同日 济南市茶叶行业协会成立。济南保险同业公会成立。

12 月 30 日 市政府印发《关于贯彻国务院〈关于深化城镇住房制度改革的决定〉的实施意见》《济南市出售公有房屋住房办法》《济南市安居工

程实施方案》《济南市提高公有住房租金以及住房公积金归集、使用和管理的规定》。

同日 无影山地区供水工程竣工。

1994 年 市委、市政府实施“千人出国门”和“一二三工程”。截至年底，全市共在境外设立办事机构、经贸机构和企业 121 个，分布在美国、俄罗斯等 33 个国家和地区；共派出 1017 人。

1995 年

1 月 3 日 17 时 53 分，历下区和平路地下电缆沟发生爆炸，2.2 千米路段的人行道和部分路面遭到不同程度的破坏，造成 48 人受伤、13 人死亡，直接经济损失 429.1 万元。8 月 9 日，市政府发出《关于“1 · 3”爆炸事故调查和处理情况的通报》，有关责任者受到党纪、政纪处分或法律追究。

1 月 8 日 济南市第一家国有企业联姻创建的法人持股型企业——济南砚山轧辊有限公司成立。

1 月 9 日 全国女子少年组（17 岁组）排球比赛在福州结束，济南市少年女子排球队夺得冠军。

1 月 10 日 济南市青年志愿者协会成立。

同日 济南炼油厂科研所研制成功 MHE 型 2 号极压切削油，填补国内机械加工行业的空白。

1 月 13 日 市政府印发《济南市公积金管理办法实施细则》《济南市住房解困专项资金管理办法》。

1 月 16 日 国家经贸委批准山东清河集团更名为清河集团有限公司。

同日 在“蒲公英”全国少年儿童书画大赛中，经四路小学冯鹏飞、纬二路小学赵艺获一等奖。

1 月 17 日 济南市长途汽车运输公司驾驶员林勇获全省“见义勇为十佳公民”称号。

1 月 22 日 《济南日报》报道，济南市机关事业单位社会养老保险工作 1 月起开始全面运转，结束了多年来退离休费由单位及财政负担“一包到底”的运作方式。

1 月 27 日 锦绣川水库引水保泉一期工程竣工。

1 月 28 日 济南市医药行业第一家国有大中型企业集团——济南鲁药集团总公司成立。

1 月 29 日 《济南日报》报道，济南童装厂生产的鲁花牌童装获全国“金桥奖”。

2 月 3 日 《济南日报》报道，济南人民广播电台的戏曲板块节目《戏苑天地》、文学节目小说连播《荆棘鸟》，获首届“中国广播文艺政府奖”。

2 月 8 日 首届全国地方年鉴评奖结果在上海揭晓，《济南年鉴（1994）》获“中国地方年鉴一等奖”。

2 月 13 日 《济南日报》报道，国家对外经贸部批准赋予济南铅笔厂等 5 家企业自营进出口经营权。至此，全市具有自营进出口经营权的企业达到 32 家。

2 月 14—16 日 英国驻华大使阿普雷亚德及夫人一行 5 人访问济南。

2 月 21 日 《济南日报》报道，济南洗衣机厂获得英国国家认证机构委员会颁发的国际标准委员会质量体系认证证书。

2 月 22 日 市政府作出《关于在全市继续开展“管理效益年”活动的决定》。

同日 市政府举行济南市首次台商恳谈会。

同日 《济南日报》报道，经国家经贸委和对外贸易部批准，商河铅丝制网厂获得自营出口权。

2 月 24 日 自即日起，市煤气公司首次在 14 家煤气站同时无限量办理开户手续。

2 月 25 日 《济南日报》报道，自 2 月始，济南市实行国家强制性新标准——GB7718 94《食品标签通用标准》。

2 月 28 日 全省规模最大的房地产交易市场——济南市房地产交易综合市场开业。

3 月 1 日 《济南日报》报道，历城区公安分局刑警大队被公安部命名为“全国公安战线先进集体”称号，市交警支队槐荫区大队民警阎繁山被授予全国公安战线二级英模称号，章丘市公安局和市公安局刑警支队梁恺军等4人分获“全国优秀公安局”和“全国优秀人民警察”称号。

3月7日 济南市县乡企业改革工作会议召开，会上表彰全市13个进入全国1000家最佳经济效益乡镇企业行列的企业。

3月8日 市政府在长清县召开动员大会，市长三号工程开发建设拉开帷幕。市政府决定，把长清县万德、武庄、张夏、五峰、崮山、平安和历城区的党家、市中区的七贤等8个乡镇的农业综合开发列为“市长三号工程”。

3月10日 由西藏自治区副主席次仁卓嘎为团长的孔繁森事迹报告团一行12人抵达济南，14日在八一礼堂为济南市1800多名干部群众作报告，15日离济。

3月12—18日 第十二届中国青岛对外经贸洽谈会在青岛举行，济南市签订利用外资合同、协议250项，外资额48392.2万美元。

3月16日 市第十一届人大常委会第十三次会议通过《关于批准济南市人民检察院设立济南高新技术产业开发区人民检察院、济南市姚家地区人民检察院的决定》。

同日 《济南日报》报道，济南市全盛永牛肉店经理于晓玉被团中央授予“全国新长征突击手”称号。

3月17日 济南市房改工作动员大会召开。市政府《关于贯彻国务院〈关于深化城镇住房制度改革的决定〉的实施意见》颁布，济南市深化房改工作全面铺开。

3月18日 《济南日报》报道，由济南铁路局科研所和工程总公司研制的CSD—1型永磁式磁水器，获“首届中国科学技术博览会金奖”。

3月20日 市政府发布《济南市城市房屋评估管理办法》。

3月21日 《济南日报》报道，济南炼油厂参与研制开发的催化裂解成套新技术（DCC工艺），获中国石化总公司“重大国产技术奖”。

3月23日 市委召开全市选派援藏干部工作会议。7月15日至2010年，济南先后派出6批干部和专业技术人员对口支援西藏自治区白朗县，共援建白朗县百余个经济建设和社会公益项目。

3月27—30日 瑞典驻华大使林德思率领瑞典经济考察团一行22人访问济南。

3月29日 济南市“十大文明市民标兵”评选结果揭晓，张秀玲等10人当选。

3月30日 济南市纺织系统第一家由国有企业（济南针织厂）改组为股份有限公司的试点企业——济南元首针织股份有限公司成立。

3月31日 济南市推进企业结构调整动员大会召开，要求全市经济战线所有部门和企业，开展远学四平、德阳，近学济南二轻活动，加快企业结构调整。

同日 0时起，市电信局60000门EMX—2500E型移动电话交换机割接开通，实现全国21个省市移动电话联网。

3月 建设路南段拓宽改造工程开工，12月竣工，道路全长660米。

4月1日 在全国“青年文明号”命名表彰大会上，市公交总公司35路365号车组等5家青年集体被团中央等国家10个部门授予“青年文明号”称号。

同日 济南高级管理人才暨1995届高校毕业生供需洽谈会同时举行，共接待19180人，达成意向3057人，其中高级管理人才122人，应届毕业生2584人，在职交流351人。

4月3日 “中国专利10年成就展”中，济南市12个参展专利项目全部获奖。其中，济南德琨电视电缆设备有限公司的“DS交流无级调速电机”获金奖，章丘刁镇福利五金建材厂的“磁化盆景加湿器”等3个项目获银奖，8个项目获优秀奖。

4月4—8日 由市长尼克·诺兰为团长的英国考文垂市友好访问团一行12人访问济南。

4月5—6日 以德国巴伐利亚州州长埃德蒙

特·施托伊伯博士为团长的巴伐利亚政府及经济代表团一行 56 人访问济南。

4 月 7 日 济南革命烈士陵园被民政部确定为全国首批 100 处爱国主义教育基地之一。

4 月 8 日 市人大常委会颁布《济南市技术市场管理办法》《济南市城镇国有土地使用权出让办法》。

同日 济南百货大楼股份有限公司等 3 家公司获“全国打假先进单位”称号。

同日 济南百货大楼等 7 家单位被团省委授予全省“文明服务先进单位”称号，工商银行天成路储蓄所等 15 家青年集体被授予全省“青年文明号”称号，王宝松被授予全省“十佳青年服务明星”称号，王秀玲等 31 人被授予全省“文明服务先进青年”称号。

4 月 9 日 以维德拉教授为团长的奥地利维也纳施特劳斯节日乐团一行 24 人抵达济南，10 日晚在八一礼堂举办专场音乐会。

4 月 11 日 济南市食品工业协会调味品协会成立，决定自 7 月 1 日起，市场销售的调味品全部实现包装化。

同日 中国第一所厨师专业学院——东方美食培训学院在济南成立。

4 月 17 日 全国文化工作经验交流暨表彰会（华东区）在济南举行，济南市少儿艺术剧团获“全国文化先进集体”称号。

同日 《济南日报》报道，1995 年全国电子百强企业排序在北京揭晓，山东电视机厂是济南市电子系统唯一入围的企业。4 月 20 日，该厂生产的泰山牌彩电获中华科技精品组委会“中华名牌彩电”称号。

4 月 18 日 山东省 1994 年度人口与计划生育目标责任奖惩兑现大会召开，济南市等 17 个市、地获 1994 年度执行人口与计划生育目标管理责任一等奖，对济南铁路局等 10 个单位予以表扬。

4 月 26 日 以世界银行高级交通专家史蒂乐斯为团长的世界银行亚洲开发银行考察团抵济，对济南市交通情况进行考察。

4 月 30 日 市政府发布《济南市污水处理设施监督管理办法》。

5 月 1 日 济南市开始实行五天工作制，每周工作 40 小时。

同日 即日起，济南市公有住房租金由每平方米 0.35 元提高到每平方米 0.90 元。

5 月 9 日 市委、市政府作出《关于开展向宋铭禄学习活动的决定》。

同日 黄河泺口站断流，7 月 22 日 5 时 8 分恢复过流。

5 月 9—12 日 以色列农业部部长雅格夫·楚尔一行 33 人访问济南。

5 月 9—18 日 以市长谢玉堂为团长、市人大常委会主任李启万为副团长的济南市友好访问团一行 8 人到日本和歌山市及山口市考察访问。在山口期间，举行缔结友好城市十周年纪念庆典。

5 月 11 日 ’95 全国公路自行车分段赛暨全国山地自行车邀请赛在平阴县举行。

5 月 12—18 日 济南市首届民间文化收藏展在省美术馆举行。

5 月 15 日 市委、市政府印发《关于进一步强化农业基础加快农业和农村经济发展的决定》《关于深入开展农业科技推广年活动的意见》。

5 月 15—17 日 以芬兰地方政府协会理事会副主席泰斯托·特拉瓦率领的芬兰地方市政访华团一行 7 人访问济南。

5 月 22 日 市政府发出《关于公布企业最低工资标准的通知》和《关于保障我市困难企业困难职工基本生活有关问题的通知》。规定：驻市区的企业职工最低工资标准为每人每月 180 元，驻市辖 5 县（市）的企业职工最低工资标准原则上为每人每月 150 元。

5 月 30 日 市委、市政府确定中共山东省党史陈列馆等 23 个单位为济南市首批爱国主义教育基地，并向这些单位授牌。

5 月 31 日 济南市市级领导干部会议召开。会上，宣布中共中央和中组部关于济南市领导班子的任职决定及中央编委确定济南市行政级别为副省级的决定。6月1日，山东省委通知：中共中央批准孙淑义任中共济南市委书记。省委决定，谢玉堂任中共济南市委副书记（列孙常印之前），不再担任中共济南市委书记职务。

6月3日 山东省首届海峡两岸饮食文化学术研讨会在济南举行。

6月4—5日 中共中央政治局委员、书记处书记、国务院副总理姜春云在济南考察黄河防汛工作。

6月14日 《济南市城市建设拆迁管理办法》《济南市民营科技企业管理办法》施行。

6月14—24日 以常务副市长张福山为团长的济南市政府友好代表团及工商产业代表团一行21人，到美国萨克拉门托市访问，在萨市参加济南—萨克拉门托市缔结友好城市10周年庆典活动。期间，分别在旧金山和纽约举行经贸洽谈会，签订合同、协议、意向35项，外资额1.1亿美元；签订出口贸易合同、协议7项，出口金额逾500万美元。

6月16日 济南市最后5538户农民告别煤油灯，全市城乡居民实现户户通电。

6月17—23日 新加坡贸工部部长姚照东率新加坡政府代表团一行9人、企业代表团59人访问济南。

6月18日 济南市社会福利院启用。

同日 济阳建成6666.7公顷无公害蔬菜基地，年产鲜菜3.5亿千克，被市政府定为全市无公害蔬菜基地。

6月21日 市委、市政府召开打击拐卖妇女儿童犯罪工作会议。

同日 历时一周的'95中国哈尔滨边境地方经贸洽谈会闭幕。济南代表团共签订合同、意向协议16项，贸易额1416万美元。其中，签约合同13项，贸易额1176万美元。

6月25日 0时，济南市扩大本地电话网工程竣工并顺利开通，市属县（市）电话号码全部升至7位，全市统一使用长途区号“0531”。

6月28日 济南市“行风万人评”动员大会召开，历时一年的“行风万人评”活动在全市展开。1996年9月5日，济南市“行风万人评”活动总结表彰大会召开，对评出的2个“标兵行业”、10个“十佳行业”和35个“先进单位”进行命名表彰。

6月30日 省内第一家人才信息咨询检索系统在纬十二路120号投入运营并向社会开放。

7月1日 济南经济电视台建成试播。

7月4—6日 以马里国民议会议长迪亚洛为团长的马里国民议会代表团一行4人访问济南。

同日 由市委宣传部、团市委、民政局联合举办的“历史的见证——纪念抗日战争和世界反法西斯战争胜利50周年图片展览”在济南革命烈士陵园开展。

7月10日 市歌舞团编排的歌舞剧《雪域丰碑——孔繁森》晋京首场汇报演出获得成功。国务院副总理姜春云等观看演出。

7月11日 济南第二机床厂研制成功具有世界一流水平的J36–2500型闭式双点压力机。

7月12—16日 美国夏威夷民族舞蹈交流团一行21人到济南交流访问。

7月13—25日 在加拿大多伦多举行的第36届国际中学生奥林匹克数学竞赛中，省实验中学学生柳耸、林逸舟分别获得金牌和银牌。

7月16日 济南市第一轮社会主义新方志的6部新县志全部出版。

7月17日 济南民营科技产业园建立。

7月25—27日 '95山东济南（上海）对外经贸洽谈会、“济南—上海经济协作洽谈会”在上海举行，签订合资合作项目81项，总投资1.85亿美元，协议利用外资8654万美元；签订经济技术协作合同3项、协议47项、意向61项，协议销售额4.2亿元。

7月28日 济南至泰安新建铁路三线工程开通运营。

7月29日 以日本山口市教育委员会学校教育课课长土肥一郎为团长的山口市少年访问团一

行15人访问济南。

7月31日 在第三届中国乡镇企业出口商品展览会上，济南市乡镇企业有4种产品获金奖、6种产品获银奖、11种产品获优秀奖。

8月1日 在房地产产权、产籍管理与交易方面，济南市开始启用“房屋所有权证”等5种新证。

同日 《济南日报》报道，济南市颁布《军（警）民共建社会主义精神文明活动管理条例》。

8月2—6日 日本和歌山县山东省友好都市协会访问团一行14人访问济南，并向市图书馆赠书21箱、1091册。

8月2—9日 以日本和歌山县议会议员门三佑傅为团长的和歌山县友好之翼访华团一行181人访问济南。在济南期间，举行了中日农业试验楼纪念碑揭幕仪式。

8月4日 市委决定，济南高新技术产业开发区管委会、济南经济技术开发区管委会合并，组建济南开发区管委会，实行两区合一，一套机构，保留两个开发区管委会的牌子。

8月8日 《济南日报》报道，覆盖济南、泰安、淄博、聊城、济宁，孔径约200千米的济南遥测地震台网建成并通过鉴定。

8月15日 济南—上海—新加坡国际航线开通。

8月16日 《济南市养犬管理办法》《济南市商业网点管理办法》《济南市公民义务献血办法》实施。

8月28日 市委、市政府召开大会，对216名优秀乡镇企业家进行表彰。济南市乡镇企业协会同时成立。

同日 济南市少年女子排球队代表中国赴法国参加第四届世界青少年排球锦标赛，这是中国青少年女排首次获得决赛资格。

8月28日—9月7日 以市委常委、宣传部部长、市记协主席牛洪恩为团长的济南新闻考察团一行8人赴日本山口市考察。

8月29日 市政府发布《济南市城市生活垃圾处置管理办法》。

同日 济南炼油厂获国家统计局颁发的“连续六年进入中国500家最大工业企业行列”奖牌。

9月1日 济南“五三”惨案纪念碑在趵突泉公园北邻“五三”惨案纪念园落成。

9月5日 济南市土地增值税实施工作会议召开，济南市开征土地增值税。

9月6日 泉城西部特大型保真商城——济南华联商厦建成开业，营业面积2.6万平方米。

9月8日、10日、11日 中共中央政治局常委、全国人大常委会委员长乔石在济南考察。

9月8—12日 济南市赴厦门招商会在厦门福山国际展览城举行，共签订合同、协议、意向46项，总投资额6569.5万美元，利用外资3524万美元，贸易总成交额2.62亿元人民币。

9月8—22日 以副市长董绍诚为团长的济南市友好经济考察团一行6人，到俄罗斯下诺夫哥罗德市进行友好访问和经济考察，双方签订友好交流计划书。20日，济南市看样订货会在下诺夫哥罗德市举行。

9月13日 市政府印发《关于加快企业集团发展壮大规模经济的意见》。

同日 《济南日报》报道，1994年度中国最大500家外商投资工业企业排序揭晓，济南大易造纸有限公司、山东卢堡啤酒有限公司分居第259位和486位。

9月18—21日 市第十一届人大常委会第十六次会议举行，通过《关于济南市与以色列卢德市建立友好城市关系的决议》，任命沈建国为市政府副市长。

9月19日 共青团山东省委召开表彰大会，授予济南市公安局交警支队团委山东省“新长征突击队”称号，授予韩军庆等10名干警山东省“新长征突击手”称号。

同日 全国“热爱祖国、自强不息”残疾人巡回报告演出团一行21人抵达济南。22日，济南专场报告演出大会在八一礼堂举行。

9月19—20日 以市长沈载德为团长的韩国

水原市友好访问团访问济南。

9月19—23日 以副市长余福庆为团长的美国萨克拉门托市友好访问团一行18人访问济南。22日，济南市与萨克拉门托市缔结友好城市关系10周年庆祝仪式在舜耕山庄举行，双方签署济南市与萨市姊妹城协会会谈备忘录。

9月20—25日 '95济南金秋经贸洽谈会在东亚商城广场举行，共签订利用外资合同、协议186项，利用外资额75512万美元；签订出口成交合同114项，成交额6750.9万美元。

9月21—22日 奥地利共和国总统托马斯·克莱斯蒂尔一行访问济南，出席山东省与上奥地利州友好合作交流意向书签字仪式。

9月21—23日 济南市第六届经济技术协作暨人才交流洽谈会举行，共签订科工联合协作项目合同、协议157项，其中合同82项，项目总投资1.2亿元；达成人才流动意向258人。

9月22日 全国公安战线先进集体表彰大会在北京召开，济南市公安局历城区分局刑警大队获公安部授予的全国“模范刑警队”称号。

同日 山东省首家商务服务机构——济南国际商务中心在济南开发区火炬大厦开业。

9月22—24日 '95济南开发区国际商务活动在火炬大厦举行，共达成合资、合作合同及协议17项，总投资8983.1万美元，利用外资5265.8万美元，中外双方共发布招商项目157项。

9月26日 济南黄河公路大桥大修工程开工，11月28日竣工通车，标志着中国斜拉桥建设科研设计、施工工艺、养护技术管理水平均达到国际先进水平。

同日 《济南日报》报道，济南炼油厂在由中国企业评价协会、管理世界中国企业评价中心公布的1995年度中国500家最大工业企业中，以销售总额201784万元的成绩位居第149位。

9月27日 《济南日报》报道，济南市第一家由外商投资创办的集团公司——台岛（济南）集团有限公司成立。

10月4—5日 全国人大常委会原委员长万里一行在济南参观考察。

10月10—11日 以斯里兰卡政府财政民族事业及国家统一部副部长费尔南多为团长的斯里兰卡国际交流协会代表团一行6人访问济南。

10月12日 中共中央政治局委员、书记处书记、国务院副总理吴邦国在济南考察部分国有企业。

同日 《济南市划拨土地使用权管理办法》《济南市个体工商户管理规定》《济南市职业病防治卫生监督条例》实施。

10月12—18日 第二届中国曲艺节在河南平顶山举行，济南市曲艺团的评书《巧嘴媒婆》、河南坠子《小黑驴》、山东琴书《魂系桃花庄》获最高奖——“牡丹奖”。

10月14—15日 以瑞典外交大臣莱娜·耶尔姆·瓦伦为团长的瑞典政府及企业家代表团一行17人访问济南。

10月15日 中共中央总书记、国家主席江泽民为济南市交警支队题词：“严格执法，热情服务”，对济南交警工作给予高度评价。1994年年初以来，济南交警以崭新的精神风貌、高尚的职业道德和规范化服务，形成“济南交警现象”。从1995年5月至年底，外地9000多人到济南学习济南交警经验。8月和10月，山东省公安厅和公安部分别在济南召开现场会，推广济南交警经验。中共山东省委、省政府和公安部分别作出向济南交警学习的决定，公安部授予济南交警支队“模范交警支队”称号。8月23日，市委作出《关于开展向市公安局交警支队学习活动，争创一流成绩的决定》。10月7日，省委、省政府作出《关于开展向济南市公安局交警支队学习活动的决定》。11月3日，市委发出《关于认真学习宣传贯彻江泽民总书记为济南交警支队题词的通知》。12月12日，公安部召开全国公安机关1996年爱民月活动动员部署电话会议，要求全国公安机关把爱民月活动同深入开展学习济南交警活动紧密结合起来，再次掀起学习济南交警的热潮。1996年9月23日，全国“济南交警效应”理论研讨会在北京举行。市委书记孙淑义应邀作题为《对济南交警现象的思考》的报告。1999 年 6 月 23 日，江泽民再次到山东视察期间，专门看望执勤中的交通民警。

10 月 19 日　市政府发布《济南市通讯管线建设管理规定》。

10 月 24 日　市政府发布《济南市城市建设拆迁管理实施细则》《济南市农村“四荒”使用权拍卖管理暂行办法》《济南市油区管理规定》。

10 月 25 日　中国最大钢结构环行人行天桥——西门三联桥建成。

10 月 26 日　济南市举行大会，庆祝首届山东省环卫工人节，市政府授予陈立翠等 100 名环卫职工“济南市优秀城市美容师”称号。

同日　《济南日报》报道，第三届中国综合实力百强县评比结束，长清县位居第 92 位，是济南市唯一跨入百强县的县份。

同日　《济南日报》报道，在国家国有资产管理局等单位举行的“中国脊梁”——国有企业 500 强评选中，济南轻骑摩托车集团总公司排名 202 位，列全国同行业第一名。

10 月 28 日　泺口长途汽车站建成投入营运。

10 月 31 日—11 月 14 日　由副市长谭永青为团长的济南市赴澳大利亚城市规划建设管理考察团在澳大利亚考察。

11 月 2 日　济南电信局通讯技术开发总公司被中国高新技术企业发展评价中心评为中国百强高新技术企业。

11 月 2—8 日　以山口市市长佐内正治为团长的日本山口市友好访问团一行 16 人及市民访问团 124 人访问济南，并参加庆祝济南市与山口市缔结友好城市关系十周年活动。

11 月 2—19 日　以常务副市长张福山为团长的济南市经贸考察团一行赴新西兰、澳大利亚进行经贸考察。

11 月 3 日　济南市工商银行被全国总工会、全国职业道德建设领导小组授予“全国职业道德建设十佳单位”称号。

11 月 8 日　济南三株药业有限公司研制的“三株赋新康口服液”通过专家鉴定。该产品属国内首创，对癌症辅助治疗作用达国际先进水平。11 月 27 日，由中共中央党校经济研究中心主持召开的“三株现象”经济研讨会在舜耕山庄举行。本月，国内最大的生物工程基地——济南三株药业有限公司总厂在济阳县孙耿镇动工兴建，1996 年 5 月 18 日落成。12 月 28 日，由中华预防医学会主持召开的三株新产品“三株赋新康口服液”“生态美系列化妆品”科技成果发布会在北京钓鱼台国宾馆举行。年底，济南三株公司总裁吴炳新在百名全国优秀民营企业家表彰大会上获“中国优秀民营企业家”称号。

11 月 9 日　市委、市政府印发《关于搞好小城镇建设的试行意见》。

同日　济南市召开乡镇企业“九五”发展规划落实会议，提出发展规模经济，转变增长方式。

同日　济南民营科技产业园被国家科委批准为国家级民营科技产业园，名列全国第四，全省之首。

11 月 12 日　举行首届济南全国包装与食品技术、机械、制品交易洽谈会暨济南包装市场开业仪式。

11 月 13 日　《济南日报》报道，国家级抗真菌新药——特比萘芬由齐鲁制药厂研制成功，填补国内空白。

11 月 14 日　《济南日报》报道，济南市第一座集引黄蓄水、农田灌溉、浅水养殖多功能的平原水库，在济阳县动工兴建。

11 月 15 日　由内蒙古电视台、中央电视台、章丘市委宣传部、济南电视台联合录制的电视连续剧《东方商人》，获第十五届全国电视剧“飞天奖”二等奖。

11 月 19 日　市委印发《关于加速科学技术进步的实施意见》。

同日　济南市长途汽车运输公司客运七场驾驶员林勇获中宣部、公安部、中华见义勇为基金会“全国人民群众见义勇为与犯罪分子作斗争先进分子”称号。

同日 首届中国京剧艺术节“金菊奖”颁奖仪式在天津举行，济南市趵突泉公园主任李福新获“金菊奖”。

11月19—20日 中共济南市第六届委员会第三次全体会议举行，审议并原则通过《济南市国民经济和社会发展第九个五年计划及2010年远景目标纲要（草案)》。

11月20—22日 全国村民自治示范工作经验交流会暨城乡基层先进集体和先进个人表彰会议在北京召开，章丘市获“全国村民自治模范市”称号，北园镇、东关街道获“中国乡镇之星”和“中国街道之星”称号，槐荫区振兴街八居获“全国模范居委会”称号，章丘市埠村镇埠西村村委会主任许建春获“全国优秀村委会主任”称号。

11月22日 《济南日报》报道，由济南第二机床厂与美国ISI机器人公司合作生产的国内第一台压力机器人研制成功并投入使用，结束中国无自动化冲压生产线的历史。

11月24日 经四路东段拓宽及地下人防工程开工，1996年6月底竣工并恢复交通。

11月26日 山东济南泰山足球队在南京以2：0战胜“甲A”联赛冠军上海申花队，获得1995年飞利浦中国足协杯赛冠军。

11月30日 济南市召开十大技术能手表彰暨技能月活动总结大会，刘玉成等10人获“济南市十大技术能手”称号，蔡秋菊等12人获“济南市新长征突击手”称号，袁志江等9人获“济南市青年岗位能手”称号。

12月3—15日 以市政协主席刘耀华为团长的济南市经贸考察团一行10人赴印尼雅加达、万隆等城市考察。

12月6日 全国铁路客运大站及1995年度铁道部进京、进沪、进穗列车评比结果揭晓，济南火车站获全国“文明车站”称号，济南列车段297/298次列车被评为进京红旗列车，济南至上海251/252次列车被评为进沪车直快第一名。

12月8日 济南市首所少年竞技体育运动学校——市中区少年竞技体育运动学校在育英中学揭牌。

12月10日 济南妇女儿童文化宫举行开宫仪式，建筑面积5000余平方米。

12月12日 市政府发布《济南市畜禽检疫管理规定》。

12月13日 1996年济南市重点工程之一的山东乐富门烟草有限公司二期工程奠基，1997年竣工投产。

12月14日 市人大常委会颁布《济南市市政工程设施管理办法》《济南市实施〈中华人民共和国红十字会法〉办法》《济南市城市中小学校校舍场地管理办法》。

12月15日 山东济南泰山队“足协杯”夺冠庆功大会召开。省政府为泰山足球俱乐部记集体一等功，奖励人民币66万元；市委、市政府奖励36万元；团省委授予泰山队“山东省新长征突击队”、曲刚等19人“山东省新长征突击手”称号。

12月16日 济南市首家英语俱乐部——东方英才英语俱乐部成立。

12月18日 中国轻骑集团获国家商检局颁发的国际质量体系认证证书。

同日 山东将军烟草（集团）有限公司挂牌。

同日 《济南日报》报道，第二届中国广播文艺奖在广州揭晓，济南人民广播电台编辑的戏曲专题《艺精德重、梨园留芳——怀念方荣翔同志》获戏曲类节目一等奖第一名。

12月19日 济南炼油厂获国家环保局授予的“全国环保先进企业”称号。

12月20日 19时30分，济南市500名防暴警察开始武装巡逻。

12月21日 济南市出租汽车协会成立。

12月28日 山东数字移动电话GSM（全球通）济南业务区开通仪式在市电信局举行。

12月29日 济南市第一座室内35千伏变电站——长清县五峰山变电站投入运营。

12月 位于济南市二环东路的山东省图书馆新馆开工兴建，总投资近2亿元，是新中国成立以来山东省文化系统最大的投资建设项目。2002 年 10 月 8 日，省图书馆新馆落成并开馆。

1996 年

1 月 1 日 《济南时报》创刊。

1 月 3 日 市政府发布《济南市发展社区服务的若干规定实施细则》《济南市教育督导规定》。

1 月 4 日 国家“八五”期间科技攻关专题项目——HZS75 砼搅拌站在山东建筑机械股份有限公司通过建设部鉴定验收。

同日 《济南日报》报道，市园林机械厂被中国企业形象认定委员会授予“中国企业最佳形象”称号，并获中国企业最佳形象 AAA 级标牌和证书。

1 月 5 日 国家“八五”期间重点攻关项目——PVC 复合土工膜，在济南塑料三厂通过国家级验收。

同日 《济南日报》报道，长清县归德镇房庄村农民技师房玉光被团中央、国家科委授予“全国科技星火带头人”称号。

1 月 5—23 日 以市长谢玉堂为团长的济南市友好经贸考察团一行 6 人赴英国和德国访问。在英期间，双方签署了济南—考文垂市 1995—1996 年度友好关系备忘录。

1 月 6 日 应哥伦比亚 GASA 马戏团的邀请，市杂技团一行 17 人离济赴哥伦比亚进行为期 9 个月的有偿演出。

1 月 7 日 济南市计划生育工作会议召开，会议提出“九五”期间人口自然增长率控制在 6‰以内。

1 月 9 日 “122”交通事故报警台在市区开通。

1 月 10 日 山东省农村经济综合实力 200 强乡镇评选结果揭晓，北园镇以总分第一获山东第一镇称号，并举行命名表彰大会。

1 月 13 日 由国家轻工总会和中国酿酒协会举办的’95 全国优质名牌啤酒评选活动在北京揭晓，济南啤酒集团公司生产的“北冰洋”“趵突泉”啤酒，获“优质产品”奖。

1 月 15—17 日 以日本和歌山市议会议员、和歌山市日中友好议员联盟会会长武田典也为团长的和歌山市第十二次友好访问团一行 11 人访问济南。

1 月 18 日 济南市最大的乡镇供水工程在历城区仲宫镇竣工并开始送水，4 平方千米内的 2 万多人喝上卫生达标的自来水。

1 月 23 日 市政府发布《济南市出售公有住房有关规定》。

同日 省政府批准平阴县的旧县乡整建制划归泰安市东平县管辖。

同日 《济南日报》报道，济南洗衣机厂的“小鸭”滚筒洗衣机居 1995 年度全国市场产品竞争力调查评价活动榜首，实现全国同行业三连冠。

1 月 26 日 市政府发布《关于促进我市区街经济发展的若干政策规定》。

1 月 31 日 市政府发布《济南市商品交易市场登记管理办法》。

同日 《济南日报》报道，济南塑料三厂获中国轻工总会“全国轻工业优秀企业”称号，是济南市唯一获此称号的轻工企业。

2 月 1 日 市委、市政府召开全市房改工作会议，决定稳步出售公有住房，推行住房公积金制度，推行租金改革；年内安排 36 万平方米安居工程建设计划。

2 月 1—6 日 全国少年排球赛在四川内江举行，济南市体校女排蝉联女子甲组冠军。

2 月 4 日 《济南日报》报道，济南市破获一起全省新中国成立以来最大的制黄贩黄案，收缴淫秽盗版录像带 2.5 万余盘，收审涉案人员近百人。

2 月 5 日 市政府发布《济南市森林资源保护管理规定》。

2 月 9 日 “120”急救专线电话开通。

2 月 11 日 市政府与山东大学签订全面合作协议。

2 月 13 日 济南轻骑集团 QM50QW-B（潇洒木兰）、QM50QW-A、QS100（雄风）、GS125 等

5种产品获摩托车行业单类评比国家最高荣誉——“摩托车中华精品”称号。

2月14日 济南市球迷协会成立。

3月3日 市政府发布《济南市企业职工医疗保险试行办法》。

3月3—8日 政协济南市第九届委员会第四次会议召开，通过市政协九届四次会议决议，增选邢玉墀、张印锋、王宝玲、尚林杰为市政协副主席。

3月4日 济南市一轻国有资产经营公司挂牌，标志着全市工业主管局进行综合配套改革迈出新步伐。

3月4—10日 济南市第十一届人民代表大会第四次会议召开，会议补选张福山、倪士崇、徐金荣、刘海亭为市人大常委会副主任，通过大会各项决议。

3月14日 省公安厅刘乐泉无偿献血1400毫升，成为全市获中国红十字总会无偿献血银质奖章第一人。

3月19日 济南开发区新区基础设施一期工程开工，8月22日竣工。

同日 济南市劳教所获省司法厅“现代文明劳教所”称号，成为全国第一家挂牌的省级现代文明劳教所；次年12月19日，该劳教所被司法部授予“部级现代化文明劳教所”称号；1998年8月30日，司法部作出决定，给济南市劳教所记集体一等功。

3月20日 市政府印发《济南市妇女发展纲要（1996—2000年)》。

3月24日 《济南日报》报道，济南石化（集团）股份有限公司被化工部命名为“全国化工清洁文明工厂”，为全市最早获此称号的企业。

3月24—30日 以英国考文垂市市长乔·克利福德为团长的考文垂市友好经济访问团一行17人访问济南，签署济南与考文垂市友好会谈备忘录及6项合作协议书和意向书。

3月25日 市政府作出《关于加快现代化省会城市建设的决定》，发布《济南市1996年国民经济和社会发展计划》，印发《济南市儿童少年事业发展规划（1996—2000年)》。

3月28日 济南市大型旧城改造项目、总投资2200万美元的济南天地广场工程动工兴建。

3月28—29日 市第十一届人大常委会举行第二十次会议，通过《关于接受张福山辞去济南市人民政府副市长职务的请求的决定》。

4月9—10日 济南市总工会第十二届委员会第十二次全体（扩大）会议召开，补选刘海亭为市总工会十二届委员会主席。

4月10日 市政府召开全市分散按比例安置残疾人就业工作动员大会。

同日 济南市包装市场建成投入运营。为期8天的首届中国包装精品展示洽谈会同时开幕。

同日 《济南日报》报道，市美协副主席张鸿宝的《光阴荏苒》获第二届“全国水彩、粉画展览银质奖”。

4月12—18日 1996年中国乒协杯赛举行，山东选手刘伟、乔云萍分获女单冠、亚军，并获女双亚军。

4月17日 市委、市政府印发《关于全面推行农业产业化的实施意见》。

4月19日 市政府印发《济南市“九五”经济体制改革规划意见》。

4月20日 中国北方进出口新产品展销会在济南国际贸易大厦开幕，这是山东省首次由企业独资承办的展销活动。

4月20日—7月31日 济南市在全市范围内开展为期100天的严厉打击严重刑事犯罪斗争，共破获各类刑事案件4319起，抓获各类刑事犯罪嫌疑人1863名，缴获赃款赃物总价值达1892万元。

4月22日 《济南日报》报道，济南炼油厂厂长陈玉常获“全国优秀企业家”称号并获“金球奖”。

4月23日 济南华联商厦集团股份有限公司董事长、总裁李茂年等6人分获团省委、省经委等单位授予的“山东省优秀青年企业家”和“山东省优秀青年厂长经理”称号。

4 月 28 日 山东省暨济南市庆祝“五一”国际劳动节大会举行，济南市职工李玉崇等 3 人获全国五一劳动奖章，济南交警支队、济南工行大观园储蓄所获全国五一劳动奖状，刘冬英等 46 人获山东省富民兴鲁劳动奖章。

4 月 30 日 省邮政部门 10 条快速邮政通讯邮路在济南投入运营，总长度 5000 多千米。

5 月 1 日 由中央人民广播电台、济南市委宣传部、济南经济广播电台联合主办的《春风、和风、五月风；警风、行风、文明风》大型现场直播节目在趵突泉公园举行。

5 月 2 日 济南青年学院成立并举行挂牌仪式。

5 月 6 日 由中宣部和团中央联合组织的青年志愿者事迹报告团首场报告会在北京举行，济南市志愿者代表林健和王晓真参加首场报告会，林健在大会上做报告。

5 月 9 日 济南至香港国际陆空货运直通通道开通。

5 月 9—12 日 加拿大负责亚太事务的国务部长陈卓愉率政府及经贸代表团一行 16 人访问济南。

5 月 10 日 市委、市政府印发《关于“九五”期间农科教结合工作实施意见》。

5 月 11 日 济南市最大的集中连片喷灌工程——266.7 公顷农业喷灌工程在商河县岳桥乡建成并投入使用。

5 月 15 日 济南市首家破产国有企业拍卖成功，山东酒精总厂独家买断济南罐头食品总厂。

5 月 18 日 中共济南市第六届委员会第四次全体会议通过《济南市市级机构改革实施意见》《济南市城区机构改革实施方案》，规定：市委、市政府直属党政机关将在原有基础上精简 43%，城区党政机构将平均精简 47%，市、区、街各级机关人员平均精简 37%。19 日，全市机构改革暨推行国家公务员制度工作会议召开，对全市市区机构改革工作进行全面部署，决定市直党政机关由原来的 97 个调整为 55 个，历下、市中、天桥、槐荫四区的党政机构由原来的平均 63 个调整为 30 个。6 月 11 日，市政府印发《济南市国家公务员制度实施方案》，提出济南市实施国家公务员制度的指导思想、原则、范围、方法、步骤等。7 月 17 日，市委批转并印发《济南市中国共产党机关参照试行〈国家公务员暂行条例〉实施意见》，确定市纪委、市委工作部门、市委部门管理机构的机关中除工勤人员以外的工作人员参照试行《国家公务员暂行条例》。8 月 30 日，市委、市政府召开全市推行机构改革暨国家公务员制度参照管理工作会议，要求 9 月底前后完成机构改革，11 月底前基本完成公务员制度过渡工作。

同日 济南市管道液化气一期工程奠基，1997 年 1 月 26 日竣工。

5 月 19 日 由部分外国驻华大使馆大使、参赞、使馆官员组成的项目考察代表团一行 28 人到济南参观考察。

5 月 20 日 全国政协副主席杨汝岱到济视察。

5 月 21 日 济南市与内蒙古自治区呼和浩特市结为友好城市。

5 月 23 日 章丘市被命名为“全国社会文化先进县（市）”。

5 月 24 日 文化部第六届文华奖颁奖晚会在成都举行，济南市儿童艺术剧团创作演出的儿童剧《小白龟》获“文华新剧目奖”，主演胡心灵获“文华表演奖”。2005 年 12 月 31 日，市儿童艺术剧院创演的儿童剧《小白龟》入选《国家舞台艺术优秀剧目集》。

5 月 25 日 《济南日报》报道，济南洗衣机厂研制出国内首台电脑全自动滚筒洗衣机，填补国内空白。

同日 济南市农业学校成立。

5 月 28 日 市政府发布《济南市城市居民最低生活保障暂行办法》。1996 年济南市区城市居民最低生活保障线标准为月人均 120 元，自 7 月 1 日起执行。

5 月 28—30 日 ’96 济南（上海）对外经贸

洽谈产品展销会在上海举行，共签订利用外资合同、协议41项，外资额5165万美元；出口贸易合同20项，贸易额405.66万美元；产品销售额17717.55万元。

5月30日 市政府作出《关于加快住房解困工作的决定》。

5月31日 《济南市公共场所禁止吸烟的规定》开始施行。

6月1日 为庆祝《中华人民共和国律师法》颁布，山东省暨济南市500余名律师在各大公园和繁华街头开展义务咨询活动。

6月2—8日 以奥地利国家电视台著名记者波蒂施为团长的记者代表团一行8人参观访问济南。

6月3—15日 以市委书记孙淑义为团长的济南市经贸考察团一行10人到美国萨克拉门托市、洛杉矶市进行友好访问和经贸考察。

6月5日 济南市首家社会治安综合治理协会在天桥区北园镇王炉村成立。

6月6日 市委、市政府印发《关于进一步深化企业改革，努力搞好国有大中型企业的试行意见》。

同日 司法部、山东省政府在商河县举行大会，追授、追认李太俊“一级英模”“革命烈士”称号。

同日 全省第一家地方性股份制商业银行——济南市城市合作银行挂牌开业。

6月8日 旅日华侨谢树良夫妇为济南市“希望工程”捐款100万日元。

6月10日 中国第一个固定招飞基地在山东银燕宾馆建立，每年承担济空在河南、山东两省招收飞行员工作。

6月15日 《济南市城市绿化管理办法》《济南市基本菜田管理办法》实施。

同日 济南陆军学院等10个单位被确定为全市首批“国防教育基地”，挂牌仪式在陆军学院举行。

6月16日 山东中医学院更名为山东中医药大学并举行更名庆典活动。

6月18—19日 韩国忠清南北道华侨联谊会回国访问团一行13人访问济南。

6月18日—7月2日 以市人大常委会副主任张福山为团长的济南市经贸代表团一行11人到俄罗斯、捷克访问，签订10多项合作协议和意向。

6月22日 全省规模最大的购物中心——山东省世界贸易中心银座商城开业。

6月23日 全国金融系统创建“青年文明号”现场会暨推选“青年文明号服务卡”工作会议分别在工行大观园储蓄所和南郊宾馆举行。工行大观园储蓄所和工行经十纬二路储蓄所获全国“青年文明号”称号。

同日 联合国贸易网络上海中心济南站合作建站签字仪式在上海举行。

6月24—25日 首届全国轻工业摩托车行业工作会议在济南召开。

7月1—10日 济南市工业产品参展团首次参加'96中国大连出口商品交易会，签订出口合同、协议21项，贸易额685.84万美元；签订内销产品合同金额167.6万元，协议金额234.2万元。

7月2日 《济南市民行为规范》发布。

7月3日 大明湖综合整治工程开工。工程分为两期，第一期包括截污、清淤、引水三项内容，1997年3月23日完工。第二期主要为改扩建工程，1999年，大明湖兰岛改建完工并对外开放；2000年，大明湖公园西南门扩建工程竣工，标志着大明湖综合整治工程全部竣工。

同日 第六届中国新闻奖揭晓，《济南日报》记者牛继兴、韩劲松采写的通讯《交警之魂》，济南电视台和山东电视台采制的消息《正人先正己——济南交警塑造新形象》获二等奖。

7月5日 中国电信国际计算机互联网（INTERNET）济南网开通，济南成为全国第三个联网城市。

同日 山东省首家院外心脏病心电传送系统在市第四人民医院开通。

7月6日 中韩东方医学研究中心在山东中

医药大学附属医院成立。

7月8日 中日合资山东松下映像产业有限公司举行首批产品销售仪式。

7月9日 国家科委授予历下区“国家级历下星火技术密集区”称号，并举行授牌仪式。

同日 停喷4个月之久的趵突泉，于6时许重新喷涌,是近10年来恢复喷涌时间最早的一次。

7月10日 济南轻骑铃木摩托车有限公司开业典礼在济南开发区新区举行。典礼仪式上，市政府授予该公司总经理友田义章济南市“荣誉市民”称号。

7月18日 国内第一个口岸直通式集疏运场站——济南国际集装箱分流中心投入运营。

同日 市政府授予日本郡是株式会社专务小谷茂雄济南市“荣誉市民”称号。

同日 章丘黄河浮桥建成通车。

7月19日—8月1日 以市委副书记孙常印为团长的济南市经济考察团一行6人到法国、德国进行经济考察。

7月19日—8月4日 第26届奥运会在美国亚特兰大举行，山东运动员刘伟、乔云萍获乒乓球女子双打银牌，陈玉凤获女子足球银牌。

7月20日 哈尔滨冰灯冰雕艺术展在济南植物园开展。

7月20—27日 以副市长赵志冰为团长的济南市城建卫生考察团一行10人到新加坡访问考察。

7月 24日 济南市及周边地区规模最大的综合性保税仓库——济南高新技术产业开发区海关综合保税仓库落成。

7月25—27日 ’96济南（北京）投资贸易洽谈会在北京举行，共签订利用外资合同、协议37项，外资额9366万美元；出口贸易合同7项，成交额1428万美元。

7月27日 济南市蔬菜副食品（集团）有限责任公司成立。

7月28日 济南市社区服务中心开业，成为国内首家规范化的区域性社区服务中心。

7月29日 市委、市政府召开全市农村奔小康工作会议，对加快全市农业和农村经济发展作出部署。

7月31日 济南至莫斯科货运包机航线开通，结束山东省没有欧洲国际航线的历史。

8月1日 济南“110”报警求助台开通。

8月3日 历城区锦绣川水库凌晨3时55分再现瀑布景观。

8月5—9日 中美地方档案与史学第二次国际研讨会在济南举行。

8月8日 市政府发布《实施〈济南市预算外资金管理办法〉的规定》。

同日 《济南日报》报道，一种可以代替手术缝合技术的生物黏合剂——Wab生物黏合剂(Wab生命胶)，由济南世纪生物黏合剂研究所所长王爱本教授及其专题小组研究成功。

8月11日 市人大常委会颁布《济南市义务兵优待和退伍安置办法》《济南市私营企业管理规定》《济南市城市节约用水管理办法》。

8月12—22日 以市政协主席刘耀华为团长的济南市经贸考察团一行10人到俄罗斯下诺夫哥罗德市考察。

8月15日 济南市专家协会成立并召开第一次会员大会。

8月15—25日 第十届残疾人奥运会在美国亚特兰大举行，济南市青年公园街道崔宝佶获71千克级柔道铜牌,为山东省第一次夺得残奥会奖牌。

8月16—22日 第二届济南国际武术节在齐鲁宾馆举行，济南市唯一参赛队——历城区第二职业中专武术队获3枚金牌。

8月18日 省内最大的机动车辆配件市场——段店汽车配件市场开业。

同日 5时40分，黄河第一号洪峰到达泺口站，洪峰流量4780立方米／秒，水位32.24米，超过济南泺口水文站历史最高水位0.10米。

8月19—30日 以副市长刘克昌为团长的济南市农业科技考察团一行5人到英国、荷兰考察访问。

8月20日 市政府制订《济南市关于扶持外商投资（项目形象工程）企业发展的若干政策》。

8月22日 市政府作出《关于加快发展旅游业的决定》。

同日 联合国技术信息促进系统中国国家分部济南中心站成立，标志着山东省与全球技经贸信息高速公路接通。

8月22日—9月5日 以市人大常委会副主任曹守恭为团长的济南市人大友好访问团一行7人访问考察韩国水原市、日本和歌山市。

8月25日 济南市机关工作人员向国家公务员和机关工作者过渡考试工作开始，首批5751人参加考试。整个考试工作分5批进行，共有126个单位的25823人参加，及格率为99.83%。

8月26日—9月3日 以市人大常委会主任李启万为团长的济南市友好经济代表团一行6人到加拿大访问，与里贾纳市签署纪念两市结好10周年活动会谈备忘录，并就济南市管道液化气工程等项目达成协议意向。

8月29日 中国—南非贸易及经济合作研讨会在济南举行。

8月30日—9月1日 以副市长徐华东为团长的济南市友好城市经贸代表团一行7人访问英国、法国，签订利用外资意向3500万美元，出口合同50万美元,外资贷款协议800万美元。其间，与英国考文垂市签订两市友好合作备忘录，

8月 由于连降暴雨和黄河洪峰入侵，济南市黄河滩区淹没耕地1.4万公顷，损失粮食8.03万吨;受灾村庄335个,78个村庄进水或被水包围，损坏或倒塌房屋2.82万间,受灾人口19.78万人;冲毁道路421千米，桥梁88座，损坏电力、通信线杆2473根，冲毁（淤塞）机井3892眼，扬水站67座，直接经济损失6.33亿元。

9月6日 济南市第一所民办公助中学——济南盟光高级中学开学。

9月7日 济南仲裁委员会成立。

9月7—12日 '96福建投资贸易洽谈会在厦门市举行，济南市招商团共签订项目26个，利用外资1863万美元，贸易成交额1.89亿元。

9月8日 由市金卡通用设备工程集团公司开发研制的城市管道煤气电脑智能卡收费系统通过部级鉴定。

9月10日 济南市首次残疾人事业工作会议召开。

9月12—15日 济南市首届青少年运动会举行。

9月15—27日 以市政协副主席王宝玲为团长的济南市妇女综合考察团一行7人到美国、加拿大考察访问。

9月17—19日 全国卫生系统争当青年岗位能手、创建青年文明号活动推进大会在济南市召开。

9月19日 济南经济干部培训中心成立暨揭牌仪式在山东省青年管理干部学院举行。

9月19—22日 以朴钟万为团长的韩国水原市摄影家代表团一行10人访问济南。

9月20—25日 '96济南金秋经贸洽谈会在东亚商城广场举行，共达成合同、协议104项，总投资46300万美元，合同、协议利用外资额25668.86万美元；达成出口合同87个，出口总值5107.65万美元。

9月21日 章丘市桃花山住宅小区获“国家级优秀物业管理小区”称号。

9月22日 济南国际经贸信息网络中心开通，与世界170多个国家和地区的经贸信息网机构联网。

9月22—25日 德国巴伐利亚州议员、内阁成员、内务部副部长海尔曼·雷根斯伯格率领内务部高级官员一行7人访问济南。

9月27日 济南市城市建设1996年十大工程之一——经四路东段拓宽工程建成通车。

9月28日—10月8日 以市人大常委会副主任徐金荣为团长的济南司法代表团一行7人到日本山口市进行访问考察。

10月3日 根据济南交警事迹创作的大型话剧《红绿灯下》在济南铁路文化宫首场演出。

10月6日 由中国轻工业总会主办的首届中国鞋业博览会在济南市山东电子大厦开幕。

10月7日 济南市档案馆被评为国家一级档案馆，国家档案局为市档案馆颁发证书、牌匾，这是全国副省级城市第二家获此等级的档案馆。

10月7—10日 第五届全国城市职工歌手邀请赛在济南举行。

10月8日 市政府发布《济南市基本农田保护管理办法》。

同日 济南四建总公司被建设部评为全国工程质量管理先进企业。

10月9—15日 以市长谢玉堂为团长的济南市友好代表团一行9人到韩国水原市进行友好访问。

10月13—16日 新加坡共和国副总理李显龙率政府及经贸代表团一行43人访问济南。

10月14日 市人大常委会颁布《济南市职工教育条例》《济南市燃气管理条例》《济南市公共场所治安管理办法》。

10月15日 “济南交警”大型雕塑铜像落成，市委、市政府在老城南门广场举行揭幕仪式。

同日 历城区文化馆郭晓燕获全国第三届“和平杯”中国京剧票友邀请赛最高奖——“中国京剧十大名票”称号。

10月16—18日 韩国新政治国民会议总裁、亚太和平财团理事长金大中一行58人访问济南。

10月19—31日 以市人大常委会副主任朱继滨为团长的济南市经贸考察团一行6人到乌克兰、罗马尼亚考察。

10月23—24日 由人事部、山东省人事厅、济南市政府共同组建的中国济南企业管理人才市场在济南市人才服务大厦开业。同时举行人才交流洽谈会，共有1532人办理交流登记，752人达成交流意向。

10月26日 采用国内最新工艺、年产140万吨重油催化裂化装置在济南炼油厂一次开车成功并生产出合格产品。

10月26—28日 由中国李清照辛弃疾学会和济南市李清照辛弃疾纪念馆筹备处联合举办的李清照辛弃疾国际学术研讨会在济南举行。

10月30日 山东省内黄河上规模最大、标准最高的特大桥梁——济德高速公路济南黄河大桥动工兴建，1999年7月6日竣工通车。

11月2日 市政府发布《济南市行政赔偿若干规定》。

11月5日 济阳县农民王玉梅获“中国十大杰出青年农民”称号。

11月6日 市政府部署黄河滩区村庄搬迁工作，济南市需将沿黄7个县（市）区中的153个村、23479户、117395人，在3年内迁出黄河滩区。

11月6—8日 以日本和歌山市议长吉田光孝为团长的和歌山市第十三次友好访问团一行12人访问济南。

11月7日 《济南日报》报道，济南市援助220万元建起的西藏自治区白朗县工贸小区全面竣工投产。

11月8日 首届山东省农民文化艺术节在章丘开幕，1997年4月30日落幕。艺术节期间，先后在章丘、蓬莱等地举行大型群众性文艺演出、比赛和展览等活动。

11月8—10日 津巴布韦共和国副总统穆增达一行22人访问济南。

11月14日 ’96万宝路足球联赛各奖项评选结果揭晓，山东济南泰山队队员宿茂臻以13个入球获“神射手金靴奖”。

11月15日 《济南日报》报道，济南市8名运动员在首届亚太地区特殊奥林匹克运动会上，获得7枚金牌、6枚银牌、7枚铜牌。

11月16日 国内同行业一流、华东规模最大的现代化奶牛场济南第一奶牛繁殖场建成投产。

同日 《济南市高新技术开发区新区开发建设环境影响评价大纲》通过国家环保局、省环保局、市规划局等专家的评审。

11月21日 震惊全国的利用镇静安眠类药物致人昏睡后抢劫案判决，案犯刘岩、王有民被一审判处死刑、剥夺政治权利终身。

11月22日 市委、市政府召开小清河干流治理工程动员大会，成立治理工程总指挥部，市长谢玉堂任总指挥。23日，小清河（济南段）干流治理一期工程开工，1997年6月15日竣工，70千米的河段全线贯通，其中，城区河段17.8千米河道全部砌垒，砌垒总长度71千米（单墙）。17日，市委、市政府召开大会，表彰为济南市小清河干流治理一期工程作出突出贡献的93个单位和46名先进个人。10月，小清河综合治理配套工程之一的小清河北路工程开工，1999年9月26日竣工通车。

同日 济阳县城区供水一期工程全面竣工并投入使用，县城居民结束吃咸水的历史。

11月25日 中共济南市委工交工作委员会成立。

同日 建筑面积5.5万平方米、设计工期4年的济南国际俱乐部，提前2年零9个月竣工。

11月26日 济南市农业政策性金融机构——中国农业发展银行山东省分行营业部及辖属长清、章丘等6个县（市、区）支行成立。

11月28日 山东省规模最大的水产批发市场——黄台水产副食品批发市场开业。

同日 国内首创新型专利产品——海纳尔不爆压力锅由山东海纳尔有限公司研制成功。

11月29日 市委、市政府召开全市科技奖励大会，对获全国科技实力百强县（市），全国科技工作先进县、区称号的县区，获市科技进步奖、“星火”奖的单位和科技人员进行表彰奖励。章丘市被评为“全国科技实力百强县（市）”，槐荫区等7个县（市）、区先后被国家科委授予“全国科技工作先进县、区”称号，获奖数列全国16个副省级城市第一位。

12月3日 《济南农村经济区划》一书出版发行，提出了未来15年农村经济发展目标及措施，是全国完成的第一部农村经济区划报告。

12月6日 第二届中国十大杰出检察官评选活动结果在北京揭晓，历城区人民检察院检察长傅光仁名列榜首。

12月7日 山东酒精集团有限公司成立。

12月8日 济南市第一处被农业部确定为全国定点鲜活农产品中心批发市场——七里堡蔬菜综合批发市场举行挂牌仪式。

同日 位于济南市工业北路的山东省首家集观赏、游览、花鸟鱼虫交易于一体的现代化专业花卉市场开放。

12月11日 韩国仁川地方警察厅厅长李宪晚率代表团一行9人访问济南交警支队。

12月12—17日 在香港第21届特殊奥运会城市邀请赛上，济南市4名运动员获9枚金牌、2枚银牌。

12月14日 第三届中国广播文艺政府奖在天津揭晓，济南人民广播电台录制的《高原雪魂——孔繁森》获一等奖。

同日 市人大常委会颁布《济南市城镇企业职工基本养老保险条例》《济南市国有企业法定代理人离任经济责任审计监督条例》。

12月15日 济南时装表演艺术协会成立。

12月18日 华夏银行济南分行开业。

同日 澳大利亚南澳州政府商务代表处（南澳州贸易投资公司济南代表处）成立。

12月19日 济南市技术改造和技术创新工作会议在长清县召开。1996年，全市共完成技术开发与创新项目706项，其中达到国际水平和填补国内空白118项。

12月20日 市政府发布《济南市农业机械维修和经营管理办法》。

12月28日 济南市首家旧货交易市场——姚家旧货交易市场建成启用。

12月30日 全省政法工作会议结束，济南市天桥区被省委、省政府授予“山东省社会治安综合治理模范区”称号，历城区、章丘市、长清县被授予“山东省社会治安综合治理先进单位”称号。

12月31日 济南博物馆新馆启用。

1997年

1月1日　’97中国旅游年山东（济南）首游式、’97中国旅游年济南首游式分别在济南国际机场、济南济南火车站广场同时举行，并举行万人签名活动。

同日　山东省最大的单体建筑——三联大厦落成，建筑面积7万平方米。

1月3日　中国首家金属、陶瓷粉末注射成型专业制造企业——山东金珠粉末注射制造有限公司在济南开业。

1月4日　《济南日报》报道，国家“八五”期间科技攻关项目——大型板坯连铸机自动控制系统，在济南钢铁集团总公司通过由国家计委组织的技术鉴定。

1月6—10日　全国民政厅局长会议在长沙召开，会议充分肯定济南市民政系统为民解难服务经验，并要求认真总结推广济南的经验做法。济南市在会上介绍开展为民解难服务，探索建立管理与服务相结合的工作运行机制的情况。5月24—26日，全国民政系统为民解难服务经验交流会在济南召开，会议决定在全国范围内推广济南市民政系统为民解难服务经验。6月14日，市委、市政府做出《关于在全市推广市民政系统为民解难服务经验的决定》。7月10日，中共中央政治局委员、中央军委副主席、国务委员兼国防部长迟浩田为济南民政系统题词：“为民解难，公仆本色”。7月29日，省委、省政府召开省直机关动员大会，要求各级党政机关学习推广济南民政经验。8月10—11日，中央11家新闻单位以不同的形式集中宣传济南民政系统为民解难服务经验，新华社印发了长篇通讯《公仆本色公仆情》；中央电视台分两集在“新闻联播”节目播出连续报道，并在《焦点访谈》节目中作了述评。12月29日，由中央电视台影视部摄制的以济南市民政系统开展为民解难服务为背景的8集电视连续剧《民政局》在济南举行首映式。

1月8日　市政府召开居民生活保障工作扩大会议，确定济南市城市居民最低生活保障标准由1996年的月人均120元提高到月人均130元。

1月10日　市委、市政府印发《关于继续深化供销合作社改革的意见》。

1月11日　济南旅游协会成立。

1月12日　《济南日报》报道，经国家科委批准，长清供水暖通和济阳兔业养殖及深加工两个重点产业列入国家级“星火”区域性支柱产业。

1月12—13日　团中央组织的由《人民日报》等6家首都新闻单位组成的采访团到济南采访推行“青年文明号服务卡”的做法和经验。

1月15日　市政府召开新闻发布会，宣布济南市居民厨房工程全面启动，由粮食部门新建的泺口、金丰、市中、三合4座大型面食制作中心同时揭牌。

1月16日　济南市杂技团和山东金泰集团股份有限公司签订互助协议，并举行山东金泰杂技团揭牌仪式。

1月18日　全国铁路系统首家电话订票中心在济南火车站投入运营。

1月20日　卧虎山水库城市供水渠道改造工程竣工。

1月21日—3月5日　先后在全国50多个大中城市巡展的大型展览《红岩魂——白公馆、渣滓洞革命烈士斗争史展览》在济南市博物馆开展，参观人数10万多人。

1月24日　市政府有关部门宣布，济南市进出口公司兼并具有20多年历史的市轻工业品进出口公司。

同日　水利部授予济阳县河务局“全国水利管理先进集体”“河道目标管理一级单位”称号。

同日　《济南日报》报道，山东省信誉评级委员会授予济南大观园商场集团有限公司“AAA级信誉企业”牌匾，是济南市财贸系统唯一获此称号的企业。

1月26日　济南市煤气公司管道液化气分公司大型制气厂建成投产。

同日 山东北园集团公司挂牌，天桥区北园镇实现整建制集团化经营。

1月27日 《济南日报》报道，市中区被国家教委授予全国“两基”(基本普及九年义务教育、基本扫除青壮年文盲）工作先进区。

1月28日 济南市橡胶集团公司济南三星橡胶有限责任公司成立。

同日 《济南日报》报道，轻骑集团登上中国质量万里行组委会“中国质量万里行活动光荣榜”，成为全国数百家摩托车企业中唯一获此荣誉的企业。

1月29—30日 市第十一届人大常委会举行第二十五次会议，决定免去董绍诚的济南市人民政府副市长职务。

1月 长清县双乳山西汉济北王陵发掘被列为1996年全国十大考古新发现之一。

2月4日 中共中央政治局委员、中央书记处书记、国务院副总理姜春云考察长清县农业和农村工作。

同日 《济南日报》报道，出口到美国通用汽车公司泰国总装中心的三条汽车冲压生产线签字仪式在人民大会堂举行，济南二机床集团承接了其中两条冲压线的制造任务。该项目是迄今中国机床行业一次出口订货额最大的项目。

2月6日 济南大易造纸有限公司二厂、四厂的制浆生产线关停。至此，省政府要求关停的济南市12个污染大项目全部关停。

同日 《济南日报》报道，中国轻骑集团总公司年产5万辆GSX250摩托车扩产改造、济南洗衣机厂新增10万台全自动滚筒洗衣机技术改造等4个技改项目获国家经贸委组织的全国“八五”期间优秀技术改造项目奖。

2月17日 市政府作出《关于支持市政协履行政治协商、民主监督、参政议政职能的决定》。

2月21日 市委、市政府召开会议，表彰在创一流工作中做出优异成绩的211个单位，通报表彰了7个获省部级荣誉称号的单位。市委书记孙淑义、市长谢玉堂，与各县（市）、区委书记，县（市）、区长签订了1997年工作目标责任书。

2月25日 中国首例经阴道配子输卵管内移植婴儿在省立医院诞生，该项成果填补中国生殖医学领域的空白。

3月1日 《济南市国有企业法定代理人离任经济责任审计监督条例》施行。

3月5日 济南市近3万名青年志愿者开展公益服务活动，纪念毛泽东“向雷锋同志学习”题词发表34周年，2万余名青年志愿者与全市所有烈军属签订了长期服务协议。

同日 济南市情研究所在市委党校成立。

3月5—7日 山东省公安机关深化学习济南交警活动工作会议在济南召开，会议提出把学习济南交警活动深入持久地开展下去。

3月7日 《济南日报》报道，济南机务段王秀珑获铁道部和中华全国铁路总工会“1996年度全国铁路十佳机车司机”称号。

3月11日 济南市造绿工程建设动员大会召开，副市长谭永青与五区区长签订城市造绿工程责任书。次年9月10日，济南市造绿工程总结表彰大会召开。截至1998年年底，全市共栽植乔灌木186.3万株，新增绿化面积218.44万平方米，铺种草坪122.4万平方米，有58家单位拆墙透绿11413米。

3月18日 济南市邮政局、济南海关开通国际邮件验关业务，济南海关在市邮政局设立的驻局办事处举行开业典礼。至此，济南市附近11个地市的国际邮件可直接从济南验关出境。

3月19日 由济南锅炉厂研制开发的中国首台75吨／时完善化循环流化床锅炉通过国家鉴定，填补一项国内空白。

3月20日 由国家环保局组织并委托省环保局主持的《济南市环境规划》通过专家评审鉴定。

3月21日 山东省第一家“引进国外智力示范园”挂牌仪式在历城区锦绣川石门村果园举行。

3月22日 济南机务段退休工人郭玉伦一行4人为迎接香港回归从北京骑自行车出发，累计行程8451千米，于6月5日抵达香港。1998年

3月17日—6月29日，郭玉伦为宣传澳门回归，骑自行车由云南西双版纳出发，途经7个省54个市县，行程1万多千米抵达目的地泰山。

3月23日 《济南日报》报道，中国'96最有价值品牌评选结果揭晓，中国轻骑集团的“轻骑”、山东将军烟草集团有限公司济南卷烟厂的“将军”榜上有名。

3月24日 中共中央宣传部召开全国电视电话会议，公布300个创建文明城市示范点和创建文明村镇示范点名单，济南市历下区的燕山小区和平阴县孝直镇孝直村榜上有名。

3月28日—4月6日 以英国考文垂市市长斯坦·霍德森为团长的英国考文垂市友好访问团一行11人访问济南。

3月31日—4月2日 日本和歌山县少年儿童合唱团、芭蕾舞团一行15人访问济南庆祝中日邦交正常化25周年。

4月1日 济南—北京K36/35次快速列车投入运营。

4月3日 济南市工人运动研究会成立。

4月3—4日 加拿大驻华大使豪沃德·贝祥及夫人访问济南。

4月4日 市人大常委会颁布《关于修改〈济南市城市公有房屋管理办法〉等十三件地方性法规的决定》。

同日 济南火车站首班“五定”（定时、定点、定线、定车次、定运价）货运班车开行。

4月5日 《济南日报》报道，济南市重点工程——徒骇河故道平原水库工程全面开工，至年底，完成二期工程，蓄水650万立方米。

4月6—7日 共青团济南市第十三次代表大会召开。选举产生共青团第十三届委员会以及出席省十次团代会的代表。

4月7日 中共中央政治局委员、国务院副总理李岚清到济南视察。

同日 荷兰王国驻华大使赫德扬一行7人访问济南，并出席荷兰贸促会济南代表处开业典礼。

4月7—9日 比利时中国城有限公司总经理夏刚毅一行4人访问济南，与济南市农业高新技术产业开发区、章丘市绣惠镇签订合作发展良种肉牛饲养项目协议书。

4月8—10日 以瑞典斯特曼省省督扬·吕德为团长的瑞典斯特曼省政府代表团一行14人及商务代表团一行23人访问济南。

4月9日 济南市煤气公司利用国外高新技术成果改装成功的第一辆液化气汽车投入运行。

4月9—15日 以瑞中友好协会会长莫泽尔为团长的瑞士代表团一行4人访问济南。

4月10日 济南市第一辆无偿献血流动采血车驶向街头，首批15人无偿献血。

4月10—21日 市委书记孙淑义率济南友好经贸访问团访问日本山口市、和歌山市，先后与两市签署了《促进经济交流计划协议书》，共签订投资和贸易合同、协议、意向26项。

4月11日 中共中央政治局委员、山东省委书记吴官正到济南交警支队、济南轻骑集团和济南二机床集团考察。

4月12日 以马来西亚皇家警察总监坦斯里·拉希姆·努尔为团长的马来西亚警察代表团一行30人到济南交警支队参观访问。

4月16日 济南市“全国文明示范点”建设现场会在历下区燕子山小区召开。

4月18日 济南慈善总会成立。

同日 专为下岗职工组建的济南市职工消费合作社第二配送中心暨职工综合贸易市场连锁店运营。

4月19—22日 民革济南市第四次代表大会召开，通过大会决议，选举产生新一届委员会。

4月20日 全国政协副主席钱正英率国有大中型灌区调查组（北方组）成员到平阴田山电灌站考察。

4月20日—5月6日 以市人大常委会副主任张福山为团长的济南市经贸考察团赴新加坡、马来西亚、泰国进行经贸考察。

4月21日 《济南日报》报道，由中华全国总工会组织的全国十大杰出工人评选结果揭晓，山东济南成通纺织有限责任公司纺织女工王静侠榜上有名。

同日 总投资1.7亿元人民币的国内最大的高技术重型车车桥及制动系统生产企业——中美合资济南罗克韦尔车桥有限公司投入运行。

4月22日 《济南日报》报道，省内最大的文化市场——济南新世界文化市场改建工程竣工并投入使用，市场营业面积1万平方米。

4月25日 市政府印发《"九五"全市农业产业化发展规划及实施意见》。

同日 全国少年儿童"迎香港回归"千米长卷省暨济南市绘画仪式在解放阁下举行。

4月26—27日 中国晚报文化记者协会第三届年会在济南召开，《济南时报》的两篇作品获1996年晚报文化好新闻评选一等奖。

4月29日 济南市禁毒工作会议召开。

同日 由《济南时报》与中国现代文学馆、济南市旅游局联合主办的老舍与济南研讨会在东方大厦举行。

4月30日 市委、市政府召开济南市劳动模范表彰大会，向303名济南市劳动模范颁发荣誉证书，并代表全国总工会向济南钢铁集团总公司第一炼钢厂3号炉总炉长赵恒山等5人颁发全国五一劳动奖章，向中国工商银行济南分行、济南公共交通公司第二公共汽车公司四队35路线颁发"全国五一劳动奖状"。

同日 由工商银行济南分行投资兴建的24小时为客户服务的全省首家自助银行，在该行大观园储蓄所大厅内启用。

5月1日 省内最大的科技市场——中国济南科技市场开业。

同日 济南市交警支队道路交通诱导寻呼台开通。

同日 济南泺口公路口岸对外开放。

同日 济南市开通游66、济南—泰山—曲阜等5条旅游专线。

5月4—7日 民盟济南市第七次代表大会召开，选举产生新一届委员会。

5月5日 市政府印发《济南市实施〈全民健身计划纲要〉方案》。

5月8—20日 济南市少年友好访问团一行7人在美国萨克拉门托市访问，演出20余场。萨市政府将5月12—18日定为"济南—萨克拉门托市友好城市周"。

5月9—11日 农工党济南市第四次代表大会召开，选举产生新一届委员会。

5月10—19日 第二届东亚运动会在韩国釜山举行，济南市羽毛球运动员彭新勇、张瑾获女子双打冠军，并作为国家女队团体成员获女子团体冠军；田径运动员陈玉香获女子4×400米金牌、200米银牌；王志诚获男子10000米银牌、5000米铜牌。

5月11日 济南市首届爱泉城、爱泉水、节水摄影书画艺术展在解放阁开展，省暨济南市'97节水宣传周拉开帷幕。

5月12日 1996年度山东名牌产品授牌大会举行，轻骑木兰、小鸭洗衣机获1996年度山东名牌产品称号。

5月13日 以展示全国学习济南交警成果为主题的"济南交警杯"全国道路交通管理新闻摄影大赛在北京颁奖，反映全国交警学习济南交警活动内容的"交警风采"图片展同时在新华社展览大厅开展。

5月13—15日 九三学社济南市第七次代表大会召开，选举产生新一届委员会。

5月17日 在全国自强模范、扶残助残先进集体表彰大会上，济南市教委获"全国助残先进集体"称号。

同日 济南中环医药集团有限责任公司成立。

5月17—19日 民进济南第四次代表大会召开，选举产生新一届委员会。

5月18日 由市政府投资500多万元兴建的大型现代化良种加工厂及农作物种子质量检验测试中心，在市农业高新技术产业开发区投入使用。

同日 山东医科大学第二附属医院开诊。

5月19日 《济南日报》报道，国内首家串激调速电机生产基地在山东章丘电机厂建成投产。

5 月 20 日 《济南日报》报道，济南贵都大酒店获国家旅游局评定的“'96 全国百家优秀星级饭店”称号，并被省文明委确定为“山东省文明窗口示范点”。

5 月 20—25 日 '97 济南（北京）对外经贸洽谈会在北京举行，共签订利用外资合同、协议和意向 50 项，外资额 33448 万美元。其中：合同 15 项、外资额 1758 万美元，协议、意向 35 项，外资额 31690 万美元。签订对外贸易合同 25 项，进出口贸易额 1646 万美元；内联项目 2 项，引进资金 3500 万元。

5 月 23 日 “国家火炬计划软件产业基地”命名及授牌大会在北京钓鱼台国宾馆举行，济南高新技术产业开发区齐鲁软件园以其总体规划、政策环境、骨干企业基础优良被国家科委命名为 4 个“国家火炬计划软件产业基地”之一。

同日 市委、市政府作出《关于进一步加快个体私营经济发展的决定》。

5 月 27 日 武警济南军事法院、军事检察院在武警山东总队同时成立。

5 月 28 日 中国公众多媒体信息网——169 济南信息港开通。

同日 1997 年度山东省“希望杯”田径比赛在淄博结束，济南代表队获金牌 11 枚、银牌 6 枚、铜牌 14 枚。

5 月 28 日—6 月 8 日 以市政协副主席张钰为团长的济南市经贸考察团一行 7 人到缅甸、柬埔寨进行经贸考察。

5 月 29 日 第七届济南小名士命名暨技能展示大会召开，40 人获“济南小名士”称号。

同日 济南轻骑摩托车股份有限公司 B 股发行暨上市新闻发布会在上海举行，成为山东省首家在沪上市的 B 股公司，发行 2.3 亿股，募集资金 9.2 亿元。

同日 济南市首家私营企业集团——济南岳峰实业集团公司在历城区华山镇成立。

5 月 31 日 济南市被国务院妇女儿童工作委员会授予“全国儿童工作先进市”称号。

6 月 2 日 中国联通寻呼台济南台揭牌并投入使用。

6 月 3 日 市政府发布《济南市市民“十不”行为规范监督管理办法》。

同日 1996 年度济南市科技奖励评审结果揭晓，135 个项目获奖，其中科技进步奖 105 项，“星火”奖 30 项。

6 月 3—7 日 '97 全国残疾人田径锦标赛在济南举行。

6 月 5 日 由中、日三家公司共同投资 1506.9 万美元兴建的济南藤东化纤纺织有限公司开业。

6 月 5—10 日 韩国水原市艺术访问团一行 32 人访问济南，举办摄影、绘画作品交流展和专场文艺演出。

6 月 6 日 全国首家用于酿造浓香型白酒的高科技产品——干制活性窖泥功能菌的专业生产企业——济南市长清陆通实业总公司济南美德酿酒设备厂投产。

同日 济南日报社在香港《大公报》开设的《大公报·济南新闻》专版创刊。

6 月 8 日 由济南三箭置业集团投资 40 万元兴建的“嘎东济南三箭希望小学”在西藏日喀则地区白朗县嘎东乡破土动工。

6 月 10—30 日 《德国之声》华语组编辑部主任杜纳德来济与济南人民广播电台联合采制《黄河》广播节目。

6 月 13 日 0 时，济南市邮电技术中心电话局割接开通。

同日 济南市精神文明建设示范工程启动，市文明委向社会推出甸柳小区等 40 个“精神文明建设示范点”。

6 月 18—23 日 由加拿大里贾纳市市长道格拉斯·阿切尔率领的里贾纳市友好经济访问团一行 10 人访问济南，其间，双方举行庆祝两市结好十周年仪式，签署两市友好会谈备忘录。

6 月 19 日 市政府发布《济南市专用通讯管理办法》。

6月19—20日 市政府召开全市县（市）区长会议，强调实施农业产业化，推进农业两个转变。

6月21日 市委、市政府召开全市领导干部会议，传达省委常委扩大会议关于加快济南经济和社会发展的指示精神，安排部署贯彻实施意见。

6月22日 济南市迎香港回归大型文艺晚会——“一九九七·华夏的辉煌”在济南铁路文化宫剧场举行。

6月23—25日 济南市乡镇企业工作暨城乡一体洽谈会议召开，市属企业（集团）与乡镇企业共签订合作意向、协议、合同238项，其中99个项目在会上正式签订合同。

6月25日 济南市冶金工业办公室成立。

同日 青岛济南大厦竣工，总建筑面积5.2万平方米。7月7日，'97济南（青岛）经贸洽谈会在此开幕。

6月27日 1996年度济南名牌产品授牌大会召开，轻骑牌摩托车、小鸭牌滚筒洗衣机等23种产品获济南市首批济南名牌产品称号。

同日 济南长途电信枢纽工程通过专家验收并投入使用。

6月28日 济南市重点工程之一的市中心医院新建门诊大楼落成。

同日 济南市第一座香港回归纪念雕塑——巨龙腾飞，在北园路东亚家具城广场落成，总高度为13.18米。

6月30日 省实验中学艺体馆落成，成为全市中小学中功能最齐全、规模最大的校内综合场馆。

7月1日 济南市30万人在解放阁举行香港回归升旗仪式欢庆活动。

7月6—17日 以市人大常委会副主任倪士崇为团长的济南市经贸友好考察团一行7人到澳大利亚和新西兰访问。

7月8日 《济南日报》报道，历时一年的济南市第三次工业普查工作结束。普查数据显示，到1995年年末，济南市工业企业及生产单位：24621个，占全省的6%；从业人员96万人，占全省的8.2%；全部工业上缴税金46.9亿元，占全省的12.3%。

7月10日 市政府发布《济南市农作物种子管理办法》。

7月11日 济南开发区雅居园住宅小区被列入建设部第五批城市住宅小区建设试点计划，小区规划设计总建筑面积15万平方米，总投资2.6亿元。1998年10月25日，济南雅居园奠基仪式在济南开发区新区举行，2005年4月1日，雅居园小区顺利通过建设部国家康居示范工程达标验收，成为山东省第一个国家康居示范工程。

7月14日 市政府办公厅印发《济南市国家公务员“九五”培训规划》。

同日 澳大利亚南澳洲经济发展局国际商务总经理何诺访问济南。

7月15日 公安部、人事部召开电话表彰大会，长清县公安局被授予“全国优秀公安局”称号，历城区公安分局洪家楼派出所立集体一等功，窦庆福被评为“全国特级优秀人民警察”，李立东、史建华、李海被评为“全国优秀人民警察”。

7月17日 济南市住房委员会成立。

7月19日 济南市乡镇企业局评出浪溪河牌阿胶浆、乐喜思牌包裹型复混肥等20个“济南乡镇企业名牌产品”，并为生产企业颁发荣誉牌。

7月21日 商河县通过省政府“两基”工作评估验收，至此，济南市10个县（市）区已全部通过验收，实现了基本扫除青壮年文盲和基本普及九年制义务教育的目标。

7月22日 济南市首次面向社会公开招考国家公务员和机关工作者工作结束。

7月24日 市政府召开第九次全体（扩大）会议，就贯彻落实省委扩大会议精神、开拓市场和做好转岗就业工作作出部署。

7月28日 外经贸部中国国际电子商务中心济南分中心开通仪式在济南举行。

同日 在全国职工职业道德研讨会上，济南市公安局交警支队居“全国‘十佳’职业道德先进单位”榜首。

7 月 31 日　市委、市政府印发《关于贯彻落实中共中央、国务院〈关于党政机关厉行节约制止奢侈浪费行为的若干规定〉的实施意见》。

同日　市政府发布《济南市河道管理办法》《济南市清真食品生产经营管理办法》。

同日　《济南日报》报道，北园镇被省委、省政府和省军区授予“拥军优属模范单位”称号。

8 月 1 日　济南市领导干部会议召开，要求各级党委、政府和纪检监察机关加大反腐倡廉力度，坚决反对挥霍浪费，筑起拒腐防变防线。

8 月 2 日　中共中央政治局委员、省委书记吴官正与省直有关部门负责人到商河、济阳检查抗旱救灾工作。

8 月 3 日　《济南日报》报道，市中区、济阳县、商河县被国家科委授予“全国科技工作先进县（市）区”称号。至此，济南市 10 个县（市）区全部跨入全国科技工作先进县（市）区行列。

8 月 4 日　《济南日报》报道，1997 年全省啤酒、白酒质量检（鉴）评结果揭晓，济南市 17 种产品全部达到优级，其中啤酒 5 种、白酒 12 种。

8 月 5 日　济南市社会治安综合治理委员会全体会议召开，确定济南市将实施社会治安综合治理一票否决权制。

8 月 8 日　济南市出台《公司制企业内部职工持股暂行办法》。

8 月 9 日　采用现代化高新通讯手段和计算机网络信息技术的电话支票查询台在济南开通。

8 月 16 日　市人大常委会颁布《济南市科学技术进步条例》《济南市城市环境卫生管理办法》。

同日　《济南日报》报道，平阴县东阿供销社被国家人事部、全国供销合作总社授予“全国供销系统先进集体”称号。

8 月 16—19 日　以韩晟昊为团长的韩国友好代表团一行 4 人访问济南。

8 月 17—18 日　由全国人大常委会副委员长雷洁琼带队的全国人大常委会执法检查组到济南市检查“科技进步法”执法情况。

8 月 18 日　市委、市政府印发《关于在全市党政机关开展“察民情，办实事，爱民为民服务”活动的意见》。

同日　济南市地下水位出现历史同期最低水位 23.94 米。锦绣川和卧虎山水库库容分别仅剩下 400 万立方米和 1500 万立方米，其中锦绣川水库为“死库容”。

8 月 21 日　济南市企业资产优化重组、生产要素优化组合项目发布会举行，共发布 114 个资产重组、44 个经济技术协作项目及 919 人的人才需求信息。

8 月 22 日　《济南市城市总体规划》通过建设部专家组审查。

同日　济南市建筑工程学校成立并举行揭牌仪式。

8 月 26 日　济南市送温暖工程基金设立。

8 月 27 日　市政府发布《济南市淡水渔业管理办法》《济南市城市公共客运交通管理办法》《济南市母婴保健若干规定》。

同日　中宣部、总政治部在北京召开表彰军民共建社会主义精神文明先进单位全国电视电话会议，济南市历下区园林管理处与山东武警总队二支队等四对“军民共建”单位受到表彰。

同日　《济南日报》报道，在第五次全国环境监测会上，济南市环境保护监测站被评为“全国环境保护系统先进监测站”。

8 月 28 日　济南市新中国成立后投资最大的道路建设工程——顺河街高架路工程开工，1998 年 10 月 1 日竣工并举行通车典礼。高架路全长 5.2 千米、宽 18.5 米，双向 4 车道，总投资 6.3 亿元。10 月 18 日，市委、市政府举行顺河高架路工程建设表彰会，对作出突出贡献的市建委、市计委等 50 个单位给予表彰奖励，张奇等 10 人记二等功，王广昌等 30 人记三等功，邵长春等 139 人予以嘉奖。1999 年 11 月，济南市顺河高架路工程获中国市政工程金杯奖，这是国家市政行业在工程质量方面的最高荣誉，也是济南市市政工程首次获此奖项。

8 月 28 日—9 月 3 日　以韩国水原市副议长金载凤为团长的水原市议会代表团一行 16 人访问济南。

9 月 1 日　山东省内第一所日语职业高中学校在济南成立。

9 月 1—12 日　以市人大常委会主任李启万为团长的济南市友好经贸代表团一行 6 人到英国和法国进行友好访问，其间，签署 13 项经贸合作协议及意向书，并建立了济南市与英国考文垂市、法国圣埃蒂安市三方联谊关系。

9 月 2 日　山东省第二届“希望之星”暨百名优秀受助生评选结果揭晓，商河县孙集乡中心小学学生孙兴勇榜上有名。

9 月 6—21 日　以市政协主席刘耀华为团长的济南市友好经贸代表团一行 8 人到加拿大里贾纳市和美国萨克拉门托市访问。

9 月 8 日　济南市绕城高速公路工程开工。11 月 2 日，济南绕城高速公路奠基仪式在德州市齐河县举行，中共中央政治局委员、山东省委书记吴官正等省市六大班子领导出席奠基仪式。济南市绕城高速公路工程全长 108 千米，工程包括四个路段，分两期进行。一期工程包括西、北、东环线 3 个路段，全长 68 千米，于 1999 年 9 月 28 日建成通车；二期工程南环线长 40 千米。2000 年 12 月 31 日，山东省最长的公路隧道——济南绕城高速公路黑龙峪隧道贯通。隧道按双洞设计，单洞长度 2336.49 米，单洞限界净宽 10.25 米，设计行车时速 100 千米每小时，是省城济南第一条高速公路隧道。2002 年 5 月 29 日，济南市绕城高速公路南线竣工通车，标志着投资 49 亿元，全国（已竣工）同类项目中里程最长、标准最高的济南绕城高速公路全线贯通。

9 月 13—22 日　以市委副书记孙常印为团长的济南经贸友好访问团一行 7 人赴俄罗斯和捷克访问。

9 月 14—30 日　以美国加州州务卿兼卫生福利部部长桑德拉 · 斯莫莉女士为团长的萨克拉门托市友好经济访问团一行 23 人访问济南，进行经贸考察并参加’97 济南金秋经贸洽谈会。

9 月 18—20 日　美国青年政治领袖理事会代表团一行 9 人到济南访问。

9 月 18—23 日　以韩国水原市市长沈载德为团长的水原市代表团一行 18 人访问济南，并参加’97 济南金秋经贸洽谈会。

同日　以中英贸易联络办公室主任克拉克为团长的英国考文垂商贸代表团一行 5 人访问济南，并参加’97 济南金秋经贸洽谈会。

9 月 19 日　济南市第十一届人大常委会第二十九次会议通过《关于对〈济南市城市总体规划（1996—2010 年）（草案）〉审查的决议》。

9 月 20—25 日　’97 济南金秋经贸洽谈会举行，共签订合同、协议利用外资项目 69 项，合同、协议外资额 31969 万美元；达成出口合同 86 项，出口成交额 6106 万美元。

9 月 22 日　市政府与老挝、菲律宾、越南三国商务官员分别就发展双方经贸关系在舜耕山庄签订备忘录。

同日　西门子（中国）有限公司济南代表处成立。

同日　山东银行卡首期联网工程——济南市银行自动柜员机（ATM 机）网络投入运行。

9 月 25 日　由香港利昌宝石有限公司董事长柯利德夫妇捐赠 100 万元塑造的大舜铜像落成，并在舜耕山庄举行揭幕仪式。

9 月 26 日　市政府发布《关于加强植物园管理的通告》。济南植物园（2006 年改称泉城公园）开始向社会免费开放。

9 月 28 日　省道 038 线商河南段拓宽改建工程竣工通车。

同日　近万名聋哑人、聋哑人家属及残疾人工作者在大明湖公园举行游园活动，庆祝第 40 届国际聋人节。

9 月 30 日　济南市第一条山区一级公路——省道 002 线分水岭至仲宫路段拓宽改建工程竣工通车。

同日　济南市版权局成立。

同日 济南市公安局警务督察队成立。

10 月 1 日 济南市三大集团公司——人民商场、民天、三能集团公司成立。

同日 贵和购物中心投入运营。

10 月 6 日 山东电力集团在济南挂牌运营。山东电力高等专科学校新校在济南建成。

同日 全国政协副主席钱伟长在济南市考察。

10 月 6—8 日 市政府与轻骑集团签署全市第一份以国有资产保值、增值为主要内容的资产经营责任状。中国轻骑摩托车集团公司改组为国有独资公司，公司名称由中国轻骑摩托车集团公司变更为中国轻骑集团有限公司，简称轻骑集团。

10 月 6—20 日 以市政协副主席任荷舫为团长的济南市经贸考察团赴德国、荷兰考察访问。

10 月 7—10 日 日本驻华大使佐藤嘉恭及夫人一行 3 人访问济南。

10 月 8 日 市委、市政府印发《关于加快卫生改革与发展的意见》。

同日 济南市捐建的院士楼在山东大学落成。

10 月 9 日 山东省暨济南市老人节游园大会在趵突泉公园举行，万余名各界老人参加活动。

同日 全省规模最大、功能最全的邮政综合营业楼——济南邮政商厦开业。

10 月 10 日 市政府印发《关于进一步改善外商投资软环境的决定》。

同日 历城区唐王镇娄家中学少先队员张寿禄获“全国十佳少先队员”称号。

10 月 10—13 日 ’97 全国汽车配件（秋季）交易会在济南举行，80 多个展团 3000 多家厂商参加交易活动，共签订交易合同额 30 亿元。

10 月 11 日 济南市中小学温暖工程启动。12 月 2 日，市区 107 所中小学“温暖工程”竣工。同时，市区中小学向农村“送温暖”活动启动仪式在市政府大院举行。

同日 济南市公安局公路巡逻民警支队在市交警支队成立。

10 月 12 日 中国科学院工程物理研究所中试基地落户济南锅炉厂。

10 月 13 日 济南市首次参与举办广交会，以副市长李华理为团长的济南市广交会代表团抵达广州。

10 月 13—14 日 中共济南市第六届委员会第七次全体（扩大）会议举行，传达中共十五大和省第六届委员会第九次全体（扩大）会议精神。

10 月 15 日 市政府发布《济南市市区绿地广场管理规定》《济南市企业职工伤亡事故报告和处理办法》。

10 月 17 日 济南市首次“泉城环保世纪行”活动启动。

同日 济南市首次按星级划分的“星级消费者满意单位”评选结果揭晓，轻骑集团等 136 家经营单位榜上有名。

10 月 18 日 济南市实施希望工程五周年纪念大会举行。5 年来，共接受社会捐款 450 余万元，救助 4756 名失辍学儿童重返校园，援建 14 所希望小学，捐建 26 个希望书库。

同日 国内第一座全封闭式人行购物天桥——银座桥开通。

同日 首届“山东名小吃”认定活动结果揭晓，济南市鲁味斋的五香脱骨扒猪蹄等 18 个品种榜上有名。

10 月 22 日—11 月 1 日 以副市长赵志冰为团长的济南市文化考察团一行 6 人到西班牙访问。

10 月 23 日 由市人大常委会副主任饶曼妮率领的济南市旅游宣传促销团赴印尼，进行为期一周的旅游宣传促销活动。

10 月 24 日 在首届山东省青年戏曲演员电视大赛中，济南市京剧团李青、李保良获金奖，市吕剧团郭清清获银奖。

同日 《济南日报》报道，纬九路小学教师张馨获“全国第二届青年教师阅读教学评比一等奖”。

10 月 27 日 市委、市政府颁发《关于党政机关领导干部住房、建房、购房、装修住房有关问题的若干规定》。

同日 第五届国际现代化工业培训学术会议

在济南召开。

10 月 28 日　旅美著名画家丁绍光画展在济南举行。

10 月 29 日　以荷兰景泰资产管理有限公司马克·国垦为团长的荷银浩威亚洲有限公司代表团一行 26 人访问济南。

同日　《济南日报》报道，济南市麦芽厂生产的灵芝牌大麦芽等 5 种产品获“第三届中国农业博览会名牌产品”称号。

10 月 30 日　济南百大、大观园商场、华幸化工三大集团组建成立。

11 月 6 日　济南市浪潮、重汽等 4 家重点企业技改项目列入全国重点技改项目。

11 月 7 日　市委、市政府举行济南市与大寨村经济协作意向签字暨捐赠仪式。

同日　全球三大电视台之一的日本 NHK 电视台评出世界五大杰出残疾人，济南市文联作家张海迪是其中唯一的女性。该台记者一行 4 人在济采访制作的介绍张海迪事迹的人物专题电视片封镜，该片于 12 月通过卫星向全球播放。

11 月 11 日　《济南日报》报道，济南二十七中学教师肖琳在北京举行的全国电教课题赛中获一等奖。

11 月 12—19 日　以和歌山市市长尾崎吉弘为团长的日本和歌山市第十四次友好访华团一行 16 人访问济南。

11 月 13 日　济南市市区首家法医门诊在市四院挂牌接诊。

11 月 15 日　泉城首届邮票收藏品展销会在济南邮票市场开幕。

11 月 16 日　济南农工商集团乳制品生产线竣工投产。

11 月 17 日　市政府作出《关于加强引黄供水工程建设的决定》。次年 10 月 5 日，济南市最大的城市供水基础设施建设工程项目——引黄供水鹊山调蓄水库开工，1999 年 12 月 29 日建成蓄水。水库总容量 4600 万立方米，可实现日供水 40 万立方米。2000 年 4 月 24 日，水库向市区供水。

11 月 18 日　市政府发布《济南市中小学实施素质教育试行规定》。12 月 4—6 日，济南市中小学素质教育工作会议召开。

同日　济南市首家中外合资运输企业济南锦湖运输有限公司开业并投入运营。

同日　济南市电子行业龙头企业——山东泰山电器集团揭牌。

11 月 19 日　’97 荷兰——山东贸易洽谈会在济南举行。

11 月 20 日　全国青年志愿者城市公益服务重点城市工作会议在济南召开。

11 月 21 日　市委、市政府召开全市清理整顿社会团体工作会议。

11 月 22 日　《济南日报》报道，济南田径运动员陈玉香，在泰国举行的亚洲青年田径比赛中，夺得 400 米和 4×100 米两项冠军。

11 月 23—25 日　全国社区卫生服务现场研讨会在济南召开，济南市市长谢玉堂在会上作了题为《大力发展城市社区卫生服务，积极开拓卫生事业发展新领域》的发言。

11 月 23 日—12 月 14 日　以市人大常委会副主任封居尚为团长的济南市人大友好访问团一行 7 人访问美国萨克拉门托市。

11 月 24 日　国务委员彭珮云、国务院副秘书长李树文、卫生部长陈敏章等考察济南市社区卫生服务工作。

同日　济南经昆明至曼谷航线开通。

11 月 26 日　《市中区志》出版发行。至此，济南市首轮新方志修志规划的 10 部县区志书的编纂任务完成。

11 月 27 日　全国高校体育教学现场观摩会在济南举行。

11 月 28 日　市政府召开加强水土综合治理、建设生态农业工作会议。

同日　经市政府批准，齐鲁考格尔集团和济南市建材工业集团同时挂牌成立。

同日　济南市法律援助中心成立。

同日　《济南日报》报道，济南考格尔特种汽车有限公司获得ISO 9000质量体系认证证书，成为国内同行业首家通过此认证的企业。

11月29日—12月1日 人事部在济南召开全国人才市场信息工作经验交流会，学习推广济南建立人才信息智能卡管理系统经验。

12月1日 市委宣传部、市教委、团市委联合作出《在全市青年中开展向崔剑平同志学习活动的决定》。

同日 济南第二建筑工程总公司通过ISO 9002质量标准体系认证，这在省内股份合作制建筑企业中是第一家。

12月3日 由齐鲁制药厂与意大利合资兴建的山东省最大的医药合资企业——齐鲁安替比奥制药有限公司投产。

同日 《济南日报》报道，国内吨位最大、技术最先进的数控液压板料折弯机在济南二机床集团公司制造成功。

12月4日 山东鲁能足球俱乐部成立，济南泰山将军足球队自1998年3月1日起，更名为山东鲁能泰山队。

12月5日 《济南日报》报道，山东泉清通讯有限责任公司研制的“点对多点”无线通讯系统，获得“国家级新产品奖”及“国家技术创新奖”。

12月13日 '97全国用户满意工程联合推进大会在北京召开，小鸭集团获得“用户满意工程先进单位”称号。

12月15日 市中心医院研制成功一次性量筒式尿量监测器和颞下颌关节脱位颌间复位器两项成果，并分别通过省级鉴定，达到国内领先水平。

12月16日 市政府发布《济南市旅游投诉规定》。

12月18日 济南石油化学工业集团及集团有限公司成立。

同日 山东电力物资总公司成立，山东电力济南物资配送调剂中心同时开业运营。

12月19日 市委、市政府召开大会，命名表彰济南市第五批专业技术拔尖人才和首批济南市乡村优秀科技人才，授予殷国昌等33人“济南市专业技术拔尖人才”称号，王玉梅等20人“济南市乡村优秀科技人才”称号。

同日 山东省第一家由棉纺企事业单位自愿组成的法人社团——济南棉纺织行业协会成立。

12月21日 济南市首次爱心物品义务拍卖会在大观园商场举行，拍卖所得40550元全部捐给希望工程。

12月22日 市委印发《关于加强和改善党对科协工作的领导充分发挥科协作用的意见》。

12月22—23日 济南市天主教第九次代表会议召开。

12月24日 济南化工厂被上海氟材研究所兼并，成为济南市首个国有大型企业被外地企业兼并案例。

12月25日 市公安局交警支队被国务院授予“严格执法、热情服务交警支队”称号。

同日 济南首家心脑血管病防治中心在市五院挂牌。

同日 山东省最大的音像商场济南音像城开业。

12月26日 山东省首座全自控智能温室在济南市高新农业开发区现代化园艺场建成投产。

12月28日 由8家医药企业组建的大型医药商业集团——济南宏济药业集团挂牌。

同日 由济南开发区与市自来水公司联合出资兴建的济南开发区水厂——济南东源供水公司供水剪彩仪式举行，水厂占地2.3公顷，日供水量8万立方米。

12月29日 济南大型汽车运输总公司承运齐鲁石化4台特大型反应器签字仪式举行，该项目创造中国公路运输史上单位最重、运距最长纪录。

12月30日 济南动植物检疫局成立。

同日 中国首套大型系列立体微缩景观在济南展出。

12月31日 济南市公安局局长李长水被公安部授予“全国公安系统一级英雄模范”称号。

1997 年 《济南日报》报道，全国 15 个副省级城市 1997 年主要经济指标位次排定，济南市国内生产总值、第三产业增加值、人均国内生产总值等 6 项指标增幅位居第一。

1998 年

1 月 1 日 济南市交通稽查支队成立。

同日 《济南市资源综合利用条例》《济南市预算外资金管理办法》《济南市城市规划管理办法》《关于修改〈济南市电力管理条例〉的决定》施行。

同日 泺口服装城商贸中心开业。该中心建设投资 5000 万元，营业面积 4.2 万平方米。

1 月 2 日 由团中央、中国青年志愿者协会命名的济南市第一处“青年志愿者服务示范基地”揭牌仪式在植物园举行。清洁泉城大行动同时在植物园等 5 个公园展开。

1 月 6 日 中国邮政第一届邮购商品展销会在济南举行。

1 月 7 日 济南市中共十五大精神集中教育现场会在平阴县召开。

同日 在全省地市民政局局长工作会议上，受国家民政部委托，授予历下区“全国民政工作先进区”称号、历下区文化东路街道“全国民政工作全优街道”称号。

1 月 8 日 中国轻骑集团有限公司被中国轻工业总会授予 1997 年“全国轻工业十佳企业”称号。

1 月 8—15 日 ’98 全国国际象棋“皇庄杯”棋王棋后大奖赛在济南举行。

1 月 14 日 济南市首届技术市场“金桥奖”评选结果揭晓，共评出 24 个先进集体和 36 名先进个人。

1 月 16 日 省委、省政府命名表彰首批 50 名“山东省农村科技大王”，济南市王玉梅、崔延庚、贾鸿君 3 位农民获此称号。

同日 中国联通山东数字移动电话网一期工程开通，总投资 3.4 亿元，覆盖济青等地 37 个县市。

同日 全国规模最大的超大型仓储式会员制商场——济南世界购物广场开业，营业面积 3 万平方米。

1 月 18 日 济南至泰安高速公路开工，1999 年 10 月 31 日建成通车。公路全长 56 千米，双向 6 车道，设计时速 120 千米。

1 月 24 日 济南市至各县（市）广播电视传输网全线开通，共投资 1520 万元，线路全长 245 千米。

2 月 9 日 济南铁路第四小学学生赵雪在沈阳获全国第六届李成智杯国际象棋分龄组比赛 14 岁组冠军。

2 月 12 日 济南市第一所九年一贯制小学——济南东方实验小学在千佛山东麓动工兴建。

2 月 13 日 世界著名质量管理专家、国际质量科学院院士桑德霍姆在济南作现代大型企业集团质量管理演讲。

2 月 16 日 中共中央政治局委员、国务院副总理姜春云考察济南市麦田管理和居民菜篮子工程建设情况。

2 月 19—25 日 政协济南市第十届委员会第一次会议举行，通过大会决议，选举孙常印为政协济南市第十届委员会主席，任荷舫、张印峰、饶曼妮、姚兆迪、汤家永、姚敦义、沈嘉琪、尚林杰、吴泽浩为副主席。

2 月 20—27 日 济南市第十二届人民代表大会第一次会议举行，通过《关于〈政府工作报告〉的决议》等 6 项决议，选举李启万为济南市第十二届人民代表大会常务委员会主任，谭永青、封居尚、王宝玲、赵志冰、刘海亭、栾毅昌、董承铭为副主任。选举谢玉堂为济南市市长，徐华东、李华理、刘克昌、陶安岭、马纯济、刘善友、王存兴、杨佩钦、刘荫岛为副市长。

2 月 26 日 济南市市中绿荫休闲广场被团中央、建设部、全国少工委命名为全国青少年绿色文明园。

2月28日 济南市城市空气质量周报通过新闻媒体向社会发布。

3月1日 市政府发布《济南市城市住宅小区综合验收和交接管理办法》《关于修改〈济南市消防栓安全管理试行办法〉等42件市政府规章和规范性文件的决定》《关于公布市级行政处罚主体（组织）的通告》《济南市城市生活垃圾处理处置管理办法》。

3月3日 济南市青年志愿者行动总结表彰大会召开，10个“先进志愿者服务站”、10个“志愿者服务示范基地”、10个“优秀青年志愿者服务队队长”受到表彰，授予20个集体“青年志愿者行动优秀组织奖”、10人“市青年志愿者标兵”称号，并举行市工商银行槐荫区支行、经二纬十二路储蓄所“全国青年志愿者杰出集体”挂牌仪式。

3月12日 省内最大的互通立交桥——小许家立交桥开工建设，工程总投资1.5亿元，1999年9月28日竣工。立交桥位于济南绕城高速公路与济青高速公路的交汇处，是济南国际机场至市区的第一座公路立交桥。

同日 第一部全面反映济南市自然、政治、经济、文化和社会的历史与现状的社会主义新方志——《济南市志》发行仪式举行。《济南市志》始编于1981年，1997年开始由中华书局陆续出版，全书共8册、18卷、118个分志（篇），700多万字。

3月16—22日 以英国考文垂市市长约翰·马顿为团长的英国考文垂市经贸访问团一行10人访问济南，双方签订友好会谈备忘录。

3月18日 中瑞合资项目——济南渗耐鲁泉防水材料有限公司签字仪式在济南举行。项目总投资1800万瑞士法郎，折合人民币1.008亿元，为亚洲最大的高分子防水材料基地。

3月22日 以新西兰联合协会主席、新西兰妇女议会副主席莱尔·詹森为团长的新西兰经贸代表团一行6人访问济南。

3月25日 中共中央政治局委员、山东省委书记吴官正带领省直和济南市有关负责人，一起察看绕城高速公路、济南机场扩建等重点建设项目。

同日 巴西巴拉伊州大坎皮纳市副市长朱兰迪·夏维尔访问济南。

3月26日 市政府发布《济南市建筑工程质量监督管理规定》《济南市保安服务业管理暂行办法》。

3月26—28日 几内亚共和国外交部长拉明·卡马拉一行5人访问济南。

3月27日 由济南日报社主办的《欧洲时报·今日济南》专版在法国巴黎创刊。

3月30日 济青快速豪华直达班车开通，单程4小时。

3月 英雄山风景区赤霞广场开工，9月12日竣工并向游人开放。

4月1—3日 以英国约克大学教授查理斯·科克博恩为团长的英国文化委员会古城保护考察团一行4人访问济南。

4月1—4日 荷兰驻华大使伍思德一行4人访问济南。

4月6日 济南市骨干教师培训工程全面启动，五区五县（市）和市直学校140名骨干教师接受旨在提高教育教学实践能力和科研能力的培训。

4月7日 以市委常委、副市长李华理为团长的南美经贸考察团，启程赴巴西、阿根廷、秘鲁考察。

4月15日 首届全国美术艺术图书大联展在济南举行。

4月18日 济南长途客运中心开始试运营，日发送班车300个班次。

4月20日 全省最大的石材交流中心——山东石材市场在济南建成，占地2万平方米。

4月22日 市委、市政府召开全市个体私营经济工作会议，副市长刘善友代表市政府同各县（市）、区签订1998年个体私营经济发展目标责任书。

4月22—25日 ’98春季全国交电家电商品

交易会在济南举行。

4月23日 瑞典驻华大使凌希乐及夫人访问济南。

4月24日 全国政协副主席毛致用参观小鸭集团和轻骑集团，并视察济南市城市建设工作。

同日 济南市第二届地方立法咨询委员会成立。

4月27日 黄河上第一座股份制大桥——双京路梯子坝黄河公路大桥开工，桥长2600米，预算总投资2.4亿元。

4月28日 济南交警支队天桥大队北园中队副队长张涛等4人被公安部授予“全国优秀人民警察”称号，其中泉城路派出所所长林国华被公安部授予“全国公安机关廉政勤政先进个人”称号；济南市历下公安分局被省公安厅授予“全省优秀公安局”称号。

同日 由济南金卡集团、中国轻骑集团、开发区国有资本营运公司共同出资4200万元组建的山东明天信息产业集团公司成立。

4月29日 葡萄牙驻华大使馆商务参赞马里奥·费雷拉率团访问济南。

同日 市政府决定实施“爱老工程”，并成立以市长谢玉堂为组长的市“爱老工程”领导小组。7月10日，市委、市政府在历下区老年公寓召开现场会，部署实施“爱老工程”。20日开始，发放60岁以上老年人优待证。10月28日，济南市第一座老年公寓建成启用，公寓占地2.87万平方米，拥有床位506张。

4月30日 槐荫广场落成启用，总面积3.2万平方米。

5月1日 济南市客运出租车实行车牌尾数单、双号营运轮休制度。

同日 首次使用商业卫星联网的计算机营销与管理系统国内首家跨地区连锁经营网络的新国道食品超级市场落户泉城。

5月2日 山东省暨济南市社会各界人士在西门桥“五三”惨案原址举行“五三”纪念亭重建落成仪式。

同日 《济南日报》报道，济南市第七届“泉城十大杰出青年”评选活动结果揭晓，王吉鑫等10人当选。

5月5日 鲁港合作建设经营的第一条高速公路——济泰高速公路合作合同签字仪式在济南举行，合同投资总额为14.46亿元，其中香港投资占60%。

5月13日 市政府发布《济南市药品生产经营管理办法》《济南市企业职工工伤保险办法》。

同日 南斯拉夫驻华大使翁科维奇及夫人，南斯拉夫海默法姆制药公司总裁巴比奇及夫人一行12人访问济南。

5月15日 由三联集团开发设计建设的中国第一条商用信息高速公路在济南建成开通，并被国家经贸委列入国家高新技术产业化专项规划项目。1999年12月29日，由三联集团联合中国银行等单位共同承建的山东省电子商务系统开通试运行，为全国第一家最规范的真正实现全程网上购物的电子商务系统。

同日 由济南宏源特种锅炉集团有限公司研制设计的QXL4.2MW和QXL2.8MW双折线拱角管锅炉通过省级鉴定，填补国内空白。

5月16日 国家火炬计划软件产业基地齐鲁软件园的重点工程——山东齐鲁软件大厦在济南山大路奠基。

5月17日 市委、市政府召开全市流通企业改革工作会议，要求全面提高流通企业组织化、现代化水平和经济运行质量。

5月23日 山东省最大的肾脏病中心——济南中心医院友谊肾脏病中心成立。

同日 瑞典沃尔沃卡车公司副总裁诺曼一行访问济南，与中国重型汽车集团公司就合资项目可行性进行商定。

5月28日 济南市区中小学“暖心工程”全面竣工，共办起各类中小学服务站、小饭桌313处，安置下岗职工379人。

同日 历城将军广场命名，广场占地5公顷，铺设草坪3万余平方米。

6 月 4 日 由济南日报社主办的《国际日报·济南传真》专版在美国创刊。

6 月 6 日 济南市商业银行举行揭牌仪式。

6 月 8 日 由济南军区政治部和济南市委、市政府联合摄制的八集电视剧《济南战役》在八一礼堂举行开机仪式。

6 月 8—9 日 济南市国有企业下岗职工基本生活保障和再就业工作会议暨全市经济工作会议召开。

6 月 9 日 市政府发布《济南市矿产资源补偿费征收管理办法》。

同日 济南国际集装箱分流中心与青岛中远国际货运公司之间的国际集装箱“口岸直通式”运作签约仪式举行。

6 月 12 日 市人大常委会公布《济南市人民代表大会常务委员会讨论决定重大事项的规定》《关于修改〈济南市城镇企业职工基本养老保险条例〉的决定》。

6 月 14 日 全国人大常委会副委员长程思远带领海洋环境保护法执法检查组到济南检查环保工作。

6 月 15 日 中共中央政治局委员、省委书记吴官正主持召开省委常委扩大会议，听取济南市经济和社会发展情况汇报，就省城建设发展问题进行专题研究。18 日，市委印发《关于落实省委常委扩大会议精神加快济南发展的情况报告》。

6 月 16 日 市政府发布《济南市资源综合利用条例实施细则》《济南市暂住人口管理办法》。

6 月 28 日 全国规模最大的电子智能控制器产品科研生产基地——济南市工业园新纪元高科技园奠基仪式在长清县举行。

同日 全国库存商品调剂网络中心济南直属市场开业。

同日 山东师范大学附属中学学生梁亮当选中国足球少年特使，到法国巴黎观摩’98 世界杯足球赛。

6 月 30 日 济南市被批准为全国中外合资企业中方资产管理和股权代表管理试点城市。

7 月 8—12 日 济南市经贸代表团参加’98 青岛对外经贸洽谈会，签订利用外资合同、协议 45 项，合同协议利用外资额 20757.5 万美元，出口合同成交额 6782 万美元。

7 月 9—10 日 市政府与清华大学签署全面合作协议。中科院院士、清华大学校长王大中等 32 名专家、教授组成的代表团，考察济钢集团、试金集团等 5 家大型企业。

7 月 15 日 《济南日报》报道，《济南时报》记者侯林所写杂文《近之惑》在第八届中国新闻奖报纸副刊作品复评暨’97 全国报纸副刊作品年赛评选中，获山东省唯一金奖。

7 月 27 日—8 月 6 日 以市长谢玉堂为团长的济南市经贸考察团访问日本，分别考察日本松下、铃木、住友等跨国公司，并就合作项目进行洽谈。

7 月 30 日 全国人大常委会副委员长周光召到济南视察。

7 月 泉城广场工程开工，1999 年 9 月 25 日建成开放。泉城广场是省委确定的济南“五年大变样”重点工程之一，东起南门大街，西至趵突泉南路，南临泺源大街，北倚护城河；东西长 780 米，南北宽 230 米，占地面积 17.43 公顷，工程总投资 13 亿元。

8 月 1 日 济南外国语学校中学生艺术团代表国家队赴加拿大参加爱德蒙顿市多元文化艺术节。

8 月 2 日 济南炼油厂年产 7 万吨聚丙烯装置一次投料开车成功。

8 月 9 日 济南高新技术产业开发区管委会、济南高新技术产业开发区创业服务中心获得“全国火炬计划实施十周年管理先进单位”称号。

8 月 11 日 山东电影机械厂研制的 DF6000 等 3 种汽油发动机组通过省部级技术验收，填补国内空白。

8 月 14 日 停喷 10 个月之久的趵突泉于凌晨 2 时 50 分复涌。

同日 市人大常委会颁布《济南市市区停车

场规划建设和管理办法》《济南市地名管理办法》《济南市道路旅客运输管理条例》。

8月16日 市委、市政府召开命名表彰大会，授予历下公安分局泉城路派出所“人民满意派出所”称号。会上，宣读了公安部关于给山东省济南市公安局历下分局泉城路派出所记集体一等功的命令。次年3月26日，历下公安分局被公安部授予“全国优秀公安局”称号，郭颖等5名民警被授予“全国优秀人民警察”称号；8月5日，历下公安分局被公安部评为全国10个“创建人民满意派出所工作先进公安局”之一，泉城路派出所被评为全国“人民满意派出所”。

8月16—19日 由省旅游局和市政府共同主办的第三届济南国际演武观光大会在济南举行，来自16个国家和地区33支代表队的223名运动员表演了节目。

8月17日 市委、市政府召开支援南方洪涝灾区捐赠活动动员会。同时，由市委宣传部、市文明办、市文化局等7家单位联合主办的泉城赈灾募捐大型文艺晚会在英雄山北门广场举行，募集款物约200万元。至9月4日，市民政部门共收到各类捐款874万元。

8月20日 济南市投资2400万元建成的日处理垃圾1200吨的垃圾卫生填埋场投入使用。

同日 《济南日报》报道，济南市首次获“全国科教兴市先进城市”称号。

8月27日 由日本援助的发展果树脱贫自立项目在历城区锦绣川乡石门村启动，第一批799.7万日元援助资金同时到位。

8月30日 济南市城建监察总队成立。

9月2日 济南市承担的国务院发展研究中心的协作研究课题、市重点科技计划项目《主导产业对科技的需求分析及综合集成应用研究——兼论系统动力增长理论与知识经济》通过专家评审。

9月3日 团市委、市经委等8部门联合召开表彰大会，程玉春等10人被授予“济南市杰出青年岗位操作能手”称号，贺庆等10人获“杰出青年技术创新能手”称号。

同日 市政府发布《济南市城市机动车辆清洗保洁管理规定》。

同日 市政府决定，济南水泥厂、东方红水泥厂分别于1998年年底前和1999年9月底停止生产，并于2000年上半年搬出市区。

9月3—6日 由国际乒联推出的松下'98中国乒乓球大奖赛在济南举行，中国选手包揽全部冠军。

9月7—21日 市人大常委会主任李启万率市友好经贸考察团赴美考察。

9月8—12日 市长谢玉堂率济南代表团参加在厦门举行的第二届中国投资贸易洽谈会，共签订利用外资项目37项，外资额2.5亿美元，出口成交3067万美元。

9月9—12日 日本新任驻华大使谷野作太郎及夫人访问济南。

9月12—20日 '98全国射击锦标赛手枪项目团体赛在济南举行。

9月20日 济南市6000余名党政机关县处以上领导干部分别在全市135个考场参加全省统一组织的党风廉政法律法规知识考试。

9月20—25日 以韩国水原市副市长崔炳镐为团长的韩国水原市经贸代表团一行12人访问济南。

9月21日 以俄罗斯下诺夫哥罗德市国际关系局局长切瓦尔金为团长的友好访问团一行9人访问济南。

9月21—24日 南斯拉夫驻华大使翁科维奇访问济南，参加'98济南金秋经贸洽谈会。

9月21—26日 英国考文垂市工商会主席大卫·伯顿一行10人访问济南。

9月21—28日 加拿大里贾纳市议员迈克·贝克汉姆一行7人访问济南。

9月22—26日 '98济南金秋经贸洽谈会举行，共达成合同协议利用外资项目47项，合同、协议总投资额32495万美元，合同协议外资额23083万美元。

9月24日 市委、市政府举行大会，纪念济南解放50周年。中共中央政治局委员、山东省委书记吴官正、济南军区司令员钱国梁、济南市委书记孙淑义等出席大会。

同日 由市委、市政府主办的《迈向21世纪的济南》——济南解放50周年、改革开放20周年成就展览在济南博物馆开展。

同日 济南战役纪念馆扩建工程奠基仪式在英雄山济南烈士陵园举行。

9月25日 市政府召开大气污染防治会战动员大会，确定自9月25日至1999年1月底，在全市范围内开展大气污染防治会战。

9月25—27日 '98中国杯世界特技飞行大奖赛在济南张庄机场举行。

9月28日 建设部授予市自来水公司"小白热线"文明服务示范窗口揭牌仪式举行。

10月7—11日 中共济南市第七次代表大会召开，会议选出中共济南市第七届委员会、中共济南市纪律检查委员会，通过《关于〈中共济南市第六届委员会报告〉的决议》和《关于〈中共济南市纪律检查委员会工作报告〉的决议》。10月11日，中共济南市第七届委员会第一次全体会议召开，选举孙淑义为中共济南市委书记，谢玉堂、徐华东、段义和、雷建国、沈建国为副书记。在市纪委全体会议上，李荣芝当选市纪委书记。

同日 以瑞典韦斯特曼兰省省长杨吕德为团长的瑞典韦斯特曼兰省访问团访问济南。

同日 《济南日报》报道，由济南安志科技开发总公司研制的安科抗癌胶囊通过美国FDA通关认证，在国内同类产品中第一个获准进入美国市场。

10月10—13日 '98秋季全国钟表眼镜珠宝首饰交易会在济南国际俱乐部举行。

10月10—16日 省第十九届运动会在潍坊市举行，济南代表团共获金牌159.5枚，银牌109枚，铜牌94.5枚，总分3482分；金牌数、奖牌总数和团体总分均列全省第2名，同时获"体育道德风尚奖"。

10月12日 济南野生动物世界动工兴建，1999年9月26日建成并向游人开放。工程总投资2.5亿元，总建设面积约400公顷。

同日 市人大常委会颁布《济南市城市集中供热管理条例》《济南市职业技能鉴定管理条例》。

10月15—30日 济南市组团参加在广州举行的第84届中国出口商品交易会，成交合同额1.27亿美元。

10月21日 市委、市政府召开全市第八次离退休干部代表暨命名表彰大会，授予离休老干部陈登汉"一心为民，忘我奋斗的共产党员"称号。次年4月陈登汉被省政府批准为革命烈士。

10月21—25日 '98中国环渤海科技博览会在天津召开，以副市长杨佩钦为团长的济南代表团共200多人参会，达成科工联合协议142项，居与会26城市之首。

10月24—25日 中共中央政治局委员、全国人大常委会副委员长田纪云考察济南城建工作。

10月25日 第九届"中国十大杰出青年"颁奖典礼在济南举行，济南市公安局交警支队长孟富强为山东省唯一获奖者。

10月28日 市政府印发《济南市统一企业职工基本养老保险制度实施意见》。

10月30日 济南市首条"148"法律服务专线在长清县开通。

10月30日—11月3日 以日本山口县副知事小河启佑为团长的山口县政府友好代表团、林业协议团、山口县民志愿者植树团及新闻记者一行90人访问济南。

11月6日 济南市计生委被授予"全国计划生育系统先进集体"、市中区计生委主任牟桂淑被授予"全国计划生育优秀工作者"称号。

同日 17所驻济高校的200名优秀特困生获首届济南市人民政府优秀特困生奖学金。

11月7日 总投资4700多万元的省道009线商河段拓宽改建工程竣工通车，全长36.2千米。

同日 济南市社会学学会成立。

11月8日 山东省首家民营高科技市场——中国济南高科技市场开业，总营业面积7000平方米。

11 月 11 日 济南发电设备厂与瑞士 ABB 公司正式签订 10 万千瓦～20 万千瓦空冷汽轮发电机技术引进合同。

11 月 15 日 济南市环保科研所、济南东风锅炉厂与清华大学共建大气污染治理技术实验基地签字仪式举行。

11 月 19 日 济南水泥厂、东方红水泥厂环保迁建龙头工程——山东水泥厂日产 2000 吨水泥生产线项目开工建设,1999 年 8 月 28 日竣工投产。

11 月 19—29 日 以副市长王存兴为团长的济南市友好访问团访问巴布亚新几内亚首都莫尔兹比港，就经贸、科技、文化等领域的合作进行洽谈，并顺访澳大利亚、新西兰两国。

11 月 21 日 市人大常委会颁布《济南市农村四荒资源开发管理条例》。

同日 山东省首例胰腺、十二指肠、肾脏多器官联合移植手术在市中心医院友谊肾脏病中心获得成功，达到国际领先水平。

11 月 21 日—12 月 12 日 国际奥比斯眼科飞机医院一行 28 人在济开展救盲行动，330 例患者得到明确诊断，62 例患者免费接受眼科手术。

11 月 23—25 日 以韩国仁川市地方警察厅厅长金在钟为团长的仁川警察代表团一行 7 人访问济南。

11 月 26 日 济南市第二次自强模范暨扶残助残表彰会召开，董桂春等 16 名“残疾人自强模范”、50 个“扶残助残先进集体”、41 名“扶残助残先进个人”受到表彰。

11 月 27 日 济南市住房制度改革和住房建设工作会议召开。会议公布《济南市深化住房制度改革的实施方案》，从 1999 年起取消住房实物分配，建立职工住房补贴制度。

12 月 1—2 日 市政府举办’98 济南产权交易暨城乡一体化洽谈会。参加交易的 500 多个项目中，签订合同 24 项，达成协议、意向 101 项，总额达 20.3 亿元。

12 月 3 日 山东建设建工（集团）有限责任公司承建的济南电力调度大楼获中国建筑工程质量最高奖——“鲁班奖”，是当年济南市唯一获此奖项的工程。

12 月 4—5 日 首届中国专利济南优秀发明家(者)评选结果揭晓,吴天文等 15 人获“优秀发明家”称号，吕仁祥等 7 人获“优秀发明者”称号。

12 月 4—6 日 以正大公司执行副总裁王景武为团长的经济考察团一行 7 人访问济南。济南市政府聘请代表团成员林灼辉为济南野生动物世界项目建设顾问。

12 月 6—20 日 第 13 届亚运会在泰国曼谷举行，济南市运动员陈玉香夺得女子 4×400 米接力金牌和女子 400 米银牌，巩晓彬、谷弘宇作为主力队员分获男子篮球、男子沙滩排球金牌。

12 月 8 日 投资 1.2 亿元的山东宽带多媒体通讯网（ATM 宽带网）开通，在济南和青岛各设一个核心接点。

12 月 9—10 日 济南市外商投资企业工作会议召开,50 家先进集体及 75 名济南市“开放兴市”奖章获得者受到大会表彰。近藤祯南等 12 名外籍人员获济南市“荣誉市民”称号。全市对外开放年活动同时拉开序幕。

12 月 15 日 中国人民银行济南分行挂牌，1999 年 1 月 1 日起，对山东、河南两省金融业履行中央银行职能。

同日 济南市首批青年科技明星评选结果揭晓，韩继曼等 25 人当选。

12 月 20 日 市政府、市环保局分别获得山东省授予的 1993—1997 年度“环境目标责任制先进市”和“环境目标责任制先进集体”称号。

12 月 23 日 由济南大型汽车运输总公司承运的山东千吨级特大型设备公路运输项目由寿光市羊口港起运，25 日抵达淄博，行程 108 千米，为中国公路运输史上首例超大、超重、超长、超远距离大件运输。

同日 《济南日报》报道，首届山东省十大杰出青年记者、编辑评选结果揭晓，济南日报记者张楠获“山东省十大杰出青年记者”称号，济南电视台记者张广军获“山东省优秀青年记者”

称号。

12 月 25 日 市人大常委会颁布《济南市文物保护管理规定》。

12 月 31 日 济南市首届优秀青年知识分子命名表彰大会召开。授予杨福安等 10 人“市优秀青年知识分子标兵”、姜勇等 30 人“市优秀青年知识分子”称号。

同日 山东省建筑工程质量泰山杯评选结果揭晓，济南电力调度大楼等 10 项工程获“泰山杯”奖，获奖总数居全省各市地之首。

1999 年

1 月 1 日 山东省第一家城市大区域管道液化气一、二期工程全线贯通，济南市煤气公司黄岗制气厂一次点火成功。

1 月 5 日 在全国旅游工作会议暨创建中国优秀旅游城市工作会议上，济南被命名为首批“中国优秀旅游城市”，在 54 个城市中排名第 16 位。

1 月 8 日 由济南高新技术产业开发区与山东省科学院联合创办的中国第一家科研机构“孵化园”——科技创业园签字揭牌仪式举行。

1 月 12 日 中共中央政治局常委、国家副主席胡锦涛到济南考察。

同日 团中央和中央金融工委联合在济南召开全国金融系统创建“青年文明号”工作现场会，推广济南工商银行创建工作经验。

1 月 18 日 《济南日报》报道，轻骑集团注册商标“轻骑”，被国家工商局认定为中国驰名商标，这是济南市获得的第一个国家驰名商标。

1 月 22 日 市政府召开全市工商行政管理体制改革工作会议，宣布各县（市）、区工商局由市工商局垂直领导。

1 月 26 日 山东将军集团济南实业有限公司挂牌。

1 月 26—27 日 市第十二届人大常委会召开第六次会议，任命刚占标为济南市人民政府副市长，接受李华理辞去济南市人民政府副市长职务的请求。

1 月 27 日 《济南日报》报道，山东省首届城市设计精品工程评选结果揭晓，济南市趵突泉南大门等三项工程获“市政设计精品奖”。

1 月 28 日 济南市“148”法律服务协调指挥中心成立，在全市范围内全线开通“148”法律服务专线。

1 月 30 日 济南—深圳—香港 307 次旅游专列开通。为济南市发往深圳、香港的首列旅游列车。

2 月 5 日 《济南日报》报道，’98 中国最有价值品牌研究成果揭晓，“轻骑”和“将军”品牌进入全国 35 个“最有价值品牌”行列。

2 月 8 日 历下区单列企业济南华联电缆厂获得 ISO 9002 质量体系认证，这在济南市村级企业中属首家。

同日 《济南日报》报道，济南市国家安全局被省人事厅、省国家安全厅授予“全省国家安全系统先进集体”称号。

2 月 10 日 市委、市政府成立“容貌工程”领导小组，并召开第一次小组会议，就“容貌工程”进行安排部署。3 月 1 日，济南市实施“容貌工程”动员大会召开。3 月 18 日，为确保完成省市重点工程、“容貌工程”及各项建设工作任务，市政府与各责任单位签订目标责任书。

2 月 20 日 市政府发布《济南市固定资产投资项目审计办法》《济南市生猪屠宰管理办法》《济南市专利管理若干规定》。

同日 全国政协副主席、中国工程院院长宋健到济南视察。

3 月 1 日 济南国际机场出入境检验检疫试行一次报检、一次取（采）样、一次检验检疫、一次卫生除害处理、一次收费、一次发证放行的“六个一工程”，济南商检、动植检、卫检“三检”合一试点工作启动。

3 月 2 日 济南市住房委员会向社会公布《济南市职工住房货币化分配实施细则》等 4 个文件。

3 月 8 日 槐荫广场被团中央、建设部、全国少工委命名为“全国青少年绿色文明园”。

3月14—18日 以市委书记孙淑义为团长的济南市经贸代表团赴英、法两国进行友好访问和经贸考察。

3月16日 经省科委审核，济南市建筑设计研究院和济南市勘察测绘研究院被认定为高新技术企业。

3月22日 波兰西里西亚民间歌舞团到济南演出。

3月25日 济南市召开房产验证换证工作动员大会，发布《济南市房屋产权验证换证工作方案》。

同日 市政府发布《关于实行罚款决定与罚款收缴分离的通告》。

3月26日 济南市社区卫生服务工作总结表彰大会召开。会上宣读市政府《关于表彰社区卫生服务工作先进集体、先进个人的通报》，市卫生局等70个部门和单位、王天锡等90人受到表彰。

3月31日 市政府发布《关于强化烟尘污染防治的通告》。

3月 历城区洪楼广场动工建设，9月28日建成开放。广场占地3.55公顷，铺设草坪1.3万平方米。

4月1日 为限制摩托车数量、减轻摩托车尾气污染，即日起济南市区内停止摩托车挂牌。

4月2日 全国第一家“化工与民爆产品中试基地”在济南建立，基地由南京理工大学和济南四五六有限责任公司共同组建。

4月4日 济南市“讲学习、讲政治、讲正气”（简称“三讲”）党性党风教育动员大会召开，全市“三讲”教育全面展开。即日起，市级领导班子、领导干部首先开始“三讲”；7月26日起，县（市）区和市直部门领导班子、领导干部开始“三讲”；2001年4月27日起，国有大中型企业领导班子开始“三讲”。“三讲”教育分“思想发动、学习提高”“自我剖析、听取意见”“交流思想、开展批评”“认真整改、巩固成果”四个阶段进行。2001年5月23日，市委召开全市“三讲”教育总结大会，济南市的“三讲”教育活动基本结束。全市参加“三讲”教育的各级领导干部共7300余人，各级、各单位参加动员大会、征求意见、民主评议和民主测评的干部达5万余人。

4月6日 民政部命名章丘市为“全国村民自治模范市”。

4月8日 济南市与日本名古屋市妙香园株式会社在千佛山公园合作建设中日友好园及弥勒大佛像合作建设协议书签字及奠基仪式举行。

4月9日 济南高新技术产业开发区山东工业大学创业园揭牌仪式举行。

4月14—18日 ’99全国跳水冠军赛在济南举行。

4月15—30日 第八十五届中国出口商品交易会在广州举行，济南市交易团共签订出口成交合同1.36亿美元，比1998年增长41%。

4月16日 全国人大常委会副委员长、全国妇联主席彭珮云，全国妇联党组书记、副主席顾秀莲到济视察妇女工作。

同日 南郊热电厂扩建工程动工建设。

同日 济南海关走私犯罪侦查支局成立。

4月20日 市政府发布《济南市食品工业行业管理规定》。

4月26日 市政府印发《关于加快我市工业企业腾笼换业步伐的实施意见》。5月30日，市政府召开全市工业企业“腾笼换业”专题会议，通过《济南市工业企业1999—2000年腾笼换业实施规划》《济南市工业企业腾笼换业实施细则》。

同日 市政府出台《关于改革审批制度，推行联合办公方案》。

同日 济南市职工庆“五一”国际劳动节暨建功立业劳动奖章颁奖大会举行。大会表彰了杨波等“济南市十大杰出职工”、滕军等305名“建功立业劳动奖章”获得者和济南锅炉集团有限公司等40个“建功立业劳动奖状先进单位”和“先进集体”。大会代表全国总工会向王翠花等7名职工和济南人民商场股份有限公司颁发了全国五一劳动奖章、奖状。

同日 中国光大银行济南营业机构成立。

4月28日 山东省最大的高科技生物工程项目——山东科益人国际工业园在历城区仲宫镇破土动工。

同日 济南市首家环保配煤厂——济南铁路环保配煤厂揭牌开业。

4月28日—5月5日 日本山口市日中友协会长安部一成为团长的市民友好访问团一行49人访问济南。

4月29日—5月2日 ’99中国（济南）国际信息技术博览会在山东世贸中心举行，达成各种合作意向项目额约30亿元。

4月30日 市政府发布《济南市防治机动车排气污染监督管理办法》《关于加强城建监察工作的通告》。

4月 市委、市政府确定在郭店、董家、长清等8个乡镇进行农业现代化试点。

5月6日 市政府印发《济南市旧城区部分区片危陋房屋改造拆迁试行规定》。

5月7日 中共中央政治局委员、国务院副总理温家宝视察黄河槐荫区段。

5月8—9日 济南市各界人士、广大干部群众以集会、座谈会等多种形式，强烈抗议以美国为首的北约袭击中国驻南联盟大使馆。

5月15日 中共中央政治局常委、全国人大常委会委员长李鹏考察济南城市建设和国有企业工作。

5月15—16日 全国山地自行车冠军赛第四站比赛在平阴县举行。

5月16日 《济南日报》报道，中国工商银行市中支行七里山西路储蓄所被团中央、中国人民银行总行授予全国“青年文明号”称号。

5月23日 以越共中央政治局委员、常务副总理阮晋勇为团长的越南党政代表团一行16人访问济南。

5月25—31日 ’99济南（北京）经贸洽谈会在北京友谊宾馆召开。共签订利用外资合同、协议意向32项，合同、协议利用外资额4732万美元；达成境外办企业项目19项，其中中方出资490.01万美元，外方出资126.9万美元；签订外贸出口意向5项。

5月26日 济南市第一所“春蕾小学”——历城区锦绣川乡春蕾小学开工建设，9月1日落成，可容纳400余名学生。

5月27日 山东省内中小学首家环境检测室在济南南大槐树小学建成。

5月28日 济南—韩国济州岛国际航线开通。

5月31日 市政府印发《济南市工商行政管理体制改革实施方案》。

5月 济南留学人员创业园在济南高新技术产业开发区建立。2000年10月26日，济南留学人员创业园被科技部、人事部、教育部确定为国家留学人员创业园示范建设试点。2002年，成立国家人事部和济南市共建的“中国·济南留学人员创业园”。创业园孵化面积12.6万平方米，拥有火炬大厦、留学人员创业园、生物医药园、环保科技园等多个孵化基地。至2011年1月，创业园先后吸引来自美、日、英、法等17个国家和地区的211名留学归国人员，创办174家留学人员企业；在孵高科技项目400余项，其中近100个项目达到国内外领先水平；申报专利700余项。

6月1日 济南市少年儿童文化交流团一行15人访问英国考文垂市，参加该市举办的“高迪娃”节。

6月5日 济南市首家专业环境工程设计单位——济南市环境工程设计院成立。

6月6日 济南市首家具有国际水平的全自动制砖企业——济南鲁锦建材有限公司建成投产。

6月10日 市政府发布《济南市道路交通管理规定》。

6月18日 市委、市政府召开大会，授予历城区大桥镇齐家村、章丘市明水镇建筑一公司两个单位“济南市见义勇为先进集体”称号，授予马绪元等20人“济南市见义勇为先进个人”称号。

同日 济南市建筑工程质量监督站被建设部授予“全国十佳工程质量监督站”称号，是1999年省内唯一获此荣誉的监督站。

6 月 19 日 济南公交 35 路线获中央文明办和建设部颁发的“全国精神文明创建活动示范点”称号，为 1999 年全省公交行业中唯一获此称号的单位。

6 月 24 日 市委印发《关于公开推荐与考核相结合选拔市直机关副局级年轻后备干部的意见》，决定选拔一批 40 岁以下的市直机关副局级年轻干部，充实市直部门领导班子。

6 月 29 日 市委、市政府举行 1998 年度“济南名牌”产品授牌仪式，全市 55 个企业的 62 种产品被授予 1998 年度“济南名牌”称号。

7 月 1 日 中国证监会济南证券监管办公室挂牌成立。

7 月 2 日 济南市对口支援西藏白朗县的项目——白朗宾馆、政法大楼、济南大街 3 项工程，在西藏白朗县同时开工。

7 月 8 日 首架豪华运输客机空中客车 A320 加盟东航山东分公司，自法国飞抵济南国际机场。

同日 山东省首例脊柱内窥镜切除术在济南四院获得成功。

7 月 15 日 《济南日报》报道，由山东长城实业集团总公司、山东中西医结合大学、日本富士文化学院联合创办的山东联合大学，在济南成立。

7 月 16 日 济南东方双语实验学校建成并开始招生。

7 月 17—18 日 中华环保世纪行“爱我黄河”记者团一行 16 人采访济南市大气污染防治和黄河水资源利用及保护情况。

7 月 20 日 《济南市精神文明公约》发布实施。

7 月 22 日 市委印发《中共济南市委常委关于加强学习的整改意见》《关于加强党风廉政建设的整改意见》《关于进一步改进领导方式，转变工作作风的意见》《关于进一步加强县以上领导班子建设的意见》。

7 月 30 日 市政府发布《济南市物业管理办法》。8 月 2 日，济南市物业管理工作会议召开，要求全市 3 万平方米以上的 105 个住宅小区全部推行物业管理。

同日 国家开发银行与市政府就“加快济南市基础建设、防范和化解信贷风险”签署合作协议，3 年内向济南市贷款 15 亿元。

7 月 农业部、财政部、团中央“跨世纪青年农民科技培训工程”全面启动，济阳县被列为全国 50 个试点县（市、区、旗）之一。

7—10 月 济南市各级公安机关深入开展声势浩大的追逃专项斗争，共抓获各类逃犯 1185 名。

8 月 1—4 日 山东省省会规划建设委员会第三届第一次会议举行，审议《济南市城市总体规划（1996—2010）》《济南市城市人口发展规模研究报告》《泉城特色标志区规划方案》《千佛山风景名胜区总体规划》等。

8 月 1—6 日 ’99 全国少年拳击赛在平阴县举行。

8 月 5 日 国内首条数字智能化控制压力机生产线在济南二机床集团有限公司问世。

8 月 6 日 济南市房地产交易中心开业。

8 月 17 日 山东省第四次民族团结进步表彰大会召开，济南市民委等 8 个单位获“全省民族团结进步先进集体”称号、常金月等 10 人获“全省民族团结进步先进个人”称号。

同日 济南市公安局局长李长水被人事部记一等功。

8 月 18—20 日 原中共中央政治局常委、全国人大常委会委员长乔石到济南视察。

8 月 18—22 日 济南举办第四届国际武术节。

8 月 20 日 济南市第四次民族团结进步表彰大会召开，41 个民族团结先进集体和 55 名民族团结先进个人受到表彰。

8 月 22 日 市人大常委会颁布《济南市城市公共客运交通管理条例》《济南市发展散装水泥管理规定》《济南市促进企业技术进步条例》。

同日 济南市第一所由市民捐款兴建的小学——济南时报慈善读者学校，在历城区仲宫镇四道沟举行奠基仪式。

8 月 26 日 济南市首批 100 余辆捷达双燃料环保出租车挂牌运行。

9 月 27 日　济南玫德铸造有限公司等 9 家企业获 1998 年度全国外商投资“双优”(技术先进型、出口创汇型）企业，济南玉泉森信大酒店股份有限公司获全国先进外商投资饭店。

9 月 3 日　济南价格热线（96011999）向社会开通，为全国首家。

9 月 11—19 日　全国第四届城市运动会在西安市举行,济南体育代表团获 10 枚金牌、2 枚银牌、6 枚铜牌，金牌列第 6 位，进入全国 8 强，取得历史性突破。

9 月 12 日　越南内政部部长潘世雄率团到济参观考察交警支队。

9 月 16 日　济南市交通警察支队等 7 单位获“全国精神文明创建工作先进单位”称号。

同日　济南市房屋建设综合开发集团成立。

9 月 18 日　济南市卫生系统开始实行药品、医疗器械网上采购管理制度。

9 月 18—25 日　以议长约翰 · 弗莱彻为团长的英国考文垂市友好经贸访问团一行 6 人访问济南，参加济南经贸洽谈会。

9 月 19—24 日　台湾“中国民主社会党”主席、世界谢氏宗亲会总会长谢汉儒，台湾“工党”主席郑昭明等一行 7 人到济南参加金秋经贸洽谈会。

9 月 19—30 日　以美国萨克拉门托市友好协会主席鲍勃 · 阿里昂斯为团长的萨市友好团一行 8 人访问济南，参加济南金秋经贸洽谈会。

9 月 20 日—10 月 3 日　商河鼓子秧歌表演队一行 100 人赴京参加国庆联欢暨游园活动。

9 月 21 日　市政府发布《济南市殡葬管理办法》。

同日　由济南市选送的市群众艺术馆韩振生创作并演奏的板胡独奏《乡情》，获第九届全国群星奖大赛金奖。

9 月 21—24 日　巴布亚新几内亚驻华特命全权大使巴尼朗盖普访问济南，参加济南金秋经贸洽谈会。

9 月 22 日　济南市台湾同胞投资企业协会成立。

9 月 22—26 日　举行’99 济南金秋经贸洽谈会，共签订利用外资合同、协议 26 项、外资额 20905 万美元。

9 月 23 日　中国信达资产管理公司济南办事处成立，是山东省第一家以收购、管理、处置银行不良资产为主要业务的资产管理机构。

同日　济南市公安局妇女教养所所长率秀英被授予“齐鲁巾帼十杰”称号。

同日　中国进出口商品质量认证中心向济南商检局颁发质量体系认证证书，成为全国出入境检验检疫系统第八个通过质量体系评审的单位。

9 月 25 日　泉城广场、济南机场扩建及趵突泉公园扩建工程竣工仪式在泉城广场举行。

同日　市政府办公厅发出《关于提高城市居民最低生活保障标准的通知》，确定自 1999 年 7 月 1 日起，城市居民最低生活保障标准由月人均 160 元提高到 208 元。

9 月 25—26 日　中央军委副主席迟浩田在济南视察。

9 月 26 日　公交 54 路、69 路、80 路新线开通，标志着济南市 1999 年“城市大公交工程”全面完成。“城市大公交工程”是济南市为实现“五年大变样”目标而实施的便民工程之一。济南市公交线路总长度达到 1796 千米，万人拥有公交车 7.2 部，每天客运量近百万人次。

9 月 27 日　济南市重点项目——纬六路道桥工程开工奠基仪式举行，2004 年建成通车。工程南起经二路，北至无影山中路，全长 2400 米，红线宽 35 至 60 米，由主桥、引桥及地面道路三部分组成。

同日　山东省济南市重点工程——济南市水质净化二厂工程管网建设项目开工建设，2001 年 12 月 10 日竣工。该工程是国家计委立项的重点环保工程，辐射济南市区西部约 80 平方千米的城区，设计日处理污水能力 20 万吨，总投资 4.35 亿元，其中管网建设投资 1.63 亿元。

9 月 28 日—11 月 15 日　济南市举办’99 百万人游泉城活动。活动期间，外地至济游客

270 万人次，比 1998 年同期增长 35%；全市旅游业收入达 1.3 亿元，同比增长 38%；旅游创汇 145 万美元，同比增长 16%。

9 月 29 日 在中央民族工作会议暨全国第三次民族团结进步表彰大会上，济南市被授予全国“民族团结进步模范单位”称号，周富云等 3 人获全国“民族团结进步模范个人”称号。

9 月 30 日—10 月 4 日 第三届全国舞龙锦标赛在山东济南国际博览中心举行，槐荫区闫千户村舞龙队分别获得男女组第一名。

10 月 1 日 《济南市性病防治条例》施行，是山东省第一部性病防治地方法规。

同日 济南市盖家沟配货中心落成，18 日投入使用。工程总投资 11660 万元，占地 21 公顷，是一个集货运代理、配货、停车、食宿、仓储为一体的全国最大的配货市场。

10 月 4—29 日 济南歌舞团’99 欧亚之旅一行 30 人赴斯洛伐克等欧亚三国访问演出。

10 月 7—9 日 以日本自治体国际化协会北京事务所所长小滨本一为团长的中日地方友城联合考察团一行 9 人在济考察山东松下映像产业有限公司等日资企业。

10 月 11 日 济南玉泉森信大酒店、山东中豪大酒店被国家旅游局批准为“旅游涉外四星级饭店”。

10 月 12 日 省委、省政府、省军区授予济南市“双拥模范城”称号，授予章丘市、平阴县等 6 县区“双拥模范县（区）”称号；市双拥办、天桥区双拥办被评为“全省先进双拥办公室”；市民政局局长、双拥办主任褚玉颜被评为“全省双拥十佳人物”。

10 月 13 日 济南市经二路小学学生兰珍妮获“全国十佳少年”称号。

10 月 15 日 济南交警“122”报警指挥系统开通。

同日 全国人大常委会副委员长蒋正华率国家“保护合理利用国土资源”考察团到济南考察。

同日 《济南日报》报道，济南市有关部门提出深化国有企业产权制度改革指导意见，到 2000 年，市国有大中型企业的非国有资本和职工持股比例将达到 40%，国有中小企业提倡国有净资产一次性全部买断。

10 月 15—30 日 济南市组团参加在广州举行的第八十六届广交会，累计签订合同、协议额 1.79 亿美元，同比增长 31.61%，其中签订合同 698 份，成交额 7567 万美元，同比增长 27%。

10 月 20 日 新西兰驻华大使彼得·亚当斯一行 4 人访问济南。

10 月 20—30 日 中共中央政治局常委、中央书记处书记、全国总工会主席尉健行在山东考察。其间，考察了济南城建工作及山东水泥厂等企业。

10 月 22 日 以喀麦隆妇女地位部部长亚乌·阿伊图夫人为团长的喀麦隆妇女代表团一行 5 人访问济南。

10 月 24 日 济南机场 3600 米新跑道开通启用，告别山东省不能起降大型 B747–400 客机的历史。

10 月 25 日 市人大常委会颁布《济南市油区工作管理办法》。

10 月 26 日 济钢干法熄焦国家节能示范工程竣工并通过验收，投产后年可创经济效益 5000 多万元。

10 月 29 日 济南文联大厦落成揭牌仪式举行。

同日 《济南日报》报道，中国首台 ND5 型机车模拟操纵装置在济南铁路局研制成功，填补国内铁路机车模拟操纵技术的一项空白。

10 月 31 日 由山东银座商城股份有限公司投资经营的银座购物广场开业，营业面积 3 万平方米。

同日 规划占地 53.3 公顷的齐鲁碑林工程奠基仪式在长清五峰山举行。

11 月 1 日 济南绿色兔业集团总经理王玉梅、章丘食用菌栽培能手刘继英被评为全国“双学双比”先进女能手，章丘市陈香芹被全国妇联、国家林业局授予“三八”绿色奖章。

11 月 7 日 团市委、市邮政局联合制作的“保护母亲河行动”专题邮资明信片发行，是全国首套以“保护母亲河”为内容的邮资明信片。

11 月 11 日 1999 年度全市“优秀文化广场”评选结果揭晓，槐荫广场被省委宣传部、省文化厅授予“山东省十佳文化广场”称号，东亚广场、解放阁广场被授予“山东省优秀文化广场”称号。

同日 《济南日报》报道，在西班牙举行的第 14 届世界国际象棋大赛中，济南育英中学初二学生赵雪夺得 14 岁女子组世界冠军。

11 月 12 日 市政府印发《济南市居民已购公有住房上市交易暂行办法》。

11 月 18 日 市政府召开表彰大会，授予市司法局基层处等 12 个单位“人民满意的公务员集体”称号，并记集体二等功；给予市城建局生产计划处等 17 个单位记集体三等功；授予张振亮等 12 人“人民满意的公务员”称号，并记二等功；给予巩乃英等 40 人记三等功。

11 月 20 日 全国政协副主席陈锦华到济南考察。

同日 《济南日报》报道，市建委被建设部评为全国建设系统精神文明建设工作先进单位，贾瑞宝、弭尚通被授予“全国建设系统劳动模范”称号，林芃、陈乃菊被授予“全国建设系统先进工作者”称号。

11 月 23 日 经国家批准立项的大型城市供水项目——济南市引黄供水工程开工建设。工程由玉清湖水库和玉清水厂两大部分组成。玉清湖水库同日开始建设，2000 年 12 月 29 日竣工；玉清水厂 2000 年 1 月 15 日开工建设，设计日供水能力 40 万立方米，2001 年 7 月 9 日竣工并开始向市区供水。

11 月 26 日 由原济南进出口商品检验局、动植物检疫局、卫生检疫局合并组建的济南出入境检验检疫局挂牌成立，

11 月 27 日 山东华光电子有限公司在济南开发区新区奠基，项目总投资 7330 万元，是山东省投资最大的科研项目和投资额最大的产学研项目。

11 月 30 日—12 月 3 日 以芬兰教育信息社会部高级顾问马蒂森考为团长的芬兰教育代表团一行 10 人访问济南。

12 月 1 日 《济南市客座专业技术拔尖人才选聘管理暂行办法》实施。

12 月 3 日 市委召开会议，部署在全市农村集中开展社会主义思想教育活动。8 日，市委印发《关于今冬明春在全市农村集中开展社会主义思想教育活动的意见》。济南市农村社教活动开始，至 2000 年 2 月底结束。

同日 济南市价格举报中心成立。

12 月 7 日 济南市档案局（馆）被人事部、国家档案局授予“全国档案系统先进集体”称号，这是市档案局（馆）第二次获此称号。

同日 《济南日报》报道，填补省内硅酸盐行业生产工艺空白的高硼硅玻璃全电熔化窖在济南大明太阳能发展中心一次点火成功。

12 月 10 日 市政府印发《济南市城市容貌标准》。

12 月 10—15 日 济南市少年宫友好演出团一行 12 人赴日本山口县进行访问演出。

12 月 15 日 市政府发布《关于加强建筑安全生产管理工作的通告》《济南市城市集中供热管理条例实施细则》。

12 月 16 日 济南市药品监督管理局挂牌办公，负责对药品研究、生产、流通、使用全过程进行监督管理。

同日 中国建筑工程鲁班奖揭晓，济南四建（集团）有限责任公司承建的中国轻骑集团发动机联合厂房、山东三箭置业集团承建的西藏日喀则山东大厦、中建八局第一建筑公司承建的省工商银行大厦获“鲁班奖”，是济南市获此奖项最多的一年。

12 月 18 日 国内最大的通讯电子专业市场——山东现代通讯电子科技市场在历下区东关大街建成开业，市场主体建筑面积 1.8 万平方米。

12 月 19 日、31 日 槐荫区闫千户村舞龙队

参加在天安门广场举行的庆澳门回归和迎新千年“中华世纪坛”落成晚会。

12月25日 济南至韩国清州客运包机航线开通。

12月26日 济南裕兴化工厂总厂年产1.5万吨金红石型钛白粉项目投料试产成功，这是济南市投资最大的技改项目，设计生产能力全国第一。

12月28日 济南市重点环保工程——中济天然气供气工程竣工投产，工程总投资8210万元，可供气7.5亿立方米/年。

同日 山东医科大学科技园在济南高新技术开发区奠基，规划占地面积5.45公顷，总投资5000万元。

12月29日 由三联集团联合中国银行等单位共同承建的山东省电子商务系统开通试运行，为全国第一家实现全程网上购物的电子商务系统。

1999年 济南电视台与有关单位联合拍摄的电视连续剧《西出阳关》《济南战役》在全国第七届精神文明建设“五个一工程”奖评选中，获“入选作品奖”。

同年 历城区交通稽查站被共青团中央、交通部授予全国“青年文明号”称号。

2000年

1月1日 《济南市森林资源保护管理办法》《济南市保障老年人合法权益若干规定》《济南市旅游业管理条例》《济南市执法责任制条例》《济南市执法违法责任追究办法》公布。

同日 济南交通广播开播。

1月5日 济南市被科技部评为“全国科教兴市先进城市（1997—1998年度）”，市委书记孙淑义、市长谢玉堂、副市长徐华东、市科委副主任赵历男4人被授予“全国科教兴市先进个人”；历下区、市中区被评为“1997—1998年度全国科技工作先进城区”。

同日 市政府向新当选的中国工程院院士、山东工业大学教授艾兴捐赠院士楼建设资金50万元。

1月13日 中原油田—济南天然气供气一期工程投产仪式在济南门站举行。一期工程共铺设直径500毫米高压输气管线14.6千米、直径500毫米以下管线7.3千米，建成接收门站1座及大型高中压调压站2座。

同日 市体改委、市委组织部、市经委等5部门印发《关于对企业经营者实行期股激励与员工持股试点的指导意见》。

1月14日 市委发布《关于深入开展向优秀企业政工干部李淑敏同志学习活动的决定》。3月7日，李淑敏被全国妇联授予全国“三八红旗手”和全国“巾帼建功标兵”称号。

1月14—15日 济南市国有资产管理委员会成立并举行第一次全体会议。

1月16日 济南市调整市区部分区划。历城区的十六里河镇、党家庄镇整建制划归市中区管辖，历城区的桑梓店镇、大桥镇和靳家乡整建制划归天桥区管辖。

1月17—19日 中国青年志愿者协会第二次全国代表大会在北京召开。山东工业大学1996级学生刘茂刚列“中国十大杰出青年志愿者”之首，并获中国青年志愿者最高荣誉——“中国青年志愿服务金奖”奖章；市交警支队历下大队崔科军获“中国优秀青年志愿者”称号。

1月17—21日 由卢旺达首都基加利市市长马克·卡班达那率领的卢旺达友好经贸代表团一行10人访问济南。两市签署中国济南市与卢旺达基加利市友好会谈备忘录，市总商会与卢旺达私营企业联合会签署中国济南市总商会与卢旺达私营企业联合会经贸合作洽谈备忘录。

1月21日 济南市妇女法律援助中心、“148”妇女法律热线及济南市家庭暴力伤情鉴定中心同时挂牌成立。

1月26日 济南华联商场股份有限公司、三联集团公司家电公司、济南大观园股份有限公司、山东银座商场股份有限公司4家商场获济南市首批“保护专利知识产权示范商场”称号。

2 月 13 日 市政府发布《关于实施蓝天工程，搞好大环境绿化的通告（第一号）》。自 2000 年起，按照市委、市政府的统一部署，济南在全市范围内围绕大环境绿化、大气污染防治、水污染防治 3 个方面，展开环境综合整治，提高济南的环境质量。2 月 15 日，《关于实施蓝天工程防治大气污染的通告（第二号）》发布。17—26 日，山东省、济南市分别召开实施蓝天工程动员大会。3 月 27 日，《关于实施蓝天工程防治水污染的通告（第三号）》发布。4 月 9 日，济南市举行蓝天工程文艺演出及“实施蓝天工程，共建美好家园”百万人签名展示活动。通过实施“蓝天工程”，全市共治理荒山 190 座，造林 1 万公顷，栽植各类苗木 2231 万株，新建绿地广场 13 处，新增绿地近 338 万平方米；实施控制燃煤含硫量、淘汰燃煤锅炉和锅炉烟气脱硫、清理关停“三小”企业，推广使用天然气；新建污水净化厂，建成鹊山水库和玉清湖水库等，使济南的空气和水污染得到遏制，环境状况明显好转。

2 月 15 日 零时起至 3 月 15 日 24 时，市环保所、中科院大气物理所、省气象中心联合在济南地区进行首次大气观测试验。这种试验在山东省尚属首次。

2 月 20 日 济南市台湾同胞投资企业协会成立并举行揭牌仪式。

同日 济南陆军学院十二中队学员谢国江，被联合国开发计划署和中国青少年发展基金会授予“国际青少年消除贫困奖”，成为 10 名获奖者之一。

同日 邢家渡引黄闸改建工程开工，9 月 30 日竣工通水。

2 月 23 日 槐荫区振兴街街道社区获第二批全国“青年文明社区”称号。

2 月 24—28 日 政协济南市第十届委员会第三次会议举行，审议通过《政协济南市第十届常委会工作报告》，补选李长水、褚玉颜为市政协第十届委员会副主席。

2 月 25—29 日 济南市第十二届人民代表大会第三次会议举行，会议补选朱文兴为市第十二届人大常委会副主任。

2 月 济南市卫生局被人事部、卫生部授予“全国卫生系统先进集体”称号。

同月 国内第一台技术新、性能优、单机容量最大的 13.5 万千瓦空内冷汽轮发电机在济南发电设备厂试制成功。

3 月 7 日 工行历城支行中心储蓄所被授予全国“巾帼文明示范岗”和全国“三八红旗集体”称号；工行历下区支行文西分理处、市电信局 114 查号台、农行槐荫区西郊办事处出纳柜被授予全国“巾帼建功文明示范岗”称号。

3 月 8 日 中共槐荫区委召开大会，表彰槐荫区人民检察院被最高人民检察院授予“全国人民满意的检察院”称号。2002 年 2 月，济南市槐荫区人民检察院被最高人民检察院授予全国“模范检察院”称号。2009 年 2 月 24 日，市委召开大会，表彰槐荫区检察院在最高人民检察院举办的第三届“全国十佳基层检察院”评选活动中获“全国先进基层检察院”和“全国十佳基层检察院”称号，给予槐荫区检察院记二等功奖励。

3 月 10 日 以泰王国公主诗琳通为团长的泰国代表团一行 25 人访问济南。

3 月 13 日 中宣部、中央文明办等部门公布全国“百城万店无假货”活动第三批示范街和第二批示范店名单，济南银座购物广场名列其中。

3 月 14 日 济南市对口支援的西藏日喀则地区白朗县，再次获得全日喀则地区目标管理责任制综合考核一等奖，在 6 个获综合一等奖的县市中名列第一。

3 月 15 日 齐鲁软件市场大厦开业典礼举行。该市场为省内规模最大、服务功能最全的计算机软件市场。

3 月 20—22 日 以尼日利亚驻华大使阿德萨金为团长的尼日利亚代表团一行 8 人访问济南。

3 月 21—23 日 法国巴黎工商总会主席弗拉沃率考察团到济南考察。

3 月 23 日 全国侨办系统“兴国利侨”活动

年度总结会暨“为侨资企业服务行动年”经验交流会在济南召开。

3月25日 济南市少儿艺术团成立大会及揭牌仪式举行。

3月29日 市第十二届人大常委会第十三次会议通过《济南市城市拆迁管理条例》和有关人事任免事项。

3月30日 济南市获全国绿化委员会“1998—1999年度全国造林绿化‘十佳’城市”称号。

4月1日 济南市开始实行个人存款实名制。

4月2日 2000年全国马拉松锦标赛暨山东省青少年公路越野赛在济南举行。

4月4日 济南市首批年轻领导干部岗前培训班在市委党校开班，50名通过“一推双考”选拔出的副局级年轻领导干部参加培训，22日举行结业典礼。

4月6—14日 2000年全国跳水冠军赛暨奥运会选拔赛在济南举行。

4月8日 济南高科建材市场开业，市场占地10万平方米、建筑面积7万平方米，是济南市规模最大的建材市场。

4月9日 15时许，济南市遭受近20年来最严重的一次沙尘暴袭击，平均风速6～7级、瞬时最大风速9级～10级，水平能见度最低仅十几米，沙尘暴持续1小时。

4月10日 欧盟十三国驻华使节一行18人访问济南。

4月11日 美国俄亥俄州教育代表团一行3人访问济南并举行教育国际交流报告会。

4月12日 济南市旧城改造领导小组第一次会议召开，审议确定《济南市旧城改造实施方案》。

同日 市委组织部、市民政局联合印发《关于加强民间组织党的建设工作的意见》。

4月12—13日 以日本和歌山县山东省友好协会会长山崎利雄为团长的友好访问团一行39人访问济南。

4月14日—5月10日 以“荷风飞扬”为主题的济南市首届服装品牌展示会举行。

4月16日 济南市第一家债转股企业——济南裕兴化工总厂与中国信达资产管理公司签订债权转股权协议，涉及金额1.81亿元，企业负债率由89%降至60%以下。

4月17日 市委、市政府发布《关于加强技术创新、加快发展高新技术产业的若干规定》。

同日 中国部分驻外大使、参赞、总领事等一行23人访问济南。

4月18日 市饮食服务公司颜景祥获“中国烹饪大师”称号，张和平获“中国摄影名师”称号，这是济南市饮食服务行业人员首次获得国家级荣誉。

4月19日 济南市科技创新大会召开，奖励为济南市科技进步作出突出贡献的山东大学教授、中科院院士蒋民华“别克”轿车1辆，对118项市“科技进步奖”、29项“星火奖”获奖单位和个人颁发荣誉证书和奖金；对吴天文、孔祥海等22名“中国专利济南优秀发明家（者）”进行表彰奖励。

4月20日 市委、市政府印发《关于加快我市农业和农村经济结构战略性调整的意见》。

4月20—23日 2000年中国（济南）国际信息技术博览会在银座会展中心举行，共达成合作意向56亿元。

4月22—24日 全国妇联“巾帼文明示范岗”现场经验交流会在济南召开，市妇联、工行济南市分行女工委等介绍经验。

4月22—25日 奥地利联邦议会议长、奥中友协监护会副主席哈塞尔巴赫率友好代表团一行24人访问济南。

4月22—27日 以俄罗斯下诺夫哥罗德市副市长米尼绍夫为团长的经贸代表团一行8人访问济南。

4月24日 鹊山调蓄水库向市区供水，水库占地面积944.5公顷，蓄水能力4600万立方米。

同日 中国华融资产管理公司济南办事处揭牌暨济南一机床有限责任公司债转股4.58亿协议签字仪式举行，中国华融资产管理公司在山东省业务启动。

4 月 25 日 “2000 年全国企业家活动日”在北京举行，济南长途汽车总站获中国企业新纪录认证奖牌，“中华第一站”地位被确认。

4 月 27 日 济南市历下区被教育部确定为全国 8 个社区教育实验区之一。

4 月 28 日 市委转发市委组织部《关于在全市村级党组织中实施“固垒工程”的意见》，通过加强和改进以党支部为核心的村级组织建设，把村级党组织建设成为带领群众进行两个文明建设的坚强战斗堡垒。

4 月 28 日—5 月 6 日 加拿大里贾纳市妇女友好代表团一行 11 人访问济南。

4 月 因持续干旱，卧虎山水库、锦绣川水库先后停止向市区供水，济南市面临新中国成立以来最严峻的供水形势。8 月 8 日至 9 日，济南市普降大到暴雨，旱情得以缓解。

5 月 1—7 日 第六届泛太平洋学校运动会在澳大利亚悉尼举行，山东省实验中学代表国家参赛的 13 名学生获 6 枚金牌、3 枚银牌、3 枚铜牌。

5 月 3 日 济南市确立“五三”防空警报试鸣日。

5 月 6—13 日 第五届全国残疾人运动会在上海举行，济南运动员夺得 7 枚金牌、6 枚银牌、7 枚铜牌。

5 月 10 日 山东省济南市重点工程南郊热电金鸡岭热源厂供热环保工程破土动工，12 月 26 日竣工并开始供热。

5 月 10—24 日 以市长谢玉堂为团长的济南市友好经贸代表团一行 28 人赴日本东京、滨松、和歌山、山口等地进行友好访问和经贸考察，同东芝等 14 家公司代表进行洽谈、会谈；在山口市参加该市举办的两市缔结友好城市关系 15 周年庆祝活动。市京剧团 7 名优秀演员随团出访，并进行精彩表演。

5 月 15 日 济南市关心下一代工作委员会获“全国关心下一代工作先进集体”称号。

5 月 15—22 日 2000 年全国游泳冠军赛暨第 27 届奥运会达标赛在济南举行。

5 月 17—18 日 2000 年济南（北京）中小企业招商引资项目推介会在北京召开，共推出 120 个招商项目，签订合资合作意向 77 个，总投资 3.56 亿美元，协议外资 1.6 亿美元。

5 月 18 日 济南市首家国有企业控股的医药批发企业——济南宏业医药有限公司投入运营。

5 月 21 日 在全国志愿者助残表彰大会上，团市委获国务院残疾人协调委员会“全国志愿者助残先进集体”称号。

5 月 22 日 美国住房与城市发展部部长安德鲁 · 科莫一行访问济南，探讨中美住房领域的交流与合作。

5 月 23—25 日 全国畅通工程“严管街”现场会在济南召开，来自全国 35 个大城市的公安交警代表实地察看了纬二路、经七路、泺源大街三条“严管街”，听取了济南市实施畅通工程的情况介绍。

5 月 23—29 日 2000 年济南（北京）经贸洽谈会在北京举行。共签订利用外资项目 27 项，总投资 17391 万美元，外资额 10820 万美元，其中，合同利用外资 23 项，总投资 15041 万美元，外资额 8965 万美元；协议利用外资 4 项，总投资 2350 万美元，外资额 1855 万美元。

5 月 26 日 市政府举行济南轻骑国有股权质押协议签字仪式，质押国有股权 3.9 亿股，获贷款 7.53 亿元。这是济南市实施环境创新，支持国有大型企业加速发展的重大举措。

同日 市政府发布《济南市国有土地租赁暂行规定》《济南市出让国有土地使用权招标拍卖办法》《济南市城镇国有土地使用权出让办法实施细则》《济南市游泳场所管理办法》。

同日 约旦国家民间歌舞团一行 23 人到济南访问演出。

5 月 31 日 由德国人于 1909 年兴建、1989 年停止通车的泺口黄河铁路百年老桥，经大面积改造后重新启用，邯济铁路全线贯通。该桥改造总投资 7400 万元，比建一座新桥节约 4 亿多元，节省土地 338.7 公顷。

6 月 1 日 济南市“面的”出租车全部退出客运出租市场。

6 月 2 日 市政府、山东省盐务局联合下发《关于调整济南市盐业经营管理体制的通知》，济南市的盐业经营管理机构更名为“济南盐业公司”，同时加挂“济南市盐务局”的牌子，济南市供销合作社不再负责全市盐业行政管理工作。之后，又开展了县级盐业体制理顺工作。至 9 月 28 日，市、县两级盐业经营管理体制理顺工作全面完成，产销合一、上下贯通、分级管理、调控有力的盐业体制形成。

6 月 3 日 波兰“冬布罗瓦人”民间歌舞团一行 30 人到济南访问演出。

6 月 5 日 中央电视台开始发布济南市空气质量日报。

6 月 6 日 全国轻工重点企业改革与管理会议在济南召开。

6 月 7 日 市政府发出《关于建立土地收购储备制度的通知》，确定在全市规划范围内建立土地收购储备制度。9 日，全市土地市场管理工作会议召开，济南市土地收购储备中心挂牌。

6 月 7—9 日 中国齐长城文化学术研讨会在长清县召开。

6 月 8 日 济南永宁制药股份有限公司与南联盟的合资企业——济南海慕法姆制药有限公司建成投产，年产值 4 亿元。这是中国与南斯拉夫联盟共和国最大的制药合资项目，总投资 2300 万美元。

6 月 9 日 济南市首家私营老年公寓——济南天福老年公寓建成入住。

6 月 10 日 市委、市政府印发《关于加强城市社区建设的意见》，城市街道党委改建为党工委，作为区委的派出机构。

6 月 12—13 日 以南非共和国西开普省省长莫克尔为团长的南非西开普省代表团一行 10 人访问济南。

6 月 16—18 日 以韩国前总统卢泰愚为团长的韩国代表团一行 19 人访问济南。

6 月 21 日 济南市客座专业技术拔尖人才选聘工作在北京全面展开。24 日，市委、市政府在北京人民大会堂举行新闻发布会，中国科学院等单位的 32 名专家学者成为济南市首批客座拔尖人才。

6 月 24 日 济南市英雄山健身广场揭牌，2000 年“英派斯”济南市全民健身宣传周同时启动。

6 月 24 日—7 月 5 日 市委书记孙淑义率济南经贸考察团一行 12 人赴澳大利亚、新西兰考察访问。

6 月 27 日 农工商集团济南佳宝乳业有限公司近期获得 ISO 9002 国际质量体系认证及“山东省名牌产品”“中国学生奶定点生产企业”称号。

6 月 28 日 山东省首家非处方药超市——宏济堂药品超市在济南开业。

6 月 30 日 市人大常委会颁布《济南市城市房屋拆迁管理条例》《济南市大气污染防治条例》。

同日 济南市济阳、商河两县 5 个乡镇 74 个村庄遭风暴袭击，受灾面积 6800 公顷，直接经济损失 6000 多万元。

7 月 1 日 济南市行政单位人员实行财政统一发放工资。

同日 市区公交线路推行 IC 卡电子车票。

7 月 2—16 日 以市政协主席孙常印为团长的济南市友好教育文化代表团一行 10 人，赴德国、英国进行友好访问。

7 月 6—7 日 埃塞俄比亚民主共和党驻华大使巴莱马一行 2 人访问济南。

7 月 9 日 济南市被国务院妇女儿童工作委员会命名为“全国儿童工作先进市”。

7 月 9—16 日 第十一届国际生物学奥林匹克竞赛在土耳其举行，省实验中学学生王旭以个人总分第一名的成绩获得金牌。8 月 25 日，团市委授予王旭济南市“新长征突击手”称号。

7 月 10 日 清华大学和浙江大学 30 名博士、硕士研究生赴济社会实践团到济南进行为期 1 个月的社会实践。

7 月 18 日 济南市与以色列泽威集团合作建设济南停车系统项目签字仪式举行，总投资 9.8 亿元。

7 月 18—28 日 英国考文垂市中学生友好访问团一行 24 人访问济南。

7 月 22 日 全国政协副主席陈锦华率全国政协常委视察团到济南视察。

同日 由原山东大学、山东医科大学、山东工业大学三校合并组建的新山东大学在济南成立。

7 月 24 日 共青团路拓宽及五龙潭公园开发扩建工程动工。

7 月 25—27 日 2000 年全国中学生田径锦标赛在济南举行。

7 月 27 日 济南市第十二届人大常委会第十五次会议举行，决定任命王天义为济南市人民政府副市长。

7 月 31 日—8 月 9 日 以市委常委、市纪委书记李荣芝为团长的济南市友好经贸考察团一行 10 人赴美国进行友好访问和经贸考察。

8 月 10 日 济南市选送的小品《卖报的小哥哥》获首届全国“蒲公英奖”创作金奖、表演银奖。

8 月 10—14 日 第九届中国专利新技术新产品博览会在西安举行，济南市参展项目“电子发光霓虹灯技术”“开放型计算机控制系统”被评为“博览会金奖”。

8 月 14—30 日 以副市长徐华东为团长的济南市友好经济访问团一行 6 人赴瑞典、芬兰和瑞士进行友好访问和考察，就沃尔沃卡车、环保设备制造、涂料和防渗材料生产等十多个项目进行了洽谈。

8 月 15 日 亚足联考察团一行 4 人考察济南市体育及宾馆设施。

8 月 19 日 山东省最大的现代化工厂育苗生产线在济南市高新农业开发区建成并举行揭牌仪式。

同日 济南红旗—考格尔汽车制造有限公司制造生产的 37 辆重型专用车首次向非洲批量出口。

8 月 25 日 市人大常委会颁布《济南市农村成人教育若干规定》《济南市社会保障基金审计监督办法》《济南市城市生活垃圾管理办法》。

同日 世界旅游组织的 6 名旅游规划专家对济南市旅游业进行考察。28—29 日考察灵岩寺、五峰山、四门塔等风景区。

8 月 26 日 亚洲及大洋洲放射学会国际学术交流会在济南召开。

8 月 27—29 日 日本和歌山县立南部高中学校访问团一行 16 人访问济南。

8 月 30 日—9 月 3 日 济南市妇女代表团一行 10 人赴加拿大里贾纳市访问。

9 月 10 日 中共中央政治局常委、全国政协主席李瑞环到济南视察工作。

9 月 12 日 中国保险监督管理委员会济南保险监督办公室成立。

9 月 12—14 日 瑞典沃尔沃集团高级副总裁特罗根一行 4 人访问济南。

9 月 12—20 日 由副市长杨佩钦率领的济南市经贸文化代表团一行 21 人赴巴布亚新几内亚进行友好访问、经贸合作考察和杂技戏剧演出活动，并参加巴新独立 25 周年庆典活动。

9 月 14 日 “大宝杯”2000 年中华炎黄圣火全民健身火炬传递抵达济南。15 日在省体育中心体育馆举行火炬交接仪式。

9 月 17—26 日 以美国萨克拉门托市议员斯蒂夫·科恩为团长的萨克拉门托市友好访问团一行 10 人访问济南。

9 月 19—22 日 以英国考文垂市商会主席大卫·博顿为团长的考文垂市友好经贸访问团一行 7 人访问济南。

同日 乌拉圭大使阿尔瓦罗·阿尔瓦罗雷斯夫妇访问济南。

9 月 19—23 日 以芬兰万达市副市长马赫提·利伯伦为团长的万达市友好访问团一行 6 人访问济南。双方就两市正式签署友好城市关系协议进行商谈，并就经济、文化等方面的交流与合作进行探讨。

9 月 20—26 日 以日本山口市副市长原昌克

为团长的山口市政府代表团一行 7 人访问济南。

9 月 20—27 日 以日本山口市日中友好协会会长安部一成为团长的山口市市民友好访问团一行 30 人访问济南。

9 月 22—26 日 2000 年济南金秋经贸洽谈会在银座国际会展中心举行。共达成合同、协议利用外资项目 44 项,合同、协议总投资 3.45 亿美元,合同、协议外资额 2.4 亿美元。其中:合同 16 项,合同外资额 1.03 亿美元;协议 28 项,协议外资额 1.36 亿美元。达成出口合同 56 个,出口总值达 5546 万美元,其中自营企业出口 2145 万美元、三资企业出口 1534 万美元。

9 月 23 日 在全省民政工作会议上,中共中央政治局委员、省委书记吴官正代表国务院向济南市颁发“全国民族团结进步模范市”奖牌和荣誉证书。

同日 全国房地产市场工作会议在济南召开,建设部部长俞正声出席会议并讲话。

9 月 25 日 由新华社、人民日报社、中央人民广播电台等 10 家新闻单位记者组成的中央新闻单位采访团在济南展开重访济南交警活动。

同日 市中区七里山街道第三居委会主任田宝明被国家计生委授予全国计划生育战线“新时期最可爱的人”称号。次年 12 月 23 日获“全国十佳妇女思想政治工作者”“全国三八红旗手”称号。2003 年 9 月被中央组织部、民政部授予“全国优秀社区工作者”称号。

9 月 25—29 日 全国第十届兰花博览会在大明湖公园举行。

9 月 26 日 全国人大常委会副委员长、民革中央主席何鲁丽到济南视察。

同日 济南市首家合资商业企业大型超市大润发商业有限公司历城店开业。经营面积 2 万平方米,经营品种 2 万多种。

同日 济南建材集团被列为全国建材系统八大重点企业集团之一。

9 月 30 日 济南人民广播电台新发射台建成启用。

同日 济南市南部三大重点工程——仲埰公路、锦绣川水库增容加固、七星台宾馆及植物园建设全部竣工。三项工程总投资 1.3 亿元。

10 月 1 日 经四路地下商业街开始运营,全长 800 米,建筑面积 1.7 万平方米。

同日 由济南锅炉集团与西安热工研究所共同研制的国内首台 240 吨 / 小时循环流化床锅炉试运行成功。

同日 全国首家越野卡丁车场在济南西郊森林公园落成。为国内首家符合国际 B 级、国家 A 级场地标准的越野卡丁车场。

10 月 2 日 由山东三箭集团总承包的山东省在缅甸第一个工程总承包项目——仰光 1.2 万吨干船坞工程举行开工典礼,工程总造价 2540 万美元。

10 月 7—13 日 以日本和歌山市议会议长浦哲志为团长的和歌山市第十七次友好访问团一行 10 人访问济南。

10 月 8 日 济南市第四期造绿“一环九射”工程动员大会召开,市委、市政府决定实施“一环九射”第四期造绿工程。“一环”指二环路,“九射”指经十西路至 220 国道路段、济微路段、英雄山南路至省道 002 线路段、经十东路至济王路段、工业南路、工业北路、大桥路段、济泺路段、济齐路段等城市九大出入口,全长 174.93 千米。次年 2 月 20 日,山东省暨济南市举行实施蓝天工程、大环境绿化“一环九射”工程总结表彰大会。省绿化委员会、市政府对作出突出贡献的 64 个单位和 27 名个人进行表彰,市政府表彰 47 个“2000 年度蓝天工程、大环境绿化、一环九射工程优秀组织单位”、6 个“突出贡献单位”、120 个“2000 年度蓝天工程先进单位”、839 名“2000 年度蓝天工程、大环境绿化、一环九射工程先进个人”。至 2001 年年底,工程进入扫尾阶段。

10 月 9 日 义和团运动 100 周年国际学术讨论会在济南举行。

10 月 15 日 济南交警支队济南公安交通指挥控制中心扩建暨 GPS 卫星定位系统竣工开通。

同日 济南市最大的人造瀑布在华山建成投

入运行，总落差达 120 米，宽 12 米～16 米，流量为每小时 200 立方米。

10 月 19 日 招商银行济南分行成立。

10 月 20 日 济南市管道煤气转供天然气首批试点一次点火成功，乐山小区、邮电新村等 8200 户居民率先用上天然气。

同日 以副总编辑阮进海为团长的越南共产党中央刊物《共产主义》杂志社代表团一行 8 人访问济南。

10 月 21 日 济南至乌鲁木齐特快列车开通，最高持续运行时速达 160 千米。

10 月 22 日 济南市崇尚科学反对邪教协会成立。

10 月 23 日 中国毛泽东诗词研究会第二届会员代表大会和第三届年会在济南召开。

同日 法国著名钢琴演奏家理查德 · 克莱德曼钢琴演奏会在山东省体育馆举行。

10 月 24 日 山东水泥厂作为国企改革典型企业，由人民日报社、中央电视台等七大新闻单位向全国宣传和推广。

10 月 26 日 市人大常委会颁布《济南市档案管理若干规定》《济南市宗教事务管理条例》。

10 月 26—29 日 以日本山口市小郡町町长高木和文为团长的日本山口市福利考察团一行 17 人访问济南。

10 月 27 日 亚足联执委会确定，2004 年亚洲杯足球赛在中国北京、济南、成都、重庆 4 城市举行。

10 月 27—31 日 济阳鼓子秧歌艺术团一行 8 人赴日本访问。

10 月 30 日 济南市东西结合重点工程——济南自来水公司援建鄄城二级水厂建设工程建成供水。

同日 1999 年度中国企业新纪录新闻发布会在北京召开，济南长途汽车总站再次蝉联“中华第一站”称号。

11 月 1 日 0 时，全国第五次人口普查登记工作开始。2001 年 4 月 18 日，济南市第五次人口普查领导小组办公室发布全市人口普查主要数据公报：2000 年 11 月 1 日 0 时，全市总人口为 5921697 人（包括外来人口，不包括外出人口），其中：男性为 300.29 万人人，占 50.71%；女性为 291.88 人，占 49.29%。全市共有家庭户 168.80 万户，家庭户人口为 543.84 万人，平均家庭户规模为 3.22 人。

同日 历城区柳埠镇白虎山发现巨型石雕。约长 3 米，宽 2 米，高 1 米，为整体大青石，重 10 吨左右。

11 月 1—5 日 日本山口县志愿植树团、林业协议团一行 110 人访问济南，并参加在长清县举行的“绿色黄河友好林”植树活动。

11 月 4—5 日 全国人大常委会副委员长成思危率调研组在山东省进行调研，视察《中华人民共和国职业教育法》济南市贯彻执行情况。

11 月 5—9 日 第六届亚太聋人运动会在中国台北举行，济南市运动员张珺获女子跳远金牌并打破世界纪录，同时获得 4×100 米和 4×400 米接力银牌各 1 枚及 100 米跑铜牌。

11 月 6 日 市政府防范和处理邪教问题办公室组建。

11 月 6—8 日 乌拉圭东岸共和国副总统兼国会主席路易斯耶罗率团访问济南。

11 月 7 日 济南市举行庆祝新中国第一个记者节大会,10 个“新闻工作先进集体”和 30 名“优秀新闻记者、编辑”受到表彰。

11 月 8 日 《光明日报》头版头条以《探索人才智力资源共享新模式，济南市运用市场机制选聘客座拔尖人才》为题，对济南市客座专业技术拔尖人才选聘工作进行综合报道，肯定了济南市对高层次科技人才“不求所有，但求所用”的做法。

11 月 10 日—12 月 10 日 中国航天科普巡回展济南展在市博物馆展出，参观展览人数约 6 万人次。航天实物展品包括“长征一号”火箭、“东方红一号”卫星、导弹等。

11 月 15—16 日 中共中央政治局常委、国务院总理朱镕基视察济南。

11 月 21 日 济南市儿童艺术剧院的儿童剧《宝贝儿》获第八届中国人口文化奖一等奖和“最佳编剧奖”。次年 9 月获中宣部“五个一工程”奖。2002 年 7 月获全国第十届“文华奖”，成为山东省首个获此项大奖的儿童剧。2005 年 12 月，该剧入选《国家舞台艺术优秀剧目集》。2006 年 8 月在第四届“中国十大演出盛事”评选中获“最佳少年儿童演出金奖”；11 月该剧入选 2005—2006 年度“国家舞台艺术十大精品工程”。2008 年 5 月 23—25 日，该剧进京在国家大剧院连续举办 6 场演出，是山东省第一台应邀亮相国家大剧院的舞台剧。

11 月 24 日 市妇幼保健院 90 分钟内安全降生 3 对“龙凤胎”。

11 月 26 日 国内最大 3500 毫米精轧机机架在济钢集团总公司中厚板厂安装成功。

11 月 27 日—12 月 4 日 济南市司法警务代表团一行 8 人赴英国、德国访问。

11 月 30 日 市政府发布《济南市政府采购管理办法》《济南市建设工程地震灾害预防管理规定》《济南市地方税收征收管理若干规定》；发布《济南市城镇企业职工生育保险暂行办法》，自 2000 年 12 月 1 日起施行。

12 月 8 日 市委、市政府发出《关于实施环境创新，加快发展民营经济的通知》，对优化民营经济发展环境作出具体部署。

12 月 12 日 市政府发布《济南市幼儿园管理规定》。

12 月 13 日 济南市杂技团一行 21 人圆满完成与世界著名三大马戏团之一的美国玲玲马戏团合作演出返回济南。该团在美国演出长达 380 多天，巡演 24 州的 42 个城市，演出 437 场，观众达 400 多万人，创济南市赴外演出新纪录。

12 月 15 日 在第九届全国城市职工歌手邀请赛中，代表济南市参赛的市园林局陈宗梅获“民族唱法金奖”。

同日 济南市电脑福利彩票销售额达 1.03 亿元，率先在全省突破 1 亿元。

12 月 18 日 山东省首家药品仓储直销中心——济南药业药品仓储直销中心开业。中心仓储与营业面积 5000 余平方米，经营品种 5000 多个。

12 月 20 日 第十一届《半月谈》“思想政治工作创新奖”表彰颁奖会在北京举行，济南小鸭集团党委书记李淑敏获“特等奖”。

12 月 22 日 国务院批复《济南市城市总体规划（1996—2010 年）》。

同日 市人大常委会颁布《济南市村集体财务管理条例》《济南市市级预算审查监督条例》《济南市市政工程设施管理条例》。

同日 中国第一台高清晰度数字彩电在济南下线。山东松下 4 种型号的数字彩电在济南投产。

12 月 在全市 110 个乡镇、534 个县（市）区直部门和 344 个城市社区居委会、4804 个村的领导班子和党员干部中，分两批开展“三个代表”重要思想学习教育活动。市委印发《在农村开展“三个代表”重要思想学习教育活动的实施意见》和《全市村居开展“三个代表”重要思想学习教育活动的意见》，成立全市“三个代表”重要思想学习教育领导小组，并抽调人员组成督导组到各县（市）区督查指导工作。各县（市）区抽调 1.9 万名机关干部，分别组建驻乡镇督导组和驻村指导组。参加学习教育活动的农村党员干部达 6 万人。

2001 年

1 月 3 日 济南市颁布《关于对发生严重危害社会稳定重大问题地方实施领导责任查究的意见》。

同日 《济南日报》报道，济南至韩国清洲往返国际旅游客包机开通。

1 月 9—11 日 全国环保工作会议确认，2000 年济南市告别严重大气污染，甩掉“全国十大污染城市”的帽子。

1 月 12 日 济南市台属企业家协会成立。

1 月 14—15 日 冰岛共和国驻华大使奥拉夫·埃吉尔松访问济南。

1 月 18 日 中国重汽集团有限责任公司在济南成立。中国重型汽车集团济南卡车有限公司、中国重型汽车集团济南零部件公司与母公司同时揭牌。

同日 市政府发出《关于关闭二环路以内自备水源井的通告》。同日，市政府在市自来水公司举行城市单位自备井封井仪式。截至 11 月 23 日，全市关闭自备水源井 132 眼，每年可减少地下水开采量 5000 多万立方米。

1 月 27 日 俄罗斯“小白桦”歌舞团到济南演出。

2 月 5 日 市政府发布《济南市行政审批制度改革若干规定》。

2 月 6 日 市委、市政府作出《关于表彰 2000 年度两个文明建设先进单位的决定》，授予 9 个单位“济南市 2000 年度两个文明建设标兵单位”称号，授予 4 个市（区）、67 个市直部门、20 个乡镇、8 个街道“济南市 2000 年度两个文明建设先进单位”称号；对在 1995 年至 2000 年度连续 6 年被评为优秀等次的 22 人给予记二等功奖励，对 1997 年至 2000 年度连续 4 年被评为优秀等次的 63 人给予记三等功奖励。

同日 济南市首批高级技能人才命名大会召开，108 人获“技术工人状元”称号。

2 月 15 日 在山东省人口资源环境会议上，济南市获得“2000 年度人口与计划生育目标管理责任制一等奖”“全省矿业秩序治理整顿工作先进单位”“全省落实‘一控双达标’和 1998—2000 年度环境目标责任制二等奖”。

2 月 20 日 全国政协副主席周铁农视察济南市城市建设工作。

2 月 21—26 日 政协济南市第十届委员会第四次会议召开，审议通过《市政协十届常委会工作报告》《提案工作报告》，与会委员协商讨论了《关于〈济南市国民经济和社会发展第十个五年计划纲要〉的报告》和其他有关报告，增选孟宪杰为市政协第十届委员会副主席。

2 月 22—27 日 济南市第十二届人民代表大会第四次会议召开，听取审议《济南市国民经济和社会发展第十个五年计划纲要》等报告，通过《济南市制定地方性法规条例》；补选段义和为市人大常委会主任，牛洪恩、王存兴、朱金河为副主任，张宗祥为市人民政府副市长。

2 月 26 日 由山东建筑材料工业学院与济南联合大学合并组建的济南大学成立并举行挂牌仪式。济南大学是一所综合性大学，实行中央、省、市共建，以省为主的管理体制。

2 月 28 日 市政府召开大会，庆祝济南市 10 县（市）区全部跨入“亿元县”行列，其中，章丘市在全省县级收入排行中排第 4 位，历城区排第 9 位。

同日 铁道通讯信息有限责任公司山东分公司在济南挂牌成立。

3 月 1 日 公安部、省公安厅相继召开电视电话表彰大会，市公安局彭绵新等 5 名民警被授予“全国优秀人民警察”称号，天桥分局被授予“全省优秀公安局”称号。

同日 市政府印发《济南市招商引资奖励试行办法》。

3 月 2 日 全市技术进步工作会议召开，要求“十五”工业的发展要以技术改造、技术进步为主要内容，实现“工业强市”。

3 月 5 日 济南市城市绿化暨创建国家园林城市动员大会召开。大会对 2000 年城市绿化工作中做出优异成绩的单位和个人进行表彰，部署 2001 年城市绿化任务。9 月 26 日至 27 日，创建国家园林城市检查团对济南市进行全面考核，认为济南市创建国家园林城市的各项基本指标均达到国家园林城市标准。2002 年 1 月 24 日，在全省建设工作会议上，济南市被命名为“省级园林城市”。12 月 16 日，建设部命名济南市为“国家园林城市”。

3 月 12—27 日 以副市长王天义为团长的济南市经贸考察团一行 5 人到美国、巴西、乌拉圭进行友好访问和经贸考察。

3月15日 市政府印发《济南市国民经济和社会发展第十个五年计划纲要》。

3月25—26日 以欧盟驻华大使魏根深为团长的欧盟专家组一行3人参加济南市农工商集团佳宝第四乳品加工厂竣工投产典礼。

3月29日 市政府召开命名表彰大会，张启来等25人获济南市首批“科技创新人才”称号。

3月30日 由市中心医院、市一院、市三院等六单位共同组建的济南市中心医院集团成立。

3月 市供电局“彩虹”服务队被团中央、中国青年志愿者协会授予第四届“中国百个优秀青年志愿者服务集体”称号，这是全国电力系统唯一获此称号的单位。

4月4日 市政府发布《济南市保护外商投资企业权益，促进外商投资企业发展的若干规定》。

4月6日 市人大常委会颁布《济南市制定地方性法规条例》。

4月6—10日 中国东西部贸易洽谈会在西安举行。济南代表团在会上共达成经济技术合作项目56项，其中合同15项，项目总金额达5.05亿元，100万元以上的大项目7项。

4月7日 2001年济南“趵突泉啤酒杯”全国马拉松锦标赛暨第九届全运会马拉松预赛在济南举行。全国各省、市175名运动员参加比赛，山东选手郑桂霞夺得女子组冠军。

4月9日 市政府印发《关于加快城镇职工基本医疗保险制度、医药卫生和药品生产流通体制改革的意见》。

同日 《济南日报》报道，由济南华幸化工集团投资兴建的山东化工市场建成，为江北最大的化工专业市场。市场占地面积5公顷，建筑面积3万平方米，经营品种为20个大类6000多种化工产品。

4月9—10日 以新加坡外交部巡回大使郑东发为团长的友好代表团一行6人在济南参观。

4月10日 经六路延长线拓宽改造工程开工，2004年1月6日竣工通车。该工程是济南市建设全市“三纵三横”主干道网络中的重要“一横”，济南“十五”计划中的一项重点工程，东起纬十二路，西至拥军路，全长5.3千米，规划宽度30米（局部50米），工程总投资约4亿元。

4月11—12日 以韩国庆尚南道议会议长金钟奎为团长的庆尚南道议会代表团一行20人访问济南。

4月15日 省委、省政府召开严打整治斗争电视电话会议。在济南市分会场，市委、市政府发布《济南市严打整治斗争实施方案》，要求各级各部门强化落实各项措施，务求“严打”整治斗争取得预期成效。同日，济南市严惩严重刑事犯罪分子大会在省体育馆召开，依法逮捕或拘留46名犯罪分子，7名死刑犯被执行枪决，为期2年的济南市“严打整治”斗争拉开帷幕。

4月25—29日 市公安局开展“严打”整治第二次集中搜捕清查行动，共抓获各类刑事犯罪嫌疑人283名，其中逃犯28名；抓获违法人员358名，破获刑事案件379起，22名嫌疑犯主动投案自首。

4月18日 奥地利驻华大使爱立克·巴特霍索博士一行访问济南高新技术产业开发区。

4月19—22日 2001年中国（济南）国际信息技术博览会暨中国宽带数字城市市长论坛在银座会展中心举行，达成各种合作协议约20亿元。

4月23—24日 埃及驻华大使穆罕默德·努曼·贾拉勒偕夫人访问济南。

4月28日 济南长途汽车总站获2000年度“全国五一劳动奖状”。

4月 公安部组织暗访组对上海、济南等全国30个大城市的社会治安情况进行暗访测评，济南市名列总成绩榜首。

5月1日 全国省会城市第一部教育督导地方法规——《济南市教育督导条例》施行。

同日 《济南市高新技术产品认定暂行办法》实施。

5月5日 中共中央政治局委员、国务院副总理钱其琛到济南考察。

5 月 8 日　泉城路拓宽改造工程开始动迁，7 月破土动工，2002 年 4 月 30 日竣工。泉城路西起西门桥、东至青龙桥，全长 1560 米，投资概算约 6.1 亿元，道路规划宽度 50 米。

同日　山东省友好省区法国布列塔尼大区议会主席若斯兰·德鲁昂（大区行政长官）率领政府代表团一行 12 人访问济南。

5 月 9—10 日　瑞典企业联合会主席、沃尔沃原总裁学仁居乐率经贸代表团访问济南。

5 月 11—13 日　第八十七届中国日用百货商品交易会在济南举行，总成交额 12.5 亿元。

5 月 12 日　济南高新区留学人员创业园被科技部、人事部、教育部、国家外国专家局联合授予首批“国家留学人员创业园”。

5 月 12—21 日　济南市青少年足球代表团一行 22 人到韩国参加水原市城市青少年国际邀请赛。

5 月 13—25 日　以市人大常委会副主任赵志冰为团长的济南市访问团一行 5 人到芬兰万达市进行友好访问。

5 月 14 日　济南高新区与德国海德堡科技园、印度班加罗尔软件园结成姊妹园区签字仪式举行。

5 月 15 日　市委、市政府就加快济南市城市化进程、加快城市化发展，提出要坚持以发展大城市为主导，围绕增强城市集聚和辐射功能，科学布局大城市，加快建设卫星城，积极发展小城镇；加快产业结构调整，完善基础设施，努力把济南建成全省政治、经济、文化、教育、高新技术产业中心和全国区域性金融中心

同日　2001 年济南市中小企业上海春季国际经贸洽谈会在上海开幕，共达成合资合作意向 102 项，总投资额 9.3 亿美元，协议利用外资 6.72 亿美元。

5 月 16 日　济南市印发《中共济南市委机构改革实施意见》《济南市人民政府机构改革实施意见》。18 日，全市机构改革工作会议召开，至年底，市级党政机构改革基本完成。通过改革，市委、市政府机关人员编制总量分别按 15%、30% 的比例精简；政府人员编制由原来的 2702 人减少到 1896 人，减少 806 人，分流人员 600 人；结合机构改革，共划转部门职能 34 项，取消部门职能 28 项，取消行政审批 370 多项。

5 月 17 日　22 时始，济南市“严打”整治斗争第三次集中打击清查行动开始，共抓获各类违法犯罪嫌疑人 391 名，破获刑事案件 156 起，缴获枪支 14 支、炸药 2680 千克。

5 月 17—18 日　以澳大利亚贝壳港市市长格伦海姆为团长的文化交流团一行 6 人访问济南。

5 月 18 日　济南市信息产业局成立。

5 月 19 日　济南市中级人民法院一审公开开庭审理徐宗涛等 57 人黑社会性质团伙犯罪案件。次年 4 月 4 日，召开宣判大会，依法公开宣判徐宗涛黑社会性质组织犯罪案件。判处徐宗涛等 5 人死刑，剥夺政治权利终身；判处李宝国等 6 人死刑，缓期二年执行，剥夺政治权利终身；其余 46 名罪犯被分别判处 20 年以下有期徒刑。

5 月 20 日　2001 年第二十一届世界大学生运动会火炬传递交接仪式在济南举行。

5 月 20—30 日　济南市青少年友好访问团一行 6 人，到美国萨克拉门托市访问演出。

5 月 22 日　澳大利亚少年现代舞蹈团一行 44 人到济南访问演出。

5 月 25—29 日　中国济南首届国际茶叶博览会在济南茶叶市场展销大楼举行，87 名美国、英国等境外客商及全国各地 2000 名代表参展参会，合同交易额近 2 亿元。济南茶叶批发市场是中国江北第一大茶叶市场。从 2005 年第三届茶博会开始，中国茶叶流通协会将全国唯一的茶博会放在济南和广西横县两地举办，单数年在济南举办，双数年在广西横县举办。

5 月 30 日　在中宣部、司法部联合召开的第五次全国法制宣传教育工作会议上，济南市被评为“1996—2000 年全国法制宣传教育先进城市”。

5 月 30—31 日　中共中央政治局委员、书记处书记、中央宣传部部长丁关根一行在济南考察。

6月5日 泺口黄河水质自动监测站建成并投入运行，

6月6—11日 以南斯拉夫驻华大使伊利亚·朱克奇为团长的南斯拉夫代表团一行9人访问济南。

6月7日 全市政府系统信息化建设现场会召开，决定在全市政府系统普及电子信息应用技术，建成全市机关统一的数据中心、应用服务中心和专用宽带互联网平台，全面实施政府上网工程。

6月8日 以美国环球金融公司董事长爱德华·科汉为团长的经贸代表团一行7人访问济南。

同日 中国光大银行济南分行成立。

同日 自2001年1月1日始，济南市降雨仅71毫米，比特大干旱的2000年同期减少1/4，是自1916年后同期降雨最少的年份。大旱使590座塘坝干涸，5000多眼机井干枯，受旱农田17.3万公顷，144个村、8.7万人出现吃水困难。

6月9日 全国人大常委会副委员长曹志到济南视察工作。

6月10日 国务院在济南召开部分省区市抗旱工作会议，中共中央政治局委员、国务院副总理、国家防汛抗旱总指挥部总指挥温家宝主持会议并讲话。

同日 全国政协副主席张思卿到济南调研。

6月11日 济南革命烈士陵园被命名为全国第二批百个爱国主义教育基地。

6月11—28日 以市人大常委会主任李启万为团长的济南科技代表团一行11人到俄罗斯、白俄罗斯、乌克兰进行友好访问和经贸考察，签署协议3个，达成项目意向10个。

6月15—16日 以日本和歌山县知事木村良树为团长的和歌山县代表团访问济南。

6月18日 市政府发布《济南市企业国有资产产权登记管理办法》《济南市国有资产授权经营办法》《济南市国有资产评估管理办法》《济南市国有资产产权转让管理办法》《济南市行政事业单位国有资产产权登记实施办法》。

同日 济南市招商局成立。

6月18—22日 2001年中国国际电子家电博览会在青岛举行，济南市企业在博览会上签订出口合同意向5957.6万美元，签订7个利用外资项目，总投资额5340万美元，其中利用外资3315万美元。

6月19日 济南工行大观园储蓄所被团中央、中央金融工委授予“全国杰出青年文明号”。济钢集团总公司获“全国质量效益型先进企业特别奖”。

同日 以多米尼加劳动党妇女书记洛乌雷德斯·梅赛德斯为团长的多米尼加劳动党妇女代表团一行3人访问济南。

6月20—28日 以市委书记孙淑义为团长的济南市经贸考察团到巴西、乌拉圭进行经贸考察，与巴西弗洛里亚诺布里斯市签署了友好合作备忘录，与乌拉圭就双方经贸合作签署了意向书。

6月22日—7月20日 济南市举办反腐倡廉成果展，公开曝光27起腐败大案要案，展出资料图片600幅和大量实物，并设立展览现场举报室，观众达5万余人。

6月24—25日 以美国百事可乐国际部总裁彼得·汤姆为团长的经贸代表团一行8人在济南洽谈合作事宜，并与市轻工业国有资产经营公司签署建立济南百事可乐饮料有限公司合作意向书。2002年11月1日，公司成立暨奠基仪式在市高新技术产业开发区举行，项目总投资1.5亿元人民币，这是百事可乐在山东省建立的第一家饮料合资生产企业，也是全市近年来最大的外商投资项目之一。2003年12月19日，公司投产。

6月25日 西河遗址、济北王墓、齐长城遗址入选第五批全国重点文物保护单位。济南市的全国重点文物保护单位达到8处。

同日 《济南日报》报道，济南黄河西外环浮桥建成通车，总投资1600万元，总长7.2千米。

6月26日 国务院批复同意撤销长清县，设立长清区，以原长清县行政区域为长清区的行政区域，区人民政府驻长清镇。2002年5月8日，举行长清区成立大会。

6月28日 英大国际高尔夫俱乐部在济南民营科技产业园建成，是济南第一个高尔夫俱乐部。

6月29日 国家计委、信息产业部发布《关于建设国家软件产业基地的决定》，批准齐鲁软件园等10个软件产业基地为“国家软件产业基地”。30日，国家软件产业基地（济南）齐鲁软件园揭牌仪式暨新闻发布会在济南高新区举行。

6月30日 市委举行庆祝中国共产党成立80周年大会，发布《关于命名表彰先进基层党组织、优秀共产党员和优秀党务工作者的决定》，对101个市级“先进党组织”、201名“优秀共产党员”和50名“优秀党务工作者”进行表彰。山东水泥厂党委、小鸭集团党委书记李淑敏受到中央组织部表彰，15个基层党组织、19名共产党员和3名党务工作者受到山东省委表彰。

6月 经省政府批准，天桥区北园镇撤销，以其原有行政区域设立北园街道和泺口街道。

7月2日 以越共中央政治局委员、岘港市委书记潘演为团长的越南共产党代表团一行9人访问济南。

同日 山东大学齐鲁软件学院在济南高新区成立。12月3日，教育部、国家计委批准山东大学齐鲁软件学院为国家级高等学校示范性软件学院。

7月3—16日 副市长张宗祥率济南市经贸代表团赴马来西亚、泰国、香港开展经贸活动，共达成合作协议及意向16项，产品出口协议额1530万美元，承包工程协议外资额16.19亿美元，对外投资额100万美元。

7月4日 市政府发布《济南市人民防空工程建设管理办法》。

7月9日 兴业银行济南分行成立。

7月24日 “第七期中国—非洲经济管理官员研修班”非洲11国政府官员代表团一行访问济南。

7月26日 中共山东英才专修学院委员会成立，成为全市首个民办高校党委。

7月26—29日 日本山口市学生访问团一行10人访问济南。

7月29日—8月5日 以巴布亚新几内亚首都地区莫尔兹比港市政长官泊纳德·凯皮特为团长的代表团一行3人访问济南，两市签署友好会谈备忘录。

8月1日 济南高新技术产业开发区被批准加入国际科学园协会（IASP）。标志着高新区内的各类园区，通过国际组织同世界53个国家和地区的不同会员联系在一起，高起点、快节奏地步入国际经济大循环。

8月1—10日 全国少年拳击锦标赛在平阴县举行。

8月17—19日 中国台湾和平小天使访问团访问济南。

8月18日 作为保泉重要措施之一的玉符河回灌补源试验开始实施，至31日，各观测点水位均有不同程度的上升。

8月21日 济南市小城镇户籍管理制度改革全面实施，办理小城镇居民户口，不实行计划指标管理，不收取城市增容费或其他类似费用，审批权限下放至县（市）公安机关，范围是章丘、长清、平阴、济阳、商河所属乡镇。

8月23—25日 中国济南海外学人联谊总会成立大会暨专业论坛和项目洽谈会举行。

8月24日 在全国社会治安综合治理工作会议上，济南市被中共中央社会治安综合治理委员会授予“全国社会治安综合治理优秀单位”称号。

8月25日 2000年度全国十大考古新发现评选结果揭晓，济南市章丘洛庄汉墓陪葬坑和祭祀坑入选，成为济南市第5项被列入当年全国十大考古新发现的考古发掘项目。

8月27日 济南市与芬兰万达市缔结友好城市签字仪式在芬兰万达市举行。

8月29—30日 以韩国传统体育振兴会会长丁成澈为团长的韩国友好访问团一行15人访问济南。

8月31日—9月1日 斯洛伐克驻华大使彼得·保伦一行5人访问济南。

8月 济南啤酒集团总公司生产的无醇啤酒获“第二届中国国际食品博览会金奖”。

9月1日 济南市调整公共汽电车零、月票价格，普通零售票价改为1元、2元，取消使用多年的旧式纸板月票，改用新型电子车票或电子月票。

9月3日 上海浦东发展银行济南分行开业。

同日 历城区被国家林业局授予“全国经济林建设先进区县”称号。

9月3—4日 以韩国水原市议会副议长廉相关为团长的水原市议会代表团一行29人访问济南。

9月4日 长清县张夏镇于盘小学教师张广祥被教育部命名为全国“十佳师德标兵”。

9月5—8日 成功举办首届“中国（济南）国际旅游交易会”，美、韩、奥、德等国家及国内23个省、市、自治区4000多家中外旅游企业近3万人参加交易会，达成各类合作意向10万份。此次交易会是山东省及周边地区首次举办的大型国际旅交会。

9月6日 市委组织部下发《济南市市级机关中层干部竞争上岗实施方案》，至2002年1月底，全市共有84个部门的1170个处级职位进行竞争上岗，近3000名机关干部报名参加，1155人通过竞争上岗走上新的领导岗位。

9月6—14日 在济南举行2001年全国奥林匹克青年足球联赛决赛阶段比赛，山东鲁能青年足球队获冠军。

9月7日 济南市知识产权局成立。

9月8—12日 第五届中国投资贸易洽谈会在厦门召开，济南市参展团与外商签订合同1项，合同外资额1000万美元；签订境外投资项目2项，总投资70万美元。

9月11—13日 共青团中央在长清区召开中国青年科技创新行动——金桥计划现场经验交流会，总结推广“长清模式”，共青团济南市委、共青团长清区委分别作典型发言。

9月12日 瑞典环保管理集团总经理劳斯·戴尔汉姆访问济南。

9月16日 中共中央政治局委员、山东省委书记吴官正察看红叶谷生态文化旅游区和名泉复涌情况，强调要把旅游业作为第三产业的一个重点来抓，进一步繁荣省会经济。

9月17日 16时25分，停喷926天的趵突泉复涌。

9月17—25日 以英国考文垂市市长戴维·切特为团长的友好代表团一行8人访问济南，两市签订谅解备忘录。

9月18日 “兵妈妈”齐亚珍及其一家获全国五好文明家庭“十大标兵户”称号。

同日 中共山东省委决定，李华理任中共济南市委委员、常委、副书记。

9月18—26日 以俄罗斯下诺夫哥罗德市议长阿贝舍夫为团长的友好代表团一行8人访问济南。

9月20日 济南市公安局交警支队市中大队女子中队被授予“全国人民满意的公务员集体”称号。

同日 趵突泉公园李清照纪念堂与易安旧居扩（修）建工程竣工开放。

9月20—24日 以澳大利亚郡德勒普市市长约翰·伯姆巴克为团长的友好经贸代表团访问济南。

9月22日 经营面积20万平方米、国内单体面积最大的家电市场——山东现代家电市场开业。

同日 鲁台（济南）高新技术产业合作洽谈会举行，共达成投资意向和协议10余项，协议引进台资3500万美元。

9月22—26日 2001年济南金秋经贸洽谈会举行，到会客商1300多人，分别来自美、英、法、德、日等30多个国家和地区。洽谈会共达成合同、协议利用外资项目24项，合同协议总投资36354万美元，合同协议外资额30758万美元；达成出口合同82个，出口总值6200万美元；签订海外承包工程1项，协议金额1.8亿美元。

9月27日 济南市信访局被国家信访局授予“全国信访系统优秀集体”。

9月27日—10月10日 以副市长徐华东为

团长的经贸考察团一行7人到加拿大、巴西、乌拉圭进行友好访问和经贸考察。

9月29日 市政府发布《济南市村镇房屋权属登记管理办法》。

同日 工业北路拓宽改建工程竣工并举行通车典礼。该路段全长8.6千米，路面宽60米，双向8车道，工程总投资1.3亿元。

10月9日 济南市获全国“实施妇女儿童纲要先进市”称号。

10月12日 全国政协副主席钱伟长到济南视察。

同日 中共济南市第七届委员会第七次全体会议召开，审议通过《中国共产党济南市第七届委员会第七次全体会议公报》。

10月13—16日 以日本山口市日中友好协会会长安部一成为团长的友好代表团一行17人访问济南。

10月15日 山东大学建校100年庆典大会在济南举行。中共中央总书记、国家主席江泽民，中共中央政治局常委、全国人大常委会委员长李鹏为山东大学题词；中共中央政治局常委、国务院副总理李岚清，全国人大常委会副委员长姜春云等发贺信；中共中央政治局委员、山东省委书记吴官正，全国政协副主席钱伟长，教育部部长陈至立，财政部部长项怀诚等出席庆典大会。

10月15—30日 第90届中国出口商品交易会在广州举行。济南市派出60家企业设摊位65.5个，实现出口贸易成交1.6亿美元，其中实单合同7622万美元。广交会开幕前夕的14日晚，国务院总理朱镕基视察了济南小鸭集团摊位。

10月16—17日 中共中央政治局委员、国务院副总理吴邦国到济南视察。

10月18—19日 2001年三峡工程重庆库区农村移民出市外迁工作会议在济南召开。济南市承担的接收安置800名三峡库区忠县移民的任务圆满完成，共有208户、837名三峡移民落户济南。

10月20—26日 以日本和歌山市市长旅田卓宗为团长的和歌山市第18次友好访问团一行13人访问济南。

10月22—24日 以韩国京畿道女性局局长李美庆为团长的政府代表团一行17人访问济南。

10月24—28日 以荷兰北荷兰省省长范·科莫纳德为团长的经贸考察团一行14人访问济南。

10月28日 市人大常委会颁布《济南市水资源管理办法》《济南市献血管理若干规定》。

10月28日—11月2日 以印尼北苏拉威西省副省长弗莱迪·苏阿朗为团长的经贸代表团一行15人到济南参观考察，双方签署友好交流意向书。

10月31日—11月4日 以日本山口县农林部长原田公平为团长的山口县志愿团一行110人到济南参加捐资植树活动。

10月 济南市公安局侦破新中国成立以来全省最大的跨国走私、制造毒品苯丙胺案，抓获涉案人员41名，捣毁毒品生产点4个，查封参与销售和制造片剂的公司、企业7个，缴获毒品共计284千克、片剂4.2万粒。公安部发贺电祝贺禁毒战线在打击制售冰毒方面获得重大成果。

11月4—5日 以印度尼西亚东爪哇省省长伊曼·乌托莫率东爪哇省政府暨经贸代表团一行37人访问济南。

11月10日 济南技术产权交易所揭牌营业。

11月11日 市委、市政府发布《关于赋予济南高新区市级管理权限的决定》。

同日 齐鲁东方建材博览中心开业。该中心总投资1.2亿元，建筑面积18000余平方米，标准摊位300个。

11月13日 市政府印发《济南市深化企业住房制度改革加快解决职工住房问题的实施意见》。

11月15日 全国政协副主席、全国工商联主席经叔平到济南视察。

同日 民生银行济南分行开业。

11月15—18日 济南（上海）名优产品推介暨工商联手洽谈会在上海举行，共签订经贸合同与意向164个，总金额20.25亿元。

11 月 16 日　济南市歌舞团更名为济南市歌舞剧院。

11 月 18 日　总投资 2 亿元、建筑面积 13 万平方米的大学科技园在济南高新区开工建设。

同日　济南市残疾人活动中心举行揭牌仪式。

11 月 21 日　《济南日报》报道，济南海关走私犯罪侦察支局破获首起外商在济走私案，案值 500 余万元，涉嫌偷逃税额 120 余万元。

11 月 21—22 日　在北洋大戏院举行首届济南市农民文艺会演，44 个节目参演。

11 月 25 日　历时半年的“泉城之歌”歌曲歌词征集评选活动结束，以著名词作家乔羽为首的评委会对征集到的作品进行审评，评出优秀词、曲作品各 10 首。

11 月 23 日—12 月 1 日　济南市大型综合风情文化展在日本东京展出。展览分“今日济南”“文化生活”“洛庄汉王陵”“现代书画艺术” 4 部分，展现了济南市的经济文化、风土人情、旅游资源和史前重大考古发现等。

11 月 28 日　深圳发展银行济南分行开业。

11 月 30 日—12 月 1 日　韩国新任驻华大使金夏中一行 7 人访问济南。

12 月 4 日　全省首家志愿者协会——济南市志愿者协会成立。

12 月 7 日　济南市国税局获“全国税务系统先进集体”称号。

12 月 8 日　历城区交通稽查站被交通部命名为“全国交通系统文明示范窗口”。

同日　济南民营企业发展促进会成立，14 家大型民营企业成为首批会员。

12 月 10 日　山东省及济南市重点工程——济南市水质净化工厂工程管网建设项目竣工。

12 月 12 日　中国工程院公布 2001 年新增选院士名单，山东省医学科学院教授谢立信、山东大学齐鲁医院教授张运入选。至此，驻济南的中国科学院和中国工程院院士共 4 人。

12 月 13 日　济南市科技示范企业命名授牌仪式在小鸭集团举行，中创软件等 10 家企业被命名为“济南市高新技术产业化示范企业”，小鸭集团等 10 家企业被命名为“济南市运用高新技术提升传统产业示范企业”。

12 月 16—18 日　以奥地利共和国驻华大使博天豪为团长的友好访问团一行 11 人访问济南。

12 月 18 日　索菲特银座大酒店举行店庆并举行五星级酒店挂牌仪式，成为济南市首家五星级酒店。

12 月 19—23 日　尼日利亚驻华大使阿布巴卡一行 4 人访问济南。

12 月 26 日　市区国有土地首次举行拍卖，济南市国土资源局代表市政府以公开拍卖的方式实现两笔土地交易，省内 28 家有法人资格的企业参加拍卖土地的角逐。

12 月 28 日　济南市首家债转股企业济南裕兴化工厂组建济南裕兴化工有限责任公司揭牌仪式举行。

同日　济南市首例同种异体原位肝脏“换件”术在济南市中心医院实施成功，填补省内无肝脏器官移植手术空白。

同日　市公交总公司 K50、K53、K57、K90 等 4 条公交线路由民营企业福建百利宝公司承包经营，期限 10 年，打破济南公交线路由国有公交公司独家经营的垄断格局。

12 月 31 日　市委发布《济南市“十五”期间社会主义精神文明建设规划》。

同日　市委印发《关于贯彻落实〈公民道德建设实施纲要〉的意见》。

2001 年　围绕贯彻落实中央《深化干部人事制度改革纲要》，市委印发《关于深化干部人事制度改革的意见》，市委组织部印发《济南市公开选拔领导干部试行办法》《济南市关于进一步做好调整不称职、不胜任现职领导干部工作的意见》《关于试行干部考察预告制度的意见》《关于建立干部选拔任用工作责任制的试行办法》等文件。在市直机关机构改革和领导班子调整工作中，共对 70 个单位 184 名考察人选实行了考察预告；对 193 名新提拔任职的干部，在不同范围内进行了为期

7 天的任前公示；对 96 名新提拔担任部门领导职务的干部实行了为期 1 年的任职试用期；对 120 名干部进行了交流任职。

同年 济南钢铁集团总公司实现销售收入突破 100 亿元大关，成为济南市第一个销售收入过百亿的企业集团。

同年 济南市国内生产总值首次突破 1000 亿元，达到 1067.2 亿元，比 2000 年增长 12.1%。

2002 年

1 月 7 日 水利部确定济南市为“全国地下水保护行动”唯一试点单位。

1 月 8 日 中共中央政治局委员、山东省委书记吴官正，省委副书记、代省长张高丽，到济南市调查研究，就抓好省会城市建设作重要指示。14 日，中共济南市委召开常委扩大会议，传达学习吴官正、张高丽在济南调研时的重要讲话，专题研究 2002 年城市建设工作。

1 月 9 日 全国实施畅通工程、创建平安大道电视电话会议召开。济南市再次被评为全国城市交通管理“畅通工程”优秀管理水平城市；市公安局交通警察支队市中区大队济微路中队获“全国创建平安大道模范集体”称号，并立集体一等功。

1 月 11 日 济钢集团总公司被人事部批准为企业博士后工作站。

1 月 21 日 市委、市政府召开争创全国文明城市动员大会，部署“创城”实施意见。强调要以加快发展为主题，以提高市民素质、城市文明程度和市民生活质量为目标，努力把济南建设成为环境优美、秩序优良、服务优质、管理优化的文明城市。

1 月 22 日 省委、省政府就济南市城市规划建设管理工作召开现场办公会，省委书记吴官正，代省长张高丽提出重要意见。30 日，市委、市政府召开省会城市建设管理工作会议，指出要力争经过几年的艰苦努力，基本构筑起适应市场经济发展要求和现代化省会城市需要的、新型的城市管理体制和运行机制。

1 月 24 日 济南市民间组织管理局挂牌成立。

1 月 25 日 市政府印发《关于深入开展“招商引资年”活动的意见》，确定 2002 年在全市范围内开展“招商引资年”活动。26 日，全市对外经贸工作会议召开，决定在全市范围内开展“招商引资年”活动。会上，山东松下映像产业有限公司总经理池田宏造被济南市政府聘为经济顾问，成为济南市聘任的首位外国经济顾问。

1 月 31 日 市十二届人大常委会第二十四次会议任命王以才为济南市人民政府副市长（挂职）。

2 月 8 日 济南玛钢公司“迈克”商标获“中国驰名商标”，成为全国同行业首家获得这一国家级最具权威性商标认定的厂家。

2 月 12 日 市水利局被人事部、水利部授予“全国水利系统先进单位”称号。

2 月 20 日 全国政协副主席、中国工程院院长宋健视察济南城建工作。

同日 市人事局决定，为进一步加大人才引进力度，对愿意到济南工作，但未落实就业单位的普通高校本科及以上学历毕业生，采取“先接收、再落户、后就业”的政策，这一优惠政策在全国同类城市中属首创。

同日 济南市环境保护监测站通过中国实验室国家认可委员会资格认可审核，并取得“实验室认可证书”，实现环境监测数据与国际互认。5 月 9 日，济南市环境保护监测站揭牌。

2 月 24 日 济南市经十东路扩建工程开工，10 月竣工通车。该道路工程宽 144 米，双向 10 车道，全长 13.5 千米。

2 月 26 日 济南市对企业职工最低工资标准进行调整，最低工资标准市区 370 元，章丘市、长清县、平阴县 340 元，济阳县 310 元。

2 月 27 日 以尼日利亚人民民主党全国书记文森特·奥布拉富为团长的尼日利亚人民民主党代表团访问济南。

2 月 28 日 济南市重点工程——济南机场路

改造和环境整治工程全面动工，5月1日竣工。

3月6日 济南市交警支队市中女子中队被全国妇联授予“全国三八红旗集体”称号。

3月7日 市政府印发《关于加快全市工业发展的意见》。

3月8日 市政府印发《关于加快县域工业园区建设的意见》。

3月9—10日 由香港财富报业集团董事局副主席、台湾中华工商管理协会总会长范光陵率领的香港财富报业集团商务考察团在济南参观考察。

3月10日 山东省暨济南市“情系母亲河，捐植纪念树”植树活动在长清县平安店镇举行，团中央书记处书记杨岳等参加植树活动并为“建团80周年纪念林”揭碑，近2000名青年志愿者植树2000余棵。

同日 济南市房改工作会议确定：2002年济南市公有住房租金在原有基准租金基础上再提高20%，达到家庭工资收入10%～12%的比例要求；6月底完成前三轮房改售房的发证工作；全市物业管理面积达到1900万平方米，住宅小区覆盖面达到33%。

3月12日 济南天桥区北闸子村金牛社区等4家社区被团中央等部门命名为第三批全国“青年文明社区”。

3月13日 顺河高架路北延工程拆迁工作全面展开，拆迁总建筑面积21.08万平方米。8月16日，顺河高架路北延工程开工建设，2003年11月竣工通车。

3月21日 教育部批准济南交通高等专科学校与中国重汽集团职工大学合并组建山东交通学院，10月26日挂牌。

3月21—24日 以韩国水原市市长沈载德为团长的水原市世界杯宣传团一行151人访问济南，23日，在泉城广场举行世界杯宣传活动。

3月22日 在全国公安派出所工作会议上，济南市公安局被公安部授予“创人民满意派出所工作先进公安局”称号。

3月23—26日 由意大利环境部高级金融专家索马里瓦率领的中意环境保护合作工作组在济南考察。

3月25日 联合国开发计划署援助济南市项目立项团来济考察。

同日 环城公园西护城河综合整治工程开工，是环城公园建成后16年来进行的第一次全面、大规模的整修。8月20日，工程竣工。

3月28日 济南市疾病预防控制中心和济南市卫生监督大队同时成立，已运作49年的济南市卫生防疫站撤销。

3月29日 占地6.6平方千米、总投资1.2亿元的济南环保科技产业园研发基地项目工程开工建设，2003年3月5日，项目被批准为国家级环保科技产业园。

3月30—31日 全国人大常委会副委员长彭珮云在济南视察。

同日 首次国家司法考试济南考区的考试在山东大学南校区举行，济南市3919人参考，401人达到分数线，列全省第一名。

4月1日 全市城乡用电统一电价，农村照明用电从0.66元／千瓦小时，降至0.52元／千瓦小时。

同日 《济南市出租汽车货运管理办法》《济南市城市房屋拆迁管理办法》实施。

同日 2001年度全省百强纳税企业表彰会议召开，将军烟草集团有限公司济南卷烟厂、济南钢铁集团总公司、济南供电局等17家企业受到表彰，在前10名企业中，有济南企业5家。

4月4—8日 以芬兰万达市市长尔奇·兰塔拉为团长的万达市代表团访问济南。

4月5日 市农村税费改革领导小组召开扩大会议，部署全市农村税费改革。6月13日，市委、市政府印发《济南市农村税费改革（试点）实施方案》。7月31日，全市农村税费改革结束。

同日 韩国大韩航空副社长李钟熙一行访问济南，与省市领导和有关部门商谈开通韩国汉城至济南的空中航线事宜。5月27日，济南至汉城空中航线开通。

4月6日　全国马拉松邀请赛暨亚运会选拔赛、济南国际马拉松邀请赛在济南举行。

同日　中美合作开发基因组技术平台系统暨山东吉诺基因组医学工程有限公司成立仪式在济南举行。

4月11日　济南至曼谷包机航线开通。

4月11—13日　中国第十三届软件交易会在济南举行，微软、北电等国际知名软件公司以及来自韩国、台湾等地及内地主要软件企业参加。

4月12—14日　2002济南（北京）名优产品展览会在北京国际会议中心举行，济南钢铁集团、齐鲁化纤集团、中国重汽集团、中国轻骑集团、山东小鸭集团、农工商集团等99家企业参展，共签订经贸技术合同、意向104项，总金额5.73亿元。

4月15日　中共济南市第八次代表大会举行，选举产生济南市出席省八次党代会的代表54人。

4月15—18日　2002年全国残疾人田径、柔道、举重锦标赛暨世锦赛选拔赛在济南举行。

4月18日　济南一机床全面完成债转股任务，新的济南一机床集团有限公司揭牌仪式举行。债转股后，一机床资产负债率下降至59.02%。

4月19日　济南市建设项目审批服务中心对外办公。

4月20日　国家重大科技项目“半导体发光器件外延工艺与管芯技术”在济南通过鉴定验收，打破了半导体外延材料与管芯技术被欧美发达国家垄断的局面。

4月28日　济南市2002年十大重点技改项目——济南啤酒集团5万吨纯生啤项目竣工投产，总投资4000万元。

同日　济南市重点工程之一——经六路西延长线拓宽改造工程兴西路段竣工通车。

4月29日　市政府印发《关于在我市取消户口性质分类实行统一的济南市居民户口登记管理制度的通知》，在全市取消户口性质分类，对城乡居民实行统一的居民户口登记管理制度。

4月30日　济南七星天文台落成。

4月　济南市高等教育自学考试办公室被教育部授予“全国自学考试先进集体”称号。

5月6日　全国政协副主席、中共中央统战部部长王兆国到济南视察。

5月6—11日　济南市代表团赴香港参加“山东（香港）招商周”，共签约项目13个，总投资9.1亿美元，合同协议外资6.6亿美元。

5月8日　济南市重点工程——卧虎山水库续建工程开工，2005年12月13日竣工。工程包括入库河道治理、水库增容、原有工程改造三部分，总投资1.05亿元。

5月11日　济南市召开庆祝中国共产主义青年团成立80周年大会，表彰第十届“泉城十大杰出青年”和优秀共青团干部、团支部书记、共青团员，并向全市团员青年发出《继承传统，开拓创新，做新世纪有为青年》的倡议书。

同日　第四届全国人事科研工作会议在济南召开，由市人事局开发的济南人事与编制信息管理网络系统获“第三届全国人事科研成果评审一等奖”并受到表彰。

5月14日　济南市技工学校被确定为国家重点技工学校，成为济南市首家国家重点技工学校。

5月16日　2002年济南市高新技术产业项目投融资洽谈会举行，省内外近60家金融与投资机构负责人和100多家高新技术企业的代表与会，共达成合作项目25项，投资总额11.4亿元。

5月18日　全国农副产品深加工食品工业工程示范项目，济南市农副产品加工业重点工程——农工商集团济南佳宝工业园破土动工，2004年10月竣工。项目总投资5亿元，占地66.7公顷，设计日处理鲜奶能力1200吨，年处理鲜奶40万吨。

5月20日　市委组织部印发《关于在全市领导干部中开展“联千户、访万家、察民情、送温暖”活动的意见》，决定在全市党政机关和领导干部中组织开展“联千户、访万家、察民情、送温暖”活动。至年底，全市63个市直部门和10个县(市)区的1244个单位开展了这项活动，825名市管领导干部牵头成立了4972个帮扶小组，联系困难家庭10505户，捐资713.8万元。

5月21日 《济南市部队干部随军家属劳动就业和社会保障暂行办法》实施。该办法对部队干部家属劳动就业和社会保障作出详细规定，这在全国尚属首次。

5月23日 济南市产权交易所挂牌运营。

同日 市政府印发《济南市特大安全事故应急处理预案》。

5月27日 第十一次全国民政会议在北京召开,历下区获“全国民政工作先进县（市、区、旗）”称号。

同日 济南中乌高科技合作园成立，乌克兰教育科技部国务秘书扎依丘克·瓦·奥和山东省副省长蔡秋芳为合作园揭牌。合作园位于济南高新区东部新区，总规划占地约150公顷，由综合示范区和产业区两部分组成。

5月28日 科技部批准济南市为首批全国智能交通系统应用示范工程试点城市。

同日 国家知识产权局确定济南市为全国专利工作试点城市。

5月28—30日 济南—北欧企业界经贸洽谈会举行,12家济南企业与11家北欧企业进行洽谈，达成合作协议、意向7项。

5月30日 “十五”期间国家科技攻关项目——电子商务与现代物流应用工程在济南启动，2003年11月11日，该项目通过科技部专家组的验收。

5月 花园路商业街高标准改建工程开工建设，2003年4月竣工，总投资3000多万元。

同月 济南市法律援助中心被司法部、中国残疾人联合会授予“全国残疾人维权先进集体”称号。

6月1日 由济南铁道职业技术学院与加拿大戴尔特国际商学院联合创办的济南泰尔弗商学院挂牌，省城高等职业技术教育迈出与国际接轨的第一步。

6月3日 市政府召开大会，对2001年度为济南市经济发展作出突出贡献的外商投资企业进行表彰,向10家“优秀外商投资企业”、45家“先进外商投资企业”颁发奖牌，同时表彰了2001年度济南市获“全国先进外商投资企业”称号的15家企业。

6月4—5日 以土耳其伊兹密特市市长塞法·瑟曼为团长的伊兹密特市代表团一行9人访问济南，双方签署济南市与伊兹密特市友好合作交流协议书。

6月6—8日 济南（智利）经济贸易合作洽谈展览会在智利首都圣地亚哥市举行，共签订贸易协议意向46项，贸易额8200万美元，其中合同协议9项，贸易额2650万美元；签订合作投资项目7项，投资额7600万美元。

6月10日 济南（巴西）经贸洽谈会在巴西里约热内卢举行，共达成合作协议意向22项，贸易额4800万美元。

6月11日 全国政协副主席毛致用率全国政协经济社会发展及民族宗教工作考察团到济南视察。

6月12—20日 以市纪委书记李荣芝为团长的济南市赴韩友好代表团一行8人赴韩国水原市访问。

6月15—17日 全国政协副主席任建新一行视察济南城市基础设施建设工作。

6月15日—7月2日 市委书记孙淑义率济南市友好经贸代表团访问芬兰、瑞典。

6月18日 市委、市政府授予牛立河“济南市见义勇为先进分子”称号。

6月19—22日 联合国亚太技术转让中心主任比绍夫一行访问济南，就中国（济南）信息技术创新国际论坛暨博览会筹备工作等进行考察。

6月22日 济南高新技术产业开发区博士后科研工作站暨济南高科技人才市场开业仪式举行。

6月24日 市委决定授予51个单位“济南市学习实践‘三个代表’重要思想先进集体”称号，授予100人“学习实践‘三个代表’重要思想先进个人”称号。26日，济南市历城区孙村镇辛庄村党支部获“全国农村‘三个代表’重要思想学习教育活动先进集体”称号。

6 月 27 日 “中法文化年”法方主席昂格鲁米一行访问济南。

6 月 28 日 全球第一大零售企业沃尔玛与大连万达集团联手登陆泉城，济南万达商业广场开工建设。2003 年 9 月 17 日，沃尔玛山东第一家分店——济南泉城路分店开业。

同日 济南市“旧城改造、蓝天工程、腾笼换业”重点工程项目——泉星小区温州城组团开工建设。

6 月 29—30 日 济南市国家公务员、机关工作者世贸组织基本知识考试举行。全市 25794 名党政机关工作人员参加考试。

6 月 30 日 《济南日报》报道，在首次教师资格认定第一阶段工作中，济南市共有 20593 人取得资格认证，其中 2220 人获得高级中学教师资格，532 人因不符合教师资格认定条件而没有取得教师资格。

7 月 1—13 日 以副市长刘克昌为团长的济南市农业考察团一行 8 人赴英国、荷兰考察。

7 月 4 日 由香港大业织造有限公司董事长沈炳麟捐建的第四所小学——仁风中心小学，在济阳县仁风镇落成。

7 月 5—14 日 第 34 届国际奥林匹克化学竞赛在荷兰的格罗宁根举行，省实验中学朱烨以第一名的成绩获金牌，并摘取唯一的“最佳男选手奖”。

7 月 5—18 日 以市委副书记雷建国为团长的济南市经贸考察暨人才招聘团一行 13 人访问美国、加拿大。

7 月 6 日 济南大学新校区开工建设。新校区新征土地 61.3 公顷，一期工程总投资逾 5 亿元。

7 月 7 日 南斯拉夫驻华大使朱克奇一行 5 人访问济南，就进一步加强合资合作事宜与有关方面进行洽谈。

7 月 10 日 人事部批准，济南高新区留学人员创业园为人事部与济南市共建单位，定名为“中国·济南留学人员创业园”，11 月 28 日揭牌。

7 月 11 日 韩国 LG—CNS 公司与浪潮软件合资成立浪潮乐金信息系统有限责任公司签字仪式在济南举行。

7 月 12—19 日 以日本和歌山市副议长浅井武彦为团长的日本和歌山市第 19 次友好访问团一行 12 人访问济南。

7 月 14 日 哥伦比亚共和国参议长卡洛斯·加西亚一行就社会和经济建设情况到济南考察。

7 月 16—22 日 以法国雷恩市市长爱德蒙·埃荷威为团长的法国雷恩市代表团访问济南，双方签署友好城市协议书。

7 月 16—26 日 英国考文垂市教育代表团一行 23 人访问济南。

7 月 18 日 中共中央政治局常委、国务院总理朱镕基，中共中央政治局委员、国务院副总理、国家防汛抗旱指挥部总指挥温家宝考察济南黄河标准化堤防建设情况。

同日 济南市商业协会和济南市商贸国有资产经营公司挂牌成立。原市一商局、二商局撤销。

7 月 21—26 日 由中国国际象棋协会和齐鲁晚报联合主办的世界棋后与英美棋王对抗赛在济南进行。中国棋后诸宸、谢军与英国特级大师奈哲尔·肖特、美国特级大师亚瑟·塞拉万进行对抗赛。

7 月 24 日 齐鲁考格尔工业园一期工程开工，2003 年 10 月 10 日竣工，首批专用汽车下线。一期工程规划用地 20.3 公顷，建筑面积 5 万平方米，投资 1.1 亿元。

7 月 24—26 日 以韩国水原市政府自治企划局局长金贞福为团长的韩国水原市经贸代表团访问济南。

7 月 24 日 韩国水原市 I2SKOREA 株式会社在济独资兴办的济南济水软件系统有限公司在高新区齐鲁软件园举行开业仪式，是入驻齐鲁软件园的首家韩国企业。

7 月 26 日 济南市的齐亚珍和戴秀兰获省“三八红旗手”和省妇联、省民政厅和省军区政治部联合授予的“十佳兵妈妈”称号。

7月26—31日 全国第十七届青少年科技创新大赛举行，济南舜玉小学学生苗泽旺获“新苗鼓励奖”，其发明的便携式太阳灶获“科技创新一等奖”。

7月27日 市人大常委会公布《济南市城市私有房屋管理办法》《济南市城市国有房屋管理办法》《关于废止〈济南市城市商业网点管理办法〉的决定》。

同日 由市委组织部、市人事局，与中国人民大学、中国政法大学、北京师范大学、哈尔滨工业大学联合举办的研究生进修班举行开学典礼，以这些进修班为主体的济南市在职干部研究生院同时揭牌。

7月29日 “阳光大姐”通过市工商行政管理局商标事务所商标注册，成为济南市社区服务业新品牌。同时，市“阳光大姐”家政服务社更名为市“阳光大姐”家政服务中心，下设中介服务和培训基地。阳关大姐家政服务社于2001年10月创立，目的在于引导和帮助下岗女工实现再就业，至2002年3月，济南市10个县（市）区全部建立了阳光大姐家政服务社。

8月3日 济南市首家矿区采矿权拍卖——平阴县玫瑰镇高套村东石灰石采矿区采矿权拍卖成功，济南市矿区采矿权开始实行有偿有期限使用。

8月4日 山东省社会治安综合治理委员会、省见义勇为基金会对济南市“7·18”勇擒歹徒英雄群体进行通报表彰，并授予历下公安分局东门大街派出所社区巡防员郭少吉（又名郭林）、深圳市青云普实业有限公司驻济南办事处职工李忠林“山东省见义勇为先进分子”称号。

8月13日—9月2日 由中央文献研究室和济南市纪委、市委宣传部、市直机关工委、市委党史研究室主办，天津周恩来邓颖超纪念馆承办的《党风楷模——周恩来》展览在济展出。

8月15日 济南市职工“商业银行杯”计算机知识技能大赛举行。市总工会向获大赛个人前三名的选手颁发济南市五一劳动奖章，市劳动和社会保障局授予大赛个人前五名的选手济南市技术能手称号。

8月16日 济南火车站广场改造及周边环境整治工程开工，2003年4月20日竣工，总投资8500万元。

8月18日 联合国教科文组织命名泉城广场为国内第一个“国际艺术广场”，揭牌仪式暨首场国际艺术歌会举行。

同日 国际拳联主席、国际奥委会委员安瓦尔·乔杜里一行访问济南，并观看在济南举行的2002年“五环杯”全国拳击锦标赛。

8月19日 锦绣川水库干涸，以其为水源的分水岭水厂停产。

8月20日 济南市重点工程——经十东路燕山立交桥工程开工建设，2003年11月9日竣工通车。工程位于经十路与二环路交叉处，占地26.7公顷，是省城东部主要的交通枢纽，为半苜蓿、半定向型5层互通立交。

8月20—21日 由副市长艾里克·绍率领的新西兰惠灵顿市友好经济代表团一行7人访问济南。

8月21日 济南市海外客座专家聘任仪式举行，会议宣读《济南市人民政府关于聘任首批济南市海外客座专家的决定》，分别向黄卫平等10人颁发济南市海外客座专家聘任书。

8月23日 《济南日报》报道，市环卫局获“全国市容环卫先进集体十佳标兵”称号，是新中国成立以到济南市市容环卫工作获得的最高荣誉。

8月24日 全国最大的医药企业三九药业集团入驻槐荫区。

8月26日 市政府发布《济南市最低生活保障对象救助暂行规定》《济南市建筑工程文明施工若干规定》《济南市防治扬尘污染管理若干规定》《济南市城市中水设施建设管理暂行办法》《济南市鼓励软件产业发展若干政策规定》。

同日 第三届新世纪成功有约两岸大学生研习营在济南开营，5所台湾高校的大学生、研究生、教授50余人及山东科技大学50多名师生参加开营仪式。

8 月 28 日　列入国家“双高一优”项目和省市重点工程的山水集团日产 2500 吨水泥熟料生产线竣工投产。

同日　国内轧制压力最大、自动化水平最高、功能最全的大型中厚板精轧机，在济南钢铁集团总公司建成投产。

9 月 1 日　济南高新区法院、检察院成立并举行挂牌仪式。

9 月 2 日　由国家质检总局主办的“中国名牌产品评价”活动结果揭晓，浪潮集团产品——浪潮英信服务器位居“服务器中国第一名牌产品”榜首。

9 月 3 日　市政府印发《关于深化国有工业企业改革的意见》，发出《关于坚决制止违法采矿行为的通知》，发布《关于集中清理整顿闲置土地的通告》《关于加强停车场管理整顿道路停车秩序的通告》。

9 月 4 日　济南市行政审批服务中心运行，共有 40 个部门在此设立窗口，对 305 个审批事项实行“一门受理、并联审批、一口收费、即时办结”的“一站式”服务模式。

同日　济南市化学医药国有资产经营公司和山东力诺集团签订框架协议，对济南宏济堂制药、济南永宁制药、山东东方药业集团、山东福胶集团 4 家医药公司进行整合，组建新的药业集团，共同建设济南医药工业园。

9 月 5—17 日　以市长谢玉堂为团长的济南市友好经贸代表团一行 6 人对俄罗斯下诺夫哥罗德市和法国雷恩市进行友好访问和经贸考察。

9 月 8—9 日　在民政部召开的全国城市社区建设会议上，济南市被命名为“全国社区建设示范市”。

9 月 8—13 日　济南市 14 名智力残疾运动员参加第三届全国特殊奥林匹克运动会，共获金牌 9 枚、银牌 14 枚、铜牌 13 枚。

9 月 10 日　济南市内部审计师协会成立，标志着济南市内部审计管理体制已按照社会主义市场经济要求实现转轨。

同日　中共中央政治局委员、省委书记吴官正、市委书记孙淑义等省市领导到省实验中学、济铁一中、胜利大街小学看望慰问教师，并向全省教师致以节日问候。

同日　获 2002 年度“全国优秀院长”称号的济南市第三人民医院院长苏振荣在北京受到表彰。

9 月 11 日　市计生委被人事部和国家计生委授予“全国计划生育系统先进集体”称号。

9 月 13—19 日　中国济南国际赏石邀请展在济南市英雄山文化市场举行。共展观赏石 80 余个石种，成交额 1000 多万元。

9 月 16 日　著名教育家、书法家欧阳中石及夫人张京，向母校济南市制锦市街小学捐赠 20 万元设立“教育教学基金”。

9 月 18 日　市委、市政府对全市抗旱救灾和秋种工作进行安排部署。进入 2002 年以来，济南市遭受长时间、大范围持续干旱，全市平均降雨量仅为常年同期降雨量的 55%，是新中国成立后同期最低值。 全市农作物受旱面积达 20.9 万公顷，占播种面积的 72%，其中重旱近 10 万公顷，并有 3 万公顷农作物绝产，303 个村、20 万人、10 万头大牲畜饮水困难。

9 月 19—21 日　以英国考文垂市市长戴维·切特为团长的考文垂市友好经贸访问团一行 15 人访问济南，双方签订了济南市与考文垂市谅解备忘录。

9 月 20 日　全市知识分子工作暨市级第七批专业技术拔尖人才命名表彰会议召开，对第七批 114 名市级“专业拔尖人才”、第二批 106 名“青年学术技术带头人”和第三批 42 名“乡村优秀科技人才”进行了命名表彰。

9 月 23—24 日　共青团济南市第十四次代表大会在东郊饭店召开，选举产生共青团济南市第十四届委员会，张伟当选书记。

9 月 23—29 日　以韩国水原市政府废弃物处理事业所所长廉珣烈为团长的水原市政府友好代

表团一行 10 人访问济南。

9 月 24—27 日 全国公安系统军用手枪应用射击比赛在济南举行。

9 月 26 日 中共中央政治局委员、国务院副总理温家宝考察济南市重要水源地卧虎山水库和鹊山水库。

同日 山东大学齐鲁软件学院落成暨开学典礼举行，成为全国 35 家示范性软件学院中首家落成的独立院校。

9 月 27 日 中国济南·日本经济文化交流合作活动周在济南举行，200 名日本客商应邀到济，并举办由 50 家日方企业、60 家济南市企业参加的投资合作洽谈会。29 日，日本友人与济南市青年一起，在植物园新落成的“中日友好樱花园”栽下 50 株象征和平与友谊的樱花树。

同日 按照国务院有关规定和全国、全省住房公积金管理工作会议精神，济南市政府调整了住房公积金管理机构，成立了济南市住房公积金管理委员会。

9 月 27—29 日 济南市第十一次妇女代表大会召开，选举产生济南市妇联第十一届执行委员会，雷杰当选主席。

9 月 29 日 华联商业街开街，商业街全长 780 米，工程总投资 2000 万元。

9 月 30 日 济南舜耕国际会展中心（展馆部分）落成并交付使用。

9 月 全市第七届村委会换届选举工作结束。全市 92 个乡镇、10 个办事处，4659 个村委会，登记选民 2437380 人。共选出村委会成员 15008 人，平均年龄 41.1 岁。其中：党员 10080 人，占 67.2%；妇女委员 2665 人，占 17.7%。

10 月 1 日 《济南市建筑工程文明施工若干规定》《济南市防治扬尘污染管理若干规定》施行。

10 月 3 日 中共中央政治局委员、全国人大常委会副委员长姜春云到济南考察。

10 月 6 日 中共中央政治局委员、省委书记吴官正、市委书记孙淑义、市长谢玉堂等省市领导考察了经十东路、燕山立交桥、泉城路商业街、环城公园和舜耕国际会展中心，看望慰问坚持节假日工作的建设者。

10 月 9 日 山东省最大的邮政通讯枢纽济南邮件处理中心投产。该中心投资 2.1 亿元、占地 10 公顷、总建筑面积 4.6 万平方米，为华东、华北地区重要的邮路“干线”。

10 月 10 日 市政府发出《关于印发〈济南市引进海外留学人员规定〉和〈济南市引进高层次急需人才规定〉的通知》。

10 月 12—15 日 以美国中小企业发展中心总署主席詹姆士·金为团长的美国中小企业发展中心经贸考察团一行 5 人在济南考察。

10 月 12—17 日 第四届中国国际高新技术成果交易会在深圳举行，济南市获“最佳投资环境奖”。

10 月 14 日 市政府发布《济南市城镇职工基本医疗保险暂行办法》《济南市城镇职工大额医疗费救助试行办法》。

10 月 15 日 《济南日报》报道，济南市中心医院友谊肾脏病中心暨济南友谊血液净化中心获得由山东省质量监督局颁发的 ISO 9001 质量管理体系认证书，成为全市第一家通过 ISO 9001：2000 认证的医疗机构。

10 月 16 日 济南日报报业集团挂牌成立。

同日 济南电信改名为济南通讯，并举行挂牌仪式。

10 月 16—24 日 加拿大里贾纳市市长帕特·菲亚柯率团访问济南，两市签署友好会谈备忘录。

10 月 17—21 日 以韩国水原市副市长郑承佑为团长的水原市政府友好代表团一行 6 人访问济南。

10 月 18—21 日 首届中国（济南）信息技术创新国际论坛暨博览会在济南召开，共签署高科技项目 41 项，项目总投资 32 亿元。信博会是联合国亚太经济社会委员会与中国合作举办的唯一的国际区域性信息技术博览会，每两年在济南固定举办。至 2010 年，济南已举办 5 届信博会。

10 月 20—26 日 市委副书记李华理率领济

南招商团赴香港进行经贸招商活动。

10 月 23 日 济南市卫生局被卫生部评为“全国卫生监督先进集体”。

10 月 25 日—11 月 10 日 第 35 届国际象棋奥林匹克团体赛举行，山东省实验中学高二学生赵雪与队友以总分 29.5 的成绩成功实现了中国在奥赛上的三连冠。

10 月 28 日 在韩国釜山举行的第八届远南运动会上，济南市盲人运动员崔宝佶获男子盲人柔道 73 千克级冠军，肢残运动员吕晓磊获 TT10 级乒乓球男子团体金牌。

10 月 29 日 全国精神文明创建工作表彰大会在北京召开，济南市市中区被评为“全国创建文明城市工作先进城区”，章丘市普集镇被评为“全国创建文明村镇工作先进单位”。

10 月 31 日 乌克兰驻中国大使列兹尼克一行 3 人访问济南。

11 月 1 日 《济南市水土保持管理办法》实施。

11 月 5 日 历下区被批准为国家星火计划密集区。

同日 由省委宣传部组织的全省首届“思想政治工作创新奖”揭晓，山东小鸭集团有限责任公司党委书记李淑敏获“特别奖”，济南山水集团有限责任公司党委获“集体创新奖”。

11 月 11 日 济南现浮尘天气，10 时 40 分，大气可吸入颗粒物浓度值 900 微克／立方米（正常天气济南市大气可吸入颗粒物浓度值为 100 微克／立方米左右）。

11 月 14 日 山东黄河标准化堤防建设开工仪式举行。2004 年 12 月 22 日，一期工程济南段全线竣工，总长 66.5 千米，总投资 8 亿元。工程集防洪保障线、抢险交通线和生态景观线于一体，可防御 2.2 万立方米／秒的洪水。

11 月 21 日 中共中央政治局委员、书记处书记、中央组织部部长贺国强在济南视察。

同日 市人大常委会颁布《济南市保障残疾人合法权益的若干规定》。

11 月 26 日 全市企业退休人员社会化管理服务工作会议召开，确定从 2002 年 11 月 1 日起，已办理退休手续的 19.6 万名企业职工开始逐步转入社区管理。

11 月 在 2002 年中国新秧歌大赛上，商河鼓子秧歌队所表演的《欢腾的故乡》节目夺得第一名。

同月 展示济南城市形象的电视外宣片《走遍中国——济南》摄制完成。

12 月 1 日 济南市城镇职工基本医疗保险制度启动。

同日 中国蓝星（集团）总公司与济南市化学医药国有资产经营有限公司整合重组济南裕兴化工有限责任公司、济南裕兴化工总厂、济南长城炼油厂和济南石化集团股份有限公司 4 家企业签订整合重组协议。

12 月 6 日 济南供电公司挂牌，同时撤销济南供电局。原济南供电局承担的济南市有关电力行政管理职能移交市经委。

12 月 10 日 济南市第二批青年科技创新人才命名表彰大会举行，55 人获第二批“青年科技创新人才”称号。

同日 历城区王舍人镇被农业部、体育总局、中国农民体育协会授予“亿万农民健身活动先进乡镇”称号。

12 月 11 日 市委、市政府召开大会，表彰济南市在第二十届省运会上取得优异成绩的运动员。济南市体育代表团在第二十届省运会上，1 人平 1 项世界纪录、7 人破 5 项全省纪录，获金牌 204.05 枚、银牌 105 枚、铜牌 99 枚，总分 4123.92 分，金牌数（不含加分因素）和总分均列全省第 2。

12 月 12 日 中国企业新纪录（第七批）新闻发布会在北京人民大会堂举行，济南长途汽车站以售票收入、旅客发送量、发车班次 3 个全国之最第 4 次获“中国企业新纪录”认证奖牌。

12 月 17 日 台湾法鼓山文教基金会参访团圣严法师一行 10 余人，专程护送 1997 年 3 月被盗，已流失海外多年的济南市四门塔阿閦佛石雕佛首到济送还给四门塔文物管理委员会。21日，举行修复揭幕仪式。

12月18日 英特尔（中国）有限公司与舜网签订合作意向书，共同推动互联网基础应用和增值服务，这是英特尔公司与国内网络界的首次合作。

12月18—22日 2002中国山东海外人才交流暨经贸技术合作洽谈会在济南举行，共聘请海外人才担任顾问、客座教授200多人（次）；达成经济技术合作意向511项，签订合作协议59项，协议引进资金6770万元。

12月19日 市十二届人大常委会举行第二十九次会议，任命鲍志强为济南市副市长。

12月20日 中美合资山水史坦富新型建材有限公司揭牌，注册资金1260万元，年产值4400万元。

12月21日 2002年中国乡镇企业十大新闻、十大新闻人物评选结果在北京揭晓，山东清河集团董事长侯金田被评为“2002年中国乡镇企业十大新闻人物”，为济南市唯一获此称号的企业家。

同日 济南市“十五”期间启动的第一个大型工业建设项目——齐鲁化纤集团济南正昊化纤新材料有限公司年产16万吨聚酯装置生产出首批优质产品。该项目是国家计委批准建设的重大技术装备国产化工程，主要设备国产化率达到92%，总投资2.25亿元。

同日 山东省首次对实物资产之外的银行呆账债权资产进行拍卖。这次拍卖的27亿元呆账债权资产是中国信达资产管理公司济南办事处从中国建设银行、国家开发银行接收的银行不良资产，由济南、青岛等地3100多个贷款户的11个“呆账债权资产包”组成，涉及煤炭、房地产、化工、建材、纺织等行业。

12月23日 济南国际会展中心开工奠基仪式举行，2005年9月9日通过竣工验收。中心位于济南高新区核心商务区，总占地面积20公顷，总建筑面积33.8万平方米，总投资15亿元，是中国长江以北最大的国际会展中心。

12月24日 经民航总局批准，济南遥墙国际机场飞行区等级标准升至4E级，可起降国内外任何机型的飞机，成为山东省唯一4E级机场。

12月26日 济南市新一届县（市、区）级人大代表选举在1269个选区举行。全市设3420个选举会场和6474个投票站，413万选民参加选举。

同日 济南“五年大变样”十佳建设工程（景观）评选结果揭晓，顺河高架路、泉城广场、济南供水工程（包括鹊山水库和玉清湖水库）、红叶谷生态文化旅游区、泉城路商业街拓宽改造工程、山东大厦、济南绕城高速公路、山东大学齐鲁软件学院、舜耕国际会展中心、经十东路拓宽改造工程获“十佳建设工程（景观）”。

12月27日 南水北调东线山东段开工典礼在平阴县东部的贵平山口济平干渠工程现场举行。2005年12月26日济平干渠全线建成，工程静态总投资12.63亿元。济平干渠工程是南水北调工程的重要组成部分，全长89.9千米，途经泰安市的东平县和济南市的平阴、长清、槐荫3个县区。

同日 济南市建筑工程质量监督站被建设部授予“全国先进工程质量监督站”称号。

12月28日 山水集团日产5000吨水泥熟料生产线在平阴奠基，一期工程投资5亿元。

12月29日 中共济南市第七届委员会第九次全体会议召开，与会委员对市委常委会提名的14名县（市）区党政正职拟任人选进行无记名投票表决。这是自2002年9月省委出台《关于任用市、县党政正职实行党的委员会全体会议无记名投票表决的暂行办法》之后，济南市首次实行无记名投票。

同日 济南市干细胞工程技术研究中心在市中心医院挂牌成立。

12月30日 济南市最大的旧村（居）改造项目——八里洼地区综合改造动工拆迁。此次改造范围占地48.28公顷，需拆除各类房屋及附属物约53万平方米，规划新建各类房屋103万平方米。2005年10月，首批住宅交付使用。

12 月 31 日 济南市第三届“廉洁勤政”模范集体、模范个人评出，济南市人民检察院反贪污贿赂局等 10 个单位和王玉振等 10 人分别获“模范集体”和“模范个人”称号。

同日 山东省第一家车管信息网站——市公安局车辆管理所网站建成并投入使用。

2003 年

1 月 1 日 《济南市城市中水设施建设管理暂行办法》施行。

1 月 2—15 日 以市政协主席孙常印为团长的济南市友好访问团一行 9 人对日本山口市和韩国水原市进行友好访问。

1 月 7 日 市十二届人大常委会举行第三十次会议，接受谢玉堂辞去济南市市长职务的请求，决定鲍志强为济南市代理市长。

1 月 9 日 全省双拥模范城（县）命名表彰大会召开。济南市被命名为“山东省双拥模范城”，平阴县被命名为“山东省双拥模范县”，济南市历下区被命名为“山东省双拥模范区”。

1 月 13 日 市政府印发《关于进一步推进流通现代化建设的意见》。

1 月 15 日 市民政局、市财政局、市粮食局等部门联合下发通知，筹措 1.6 万吨国家统购粮，实施“开仓借粮”，解决济南市部分地区群众因 2002 年遭遇百年不遇的大旱而粮食短缺的问题。

同日 济南火车站广场汽车站主体工程完工，工程总投资 2718 万元。

1 月 21 日 中国科学院院士、山东科技大学教授、博士生导师宋振骐等 5 位国内知名专家被市政府聘为为期 2 年的济南市客座专业技术拔尖人才。

1 月 22 日 市政府印发《济南市安全生产监督管理工作规定》。

1 月 30 日 全国人大常委会副委员长姜春云视察济南钢铁集团总公司。

2 月 12—13 日 以韩国江原道议会议长李勋为团长的江原道议会暨经济代表团一行 6 人访问济南。

2 月 19—24 日 政协济南市第十一届委员会第一次会议召开，听取并审议《市政协十届常委会工作报告》，选举产生市政协十一届委员会，徐华东当选主席。全体委员列席了市人大十三届一次会议，协商讨论《政府工作报告》及其他报告。

2 月 20 日 济南市申报的“城市节水及供水保障”项目被建设部评为 2002 年“中国人居环境范例奖”。

2 月 20—26 日 济南市第十三届人民代表大会第一次会议举行，听取、审议并通过市政府、市人大常委会、市中级人民法院、市人民检察院等的工作报告，并分别作出相应决议。会议选举段义和为市十三届人大常委会主任，鲍志强为市长。

3 月 1 日 《济南高新技术产业开发区条例》实施。

同日 《济南日报》报道，黄河流域出现罕见的全流域性普遍干旱，黄河济南泺口段水位下降到 26.65 米，水流量仅为 65 立方米 / 秒。

3 月 1—5 日 中国济南商品展览会在俄罗斯下诺夫哥罗德市举行，观展人数达到 6 万多人，销售金额 166.5 万美元。

3 月 3—13 日 以副市长王天义为团长的济南市经贸代表团一行 13 人赴俄罗斯、芬兰进行友好访问。

3 月 7 日 由市委宣传部、市工商局、市个体劳动者协会和私营企业协会联合发起的“争创诚信个体户和诚信私营企业”活动启动，12.01 万家个体经营业户和 2 万家私营企业参加。2004 年 4 月，授予 47 家民营企业为济南市“文明民营企业”称号，97 户个体工商户为济南市“文明个体工商户”称号。

3 月 8 日 “春蕾计划”走进单亲特困下岗女工家庭捐助仪式举行。全市以结对救助的方式捐助女童 1.1 万余名，收到捐助款 199 万余元，设立“春蕾小学”2 所、“春蕾班”4 个，共容纳学生 1500 余名。

3月10日 国务院批准设立济南出口加工区。2005年8月12日，济南出口加工区通过验收，海关总署代表国家九部委向济南出口加工区颁发验收合格证书。

3月15日 济南市红十字会募集的首批25万元救灾款和价值5万元的救灾物品发往新疆灾区。为市红十字会在继1998年长江水灾之后募集到的最大数额救灾款。

3月18日 《济南日报》报道，济南环保科技产业园被环保总局批准为国家级园区，是全国6家国家级生态产业园区中唯一综合性园区，也是规模最大的环保园区。

3月18—21日 以韩国水原市政府会计课课长金赞洙为团长的水原市公务员中国研修团一行23人访问济南。

3月20日 济南市城市重点工程建设总指挥部成立，下设城区工程建设指挥部、东区工程建设指挥部、西区工程建设指挥部，市长鲍志强任总指挥。

3月23—24日 中共中央政治局委员、国务院副总理回良玉到济南视察。国务院在济南市召开部分地区春耕和抗旱工作座谈会，分析当前旱情和春耕生产形势，研究部署春耕和抗旱工作。回良玉作重要讲话，河北、山西、吉林、山东、河南、四川、陕西、甘肃等省以及中央和国务院有关部门负责人参加会议。

3月28日 济南机场使用航空电子客票，乘客可登录相关网站购票，还可在国内其他32个城市购买往返济南的电子客票。

3月30日 日气温达27.5℃，是自1951年济南3月份日气温最高纪录。

同日 山东省第一例女变男变性手术在千佛山医院进行。

4月3日 德国巴伐利亚州州长、德国基督教社会联盟党主席施托伊伯率政府及经济代表团一行56人访问济南。

4月6日 全市建设工作会议召开，研究确定今后5年城建工作的指导思想和任务目标。市委、市政府为顺河高架路、泉城广场、经十东路拓宽改造工程等济南“五年大变样”十佳建设工程命名。

4月8日 大辛庄遗址重大考古发现新闻发布会举行，宣布在济南市历城区大辛庄商代遗址考古发掘中发现甲骨文。

4月11日 几内亚经济和财政部部长、农业和畜牧部部长等一行5人参观济南市农业高新技术开发区。

4月11—15日 中共济南市第八次代表大会在山东会堂召开。全市34万名党员和1.8万个基层党组织共选出600名代表出席大会。市委书记孙淑义代表中共济南市第七届委员会向大会作《实现新跨越，建设新泉城》的报告。大会选举产生中共济南市第八届委员会委员39名、候补委员8名，市纪律检查委员会委员27名。15日，市第八届委员会召开第一次全体会议，选举产生中共济南市第八届委员会常务委员会委员和书记、副书记，孙淑义当选市委书记。会议批准中共济南市纪律检查委员会第一次全体会议选举结果，徐长玉当选中共济南市纪律检查委员会书记。

4月18日 全市传染性“非典”防治工作会议召开。会议要求，医疗机构一旦发现现症病人和疑似病例报告，必须在第一时间内报告疫情，不得瞒报、迟报、漏报；因工作不到位，引起扩散蔓延或造成严重后果的，要追究责任。同时，济南市成立由市长鲍志强任组长，4位副市级领导干部任副组长、21位市直部门主要负责人为成员的“非典”防治工作领导小组。同日，市政府发出《关于开展全民预防“非典”消毒行动的通告》。

4月20日 2003环球小姐中国赛区总决赛暨颁奖晚会在济南举行，吴薇、张睿、辛晓晶分获冠、亚、季军，济南姑娘张曦获“最佳形体奖”。

4月21日 市政府召开全市国有资本营运机构工作会议，首次明确国资营运机构的权利和职责，制定全市国有企业改制操作规程，决定对现有国有资本营运机构权属企业进行全面资产清查。经过对营运所属 87 户企业清查，全市国有资本总额 166 亿元，不良资产 24 亿元，国有资产家底基本摸清。

4 月 22 日 济南市发现山东省第一例输入性"非典"病人，6 月 2 日病愈出院。

4 月 23 日 山东省因涉嫌犯罪受到查处的第一位副省级领导干部——省政协原副主席潘广田特大受贿案，在济南市中级人民法院一审宣判。潘广田因犯受贿罪一审被判处无期徒刑，剥夺政治权利终身，并处没收财产 8 万元。

4 月 24 日 济南市在进入市区的各大出入口设立预防"非典"疫情监测留验站，对外来车辆、人员进行有重点地检查。同时要求所有基层单位设立报告点。

4 月 26 日 全省"十五"期间重点项目——济南国际机场航站区扩建工程开工。新航站区以 2010 年为目标年，按年旅客吞吐量 800 万人次、高峰小时 3200 人次规模设计；工程概算总投资 16.24 亿元，占地面积 87 公顷。2005 年 3 月 16 日，工程竣工并通过国家验收，28 日启用。

4 月 27 日 济南军区总医院的 16 名医护人员赴北京小汤山医院参加"抗非"；5 月 27 日，第二批 21 名医疗队员赴京；6 月 23 日，医疗队圆满完成支援北京抗击"非典"任务，返回济南。

4 月 28 日 市政府召开三峡库区移民安置工作会议，济南市将承担第二批三峡库区 400 名外迁农民的安置任务。2004 年 8 月 6 日，第二批三峡移民 397 人、随迁 9 人抵达济南。

5 月 1 日 自是日起，参加市直机关基本养老保险的事业单位，单位缴费比例由原在职职工工资总额的 24%调整为 30%，个人缴费比例不变。

5 月 7 日 中共山东省委决定，杨鲁豫任中共济南市委常委、副书记。

5 月 17—21 日 中共中央政治局常委、书记处书记、国家副主席曾庆红到济南视察。

5 月 20 日 为减轻受"非典"影响较重行业的经济负担，济南市要求各级工商行政管理部门从 5 月份起，对餐饮、旅店、旅游等 9 个行业予以减免收费，减免期为 5 个月。

5 月 24 日 市政府印发《济南市城市建设综合配套费征收管理办法》。

5 月 26 日 瑞典沃尔沃集团副总裁约玛 · 哈鲁纳一行 5 人到济，就沃尔沃集团和中国重型汽车集团有限公司的合资合作项目进行洽谈。2004 年 3 月 31 日，中国重汽与沃尔沃合资企业——济南华沃卡车有限公司生产的第一批 FM12 系列重型卡车在济南下线。

5 月 28 日 济南市第一家新建防治"非典"定点医院——章丘白泉防治"非典"定点医院，在章丘市白泉村井家峪建成启用。

5 月 29 日 市政府按照"工业强市"的战略思路，提出工业"2133"五年发展目标。通过五年努力，到 2007 年，实现工业销售收入 2500 亿元以上、累计工业投入 1500 亿元以上、规模以上工业企业达到 3000 个以上、年销售收入过 1 亿元的企业达到 300 个以上。

5 月 全市公务员和机关工作者信息化与电子政务培训、考试工作开始，2004 年 12 月结束。全市共有 20042 名在职公务员和机关工作者参加培训，19203 人参加网络考试，初考合格率 90%，补考合格率达到 97%。

6 月 3 日 市十三届人大常委会第三次会议举行，通过杨鲁豫为副市长的任命。

6 月 5 日 济南国际机场股份有限公司注册成立。6 月 6 日，召开成立大会。

6 月 6 日 省政府批准济北经济开发区为省级开发区。

6 月 10 日 市委、市政府印发《济南市今后一个时期农业和农村经济工作要点》，对统筹城乡经济社会发展，建设现代农业，发展农村经济，增加农民收入作出战略部署。

6 月 13 日 市政府全体（扩大）会议召开，要求解放思想，干事创业，加快转变政府职能，不断优化发展环境，建设廉洁、勤政、务实、高效的政府。会议通过《市政府工作规则》。

同日 首批文学艺术界知名人士创作成果档

案资料捐赠仪式在市文联大厦举行，吴泽浩等23位知名人物向市档案馆捐赠具有珍藏价值的档案资料1040件。

6月16日 市自来水公司与香港成达国际投资有限公司、上海泓源聚实业有限公司举行合资签约仪式，3方共同出资3.6亿元人民币组建济南玉清制水有限公司。

6月17日 市政府召开全市外商投资项目代办协调会，决定从是日起，市外经贸局派专人、专车，免费为到济南投资的外商代办涉及12个部门的18项审批手续。

6月19—25日 中共中央政治局常委、全国政协主席贾庆林在济南调研考察。

6月24日 加拿大经济技术促进会入济项目签约暨（济阳）国际发展园开园仪式举行，首批4个项目签约进入园区。

6月26日 省委召开常委扩大会议，研究部署进一步加快济南城市规划建设和发展。7月10日，市委召开工作会议，学习贯彻省委常委扩大会议精神，研究部署全市改革发展的总体思路和任务措施，动员全市广大干部党员群众，进一步解放思想，全面开创省会现代化建设新局面，为“实现新跨越，建设新泉城”而奋斗。

同日 乌克兰驻华大使列兹尼克一行3人访问济南。

6月27日 山师大附中举行全国首批“信息时代青少年科技创新人才培养实验学校”挂牌仪式，成为济南唯一被批准为全国首批创新人才培养实验基地的学校。

6月30日 济南市召开庆祝中国共产党成立82周年大会，表彰在全市防治“非典”工作中作出突出贡献的先进基层党组织和优秀共产党员，分别授予28个基层党组织和45名共产党员“全市防治非典型肺炎工作先进基层党组织”和“全市防治非典型肺炎工作优秀共产党员”称号。

7月2日 卫生部、中国输血协会分别向济南市中心血站发来感谢信和感谢状，对济南市血站向北京捐血、捐款表示感谢。据市献血办公室统计，在抗击“非典”时期，山东省1510人向北京捐献2472个单位全血，总计494400毫升，其中济南市占462个单位。

7月4日 经十路综合改造工程实施方案确定，包括道路建设、两侧整治和周边综合改造三大部分。8月8日，工程拉开拆迁和施工序幕。2004年9月，工程通过竣工验收。2006年1月23日，工程获2005年度国家建筑工程“鲁班奖”，是济南市市政道路建设史上首个“鲁班奖”。

7月9—23日 副市长王天义率济南市劳动与社会保障团出访埃及、南非、西班牙。

7月10日 市公安局交警支队槐荫大队经七路中队获“全国优秀公安基层单位”称号，监管支队隋国华等5人被授予“全国优秀人民警察”称号。

同日 市委决定赋予市委、市政府派出机构——济南高新技术产业开发区市级管理权，自8月1日起生效。8月8日，市委、市政府举行济南高新技术产业开发区行使市级管理权限交接仪式。

7月10—12日 山东师范大学附属中学学生郭琴溪在第14届国际生物学奥林匹克竞赛中夺得金牌。

7月12—14日 以老挝中宣部部长征·宋本坎为团长的老挝人民革命党中宣部考察团一行10人访问济南。

7月13—14日 全国政协副主席、澳门中华总商会会长马万祺一行到济南视察。

7月14日 市政府发布《济南市城市房屋拆迁管理办法》，2002年4月1发布施行的《济南市城市房屋拆迁管理办法》同时废止。

7月18日 全国政协委员、恒基中国集团有限公司董事长李家杰率香港、澳门经济代表团一行16人访问济南。

7月20日 市纪委、市委组织部、市委宣传部联合下发通知，号召全市广大党员干部向工商干部陶志捷学习。29日，省政府追授陶志捷“山东省模范公务员”称号。陶志捷生前在济南堤口路果品批发市场工商监管一线工作13年，克己奉公，任劳任怨，将严格执法寓于热情管理之中，曾获国家工商总局授予的“全国优秀工商行政管理人员”等称号。

7 月 21—25 日 以韩国水原市政府国际课课长韩养熙为团长的水原市友好代表团一行 7 人访问济南。

7 月 24—26 日 土耳其友好经贸考察团一行 6 人访问济南。

7 月 25 日 全市防治“非典”工作先进集体和先进个人表彰大会召开，历下区卫生局等 20 个单位记集体二等功，济南日报报业集团济南日报政教新闻中心等 122 个单位被授予“全市防治非典型肺炎先进集体”称号，156 人分别记二、三等功。

7 月 28 日 “泉城第一茶”——灵岩牌系列绿茶投入生产，改变了济南“饮茶不产茶”的历史。

7 月 30 日 济南市救助管理站挂牌，取代已经走过 50 多年历史的山东省济南收容遣送站。

7 月 31 日 《济南日报》报道，据中国社会科学院《中国城市竞争力（2002—2003）报告》提供的数据，济南市城市综合竞争力在全国 47 个最具竞争力城市中排名第 13 位，科技竞争力排名第 8 位。

7 月 原市城市建设管理局撤销，其部分职能并入市公用事业管理局，市公用事业管理局更名为市政公用事业局。8 月 6 日，市政公用事业局挂牌办公。

8 月 1 日 《济南市关于公布城市管理相对集中行政处罚规定的通告》《济南市城市管理综合执法暂行规定》实施。6 日，济南市城市管理行政执法局挂牌成立，济南市城市管理监察总队、济南市公安局城市管理警察支队同时揭牌。

8 月 2 日 越南国会副主席张光得率越南国会代表团一行 13 人访问济南。

8 月 3 日 “济南 · 中国数控机床及重型锻压设备知识产权信息数据库”挂牌成立，是第五个国家级知识产权信息中心。

8 月 4 日 市委、市政府作出《关于进一步加强农村卫生工作的决定》。

8 月 5 日 全国人大常委会副委员长蒋正华到济南视察。

同日 《济南日报》报道，山东建工集团承建的济南电力调度中心大楼先后获济南市“双十佳”，山东省“泰山杯”奖和国家建筑工程“鲁班奖”。

8 月 12 日 泉城路派出所获全国“模范派出所”称号。

8 月 13 日 中共中央政治局常委、中央政法委书记罗干到济南考察。

8 月 13—15 日 山东省民营企业产学研洽谈会在济南舜耕国际会展中心举行。济南市近千家企业 4000 余人参加，签订正式合作合同 8 个，合作意向 33 项，推出技术难题 60 余项，人才需求 400 余人。

8 月 15 日 市政府在山师大附中举行大会，对第十四届国际生物学奥林匹克竞赛金牌获得者郭琴溪及其母校山师大附中给予通报表彰。

8 月 16 日 济南市大明湖公园、趵突泉公园、红叶谷生态文化旅游区获 2003 年首批国家 AAAA 级旅游景区景点称号。

8 月 18 日 济南市中医医院被评为“中国质量万里行全国先进单位”，这是全省中医系统首家获此称号的单位。

同日 全国首届小记者考察黄河夏令营开营仪式在济南举行。

8 月 19 日 市民政局发布信息，在历下区、天桥区启动社区居委会直接选举试点工作。至 21 日，建筑新村街道历园社区，天桥区天桥东街街道第二社区、制锦市街道第八社区完成直选换届工作。

8 月 21 日—9 月 1 日 市委书记孙淑义率济南市友好经贸团一行 6 人赴德国、加拿大进行友好访问和经贸考察。

8 月 23—28 日 济南外国语学校合唱团代表中国参加韩国第 22 届世界大学生运动会期间举办的主题文化艺术演出活动。

8月30日 济南市客座专业技术拔尖人才工业经济专家组组建，由32名专家组成的工业经济专家智囊团形成。

8月31日 援助特困学子圆求学梦大型文艺晚会在泉城广场举行。市福彩发行中心、济南慈善总会承办的“福彩慈善助学”活动，为济南市188名特困生筹得每人1000元～3000元不等、总计25万多元的资助金。

9月1日 济南城市规划区内居民生活用水到户价按每立方米2.60元收取，同时给予特困家庭每户每月5元的用水补贴。

9月1—2日 全国政协副主席李蒙在济南视察。

9月3日 济南市创建国家环境保护模范城市动员大会召开。2004年6月30日，济南市创建国家环境保护模范城市规划通过环保总局、清华大学、中国环境科学研究院的10位专家组成的评审委员会的评审。2006年，全市创建国家环保模范城市工作通过环保总局组织的专家调研，通过生态市建设中期考核并被评为“生态省建设先进市”。

9月5—6日 津巴布韦驻华大使克里斯托弗·穆察万瓦一行2人访问济南。

9月6日 沉寂548天的趵突泉复涌。此后至2010年，实现连续7年不间断喷涌。

9月10—22日 市人大常委会副主任牛洪恩率济南经贸友好考察团一行6人对俄罗斯、乌克兰进行考察访问。

9月13日 由波黑塞族共和国副总统伊万·托姆连诺维奇率领的波黑塞族共和国政府代表团一行访问济南。

9月14日 山东省首位直选居委会主任产生。新一届甸柳新村第一社区居委会由社区居民直接选举产生，陈叶翠当选主任。

9月16日 停喷909天的章丘百脉泉复涌。

9月16—24日 济南市18名运动员代表山东省参加第六届全国残疾人运动会，获得5枚金牌、4枚银牌、7枚铜牌。

9月17日 市政府印发《关于推进城市管理重心下移深化城管体制改革的意见（暂行）》，要求按照属地化和系统化管理要求，推进城市管理重心下移，完善“两级政府、三级管理、四级网络”城管工作体系，调整市、区、街道城市管理职能与分工，建立全社会管理、全过程控制、全行业覆盖的城市管理网络。

9月19日 济南高新区、济南高新技术创业服务中心、齐鲁软件园分别被评为“国家先进高新技术产业开发区”“先进高新技术创业服务中心”和“先进火炬计划软件产业基地”。

同日 济南战役纪念馆开馆仪式举行。省委书记、省人大常委会主任张高丽，省委副书记、省政协主席吴爱英，原中顾委委员、广东省委第一书记任仲夷，原中顾委委员、昆明军区司令员张铚秀等出席开馆仪式。济南战役纪念馆总投资3800万元、建筑面积6800平方米。

9月20日 韩国仁川市政府代表团一行20人访问济南。

9月21日 泰国泰华妇女联合会主席陈金瑞一行到济南参观考察。

9月22日 日本山口县日中友好协会会长山下胜由率经济访问团一行15人访问济南。

同日 老挝人民革命党中纪委副主任苏·本巴吉率团访问济南。

9月24日 日本山口县访华团一行7人参观济南泉城广场并在植物园种植友谊纪念树。

同日 济南市第二大烈士陵园——历城革命烈士陵园改造建设工程竣工。

9月25日 全市“优化发展环境民主评议”活动动员会召开，启动优化发展环境民主评议工作。11月5日，全市优化发展环境现场评议大会召开，19个部门主要负责人向各界人士代表汇报了本部门优化发展环境工作情况，152名评议代表现场打分评议37个部门行业。

9月26日 济南市以个人名义捐资最多的希望学校——平阴县陈吟挥希望学校落成。至此，济南市希望小学总数有27所。

10 月 1 日 中共中央政治局常委、国务院副总理黄菊视察济南二机床集团有限公司和济南卡车有限公司。

同日 济南选手尚晓林获印度亚洲皮划艇锦标赛女子 500 米、1000 米单人皮艇，女子 1000 米 4 人皮艇冠军。

10 月 5 日 中共中央政治局委员、中央书记处书记、国务委员兼公安部部长周永康到济南考察。

10 月 9 日 台湾税务交流访问团一行 21 人，到济南进行学术交流。

同日 济南市第一个以健身为主题的广场——燕山健身广场开始建设，2004 年 5 月 1 日竣工，广场占地 21.6 万平方米。

10 月 9—14 日 济南市书法家代表团一行 7 人访问韩国。

10 月 10—13 日 市长鲍志强率领济南市政府友好代表团、经贸团、文化交流团一行 70 余人对韩国水原市进行友好访问，双方共同举办两市缔结友好城市关系 10 周年系列庆祝活动。

10 月 12 日 济南百里黄河风景区被水利部批准为“国家水利风景区”。

10 月 15 日 济南经贸合作暨旅游推介会在韩国汉城举行，双方共签订 10 个合作项目，总投资额 3.4 亿美元。

同日 中国“神舟”五号航天飞船发射成功。2004 年 2 月 3 日，中国运载火箭技术研究院在济南举行庆祝“神舟”首次将中国航天员送入太空答谢大会，为“神舟”五号载人航天飞船工程提供配套产品的济南市半导体元件实验所、济南半导体四厂、济南无线电九厂三家单位受到奖励，济南市政府作为承制单位主管机关亦受到奖励。

同日 省政府批准王守峰为革命烈士。王守峰为济南市长清区孝里镇大街村人，7 月 13 日因抢救落水青年不幸牺牲。

10 月 15—17 日 由苏格兰印威内斯市市长威廉·史密斯率领的苏格兰政府议员和企业家代表团对济南市进行经贸考察。

10 月 16 日 全市青年科技明星表彰大会暨留学人员创业计划签约仪式举行，10 名青年科技明星受到表彰奖励，每人获得 6000 元奖励；入选首批留学人员创业计划的 10 名留学归国人员，每人获 10 万元项目支持专项经费。

10 月 18 日 由市残联、市卫生局、市财政局联合举办的“‘我的兄弟姐妹’百户安居、千人复明”工程启动，全市 100 户特困残疾人家庭和 1000 名白内障患者将从中受益。

10 月 19 日 市杂技团《空中彩绸》节目作为中国唯一杂技节目，参加巴西第二届国际杂技艺术节比赛，获空中节目金奖、最受观众和评委喜爱的节目金奖两项大奖。

10 月 20—22 日 以印尼驻华大使库斯蒂亚为团长的印尼友好访问团一行 7 人访问济南。

10 月 21 日 中国人寿保险股份有限公司山东省分公司在济南揭牌，中国人寿山东省分公司的各分支机构和营业服务部同时挂牌。

10 月 21—24 日 德国奥格斯堡市市长保罗·文格特一行 4 人访问济南，双方签署济南市与德国奥格斯堡市结为友好城市备忘录。

10 月 22—24 日 赞比亚国民议会农业考察团一行 5 人访问济南。

10 月 26—29 日 以英国考文垂市议长约翰·马顿为团长的英国考文垂市友好文化访问团一行 6 人访问济南。

10 月 27 日 首届“泉城杰出（优秀）外来务工青年”评选结果揭晓，共评选出 5 名“泉城杰出外来务工青年”和 10 名“泉城优秀外来务工青年”。

10 月 28—30 日 由国务院侨办与济南市政府联合举办的“2003 中国济南创业与投资国际合作周”在舜耕国际会展中心礼堂开幕。重点华侨华人实业家、海外科技型企业家、国际投资公司、跨国公司代表 100 多人参会，与济南市 276 家企业达成合作意向 84 个，协议投资额 14.35 亿元。

10 月 28 日—11 月 3 日 以市长布拉维诺夫为团长的俄罗斯下诺夫哥罗德市友好经贸访问团

一行 7 人到济南进行经贸考察。

10 月 29 日 济南市在法国巴黎成功举办“济南（法国）招商引资经贸洽谈会”，共推出 100 多个技术含量高，具有高市场占有率、高效益和高回报率的招商引资项目，达成一批合资合作和贸易协议。

10 月 29—30 日 新加坡国防部政务部部长及标准、生产力与创新局主席符致镜率新加坡政府及企业代表团访问济南。

10 月 30—31 日 市十三届人大常委会第六次会议举行，通过《济南市预防职务犯罪条例》《济南市烟草专卖管理条例》，任命刘善鹏、赵文朝为济南市副市长。

10 月 31 日 济南市 12319 公共服务热线系统开通。

11 月 1 日 济南市首批道路保洁作业招标结果产生，10 条道路分别由 8 个自然人和 2 家公司中标，每年每平方米中标平均标的为 1.37 元。

11 月 7—20 日 以市政协主席徐华东为团长的济南市友好经贸访问团一行 8 人对英国、德国进行友好访问。

11 月 10—13 日 以韩国水原市市长金容西为团长的水原市政府代表团、文化交流团和经贸团一行 54 人访问济南。11 日，水原市向济南市赠送两市结好 10 周年纪念物——“友好之门”揭幕仪式在千佛山公园举行。

11 月 15 日 全市“六河治理”的第一项工程——玉绣河综合治理引水工程一期工程开工。玉绣河综合治理引水工程南起分水岭水厂，北至大明湖，全长 10.5 千米，治理面积 86 公顷。一期工程主要完成南郊水厂至文化西路长约 4.5 千米（东、西河共 9 千米）段的治污、蓄水、防洪、增绿、造景等任务，环境整治面积 30 余公顷。2004 年 7 月 16 日，一期工程竣工。

11 月 17 日 全国政协副主席、全国工商联主席黄孟复到济南视察。

同日 科技部火炬中心批准济南高新区齐鲁机电园为国家火炬计划“先进机电与装备制造产业基地”。

11 月 19—21 日 泰国正大集团董事长谢国民一行 31 人访问济南。

11 月 22 日 济南普利初级中学等首批 13 所外来务工就业人员子女定点学校挂牌。外来务工就业人员子女在济南义务教育阶段可就近入学并取消借读费，享有与本地学生同等受教育的机会和权利。

11 月 25 日 WHO 麻疹监测项目专家和中国脊灰和麻疹实验室主任许文波等对济南市麻疹监测合作项目开展情况进行终期评估，济南市的麻疹数据库被誉为“全球最好的麻疹数据库”。27 日，WHO 麻疹项目主任 Dr.Fetherston 代表 WHO 向市疾控中心颁发“全球麻疹网络实验室”证书。

11 月 26—28 日 以乌克兰伊万诺—弗兰科夫斯克州议长布鲁斯为团长的乌克兰经贸代表团一行 32 人访问济南。

11 月 27 日 济南市首批 33 家定点医疗机构挂牌，12 月 1 日起，参保人员可凭社会保障卡任意选择定点医院就医。

11 月 28 日 全市社会治安综合治理暨建设“平安济南”工作动员大会召开。

11 月 30 日 济南市公安局交警支队民警冯乃武作为中国首批派往联合国利比里亚任务区的 5 名维和民警之一启程赴联合国。

12 月 1 日 科技部批准济南市为国家火炬计划先进机电与装备制造产业基地。

12 月 1—2 日 以沃尔沃高级副总裁卡尔·厄林·特洛根为团长的沃尔沃动力公司高级代表团一行 12 人对济南市进行经贸访问。

12 月 8 日 济南选手高畅获上海世界杯游泳短池赛 50 米、100 米仰泳第一名。

12 月 11 日 济南民营科技孵化中心被科技部确定为国家级科技孵化中心。

12 月 14—21 日 首届世界青年乒乓球锦标赛在智利举行，济南选手彭陆洋、李晓霞获女子团体冠军，李晓霞获女子双打、混合双打冠军。

12 月 18 日 济南市首所培养高级“蓝领”的国家级技校——济南市高级技工学校挂牌。

同日 市委、市政府印发《关于在政府工作中进一步加强同民主党派工商联联系的意见》。

12 月 20 日 段店立交桥开工建设，2006 年 5 月 11 日竣工。工程占地 29 公顷，概算投资 2.69 亿元。

12 月 21 日 市文化局在泉城广场举办纪念毛泽东诞辰 110 周年宣传展示活动。23 日，市委组织部、宣传部、老干部局、市文化局等组织纪念毛泽东诞辰 110 周年文艺演出。24 日，市委宣传部、市委党史研究室、市委党校、市社科联共同举办毛泽东诞辰 110 周年座谈会。

12 月 21—22 日 全国档案工作暨表彰先进会议在北京召开，济南市档案局（馆）再度被人事部、国家档案局授予“全国档案系统先进集体”称号。

12 月 24 日 “山东省见义勇为十佳公民”首次评选结果揭晓，济南市精细化工厂下岗工人张业爱获此称号。

12 月 26 日 市政府发布《济南市建设用地管理办法》《济南市科学技术奖励办法》。

12 月 29 日 中国首台 30 万千瓦烟气脱硫国产化示范装置在黄台电厂 8 号机组竣工投产，脱硫效率达到 98.5%，每年可减少排放二氧化硫 3.84 万吨，减少烟尘排放 0.184 万吨。

同日 济南市实行公民按需申领护照，市民只需凭身份证和常住户口簿，即可到公安局出入境管理部门申请领取出国护照。

同日 市中级人民法院依法对安徽省原副省长王怀忠受贿、巨额财产来源不明案进行公开宣判，以受贿罪判处王怀忠死刑，剥夺政治权利终身，并处没收个人全部财产；以巨额财产来源不明罪，判处其有期徒刑 4 年；决定执行死刑，剥夺政治权利终身，并处没收个人全部财产。

12 月 31 日 济南新评选出的七十二名泉名单确定。2004 年 4 月 2 日，济南七十二名泉评审委员会召开新闻发布会，向社会公布了济南七十二名泉及十大泉群名单。

12 月 历下区十亩园小学学生侯逸帆在希腊举行的世界青年国际象棋锦标赛上夺冠，成为中国历史上最年轻的国际象棋世界冠军。

2003 年 经中国社会科学院、清华大学、北京大学等高校与国家统计局等权威机构对全国 47 个最具竞争力的城市进行综合竞争力考核评价，济南市进入 2002—2003 年度中国科技竞争力全国十强，名列第八位。

2004 年

1 月 1 日 是日起，济南市行政区域内单位和个人的住房公积金最低各按职工 2003 年度月均工资总额的 7%缴存，住房公积金个人购房贷款最高限额上调为 20 万元。

1 月 3 日 占地 8400 平方米、总建筑面积 2.1 万平方米的省内第一座具有现代意义的综合性多功能科普教育活动场馆——山东省科技馆（新馆）开馆。

1 月 6 日 经六路西延长线拓宽改造工程全线贯通，工程全长 5.06 千米，工程概算 4 亿元。

1 月 9 日 中国社会科学院考古研究所公布 2003 年度国内考古六大发现，“商朝东都的灿烂文明——山东济南市大辛庄商代居址与墓葬”榜上有名。

1 月 10—17 日 以副市长邹世平为团长的济南市友好城建考察团一行 10 人访问日本和歌山市。

1 月 13 日 全市人事工作会议召开，提出今后三年重点组织实施好“四百”人才聚集工程，即造就 100 名懂经济、会管理、能创大业的民营企业家，100 名熟悉世贸组织规则、了解国际惯例的商贸谈判人才，100 名生物、环保、新材料、信息技术领域的高层次科技人才，100 名高水平的现代化城市建设和管理方面的专业人才。

同日 济南籍运动员高畅在世界游泳短池系列赛瑞典站比赛中夺得女子 50 米仰泳冠军；19 日，在德国站比赛中夺得 100 米仰泳冠军并打破全国纪录。

1月14日 济南市首家市政公用事业合资公司——济南港华燃气有限公司在济南高新区大学科技园成立，投资总额4.1亿元，注册资本3.9亿元，合资经营期限50年。2005年2月17日，济南港华燃气有限公司接管原市管道煤气公司全部经营业务，全市多年来由国有企业垄断燃气市场的格局被打破。

1月18日 济南市及所辖10个县、市、区全部通过科技部组织的2001年至2002年度科技进步考核，其中，济南市及所辖历下区、章丘市、市中区、历城区获得“全国科技进步先进市（县、区）”称号。3月25日，科技部批准历下区为首批“全国科技进步示范区”。

1月19日 济南炼油厂污水除臭二期工程竣工并投入使用，从根本上消除了污水在处理过程中散发出的恶臭污染，这项工程在国内尚属首创。

1月30日 济南市召开防治禽流感工作紧急会议，启动《济南市高致病性禽流感防治应急预案》，成立疫情专家鉴定组和由公安、工商、畜牧三部门组成的高致病性禽流感应急预备队。2月3日，济南市防治高致病性禽流感工作指挥部成立。

1月31日 济南市召开全市领导干部会议，宣布中共中央和中共山东省委关于济南市委主要领导人职务调整的决定，姜大明任中共济南市委书记，孙淑义离任。

1月 济南市共组织1.3万人，耗资900万元，历时三个月对市内六区3300平方千米范围的土地资源家底和利用现状进行全面普查登记，形成基础图件和资料数据库。

同月 济南市开始全面实施新闻发言人制度。

2月1日 济南市施行新的《济南市科学技术奖励办法》，首次设立科学技术最高奖，奖金30万元。

2月7日 章丘市朱家峪村入选首批山东省历史文化名村。

2月16—18日 以韩国仁川市市长安相洙为团长的仁川市政府代表团一行32人访问济南。

2月20日 市委、市政府召开加快“平安济南”建设会议，对“平安济南”建设做出动员部署。市委、市政府《关于建设“平安济南”的决定》出台。

2月26日 市政府召开全市财政体制改革领导小组第一次（扩大）会议，公布济南市财政体制改革工作方案。2005年7月1日，新的财政体制开始运行，各级税务、财政、国库部门按“税收属地管理，主体税种两级分享”的新财政管理体制组织征收、入库。

2月26—29日 诺贝尔物理学奖获得者、著名物理学家丁肇中访问山东大学。

3月4日 “济南市外商医疗保健定点医院”在济南市中医医院挂牌成立。

3月8日 济南市第一条艾滋病咨询热线“小阮热线”（6555120）开通。

同日 济南市首支女子城管执法中队在天桥区城管执法局成立。

同日 山东省第一家女子商会——济南市槐荫区女子商会揭牌。

3月17—28日 由剪纸、微雕、茶艺、杂技等艺术家组成的济南市民间艺术代表团一行16人赴法国参加“中国文化年”活动之一的雷恩市国际博览会。

3月18—30日 以副市长王天义为团长的济南市友好文化经贸代表团一行15人赴法国、德国访问。

3月20—24日 “济南轻骑杯”2004年全国男子自由式摔跤锦标赛暨奥运会资格赛在市皇亭体育馆举行。

3月22日 全省首起特大涉嫌侵犯著作权案嫌疑人被济南市检察院依法批准逮捕，涉嫌违法经营数额120余万元。

3月24日 澳大利亚驻华大使唐茂思一行4人访问济南。

3月26日 在全市卫生科教暨人才工作会议上，市中心医院中心实验室汪运山成为获“济南市科教兴医特等奖”第一人，并获10万元科技项目资助经费和1万元奖金。

同日 《济南日报》报道，历经两年时间，由市级投资7500多万元在市内4区建设的115处“星光老年之家”全部竣工。《济南市星光老年之家管理暂行办法》实施。

3月27日 济南市博物馆在全省率先对学生及未成年人免费开放，并将每周五定为“免费开放日”向社会免费开放。之后济南市公共文化设施逐步向社会免费开放。

3月31日 全国政协副主席、中共中央统战部部长刘延东到济南视察。

4月3日 世界500强企业之一——美国安海斯—布希公司（简称AB公司）副总裁兼AB国际公司首席执行官伯乐思一行8人访问济南。

同日 商河鼓子秧歌代表队参加“2004中国民族鼓乐精英大赛”获得一等奖。

4月4日 全国第一套以城市泉群为图案的邮票——“济南七十二名泉”邮票首发式举行。

4月5日 加拿大魁北克省驻京办事处代表、加拿大驻华使馆一秘戴博思一行2人访问济南。

4月5—8日 第八届中国东西部合作与投资贸易洽谈会举行，济南市共达成商贸和经济技术合作项目16项，签约项目金额3.2亿元。

4月6日 商河县地热温泉试井成功，被誉为“山东地热第一井”。商河地下热水资源储量为48亿立方米，其中可开采热水资源20亿立方米。

同日 韩国驻青岛总领事馆新任总领事辛亨根一行6人访问济南。

4月7日 市委、市政府印发《关于统筹城乡发展促进农民增收的意见》，决定实施增加农民收入“6521”工程。

4月9日 市委、市政府召开全市农村工作会议，确定章丘市、市中区、槐荫区、历下区和济南高新技术产业开发区2004年起取消农业税；2006年起，全市取消农业税。

同日 以印尼驻华大使库斯蒂亚为团长的印尼访问团一行6人访问济南。

同日 山东省重点建设项目——济南正昊化纤年产7万吨直纺涤纶短纤装置建成投产，打破中国短丝生产线全部依赖进口的局面。

4月11日 2003年全国十大考古新发现评选结果揭晓，济南市“章丘危山汉代兵马俑坑”入选。

4月16日 市政府印发《关于建立和完善农村最低生活保障制度的实施意见》。

同日 台湾桃园县工业会女企业家参访团一行19人到济南考察。

同日 济南市工人医院成立揭牌仪式在市第五人民医院举行。

4月16—17日 法国前总统吉斯卡尔·德斯坦一行4人访问济南。

4月19日 济南市第一个垃圾焚烧发电项目签约。济南市无害化处理厂200吨垃圾焚烧发电项目由深圳市瀚洋投资控股有限公司投资运营，总投资3200万元，先期投入1700万元，可日处理生活垃圾200吨，委托经营年限为11年。2006年12月6日，项目投产运营。

4月24日 俄罗斯经济学家代表团一行10人访问济南。

同日 济南市启动贫困大学生救助基金。

4月26日 越共中央政治局委员、书记处书记、中央思想文化部部长阮科恬一行10人访问济南。

5月1—3日 中共中央政治局常委李长春视察泉城广场、泉城路商业街和燕山健身广场。

5月8日 济南市首次面向国内公开招标79条道路保洁经营权。

同日 占地33公顷、建筑面积6万平方米的章丘海尔工业园破土动工，10月28日举行开园庆典仪式。作为海尔集团唯一电机生产厂家，新落成的章丘海尔工业园已成为国内最大的同类电机生产研发基地。

5月9日 经十东路绿化养护管理项目在济南市建筑工程交易市场开标，这是济南市道路绿化养护项目第一次公开对社会招标，也是济南市道路绿化管理实行管养分开的开端。

5月12日 在全球最权威的商业智能测试

中，浪潮 SP3000 服务器以 5618QphH 的成绩打破由 IBM 保持 8 个月之久的世界纪录。年底，这一事件当选“2004 年中国信息产业年度十大经济事件”。

5 月 13 日 济南市企业家管理创新贡献奖表彰大会暨“工业强市”与企业家创业论坛召开，济钢集团总经理李长顺、山水集团董事长张才奎获“济南市企业家管理创新贡献奖”特等奖。

5 月 17—26 日 以副市长王天义为团长的济南市友好经贸考察团一行 47 人访问韩国。

5 月 18 日 济南市人民政府法制咨询委员会成立，委员会聘请 9 名法律、经济方面的专家学者作为市政府的高级法律顾问，为市政府重大决策提供高层次法律咨询服务。

同日 上市企业“济南百货”资产重组工作进入实质性阶段，停工 3 年的济南百货一期工程复工，并更名为将军广场。广场总建筑面积 3.6 万平方米，总投资约 2 亿元，为商业、娱乐、办公一体的综合性大厦。

5 月 19 日 市政府召开全市背街小巷现场整治调度会，要求各有关部门制订三年计划，整治全市 900 多条旧街巷。至 2006 年，全市累计投入资金 3.37 亿元，共整治背街小巷 2499 条、419 万平方米。

同日 市政府印发《关于市属国有工业企业破产工作的若干意见》。

5 月 21 日 市委、市政府召开全市人才工作会议，对加强全市人才工作进行部署。6 月 21 日，市委、市政府印发《关于实施人才强市战略进一步加强人才工作的意见》。

5 月 24 日 市委宣传部、市总工会、市经济委员会和市文明办命名中国石化集团济南炼油厂等 10 个单位为“济南市职工职业道德建设十佳单位”，辛丕华等 10 人为“济南市职工职业道德十佳标兵”。

同日 欧盟驻华代表团团长、大使安高胜一行访问济南。

5 月 24—27 日 2004 济南 · 香港经贸合作洽谈会在香港举行，共达成 12 个合作项目，签约外资额 7.8 亿美元。

5 月 26 日 市委、市政府印发《关于切实加强和改进未成年人思想道德建设的实施意见》。31 日，全市加强和改进未成年人思想道德建设工作会议召开，提出当前和今后一个时期全市加强和改进未成年人思想道德建设的总体要求。

5 月 28—30 日 坦桑尼亚联合共和国总统杰明 · 威廉 · 姆卡帕及夫人一行 31 人访问济南。

5 月 经一路综合改造工程全面展开，11 月竣工通车。2006 年 1 月，项目获中国市政工程“金杯奖”。

同月 济南市画家李兆虬创作的《王贵和李香香》获中国美协全国中国画作品展金奖。

6 月 8 日 市政府印发《关于加快高新技术产业发展的若干意见》及《济南市市级以上新产品认定及享受财政专项奖金扶持确认办法》《济南市高新技术企业、科技企业孵化器和在孵化企业享受财政专项资金扶持确认办法》《关于发展高新技术产业有关指标考核的实施办法》3 个配套文件。

6 月 16—17 日 中国 · 济南 2004 高校、科研院所科技成果和专利技术展示交易会在济南高新技术产业开发区举行。清华大学、中国科学院、山东大学等国内十几所著名大学和科研院所的 3000 多项优秀科技成果和专利技术在展交会上展示，其中 100 多项达成转让协议、24 个重点项目签约。

6 月 19 日 美国旧金山市市长助理、贸易部部长马克 · 坎德雷一行 3 人在济南进行友好经贸访问。

6 月 29 日 2004 中美经济合作论坛暨中美加工贸易（济南）洽谈会在舜耕国际会展中心举行，美国经贸代表团一行 43 人参加论坛和洽谈会，这是济南市与美国经济界近年来规模最大、级别最高的一次交往。

同日 市委召开建党 83 周年暨先进集体、先进个人表彰大会，命名表彰“先进基层党组织”96

个、“优秀共产党员”185 名、“优秀党务工作者”47 名、“五个好”乡镇党委 20 个、“五个好”县（市）区部门 49 个、“五个好”村党组织 100 个。

6 月 30 日 中共中央政治局常委、中央政法委书记罗干在济南考察基层法院工作和城市建设工作，并出席在济南召开的全国法院加强基层建设工作会议。

同日 济南市创建国家环境保护模范城市总体规划及 9 个专项规划，通过来自环保总局、清华大学、中国环境科学研究院 10 位专家组成的评审委员会评审。

6 月 市政府决定全面启动城市总体规划编修工作，近期规划至 2010 年，远期规划期限至 2050 年，分市域、市区、中心城区三个层次，以市区为主体。12 月 1 日，《济南市城市总体规划（2005—2020 年）纲要》在第一届济南市城市规划委员会第二次全体会议上原则通过。

7 月 2 日 美国佐治亚州参议员、佐治亚州—中国委员会主席、投资银行家森马利百，美国中美伙伴关系主席、锦绣中华传媒有限公司总裁石丰荣访问济南。

同日 澳大利亚维多利亚州社区部副部长林美丰夫妇及澳中工商会会长金凯平一行 3 人访问济南。

7 月 3 日 省内唯一一条直飞欧洲的货运航线——济南至莫斯科定时货运班机完成首次飞行。

7 月 4 日 微软（中国）有限公司在中国设立的第一家省级技术中心——山东微软技术中心在济南挂牌。

7 月 6 日 世界最大的集装箱制造商——中集车辆（集团）有限公司山东专用车基地在章丘明水经济开发区奠基，2005 年 2 月竣工投产。

同日 济南市第一个地震台——七星地震台建成投入使用，市地震科普馆同时开放，与 2002 年建成的七星天文台融为一体，形成集测地震、观天象、普及防震减灾知识和天文知识于一体的科普教育基地。

7 月 8 日 由中华医院管理学会组织的全国百姓放心医院评选活动结果揭晓，济南市中心医院、市妇幼保健院、市一院、市四院等 7 家医院名列首批 240 所全国百姓放心示范医院。

7 月 10 日 由济南市科技局创办的综合性科技中介服务机构——山东济南生产力促进中心，被科技部认定为“国家级示范生产力促进中心”。

7 月 11 日 越南最高人民检察院检察长何孟智一行 10 人访问济南。

同日 巴西圣约瑟市市长塞提姆一行 9 人到济南考察。

7 月 14 日 省体育中心改造扩建配套项目——英雄山广场改造、经十一路东段道路拓宽及地下人防主体工程竣工。工程东起省体育中心，西至英雄山广场，全长约 800 米，共计建筑面积 2.7 万平方米，总投资约 1.4 亿元。

7 月 16 日 德意志联邦共和国副总理兼外交部长约施卡 · 菲舍尔率德国政府暨经济代表团一行约 80 人抵济，出席山东力诺瑞特新能源有限公司新厂房落成典礼。

7 月 17 日 作为中国唯一代表队，济南市市中区少儿艺术团一行 21 人前往乌克兰，参加“让世界更美好”国际儿童文化艺术节活动。

7 月 18—23 日 由济南市政府与韩国水原市政府、韩国风险投资协会共同举办的“中国济南韩国周”活动举行。周内共举行经贸交流洽谈、中韩经贸论坛、专场文艺晚会、中韩书画展、韩国电影电视周、国际艺术歌会、中韩美食节等一系列活动。在经贸交流洽谈会上，共签订 9 个合作项目，总投资额 1.22 亿美元。

7 月 19 日 奥地利国民议会（下院）第二议长、奥中友协监事会副主席普拉玛一行 24 人访问济南高新区。

7 月 19 日—8 月 3 日 2004 亚洲杯足球赛济南赛区比赛举行，韩国、科威特、阿联酋、约旦 4 国国家足球队在济南赛区参加比赛。

7 月 22 日 中国社会科学院、北京大学以及省、市社科理论界的专家学者和有关部门领导 70 余人，参加在济南举行纪念济南自开商埠 100 周年学术研讨会。25 日至 8 月 20 日，为纪念济南自开商埠 100 周年，市委宣传部、市档案局（馆）、济南日报报业集团和市中区委、区政府联合主办“济南开埠百年档案图片展”，这是济南市举办的第一次系统展现济南百年沧桑巨变的大型主题展览。

7 月 28 日—8 月 5 日 副市长王天义率济南旅游促销交流团到台湾进行旅游交流与促销。

7 月 30 日 市十三届人大常委会第十二次会议表决通过《关于济南市与澳大利亚郡德勒普市建立友好城市关系的决议》《关于济南市与德国奥格斯堡市建立友好城市关系的决议》。

8 月 1 日 《济南市人民政府重大社会公共事项决策听证暂行办法》施行。

8 月 2 日 《济南市机动车排气污染防治办法》听证会召开，这是济南市首次就重大公共事项决策召开听证会。

8 月 3 日 济南市中级人民法院对中国第一例股民诉上市公司虚假陈述案——山东枣庄股民张鹤诉银座渤海集团股份有限公司（原渤海集团股份有限公司）虚假陈述证券民事赔偿案作出一审宣判。

8 月 5 日 世界级商业零售大鳄正大易初莲花与山东鲁能泰山发展有限公司在山东大厦举行签字仪式，正大易初莲花落户鲁能泰山广场。

8 月 9 日 济南轻骑摩托车股份有限公司与中国化工集团公司所属的全资子公司——中车汽修（集团）总公司达成战略重组意向，恢复上市。

8 月 11 日 美旗控股集团大陆总部办公楼乔迁暨项目签约仪式在济南高新区齐鲁软件园举行。

8 月 12—16 日 香港特别行政区政务司司长曾荫权一行 3 人访问济南。

8 月 15 日 济南市出台《2005—2007 年农村教育振兴行动计划》。

8 月 20—24 日 第十九届全国青少年科技创新大赛在成都举办，济南市 9 名参赛选手获得金牌 1 枚，银牌、铜牌各 2 枚。

8 月 25 日 市委、市政府印发《济南市人民政府机构改革实施意见》。通过改革撤销合并职能交叉、错位的各类工作机构 29 个，根据工作实际需要新建 12 个，增减相抵后精简 17 个，精简幅度 18%。

8 月 26 日 济南市人才工作领导小组第二次全体会议召开，会议讨论通过《关于实施人才强市战略，进一步加强人才工作的意见》的部门分工意见，《“泉城学者”系列人才开发工程实施意见》；“济南市专业技术拔尖人才”改名“济南专业技术拔尖人才”；拔尖人才津贴每人每月提高到 500 元。

同日 济南市交通战备特种运输大队联合陆军某部成功举行大型战备物资运输演练，共运输物资 2400 多吨，行程 480 千米。其演练特种车辆编队规模之大、一次运输大型物资之多、连续运输距离之长，在国内战备车辆道路运输史上是首次。

8 月 26—30 日 中共中央政治局委员、书记处书记、国务委员兼公安部部长周永康在济南出席全国公安厅局长座谈会并视察济南公安工作。

8 月 28 日 全国政协副主席张思卿到济南视察城市建设工作。

8 月 30 日—9 月 1 日 被誉为“中国医疗器械第一展”的 2004 中国医疗器械（山东）博览会在舜耕国际会展中心举行，500 多家国内外企业参展。

9 月 2—5 日 德国奥格斯堡市市长保罗·文格斯一行 14 人访问济南。

9 月 2—7 日 以澳大利亚郡德勒普市委员会主席约翰·彼特森为团长的友好访问团一行 13 人访问济南。4 日，市长鲍志强与约翰·彼特森签署济南市与澳大利亚郡德勒普市缔结友好城市关系协议书。

9 月 3—5 日 2004 中国（济南）国际旅游交易会在舜耕国际会展中心举行，21 个国家和地区的海外客商 3.5 万名代表到会，达成合作意向、协议和合同 5 万多份。期间，济南、长春、大连、贵阳等 25 个城市结为友好旅游城市联盟。

9月6日 小鸭集团与南京斯威特集团签署协议，斯威特重组小鸭集团的洗衣机业务，并正式接管“小鸭”集团。

9月6—13日 “国宝回归·2004济南特展”举办，流失海外多年的圆明园牛首、虎首、猴首和猪首铜像在济南展出，各界群众7万余人参观展览。

9月8日 济南市商业银行与澳大利亚联邦银行（CBA）战略合作签字仪式在山东大厦举行，这是山东省首家地方法人金融机构与国外金融机构进行合作。

9月10日 山东银座商城股份有限公司与台湾地区最大的零售商台湾统一超商股份有限公司正式签约，成立合资企业——统一银座。

9月13—21日 以市人大常委会副主任王存兴为团长的济南市友好经贸考察团赴奥地利进行友好访问。

9月18日—2005年1月5日 首届黄河文化艺术节暨国际沙雕艺术展在济南百里黄河风景区举行。

9月18—19日 “山东三箭杯”2004年O-125级摩托艇世界锦标赛暨国际摩托艇精英赛在大明湖公园举行，11个国家和地区的100多名选手参加比赛。

9月20—26日 “2004年中国济南创业与投资国际合作周”活动举行，先后举行企业项目洽谈会、高新区项目对接会、章丘明水开发区民营企业交流考察活动，签订协议2个、达成合作意向15个，协议总金额约11.5亿元。

9月23日 济南市与乌克兰哈尔科夫市友好协作城市协议签字仪式举行，副市长王天义与哈尔科夫市市长舒米尔金·弗拉基米尔在协议书上签字。

同日 由中国最大的中间件软件提供商——中创软件商用中间件公司与清华紫光等13家企业联合组建的中国首个中间件产业联盟在济南成立。

9月26日 在深圳世界园艺博览会上，济南参展的“趵突胜景园”获组委会颁发的金奖，济南市政府获“组织钻石奖”。

9月27—29日 市十三届人大常委会第十四次会议召开，表决通过《济南市授予“荣誉市民”称号规定》《济南市限制燃放烟花爆竹的管理规定》。

9月28日 济南市残疾人运动员吕晓磊在雅典残疾人奥运会乒乓球男子团体TT9-10级双打比赛中夺得金牌。

同日 《济南日报》编辑陈黎青创作的新闻漫画《政绩“工程”》获“第十四届中国新闻奖一等奖”。

9月29日 市委、市政府印发《关于县（市）区政府机构改革的实施意见》。

同日 山东省军区和中共济南市委、市政府举行济南警备区组建大会，济南军分区和济南市民兵工作处撤销，组建济南警备区。

同日 2004年“我喜爱的泉城十大景区（点）”评选活动颁奖晚会举行，趵突泉公园、大明湖风景名胜区、千佛山景区、百脉泉公园、红叶谷生态旅游区、灵岩寺景区、跑马岭野生动物世界、济南动物园、五峰山景区、九顶塔民族风情园10个景区被评为“我喜爱的泉城十大景区（点）”。

9月30日 中共一大代表、中共山东省委首任书记邓恩铭烈士陵墓在济南革命烈士陵园落成。

同日 趵突泉新地下水位遥测点——天尺亭竣工。

9月 济南柴油机股份有限公司新厂建设工程开工，工程占地50多公顷，2006年11月18日竣工。

10月1日 植物园改造整治工程竣工并重新开放。工程新增绿地约7万平方米，增加生态广场、高架步行景观桥等景观；济南市首座生态中水处理站在植物园建成，日处理污水3000吨。

10月4—15日 以市长鲍志强为团长的济南市友好经贸代表团一行6人对德国奥格斯堡市、英国考文垂市、瑞典沃尔沃公司进行友好访问。

10月10日 济南市与德国奥格斯堡市正式

签署缔结友好城市协议，奥格斯堡成为第12个与济南市缔结友好关系的国外城市。

10月10—11日 中共中央政治局委员、国务院副总理吴仪考察济南华沃卡车有限公司卡车生产线车间及城市建设情况，并出席座谈会听取山东省委、省政府的工作汇报。

10月11—21日 副市长刘善鹏率领济南市政府代表团一行9人，对坦桑尼亚、埃塞俄比亚、南非等非洲国家进行友好访问。

10月14日 市属国有（集体）企业资产监管工作会议召开，轻骑集团、小鸭集团等255家国有（集体）企业被首批纳入市国有资产监督管理委员会的监管范围，首批纳入的企业资产总额为378亿元，职工总数为262738人。

10月14—19日 以日本和歌山市市长大桥建一为团长的和歌山市第21次友好访问团一行14人访问济南。

10月15日 济南市首次“十大杰出职工”命名表彰大会召开，贾广顺等10人被授予“济南市十大杰出职工”称号，并分获1万元奖金。

10月18日—11月18日 济南市开展“市民喜爱的老街老巷”评选活动，芙蓉街、舜井街、曲水亭街、馆驿街、剪子巷、后宰门街、东流水街、高都司巷、五三街、秋柳园街、王府池子街、普利街、经二路、旧军门巷、司里街、长春观街、制锦市街、贡院墙根街、鞭指巷、北大槐树街20条老街巷获得“市民喜爱的老街老巷”称号。

10月19日 中共中央政治局委员、全国人大常委会副委员长、中华全国总工会主席王兆国在济南考察。

10月20—21日 以“交流、合作、对接、双赢”为主题的山东与世界500强企业合作战略（济南）峰会在济南召开，近50家世界500强企业代表参会。

10月22日 济南市堤口路果品批发市场、七里堡蔬菜批发市场进入“中国农副产品批发市场2003年度行业排名”百强行列，其中，堤口路果品批发市场排名第四位，七里堡蔬菜批发市场排名第六十四位。

10月26—30日 香港、深圳两地30多家企业的40多位外商在济参加“港深外商济南行”活动，共签订投资合作意向10份，计划投资金额近2亿元。

10月28日 代表国内重型汽车最高水平的HOWO7系列重卡在中国重汽济南卡车公司新总装厂下线。

10月28—31日 以韩国庆尚南道河东郡副郡守金焕泳为团长的河东郡代表团一行5人访问济南。

10月31日 以“软件产业国际化与软件产业发展环境”为主题的2004中国（济南）IT行业青年精英论坛在济南高新区齐鲁软件园举行。

10月 山东盖世国际物流集团投资5.4亿元兴建的盖世物流农贸大市场投入试运营。

同月 济南市市级机关事务管理局成立。

11月1日 全欧华人专业协会联合会（FCPAE）与济南市政府合作协议签字仪式举行。

11月2日 济南日报记者江浩的摄影作品《老解和他的庄户剧团》获得由联合国教科文组织和中国民俗摄影协会主办的第四届国际民俗摄影“人类贡献奖”节日文化类金奖。

11月3日 济南市提前一年基本实现交通部提出的“村村通客车”要求，客运班车已经覆盖4381个行政村，占全市行政村总数的99.1%。

同日 《济南日报》报道，济南市以综合指数87.1位列2003年度全国百强城市综合实力测评第13位，居副省级城市第9位，省会城市第7位。这是济南市自1994年以来取得的最高位次。

11月3—5日 日本山口县副知事绵屋滋二率山口县政府代表团、林业代表团及“绿色桥梁”志愿者植树团共计110人访问济南。

11月4日 交通银行济南分行举行新闻发布会，宣布济南分行改为山东省省级分行。

11月4—6日 中共中央政治局委员、书记处书记、组织部部长贺国强视察济南。

11月6日 斯里兰卡执政联盟年轻议员代表团一行10人赴章丘参观考察。

11 月 9 日 浪潮集团与微软公司在济南签署全球战略合作协议。

11 月 11 日 在全市高新技术产业工作会议上，济南市首次认定济南重工股份有限公司等 100 家企业为市级高新技术企业。

11 月 11—13 日 世界著名物理学家、诺贝尔奖获得者杨振宁访问山东大学，并游览大明湖、趵突泉公园和泉城广场等。

11 月 12 日 山东大学齐鲁医院与市儿童医院签署协议，成立山东大学齐鲁儿童医院。12 月 30 日，医院挂牌。

同日 百余名市政协委员参加民主评议市司法局工作活动，这是市政协第一次民主评议政府部门工作，也是济南市拓宽民主监督渠道的一次有益尝试。

11 月 13—15 日 第五届全国工业博览会在新启用的济南国际会展中心举行。

11 月 14—16 日 中国山东第三届海外人才交流暨经贸项目洽谈会在济南举行，近 3000 留学人员和海外企业家参会，1.5 万人次观摩展览和洽谈现场，共达成经济技术合作意向 358 项，签约标的额 20 多亿元。

11 月 16 日 市政府出台《关于市属公园对市民晨练、晚练活动免费入园的规定》，2004 年 11 月 20 日起，市民可在大明湖风景名胜区等市属 8 大公园（风景区）内免费进行晨练和晚练。

11 月 17 日 以韩国韩中亲善协会理事长徐清源为团长的代表团一行 27 人访问济南。

11 月 19 日 济南市召开政府资金管理制度改革工作会议，确定在市属单位实行政府资金集中结算制度。

同日 中法文化年法国年重要项目之一“城市红装——法国当代艺术展”在泉城广场开幕，法国 16 位著名当代艺术家专门为泉城创作的 16 组大型户外艺术作品将永久留在济南。

11 月 24 日 省、市气象局首次开展联合人工增雪作业，25 日全市普降大到暴雪，平均降雪量 20 毫米，市区降水量达 29.8 毫米，是济南市 50 年来的最大降雪。

11 月 29 日 济南有线数字电视节目播出。

11 月 29 日—12 月 1 日 以西门子股份公司副总裁、最高董事会董事沙立夫为团长的西门子高层代表团一行 11 人访问济南，并参加济南西门子变压器有限公司 10 周年庆典。

11 月 环保总局中国环境监测总站《2003 年城市声环境质量报告》公布，济南市在城市区域声环境方面名列全国十大安静城市之首。

12 月 2 日 市政府召开企业办中小学移交工作会议，确定济南市辖区内国有企业办中小学义务教育阶段的学校按照属地管理的原则全部移交给企业所在地政府教育行政部门管理。

12 月 10 日 济（南）菏（泽）高速公路济南段开工，工程全长 76.7 千米，概算总投资 22.39 亿元。2007 年 9 月 28 日，济南至菏泽高速公路建成通车。

12 月 11 日 济南市运动员高畅在河北唐山举行的全国游泳锦标赛上，夺得女子 50 米仰泳、100 米仰泳两枚金牌，并以 28 秒 48 的成绩破女子 50 米仰泳亚洲纪录。

12 月 15 日 济南市京剧院新编历史京剧《李清照》作为山东省唯一参评剧目，获第四届中国京剧艺术节“优秀剧目奖（银奖）”“优秀编剧奖”和“优秀导演奖”，主演李青获“表演奖”，为济南市在中国京剧最高领域实现获奖零的突破。

12 月 20 日 市委在全省和全国副省级城市中第一个建立巡视机构，设立两个巡视组。

12 月 21 日 济南生态市建设规划论证会召开。会议确定济南生态市创建的总体目标是，到 2020 年，在全市形成具有完善服务功能的生态环境、遵循循环经济理念的产业体系、持续稳定安全的投资环境、和谐优美的生活环境、以“山、泉、湖、河、城”为特色的泉城景观风貌、弘扬文化传统的生态文明。

12 月 22 日 黄河标准化堤防一期工程济南段全线竣工，总长 66.5 千米，总投资 8 亿元，集防洪保障线、抢险交通线和生态景观线于一体，可防御 2.2 万立方米／秒的洪水。

12 月 23 日 市政府召开全市派出监事会工作会议，决定向中国轻骑集团有限公司等 11 家市属企业派出监事会驻厂监事，确保国有资产保值增值。

12 月 25 日 委内瑞拉玻利瓦尔共和国总统乌戈·拉斐尔·查韦斯·弗里亚斯一行 100 余人参观济南市的市容市貌，游览章丘百脉泉公园。

12 月 27 日 济南第二工人文化宫劳动广场工程开工，工程总建筑面积 20 万平方米，总投资 4 亿元。

12 月 28 日 市行政审批中心首批分中心分别在历城区、历下区、民政事务管理服务中心和有形建筑市场挂牌，并纳入市行政审批中心的统一监督管理和业务指导。

同日 《济南名泉保护战略规划及其对策研究》科研项目通过专家评审。

同日 经市政府批准，济南市药品监督管理局更名为济南市食品药品监督管理局。市食品安全协调委员会同时成立，负责统一领导、统筹协调全市食品安全监管工作。

同日 章丘市政府与青岛可口可乐饮料有限公司签订协议，确定在明水开发区建设济南可口可乐装瓶厂。

12 月 30 日 在由卫生部、中国红十字会总会、解放军总后勤部卫生部联合举办的 2001—2003 年度全国无偿献血表彰大会上，济南市获“全国无偿献血先进城市奖”。

2004 年 据市气象台权威资料表明，是年至 2005 年冬季，是济南市自 1986 年以来冬季最冷的一年。冬季全市平均气温为零下 1.1℃，较常年偏低 1.3℃；市区冬季的平均气温为零下 0.4℃，较常年偏低 1.8℃；冬季降雪（雨）日数多达 16 个，为济南市气象史少见。

同年 槐荫区道德街街道注册商标“道德街”，成为济南市由商标总局批准注册的第一个社区服务商标。

同年 济南市人民政府国有资产监督管理委员会组建，为市政府直属正局级特设机构，由市政府授权代表国家履行国有资产出资人职责，实行管资产与管人、管事相结合。

2005 年

1 月 1 日 第一次全国经济普查工作拉开序幕，济南市 1.1 万余名普查员在近 6 万个普查小区开始进行普查登记工作，至 6 月底完成。2006 年 1 月 16 日，《济南市第一次经济普查公报》发布。

同日 济南市政府资金管理制度改革，实行政府资金统一核算、集中结算，首批 84 个单位实行政府资金集中结算。

同日 市内五区最低生活保障标准由每月人均 208 元提高到 230 元。

1 月 1—10 日 全市开展援助印度洋地区地震及海啸灾民的“十日捐”活动，济南慈善总会共收到赈灾捐款 159454.5 元。

1 月 2—3 日 约旦哈希姆王国驻华大使安马尔·阿·哈姆德到济南考察。

1 月 6 日 济南市首批 23 人获颁全国注册企业文化管理师证书，CCO（企业首席文化官）在济南诞生。

1 月 8 日 《济南日报》报道，在冬季严打整治活动中，济南市公安局公交分局第一派出所破获一起特大制贩假证案，抓获犯罪嫌疑人 41 名。

1 月 9—10 日 市委书记姜大明到菏泽市现场研究济南市与成武县的对口支援工作，落实对口支援项目，探讨加强经济合作措施。其间，举行济南市帮扶成武发展座谈会暨项目签约仪式，双方达成合作项目 16 个，项目总金额达 29.73 亿元。

1 月 11 日 全市深入推进“平安济南”建设暨政法工作会议召开，要求各级各部门切实加强党对“平安济南”建设和社会稳定工作的领导，为把济南建设成为全省“首善之区”而努力奋斗。

1 月 14 日 济南钢铁集团有限公司“燃气—蒸汽联合循环发电技术的研究与应用”项目通过省级技术鉴定，对全国同类型钢铁工业发展循环经济、进行清洁生产具有推动和示范作用。

1月15日 济南民天面粉集团公司被山东省经贸委认定为省级企业技术中心，成为国内同行业中唯一拥有省级技术开发中心的面粉加工企业。

1月18—19日 委内瑞拉驻华大使罗西奥·马内罗一行3人访问济南。

1月23日 市委召开保持共产党员先进性教育活动动员大会，对全市开展先进性教育活动进行动员部署。会议印发中共济南市委《关于深入开展以实践“三个代表”重要思想为主要内容的保持共产党员先进性教育活动的实施意见》和《关于第一批部门和单位深入开展以实践“三个代表”重要思想为主要内容的保持共产党员先进性教育活动的实施意见》。全市先进性教育共分三批进行，活动于2006年6月底基本结束。

1月24日 美国德纳公司与济南二机床集团有限公司签订合同，订购二机床拥有完全自主知识产权的5000吨重型多工位压力机，标志着中国已拥有向国际汽车工业提供成套高端技术冲压装备的能力。

1月25—29日 政协济南市第十一届委员会第三次会议举行，听取并审议通过《市政协常委会工作报告》，增选王世敦为市政协副主席。全体委员列席市人大十三届三次会议，听取并讨论《政府工作报告》，济南市2004年国民经济和社会发展计划执行情况，济南市2005年国民经济和社会发展计划草案以及济南市人大常委会、济南市中级人民法院和济南市人民检察院等的工作报告。

1月26—30日 济南市第十三届人民代表大会第三次会议举行。会议听取并审议《政府工作报告》，济南市2004年国民经济和社会发展计划执行情况，济南市2004年预算执行情况和2005年预算的报告，济南市人大常委会工作报告，济南市中级人民法院和济南市人民检察院工作报告。会议补选马纯济为市十三届人大常委会副主任；补选李静为市中级人民法院院长。

2月5日 由济南市杂技团青少年演员房丽丽、孔涛表演的《转台叠椅》，在摩纳哥举行的第17届蒙特卡洛“初登舞台”国际杂技节比赛中获得最高奖——“金K奖”。

2月14—21日 由法国文化年法方组委会等单位主办的“跨越四十个世纪的雕塑展”在济南举办。

2月18日 国家统计局公布2003年全国小城镇综合发展水平较高的前1000个小城镇，济南市历下区姚家镇、历城区王舍人镇、章丘市明水街道和历城区华山镇入围。其中，历下区姚家镇位列全省第一、全国第206位。

2月23日 济南市快速公交系统建设领导小组第一次会议召开，济南市快速公交系统规划建设全面启动。10月26日，中国快速公交系统（BRT）推广项目示范合作城市签约暨揭牌仪式在济南举行，济南市成为美国能源基金会在中国的第一个BRT推广项目示范合作城市。2008年4月22日，济南快速公交（BRT）1号线开始运营；9月26日，济南快速公交（BRT）2号线试运行。

同日 济南革命烈士陵园、济南战役纪念馆被确定为全国红色旅游经典景区。

同日 市政府印发《关于加快水利发展与改革的决定》《关于加快林业发展建设绿色济南的决定》。

2月24日 2005年中国IT市场年会CCID公布的最新数据显示，2004年浪潮服务器连续9年占据国产服务器品牌市场份额排名第一，浪潮税控机市场占有率连续2年名列全国第一，浪潮烟草行业软件连续4年位居IT应用市场主力厂商综合竞争力第一名。

2月25日 在全国反贪、渎检“百优双十佳”评选中，济南市检察院反贪污贿赂局被授予“全国检察机关‘十佳反贪污贿赂局’”称号，市检察院孙叶金被授予“全国检察机关‘十佳渎职侵权检察局局长’”称号。

同日 委内瑞拉驻华大使马内罗、公共经济部长哈瓦、农业部长阿尔布兰一行18人访问济南。

同日 济南市重点工程建设大会召开，确定

2005年城市建设重点工程共168项，概算总投资691.3亿元，当年计划投资256亿元。

3月3—5日 2005中国国际制造业（济南）博览会在舜耕国际会展中心举行，20多个省市区（台湾、香港）及日本、韩国等地的500余家企业参展，总成交额3600余万元，达成协议额约1亿元。

3月8日 济南市各界妇女纪念“三八”国际劳动妇女节95周年大会暨首届“泉城巾帼十杰”事迹报告会举行。首届“泉城巾帼十杰”“十大巾帼创业明星”和310名“三八红旗手”、50个“三八红旗集体”、50名“巾帼建功先进个人”、60个“巾帼文明岗”受到表彰。

3月9日 济南城市精神新闻发布会召开，“诚信、创新、和谐”成为济南城市精神的规范表述。

同日 济（南）莱（芜）高速公路济南段开工建设，全长39.47千米，概算投资25.8亿元。2007年7月22日，济莱高速全线竣工通车。

3月9—12日 由德国巴特·基辛根市市长劳登·巴赫率领的巴特·基辛根市代表团一行5人访问济南。

3月11—16日 以加拿大里贾纳市市长派特·费亚克为团长的加拿大里贾纳市友好经济教育代表团一行8人访问济南，双方签订友好会谈备忘录。

3月16日 《济南市突发性地质灾害应急预案》颁布。

3月18日 根据铁道部有关文件精神，济南铁路分局撤销，原该分局管辖的站段由济南铁路局直接管理。

3月19日 济南首家股份合作制银行——济南润丰农村合作银行揭牌。

3月20日 亚洲地区设计标准最高的桥梁——青（岛）银（川）高速公路济南黄河大桥工程开工，2008年12月28日竣工通车。桥梁全长4473米，设计标准为双向八车道，总投资39.97亿元。

3月25日 济南市第十三届人大常委会第十七次会议决定任命王以才为济南市人民政府副市长。

3月26日 山东首场女大学生就业专场招聘会在济南人才市场举行，120家招聘单位提供1900余个就业岗位，近7000名女大学生参加竞聘。

3月27—29日 香港合和实业有限公司主席胡应湘、震雄集团有限公司总裁蒋震等香港企业代表团一行7人访问济南。

3月27—4月11日 副市长王天义率领济南市友好经贸团赴友好城市法国雷恩市、德国奥格斯保市和英国考文垂市访问。

3月28日 国家科学技术奖励大会在北京召开，浪潮集团“浪潮64位高性能服务器”等2个项目成果获“国家科学技术进步奖”二等奖。

3月 济南市历城区南部山区8个乡镇500多个自然村9万多户群众全部喝上自来水。

4月1日 济南雅居园小区顺利通过建设部国家康居示范工程达标验收，成为山东省第一个国家康居示范工程。

4月2日 邓恩铭烈士墓揭幕暨清明节祭扫革命烈士墓仪式在济南革命烈士陵园举行。

同日 2005中国足球超级联赛开幕式在省体育中心举行。

4月3日 济南泺口九烈士纪念碑揭幕仪式在泺口黄河公园举行。

4月4日 济南市气象部门首次发布气象火险预警预报。济南市瞬时极大风速达到9级，森林火险气象等级一度达到最高级5级，属极度火险。

4月6日 济南市首家外商投资大型商业企业工会在济南家乐福商业有限公司成立，首批470余名员工成为工会会员。

4月8日 济南市在平阴县召开诚信体系建设现场观摩会，总结推广平阴县诚信体系建设经验，推动“诚信济南”建设向纵深发展。

4月9日 全市行政事业单位资产管理制度改革工作会议召开，传达市委、市政府《关于济南市市级行政事业单位资产管理制度改革的意见》，确定济南市对市级行政事业单位资产管理制度实行重大改革，建立与社会主义市场经济发展相适应、与机关高效运转相协调、符合济南市实际的行政事业资产管理新机制。至2006年年底，改革基本结束。

4月18日 保泉应急重要措施——玉符河回灌补源方案启动，回灌持续40天，总回灌量2000万立方米。

4月18—19日 首届中国天津经济合作与投资洽谈会暨第十二届天津春季全国商品交易会举行，济南市代表团共签订协议15个，项目金额13.69亿元。

4月19日 欧洲计量巨头荷德鲁美特在中国投资成立的第一家生产热量表的合资公司——山东荷德鲁美特表计有限公司在济南高新区成立。

4月21—23日 以韩国水原市副市长苏秉周为团长的水原市政府代表团一行4人访问济南。

4月23日 全国政协副主席、全国工商联主席黄孟复到济南调研新能源利用工作。

4月27日 全国首批建设的3家农用航空示范基地之一、山东省首个农用机场——平阴农用机场试飞成功。

4月29日 济南市保护母亲河生态监护站授牌仪式举行，同时，命名表彰12个生态监护站。

下旬 总建筑面积8000多平方米的济南市体育健身中心在济南现代商业广场落成，这是迄今全国面积最大的综合性室内健身场所。

5月1日 《济南市城镇最低收入家庭廉租住房管理办法》实施。

5月6—18日 市政协主席徐华东率济南市经贸代表团一行7人对南非和埃及进行友好访问及经贸考察。

5月11日 全国政协副主席张怀西视察济南市基层民政工作，并就济南市社会救助体系建设情况进行调研。

同日 市政府印发《关于推进资本市场改革开放和稳定发展的实施意见》。

5月11—13日 法国布列塔尼大区主席让·伊夫·勒德里昂率布列塔尼大区政府暨文化体育代表团一行86人访问济南。

5月13日 以新加坡教育部政务部长曾士生为团长的新加坡—山东经贸理事会代表团一行58人到济南考察。

5月17—19日 中共中央政治局委员、新疆维吾尔自治区党委书记王乐泉，率新疆维吾尔自治区党政代表团在济南考察。

5月17日—6月2日 以副市长杨鲁豫为团长的济南市城市规划建设管理考察团一行9人赴英国、西班牙访问。

5月19日 由市中心医院与山东中医药大学共同创办的情志病症临床研究中心在市中心医院挂牌，为国内首家诊断治疗情志病症的专业医疗中心。

5月21日 0时，济南本地网电话(固定电话、小灵通）号码由7位升至8位，升位方式为所有固话号码前加“8”，21日1时升位成功。

5月22—23日 伊拉克驻华大使穆罕默德·萨比尔·伊斯梅尔一行3人访问济南，就采购水泥、新型墙体材料、太阳能热水器进行洽谈。

5月23日 市政府印发《关于将部分市属国有（集体）企业移交属地县（市）区管理的通知》，确定将部分由市国资委履行出资人职责的国有（集体）企业，分期分批移交属地县（市）区履行出资人职责，进一步推进济南市国有资产管理体制改革。

5月26日 全国政协副主席、台盟中央主席张克辉到济南考察实施海洋发展战略和促进与台湾经贸合作情况。

5月26—29日 朝鲜黄海南道人民委员会委员长权春学一行6人访问济南。

5月28日 济南职业学院成立。

5月28日—6月5日 由副市长王天义率领的济南市旅游促销团先后赴新加坡、马来西亚和印度尼西亚，开展旅游宣传促销活动，并先后在吉隆坡和雅加达召开济南旅游说明会。

5月29日 济南市土地更新调查工作结束，全市土地利用基础图件与数据更新项目通过国家级验收。

5月30日 济南市换发第二代居民身份证首发仪式举行，新版居民身份证在济南启用。

5月31日—7月15日 “毕加索自远方来——世纪巨匠毕加索原作中国（济南）特展”在济举行，吸引来自海内外7万余人参观。

6月1日 经市委、市政府批准，济南市全面推行群众来信“绿色邮政”。群众寄往市、县、乡三级党委、人大、政府、纪委及市、县党委政府职能部门和法院、检察院反映问题或提出建议、意见的信件，只要在信封的右上角注明“群众来信”，一律免贴邮票。

6月3日 济南市2005年人口抽样调查工作启动。本次调查的标准时间为2005年11月1日至11月10日，确定的样本量为9万人。

6月4日 山东省第一家知识产权交易市场——济南知识产权交易市场举行开业仪式。

同日 全国绿色社区创建活动表彰大会在北京召开，市中区四季花园社区入选全国首批“绿色社区”。

6月4—5日 中国·济南2005高校、科研院所科技成果和专利技术展示交易会举行，参展科技成果项目达9600多项，260项科技成果在济南找到合作伙伴。

6月5日 济南市组织30多家单位参加在杭州召开的“浙商论坛2005年峰会”，举行招商引资项目推介会，发布重点招商引资项目150多个，达成合作意向30多项。会上济南市被评为山东省唯一的“浙商最佳投资城市”。

6月5—9日 以市长尤哈尼·巴亚宁为团长的芬兰万达市友好代表团一行8人访问济南。

6月13日 德国西门子股份公司变压器部总裁贝尔特瑞姆·伊曼博士一行访问济南，与济南志友集团股份有限公司签署全面合作意向书。

6月13—17日 中国首届华侨华人专业人士回国创业研习班在济南举办。其间，50名华侨华人专业人士在济考察投资环境，洽谈相关项目，共签订协议10个，达成意向23个。

6月14日 在第六次全国律师代表大会上，济南市众成仁和律师事务所获“全国优秀律师事务所”称号，济南市众成仁和律师事务所王广仁获“全国优秀律师”称号。

同日 以英国西米德兰大区首席执行官约翰·杰弗里·爱德温·爱德华为团长的友好访问代表团一行8人访问济南。

6月15日 联想控股弘毅投资公司与济南汽车配件厂战略重组新公司——济南沃德汽车零部件有限公司揭牌仪式举行。

6月21—23日 济南市连续3天发布高温天气红色预警信号，其中，23日最高气温达到40.9℃，突破济南市有气象记录以来6月份历史最高气温。

6月24—26日 济南市首届旅游商品展示暨旅游文化博览会举行。博览会以展示具有济南特色的旅游商品和民俗文化为主，分旅游商品展示、民俗文化展示和山东地方民俗、民间文艺演出三部分。

6月30日 济南革命烈士纪念群雕在济南革命烈士陵园揭幕。群雕整体高7.1米、宽2.6米、长24米，是济南市红色旅游项目的重要建筑之一。

7月1日 济南市调整城市供水价格，居民生活用水到户水价每立方米由2.60元调整为2.95元。

7月2日 中共中央政治局常委、全国人大常委会委员长吴邦国，全国人大常委会副委员长兼秘书长盛华仁，视察章丘市、力诺集团、济南高新技术产业开发区和济南市城市建设等。

7月2—12日 以副市长赵文朝为团长的济南市农业经贸考察团一行9人访问英国和芬兰。

7月3日 济南市运动员王虹霓在新加坡举行的亚洲铁人三项锦标赛上夺得亚洲女子优秀组个人冠军。

7月6—7日 赞比亚议长姆瓦纳姆·万布瓦一行9人访问济南。

7月7日 世界著名眼科保健品公司博士伦，出资2亿美元购买山东正大福瑞达55%的股份。

同日 市知识产权局发布《2004年济南市知识产权保护现状》白皮书，这是济南市首次以白皮书的形式对外发布知识产权保护情况。

同日 市政府印发《关于政府投融资管理体制改革的意见》。

7月12日 济南市皮肤病防治院麻风病房住院部主任、副主任护师刘振华获第四十届“南丁格尔奖”，成为济南市第一位、山东省第二位获此称号的优秀护理工作者。

同日 加纳地方政府协会会长韦格伯特·波格利率领加纳地方政府代表团一行5人访问济南。

7月15日 印度共产党（马克思主义）总书记普拉卡什·卡拉特与印共中央委员、全印民主妇女联合会主席苏巴希妮·阿里女士一行2人访问济南。

7月16日 山东省实验中学学生于静怡在第十六届国际生物学奥林匹克竞赛上获金牌。

7月18日 第十届全国“华罗庚金杯”少年数学邀请赛总决赛举行，山师大二附中学生岑昊获金牌。

7月19日 市委、市政府召开全市城乡环境综合整治动员部署大会，决定2005年起至2007年，在全市开展为期3年的全市城乡环境综合整治活动。

7月20日 世界500强企业三洋电机株式会社出资成立的三洋翼志（济南）科技有限公司在济南高新区齐鲁软件园举行开业典礼。

同日 省政府办公厅印发《关于支持济南市加快发展的若干事项》的通知。

7月21日 济南市第一个社区困难救助中心在天桥区无影山街道后黄屯社区启动。

同日 济南市七星科普教育中心被授予首批“国家防震减灾科普教育基地”称号。

7月23—25日 齐鲁文化暨汉民族形成与发展国际学术研讨会在章丘举行，韩国、新加坡以及国内16个省、市、自治区的近80名专家学者参加研讨会。

7月27日 济南运动员高畅在加拿大蒙特利尔世界游泳锦标赛中夺得女子50米仰泳银牌。

7月29日 济南市完成全部16所市属企业办中小学移交地方政府工作。

8月5日 济南外商总代办处在市行政审批大厅挂牌。

8月8日 《济南日报》报道，济南市舜耕山庄厨师黑伟钰在世界第六届中餐烹饪大奖赛中，以“血燕牡丹虾”“舜耕砂锅海参”两道菜品，夺得“特别金奖”，成为济南市餐饮业夺得世烹赛最高奖项的第一人。

8月10日 卫生部、民政部、国家中医药管理局命名第一批46个全国社区卫生服务示范区，济南市市中区、历下区榜上有名。

8月11日 由台湾红菱重工与美旗集团等企业合资兴建的“红菱重工济南生产基地”在济南高新区举行奠基仪式。项目总投资3亿美元，首期投资约7000万美元。

8月15日 济南市执行新的出租汽车租费标准，1.6升排量出租汽车起程租费由6元/3千米，改为7元/3千米。

8月15—26日 以市长鲍志强为团长的济南市友好经贸代表团一行8人赴澳大利亚、印度尼西亚进行友好经贸访问。

8月16日 2005济南（香港）经贸合作项目推介会在香港国际会展中心举行，共签约项目43个，总投资200多亿港元，外资额150多亿港元。

8月19—30日 以副市长王以才为团长的济南市金融和社会保障考察团一行8人，对加拿大、墨西哥的金融业发展和社会保障情况进行考察。

8月19日—9月19日 纪念中国人民抗日战争胜利暨山东战区接受日军投降60周年历史资料实物展在省图书馆大明湖分馆举行。

8月20日 国内烟草行业最大规模的易地技改项目——将军集团济南卷烟厂易地技术改造工程奠基典礼在高新区举行，2007年年底工程竣工投产。

同日 “十五”期间国家科技攻关计划重大项目课题——“济南市智能交通系统应用试点示

范工程”，通过国家智能交通系统协调指导小组办公室专家组的审查验收，意味着济南城区交通已经基本实现智能化。

8月21日 由市委宣传部、济南电视台、市档案馆联合制作的6集大型史料性电视片《1928：历史的诉说》在济南电视台首播。

8月22日 《济南日报》报道，经十路道路起止点变更，东起邢村立交桥，西至担山屯立交桥。

8月25日 在市发展计划委员会基础上，组建市发展和改革委员会。撤销市经济体制改革办公室（市经济研究中心）、市经济技术协作办公室，相关职能划入市发展和改革委员会。

8月26日 微软公司与浪潮集团投资合作签约仪式在济南高新技术产业开发区举行，微软公司向浪潮集团投资两亿元，在济南合作发展浪潮ERP、电子政务、软件外包等相关业务。同时，按照世界IT顶级标准建设的浪潮科技园、产业园奠基，2008年7月4日竣工。

8月29日 市委、市政府举行纪念中国人民抗日战争暨世界反法西斯战争胜利60周年座谈会。

8月30日 位于西部新城区的高校科技园管委会开始运转。西部新城区东至京福高速公路，西、北至济菏高速公路，南至崮山镇以南一带山体，总用地43.11平方千米，规划建设用地29.21平方千米，人口规模为25万人～29万人。

8月31日 外国专家局批准济南市为全国引进国外智力计划单列市。

9月3日 2005中韩(济南)经贸洽谈会举行，160多家韩国企业参加活动。

同日 第六届宋庆龄奖学金名单公布，济南市道德街小学学生储连鸣榜上有名，是济南市唯一获该奖学金的学生。

9月5日 由新加坡教育部政务部长曾士生率领的新加坡政府、企业和旅游代表团访问济南。

9月7—9日 联合国全球协议城市项目国际协调人大卫·泰勒考察济南城市建设，代表全球协议项目组与济南市政府签署共建联合国交通安全示范城市备忘录。

9月10日 全国政协副主席张思卿率全国政协组织的“南水北调工程中的文物保护工作”联合调查组到济南市调研。

同日 全国政协副主席阿不来提·阿不都热西提率全国政协调研组，就农业专业合作组发展情况到济南市调研。

同日 济南市贸易服务局成立，主要职责是主管全市国内贸易和第三产业。

9月14日 “金秋泉城游”全国媒体记者采风活动举行，香港凤凰卫视、中国旅游报、人民网等60余家电视、报纸及网络媒体的近百名记者听取济南市旅游情况推介并参观济南旅游景点。

9月15日 在中国杂技家协会第五次全国代表大会上，济南市杂技团团长邓宝金当选副主席，是山东省首位艺术家在全国文化艺术类协会中当选领导职务。

9月18日 济南市迎来2005年以来最大一场降雨，同时也是济南1951年有气象资料记载以来历史同期最大一场降雨，至19日12时，市区降雨量达170.7毫米。

9月19—23日 济南市组织驻济全国人大代表，对济南市非公有制经济发展和农村医疗卫生体制建设问题到长清区、山水集团和九阳集团等进行专题调研。

9月20—22日 市人大常委会副主任朱文兴率领济南市友好经贸考察团一行6人访问俄罗斯下诺夫哥罗德市。

9月21日 “国家火炬计划软件产业基地10周年工作总结交流会议”召开，济南高新区、齐鲁软件园获“国家火炬计划软件产业基地先进管理单位”奖，中创软件、浪潮集团、山东积成获“软件优秀企业”奖。

9月22—25日 以美国萨克拉门托大区区长伊拉考林为团长的萨克拉门托亚太商会代表团一行27人访问济南。

9月24日 世界500强企业——日本零售业

巨头伊势丹投资成立的济南伊势丹百货有限公司在泉城路开业，2007 年 9 月 23 日退出济南。

9 月 25—26 日 法国雷恩市市长爱德蒙·埃荷威率友好代表团一行 9 人访问济南。

同日 “2005 全球人居环境论坛”在深圳举行，章丘市百脉泉公园景区被联合国国际交流合作与协调委员会（CCC/UN）授予“全球优秀生态旅游景区”称号。

9 月 26 日 台湾旺旺集团董事长蔡衍明一行访问济南。

9 月 27—29 日 市十三届人大常委会第二十次会议举行，表决通过《济南市农村公路管理条例》《济南市工会条例》等。

9 月 28 日 加拿大魁北克省省长沙雷一行 51 人访问济南。

同日 建于 1920 年、位于纬六路 27 号的老建筑——山东丰大银行原建筑向西平移 15.3 米，为市重点工程纬六路拓宽改造“让路”。

9 月 29 日 《济南市名泉保护条例》实施。1997 年 6 月 6 日颁布的《济南市名泉保护管理办法》同时废止。

9 月 市政府撤销济南市轻工集体企业联社，其职能分别划归济南市经济委员会和济南市国有资产监督管理委员会。

10 月 2 日 全国政协副主席周铁农在济南考察城建工作。

10 月 2—15 日 副市长王天义率济南市友好经贸考察团一行 6 人对加拿大、美国和日本进行友好访问。

10 月 4 日 全国人大常委会副委员长、全国妇联主席顾秀莲视察济南经济社会发展和城市建设工作。

10 月 6 日 济南市杂技团赴韩国水原市，参加该市一年一度的“华城文化艺术节”。

10 月 10 日 中国重型汽车集团有限公司在银行间债券市场成功发行期限 1 年、总规模 10 亿元的短期融资券，成为自 2005 年 5 月实施《短期融资券管理办法》后，国内首家发行短期融资券的汽车制造企业。

同日 济南火车站站台改造工程开工建设，工程造价约 1.4 亿元，总建筑面积 4.5 万平方米。

10 月 11 日 世界 500 强企业之一的 NEC 软件（济南）有限公司落户济南高新区。

10 月 11—14 日 2005 秋季全国糖酒会在济南举办，出售标准展位 4100 多个，商品成交总额 140.76 亿元，规模创下济南承办展会最高纪录和糖酒会 50 年历史最高纪录。糖酒会拉动济南相关产业增收 9.1 亿元，增加社会消费品零售额 2.3 亿元。

10 月 12—23 日 第十届全国运动会在江苏南京举行，济南市运动员共取得 4 枚金牌、7 枚银牌、7 枚铜牌。

10 月 16 日 集现代化消防调度、网络化自动办公、电子化数据传输等多项功能于一体的市消防指挥中心投入使用。

10 月 17 日 由世界最大的鸡蛋粉生产企业比利时百乐沃公司投资建设的山东百乐沃生物公司在章丘开发区建成，成为国内第一个鸡蛋粉加工基地。

10 月 18 日 2005 海外华商·博士创业与投资山东行暨中国济南创业与投资合作洽谈会开幕，百余名海外华商和专业人士参加洽谈会，与济南市企业达成合作合同 1 个，总投资 1000 万美元；协议 5 个，总投资 2900 万美元；意向 43 个，总投资 6.6 亿美元。

10 月 18—25 日 以韩国水原市副市长苏秉周为团长的水原市政府友好代表团一行 9 人访问济南。

10 月 19 日 2005 年是济南市与美国萨克拉门托市缔结友好城市关系 20 周年，两市签署友好交流备忘录。

10 月 19—24 日 以加拿大里贾纳市市长派特·费亚克为团长的加拿大里贾纳市友好经贸代表团一行 7 人访问济南。

同日 以日本和歌山市议会副议长缔木佳明为团长的日本和歌山市第 22 次友好访问团一行

13 人访问济南。

10 月 21 日 济南首家韩商独资企业——济南皇冠油墨有限公司入驻济南重化工业园签约仪式举行。

10 月 21—23 日 2005 中国山东（济南）友好城市旅游博览会举行，42 个国家和地区的 50 个省、州、道、市代表团，30 个参展商代表团及国内 40 多个兄弟城市代表团参加博览会。

10 月 24 日 济南市高级技工学校更名为济南技术学院。

10 月 25—26 日 在第二届全国生态市（县）建设现场会暨第三批国家级生态示范区命名表彰大会上，章丘市被命名为国家级生态示范区，并被授予国家级生态示范区奖牌。

10 月 26 日 由济南二机床集团有限公司承担、具有完全自主知识产权的国家“863”计划项目——“汽车工业所需大型全自动冲压生产线”通过国家“863”专家组验收，达到世界冲压技术先进水平。

10 月 26—28 日 多哥人民联盟总书记达马·德拉玛尼一行 4 人访问济南。

10 月 28 日 全国政协副主席、中共中央统战部部长刘延东到济南考察。

同日 济南市被省委、省政府授予“振兴山东体育事业突出贡献奖”。

同日 临邑至济南原油管道工程开工，工程全长 74 千米，计划投资 1.5 亿元。

10 月 29 日 世界卫生组织驻华代表处官员尼大新（音译）、美国疾病预防控制中心迈克林（音译）等一行 6 人到市中区防疫站考察调研免疫规划监测工作。

11 月 2 日 市卫生局发布《济南市应对流感大流行准备计划与应急预案（试行）》，要求严防禽流感在济南暴发。3 日，济南市召开高致病性禽流感防控工作会议，对做好防控工作做出安排。6 日，济南市防控高致病性禽流感电视电话会议召开。9 日，《济南市防治高致病性禽流感应急预案》启动。

11 月 3 日 山东电力集团公司宣布，世界第一台“变电站设备巡检机器人”在长清上岗巡检，这是世界上首次把智能移动机器人应用于变电站设备检测。

11 月 4 日 济南运动员高畅在澳门举行的东亚运动会上夺得女子 50 米仰泳、100 米仰泳两项冠军。

同日 《济南市学校重大安全事故应急处理预案》公布。

11 月 6 日 济南市城区供水一户一表改造工程全面铺开。

11 月 10 日 全市农村综合配套改革试点工作会议召开，部署农村综合配套改革试点工作，印发《关于大力推进全市农村综合配套改革的意见》。

同日 济南市“五三”纪念园、济南市博物馆被山东省委宣传部确定为第三批省级爱国主义教育基地。

同日 由济南地区关心和从事社会工作的单位和个人自愿组成的济南社会工作协会成立，为全省首家社会工作协会。

11 月 12 日 济南运动员于锐在世界杯短池系列赛南非站比赛中，夺得女子 800 米自由泳银牌。

11 月 14 日 伊利集团济南伊利乳业有限责任公司注册成立，2006 年 8 月 10 日在平阴建成投产，公司占地 20 公顷、总投资 2.14 亿元。

11 月 15 日 以厄瓜多尔皮钦察省省长拉米罗·冈萨雷斯为团长的厄瓜多尔友好访问团一行 5 人访问济南。

11 月 16 日 百江燃气在济投资近 2 亿元与市煤气公司合资组建的山东百江燃气有限公司、济南百江液化气有限公司宣告成立。市煤气公司通过与外资合作顺利完成整体改制。

11 月 27 日—12 月 4 日 2005 年泛太平洋中学生运动会在澳大利亚举行，山东省实验中学高二学生纪永慧获得女子 3000 米长跑金牌。

11 月 22 日 “济南市保泉综合技术研究”项

目通过国家级验收和鉴定。

11 月 29 日 济南市首家通过 ISO 9000 国际质量管理体系认证的政府部门——市政府资金结算中心授牌仪式举行。

同日 由韩国釜山日报、KBS 放送、PBS 釜山放送等新闻媒体记者组成的韩国记者代表团抵达济南市采访。

11 月 30 日 济南海关驻出口加工区办事处揭牌仪式举行，标志着济南出口加工区开始办理海关业务。

12 月 2 日 世界 500 强企业之一的美国摩根史坦利泽慧亚洲投资公司董事、总经理刘海峰等一行 7 人访问济南。

12 月 3 日 济南市东部一座运用可持续发展理念规划的生态新城——唐冶新城，开始动工兴建。

同日 《济南日报》报道，占地 133.3 公顷、总量 33 万株的黄河流域最大的人工银杏林，在济南黄河岸边建成。

12 月 7 日 旨在鼓励优秀技能人才脱颖而出的首席技师选拔活动启动。济南市确定每年选拔 20 人～30 人，首席技师命名有效期内，每人每月享受 500 元市政府津贴。

12 月 8 日 济南市 18 名防暴警察参加中国第三批赴海地维和警察防暴队，启程赴海地执行维和任务。

12 月 14 日 固定资产投资 10 亿元的中兴通讯软件产业园落户高新区齐鲁软件园。

12 月 16 日 投资过 10 亿元的鲁联集团产业园落户济南经济开发区，标志着一个交通机械制造装备业基地在省城西部形成。

12 月 19 日 国内变压器行业五强之一的济南志友集团落户济南经济开发区。

12 月 20 日 市委宣传部举行新闻通报会，在国际项目管理协会（IPMA）第十九届全球大会上，中创软件获“项目管理全球大奖优胜奖”，成为第一个获此奖项的中国企业，也是中国 IT 企业在国际上获得的最高管理奖项。

同日 市政府印发《济南市深化户籍制度改革暂行办法》，提出在全市范围内实行城乡统一的户口登记制度，取消农业户口、非农业户口、地方城镇户口等各种户口性质，按照实际居住地统一登记为居民户口。

12 月 21 日 玉符河生态补源实验段工程通过年度工程验收。工程位于市中区党家庄镇、玉符河京沪铁路桥至 104 国道段，总长 1.2 千米。

12 月 25 日 市财政局宣布，2005 年济南市用于支持“三农”的财政资金高达 6.1 亿元，创历史最高纪录，同比增长 16.55%。

12 月 26 日 济钢年产钢突破 1000 万吨，超额完成“十五”计划，成功跻身全国“十大”钢企行列。

同日 济南二机床公司赢得泰国汽车行业最大的本土企业萨密特公司 1200 吨大型冲压生产线的订货合同，标志着我国拥有完全自主知识产权的成线重型锻压产品首次打入国际高端市场。

12 月 26—27 日 中共济南市第八届委员会第六次全体会议举行，审议并原则通过《济南市国民经济和社会发展第十一个五年总体规划纲要（草案）》。

12 月 28 日 由济南锅炉集团研制、具有自主知识产权的中国首台 135 兆瓦超高压再热循环流化床锅炉一次性通过水压试验，点火投入运营。

12 月 30 日 济南市档案馆、大峰山抗日革命根据地旧址、山东省图书馆奎虚书藏楼（侵华日军山东战区签降旧址）、“泺口九烈士”纪念碑被命名为第二批市级爱国主义教育基地。

12 月 31 日 南水北调首批开工建设项目济平干渠工程建成试通水。

12 月 科技部公布 2005 年度国家星火计划重点项目评审结果，济南市农业信息中心的“济南市星火 110 科技信息共享与服务平台”项目一举中标，这是济南市星火项目首次获得国家星火计划重点项目科研经费支持。

2005 年 全市乡镇撤并工作全面完成，共撤销乡镇 24 个，新建立街道 6 个。乡镇区划调整后，全市农村由98个乡镇（街道）调整为80个乡镇（街道），其中，乡镇由88个调整为64个，街道由10个调整为16个。

2006年

1月1日 《济南市农村公路管理条例》实施，是中国第一部专门规范农村公路管理的地方性法规。

1月1—10日 2006年全国重点煤炭产运需衔接会议在济南举行，参会客商50.9万人次，拉动相关产业增收13.41亿元，其中零售业营业收入达到4.63亿元。

1月4日 济南市2003年以来“感动济南”十件大事、“感动济南”十佳人物评选结果揭晓，“总书记重托激发全市人民奋发进取”等被评为2003年以来“‘感动济南’十件大事”；执法如山的女检察官孟红伟等10人被评为“‘感动济南’十佳人物”。

1月6日 国家知识产权局批准济南市为全国知识产权示范城市创建市。

1月9日 济钢集团的“热能资源高效梯级综合利用技术开发”项目在全国科技大会上获“国家科学技术进步奖”二等奖。

1月11日 排爆英雄张保国获第十六届“山东省十大杰出青年”称号。

1月13日 济南市控制性规划编制工作启动，确定用两年左右时间，至2007年年底完成全部编制任务，使总建设用地约541平方千米的中心城实现控制性详细规划全覆盖。

1月14日 济南高新区与新加坡腾飞（中国）在高新区内建设新加坡软件园签字仪式举行。

1月16日 市委、市政府召开全市深入开展平安济南建设会议。授予章丘市等6个区县（市）“平安济南建设标兵单位”称号，市中区等3个区“平安济南建设先进单位”称号；一批先进集体、先进个人及见义勇为先进分子受到表彰。

1月20日 济南国际机场在中国民用航空协会全国“2005年旅客话民航”评选中夺得年旅客吞吐量300万人次以下组“用户满意优质奖”第一名。

1月23日 总投资440万美元的中法合资企业山东普瑞·聚能达科技有限公司在济南民营科技产业园签约成立。

1月26日 历下区检察院被最高人民检察院授予全国“模范检察院”称号。

1月31日 中共中央政治局常委、全国政协主席贾庆林到济南，先后视察章丘百脉泉公园、力诺集团、济南国际机场、银座美术馆、泉城路、济南高新区、经十路。

1月 商河鼓子秧歌通过文化部的评审认定，入选第一批国家级非物质文化遗产。

同月 济阳黄河公路大桥开工，2008年11月26日建成通车，是国内第一座四塔单索面预应力混凝土部分斜拉桥。

2月8日 济南市知识产权局被国家知识产权局评为“全国专利行政执法先进集体”，是山东省唯一入选的单位。

2月18日 由济南、淄博等9城市人事局主办的“2006济南暨周边城市人才交流大会”在济南国际会展中心举行，600家省内外知名企业提供1.3万多个就业岗位，3万多名大中专毕业生和各类人才前往应聘。

2月20—22日 以威廉·李为团长的美国旧金山市政府代表团一行3人访问济南，两市签订友好会谈备忘录。

2月21日 中国重型汽车集团有限公司在伊朗与伊朗汽车制造公司签署价值3.5亿美元的汽车出口合同。

2月22日 在2005中国企业信息化500强大会上，浪潮集团获“最佳自主创新奖”，成为山东省唯一获此奖项的企业；浪潮集团总裁孙丕恕获“最佳信息化领导”奖。济南二机床集团入选2005年度“中国企业信息化500强”名单，成为国内机床行业唯一连续3次入选的企业。

2月24日 第六届“中国十大杰出青年志愿

者”和“中国十大杰出青年志愿服务集体”评选结果在京揭晓，济南时报志愿服务联络站获中国青年志愿者行动最高奖——“中国十大杰出青年志愿服务集体”。

2月27日 市妇联、趵突泉公园管理处被全国妇联授予“全国三八红旗集体”称号，孟红伟等4人被授予“全国三八红旗手”称号。

2月28日 世界卫生组织社区安全协进中心和安全社区运动代表拉斯-刚纳·豪特、亚洲安全社区网络中心主席赵峻佖访问济南。

3月1日 槐荫区青年公园街道获世界卫生组织社区安全协进中心授予的世界第97个、中国大陆第一个“世界卫生组织安全社区”称号。全国安全社区高层研讨会在槐荫区召开。

3月9日 是日为“全国保护母亲河日”。保护母亲河工程山东济南项目“解放军青年林”暨山东省保护母亲河行动义务植树月活动在济南黄河河畔启动。团中央书记处书记贺军科、解放军总政治部组织部副部长秦生祥，驻济南解放军和武警官兵、公安干警及全市各界青年志愿者3000余人参加活动。

3月16日 “泉城动漫产业实验基地”揭牌成立。“‘相约文博会’——首届泉城（国际）动漫大赛”同时启动，5月31日结束。

3月17日 济南电力监管办公室成立。为国家电力监管委员会派驻山东的工作机构，主要职能是依法负责山东电力行业监管。

同日 世界知名企业西门子牵手济南柴油机股份有限公司，共同成立济南中油西瓦克电气控制设备有限公司，总投资额800万元。

3月18日 由世界500强企业日本郡是株式会社和三井物产株式会社投资兴办的山东冠世针织时装有限公司在章丘东风工业园奠基。

同日 世界500强企业美国胜腾集团旗下支柱企业、全球最大的不动产综合服务提供商——21世纪不动产落户济南，与三联集团合资成立21世纪不动产济南区域分部。

3月22日 由新加坡教育部暨贸易工业部政务部长、新加坡—山东经贸理事会联合主席曾士生率领的新加坡贸易工业代表团访问济南。

3月26日 济南革命烈士陵园开国元勋题词纪念碑揭幕，上书国家领导人毛泽东、朱德、刘少奇、周恩来、任弼时的亲笔题词。

3月28日 南非西开普省议会议长邵恩·拜奈乌德特一行9人访问济南。

3月28日—4月9日 以省委副书记、济南市委书记姜大明为团长的济南市经贸代表团到英国、瑞典、德国进行友好访问。

3月30日 市人大常委会公布《济南市城市客运出租汽车管理条例》。

同日 欧盟欧洲委员会驻华代表团副团长叶森、芬兰驻华大使馆公使黎瀚坤等一行4人参观佳宝集团。

3月30日—4月1日 济南市商贸考察团赴杭州市学习考察。同时举办济南（杭州）招商引资项目推介会，共签约项目11个，总投资额18.24亿元。

3月 248省道商河至济阳段一级公路改建工程开工，11月8日竣工通车。公路全长33.7千米，总投资2.5亿元。

4月10日 蔡公时烈士铜像交接仪式在新加坡举行，中国驻新加坡大使张云、蔡公时之子蔡今任及新加坡当地知名爱国侨领50余人出席仪式。18日，保存在新加坡70余年的蔡公时烈士铜像运抵济南。5月2日，蔡公时烈士铜像安置暨“五三惨案”纪念堂奠基仪式在趵突泉公园举行。省委副书记、市委书记姜大明，新加坡中华总商会代表陈精毅，蔡公时烈士之女蔡今明及亲属参加奠基仪式。2007年5月3日，纪念济南惨案79周年活动暨纪念堂落成仪式在趵突泉公园内济南惨案纪念园举行。

4月10—11日 全国“放心粮油进农村”工作会议在济南召开，济南民天面粉有限责任公司获得“全国放心粮油企业”称号。

4月14日 济南裕兴化工总厂铬渣环保处置启动仪式举行。济南钢铁集团总公司通过烧结炼铁方式对铬渣进行无公害化环保处理，近50年的铬渣污染难题得到解决。至2006年年底，共处置铬渣2.9万吨。

4月16日 由全国人大常委会副委员长韩启德带队的全国人大常委会执法检查组到济南检查《中华人民共和国归侨侨眷权益保护法》贯彻实施情况。

4月17日 包括济南在内的环渤海32个城市市长共同签署“天津倡议”，加强环渤海区域各城市间在交通、能源、产业、科技、环境、旅游等全方位的合作，构建一体化市场体系。

4月17—22日 中共中央政治局常委、中央纪委书记吴官正在山东考察工作。其间，吴官正先后考察济南高校科技园区、市政府资金结算中心、重汽济南动力基地、章丘明水经济开发区、济南力诺集团、济南高新区、济钢集团、泉城路派出所等。

4月18日 中国重汽投资近10亿元打造的济南动力有限公司在章丘揭牌成立。

4月20日 市委、市政府召开表彰大会，对济南市首批30名首席技师进行命名表彰，每月享受政府津贴500 元，同时对61名市杰出技术能手给予奖励。

同日 美国霍尼韦尔新材料集团总裁兼首席执行官南丝·杜诗兰一行7人访问济南。

4月21—24日 由第一副议长马里奥·马托斯率领的佛得角国民议会代表团一行访问济南。

4月24日 普利思公司投资建设的山东省最大的热灌装生产线投产，济南市第一个拥有自主产权的新一代维生素饮料——“动爽”亮相泉城。

4月25日 济南市首届优秀泉城社会主义事业建设者表彰大会召开，31名非公有制经济人士获“优秀泉城社会主义事业建设者”称号。

4月25—26日 由伊朗胡泽斯坦省省长顾问、投资促进与保护委员会主席苏里玛尼为团长的伊朗胡泽斯坦省代表团一行6人访问济南。

4月27—28日 加拿大威本市市长唐纳·斯高瑟访问济南。

4月30日 中共中央原总书记江泽民视察济南。

同日 济南运动员李晓霞在德国举行的第48届世乒赛上获乒乓球女子团体冠军，实现济南市运动员参加国际最高水平比赛金牌零的突破。

同日 济南远见集团物流中心等31家企业集中与山东明水经济开发区签订项目落户协议，投资总额达31.96亿元。

同日 市公共交通总公司党委书记、经理薛兴海等11人获第九届“泉城杰出青年经理(厂长)”称号；山东润丰化工有限公司董事长王文才等23人获第九届“泉城优秀青年经理（厂长)”称号。

5月8日 全国省会城市第一家文化产业数据库——济南市文化产业项目数据库建成并投入使用，对外推介招商项目189个。

5月10日 由中纪委组织的中央媒体考察团到济南市政府资金结算中心考察济南市政府资金管理制度改革情况。28日，中央电视台新闻联播节目播出对结算中心的采访，《人民日报》29日、31日分别刊登《预防腐败的有效措施——山东省济南市政府资金管理体制改革纪实》《济南市推进行政管理体制综合改革积极构建预防腐败重点体系》，介绍济南市政府资金管理制度改革情况。

5月14日 国务委员陈至立视察济南高新技术开发区。

5月15日 济南市首家以健康管理为宗旨的社区服务机构——馨康源健康管理中心在槐荫区道德街街道成立。

同日 由中央人民政府驻澳门联络办组织的澳门街坊总会访问团一行20人访问济南。

5月16日 世界银行旗下国际金融公司向山水集团贷款5000万美元签字仪式在北京举行。

同日 济南市首家慈善医院在济南市第四人民医院挂牌，首批100名困难群众每人得到500元的慈善医疗救助卡。

5月16—19日 坦桑尼亚驻华使馆参赞海伦·巴拉希姆一行访问济南。

5月16—20日 济南市商贸代表团参加第八

届海峡两岸经贸交易会及第三届中国福建商品交易会，并分别在泉州、福州两市举办招商引资项目推介会，共签约项目 16 项，总投资额达 19.13 亿元。

5 月 17 日 澳大利亚驻华使馆商务公使何韦德一行 4 人访问济南。

5 月19 日 全国政协副主席董建华视察济南。

5 月 25 日 市委、市政府召开全市科学技术大会，全面部署未来 15 年济南市科技发展工作。会议表彰获得 2005 年度国家和省、市科技奖励的单位和个人，凌沛学获市科学技术最高奖——奖金 30 万元。会议提出 2020 年前在全省率先建成创新型城市的奋斗目标，出台《关于实施科技规划纲要建设创新型城市的决定》《济南市中长期科学和技术发展规划纲要》《济南市建设创新型城市若干政策》等一系列配套政策。

同日 国务院公布全国重点文物保护单位名单，济南市小荆山遗址、东平陵故城、洪家楼天主教堂、万字会旧址入选，全市国家级文物保护单位已达 12 处。

5 月 28 日 第十一届全运会场馆建设拉开帷幕——占地 81 公顷、总建筑面积 36 万平方米的济南奥林匹克体育中心奠基。2007 年 3 月 21 日，游泳馆、网球馆开工建设。2009 年 3 月 25 日，网球馆、游泳馆、中心广场工程竣工暨管理交接仪式在奥体中心举行。2009 年 4 月 20 日，体育场、体育馆、地下车库、室外工程竣工并顺利实现管理交接，济南奥体中心工程建设至此全面完成。

5 月 29—30 日 由新党主席郁慕明率领的台湾经贸考察团在济南参观考察。

5 月 30—31 日 以美国房地产顾问协会理事长艾尔 · 本顿为团长的美国可持续发展代表团一行 9 人访问济南。

5 月 31 日 浪潮集团与美国明导科技（Mentor Graphics）公司“浪潮 –Mentor 公司电子系统设计联合实验室”合作签字仪式举行。

6 月 2 日 市政府发布《济南市突发公共事件总体应急预案（试行）》。

6 月 2—3 日 第三届中国 · 济南高校、科研院所科技成果和专利技术展示交易会在舜耕国际会展中心举办，参展单位 285 家，参展成果 1.2 万多项；签订合作协议意向 362 个，其中签约项目 315 个，技术转让交易额 10.2 亿元；签约项目将拉动社会总投资 51.6 亿元。展会期间，济南市政府与清华大学签订全面科技合作协议。

6 月 3 日 济南市举行命名仪式，命名济南市环境监控中心、济南市绿园社区环保学校、历城区艾家生态村、章丘市白云湖湿地生态保护区、平阴县圣母山现代生态农业观光园 5 个单位首批“市级环境教育基地”。

6 月 6 日 以法国雷恩市欧洲大学联合体主任博唐 · 富坦为团长的雷恩市教育代表团一行 10 人访问济南。

6 月 7 日 全国政协副主席张梅颖率团就“城市医疗体制改革”问题到济南视察。

同日 由奥地利驻上海总领事卡尔泰斯率领的奥地利高级经贸考察团到济南，就奥地利能源与环境公司与济锅集团合作事宜进行考察洽谈。

同日 《济南日报》报道，济南市海拔最高的公路——青桐山—斗母泉公路竣工。该路全长 3.2 千米，海拔 754 米。

6 月 9 日 中共中央政治局委员、国务院副总理曾培炎考察济南城市节能建筑和济南钢铁集团公司节约能源、发展循环经济的情况，并在济钢召开座谈会。

6 月 10 日 第十四届“泉城十大杰出青年”评选结果揭晓，王琳等 10 人当选。

6 月12 日 西藏新转世活佛参观团考察济南。

6 月 13—15 日 以市长鲍志强为团长的济南市友好经贸代表团在韩国举行招商活动，共签订 26 项合作协议、意向，总投资额 1.57 亿美元。

6 月 16—18 日 2006 山东（国际）文化产业博览会在济南舜耕国际会展中心举办。文博会设 1 个主会场和 4 个分会场，主会场展览面积 1.5 万平方米、标准展位 1600 多个，安排参展单位 535 个。海内外 138 家媒体、600 名记者前来采访。

6 月 18 日 中国冶金地质工程勘查总局管理干部学院在济南成立。

6 月 18—19 日 济南市旧城改造投融资管理中心、济南市旧城改造投资运营有限公司成立，为一套机构、两个牌子。

6 月 18—20 日 市长鲍志强率济南市政府友好代表团对日本和歌山市、山口市进行友好访问。

6 月 19 日 国务院召开振兴装备制造业工作会议，表彰在重大技术装备国产化工作中作出重要贡献的 41 家单位和 30 名个人。济南二机床集团成为济南市唯一获奖企业。

6 月 23 日—7 月 20 日 2006 首届济南国际服装文化节举办。港台和全国各地1000多个厂家、1500 多个著名品牌参加。

6 月 26 日 由联合国儿童基金会倡导的儿童权益监察官制度，在济南市振兴街街道和青年公园街道试点。

同日 济南市现代化票据清分系统上线运行，同城票据交换告别手工时代。

同日 济南市惠民医院在市民族医院挂牌。

6 月 28 日 乌克兰哈尔科夫州副州长别洛娃·柳德米拉一行 11 人访问济南，并参观中乌高科技合作园。

6 月 30 日—7 月 1 日 菲律宾众议长、基督教穆斯林民主力量党总裁何塞·德贝内西亚一行 34 人访问济南。

7 月 1 日 市政府发布《济南市餐饮垃圾管理规定》。

7 月 1—10 日 济南市青少年访问团一行 5 人访问芬兰万达市，参加万达市国际儿童夏令营。

7 月 5—16 日 济南市中学生代表团一行 24 人访问英国考文垂市。

7 月 6—10 日 市残联“我的兄弟姐妹”艺术团一行 8 人应邀参加在法国巴黎举行的首届国际聋人舞蹈音乐节，获得由国际聋人协会主席颁发的最高荣誉奖杯。

7 月 7—9 日 2006 中国·济南国际儿童联欢节暨儿童用品博览会在济南举行，参展企业 149 家，35 万人次观展；现场交易额 3750 万元；签订合同、意向 300 多项，金额 3.27 亿元。

7 月 8 日 以摩洛哥进社党总书记伊斯梅尔·阿拉维为团长的干部考察团一行 6 人访问济南。

7 月 10 日 《济南日报》报道，经世界品牌实验室评估，济南钢铁集团总公司拥有的“济钢”品牌价值 71.29 亿元，跻身 2006 年中国 500 最具价值品牌，居全国第 73 位、全省第 4 位，在全国钢铁行业中列第 3 名。

7 月 11—13 日 日本山口市友好交流访问团、山口市日中友好协会代表团及市民代表团一行 67 人访问济南。

7 月 13—18 日 槐荫区青少年宫小白鸽合唱团在第八届中国国际合唱节上获得少儿组唯一金奖。

7 月 14 日 全国首个社区标志——济南市社区标志在全市 400 多个社区挂牌启用，启动仪式在历下区燕山社区举行。

7 月 15—17 日 美国加利福尼亚州著名音乐教育组织、规模最大的合唱团——萨克拉门托合唱团 221 人在济南访问演出。

7 月 19 日 全市首家国家级质量监督中心——国家建材机械质量监督检验中心在济南揭牌，是全国 15 个副省级城市唯一设立的建材机械质量检测国家级中心。

7 月 21 日 济南港澳投资企业商会成立，这是全国 15 个副省级城市中成立的第一个港澳投资企业商会。

7 月 26 日 市政府印发《济南市发展环境投诉受理办法》。

7 月 30 日 第七届宋庆龄奖学金颁奖典礼在济南举行，全国 770 名中小学生获得本届奖学金，济南市槐荫区小辛庄小学学生张娟等 3 人获奖。

7—9 月 首届“泉城人口文化节”举办。

8 月 2 日 南非驻上海总领事库玛乐一行 2 人访问济南。

8 月 2—5 日 全国青少年航空航天模型锦标赛在济南举办。

8 月 3—4 日 中国驻韩国大使宁赋魁一行 3

人访问济南。

8 月 7—9 日 第二届全国社区服务论坛暨全国社区服务达标创优活动表彰大会举行，济南市历下区、市中区、历城区被表彰为“全国社区服务示范区”，文化东路街道等 14 个街道为“全国社区服务示范街道”，棋盘街社区等 21 个社区为“全国社区服务先进社区”，甸柳街道社区服务中心等 2 个社区服务中心为“全国优秀社区服务中心”，夏连涛等 4 人为“全国社区服务先进个人”。

8 月 11 日 济南二机床为泰国萨密特公司提供的 3200 吨大型冲压生产线通过专家鉴定和用户验收，实现中国首条具有完全自主知识产权和自主品牌成线重型锻压设备的出口。

8 月 16 日 由济南国际机场分别飞往东京、法兰克福、洛杉矶、旧金山的 4 条国际航线开通。

8 月 18 日 济南市深化政府资金管理制度改革工作会议召开，决定从 9 月 1 日起，济南市未纳入政府资金结算中心管理的专项资金全部实行集中统一管理，并逐步向县（市）区推行政府资金管理制度改革。

8 月 19 日 最高人民检察院、山东省委召开大会，联合表彰新时期人民检察官的优秀代表、长清区人民检察院检察官孟红伟，向其颁发“全国模范检察官”“山东省优秀共产党员”荣誉证书和奖章。

8 月 23 日 中国美国商会代表团一行 27 人访问济南。

8 月 23—24 日 香港特别行政区政府行政会议非官方成员梁振英一行 12 人访问济南。

8 月 26 日 山东省首家台湾同胞定点医疗机构在济南市中心医院揭牌。

8 月 28 日 山东省（章丘）台湾工业园和山东省（济南）台湾工业园成立，中国国民党副主席江丙坤分别为两家台湾工业园揭牌。

8 月 30 日—9 月 1 日 全国人大常委会副委员长、全国妇联主席顾秀莲先后到章丘双山街道三涧溪村、相公镇桑园村、济南钢铁集团、中华女子学院山东分院、槐荫区青年公园街道、历下区燕子山社区等“平安家庭”示范点考察“平安家庭”创建情况，并出席在济南召开的全国“平安家庭”创建活动现场推进会。

8 月 30 日—9 月 4 日 以韩国水原市长安区区长林秉锡为团长的水原市政府代表团一行 6 人访问济南。

8 月 农业部授予济南市农业局“全国农业系统援藏工作先进集体”称号。

9 月 1 日 济南市在“中国国际金融论坛 2006 年会”上被评选为“中国金融十佳生态城市”。

9 月 1—2 日 全国“平安家庭”创建活动现场推进会在济南召开，济南市和市妇联分别获“全国平安家庭创建活动先进市”“全国平安家庭创建活动先进集体”称号。

9 月 1—3 日 2006 中国（济南）国际旅游交易会暨首届中国老年旅游博览会举行，20 多个国家到会参展，达成旅游合作意向和合作协议 5 万份。

9 月 2 日 中共中央政治局委员、全国人大常委会副委员长、中华全国总工会主席王兆国到济南视察。

9 月 2—3 日 全国政协副主席张克辉与台湾工商业界友人到济南考察。

9 月 3—6 日 以副市长王天义为团长的济南市经贸代表团一行 4 人访问韩国。

9 月 5—7 日 首届济南 · 台湾农业科技合作交流会在济南举行，达成合作意向 20 余个，总投资 2.5 亿元；签订交流合作协议 7 个。

9 月 5—8 日 荷兰王国北荷兰省省长博候茨率政府代表团、荷兰贸易委员会主席施瓦茨率经贸代表团一行 30 人访问济南。

9 月 6 日 济南市杂技团创作演出的《心之攀——转台高椅》在俄罗斯第六届世界青少年国际马戏大赛上夺得杂技类节目唯一金奖——“金象奖”。

9 月 7 日 卢森堡大公亨利一行 52 人访问济南。

9 月 8 日 胶济铁路电气化暨全国火车站中

跨度最大无柱雨棚——济南火车站无柱雨棚改造工程竣工并投入使用。

9月8—19日 以副市长王天义为团长的济南友好代表团一行5人访问美国、加拿大。

9月10日 世界软件业巨头甲骨文（Oracle）公司落户济南。

9月12日 全国政协副主席李贵鲜在济南调研企业技术创新工作。

9月16—23日 市妇女儿童活动中心爱乐合唱团随中国山东广电文化艺术访问团到韩国全罗北道首府全州市进行访问演出。

9月17日 全国政协副主席黄孟复到济南就建设社会主义新农村进行调研。

同日 全国人大常委会副委员长、中国科学院院长路甬祥在济南市视察城建工作。

同日 以议长张通荣为团长的台湾省基隆市议会参访团在济南参观。

9月18—30日 济南市妇女友好访问团一行7人访问俄罗斯下诺夫哥罗德市和瑞典卡尔斯塔德市。

9月19日 原济南植物园更名为泉城公园。

9月20日 公安部、工商行政管理总局“贯彻落实《全国打击传销专项行动方案》动员部署会议”在济南市召开。

9月20—23日 以德国奥格斯堡市经济局局长、贸促会会长格哈德莱波尔特为团长的经贸代表团一行14人访问济南。

9月21—24日 第三届中国（济南）国际信息技术博览会在济南国际会展中心举办。展会共设标准展位1400个，总展览面积3万平方米；共有15个国家和地区及国内26个省、市的500多家企业参展参会，参会客商和嘉宾5000多人；签订投资合作项目61个，投资总额125.91亿元，比上届增加25%；参观观众15万人次。

9月22日 全国政协副主席张榕明视察济南市职业技能教育工作。

同日 越南共产党中央委员、岘港市委书记阮伯清一行11人访问济南。

9月23日 中国重型汽车集团公司获首届全国企业自主创新“十大杰出企业”称号，重汽总经理蔡东入围“十大杰出人物”。

同日 《济南日报》报道，由市杂技团排演的杂技节目《车技》在墨西哥第六届国际大棚杂技比赛中获“大赛特别奖”。

9月24—25日 以伊朗哈马丹省省长贝赫鲁兹·莫拉迪为团长的哈玛丹省代表团一行6人访问济南。

9月25日 全国首座景观塔式立体车库在高新技术开发区落成。

9月28日 于9月初启动的全市64个乡镇党委换届工作结束，委员比换届前减少32名，副书记比换届前减少137名，班子成员平均年龄37岁，比换届前下降5岁。

同日 横贯经十路的K301路快速公交线路开通，西起长清区大学科技园，东至山东旅游学院，全程88千米。

同日 济南工业技工学校在长清成立。

9月29日 贯穿城市南北交通的主轴线——纬二路、英雄山路、103省道改造工程建成通车。

9月30日 济南市民族社区卫生服务中心在济南市民族医院揭牌，为山东省首家公立医院整建制转型为社区卫生服务机构。

10月1日 济南市上调最低工资标准。市内五区的最低工资标准为610元，长清区、章丘市、平阴县为540元，济阳县、商河县为480元。

10月5日 由澳门工会联合总会主席温泉为团长的澳门工会代表团一行20人参观市困难职工帮扶中心。

10月7—12日 以英国考文垂市议长肯·泰勒为团长的英国考文垂市友好城市建设考察团一行3人访问济南。

10月11日 《济南日报》报道，章丘“芯子”代表队表演的《王小赶脚》《三打白骨精》在第八届中国民间文艺山花奖及中国首届民间飘色（抬阁）艺术展演中，获展演最高奖——“中国民间文艺山花奖”及首届“中国飘色艺术优秀入围奖”。

10 月 12—15 日　以市政协主席徐华东为团长的济南市友好经贸代表团一行 8 人对韩国和美国进行友好访问。

10 月 15 日　以香港山东商会会长蒋丽莉为团长的香港山东商会考察团一行访问济南。

同日　《济南日报》报道，济南市供热体制改革迈出实质性一步，市直行政事业单位人员住宅取暖费由“暗补”改为“明补”，由单位直接向个人按职务标准发放住宅取暖补贴，住户个人向供热单位交纳取暖费。

10 月 15—17 日　第五届“挑战杯”飞利浦中国大学生创业计划竞赛决赛在济南举行。

10 月 16—18 日　澳大利亚悉尼地区菲费市市长尼克·拉里奇一行 6 人访问济南。

10 月 16—19 日　首次落户中国的全球智能研究领域最高级别会议——国际智能系统设计与应用学术会议在济南大学举行。

10 月 18—20 日　第二届中国餐饮博览会在西安举行，山东金德利快餐连锁总公司被中国烹饪协会授予“中国十佳快餐品牌企业”称号，为山东省唯一获此称号的单位。

10 月 21—24 日　2006 海外华商·博士投资与创业山东行暨中国·济南投资与创业合作周活动举行。全市 400 多家企事业单位参加项目交流洽谈，达成协议总投资金额 2.1 亿美元。

10 月 22 日　山东（济北）华侨工业园在济阳县挂牌。

10 月 26 日　第十一届全国运动会组织委员会成立大会暨筹备工作会议在济南举行。体育总局局长刘鹏出席会议并讲话，省委书记、省人大常委会主任张高丽出席会议并为组委会揭牌，省委副书记、省长韩寓群对“十一运”的承办工作进行全面部署。

10 月 27 日　山东中氟化工科技有限公司与英国气候变化资本集团在济南签订清洁发展机制（CDM）项目合作协议，济南市首个 CDM 项目开始转入实施建设阶段。

10 月 28 日　济南轻骑与法国标致摩托共同组建“济南轻骑标致摩托车有限公司”合同签字仪式举行。公司注册资本 13720 万元人民币，总投资额 25500 万元人民币，双方各出资 50%。

10 月 28—30 日　“2006 中国国际老年产业博览会”在舜耕国际会展中心举办。

10 月 29 日　2006 中超联赛颁奖盛典暨南北明星对抗义赛在济南举行。山东鲁能泰山俱乐部足球队获联赛冠军，鲁能俱乐部郑智、李金羽、图巴科维奇分获最佳球员、最佳射手、最佳教练员称号，济南赛区被评为最具人气赛区。

10 月 30 日　《济南日报》报道，济南市燕山社区获中央文明办、文化部颁发的全国“文化先进社区”称号。历下区开元山庄社区、槐荫区西市场社区、章丘市绣水居社区获全省“文化先进社区”称号。

10 月 31 日　国内公交行业首家科学技术研究院——市公交总公司科学技术研究院挂牌成立。

11 月 1 日　济南地情资料库、济南市情网 www.jnsq.gov.cn（2009 年 5 月改为 www.jnsq.org.cn）建成开通。

11 月 6 日　济南市首批非物质文化遗产名录公布，山东琴书、山东快书、商河鼓子秧歌等 9 大类、43 个项目入选。

同日　济南化工新材料有限公司与天桥区政府签订协议，落户济南化工产业园，总投资约 20 亿元。

11 月 8—9 日　全国工商联农业产业商会 2006 年会暨建设创新型城市的战略机遇——关注济南合作说明会在济南开幕。济南市向全国工商联农业产业商会全体代表推介 57 个农业产业化项目，总投资 27.2 亿元。全国工商联农业产业商会会长韩伟代表商会向济南市颁发“最佳投资城市”奖牌。全国工商联农业产业商会济南产业园揭牌仪式在章丘明水开发区管委会广场举行。

11 月 8—13 日　以日本和歌山市议会议长贵志启一为团长的和歌山市第 23 次友好访问团一行 13 人访问济南并进行经贸考察。

11 月 9 日　国家专利技术济南展示交易中心

挂牌成立。

11月11日 中国·济南英文网站www.chinajinan.com.cn开通。

11月13日 全市农村义务教育经费保障机制改革工作会议召开，确定从2007年起，济南市全部免除农村义务教育阶段学生杂费（含民办学校）。

11月15日—12月 济南市首届职业技能大赛举行，10个县（市）、区和市各行业协会的3.3万人参加比赛。

11月16—21日 以色列卡法萨巴市副市长布肯·查斯一行3人访问济南。

11月18日 光大水务（济南）有限公司开业。中国光大国际有限公司完成收购市水质净化一厂、二厂，取得在济处理污水30年的特许经营权。

同日 中国中小城市科学发展评价体系研究成果发布暨第三届中国中小城市可持续发展高峰论坛在人民大会堂举行。章丘市跻身“2006年度全国中小城市综合实力百强”，列第43位；同时入选“2006年度全国最具投资潜力中小城市百强”，列第10位。

同日 中国中大功率柴油机和气体发动机最大制造商和服务商——中国石油济南柴油机厂新厂落成典礼在济南经济开发区举行。

11月19日 首届“中国发明家论坛”在北京开幕，济南朝晖科技有限公司总工程师曹善文获中国发明协会第二届评选活动特等奖——“当代发明家”称号，山东九阳小家电有限公司总经理王旭宁获“发明创业奖”。

11月20日 中国首条拥有自主知识产权的冶金成套技术输出项目——济钢1700连铸连轧生产线建成投产，结束中国热连轧生产线长期依赖进口的历史。

11月21日 济南市首辆集应急指挥与快速检测于一体的卫生监督指挥车投入使用。该车可以作为突发事件的指挥中心，并可对食品、饮用水、有毒有害气体等进行快速流动检查。

同日 济南民天面粉有限责任公司生产的特一粉、水饺粉、馒头粉3个产品获中国绿色食品发展中心颁发的“绿色食品证书”。

同日 《济南日报》报道，舜网论坛（bbs.e23.cn）入选2006年第三届“中国BBS社区100强”，成为山东省唯一入选的网络论坛。

11月21—23日 津巴布韦驻华大使克里斯托弗·哈·穆茨万格瓦及津巴布韦环境旅游部副部长安德鲁·朗加一行11人访问济南。

11月23—25日 以印尼东爪哇省议会议员、发展委员会副主席巴姆邦·苏哈托诺为团长的议会代表团一行5人访问济南。

11月25日 中国企业联合会在京举行新闻发布会，公布第11批国内企业新纪录，山东交运集团济南长途汽车总站以“2005年售票收入7.02亿元、旅客发送量1826万人次、发送班次1074532个”3项指标，再次刷新“中国企业新纪录”。这是济南长途汽车总站连续7年在国内公路旅客运输行业保持领先地位。

11月26日 全国首个艾滋病咨询检测流动站在济南市运行。

11月28日 浪潮集团生产的基于双核平台的浪潮天梭刷新全球权威测试SPEC2004世界纪录，比一般服务器性能高出50%，标志着浪潮集团已取得双核及多核领域的技术领先优势。

11月29日 原安徽省委副书记、省政协副主席王昭耀涉嫌受贿和巨额财产来源不明案在济南市中级人民法院开庭审理。

11月30日 济南市残疾人运动员李超在第九届远南运动会上获T44级400米金牌，并打破亚洲纪录。

12月1日 济南市启动事业单位医保改革。济南市469家实行企业化管理的自收自支事业单位和部分差额拨款的事业单位职工，分期分批逐步纳入基本医疗保险覆盖范围。首批参保的事业单位自是日起陆续缴纳医疗保险费，从2007年1月1日起享受医保待遇。

同日 济南联运总公司所有国有法人资本及

其权益一次性无偿划归山东交运集团产权划转交接仪式举行。

同日　商务部授予济南市“国家软件出口创新基地”称号。

12 月 1—15 日　在第十五届亚运会上，济南运动员获 6 枚金牌、3 枚银牌，创参加亚运会最好水平。

12 月 2 日　全国民营企业文化建设工作会议在济南召开，济南趵突泉酿酒有限责任公司、山东法因数控机械有限公司获“全国民营企业文化建设先进单位”称号。

12 月 3 日　中国驻欧美及新西兰等国的科技外交官一行 12 人访问济南高新区。

12 月 4 日　济南高新区与世界 500 强企业之一的韩国第三大企业集团 SK 株式会社项目合作签约仪式举行。

12 月 6 日　山东省第一个垃圾填埋气体收集发电项目在济南市无害化处理厂投产，项目总投资 2700 万元，每年可收集填埋气约 2000 万立方米，日发电约 9 万千瓦小时。

同日　济南市阳光新城社区、燕山社区被商务部授予“2006 年国家级社区商业示范区”称号。

12 月 8—14 日　国内首次举办的 2006 国际幽默艺术周在济南举行，来自 7 个国家的 300 多名演员参加演出，参与市民达 90 多万人次。

12 月 11 日　山东省商业集团总公司与济南市国资委和济南啤酒集团签署合作重组协议，山东省商业集团总公司受让济啤集团全部国有股权。

同日　中国曲协幽默艺术学校挂牌仪式在济南市馆驿街小学举行，著名相声表演艺术家姜昆被聘为名誉校长。

12 月 11—12 日　日本新任驻华大使宫本雄二一行 3 人访问济南。

12 月 13 日　济南市见义勇为基金会成立暨捐赠表彰大会举行。大会通过《济南市见义勇为基金会章程》，选举产生基金会第一届董事会。会上，11 个企业、单位为基金会捐款 74 万元。大会授予中国重汽集团有限公司等单位和个人“济南市见义勇为事业杰出贡献奖”。

同日　全市最大规模社会性奖学基金“玛钢奖学基金”在平阴县第一中学启动。该基金本金达 3000 万元，每年可发放奖学金 200 余万元。

12 月 13—15 日　以市长约翰尼 · 巴亚宁为团长的芬兰万达市友好访问团访问济南。

12 月 16 日　济南清源水务有限公司、济南泓泉制水有限公司、济南水业集团有限公司挂牌成立，标志着济南市城市供水行业在全国率先完成市场化改革，城区供水由原 1 家企业经营转为由 3 家企业共同经营。

12 月 19 日　商务部在北京举行“中华老字号”企业授牌仪式，济南大观园股份有限公司等 6 家获“中华老字号”称号的企业被授予牌匾和证书。

12 月 20 日　山东黄河第二期标准化堤防建设工程在章丘市高官寨乡席家黄河大堤开工，工程总长 27 千米，总投资 1.02 亿元。2008 年 12 月，工程通过竣工验收。

12 月 22 日　济南二机床集团与奇瑞汽车有限公司签订 2500 吨大型多工位压力机及 6 条重型数控冲压生产线购销合同，金额近 3 亿元，创造了中国机床企业在汽车领域单笔合同金额的最高纪录。

12 月 22—23 日　济阳县在北京召开的全国农业工作会议上获“全国粮食生产先进县”称号。

12 月 25 日　信息产业部、商务部、科技部在杭州联合举行“中国服务外包基地城市”授牌仪式及服务外包基地共建协议签字仪式，济南市与北京等 6 个城市被认定为第二批“服务外包基地城市”。

12 月 28 日　中国兵器装备集团公司重组济南轻骑摩托车股份有限公司签字仪式在山东大厦举行。兵装集团重组济南轻骑的全部资产业务，济南轻骑的全部 3.97 亿股市属国有股份划转兵装集团，重组后的企业承接现有全部职工。

同日　山东金德利集团快餐连锁有限公司揭牌成立，原分属于历下、市中、槐荫、天桥 4 个粮食分局的金德利快餐经营网点全部划归集团公司管理。

12月30日 全市首个专业地名网站——济南地名网（www.jndmw.cn）开通。

2006年 全市各县（市）区教师工资全部实现统发，且全额纳入本级财政预算。

同年 联合国儿童基金会和中国小城镇改革发展中心，选定槐荫区振兴街街道纬九路社区、青年公园街道前卫街社区、历下区千佛山街道司里街社区为儿童友好社区试点社区。

2007年

1月1日 全省规模最大的人防平战结合项目——经十一路（西段）地下人防工程竣工。

1月3日 《济南市少数民族事业发展“十一五”规划》公布。

1月5日 《济南市投融资建设项目审计监督办法（试行）》发布。

1月8日 全市市直机关（事业单位）所属企业清理工作会议召开。济南市将全面清理市直机关（事业单位）所属企业，移交市国资委管理并进行改革改制。

同日 胶济铁路客运专线开工建设，2008年12月21日全线开通，百年胶济铁路从此告别客货列车混跑的历史。

同日 投资8亿元的中国重汽集团济南商用车公司搬迁工程开工典礼在章丘举行

1月9日 《济南市“十一五”城市规划》公布。

1月18日 《济南日报》报道，济南市在“第五届全国中小学信息技术创新与实践活动教师（中学组）教学能力竞赛”中，夺得6个一等奖、3个二等奖和3个三等奖。

1月18—19日 2007年全国旅游工作会议在济南召开，命名章丘市等22个“中国优秀旅游城市”，济南市百脉泉景区等115家国家“AAAA级旅游景区”及306家“全国工农业旅游示范点”。

1月22—24日 荷兰农产品贸易代表团一行23人访问济南。

1月25日 市委、市政府召开平安济南建设大会，对进一步推进平安济南建设、维护省会稳定、构建和谐社会进行再动员再部署。李慧敏等3位市民被市综治委、市见义勇为基金会授予“见义勇为先进分子”称号。在随后举行的全市政法工作会议上，市委、市政府与各县（市）区、市直部门代表签订2007年度社会治安综合治理责任书。

1月25—30日 美国全美信息技术协会（ITAA）主席哈里斯·米勒和美国亿帆环球科技有限公司总裁帕特·霍钠等一行3人考察济南发展软件外包产业情况。

1月26日 在全国内地西藏班办学和教育援藏工作会议上，济南西藏中学被授予“全国教育援藏先进集体”称号。

同日 《济南日报》报道，由山东水务投资有限公司等4企业出资组建的山东水务源泉供水有限公司成立，济南市首家股份制供水项目——济南市东联供水工程启动。

1月27日 济南市公共交通总公司党委书记、总经理薛兴海入选2006年度“中国经济百名杰出人物”。

1月28日 “2006中国十大经济女性年度人物”评选活动结果在北京揭晓，双星集团济南经贸有限公司总经理韩俊芝获“中国经济女性年度人物创业奖”，济南金宇源光电子有限公司总经理王晓林等8人获“中国经济女性成就奖”。

1月30日 英国考文垂市考文垂及沃力克郡商会中国贸易联络处主任马克·伊顿一行2人访问济南。

1月30—31日 举办首届泉城网络文化博览会。

1月30日—2月2日 以韩国水原市议会副议长金镇贯为团长、水原市长安区区长林秉锡为副团长的水原市友好代表团一行9人访问济南。

1月31日 市委、市政府印发《关于加快发展现代农业扎实推进社会主义新农村建设“十大行动”的意见》，确定“十一五”期间，从农民增收、城镇建设、道路畅通、饮水安全、生态富民、造林绿化、医疗惠民、教育振兴、弱势保障和市场拓展 10 个方面入手，实施新农村建设“十大行动”，扎实推进全市社会主义新农村建设。

2 月 1 日 《济南日报》报道，山东盖世国际物流集团获“中国 5A 级物流企业”“中国物流示范基地”“中国物流百强企业”称号，成为全市第一家、省内第二家国家 AAAAA 级物流企业，也是全省第一家国家物流示范基地。

2 月 2 日 市委、市政府召开全市科技进步表彰暨创新型城市建设大会，首次对 126 个科技成果、名牌产品和单位给予重奖，总计奖金 5600 万元；授予浪潮集团有限公司高级副总裁王恩东济南市科学技术最高奖，奖金 30 万元。大会公布《济南市创新型城市建设规划》。

2 月 5 日 在“哈尔滨国际冰雪节”第三届全国少年儿童舞蹈大赛上，济南市妇女儿童活动中心红舞鞋舞蹈团表演的舞蹈《雏鹰》《咚吧啦》《太阳花》获金奖。

2 月 12 日 2006“感动泉城”十佳人物评选结果揭晓，反扒能手张业爱等 10 人当选。

2 月 13 日 由市杂技团、市歌舞剧院组成的济南艺术团一行 29 人启程出访泰国，参加文化部举办的为期 10 天的“泰国春节品牌文化活动”。

2 月 14 日 市残联“我的兄弟姐妹”艺术团一行 20 多人应邀启程赴英国伦敦演出。

2 月 27 日 在国家科学技术奖励大会上，济南市 8 项科技成果获奖，其中以山东大学为主完成的“双循环流化床烟气脱硫技术”获国家“技术发明二等奖”，“高产稳产广适高效转基因抗虫杂交棉鲁棉研 15 号选育与产业化开发”等 7 项科技成果获国家“科技进步二等奖”。

3 月 1 日 市中区人民法院在全国优秀法院表彰大会上获“全国优秀法院”称号，是山东省唯一获此称号的基层人民法院。

3 月 2 日 《济南日报》报道，由中国重型汽车集团有限公司承担的“重型汽车集成开发先进技术”入选科技部公布的“十一五”期间国家高新技术研究发展计划（“863”计划）。

同日 《济南日报》报道，济南七里堡蔬菜综合批发市场通过商务部等单位组织的检查验收，入选国家“双百市场工程”，同时获得商务部扶持资金 200 万元。

3 月 3 日 济南市召开领导干部会议，宣布中央和省委关于济南市委主要领导职务调整的决定，焉荣竹任济南市委书记，姜大明不再担任济南市委书记职务。

3 月 6 日 市十三届人大常委会第二十九次会议举行，表决通过接受鲍志强辞去济南市市长职务的请求，以无记名投票形式表决决定张建国为代理市长。

同日 世界 500 强企业之一的日本日立公司与山东鲁能瑞华电气有限公司签约，在历下区工业园成立合资企业，生产世界公认的“最节能配电变压器”——非晶合金变压器。

同日 投资约 5 亿元的山东银鹭食品有限公司在章丘明水经济开发区奠基。

3 月 16 日 《济南市社会主义新农村建设“十大行动”规划及财政配套措施》公布。

3 月 17 日 济南市首个“市民植树日”，2000 多名市民、学生和武警官兵在腊山种植树木 5000 余株。

3 月 20 日 全省首支便衣警察队伍——济南市公安局便衣侦查支队成立。

3 月 21 日 英国考文垂及沃力克郡、中国贸易联络处主任马克 · 伊顿等一行 4 人访问济南。

3 月 22 日 《济南日报》报道，济钢燃气——蒸汽联合循环发电 CDM 项目在联合国注册成功，为中国冶金行业第一个注册成功的 CDM 项目，也是世界冶金行业注册成功的 CDM 项目中二氧化碳减排量最大的项目。

同日 济南市首条小区公交线 135 路开通运营。

3 月 23—27 日 政协济南市第十一届委员会第五次会议举行，通过无记名投票方式，补选杨庆林、胡占平为十一届市政协副主席，张印峰不再担任市政协副主席职务。

3月24—28日 济南市第十三届人民代表大会第五次会议举行，表决通过《关于〈政府工作报告〉的决议》《关于〈济南市2006年国民经济和社会发展计划执行情况与2007年计划〉的决议》等。大会选举张建国为济南市市长，补选陈延河、牟陆阳为市十三届人大常委会副主任。

3月27日 由市文化局选送、章丘市文化馆表演的舞蹈《泉韵》获山东省首届农村文化艺术节民间舞蹈、杂技、魔术文艺会演决赛金奖。

3月29日 “2006年度山东省纳税百强排行榜”揭晓，济南15家企业上榜，总数列全省第一。

3月31日 市区首个综合性城市管理行政执法志愿团在槐荫区成立。

4月1日 《济南日报》报道，济南（李庄）铝材批发市场建成开业，总投资3000多万元，占地逾4公顷，建筑面积3万多平方米。

4月2日 全省建立群众涉法诉求工作站现场会在济南召开，推广济南市在基层建立群众涉法诉求工作站的做法。

4月3—6日 以色列驻华大使海逸达一行访问济南。

4月4日 香港航空公司济南—香港航线开通。

同日 济南高新区、山东大学加强人才培养合作协议签约暨济南信息通讯人才培养基地揭牌仪式在山东大学齐鲁软件学院举行。

同日 《济南日报》报道，槐荫区振兴街街道德兴社区被全国妇联、全国综治委联合授予“全国妇女法制宣传教育示范点”称号，是全市唯一获此称号的社区。

4月6日 全国信息技术人才培养工程授牌仪式暨2007济南信息技术人才发展论坛在济举行，浪潮培训学院被信息产业部电子教育与考试中心授予“全国信息技术人才培养工程培训基地”。

4月7—11日 中国共产党济南市第九次代表大会举行，通过《关于〈中共济南市第八届委员会报告〉的决议》和《关于〈中共济南市纪律检查委员会工作报告〉的决议》；选举产生中国共产党济南市第九届委员会委员、候补委员，市纪律检查委员会委员，济南市出席省第九次党代会代表。11日，中共济南市第九届第一次全体会议召开，选举产生中国共产党济南市第九届委员会常务委员会委员和书记、副书记；焉荣竹当选市委书记，张建国、杨鲁豫当选市委副书记；通过中共济南市纪律检查委员会第一次全体会议选举结果，徐长玉当选市纪委书记。

4月9日 第十届中国国际机床展览会在北京开幕，济南二机床入围2006年度中国机床工具行业“数控机床产值”“精心创品牌活动”十佳企业。济南二机床为中国机床工具行业唯一“金属成型机床”和“金属切削机床”两类产品均获得中国名牌的企业，并入选2006年度“最具市场竞争力品牌”。

4月13日 2006年全球能源奖颁奖大会在比利时布鲁塞尔举行，山东省科学院与历城区董家镇联合研发的二步法生物气化发电秸秆能源项目获得“全球能源奖一等奖”，是山东省首次获得该项大奖，也是该奖项2006年度中国唯一获奖项目。

4月17日 《济南日报》报道，中国重汽与爱尔兰TIMONEY（蒂孟尼）公司签订合作协议，双方共同开发满足中国重汽需要的独立悬架系统，并投资1亿元建立独立悬架系统生产基地。

4月17—29日 以副市长王以才为团长的济南体育考察团一行5人对印度和卡塔尔进行考察访问。

4月19日 市政府发布《济南市城市房屋拆迁管理办法》。

4月24日 市政府印发《关于加快实施旧城棚户区改造的通知》，要求用3年时间基本完成对旧城区内集中连片的棚户区（指城区二环路以内城市国有土地上低洼易涝、基础设施严重不配套的平房、简易房、危险房集中的区域）的改造，切实改善旧城棚户区居民的居住条件和生活环境。4月30日，全市棚户区改造动员大会召开，棚户区改造工作启动。截至2010年年底，全市已启动38个集中片区和34个零星片区的旧城棚户区改造工作，动迁居民约6万户、18.3万人，拆迁建筑面积430万平方米；安置房开工建设290万平方米、竣工130万平方米，约1.7万户居民具备回迁入住条件；累计投资120亿元。

同日 青岛啤酒（济南）有限公司40万千升啤酒生产基地在高新区奠基，2008年4月25日竣工投产。

4月25日 济南市首批旅游星级餐馆颁牌，鱼翅皇宫等13家餐饮企业获“旅游星级餐馆”称号。

4月26—28日 2007中国（济南）国际太阳能热利用大会暨太阳能热利用展览会举行，170多家世界和国内知名太阳能品牌企业，近2000家与太阳能有关的厂商到会进行经贸洽谈，现场达成3亿多元销售意向，销售协议100余个；投资合作意向和协议25个，金额超过63亿元。

4月27日 济南市首个职业教育集团——现代制造业职业教育集团在历城职业中专成立。

4月28日 庆祝济南慈善总会成立10周年暨2007年“慈心一日捐”活动动员大会召开，对“济南慈善十年”先进单位和个人进行表彰。会议现场共收到善款4048万元（其中基金2300万元、现金1748万元），一天募集善款数额创10年之最。

同日 济南（深圳）商贸项目招商推介会在深圳举行，现场签约项目10项，总投资额13.25亿元。

5月1日 调整后的失业保险金标准开始执行，历下区、市中区、天桥区、槐荫区和历城区的失业保险金由原来的每人每月277.5元调整至每人每月340元；长清区、章丘市和平阴县的失业保险金由原来的每人每月255元调整至每人每月300元；济阳县和商河县由原来的每人每月232.5元调整至每人每月267元。

同日 《济南市旅游管理条例》《济南市城市环境卫生管理条例》《济南市养犬管理规定》《济南市城市道路井盖设施管理规定》施行。

同日 济南市居民生活用天然气价格由每立方米2.00元调整为2.40元。

5月8—22日 副市长王天义一行6人赴以色列、南非进行友好访问。

5月12—20日 由16名残疾人运动员组成的济南市代表团在第七届全国残疾人运动会上夺得8金、6银、7铜，5人次超全国纪录。

5月15—18日 第八届中国美食节暨第六届国际美食博览会在青岛举行，燕喜堂饭庄、山东翰林大酒店分获“中国十佳鲁菜馆”“全国十佳婚宴接待单位”称号，金德利集团获“2007全国十佳月饼品牌企业”称号。

5月17日 中铁十局科研大厦奠基仪式在齐鲁软件园IT总部基地举行，标志着中铁十局作为中国铁路工程集团在山东的唯一一家国有控股公司成功落户济南。

5月17—18日 以韩国水原市中国饮食节促进会会长于治民为团长的水原市餐饮考察团一行6人访问济南。

5月18日 济南市10个县（市）区法院院长任期经济责任审计全面展开，这在山东省尚属首次。

5月20日 济南市首家养生型老年公寓——济南市养生园老年公寓在历城区柳埠镇落成。

5月21日 济南市残疾人法律援助律师团成立。省暨济南市“残疾人法律援助进社区、进家庭”活动启动仪式在千佛山街道佛山苑社区举行。

5月22—24日 以乌克兰哈尔科夫市市长多普金为团长的哈尔科夫市友好访问团一行13人访问济南，双方签署建立友好城市关系协议书。

5月23日 法国新任驻华大使苏和一行6人来访，并参加济南法语联盟揭幕仪式。

5月26日 经十路路北山东省立医院东院区开工建设。2009年9月 28日，东院区十一运会医疗保障中心开诊；2010年12月6日全部竣工启用。新落成的省立医院东院区规划面积近30公顷，按三级甲等医院标准建设，可日接门诊8000余人次，设病床床位2000张。

同日 国家发改委批复立项的全国骨干农产品流通平台——济南国际农产品加工贸易中心（海那城）奠基，项目总投资15亿元，规划占地面积98.53公顷，规划建筑面积95万平方米。

5月29—30日 澳大利亚西澳洲天鹅市市长查理·格莱格勒尼一行10人访问济南。

6月6日 《济南日报》报道，历下区汇波小学代表队在全球第二十五届头脑创新思维（DI）大赛上获大赛唯一"国际大使特殊奖"，成为本次大赛获得奖次最高的中国代表队之一。

6月7日 太平洋岛国纽埃总理米提塔伊昂伊梅尼·扬·维维安一行11人访问济南。

同日 市政府与深圳航空有限责任公司就深航在济南建立基地公司举行合作框架协议签字仪式。

同日 在第三届全国电视剧风云盛典颁奖仪式上，济南文联专业作家张继获最佳编剧奖，由其担任编剧的电视剧《乡村爱情》获"收视十佳电视剧奖"。

6月7—13日 2007中、日、韩A3冠军联赛在济南举行，申花、鲁能俱乐部足球队，分获冠、亚军。

6月8日 市委、市政府召开筹备第十一届全运会工作动员大会，市长张建国与历下区、市中区、槐荫区、天桥区、历城区、长清区和章丘市政府主要负责人签订第十一届全运会济南赛区承办工作责任书。

6月11—21日 市长张建国率济南市政府代表团一行12人赴香港特别行政区、韩国、日本招商引资。6月13日至21日，先后对韩国水原市和日本和歌山市进行了友好访问。

6月20日 《济南日报》报道，山东百乐沃生物工程有限公司与世界上最大的鸡蛋粉生产企业——比利时Belovo公司在北京签约。中国成为继比利时、美国之后，第三个拥有鸡蛋粉加工技术的国家。落户在章丘的蛋粉加工基地成为中国第一个现代化蛋粉加工基地。

6月21日 全省产学研合作创新暨科技奖励大会召开，济南市有40项科技成果获得奖励，其中，济南钢铁集团总公司的"济钢热能资源高效梯级综合利用技术开发"等两个项目获"国家科技进步二等奖"，济南二机床集团获"山东省科技进步一等奖"。

6月22日 国家信息通讯国际创新园揭牌暨信息通讯技术研究院落成仪式在济南高新区举行。

同日 济南市首家由政府主办的社区信息服务平台——济南市社区公共服务信息网开通。

6月22—28日 "将军杯"2007年全国男子武术散打锦标赛在济南举行。济南运动员张勇获65千克级金牌。

6月26日 中国重汽与南非超级集团公司签订合作框架协议，南非超级集团首批采购中国重汽300辆水罐车，中国重汽产品首次进入南非市场。

同日 《济南日报》报道，经商务部审查同意，济南市酒家酒店等级评定办公室成为继北京、天津之后，第三个获得国家一级酒家评定授权的地方评定机构。

6月27日 市委作出《关于授予刘克同志"济南市优秀共产党员"荣誉称号的决定》，号召全市各级党组织和广大党员干部深入开展向新时期共产党员和人民警察刘克学习的活动。

6月29日—7月1日 以巴勒斯坦外交部参赞穆扎德·萨利赫为团长的"中阿合作论坛高级外交官研修班"代表团一行26人访问济南。

7月1日 济南市启动事业单位和民间非营利组织的工伤保险工作，全市行政区域内的事业单位（参照公务员法管理的事业单位除外）、民间非营利组织，均应按照国家和省有关文件规定参加工伤保险社会统筹，缴纳工伤保险费。

同日 济南市实现24万名参保单位退休人员与在职职工分开参加医保、分别享受医保待遇。所有退休人员全部建立医保个人账户，其中3.3万人为初次设立个人账户。

7月3—7日 以市长帕特·菲亚柯为团长的加拿大里贾纳市友好访问团一行12人访问济南，

参加“中国·济南国际儿童联欢节暨儿童用品博览会”。7月4日，市长张建国会见访问团一行，双方签署“济南市与里贾纳市结好二十周年友好会谈备忘录”。

7月6日 济南市中外舞蹈交流协会挂牌成立，是济南市首个中外舞蹈交流的专业民间组织。

7月6—8日 2007中国·济南国际儿童联欢节暨儿童用品博览会举行，来自德国、俄罗斯、白俄罗斯、法国、韩国等18个国家和地区的22个代表团、330名代表和由“七彩少年军”组成的中方儿童代表团参加。展会现场交易额约3900万元，达成合同、意向共300多项，金额3.5亿元。

7月12日 经科技部批准，浪潮集团“高效能服务器和存储技术实验室”成为首批企业国家重点实验室，是中国唯一的在高效能服务器和存储技术领域的企业国家重点实验室，也是济南市企业中设立的第一家国家重点实验室。10月，浪潮服务器打破并创立首个SPEC（标准性能评估机构）世界纪录，这是中国厂商在国际服务器领域创立的第一个SPEC世界纪录。

7月12—14日 韩国驻华大使金夏中一行150人访问济南，并参加山东省韩国友好周活动。

7月13日 外交部授予济南市护照颁发权、签证自办权、出国（境）“证明”权。8月13日，国港办授予济南市港澳通行证颁发权。

7月18日 济南市除平阴县降中到大雨外，其他地区均降暴雨、大暴雨或特大暴雨。14时至次日06时，全市平均降雨量为82.3毫米，市区和历城区平均降雨量分别为142.2毫米、116.7毫米。市区1小时（17时20分至18时20分）最大降雨量达到151.0毫米，是有气象记录以来历史最大值。全市因灾死亡37人，171人受伤，约33.3万群众受灾，造成直接经济损失约13.2亿元。

7月22日 总投资200多万元，占地1000多平方米的济南市城乡结合部最大的垃圾中转站——美里湖垃圾中转站启用，日中转垃圾量200多立方米。

7月24日 以“传承中华文化、创新中学教育”为主题的海峡两岸（济南）中学教育校长论坛在济南第二中学开幕，济南、台湾中学教育界300多名专家、学者和教师参加论坛。

7月27日 佛得角驻华大使儒利奥·德莫赖斯一行3人访问济南。

7月30日 市政府印发《关于促进服务外包产业发展的意见》。

7月30—31日 香港教育界参观学习团一行52人访问济南。

8月1日 济南市“金蓝领”培训项目全面启动，计划培训1600人，其中技师600人、高级工1000人。

8月2日 《济南日报》报道，继北京、大连、香港和上海之后，世界知名外包、离岸和共享服务咨询公司Alsbridge评选出10个“中国最具IT外包潜力城市”，济南市入选，位列第五。

8月4日 山东电视台“天下父母亲情教育基地”落户长清孝里中学，并举行揭牌仪式。

8月6日 段义和、陈志、陈常兵爆炸案和段义和受贿、巨额财产来源不明案，在淄博市中级人民法院开庭审理。9日，淄博市中级人民法院作出一审宣判，依法判处段义和、陈志死刑，剥夺政治权利终身；判处陈常兵无期徒刑，剥夺政治权利终身。9月5日，经最高人民法院核准，段义和、陈志在济南被执行死刑。

8月8—12日 第三届中国（国际）吉他文化节在济南举办。

8月23日 由浙江吉利控股集团投资兴建的吉利汽车济南基地项目在济南高新区东部新区举行开工仪式。2009年10月10日，第一辆轿车——吉利首款C级车“吉利帝豪EC825”在吉利济南生产基地下线，济南市轿车生产实现零的突破。2010年11月17日，首款“济南造”中高级轿车——帝豪EC8系上市。

8月25日 《济南市城市低收入家庭廉租住房管理办法》发布，2007年9月1日起施行；2005年3月15日发布的《济南市城镇最低收入家庭廉租住房管理办法》同时废止。

8月28日 《济南日报》报道，天桥区刘家庄小学学生孙越发明的“自动关闭窗帘”，在第四届全国中小学劳技教育创新作品大赛上获得金奖，并申请专利。

同日 中国最长的太阳能路灯照明工程，在248省道商河县境内竣工并投入使用。道路全长20千米，每年可节省电费21万元。

8月29日 市委召开县（市）区人大、政府、政协领导班子换届工作座谈会，对换届工作作出安排部署。从9月中旬开始，运用体现科学发展观要求的综合考核评价办法进行换届考察。12月初，各县（市）区陆续召开人代会、政协会进行换届选举。换届后，10个县（市）区人大、政府、政协领导班子成员，分别为62名、70名和68名，法院院长、检察院检察长各10名。

8月30日 市委、市政府发布《关于大力推进工业经济又好又快发展的决定》，要求坚定不移地走新型工业强市道路，以市场为导向，以改革开放为动力，加强领导，加大投入，开创全市工业又好又快发展的新局面。

同日 市政府下发《关于公布济南市2007年度享受经济适用住房和廉租住房政策有关标准的通告》，确定2007年度享受经济适用房和廉租房政策的相关标准。申购经济适用房的家庭低收入标准为“人均年可支配收入低于7670元（含）”，住房困难标准为“人均住房建筑面积低于16平方米（含）”；享受廉租房保障的家庭低收入标准为“人均年可支配收入低于7670元（含）”，住房困难标准为“人均住房使用面积低于8平方米（含）”。

同日 济南仲裁委员会保险纠纷仲裁调解中心成立。

8月31日 中国质量协会在济南举行立鼎仪式，授予市公交总公司“中国用户满意鼎”，是山东省唯一获此殊荣的企业。

同日 《济南日报》报道，章丘市和历城区被民政部确定为全国农村社区建设实验县（市、区）。

9月1日 《济南市城市低收入家庭廉租住房管理办法》《济南市经济适用住房管理办法》施行。

9月2日 《济南日报》报道，济南市中学生井淼、杨萌分获第16届全国中学生生物学奥林匹克竞赛金牌。

9月3日 《济南日报》报道，济南市民政局获“全国政务公开工作先进单位”称号，是全国民政系统唯一获此称号的单位。

9月5日 《济南市城市低收入家庭认定办法（试行）》制订，适用于历下、市中、槐荫、天桥、历城和长清六区。

同日 东北亚地方政府联合会秘书长李海斗带领东北亚地方政府联合会2007事务委员会会议中、日、韩、俄、蒙等五国34个地方政府代表100人访问济南。

9月6—11日 澳大利亚郡德勒普市市长特洛伊·佩卡德一行8人访问济南。

9月7—11日 以韩国水原市市长金容西为团长的友好代表团一行24人访问济南。

9月8—10日 第七届中国（济南）国际旅游交易会暨2007中韩城市经济交流会举办，集中展示28个国家和地区的旅游新产品、新线路、新成果，6.8万人次参观，达成旅游合作意向和合作协议7840份。

9月11日 民天面粉等8个济南产品在北京举行的2007年中国名牌产品表彰大会上入选“中国名牌”。

9月12日 由全国政协副主席李蒙带队的香港特别行政区全国政协委员考察团到济南考察。

9月13日 以日本国际贸易促进协会理事长中田庆雄为团长的东京访问团一行62人访问济南。

同日 由台湾基隆市议员秦钲率领的基隆市里长参访团一行18人到市中区舜玉社区参观访问。

同日 济南泉城中学、大明湖小学揭牌成立。

9月14日 全市村“两委”换届选举工作会议召开。“两委”换届选举工作即日起全面展开，2008年1月底基本结束。此次村“两委”换届选举，涉及10个县（市）区、济南高新区的4662个村党组织和4681个村委会；换届后的村“两委”

成员总职数 18036 人，比上届减少 1563 人。

9 月 16 日 济南东联供水工程（鹊山水库—济钢段）开工，2008 年 8 月 5 日建成通水。

同日 以“绿色交通与健康”为主题的首届中国城市公共交通周及无车日活动在国内 108 个城市同时举行。省暨济南市在泉城广场举行城市公共交通周及无车日活动启动仪式。

9 月 16—18 日 德国奥格斯堡市德中友好协会主席毕斯理 · 米勒访问济南。

9 月 17—18 日 以马来西亚华人公会总会长、房屋与地方政府部长黄家定为团长的马华公会代表团一行 13 人访问济南。

9 月 18 日 济南市天桥区北坦社区居民郑承镇、济南市槐荫区西市场街道公益岗人员张业爱、山东省济南市皮肤病防治院院长助理刘振华获“全国道德模范提名奖”。

9 月 21—22 日 《人民日报》、新华社、中央电视台等 18 家中央媒体和《大众日报》等省级媒体在重要版面、重要时段报道泉城义工的事迹，盛赞泉城义工“让社会充满温情”。

9 月 22 日 山东（济北）电子信息产业园在济阳成立，是山东省首批认定的省级电子信息产业园区，也是济南市唯一省级电子信息产业园区。

9 月 24 日 国内第一个以收集和分析意外伤害信息、旨在进行提前预防与干预的监测性机构——青年公园安全社区监测站，在槐荫区青年公园街道前卫街社区成立。

同日 新中国成立以来济南市单笔被劫数额最大刑事案件审结，抢劫总价值达 198.5 万余元的 3 名犯罪嫌疑人被依法判处有期徒刑。

9 月 24—26 日 “纪念辛弃疾逝世 800 周年国际学术研讨会”在济南举行。

9 月 25 日 由中国孔子基金会创办的季羡林研究所在济南高新区落成。

9 月 26 日 济南市民防局挂牌。经市编委审核、市政府批准，济南市人民防空办公室加挂济南市民防局的牌子，并增加有关民防职能。

同日 市政府下发《关于严格禁止焚烧农作物秸秆的通告》，明令机场周围和主要交通干线两侧，严禁焚烧秸秆和其他焚烧行为。

9 月 27—30 日 中国名牌产品博览交易会在舜耕国际会展中心开幕，24 个省、市、自治区派代表团参加，参展企业 539 家，9.7 万人次参观，现场签约及交易额 8.6 亿元。

9 月 28 日 全市道德模范表彰暨先进事迹报告会举行，137 名济南市道德模范和 200 名济南市道德模范提名奖获得者受到表彰。

9 月 29 日 山东省委召开常委扩大会议，围绕举办 2009 年第十一届全国运动会，专题研究济南城市建设和管理问题。10 月 9 日，济南市召开全市领导干部会议，学习贯彻“9 · 29”省委常委扩大会议精神，对今后两年城市规划建设管理作出安排部署。11 月 2 日，市委、市政府召开重点工程建设和综合整治工作会议，对城市重点工程建设和综合整治工作进行安排部署。

9 月 30 日 浪潮科技园开工仪式在高新区举行，科技园规划建筑面积 52 万平方米，整体工程分三期开发，全部三期将于 2012 年前完工。

10 月 1 日 《济南日报》报道，在 2007 年中国民航总局组织的全国文明机场考评中，济南国际机场获全国“文明机场”称号,并囊括全国“最佳服务质量”“最佳餐饮服务”“最佳购物服务”“最佳候机环境”四个单项奖。

10 月 2 日 以日本新潟市议会议员桥田宪司为团长的新潟市考察团一行 5 人来访。

10 月 2—11 日 济南市 4 名运动员在上海举行的 2007 年世界夏季特殊奥林匹克运动会上取得 4 枚金牌、2 枚银牌、2 枚铜牌。

10 月 3—12 日 以市政协主席徐华东为团长的济南市友好经贸访问团一行 8 人访问德国、丹麦。

10 月 10 日 第十一届全运会官方网站（http：//www.11th-games.org.cn）开通。

10 月 10—16 日 济南市歌舞剧院组团赴韩国参加第五十三届“百济文化艺术节”。

10 月 12 日 大明湖风景名胜区扩建工程开

工，2009 年 9 月 21 日竣工并举行新景区开园仪式。

10 月 13—16 日 “第五届中国国际农产品交易会”在济南国际会展中心举办；中共中央政治局委员、国务院副总理回良玉，全国政协副主席张克辉及国家有关部委领导，部分省、市、自治区、新疆生产建设兵团的负责人和部分国家的驻华使节及省市领导出席开幕式；国内 33 个展团，世界 19 个国家和地区参加；贸易成交金额达 345 亿元，意向合同金额 372 亿元，销售额 6720 万元。

10 月 15 日 济南市第一个中国人居环境与新城镇发展推进工程金牌建设试点项目——彩石山庄建成。

10 月 20—23 日 美国加利福尼亚州议会议员大卫·琼斯、萨克拉门托市副市长凯文·麦克卡迪的率美国萨克拉门托市友好代表团一行 17 人访问济南。

10 月 21—24 日 日本和歌山市议会议长北野均率和歌山市第 24 次友好访问团一行 12 人访问济南。

10 月 25 日 全福河综合整治工程开工，总投资 1000 万元，工期 120 天。

10 月 25 日—11 月 3 日 济南代表团在武汉举行的第六届全国城市运动会上获得 5 枚金牌、8 枚银牌、6 枚铜牌，同时，获体育道德风尚奖。

10 月 26—28 日 2007“银泉杯”中国机器人大赛暨 RoboCup 中国公开赛在山东师范大学新校区（长清大学城）举行，226 所学校和科研机构的 416 支队伍、1200 多名选手参赛。天桥区刘家庄小学的孙越夺得青少年组 1 对 1 项目的亚军，并获一等奖。

10 月 28 日 山东省首家职业技能鉴定协会——济南市职业技能鉴定协会成立。

10 月 28 日—11 月 2 日 济南市首届“的士”文化节举行。

11 月 2 日 济南市与山东大学联合培养人才的新平台——济南市社会工作人才培训基地揭牌，首期培训班同时开班。

11 月 3 日 济南市公布《济南市科学技术奖励办法》，2007 年 12 月 10 日起施行。2003 年 12 月 26 日市政府发布的《济南市科学技术奖励办法》同时废止。

11 月 5 日 在北京人民大会堂举行的第二届全国中青年德艺双馨文艺工作者表彰大会上，济南市杂技团团长邓宝金获“全国中青年德艺双馨文艺工作者”称号。

11 月 6 日 济南市小清河综合治理工程开工，是小清河历史上规模最大、投资最多的一次综合治理。工程西起槐荫区睦里庄闸，东至济青高速公路桥下，长约 31 千米。2011 年 10 月主体工程竣工，主城区段 22 千米河道实现蓄水通航。

11 月 6—15 日 第十届亚洲漫画展在山东工艺美术学院举行。

11 月 7 日 市政府发布《济南市道路交通安全责任规定》。

同日 济南市举行重点工程挂职干部培训会，首次从市直机关事业单位选派的 50 名优秀年轻干部赴市重点工程进行挂职锻炼。

11 月 10 日 济南国家动漫产业发展基地揭牌及授牌仪式在济南高新区举行。

11 月 10—11 日 济南市首届特殊奥林匹克运动会举行。

11 月 12 日 世界晶体振荡器巨头——美国百利通公司落户济南高新区。双方举行签约仪式，投资 3000 万美元，研发生产世界领先的晶体模块系列产品，联手打造晶振产业基地。2010 年 4 月 9 日，山东百利通亚陶科技有限公司启用仪式举行，成为国家信息通讯国际创新园成立后引进的首个重大外资项目。

11 月 17—19 日 中共中央政治局常委、中央纪委书记贺国强在山东调研。在济南期间，贺国强视察了北园大街道路与环境建设工程、燕子山小区、燕山立交、齐鲁软件园等。

11 月 18 日 中华人民共和国第十一届运动会会徽发布仪式在济南举行。会徽通过面向社会公开征集的方式产生，由山东工艺美术学院副教授孙大刚等集体创作的“和谐中华、活力山东”

图案最终被选定为十一运会会徽。

11月20日 国际化大型股份制专业寿险公司——生命人寿进驻济南。

同日 济南市食品药品监督管理局历下区分局、市中区分局、槐荫区分局、天桥区分局挂牌成立。

11月中旬—2008年2月底 全市组织开展“学习实践科学发展观——解放思想大讨论”活动。活动共分为宣传发动、查找问题，边学边改、制定措施和巩固提高、检查验收三个阶段。各级各部门以学习实践科学发展观为主线，教育和引导党员干部深入学习领会中共十七大精神，自觉用科学发展观武装头脑、指导实践、推动工作，取得积极成效。2008年3月11日，全市“学习实践科学发展观——解放思想大讨论”活动总结大会召开。

11月26—27日 佛得角普拉亚市市长费雷斯波图·维也拉、佛得角驻华大使儒利奥·德莫赖斯等一行4人访问济南。

11月26日—12月8日 济南市友好代表团一行8人访问法国雷恩市。

11月28日 中国重汽（香港）有限公司（HK3808）在港上市，是中国制造业第一只上市的红筹股。

同日 济南市城市防洪体系的重要组成部分——腊山分洪工程（玉符河试验段）开工，工程总投资6.83亿元。

同日 济南市最大的中式快餐品牌企业金德利集团，在“厨工杯”第二届全国饭店系统服务技能比赛中，夺得包括团体金奖在内的11枚金牌。

11月30日 济南市印发《全面加强人口和计划生育工作统筹解决人口问题的实施意见》。

同日 全省首个退役士兵就业指导中心在济南成立。

同日 济南公交42路司机李慧敏获“全国见义勇为司机”称号，成为济南市获此称号的第一人。

12月1日 第二届全国电视栏目剧评优暨研讨会在济南举行。济南电视台新闻综合频道的《真实再现》获得一等奖。

12月7日 济南恒隆广场开工，项目总建筑面积超过17万平方米，总投资40亿元。

同日 济南市首批经济适用住房发售和廉租住房实物配租摇号仪式在市房地产大厦举行。

12月14日 全球最大的企业软件供应商甲骨文公司进驻济南。

同日 济南市“数字泉城”建设的重要组成部分——“基于数字技术的城市规划决策管理三维支持系统研究”项目分别通过由建设部组织的项目验收和市科技局组织的项目鉴定。

12月26日 “毛主席视察山东省农科院纪念地”塑像在省农科院落成并举行揭幕仪式。

12月27日 省建设厅对外发布《济南都市圈规划》，详细描绘济南都市圈的发展目标定位、区域产业发展布局、重大行动计划等。

同日 市政府印发《关于进一步做好被征地农民基本养老保险工作的意见》。

同日 江北最大的太阳能照明生态小区——唐冶新区村居整合安置小区启用，是山东省首个太阳能照明生态居民小区。

2007年 济南市进行了三次区划调整。一是撤销历下区姚家镇，设立姚家、智远、龙洞三个街道。二是撤销市中区十六里河镇，设立十六里河、兴隆两个街道；撤销市中区党家庄镇，设立党家、陡沟两个街道。三是撤销济阳县济阳镇，设立济阳、济北两个街道和回河镇。通过调整，历下、市中成为无乡镇区。

同年 济钢集团的钢和钢材产量双双超过1200万吨，销售收入首次突破500亿元，成为全市第一家销售收入过500亿元的企业。

2008年

1月1日 山东省广播电视传媒业第一个室外直播室——济南文艺广播在英雄山人防商城首次设立室外直播室对外开播。

1月3—7日 政协济南市第十二届委员会第一次会议举行。徐长玉当选市政协十二届委员会主席，王世敦、王可敏、刘子栋、高元坤、杨庆林、胡占平、刘少玲、崔大庸当选副主席。会议通过政协第十二届济南市委员会第一次会议政治决议等。

1月4—8日 济南市第十四届人民代表大会第一次会议举行。选举徐华东为市十四届人大常委会主任，马纯济、刘善鹏、陈延河、牟陆阳、段青英为市人大常委会副主任；选举张建国为市长，殷鲁谦、陈先运、张宗祥、邹世平、赵文朝、齐建中、巩宪群为副市长；选举李静为市中级人民法院院长，郭鲁生为市人民检察院检察长。通过《济南市第十四届人民代表大会第一次会议关于〈政府工作报告〉的决议》等。

1月9日 由济南二机床集团有限公司独立完成的“LS4B-2500型2500美吨闭式四点多连杆压力机”项目获“国家科技进步二等奖”。

同日 济南市第一个I类治超检测站——历城治超检测站建成启用。

1月10日 平安山东建设大会召开。天桥区、槐荫区和历城区获山东省委、省政府授予的“平安山东建设先进县（市）区”称号，章丘市委常委、政法委书记时怀江获“平安山东建设先进个人”称号并记一等功。

1月13日 中国教育学会小学教育专业委员会山东研究基地在济南师范附属小学设立。

1月13—15日 “首届全国气象行业天气预报技能竞赛”在济南举行。全国各地33支代表队、99名选手参加比赛。

1月15日 济南市救助单亲特困母亲专项行动启动。

同日 济南市有史以来规模最大的一次政府规章清理工作结束。该次清理结束后，济南市现行有效的政府规章为99件。

1月16—21日 韩国水原市议会文化福祉委员会委员长金宗基等3名议员及以水原市排球协会会长申泫杉为团长的水原市女子排球代表团19人访问济南，与山东大学女排等进行交流比赛。

1月18日 济南市召开全市农村电影工作会议，济南市万场公益电影进农村工程启动。

1月20日 《济南日报》报道，济南市第一家外国人子女学校济南伊顿国际学校落户高新区。

1月23日 济南市被国家知识产权局授予首批“国家知识产权工作示范城市”称号。

1月24日 济南市天然气重要补给线西气东输管线在西郊担山屯与市区管网成功对接，标志着济南市同时拥有中石化集团和中石油集团两家输气管线，天然气供应紧张局面得到根本解决。

1月30日 建设部公布2007年中国人居环境奖城市（项目）名单，济南市泉城公园（玉绣河区域）综合整治工程获2007年“中国人居环境范例奖”。

2月15日 市委、市政府印发《关于切实加强农业基础建设进一步促进农业稳定发展农民持续增收的实施意见》。

2月16日 工商河整治工程启动。2009年9月16日，整治全面完成。

2月17日 《济南日报》报道，章丘保健型大葱研究所生产的万新牌大葱入选农业部公布的“2007年度中国名牌农产品名单”。

2月17—28日 以副市长张泽为团长的济南市友好访问团一行4人赴匈牙利、奥地利、德国进行友好访问。

2月18日 全市农村工作会议召开，表彰全市农业生产先进单位，印发市委《关于切实加强农业基础设施建设，进一步促进农业稳定发展农民持续增收的实施意见》。

3月1日 专门为智力和精神残疾人提供的以工作、娱乐为主的康复训练场所——“我的兄弟姐妹”庇护所揭牌仪式在济南市精神卫生中心举行。

3月3日 《济南日报》报道，在FLL机器人世锦赛中国北方区域公开赛中，甸柳一中代表济南获得一等奖第一名，花园路第二小学等9所小学全部获得一等奖。

3月11日 《济南日报》报道，娃哈哈集团杭州宏胜饮料项目落户章丘，总投资 2 亿美元。

3 月 14 日 济南市人工影响天气指挥中心落成；9 月 25 日，济南市人工影响天气基地建设项目通过国家级鉴定。

3 月 17 日 “外资银行齐鲁行”考察团到济南考察经济社会发展情况和投资环境。

3 月 19 日 济南市商业银行聊城分行开业，是该行在济南之外开设的第一家分行。

同日 以韩国狮子会韩中投资委员会委员长李年洙为团长的韩国企业界考察团到济南考察。

3 月 20 日 首批“泉城学者”命名表彰大会召开。市委、市政府授予 8 名专家“泉城学者”称号，每人奖励 5 万元。

同日 济南邮政储蓄银行成立。

3 月 21 日 中国济南留学人员创业园海外创业基地成立。济南市政府分别与加拿大中国专业人士协会、全欧华人专业协会联合会和中国留日同学总会签署共同建立北美、欧亚、日本科技人才创业基地的合作协议，并与德国联邦中型企业经济联合会签署合作备忘录。

3 月 24 日 济南社科研究基地揭牌仪式在市档案局举行。

3 月 26 日 鲁能置业集团与日本永旺株式会社合作开发建设鲁能领秀城佳世客项目签约仪式举行，佳世客是在沃尔玛、家乐福、易初莲花之后，又一大型跨国超市进入泉城。

3 月 28 日 《济南市计划生育家庭特别扶助制度实施方案》公布，建立农村双女绝育户奖励制度。

3 月 30 日 金海岸顺风演艺大舞台首场演出拉开帷幕，国内知名的娱乐演艺品牌——杭州金海岸娱乐有限公司落户济南。

3 月 31 日 济南市社区党组织和第七届社区居委会换届工作开始，6 月底基本结束。社区党组织换届选举实行党组织班子成员“三推一审两示一选”公推直选办法。全市 277 个社区党组织中，208 个实行了公推直选，占换届社区党组织总数的 75%。换届后，社区党组织书记和居委会主任“一肩挑”比例达到 76.6%；“两委”成员交叉任职比例达到 74.8%；班子成员大专以上文化程度占 53%，比上届提高约 15 个百分点；平均年龄 45.4 岁，比上届下降 4.4 岁。此外，还有 123 名驻区单位党员当选社区党组织班子成员。第七届社区居委会换届选举换届率达 98%，其中直选率为 76.7%，比上届提高 3.8 个百分点。对老城区的 219 个社区进行调整合并，撤销并重组 12 个社区居委会；在市内 21 个新建居民小区设置社区居委会，在城区基本实现“社区管理全覆盖”。

4 月 1 日 《济南市抚恤定补优抚对象参加新型农村合作医疗保障服务实施细则》实施。

同日 济南市首条撤商还路、重点改造整治的道路——历山东路竣工通车，整个工程历时 137 天。

4 月 2—4 日 芬兰万达市教育代表团一行 15 人访问济南。

4 月 9 日 济南市发布循环经济试点工作实施方案，确定天桥等 6 个县（市）区，济南高新技术产业开发区等 7 个园区，济南钢铁集团总公司等 80 家单位列入试点单位。

同日 以色列驻华大使安泰毅一行 2 人访问济南，出席在山东大学举办的“以色列中国人民友好交流历史图片展”开幕式。

4 月 10 日 迎全运重点工程——济南二环东路高架路与地面工程开工建设，2009 年 8 月 27 日建成通车。

4 月 11 日 槐荫区被中国职业安全健康协会和中国安全社区促进中心联合命名为全国第一个以城区整体为单位的“全国安全社区”，该区振兴街街道等 10 个街道同时被命名为“全国安全社区”。

4 月 14 日 美国康州中小学学校教师访问团到济南部分中小学体验中国学校生活。

4 月 19 日 国家信访局下发通知，要求总结提炼章丘市建立信访代理制的经验做法，在全国推广“信访代理制之‘章丘模式’”。

4 月 19—26 日 以联合国世界旅游组织特聘

专家科林·克拉克为首的中央电视台“倾国倾城”节目专家观察团在济南考察。26日，青岛啤酒·CCTV倾国倾城济南城市日主题晚会在济南高新区齐鲁软件园举行。

4月20日 山东省暨济南市盗版非法出版物集中销毁行动在槐荫区华联广场举行，共销毁各类盗版非法图书报刊、音像制品、计算机软件和电子出版物60余万件。

4月22日 天桥公安局治安巡防队保安队员李培增在抓捕犯罪嫌疑人时身中3刀殉职。23日、25日，李培增分别获得“济南市见义勇为先进分子”和“山东省见义勇为先进分子”称号。

同日 市政府发布《济南市城市防汛应急预案》，对城市汛情实行4级应急响应。

4月22—23日 芬兰万达市市长约翰尼·巴亚宁一行7人访问济南。

4月24日 济南市市长张建国会见到访的瑞士驻华大使丹特·马提内利一行。

同日 济南时代试金试验机项目在济南经济开发区开工建设。

4月25日 青岛啤酒公司在济南举行新闻发布会，宣布青岛啤酒（济南）有限公司竣工投产。

同日 “我的兄弟姐妹”日间照料站县（市）区级示范点启动仪式在历城区全福街道小辛社区举行，历城区日间照料站示范点揭牌。

同日 济南市在洪楼广场举行世界知识产权日宣传咨询活动，并发布《2007年济南市知识产权保护状况》白皮书。

4月29日 中国网通济南分公司、济南市卫生局卫生监督所获得“全国五一劳动奖状”，济南钢铁集团总公司丁中等6人获得全国五一劳动奖章。

同日 济南市歌舞剧院创作演出的大型舞乐诗画《齐风鲁韵·泉水谣》亮相泉城，填补了省城没有地域特色文化旅游剧目的空白。

4月30日 京沪高速铁路济南段开工动员大会召开。

5月1—3日 第二届泉城网博会暨2008动漫欢乐总动员举办。

5月3日 济南市第六届“泉城文化社会办”项目洽谈会举办。近60家企事业单位与文化部门就已达成的56个合作项目、意向进行现场签约，完成或达成合作协议的172项，涉及资金总额约4亿元。

5月4日 全市各族各界青年代表庆祝“五四”青年节大会举行，表彰第五届济南市“优秀青年知识分子”、2007年度济南市“优秀志愿者行动先进集体”“优秀志愿者行动先进个人”和济南市“优秀共青团干部”。团市委主办的济南青年网（www.jn54.org.cn）是日开通。

5月5日 十一运会济南赛区组委会全体成员（扩大）会议召开，印发《十一运会济南赛区重点工程项目审批联席会议工作实施意见》。

同日 国家动漫产业发展基地挂牌仪式在山东工艺美术学院举行。

5月6—7日 济南市工会第十五次代表大会举行，近500名工会代表出席。市委常委、市总工会党组书记王以才当选市总工会第十五届委员会主席。

5月6—10日 中共中央政治局常委、中央书记处书记、国家副主席习近平在山东考察。在济南期间，习近平先后到山东力诺瑞特新能源有限公司和历城区港沟镇治河村调研并看望困难群众和困难党员。

5月7—11日 济南市新闻代表团一行7人对韩国水原市进行访问交流。

5月9日 省见义勇为基金会和省综治办追授英雄保安杨涛为“山东省见义勇为先进分子”。

5月10日 济南市第五座跨黄河大桥——济南建邦黄河公路大桥动工，2010年12月21日通车。

同日 城市发展与创新学术研讨会在济南大学召开，来自全国的80多位专家代表对副省级城市创新能力进行比较研究，济南总体排名第十位。

5月12日 2008山东“庆翔杯”济南国际华商高尔夫友谊赛在崮云湖国际高尔夫俱乐部举

行。印尼、加拿大等国华商代表队以及来自美国、新加坡的海外嘉宾 80 余人参加比赛。

5 月 13 日 市委召开常委扩大会议通报汶川地震灾情，研究部署救灾工作。同日，市委办公厅、市政府办公厅发出《关于迅速开展向四川灾区捐款捐助活动的通知》。14 日，市委、市人大常委会、市政府、市政协、市纪委机关党员干部为汶川地震灾区捐款，市直机关党员干部踊跃参与，当天捐款 625160 元。5 月 31 日，“爱涌泉城　援建北川”济南市抗震救灾特别节目举行，共收到捐赠款物 3650.4 万元。6 月 26 日，山东三箭集团援川突击队被中华全国总工会授予“抗震救灾重建家园工人先锋号先进集体”称号。6 月 27 日，济南市向驻济部队地震灾区 454 官兵发放慰问金 45.8 万元。6 月 30 日，泉城义工被中宣部确定为“抗震救灾英雄谱”。 9 月 18 日，全市抗震救灾英雄集体和模范个人表彰大会召开，对在抗震救灾中涌现出的先进集体和个人进行表彰。

5 月 16 日 市政府发布《济南市突发环境事件应急预案》和《济南市防汛应急预案》。

5 月 15—26 日 以市长张建国为团长的济南市友好经贸代表团一行 5 人对芬兰、德国和香港进行友好访问、经贸考察。在 2008 济南（慕尼黑）汽车零部件洽谈会上，共签订合作协议 4 项，总投资额 4.1 亿美元，签署合作备忘录 2 项。在 2008 济南（香港）经贸合作项目推介会上，签约项目 26 个，总投资额 20.9 亿美元。

5 月 16 日 山东省第一个机场客运站——济南国际机场长途汽车站启用。

同日 《济南日报》报道，历城区艾家村入选第一批全国 24 个“国家级生态村”名单，是山东唯一入选单位。

5 月 16—18 日 第五届全国收藏品交流大会在中山公园举行。

5 月 18 日 济南市第 18 个“全国助残日”庆祝大会举行，济南市“迎北京奥运会（残奥会）和全运会、讲文明、树新风”活动，残疾人“权益保障年”活动同时启动，“我的兄弟姐妹”志愿服务团成立。会上表彰在上海特奥会上获金牌的运动员、教练员、培养单位、推荐单位和在各级别盲、聋、培智学校学生艺术会演中取得优异成绩的单位个人等。

5 月 27 日 巴布亚新几内亚驻华大使莫米斯夫妇一行 3 人访问济南。

5 月 28 日 九阳股份有限公司在深圳证券交易所挂牌上市，成为济南市首家上市的民营企业。

5 月 29 日 章丘城市公交全部由私有改为国有。县级市城市公交全部收归国有，在省内是第一家。

同日 市人大常委会公布《关于废止〈济南市建筑市场管理办法〉的决定》。

5 月 29 日—6 月 2 日 商河县鼓子秧歌队访问团一行 22 人赴韩国参加韩国仁川第九届富平区风物节活动。

6 月 9 日 市地震监测中心暨历城综合地震台开工奠基仪式举行，2009 年 8 月 28 日地震台落成。

6 月 13 日 国家集成电路设计济南产业化基地揭牌暨国家信息通讯国际创新园专家咨询委员会成立仪式在济南高新区举行。

6 月 14 日 济南市花鞭鼓舞、吕剧、章丘芯子入选国务院公布的第二批国家级“非遗”名录；济阳鼓子秧歌、济南皮影戏、东阿阿胶制作技艺入选第一批国家级“非遗”扩展项目名录。

6 月 17—18 日 由全国政协副主席孙家正率领的全国政协视察团到济南市就和谐社区建设进行视察。

6 月 20 日 济南 RFID（射频识别）产业联盟成立。

6 月 21 日 韩国水原书画访问团到济南参加第六届中韩书画交流活动。

6 月 26 日 舜耕国际会展中心、济南国际会展中心共同投资 1000 万元组建山东国际会展管理有限公司，对现有两馆进行统一经营管理。整合后的新公司展览面积达 10 万平方米。

6 月 30 日 市委、市政府作出《关于向中国重汽集团学习的决定》。

同日 澳大利亚驻华大使芮捷锐一行5人访问济南。

7月2日 启动资金为20万元的济南市首个专门面向青少年科技创新活动设立的奖励基金在市中区成立。

同日 《济南日报》报道，省政府批准李培增、杨涛、张科文、李晓磊等4人为革命烈士。

7月4日 山水水泥（HK691）在香港联交所挂牌上市，是山东省第一家上市的水泥企业，也是中国水泥行业第一家在香港红筹股上市的企业。

7月4—6日 2008中国（济南）儿童用品国际博览会举办，总展出面积2万平方米，国际国内参展商100余家，美国等18个国家（地区）的300多名青少年代表参加。

7月11日 济南中院审结山东省首起拒绝外国当事人申请承认国际商会仲裁院仲裁裁决案件，是中国法院以公共政策为由拒绝承认外国仲裁裁决第一案。

7月12日 日立情报系统株式会社在中国设立的首家高端开发中心——日立情报（济南）开发中心揭牌，是继NEC之后又一家日本软件巨头落户济南。

同日 以东帝汶独立革命阵线党副主席阿尔塞尼奥·巴诺为团长的干部考察团一行10人访问山东期间访问济南。

7月12日—8月8日 山东省高中教师远程研修活动在济南举办，在山东省教育发展史上尚属首次。

7月19日 济南—日本新潟旅游包机航线开通，新潟市市长篠田昭率领友好交流团乘首发班机访问济南。

7月19—20日 韩国首尔特别市市长吴世勋一行27人访问济南，考察济南城市建设情况。

7月21—29日 应法国雷恩市政府邀请，以市人大常委会主任徐华东为团长的济南市友好访问团一行5人对法国雷恩市进行访问。

7月23日 奥运圣火在济南传递，取得圆满成功。

7月24日 全国政协副主席王志珍到济南视察。

7月25日 济南市居民基本医疗保险工作启动，8月1日，《济南市城镇居民基本医疗保险暂行办法》施行。

7月27日 由市中区陡沟村农民、高级农技师周建中历经8年选种培育出的水果新品种“早熟欧李”通过省林业局组织的专家鉴定。

同日 奥体中心体育馆工地发生火灾。

7月29日 浪潮集团与印度UPTEC投资合作签约仪式举行，双方计划共同投资1000万美元，在全国建设20个IT人才实训基地，在5年内打造全国最大的IT人才直营培训体系。市长张建国会见到济南参加签约仪式的UPTEC首席执行官犹蓬德拉·库玛博士一行。

同日 济南市畜牧兽医局成立，同时撤销济南市畜牧办公室及所属济南市奶类发展项目办公室。

7月30日 《济南日报》报道，中国首批“创新型企业”名单公布，浪潮集团成为入选该榜单的5家IT企业之一，也是济南市唯一入选企业。

8月2日 中国首架以旅游形象命名的彩绘飞机——喷有“好客山东”彩绘图案的波音737-800飞机由美国西雅图飞抵济南遥墙国际机场。

8月4日 《济南日报》报道，2008年全国短式网球大赛在河南郑州举行。济南市历下实验小学代表队获男子团体亚军、男子双打亚军及女子团体第五名。

8月8日 《济南日报》报道，由中华见义勇为基金会主办的第五届全国见义勇为好司机评选结果揭晓。济南市获“全国见义勇为好司机先进城市奖”“先进单位奖”“先进个人奖”，是全国唯一同时获三大奖项的城市。

8月9日 总建筑面积9.5万平方米的全省最大的通讯市场——山东通讯城投入运营。

8月10日 《济南日报》报道，历城区郭店镇的王建松制作的电脑动画（Flash）《一分钱的遭遇》获第九届全国中小学电脑制作大赛一等奖。

8 月 11 日 《济南市打造“社区十分钟生活服务圈”指导标准》发布，济南市打造“社区十分钟生活服务圈”工作启动，为全国首创。

8 月 13 日 市民营科技企业普联软件（济南）有限责任公司在美国纳斯达克证券交易所挂牌交易，是济南市首家在纳斯达克主板上市交易的企业。

8 月 13—23 日 以市人大常委会副主任刘善鹏为团长的友好访问团一行 4 人赴佛得角、希腊进行友好访问。

8 月 14 日 市中区舜玉路街道社区体育健身俱乐部、市中区四里村街道社区体育健身俱乐部、历城区东风街道社区体育健身俱乐部、天桥区官扎营街道社区体育健身俱乐部被命名为第三批“国家级体育健身俱乐部”。

8 月 15 日 北太平洋岛国密克罗尼西亚总统伊曼纽尔·莫里一行 6 人访问济南。

8 月 18 日 市文化局、市杂技团联袂打造的京剧意象杂技剧《粉墨》在北京奥运村祥云剧场演出；11 月 28 日，在第七届全国杂技比赛上获“2008 杂技主题晚会优秀剧目展演”二等奖。

同日 以主席卡尔波夫为团长的俄罗斯国际和平基金联合会代表团一行 5 人访问济南。

8 月 19 日 法国布列塔尼大区体育代表团暨青少年友好交流团到济南体验中国文化，感受民族风情。

同日 生物领域国家工程实验室、生物产业国家高技术产业基地揭牌仪式在山东大厦举行。鲁南制药和齐鲁制药联合承担的哺乳动物细胞高效表达国家工程实验室揭牌，标志着济南市在国家级工程实验室项目方面实现零的突破。

8 月 21 日 山东省首家留守流动儿童“快乐成长活动站”在天桥区无影潭社区揭牌。

8 月 27 日 2008 昆明招商引资（济南）推介会举行，现场签约 9 个项目，签约额 24 亿元。

8 月 28—31 日 津巴布韦驻华大使沙瓦一行 4 人访问济南。

8 月 29—31 日 2008 中国（济南）国际旅游交易会举办。共设展位 500 个，其中国际展位 108 个，30 个国家和地区的客商参展。

8 月 30 日 济南市全民健身中心开工建设。2009 年 10 月 6 日竣工并向社会开放。中心占地约 3.4 万平方米，全民健身场馆建筑面积 2.5 万平方米，室外健身场地 1 万平方米，是济南市首个体育运动休闲综合区，也是国内项目较多、功能齐全、设施最好的综合性运动健身休闲场所。

8 月 由市委宣传部、济南社科院共同编辑的《济南通史》一至六卷由齐鲁书社出版发行。

9 月 1 日 济南市城镇居民基本医疗保险启动。

9 月 1—4 日 东北亚地方政府联合会 2008 年第七次全体会议在济南召开，来自中国、日本、韩国、蒙古、俄罗斯等 5 个国家的 49 个地方政府代表团 190 余人参加。

9 月 3—5 日 第三届绿色产业国际博览会暨东北亚地区环保产业洽谈会在济南举办。

9 月 4 日 由市残联和英国慈善机构 Corner 公司合编、济南出版社发行的《中英常用手语》一书首发式在槐荫区“我的兄弟姐妹”广场举行。中英两国相关机构合编此类图书在中国尚属首次。

9 月 5 日 全国政协副主席、科技部部长万钢在济南考察。

9 月 5—7 日 第四届中国（济南）国际信息技术博览会暨第五届科技成果和专利技术展交会举办。到会观众 15.2 万人次，展会达成合作意向 297 项，总投资 184 亿元。作为第四届信博会的重要活动，山东首届国际动漫艺术节暨山东网络动漫嘉年华济南站活动同时举行。

9 月 7 日 章丘籍选手崔娜在北京残奥会女子柔道 52 千克级决赛中获金牌，是中国代表团在北京残奥会上的第 3 枚金牌，也是山东运动员获得的第 1 枚金牌。

9 月 8—9 日 第十届“炎黄杯”世界华人名人围棋邀请赛在济南举行。

9月14日 《人民日报》在一版重要位置以《让泉城群众告别棚户区》为题，介绍济南市大规模改造棚户区的做法和经验。

9月16日 在北京残奥会乒乓球男子团体M9—10级决赛中，济南市选手吕晓磊和队友葛杨、陈超、马麟组成的中国队获得金牌。

9月17日 《济南日报》报道，章丘圣泉集团的“圣泉”商标被认定为中国驰名商标。这是中国铸造材料行业获得的第一个驰名商标。

9月19日 尼日尔共和国总理赛义尼·奥马鲁一行21人在出席北京残奥会闭幕式后访问济南。

9月19—20日 全国人大常委会副委员长华建敏率领调研组到济南调研《劳动合同法》贯彻实施情况。

9月22—27日 济南市小学生友好交流访问团一行10人访问日本和歌山市。

9月23日 中国联合国教科文全委会与中国成人教育协会、济南市教育局共同举办的“满足村民学习需求与乡村发展”国际研讨会在济南举行。

9月24日 济南解放60周年纪念大会在英雄山革命烈士陵园悼念广场举行。是日起，济南解放纪念馆免费开放。

同日 《济南日报》报道，济南市民营科技企业普联软件（济南）有限责任公司成功在美国纳斯达克主板（CHLN.NASDAQ）挂牌交易。

9月25日 济南市历城区和济阳县分别被联合国教科文组织确定为“农村社区学习中心”（CLC）项目实验点。

同日 瑞典于默奥市市长玛丽·路易斯一行6人访问济南。

9月25—26日 由国务院侨务办公室、人力资源和社会保障部、商务部、山东省人民政府联合主办的第四届华商企业科技创新合作交流会在济南举办。全国政协副主席郑万通及部分省市领导出席开幕式。来自48个国家和地区的426名海外知名华商、海外华侨华人工商组织负责人、华侨华人专业人士，山东省有关企事业单位负责人参加会议。

9月26日 12345市民服务热线开通。

9月27—29日 2008山东文化产业博览会在济南举办。全国人大常委会副委员长、民盟中央主席蒋树声，全国政协副主席陈宗兴出席开幕式。

9月29日—10月5日 第十届齐鲁国际动漫艺术博览会在省科技馆举办。

10月1日 《济南市城乡规划条例》施行。

10月1—2日 2008年山东省第十四届国际标准舞锦标赛暨中国（济南）国际标准舞公开赛在山东师范大学体育馆举办，来自全国各地的1000余名专业、业余选手参加比赛。

10月6日 市政府发布《济南市生产安全事故灾难应急预案》。

10月6—10日 中国山东第三届中小创业项目资金洽谈会在济南世购广场举办，来自全国各地的300多个项目商参展。

10月7日 全市建设系统援川安置房建设总结表彰大会召开，245名援川英模和27个先进集体受到表彰。

10月7—8日 济南市第一届现代农业成果展示交易会在泉城广场举办，10余万市民参观选购，展会销售额1270万元。

10月8—10日 以副市长张宗祥为团长的济南市政府代表团一行5人赴韩国大田访问。其间，参加第六届世界科技城市联盟大会，济南市正式申请加入该组织并获批准。

10月12—17日 2008中国济南当代国际摄影双年展暨第二届齐鲁国际摄影周开幕式在山东工艺美术学院长清校区举行。

10月14日 第十一届全国运动会吉祥物、主题口号在济南揭晓，吉祥物为“泰山童子”，主题口号为“和谐中国，全民全运”。

10月14—16日 以美国加利福尼亚州圣荷塞市议会议员朱感生为团长的圣荷塞市友好代表团一行13人访问济南。

10月16日 第31届全国种子交易会在历城区王舍人镇举办。

10 月 17—19 日 2008 中国（济南）国际卡车暨零部件展览会举办。

10 月 18 日 全民迎全运动员大会召开，就做好全运会各项筹备工作进行安排部署。

10 月 18—21 日 济南五中代表队在湖北武汉大学举行的第六届全国中小学信息技术创新与实践活动中获得大赛一、二名。

10 月 19 日 第七届中国（济南）国际园林花卉博览会园博园工程在长清大学科技园开工。2009 年 9 月 22 日至 2010 年 5 月 8 日，第七届中国国际园林花卉博览会在园博园举行，共有 23 个国家和地区、90 个城市参展，总计 108 个室外展园，参展城市、展园数量、展园面积、植物种类、建设水平均为历届园博会之最。展会期间，园区累计接待游客约 120 万人次，创造直接经济效益 2483 万元。

10 月 19—21 日 以韩国水原市副市长芮昌根为团长的水原市友好代表团一行 10 人访问济南。

10 月 20—30 日 以市委书记焉荣竹为团长的济南市友好经贸代表团对日本、韩国进行友好访问和经贸考察。

10 月 20 日—11 月 8 日 由文化部、省政府联合主办的第五届中国京剧艺术节在济南主会场及青岛、淄博举办。济南市京剧院《辛弃疾》获一等奖。

10 月 21 日 《济南日报》报道，全省最大的老年康复机构——济南市老年休养康复中心在章丘市建成，被确定为“全国爱心护理工程”试点单位。

10 月 21—23 日 以英国考文垂市市长安德鲁 · 马特查特为团长的考文垂市友好经贸访问团一行 7 人访问济南，庆祝两市缔结友好城市 25 周年，并签署两市结好 25 周年友好会谈备忘录。

10 月 23 日 香港特别行政区公务员考察团一行 20 人访问济南。

10 月 24 日 中宣部向济南市民赠送京剧光盘暨“京剧传承示范园”授牌仪式在趵突泉公园举行，趵突泉公园、千佛山公园、英雄山公园被文化部授予“京剧传承示范园”称号。

10 月 25 日 济南市暨历下区“2008 年终身学习宣传周”启动仪式在泉城广场举行，历下区和市中区获“全国社区教育示范区”称号。

同日 《济南日报》报道，国家汉语国际推广“十一五”期间重大项目——“中华传统文化研究与体验基地”落户济南，为国家 10 个汉语国际推广基地之一。

10 月 27 日 渤海银行济南分行开业。

同日 “阳光大姐”服务有限责任公司被全国妇联、全国妇女“巾帼建功”活动领导小组命名为首批 5 个全国巾帼家政培训示范基地之一。

10 月 28 日 市节能监察支队成立。

同日 《济南日报》报道，育文中学机器人俱乐部在天津举办的第十届国际奥林匹克机器人大赛全国选拔赛全部 7 个项目中，取得 4 金 2 银的优异成绩，并分获中学组和小学组团体总分第一。

10 月 30 日 国务委员兼公安部部长孟建柱在济南考察。

同日 中国孔子基金会和山东出版集团联合创办的国学流动图书馆在济南第十二中学揭牌。

同日 以朝鲜劳动党中央行政部副部长李胜虎为团长的朝鲜劳动党友好考察团一行 6 人访问济南。

11 月 1 日 孔子文化国际交流学校揭牌暨孔子标准全身铜像落成典礼在济南七中举行。19 日，由中国孔子文化基金会监制的全国第零九号孔子标准全身铜像在历下区甸柳一小落成，是全国范围内孔子标准像首次落户小学校园。

11 月 2 日 济南市教育局被授予全国“未成年人思想道德建设工作先进单位”。

11 月 2—4 日 中共中央政治局常委、国务院副总理李克强在山东就学习贯彻科学发展观和经济社会发展等进行调研。在济南期间，李克强实地察看了顺河棚户区改造工程建设情况，并到天桥区河套庄退休职工家中了解困难群众住房、收入等情况。

11 月 2—6 日 以日本和歌山市市长大桥建一为团长、市议会副议长寒川笃为副团长的和歌山市友好访问团一行 13 人访问济南，进行经贸考察并参加庆祝两市缔结友好城市 25 周年活动。

同日 中国重汽集团与德国大陆集团战略合作协议签字仪式举行，大陆集团商用车汽车零部件项目落户济南。

11 月 5 日 济南市颁布《行政机关工作人员行政告诫办法》。

同日 文化部振兴京剧指导委员会为纬十路小学"京剧传承基地"授牌。

11 月 8 日 济南市援建北川县擂鼓镇第二批项目启动仪式举行。

11 月 9 日 白鹭和金牛分别被确定为济南市的市鸟和吉祥动物。

同日 中国最大的健康体检连锁机构的分支机构——山东慈铭健康体检管理有限公司在济南成立。

11 月 10 日 市政府印发《关于促进中小企业又好又快发展的意见》。

11 月 11 日 "市民排队日暨公交站点排队活动"在泉城广场启动。

同日 以厄瓜多尔卡尼亚尔省省长迭戈·奥马萨·安德拉德为团长的拉美省州政府组织代表团一行 6 人访问济南。

同日 《济南日报》报道，济南市被公安部、科技部授予"科技强警示范城市"称号。

11 月 12 日 南水北调东线一期工程——引黄济青段的济南市区段输水工程开工建设。

11 月 14 日 "非洲友好城市官员研修班"代表团到济南考察。

11 月 15 日 2008 区域经济与可持续发展中澳高峰论坛在济南举办。

11 月 17 日 山东省首个全国规模幼教联盟在济南成立，由省内外十几家知名幼儿园组成。

11 月 19—28 日 市政协副主席王世敦率市友好代表团一行 6 人访问英国考文垂市，庆祝两市结好 25 周年。

11 月 22 日 中国书画、艺术品行业交易行情大盘在马鞍山路文化市场怡文轩古玩城落成并开始运营，是全国唯一的书画、艺术品交易行情大盘。

11 月 29 日 全国往复式内燃燃气发电设备标准化委员会、全国内燃机标准化技术委员会在济南柴油机厂成立，标志着济柴在燃气发电设备和燃气机技术领域，取得国家标准制订权。

11 月 29 日—12 月 1 日 改革开放 30 周年与中国特色社会主义理论研讨会暨中国科学社会主义学会第八次代表大会在济南召开。

11 月 30 日 济南市商业银行天津分行开业。

12 月 2—9 日 市长张建国率济南市城市发展交流团应邀赴台湾进行考察交流。

12 月 3—4 日 第六届中国物流企业家论坛暨 2008 中国物流企业年会在济南召开。"2008 年中国物流十大年度人物"颁奖活动同时举行。

12 月 9 日 香港中华煤气旗下全资子公司——名气通电讯（中国）有限公司与山东泰华电讯有限责任公司、济南港华燃气有限公司共同投资组建的山东泰华名气通电讯有限公司揭牌成立，是名气通电讯在内地投资的首家合资企业。

12 月 10—19 日 以市人大常委会副主任段青英为团长的妇女友好交流考察团一行 6 人赴英国、奥地利访问。

12 月 10 日 济南市出租车开始实行时距并计收费。

12 月 10—11 日 加拿大里贾纳市市长帕特·菲亚柯一行 3 人访问济南。

12 月 11 日 省政府就调整省中心镇下发通知，将 21 个镇列为省中心镇。章丘市文祖镇、商河县怀仁镇榜上有名。

12 月 14 日 市妇幼保健院成功实施山东省首例羊膜腔灌注术。

12 月 15 日 《济南日报》报道，济南市被公安部、科技部授予"全国科技强警示范城市"称号。

同日 《济南日报》报道，济钢集团有限公司在北京举行的第二届中华慈善大会上获"中华慈善奖”，是中国慈善领域的最高政府奖项。

12月17—21日 第十届国际机器人奥林匹克大赛在马来西亚吉隆坡举行。市中区育文中学5名选手代表国家参赛，夺得2枚金牌、1枚银牌和1个特别奖，实现济南选手在历届国际机器人奥林匹克大赛中金牌零的突破。

12月18日 第十一届全国运动会组委会在北京召开新闻发布会，公布“十一运会”奖牌样式。山东工艺美院王晓峰、唐国峻、张培源、刘泽延4位教师和装潢系学生唐郁明组成的设计团队创作的方案中标。

12月21日 济南火车站按照铁道部通知要求开始执行新的儿童购票标准，符合购买半价票条件的儿童标准身高由1.4米提高到1.5米。

12月22日 “十一运会”自行车馆主体钢结构完工，是继北京奥运会新建的老山自行车馆之后，国内第二座全封闭自行车馆。

12月23日 济南奥林匹克体育中心成立。

12月24日 全国首家“孝子病房”在市精神卫生中心成立。

12月25日 全市第一家县（区）级数字档案馆——市中区数字档案馆启用，这也是省内唯一具备实用功能的同类数字馆室。

12月26日 全市经济工作会议召开。会议要求，做好2009年全市经济工作，要深入贯彻落实科学发展观，按照“维护省城稳定，发展省会经济，建设美丽泉城”的总体思路，把保增长、保民生、保稳定、保全运作为中心任务，积极进取，奋发有为，努力促进经济社会又好又快发展，以优异成绩迎接中华人民共和国成立六十周年。

12月27日 济南变压器集团股份有限公司在济南经济开发区的新厂奠基，2010年5月27日新厂落成，共投资4.5亿元。

12月28日 济南市汽车服务行业协会成立。

12月29—30日 最高人民法院院长王胜俊到济南视察。

12月31日 济南第二十九中学整体迁入济南博文中学，两校正式合并。

2009年

1月1日 由第十一届全国运动会组委会和第十一届全国运动会济南赛区组委会联合主办的“全民健身共享全运”2009年元旦全民健身系列活动在泉城广场举行。

同日 全国第二届冬泳大赛在大明湖景区举行，全国各地的17支代表队参赛。

1月5日 全国政协副主席、民革中央常务副主席厉无畏一行到济南国家动漫游戏产业基地视察。

1月6日 中日IT桥梁工程师交流示范基地首家对日外包中高级人才培训机构——济南市凌佳软件外包培训学校揭牌成立。

1月8日 《财富》全球500强企业思科在中国设立的第三家省级分公司——思科济南分公司成立。

同日 《济南市房屋登记条例》公布。

1月10日 市长张建国与中国北车集团公司总经理、中国北车股份有限公司董事长崔殿国在北京签署济南市政府与中国北车集团公司战略合作框架协议。中国北车集团公司投资30亿元，在济南建设风力发电装备产业基地。9月4日，北车风电产业园开工奠基仪式在济南高新区孙村片区举行。2010年4月16日，首台1.5亿兆瓦发电机组下线，北车风电项目由工程建设阶段转向全面生产阶段。

1月10—18日 2009中国民营企业名优特产品展销会暨第六届济南购物狂欢节在舜耕国际会展中心举办。

1月17日 市委、市政府召开第九批济南专业技术拔尖人才、第五批济南市优秀农村实用人才和第三批济南市首席技师命名大会，对171名市级“拔尖人才”、60名“优秀农村实用人才”和30名“首席技师”进行表彰。

1月28日 《济南日报》报道，全国重卡领域首条大型机器人全自动化大冲生产线在中国重汽全线调试成功并投入使用。

2月4日 中国航天一院深冷容器制造基地在长清宏达科技园挂牌，是山东省唯一能够生产大型深冷容器的基地厂家。

同日 《济南日报》报道，济南等20个城市被国务院确定为中国服务外包示范城市。

2月6日 市政府与国家开发银行山东省分行生源地信用助学贷款合作签字仪式举行，济南市的生源地信用助学贷款启动。

同日 220国道平阴段拓宽改线工程启动。2011年11月中旬竣工。

2月7日 副省长王军民、市长张建国出席济南市推进市政公用领域一卡通应用体验活动，并为山东一卡通新标识模型揭牌。

2月8日 济南二中新校区启用。

2月9日 迎全运城市环境综合整治动员大会召开。会议印发《迎全运城市环境综合整治总体方案》，确定动员全市各级各部门集中8个月的时间开展迎全运城市环境综合整治活动，主要有八项重点整治工作：交通秩序整治、建筑渣土整治、环境卫生整治、户外经营整治、市容道路整治、绿化美化行动、环境保护行动、夜景亮化行动。

同日 《济南日报》报道，南上山街小学小白鹭童声合唱团在第四届中国（香港）童声合唱节比赛中获得“中国优秀童声合唱团”称号。

2月10日 全国现存最早的地面房屋建筑、第一批国家重点文物保护单位之一的长清区孝里镇孝堂山郭氏墓石祠对外开放。

2月10—14日 以法国雷恩市雷恩—济南友协会长菲利普·依查德为团长的友协代表团一行7人访问济南。

2月18日 《济南日报》报道，日本NHK电视台到济南录制的分别反映济南市动漫产业和太阳能产业发展的《突进·CG动漫杯》和《给未来的建议》两部纪录片在日本国内黄金时段播出。

2月19日 济南市实现农村义务教育完全免费。

2月20日 美国优创公司落户齐鲁软件园。

2月26日 驻济南部队现役军人居民身份证首发仪式举行，驻济南部队现役人员领取居民身份证申领发放工作全面启动。

2月27—28日 以日本日中经济交流协会理事长渡部宣则为团长的日中经济交流协会及日中萤光友好协会一行4人访问济南。

2月28日 德国大陆集团落户临港经济开发区签约仪式在历城区政府举行，标志着又一世界500强企业落户济南临港经济开发区。

3月2日 浪潮集团成功推出的国内首款万亿次桌面超级计算机“倚天”。

3月3日 济南市第一批深入学习实践科学发展观活动动员大会召开。全市深入学习实践科学发展观活动分两批进行：第一批从2009年3月到2009年8月底，10个县（市）区、高新区、106个市直部门（单位）、5个隶属市委管理的企业党委、6个试点单位的8568个基层党组织、16.3万名党员参加；第二批从2009年9月到2010年2月底，乡镇、街道，村、社区，中等职业学校、中小学校，非公有制经济组织、新社会组织和基层医疗卫生机构等基层单位的10635个党组织、23.2万名党员参加。

3月9日 市政府加快推进棚户区改造工作座谈会召开，同时印发《关于进一步加快推进棚户区改造的意见》。

3月10日 济南监狱慈善工作站揭牌。

3月13日 “国家火炬计划太阳能特色产业基地”落户济南。

3月17日 济南市人口领域的最高奖——泉城人口奖评选结果揭晓。平阴县委副书记、县长朱红方，市中区人口计生局党组书记张桂春，商河县人口计生局副局长王维国，槐荫区青年公园街道办事处副主任白秋霞，历城区董家镇计生办主任徐滨获第一届“泉城人口奖”。另有12人获提名奖。

同日 中共中央政治局委员、国务院副总理回良玉到济南考察家电下乡和畜牧业发展工作。

3月17—21日 朝鲜内阁总理金英日一行

45 人对中国进行友好访问，并首先访问济南。17 日下午，金英日一行赴商河县参观现代特色品牌农业彩椒标准化基地，并考察彩椒种植情况。

3 月 18 日 济南市儿童福利院开工建设，2011 年 5 月 29 日竣工投入使用，总投资 1.54 亿元，建筑面积 3.5 万平方米，设计床位 1000 张。

3 月 19—28 日 以副市长巩宪群为团长的济南市友好代表团一行 6 人访问澳大利亚和印度尼西亚。

3 月 22 日 中共中央政治局委员、中央书记处书记、中宣部部长刘云山在济南调研文化体制改革和文化产业发展情况。

同日 济南市引进的首部应急移动气象台在泉城广场与市民见面。

同日 已使用 50 年的黄台电厂 1 号、2 号冷却塔实施爆破拆除。

3 月 23 日—4 月 3 日 以副市长张宗祥为团长的政府代表团一行 6 人赴以色列、埃及与南非进行友好访问。

3 月 27 日 2009 济南 · 上海资本与项目对接会在济南召开。

3 月 29 日 第二届泉城义工“双十佳”表彰颁奖典礼举行。济南市泉城义工“双十佳”、3 名“济南市泉城义工在行动特别奖”获得者、100 名“济南市优秀泉城义工”获表彰。

3 月 31 日 光大水务（济南）有限公司按期完成水质净化二厂污水处理工艺改造，顺利实现“一级 A”达标排放。济南市因此成为国内首个达到此类排放标准的副省级以上城市。

4 月 1 日 济钢集团有限责任公司所属 4 所学校移交济南市管理。

4 月 2 日 以韩国民主党国会议员禹济昌为团长、韩国 21 世纪韩中交流协会会长金汉圭为顾问的韩国青年政治家代表团一行 7 人访问济南。

4 月 4 日 在意大利进行的“2009 年女子地掷球世界锦标赛暨 2009 年世界运动会资格赛”中，代表中国参赛的槐荫区育华中学教师杨迎摘得女子大金属球准确抛击赛冠军，是中国自 1987 年参加地掷球国际比赛以来首次获得该单项比赛冠军。

4 月 7—15 日 以市人大常委会副主任牟陆阳为团长的济南友好代表团一行 5 人访问白俄罗斯和土耳其。在白俄罗斯维捷布斯克市期间，牟陆阳代表济南市与维捷布斯克市签署建立友好城市关系协议书。

4 月 10—12 日 以美国路易斯安那州巴吞鲁日市市长梅尔文 · 霍尔登为团长的代表团一行 5 人访问济南。

4 月 14 日 以日本大阪府议会议长畠成章为团长的大阪府议会代表团一行 9 人访问济南。

4 月 16 日 全国加强中小学管理规范办学行为现场经验交流会在济南召开，与会人员参观考察了济南市经五路小学、山东省实验中学等。

同日 山东省首部街道风物志《百年制锦市》图书发行会举行。

4 月 17 日 全运会济南赛区竞赛工作会议召开。全运会济南赛区田径、体操等 12 个项目竞赛委员会成立。

4 月 18 日 国内规模最大的太阳能多晶硅项目——晟朗能源科技有限公司 250 兆瓦太阳能多晶硅、100 兆瓦电池片及光伏组件项目在商河经济开发区动工，项目总投资 48 亿元，首期投资 11 亿元。2009 年 12 月竣工试产。

4 月 21—22 日 中共中央总书记、国家主席、中央军委主席胡锦涛到山东省就做好保增长、保民生、保稳定工作进行考察。其间，到济南中国重汽集团济南商用车有限公司、东方道迩数字数据技术（北京）有限公司济南分公司、顺河集中棚户区改造安置片区和历下区燕山街道燕子山社区考察。5 月 5—6 日，中共济南市九届五次全体会议举行，对贯彻落实胡锦涛重要讲话精神，全力做好“保增长、保民生、保稳定、保全运”的各项工作，促进全市经济社会又好又快发展，作出全面部署。

4 月 22—24 日 市政府与中国资源综合利用协会可再生能源专业委员会合办的第二届中国

（济南）国际太阳能利用大会在济南举办。

4月23日 市政府“迎全运、保平安”消防安全整治工作会议召开，就深入贯彻落实全省迎全运动员誓师大会精神、全运会消防安保工作作出安排部署。

4月24日 市委、市政府庆祝五一国际劳动节暨“工人先锋号”命名表彰大会召开，市领导焉荣竹、张建国、徐华东、徐长玉等为获得市“工人先锋号”的先进集体颁奖。

4月25—29日 第十九届中国图书交易博览会在济南举行。全国人大常委会副委员长路甬祥出席博览会开幕式。

4月26日 国家重型汽车工程技术研究中心在中国重汽集团成立，是中国汽车行业第一个国家级重型汽车工程技术研究中心。

4月27日 济南首届泉城友谊奖颁奖典礼举行，德国专家德莱孚·普莱葛等9个国家的12名外国专家获首届泉城友谊奖。

同日 《济南日报》报道，在中国中学生作文大赛中，济南外国语学校的初二女生单暄夺得初中组特等奖，为山东省唯一一名特等奖获得者。

4月28日 机头两侧印有烫金色“济南号”字样的深航空客A320飞机降落济南国际机场，标志着济南拥有了首张“空中名片”。

4月30日 德国前总理施罗德一行5人访问济南。

5月1日 全市公安机关开始实行“全时流动警务”街面巡逻机制。

5月6日 济南市首批居民医保卡发放。

5月9—10日 24小时内济南市大部分地区普降大到暴雨，全市平均降雨量达96.3毫米，达到暴雨级别，市区平均降雨量146.3毫米，达到大暴雨级别，是自1951年济南市有气象资料后历史同期最大的一场降雨。

5月10日 《济南日报》报道，济南市电子化政府采购平台——济南市政府采购中心管理系统启用。

5月10—14日 由以色列卡法萨巴市市长叶湖大·本哈默为团长的友好代表团一行9人访问济南。在济期间，市长张建国与本哈默签署两市建立友好城市关系协议书。

5月12日 济南市首所外来务工人员子女定点寄宿初中在济南三十四中成立。

5月13—17日 全运会体操预赛暨2009年全国体操锦标赛在济南奥体中心体育馆举行，是全运会主场馆济南奥体中心落成后迎来的第一场赛事，23个省、自治区、直辖市以及解放军和香港特别行政区的代表队参赛。

5月18日 在北京举行的全国社会治安综合治理表彰大会上，章丘市综治办、天桥区分获2005—2008年度“全国社会治安综合治理先进集体”和“全国平安建设先进县（市、区）”称号。

5月19日 山东省国际服务外包示范基地在长清大学科技园挂牌。

5月20—22日 以芬兰万达市市长约翰尼·巴亚宁为团长的友好代表团一行7人访问济南。

5月22—24日 中国济南第五届国际茶博览会在济南茶叶批发市场举办，签订交易及意向协议1000多份，现场交易额与合同交易额达2.3亿元，比上届茶博会增长20%。

5月23日 中央电视台新闻联播赞誉济南棚户区改造工作。

同日 济南社区网（http：//www.jinansq.com）开通。

5月24日 科技部组织的“全国节能与新能源示范推广试点城市济南市实施方案论证评审会”在济南举行。

5月25—26日 老挝人革党中组部副部长安乔·蓬马贡一行10人访问济南。

5月28日 济南市军队离退休干部服务大楼奠基暨济南市军休网站开通仪式举行。

6月1日 济南市首家集邮文化示范学校在济微中学挂牌。

6月2日 《济南日报》报道，全省首家土地托管合作社——民发土地托管合作社在平阴成立。

6月3—6日 “好客山东”2009山东青少年网球锦标赛暨全运会网球测试赛在济南奥体中心网球馆举办。

6月5日 全国政协委员、中国工程院副院长、院士邬贺铨率全国政协专题调研组一行到济南市，就“建立以企业为主体、市场为导向、产学研相结合的技术创新体系”进行专题调研。

6月6日 由全运会济南赛区组委会主办的“和谐全运 欢乐泉城”——《欢乐中国行》大型演唱会在奥体中心体育场举行。

同日 济南市商业银行更名为齐鲁银行。

6月9日 在第五次全国法律援助工作会议上，市司法局、市法律援助中心主任刘景学分获“全国法律援助先进集体”和“全国法律援助先进个人”称号。

同日 长江以北地区唯一符合国际标准的马术赛马场——济南国际赛马场启用。

同日 《济南日报》报道，市救助管理站在全国率先开通免费救助热线电话8008606115，流浪乞讨人员可在第一时间通过电话寻求帮助。

6月11日 全国第一个技术创新方法推广试点企业在章丘鼓风机有限公司挂牌，济南市在全省率先引进国家技术创新方法——TRIZ培训。

6月12日 以密克罗尼西亚联邦科斯雷州州长罗伯特·韦尔巴彻为团长的代表团一行7人访问济南。

6月12—14日 “好客山东”全运会马术测试赛暨2009年全国马术三项赛冠军赛在济南国际赛马场举办。

6月15—18日 2009山东省跳水冠军赛暨全运会跳水测试赛在济南奥体中心游泳馆举行。

6月17日 省委书记、省人大常委会主任姜异康在济南察看全运会比赛场馆和服务设施建设情况。

6月20日 济南市与北京城建设计研究总院签订济南市轨道交通规划技术咨询合同，济南市轨道交通建设工作启动。

6月22日 省医科院盖洛病毒学研究中心与罗氏诊断在济南成立全国首个个性化基因诊断中心。

6月26日 蒙古驻华大使嘎·巴特苏赫一行3人访问济南。

同日 《济南日报》报道，槐荫区南辛庄街道被全国社会工作协会评为“全国首批共建共享先进街道”。

6月27日 《济南日报》报道，“章丘大葱”商标被工商总局认定为“中国驰名商标”。

6月27—28日 中共中央政治局常委、国务院总理温家宝考察中国重汽集团济南商用车有限公司、济钢集团、阳光大姐服务有限责任公司和齐鲁软件园等。

6月27—29日 美国职业摄影师协会（简称PPA）进入中国的首项大型活动——“影像亚洲——首届PPA国际职业摄影师大会暨中外摄影家聚焦泉城国际摄影大奖赛”在济南舜耕国际会展中心举办。

6月30日 国内第一辆13.7米全承载低地板双层豪华公交车在济南青年汽车有限公司总装车间下线，标志着济南青年汽车有限公司公交车项目正式投产。

同日 济南千佛山辛亥革命山东烈士陵园被中共山东省委宣传部确定为第四批省级爱国主义教育基地。

7月3—5日 全运会田径测试赛暨2009年全国田径大奖赛济南站在奥体中心体育场举办。

7月4日 《济南日报》报道，“九阳”入选中国品牌研究院公布的100个代表中国品牌最高水平的“国家名片”名单，是唯一入选的济南品牌。

7月6—8日 全国人大常委会副委员长路甬祥在济南调研中央政府重大公共投资教育、卫生项目的实施情况。

7月8日 全国人大常委会原副委员长、中国红十字会会长彭珮云到济南视察红十字会社区工作。

7月8—10日 好客山东——“济钢杯”2009年山东省游泳锦标赛暨全运会游泳测试赛在

济南奥体中心游泳跳水馆举办。

7月8—11日 好客山东——全运会排球测试赛暨“唐和唐杯”2009年山东省体育传统项目学校（女子高中组）排球比赛在章丘市体育馆开赛。

7月11日 由全运会济南赛区组委会、济南高新区主办的“《同一首歌》相约全运 相聚泉城”大型演唱会在济南奥体中心体育馆举行。

同日 “中非共享发展经验高级研讨会”考察团到济南考察利用世界银行贷款项目——鹊山水库。

7月12日 京沪高速铁路济南西站工程开工仪式暨动员大会举行。2011年6月30日15时，京沪高铁开通运营。16时48分，车次为G1的CRH380BL动车组列车开进济南西站7站台，是济南西站运营后开进的第一辆高铁列车。

7月16日 济南出版有限责任公司挂牌仪式举行。

7月20日 济南市首家外资银行——汇丰银行（中国）有限公司济南分行开业。

7月26—27日 全运会举重测试赛暨2009年山东省女子举重冠军赛在济南皇亭体育馆举行。

7月30日 济南市政府与中国光大集团“环保、科技、发展”迎全运活动暨光大环保能源（济南）有限公司揭牌仪式举行。

7月31日 济南市政府应急管理专家组成立。

同日 上海绿地集团与济南市房地产开发总公司国有股权转让协议签字仪式在山东大厦举行。

8月5日 以中国美国商会副会长叶良侠为团长的经贸考察团一行45人访问济南。

8月7日 济南市历下区两支代表队在青海省西宁市举办的第九届全国青少年电脑机器人大赛中分别取得FLL项目小学组和初中组的金牌和银牌。

8月11日 济南阳光大姐服务有限责任公司顺利通过国家级、省级服务业标准化试点验收，成为全国第一家通过验收的家政类国家级服务标准化试点单位。

8月14—16日 济钢鲍山学校学生张雨浩和张竞兮在西安长安大学举行的2009年全国大众空手道锦标赛上分别夺得银牌和铜牌。

8月15日 《济南日报》报道，洪家楼街道被授予“全国社区服务先进中心”称号。

8月20日 济南军区空军与济南市政府举行迁建空军济南机场启动仪式，并签订相关协议。2010年8月22日迁建工程举行开工典礼，9月1日举行土地交接仪式，标志着人民空军驻训56年的济南机场完成历史性的战略部署调整，历时9年的空军济南机场迁建工程顺利完成。

同日 《济南日报》报道，山师大附中代表队在台北举行的2009海峡两岸高中学生辩论赛上夺得冠军。

8月23日 济南—日本大阪定期旅游包机开通。

8月24—30日 由中国社会工作协会与英国关爱儿童组织主办，济南市社会福利院协办的首届孤残儿童家庭寄养家长培训班在济南举行。

8月25日 市政府与鲁能集团建设鲁能电工电气产业园区项目签约仪式举行，项目总投资87亿元，是自高新区成立后最大的项目。2010年4月29日，鲁能电工电气产业园在高新区孙村新区开工奠基。

同日 市政府印发《关于加快会展业发展的意见》。

8月29日 全运村建设竣工暨运行交接仪式在海尔绿城全运村举行。

8月30日—9月8日 以市人大常委会主任徐华东为团长的济南市友好代表团一行5人访问乌克兰和匈牙利。

9月2日 济南—台北直航航班开通。

9月2—4日 以尼日利亚奥贡州州长本珈·丹尼尔为团长的政府暨经贸代表团一行20人访问济南。

9月3—5日 中直机关工委以“走进济南学经验，推动工作走前头”为主题，到济南市开展学习考察活动。

9月10日 全运会济南赛区竞赛工作会议召开。

9月10—13日 2009济南台湾电子信息产业交流会在济南举办。

9月14—21日 第十一届全运会体操比赛在济南奥体中心体育馆举行。

9月15日 由中共济南市委统战部、济南市各民主党派、工商联共同举办的“肝胆相照谱华章”——庆祝新中国成立60周年暨多党合作制度确立60周年书画展在省博物馆开幕。

9月20—23日 以韩国水原市长安区区长李相铳为团长的水原市友好代表团一行9人访问济南。

9月20—24日 以法国雷恩市副市长罗斯琳娜·乐弗朗索瓦为团长的雷恩市友好访问团一行4人访问济南。

9月21—23日 第六届中国济南创业与投资合作周开幕，美国、加拿大以及东南亚6个国家的80余位华侨华人到济南交流洽谈项目。

9月21—23日 以英国考文垂市议长肯·泰勒为团长的考文垂市代表团一行5人访问济南。

9月21—23日 以俄罗斯下诺夫哥罗德市第一副市长格拉基舍夫·谢尔盖·瓦西里耶维奇为团长的友好访问团一行4人访问济南。

9月21—24日 以乌克兰哈尔科夫市政府工业、投资和消费局局长普罗斯库林·安德烈为团长的哈尔科夫市友好代表团一行2人访问济南。

9月21—24日 以日本山口市政府总务部理事西村平为团长的山口市代表团一行5人访问济南。

9月21—24日 以佛得角普拉亚市市长若哲·西尔瓦为团长的友好访问团一行4人访问济南。市委常委、副市长陈先运与西尔瓦分别代表两市正式签署建立友好城市关系协议书。

9月22日 国家重点公园授牌仪式在山东大厦举行，济南市大明湖公园、趵突泉公园被授予国家重点公园。

9月22—24日 全运村综合实战演练举行。市长张建国23日到全运村察看全运村的安保、交通、餐饮等服务保障工作，检查实战效果以及筹备情况。28日，全运史上首个全运村开村，并举行升旗宣誓仪式。10月31日，召开全运村总结表彰大会并举行闭村仪式。

9月23日 山东省最大的光伏电站——力诺科技园 1.6兆瓦屋顶太阳能光伏电站项目通过财政部、建设部和科技部等部委批复，10 月中旬启动。2010年9月10日，力诺科技园 1.6 兆瓦屋顶太阳能光伏电站并网发电。电站是国家第一批太阳能光电建筑应用示范项目，也是长江以北首个屋顶光伏电站。

9月25日 济南市中小学“京剧进校园”活动在营市东街小学启动，19所市直及区属学校成为首批试点学校。

9月28日 在国务院第五次全国民族团结进步表彰大会上，济南市政府被授予“全国民族团结进步模范集体”称号。这是济南市第三次获得该称号。

10月6日 意大利著名雕塑家李宁格捐献给全运会组委会的“泰山童子”塑像揭幕仪式在济南奥体中心举行。

10月12日 济南市职工健身中心和济南市妇女儿童健身中心启用。

10月16日 中华人民共和国第十一届运动会在济南奥体中心体育场开幕。中共中央总书记、国家主席、中央军委主席胡锦涛出席开幕式并宣布运动会开幕。山东省委书记、省人大常委会主任姜异康致欢迎辞，第十一届全运会组委会主任、体育总局局长刘鹏致开幕辞，第十一届全运会组委会执行主任、山东省省长姜大明主持开幕式。中央领导刘云山、刘延东、令计划、王沪宁、李建国、林文漪和姜春云、郝建秀、李继耐，国际奥委会主席罗格，部分国际奥委会委员和应邀观摩第十一届全运会的外国来宾出席开幕式。全国各省、市、自治区，解放军、新疆建设兵团，香港、澳门特别行政区和行业体协等46个代表团，以及演职人员、媒体记者、各类服务保障工作人员共计1.8万余人参加开幕式，4.8万名观众现场观看开幕式。

同日 胡锦涛在济南接见新中国体育发展60年来涌现出的优秀运动员和教练员代表、全国群众体育先进单位和先进个人代表、全国体育系统先进集体和先进工作者代表。

同日 尼泊尔联合共产党（毛主义）主席普拉昌达一行3人访问济南。

10月19日 总投资3亿余元的济南二机床铸造有限公司平阴基地开工建设，2010年11月25 日竣工投产。

10月28日 中华人民共和国第十一届运动会闭幕式在济南奥体中心体育馆举行。中共中央政治局常委、国务院总理温家宝出席闭幕式并宣布运动会闭幕。中央领导刘延东、蒋树声、王志珍，中央军委委员李继耐以及有关方面负责人出席闭幕式。东道主山东代表团以63枚金牌高居第十一届运动会金牌榜榜首，中国人民解放军（49枚）、江苏（48.5枚）、辽宁（48枚）和广东（45枚）名列金牌榜前列。山东、广东、中国人民解放军和辽宁代表团名列综合奖牌榜前列。

10月28—30日 中共中央政治局常委、国务院总理温家宝到济南、临沂等地就医药卫生体制改革、教育事业发展、社会保障体系建设等进行调研。

10月29日—11月2日 以日本和歌山市议会议长宇治田清治为团长、副市长畠山贵晃为副团长的和歌山市友好访问团一行13人访问济南。

10月30日 全市领导干部会议召开，传达学习中共中央总书记胡锦涛视察山东重要讲话精神和省委九届九次全会精神，分析当前形势，部署下一步工作。

同日 京沪高速铁路全线最长的隧道——西渴马一号隧道贯通。

10月31日—11月20日 市委组织部组织的济南市“创新思维与创新能力”培训团一行16人赴澳大利亚进行为期21天的学习培训。

11月3日 济南市第一次用于民用的9万剂甲型H1N1流感疫苗接种方案确定。

同日 历城区全福街道互助中心挂牌成立，是济南市首家街道邻里互助中心。

11月3—5日 2009中国（济南）国际卡车暨零部件展览会在济南国际会展中心举办。

11月6日 总投资40亿元的山东省最大光电子项目—— 浪潮（济南）光电子产业园在济南高新区奠基开工，项目总投资40亿元。

11月7日 中国企业新纪录（第十四批）发布大会在济南举行。山东交运集团济南长途汽车总站连续第10年创下国内公路客运站发车班次、旅客发送量、售票收入3项第一，中国重型汽车集团有限公司和济钢集团有限公司获“自主创新企业”称号，浪潮集团有限公司董事长孙丕恕和济南二机床集团有限公司董事长张志刚获“推动自主创新功勋企业家”称号。

11月9—11日 以朝鲜黄海南道人民委员会委员长吴应昌为团长的黄海南道友好代表团一行7人访问济南。

11月14日 全国政协原副主席宋健在济南就高新技术产业发展情况进行考察。

同日 《济南日报》报道，槐荫区第五届亚洲安全社区会议暨全国安全社区工作会议上被命名为中国内地第一个以城区为单位的“国际安全社区”。

11月17日 英国贸易投资总署署长安德鲁凯恩率英国贸易投资访问团到济南考察。

同日 省市重点项目——力诺集团300兆瓦太阳能光伏项目二期工程在力诺科技园破土动工，是山东首条多晶硅太阳能电池项目。

11月19日 中国重汽集团与世界500强企业德国大陆汽车集团合作项目大陆汽车电子（济南）有限公司奠基仪式在历城区临港开发区举行，2011年5月27日竣工。

11月22日 槐荫区中大槐树街道裕园社区未成年人活动站在育园学校挂牌成立，并组织开展首个开放日活动。这种将学校教育资源免费向社区未成年人开放并以制度形式加以明确规定的做法在济南市尚属首次。

11月23日 《济南日报》报道，市中区杆石桥街道春元里社区被民政部授予“全国综合减灾示范社区”称号，是济南市唯一获该称号的社区。

11月24日 泰国正大集团与济南市合作建设农牧加工产业一体化项目签约仪式举行。市委书记焉荣竹会见中国侨商投资企业协会会长、正大集团董事长谢国民一行，并共同出席签约仪式。

11月24—26日 市长张建国率济南市政府考察团赴青岛、潍坊、淄博考察，学习各市在企业自主创新、工业发展与结构调整、城市规划建设、现代服务业发展等方面的经验。

11月27日 道德之星耀泉城——第二届济南市道德模范颁奖典礼在济南电视台演播室举行，50位道德模范受到表彰。

11月28日 市政府与恒大地产集团战略合作协议签字仪式举行，市委书记焉荣竹会见恒大地产集团董事局主席许家印，并共同出席签字仪式。

11月30日—12月5日 以市长张建国为团长的济南市政府代表团一行5人，对日本进行友好访问和经贸考察。

12月1日 济南市“世界艾滋病日”宣传活动在洪楼广场举行，历城区市级艾滋病综合防治示范区同时启动。

12月2日 济南市旧村改造首批试点先行项目，长清区首个城中村改造工程——小柿子园片区改造项目启动。

同日 《济南日报》报道，济南市政府在北京召开的2009中国游戏行业年会上被授予“2009年度支持中国动漫游戏产业发展的模范政府”称号，济南动漫游戏行业协会被授予“2009年度全国优秀动漫游戏协会”称号。

12月5—9日 以市委常委、副市长陈先运为团长的济南市经贸代表团一行12人赴韩国进行经贸考察。

12月6—7日 全国政协原副主席罗豪才到济南市考察。

12月15日 济南市深化医药卫生体制改革工作会议召开。市委、市政府印发《关于深化医药卫生体制改革的实施意见》。济南市深化医药卫生体制改革工作全面启动。

同日 德国安顾保险集团济南代表处成立。

12月18—27日 以市委常委、常务副市长王良为团长的友好代表团一行8人对澳大利亚和日本进行访问。

12月24日 济南市首届电视观众节暨跨年狂欢夜启动仪式在济南电视台举行。

12月25日 全市经济工作会议召开。会议提出2010年全市经济工作总的要求是全力推进转方式、调结构、促增长、惠民生、保稳定，努力实现经济平稳较快发展和社会全面进步。

12月26日 工商银行私人银行部济南分部成立。

12月28日 市司法局、市律师协会与市广播电视局、济南电视台联合成立公益律师团揭牌仪式在英雄山北广场举行。

12月29日 济南市杂技团有限责任公司、济南演艺有限公司成立。

12月31日 济南市市县政府机构改革动员大会召开。

同日 南水北调东线一期东湖水库和双王城水库工程建设动员大会在历城区召开，东湖水库和双王城水库工程建设启动。

2009年 济南市博物馆、纪念馆全部免费开放，主要有：济南战役纪念馆、山东省博物馆、济南市博物馆、中共山东省党史陈列馆、济南解放纪念馆、城子崖遗址博物馆等。

2010年

1月5日 长清区归德镇唐李村卫生室乡村医生唐友泉获卫生部“全国优秀乡村医生”称号。

1月6日 槐荫区南辛庄街道被评为“全国社区和谐邻里建设示范街道”。

1月7日 “我的兄弟姐妹”·东方道迩白领就业基地揭牌暨残疾人上岗仪式在东方道迩济南分公司举行，是济南市首个残疾人高科技就业基地。

1月10日 在全国科技工作会议上，科技部宣布济南等20个城市（区）为全国首批国家创新型试点城市（区）。

1月11日 2009年度国家科学技术奖励大会召开，浪潮等国内7家龙头企业获2009年度国家科技进步奖“企业技术创新工程奖”，浪潮天梭TS30000高端商用服务器系统获“国家科技进步二等奖”。浪潮成为计算机领域唯一包揽技术产品奖与企业奖的企业。

1月19日 以日本NEC软件株式会社社长古道义成为团长的代表团一行7人访问济南。

1月22日 总投资达60亿元的济钢集团绿色产业园项目入驻高新区签约仪式举行。

1月23日 全市首个政府建设的廉租住房小区——天和新居建成，并开始办理入住手续，348户住房困难家庭喜迁新居。

1月25日 市政府印发《关于全面推进集体林权制度改革的实施意见》。

同日 国信证券落户济南。

1月28日 济南市首批引进海内外高层次人才签约仪式举行，9名海内外高层次人才与济南市签约，同时被授予“泉城特聘专家”称号。

1月29日 以韩国新任驻华大使柳佑益为团长的韩国驻华使馆代表团一行8人访问济南。

2月2日 济南市现代农业“百花奖”颁奖仪式暨济南市首届农民春节联欢晚会举行。

同日 济南时报总编辑、泉城义工志愿服务联络站站长李国强当选“2009年度中国社工人物”。

2月2—3日 2009—2010年全国跳水明星系列赛济南站比赛在济南奥体中心游泳馆举行。

2月8日 中共中央政治局委员、国务院副总理张德江到济南检查安全生产工作。

2月20日 市长张建国会见波兰IT公司考马克集团董事长菲历皮亚克一行，重点介绍济南市IT产业的现状及发展趋势，并对双方企业的合作表示支持。

2月22日 以法国雷恩市圣马丁中学校长让·雷诺·吉博尔为团长的教育代表团一行70人访问济南。

2月25日 由巡警、交警、特警、武警等警种和派出所民警、保安队员联合参与的济南公安多警联合巡逻警务机制启动。

2月26日 中国重汽德国曼项目——载重汽车整车及车载发动机产能提升项目签约仪式在重汽章丘工业园举行。

3月1日 全市召开“执政为民、廉洁高效”集中教育活动动员大会。是日起到5月底在全市乡镇（街道）以上机关开展“执政为民、廉洁高效”集中教育活动。活动分解放思想、提升境界，查摆剖析、解决问题，总结提高、建章立制三个阶段。市直98个单位共提出承办事项688件，其中通过市级主要媒体向社会公开承诺重点事项141件，各级领导干部查摆解决各类突出问题5800个，为群众办实事好事12110件。

3月2日 全球最大的硅材料供应商——美国美亦美兮电子材料公司和力诺光伏集团签署战略合作协议，双方将就包括硅片—电池片—组件—系统在内的光伏产业链开展紧密合作。

3月3日 以日本和歌山县副知事下宏为团长的日本和歌山县庆祝济南—大阪通航友好交流代表团一行16人访问济南，并参加济南—大阪定期航班首航仪式。

3月4日 济南市第一条全路段LED照明示范工程在济南经济开发区开源路亮相。

3月4—15日 以市委常委、组织部部长徐学武为团长的政府代表团一行6人赴法国、意大利、德国访问。

3月8日 济南市中级人民法院被全国妇联、全国维护妇女儿童权益暨平安家庭创建协调组联合授予“全国维护妇女儿童权益先进集体”称号。

3月9日 以韩国LG电子副社长申其燮为

团长的经贸代表团一行 2 人访问济南。

同日 力诺瑞特被评为“引进国外智力成果示范推广单位”，成为国内太阳能行业唯一获此称号的企业。

3 月 11 日 济南市中级人民法院刑事审判科技法庭投入使用。

3 月 13 日 济南市第二生活垃圾综合处理厂焚烧发电项目及卫生填埋项目在济阳县孙耿镇高家村同时开工，项目占地 8 公顷，总投资 9.4 亿元，2011 年 10 月 28 日竣工启用。该项目是山东省首个实现规模发电的垃圾焚烧发电项目，也是亚洲一次性设计、一次性投资、一次性建设、一次性投产成功规模最大的焚烧发电项目，投入使用后日处理生活垃圾 2000 吨，年可发电 2.7 亿千瓦小时。

3 月 14 日 民政部“贴心民政”专题调研组到济南市调研“贴心民政”品牌创建工作。

3 月 16 日 亚洲规模最大的钛白粉生产项目——济南裕兴 30 万吨金红石型钛白粉生产线一期工程在位于天桥区的济南化工产业园进行试生产。投产后，预计实现年销售收入 30 亿元，利税 3 亿元。

3 月 18 日 中国重汽集团向济南市捐赠 10 辆价值共 500 万元的多功能环卫车。

3 月 19 日 天桥法院设在无影山街道的人民陪审员法律服务站成立。这一做法为全国首创。

同日 历城二中建成全国首个中学生太阳能实验室。

3 月 21 日 中国兵器装备集团公司轻骑产业园奠基仪式在济南高新区举行。

同日 济南市小辛庄小学在全国第 28 届头脑创新思维（DI）大赛上获得团体一等奖，取得进军国际大赛的入场券。

3 月 22—31 日 市委书记焉荣竹率济南城市发展交流团赴台湾访问。其间，举办“2010 济南城市建设与发展说明会”等一系列推介说明活动，会见国民党荣誉主席连战、海基会董事长江丙坤等多位政商界知名人士。共签订合作协议 12 项，合同金额 24750 万美元，达成合作意向 23 项，金额达 26.57 亿美元。

3 月 25 日 全国农产品加工创业基地落户长清。由南湖玉露有机茶基地和山东农业大学共同开发生产茶叶，为全国纬度最高的茶叶种植生产区。

3 月 25—30 日 由济南十二中和济南十九中学生组成的中国济南少年篮球代表团一行 15 人，赴法国雷恩市参加“第 26 届欧帕斯国际少年篮球联赛”。

3 月 26 日 全国人大常委会副委员长、全国妇联主席陈至立率领全国人大常委会妇女权益保障法执法检查组到济南阳光大姐服务有限责任公司视察“阳光大姐”质量管理工作。

3 月 27 日 FLL 机器人中国公开赛在皇亭体育馆举行，全国 18 个省、直辖市的 800 余名中小学生参加比赛。

3 月 27—28 日 济南育英中学代表队在全球 DI 大赛韩国邀请赛中获得大赛中中国唯一初中组一等奖。

3 月 30 日 济阳县回河镇被农业部列为全国蔬菜标准园创建镇。

4 月 1—3 日 第三届中国（济南）国际太阳能利用大会暨展览会举行，展览面积 2 万平方米，展会规模超过 1000 个国际标准展位，确立“太阳能展”全国第一展的地位。

4 月 6—8 日 全国政协副主席张榕明到济南调研民建自身建设和职教社有关情况。

4 月 9—11 日 在 2010 年澳大利亚青少年金属地掷球公开赛中，济南市槐荫中学代表队分获连续抛击和准确抛击冠军，该校与西安体院队组成的国家队获团体冠军。

4 月 9 日—6 月 1 日 济南市首届“市长杯”青少年校园足球联赛举行。本次比赛共吸引全市各中、小学共计 80 余支比赛队伍的 1300 余名学生参赛。

4 月 11 日 济南市公安局历下公安分局甸柳新村派出所被公安部命名为“全国公安机关爱民

模范集体”。

4月14—15日 奥地利驻华大使赛迪科一行25 人访问济南。

4月14—16日 以印度尼西亚诗都阿佐市议长达武·苏特瑞斯诺为团长的代表团访问济南。

4月15—16日 荷兰海尔德兰省代省长范海琳率政府及经贸代表团一行41人访问济南。

4月16—25日 市委副书记殷鲁谦率市直有关部门和企业的负责人赴美国、加拿大招才引智。共签订海外高层次人才到济创新创业协议95项，签订到济创业团队2个，并与8名海外高层次人才签订了引进协议。

4月17日 百花公园改造提升工程开工。9月30 日竣工，并向社会免费开放。

4月19—28日 市人大常委会主任徐华东率济南市人大参访团到台湾进行交流。

4月20日 济南市侨联商会成立。

同日 以日本郡是株式会社社长平田弘为团长的郡是株式会社代表团一行6 人访问济南。

4月20—21日 以马来西亚丁加奴州务大臣阿末赛益为团长的代表团一行5人访问山东。在济南期间代表团就济钢与马来西亚东钢集团的合作事宜进行深入商讨。

4月24—26日 韩中女性交流协会会长河暎爱一行6 人访问济南。

4月25日 日本日中经济交流协会理事长渡部宣则和日本萤光友好协会事务局长池田治访问济南。

4月25日—5月4日 以市委常委、副市长陈先运为团长的济南市经贸代表团一行9人赴美国、加拿大访问，分别在美国硅谷和加拿大多伦多各举办一场济南投资推介说明洽谈会。

4月27日 山东电力集团公司与济南市政府签订电动汽车充电设施建设战略合作协议，济南市电动汽车充电设施建设全面启动。根据协议，山东电力集团公司年内在济南建设5座充电站(电池更换站）及50个充电桩。

4月28日—5月3日 台湾台南妇女精英参访团一行到济南参加台南—济南文化交流周及两地妇女精英交流活动。

4月29日 鲁能电工电气高新产业园开工奠基仪式在济南高新区举行。

同日 日照银行济南分行开业。

5月2日 以日本国会参议院财政金融委员长大石正光为团长的日本国会参议院代表团一行18 人访问济南。

5月3日 济南市首次举行“五三”防空袭演习。

5月3—7日 芬兰万达市副市长艾琳娜率教育代表团一行21 人访问济南。

5月5日 中国国民党荣誉主席连战率台湾参访团访问济南。

同日 全国政协副主席、全国工商联主席黄孟复率调研组到济南市调研指导工作。

5月6日 公安部交管局在济南市举行仪式，将济南市公安局交警支队历下大队奥运片区中队龙鼎大道岗命名为“李洪振文明执法示范岗”。这是全国交警系统第一次以交警姓名命名示范岗，也是山东省唯一获此命名的交通岗。

5月10—14日 市长张建国率济南市经贸代表团在香港参加2010（香港）山东周活动，共签约合同项目16 个，总投资额91.4 亿美元。

5月10—19日 以市委常委、副市长申长友为团长的济南有轨电车考察团一行6 人赴法国、西班牙访问。

5月12—20 日 市长张建国率济南市友好经贸代表团赴澳大利亚、新西兰进行友好访问和经贸洽谈。

5月14日 全国政协副主席、中共中央统战部部长杜青林到济南调研和谐寺观教堂创建活动。

5月15日 “二建·融基之夜”冬奥健儿大型冰上表演暨济南奥体中心冰场启动仪式在济南奥体中心体育馆举行，这是济南市首个具有国际标准的滑冰场。

5月15—16 日 中共中央政治局委员、全国政协副主席王刚率全国政协常委视察团在山东省视察调研加快经济发展方式转变、推进经济结构调整、进一步推动经济社会又好又快发展情况。期间，到济南视察章丘绣惠镇太平村、中国重汽集团章丘工业园、齐鲁软件园、东方道迩数字数据技术（北京）有限公司济南分公司。

5月17日 由市政府主办的“济南电子信息产业说明会”在台湾高雄举行。

5月21日 山东省首家“网上法院”——济南市中区法院“网上法院”开始试运行。

5月22—23日 由全国人大常委会副委员长、民建中央主席陈昌智，全国政协副主席、民进中央常务副主席罗富和率领的国家特邀国土资源监察专员考察团，到济南市考察农村土地整治工作。

5月25日 济南口岸台胞签注点启动仪式在济南国际机场举行。根据公安部授权，济南口岸签注点将为事先未办理手续的台胞补办证件和签注。

5月26日 济南市历下区燕山街道燕子山社区被人力资源社会保障部命名为首批全国充分就业示范社区。

5月27日 济南变压器集团股份有限公司新厂落成仪式举行。

5月28日 天津银行济南分行开业。

5月29日—6月6日 以市政协副主席胡占平为团长的济南市科技代表团一行6人赴加拿大、美国访问。

6月1日 济南市西部第一个综合性体育中心——槐荫区体育活动中心开工建设，2011年11月6日竣工并投入使用。

6月4日 以日本松下PAVC社高级副总裁宫田贺生为团长的松下电器产业株式会社代表团一行6人访问济南。

6月5日 全国政协副主席李金华到中车集团济南车辆有限公司和齐鲁软件园调研。

6月10日 济南市城市管道燃气特许经营权授权仪式举行。市市政公用事业局与济南港华燃气有限公司、山东济华燃气有限公司签订特许经营协议书，两家企业分别获得济南市东部和西部30年的管道燃气特许经营权。

6月11日 槐荫法院“诉讼与非诉讼联调中心”成立，是济南市法院系统首个“诉非联调中心”。

6月13日 由中央文明办、民政部、全国妇联指导，中国志愿服务基金会主办，济南市文明委等承办的“关爱空巢老人志愿服务行动”在市中区舜玉公园广场启动。

6月14日 以“我读书、我快乐”为主题的济南市首届青少年读书节在济南市青少年宫开幕。

6月17日 “元首针织杯”2010年全国青年游泳锦标赛开幕式在济南奥林匹克体育中心游泳馆举行。同时，体育总局游泳运动管理中心确定济南奥体中心游泳馆为“国家游泳队济南奥体中心训练基地”。

6月17—28日 以市政协主席徐长玉为团长的济南市友好经贸考察团一行5人赴美国、加拿大、香港访问。

6月18—20日 第四届中国生物产业大会在济南舜耕国际会展中心举行。

6月19日 济南城建集团挂牌成立。

6月19—20日 全国人大常委会副委员长、中国科学院院长路甬祥到济南出席中国机械工程学会常务理事扩大会议和“中国创新论坛之走进山东”开幕式，并考察济南二机床集团有限公司、齐鲁软件园、山东信息通讯技术研究院。

6月20日 济南裕兴化工有限责任公司钛白粉项目投产暨济南新材料产业基地揭牌、济南化工产业园区铁路专用线工程竣工通车仪式在济南化工产业园举行。

6月28日 台湾高雄市议会议长庄启旺率参访团一行访问济南。

6月29日 以花旗集团亚太区首席执行官卓曦文为团长的金融考察团一行7人访问济南。

7月2—6日 日本新潟市儿童代表团一行13人和韩国大田市儿童代表团一行10人访问济南，参加中国（济南）国际儿童联欢节。

7月3—5日 以“美丽地球、和谐家园”为主题的2010中国（济南）国际儿童联欢节在市青少年宫举行，来自8个国家和地区的100多名少年儿童参加。

7月8日 济南市首个“院士（专家）工作站”落户市政公用局供排水监测中心。

7月12日 《济南日报》报道，在广州召开的全国2010年城市社区科普工作座谈会议上，济南市市中区被中国科协确定为全国6个“社区科普益民计划”试点之一，是全国唯一的县（区）级科协试点单位。

7月12—14日 为庆祝济南市与日本山口市缔结友好城市25周年，以山口市市长渡边纯忠为团长、市议会议长野村干男为副团长的山口市友好代表团一行55人访问济南。

7月15—26日 济南市槐荫区青少年宫小白鸽合唱团在绍兴举行的第六届世界合唱比赛上获银奖。

7月21日 《济南日报》报道，注册资本金800万美元，由英国洛克利投资集团与山东鲁信投资控股集团公司合资设立的济南市首家外资创业投资公司——山东洛克利鲁信创业投资有限公司落户高新区。

7月23日 济南直飞台中的首个客运包机航班在济南国际机场起飞，标志着济南至台中航线开通。

7月27—30日 历城区郭店镇中心小学代表队在江苏泰州中学举行的第四届中国青少年创意大赛上获得小学组团体总冠军。

7月28—30日 济南市胜利大街小学学生焦晨泰的发明作品“反光式太阳能热水器”在山西省太原市举行的全国第七届宋庆龄少年儿童发明大赛上获得全国十佳金奖，是山东省唯一金奖。

7月29日 济南市首家社区“残疾人俱乐部”在槐荫区振兴街街道丁字山社区成立。

7月30日 以日中经济贸易中心理事长、大阪府日中友好协会副会长青木俊一郎为团长的日本大阪府青少年代表团一行39人访问济南。

7月31日 全国人大常委会副委员长华建敏率全国人大常委会调研组到济南市就企业技术改造和科技创新开展专题调研。

8月3日 日本驻青岛总领事斋藤法雄访问济南。在济南期间，斋藤法雄向驻济日籍友好人士山崎宏颁发“日本外务大臣表彰奖”。该奖是日本外务省颁发的最高荣誉，代表日本政府表彰其为中日友好关系作出的努力和贡献。

8月3—4日 全国人大常委会副委员长、农工党中央主席桑国卫率农工党中央调研组到济南市考察调研国家基本药物制度基层试点情况。

8月4日 以日本山口县知事二井关成为团长的友好代表团一行5人访问济南。

同日 济南12345市民服务热线短信平台开通（试运营），标志着山东省首家电话、短信、网络三位一体的24小时市民诉求受理平台建成。

8月5日 济南首幅盲人导游图——《济南市泉城广场盲人导游图》安装完成。

8月5—8日 2010年全国田径锦标赛暨亚运选拔赛在济南奥林匹克体育中心举行。

8月6日 济南市首个风电项目——大唐平阴风电场一期工程在平阴县安城乡奠基。

同日 国家粮食局油脂工程技术研究中心营市街粮油科普基地落户槐荫，是全国第一家设立在社区群众身边的粮油科普知识宣传教育基地。

8月13日 市政府印发《关于进一步加强和规范公共资源交易管理的意见》。

8月25日 济南市工商联直属会员商会成立。

8月25—28日 济南市党政代表团赴广州参加两市缔结友好城市签约仪式，并考察广州市经济社会发展情况。

8月30日 第十二届中日韩友好城市大会在日本长崎召开，济南市代表团一行5人参加会议。

8月31日 济南市保障性安居工程（公共租赁住房）项目集中启动仪式在高新区沁园新居项目现场举行。同时启动的公共租赁住房项目共6个，总建筑面积近140万平方米，总投资约56亿元，建成后将提供公共租赁住房2.3万套。

9月2日 济南市农村住房建设暨城中村改造和保障性住房项目推介会召开，是济南市首次公开推介农村住房建设项目。

同日 密克罗尼西亚副总统阿利克一行 6 人访问济南。

9 月 3—5 日 第五届中国（济南）国际信息技术博览会暨第六届中国 · 济南高校、科研院所科技成果和专利技术展示交易会在济南国际会展中心举行。共有境内外企业 657 家参展，其中世界 500 强企业 12 家。展览总面积 5 万平方米，达成交易 17800 多项，交易额近 10 亿元。

9 月 3—5 日 已连续举办 9 届的中国（济南）国际旅交会和连续举办 5 届的青岛亚太国际旅游博览会合并后的第一个展会——2010 中国山东（济南）国际旅交会在舜耕国际会展中心举行。广东、重庆、辽宁、山东和韩国、新加坡、古巴等地的政府管理部门和企业参展。

9 月 7 日 济南公安新浪微博群开通，是全国首个市属公安微博群。

9 月 9—18 日 以市人大常委会副主任刘善鹏为团长的济南市人大友好代表团一行 6 人赴俄罗斯和英国访问。

9 月 9—19 日 市委书记焉荣竹带领市直有关部门、企业负责人，先后对荷兰、波兰和德国进行考察访问。其间举办一系列推介说明会，会见多位政商界知名人士，签订经贸合作项目 12 个，引进外资 3 亿多美元。

9 月 12 日 北京银行济南分行开业。

9 月 17 日 济南大学初等教育学院成立。

9 月 20—21 日 第七届中国公民道德论坛在济南举行，论坛发布题为《汇聚社会主义核心价值体系建设的强大力量》的宣言。

9 月 21 日 市政府印发《关于开展公共租赁住房试点工作的意见》。

9 月 21—26 日 济南实验初中组派的济南市初中生交流访问团一行 16 人赴日本和歌山市访问。

9 月 23 日 趵突泉地下水位升至 30.01 米，创自 1966 年后最高水位纪录。

9 月 25 日 济南市政府与微软（中国）有限公司签署为期 3 年的战略合作备忘录，双方结为战略合作伙伴。微软将在济南设立分公司，与济南市在 IT、服务外包、云计算、人才培养等方面展开战略合作。

9 月 25—29 日 第三届全国急救中心急救技能大赛在济南举行。

9 月 26 日 美国空中快车公司董事长丹尼斯一行 5 人访问济南。

9 月 26—28 日 澳大利亚郡德勒普市市长特洛伊 · 佩卡德率友好代表团一行 7 人访问济南。

9 月 27 日 印度尼西亚民主斗争党总主席、前总统梅加瓦蒂一行 18 人访问济南。

9 月 28 日 市长张建国会见微软大中华区副总裁孙建东一行。

同日 市人大常委会主任徐华东会见由澳大利亚郡德勒普市市长特洛伊 · 佩卡德率领的郡德勒普市友好代表团一行。

10 月 1—7 日 首届济南“台湾美食节”举行。

10 月 8 日 济南市首个县级保障性住房工程在平阴县锦东新区开工建设。

同日 全国政协副主席何厚铧率领澳门特别行政区及全国政协考察团到济南考察泉水景观带和大明湖改扩建工程。

10 月 10—12 日 2010 年秋季全国糖酒商品交易会在济南国际会展中心举行。成交总额达 201.43 亿元，创历届糖酒会历史新高。

10 月 12—15 日 由济南市政府主办的“中日韩三城市·三大学国际环保研讨会”在济南召开。

10 月 12—15 日 以日本山口市环境部次长儿玉达哉为团长的山口市代表团一行 4 人访问济南，参加“中日韩三城市·三大学国际环保研讨会”。

10 月 13 日 济南城市发展研究中心成立。

10 月 13—15 日 “挑战与回应：中国近现代城市开放——周馥与济南自开商埠后的城市发展国际学术研讨会”在济南召开。

10 月 13—17 日 为庆祝济南市与美国萨克拉门托市缔结友好城市 25 周年，以美国萨克拉门托市议员史蒂夫 · 科恩为团长的萨市友好代表团一行 19 人访问济南。

10月15—18日 首届中国非物质文化遗产博览会在舜耕国际会展中心举行，共吸引全国各地622个非物质文化遗产保护项目参展，达成合作意向及签约项目505个，签约投资总额432亿元。

10月18日 济南市农业科学研究院成立。

10月20日 第七届全国中小学藏书票大赛在济南历元学校举行，济南市9名中小学生获得金奖。

同日 山东省首个国际生态学校落户济南舜耕中学。

10月21日 由香港贸易发展局总裁林天福带领的香港经贸代表团一行访问济南。

10月22日 第十届中国艺术节重点工程——省会文化艺术中心破土动工，项目占地面积32公顷，总建筑面积62.5万平方米，总投资56.5亿元。

10月22—26日 由济南市人民政府和香港贸易发展局联合主办的香港时尚购物展举行。

10月23日 中国邮政与美国地平线集团公司联手打造的“百全”连锁超市山东首家直营店在章丘市高官寨镇开业。

10月24日—11月2日 以市委常委、宣传部部长谭延伟为团长的济南市宣传文化代表团一行6人赴法国、捷克访问。

10月25日 美国安达高公司董事长、安利公司董事会主席史提夫·温安洛一行5人访问济南。

10月26日 由济南市政府、商务部投资促进事务局联合主办的2010济南（上海）跨国公司合作推介会在上海举行。

10月27日 佛得角高等教育、科技和文化部部长费尔南达·马克斯及佛得角驻华大使儒利奥·德莫赖斯一行5人访问济南。

10月27—29日 由国际路联（IRF）主办，中国公路学会、省交通运输厅承办的第二届世界农村公路大会在济南举行。

10月27—29日 加拿大里贾纳市市长派特·菲亚柯率友好代表团一行6人访问济南。

10月28日 济南市公共资源交易中心启用，济南公共资源交易网同时开通。

同日 以日本国际经济人才开发中心专务理事篠原辉为团长的友好代表团访问济南，就在长清区建设“中日合作现代生态农业示范园”有关事宜进行考察。

10月29日 中国孔子基金会专程到济南为光明街小学授牌，光明街小学成为全国首所孔子文化主题小学。

同日 奥地利上奥州常务副州长黑泽尔、奥地利驻华大使公使施泰纳等一行3人访问济南。

11月23—24日 《济南日报》报道，在中国中小城市科学发展评价体系研究成果发布会暨第七届中国中小城市科学发展高峰论坛上，章丘市囊括四个奖项：2010年度“中国中小城市科学发展百强县市”第38位、“中国十佳‘两型’中小城市”第5位、“中国最具投资潜力中小城市百强县市”第8位并跻身“中国最具区域带动力中小城市百强县市”。

11月1日 0时起，全国第六次人口普查入户登记工作展开。济南市5万多名普查指导员和普查员深入居民家中开展人口普查登记。2011年5月11日，济南市统计局、济南市第六次人口普查领导小组办公室发布《济南市2010年第六次全国人口普查主要数据公报》：全市常住人口为681.40万人。其中：男性为342.39万人，占总人口的50.25%；女性为339.01万人，占总人口的49.75%。全市常住人口中共有家庭户201.26万户，家庭户人口为599.36万人，平均每个家庭户的人口为2.98人。

11月2日 沃尔沃建筑设备中国技术中心项目在济南高新技术产业开发区启动，是沃尔沃建筑设备在中国设立的首个产品与技术中心。

11月7日 国家综合性新药研发技术平台和国家创新药物孵化基地开工奠基仪式在济南高新区举行，项目规划总建筑面积29万平方米，总投资12亿元。

11月9日 全国人大常委会副委员长韩启德带领全国人大常委会节约能源法执法检查组到济南检查指导工作。

11月12日 总投资30亿元的山东红帆低碳高新技术工业园项目在济南高新区开工。

同日 市委决策研究专家智库成立。

11月16日 全国政协副主席、全国文联主席孙家正在济南调研指导工作。

11月18日 泰国前总理差瓦利一行7人访问济南，考察高新技术产业。

11月18—22日 印度卡邦上议院议长D.H.肖卡拉默迪一行10人访问山东，18—19日访问济南。

11月19日 济南市最大的城市综合体——济南魏家庄万达广场开业，总建筑面积约100万平方米，总投资60亿元。

11月20日 中国2010年上海世博会山东馆移交协议签字仪式举行，山东馆移交给济南并落户园博园。

11月21日—12月2日 以市委常委、副市长陈先运为团长的经贸旅游推介团一行10人赴南非、埃及和阿联酋访问。

11月25—28日 在第八届中国果菜产业发展论坛暨果菜产业发展经验交流大会上，章丘市被命名为“中国果菜十强县市”和“中国绿色果菜之乡”。

11月30日 济南市首家大学生创业孵化基地在济阳县六福国际商业广场成立。

11月30日—12月1日 荷兰荷中友好协会副主席胡福义访问济南。

12月1日 《济南日报》报道，国家发改委批复认定济南为“综合性国家高技术产业基地”。济南市成为全国第八个综合性国家高技术产业基地。

12月2日 公安部、住房和城乡建设部在济南市举行2008—2009年济南市实施畅通工程模范管理城市授牌仪式。济南市成为全国达到模范(一等）管理水平的7个省会城市之一。

12月3日 市委党校、市行政学院、市社会主义学院新校区奠基。

同日 济南市启明星幼儿园成立，是山东省首家智障儿童幼儿园。

同日 《济南日报》报道，中国首个由科技部批准的新能源科技成果转化示范基地落户济南。

12月7日 《济南日报》报道，在“2010中国城市榜——全球网民推荐的中国旅游城市”网络评选活动中，济南入选“中国最具特色的十大旅游城市”。

12月8日 中国第一辆重型汽车诞生50周年暨中国重汽改革重组10周年成就展在济南开展。

12月10日 市委、市政府对口支援北川（擂鼓镇）灾后恢复重建总结表彰大会召开，对在援川工作中表现突出的集体和个人进行表彰。

12月13—19日 第12届国际机器人奥林匹克竞赛在澳大利亚黄金海岸举行，济南育文中学学生魏齐和张世龙夺得两块金牌。

12月14日 由台湾基隆市市长张通荣率领的基隆市政府参访团一行访问济南。

12月16日 全国首家服务外包知识产权维权援助工作站——济南市服务外包知识产权维权援助工作站开始运行。

12月17日 《济南日报》报道，济南奥体中心“一场三馆”获中国建筑工程“鲁班奖”和土木工程“詹天佑大奖”。

12月17—19日 中共中央政治局常委、全国政协主席贾庆林在山东调研。其间，到济南察看中国重汽集团济南商用车有限公司和大明湖改扩建工程现场。

12月18日 济南—台北航线开通并首航。19日，市长张建国会见台湾长荣航空公司总经理郑光远率领的台北—济南首航团一行。

12月27日 市政府印发《关于加快战略性新兴产业发展的意见》。

12月29日 全市经济工作会议召开。会议提出，2011年全市经济工作要按照“拓展城市发展空间，打造现代产业体系”的总体思路，大力实施新型城市化、新型工业化、创新驱动、富民惠民四大战略，全力推进实力济南、魅力济南、宜居济南建设，着力在培育主导产业、加快城市建设、保障改善民生上取得新进展，促进经济平稳较快发展和社会和谐稳定，以优异成绩迎接建党九十周年。

同日 护城河通航工程全面竣工。该工程共分为三期：一期工程解放阁至五龙潭河段全程2.7千米，于2007年3月开工，同年4月29日竣工通航；二期工程从五龙潭穿过大明湖，抵达解放阁，全长5.9千米，2008年1月开工，2009年7月18日竣工通航；三期工程2009年12月16日开工，2010年12月29日竣工，护城河与大明湖航线全线贯通，形成长6.9千米、环绕明府城的泉水游览景观带，船游泉城成为现实。

12月30日 南水北调东线山东段干线主体工程全面开工仪式在历城区遥墙镇济南以东输水明渠段工程现场举行。

12月31日 济南文艺评论家协会成立。

第一卷

境域 自然环境 泉水 人口

JING YU
ZI RAN HUAN JING
QUAN SHUI
REN KOU

第一篇 境 域

第一章 建 置

第一节 概 述

济南市位于山东省中西部，地处鲁中南低山丘陵和鲁西北冲积平原的交接带上，南为泰山山地，北跨黄河。东邻滨州的阳信县、惠民县、邹平县，淄博的周村区、淄川区、博山区；南依莱芜的莱城区，泰安的岱岳区、泰山区、肥城县、东平县；西连聊城的东阿县；北与德州的齐河县、乐陵县接壤。地理坐标为北纬 36° 1′ ～ 37° 32′ 、东经 116° 11′ ～ 117° 44′ 。

济南历史悠久，是国务院公布的历史文化名城。远在 9000 年前的新石器时代早期，就有先民在这里生息繁衍。距今 4000—4500 年前以磨光黑陶为特征的“龙山文化”，系因 1928 年首次发现于济南东郊龙山镇而被命名。济南最早见于史册记载的名称是“泺”，后曾称为“鞍”“历下”“历城”等。“济南”之名始于汉初。汉文帝十六年（前 164）以济南为国，后改称济南郡。隋唐称齐州、齐郡、济南郡。宋徽宗政和六年（1116）改称济南府。元代称济南路。明代置山东行省，洪武九年（1376）济南成为山东首府，历明、清、民国而延至今，一直是山东的政治、经济、文化中心。

济南行政区划多次变动，最大领辖范围曾包括周围 27 个县。1904 年济南开埠后，工商各业逐渐发展，交通通信日臻完善。1929 年独立设市，不再辖县。1948 年济南解放后，随着经济的迅速发展，城乡关系更加密切，1959 年曾辖历城、泰安等 9 个县（市）。1989 年 12 月，原属德州地区的济阳、商河两县划归济南市，原齐河县的靳家乡、大王乡和桑梓店镇划归济南市历城区，商河县奎台乡划归德州地区乐陵市。1994 年 2 月，济南市被确定为副省级城市。1996 年 1 月，济南市平阴县的旧县乡划归泰安市东平县。

2010 年，济南市辖六区三县一市，全市总面积 8177 平方千米，市区面积 3257 平方千米。户籍总人口 604.1 万人，其中市区人口 348.0 万人。

第二节 沿 革

新石器时代的文化遗存 济南的历史源远流长。在济南市区以东章丘北部西河、小荆山等地古遗址的发掘表明，在距今 9000 年前的新石器时代早期，已有先民在这里生息、劳动，建立了聚居地。在济南市西郊田家庄，章丘县王官村、城子崖、宁家埠，长清县张官庄和平阴县境内，发现有距今 3500—7300 年前的北辛、大汶口、龙山和岳石文化遗存。

商代 今济南东境城子崖一带建有谭国，谭是商王朝的一个方国。东郊大辛庄有商代文化遗址，面积 30 万平方米，是商代早期的一个重要的居民点。市区刘家庄、长清县小屯、平阴县朱家桥等济南市境内其他地方，都有商代文化遗址。

西周、春秋战国时期 西周建立后，在今山东地区置齐国和鲁国，谭国继续保留下来，处于齐国西境与鲁国北境之间。

春秋时期，今济南地域属齐。公元前694年“公会齐侯于泺”(《春秋·桓公十八年》)。“泺”，指泺水，发源于趵突泉，是济南见于记载的最早的地名。春秋初置平陵。前684年，齐侵鲁，灭谭国。前589年，晋、鲁、卫攻齐，战于鞍，是为春秋时期著名的大战。鞍，即今市区北马鞍山一带，春秋时为鞍邑。前555年，晋伐齐，与齐灵公战靡下（历下)。历下邑，以在历山之下得名，即后来之历城。

战国时期，今济南城区一带称历下，其附近的居民点和古邑还有台、鲍、卢、防门、祝阿、石窌、宁、崔、赖、石门、野井、甗、清等。

秦汉时期 前221年，秦灭齐，统一中国，全国分为三十六郡。时历城、平陵、谷城、卢等，隶属济北郡，郡治在博阳（今泰安)。

汉高祖六年（前201)，刘邦封子刘肥为齐王(齐悼惠王)。今济南市区时为齐王刘肥封地。

“济南”之名称，始于汉初。《史记·齐悼惠王世家》载：汉高后元年（前187)，“高后立其兄子郦侯吕台为吕王，割齐之济南郡为吕王奉邑。”治所设东平陵。吕氏覆灭后，汉文帝元年(前179)，济南郡复属于齐。汉文帝十六年（前164)，分齐为六国（齐、济北、菑川、胶东、胶西、济南)，封齐悼惠王子刘辟光为济南王。景帝三年（前154)，刘辟光参加以“清君侧”为名的“七国之乱”，平定后，济南复改国为郡。至平帝元始年间，济南郡辖东平陵、历城、邹平、台、阳丘、土鼓、於陵、般阳、猇、梁邹、朝阳、著、菅、宜城14县。

东汉初复置济南国。建武十五年（39)，光武帝刘秀封其子刘康为济南公。济南国辖东平陵、历城、著、於陵、台、菅、土鼓、梁邹、东朝阳、邹平十县。

三国两晋南北朝时期 三国时，济南地属曹魏青州。魏正始七年（246)“曹楷徙封济南”，复置济南国，辖东平陵、历城、祝阿、漯阴、著、台、菅、土鼓、於陵、梁邹、邹平、东朝阳12县。魏平蜀(263)后，“徙蜀豪将家于济、河”，设济岷郡于济南北境；晋时并入济南郡。此时济南郡除东朝阳划入乐安国，土鼓撤销外，郡境与曹魏时同。

晋永嘉年间（307—312)，济南郡治由东平陵移至历城。十六国时期，济南郡相继为后赵、前燕、前秦、后燕、南燕所属，历经兵燹战乱。其属辖范围不可考。

东晋义熙六年（410)，刘裕灭南燕，济南郡归属东晋。元熙二年（420）刘裕代晋，建国号宋，济南郡仍隶属于青州，辖历城、朝阳、著、土鼓、逢陵、平陵6县。刘宋元嘉九年（432）在历城侨置冀州，以安置从河北不断迁来的居民。此时北魏不断扩张，刘宋泰始四年（北魏皇兴二年，468）魏破历城，冀州刺史崔道固降；皇兴三年，魏破东阳（今临朐县)，青州不复为刘宋所有。北魏统一北方后，改宋侨冀州为齐州，辖东魏郡（原治历城，后徙治台城)、济南郡（治所亦设历城)、东平原郡、东清河郡、广川郡、太原郡。

魏孝文帝承明元年（476)，济南公拓跋罗拔晋爵为王。至北魏太和七年（483)，济南复为郡，治所仍为历城。时济南郡辖历城、平陵、土鼓、朝阳、逢陵、著6县。

隋唐时期 隋统一后，于开皇三年（583）取消郡一级建制，改为州县两级行政区划。改济南郡为齐州，大业三年（607）复改州为郡，齐郡辖历城、章丘、祝阿、临邑、临济、亭山、淄川、长山、邹平、高苑10县。

唐初沿隋制。贞观元年（627)，分天下为10道，济南属河南道。道为监察区，州和县为两级行政区。贞观十年，唐太宗封第五子李佑为齐王，兼任齐州都督，领青、齐、淄、莱、密五州。贞观十七年齐王谋反，平陵县民不从，平叛后太宗诏令改平陵县为全节县。景云二年（711）睿宗诏令齐兖等24州各置都督府。天宝元年（742）齐州改为临淄郡，天宝五年复为济南郡。乾元元年（758）又称齐州，辖历城、章丘、临邑、临济、长清、禹城六县。

唐末，地方割据。五代十国时期，则是地方割据势力的延续。乾宁二年（895）朱温据齐州。天祐四年（907），朱温称帝，国号梁。梁时曾一度改历城县为历山县。五代十国时，齐州建置大体沿唐制。

宋金元时期 宋初改道为路。至道三年(997)境辖十五路，齐州属京东路（治所在兖州）。熙宁七年（1074），将京东路分为京东东路和京东西路，齐州划属京东西路，辖历城（治所）、长清、章丘、禹城、临邑五县。元丰元年（1078），齐州划入京东东路（治所青州）。政和六年（1116），齐州升为府，称济南府，仍属京东东路，辖县及治所同前。

建炎二年（1128）十二月，金兵得东平，攻济南，知府刘豫杀守将关胜，以城降金。次年，金人以刘豫知东平府，豫子麟知济南府。

金代首次以"山东"正式作为行政区划名称。金将其辖境划为二十路。山东分为山东东路、山东西路和河北东路、大名府路、南京路的一部分。从金天会六年（1128）至崇庆二年（1213），金统治济南达86年之久。时济南府属山东东路，领历城、长清、齐河、章丘、济阳、禹城、临邑7县。金代曾在济南置山东东西路提刑司。

元王朝在统一南方以前，于太宗二年（1230）始置十路征收课税使，其之十为济南。世祖中统元年（1260）立十路宣抚司，其之三为济南。统一后，山东、河北、河南、山西等地，为直接隶属中央中书省管辖的"腹里"之域。山东境内划分为济南、益都、东平、东昌、济宁等路，路领府、州、县，山东东西道宣慰使司（行政机构）置益都；肃政廉访使司（地方监察机关）则驻济南。时济南路（治历城）辖历城、章丘、邹平、济阳四县及棣州（州辖厌次、商河、阳信、无棣四县）、滨州（州辖渤海、利津、沾化三县）。

明清时期 洪武二年（1369），修建济南府署。四年，以砖石修济南城垣。东开齐川门，西开泺源门，南开舜田门，北开汇波门，并沿城挖护城河。自洪武九年（1376）起，济南为山东承宣布政使司、提刑按察使司、都指挥使司驻地，为当时山东之政治中心和首府。天顺元年（1457），英宗封二子朱见潾为德王，在珍珠泉一带营建德王府。成化二年（1466），德王藩驻济南。

明时济南府领有四州二十六县。领县计：历城、章丘、邹平、淄川、长山、新城、齐河、齐东、济阳、禹城、临邑、长清、肥城、青城、陵县。领州为：泰安州及其所属之新泰、莱芜县，德州及其所属之德平、平原县，武定州及其所属之阳信、海丰、乐陵、商河县，滨州及其所属之利津、沾化、蒲台县。

崇祯十二年（1639），清军据济南。清统一后，设山东省，但已将辽东地区划出。济南府领泰安州、德州、武定州、滨州四州二十六县。雍正二年（1724），济南府辖区有所调整，将泰安州、武定州、滨州及三州所属县划出。雍正十二年(1734)又将济南府所辖青城、商河划归武定府，肥城县划归泰安州，原划出的长清、平原、禹城、临邑、陵县仍属济南府。这时济南府辖领一州十五县：德州和历城、章丘、邹平、淄川、长山、新城、齐河、齐东、济阳、禹城、临邑、长清、陵县、德平、平原县。

光绪三十年（1904），山东巡抚周馥会同直隶总督袁世凯，奏请清廷，在济南自开商埠，"准各国洋商并华商于划定界内租地贸易"。并相应建立商埠局，制订商埠租建章程十五条。济南开埠前后，已建有高等学堂、山东机器局（后为新城兵工厂）、工艺局、电灯公司、印刷所、翻砂厂等。宣统三年（1911），修建津浦铁路，济南遂成为南北交通中枢。

民国时期 民国成立，济南仍为山东省会。1913年，废除府州，将山东省辖区分为岱北、岱南、济西、胶东4道。岱北道（治历城县）辖：历城、章丘、邹平、淄川、长山、耏水（新城）、齐河、齐东、济阳、长清、博兴、高苑、博山、泰安、新泰、莱芜、肥城、惠民、阳信、无棣、滨县、利津、乐陵、沾化、蒲台、商河、青城27个县。1914年，岱北道更名为济南道，耏水县改名为桓台县。济南道仍辖上述27个县。

自济南开埠，工商业有较快发展，城埠工商业户逐年增加，故于1918年、1926年两次扩展商埠界址。其间,1920年商埠局与市政公所（1917年3月成立）合并，更名为市政厅。1929年7月，设立济南市，辖商埠及城区，历城县析出。

1948年9月24日,中国人民解放军解放济南，设立济南特别市。1949年5月，复称济南市。

第三节　行政区划

1929年7月，设立济南市。全市面积为175平方千米，设城内一、二、三区，城外一、二、三区，商埠一、二、三、四区,共10个区。1938年，日军侵占济南后，划为11个区，称城内东区、城内西区、城外东区、城外西区、商埠东区、商埠西区、商埠中区、东乡区、南乡区、西乡区、北乡区。1945年日本投降后，仍为11个区，总面积177.62平方千米。

1948年9月济南解放后，仍沿用解放前旧有边界（北界黄河，西界大饮马庄，东界洪家楼，南界千佛山）和区的方域，设11个区。全市总面积177.62平方千米。

1949年3月，将一、二区合并为城区，面积2.82平方千米。其他各区未变动。

1951年1月，将长清县37个自然村划入济南市，市西界拓至北店子；将工商业比较集中的城区及第三、四、五、六、七区全部和第九、十一区的大部分街道合并，划为6个市区；将从事农业生产的第八、十区全部及第九、十一区的部分街道和从长清县划入的37个自然村合并，划为5个郊区和2个乡镇。总面积231.19平方千米。

1951年4月17日，济南市人民政府决定，撤销直属乡，设立郊六区。

1955年9月8日，山东省人民委员会批准，调整济南市区划并变更区名。将第一、二区合并，改称历下区,因位于历山（今千佛山）之下而得名；第三区改称泺源区，因趵突泉（泺水之源）在辖区内而得名；第四区改称天桥区，以辖区内纵跨京沪、胶济两铁路之天桥而得名；第五区改成市中区，因地处市区中部而得名；第六区改称槐荫区，以辖区内槐荫街及古之大槐树庄而得名；郊一区至郊五区依次改称黄台区、北园区、段店区、药山区、玉符区；撤销郊六区，原辖梁家庄、陈家庄、张家庄、安家庄划出，设立梁家庄直属乡，其余分别划归市区、郊各区；泺口镇名称、区域不变。全市总面积235.37平方千米。

1956年7月16日，山东省人民委员会批准，撤销泺源区，其行政区域分别划入天桥区、历下区、市中区；撤销北园区、黄台区、段店区、药山区、玉符区、梁家庄直属乡，与泺口镇及历城县划入的张家、华山、祝辛、姚家、窑头、土屋、七贤7个乡一并设立黄台、全福、窑头、北园、新城、黄岗、老屯、段店、十里、匡山、药山、药西、王庄、大金、睦里15个乡和泺口镇，隶属郊区。市界东扩展至官屋子庄。全市总面积314.77平方千米。

1958年9月15日，中共山东省委决定，章丘县、长清县划归济南市。同年10月30日中共山东省委和省人民委员会批准，撤销泰安专区，将新泰县、莱芜县、宁阳县和泰安市划归济南市。调整后，济南市辖历下、市中、天桥、槐荫4个市区，历城、章丘、长清、新泰、莱芜、宁阳、泰安7个县（市）。全市总面积12130平方千米。

1959年9月，中共山东省委决定，平阴县、肥城县划归济南市；新泰县孙村人民公社和汶南人民公社的一部分地区划出，设立新汶市，仍归济南市管辖；撤销长清县，其行政区域分别划入历城、肥城和平阴县。经调整，济南市共辖历下、市中、天桥、槐荫4个市区，历城、章丘、肥城、新泰、莱芜、宁阳、泰安、平阴、新汶9个县（市），总面积14182平方千米。

1959年12月7日，中共山东省委决定，撤销市中区，将原市中区所属普利门、西青龙街两个街道划归历下区；将大观园、四里村、岔路街、杆石桥、经七路、经二路、魏家庄、馆驿街8个街道划归槐荫区。同时将市区周围的工矿企业、机关、学校及职工家属宿舍等64个单位分别划入天桥区、槐荫区；新建市东区，管辖历下区以东、郭店以西地区的企业、机关、学校等67个单位。调整后，济南市辖历下、天桥、槐荫、市东4个市区,所辖县（市）无变化。市区四境：东至郭店，西至玉符河，北至黄河，南至千佛山，总面积为393.12平方千米。

1960年1月22日，中共山东省委决定，平阴县划归菏泽专区。同年6月18日，中共山东省委决定，恢复市中区；市东区与历城县东郊人民公社合并，建立东郊区；历城县西郊、北园人民公社划归市区。调整后，济南市辖历下、市中、天桥、槐荫、东郊5个区，并称人民公社，街道改称分社（1962年年底至1963年年初陆续恢复区和街道名称）；历城、章丘、肥城、宁阳、莱芜、新泰、泰安、新汶8个县（市）。总面积12946平方千米。

1961年4月18日，中共山东省委、省人民委员会批准，恢复长清县建制，重建泰安专区，将新泰、莱芜、宁阳、肥城、长清、章丘、泰安、新汶8个县（市）划归泰安专区。同年5月中共山东省委决定，撤销济南市东郊区，并将原属市区管辖的东郊、西郊、北园人民公社划归历城县。调整后，济南市辖历下、天桥、市中、槐荫4个市区和历城县。市界东至章丘县，南邻泰安市，西接长清县,北连齐河县。总面积1913平方千米。

1978年9月29日，山东省革命委员会批准，将历城县与市区毗邻的15个生产大队划入市区。其中，东关、菜市、阳光、向阳生产大队划归历下区；梁家庄、陈家庄、王家庄、四里村生产大队划归市中区；北辛庄、南辛庄生产大队划归槐荫区；毕家洼、堤口路、官扎营、北坦、黄屯生产大队划归天桥区。同时增设市中区二七新村街道和槐荫区南辛庄街道，市中区英雄山街道改名四里村街道。

1978年11月17日，国务院批准，章丘县、长清县划归济南市。调整后，全市总面积4875平方千米。其中历城县1417平方千米，辖19个人民公社、817个生产大队、4655个生产队、1269个自然村；章丘县1855平方千米，辖16个人民公社、802个生产大队、4564个生产队、997个自然村；长清县1120平方千米，辖10个人民公社、576个生产大队、2504个生产队、756个自然村。

1980年3月，根据山东省革命委员会1978年5月14日的批复，重设济南市郊区。其区域范围仍按1965年国务院批准的范围（东至韩仓，西至玉符河，北至黄河，南至石房峪）划定。调整后，济南市共辖历下、市中、天桥、槐荫、郊区5个区和历城、章丘、长清3个县。

1984年2月，中共中央、国务院发出《关于实行政社分开建立乡政府的通知》，经山东省人民政府批准，历城县、章丘县、长清县和郊区，原则上以原公社方域设区（郊区设办事处），以原管理区为方域建立乡（镇）。调整后，共设31个县辖区、6个郊区辖办事处，共157个乡、23个镇。

1985年3月27日，国务院批准，平阴县划归济南市。平阴县设平阴、栾湾、玫瑰、孙村、孝直、东阿、旧县、洪范8个区，博士、三湟、毛铺、安城、庄科、夏沟、站西、子顺、李沟、陈老、前大峪、店子、展洼、亓集、湿口山、白塔、太和、旧县、吉城、尹村、洪范池、石碑子、阎庄23个乡，平阴、栾湾、刁山坡、孔村、孝直、东阿6个镇。调整后，济南市辖历下、市中、天桥、槐荫、郊区5个区和历城、章丘、长清、平阴4个县。总面积5775平方千米。

1985年9月，山东省人民政府批准，撤销县辖区和郊区辖办事处，原则上以区（办事处）的方域设立乡（镇）。全市共设：49个街道，544个居民委员会;25个乡,42个镇,2779个村民委员会。

1987年4月11日，国务院批准，撤销郊区和历城县建制，设立历城区，以原历城县和郊区的洪家楼镇、华山镇、王舍人镇为历城区行政区域。郊区撤销后，原辖北园镇划归天桥区，七贤镇划归市中区，段店镇、吴家堡镇划归槐荫区，姚家镇划归历下区。调整后，济南市辖历下、市中、天桥、槐荫、历城5个区和章丘、长清、平阴3个县。市区面积1943平方千米。

1989年12月2日，国务院批准，原属德州地区的济阳、商河两县划归济南市，原齐河县的靳家乡、大王乡和桑梓店镇划归济南市历城区。同月22日，山东省人民政府决定，商河县奎台乡划归德州地区乐陵市。调整后，济南市总面积为8227平方千米，市区面积2119平方千米。

1992年8月1日，国务院批准，撤销章丘县，设章丘市（县级），行政区域不变，由山东省直辖，济南市代管。

1996年1月13日，中共山东省委、山东省人民政府决定，将平阴县的旧县乡划归泰安市东平县。

1997年5月23日，山东省人民政府批准，设立天桥区药山街道，将北园镇的黄岗、北辛、王炉、卢家庄、安乐镇、小鲁、张庄、太平庄、丁庄、大鲁庄、洋涓、东沙、大魏、新徐14个村划归药山街道管辖。

2000年1月7日，山东省人民政府批准，将历城区党家庄镇、十六里河镇划归市中区管辖；将历城区桑梓店镇、大桥镇、靳家乡划归天桥区管辖。

2001年2月14日，山东省人民政府批准，撤销历城区洪家楼镇，以原洪家楼镇的行政区域设立山大路、洪家楼、东风、全福4个街道。

2001年3月27日，山东省人民政府批准，济阳县撤销青宁镇、崔寨乡，以原青宁镇和崔寨乡的行政区域，设立崔寨镇；撤销回河镇、店子回族乡、稍门乡，将其行政区域并入济阳镇；撤销姜集乡、三教乡，将其行政区域并入曲堤镇；撤销王圈乡，将其行政区域并入仁风镇；撤销索庙乡、唐庙乡，将其行政区域并入垛石桥镇；撤销江店乡，将其行政区域并入新市乡；撤销辛集回族乡，将其行政区域并入孙耿镇；撤销庙廓乡，将其行政区域并入二太平乡。济阳县20个乡镇调整合并为8个。

2001年4月29日，济南市人民政府批准，撤销经二路街道，将其管辖范围并入大观园街道；撤销馆驿街街道，将其管辖范围并入魏家庄街道；撤销经七路街道、岔路街街道，将其管辖范围并入杆石桥街道；撤销玉函路街道，将其所辖的一居、二居并入四里村街道，所辖的三居、四居并入舜玉路街道。市中区15个街道调整合并为10个。

2001年5月25日，济南市人民政府批准，撤销天桥区陈家楼、刘家庄街道，将其管辖范围并入纬北路街道。

2001年6月1日，山东省人民政府批准，撤销天桥区靳家乡，将其行政区域并入大桥镇。撤销北园镇，以原北园镇的行政区域设立北园街道和泺口街道。

2001年6月26日，国务院批准，撤销长清县，设立济南市长清区，以原长清县的行政区域为长清区的行政区域。

2001年7月23日，山东省人民政府批准，撤销章丘市明水镇、旭升乡，以原明水镇、旭升乡的行政区域设立明水、双山两个街道。

2001年9月6日，山东省人民政府批准，撤销市中区七贤镇，以原七贤镇的行政区域设立舜耕、白马山、七贤3个街道。

2001年12月20日，山东省人民政府批准，历城区撤销彩石乡，设立彩石镇。

2002年1月14日，山东省人民政府批准，撤销济阳县二太平乡，设立太平镇。

2003年9月8日，山东省人民政府批准，撤销长清镇设立文昌街道；撤销平安店镇设立平安街道；撤销崮山镇设立崮云湖街道；撤销五峰山镇设立五峰山街道。

2003年11月3日，济南市人民政府批准，历下区东门街道更名为大明湖街道、司里街街道更名为千佛山街道、和平路街道更名为燕山街道。

2005年11月18日，山东省人民政府批准，撤销钱铺乡、商河镇，以原钱铺乡和商河镇的行政区域设立许商街道；撤销杨庄铺乡、玉皇庙镇，以原杨庄铺乡和玉皇庙镇的行政区域设立玉皇庙街道；撤销牛堡乡，将其行政区域并入孙集乡；

撤销常庄乡，将其行政区域并入龙桑寺镇；撤销燕家乡，将其行政区域并入沙河乡；撤销赵魁元乡，将其行政区域并入殷巷镇；撤销胡集乡，将其行政区域并入贾庄镇；撤销岳桥乡，将其行政区域并入白桥乡；撤销展家乡，将其行政区域并入郑路镇。

2005年12月7日，山东省人民政府批准，撤销高而乡、锦绣川乡，将其行政区域并入仲宫镇。撤销栾湾乡，将其行政区域并入安城乡；撤销刁山坡镇，将其行政区域并入玫瑰镇；撤销李沟乡，将其行政区域并入孔村镇；撤销店子乡，将其行政区域并入孝直镇。

2005年12月9日，山东省人民政府批准，撤销龙山镇、党家镇，以原龙山镇、党家镇的行政区域设立龙山街道；撤销枣园镇，以原枣园镇的行政区域设立枣园街道；撤销埠村镇，以原埠村镇的行政区域设立埠村街道；撤销圣井镇，以原圣井镇的行政区域设立圣井街道；撤销阎家峪乡，将其行政区域并入官庄乡。

2006年1月24日，山东省人民政府批准，撤销武家庄乡，将其行政区域并入万德镇。

2007年5月28日，山东省人民政府批准，撤销十六里河镇，以原十六里河镇的行政区域设立十六里河街道和兴隆街道；撤销党家庄镇，以原党家庄镇的行政区域设立党家街道和陡沟街道。

2007年5月28日，山东省人民政府批准，撤销姚家镇，以原姚家镇的行政区域设立姚家街道、智远街道和龙洞街道。

2007年9月12日，山东省人民政府批准，以济阳镇所辖城里等22个社区居委会、官家坊等56个村设立济阳街道；以济阳镇所辖王荣家等18个社区居委会、王奎楼等15个村设立济北街道；济阳镇更名为回河镇。

2009年3月20日，济南市人民政府批准，设立舜华路街道，将智远街道的贤文庄、牛旺庄、徐家庄和龙洞街道的草山岭村4个村划归舜华路街道。

2009年4月8日，山东省人民政府批准，撤销孙村镇，设立孙村街道和巨野河街道。

2009年10月29日，山东省人民政府批准，撤销商河县玉皇庙街道，以其原行政区域设立玉皇庙镇。

2010年4月20日，山东省人民政府批准，撤销华山镇、王舍人镇、郭店镇、港沟镇和遥墙镇，设立华山、荷花路、王舍人、鲍山、郭店、唐冶、港沟、遥墙、临港等9个街道。

2010年5月10日，山东省人民政府批准，撤销官庄乡，以其原行政区域设立官庄镇；撤销辛寨乡，以其原行政区域设立辛寨镇。

2010年5月10日，山东省人民政府批准，撤销新市乡，以其原行政区域设立新市镇。

2010年5月10日，山东省人民政府批准，撤销双泉乡，以其原行政区域设立双泉镇。

2010年5月10日，山东省人民政府批准，撤销平阴镇，设立榆山街道和锦水街道。撤销安城乡，以其原行政区域设立安城镇。

2010年，济南市辖历下区、市中区、槐荫区、天桥区、历城区、长清区、章丘市、平阴县、济阳县、商河县，设86个街道、55个乡镇(6个乡、49个镇)。

历下区辖14个街道，分别是：大明湖街道、千佛山街道、燕山街道、泉城路街道、趵突泉街道、东关街道、解放路街道、建筑新村街道、文化东路街道、甸柳新村街道、姚家街道、智远街道、龙洞街道、舜华路街道。

市中区辖17个街道，分别是：泺源街道、杆石桥街道、魏家庄街道、大观园街道、四里村街道、六里山街道、七里山街道、二七新村街道、舜玉路街道、舜耕街道、王官庄街道、七贤街道、白马山街道、十六里河街道、兴隆街道、党家街道、陡沟街道。

槐荫区辖12个街道、2个镇，分别是：西市场街道、五里沟街道、道德街街道、营市街街道、青年公园街道、中大槐树街道、振兴街街道、南辛庄街道、段店北路街道、匡山街道、张庄路街道、美里湖街道，段店镇、吴家堡镇。

天桥区辖13个街道、2个镇，分别是：无影山街道、堤口路街道、宝华街街道、工人新村南村街道、工人新村北村街道、官扎营街道、北坦街道、天桥东街街道、纬北路街道、制锦市街道、北园街道、泺口街道、药山街道，大桥镇、桑梓店镇。

历城区辖15个街道、6个镇，分别是：洪家楼街道、山大路街道、东风街道、全福街道、孙村街道、巨野河街道、华山街道、荷花路街道、王舍人街道、鲍山街道、郭店街道、唐冶街道、港沟街道、遥墙街道、临港街道，唐王镇、董家镇、仲宫镇、彩石镇、柳埠镇、西营镇。

长清区辖4个街道、6个镇，分别是：文昌街道、平安街道、崮云湖街道、五峰山街道，归德镇、张夏镇、孝里镇、马山镇、万德镇、双泉镇。

章丘市辖6个街道、13个镇、1个乡，分别是：明水街道、双山街道、龙山街道、枣园街道、埠村街道、圣井街道，水寨镇、刁镇、绣惠镇、相公庄镇、文祖镇、垛庄镇、高官寨镇、白云湖镇、宁家埠镇、曹范镇、普集镇、官庄镇、辛寨镇，黄河乡。

平阴县辖2个街道、6个镇，分别是：榆山街道、锦水街道，洪范池镇、东阿镇、孔村镇、孝直镇、玫瑰镇、安城镇。

济阳县辖2个街道、8个镇，分别是：济阳街道、济北街道，回河镇、曲堤镇、仁风镇、垛石镇、孙耿镇、太平镇、崔寨镇、新市镇。

商河县辖1个街道、6个镇、5个乡，分别是：许商街道，玉皇庙镇、龙桑寺镇、贾庄镇、殷巷镇、郑路镇、怀仁镇，韩庙乡、张坊乡、孙集乡、沙河乡、白桥乡。

第二章　县（市）区概况

第一节　历下区

一、政区

1. 位置　辖区位于济南市城区东部，北纬36°35′、东经117°1′。东北、东南面与历城区相接，西南与市中区相邻，西北与天桥区相邻。具体地理位置东至义和庄、林家庄东，西至南郊宾馆西墙外、趵突泉公园西墙外，南至城墙岭、千佛山南麓至金鸡岭，北至北护城河、胶济铁路。总面积100.89平方千米。

2. 建置　历下区由原历城县古城扩展形成。1929年历下为济南市第一、二、三区。1937年历城县治所迁出。1948年9月济南解放初，行政区划沿用旧制。1949年3月，第一、二区合并称城区。1951年1月，城区改称第二区，第三区改称第一区；6月，区公所改称区人民政府。1955年1月，第一区和第二区合并，称第一区；9月，第一区改称历下区。1966年9月改为红卫区，1973年7月复称历下区。

3. 区划　1985年历下区辖东关、解放路、司里街、解放阁、泉城路、明湖路、钟楼寺、东门、趵突泉、正觉寺、千佛山、文化东路、建筑新村13个街道，146个居委会。1986年8月，组建花园庄、甸柳新村、科院路、和平路4个街道。调整后，历下区辖17个街道。1987年5月，姚家镇划入历下区。1988年，撤销科院路街道，其辖区并入文化东路街道；撤销花园庄街道，其辖区并入建筑新村街道；将原属建筑新村街道的闵子骞路西，沿益寿路、山大南路至解放路以南的地段划入和平路街道。1990年7月，姚家镇马家庄居委会划归和平路街道；姚家镇羊头峪庄居委会划归文化东路街道；姚家镇仁合庄居委会和窑头庄、葛家庄自然村划归甸柳新村街道；撤销明湖路街道、泉城路街道，组建泉城路街道；撤销趵突泉和正觉寺两个街道，组建趵突泉街道；撤销东门街道、解放阁街道、钟楼寺街道，组建东门街道；撤销千佛山街道、司里街街道，组建司里街街道。调整后，历下区辖10个街道、1个镇。2003年11月，和平路街道更名为燕山街道，东门街道更名为大明湖街道，司里街街道更名为千佛山街道。2004年5月，姚家镇的贤文、邓家、徐家、丁家4个行政村由济南高新技术产业开发区代管。2005年，建筑新村街道辖区内的部分地段（东至山大路，西至历山路，南至花园路中心线，北至与天桥区交界处）划归东关街道，历园新村社区由东关街道管理。历下区辖10个街道和姚家镇，下设64个居委会和19个行政村。2007年，撤销历下区姚家镇，设立姚家、智远、龙洞3个街道。2009年，组建舜华路街道（由高新区代管）。2010年，辖区共14个街道，辖83个社区居委会、26个行政村。

4. 人口 1986年，全区有82528户，人口284707人。1990年第四次人口普查，全区人口389897人，性别比115.0。2000年第五次人口普查，全区常住人口582520人，性别比108.3。2010年第六次人口普查，全区常住人口754136人，性别比104.9。2010年人口自然增长率3.84‰。

5. 名胜古迹 *名山* 有千佛山、燕子山、佛慧山、龙洞山、茂岭山。千佛山位于济南城区南部，海拔258米，占地166公顷，为济南三大名胜之一，1959年辟建为公园。燕子山海拔276米，位于济南城区东部，形态像飞行的燕子，风景优美，傲然屹立。佛慧山在千佛山东南1.5千米处，又名大佛头山，海拔460米。

名泉 济南四大泉群中，除五龙潭泉群位于天桥区（其中孝感泉位于历下区）外，趵突泉群（部分泉位于市中区）、黑虎泉群、珍珠泉群均在辖区内。

湖河 有大明湖、百花洲、护城河。大明湖水面55.4公顷、陆上景区48公顷。

园景 有千佛山公园、大明湖公园、趵突泉公园、泉城公园、环城公园、浆水泉风景区、龙洞风景区、珍珠泉风景区、黑虎泉风景区等。老街巷芙蓉街、曲水亭、后宰门街、王府池子街、将军庙街、贡院墙根街、鞭指巷等235处，部分老街巷经改造后恢复原貌。

老建筑 有关帝庙、舜园、督城隍庙、文庙、广智院、开元寺遗址、题壁堂、天主教堂、老舍故居、金家大院等，其中关帝庙、文庙等已修缮，恢复历史原貌并对外开放。

二、经济

1. 总况 1986年，全区提出经济工作高速高效，创先上新，三年迈出三大步的目标，当年完成工商利润2527万元。1987年，姚家镇划入历下区，给历下区经济发展带来新的提升空间和机遇。当年全区区街工业总产值13469万元，商业营业额30705万元，工商利润2787万元，农村经济总收入14176万元。1990年，按新统计口径地区生产总值（当年价格）3.36亿元。1995年，全区地区生产总值（当年价格）13.05亿元，比1990年翻3.9倍。1996—2000年，实施“科技兴区”“三产活区”“工业强区”战略，逐步实现了保持发展与增强后劲、总量扩张与结构优化的统一。2000年，全区地区生产总值26.5亿元（可比价格），五年年均增长15.2%。三次产业比例由“八五”期末的3 ∶ 40 ∶ 57，调整为1.9 ∶ 35.5 ∶ 62.6。人均地区生产总值20708元。经济体制改革不断深化，现代企业制度初步确立，全区257家企业有90%完成改制。2005年，全区地区生产总值（按在地统计口径）326.3亿元，其中第一产业增加值0.2亿元、第二产业增加值79.55亿元、第三产业增加值246.56亿元。人均地区生产总值5.47万元。“十一五”期间，地区生产总值连续迈上400亿元、500亿元、600亿元台阶。2010年，全区实现地区生产总值661.2亿元，与2005年相比，现价增幅97.9%，年均增长14%；二、三产业结构调整由2005年的

26.3 ∶ 73.7，调整为17.6 ∶ 82.4。服务业增加值544.6亿元，比2005年增长121.3%，占经济总量比重比2005年提高8.7个百分点。

2. 工业 1986年，历下区突出“以经济建设为中心”这一主题，经济运行质量逐步提高，工业总产值实现10032万元。1990年，区属工业企业335家、职工16300人，工业总产值按1980年不变价完成35623万元，产品销售收入19722万元，工业利润1947万元；工业总产值比1985年增长3.06倍，五年年均增长32.3%；开发新产品144种，创部、省优质产品10个，填补了历下区省以上优质产品的空白。1995年，完成工业总产值28.02亿元，工业利润7507万元。初步形成了机械、电子信息、医药化工、汽车改装维修等具有一定规模和影响的产业。48家区街企业、8家镇办企业实行了资产经营责任制，1家区街企业实行了股份合作制，82家集体企业实行了全员劳动合同制，5家乡以上集体企业实行兼并，2家企业实行了联合，1家企业被托管。企业集团17家。2000年，全区工业增加值8.92亿元，总产值43.16亿元，产品销售收入38.40亿元，利润1.28亿元。限额以上企业41家，总资产15.18亿元，从业人员7725人，经济效益综合指数131.34%，全员劳动生产率47417元；企业改制完成78家，占企业总数的71.6%。对发展优势和潜力较大的生物工程、电子信息、轻纺、化工、汽车维修五大支柱产业进行了重点扶持。2005年，规模以上工业企业135家，总产值227.02亿元，增加值54.69亿元，利税8.36亿元，工业经济效益综合指数222.61%；销售收入过亿元的20家企业销售收入占规模以上工业企业比重的88%，龙头作用明显增强；工业园区建设有了实质性进展，规划了占地400公顷的济南高新开发区历下工业园，一期工程134公顷开工建设。2010年，完成规模以上工业增加值69.1亿元，产品销售收入296.9亿元。中石化济南分公司等16家销售收入过亿元企业实现销售收入占全区总量的比重为94%。

3. 商贸、财税、旅游 商贸 省、市政府机关和驻济南部队，中央和省、市属驻区企业以及众多高校和科研机构聚集历下，为商贸服务业发展提供了良好条件。1986年完成商业营业额23829万元。1995年完成第三产业总值666197.7万元，总收益9269.6万元，“八五”期间年均分别增长66.2%和35.8%；投资1.04亿元完成第三产业开发建设项目23项，新增面积15万平方米；兴办超市、便民店6处，总面积4000平方米，经营品种近5000个；集贸市场发展到36处，实现市场交易额5.6亿元。2000年，全社会消费品零售总额36.9亿元，其中批发零售贸易业零售额19.4亿元、餐饮业零售额5.8亿元；建成山东联邦配送中心、千佛山旅游文化市场、花园路室内副食品市场、开元度假村等一批三产设施，扩建了济南科技市场；第三产业占到了全区经济总量的60%以上，服务业主导地位初步确立，全区星级餐饮企业34家，国家特级酒店9家、一级15家、二级6家。2005年，全区服务业企业发展到4000余家，过亿元企业45家，餐饮娱乐、商贸流通、房地产业和金融保险业已成为促进全区服务业快速发展的主导力量；社会消费品零售总额175亿元，限额以上企业129家，贵和皇冠假日酒店、银座索菲特商务大酒店等星级酒店先后落户历下区；新增个体工商户、私营企业4156家，总数为1.67万家，累计注册资金39亿元。2010年，服务业总量位居全省各县（市）区之首，金融业、批零住餐业、房地产业三大优势行业分别占服务业总量的17.4%、25.3%和7%；实现社会消费品零售总额374.1亿元；限额以上贸易企业304家，其中过亿元企业67家。国美、苏宁、台湾大润发等国内大型零售企业和美国的沃尔玛、法国的家乐福等商贸巨头先后入驻历下。

1988年，出口商品交货值完成820万元。1990年，引入济南华菱药业公司等3个外资项目。1993—1996年，按照现代企业制度要求，股份合作制外贸企业在全区外贸企业中比例逐渐增加。2005年，实际利用外资6338万美元，引进外资项目55个，其中总投资超过1000万美元的项目8个。出口创汇20176万美元，高科技和机电产品的出口比重占60%以上，出口商品种类发展到近60种，地产品出口额占全区出口总额比重的48%，外贸市场涉及美欧、日韩等30余个国家和地区。2010年，新批外资项目10个，实际利用外资1.44亿美元；骨干出口企业业绩回升，实现外贸出口4.01亿美元。

财税 1986年，历下区建立一级财政，财政收入完成5035万元。1986—1993年，实行“收支挂钩、总额分成加增长分成、超支不补、结余留用”的财政体制。1994年，实施以分税制为核心的新的财税体制，全区财政收入快速增长，财政实力明显增强。到1996年财政收入1.33亿元，其中区级财政收入8918万元，与1986年相比年均增长26.62%。2000年，完成财政收入3.04亿元，五年年均增长22.9%。2005年，完成财政收入90209万元，与1986年相比年均增长29.32%；区级可用财力比“九五”期末增长2.77倍。2010年，全区实现区域税收收入131亿元，比2005年增长261.8%，占地区生产总值的比重19.8%；实现财政收入47.2 亿元，其中地方财政收入30.01亿元；中华人民共和国开发银行、浙商银行、渤海银行、太平洋保险等一批金融企业地区总部落户历下，市场主体2.6万家，注册资本690亿元。

旅游 历下作为省会济南的老城区和泉水特色标志区，汇集了济南市的主要景区和接待设施，以及购物、娱乐场所和旅游企业。主要景区有趵突泉、大明湖、千佛山以及黑虎泉群、珍珠泉群、五龙潭泉群、泉城广场、老城古巷。大明湖新区建设，变园中湖为城中湖，激活了老城旧貌变新颜，与一路之隔的百花洲、老街古巷连为一体。从西向东，稼轩幽韵、百年遐园、明昌晨钟、秋柳含烟、七桥风月等景观，堪称济南历史名胜的经典。芙蓉街——曲水亭片区的泉水、泉景、泉文化更是济南市中心老城区的亮点所在，北临泉城明珠大明湖，南接济南金街泉城路，西抵西护城河，东到东护城河，四周名胜星环，其间老街古巷纵横交错，是济南历史上的繁华毓秀之地。以经十路为连线的第十一届全运会主会场——奥体中心、山东省博物馆新馆等新景观，与千佛山、佛慧山等遥相辉映，山、泉、湖、河、城，吃、住、游、购、娱，济南精粹云集历下。经过精心策划包装推出的“步游泉城”“船游泉城”“古城泉韵逍遥游”等系列特色旅游线路，吸引着越来越多的游客到济南游玩。2010年，全年接待游客1308万人次，实现旅游总收入120亿元。

4. 农业 1987年，姚家镇划入历下区，全区农村经济总收入14176万元。1995年，粮食总产1003万千克，蔬菜总产1750万千克，果品总产300万千克，肉禽蛋奶总产144万千克。农业总产值2525万元，“八五”期间年均增长1.3%；农村经济总收入318683万元，“八五”期间年均增长66.6%。2005年，第一产业增加值0.2亿元，实现农业总产值3000万元。粮食总产量5700吨，水果总产量600吨，蔬菜总产量3300吨，肉类总产量600吨，禽蛋总产量100吨，奶类总产量200吨。由于姚家镇处于城乡结合部，传统农业生产逐步削减，畜禽、花卉、林果、蔬菜等特色农业比重67%；乡镇企业进一步发展壮大，非农产业占农村经济总收入的比重由“八五”期末的85%提高到95%。农业人口从2000年全部转为城镇人口，城乡一体化进程加快。镇村经济发展重点由农业向二三产业迅速转移，农民人均年纯收入由2000年的3760元增加至2005年的6480元。到2010年，在计算地区生产总值中取消了第一产业增加值的核算，形成农村城市化。

5. 城乡建设 1986—1990年，新建长盛、东南仓、泺河3个住宅小区，面积20.2万平方米；维修房屋26.59万平方米；市政工程拓宽改造黄台南路、和平路、榜棚街等14条主要街道，维修主次道路、街巷41.87万平方米，改造修建桥涵8座；环境卫生实现经常化、制度化管理，水冲式公厕131处，垃圾台142处；新植各种树木60.44万株，绿化覆盖率由1985年的29.8%提高到1990年的36.75%；建成趵突泉、泉城路等

9个烟尘控制区，面积18.81平方千米。1991—1995年，城建开发、旧城改造大面积展开，先后兴建东仓、棋盘、花洪、菜市、十亩园等12个居民小区，竣工面积87.8万平方米，1.2万多户居民迁入新居；兴建职工教育中心、老干部活动中心、南门娱乐中心、档案馆、文化馆、体育馆和党校教学楼、医院病房楼等一批公益设施；拓宽改造榜棚街、泺源大街（东段）、东关大街、明湖路等交通干道，东南外环路（历下区段）、工业南路等重点道路建设受到省、市的高度评价和表彰；以创建国家卫生城市为目标，环卫、环保、市政、绿化、卫生、防疫等设施进一步改善，连年夺得“泉城环卫杯”优胜奖。1996—2000年，结合安居工程，全区投资3.1亿元，改造旧房29万平方米，维修房屋30万平方米，新建环山、明湖、花洪、友谊苑等6个居民小区，居民居住条件得到较大改善，人均住房面积由1995年的6.5平方米提高到2000年的10.5平方米；配合全市城区东扩工程，完成济王公路延长线、经十一路、千佛山路、泺文路等重要交通干道的建设，市政建设5年投资572万元，完成11项大中修工程，拓宽改造南北历山街、文化东路延长线、环山路、山大路北段等路段。建成2个环境噪声达标区，烟尘控制区覆盖率100%；植树56万株，新建8处绿地广场，完成经十路、历山路、马鞍山路等4条道路的绿化改造，建成省、市级花园式庭院18个，种植草坪93万平方米，绿化覆盖率59%；环卫工作始终保持全市领先水平，道路保洁率100%，城市垃圾袋装化率80%。旧城改造5年共完成拆迁工程30项，拆迁面积22万平方米；投入资金200万元，对全区17条河道进行修补砌垒，确保安全度汛。2001—2005年，完成经十路、经一路历下段等交通干道的改造和齐鲁医院扩容等30余个省、市重点工程建设任务，整治改造化纤路、燕子山路等道路，完成辖区内所有背街小巷的综合整治，对曲水亭、王府池子片区进行高标准综合整治，对姚家镇8个村实施部分改造，累计开发面积38.65万平方米；新建绿地86万平方米，绿化覆盖率43.5%，人均占有公共绿地面积12.5平方米；建成烟尘控制区13个，烟尘控制区覆盖率100%，环境噪声达标区覆盖率75.72%；环境卫生率先在全省实现生活垃圾密闭化收集和运输，机械化作业水平位居全省之首。开展“节水保泉”工作，提高水资源合理利用水平，对人防工程、防洪河道、雨污水管线进行综合整治，增强全区防洪抗灾能力；城市管理重心下移，建立起指挥、协调、监督、考评四项新机制，被列为全市建立城管长效机制试点区。2006—2010年，借助第十一届全运会举办的重大机遇，推进城市建设管理，城市承载能力有了质的改变。5年累计完成各类拆迁600万平方米，开工建设千万元以上项目189个、1900万平方米，建成127个、1300万平方米。奥体中心“一场三馆”、省博物馆、省档案馆、省立医院东院区等一批大型城市公益性设施投入使用。大明湖扩建、府学文庙修缮全面完成，护城河实现全线通航，新建改造主次干道140条，整治河道7条。浆水泉热源厂建成使用，新增供热面积150万平方米。道路通行、供水供热和防洪截污能力显著增强。中润世纪城、喜来登酒店、黄金时代广场等大型商务项目投入使用；鲁商国奥城、恒隆广场、华强广场、传媒大厦等一批城市综合体和地标性建筑加快建设，搁置多年的齐鲁宾馆、中银大厦、新开元广场、永安大厦成功盘活利用。同时，突出治堵、治乱、治脏、治污，同步实施绿化、美化、净化、亮化，依法拆除违章建筑100万平方米，新建改造绿地311万平方米，治理破损山体308万平方米，洪山公园建成使用，开放式居民小区、背街小巷实现全面整治，居民生活环境大为改观。

三、社会事业

1．**教育**　1986年，建成甸柳新村第一小学。全区有小学61所（其中单位办学30所）、学生26630人、教职工1904人。1987年5月，济南市郊区撤销，将原郊区姚家镇划归历下区管理，姚家镇所属4所初中、25所小学并入历下区；6

月，历下区接收市属12所中学（济南五中、济南八中、济南二十二中、济南二十四中、济南四十中、济南五十八中、济南六十五中、济南甸柳一中、济南甸柳二中、济南三十三中、济南三十六中、济南六十二中）；12月，历下区将原三十三中、三十六中、六十二中改为职业高级中学。全区共有各类学校108所、学生38436人、教职工2356人。1989年，甸柳新村第二小学成立。1990年，新建成黎明街小学。1997年，正式接管济南市灯泡厂子弟小学（更名为文化东路第二小学）、甸柳新村第二小学，撤销济南第六十五中学。2000年8月，在原解放路第三小学的基础上，新建8600平方米的教学楼和200米塑胶运动场，更名为历下区实验小学；小南营小学改造后，新增校园面积1700平方米，新建5000平方米的教学楼，更名为佛山苑小学。2010年，有幼儿园79所，教职工2107人，其中专任教师1115人、在园幼儿16876人；有小学32 所，教职工2606人，其中专任教师2182人、在校生36732人；有中学28所，教职工2543人，其中专任教师1844人，在校生31910人。辖区有山东大学千佛山校区、山东大学趵突泉校区、山东中医药大学、山东师范大学、山东经济学院、山东体育学院、山东政法学院、山东艺术学院等大学20所。

2．科技 1986年，全区有专业技术人员2531人，其中国家机关289人、事业单位1324人、企业单位918人。1989年，有专业技术人员5372名，其中高级职称232人、中级职称1301人、初级职称3639人。1996年，共实施各类科技计划项目23项，其中星火项目11项（省级4项、市级7项）、省级火炬项目6项、攻关项目6项。申报高新技术企业4家，累计16家，科工贸总收入突破1亿元，被中华人民共和国科委命名为“全国科技工作先进区”和“国家级星火技术密集区”。1997年，全区有高新技术企业24家，星火示范企业6家，民营企业111家。1997年5月济南科技市场成立，成为山东省第一家电子信息技术与产品专业市场。1997年、1999年被中华人民共和国科委表彰为全国科技工作先进城区。2004年，被科技部命名为首批“全国科技进步示范区”。2010年，有专业技术人员28340 人。市级以上科研机构21家，获市级以上科技进步奖63项。专利申请总量3295 件，其中发明专利1250 件；专利授权量2397 件，其中发明专利授权634 件。

3．文化体育 1986年后，每年平均组织大型综合性群众文化活动6次，重大节假日组织中型文化活动10次，小型文化活动30多场，举办培训班10期，各类展览10个。每逢春节、元宵节组织一届花灯会、民间扮玩表演。文化广场活动每年演出40余场，主要以音乐、舞蹈、戏剧、曲艺、小品、杂技为主，每年观众30余万人次。至2010年，消夏晚会已连续举办27届，被省文化厅命名为“全省社会文化知名品牌”。1990年，区文化馆被评为全国先进文化馆。2005年，历下区被评为全国社会主义文化先进区（县）。2010年，有文化馆1座，文化站11处，区级图书馆1座，区图书馆由国家三级图书馆晋级为国家二级图书馆，馆藏图书12万册。辖区有省博物馆、省档案馆、省方志馆、省地质博物馆、省农业展览馆、济南市博物馆、区图书馆等文化设施23处。

1990年、1993年、1997年、2001年、2005年、2010年，分别举办全区第二、三、四、五、六、七届全民运动会。1998年、2005年，承办全国农民乒乓球赛、第20届全国中老年人羽毛球邀请赛。1996年，济南第五中学被评为“全国体育传统项目学校先进单位”，姚家镇被评为“全国亿万农民健身活动先进乡镇”。2003年、2005年，解放路、千佛山街道相继被评为“全国城市体育先进社区”。2010年，历下区连续第五次获“全国游泳之乡”称号，建成开放市级重点全民健身场所3处，新增健身路径106条，有省级体育传统项目学校17所，区级体育场馆1座，各类体育场、馆、池和非标准场地540 个。

4．卫生 1986年，有区属医疗机构3处（区人民医院、区卫生防疫站、区妇幼保健站），街道职工医院1处，街道卫生院8处。1993年，有区属医院5所、街道卫生院10所、乡村卫生室25所，医疗卫生人员810人，床位572张。2001年，有各类卫生机构52处，其中医院9所，卫生技术人员8088人（其中医生3327人），床位6284张。2003年，有社区卫生服务中心11个，社区卫生服务站27个。2005年，被命名为“全国社区卫生服务示范区”和“全国中医药特色社区卫生服务示范区”。2010年，经济南市卫生局批准，正式挂牌济南市第八人民医院。全区有各类卫生机构454处，其中医院卫生院364所、卫生疾病预防控制中心2所、卫生监督所2所、妇幼保健机构2 所；有床位8497 张；有卫生技术人员10325 人，其中医师4688 人、护士3655 人；有社区卫生服务机构45 所(中心6 所、站39 所)。辖区驻有山东大学齐鲁医院、山东省千佛山医院、山东省中医药大学附属医院等省、市医院13所，其他医院18所。

5.居民生活　1987年，全区区属机关、企事业单位工资总额2566.4万元，区属单位职工年平均收入1209元，年末全区居民储蓄存款余额4.41亿元；农民年人均收入885元，人均住房面积23平方米。1990年，职工年平均工资1821元，居民储蓄存款余额8亿元；农民年人均纯收入1137元，每百户农民家庭拥有摩托车6辆，自行车170辆，缝纫机46架，黑白、彩色电视机90台，收录机54台。1995年，职工年平均工资4600元，农民年人均纯收入2450元，“八五”期间年均分别增长20.4%和16.6%。区以上集体企业固定职工全部实行退休费统筹，建立了职工待业保险和合同制工人养老基金，25个村建立农村养老保障制度；通过区劳动力市场安置待业人员3015人，安置率95%以上。2000年，在岗职工2.02万人，平均工资10823元；实现再就业486人，再就业率57%；为下岗职工发放基本生活保障金233.47万元。2005年，全区从业人员16.09万人，年平均工资24445元；农民年人均纯收入由2000年的3760元增加到6199元。社会保障逐步完善，建立了以再就业和帮困为重点的社会保障机制和工作网络。完成5万人次失业下岗人员的安置分流，城镇登记失业率1.87%。6.3万名企业职工参加工伤保险。城镇职工基本医疗保险参保人数57677人，参加失业保险人数66617人，享受失业保险待遇人数8681人。投资800余万元建立了11个办镇劳动保障服务中心，实现了市、区、办、居四级联网，完善就业管理服务体系。发放城镇居民最低生活保障金1193.08万元、11.4万人次。2010年，年末从业人员23.1万人，年职工平均人数22.2万人，工资总额994235万元，人均工资43355元；城镇居民人均可支配收入26804元。2006—2010年累计实现城镇就业再就业7.6万人次，城镇登记失业率在2%以内，新增城镇职工基本养老保险12万人，城镇居民医保参保人数10.6万人，城市低保标准由2005年人均2760元提高到3960元，累计发放低保金7180万元，发放各类救助金4719万元；每百户城市居民家庭拥有摩托车15辆、助力车44.19辆、家用汽车23.26辆、电脑83.72台、彩色电视机112.79台、电冰箱101.16台、空调130.23台、移动电话160.47部、固定电话51.16部。

附记：泉城古韵——芙蓉街

作为历史上三级（山东省、济南府、历城县）治所的济南城，在19世纪中叶之前，基本上是古城墙所围的老城，即现环城公园以内的区域，现为历下区辖区。在面积仅2.6平方千米的老城区内，有众多老街古巷，而其中最负盛名、最具代表性的，是位于济南泉城路中段路北的芙蓉街。芙蓉街位于历下区泉城路街道辖区内，是一条南北走向的街道。它北起东花墙子街南口，南与泉城路相连；东邻马市街，通起凤桥街、翔凤巷和芙蓉巷；西邻玉环泉街，通省府东街。全街共长432米、宽4.6米。在芙蓉街中有3条贯穿东西的小巷，分别是芙蓉巷、翔凤巷、金菊巷。这三条与芙蓉街经纬相织的小巷，巷街相连，曲径通幽，绘成了一幅老济南的“清明上河图”，演绎出丰富多彩的市井生活，见证了济南城市的发展和变迁。

芙蓉是荷花的古称。济南人自古喜爱荷花，荷花以她艳丽的色彩，优雅的风姿深入济南人的精神世界，被确定为“市花”。以“芙蓉”作为该街巷整个街道和街巷内的“两泉（芙蓉泉和南芙蓉泉）一巷（芙蓉巷）”的名称，可见老济南对这条街巷的钟爱。

明宪宗成化三年（1466），德王朱见潾在济南建立德藩王宫（俗称“德王府”），此处为德王府的西苑。清康熙五年（1666）山东巡抚周有德在原德王府中心建起山东巡抚院署后，将西苑划出辟为街巷民居。那时在芙蓉街不宽的街面中间，竟是一条通向府学文庙泮池的潺潺溪水，名为“梯云溪”。住户大多临溪而居，时常在此涤衣洗菜。不久，芙蓉街路东也逐渐建起了民居和店铺，梯云溪因此改建为石板下的暗沟。梯云溪流经处的民居，或凌驾于溪水之上，或开门在溪水岸边，无论明渠还是暗沟，都以砖石砌壁，沙土铺底，水流畅通，水质洁净。自此街上商贾云集，游人如织。由于在芙蓉街周围有抚院、都司、布政司、贡院、府学等衙门机构，因此许多商家在此开业，芙蓉街遂成为繁华的街道。

芙蓉街北首为济南府府学文庙，始建于北宋熙宁年间（1069—1077），元至正六年（1346）曾大规模改建，明洪武二年（1369）重建。此后历代重修或增修30余次。1992年公布为省级文物保护单位，2010年全面修复完成并对外开放。在科举时代，济南府学文庙是来自全省考生赴考的必经之地，科举时代考取秀才者入县学、府学为生员，也称“入学”或者“入泮”，这是封建士子仕途的起点。为此，清代顺治年间在芙蓉街北段梯云溪上修建了一座石桥，名曰“青云桥”，取青云直上之意，并修建坊额题有“腾蛟起凤”的牌坊。梯云溪、青云桥、腾蛟起凤牌坊之名都是因文庙、府学、秀才们而命名的。当时外地来的文人雅士都把到芙蓉街一游引以为幸，久而久之，考生秀才们拴马匹的地方便成了现在的马市街，张榜公布考试成绩的地方便成了如今的榜棚街。

芙蓉街历史上还是著名的商业街。明清时期这条街的四周多是巡院、都司、布政司、贡院和府学衙门，吸引了众多商家来此开店营业。这条长不过500米的街巷与相连的芙蓉巷、金菊巷等支巷在全盛时期共拥有商号140多家，如街南头的三仙斋眼镜店、治香楼百货店、广立顺照相馆；街中间芙蓉巷里的张巽臣镶牙所，街中段金菊巷内的燕喜堂，平泉胡同中的大成永鞋帽店等。济南最有名气的鲁菜馆、最大的照相馆、最早的镶牙馆都在这里“诞生”。该街上还有章丘旧军孟家开设的“瑞祥”布店，“一珊号”眼镜店，山东著名教育家鞠思敏、王祝晨等创办的济南教育图书社，“文升祥”，大成永鞋帽店，“宏升斋”等鞋帽铺，“恒祥兴”等绸布庄，“聚蚨祥”等染坊，“宝善斋”等钟表店，“容芳馆”等照相馆，“民华堂”等理发所，专卖养蜂用具、花卉种子及农药的“迦南商行”，以及印刷、中西药、笔墨、京货、首饰、书籍、字画、文具、南纸、乐器、服装、陶器、古董、刻字、楠木、铜锡器、小吃、钱行等店铺。由此可以看出，芙蓉街上的大大小小店铺深刻反映出济南商业由清末到民国的发展和转变过程。

芙蓉街内还有著名的芙蓉泉、朱砂泉、南芙蓉泉，还有若干无名的小泉，它们或深藏于街巷民宅之中，或隐蔽在街旁小巷里。这些大大小小的、有名无名的泉池中明净的泉水，或明或暗地流入到濯缨泉（王府池子）内，最后汇于大明湖。它们的存在，使芙蓉街更加具有泉城独有的水巷泉韵和厚重的文化底蕴。

现芙蓉街已辟为“古城游览区”，成为济南的主要旅游景点之一。

表 1—1—1　　2010 年历下区街道情况

名　称	面积（平方千米）	所辖居委会（个）	所辖行政村（个）	人口（人）
泉城路街道	1.27	4		13916
大明湖街道	1.77	6		25530
东关街道	1.76	7		42599
建筑新村街道	1.92	5		42191
千佛山街道	4.91	7		52840
趵突泉街道	1.64	5		38625
解放路街道	1.36	5		34273
文化东路街道	6.26	11		76792
燕山街道	1.56	7		40253
甸柳新村街道	1.49	8		43916
姚家街道	27.01	6	5	48198
智远街道	25.95	2	7	46817
龙洞街道	24.00	3	6	12442
舜华路街道	25.52	7	8	44800

注：舜华路街道由济南高新技术产业开发区代管。

第二节　市中区

一、政区

1. 位置　辖区位于济南市主城区中南部，北纬 36°35′～36°30′、东经 116°49′～117°06′。东连历城区，西接槐荫区，北临天桥区，南接长清区。东西最大横距约 34.25 千米，南北最大纵距约 22.2 千米。总面积 280.25 平方千米，其中城区面积 58.57 平方千米。

2. 建置　市中区由 1904 年开埠的商埠东部扩展而成。1948 年 9 月济南解放后，济南特别市设 11 个行政区，辖区为第四、五、六、九区。1951 年 1 月行政区划进行调整，划分为 6 个市区，辖区为五区。1955 年 9 月，改称市中区。1959 年 12 月 7 日，撤销市中区，辖区属地分别划归历下区、槐荫区。1960 年 6 月，恢复市中区。1966 年 9 月，市中区改名红旗区。1973 年复称市中区。

3. 区划　1985 年，市中区辖经二路、馆驿街、大观园、魏家庄、共青团路、岔路街、经七路、杆石桥、西青龙街、四里村、六里山、七里山、玉函路 14 个街道，171 个居委会。1987 年 5 月，郊区撤销，原郊区所属七贤镇划归市中区。1988 年 11 月，增设舜玉路街道。1990 年 8 月，将七贤镇所属西八里洼村划归六里山街道，张安新村划归玉函路街道，东八里洼村划归舜玉路街道。1995 年 5 月，撤销西青龙街、共青团路两个街道，合并成立泺源街道；增设王官庄街道。2000 年 8 月，十六里河、党家庄镇划归市中区。辖区面积增至 280.25 平方千米。2001 年 5 月，撤销馆驿街街道，将其并入魏家庄街道；撤销经七路、岔路街街道，将其并入杆石桥街道；撤销玉函路街道，其所辖的一居、二居并入四里村街道，三居、四居并入舜玉路街道。同年 8 月，撤销七贤镇，设立舜耕、白马山、七贤 3 个街道。2008 年，成立兴隆、陡沟两个街道。2010 年，辖区有大观园、魏家庄、杆石桥、四里村、舜玉路、二七新村、七里山、六里山、泺源、王官庄、舜耕、白马山、七贤、十六里河、党家、兴隆、陡沟 17 个街道，102 个居委会，77个行政村。

4. 人口 1988年，辖区有96073户、人口286623人，性别比101。1990年，有104044户、人口328443人，性别比105.99。2000年，辖区有168415户、人口572141人，性别比102.52。2010年，辖区有193474户、人口713581人，性别比103.19。当年人口出生率10.43‰，人口自然增长率4‰。

5. 名胜古迹 英雄山风景区 济南城区南侧、英雄山路东侧马鞍山、四里山、五里山、六里山、七里山连为一体，因山中建有革命烈士陵园，统称为英雄山，占地800公顷。包括烈士陵园、果园、儿童乐园等共100万平方米。

中山公园 位于经三路纬五路，是1904年开辟商埠时修建，为济南第一座公园，初称商埠公园，占地面积3.12万平方米。1925年，为纪念孙中山先生逝世，改称中山公园。1928年"五三"惨案后改称五三公园，不久又改称中山公园。1951年定名人民公园。1986年11月复称中山公园。

清真南大寺 位于泺源街道泺源大街北侧礼拜寺街，占地面积5238平方米。该寺始建于元代元贞元年（1295）。礼拜大殿由后殿、前殿和卷棚式抱厦组成。寺内存有历代碑文、匾额。属中国古典庙宇式建筑群体，为省级文物保护单位。

清真北大寺 位于永长街81号，占地5000平方米，有主殿、卷棚、望月亭、南北讲堂、沐浴室等。该寺始建于清乾隆三十年（1765）。为市级文物保护单位。

东佛峪 位于十六里河街道村东北约3000米，龙洞山东佛峪尽头处，原有一般若寺，现成遗址。有长百米高数十米的悬崖，崖上有造像20余尊，为隋唐风格。大"佛"字及"别有洞天""唐金刚念碑""严阿仙境"大小题记30余则。名泉有林汲泉、露华泉等。

大佛寺石窟造像 位于青铜山麓半腰处，坐北朝南，属隋唐建筑。大佛寺宇荒废无存，仅存石窟造像。窟内有大坐佛1尊，佛身高8米、宽1.9米，佛坐高1.5米，大佛左右侧有菩萨和比丘立像。菩萨高2.2米、肩宽0.7米，手持枝条和净水瓶，额冠上有坐佛。比丘高1.8米、宽0.6米。大佛右侧壁上有小佛4尊，全窟共9座造像，均为高浮雕，从雕刻、服饰、发髻看为隋唐时期雕刻。窟门外右侧有1碑，上记明嘉靖十五年（1536）、清光绪年间均重修拱门。为省级文物保护单位。

二、经济

1. 总况 1986年，实行划分税种，核定收支分级包干财政体制管理办法，当年财政收入1061.1万元。1988年，工业、农业年产值，分别为20200万元、1728万元。同年，开始设区级金库，当年财政收入2525.1万元。1990年，工业、农业总产值，分别为27200万元、3020万元。2004年，社会生产总值180.93亿元，财政总收入44832万元。2010年，全区生产总值完成498.3亿元，其中第一、二、三次产业，分别完成3亿元、100亿元、395亿元；一、二、三产业比例为0.6 ：20.07 ：79.33。实现地方财政收入23.2亿元。

2. 工业 1986年，完成工业产值8338万元，工商利润1059.3万元。1990年，区街工业企业338家，完成工业总产值2.72亿元，实现工业利润1643万元。1995年，全区企业400余家，完成工业总产值11.36亿元，工业销售收入8.24亿元，利润4484.8万元。2000年，完成工业增加值59.4亿元，实现利税4901万元，利润2998万元。个体工商户累计21247户，私营企业2020家；注册资金9.8亿元；个体私营业户纳税8268万元。2005年，有规模以上企业89家，实现工业增加值42.1亿元，销售收入183.42亿元，利税17.46亿元。新增个体工商户1895户，累计1.88万户；新增私营企业1095家，累计4420家；新增注册资金6.53亿元，累计41.58亿元。2010年，全年规模以上工业企业67家，实现工业增加值71.3亿元，销售收入514.5亿元，利税28.5

亿元，利润20.5亿元。实现进出口总额85422万美元，其中出口76272万美元。新增个体工商户3480户，累计1.05万户；新增私营企业920家，累计6539家；新增注册资金15.76亿元，累计注册资金48.8亿元。

3.农业　1986年，七贤镇农村经济收入7701.4万元，全区工农业总产值完成4246万元。1990年，农业总产值3020万元，粮食总产2244吨，产肉食鸡175万只（产肉3309吨），产蛋1060吨，生猪出栏3166头，蔬菜产量10500吨，果品产量750吨。1995年，农村经济总收入15.5亿元，农业总产值4823万元，粮食总产1782吨，蔬菜1万吨，果品产量5200吨，肉、蛋、奶类产量5000余吨。2000年，农村经济总收入58.37亿元，其中非农经济总收入58.12亿元。农业增加值15852万元。耕地面积5978公顷，农业机械总动力22124千瓦，农田水利完成投资额1200万元，实现工程量87万立方米，有效灌溉面积4000公顷。农作物播种面积10545公顷，其中粮食作物播种面积10085公顷、经济作物播种面积461公顷。粮食总产量3.9526万吨。猪、牛、羊年出栏数，分别为5.07万头、1.03万头、7.18万只；肉、蛋、奶产量，分别为765.92万千克、1385.75万千克、998.22万千克。有乡镇企业190家，实现增加值4.94亿元，实缴税金5417万元。2004年，粮经比例为5.5 ∶ 4.5。2005年，农业增加值2亿元，耕地面积5141公顷，农作物播种面积9575公顷，粮食总产3.86万吨，水果总产1.12万吨，蔬菜总产1.38万吨，肉类总产0.97万吨，奶类总产1.78万吨，禽蛋总产1.97万吨。禽畜规模化饲养率97%。2010年，农业增加值1.58亿元，实有耕地面积5420公顷，农作物播种面积5350公顷，粮食总产4.5万吨，油料总产0.03万吨，蔬菜总产0.8万吨，水果总产0.3万吨，肉类总产0.7万吨，奶总产1.9万吨，禽蛋总产1.9万吨。全区建有养殖小区7处。蔬菜种植面积200公顷。

4.商贸服务业　1986年，完成营业额5253.9万元，利润205.4万元。1990年，有饮食服务业网点3774个。全年完成营业额3.2亿元，实现利润1533万元。农贸市场农副产品上市量54320吨，成交额6349万元。1995年，社会消费品零售总额16.59亿元，全区中、小型商业网点12800个，个体、私营业户发展到12160户。农贸市场成交额10.2亿元。全区新增三资企业13家，累计155家，实际利用外资800万美元，与30多个国家和地区建立经贸关系。外贸出口供货值2.1亿元。自营出口创汇190万美元。2000年，社会消费品零售总额32.15亿元，餐饮服务业零售额55.39亿元。城乡集贸市场44处，商品成交额36.59亿元。出口创汇832万美元，实际利用外资240万美元。2005年，社会消费品零售总额124.63亿元。城乡商品交易市场34处，成交额16亿元。社区服务业实现收入2000万元，利润550万元。引进内资项目766个，实际到位资金90.46亿元。实现出口创汇1.53亿美元；利用外资项目10个，实际利用外资3120万美元。2010年，社会消费品零售总额254.1亿元。三产增加值占生产总值的比重79.3%。引进项目485个，其中投资过1亿元的项目46个。实现出口创汇7.6亿美元。新批外商投资企业10家，实际利用外资11850.8万美元。金融业实现增加值100亿元，实现区域税收22.94亿元。共有金融机构206家，其中银行业金融机构113家、证券期货业金融机构18家、保险业金融机构50家、其他金融机构25家。

5.城乡建设　**道路**　1986—1990年，市政工程养护维修总投资6649.4万元，养护维修沥青路56条(段)，21.09万平方米。新建、改建建设路、民族大街、马鞍山路等十几条沥青路，计6.21万平方米。至1990年，辖区217条街巷总长11.50万米，面积725万平方米。1991~1997年，对辖区91条道路、56条街巷进行综合治理，对西北外环路、土屋路、马鞍山路等道路实施拓宽改造，完成小清河治理工程。1998—2004年，完成十六里河镇、党家庄镇农村公路改造工程。对156条道路、92条背街小巷进行整治。2005—2010年，完成104国道、济微路建设工程，舜耕路、阳光新路改造工程。共计整治道路111条（次）、街巷1082条（次）、居民小区258座（次）。至2010年，辖区道路总长210千米，总面积4.8平方千米，其中主干道59.7千米、次干道30.6千米。

街区 1985年，设立济南市市中区城市建设综合开发公司，承担辖区城市改造、建设工作。1986年，完成郎茂山小区一期工程，共13幢居民楼，总建筑面积2万平方米；建成建设路大桥及市中区少年、老年活动中心。1987年，郎茂山二期工程计11幢楼完工，总建筑面积3.73万平方米；六里山3幢双体住宅商品楼竣工，总建筑面积4114.5平方米；市中区机关5幢宿舍楼竣工，总建筑面积1.9万平方米。1988年年底，郎茂山三期工程竣工。同年，林祥南街小区部分改造工程竣工。同年12月，济南大厦竣工，建筑面积1.64万平方米。1989年，进行郎茂山、五里山、东八里洼等小区建设，累计竣工总建筑面积10.17万平方米。1990年，继续开发郎茂山、五里山、八里洼新区，改造梁家庄、经七纬一路、聚善街三个老城区，累计竣工建筑面积12.77万平方米。1992年6月始，对回民小区进行改造，总投资4.2亿元。1996年，回民小区竣工。1997年，完成高架路和中心广场建设工程，投资近亿元完成经七路、经四路以及八一立交桥等工程的拆迁任务。2000年，筹备双龙小区建设。2001年，加快南部山区开发进程，完成九曲社区、齐鲁园、青云山庄、云岚山庄等项目规划。当年投资1.24亿元，开工面积12万平方米，实际竣工面积3.5万平方米。2002年，山景园小区一期工程9幢住宅楼竣工，竣工面积5万平方米，新开工3万平方米；郎茂山北区一期工程全面展开。2003年，投资120万元建设横跨兴济河的山景桥。2004—2010年，完成全社会固定资产投资808.09亿元。

园林 1987年，辖区各类公园、苗圃、林场总占地面积150万平方米。1990年，新增绿化面积128万平方米，绿化覆盖率32.46%，人均占有公共绿地面积5.68平方米。1993年，完成市中区承担的4.88千米的南外环路建设任务，全年新开和续建工程量67.5万平方米。城市绿化覆盖率34.05%。1997年，投资80万元，建成英雄山中心广场，种植各类乔灌木1400株，建音乐喷泉2座。1998—2002年，建成市中、七贤、七彩、赤霞、大众、舜湖、六里山、虹桥、玉函9处绿地广场。对泺源大街、经七路、经八路、英南路、玉函路等17条道路绿化带进行更新改造。马鞍山路、纬一路、经八路等主要道路绿化覆盖率在40%以上。建成经四路、经八路、经七纬二路等近30处街头绿地。2003—2004年，对建设路、腊山工业路、农业园路、重汽路等道路进行绿化，培植出玉函立交、八一立交、英雄山广场北侧等绿化景点。2005—2010年，辖区绿化荒山2077公顷。至2010年，城市绿化覆盖概率44.1%，人均占有公共绿地面积16.3平方米。

7.名优特产 济丽红杏 原产于义和村，系自然实生，自然受粉结实率31%，6月底成熟，单果平均重85克，最大单果重130克以上。果面光滑，色泽艳丽，果汁中等，有香气，甜仁，离核，是一个鲜食与加工兼用的优良品种。

六月紫葡萄 1985年6月，陡沟村周建忠在村南葡萄园发现山东早红葡萄芽变，比母树其他枝上结果早熟7天，至1990年已繁育四代，通过省农业厅专家组鉴定，定名“六月紫”。该品种4月上旬发芽，5月中旬开花，6月中旬果粒开始着色，6月底至7月5日前果实完熟。平均粒重6.4克，紫红色，色泽艳丽，着色整齐，含糖量14.2%。平均穗重510克，果皮较厚耐运输，无裂果现象，充分成熟后有玫瑰香味。

草包包子 始创于20世纪30年代。因创始人张文汉憨厚淳朴的绰号“草包”而得名。该包子皮薄馅多，味美多汁，口感松软，香而不腻，有以猪肉灌汤包为首的十余种风味。

便宜坊锅贴 由天津人张月祥创办。该锅贴以应时蔬菜为配菜，主要特点为外焦里嫩、皮薄馅多。主要有精肉、韭菜肉、蒲菜肉、冬瓜虾仁、芸豆肉、三鲜等十余种。

三、社会事业

1．**教育**　1990年，有普通中学11所，在校生10300人，教职工1204人；小学44所，在校生24642人，教职工1562人；幼儿园40所，小学附设学前班65个，在园幼儿10325人，教职工672人；职业高中5所，在校生1456人，教职工412人。社会力量办学点20多处。农村成人教育培训7000人，扫盲任务全部完成。1995年，有各类学校61所，在校生42901人，教职工3165人。2000年，有各类学校80所，在校生60462人，毕业生11630人，教职工5551人，其中专任教师4948人。2005年，有：各类学校78所，在校生54774人，教职工4321人；幼儿园78所，在园幼儿12593人，教职工1419人。2010年，有普通高等院校2所；中等专业学校1所，在校生1080人；普通初中16所，在校生1.58万人；小学50所，在校生 3.58 万人；特殊教育学校1所，在校生67人；幼儿园94所，在园幼儿16756人，教职工1932人。适龄儿童入学率100%，小学在校生巩固率、按时毕业率均为100%，初中在校生巩固率99.7%，初中生合格毕业率100%。

2．**卫生**　1986年，区属卫生医疗机构有市中区人民医院、市中区卫生防疫站、市中区妇幼保健站、市中区牙科诊所。1990年，有区属综合性医院、防疫站、妇幼保健站各1个，专业卫生人员453人，病床147张。街办卫生院11所，社会办医疗门诊所46个，厂企卫生室127个，农村卫生室19个。1995年，有区属医院、卫生防疫站、妇幼保健站各1处，专业技术人员408人，病床147张。街办卫生院9所，农村卫生室16个。2000年，有各类卫生机构406处，其中医院29所；卫生技术人员4480人，其中医生3400人；床位2630张。2005年，有各类卫生机构374处，其中医院25所；卫生技术人员5600人，其中执业医师1084人、注册护士305人；床位3120张。2010年，有各类卫生机构531处，其中医院、卫生院42所；卫生技术人员8400人，其中执业医师及执业助理医师3024人、注册护士3735人；床位4503张。

3．**科技**　1988年，完成省市级科研项目5个，引进技术人才500余人。同年，济南市第一条科技街于经八路东首开业，先后有27家全民及民办科研机构入驻，开发新产品和签订服务合同项目150项，申报专利8项，与乡镇企业联合创办12个实验和生产工厂，完成科研课题40项，为区企事业单位提供各类科技成果专利产品350项。1989年，完成国家级星火项目——腊山肉食鸡宰杀生产线的安装工程。1986—1990年，累计完成科技项目27项，其中6项通过省级鉴定、15项通过市级鉴定；18项科技成果获奖。1994—1996年共开发新产品55个，新产品产值率15%以上。申请专利781件，累计实施117件，创产值4.27亿元，利税6920万元。累计创办民营科技企业36家，其中11家企业被省科委认定为省高新技术企业、高新技术产业生长点；2家企业被授予“中国专利山东明星企业”，1家企业被命名为“济南市专利示范企业”。1997年，中华人民共和国科委命名市中区为“全国科技工作先进区”。1999年、2004年，两次被评为“年度全国科技工作先进城区”。2005—2010年，实施市级以上科技项目178个，其中52项获省、市奖励。专利申请7630件，授权专利3739件。

4．**文化体育**　1988年，全区有文化机构68个，其中区文化馆、图书室各1个，街道文化站15个，文化室25个，图书室26个。全区图书藏书量6.7万册，年图书流动量2.5万人次。1990年，有驻区文化团体6个、驻区文化单位30家；文化站16个，各站配备干部1名～2名，指导基层群众文化艺术活动；基层文化室25个；图书室26个。1991—1997年，共组织各种文艺演出活动126场，演出节目2172个，参与演出活动人数3万人次。创作各类文艺作品120余件，获市以上奖励48个，其中获全国奖2个、省级奖21个、市级奖25个。1997年年底，全区文化娱乐行业有歌舞厅13户、餐饮卡拉OK厅40户、电子游艺厅7户、台球室

29 户、书店 167 户、画店（廊）169 户，音像行业有销售 33 户、出租 6 户、放映 1 户，印刷行业(含打字复印）235 户。1998—2004 年，区文化局组织各种大型文艺演出活动 581 场，演出节目 8719 个，组织群众文化广场活动大赛 5 届，观众人数 50 余万人次。2010 年，辖区有文化馆（站）18 座，图书馆（室）84 座，藏书量 18 万册；有各种艺术表演团体 200 余个，群众艺术馆、文化馆 2 座，公共图书馆 1 座，档案馆 3 座。

1990 年、1999 年、2004 年、2008 年，成功举办全区第一至四届全民运动会。2001 年，舜玉路街道被体育总局评为全国群众体育先进单位。至 2010 年年底，全区有露天健身器材 3000 余件，培训社会体育指导员 1231 名。有山东省体育中心、济南军区八一文体馆、奥林匹克体育公园等大型体育健身场所。

5．居民生活 1988 年，全区职工人均年工资 1280 元。1990 年，区属企业职工人均年工资 1741.2 元，农民年人均收入 1050 元。1995 年，职工年人均工资 3720 元，农民年人均收入 2300 元。2000 年，职工年平均工资 12229 元，农民年人均纯收入 3448 元。2005 年，职工年平均工资 16536 元，农民年人均纯收入 5416.7 元。2010 年，职工年平均工资 53052 元，农民年人均纯收入 10028.3 元。社会保障体系进一步健全，完成社会养老保险扩面 20899 人。机关事业单位参加社会养老保险 13943 人，保费收入 10983 万元，收缴率 100%。企业参加社会养老保险 138227 人，实际缴费人员 100957 人，保费收入 23429.17 万元，收缴率 95.6%。全区城镇基本养老、医疗、失业、工伤和生育保险参保人数分别为 19.38 万人、22.93 万人、9.63 万人、10.94 万人和 9.63 万人。

附记：金融业区位优势

市中区的金融地位有其悠久的历史渊源。济南开埠以后，省内周村、潍县等地的商业资本纷纷投进济南，外国资本也相继涌入商埠，辖区逐渐成为济南金融机构集中地区之一。1906 年，由德商在济南设立的第一家外资银行——德华银行在商埠成立，位于经二纬二路口（今中国人民银行济南分行营业管理部址）。1911 年，清政府交通银行在通惠街成立支行。

1922 年 11 月，中国银行（1913 年由大清银行改名）山东省分行由历下旧军巷迁入经二纬二路，成为国民政府国际汇兑专业银行。1924 年，济南共有银行 20 余家，钱庄（含银号）130 余家，大部分集中在商埠地区。1927 年，交通银行济南支行由院西大街迁入商埠经二路。1929 年 3 月，中国银行山东分行移设青岛，在商埠旧址改设中国银行济南支行。1948 年，济南解放前夕，辖区有中央银行、中国银行、交通银行、农民银行中央信托局、邮政储金汇业局、中央合作金库等在济南设立的分支机构 6 家以及山东省、济南市两级地方银行，另有一批商业银行。市中辖区即成为济南市的金融中心。

1948 年 9 月济南解放，辖区全部金融机构归人民政府接管。1949 年以后，省、市两级金融机构绝大部分设于市中辖区，先后成立中国人民银行山东省分行、山东省保险公司、中国人民银行山东省分行济南营业部。

1952—1955 年，先后成立中国人民保险公司济南市支公司（位于经二路纬四路）、中国人民建设银行济南支行（位于东兴里 3 号）、中国农业银行山东省分行（位于经二路纬三路）、中国农业银行济南支行。其间，中国人民银行山东省分行济南营业部改为中国人民银行济南市支行，共计增加各类金融机构 4 家。

1978—1986 年，改革开放促进经济发展，同时加快省、市金融管理体制的改革，一批新的金融机构诞生。先后有中国银行济南支行（位于经二路纬二路）、外汇管理总局山东省分局、中国保险公司济南市中心支公司、中国工商银行济南市分行建立（位于经二路）、中国工商银行山东省分行（位于经三路）、中国建设银行济南市分行增设济南铁路支行在市中辖区成立。

1990年，包括中国人民银行济南分行在内，工、农、建三大国有银行省级分行总部位于市中区辖区。驻区省、市一级金融、保险机构有13家，分别是：中国人民银行山东省分行、外汇管理总局山东省分局、中国工商银行山东省分行、中国农业银行山东省分行、中国人民建设银行山东省分行、中国人民保险公司山东省分公司、中国人民银行济南市分行、中国工商银行济南市分行、中国农业银行济南市分行、中国人民建设银行济南市分行、中国银行济南分行、中国人民建设银行济南铁路支行、中国人民保险公司济南市分公司。金融研究机构有：中国人民银行山东省分行金融研究所、中国农业银行山东省分行金融研究所。省级信托、证券机构有：中国工商银行山东省信托投资公司、中国农业银行山东省信托投资公司、山东省证券公司。

1990—2000年，由金融机构和省级政府发起设立一批证券公司，山东证券、华夏证券、渤海证券、海通证券等相继在辖区成立。同时，交通银行山东省分行、齐鲁银行、中国太平洋保险公司山东分公司、华夏银行济南分行、招商银行济南分行等银行、保险业公司相继在辖区落户。

2002年，市中区确立以金融服务业为先导的经济发展战略，加强与驻区经融企业联系，并为其提供全方位服务。2004年，有山东润丰保险代理有限公司等5家保险业公司在市中辖区开办经营。2005年，有山东齐鲁证券有限公司等2家证券业公司、济南国邦保险代理有限公司等4家保险公司、山东济南润丰农村合作银行2家银行在辖区开业。

2006—2010年，市中区实施大规模旧城改造，先后启动魏家庄、天桥南三角地、普利门、中山公园东、中光明街等老城改造项目，在新建的计划项目中预留黄金地块，面向国际金融业巨头招商，通过土地集约化，腾出空间吸引世界知名银行，通过租赁、置换使用房产权等形式，吸引一批国际知名银企入驻市中区，其中落户辖区的汇丰银行是首个落户山东省的外资跨国银行。2006年，英大国际信托投资有限责任公司等5家保险公司落户辖区。2007年，广发证券有限公司济南经七路证券营业部等2家证券公司、民安保险（中国）有限公司山东分公司等3家保险公司、威海商业银行济南分行、山东鸿发汽车信贷担保投资有限公司落户辖区。2008年，青岛银行济南分行、鲁政期货有限公司等7家金融机构省级总部落户辖区。2009年，中意人寿保险山东分公司、幸福人寿保险山东分公司、海尔纽约人寿山东分公司等13家金融机构入驻辖区。2010年，北京银行济南分行、上海银行济南分行、天津银行济南分行三大直辖市城商行山东总部，以及山东省日照银行济南分行、莱商银行济南分行区域总部相继在辖区开办；英大泰和财产保险山东分公司、浙商财产保险山东分公司、海尔纽约人寿山东分公司、招商信诺人寿山东分公司4家保险公司省级总部入驻辖区。

2010年，市中区共有金融机构207家，其中银行业金融机构113家（银行总部及区域总部19家，占全市银行总部的63.3%），证券期货业金融机构18家，保险业金融机构50家，其他金融机构26家。2010年金融业实现增加值100亿元，同比增长18.5%，占全市金融业增加值的34.7%；金融业实现区域税收22.94亿元，同比增长22.2%，占全市的41.4%。

表 1—1—2 **2010 年市中区街道情况**

名 称	面积（平方千米）	所辖居委会（个）	所辖行政村（个）	人口（人）
大观园街道	1.20	5		27300
魏家庄街道	0.88	5		22385
杆石桥街道	2.30	8		56296
四里村街道	3.66	5		37958
舜玉路街道	4.60	9		54103
二七新村街道	1.68	8		36243
七里山街道	2.40	9		35426
六里山街道	3.20	9		39079
泺源街道	1.68	5		30774
王官庄街道	6.20	10		31407
舜耕街道	8.01	3		9041
白马山街道	11.20	16		28851
七贤街道	14.00	8		36785
十六里河街道	44.20	1	16	39720
党家街道	77.24	1	22	39099
兴隆街道	57.10		16	18833
陡沟街道	40.70		23	27451

第三节 槐荫区

一、政区

1. 位置 辖区位于济南市城区西部，北纬 36° 36′、东经 117° 03′。北与德州市齐河县隔黄河相望，南与市中区相邻，东与天桥区、市中区接壤，西邻长清区。东西最大横距约 15.3 千米，南北最大纵距约 13.5 千米。总面积 151.61 平方千米。

2. 建置 1929 年济南市设立后，辖区城区部分为济南市第七区，其他区域分别属济南市第八、九区和长清县。1948 年 9 月济南解放后，辖区分别属济南市第七区、第九区、第十区和长清县。1951 年 1 月，济南市调整市辖区设置，辖区分别属济南市第六区、郊三区、郊四区、郊五区。1955 年 9 月，第六区改为槐荫区，郊三区、郊四区、郊五区分别改称段店区、药山区、玉符区。1966 年 8 月，槐荫区更名为东风区，1973 年 7 月复称槐荫区。1978 年区划调整，槐荫区范围北起堤口路、张庄路交叉口，南至刘长山，东起纬五路，西至兴济河，面积 12.91 平方千米。1987 年 5 月，郊区撤销，段店、吴家堡镇划入槐荫区。

3. 区划 1985 年，市中区辖经三路、西市场、中大槐树、道德街、振兴街、营市街、北大槐树、五里沟、青年公园、南辛庄 10 个街道，106 个居委会。1987 年 5 月，济南市郊区段店镇、吴家堡镇划归槐荫区。1989 年 9 月，进行区划调整，撤销经三路、北大槐树街道，建立匡山、段店北路、张庄路街道，槐荫区划为西市场、中大槐树、道德街、振兴街、营市街、五里沟、青年公园、南辛庄、匡山、段店北路、张庄路 11 个街道和段店、吴家堡 2 个镇。1995 年 12 月，设立美里湖街道。

2010年年底，辖区有12个街道、2个镇，65个居委会、93个行政村。

4. 人口 1986年，辖区有62298户，人口201780人，性别比107.1。1990年第四次人口普查，全区人口337044人，性别比105.1。2000年第五次人口普查，全区人口396844人，性别比105.5。2010年第六次人口普查，全区常住人口476811人，性别比104.6。当年人口机械增长率3.51‰，自然增长率5.55‰

5. 名胜古迹 济南森林公园 位于槐荫区张庄路，占地69.5公顷。济南森林公园前身是西郊苗圃，曾是山东最大综合性苗木生产基地。2010年12月26日向市民免费开放。

匡山 亦称筐山。位于匡山街道匡山村东北，为“齐烟九点”之一。相传山巅有寺，建有前、后殿和东、西两院。据元代元好问《济南行记》载，金代之前，山上建有“李白读书堂”。现山南腰间立有“太白读书处”刻石一块。

基督教自立会礼拜堂 位于经四路425号。1924—1926年，由李洪根设计，长老王宣忱主持建筑。占地1.33公顷，建有礼拜堂1座及楼房、平房300余间，附设“进德小学”。礼拜堂建筑面积1331.3平方米，可容纳1500余人。

兴福寺 位于段店镇小饮马村。始建于南朝，曾毁于元代，明弘治年间复建，清代重修。寺内建有山门、正殿、后殿及东西配房，总面积1900平方米。院内有古柏4棵。为省级文物保护单位。

北大槐树清真寺 位于北大槐树北街西首。明弘治、清同治、民国年间先后重修。寺院坐西面东，占地0.07公顷，分前、后院，建有大殿、南北讲堂、水房子（浴室）、贮藏室和门楼，建筑面积394.54平方米。

“五三”惨案蔡公时殉难地 位于槐荫区经四路370号。20世纪20年代为山东外交交涉员公署。1928年“五三”惨案时，国民政府战地政务委员会外交处主任兼山东交涉员蔡公时在此遭日军杀害，是“五三”惨案最具代表性纪念地之一。为省级文物保护单位。

田家庄遗址 位于段店镇田家庄以南，玉符河畔。1964年出土陶器、石器、鹿角、兽骨、猪牙、淡水蚌壳等。后又在该处发现乌黑发光的轮制黑陶片和商代晚期墓葬。该遗址属北辛文化（距今6500多年前）、龙山文化（距今4000年前后）和商代文化（距今3000多年前）混合区。

祝阿古城遗址 位于段店镇古城村。春秋时期称祝柯。《春秋·左传》载“襄公十九年（公元前554）诸侯盟于祝柯”。汉初为县，改称祝阿。北魏、东魏时祝阿县治迁济北，此地成为祝阿故城，遂名“古城”村。现村东残存祝阿故城部分夯土城墙。

二、经济

1. 总况 1986年，市对区实行“划分税种、核定收支、分级包干”管理办法。1988年起，建立区级财政，全年工农业总产值3.57亿元（当年价格，下同），其中工业总产值3.18亿元。1989年，全区完成财政收入4677.1万元。1995年，全区地区生产总值15.5亿元，一、二、三产业增加值，分别为1亿元、7.5亿元、7亿元，三次产业比例6.5∶48.4∶45.1，第三产业发展迅猛，全区财政收入9231万元。2000年，完成地区生产总值25.48亿元，财政收入2.85亿元，其中地方财政收入1.9亿元，三次产业比例5.4∶39.5∶55.1，民营经济成为全区经济增长重要力量。2005年，全区地区生产总值94.46亿元，地方财政收入3.39亿元，三次产业比例1.9∶35.5∶62.6，高新技术产业产值占规模以上工业总产值42%。2010年，全区地区生产总值238.9亿元，其中一、二、三产业增加值，分别为3.2亿元、69.2亿元、166.6亿元，三次产业比例1.3∶29∶69.7，地方财政收入10.3亿元。辖区内销售收入过亿元企业60家，其中工业11家、建筑业4家、商贸业38家、房地产业6家、金融业1家。

2. 工业 1986年，区属工业主要为街居、乡镇企业，街居企业规模较小，年产值200万元。

1989年，全区有区属工业企业16家、街办企业37家、镇直企业23家、村办企业243家。1990年，全区实现工业总产值4.61亿元，利润2450万元。1995年，全区完成工业总产值26.17亿元，实现利润9896万元，其中乡镇工业总产值17.5亿元、利润6687万元。1998年，济南民营科技产业园（2006年，被省政府批准设立为省级开发区，更名为济南槐荫工业园）和两镇成为全区工业经济发展的重要区域。2000年，全区完成工业总产值43.34亿元，实现利润1.38亿元。2002年，民营企业成为全区经济发展重要力量，全区47家规模以上企业中有38家是民营企业。2005年，市属18家国有（集体）企业管理权下放至区及街道，全区在地规模以上工业企业123家，当年完成工业增加值22.63亿元。2008年，九阳股份在深圳挂牌上市，实现融资15亿元，成为全省中小板上市公司募集资金总量第一名。2010年，全区实现工业增加值39.3亿元，规模以上工业企业128家，从业人员21497人；实现销售收入150.1亿元、利税19亿元、利润13亿元。工业高新技术产业实现产值98.8亿元，占规模以上工业总产值66.7%。驻区主要有工业企业有济南二机床集团有限公司、济南轨道交通装备有限公司、济南机车车辆厂、九阳电器等。

3．商贸服务业 1986年，辖区商业已实现多成分、多渠道、跨行业经营，个体商业网点数量占到50%以上。1989年，全区有商业网点4682处，其中省、市及外地驻区182处。1995年，全区商业网点发展到8350处，完成商业营业额27.4亿元，集贸市场交易额32.6亿元。2000年，完成第三产业收入195.8亿元，其中商业营业额61.3亿元，实现商业利润9700万元。2005年，全区第三产业收入578亿元，完成社会消费品零售总额（在地口径）108.5亿元，其中批发零售贸易业零售额100.88亿元、餐饮业零售额3.47亿元。2010年，全区完成社会消费品零售总额233亿元，其中限额以上贸易企业206家，完成社会消费品零售总额189亿元。金融、证券、文化等现代服务业加快发展，现代服务业完成增加值59.3亿元，占全区服务业总增加值的35.6%。辖区大型商业网点有济南华联商厦、西市场小商品批发市场、济南茶叶批发市场、八里桥蔬菜批发市场等。

1988年，区对外贸易经济开始起步。1989年，发展中外合资企业16家。1993年起，外贸出口由供货型为主逐步向自营出口型发展。1993年，全区实际利用外资1200万美元，自营出口创汇271万美元，中外合资企业112家。2005年，省属、市属出口企业实行属地化管理，全区出口创汇1.2亿美元。2010年，共完成招商引资82.1亿元，合同利用外资36215.6万美元，实际利用外资6445.4万美元，出口创汇1.45亿美元，有出口实绩企业79家，轨道交通、九阳小家电、银丰硅制品等机电、化工生产企业，占全区出口的51%以上。

4．农业 1986年，全区粮食种植面积4858公顷，总产32300吨；蔬菜种植面积909.5公顷，总产60030吨；林木总面积474.7公顷，果品总产2080吨。1990年，农村经济总收入6亿元，其中多种经营4亿元。1995年，农村经济总收入23.5亿元，粮食总产2.4万吨，蔬菜总产9万吨。2000年，农业初步形成出口创汇、生态观光、精种特养等特色农业，农产品出口创汇270万美元。2005年，粮食产量30000吨，蔬菜产量9万吨，肉蛋奶主要农产品产量17800吨，粮经比例35：65，农民人均纯收入5600元，非农产业占全区农民人均纯收入80%以上。2010年，实现农业总产值4.49亿元。全区耕地面积2870.8公顷，农作物耕种面积4872公顷。粮食总产26300吨，蔬菜总产20500吨，水果总产200吨，肉蛋奶水产品产量22600吨，猪牛羊年出栏总数27512头只。农业机械总动力9.8万千瓦。

5．城乡建设 道路 1989年，全区有道路93条、长73.15千米，其中主干道13条、26.64千米。1990年，辛庄高架桥建成通车；1990—1992年，共投资1280万元，新建道路15条、8

万平方米。1996年,完成东南外环路、西北外环路、经四路等15条主要干线拓宽改造工程。1998年，完成济齐路、小清河北路（西起外环西路东至天桥区界)、经二路西段道路建设。2005年，实现村村通公路和通公共汽车。2010年，全区有城市道路161.28千米，其中主干路39.07千米、次干路14.58千米，道路面积244.12万平方米。

街区　1986—1989年,开发改造旧城区11处,施工面积21万平方米。1990—1995年，全区综合开发竣工面积150.84平方米，建成匡山、明星、南辛、闫千户等小区。1997—2002年，规划建设了新世界阳光花园、阳光100国际新城、外海城市花园等大型高档社区，房地产竣工面积248万平方米。2006年起，五里沟发祥巷棚户区、中大槐树南区、北大槐树、振兴街三角地、经七纬十二路东南片区等老城开发全面展开，段店村等城中村改造启动。2008年，济南西客站片区建设开工，规划占地268.8公顷、总建筑面积400多万平方米的村民安置区建设启动。至2010年，西客站片区累计完成各类地上物拆迁面积646万平方米，高铁正线已全线贯通，场站一体化工程主体封顶，村民安置区已完成110万平方米，污水处理厂投入使用。第十届中国艺术节会场落户辖区，省会文化艺术中心在西客站片区开工建设。

园林　1986年,有区属公园2处（青年公园、槐荫公园)，市属苗圃2处（济南园林苗圃、段店苗圃)。1989年,辖区城区绿化面积7.17万平方米,绿化覆盖率25.2%，人均公共绿地面积0.49平方米。1998年起，绿化进入集中建设时期，青年公园改建为占地3.2万平方米的槐荫广场，实施小清河、腊山绿化工程及西外环路、经七路等重点绿化和城区拆墙透绿，1999年将槐荫公园改建为槐苑广场，2000年建成西郊森林公园。2002年，全区建成20余处绿地广场，绿化覆盖率37.8%，人均绿地面积7.3平方米。2006年，绿化美化腊山立交桥、担山屯立交桥，新增绿地面积60多万平方米。2010年，投资2.8亿元，改建扩建济南森林公园（原西郊森林公园）并免费向市民开放。全区绿化覆盖率41.5%，人均公共绿地面积9.6平方米。

6. 名优特产　吴家堡大米　产地集中于辖区吴家堡镇、美里湖街道丰水区，为济南市名牌农产品。米色洁白，入口香、甜、黏，属北方典型粳米品种，品质好，营养价值高。2008年获济南市“地产经典好米”金奖，2009年被济南市民评选为泉城消费者最喜爱的十佳特色农产品之一。

西郊盖韭　产于段店镇大金庄地区，供应季节主要为春节前后。栽培始于明末清初。为保温，周围以土围挡，韭菜之上覆盖草苫，“盖韭”因此得名。清代中叶，盖韭已是济南名菜，解放后与唐王白菜、北园芹菜并称济南“三美”，为济南传统蔬菜之一。2009年，被济南市民评选为泉城消费者最喜爱的十佳特色农产品之一。

吴家堡白莲藕　已有2000多年种植历史，原栽培品种“大卧龙”为当地野生品种培育而来。生食少渣，熟食味甜，蛋白质含量2.21%，且药用价值高。

三、社会事业

1. 教育　1986年，全区有小学22所，中学10所。1989年，辖区有：幼儿园73所，教职工428名，在园幼儿7708名；小学72所，教职工1981名，在校生27519名；中学22所，教职工1607名，在校生14135名；驻区中专7所，教职工1620名，在校生4677名；驻区职业中专2所，教职工218名，在校生1156名；驻区高校（中共山东省委党校）1所，教职工355名，在校生208名。1993年，全区实现普及九年制义务教育。1994年,辖区有:幼儿园109所,在园幼儿8942人；小学79所，在校学生29182人；普通中学20所，在校生12873人；职业学校2所，在校生919人。1996年，区属中学全部取消高中。1998年，全区民办教师全部转为公办。2003年，辖区设立5所外来务工子女定点学校。2005年,有幼儿园112所，在园幼儿11414人;小学49所，在校生21310人，专任教师1609人；普通中学13所，在校生9443

人，专任教师1049人；职业中学、特殊教育学校个一所。2010年，有幼儿园101所，专任教师1254人，在园幼儿15395人；小学47所，专任教师1600人,在校学生25827人;普通中学11所，专任教师878人，在校生9923人;职业学校1所，专任教师73人，在校生2018人；特殊教育学校1所，专任教师28人，在校生102人。驻区学校有中共山东省委党校、山东省劳动技术学院、山东省济南卫生学校、山东省济南第九中学等。

2. **科技** 1986年，全区有科研机构9处。1989年，科研机构增至15处，有各类专业技术人员4859人，其中高级职称159人、中级职称1134人、初级职称3566人。1991年，建立农村科技服务站26个、科技协会24个、示范村3个，形成了区、镇、村三级科技服务网络。1995年，全国第五家民营科技产业园区——济南民营科技产业园成立。1996年7月，辖区被中华人民共和国科委评为“全国科技先进区”。2000年9月，成立民营科技企业孵化器，并于2003年2月被科技部认定为“国家高新技术创业服务中心”。2005年，有省级高新技术企业18家，高新技术实现产值30.72亿元；申请专利740件，各类专业技术人才2.6万人。2010年，全区科技三项投入1000万元,申请专利2103件、发明专利160件，高新技术企业实现产值98.8亿元。驻区科研单位23家，有院士工作站1家、省级重点实验室1家、省级工程技术研究中心3家、市级工程技术研究中心6家，省级自主创新型企业2家、市级自主创新型企业4家，高新技术企业14家。

3. **文化体育** 辖区内民间艺术主要有秧歌、腰鼓、舞龙、高跷等，在历年元宵佳节组织演出。1990年，举办槐荫区首届文化艺术节。1995年，在槐荫公园（后改为槐荫广场）举办首届文化消夏晚会，参与群众近10万人。2001年，槐苑广场被评为全省十佳文化广场和优秀文化广场。2005年，举办“槐荫区十大业余歌手大赛”“兴济河社区文化艺术节”。2006年，有民间文化队伍、社区业余群众文艺团队68个，社区业余活动辅导员127人。设立首家量贩式KTV。2010年，区图书馆藏书5万余册，年接待读者3万余人次；有2处综合文化站、77处农村老年活动基地和92个农家书屋；有歌舞娱乐场所9家、影剧院3座、网吧106家、KTV16家、电子游戏经营场所5家、备案棋牌室13家、台球厅2家。有普查文物点24处，其中省级2处、市级3处、区级19处；有14项非物质文化遗产，其中省级1项、市级3项、区级10项。驻区市属文艺单位有济南市儿童艺术团、济南市杂技院 、济南市吕剧院。

1993年、2000年、2005年成功举办全区第四、五、六届全民运动会。2005年，槐荫广场社区被命名为“全国城市体育先进社区”。2006年，全区实施村级健身工程，各村组建健身队伍，开展健身活动。2010年，区文化体育活动中心破土动工，总建筑面积1.8万平方米。有省级体育传统项目学校4所，市级体育传统项目学校12所，健身场（馆）7处，健身路径1633条，村居健身场所覆盖率100%。

4. **卫生** 1986年，区管卫生机构主要有槐荫人民医院、区卫生防疫站、区妇幼保健站、各街道（乡镇）卫生院、区属企业卫生室及个体诊所。1990年，辖区卫生事业机构217个，其中医院18所、防疫机构和妇幼保健机构各1所；病床2975张，卫生技术人员5036人。1996年，开始在辖区内试点建立社区卫生服务中心。2006年，有社区卫生服务中心12个、社区卫生服务站5个，被命名为“全国社区卫生服务示范区”。2010年，有各类卫生机构394个,其中医院和卫生院19处、疾病预防控制机构2所、妇幼保健机构1所；病床4985张；卫生技术人员5731人，其中执业医师和助理医师2914人、注册护士2256人。驻区省、市属医疗机构有山东省立医院、山东省肿瘤医院、山东大学齐鲁儿童医院（济南市儿童医院)、济南市第五人民医院。

5. **居民生活** 1988年7月，对驻区139个集体所有制企业固定职工退休费用实行社会统筹，建成社会保障服务网络1400多个。1989年，区属全民所有制单位职工人均工资1812.2元，集体所有制单位职工人均工资1548.5元；农村人均收入850元。1995年，城镇在岗职工人均工资4427元，农民人均纯收入2138元，城市人均居住面积由1990年7.5平方米增加到7.9平方米，农村人均住房面积由1990年20.57平方米增加到21.8平方米。2000年，城镇在岗职工人均工资9559元，农民人均纯收入3676元。2001年，农村取消三提五统；2004年，取消农业税及附加。2005年8月，在两镇开始推行新型农村合作医疗制度。2008年，启动城镇居民基本医疗保险，参保居民7.9万人，参保率80%；新型农村合作医疗参合率98%。2009年，通过开展城郊型社会主义新型农村建设，采取政府补贴等措施，全区农村实现了村村通自来水、各村建立文化大院，旱厕改水冲式，普及率94.1%，共改建户用沼气池3300户，建大中型沼气池10个，安装太阳能8000户，新建或完善农村卫生室，配备118个垃圾中转站，农村环境卫生管理实现全覆盖。2010年,城镇在岗职工年均工资 38210元，城镇居民人均消费支出15321.2元；农民人均纯收入10692.8元，农村家庭人均生活费支出4397元，农村人均住房面积40平方米。安置城镇就业8685人，城镇登记失业率控制在4%以内。全区城镇职工养老、医疗、失业、工伤、生育五险参保人数，分别为 14.2万人、15.4万人、7万人、8.2万人和7万人。社会保险基金总收入5.42亿元。农村社会养老保险参保农民9200人，新型农村合作医疗参合人数63088人，参合率99.9%。

附记：建设城郊型社会主义新农村

槐荫区农村城市化进程已有相当基础，非农产业发展迅速，城乡统筹资源较多。2005年，制定了《关于建设城郊型社会主义新农村的意见》，划分了生态经济带、新产业带、新社区带的“三带”产业格局。2006年，选择了53个经济条件较差、基础设施落后的远郊村，采取由城区街道和部分区直部门、协管单位与之结成“一对一”帮扶包挂制度，做好村内道路硬化、路灯、沼气池建设、村村通自来水、农厕改造、推广家庭洗浴设施、环境卫生、环境绿化、村卫生室、文体设施建设“十件实事”。是年，各级累计投资6000余万元，完成道路硬化20余万平方米，实现村村通自来水，入村率100%，入户率98%以上；安装路灯795盏，新增太阳能洗浴设施2517套，清理垃圾3000多立方米，种植乔、灌木17万余株；新建健身路径(篮球场）49条（个)，各村都成立了文化大院（包括图书室、活动室)，新建或完善村级卫生室53个、新建幼儿园12所；开展沼气池“一建三改”（即建沼气池、改厨、改厕、改圈）1323户，改造农厕3028户。在沼气池建设过程中，结合各村实际情况，分类指导。在村庄较小，建池数量较少的村，如：河圈村、小杨村，采用砖模建池；在建池数量较多的村，如：东曹村、西堡村，则采用钢模具建池；在地势低洼，居民院落较小的村，如王府村、闫庄村，则采用玻璃钢内胆的沼气池，因地制宜推广生态能源。

2007年，在落实“十件实事”的基础上，进一步提出了“30件实事”的工作目标，内容涉及农村基础设施建设、农村医疗、卫生、教育、弱势群体保障等各个方面，同时，着重完成“沼气池建设、农厕改造、自来水改造、农村劳动力培训转移、村庄规划和农村环境卫生长效管理机制”六项重点工作，全力推进城郊型社会主义新农村建设。至2008年，全面实现了村村通公路、村内主干道100%硬化，通户道路硬化率80%以上。完成沼气池“一池三改”3300多户，沼气服务站11家，建立4处沼渣沼液农业生产实验示范基地，带动沼肥使用面积330余公顷，使沼渣沼液已全部应用于农业生产。对每个改厕户无偿提供一套洁具，并通过以奖代补的形式，按照每户500元的标准进行补贴，用于支付改厕的材料费用，全区改厕农户9000余户，普及率85%以上。完善村村通自来水工程，并引导各村建立运行制度，规范供水管理，使每月人均水费控制在

1.3元左右，有的村月人均水费不到0.2元。农村环卫管理水平大大提高，段店镇、吴家堡镇和美里湖街道的87个村增设垃圾中转箱113个，全部实现了生活垃圾由环卫部门统一清运，彻底解决了农村垃圾外运问题。与力诺瑞特公司联合实施农村“万户阳光屋顶计划”，新增太阳能热水器4000余台。全区出现了多个家家使用沼气池、太阳能的生态村，带动农村环境面貌发生了根本改变。全区新型农村合作医疗参合人数76556人，参合率98%；参合农民的筹资标准70元/人，共筹资535.89万元。全区农村低保户274户，772人，低保标准提高到每人每年1440元。通过新农村建设，改善了全区城郊居民的生产生活环境和条件，带动农民生活习惯和农村社会风气发生了明显变化。

表1—1—3　　2010年槐荫区街道镇情况

名　称	面积（平方千米）	所辖居委会（个）	所辖行政村（个）	人口（人）
青年公园街道	0.79	4	0	26203
道德街街道	0.72	4	0	10816
中大槐树街道	1.39	5	0	17114
西市场街道	0.69	4	0	15916
五里沟街道	0.91	5	0	25070
振兴街街道	2.51	6	0	33101
南辛庄街道	2.03	4	0	27658
营市街街道	2.38	6	0	33842
匡山街道	5.39	4	4	29951
张庄路街道	9.91	4	3	23063
美里湖街道	19.86	5	14	17004
段店北路街道	3.82	9	3	24985
段店镇	63.00	5	36	70458
吴家堡镇	38.21	0	33	24915

第四节　天桥区

一、政区

1. 位置　天桥区位于济南市区北部，跨黄河两岸。区境四周与济南市历下区、历城区、市中区、槐荫区、济阳县及德州市齐河县相邻。北纬36°40′～36°45′、东经116°56′～117°03′。全区总面积265.58平方千米，其中城区13个街道辖区面积81.81平方千米，大桥镇、桑梓店镇辖区面积183.77平方千米。

2. 建置　1929年7月1日，济南市设立，辖区由历城县析出划归济南市。1930年济南市划分为10个区，辖区为第四、五、六、八、九、十区。日本侵占时期，济南划分为11个区，辖区为东乡区、北乡区、西南乡区、西乡区、中乡区。1945年日本投降后，济南市设11个区，辖区为第八、十一、四、五区。1950年12月，济南市划分为6个市区、5个郊区、2个直属乡（镇）。本区分属第三区、第四区、郊一区、郊二区、郊三区、郊四区和泺口镇辖领。1955年9月，第四区更名为天桥区。1956年，泺源区撤销，部分地区划归天桥区。至此，辖区为9个街道、14个乡、1个镇（泺口镇）。1957年12月，济南市郊区并入历城县，天桥辖区分属天桥区、历城县和齐河县等。

3．区划　1985年，天桥区辖工人新村北村、工人新村南村、无影山、堤口路、宝华街、官扎营、陈家楼、天桥东街、纬北路、刘家庄、北坦、制锦市12个街道，121个居民委员会。1987年5月，济南市郊区撤销，原属郊区的北园镇划归天桥区。1997年6月，由北园镇析出14个行政村（居），组建天桥区药山街道。2000年1月，历城县所辖的大桥镇、桑梓店镇、靳家乡整建制划归天桥区。2001年6月，撤销北园镇，设立北园街道、泺口街道；靳家乡与大桥镇合并，组建新的大桥镇；陈家楼、刘家庄、纬北路三个街道合并，组建新的纬北路街道。2010年，天桥区辖制锦市、北坦、纬北路、天桥东街、官扎营、宝华街、堤口路、无影山、工人新村南村、工人新村北村、北园、泺口、药山13个街道，124个居民委员会；大桥、桑梓店2个镇，128个行政村。

4．人口　1986年，辖区有人口329621人。1990年第四次人口普查，全区人口110022户，382418人，性别比104.2。1995年，有人口376546人，性别比104.4；2000年第五次人口普查，辖区总人口570296人。2005年，辖区有16.73万户，人口50.27万人，性别比101.25，人口出生率8.26‰，人口自然增长率1.71‰。2010年第六次人口普查，辖区常住人口688415人，性别比102.1。

5．名胜古迹　*毛泽东视察北园公社纪念地*　位于天桥区北园中学院内。1958年8月9日，中共中央主席毛泽东视察北园农田，提出“还是办人民公社好”。同月20日，全国第一个人民公社在此成立。1977年12月被公布为省级文物保护单位。

周恩来视察泺口黄河铁桥纪念地　位于天桥区泺口街道泺口村黄河铁路大桥上。1958年秋黄河发生特大洪峰，济南黄河铁路大桥受到严重威胁。8月6日晚，国务院总理周恩来亲临大桥视察，就如何使该铁桥经受住黄河更大洪峰问题做了重要指示。1977年12月，被公布为省级文物保护单位。

中共山东省委秘书处旧址　位于天桥区制锦市街道东流水街105号。旧址占地面积50余平方米，三开间二层小楼。楼下为两间店铺及门房，用以掩护秘书处的工作，楼上即为秘书处办公地点。1977年12月，被公布为省级文物保护单位。1985年辟建五龙潭公园时，拆除了旧址周围建筑、庭院等，并在其南侧新建中共山东党史陈列馆。

张养浩墓　位于天桥区北园街道柳云小区，俗称“张公坟”。墓为土筑，墓区占地0.2公顷，残高1.9米。墓地有亲属墓葬4座、明清所立墓碑4通、石雕石狮2尊、“四奇石”之一的“麟石”1块、石龟1尊。1992年6月，被公布为省级文物保护单位。2006年济南市园林部门对该墓园进行改造提升，将其建成以历史文化名人为主题的小型湿地景观公园。

胶济车站旧址　位于天桥区车站街30号，为胶济铁路的起点站，1915年建成。1939年胶济铁路济南站与津浦铁路济南站合并后，该建筑改为铁路局办公用房。1995年12月，被公布为市级文物保护单位，2006年12月，被公布为省级文物保护单位。

王统照墓　位于天桥区金牛山南麓（济南动物园内）。墓前立一方形石碑，记有王统照生平。王统照墓侧另有烈士墓数座。2006年12月，被公布为省级文物保护单位。

五龙潭秦琼故里　位于天桥区趵突泉风景名胜区（原五龙潭公园）内。相传唐代秦琼居此。园西侧立有一石碑，上刻“唐左武卫大将军胡国公秦叔宝故宅”。1979年9月，被公布为市级文物保护单位。

扁鹊墓　位于天桥区泺口街道鹊山西村内。现存封土高约2米，直径约5米。始建年代不详，传为扁鹊墓。墓封土上植芙蓉树一株，墓前有清康熙三年（1664）碑一通，上刻“春秋卢医扁鹊之墓”。1995年12月，被公布为市级文物保护单位。

五龙潭公园　位于济南旧城西门外，泺源桥北，因内有五龙潭而得名。占地面积5.44公顷，其中水面0.8公顷，是由潭、池、溪、港等景观

构成，以质朴野逸为特点的园林水景园。1985年重新规划，辟建公园。1987年9月正式建成开放。

济南动物园　位于城区北部。1960年建成，占地70公顷。原称“金牛公园”，1989年5月改为现名。全园动物分为草食动物、肉食杂食动物、鸟禽类动物三大部分。

药山公园　药山在城区北部，东南距动物园约2千米。又名卢山、齐山、云山、阳起山。昔日，山下洞中产“阳起石”，可入药，故名“药山”。四周景色美好，盛夏时节，洋涓湖湖水清清，芦苇丛丛，荷花吐艳，稻禾浪涌，如锦似绣。

济南百里黄河风景区　济南百里黄河风景区，以景观旅游、生态旅游、文化旅游、运动健身旅游为主体，集工程景观、水域景观、生态景观、自然景观、人文景观于一身，为生态型文化主题园林。2003年，被水利部命名为“国家水利风景区”；2009年，被评定为国家AAA级旅游景区。

二、经济

1. 总况　1990年，全区工商业户6367家，其中全民企业299家、集体企业2393家、全民与集体联营企业10家、私营企业39家、个体经营3619家、中外合资企业7家。1992年，完成财政收入6460万元。1994年，完成地区生产总值18.38亿元（1990年不变价），第三产业营业收入100亿元，实现出口交货值2.1亿元，财政收入9123万元。1995年，完成地区生产总值16.35亿元（1990年不变价）。2005年，完成生产总值173.4亿元，其中第一、二、三产业增加值，分别为2.04亿元、45.35亿元、126.01亿元；三次产业比例由“九五”期末的6.1∶35.1∶58.8，调整为1.5∶35∶63.5；实现地方财政收入4.46亿元；全社会固定资产投资64.3亿元。“十五”期间，地区生产总值年均增长13%（可比口径，下同），全社会固定资产投资年均增长35%，社会消费品零售总额年均增长10%，地方财政收入年均增长20.75%。2010年，全区实现生产总值222.34亿元，完成固定资产投资119.51亿元，实现地方财政收入10.12亿元，城镇居民人均可支配收入23897元，农民人均纯收入9918元。

2. 工业　1986年后，扩大区街工业企业自主权，推行经济责任制，实行承包经营，企业由单纯生产型转变为生产经营型，以销定产。1990年企业增加到140家，从业人员9054人。1991年，完成工业总产值8.32亿元，实现产品销售收入5.73亿元；完成技术进步项目89项，总投资4023万元；开发新产品40种，其中3项填补国内空白，25项填补省内空白。1994年，完成工业技术进步项目47项，完成投资5708万元，其中5项填补国内空白，9项填补省内空白；完成销售收入16.9亿元；工业小区建设步伐加快，筹资250万元完善园区硬件建设，新上项目19个，引进资金1288万元。1995年，完成工业总产值24.38亿元，销售收入19.14亿元，利税8600万元，利润4615万元；完成技术进步项目61项，总投资1.04亿元。2005年，全区地域规模以上工业企业119家，实现增加值25.5亿元，销售收入70.56亿元。规模工业增加值占全区工业增加值的78.9%。22家市属移交企业有6家完成改制任务，16家制订改制方案；14家区、街、居属企业完成改制任务。有个体工商户13890户，私营企业4781家，非公有制经济增加值83亿元，占全区生产总值的61.3%。2010年，实现工业增加值20亿元。规模以上工业企业134家，实现增加值16.27亿元，主营业务收入75.93亿元，利税4.56亿元，利润2.23亿元。

3. 商贸服务业　1990年，全区有国营、集体、联营、合作、私营、个体和中外合营商业网点5360家，从业人员37618人，实现营业收入27.19亿元，规模性集市8处，摊点群13处，农副产品上市量1.61亿千克，成交额2.26亿元。1992年，全区共有商业服务网点4753个，实现社会商品零售总额6.7亿元；各类市场20处、面积28.3万平方米，年成交额6.3亿元；个体工商业户3550户；完成出口交货值4638万元，累计兴办三资企业30家，总投资5823万美元，出口产品发展到32种。1995年，以市场建设为龙头，大力实施“三个一”（即每个街道建一个大型商业网点、一条商业街、一个农贸市场）工程。全年完成第三产业在建项目投资2.64亿元、建筑面积15万平方米。济南包装市场、齐鲁建材市场、东亚商城、山东电子大厦、黄台大酒店等项目相继建成开业。2005年，社会消费品零售总额82.3亿元；第三产业营业收入244.24亿元、利税7.68亿元；新、改、扩建市场7处，新增建筑面积17.8万平方米；全区有出口实绩的企业50家，实际利用外资3189万美元，出口创汇2.1亿美元。2010年，实现社会消费品零售总额189.76亿元；实现第三产业增加值165.4亿元，对经济增长贡献率84.4%，拉动GDP增长10个百分点；三次产业比例1.3 ： 26.3 ： 72.4；现代服务业占服务业比重41%。2009—2010年，合同利用外资8205.3万美元，实际利用外资13883.1万美元；累计批办三资企业6家，其中投资500万美元以上的2家、100万美元～300万美元的1家、100万美元以下的3家。

2010年3月，旅游职责由原商贸局划入文化局，进一步明确了全区旅游事业发展思路。依托天桥区丰富的人文和自然资源，围绕天桥“水文化”、传统历史文化、近代文化三大主题，加大宣传力度，并推动泺口服装城商贸中心和齐鲁鞋城品牌港被批准为山东省首批金牌旅游购物商店，百里黄河风景区被确定为国家AAA级旅游景区。截至2010年年底，辖区景区3个、星级酒店11个、旅行社14家。

4. 农业　1986年后，开始了由单一农业向农工商多个产业转变的历史性变革。1991年，粮食总产264.5万千克，蔬菜总产1195万千克，生猪存栏6000头，蛋鸡存养量16.5万只，农村经济总收入14.1亿元。北园镇集体经济总收入突破14亿元，成为山东第一镇。1993年，粮食总产756万千克，蔬菜总产1250千克，向市场提供肉蛋奶鱼320万千克。农村经济总收入55.18亿元。1994年，新建引黄调水及配套工程11项。1995年，农村经济总收入139.35亿元，农业总产值2560万元。2000年1月，历城区大桥镇、桑梓店镇、靳家乡划归天桥区管辖，全区农业生产能力进一步提高。2002年，农村经济总收入238.36亿元，农业增加值1.89亿元。耕地面积0.81万公顷，农作物播种面积1.28万公顷，其中粮食作物播种面积0.95万公顷、经济作物播种面积0.33万公顷。粮食总产量4.06万吨，蔬菜总产量8.62万吨，肉、蛋、奶、水产品总产量2.33万吨。2005年，农业增加值2.04亿元，粮食总产量5.5万吨，蔬菜总产量7.79万吨，肉、蛋、奶、水产品总产量2.54万吨。2010年，天桥区涉农区域为大桥镇、桑梓店镇以及泺口街道黄河以北鹊山地区，全区耕地面积7476公顷，完成农林牧渔业总产值4.57亿元，粮食总产量7.44万吨。有都市农业园区7家，农业专业合作社42家，市级以上农业龙头企业13家。

5. 城乡建设　1985—1990年，拆迁各种房屋1.81万间，建筑面积29.9万平方米，搬迁安置居民6746户，单位170个。1986年后，陆续开发和改建了黄岗、工人新村、制锦市等居民住宅区。新建居民区住宅大多为五六层楼房。1986年，全区共有道路598条，其中路面宽3米以上的道路223条；全区道路车行道总长78291米，面积74.38万平方米。1987年8月26日济南市特大暴雨，工人新村被淹。随即，天桥区决定全部拆除工人新村平房，改建楼房。到1988年8月26日新建楼房114幢，建筑面积33.58万平方米，其中住宅建筑面积32.16万平方米。1990年，全区228条道路总长度12.21万米，总面积157万平方米。直管公房住宅楼房271幢，建筑面积88.56万平方米，占直管公房总面积的87%。新建楼房多为单元楼，每单元两户或三户不等，住房多为二室、二室一厅或三室一厅，布局较为合理、实用。1994年，新建、改造、扩建大型市场19处，新增面积19.6平方米。北园大街首期30万平方米的工程全部竣工；新、改、建大中型商业服务设施16处；鹊山三期、药山一期绿化工程完工。1995年，对北园大街、无影山中路、济泺路、堤口路等30余条主次道路和97条街巷进行了综合整治；关停了大易造纸公司二分厂3台污染严重的锅炉，烟尘控制区和噪声控制区覆盖率分别为100%和49.7%。2005年，鹊山龙湖项目完成前期各项准备工作，试验段开工建设；整治街巷及楼前甬道494条、面积30万平方米；完成堤口路、二环北路、小清河北路等主次干道的改造整修；对顺河街东路、济齐路等49条道路进行维护，改造养护道路30.6万平方米；对济泺路、明湖西路、二环北路以及火车站广场等主要道路和片区容貌进行重点整治。城区绿化覆盖率39.8%。2010年，市政道路设施累计完成产值1.3亿元，新建、改扩建、整修养护道路108条，新建和养护道路面积67.2万平方米，共完成堤口路、东泺河、标山南路、制革街四条市区重点工程和二环北路、水屯路等18条道路施工。投入资金6000余万元改善环卫设施，新增保洁人员604人，总数为1800余人；购置大型机扫车等设备67部，新（改）建垃圾中转站32座，投放垃圾中转箱229个，投放高标准果皮箱600余个，增设各类垃圾收集桶（箱）2518个；新（改）建高标准公厕44座。全区建成区人均绿地面积10.2平方米，绿地率34.2%，绿化覆盖率39.2%。将扬尘污染防治工作纳入区数字化城管系统，辖区内57家尘源单位全部实行分类挂牌管理。天桥区工商河、东泺河、西泺河各支流河道跨区界出境断面水质化学需氧量浓度分别为62.3毫克／升、26.6毫克／升、43.6毫克／升；氨氮浓度分别为7.48毫克／升、2.80毫克／升、4.15毫克／升，水质有了明显改善，其中工商河、三孔桥生产渠先期实现了鱼类重现目标。

6．**名优特产** *千禧牌黄金梨* 2002年，大桥镇东营子村从烟台地区引进黄金梨苗，种植60余公顷，并注册“千禧”商标。2005年，因修建青银高速占去20公顷。2008年，平均亩产1400千克，总产95万千克。

三、社会事业

1．**教育** 1990年，辖区内有：大专院校3所，在校学生1815人；中等专业学校5所，在校学生2871人；中等技工学校5所，在校学生1338人；普通中学17所，在校学生9979人；小学51所，在校学生28197人；幼儿园、班450处，入园幼儿12082人；弱智儿童辅读学校、班4处，入校儿童75人；职工学校5所，已培训各类人员7614人。1993年，适龄儿童入学率、聋哑儿童入学率、小学升学率均为100％，初中毕业生会考合格率83.3％，优秀率50％，两处小学被评为“省级规范化学校”。完成校改工程建筑面积9200平方米。2000年，大桥镇、桑梓店镇、靳家乡划归天桥区管理，全区共有幼儿园（班）99处、276班、幼儿8999人；小学83所、801班、在校生32594人。原历城区大桥中学、靳家中学、历城六中划归天桥区管理，其中历城六中为代管。2001年，济南第五职业高级中学升级为济南第十五职业中专；大桥镇、桑梓店镇、靳家乡3个乡镇学校的“五三”学制改为“六三”学制，与城区接轨。2005年，有普通中学22所，在校生12039人；小学55所，在校生28692人。适龄儿童入学率100%，小学毕业生升学率100%，小学生在校生巩固率100%。落实“两免一补”（即对农村义务教育阶段贫困家庭学生免课本费、杂费，补助寄宿学生生活费），实现农村教师工资区级财政统一发放。2010年，全区共有幼儿园74所（其中教育办独立园2所）、小学36所、初中7所、九年一贯制学校5所、职业中专1所、特教学校1所。全区在园幼儿18575人，义务教育阶段在校生42301人，职专在校生655人，教职工3681人。全区有省级规范化学校12所，省市级十佳、示范幼儿园11所。

2．**科技** 1986—1989年，区属单位取得科技成果50项。1990年共有各类专业技术人员5653人；地区性科普协会27个，专业协（学）会4个，共有会员1940人；区属科研机构13个，驻区科研机构13个，取得科技成果90多项；举办各类技术培训班106期、6468人次。1991年，完成科技项目21项，其中两项分获全国“七五”星火计划博览会金奖和银奖，3项达到国内先进水平；创办科技示范企业2家，进入济南高新技术开发区的企业1家，新建厂办科研所5个，引进专业技术人才21名。1992年，完成科研项目71项，其中达到国内先进水平的51项，填补国内空白的20项，有8项科技成果受到全国、省、市奖励；创办科技示范企业3家、民办科研机构21家，引进专业技术人才595名。1993年，实施科技项目22项，完成14项，其中4项填补国内空白，10项填补省内空白或达到国内、省内先进水平；举办了第二届天桥经济技术协作洽谈会，签订协议、合同项目28个；建立了天桥技术合同登记站，审批技术贸易许可证24份，签订技术合同8份；新增厂办、民办科研所12家，引进各类人才300多名。1994年，完成科研项目18项，有10项分获市科技进步奖和市星火计划奖，年实现产值1.4亿元，利税2900万元；全区民营科技企业发展到28家。1995年，完成科技项目22项、“标志型”工程5项，科技成果贡献率49.3%，科技发展基金136万元。专利申请1998年94件，1999年136件，2000年137件，2001年186件，2002年145件。2010年专利申请量1961件，申请量位列全省各县区第九。

3. 文化体育　1986—1990年，天桥区有区文化馆、济南市青少年宫、天桥区少年宫、济南市第二工人文化宫、铁路工人俱乐等文化场所。1990年，北园镇成立“北园画院”，是全省第一家农民书画家事业单位。1987年天桥区文化馆有藏书3万余册。1990年12月天桥区图书馆正式建立，馆内设图书借阅部、采编辅导部，藏书5万余册。1990年，组织各种文艺演出和作品展览33场（次）；举办和组织参加各种大型群体活动48项，参加人员4万多人，举办了区首届街道运动会；在全国性比赛中获3枚金牌，在省级比赛中获12项团体冠军。1995年，在省市报刊发表作品近百篇，15幅作品在全国获奖；在市以上比赛中获团体冠军11个，获个人金牌24枚。2000年，有3人获济南市迎新春“贵都杯”声乐比赛“最佳歌手”称号。2002年，组织参加山东省“普利房产杯”吕剧戏迷大赛，获金奖1个、银奖1个、市一等奖2个。2001年，全区88个健身活动站点常年参加体育活动的人数3万余人。成立5个国民体质监测站，受测人数2800人次；兴建“健身路径”21条。2002年，组织16个优秀节目参加济南市首届社区文艺汇演，获金奖6枚、银奖8枚、铜奖2枚；举办名曲经典音乐会、体育健身、京剧、吕剧、少儿等专场演出20场。2010年，全区各类文化经营业户共448家，其中互联网业户187家，音像零售、出租店18家，演出单位6家，娱乐场所27家，大型游艺厅16家，书店54家，印刷企业70家，打字复印部70家。在济南市民俗文化展演中获金奖1个、银奖3个、铜奖1个以及优秀组织奖；在济南市第三届中老年才艺大赛及戏曲演出比赛中，创作编排的舞蹈、歌伴舞等节目获得一等奖4个、二等奖5个、三等奖3个；共放映电影1100场次。

4. 卫生　1986年4月24日，黄台村农民集资建立济南黄台生平医院。1990年，驻区医疗卫生单位16个；12个街道中建有卫生院（站）7个。1990年7月，在北园医院内建立天桥区精神病防治院。1995年5月，区公费医疗办公室职能移交区劳动和社会保障局；食品及餐具采样合格率分别为90.3%和95.1%；消灭“灰脊”工作通过省级验收。1998—2002年全区开展健康调查22.77万人，建立家庭档案7.6万份，建立三卡7.3万份，签订保健服务合同6286份；传染病总发病率由1998年的316.68/10万下降到2000年的305.06/10万，呈持续平稳下降趋势。1999—2003年，在中小学开展免疫接种工作，接种乙肝疫苗3.3万余人次，风疹疫苗3万人次。2009年、2010年新农合人均筹资额分别为100元、140元；参合人数分别为74766人、76077人；参合率分别为98.67%、98.95%，镇、村两级覆盖率保持100%。至2010年年底，累计筹集基金2815.25

万元，累计受益农民39.68万人次，补偿资金2745.42万元，资金使用率97.52%。2010年，有驻区医疗机构420家，其中二级以上医院9家、一级以下医疗机构411家；床位2948张；医护人员4323人。3月15日，天桥区作为济南市首批实施基本药物制度零差价销售试点区，辖区内25所社区卫生服务机构（市级举办8家、区级举办17家）和2家镇卫生院先行实施基本药物制度零差价销售，成为全市率先实现基本药物零差价销售工作城乡全覆盖的区（县）。截至2010年年底，药品让利总额883万余元，让利率34.03%；门诊量34.3万余人次，增长率18.57%，有效缓解了群众“看病贵”的问题。

5. 居民生活 1988年，农村居民人均收入1101元，农民生活主食基本实现细粮化，肉类、禽蛋、鱼虾等副食消费量大量增加，衣着面料向化纤、绸缎、毛料发展，住宅从平房向楼房转化。人均住房面积16.14平方米。1990年，城镇居民家庭人均收入1380元，人均居住面积8.6平方米；农民人均收入1080元，人均住房面积24.1平方米。1995年，全区职工平均工资收入3948元，农民人均纯收入3137元，比1990年分别增长134%和115.9%。城区居民人均住房面积8平方米，农村居民人均住房面积25平方米；先后为367户人均居住面积3平方米以下的住房特困户解决了住房；建立和完善了农村社会保障体系和城市社会福利服务体系，“五保”供养率60%，被省、市确定为社区服务示范区。1999年区政府制定《天桥区优抚对象抚恤补助标准自然增长机制》，在全省率先建立抚恤补助自然增长机制，义务兵家属优待政策落实到位，城镇年标准为900元，农村实行镇统筹，最高年标准为3200元，最低为1825元。2002年，区社保办垂直市管理；全区参保单位943户，参保职工86330人，共征缴社会保险费20196万元，收缴率86%；农村养老保险收入221万元，养老金支出82万元。2005年，农民人均纯收入5220元，人均生活费支出2526元；安置城镇就业人员17535人，其中下岗人员11202人；“零就业家庭”就业率90%；城镇登记失业率2.8%；完成养老保险扩面9507人，保障低保对象7.4万户次,发放保障金1650万元。2009年11月，天桥区被国务院列入山东省首批19个新型农村社会养老保险试点区之一。2010年，城镇居民人均可支配收入23897元，农村居民人均纯收入9918元。全区养老保险参保人数17.17万人，养老保险费征缴总额62388万元，养老保险扩面16268人，缴费净增9373人。办理工伤待遇审核1021人次，社会化发放1177人次，其中伤残津贴561人、护理费297人、供养亲属319人。7782人参加机关事业单位工伤保险，覆盖率100%。新农保实际参保人数53473人，参保率93.28%，收缴保费641万元，为10838人发放新农保养老金748.65万元；老农保参保人数13279人，基金滚存结余共计2979.9万元，为2013人发放养老金231.29万元。

附记：打造“中国家居文化之都”

天桥区立足优势，提出“三产立区”“三产富区”战略，将家居市场建设作为全区服务业发展的重中之重。北园大街的整体改造为家居市场的繁荣发展提供了优良载体,利用北园家居的“集聚效应”吸引更多的投资者来考察、投资。占全国家居行业销售额60%的红星美凯龙、居然之家、欧亚达三大家居商场齐聚北园“十里金街”，北园大街约4千米的范围内有国内八大家居卖场汇集经营，家居经营面积超过120万平方米。在总结推广红星美凯龙建材市场等6个试点单位经验的基础上，重点加强对家居建材专业市场的提升改造，扶持本土家居企业发展壮大。尤其是北园装饰材料、白鹤家居市场翻新重建，提升了建筑主体构造、功能区域设计、商位设施标准，建成为现在的欧亚达家居和大明家居，为天桥家居市场的发展壮大提供保障。东亚家居增添了建材馆和国美电器，富雅家居增添了红木馆，大明家居引进了苏宁电器，银座家居增添了家居超市和家装设计公司。国内知名品牌的引进和家居经营品种的增加，提高了企业的整体竞争力。为促进家居行业的进一步发展壮大，改变家居卖场内部无序竞争的状况，2010年11月，成立“济南市天桥家居协会”，制定《天桥家居协会自律公约》。建立“政府的行政管理、协会的行业管理、市场主办单位的服务管理和经营者自我管理”互相衔接、互相融合的“四位一体”的市场规范化管理新体制。天桥区还提出打造“中国家居文化之都”品牌的构想，进一步挖掘天桥家居文化内涵，提升天桥家居文化水平，弘扬天桥特色家居文化。通过每年定期举办的“家居文化节”及“家居文化博览会”等相关活动，进一步充实和丰富了广大市民的家居文化，展示家居品种，引导家居消费。2011年3月，举办以“弘扬家居文化，携手共赢发展”为主题的“中国·济南首届家居文化节”，推出家居发展论坛、八大家居卖场主题活动、有奖征文和摄影大赛等活动，提升了天桥在全国的美誉度和“中国家居文化之都”品牌的影响力，推动了社会经济的又好又快发展。

天桥区家居类限额以上贸易企业销售额，2009年为8.57亿元、2010年为9.4亿元、2011年为11.71亿元。

表1—1—4　　**2010年天桥区街道镇情况**

名　称	面　积（平方千米）	所辖居委会（个）	所辖行政村（个）	人口（人）
制锦市街道	0.72	5		25310
北坦街道	1.26	4		15573
纬北路街道	2.68	8		29000
天桥东街街道	0.53	2		9989
官扎营街道	1.24	4		14846
宝华街道	1.63	3		17001
堤口路街道	4.58	10		17435
无影山街道	1.98	5		50942
工人新村南村街道	2.15	5		27545
工人新村北村街道	2.80	5		24410
药山街道	19.24	17		74700
泺口街道	23.00	23		86000
北园街道	20.00	33		239333
大桥镇	111.17	8	72	52241
桑梓店镇	72.60		48	35692

第五节　历城区

一、政区

1. 位置　历城区位于山东省中部，济南市区东、南部，北纬36°19′～36°53′、东经116°55′～117°22′。南依泰山与泰安市泰山区接壤，北临黄河与天桥区、济阳县相望，东接章丘市，西至长清区，与历下区、市中区相邻，总面积1298.57平方千米。

2. 建置　历城区历史悠久。西周时，属谭国。春秋时，称泺邑。战国时，属齐国，称历下邑。秦属济北郡。西汉景帝四年（前153）始设历城县，属青州济南郡。东汉初属青州济南郡，后属济南国。三国时，属魏国青州安平郡，又属青州济南国。西晋时，属青州济南郡。永嘉之后，济南郡治所从东平陵迁至历城，此后，历城为历代郡国、州府治所。十六国、刘宋时，属青州济南郡。北魏、北齐时，属齐州济南郡。隋代属齐州、齐郡。唐代属河南道齐州。天宝时曾称临淄郡、济南郡。五代梁国时，因避朱温之父名讳，历城曾一度改为历山县。至后唐复为历城县，属济南道齐州。后晋、后汉、后周时，仍属河南道齐州。北宋时，先后属京东路齐州、京东东路齐州。政和六年（1116）齐州升为济南府后，属京东东路济南府。金代属山东东路济南府。元代属中书省直辖的济南路。明代属山东省济南府。洪武九年（1376）山东布政使司由青州迁至历城，历城从此又成为山东省政治中心，被称之为山东“首邑”。清代仍属山东省济南府。民国初沿用清制。1913年，属山东省岱北道。道治历城。1914年岱北道改称济南道，属济南道。1928年废道，属山东省。1929年7月1日析历城县城及四郊设立济南市，历城仍属山东省。1937年4月，历城治所迁至王舍人庄。抗日战争时期，国民党政权区划下的历城县，属山东省第十二行政督察区。抗日民主政权区划下的历城县，属1940年4月设立的鲁中行政区泰山专区。1948年7月鲁中、鲁南行政区合并为鲁中南行政区后，隶属鲁中南行政区第一专区，1949年7月改称泰山专区后，属泰山专区。1950年5月，属泰安专区。1958年1月，属济南市。1987年5月，撤销历城县，设立济南市历城区。

3. 区划 1985年，全县有遥墙、唐王、董家、郭店、孙村、党家庄、十六里河、港沟、仲宫、西营、柳埠11个镇，锦绣川、彩石、高而3个乡。1987年5月，撤销历城县和济南市郊区，设立济南市历城区，辖洪家楼、华山、王舍人、遥墙、唐王、董家、郭店、孙村、党家庄、十六里河、港沟、仲宫、西营、柳埠14个镇，彩石、锦绣川、高而3个乡。1989年12月，原德州地区齐河县的桑梓店镇、靳家乡、大王乡3个乡镇划入历城区。1995年3月，大王乡更名为大桥镇。2000年1月，大桥镇、桑梓店镇、靳家乡划归济南市天桥区，党家庄镇、十六里河镇划归济南市市中区。2001年2月，撤销洪家楼镇，设立山大路、洪家楼、东风、全福4个街道。2001年12月，撤销彩石乡，设立彩石镇。2005年12月，撤销高而乡、锦绣川乡，其行政区域并入仲宫镇。2009年5月，撤销孙村镇，设立孙村街道和巨野河街道。2010年4月，撤销华山镇，设立华山街道和荷花路街道；撤销王舍人镇，设立王舍人街道和鲍山街道；撤销港沟镇，设立唐冶街道和港沟街道；撤销遥墙镇，设立遥墙街道和临港街道；撤销郭店镇，设立郭店街道。2010年，辖15个街道、6个镇、47个社区居民委员会、655个行政村。

4. 人口 1986年，全县总户数136433户，总人口602915人。1987年5月设立历城区，全区总户数200717户，总人口835943人。1989年12月区划调整，全区总人口856892人。1999年12月区划调整，全区总人口985000人。2007年年底，全区总户数270706户，总人口935063人，自然增长率5.3‰。2010年年底，全区总户数28.8万户，总人口1124306人，性别比103.22，人口出生率11.37‰，人口自然增长率3.94‰。

5. 民族 1990年第四次人口普查，全区有23个民族，常住人口966144人。汉族952506人，占98.59%；少数民族13638人，占1.41%，其中回族13024人，占少数民族人口的95.18%。2000年第五次人口普查，全区有40个民族，常住人口878131。汉族871786人，占99.28%；少数民族6345人，占0.72%。2010年第六次人口普查，全区有49个民族，常住人口1035807人。汉族1025753人，占99.03%；有回族、满族、哈尼族等48个少数民族，共10054人，占0.97%；其中回族5699人，占少数民族人口的56.68%。

6. 名胜古迹 四门塔风景区 位于历城区柳埠镇苏家庄，占地面积约6平方千米。景区有1600多年历史的山东第一寺——神通寺的遗址，并建有神通寺博物馆；中国现存最古老的单层石塔——隋代四门塔；雕刻精美的唐代龙虎塔；保存完好，极具艺术价值的千佛崖和形式多样的墓塔林；有济南七十二名泉之一的涌泉；有江北最大面积的竹林和众多古树名木组成的柳埠国家森林公园。

辛弃疾纪念馆　又名辛弃疾故居。位于历城区遥墙镇四风闸村南，宋高宗绍光十年（1140），辛弃疾出生于此。纪念馆占地近2公顷，建筑面积4000平方米，有石坊、仿宋六角碑亭、辛弃疾塑像、辛弃疾纪念祠、刻石碑廊等景点。

华山风景区　位于华山镇郅家村。华山古称华不注，又名金舆山，为春秋时期齐晋鞍之战的古战场。是济南名胜“齐烟九点”诸山之首，有华阳宫、华泉、华山湖、吕祖庙等众多文物古迹。华阳宫有10余个院落组成，是济南最大最古的道教宫观。主体建筑四季殿由卷棚、正殿、高台组成，台绕以石栏，13级台阶的中心斜铺石为云朵深浮雕；卷棚3间，连为一体的正殿为硬山式，面阔5间，进深3间，内供春（句芒）、夏（祝融）、秋（蓐收）、冬（玄冥）四季神像，前中内柱上各塑一盘龙浮雕，以苍龙探爪势从明月梁伸探而下，为龙雕珍品。

九顶塔民族风情园　位于柳埠镇秦家庄，占地近百公顷。是以造型独特、享誉全国的名胜古迹——唐代九顶塔为依托，集民族风情、风景名胜、游乐探险和休闲度假于一体的大型原生态民族文化景区。

朱凤山旅游风景区　位于港沟镇郭家庄，距济南东部唐冶新区不足10千米。景区内的乡义寺有1460多年历史。寺院东南山崖下的“东流泉”居济南老七十二名泉之列。

鲍山公园　鲍山位于历城区王舍人镇政府东2千米处，占地面积30公顷。公园内有鲍叔牙墓。

闵子骞衣冠冢　位于百花公园西邻的济南孝文化博物馆内。闵子骞，春秋时期孔子高徒，名列七十二贤，以孝名天下。在明代编撰的《二十四孝图》中，闵子骞排在第三位，是中华民族文化史上的先贤人物。

二、自然环境

1. 地质地貌　历城区处于鲁中山地与鲁北平原的过渡地带，南部山区为泰山北麓余脉岩群。境内呈扇形南高北低，依次分布着前震旦系、寒武系下统、寒武系中统、寒武系上统、奥陶系下统、奥陶系中统、闪长岩、石炭系、二迭系、燕山期安山岩、第四系各时期不同构造的沉积岩类和冲积物。

地势南高北低，自南向北地貌类型主要为山地、丘陵、平原三部分。南部为山地，面积870.04平方千米，占全区总面积的67%，平均海拔高度300米～600米，大小山头1387座，其中海拔在600米以上的513座，海拔最高的梯子山975米，形成了三川十大峪、沟壑纵横复杂多变的自然地貌。中部为丘陵，面积212.97平方千米，占总面积的16.4%。北部为平原，面积215.56平方千米，占总面积的16.6%，平原最低地为唐王镇韩官庄，海拔20米。

2. 气候　历城区属北温带大陆性半湿润季风气候，夏热冬冷，光照充足，降水集中。春季干旱多风，夏季高温多雨，秋季天高气爽，冬季寒冷少雪。累年平均气温14.9℃，平均降水量712.4毫米，平均日照时数2328.3小时。1月最冷，累年月平均气温－0.04℃；7月最热，累年月平均气温为27.7℃。年降水量最多1090毫米，最少347毫米。日照时数春季最多，冬季最少。主导风向西南、东北，其次是偏东、偏北和偏南，最少的是西北风。

3. 水文　历城境内河道众多。黄河横亘北部区境；小清河蜿蜒曲折流经北部平原，从东北方向入章丘；玉符河发源于南部山区，流向北折西部出境入黄河。

境内地下水多为岩溶水。南部山区、中部丘陵寒武系砂岩、页岩、灰岩裂隙岩溶都比较发达。北部低山丘陵及山前倾斜平原一带的奥陶系石灰岩裂隙发育较好，含水丰富。全区地下水资源量为14134万立方米，其中深层水10105万立方米、浅层水 4029 万立方米。

历城地处河岳之间，分布着不少溪川名泉。在 2004 年公布的新评济南 72 名泉中，历城即有 11 处。区境内常年喷涌，年代久远的历史名泉众多，主要分布在南部山区和市区东部的乡镇，已查明历城区泉水 200 余处，并有白泉泉群、涌泉泉群、玉河泉泉群三大泉群。

4. 土壤植被 历城区土壤受自然条件的差异及人为生产活动的影响，在全区范围内由南到北、从高到低，依次分布着显域性土壤棕壤、褐土，隐域性土壤潮土、砂姜黑土。全区土壤有 4 个土类，10 个亚类，16 个土属、51 个土种（按土壤学划分类），总面积 1001.4 平方千米。

历城属暖温带落叶阔叶林区，林木区系组成以华北林木区系为主体，同时掺杂了一定数量的南方、北方及国外林木成分，因此树种资源比较丰富，生态特性也较复杂。主要树种有 47 个科、12 个亚科、98 个属、234 个种：其中经济林有 20 个属、41 个种，400 多个品种系号；自然草种 150 余种；药用植物有 60 个科、200 多个种。粮食作物 12 个种、经济作物 10 多个种；蔬菜 46 个品种。由于长期受人类活动的影响，现有植被多是受人为活动影响的次生植被，全区林木覆盖率 47%。

5. 自然资源 全区多年平均水资源总量 35027 万立方米（含自然入境客水 4100 万立方米），其中地表水资源量 18010 万立方米（当地地表水 11480 万立方米，黄河客水 6530 万立方米）、地下水资源量 14134 万立方米、其他水源资源量 2883 万立方米（含污水回用）。

植物资源。农作物主要有小麦、玉米、水稻、甘薯、棉花等 60 余种；园艺作物主要有苹果、梨、桃、杏、樱桃等近 20 种；林木花卉主要有杨、柳、榆、梧桐、刺槐、月季等近百种；野生或人工栽培中草药植物主要有何首乌、南沙参、酸枣、板蓝根等几十种；水生、湿地植物有芦苇、香蒲、荸荠等。野生哺乳动物主要有野兔、黄鼠狼、狐狸、獾、狼、老鼠、松鼠、刺猬等 10 余种；爬行动物主要有蛇、蜥蜴、龟等；两栖类有青蛙、蟾蜍两种；禽类有猫头鹰、杜鹃、乌鸦、黄雀、喜鹊、布谷鸟等 20 余种。

已发现矿产有石灰石、白云石、方解石、石英石、红黏土、铁、铜、镍等矿藏 23 种（含亚矿种），矿产地 135 处。其中：查明资源量的矿产 11 种（占 47.83%），矿产地 42 处（占 31.11%）；已发现尚未探明储量的矿产 12 种（占 52.17%），矿产地 93 处（占 68.89%）。主要矿产保有资源储量 34238.81 万吨，其中煤占 10.71%、铁矿占 9.89%、熔剂用灰岩占 27.94%、冶金用白云岩占 8.86%、饰面用辉长岩占 9.62%、饰面用花岗岩占 6.23%、饰面用灰岩占 26.75%。

三、经济

1. 总况 1986 年，历城县工农业总产值 7.33 亿元，其中农业总产值 3.93 亿元、工业总产值 3.4 亿元。1995 年，历城区完成地区生产总值 38.58 亿元（按 1990 年不变价格计算），其中第一、二、三产业，分别为 8.37 亿元、17.82 亿元、12.39 亿元。2000 年，历城区完成地区生产总值 81.6 亿元，其中第一、二、三产业，分别为 13.24 亿元、39.7 亿元、28.66 亿元。2010 年，全区实现地区生产总值 599.26 亿元，其中第一、二、三产业增加值，分别为 32.35 亿元、322.35 亿元、244.56 亿元。

2. 农业 1986 年，农（种植业）、林、牧、副、渔五业增加值（按当年价值，下同）分别为 18813 万元、4134 万元、1997 万元、12902 万元和 237 万元；耕地面积 5.04 万公顷，灌溉面积 2.5 万公顷，粮田面积 4.3 万公顷。1990 年，重新完善和签订土地承包合同。并对不适宜家庭承包的荒山、果园、鱼塘等农业承包合同进行了整顿，逐步形成了规范的农业承包合同管理体系。1990 年，全区农（包括农民家庭兼营商品性工业）林牧渔各业增加值分别为 38616 万元、2844 万元、7402 万元和 418 万元；耕地面积 5.7 万公顷，粮田面积 4.8 万公顷。1993 年，在全区范围内开展村级财务清理整顿工作，彻底理清村级财务的混乱状况。1997年全区农、林、牧、渔业各业增加值分别为101126万元、5902万元、34128万元和1785万元；耕地面积5.36万公顷，农作物耕种面积9.7万公顷。1999年，全面开展二轮土地延包工作。2005年，历城区全部取消农业税、特产税。2007年，农业增加值22.2亿元，其中农、林、牧、渔业增加值，分别为14.4亿元、1.56亿元、5.4亿元、0.24亿元；耕地面积3.16万公顷，有效灌溉面积2.49万公顷，农作物播种面积6.33万公顷；粮食总产量25.95万吨，平均公顷产量5.45吨；猪、牛、羊年出栏数，分别为53.6万头、3.41万头、20.64万只。肉、蛋、奶、水产品产量分别为5.75万吨、6.55万吨、12.12万吨、0.46万吨；农业机械总动力58.1万千瓦；农田水利完成投资额7400万元，实现工程量177万立方米。2010年，农业增加值32.3亿元，其中农、林、牧、渔业增加值，分别为23.1亿元、0.92亿元、7.42亿元、0.34亿元；耕地面积2.99万公顷，有效灌溉面积2.2万公顷，农作物播种面积6.3万公顷，粮食总产量26.01万吨；猪、牛、羊年出栏量，分别为37.8万头、4.3万头、12.4万只；肉、蛋、奶、水产品产量，分别为4.76万吨、5.91万吨、10.45万吨、0.53万吨；农业机械总动力60万千瓦；农田水利完成投资额1.25亿元，实现工程量230万立方米。

3. 工业 1986年，历城共有工业企业5899家，其中县直及乡镇直属工业企业128家，主要产业有冶炼、造纸、机械加工、食品、建材、化工、纺织等，总产值3.56亿元，占工农业总产值的46.3%。1988—1993年，全区95%以上的乡镇直属以上企业实行了一、二轮承包经营。1992年4月，推行股份制和股份合作制。1998年，以明晰产权关系为突破口，以公退民进为重点，开展第二轮企业改制工作。至2001年年底，工业企业改制工作基本完成，国有、集体企业转为实际意义上的民营企业。2004年，辖区内的市属以上企业纳入历城统计，当年全区完成工业总产值507.9亿元。2007年，加快推进新型工业化发展，全区规模以上工业企业276家，总产值883.8亿元，形成了冶金钢铁、机械制造、医药化工、包装印刷、食品加工、新型建材六大主导产业和新型能源（太阳能）、汽车配件两大新兴产业的新型工业体系。2010年，全区规模以上工业企业340家，从业人员6.61万人，完成工业总产值1025.76亿元，完成增加值270亿元，实现销售收入957.3亿元，实现利税78.6亿元，利润41.46亿元。

4. 商贸旅游 1986年，全县有各类商业、饮食业、服务业经营单位7465个，商贸市场54处，实现社会商品零售总额20985万元。1995年，实现社会商品零售总额17.57亿元，其中批发零售贸易业零售额12.65亿元、餐饮业零售额0.7亿元，地方财政收入2.61亿元。至2007年，全区共有各类市场126处，当年市场总成交额194亿元，成交额过亿元的市场有济南七里堡蔬菜综合批发市场、山东汽车城、山东济南维尔康肉类水产综合批发市场、山东永君钢材市场、齐鲁东方建材博览中心、山东钢结构配件市场。是年，全区实现社会商品零售总额149.47亿元。2010年，全区社会消费品零售总额232.5亿元，其中批发零售贸易业零售额185.2亿元、餐饮业零售额47.3亿元。出口总值8.8亿美元。实际利用外资1.35亿美元。地方财政收入20.56亿元，地方财政支出27.1亿元。

历城旅游资源丰富，风光秀美，被誉为“省城后花园”。辖区自然及人文资源点共计63处，其中自然旅游资源点16处，名胜旅游资源点47处。历城区旅游业兴起于20世纪80年代中期，济南跑马岭野生动物世界、华山风景区、九顶塔民族风情园等一批大型旅游景区相继建成开放，并成为旅游热点。辖区内旅游交通路网四通八达，旅游服务设施日臻完善。旅行社从无到有，从业队伍不断壮大，宾馆饭店接待能力逐年增强，作为旅游接待设施主要补充的农家乐获得了长足发展。2007年，全区共有旅行社21家，星级宾馆16家，农家乐508家，接待游客509万人次，实现旅游综合收入14.2亿元。2008年，新增国家

AAA级景区3个、省级旅游强村2个。2010年，接待游客670万人次，实现旅游收入22.6亿元。全区共有国家级农业旅游示范点1个，省级农业旅游示范点3个，省级旅游强镇3个，省级旅游特色村3个。建成开放旅游景区（点）19个，其中国家AAAA级景区5个、AAA景区级1个。辖区内星级饭店21 家（三星级8家、二星级13家），旅行社及门市27家。

5. 交通邮电 1986年，全县公路通车里程424千米，其中干线公路110.7千米，县乡公路313.3千米；社会营运机动车2709辆，4822吨，完成货运量756.06万吨，货运周转量8164.1万吨千米。1992年济南遥墙国际机场建成通航。1994年5月，区属唯一一家运输公司历城运输公司被历城筑路公司兼并。至1995年，全区社会营运性机动车辆净增7265辆，12838吨，其中汽车2237辆，8710吨；运输拖拉机3831辆，3531吨；机动三轮车1194辆，597吨。2001年，全区共有营运性机动车辆8542辆、16364吨，其中货运汽车4142辆、12509吨，运输拖拉机3250辆、3280吨，其他机动车辆1150辆、575吨；全年完成货运量1590万吨，货运周转量71705万吨千米。2003年起，实施“村村通沥青（水泥）路”工程。

1986年，全县实现邮政业务收入139.8万元；农话年末开通661户，业务收入42.7万元。1990年起，孙村电信支局率先开通240门程控小交换机。1993年，全区淘汰磁石交换机。2000年，邮政业务收入1140.1万元；期末电话用户总数14.68万户，户均电话普及率60.51%。2007年，区邮政局下设邮政支局28个、邮政所7个，完成邮政业务收入 4648.49 万元；有固话用户16.32万户，互联网用户3.7万余户，实现电信业务收入1.42亿元。2010年，完成邮政业务总量1792.29万元，电信业务总量35747万元。年末固定电话用户9.9万户，移动电话53.3万户，国际互联网11.1万户。

6. 城乡建设 1987—1996年是历城城乡建设发展的起步阶段，先后建设了花园路东段、东南外环路历城段，打通了工业北路济钢段等道路，并以仲宫镇为试点，加强小城镇建设，提高城镇综合服务功能。1997—2002年是历城城乡建设发展的加速阶段，先后建设了将军广场、洪楼广场、七里堡小区广场，拓宽了山大南路东段，开通了小清河北路城区段，实施了工业北路拓宽改造和花园路商业街改建，组织开展了容貌工程、造绿工程、灯亮工程、蓝天工程、退路进厅、“一环九射”工程和城市道路综合整治，城乡面貌发生根本性变化。以“小城镇、大战略”思想为指导，积极推进城镇建设，全区基本形成工业主导型、商贸带动型、市场拉动型、外向推动型、旅游驱动型等多种类型的城镇发展模式。2003—2007年是历城城乡建设发展的腾飞阶段，围绕“一带两区”（东部产业带、洪楼商贸中心区、南部生态经济区）总体布局和“提升完善洪楼老城，开发建设唐冶新区”的工作思路，大力加强基础设施建设，总计投资近5亿元，先后对花园路、山大路历城段、山大北路、山大南路、黄台南路、辛祝路、七里河路等22条城区主次干道进行改造，对149条背街小巷进行综合整治。2003年，历城区把唐冶新区列入发展规划，2005年12月3日启动一期基础设施建设。至2007年，一期路桥10条道路及其各类配套管网全部施工完毕，一期村民安置中心56栋安置楼全部竣工启用。2003—2005年先后对洪家楼、全福、东风、山大路4个街道和近郊地区的32个村（居）实施旧城（村）改造，累计投资超过10亿元，开工建设楼房270栋，面积160万平方米。城区片区开发快速发展，洪楼主城区富翔天地、泉印兰亭、上海花园、融基大厦、齐鲁世纪园、汇科旺园等一批高档住宅小区先后建成使用。

7. 名优特产 泰山小白梨 亦称“泰山美人梨”，是山东省优良果树品种之一，历史上称“白梨”，解放后当地俗称“线穗子梨”，集中产于仲宫、西营、锦绣川一带。果实浅黄色，果肉乳白色，皮薄、肉细、质脆、味甜、汁多。远销日本、东南亚、中国港澳等地。

绣丰梨　一年中3次开花结果，是罕有的奇特生物学特性，也称“三季梨”，被称为“梨园奇品”。果面黄白色，光滑美观，果肉呈乳白色，肉质细，味浓甜，清香可口，果心很小，含可溶性固形物15.4%。该品种上市早,果实大、果面美观、口感香甜。

红玉杏　又称金杏，因盛产于柳埠大会村，俗称“大会杏”，已有2000多年的栽培历史，为山东杏中之魁。早在汉代即为贡品，汉武帝食后誉之“杏中佳品”，故又名“汉帝杏”。果实果皮及果肉均为橘红色，果肉细嫩，不粘核，酸甜可口，耐贮存。红玉杏是山东省重要出口商品之一，远销港澳地区。

红荷包杏　因形似荷包而得名，已有200余年的栽培历史。以成熟早、个大、色艳、汁多、肉细、味香甜等特点受到人们青睐。1985年被编入《山东名产》一书，1987年被农业部列为名、优、特品种。2000年历城区被省林业局命名为“红荷包杏之乡”。

玉龙雪桃　又名玉龙仙桃，因产于彩石镇玉龙村而得名。属晚熟桃品种,果实较整齐,卵圆形,果顶微尖；两半部对称，缝线明显、中深。果皮较厚，肉质细，汁液较多，有香气，味较甜，可食率在90%以上。

鸡爪绵核桃　以其结果枝短、形似鸡爪、果坚呈圆形、皮薄而得名。出仁率42%左右，种仁皮淡黄白色，洁净，含油率70%以上，蛋白质15%，质地脆香，生食无涩味，是核桃中的上品。至今历城南部仍有150年以上的大树，单株产量50千克以上。以柳埠、西营等镇分布最为集中，种植面积4000余公顷，产量250万千克。

磨盘柿　是历城的乡土树种，广种于梯田堰边，史书上有“仲宫济南有多远，手攀柿枝上济南”的描述。磨盘柿果实极大,平均单果重250克,最大单果重500多克。果皮橙黄色到橙红色，有蜡质。果肉淡黄色，果肉松，纤维少，汁多味甜，无核。

大红袍花椒　是历城区花椒优良品种之一，又名大椒、秦椒、狮子头，树势高大、刺大而稀，结果较稀疏，但其粒大，着色较深，呈大红色，颜色鲜艳。2—3年就能开花结果，4—6年即可进入丰产期。较耐寒、耐瘠薄瘦地、抗旱，寿命长、更新容易。

大货山楂　历城区盛产山楂，大货山楂因其果实大而与当地果小之“行货”相区别，故称“大货”。果实大、质量好，在大果山楂中位列上等。耐储运，贮后果肉渐松糯、酸味轻，且微有甜味，酸甜适口。早产、高产，4—5年生树亩产1500千克左右。寿命长，柳埠镇三岔村有1棵树龄100多年的“寿星”树，结果在500千克以上，至今仍叶茂枝繁，硕果累累。

四、社会事业

1.教育　1986年，全区有高中5所，初中77所,完小509所,教学点28个。1986—1992年,投资5726万元，完成农村中小学“六配套”（校舍、课桌凳、操场、院墙、大门、厕所）建设和城镇中小学校舍改造“五达标”（学校规模、校舍、操场、课桌凳和校园环境）工作，被评为山东省校舍改造先进单位。2005年全部解决城镇学校取暖问题。2006年投资668万元，全部解决农村学校取暖问题。自1993年起，分三批实施九年义务教育。1996年被中华人民共和国教委列为全国第二批实现“两基”的县（市）区。2006年9月，全部免除139所农村义务教育阶段学校学生杂费。2007年秋季起，全部免除城市义务教育阶段学生杂费。全区各乡镇达到济南市教育工作示范乡镇标准。2007年，全区有高中5所、初中20所、完小100所、教学点30个。2007年9月，历城区通过“全国区域教育发展特色示范区”验收。至2010年年底，有各级各类学校286所，在校生117061人，教职工8007人，专任教师7421人。其中：中等专业学校4所，在校生6350人，专任教师279人；普通中学27所,在校生39380人,专任教师2866人；小学97所，在校生49274人，专任教师2966人；聋哑学校1所，在校生98人，专职教师24人;幼儿园146所,在园幼儿21959人,专任教师1286人;成人教育学校11所,专任教师55人。

2. 科技 1986年初,全县共有各类科技人才1181人。1993年,实施“科技兴区”战略。1996年,历城区被中华人民共和国科委批准为“全国科技工作先进区”。2007年年末,全区有:技术人才121931人,其中区属47173人;国家级企业技术中心1个,国家级特色产业基地1处;省级企业技术中心4个,省级工程技术研究中心2个,市级企业技术中心14个,市级工程技术中心1个;省市高新技术企业62家;省市高新技术产品83个。2007年,实现高新技术产值122.18亿元,占全区规模以上工业总产值的比重提高到11%。1986—2007年,全区科技投入17.3亿元,实施各类科技计划1060项,取得科技成果202项,先后与70多所高等院校、科研院所建立长期合作关系。到2010年,全区有各级各类专业技术职务人员6158人,其中高级专业技术职务692人、中级专业技术职务2756人。

3. 文化体育 1986—2010年,全区文化事业取得长足发展。文化事业投入逐步加大,基础设施网络日趋完善;群众性文化活动蓬勃开展,公共文化产品成果丰硕;传统文化得到有效保护和挖掘;文化产业发展呈现出勃勃生机。至2010年年底,有文化馆(站)22座,影剧院2座,图书馆2座,藏书量45万册。

4. 卫生 1986年,历城县有医疗卫生机构22个,其中县属单位8个,乡镇卫生院14个,个体医疗点90个,全系统有职工972人。县、乡镇两级医疗单位有病床603张,其中区直医院173张、乡镇卫生院430张。至2007年年底,全区有医疗卫生机构23个,其中区属单位10个,镇卫生院13所,行政村卫生室545个,社会和个体医疗机构143家。全系统有职工1238人。区、镇两级医疗单位有床位676张,其中区级医院306张、镇卫生院376张。农民参合率93.54%。2010年,全区有医院、卫生院37所,卫生技术人员2084人,病床2271张。

5. 居民生活 1986年,全区职工年平均工资1126元,其中全民所有制职工年平均工资1210元,集体所有制职工年平均工资1042元,农民年人均纯收入566元。农村居民年人均家庭经营支出185元;人均生活消费支出508元,其中食品支出206元、衣着支出43元、居住支出169元。到2007年,全区职工年平均工资29403元,农民年人均纯收入增加到6951元,年人均家庭经营支出1205元;年人均生活消费支出4160元,其中食品支出1610元、衣着支出263元、居住支出962元。食品支出占人均生活消费支出的比例由1986年的98%下降到2007年的38.7%。至2010年,全区有在岗职工180061人,年平均工资41137元,城镇登记失业率3.9%。农民年人均纯收入9652元。农村居民家庭人均生活费支出7399元,其中食品支出2097元、衣着支出333元、居住支出1234元、家庭设备用品及服务支出378元、文教娱乐用品及服务支出484元、交通设备和通信设备支出1777元、医疗设备及支出990元、其他商品及服务支出107元。企业参加社会养老保险165284人,保费收入6.4亿元;机关事业单位参加社会养老保险20903人,保费收入1.1亿元;农村参加社会养老保险4.05万人。村居以上福利院17所,敬老院10所,集中供养五保对象1256人,农村参加合作医疗49万人。

附记:打造“省城后花园”

济南南部山区有类型多样、数量丰富的自然旅游资源和名胜旅游资源,林地广布、景色秀美,自然生态旅游资源和名胜古迹旅游资源分布相对集中,发展旅游业具有得天独厚的优势。

2001年,历城区提出建设“省城后花园”的构想,利用“四荒”开发政策,建设综合旅游项目,发挥森林资源优势,建设生态旅游项目;结合名胜古迹的保护,建设历史人文景观旅游项目;融合农业结构调整,建设城郊绿色观光农业项目,实施“十村百户农家乐示范工程”,扶持“农家乐”旅游项目。到2007年，红叶谷、九顶塔中华民俗欢乐园、槲树湾、水帘峡、山青世界、金象山、波罗峪、九如山景区等，相继建成开业15个景区(点)。全区接待游客509万人次，实现旅游综合收入14.2亿元。

2008年始，南部山区旅游业已经构建起“春赏花，夏休闲，秋采摘，冬滑雪，全年农家乐”四季旅游格局，并发展农家乐600多家。形成了赏花节、果品采摘节等“十大乡村旅游节庆活动”品牌。仲宫营而蔬菜、柳埠王家峪樱桃、唐王蔬菜、高而核桃、绣川苹果等采摘节（采鲜节）及赏花节,为游客创造了“绿色消费新体验”。2009年始，在600多家农家乐中，连续开展“农家乐提升年”活动，评定34户星级“泉城农家乐”，推进农家乐提升改造。红叶谷景区形成“郁金香节、百合花节、红叶节、梅花节”四季主题活动；九顶塔景区完善“齐鲁民居”群、“地道战”演艺场等；世际园、波罗峪、金象山等景区转型向影视拍摄地发展。南部山区共创建国家AAAA级旅游景区5家、国家AAA级旅游景区2家，国家级生态旅游村1个。省级旅游强镇3个、旅游特色村5个、农业旅游示范点3个、旅游下乡示范点10个、好客人家17户、星级“泉城农家乐”34个。

随着游客的选择由观光游向参与性、体验性更强的休闲度假游转变，历城区打造系列“慢游”产品，推广红叶谷景区的四季主题活动、山青世界假日农庄、“农家乐一日游”、汽车自驾游营地、波罗峪景区婚俗礼仪体验等模式。同时，创新旅游形态，发挥旅行社组团和农家乐美食优势，探索古树游、古村游、名泉游、探秘游、摄影游等原生态旅游线路，主导自驾游客和“驴友”的出游选择，减少生态破坏因素，倡导文明环保旅游行为，激发游客对历史文化的保护意识。策划支持部分景区与艺术院校、文化协会牵手，建设文学、美术、摄影创作研究基地，打造红叶节、露营节、清凉节、荷花节、采摘节、滑雪节等60多项特色休闲活动品牌。

表1—1—5　**2010年历城区街道镇情况**

名称	面　积（平方千米）	行政村居（个）	人　口（人）	地方财政收入（万元）	居民人均纯收入（元）
山大路街道	2.91	10	53664	16693	24462
洪家楼街道	2.44	9	26643	6860	24079
东风街道	5.90	16	51244	15273	23584
全福街道	5.07	12	41123	6350	23089
孙村街道	46.10	25	33437	1803	8903
巨野河街道	58.52	28	31440	1524	8905
华山街道	25.72	26	43235	12819	11980
荷花路街道	35.09	20	21698	1179	10982
王舍人街道	26.20	22	52176	14224	11826
鲍山街道	44.81	24	74986	18128	10606
郭店街道	25.49	15	18562	3648	11704
唐冶街道	36.69	15	22436	7179	10900
港沟街道	107.70	32	49326	6817	9956
遥墙街道	52.22	33	28698	1514	10736
临港开发区（含临港街道）	51.09	34	30893	10599	10842

续表 1—1—5

名称	面 积（平方千米）	行政村居（个）	人 口（人）	地方财政收入（万元）	居民人均纯收入（元）
仲宫镇	256.01	129	111280	4363	19720
柳埠镇	172.61	87	58070	2003	7919
西营镇	126.72	38	31874	1609	6150
董家镇	52.42	39	39953	5289	9834
唐王镇	72.74	46	61179	660	9708
彩石镇	92.12	59	30759	3186	7475

第六节 长清区

一、政区

1. **位置** 长清区位于济南市西南部，黄河下游东岸，泰山西北麓，北纬36°14′～36°41′、东经116°30′～117°4′。西北、北与槐荫区、市中区相临，东与历城区相连，东南与泰安市泰山区、岱岳区相接，南与肥城为邻，西南与平阴县接壤，西濒黄河，隔河与东阿县和齐河县相望。辖区自北向南横向逐渐加宽，呈三角形。南北最长约50.3千米，东西最宽约50.8千米，总面积1178平方千米。

2. **建置** 春秋战国时属齐国。秦代，于境内卢邑设卢县，属济北郡。西汉时为泰山郡卢县、茌县和平原郡祝阿县地。三国魏时为兖州济北国卢县、泰山郡山茌县和青州济南国祝阿县地。西晋时县境属济北国卢县，县境东北部属青州济南郡祝阿县地，东部为兖州泰山郡山茌县地。东晋时为太原县地。南朝宋时县境属济北郡；北朝魏时为齐州东太原郡太原县、卢县和山茌县地。隋开皇五年（585），废太原县于升城置长清镇。开皇十四年（594），以长清镇置长清县。至此始有长清县名，县以境内齐长城和清水命名。此时长清县属济北郡，县境东北部为历城县和祝阿县地。唐代长清县初属河南道济州。贞观十七年（643）废济州，长清属河南道齐州。北宋时以路辖府，长清属京东东路齐州济南府。县内界首镇属京东西路郓州。至道二年（996），长清县城由升城迁至刺榆店、即今长清区老城区。金代长清属山东东路济南府。县内广里镇属山东西路东平府。元代长清属中书省泰安州。明代长清属山东省济南府，宣德三年（1428），属山东布政使司济南府。清雍正二年（1724）属泰安州，雍正十二年（1734）复属济南府。1912年，长清属岱北道。1913年，改属济南道。1928年，废道置省，长清属山东省。1939年，长清县抗日民主政府成立后，因尚未成立专署，长清县受鲁西北第四地委领导，后属泰西专署。1941年9月，长清县分为长清、峰山两县，均隶属泰西专署。1946年，改峰山县为长清县，改长清县为河西县，仍隶属泰西专署。1950年5月，长清县与河西县合并统称长清县，隶属泰安专署。1956年，将长清县所辖的黄河西4个区划归齐河县。1958年12月，长清县同泰安地区一起并入济南市。1959年，撤销长清县。1961年5月，恢复泰安地区，同时恢复长清县，仍属泰安地区。1978年11月，长清县划归济南市。2001年6月，撤销长清县，设立济南市长清区。

3. **区划** 1985年，全县辖城关、平安店、归德、孝里、张夏、万德、崮山7个镇和五峰山、双泉、马山、武家庄4个乡。1995年4月，撤销五峰山乡、马山乡，设立五峰山镇和马山镇；12月，城关镇更名长清镇。2003年9月，撤销长清镇，设立文昌街道；撤销平安店镇，设立平安街道；撤销崮山镇，设立崮云湖街道；撤销五峰山镇，设立五峰山街道。2006年1月，撤销武家庄乡，并入万德镇。2010年5月，撤销双泉乡，设立双泉镇。2010年，长清区辖文昌、平安、崮云湖、五峰山4个街道和归德、孝里、万德、张夏、马山、双泉6个镇，共34个居民委员会、589个行政村，737自然村。

4．人口　1986年，全县有114648户、498633人。1990年第四次人口普查，全县有134492户、504513人。2000年第五次人口普查，全县有151722户，常住人口506579人。2005年，全区有160720户、550811人。2010年，全区有164794户，总人口560282人，性别比97.30，人口出生率10.07‰，人口死亡率7.89‰，人口自然增长率2.18‰。

5．民族　1990年第四次人口普查，全县有民族12个，其中汉族500363人；少数民族11个，4150人。2000年第五次人口普查，全县有民族11个，其中汉族501450人；少数民族10个，5129人。2010年，全区有民族34个，其中汉族554261人；有回族、哈尼族、蒙古族、苗族、藏族、满族、布依族、彝族、朝鲜族、维吾尔族、土家族、壮族、傈僳族、侗族、傣族、佤族、拉祜族、黎族、怒族、景颇族、普米族、瑶族、白族、纳西族、达斡尔族、鄂温克族、畲族、水族、土族、羌族、布朗族、仡佬族、德昂族等少数民族33个，共6021人。

6．名胜古迹　*孝堂山汉石祠*　位于孝里镇的孝堂山上，建于东汉初年，为汉代孝子郭巨墓前修筑的祭堂，是全国现存于地面之上最早的房屋建筑。1961年，被列入全国重点保护文物单位。1999年，对石祠及周边进行维修扩建，新建围墙、罩室，东西厢房及办公区等。

灵岩寺　位于万德镇境内的灵岩山南坡上，兴于北魏，盛于唐宋。整个寺院依山就势而建，为一规模宏大的古建筑群。1982年，被列为全国重点文物保护单位。1987年，作为泰山的附属部分被联合国教科文组织公布为世界自然与文化遗产。2000年，被确定为全国首批AAAA级风景旅游区。

齐长城遗址　齐长城西起孝里镇广里村北0.5千米处，东至青岛市黄岛区小朱山入海，全长618.9千米，是中国现存最早的长城。齐长城遗址在长清大致呈东西走向，依次经过孝里、双泉、马山、万德、武家庄诸乡镇，全长97.8千米，其中有遗址79.2千米。2001年，被国务院公布为全国重点文物保护单位。

汉济北王墓　位于长清城区西南15千米处，由双乳山汉墓、福禄山汉墓和东辛汉墓3座墓葬组成。1995年10月，经国家文物局批准，组织对双乳山一号汉墓进行抢救性发掘，共出土包括金器、玉器、青铜器、铁器等文物2400件。1996年，双乳山汉墓发掘被评为“全国十大考古新发现”之一。2001年，被国务院公布为全国重点文物保护单位。

小屯遗址　位于长清城区以南10.5千米处，归德镇小屯水库北侧，占地面积7200平方米，为商周遗址。1977年被公布为省级文物保护单位。

张官遗址　位于归德镇张官村北，为新石器时代遗址，遗址分布有后李、北辛文化遗存。1988年文物普查时发现，1992年被公布为省级文物保护单位。1999年、2003年先后两次发掘证明，该遗址属新石器时代后李文化晚期类型。

大柳杭遗址　位于双泉乡大柳杭村西南，为新石器时代遗址，有新石器时代大汶口与龙山文化遗存，兼有少量汉代遗存。1992年被公布为省级文物保护单位。

月庄遗址　位于归德镇月庄村东北部。主要为新石器时代早期文化遗存。2000年、2003年先后两次发掘，发现新石器时代、东周、唐时期的遗迹、遗物。2006年被公布为省级文物保护单位。

明德王墓群　位于五峰山街道东马村路东，青崖寨之阳，当地俗称“十八王林”。清道光《长清县志》载：“明德庄王墓、德懿王墓、德怀王墓、德恭王墓、德端王墓俱在县东南四十里青崖山之阳。”1993年春，对最大的一座德王墓（庄王墓）进行抢救性发掘，随葬品均已无存。2006年被公布为省级文物保护单位。

石佛堂　位于孝里镇北黄崖村北约800米处

的山坡上。创建于唐开元二十五年（737），为悬山式全石建筑。堂内刻有大小佛雕像 89 尊。2006 年被公布为省级文物保护单位。

五峰山　位于五峰山街道石窝村东侧。因由五个并列秀丽山峰而得名，与泰山、灵岩并称“鲁中三山”，为江北最大的道教圣地之一。洞真观坐落在五峰山山阳志仙峰下，其主要建筑有钟鼓楼、玉皇殿、碧霞祠等。1993 年五峰山被批准为省级森林公园，2001 年被评为首批 AAA 级旅游景区，2006 年被公布为省级文物保护单位。

莲花洞石窟造像　位于五峰山迎仙峰西侧的山崖处，借自然山体凿岩成窟。洞中雕有主佛 1 尊，为一佛二菩萨二弟子建造样式，四壁及拱门两侧雕小佛 254 尊，窟顶有彩色莲花 52 朵。洞门两侧有佛像 33 尊。造像雕凿年代为东魏、北齐之间。1992 年 6 月被公布为省级文物保护单位。

莲台山　位于张夏镇境内，因形似佛座莲台而得名。汉代大将军娄敬曾在山中隐居，又名娄敬洞山。山上有张仙祠、三元宫、玉皇殿等文物古迹。以洞奇、林秀而著称，洞穴有 72 处，树木 33 科 100 余种，鸟类 8 目 14 科 30 多种，有“江北第一天然植物园”之称。

马山　又叫隔马山，因山形似马而名，是长清境内最奇险的山峰。春秋战国时期，齐鲁、齐晋曾多次在此激战，鬼谷子也曾在此隐居，孙膑、庞涓曾在此拜鬼谷子为师学艺。据马山顶上的石碑记载，山下的马陵道就是孙庞大战的古战场。山东坡的巨幅植物标语“毛主席万岁”被列为世界吉尼斯纪录。

济南园博园　位于长清区大学科技园内。占地面积 346 公顷，其中水面面积 96 公顷、陆地面积 250 公顷，总投资 34 亿元，是集园林景观、生态旅游、植物科普、文化博览、休闲度假、水上游览为一体的综合性国际博览园。

大峰山　位于孝里镇岚峪村东，与肥城、平阴交界，海拔 376.2 米。有璇玑洞、天麻峪、三教堂、簸箕掌 4 个景。古建筑有创建于元明时期的道教峰云观遗址。长清县第一届县委就诞生在这里。是国家 AA 级旅游景区、省级森林公园。

馒头山　位于长清区张夏镇境内，海拔 408 米，因山的外形像馒头，俗称“馍馍山”“满寿山”或“曼寿山”。该山是研究中国华北寒武系的起源地，具有重要的科研和科考价值。2002 年被省政府批准为省级地质公园，2003 年被联合国教科文组织命名为“世界第三地质名山”。

二、自然环境

1. 地质地貌　长清区处于泰山隆起的边缘，断裂构造发育，褶皱平缓规模较小。区内地层以单斜出现。岩层倾向北西 33 度，倾角小于 10 度。由南向北依次出露有：太古界泰山群变质岩、寒武系灰岩和页岩、奥陶系石灰岩。从山前到黄河之间是第四系砂砾石层和各种土类，厚度由东向西逐渐增大。长清区东南依泰山，西北濒黄河，形成东南高西北低的倾斜地势，由东南向西北依次是山地丘陵、山前平原和黄河洼区，分别占全区总面积的 75.6％、10.7％、13.7％。长清地形地貌，按比例大体是“八山一洼一平原”。全区大小山头 920 多座，其中海拔 300 米以上的 79 座，900 米以上的 2 座。东南部山脉，摩天岭最高，海拔 989 米。

2. 气候　属暖温带大陆性半湿润季风气候，春季温暖风大多干旱，夏季炎热多雨，秋季天高气爽，冬季漫长寒冷少雨雪。主要灾害性天气有：干旱、暴雨、冰雹、大风、干热风、霜冻寒潮、雷电等。年平均日照时数为 2378.0 小时，年平均气温 14.4℃，年平均降水量 661.7 毫米。

3. 水文　境内河流属黄河流域，南、北大沙河水系。主要河流有黄河、南大沙河、北大沙河、玉符河和清水沟。黄河从平阴县流入，经孝里、归德两镇和文昌、平安两街道，流入槐荫区，境内河段长 52 千米，河床宽 500 米～700 米。南大沙河古称宾谷水，主河全长 37.2 千米，流域面积 406 平方千米，属季节性河流。北大沙河古称中川水、沙沟，流经万德、张夏 2 个镇和崮云湖、文昌、平安 3 个街道，流入黄河，全长 54.3 千米，流域面积584平方千米，属季节性河流。玉符河境内河段长2.8千米，流域面积82.5平方千米。清水沟全长13.5千米,流域面积107.8平方千米，为季节性河流。长清区泉水分布较广，其中袈裟泉、卓锡泉、清泠泉、晓露泉、檀抱泉名列新评济南七十二名泉。

4. **土壤植被** 长清区土壤，从县境东南到西北依次分布着棕壤、褐土、潮土和风沙土。全县共有4个土类8个亚类11个土属68个土种。境内植被类型属暖温带落叶阔叶林植被型，气候条件适合温带落叶阔叶植物的生长和栽培。现有林木绝大多数是人工林和少数的天然次生林，植被组成主要有乔灌草及作物。西部黄泛平原农田林网防护林区，面积2.3万公顷，主要树种为杂交杨、柳树；中部山前平原农田林网区，面积1.5万公顷，主要树种为侧柏、刺槐、杂交杨、柳树等；东南部低山丘陵防护林、经济林区，面积7.8万公顷，主要树种为松、侧柏、刺槐、柿子、核桃、板栗、杏等。

5. **自然资源** 2008年全区土地总面积120919.3公顷，其中农用地总面积88576.81公顷、建设用地面积15297.59公顷、未利用地面积17044.9公顷。地表水和地下水多年平均资源量为2.98亿立方米，其中地表水1.28亿立方米、地下水1.70亿立方米，年平均可利用量2.02亿立方米。有植物105科478种。有麻雀、乌鸦、喜鹊等野生动物37种，有鲤鱼、白鲦、鳝鱼、泥鳅等鱼科动物12种。有野生中药材307种。矿产资源丰富，金属矿藏有铁、铜、铅、锌、金等；非金属矿藏有煤、钾长石、重晶石、蛇纹石、花岗石、石英、石膏、蛭石、石灰石和黄沙等。城区以西黄河沿岸一带有储量为2亿吨的煤田。花岗岩储量200亿立方米，有罗汉绿、灵岩三花等20余个品种。万德镇界首村还发现并开发出珍贵的玉石碧玉矿。

三、经济

1. **总况** 1986年，全县完成地区生产总值3.63亿元，其中第一、二、三产业增加值，分别为2.01亿元、0.94亿元、0.68亿元。1992年，在乡镇企业推行股份合作制。1994年，全面实施外向带动战略。1995年，长清县跨入中国综合实力百强县，位居第92名。2000年，完成生产总值60.12亿元，其中第一、二、三产业增加值，分别为13.45亿元、27.17亿元、19.50亿元。2001年6月，撤县设区后，长清驶入发展快车道，形成政务商住区、大学科技园区、济南经济开发区、农业高新技术开发区、五峰山旅游度假区“五大片区”。2010年，完成生产总值236.8亿元，其中第一、二、三产业增加值，分别为29.9亿元、131.3亿元、75.6亿元，三次产业结构比为12.62 ：55.45 ：31.93。人均地区生产总值42381元。全区地域财政总收入15.6亿元，其中地方财政一般预算收入5.2亿元。

2. **农业** 1986年，全县耕地面积4.16万公顷，粮食总产23.5万吨，农业总产值2.10亿元。1988年长清县被列为黄淮海平原农业综合开发县，1989年被确定为全国商品瘦肉型猪生产基地县。20世纪90年代,全县发展“两高一优”(高产、高效、优质）农业，重点抓“两化”（城乡一体化、农业产业化)，保“两增”（农业增产、农民增收)，对农业内部结构进行调整，形成粮食生产、油料、蔬菜、林果、畜牧、水产、良种、桑蚕八大商品基地。1993年，济南市农业高新技术开发区落户平安店镇潘村管理区。1996年，长清县被确定为山东省玉米良种“三〇”工程十大样板县之一。2001年，全区耕地面积4.04万公顷，粮食总产29.64万吨，农业总产值21.78亿元。进入21世纪后，全区大力发展现代农业、绿色农业，形成林果、畜牧、蔬菜、良种、花卉五大主导产业。2008年，长清区被评为全国林业工作先进区。2010年，全区农业总产值43.8亿元，农业机械总动力47万千瓦，粮食总产32.8万吨，肉、蛋、奶、菜产量，分别为3.5万吨、3.2万吨、3.3万吨、70.7万吨，森林覆盖率37%。全区农业精品园20个，品牌基地5个，农业龙头企业158家，农民专业合作社510家，无公害、绿色、有机农产品品牌109个，马山栝蒌、张夏玉杏被确定为国家地理标志产品。

3．工业 1986年，全县乡及乡以上工业企业182家，其中县属企业32家，实现工业总产值1.90亿元。1988—1993年，先后两轮对县属企业实行承包经营责任制。1992年始，工业企业推行股份合作制。1994年，县属7家企业完成转制，并进行现代企业制度试点改革。1996年5月，长清县工业园被列为济南市工业园南区。1999年，晋升为省级开发区，更名为济南经济开发区。2000年，全县27家县属企业中25家完成改制，基本建立现代企业管理制度。2004年，全区确定“一区三园”（济南经济开发区、济南经济开发区南园、水龙王工业园、万德镇工业园）的发展定位。至2008年，全区形成交通运输设备制造、压力容器制造、电子电器制造、新型建筑建材、食品医药五大主导产业。2010年，全区工业总产值412亿元，规模以上工业企业226家，实现增加值109.8亿元，实现销售收入416.9亿元，利税48.1亿元。市级以上高新技术企业77家，高新技术产品220个。拥有中国名牌“佳宝液态奶”、中国驰名商标“驰动”，省市名牌、著名商标58个。全区建筑业资质以上企业48家，其中国家一级资质建筑企业7家，获“鲁班奖”工程1项，完成建筑业产值52.7亿元，长清区获“中国建筑之乡”称号。

4．商贸旅游 1986年，全县有商业网点4632处，从业人员8655人，完成社会消费品零售总额1.70亿元。是年，国有商业引入租赁制改革。1991年起，商业企业逐步推行“四放开”（经营、价格、用工、分配）改革。1995年，长清供销大厦、银河商厦建成开业。2000年，全区实现社会消费品零售总额21.71亿元。2002年8月，长清首家超市长清上海华联超市开业。2006年9月，大学城商业街一期工程10万平方米商业楼建成开放，入驻商家426家。2010年，全区社会消费品零售总额83.9亿元，其中批发零售贸易业65.3亿元、住宿餐饮业18.6亿元。个体私营经济注册资金51.5亿元，个体工商户、私营业户分别发展到11030户、1843户。山东数娱广场建成启用，入住企业30余家，被认定为国家火炬计划产业基地、国家动漫产业发展基地、山东省国际服务外包示范基地。全区出口创汇10765万美元，实际利用外资2025万美元，累计实际利用外资50997万美元。辖区内大型商业网点主要有银座购物广场长清店、大学城商业街、心连心超市、银河商厦、供销大厦、黄河商场、渤海商城、清河商场等。主要旅游景点有灵岩寺、园博园、五峰山、莲台山、齐长城、汉石祠、大峰山、崮云湖、卧龙峪、凤凰岭生态旅游区等。全年共接待游客450万人次，实现旅游总收入24.2亿元。

5．交通邮电 1986年，全县公路通车里程241.4千米，有各种营运车辆1311辆，完成货运量64.4万吨、货运周转量2754.9万吨千米，客运量10万人次、客运周转量300万人千米。1993年6月，建成境内第一座黄河浮桥——西魏浮桥。2000年，全县公路通车里程414.5千米，完成货运量126.2万吨、货运周转量7768万吨千米，客运量287.2万人次、客运周转量7537.4万人千米。2004年9月，开通长清至市华联的济长巴士1路公交车。2005年，开通长清途经大学园至济南长途汽车总站的济长巴士2路公交车。是年，济南公交公司开通20路、22路、24路、25路公交线路。2006年，济南公交公司开通301路（长清公交营运中心—章丘）、302路（长清公交营运中心—泺口）公交线路。2010年，境内京沪高铁、津浦铁路、京福高速、济菏高速、104国道、220国道、104省道、经十西路纵贯南北，全区通车总里程1444千米，其中高速公路41.5千米、国省道114.5千米。货运量236万吨，货运周转量15565万吨千米；客运量523万人，客运周转量15276万人千米。

1986年，全县有电话机737部，完成邮电业务收入78.23万元。1988年4月，开通1000门纵横制921自动交换机，结束使用手摇电话的历史，实行全自动拨号。1992年，境内开通无线寻呼（BP机）业务。1995年，开通中国公用分组交换数据网（CHINAPAC）业务。1996年7月，开通163国际互联网（CHINANET）、169（中国公众信息网）电话拨号上网业务。1997年2月，长清信息港建成。2000年，完成邮政电信业务总量5795万元，年末电话实占容量57567门，无线寻呼用户8260户，移动电话用户9019户。进入21世纪，移动通讯逐渐普及，互联网走进百姓家庭。2010年，完成邮政业务收入2243万元，电信业务收入9982万元。

6. 城乡建设 1984年，国务院批复《长清县新县城总体规划》，规划面积5.17平方千米，控制面积20.67平方千米，将县城分为工业、仓储、居住、行政办公、商业、文教卫生、公共绿地七大功能区。1985年，长清县城实施东迁。至1986年年底，10座办公大楼建成，为长清新县城搭起“框架”。1987年、1990年、1993年分别对县城总体规划进行调整，调整后的新城区规划面积17.96平方千米，控制面积79.95平方千米。1991—1993年，小城镇建设快速发展，万德、崮山两镇被省政府命名为村镇建设新型乡镇，万德镇被中华人民共和国计委列入全国百家小城镇建设试点镇之一。1994年，实施小城镇“三个一”（每个乡镇建设一条商业街，兴办一个综合专业市场，逐步形成一个工业小区）建设工程，先后建成商业街17条，综合专业市场13处，每个乡镇建成1个工业区。1995年，长清县被省政府命名为“十百千”活动（山东省政府组织的评选十个村镇建设先进县，百个村镇建设新型乡镇，千个村镇建设明星村活动）先进县。1996年，省委、省政府确定长清县实施沿黄滩区村庄搬迁，至1998年滩区建设全部完成，整体搬迁12个村，2060户，局部搬迁30个村，4260户，加固房台安置25个村，1680户。2001年，长清撤县设区后，城乡面貌发生巨大变化，形成“七横”（清河街、龙泉街、水鸣街、中川街、宾谷街、玉符街、湄湖街）“八纵”（凤凰路、文昌路、莲台山路、灵岩路、五峰路、马山路、峰山路、孝堂山路）15条城市道路的新城交通框架，供水、供电、供热、供气等服务功能不断增强。2003年，大学科技园开工建设，规划面积43.11平方千米，主干道7条，为“三纵四横两环”。2004年，万德镇被评为全国重点镇。至2008年，因大学科技园建设12个村整体搬迁乐天小区，7个村入住丹凤小区。2010年年底，城市规划区面积扩展到160平方千米，建成区面积80平方千米，建成区绿化面积541公顷，建成污水处理厂1处，污水集中处理率60%，工业废水排放达标率100%，饮用水源水质达标率100%，城市空气质量改善率4%，道路交通声环境质量处于较好水平以上。先后获全国城市环境优秀县城、齐鲁杯先进县城、省级卫生县城等称号。

7. 名优特产 长清素包　又名长清素大包，始于清末。以小麦细粉作皮，以油炸卤豆腐、粉条、菠菜、胡椒面、香油等拌馅，皮薄馅足，味美可口。

马蹄烧饼　是回族人民传统食品“油香”的变种。始于清初张夏镇青杨树回民之家。原料有面粉、食盐、芝麻。其配料严格，制作考究，味香色美，热吃香脆可口，冷吃筋硬有味，历时300余年仍颇受人们喜爱。

孝里米粉　是长清地方传统名吃之一，已有200多年的历史。以小米为原料制作，食用时拌以麻汁、醋、黄瓜丝、胡萝卜咸菜末、蒜汁、椿芽末等凉吃。亦可将米粉丝放锅内加热，配虾皮、香菜末、酱油、香油等佐料热吃。

崮山馍馍　始于明末清初大崮山村。相传清乾隆皇帝南巡路经此地时曾食用，并得赏银500两，因此名声大振。崮山馍馍吃起来硬中有柔，柔中有韧，形美味甜，丝丝清香，层层能剥，历时数百年而不衰。

张夏玉杏　又名御杏，张夏镇是红玉杏原产地，栽培历史已有2600多年，以个大、味美、汁多、肉鲜著称。为长清县果。2010年获农业部“国家农产品地理标志”认证，被批准为国家地理标志保护产品。

武庄柿子　万德镇武庄是磨盘柿和车头柿、水柿的主产地，栽培历史悠久。磨盘柿个特大，单果平均重262克，最大重456克，肉脆汁多、味香甜、耐贮运；车头柿出饼率高、上霜早，适于加工柿饼，10月上中旬成熟上市。

张夏木鱼石　产于长清区张夏镇的馒寿山一带，因其色、纹、声酷似和尚诵经敲打的木鱼而得名。至2010年，已研发出茶具、酒具、餐具等保健品及工艺品等40多个系列、近400个品种，享有“中国的木鱼石在张夏”之美誉。

马山栝楼　马山庄科、焦庄一带种植栝楼已有300余年的历史，以其个大、皮厚柔韧、皱缩有筋、色橙红、糖性足、焦糖气浓而享誉国内外。2009年，马山栝楼被农业部认定为国家地理标志农产品。

长清有机茶　主产于泰山北麓的万德镇和张夏镇，是中国纬度最高的茶叶种植生产区，现拥有“灵岩绿”“泉城绿”“明湖春”“南湖玉露”等系列品牌的优质茶叶。

四、社会事业

1. **教育**　1986年，全县有幼儿园123所，在园幼儿8021人，幼儿教师373人；有小学295所、中学70所、农业技术中学6所、进修学校1所、师范学校1所，有专任教师4100人，在校生79798人。1988年11月，长清县被评为全国“扫除文盲先进县”。至1991年，农村普通中小学校舍“六配套”（校舍、课桌凳、院墙、厕所、操场、校门）累计投入资金1984余万元。1992—1993年，完成县属学校校舍“五达标”（学校规模、校舍、桌凳、操场、校园环境），累计投入资金1978万元。1995年10月，通过“两基”（基本扫除青壮年文盲，基本普及九年义务教育）验收。1996年，被评为全国体育先进县。2002年6月，建立教师工资“以区为主”统一发放制度。2004—2008年，长清区校舍进入全面升级改造阶段，新建乐天中学和乐天小学，全区累计建设校舍19.3万平方米，投入资金8700万元。2010年年底，长清大学科技园有山东师范大学、山东中医药大学、山东轻工业学院等10所高校，在校师生15万人；全区有各级各类学校107所，在校生61717人，教职工4868人，专任教师4740人。其中：中等专业学校 1所，在校生930人（均为业余班），专任教师55人；普通中学19 所，在校生28890人，专任教师2195人；职业学校1所，在校生400人，专任教师92人；小学86所，在校生32827人，专任教师2186人。幼儿园 217 所，在园幼儿9780人，专任教师 643人。

2. **科技**　1986年，长清县确定“科技兴县”战略。1992年，制定《长清县创建全国科技工作先进县实施方案》，加大科技投入。1996年7月，被评为全国科技工作先进县。2004年，长清区被中国科协命名为“第二批全国科普示范区”。2008年，区本级财政科技三项经费1150万元，占当年本级财政一般预算支出的1.66%。2010年，全区有专业技术人员1.44万人，财政科技经费1655万元，专利申请量3741件，高新技术企业77家，市级以上企业、工程技术中心30家，高新技术产品220个，实现高新技术产值115亿元，高新技术产值占规模以上工业总产值的比重为25.2%。

3. **文化**　春节、元宵节期间，踩高跷、划旱船、手龙绣球灯、元宵灯会等民间传统文艺活动活跃。1995 年起，每年开展民间艺术表演、元宵灯会、春节电视文艺晚会等春节系列文化活动。2004年，长清区获全国文化先进区。手龙绣球灯先后在中央、省市电视台播出，被誉为“中华一绝”，列入山东省第一批省级非物质文化遗产名录。当年，长清区获全国文物工作先进区。2006年起，每年举办“消夏文化广场”主题活动。2007年，区博物馆跨入国家三级博物馆行列。至2010年年底，有专业艺术表演团体1个，群众性文化馆1座，公共图书馆1座，馆藏量8万册（件）；档案馆1座，馆藏量4.97万册（卷）。有各级文物保护单位106处，其中全国重点文物保护单位4处，省级文物保护单位8处，市级文物保护单位13处，县级文物保护单位61处，依法登记单位20处。有线电视入户数12万户，电视人口混合覆盖率90%。

4. **卫生**　1986年，全县有医疗卫生机构15

个，卫生技术人员677人，床位364张。1992年，长清县提前4年实现山东省初级卫生保健规划目标，1993年提前5年完成省政府“一无三配套”（无危房，设备、房屋、人员三配套）。1996年，长清县扁鹊医院建成交付使用。1997年，长清县被确定为中医工作试点县。2000年，全县有卫生医疗机构19个，卫生技术人员1282人，医疗床位903张，每千人拥有病床1.7张，卫生系统全年完成门诊量56.9万人次，收治住院病人5.07万人次。2004年，进行新农合试点工作。2005年，新型农村合作医疗制度在全区推行，参合率83.36%。2006年,长清区成为新农合省级试点区。2007年，通过了省级卫生先进单位的验收。2010年年底，全各类卫生机构18个，其中医院13所，卫生技术人员1434人，床位1003张。 全区农民参合率99.08%，行政村覆盖率100%。建设标准化卫生室351处。

5. 居民生活 1986年起，全区（县）城乡居民收入较快增长，人民生活水平不断提高。2001年，城镇居民年人均可支配收入6243元，人均住房面积17.1平方米；农民年人均纯收入3190元，人均住房面积28平方米。2010年，年末在岗职工93358人，年平均工资24765元。城镇登记失业率控制在3.43%。企业养老保险参保人数26524人，征缴企业基本养老保险费14387万元。机关事业单位养老保险参保人员14200人，收缴养老保险费1.16亿元。失业保险参保人员28698人，收缴失业保险费882.86万元。城镇职工医疗保险参保16562人，农村养老保险参保人员58214人。城镇居民年人均可支配收入18423元，年人均消费支出10511元；农民年人均纯收入8868元，年人均消费支出4491元。城区人均居住面积37.2平方米，农村人均居住面积36.8平方米。

附记：大学科技园

进入21世纪，省属驻济南部分高校出现严重“超载”现象，生均占地不足20平方米，不足国家标准的1/3，校舍不足与新增招生的矛盾突出。2003年12月，山东师范大学新校区建设奠基仪式举行，标志着大学科技园建设启动。是年底，完成大学科技园总体规划，规划用地面积43.11平方千米，建设用地29平方千米。大学科技园位于济南市长清城区东部，距市区16千米。东起京福高速公路，西至济菏高速公路，南起崮云湖街道办事处驻地以南一带山体，北至北大山山体。规划目标是：山东省高级人才培养基地；科研与交流中心；学、研、产一体化发展的城市新区；环境生态化，运转信息化；在国际上有一定知名度，国内一流的能容纳20万名在校生的高校新区。规划建设各类建筑物1800万平方米，总投资约340亿元,成为拥有40万人口的城市新区。园区采用较为自由的道路网系统。规划主干道7条，路网结构为“三纵四横两环”。

2005年9月，山东轻工业学院长清新校区迎来第一批新生，标志着济南市大学科技园正式投入使用。2005年10月，济南市西区投融资管理中心成立。是年，大学科技园完成投资70亿元，12条总长56千米的高标准道路全部建成，达到路通、亮化、美化的要求，水、电、讯、邮等配套设施不断完善。9所高校开工建设教学楼、办公楼、学生公寓、学生食堂135幢153万平方米，在校师生近7万人。第一安置小区乐天小区有11个村、4215户、10069人搬迁入住。中小学、幼儿园等配套设施全面启用，第二安置小区丹凤小区44幢住宅楼已基本竣工，有4个村、1000多户、4000多人搬迁入住。

2006年9月1日，大学科技园商业公园一期工程10万平方米建成并正式向社会开放，入驻商家426家。是年第二批新生按期入住，师生总数13.5万人。丹凤小区北区基本建成，景观湖综合整治一期工程全面完成。至2007年，大学科技园累计投入170亿元，完成建筑面积360万平方米，建成道路150千米，9所高校相继建成，入住师生15万人。

至2010年，大学科技园有山东师范大学、山东中医药大学、中华女子学院山东分院、山东轻工学院、山东交通学院、山东艺术学院、山东工艺美院、山东工会管理干部学院、山东劳动职业技术学院、济南师范学校10所高校，在校师生20万人；建有乐天小学1处、乐天中学1所；建成安置小区2处、乐天小区和丹凤小区；建成或在建房地产项目有鲁商常春藤、建邦原香溪谷、康桥圣菲、紫薇翠庭、中建瀛园等；设有大学城商业街、济南名仕学府四星级酒店、山东数娱大厦等。

济南市长清大学科技园景观湖还成为2009年9月开幕的第七届中国国际园林花卉博览会园址。

表1—1—6　**2010年长清区镇街道情况**

名　称	面 积（平方千米）	行政村居（个）	人　口（人）	地方财政收入（万元）	农民人均纯收入（元）
归德镇	148.80	106	80695	980	8690
孝里镇	124.60	57	48158	285	7450
万德镇	217.00	76	72931	1130	8320
张夏镇	137.40	53	47535	1383	8002
马山镇	87.40	53	32700	423	7425
双泉镇	93.50	48	29550	469	6002
文昌街道	106.70	77	109920	13627	10945
平安街道	77.80	78	56251	9175	9260
崮云湖街道	94.40	34	50964	11632	10370
五峰山街道	90.40	41	31578	1135	7570

第七节　章丘市

一、政区

1. 位置　章丘市位于济南市东部，北纬36°25′～37°09′、东经117°10′～117°35′。西邻历城区，东邻淄博市周村区、淄川区、博山区，南与莱芜市莱城区、泰安市岱岳区接壤，东北与滨州市邹平县相邻，西北隔黄河与济阳县相望。东西最宽约37千米，南北最长约70千米。总面积1855平方千米。

2. 建置　商代，东部、北部为蒲姑国；西部为谭国，都城在今龙山镇城子崖。战国，属田齐。秦代，属济北郡。西汉，属青州刺史部济南郡。汉景帝四年（前153）建县，置阳丘，治回军镇（今绣惠镇回村）。东汉时，中部为阳丘县，北部为猇县、菅县，西北部为朝阳县，南部为土鼓县，西部属东平陵县。后阳丘、猇县并入东朝阳。魏晋时期，为东朝阳县，属乐安国。南北朝刘宋，置高唐、广宗、卫国等县。北齐，废东朝阳县置高唐县，移县治于女郎山（章丘山）南（今绣惠镇驻地）。隋开皇十六年（596），更名章丘县，属齐州。唐代，仍属齐州。宋政和六年（1116）至金代，属济南府。元代，属济南路。明清时期，皆属济南府。民国初，属岱北道。1914年，岱北道改称济南道。1928年直属于山东省。抗日战争胜利后，先后属山东省第十二、第十行政督察区。1945年8月，民主政权将县境北部解放区与历城县东北部解放区合并建立章历县，与章丘县同属鲁中行政区泰山专区。1946年6月，章历县划归清河专区。新中国建立后，章丘、章历两县于1950年4月划归淄博专区。1953年9月，章历县并入章丘县，章丘县划归泰安专区。1958年8月迁县治于明水；

同年9月，改属济南市。1961年4月，划归泰安专区。1978年11月，属济南市至今。1992年8月，撤县设市（县级）。

3．区划　1985年，辖明水、绣惠、枣园、相公庄、普集、刁镇、水寨、埠村、文祖、垛庄、龙山11个镇，黄河、高官寨、辛寨、宁家埠、白云湖、党家、山后寨、曹范、阎家峪、官庄、旭升11个乡，1030个自然村。1995年10月，山后寨乡、曹范乡、党家乡撤乡设镇。1996年10月，高官寨乡、白云湖乡、宁家埠乡撤乡设镇。2001年7月，撤销明水镇、旭升乡，设立明水、双山街道。2005年12月，撤销龙山镇、党家镇，设立龙山街道；撤销枣园镇、埠村镇、圣井镇，分别设立枣园、埠村、圣井街道；撤销阎家峪乡，其行政区域并入官庄乡。2010年5月，官庄乡、辛寨乡撤乡设镇。2010年年底，辖明水、双山、龙山、枣园、埠村、圣井6个街道，垛庄、文祖、高官寨、白云湖、宁家埠、普集、相公庄、绣惠、刁镇、水寨、曹范、官庄、辛寨13个镇，黄河1个乡，共有908个行政村、1035个自然村。

4．人口　1986年，全县有217653户、925903人。1990年7月，第四次人口普查，总户数246496户，总人口941435人。2000年11月，第五次人口普查，有292316户、977324人（包括外来人口，不包括外出人口）。2005年，全市有292893户、993947人。2010年年底，全市有304054户、常住人口1015129人；全市人口出生率9.50‰，性别比97.82；当年人口机械增长率2.42‰，自然增长率0.45‰。

5．民族　1990年第四次人口普查时，全县有民族18个。其中：汉族934617人；少数民族17个，6817人。2000年第五次人口普查时，全市有民族28个。其中：汉族969268人；少数民族27个，8055人。2010年年底，全市有民族34个。其中：汉族1006556人；少数民族33个，有蒙古族、回族、藏族、维吾尔族、苗族、彝族、壮族、布依族、朝鲜族、满族、侗族、瑶族、白族、土家族、哈尼族、哈萨克族、傣族、黎族、傈僳族、佤族、畲族、拉祜族、水族、东乡族、柯尔克孜族、土族、达斡尔族、布朗族、锡伯族、普米族、俄罗斯族、京族、基诺族，共8573人。

6．名胜古迹　城子崖遗址　位于龙山街道东武原河东岸高阜地带。宛若城垣，故名城子崖。为山东“龙山文化”代表遗址和命名地。南北长520米，东西宽430米，总面积22.36万平方米。1928年，由中央研究院历史语言研究所吴金鼎发现。1930年至1931年，进行二次挖掘。1961年，遗址被国务院列为全国重点文物保护单位。1994年，建成城子崖遗址博物馆。

洛庄汉王陵　位于枣园街道洛庄村西1千米处，面积约4万平方米。1999年6月至2000年年底进行发掘，发现大型陪葬坑15座，小型陪葬坑、祭祖坑21座，出土各类文物3000余件。不仅是山东省内所发现规模最大的一座汉代王陵，而且其陪葬坑数量是全国所发现同类汉王陵中最多的一座。被评为2000年全国十大考古新发现之一。

危山兵马俑　位于圣井街道危山风景区内。2002年11月29日至12月30日，由山东省文物考古研究所、济南市考古研究所、章丘市博物馆组成的联合考古队对危山汉代陪葬俑坑进行抢救性发掘，发现汉代陪葬坑3座，出土陶制兵俑、车马等文物400余件，是山东地区首次发现的规模最大的俑坑。被评为2003年全国十大考古新发现之一。

百脉泉公园　位于章丘城区。始建于1986年，总面积20万平方米。以泉水自然喷涌成湖而著称，因百脉泉而得名。百脉泉为济南七十二名泉之一，明水诸泉之首。百脉诸泉之水，汇而成明水湖。百脉泉公园整个园林划分为自然风光区、龙泉寺、清照园三部分，为中国北方独具特色的泉景公园。在“2005全球人居环境论坛”上，被联合国国际交流合作与协调委员会（CCC/UN）授予“全球优秀生态旅游景区”称号。

明清古村朱家峪　位于官庄镇309国道南2千米处，面积3平方千米。有明初至今大小建筑近200处、大小石桥99座、井泉66处、庙宇10余处，虽经历600年沧桑巨变，仍完整地保存了原来建筑格局、古风古貌，被专家誉为“齐鲁第一古村，江北聚落标本”。

锦屏山　位于文祖镇与垛庄镇交界处，海拔近400米，面积3.5平方千米。山上松柏如海，苍翠如锦绣，横亘如画屏，“锦屏”一名即由此而得。山顶平整，所以又名平顶山。有古柏百余株和迎山石、乾坤图、女娲神碑、碧霞祠、文昌阁等景物。

白云湖风景区　位于章丘城区西北19千米处白云湖镇，距济南城区35千米，占地200公顷，由白云湖公园、白云湖乐园和沿湖20千米柳堤及立体农业观赏园等组成。

二、自然环境

1. 地质地貌　章丘市南部属鲁西隆起区，北部为济阳坳陷区。地质构造形成普遍为单斜岩层，以块断为主，褶皱少见。岩层走向北西60°，倾向北东30°，倾角7°～13°。各地质时代地层发育齐全。山区自南而北分布为变质岩、石灰岩、页岩、煤层、火山喷出岩等。丘陵河谷和冲积平原则广泛分布泥岩，下部为淡水灰岩，上部为砂砾石层及各种土类。市境地处泰沂山区北麓，与华北平原接壤。长城岭绵延于南，长白山矗立于东，地形自东南向西北倾斜。地貌类型自南而北依次为山地、丘陵、平原，分别占总面积的30.8%、25.9%、43.3%。最高峰为南部鸡爪顶，海拔924米；最低处是北部辛寨乡朱家洼一带，海拔15米。

2. 气候　章丘地处中纬度，属暖温带大陆性季风气候，四季分明，光照充足，雨热同季。春季干旱多风，夏季雨量集中，秋季温和凉爽，冬季雪少干冷。历年平均日照2355.5小时、平均气温13.8℃，多年平均降雨量642.7毫米，无霜期207天。有干热、冰雹、寒流等灾害性天气。

3. 水文　境内大部分属小清河水系，东南部少数属大汶河水系。有河流7条。其中外流河2条：黄河，为西北界河，西南东北流向，境内长度27.08千米；小清河，位于西北部，西南东北流向，境内长度18.8千米，流域面积1651.6平方千米，年均径流量7.77亿立方米。内陆河5条，均属小清河水系：绣江河，源于明水百脉泉，境内长32.8千米，流域面积667.9平方千米；西巴漏河，在中南部，南北流向，属季节河，境内长68.8千米；东巴漏河，在东南部，东南西北流向，属季节河，境内长34.4千米；漯河，境内长28千米；巨野河，位于境内西部，全长46.8千米，流域面积89平方千米。有湖泊2处：白云湖，位于西北部白云湖镇，总面积17.4平方千米，水面积7.5平方千米，水深1米～3米；芽庄湖，位于市境东北与邹平县交界处，总面积5.38平方千米，水面积2.17平方千米，水深1.9米，最深处2.4米。

4. 土壤植被　章丘市处在北温带半湿润地区，位于泰沂山地及山前冲积扇与华北冲积平原交结地带。境内中南部地势较高，为褐土主要分布区。北部为河流冲积平原，地形较平坦，土壤形成受沉积物类型地下水活动及人为生产活动影响，为潮土分布区。土壤分布状况多样，由南至北，随着地形地貌和水文地质等条件变化，土壤呈有规律变化，依次分布着多种土壤类型，有5个土类、11个亚类、20个土属、87个土种。

境内植被均为次生植被。主要有酸枣、荆条、葛藤、车李子等藤灌木类和车前子、蒲公英、黄草、白草等草木类及浮萍、香蒲、芦苇、莲藕等水生类。人工植被分为人工季节植被与人工常年植被。主要有小麦、花生、玉米、地瓜、蔬菜等短季节性农作物植被和侧柏、刺槐、松类、杨树等多年生常绿、落叶森林植被。防护林多分布于丘陵山地，多为侧柏纯林，少部分为刺槐、侧柏混交林；用材林和道路植树多为速生杨；经济林以苹果、桃、葡萄等鲜果和核桃、板栗、花椒等干杂果为主；其他如泡桐、香椿、臭椿多为四旁植树。2000年后，城市绿地植被引进观赏性强、绿叶时间长的大叶女贞、海棠、丁香、紫叶李、雪松、金叶女贞、红叶小蘖、龙柏等多种植物及人工草坪。

5．自然资源　全市可利用土地资源17.21万公顷，其中已利用土地面积14.37万公顷，未利用土地面积2.84万公顷。境内多年平均水资源总量4.68亿立方米，其中可利用量4.2亿立方米（引黄河水按年均0.4亿立方米，可利用量0.4亿立方米计）。林木主要有松、柏、杨、柳、榆、桐、刺槐。药材有酸枣、丹参、郁李、野菊、远志、茵陈、香附、百里香等200余种。动物资源主要有鱼、鳖、虾、蟹、野兔、山鸡、狐狸、刺猬、黄鼠狼、獾等。矿产资源丰富，已发现32个矿种，156处矿床（点），已开发利用的有煤、耐火黏土、石灰岩、白云岩、花岗石、玄武岩、铁、铜、矿泉水等。煤有无烟煤及有烟煤两种，1985年公布地质储量为2.38亿吨，可采储量1.26亿吨，是全国重点产煤县（市）之一。耐火黏土地质储量4.16亿吨，为该区主要矿产资源，规模巨大，质量较佳。石灰岩、花岗石藏量丰富，有较大开发利用价值和潜力。铁、铜、金、石英、重晶石、石墨等储量较小，尚未大规模开发。

三、经济

1．总况　1986年，全县完成地区生产总值6.35亿元（当年价格，下同），其中第一、二、三产业增加值分别为2.88亿元、2.20亿元、1.27亿元。1988年，全县工业企业推行承包经营责任制，开始破“三铁”（铁饭碗、铁工资、铁交椅）。1992年，全县企业推行股份合作制。1995年，全年完成生产总值54.81亿元，其中第一、二、三产业增加值，分别为14.15亿元、25.64亿元、15.02亿元。进入21世纪，逐步建立起产权清晰、权责明确、政企分开、管理科学的现代企业制度。2000年，全年完成生产总值110.96亿元，其中第一、二、三产业增加值，分别为23.05亿元、54.98亿元、32.93亿元。2004年，率先在全省免除农业税。2010年，完成生产总值503.83亿元，同比增长14.0%。其中第一、二、三产业增加值，分别为55.08亿元、292.07亿元、156.68亿元，三次产业结构为10.93 ∶ 57.97 ∶ 31.10。人均生产总值49714元，增长13.5%。全市地域财政总收入48.7亿元，比2009年增长24.0%。其中地方财政一般预算收入25.73亿元，增长24.8%。位列2010年中国中小城市科学发展百强第38位。

2．农业　1985年，农林牧渔业总产值4.37亿元（当年价格，下同），比1978年增长1.06倍。进入20世纪90年代，全市调整优化农业产业结构，大力发展绿色农业，认证绿色产品38个，标准化生产基地4.67万公顷，先后建成8大商品基地、4大生产基地、158家农业龙头企业、167处各类农业园区。2005年，全市农业总产值55.19亿元，其中种植业30.71亿元、林业1.15亿元、畜牧业21.7亿元、渔业0.8亿元、服务业0.82亿元。2010年，全年农林牧渔业实现总产值93.6亿元，粮食总产67.9万吨，棉花总产0.96万吨，油料总产0.78万吨，水果总产6.5万吨，蔬菜总产172.6万吨，水产品总产1.1万吨，肉类总产10.4万吨，禽蛋总产14.3万吨，奶类总产6.1万吨，被评为“全国粮食生产先进县（市）”“中国果菜十强县市”和“中国绿色果菜之乡”。全年完成造林面积3000余公顷，森林覆盖率28%。全市农机总动力117万千瓦，大中型拖拉机4520台，联合收获机2197台；机耕、机播、机收作业面积分别为9万公顷、9.5万公顷、9.9万公顷，机耕率80%、机播率82%、机收率85%。小麦生产实现全过程机械化，玉米机收率75.6%。

3．工业　1986—1987年，全县工业呈高速发展之势，年均以50%速度递增。1987年，全县实现工业总产值8.46亿元（可比价格，下同）。1988—1992年，先后两次对县属企业进行承包式经营。到1996年，4年中工业总投入21亿元，新建一大批技改和合作项目，市属企业规模不断壮大，乡镇企业在调整中发展提高，工业总量大幅度增长；全市工业总产值103.8亿元，限额以上企业销售收入41.25亿元，利税5.38亿元；全市销售收入过亿元或利税过千万元企业7家。1997年起，工业企业进入深度改革、机构大幅度调整时期，组建完成八大企业集团。2005年年底，全市工业总产值224.16亿元，有规模以上工业企业（年主营业务收入500万元及以上的工业法人企业）313家，完成销售收入260.66亿元、利税35.33亿元。工业已成为章丘市区域经济主要支柱。2010年，全市工业总产值647.99亿元，全市规模以上工业企业423家，实现增加值211.12亿元，实现销售收入845.50亿元，利税76.83亿元(可比价格),全市销售收入过1亿元企业163家，全市实现利税过1000万元以上工业企业231家。

4. 商贸服务业 1986年，商业系统业务经营分为商业、饮食服务业、商办工业三大行业。主要经营五金、交电、家电、化工、百货、文体用品、纺织、针织、服装、肉食、水产、干鲜菜、调味品、副食、糕点、酒水、摩托车、自行车等大类商品，经营品种2万余种，当年完成社会消费品零售总额2.77亿元。对外贸易因无外贸经营权，出口效益低、换汇成本大。1991年后，深化商业体制改革，逐步形成国有、集体、个体、私营等多种经济成分共同发展的商业市场新格局。1992年，经外经贸部批准，章丘市外贸公司获得外贸自营进出口权，成为全市第一家综合进出口公司，当年完成外贸出口100万美元。2000年，全市实现社会消费品零售总额44.2亿元，当年完成外贸出口908万美元。2005年前后，百货大楼、商业大厦、华联商厦三大国有支柱企业改为租赁经营，国有流通资本基本上从商业领域退出。2010年，全年实现社会消费品零售总额184.9亿元，其中城镇社会消费品实现零售额83.3亿元、乡村社会消费品实现零售额101.6亿元；限额以上批发和零售业、住宿和餐饮业单位115家，实现零售额22.6亿元；实现进出口总额34536万美元，其中出口29785万美元，实际利用外资18503万美元，合同利用外资14726万美元。

章丘旅游资源丰富。全市有自然旅游资源81处，人文旅游资源106处，景点、景物187处。1997年前，章丘旅游市场开发处于自然状态。2001年，编制完成《章丘市旅游发展总体规划》，根据章丘市南部大山水、中部大奇观、北部大文化的资源配置、地脉与文化特征，旅游业进入快速发展时期。2005年，全市投入市场运营和正在建设中的景区（点）24处，旅行社（包括旅行社经营门市部）6家，星级宾馆2家，旅游商品商店8家，年接待游客480万人、总收入11.52亿元，百脉泉景区被联合国国际交流合作与协调委员会授予“全球优秀生态旅游景区”称号。2010年，全年接待国内外游客640万人次，实现旅游总收入26亿元。主要旅游景点有百脉泉公园、清照词园、朱家峪旅游区、锦屏山旅游区、圣井危山旅游区、七星台旅游度假区、白云湖公园、济南植物园、龙山城子崖遗址博物馆、胡山森林公园、眼明泉公园、海山湖旅游区、阎家峪旅游区、三王峪旅游区。

5. 交通邮电 1986年，全县公路通车里程429.5千米，有各种营运车辆3007辆，完成货运量317.2万吨、货运周转量6156.9万吨千米，客运量171.4万人次、客运周转量8653.7万人千米。1998年，开通城市公共交通，当年公交营运车辆45辆，营运线路8条。2005年，全市公路通车里程2017千米，完成货运量1311万吨、货运周转量60563万吨千米，客运量275万人次、客运周转量13765万人千米；有公交车77辆，出租车234辆。2010年，全市公路通车里程2219.5千米，其中国道、省道、高速公路284.1千米，农村公路1935.4千米，行政村通沥青（水泥）公路率100%，乡镇通班车率100%；公路旅客运输量和周转量605万人、25393万人千米，公路货物运输量和周转量1991万吨、92465万吨千米；全市营运车辆保有量21510辆；纳入行业管理的出租车303辆，公交车133辆，公交线路9条、253千米。

1986年，全县电话机4479部，电话普及率0.48部／百人，邮政信箱（筒）72个，完成邮电业务收入141.36万元。1993—1996年，学习外地建村级邮电所做法，全市共建村级邮电所360个，新增信箱360个，投递段道78条、里程2585千米。市内电话、农村电话和国内外长途电话直拨、移动通讯、无线寻呼业务发展迅速，至2000年，章丘成为济南第一个“电话市（县）”，交换机总容量突破23万门，有电话16.46万部，电话普及率16.8部／百人，国内长途电话实现全部直拨，当年完成邮政业务总量1600万元。进入21世纪，移动通讯逐渐普及，互联网走进百姓家庭。2010年，全市固定电话用户20.7万户，全年完成邮政业务量7798万元。

6．城乡建设　1986年后，全县城乡建设步伐加快。至1990年，完成县府路（明水南北大街）等10条道路开通和百脉泉公园建设任务。1995年，城区有21条、68.7千米主干道，总面积148万平方米，完成济青公路城区段绿化，新辟绿地4块，面积1.54万平方米。进入21世纪，城乡面貌变化巨大。至2005年，先后完成城市总体规划、乡镇规划、862个村庄规划；城区面积36平方千米，比1985年增加21平方千米；城区道路总长度157千米，形成“三横六纵”道路框架；供水、供电、供热、供气等服务功能增强。商品房开发和住宅小区建设步伐加快，完成投资30多亿元，建成10余处住宅小区，竣工面积192.7万平方米。实施了城市三期绿化工程，城区有公园5处、绿地广场4处，建成区绿化覆盖面积1155万平方米，绿化覆盖率、绿地率、人均公共绿地38.5%、35.18%、12.57平方米，城市园林绿化工作达到全省先进水平。2010年，城市规划区面积扩展到185平方千米，建成区面积拓展到65平方千米。建成区绿化面积54.77万平方米，绿化覆盖率、绿地率和人均公共绿地面积分别为41.01%、37.97%和13.99平方米。城区供暖面积实现500万平方米，供水主管网总长220千米，城区污水处理率95%以上。先后获“省级文明城市”“省级园林城市”“山东省适宜人居环境奖”等称号。

1986年，章丘城区道路保洁面积为42万平方米，有洒水车1部，清运车8辆。1998年，道路保洁面积133万平方米，新置果皮箱180个，垃圾箱20个，城东新垃圾处理场开工建设。2004年9月，对经十东路的道路保洁权面向社会进行招投标，由济南百合园林绿化公司中标。2005年年底，全市机扫车7辆，机扫率31%，城区道路保洁面积630万平方米。全市有洒水车4部，高压清洗车5部，全年清运生活垃圾7.62万吨。2010年，明水街道、双山街道率先启动“城乡环卫一体化”试点，实现生活垃圾统一集中收运。

1986年后，境内工业发展迅速，工业污水排放量增加，环境污染加剧。1989年，全县实行环境保护目标责任制。1990年，建成能开展大气、水体、噪声等47个项目检测分析的多功能综合试验室（2003年11月，成为国家认可实验室）。1993年始，对大、中型建设项目开展环境影响评估。1997年10月，率先在全省四级站中开展大气环境质量24小时连续采样检测工作。1999—2000年，编制完成《章丘市明水泉环境保护规划》和《章丘市生态环境规划》。2002年始，累计投资50亿元，争创国家环保模范城。2004年5月31日，章丘市被命名为国家级生态示范区。2010年，完成污水处理量1645万吨，日均处理污水4.52万吨，城区污水处理率95%以上；中水回用215万吨。

7．名优特产　章丘大葱　被誉为“葱中之王”。高大脆甜，味道鲜美，营养丰富。既可生吃，也可熟吃，还能入药。优良品种“大梧桐”一般株高1.5米至1.7米，最高2米，单株重0.5千克多。有数百年种植历史，不仅畅销国内，而且打入国际市场。主要产区为绣惠、枣园、宁家埠。

明水香稻　产于明水街道百脉泉北，已有2000年历史，从明代起即成为贡米。其稻粒微黄，颗粒饱满，米质坚硬透明，色泽油润光亮。蒸煮香味飘逸，民间有“一株开花几里香，一家煮饭香全庄”的赞誉。1959年，在印度举行的国际水稻展览中名列榜首。

龙山小米　产于龙山街道龙山村周围十里内，为清代全国四大贡米之一，被誉为“龙米”之一。春秋时即有种植，品种为“东路阴天旱”春谷。其米粒圆大，色泽金黄晶亮，出米率高，一般出米率在80%以上。龙山小米营养丰富，含脂肪5.26%、蛋白质11.2%、赖氨酸0.25%、淀粉74.95%，维生素及维生素B1和维生素B2含量超过其他小米。

明水白莲藕　产于明水百脉泉附近。花洁白如玉，藕质地细腻，块大脆甜，嚼后无渣，为筵席佳菜。莲子既可上席，又可入药，有清淤理气之功能。

黄家烤肉　是制法独特、驰名全国的风味名吃。由明代末年旧章丘城（今绣惠镇）黄家湾黄姓农家所创制。其特点是皮酥、色黄、肉嫩、味美，鲜香可口，食而不腻，易存放。烩白菜、炖豆腐别具风味。

四、社会事业

1. **教育**　1986年，全县有幼儿园529所，在园幼儿2.03万人，幼儿教师844人；有小学786所、初中107所、高中9所、进修学校1所、师范学校1所，专任教师7535人，在校生15.6万人。1986年始，进一步突出教育优先发展战略地位，增加财政投入。1987年，实现农村中小学“教室、桌凳、院墙、校门、厕所、操场”六配套。1991—1993年，累计投资5000多万元，实现14所公办学校“校舍、学校规模、桌凳、操场、校园环境”五达标。1996年1月，通过国家“两基”（基本普及九年义务教育、基本扫除青壮年文盲）验收。1997年10月国务院《社会力量办学条例》实施以来，全市民办教育发展较快。1998年，章丘市被评为全省素质教育先进市。2000年始，进行课程改革，必修课、活动课、选修课有机结合，杜绝义务教育阶段加班加点和超量布置作业，减轻学生过重课业负担和经济负担。2005年，在全省率先实现教师工资和生均公用经费“双直发”；对全市义务教育阶段学生实行“两免一补”，每年为学生家庭减负2700万元；山东经济学院等13所院校落户市境高等职业教育基地，6所院校开始招生；民办教育学校发展到30所。至2010年年底，有各类学校183所、在校生14.8万人。其中：中等职业、技工学校11所，在校生1.9万人；普通高中5所，在校生1.8万人；初中30所，在校生4.2万人；小学136所，在校生6.9万人；特殊教育学校1所，在校生168人。驻地普通高等院校12所，全部实现招生，在校生9万余人。

2. **科技**　1986年3月始，贯彻落实《中共中央关于科学技术体制改革的决定》，放活科研机构，放活科技人员，科技人才向基层、农村、企业流动。同年7月25日至8月2日，举办首届“章丘技术交易会”。1988年12月，成立“章丘县工程师事务所”，出现第一批“星期日工程师”。是年，确定“科技兴县”战略。1993年，建立章丘市科技贸易中心等29处科研机构及厂办研究所。1995年3月，被评为全国“科学技术工作先进县（市）”“科技实力百强县（市）”。2001年、2004年两次获“全国科技工作先进市”称号。2010年，首次评选章丘市专利奖，申报专利989项。新增中国驰名商标2个，山东省著名商标6个，济南市著名商标7个。全市拥有工程技术研究中心省级4家、济南市级6家，企业技术中心国家级1家、省级7家、济南市级24家。1986年至2010年累计获国家级科技奖3项、省级科技奖34项、济南市级科技奖219项。

3. **文化体育**　清末民初，“五音戏”在境内文祖镇青野、田广一带流行。春节、元宵节期间，踩高跷、划旱船、舞龙灯等民间传统文艺活动活跃，特别是“章丘芯子”有300多年历史。书法、绘画、著述人才辈出。1989年始，每年正月十二至十六举办“百脉灯会”。1993年1月5日，建立章丘广播电台、电视台。2005年年底，全市有线电视用户18.1万户，数字电视用户4120户。至2010年年底，有艺术表演团体1个，博物馆2座，影剧院1个，群众艺术馆、文化馆1座，公共图书馆1座（藏书量13万册），档案馆1座。各级文保单位183处，其中国家级5处、省级5处。全市已确立非遗项目国家级1项、省级4项、济南市级26项、章丘市级33项。完成40个村级文化大院和490个农家书屋建设任务。全市有网吧109家（单体网吧41家、连锁网吧68家），客户终端发展到6900台；歌舞娱乐场所8家，电子游艺厅3家；有线电视入户数19.78万户，电视人口混合覆盖率100%。

1990年，章丘被命名为第三批全国体育先进县。1991—1995年，体育事业经费逐年增加，群众性体育活动广泛开展，体育人口增至35万人。1999年，章丘市被山东省体委命名为“山东省田径之乡”。至2005年年底，全市有大型综合体育健身中心2处，综合健身广场15处，健身路径408条，乡镇（街道）文体活动室20处，村级文体大院227处，小型健身活动点遍布城乡。经常性体育人口40多万人，占全市人口40%以上。2009年建成章丘市体育馆并承办第十一届全运会排球比赛。2010年，有体育学校1所，市级体育馆2座；有等级裁判员42人，等级运动员435人；全年参加济南市级以上体育比赛获奖牌183枚，其中金牌54枚。

4. 卫生　1986年，全县有医疗卫生单位110个，卫生技术人员1631人，医疗床位940张，每千人拥有病床1张。2005年，全市有卫生医疗机构39个，卫生技术人员3598人，医疗床位1987张，每千人拥有病床2张，卫生系统全年完成门诊量182.24万人次，收治住院病人5.07万人次。2010年年底，全市有卫生医疗机构36个，卫生技术人员4496人，医疗床位2991张，每千人拥有病床3张，全年完成诊疗246万人次，收住院病人7.4万人次，医疗单位病床使用率71.9%。1986—2010年，市（县）卫生系统先后获得全国“农村中医工作建设”“农村自来水建设”等先进县（市）称号，获得全省“农村卫生工作”“爱国卫生”“食品卫生”先进县（市）等称号40余项次。

5. 居民生活　1986—2010年，全市（县）国民经济稳步发展，城乡居民收入明显增加，人民生活水平显著提高。1986年，在岗职工平均工资1124元，农民人均纯收入574元。2005年，城镇居民人均可支配收入9416元，人均住房面积25.24平方米；农民人均纯收入5475元，人均住房面积37.6平方米。2010年，在岗职工年平均工资33532元。城镇居民人均可支配收入16906元，人均消费性支出11083元；农村居民人均纯收入10138元，人均生活消费支出5970元。年末，城镇居民人均住房使用面积33.85平方米，农村居民人均生活用房面积42.78平方米。全年城镇就业5296人，农村富余劳动力转移就业11449人。年末城镇登记失业率2.6%。全市基本养老保险参保企业778户，总参保人数8.2万人，参保率85%，其中企业参保5.7万人。城镇职工医疗保险参保总人数8.6万人，参保率92%。城镇居民医疗保险参保人数4.3万人，参保率86%。工伤保险参保企业663户，参保职工5.4万人，参保率100%。参加新型农村合作医疗农民80.7万人，参合率99.7%。

附记：建设山水园林城市

章丘市南依泰山，百脉泉、眼明泉两大泉群融会贯通，龙山文化、清照文化独具魅力，山为泉脉，泉为河源，文为城魂，是章丘最为鲜明的特点。在城市建设中章丘市注重泉水文化的挖掘与传承，注重城市文脉的延续与发展，全力打造个性突出、特色鲜明的“小泉城”。为确保泉水常年喷涌，自2003年始，实施关井保泉、地质保泉、拦蓄保泉、调水保泉和科学保泉等措施。关闭泉头区域23处煤矿，停采泉头区域内的九层煤；关闭明水城区的110眼自备水源井和泉头附近的西麻湾水厂，采取从大站水库向明水城区调水、埠村煤矿矿水入大站水库、建设圣井水厂等措施调水补源，每年供水2000万立方米。同时，对泉水补给区10个小流域进行综合治理和深度绿化，修建拦蓄水坝28座，恢复保护植被112.6平方千米，每年增加地下水入渗量为泉水总流量的1/3，保证了泉水的持续喷涌。按照“两泉三河五湖”城市水系规划布局，建设了百脉泉广场、荷花公园、清照词园、城市景观河道和亲水性开放式的眼明泉公园，初步打造了“山水冷涵秋共碧、水劲无过小泉城”的靓丽景观。此外，深入挖掘汉文化、清照文化和泉水文化内涵，倾力打造城市建筑精品。整合文化旅游资源，先后建设洛庄汉墓博物馆和危山汉代彩绘兵马俑遗址博物馆；借势《闯关东》热播，对朱开山老家——明清古村朱家峪进行保护性开发，全力打造历史文化、泉水文化、民俗文化、寻根文化相映生辉、熠熠闪光的城市名片。

表 1—1—7

2010 年章丘市乡镇街道情况

名 称	面 积（平方千米）	行政村居（个）	人口（人）	地方财政收入（万元）	农民人均纯收入（元）
黄河乡	121.89	72	54728	880	8217
普集镇	112.25	68	56415	3055	11177
相公庄镇	85.65	57	61601	2117	11115
绣惠镇	55.91	61	56759	3008	10880
刁镇	77.49	51	65685	7874	11501
水寨镇	61.49	32	37062	1918	8938
高官寨镇	136.56	52	55080	1195	8579
宁家埠镇	36.71	25	33709	1061	8855
白云湖镇	56.04	22	34184	891	8704
文祖镇	120.08	32	43097	1119	9485
垛庄镇	129.71	42	31358	587	6765
曹范镇	120.11	48	36126	1918	8238
辛寨镇	53.87	46	35553	792	9016
官庄镇	186.29	60	49646	4823	8653
明水街道	57.95	47	134752	14952	12326
双山街道	71.55	18	60179	12517	11787
圣井街道	52.61	46	38310	5480	10077
埠村街道	43.91	17	36291	2979	11480
枣园街道	50.87	36	34378	4929	11373
龙山街道	89.68	76	60216	1608	8511

注：不含辖区内的黄河农场和黄河林场。

第八节 平阴县

一、政区

1. 位置 平阴县位于济南市西南部，北纬 36° 1′～36° 23′、东经 116° 12′～116° 37′。北靠长清区，南临泰安市东平县，东连泰安肥城市，西隔黄河与聊城市东阿县相望。东西最宽 37 千米，南北最长 50 千米，总面积 827 平方千米。

2. 建置 夏、商时期为有仍氏部族之北境。西周至春秋初期，为鲁之北境。春秋中期后属齐。秦初属东郡，后属济北郡。西汉属兖州泰山郡卢县地。东汉建武初置平阴县（另有一说平阴建县始于隋代），属济北国。隋开皇十六年（596）以其地置榆山县；大业二年（606）改称平阴县，属济北郡。唐大和六年（832）撤平阴县划入卢县、东阿县；开成二年（837）复置平阴县，属郓州东平郡。宋、元、明归属历经变化，分别属郓州、东平府、东平路东平州。清雍正十三年（1735）属泰安府。1912年中华民国成立，属泰安府。1938年属山东省第一行政督察区。1939年10月平阴县抗日民主政府成立后，隶属泰西行政委员会（后改为泰西行政督察专员公署）。1943年3月县抗日民主政府与阿东办事处合并，建立平阿县抗日民主政府，属晋冀鲁豫边区第十六专署。1945年10月撤销平阿县，恢复平阴县。新中国成立后，属泰西专区。1950年5月属泰安专区。1959年1月30日撤销平阴县，并入东平县，划归聊城专区；9月14日恢复平阴县，划归济南市。1960年1月22日划归菏泽专区；3月28日划归济南市。1961年7月22日划归泰安专区。1985年3月27日复属济南市。

3. 区划　1985年，辖平阴、刁山坡、东阿、孝直、孔村5个镇，栾湾、安城、玫瑰、旧县、洪范池、店子、李沟7个乡，辖371个行政村。1993年4月，撤销玫瑰乡、洪范池乡，设立玫瑰镇、洪范池镇。1996年1月，旧县乡划归泰安市东平县。2001年5月，成立济西工业园区，辖8个行政村，2006年升格为山东平阴工业园区。2005年11月，撤销栾湾乡，将其行政区域并入安城乡；撤销刁山坡镇，将其行政区域并入玫瑰镇；撤销李沟乡，将其行政区域并入孔村镇；撤销店子乡，将其行政区域并入孝直镇，全县乡镇由11个调整为7个。2010年5月，撤销平阴镇（山东平阴工业园区办事处），设立榆山、锦水2个街道；撤销安城乡，设立安城镇；2011年3月正式挂牌。2011年，全县辖安城、玫瑰、东阿、洪范池、孔村、孝直6个镇，榆山、锦水2个街道，有351个行政村（居），396个自然村。

4. 人口　1986年，全县有83501户，357133人，性别比101.7。1990年第四次人口普查，有94059户、369789人，性别比100.6。1995年，有109465户、375350人，性别比101.7。1996年1月，旧县乡划归泰安市东平县，划出28431人，是年底全县有101950户、347553人。2000年第五次人口普查，有102734户、常住人口344386人，性别比99.3。2005年，有126660户、366059人，性别比100.5。2010年，有134121户、372741人，性别比100.3，人口出生率9.30‰，人口自然增长率−1.73‰，人口密度451人／平方千米。

5. 民族　1990年第四次人口普查，全县有民族11个，其中汉族369628人；少数民族10个，158人。2000年第五次人口普查，全县有民族23个，其中：汉族343746人；少数民族22个，639人。2010年年底，全县有民族24个，其中：汉族372346人；少数民族23个，分别是回族、满族、傈僳族、蒙古族、壮族、苗族、彝族、朝鲜族、白族、景颇族、土家族、黎族、哈尼族、傣族、藏族、赫哲族、瑶族、侗族、布依族、仫佬族、土家族、东乡族，共395人。

6. 名胜古迹　*胡庄天主教堂建筑群*　位于平阴县城南8千米的胡庄村。其中圣母无染原罪堂位于村内，始建于1906年，占地3.3公顷，主要建筑由天主堂、神甫办公楼、神甫客房楼、花园等组成。1998年重建，为罗马式建筑。露德圣母堂位于胡庄村西的尖山顶端，始建于1895年。1990年5月修复落成。修复后的露德圣母堂坐西向东，建筑面积270平方米，保持了原有建筑风格。堂外东侧增建了长200余米的石阶直路，路南侧竖有耶稣受难像和站在十字架下的白色圣母像、圣若望宗徒像。

洪范池泉群　位于齐鲁泉乡——洪范池镇，分布面积约9平方千米，主要泉池有洪范池、书院泉、丁泉、白雁泉、扈泉、拔箭泉、日月泉等10余处。洪范池、书院泉、扈泉、日月泉被列入2004年公布的新评济南七十二名泉。

翠屏山多佛塔　位于平阴县城西南12.5千米的翠屏山上。该塔建造于唐贞观四年（630），明嘉靖元年（1522）重修。由青石构筑，八面，密檐13层，通高19.7米。每层各面，皆辟佛龛，内嵌雕石佛像，原有104尊，现存80余尊。塔顶置铁制宝瓶冠刹，高1.9米，于明嘉靖六年铸造。1977年被公布为山东省文物保护单位。

玫瑰园　又名玫瑰花研究所实验园，位于平阴县城西南11千米的陶庄村南，占地4.67公顷。园内有国内外玫瑰品种30余个，用于科研人员实验及游人观赏。每年5月花开时节，各色玫瑰竞相开放，吸引着国内外游客前来。

圣母山生态农业观光园　位于平阴县城南圣母山下，是集精品农业展示、生态观光、宗教文化、休闲旅游于一体的综合性园区。其中，精品海棠园拥有来自世界各地的19个海棠品种，50多个花色，15万多株，总面积80万平方米，是省内种植规模最大、品种最多、花色最全的海棠种植园。2006年被命名为国家AA级景区，2007年被命名为全国农业旅游示范点。

玫瑰湖湿地公园　毗邻县城、三面环山、紧靠黄河、南水北调东线工程从中穿过，是集生态湿地、黄河文化、湖光山色于一体的休闲度假观光旅游区。规划面积26.5平方千米，其中核心区面积6.7平方千米。2010年，玫瑰湖国家湿地公园总体规划通过专家评审。

于林　位于洪范池镇政府驻地北1.5千米处，为明资政大夫、太子少保、礼部尚书兼东阁大学士于慎行的墓地。占地面积4公顷。林中植有万历皇帝所赐白皮松59株，尚存40株，胸围一般2米，高16米，树干挺直，通体银白，是省内独有的白皮松古树林。

贤子峪　又名函山峪、岱西村，位于平阴县城东南5千米的东蛮子村北，地处群山环抱之中，林木茂盛，浓荫蔽日，古木、泉水众多，旧《平阴县志》有“曲涧潺潺，古木蓊蔚”的记载。山上古迹众多，有三泉庵、伏魔殿、观音堂等。据载，该村由明代贡生张宗旭始建，村中石屋、院落仍保持了明代建筑的风格，是北方地区保存较为完整的明代古村落之一。

二、自然环境

1. 地质地貌　平阴县处于三级构造单元鲁西断块隆起之次一级构造单元泰山断凸带的西翼。地层呈单斜构造，倾向北西，倾角5°～8°，局部10°～15°。受历次构造运动影响较小，地层一直较稳定，地质构造规模及发育程度也相对较弱。

县境地处泰山西延余脉与鲁西平原的过渡地带，地势南高北低，东南部系汇河冲积平原；西北部靠黄河，为滩区涝洼地带；中部隆起，属浅切割构造剥蚀低山丘陵区，山峦岗埠绵延起伏，纵横交错，海拔一般在100米～250米，占全县总面积的62.3%，形成了平阴县以丘陵山地为主，平原、洼地为次的地形分布特征，有“六山、三滩、一平原”之说。大寨山海拔最高，为494.8米；城西洼海拔最低，为35.5米。

2. 气候　平阴县属暖温带大陆性半湿润季风气候，四季分明，光照充足，降水集中，多春旱。春季干燥多风，夏季高温多雨，秋季天高气爽，冬季寒冷少雪。历年平均日照2331.5小时，平均气温14.5℃，平均降雨量605.9毫米，无霜期186天。自然灾害主要有旱、涝、冰雹、龙卷风等，造成损失最大的是旱灾。

3. 水文　过境河流有黄河、汇河，境内河流主要有浪溪河、玉带河、龙柳河、锦水河、安栾河等。以县城东南分水岭为界，形成黄河、汇河两大水系，县境西部、北部的水流入黄河，东部、南部的水流入汇河。黄河从东阿镇的姜沟村入县境，境内长40.5千米，流域面积589平方千米。汇河在孔村镇陈屯村东入境，境内长11.3千米。浪溪河发源于洪范池镇的南部山区，从纸坊村向北，在东阿镇大河口村入黄河。玉带河发源于孔村镇西南部山区，在玫瑰镇外山村入黄河，全长27.5千米。

4. 土壤植被　境内土壤主要分为3个土类、7个亚类。褐土类有褐土性土、褐土、潮褐土3个亚类，面积60920公顷，占全县土地总面积的73.66%，除沿黄地带外全县广泛分布。潮土类有褐土化潮土、潮土和盐化潮土3个亚类，面积7980公顷，占全县土地总面积的9.65%，主要分布在沿黄冲积平原地带。砂浆黑土仅砂浆黑土1个亚类，面积866.7公顷，占全县土地总面积的1.05%，主要分布在沿汇河两岸的扇间洼地上。

平阴县属暖温带落叶阔叶林区。由于人为活

动影响，自然植被具有明显的次生性质。全县自然植物资源有126科、185属、368种，其中木本植物资源为52科、74属、132种及变种。2009年森林资源二类调查统计，至2008年年底，平阴县有林业用地面积21651.6公顷，其中有林地18133.4 公顷（防护林 9340公顷、用材林5878.6公顷、经济林2913.6公顷、特用林1.2公顷）、疏林地272.1 公顷、未成林造林地385.3公顷、荒山荒地2710.3公顷；在非林业用地中，林网折实覆盖面积716.4公顷，村镇树折实覆盖面积2709.7公顷。2009年调查统计，至2008年年底，全县林木蓄积量1159794立方米，其中林分蓄积量920950立方米、疏林地蓄积量4317立方米、林网蓄积量25352立方米、村镇树蓄积量209175立方米。防护林多分布于丘陵山地，多为侧柏纯林，少部分为刺槐、侧柏混交林；用材林和道路植树多为速生杨；经济林以苹果、葡萄、玫瑰花和干杂果为主。

5. 自然资源　2008年全国第二次土地调查显示，平阴县土地总面积71506公顷，其中耕地33285公顷、园地2040公顷、林地10789公顷、草地4156公顷、城镇村及工矿用地8822公顷、交通运输用地2556公顷、水域及水利设施地3185公顷、其他土地6673公顷。全县多年平均水资源总量21762万立方米，其中可利用量13553万立方米；黄河客水资源可利用量3000万立方米。林木主要有柏、桧、杨、柳、榆、桐、槐、松等；其中红叶椿、“圆枝”侧柏、玫瑰红苹果起源于平阴县，先后被省内外大量引种推广；野生植物有酸枣、黄荆、胡枝子、狗尾草、地柏等；浮游植物7门，35属，67种。淡水鱼类有9目15科，64种，其中鲤科鱼类占43种；浮游动物有69种，主要种类有轮虫、枝角类和桡足类，其中大部分可作为鱼类的饵料。县域内已发现主要矿种12种，分别是铁矿、地热、矿泉水、地下水、冶金用白云岩、水泥用灰岩、水泥配料用黏土、水泥配料用红土、建筑石料用灰岩、制灰用灰岩、饰面用灰岩和砖瓦用黏土。

三、经济

1. 总况　1986年，全年完成地区生产总值2.29亿元，其中第一、二、三产业增加值，分别为1.06亿元、0.84亿元、0.39亿元；全县地域财政收入0.15亿元。2000年，全年完成生产总值37.99亿元，其中第一、二、三产业增加值，分别为9.40亿元、20.33亿元、8.26亿元；全县地域财政收入2亿元，其中地方财政一般预算收入1.22亿元。2010年，完成生产总值167.90亿元，其中第一、二、三产业增加值，分别为21.34亿元、109.94亿元、36.62亿元，三次产业结构比为12.7：65.5：21.8；全县地域财政收入14.64亿元，其中地方财政一般预算收入4.90亿元；完成全社会固定资产投资104.17亿元；实现社会消费品零售额48.38亿元。

2. 农业　1986年，全县农林牧渔业总产值1.58亿元，其中农业增加值1.21亿元。进入20世纪90年代，围绕农业增效和农民增收，不断改革经营体制，加强基础设施建设，优化内部结构，引进推广新技术、新品种，实施产业化经营、标准化生产，先后实施“绿色经济长廊工程”“畜牧富民工程”，开展“水利年”“良种年”等活动。沿黄涝洼治理、节水灌溉、黄淮海平原农业综合开发、小流域综合治理、山区农业综合开发等取得实效。2000年，全县农林牧渔业总产值15.47亿元，其中农业产值9.23亿元、林业产值0.73亿元、牧业产值5.37亿元、渔业产值0.15亿元。先后被授予全国粮食生产先进县、全国节水增产重点县、全国造林绿化百佳县等称号。玫瑰镇被中华人民共和国林业局授予“中国玫瑰之乡”称号，孔村镇被中国优质农产品示范园区办公室授予“中国红提第一镇”称号。洪范池镇的苹果，店子乡的无公害蔬菜，安城乡的鲜食地瓜，李沟乡、东阿镇的食用菌，平阴镇、栾湾乡的大棚西瓜等都在省内外赫赫有名。2007年4月，山东省首家省级台湾农业园落户平阴。2010年，全县农林牧渔业实现总产值40.15亿元，农林牧渔业增加值21.34亿元。粮食播种面积39011公顷，总产22.75万吨；棉花3669公顷，总产0.43万吨；油料2973公顷，总产1.08万吨；蔬菜7690公顷，总产51.55万吨；水果总产11.70万吨；玫瑰花面积839公顷，总产907吨；肉类产量4.21万吨，禽蛋产量3.06万吨，奶类产量3.16万吨，水产品产量1970吨。农业机械总动力43.2万千瓦。绿环托佩克种猪场被列为国家标准化示范工程。至2010年年底，全县农业形成了玫瑰、林果、畜牧、蔬菜（食用菌）四大主导产业，规模以上农业龙头企业60家，农业经济合作组织280个，绿色无公害农产品品牌71个，有机品牌13个，绿色品牌2个，农产品地理标志3个，标准化种植面积2.27万公顷。

3．**工业** 1986年，全县工业企业产品销售收入7851万元，利润406万元，利税689万元。1989年，乡镇企业工业产值占全部工业总产值的75.37%，成为县域经济的重要支柱。2000年，有规模以上工业企业71家，完成产品销售收入35.13亿元，实现利润2.09亿元，利税3.88亿元，工业增加值11.46亿元，全县工业企业初步建立起产权明晰、权责明确、政企分开、管理科学的现代企业制度。2010年，全县有规模以上工业企业164家，其中销售收入过10亿元的2家、过5亿元的8家、过1亿元的35家；完成产品销售收入302.99亿元，实现利润29.96亿元，实现利税43.02亿元，工业增加值100.85亿元。至2010年，全县工业形成了机械装备、水泥建材、医药化工、食品加工四大主导产业，其中科技含量高、市场占有率高、附加值高、外向度高、交纳税金高的名牌企业有济南玫德铸造有限公司、济南黄河特钢有限责任公司、平阴山水水泥有限公司、山东福胶集团有限公司、济南压缩机厂有限公司、山东齐发药业有限公司等。名优产品有“迈克”牌玛钢管件、“福”牌阿胶、“马基奴”牌服装等。

4．**商贸旅游** 1986年，全县实现社会消费品零售总额1.1亿元。1994年、1998年，平阴县分别进行了两次商业流通体制改革，国有、集体商业的垄断地位被打破，个体私营商业逐步成为商业流通领域的主力军；商业购销方式发生巨大变化，超市、便民店、专卖店、购物中心等显示了强大的生命力。2000年，全县实现社会消费品零售总额14.95亿元。2010年，全县实现社会消费品零售总额48.38亿元，其中批发业完成12.53亿元、零售业完成30.53亿元；公有制经济完成4.2亿元、非公有制经济完成44.14亿元。全县出口创汇34318万美元，其中三资企业出口24108万美元、内资企业出口10210万美元。

至2010年，全县初步建立起涵盖景区（点）、旅行社、餐饮、宾馆、交通、购物等领域的旅游产业。主要旅游景点有玫瑰园、翠屏山、云翠山、大寨山、洪范泉群、于林、圣母山农业观光园、玫瑰湖湿地公园等。2010年，全年接待国内外游客20万人次，实现旅游总收入2200万元。

5．**交通邮电** 1986年，全县公路通车里程194.6千米，完成货运量72.34万吨、货运周转量6535.48万吨千米，客运量106万人次、客运周转量5034万人千米。2000年年底，全县公路通车里程419.7千米，完成货运量419万吨、货运周转量27870万吨千米，客运量92万人次、客运周转量5145万人千米。2007年9月，济菏高速公路建成通车，其中平阴段长35.37千米，设有平阴、孝直2个出入口，平阴开始融入省会半小时经济圈。至2010年年底，全县公路通车里程1164.3千米，其中国道104.5千米、省道2.0千米、县公路104.8千米、乡公路421.5千米、农村公路531.5千米。实现村村通沥青路、村村通客车的“双通”工程。2010年，完成货运量265万吨、货运周转量30266万吨千米；客运量135万人次、客运周转量5980万人千米。发展物流企业28家、客货运输企业30家、搬运装卸等运输服务业14户；发展货运车辆4450辆、客运车辆196辆。

1986年，全县电话交换机总容量1910门，电话机总数1236部，完成邮电业务总量68万元。1991年，在济南市率先开通国际直拨电话。先后开办物流、广告、保险及邮政网络延伸服务，发展邮政储蓄业务。2000年，全县电话交换机总容量5.09万门，电话机总数5.03万部，完成邮电业务总量3625万元；全县有邮路2条，总长度153千米，邮政储蓄点12处，信箱（信筒）213个，完成邮政业务总量455万元，报刊流转额198.5万元。进入21世纪，移动通讯逐渐普及，互联网走进百姓家庭。至2010年年底，全县有邮路1条，总长度126千米，邮政储蓄点12处，信箱（信筒）23个，完成邮政业务总量2073万元，报刊流转额393万元。

6．城乡建设 1988年，对1984年城市总体规划进行修编，县城规划区面积由1984年的27平方千米扩展到54.27平方千米。1991年平阴县城区开始集中供热，1992年12月开始集中供煤气，2001年由集中供焦化煤气改成集中供天然气。1995年，编制平阴县1996—2010年新一轮城市总体规划，县城规划范围以平阴城区为核心，东至安城以西，西至堡子，北至济平干渠，南至分水岭和国道220新线，规划区面积约40平方千米，1998年经济南市政府批准实施。20世纪90年代后，县城先后建成环秀广场、玫城公园、环秀公园、玫瑰广场等公益设施。2002年，县政府委托北京清华规划设计研究院对翠屏街及两侧用地进行规划设计，并以平阴县城市总体规划为基础，编制平阴县概念性城市总体规划；建成城市污水处理厂，采用生化法对污水进行处理。2006年9月，平阴县被命名为“国家级生态示范区”。至2010年年底，县城建成区面积15平方千米，城市道路总长度和道路面积分别为61.2千米和229万平方米。2010年，管道天然气供气量7400万立方米，液化石油气供气量567吨；集中供热面积175万平方米，其中家庭供热面积154万平方米；自来水供水量470万吨，其中生活用水235万吨；城乡居民生活用电1.38亿千瓦小时；县城累计建成烟尘控制区面积15平方千米，环境噪声达标面积10.1平方千米。

7．名优特产 玫瑰 平阴玫瑰以花大、瓣厚、色艳、香味浓郁、品质优异驰名中外。明代开始利用玫瑰花酿酒。1984年8月，平阴县把玫瑰花定为县花。2000年，中华人民共和国林业局命名玫瑰镇为“中国玫瑰之乡”。2003年8月，质量监督检验检疫总局批准平阴县为玫瑰原产地保护地域。2010年，平阴玫瑰及图案获地理标志证明商标。产品发展到食品、饮品、精油、化妆品、保健品、家纺等六大系列80多个品种，远销欧盟、日本、韩国、新加坡等国家和中国台湾、香港地区。

阿胶 因产于古东阿（今东阿镇）而得名。1950年，集东阿镇众多传统阿胶作坊制作技艺，建立了全国第一家国营专业阿胶生产厂。1996年3月，东阿镇被命名为“中国阿胶之乡”。2006年8月，“福”牌阿胶名列“首届中华老字号品牌价值百强榜”，列山东省“老字号”之首。2007年、2011年山东福胶集团“福”商标、“福胶”商标先后获中国驰名商标称号。

梨丸子 平阴传统名吃，已有200多年的历史。采用本地大青梨为主要原料，以玫瑰糖馅为辅料，加上青红丝、核桃仁、芝麻、白糖精制而成。制作好的梨丸子，其外形似毛栗子状，呈金黄色，外皮酥脆，内里软嫩，梨味浓郁，并有清淡的玫瑰香味。1988年5月28日，全国政协副主席钱伟长在平阴考察时，挥笔题写“玫瑰梨丸子，天下第一品”的赞语。

鲜食地瓜 自1989年开始，山东省农科院在安城建立鲜食地瓜生产基地，先后引进山川紫、徐薯55-1、济薯16号、北京553、日本黄薯等几十个新品种，每年种植面积发展到1000多公顷。安城乡被誉为山东省红心地瓜第一乡。

紫云珠葡萄 2004年从美国引进，属无核鲜食葡萄品种，具有成熟期早、口感好、含糖量高、果粒大、果穗大、耐储存等特点。种植园位于锦水街道毕海洋村，种植面积33.3公顷。自2008年起，每年8月左右举办一届采摘节。

四、社会事业

1．教育 1986年，全县有：各类学校376所，其中小学326所，普通中学41所；在校生5.94

万人，其中高中生 0.32 万人、小学生 4.18 万人；教职员工 3671 人，其中专职教师 3192 人。1990 年 10 月开始对平阴一中、平阴二中、平阴三中、县实验中学、县实验小学、县职业中专、县教师进修学校 7 处公办学校进行校舍改造。至 1991 年 10 月底全部竣工，总投资 1530.69 万元。1991 年 12 月通过省级验收，被评为“校校优良、全县优秀”，位列全省第四名。1995 年 11 月，平阴县接受并通过山东省“两基”（基本普及九年制义务教育和基本扫除青壮年文盲）验收。2000 年，全县有各类学校在校生 5.67 万人，其中高中在校生 0.47 万人、小学在校生 3 万人；有教职员工 4103 人，其中专职教师 3512 人。2007 年，整合县职业中专、县教师进修学校、县农业广播学校、县卫生学校、县劳动技校等 5 所职业教育学校，成立县职业教育和教师培训中心，并于当年 9 月建成投入使用。2008 年、2010 年，平阴二中、平阴三中相继并入平阴一中。至 2010 年年底，有各类学校 67 所，在校生 4.34 万人；其中普通高中 1 所，在校生 0.67 万人；普通初中 11 所，在校生 1.22 万人；小学 53 所，在校生 2.13 万人；职教中心 1 所，在校生 3041 人；特殊教育学校 1 所，在校生 77 人。适龄儿童入学率 100%。

2. **科技** 1986 年后，平阴县围绕“科技兴县”战略，开展了以科技兴农为主要内容的“乡镇科技工作达标”活动，健全了农村科技管理网络和服务体系，启动了“吨粮田开发”计划。1996 年，被中华人民共和国科委命名为“全国科技工作先进县”。2001 年，在济南市率先实行重点科技计划项目专家评审制度。2009 年，首获“全国科技进步先进县”称号。2010 年，全县专利申请总量 320 件，专利授权总量 255 件；组织实施各类科技计划 34 项，取得科技成果 24 项，其中 14 项达到国内先进水平。至 2010 年年底，认定高新技术企业 12 家，建成省级企业技术中心及工程技术研究中心 3 家、市级技术中心及工程研究中心 6 家。

3. **文化体育** 1986—2010 年，平阴县大力发展文化事业，文艺队伍不断发展壮大，文学创作更加繁荣，先后在市以上报纸期刊上发表小说、散文、诗歌、音乐等作品 4000 多件，并有多件获奖，出版专著 20 多部。1990 年，农村有线广播在村级通播率、喇叭入户率、乡镇广播站设备更新率和自办节目方面达到四个 100%，列全省第一。1990—1996 年举办了六届玫瑰文化艺术节。2007—2011 年举办了三届中国（平阴）玫瑰旅游节。节日文化、广场文化、企业文化、校园文化、农村文化等丰富多彩，日趋活跃。文化设施建设得到加强，文化产业不断发展，文化市场管理有序，文物得到妥善保护。2008 年后，电影《乡恋》《小村大道》《半边井》、电视剧《玫瑰园里的老少爷们儿》先后在平阴县成功拍摄，其中电影《乡恋》在中央 6 套播出，电视剧《玫瑰园里的老少爷们儿》在央视 8 套播出。至 2010 年年底，有文化馆、文化宫、博物馆、图书馆各 1 座，图书馆藏书 3 万余册；广播人口覆盖率和电视人口覆盖率分别为 98% 和 99%；无线广播平均每日播音时间 9 小时 50 分钟，电视节目为有线和无线两套，每周播出时间 231 小时。

1986—2010 年，平阴县在承办市以上体育竞赛、群众性体育活动、参加市级以上竞赛成绩等方面取得突破性进展。1988 年，被省委、省政府授予“山东省体育先进县”称号、被中华人民共和国体委授予“全国体育先进县”称号。1992 年，全国公路自行车（分段）锦标赛在平阴县举行，省和中华人民共和国体委分别授予平阴县“山东省体育竞赛优秀赛区”“全国体育竞赛优秀赛区”称号。1999 年，全国山地自行车冠军赛第四站比赛和全国少年拳击赛在平阴举行。2001 年 8 月，体育总局授予平阴县“全国群众体育先进单位”称号。1986—2010 年，举办各类运动会 40 项次，平阴县运动员在市级以上比赛中获奖牌 127 枚，其中获洲际以上比赛金牌 6 枚、国家级金牌 6 枚、省级金牌 34 枚、市级金牌 15 枚。

4. **卫生** 1986 年，全县有各类卫生机构 44 个，卫生技术人员 738 人，医疗病床 467 张。2000 年，有各类卫生机构 46 个，卫生技术人员 1254 人，医疗病床895张。2003年，在济南市率先启动新型农村合作医疗制度。参合人数由2003年的17万多人增加到2010年的26.35万人；参合率由2003年的62%提高到2010年的99%，行政村覆盖率100%；人均筹资额由2003年的20元提高到2010年的130元；先后为439.14万人次的参合群众报销医药费10629.39万元。2006年，在全省率先开展医院药房托管试点，至2007年，县、乡镇医院全部实行药房托管。至2010年年底，全县有各类卫生机构76个，其中医院9个；卫生技术人员1383人，其中执业医生452人；医疗病床1136张。全县卫生机构共诊疗68万人次，其中门诊64万人次，急诊4万人次；住院3万人次；健康检查3万人次。

5. 居民生活　1986年，在岗职工平均工资1455元，农民人均纯收入399元。1992年11月，被评为“全国农村社会养老保险先进县”。1994年5月，被民政部授予“全国民政工作先进县”称号。2000年，在岗职工平均工资6768元，农民人均纯收入2994元。2007年，济南玫苑老年公寓建成并投入使用。2008年，7所乡镇敬老院全部通过省一级敬老院评定验收；乡镇、村（居）均建立慈善机构，成为全省第一个将慈善机构普及到村（居）的县。2010年，在岗职工年平均工资21885元。城镇居民人均可支配收入13400元，人均消费性支出8514元；农村居民人均纯收入7324元，人均生活消费支出3967元。城镇居民人均住房建筑面积33.13平方米，农村居民人均生活用房面积35.8平方米。全年安置城镇就业3670人，农村富余劳动力转移就业17495人。年末城镇登记失业率3.7%。全县参加企业养老保险的人数3.91万人，共征缴养老保险费15918万元，收缴率98.7%；参加机关事业单位养老保险的人数1.12万人，共收缴养老保险费8619万元，收缴率98%。医疗保险统筹基金单位部分共收缴3656万元，支付5197万元；收缴个人账户金3567万元，支付2782万元；收缴大额医疗救助金413万元，支付435万元。收缴失业保险金1207.1万元。

附记：玫瑰和阿胶产业发展壮大

平阴县是中国玫瑰之乡和中国阿胶之乡。1985年至2010年期间，玫瑰、阿胶作为平阴的两大特色产业，得到了较快发展。

玫瑰产业　20世纪80年代后，平阴玫瑰开始在大田广泛种植，至2010年全部栽植面积发展到2000公顷；育苗技术取得突破，嫁接苗繁育技术大面积推广，单位产量大幅度提高，鲜花蕾亩产四五百千克；栽植管理技术日臻规范，2007年6月通过国家农业标准化一级示范区项目建设检查验收；先后培育出平阴重瓣红玫瑰、丰花玫瑰、紫枝玫瑰等杂交新品种30余个，引进了大马士革、格拉斯等油用玫瑰新品种；产品应用领域不断拓展，发展到玫瑰食品、玫瑰饮品、玫瑰精油、玫瑰化妆品、玫瑰保健品、玫瑰家纺等6大系列80多个品种，初步形成了医药、化工、饮用、酿酒、香料玫瑰等系列产品。先后获得《原产地域产品 平阴玫瑰》国家标准，《平阴玫瑰精油通过技术条件》《平阴玫瑰酱》山东省地方标准以及30多项平阴玫瑰产品企业标准。累计获得涉及玫瑰加工机械、产品深加工等方面的专利78项，其中发明专利14项、实用新型专利19项、外观设计专利45项。充分整合玫瑰、阿胶、宗教、湿地、泉水、生态农业（乡村）等特色资源，将玫瑰文化、阿胶文化、宗教文化、黄河文化、泉水文化“打包”推介，每年都举办中国（平阴）玫瑰旅游节活动，开展了“玫瑰仙子评选”“玫瑰丽人行”“玫瑰集体婚庆”“万人自驾游”等活动，形成了观玫瑰湖、游玫瑰园、赏玫瑰花、品玫瑰茶、喝玫瑰酒、吃玫瑰宴等独具地方特色的玫瑰风情游精品旅游线路。平阴玫瑰品牌效应初步形成。

阿胶产业　1950年，由国家投资，将当时东阿镇最具盛名的邓氏树德堂、涂氏怀德堂、于氏天德堂等十几家阿胶作坊集为一体，成立了全国第一家阿胶生产厂——山东省平阴县东阿镇阿胶加工厂。1995年，在原山东平阴阿胶厂的基础上，改制成立山东福胶集团有限公司。公司坚持“第一质量、第一品牌”的质量理念，1992年成立了“中国济南·山东阿胶研究所”，后升级为市级技术中心、省级技术中心。坚持“以传统中药理论为基础，以消费者需求为导向”，确定了新产品研发的三条路子：保持传统阿胶成分和疗效的纯阿胶制剂（速溶阿胶颗粒、阿胶胶囊等）、强化阿胶某方面疗效的现代复方制剂（山东阿胶膏、阿胶补血口服液等）、以阿胶为原料的保健品食品（即食阿胶、山东阿胶浆等）。从原料采购到包装等49道生产工序全部实现透明、公开，每年接待媒体、旅行社、客户、外商等各界人士上万人，公司被评为省级工业旅游示范企业。组织实施了阿胶扩产改造、药品保健品GMP认证改造、工业园建设等10项技术改造项目，建成了全国最大的阿胶生产基地。各车间生产均通过药品、食品GMP认证、食品生产QS认证。山东福胶集团成为同行业中剂型最多、品种最全、质量最优的品牌企业和山东省高新技术企业、省级星火科技示范企业、中药现代化科技示范企业。2010年、2011年，阿胶块产销量连续2年位居行业首位，系列产品种类数量居行业首位，出口量居行业首位，各项经济指标以50%速度递增，成为增速最快的中华老字号。实现了与全国百强连锁药店的合作，在全国开设专卖店200多家，设立煎膏点2万多家。围绕促进阿胶产业的多元化发展，打造阿胶特色产业集群，东阿镇还通过招商引资，先后吸引了九天贡、东源堂、德兴堂、怀德堂等阿胶食品企业落户，阿胶产业结构不断优化，产业规模和竞争优势与日俱增，再现了东阿镇当年制胶的繁荣景象。

表1—1—8　**2011年平阴县街道镇情况**

名称	面积（平方千米）	行政村居（个）	人口（人）	地方财政收入（万元）	农民人均纯收入（元）
榆山街道	50	37	117896	4181	9314
锦水街道	40	23		3147	9282
安城镇	122	44	40349	1800	8486
玫瑰镇	136	48	46727	2813	8470
东阿镇	95	55	38546	1633	8153
洪范池镇	115	34	26818	454	7050
孔村镇	126	47	40565	4481	8615
孝直镇	143	64	62552	3205	8529

第九节　济阳县

一、政区

1. 位置　济阳县位于济南市北部，北纬36°46′～37°14′、东经116°52′～117°27′。南临历城区，东南、东隔黄河与章丘市和滨州市邹平县相望，东北毗连滨州市惠民县，北邻商河县，西北与德州市临邑县接壤，西靠德州市齐河县。县境沿黄河左岸自西南而东北呈狭长状，东西宽48.1千米，南北长39千米，总面积1076平方千米。

2. 建置　县境在少昊氏时为司寇爽鸠氏之地。虞舜至夏朝为部落酋长季萴氏之地。商初为逢伯陵方国之地，商末为古国蒲姑之地。西周初为齐国地。春秋战国时为齐国的犁邑、著邑、崔邑等地。秦代县境西部为漯阴县地，其余为著县地。两县先属齐郡，后属济北郡。西汉置朝阳县、菅县，县境西部仍为漯阴县地，中部为著县地，东部为朝阳县、菅县地。漯阴县属平原郡，其余3县属济南郡。东汉时，县境仍为以上4县，4县均属济南国。三国时，县境、置县及隶属同东汉，县境为魏国辖区。西晋时为漯阴、著、朝阳3县地。东晋时先后为十六国中后赵、前燕、前秦、后燕、南燕等国地。南北朝时先为南朝刘宁的侨临邑县、侨高唐县与著县、朝阳县地，后为北朝元魏辖区，再后为北朝高齐所置临邑县（著县并入其中）与侨高唐县（朝阳县并入其中）地。隋初又置朝阳县，开皇十六年（596）改朝阳县为临济县，改侨高唐县为章丘县，济阳县境时为临邑、临济、章丘三县地，属齐郡。唐、五代时，县境置县情况同隋代，各县均属齐州。北宋咸平四年（1001），为临邑、章丘两县地，属山东东路齐州；政和六年（1116），齐州升格为济南府，临邑、章丘两县属济南府。金太宗天会七年（1129），南宋济南府知府刘豫降金，济南府遂为金国地。是年11月20日（农历十月七日），割章丘、临邑二县各一部境域置济阳县（因地处济水之北命名），属济南府。元代，属中书省济南路。明、清两代属山东省济南府。1913年废府置道，属山东省岱北道；1914年改岱北道为济南道。1928年后，直属山东省。1943年7月，并入齐济县，属冀鲁边行政区二专区；1944年1月，恢复济阳县，属渤海行政区二专区；1949年7月，撤销二专区，建立泺北专区，属泺北专区。1950年5月起，属德州专区；1956年2月，改属惠民专区；1958年12月，并入临邑县，属聊城专区；1960年秋，改属淄博专区；1961年10月，建制恢复，属德州专区；1989年12月，划归济南市。

3．区划　1985年，全县辖济阳、孙耿、垛石桥、曲堤、仁风5个镇，青宁、崔寨、回河、店子回族、辛集回族、二太平、庙廊、新市、江店、唐庙、索庙、稍门、姜集、三教、王圈15个乡。1995年3月，回河乡改称回河镇。1997年3月，青宁乡置为青宁镇。2001年3月，乡镇调整，全县设济阳镇、孙耿镇、垛石桥镇、曲堤镇、仁风镇、崔寨镇、二太平乡、新市乡和济北街道。2002年1月，撤销二太平乡设立太平镇。2007年9月，撤销济阳镇，设立济阳街道和回河镇。2010年5月，新市乡改为新市镇。2010年年底，辖济阳、济北2个街道，垛石、孙耿、曲堤、仁风、崔寨、太平、回河、新市8个镇，814个村委会，46个居委会。

4．人口　1986年，全县有106842户，人口471638人。1990年第四次人口普查，全县总户数122535户，总人口517453人。2000年第五次人口普查，全县有138811户，常住人口518879人。2005年，全县有149824户，总人口533458人。2010年，全县有161103户，总人口552406人，性别比98.34；当年人口出生率13.57‰，人口机械增长率3.00‰，人口自然增长率3.16‰。

5．民族　1990年第四次人口普查，全县有汉族、回族、白族、苗族等14个民族，其中汉族人口507573人，少数民族人口9880人。2000年第五次人口普查，全县有汉族、回族、白族、苗族、哈尼族等26个民族，其中汉族人口507757人、少数民族人口11122人。2010年，全县有汉族、蒙古族、回族、藏族、维吾尔族等26个民族，其中汉族539598人、少数民族12808人。

6．名胜古迹　*玉皇冢遗址*　又名玉皇寺，位于回河镇店子村西。东西长77米，南北宽64米，面积4928平方米。冢内出土的文物有红陶钵残片，红陶陶器锥形足、凿形足、柱形足，骨箭头、骨矛、石刀、石镰残片等。玉皇冢属于原始社会大汶口文化遗址，1977年12月，被列为省级文物保护单位。

刘台遗址　商周时期遗址，位于曲堤镇刘台村西约300米处的台地上。台地高出周围地面约2.5米，东西长152米，南北宽134米，总面积20368平方米。自20世纪70年代初开始清理发掘，先后出土文物900余件，为研究古代河水济水间的商周古国、族属等问题提供了宝贵的资料。1992年6月，被列为省级文物保护单位。

卢永祥故居　位于回河镇举人王村。是民国

时期北洋上将卢永祥修建的宅院，是济阳为数不多的保存较好的古院落，呈四进式格局，既具北方建筑的严谨厚重之风，又兼具南方建筑通透灵活之气，青砖灰瓦，雕梁画栋，古色古香，庄重气派。2006年列为济南市文物保护单位。

周氏庄园　建于明代，位于垛石镇后楼村。坐北朝南，多数建筑已经遭到毁灭，仅剩房舍10余间。庄园的大门楼高大宽敞，为硬山顶，檐上铺着小灰瓦，檐脊上有精美的浮雕花卉。两山墙盘头雕有精美的花纹图案，镂空的雕花木制门棂精美细致。院子南面是和门楼连在一起的三间厅房，前出厦，灰瓦屋顶，飞檐翘脊。北面是正房，也是面阔三间，前出厦，硬山顶，屋面铺着小灰瓦，正脊中央为高浮雕麒麟，两边雕刻着牡丹花。

澄波湖风景区　位于济北经济开发区西部，西邻国道220线，总面积243.3公顷，其中水面面积143.3公顷。分为山林游憩区、休闲广场区、乡土花园区、儿童乐园区、水上运动区、湖滨休闲区、运动花园区、度假别墅区八大功能区。

二、自然环境

1. 地质地貌　济阳县地处华北地台南部。在早第三纪渐新世开始时，济阳运动（喜马拉雅造山运动第一幕）造成了济阳坳断区，并使其和临清坳断区连成一个整体的沉降区。沉降区内，自上而下有第四系、新第三系、老第三系全套新生界地层，沉积厚度最大达3500米以上。其中第三系地层主要由棕红色或灰绿色泥岩、沙石泥岩夹灰白色细砂岩以及薄层砂砾岩组成。

县境地处黄河冲积平原（黄泛平原），沉积物交错分布，淤垫不均，因而其地貌具有缓岗、坡、洼相间和地面呈微波状起伏的特征。地势由西南而东北渐次倾降，西南部崔寨镇一带最高，海拔23.8米；徒骇河以北的贾寨村、后楼村等地最低，海拔14米。地貌分为缓平坡地、浅平洼地、决口扇形地、河漫滩高地四种类型。

2. 气候　济阳地处北暖温带半湿润季风气候区，四季分明，光照充足，雨热同期。年平均气温12.8℃，年无霜期平均为200天，多年平均降雨量586.9毫米。常有旱、涝、风、雹、霜冻等灾害天气发生。

3. 水文　境内主要河流有黄河、徒骇河。黄河从崔寨镇解家村进入县境，自西南而东北流经崔寨、回河、济阳、曲堤、仁风5个镇、街道，至仁风镇老桑家渡村以东出境，过境流长56.5千米，滩区面积53.4平方千米。徒骇河从县境西部太平镇鲁家村以西入境，流经新市、太平、垛石、曲堤、仁风5个镇，至仁风镇兰家村东北流出县境，过境流长56.4千米，流域面积880多平方千米。徒骇河有六六河、齐济河、牧马河、垛石河、大寺河、姜集沟、曲堤沟、张辛河、鄢渡沟、王让沟、卢兰河11条支流，其流域面积都在30平方千米以上。

4. 土壤植被　境内土壤分布受微地貌变化影响，表现出微域性地理分布的特点。表层质地自西南向东北依次是：沙质土—壤质土—黏质土—壤质土—沙质土。土壤有3个土类，5个亚类，9个土属，84个土种。

境内原生植被已绝迹，现有植被均为次生植被。自然植被种类因所在地土壤类型不同而有所不同，固定风沙土：问荆、茅草分散生长；轻度盐化潮土：茅草生长旺盛；中度盐化潮土：蒿子、灰菜、苣头菜丛生；重度盐化潮土：碱蓬、枸杞等混生；湿潮土：芦苇、香蒲、三棱草生长旺盛；沙质潮土：问荆、茅草、蒺藜混生；壤质潮土：小族花、小蓟、爬地秧、菟丝子、苦菜等混生。人工植被比例不断增大，主要有农作物20余种、树木40余种，到2010年种植面积7.9万公顷。

5. 自然资源　全县可利用土地资源为8.5万公顷，其中已利用土地面积6.5万公顷。全县客水资源丰富，总径流量多年平均417.42亿立方米。地下水资源比较丰富，淡水储量5.74亿立方米，淡水区净补给量1.45亿立方米。林木主要有杨树、柳树、榆树、国槐树、松树、柏树等。药材有蒲公英、马齿苋、青蒿、茵陈等80余种。动物资源有狐狸、獾、黄鼠狼、野兔、刺猬等。禽类有大山鹊、麻雀、家燕、杜鹃、喜鹊、灰喜鹊、猫头鹰、啄木鸟等。水生动物鱼类主要有11科，23种。矿产资源丰富，主要有石油、天然气和煤炭。

三、经济

1．总况 1986年，全县完成地区生产总值3.55亿元，其中第一、二、三产业增加值，分别为1.60亿元、1.24亿元、0.71亿元。1987年10月至1996年，济阳县工业企业实行扩大企业自主权、推行承包经营责任制和转换企业经营机制等改革。1996年，完成地区生产总值39.38亿元，其中第一、二、三产业增加值，分别为13.54亿元、19.22亿元、6.62亿元。2005年，完成地区生产总值84.66亿元，其中第一、二、三产业增加值，分别为21.15亿元、43.40亿元、20.11亿元。2010年，生产总值完成187.17亿元，其中第一、二、三产业增加值，分别为35.43亿元、109.06亿元、42.69亿元，三次产业结构比为18.93 ∶ 58.27 ∶ 22.8。人均生产总值34016元。全县地域财政收入12.51亿元，地方财政一般预算收入6.24亿元。

2．农业 1986年，全县农林牧副渔业总产值3.44亿元，比1978年增长1.65倍。1991年，全县调整农村产业结构，依托城市，完善和发展果品、蔬菜和养殖生产基地，发展粮棉生产基地。1993年，全县农村产业产品结构趋向优化，坚持农林牧副渔五业并举，种植业扩大经济作物比重，二、三产业产值占农村总产值的比重为83%。1996年后，按照产业化要求，优化产业结构，发展农村经济。以乡村企业为重点，兴办二、三产业，推动农村劳动力由种植业向二、三产业转移。继续推进农村产业化经营进程，立足服务城市，致富农民，瓜菜搞突破，作物良种化，区域化种植，专业化生产。1998年，全县粮食和经济作物面积比例为5∶5。进入21世纪后，围绕“强县、富民、稳定”的目标，以经济建设为中心，以产业结构调整为突破口，发展城郊型混合经济。2005年，全县瓜菜种植面积3.17万公顷，畜牧养殖小区13处，农业科技示范园22处，培植形成了仁风富硒西瓜、太平宝西瓜、崔寨香瓜、黄河大米、中华寿桃等一批特色名优品牌。2010年，全县农林牧渔业总产值68.28亿元，粮食总产52.08万吨，棉花总产0.56万吨，油料总产1.74万吨，水果总产5.37万吨，蔬菜总产117.95万吨，肉类总产5.42万吨，禽蛋总产4.52万吨，奶类总产3.78万吨，水产品总产0.89万吨。济阳县是全国粮食、瓜菜及畜产品生产基地，被评为“全国粮食生产先进县”“全国平原绿化先进县”“中国西瓜之乡”“中国蔬菜之乡”。全年完成造林面积1060公顷。全县农业机械总动力107.89万千瓦，大中型拖拉机4771部，联合收获机1466台，机耕率100%，机播率80%，机收率75.31%，小麦生产实现了机械化。

1986年起，济阳县调整产业结构，崔寨、姜集2个乡率先推广寿光单坡面大棚，后在其他乡镇全面铺开。1988年，全县塑料大棚增加到6200个。1989年1月，济阳县被省政府确定为蔬菜生产基地县。1993年，全县各类蔬菜大棚10350个。1995年后，全县普遍应用立体种植、保护地栽培等先进技术，蔬菜生产逐渐成为县内四大主导产业之一。2000年，全县高标准蔬菜大棚12000个。此后，随着农业产业化、农业标准化水平的提高，特色专业生产基地规模逐步扩大。曲堤镇建成冬暖式黄瓜大棚8000个，成为全省最大的无公害黄瓜生产基地。垛石镇建成冬暖式番茄大棚4000个，成为济南市最大的番茄生产基地。2005年全县蔬菜大棚62169个，面积7529公顷。2008年后，全县蔬菜产业获得快速发展，被农业部确定为全国设施蔬菜发展基地县、首批全国蔬菜标准园创建县。至2010年，全县各类大棚10.2万个，面积1.35万公顷，其中冬暖棚8.56万个、大拱棚1.3万个、中小拱棚0.33万个。先后规划建设了曲堤黄瓜、垛石番茄、回河西红柿、济阳食用菌、新市辣椒等蔬菜专业生产基地。曲堤黄瓜、垛石番茄、回河西红柿、新市辣椒被列入全市现代农业特色品牌基地。

3．工业 1986年，县属工业企业实行厂长聘任制。1987年，深化企业改革，扩大企业自主权，推行承包经营责任制，95%以上的企业实行了承包制。1990年，41家县属企业超额完成承包合同，占60%以上。通过承包，完成利税比承包前3年增长81.7%；国营企业留利234万元，增长228%。1990年10月，县政府将利润大包干改为"三保一挂"，即保上缴国家利税、保企业发展后劲、保社会经济效益；实行工资总额与经济效益直接挂钩。到1993年年底，全县75个县属企业、93个乡镇企业实行第二轮承包制，分别占95%、87%。1994—1996年，县内工业企业转换企业经营机制，普遍进行了干部人事、劳动用工和分配制度改革。2000年，全县185个县乡企业中，完成产权改革的147个，其中股份（合作）制企业23个，股金额9000多万元；产权出售14个，活化有效资金1.2亿元；兼并组合6个，转让资产3700多万元；依法破产54个，处理历史债务5.2亿元；其他形式改制企业50个。2005年，全县工业实现增加值37.90亿元。规模以上工业企业增加值33.15亿元，实现利税15.93亿元，实现利润8.53亿元。2010年，全县工业总产值369.54亿元；规模以上工业企业287家，实现增加值95.49亿元，实现销售收入355.45亿元，利税42.55亿元。

济北经济开发区始建于1995年7月，毗邻县城老城区，南接青银高速公路，位于国道220线、省道248线、249线交汇处，规划面积42平方千米，已建成区面积19.7平方千米。2003年6月经省政府批准升格为省级经济开发区。开发区内设台湾工业园、韩国工业园、华侨工业园、电子信息产业园四个省级特色产业园区，已形成食品饮料、纺织服装、机械制造、电子信息四大支柱产业。至2010年末，入园企业380家，其中规模以上企业103家，占全县规模以上工业企业的35.9%；规模以上工业企业实现总产值126亿元，实现增加值31.55亿元，实现利税13.9亿元。

4．商贸服务业 1986年，全县共有商贸服务业机构3705个，从业人员9413人。其中：国营商业142个，从业人员1779人；集体商业892个，从业人员4214人；个体商业2671个，从业人员3420人。当年完成社会商品零售总额1.33亿元。1987年，县商贸系统推行承包经营责任制。1989年，打破实行多年的固定用工制，改为合同用工制。1992年，转换企业经营机制，实行企业经营放开、商品价格放开、工资分配放开、企业用工放开、国有自营的改革模式。1996年，全县商贸系统实行产权制度改革，各企业产权出售，调整所有制结构，实行在产权、企业资产和经济发展方面"公"退"民"进，推行股份制改革，实行兼并联合、破产重组等形式。2003年，全县商贸系统体制改革完成，形成国有、集体、个体、私营等多种经济成分共同发展的新格局，到2005年，除专营商品外，国有流通资本基本退出商业领域。2010年，全县实现社会消费品零售总额57.82亿元，其中城镇社会消费品实现额34.53亿元、乡村社会消费品实现零售额23.28亿元；限额以上批发和零售业、住宿和餐饮业单位50家，实现零售额10.45亿元；实现出口总额7173万美元，实际利用外资6497万美元，合同利用外资9690万美元。

5．交通邮电 1986年，全县公路通车里程266千米，各种营运车辆2552辆，完成货运量25.13万吨，货运周转量1929.70万吨千米；客运量37.38万人次，客运周转量1593.49万人千米。1995年，全县通车里程441.9千米，其中国道80.7千米、省道55.4千米、县道89.8千米、乡道95.9千米、其他道路120.1千米。20个乡镇全部通沥青路；700个村庄通沥青路，占全县村庄总数的80%。2000年，全县沥青公路总长度789.6千米。公路通车里程690千米，交通运输车辆940辆，货运量80.10万吨，货物周转量4894.5万吨千米；客运量2200万人，旅客周转量3600万人千米。年内完成回店路、济北经济开发区、太平乡村公路、新市共建路、黄河大坝路等公路工程42千米。投资850万元完成省道248线济阳段改建工程。县内7个渡口、2座浮桥合格率100%。2005年，全县公路通车里程1678.90千米，有各种车辆6817辆，完成货运周转量7013万吨千米，客运周转量13447万人千米。2010年，全县机动车辆拥有量99982辆，城区公交线路2条、车辆16辆；城乡公交线路9条、车辆44辆。全县公路通车里程1810.28千米，其中国道、省道166.28千米，农村公路1644千米。行政村通公路率100%，乡镇通班车率100%。全年各种运输工具旅客运输量和周转量分别是364.3万人、47665万人千米；公路货物运输量和周转量115.70万吨、11194万吨千米。

1986年，全县有电话700部，电话普及率0.15部／百人，邮电业务收入完成47.50万元。1991年12月，市内自动电话开通，进入全国电话直拨网（C4网）。1993年2月，实施市话第二次改制，C4本地电话网纳入济南市C3扩大网。1994年12月23日0时，全县20个乡镇全部实现电话自动化。固话装机量7.7万部，入户率70%。2010年，全县完成邮电业务量14098万元，其中电信业务量12830万元。有固定电话12.8万户、移动电话13.3万户、宽带网用户1.2万户。

6. 城乡建设　1986年后，全县城乡建设发展较快。1995年，投资1000万元，完成纬二路西段拓宽工程。投资60万元，治理了经一路至健康街310米长的排污沟。县城内道路完好率保持在95%以上；硬化道路保洁率90%；垃圾机械化清运率100%；城区绿化覆盖率27.4%。年内完成12个乡镇的新一轮规划调整任务，村镇建设在全市评比中列第一位。完成建筑面积19万平方米，建筑业产值近1亿元。工程合格率100%，优良率20%。县城综合开发总面积2.6万平方米，完成产值1400万元。2000年，完成基本建设投资129389万元，更新改造投资4500万元，房屋建筑竣工面积31.6万平方米。完成经一路北段、220线路段、供水等多项规划。投资100多万元，分春秋两季在济北经济开发区、老城区、开元大街等进行了组团造型绿化。住宅小区建设加快，花园小区和雅居园小区21幢住宅楼交付使用，建筑面积8.1万平方米。全县投资1.15亿元用于小城镇建设，共建二层以上楼房850座，建筑面积27万平方米。环境保护总投资额2636.8万元。绿化覆盖率32%，人均占有公共绿地面积7.5平方米。道路整修养护面积1.2万平方米。2005年，开工建设道路8千米，城市绿地覆盖率38.8%，管道天然供气量100万立方米，集中供热面积54.7万平方米，自来水供水量290万立方米。2010年，完成建筑业增加值12.02亿元，房屋建筑施工面积196.87万平方米。全年共开工建设26个项目。自来水供水能力为2万立方米／日，供热面积90余万平方米，垃圾无害化处理率100%。有污水处理厂1座，城市生活污水处理率90%。

7. 名优特产　*黄河大米*　1963年起，境内开始种植水稻，并不断引进优良品种。经长期筛选驯化，形成了有特色的黄河大米，其特点为：中早熟，杆硬不易倒伏，耐肥，稻毛长密不易落粒，较耐寒，耐弱光，米粒大，洁白光亮，黏性较强，胀性小，口感黏软香甜。

圆铃大枣　济阳圆铃大枣，以个大肉肥、甜美可口著称，含有丰富的糖分和多种维生素。用圆铃大枣制作的干枣、乌枣、枣脯，畅销10多个省市，并远销国外。

仁风牌富硒西瓜　仁风牌富硒西瓜是仁风镇和山东省农科院合作推出的精品西瓜。该品种吊秧生长，瓜柄细，颜色深、均匀，无阴阳面，花纹粗、乱，纹棱突出，手感明显。经农业部食品质量监督检验测试中心检验，糖分含量是普通西瓜的1.5倍，硒元素含量比普通西瓜高出35倍。该西瓜被认定为“国家级无公害农产品”，通过“绿色食品”认证。

曲堤牌黄瓜　曲堤镇冬暖式蔬菜大棚主要用于种植黄瓜。该黄瓜具有清脆可口、营养丰富等特点。曲堤牌注册商标获部级质量认证，产品打入深圳、上海等十几个城市的麦当劳、肯德基连锁店，出口俄罗斯等国家。在2010年第四届中国品牌节上，获“品牌中国金谱奖”。

“太平宝”西瓜　太平镇所产“太平宝”西瓜

皮薄甘甜、果形规整、风味独特，远销北京、上海、石家庄、大连等20多个城市。该西瓜以“改良京欣”作为主要品种，分有籽、无籽、礼品3大系列近10个品种。2000年，太平镇被中国地区发展促进委员会命名为中国优质西瓜第一镇，被农业部检测认定为无公害瓜菜基地，被济南市认定为标准化生产基地。2009年，“太平宝”西瓜通过国家绿色食品认证。

蝎子牌镰刀 由原济阳县镰刀一厂生产。该产品制作精细，式样美观，清钢利刃，硬度适中，不卷不崩，经久耐用。有平镰、弯镰2种规格，11个品种。1981年起，蝎子牌镰刀一直保持省优质产品称号。1990年12月，获农业部优质产品称号。

摩天塔牌液压升降平台 由济阳县机械厂研制成功，系国内首创。1984年试制，1985年开始批量生产。升降平台以电动机或柴油机为动力，带动液压油泵利用液体压力控制工作台升降，并配有手动机构，以备停电时或无电源工作区使用。升降机构为剪叉式，起升高度有4.2米、5.5米、8米、9米和12米等，起升重量200千克～800千克。适用于建筑物室内外装修、城市路灯维修等。1985年，获德州地区科技成果三等奖，1990年，获“济南市优质产品”称号。

四、社会事业

1．教育 1986年，全县有小学695所，学生57434人，适龄儿童入学率97%；初级中学28所，在校生14368人；高中3所，在校生2646人。教职工4309人，其中教师3869人（含民办教师2064人）。济阳县坚持把教育放在优先发展的战略地位，创新理念，深化改革，加大投入，实现了教育工作率先突破、和谐发展，走出了一条欠发达地区教育事业发展之路。2005年，在校学生72600人，初、高中学校20所，小学79所。2010年，全县拥有各类学校43所，其中高中2所、初中13所、小学26所，其他学校2所。在校学生64061人。专任教师3564人。

2．科技 1986年，全县有科研机构29个，专职科研人员380人。实施各类科技项目37项。全县高新技术产值27.9亿元，占规模以上工业总产值比重的24.8%。有17家企业被认定为市级高新技术企业，5项产品被评为市级高新技术产品。各类专利申请120件。1997年4月，济阳被评为全国科技进步先进县。2005年，本级应用技术研究与开发资金支出315万元，新上各类科研计划6项，认定高新技术企业累计30家，专利申请120件，实施各类科技计划项目27项，其中国家级火炬计划项目2项。2010年，取得各类科技成果120项，申请专利237项，列入上级科技计划项目得到专项资金支持21项，获扶持资金500多万元，带动企业科技研发投入8000多万元。

3．文化体育 1986—2010年，济阳县的文学、书法、美术、摄影创作活跃，相继出版了多部长篇、中篇和短篇小说，不少诗歌、散文在省级以上报刊发表，许多书法、美术作品参加全国大赛并获奖。“五一”“六一”“十一”等重大节日期间，组织演职人员创作编排群众喜闻乐见的节目，到农村、工厂演出。精选优秀影片在县城步行街上映，利用农闲到农村上映。开展了全县范围内的文物保护单位普查，征集了部分文物。2010年，举办了春联、美术、书法和摄影大赛，春节民间艺术调演，元宵焰火晚会等活动。县图书馆年内接待读者近3万人次，借阅图书3.9万册次，为农民提供科技图书8700余册。县广播电视台播发《济阳新闻》300多组。有线电视通村率100%。

2010年，全县有体育活动场所369处，常年参加体育锻炼的人数占总人口的33.51%。举办了有50多个单位、1500多人参加的“千人健身路”活动，中老年太极系列展演和比赛，职工篮球赛、“健康杯”乒乓球比赛等100余项活动。全年召开运动会28次，参加人员1.86万人，破纪录6次，市级以上比赛中获金牌13枚、银牌10枚、铜牌10枚。

4．卫生 1986年，全县有：人民医院、县中医院等卫生机构43所，卫生技术人员851人，病床696张；乡村卫生室830个，乡村卫生人员1157人。2005年，新型农村合作医疗工作启动。2010年，有卫生机构14所，卫生技术人员1378人，病床962张。

5. 居民生活　1986年，全县在岗职工年平均工资1129元，农民年人均纯收入359元。2005年，城镇居民年人均可支配收入6336.55元，人均住房面积22.30平方米；农民年人均纯收入4068元，人均住房面积23.80平方米。2010年，在岗职工年年平均工资19613元，城镇居民年人均可支配收入14618元，年人均消费性支出9558.28元；农民年人均纯收入7948元，年人均生活消费支出4692元。城镇居民人均住房面积35.76平方米，农村居民人均生活用房面积27.00平方米。全年城镇就业3371人，农村富余劳动力转移就业2.66万人。年末城镇登记失业率2.71%。全县企业养老保险参保人数2.6万人，征缴企业基本养老保险费8905.1万元。城镇职工医疗保险参保人数2.80万人，参加失业保险人数5501人，收缴保险金177.2万元。推行城镇非就业居民医保制度，新增参保人数2.37万人。参加新型农村合作医疗保险46.38万人，参合率99.7%。

附记：澄波湖水库

澄波湖水库位于济北经济开发区西部，国道220线以东，南北长1900米，东西宽1300米，总面积243.3公顷，其中水面143.3公顷。东与环城河相连，南与新元大街景观河相通，西与大寺河相接。

澄波湖水库原址为济阳县城西部废弃的砖瓦厂和鱼塘，这里地势低洼、荆棘丛生、蚊虫滋生，生态环境恶劣。随着国道220线的开通，济阳县于2003年提出建设澄波湖平原水库的构想。2005年批准立项，由北京林业大学园林学院进行规划设计，项目总投资5.3亿元，计划3年内完成。根据澄波湖水库所处的地理环境，结合水利部关于发展“水利风景区”的要求，把澄波湖水库建成兼具城市防洪、供水、生态观光等综合服务功能的大型平原水库，成为集游憩、观光、休闲、度假、商贸为一体的现代化城市生态风景旅游区。

2008年4月，澄波湖水库开工建设。至2008年12月，一期工程—土方工程完成，共完成土方500万方，筑山高度38米，达到设计标准。2009年，二期工程全面实施，主要包括桥梁、绿化、驳岸、道路、沙滩浴场等工程。至2009年年底，二期工程基本完成。二期工程建设景观桥37座；垂钓区开挖土方19.2万立方米，增加水面面积3公顷；在山体上开挖横向排水沟4条，纵向排水沟27条；建成长240米、宽50米的沙滩浴场；完成湖区内长800米、宽3米的步行道，长2487米、宽6米的行车道；油面、路沿石、排水道工程全部完成。按照新农村建设的要求，投资2667万元，建设毛官居新区住宅楼6幢，2009年11月底，158户居民全部入住。其后陆续完成了北湖西侧、南湖西侧、沙滩驳岸西侧三片区绿化工程，绿化面积36300平方米；三处广场（一处紧临南湖区沙滩浴场，面积6000 平方米；一处紧临西里湖西侧，面积1.2万平方米；一处为情侣广场，位于8号桥南端）及周边绿化工程。位于北湖区东侧的咖啡屋，建筑面积280余平方米，已纳入正常接待管理；位于南湖区南部东侧的游船码头，包括广场花园、贵宾接待室、售票厅、长廊、坐凳、大理石栏杆、水电等设施投入使用。2012年3月，景区内沙滩浴场、道路、广场、停车场、码头及澄波湖大桥等重点区域的亮化工程全部完成。2012年6月，投资4000万元，长307米、宽32米的澄波湖大桥竣工通车。

澄波湖综合开发项目总投资28亿元，主要包括梦幻岛乐园、主题公园、欢乐大本营等大型项目，以及水上娱乐区、温泉度假区、商务接待区、商贸区及景观住宅区的建设。

澄波湖水库体现了“蓝天碧水，绿地与人居、与产业有机融合、浑然一体”的特色，与环城水系连接起来，逐步成为提升济阳县城市形象、构建水景园林城市和提升环境品质、推动济阳县城新区建设的重要节点，成为济阳县城的生态核心、休闲核心和城市标志。澄波湖风景区于2010年被列为省级湿地公园和省级水利风景区。

表1—1—9　　2010年济阳县街道镇情况

名　称	面　积（平方千米）	行政村居（个）	平均人口（人）	地方财政收入（万元）
济阳街道	92	81	75194	6862
济北街道	13	35	22908	14194
垛石镇	175	130	74052	2392
孙耿镇	103	71	51055	5672
曲堤镇	151	130	76248	2034
仁风镇	124	82	62564	1597
崔寨镇	87	69	46320	3966
太平镇	112	91	58530	1735
回河镇	120	94	44232	1145
新市镇	99	77	39144	1037

第十节　商河县

一、政区

1. 位置　商河县地处济南市西北部，位于北纬37°06′～37°32′、东经116°58′～117°26′之间，是济南市的北大门。东靠滨州市惠民县、阳信县，公路直达渤海沿岸；西与德州市临邑县毗邻，距津浦铁路及德州市90千米；南临济阳县，距济南国际机场50千米；北与德州市乐陵市接壤，公路畅通京津。省道248线（商河至济南路段为双向六车道一级公路）纵贯南北，省道316线横跨东西，全县公路通车里程1170千米，公路密度名列全省之首。全境呈菱形，南北最长51千米，东西最宽43千米，总面积1162平方千米。

2. 建置　周代置麦丘邑。秦时属齐郡、东郡。西汉为扐侯刘辟光（后为济南王，亦称平陵王）、宜城侯刘堰（史称宜城康侯）、朸乡侯刘让（史称朸节侯）封地。侯除，地归朝廷，置扐县。东汉以后一部属湿沃县，一部属漯阴县。隋开皇十六年（596）于扐县故址置滴河县，属棣州，唐宋后因区别于“滴”字，写做商河县。金元属沧州。明、清属济南府。民国初年属岱北道、济南道、山东省政府。抗日战争和解放战争时期，先后属鲁北、冀南、冀鲁三专署，渤海行署二专署和泺北专署。中华人民共和国成立初，属德州专署。1958年商河、乐陵并为一县，初称商河县，后更名为乐陵县，先后属聊城、淄博专署。1961年商河与乐陵分治，恢复商河县、复归德州地区。1990年1月改属济南市至今。

3. 区划　1984年，撤销人民公社，全县改建为6镇、16乡，共998个行政村，1056个自然村。1990年1月，商河县归属济南市，同时，商河县奎台乡的38个村划归乐陵市。1996年，贾庄撤乡改镇。2005年11月，商河县乡镇行政区划由21个乡镇调整为许商、玉皇庙2个街道，龙桑寺、殷巷、贾庄、郑路、怀仁5个镇和孙集、沙河、白桥、张坊、韩庙5个乡。2009年11月，玉皇庙街道调整为玉皇庙镇。2010年，商河县辖许商1个街道，玉皇庙、龙桑寺、殷巷、贾庄、郑路、怀仁6个镇，孙集、沙河、白桥、张坊、韩庙5个乡，共948个行政村、15个居委会。

4．人口　1984年，全县总人口523510人。1990年第四次人口普查，全县总人口555428人，其中农业人口517134人、非农业人口38294人。2000年第五次人口普查，全县共147313户，总人口585396人，其中非农业人口58438人，人口出生率11.9‰。2005年，全县156000户，总人口602200人，其中非农业人口77000人，性别比102，人口出生率11.28‰，人口自然增长率4.45‰。2010年，全县总户数178147户，总人口620365人，性别比102.25；非农业人口207971人、农业人口412394　人。人口出生率13.16‰，人口自然增长率0.96‰。

5．民族　1990年第四次人口普查，全县有民族14个。其中：汉族547744人，占总人口的98.62%；少数民族7684人，占总人口的1.38%。2000年第五次人口普查，全县汉族人口576346人；有回族、满族、蒙古族、朝鲜族、维吾尔族5个少数民族，人口9050人。2010年，全县有汉族、回族、满族、蒙古族、朝鲜族、维吾尔族等18个民族。其中：汉族人口605737人，占全县总人口的98%；其次是回族，人口11125人，占1.8%；其他民族人口占0.2%。

6．名胜古迹　*小官庄墓群*　位于韩庙乡小官庄村周围，包括小官庄大冢、小官庄磨冢、小官庄平冢、小官庄东墓葬、小官庄东南墓葬、小官庄信家冢。1992年6月，被公布为省级文物保护单位。

芦坊遗址　位于郑路镇芦坊村南徒骇河北岸，河堤断崖处，整个遗址大部分埋入徒骇河北岸，分布面积为4万平方米。遗址分布范围：东以保护标志为界，向西200米，北至河岸北端，南至河中心。1992年6月，被公布为省级文物保护单位，并划定保护范围。在遗址内采集到鬲足、鬲口沿等器物残片，经专家确认是商周时期的遗址。

沙河流翠　大沙河为笃马河故道，后被黄河所夺，经年黄沙积聚，河道淤绝，“笃马晴沙”为当地古八景之首，历代名流多吟咏之。近年政府除沙清淤，水面宽100余米，平均水深3米左右，岸柳掩映，清澈碧透，临水亭榭林立，河中画舫凌波。在大沙河怀仁段洼李村西，有一片树龄超过300年，面积近千亩的古杏林、古槐林。放眼林区，沙洲空明，远绿凝烟，幽香飘逸，可谓“到处皆诗境，随时有物华”。

文昌雨霁　文昌河风景区西起滨河路，东至商东路，北临县第二中学、弘德中学、文昌实验学校三所学校，南靠武夷御泉名城、东盛阳光花园等居住小区。商中路以东，原河道穿弘德桥蜿蜒东去；新河道汇入御泉湖，水面辽阔，风光旖旎。景区形成水面、湖心岛、沿湖步道、临水雕栏、白鹤亭、垂钓台等多层次的立体化空间。细雨过后，新阳初照，微波泛红，鱼跃涟漪，倚岛垂钓，悠然自得。

孝露穿石　位于韩庙乡政府院南邻。南矗书“古二十四孝石刻园”大理石牌坊1座，至北中线建有天地人汉白玉石亭3座，喻“天圆地方人和”意，北立大型孝经碑石，古二十四孝石刻分立东西南北，掩映在红花绿叶之中。

滨河览胜　商河滨河公园位于县城南部滨河路、彩虹路、商中河、文昌河合围区域，占地15.2公顷，其中水面4公顷。公园内主入口广场、和平鸽广场、柳林广场、太极广场、湖心岛、三趣园、垂钓平台、景观平台及商河八景文化墙等各类景观靓丽纷呈，相映成趣。公园容千树万花，聚千奇百景：曲径长廊，寻幽探静；佳木芳草，含碧滴翠；拱桥水榭，倩影如织。几株苍榆下老枣旁，依岸傍水建“三趣园”精微庭院，后院植四季花木，砌山石飞泉，池鱼可数，犹苏州名园再现。入堂可赏石品茗小憩，出堂南眺，豁然开朗，玉栏碧波，柳曳丝斜，钓竿一举，悠然自得。

二、自然环境

1．地质地貌　商河县地处华北新生代沉降区东南部的坳陷中，新生代的下覆基岩是古生代的沉积地层和前震旦纪变质岩系，由数条北东东向断裂分割成几个小的断块，基本无中生代地层，新生代地层直接覆盖古生代地层之上，断块凹陷形成新生代凹陷盆地，沉积了全套巨厚的新生代地层。该地层为海相、湖相和冲积相碎屑的互层沉积，含大量有机物，有利于石油生成。

全境属华北黄泛冲积平原，境内无高山和丘陵。地势宽广平缓，海拔最高点 17.01 米，最低点 8.94 米。地势自西南向东北缓缓倾斜，洼地面积占全县总面积的 22.5%，素有“七十二洼”之称。全县有河滩高地、高坡地、平坡地、洼坡地、浅平洼地、沙质河槽地 6 种地貌类型。

2. 气候 商河县地处中纬度，属暖温带半湿润季风气候，气候温和，季风显著，四季分明，干湿明显，雨热同季，降雨偏少，且年际变化大，年内分布不均匀，蒸发量大，适宜多种农作物生长。平均年降雨量 572.2 毫米，蒸发量 1200 毫米，年平均气温 12.6℃，日照时数 2763 小时，平均风速 3.4 米／秒，无霜期 193 天，冰冻期 105 天，年最大冻土深出现在 1 月，平均深度 29 厘米。主要气象灾害有：旱涝、低温、连阴雨、干热风、暴雨、冰雹、霜冻等，对农业生产影响较大。

3. 水文 商河境内的河流属海河流域徒骇河水系和德惠新河水系。徒骇河水系有支流 7 条，境内长 31.7 千米，流域面积 347 平方千米；德惠新河水系有支流 5 条，境内长 21 千米，流域面积 846.94 平方千米。境内骨干河道建有各类桥涵闸 266 座、扬水站 49 座，形成了较为完善的水利体系。即以引黄河水为主、引徒骇河水为辅的引黄、引河两个灌区和以德惠新河、徒骇河为主要排水设施的两个流域，形成了“南水北引”“西水东引”的灌溉体系和“南洪北排”“西洪东排”的排涝体系。

4. 土壤植被 商河县土壤成土母质，系黄河冲积物，因沉积特点不同，分布规律复杂，排列组合多样，土壤属种较多。据 1984 年第二次土壤普查统计，全县土壤分为 3 个土类、6 个亚类、12 个土属、93 个土种。此后经过 20 多年的生产经营活动、中低产田改造、自然灾害等原因，土壤类型发生了较大的变化，已分为 2 个土类、4 个亚类、9 个土属、79 个土种。

商河县属暖温带落叶阔叶林区。由于受人类活动的影响，原有植被遭人为破坏，现有林果、农作物均为次生植被，主要以杂草等自然草本植被与人工栽培的林木为主。草本植被有马唐、狗尾草、画眉草、芦苇、茅草等。境内的原始木本植被已近消失，只有柽柳、酸枣、野枸杞等极少量野生木本植物有零星存在。现有林木皆为人工栽培，多为改良后的新品种和引进的新树种。木本植物有被子门和裸子门植物，主要用材树类为杨树、柳树、榆树、刺槐、白蜡、悬铃木等，主要分布于乡村田野的林网、沟边、路边、村镇四旁；果树主要为苹果、梨、葡萄、桃、杏、枣等，主要成片种植于农田和村庄四旁；主要观赏树种为冬青、黄杨、女贞、月季、紫荆、百日红、紫叶李、连翘等，主要分布于城区街道和村庄庭院。

5. 自然资源 全县土地总面积 1162 平方千米，其中已利用土地面积 10.9 万公顷，占土地总面积的 93.82%。境内水资源主要来源于大气降水、地下水及引进客水，水资源总量 36769 万立方米，大气降水径流总量 6867 万立方米，内河、沟渠和坑塘拦蓄库容为 5228 万立方米，地下水可利用量 11763 万立方米，引进黄河、徒骇河、德惠河水可利用量 19777 万立方米。商河县地处鲁北地热区，属碎屑岩类孔隙裂隙热储类型，自上而下分布着 4 个热储层，地下热水资源量 48 亿立方米，可开采热水资源量 20 亿立方米，是全国最大的地热水储存地。林木有松、柏、杨、柳、榆、桐、槐树等；野生植物有酸枣、杜梨、红荆条、野桑、枸杞、爬山虎等。动物主要有黄鼠狼、刺猬、猫头鹰、麻雀、鱼、虾、蜘蛛、蛇、蜥蜴等。境内矿产资源有石油、天然气及硝土等，其中石油、天然气储量丰富，主要分布在贾庄、玉皇庙等乡镇，石油探明储量 4900 万吨，天然气储量 10 亿立方米。

6、温泉旅游 商河温泉国际 项目位于商河县城的东南部，北至南外环路，西至商中路，南至规划新兴路，预计总投资 50 多亿元，占地面积 403 公顷。项目将按照一核、两心、一轴、两区、九组团的布局规划设计。一核就是工程公共核心即情景小镇；两心即植物园与生态湖两处公共景观中心；一轴即贯穿两区九组团的生态景观轴；两区即根据功能需求，形成的城市综合功能片区和旅游度假功能片区；九组团即由道路和水系分割而成的9个功能组团。9个功能组团有以下9部分组成：一是商务综合团，以公共建筑为主；二是温泉人家组团，以居住为主；三是情景小镇，有各种风格的建筑，中西文化将得到有机结合，包括酒吧、咖啡餐饮、购物中心、休闲娱乐中心、展览馆、博物馆、会所以及展示《清水幻象》的场所；四是密林幽谷，在保留原始生态的基础上，建设包括老人安养公寓及相关的医疗保健服务设施；五是江南水乡，低密度住宅样板示范区；六是温泉度假村，包括温泉酒店、主题公园；七是低密度住宅区；八是西苑温泉家园；九是东苑温泉家园。9个组团从外向内建筑密度依次减小，建筑物高度依次递减。项目以温泉为缘起，以植物园为辅佐，以文化创意为支撑，具有沉厚、典雅和开放的物质环境，浓郁的地方与现代文化艺术氛围，可游、可居、可养生的休闲型城区，成为济南的后花园。

商河地热温泉研发示范基地（简称温泉基地）　位于县城商西路8号，隶属于济南商河石油天然气开发总公司，由济南舜耕山庄集团酒店管理公司管理，总投资1.5亿元，占地面积11.7万平方米。是一家集温泉沐浴、休闲疗养、康体保健以及完善的餐饮、客房、会议配套于一体的国际四星级综合性旅游标准酒店。温泉基地将温泉文化与风景园林融为一体，融合了自然、闲适、健康、疗养的温泉理念，着重突出温泉产品的文化特色和保健特色，推出一系列特色温泉产品。如中医理疗的国医馆；养生保健的凤吕池、雅之泉、颂之泉、映月湖、垂钓园、观景台与小桥流水、山峦、别墅相映成趣；院内花草枝繁叶茂，碧绿葱茏，古树苍劲挺拔。温泉基地还设有阳光茶舍、咖啡厅、KTV酒吧、棋牌室、网球、乒乓球、游泳池等多种休闲娱乐健身的场所。温泉基地本着“秉承专业服务、打造温泉精品、树立管理品牌、提升温泉价值”的精神以及专业规范和人性化的管理理念，为宾客提供优质、高效、温馨、尊贵的服务。

齐鲁水郡温泉岛　坐落于商河48亿立方米温矿泉资源开采利用的最佳地点，拥有总面积30多公顷的天然活水内湖——云栖湖、月栖湖，43.2%的绿化率，40.6%的水化率。齐鲁水郡温泉岛，以“水为主题、水为灵魂”的规划和建设理念，充分利用丰富、优质的温矿泉资源与原生资源，开发建设一个集文化、旅游、商务、会议、娱乐、购物、养生为一体的高素质、高品位、高格调生态居所，创造了一个“水、建筑、文化、人”共生共融的和谐生活空间，一个“水气、雾气、蒸气交相缭绕”的世外仙境。在岛上，配有四星级的齐鲁水郡温泉假日酒店，1万多平方米建筑面积；大小数十个温泉汤池，百余套不同档次客房，满足不同层次宾客的要求；另外高档养生餐厅、国际商务会议中心、超市及会员俱乐部、国医堂、网球场、中心会所、便利店等全方位配套。

商河地热温泉作为济南泉文化的有益补充，正在引领济南进入“南赏名泉，北享温泉”的双泉时代。

三、经济

1. 总况　1978年后，商河经济由只重粮食生产转为粮棉共同发展，其后又发展多种经济及乡镇企业，保障了粮棉的增产，加速了工业的发展。2000年，全县完成生产总值34.85亿元，其中第一、二、三产业增加值，分别为14.85亿元、10.45亿元、9.55亿元，人均生产总值5957元。2005年，实现地区生产总值74.7亿元，其中第一、二、三产业增加值，分别为24.3亿元、32.8亿元、17.6亿元，人均生产总值12404元。2010年，完成地区生产总值95亿元，2007—2010年年均增长14.5%；地方财政一般预算收入3.48亿元，年均增长27.3%；规模以上固定资产投资36亿元，年均增长32%；社会消费品零售总额39.2亿元，年均增长14.3%；三次产业比例由“十五”期末的44.8 ∶ 34 ∶ 21.2，调整到31.6 ∶ 39.5 ∶ 28.9。

2. 农业 商河县是农业大县，以种植小麦、玉米、棉花为主。1978年后，全县逐步推行、完善了农民家庭联产承包责任制，调动了农民的积极性，坚持科技兴农，发展多种经营，使农业生产得到持续、稳定发展。1990年，农业生产战胜特大涝灾后取得较好收成，全县农业总产值完成26771万元，粮食总产量29.11万吨，创历史最高纪录；农业机械化总动力25.69万千瓦；全年造林666.7公顷。2000年，全县贯彻“压粮、稳棉、扩菜、壮畜牧”的调整思路，农业结构调整有了新突破，粮食总产量49.6万吨，棉花总产1.7万吨，蔬菜总产88.8万吨，肉类总产4.9万吨，禽蛋总产量4.4万吨，大牲畜存栏33.1万头，被列为全国十佳秸秆养牛示范县之一。2010年，全县形成了以优质粮棉、畜牧、大蒜、大棚菜、浅水藕、速生林等为主的八大主导产业，建起了六大农业出口基地和鲁北最大的蔬菜集散地。全年农林牧渔业实现总产值63.32亿元；农业增加值31.9亿元，其中农、林、牧、渔业增加值，分别为21.7亿元、0.67亿元、6.96亿元、0.82亿元。粮食总产量73.39万吨，棉花总产0.83万吨，蔬菜总产87.21万吨，肉类总产8.15万吨，禽蛋总产3.35万吨，奶类总产0.54万吨。水产品总产0.92万吨。农业机械总动力87.40万千瓦。全年完成造林2800公顷，林木覆盖率31%。

3. 工业 1985年工业产值16214万元。1990年，全县共有工业企业4809家，工业总产值79750万元，初步建立起门类比较齐全、具有一定规模的工业体系。2000年，按照抓大放小，膨胀规模，坚持“工业立县”的思路，促进全县工业的发展。全部工业增加值83166万元，限额以上工业完成增加值57465万元，实现产品销售收入185012万元，实现利税18054万元，其中利润10044万元，工业经济效益综合指数130.6%。2005年，全县工业增加值完成26.98亿元，规模以上工业企业122家，销售收入过亿元的企业14家，实现产品销售收入71.47亿元，实现利税7.7亿元，实现利润4.69亿元，经济效益综合指数207.43%。2010年，全县工业增加值完成30.4亿元，规模以上工业企业156家，销售收入过亿元的企业10家，实现主营业务销售收入85.87亿元，实现利税6.75亿元，实现利润3.39亿元，经济效益综合指数217.77%，资产贡献率15.19%，全员劳动生产率173734元／人，流动资金周转3.13次。

4. 商业 1988年，社会商品零售额23767万元。随着商业体制的进一步深化，逐步形成了国有、集体、个体、私营多种经营成分共同发展的商业市场格局。通过租赁承包和优化劳动组合，整个商业增添了活力。1996年，全县有商业网点6200个，各类市场75处，完成社会商品零售总额6.51亿元。2000年，实现社会消费品零售总额11亿元，其中国有经济零售额2.5亿元、集体经济零售额1.7亿元、个体私营经济零售额5.5亿元、其他经济零售额1.3亿元。2010年，实现社会消费品零售总额40.6亿元，其中城镇社会消费品零售总额15.8亿元，乡村社会消费品零售额24.8亿元；批发零售贸易业零售额32.5亿元；住宿餐饮业零售额8.1亿元；个体私营经济零售额28.3亿元。亿元以上商品交易市场5处，成交额10.4亿元。全年实现外贸进出口总额5832万美元，实际利用外资1483.6万美元。

5. 交通邮电 1988年，完成货运周转量8471万吨千米，客运周转量454万人千米；全县拥有载重汽车419辆、货运拖拉机643台、交通客车5辆。2000年，组建公交公司，开通县城到主要乡镇的6路公交车。全县新增公路里程35千米，境内公路总里程667千米。全年完成客运量62万人次，客运周转量4450万人千米；货运量189万吨，货运周转量12220万吨千米。2005年，公路通车里程667.8千米，其中省道78.3千米、市（县、乡）道589.5千米；全年客运量81万人次，货运量207万吨，货运周转量19390万吨千米。

2010年，全年新修乡村公路61.8千米，全县公路通车里程2035.78千米，948个行政村全部通上柏油路。拥有大型车1430辆、小型车17021辆、其他车辆5162辆；年货运量330万吨，年客运量140万人次，客运周转量11200万人千米。

1988年，全县完成邮电业务总量57.7万元。2000年，完成邮电通讯业务总量4600万元，电话交换机容量5.6万门，电话装机数36068部，电话普及率24.5%，移动电话用户1.2万户。2005年，完成邮电业务总收入9870万元，年末电话交换机总容量134188门，全县固定电话用户120556户，移动电话用户9万户，互联网宽带用户5579户。2010年，完成邮电业务总量13634万元，其中邮政业务总量1472万元、电信业务总量12162万元。有固定电话用户81269户、移动电话用户274192户、互联网用户24299户。

6．城乡建设　20世纪80年代后，全县城乡建设发展迅速。1990年，全年市政基础建设投资240万元，完成城区4条道路沥青路面的施工任务，总面积6.04万平方米。新建垃圾处理场1个，垃圾基本达到了日产日清。投资30万元新打深水井1眼，县城供水紧张状况有所缓解。2000年，城市基础设施建设取得新进展，综合服务功能提高。全年完成基本建设投资19685万元，更新改造投资13711万元，房地产开发投资477万元，房屋建筑竣工面积37万平方米。城区道路、排水、停车场工程共完成投资632万元。2007—2010年，实施“环境立县、工业强县”战略，加快推进城乡基础设施建设，济商高速公路、德龙烟铁路2009年开工建设；高标准改造商中路、明辉路2条城区主轴线，打通了14条城区街道；投资9952万元的污水处理厂及污水管网项目和投资2.4亿元的清源湖水库及清源水厂工程、热源厂、垃圾处理场建成运行。2010年，完成城市基础建设投资4.1亿元，清源水厂黄河水供水量230万立方米，供水总人口21万人；农村供水量498.44万立方米，饮水安全达标人口45.52万人。城区新增管道天然气用户3695户，总户数8195户，实现安全供气2000万立方米。全县建筑业总产值7.1亿元，实现利税19945万元。环境保护总投资2710万元，工业废水排放达标率97.55%，城区主要道路保洁率100%，绿化覆盖率37.87%，人均占有公共绿地面积12.51平方米。先后获得“山东省最佳投资城市”“山东省绿化模范县”等称号。

7．名优特产　商河大布　商河大布又称老粗布，商河编织老粗布的历史悠久，其中以孙集乡最为集中。采用优质纯棉线手工纺织而成，花色古朴自然，质地柔软，吸湿性好，防静电，对皮肤无任何刺激，实用舒适。

白桥大蒜　白桥乡土质和气候得天独厚，种植出的大蒜头大瓣齐、肉质脆嫩、香辣味浓、营养丰富、耐储存，极适合加工出口，是著名的大蒜种植乡。被农业部誉为“中国大蒜第一乡”，是山东省“无公害大蒜生产基地”，种植面积3.4万多公顷。

黄金梨　由韩国引进，1997年开始在本县大量种植，主要集中在沙河乡。该品种果实扁圆形，成熟时果皮黄绿色，稍贮后变为金黄色。其特点是个大（单个重350克～400克），形体美观，果肉脆嫩多汁，甜香可口，营养丰富，耐贮藏运输。

“金龙池”浅水藕　商河白莲藕生产基地始建于2001年，位于商河县东北部的龙桑寺、沙河等乡镇，总占地面积1000公顷。产品具有无污染、口感脆嫩、糖分低、直径大小适宜、加工利用率高等特点。注册“金龙池”浅水藕商标，并通过省级无公害农产品认证。

黑皮冬瓜　商河县黑皮冬瓜是济南市30个特色品牌之一，种植面积1000多公顷。该品种瓜皮黑绿色，有光泽，瓜似炮弹形，肉质厚而白，籽室较小，体积较大，单瓜平均重15千克，大的可达30千克，亩产1万千克以上。被农业部认定为“无公害农业产品”；黑皮冬瓜基地被省农业厅认定为“山东省无公害农产品基地”。

商河老豆腐　商河老豆腐以其洁白如玉、细若凝脂、软嫩欲流等特点久负盛名。外地来客或途经此地，必食之以饱口福。老豆腐细嫩而不松，卤清而不淡，油香而不腻，有肉味却不腥，有辣味却不呛，成为当地居民早餐的最佳选择。

糖酥火烧　为商河传统名吃，由龙桑寺镇谢家点心铺创始于清光绪年间。主要以糖、油、面为原料制作而成。其形如满月，呈蛋黄色，具有酥、香、甜等特点，味美可口，久负盛名。近几年以城内“将够本”小店制作为最佳。

马蹄烧饼　是用面粉、植物油、芝麻为主要原料，用特制悬炉烤制而成的食品，其形状如马蹄，故名马蹄烧饼。刚出炉的马蹄烧饼皮瓤分离，外脆内嫩，酥香兼备，香气四溢，色、味、形俱佳，具有焦香、清香、芝麻香三香的独特风味。

沙河炮肉　沙河乡沙河村兄弟三人，老大绰号大炮，老二绰号二炮，老三绰号三炮，兄弟三人制作的肉品香而不腻，熟而不烂，风味独特，堪称一绝，“炮肉”一名，享誉乡里。

玉皇庙豆腐皮　豆腐皮系当地的传统名产，以玉皇庙镇玉东村生产的豆腐皮为佳。其薄如纸张，筋似皮条，色美味香，价廉物美。用豆腐皮做的各种冷、热、荤、素菜，其味道之香，令人流涎。

四、社会事业

1. 教育　1978年后，办学条件逐步改善，农村中小学告别了土台子、黑屋子、泥孩子的历史，达到校舍、课桌凳、操场、院墙、大门、厕所“六配套”。1988年，全县共有教师4975人，有“六配套”小学826所、初中38所、高中1所、职业中专1所。全年向高等院校输送学生121人，向中等专业学校输送学生217人。1997年，全县基本普及九年义务教育，基本扫除青壮年文盲；适龄儿童入学率、在校生巩固率均在99%以上。2000年开始，在全县范围内实施素质教育，重新制定课堂教学、德育工作、体育、艺术教育等教学方案。2005年，全县小学、初中、高中同时进入课程改革行列，成为全国课程改革试点单位。2010年，全县有各级各类学校100所，在校生68691人；教职工5914人，其中专任教师4466人；幼儿园214所，在园幼儿15162人，在任教师701人。适龄儿童入学率100%。小学、初中在校生巩固率分别为100%和98%，初中、高中毕业升学率分别为90%和55.31%。全县小学、初中、高中专任教师学历达标率，分别为94.89%、94.59%、99.22%。

2. 科技　1986年起，对全县科技体制进行改革：贯彻国家关于放活科研机构、放活科研人员的“双放”政策；科技经费由无偿拨款到有偿使用；科技成果由无偿转让到有偿转让。1988年，全县共有科技人员7712人，取得科技成果37项，其中有5项在省和德州地区获奖；共培养农民技术员460人，科技带头户980户。1997年3月，被评为“全国科技工作先进县”。2000年，全县共有各类专业技术人员12275人，共实施科技项目12项，其中达到国内先进水平填补省内空白的2项、达到省内先进水平的8项。2010年，共实施各类科技计划18项，其中国家级2项、省级2项、市级14项；推广科技成果16项，其中2项获得市科技进步奖；专利申请量137件，专利授权量72件。

3. 文化体育　商河县鼓子秧歌源远流长。自1980年起，每年都组织秧歌汇演，每年参加人数都在数万人以上，被文化部命名为“鼓子秧歌之乡”。1988年，全县有电影院5处，图书馆1处，文化站12处，电影放映队86个。1995年后，全县每年都举办消夏晚会、中老年舞蹈大赛、少儿舞蹈比赛和夏日广场卡拉OK天天唱活动，每年累计组织活动和比赛都在50场以上，参加人数万人以上。1996年，被文化部命名为“民间艺术之乡”。1999年，商河鼓子秧歌代表山东省参加了国庆50周年大典。2006年5月，鼓子秧歌入选第一批国家级非物质文化遗产名录。2008年6月，“花鞭鼓舞”入选国家级非物质文化遗产名录。至2010年，全县举办元宵节鼓子秧歌汇演30届，花灯展17届，组织文化下乡活动200余场。年末全县有艺术表演团体1个，文化馆1座，文体活动站点12处，公共图书馆1座，完成了276个文化大院及520家“农家书屋”建设。全县有线广播电视用户9.6万户。

1990年，全县有田径场地27个，篮球场地116个（其中灯光球场13个），排球场地19个。开始修建占地3.7公顷的综合体育场。2003年，全年共举办各类运动会2次，参赛运动员150人，获得市级以上运动会金牌15枚、银牌13枚、铜牌15枚。2005年11月，举办“将军·商河温泉”杯全国越野摩托车大奖赛。2010年，全年举办乒乓球比赛、篮球比赛、象棋比赛、健身大展示等大型群众活动14次，举办培训班1期，培训三级社会指导员158人；有标准体育场1处，参加市级以上比赛共获奖牌34枚，其中金牌14枚、银牌6枚、铜牌14枚。

4．卫生 1988年，全县有卫生机构28个，床位592张，卫生人员965人，引进国内外先进设备50多台（架）。2000年，全县有卫生机构28个、卫生技术人员1302人、床位802张，每千人拥有卫生技术人员2.2人、病床1.4张。2006年，商河县被列为山东省省级新型农村合作医疗试点县。2007年，参合农民50.4万人，参合率97.47%，筹集资金2509.12万元；为参合农民补偿医疗费用2031.88万元，受益农民3.06万人次。2010年，有各类卫生机构16所，其中医院、卫生院14所，卫生防疫防治机构1所，妇幼保健机构1所。各类卫生机构共有床位1043张、卫生技术人员1322人、乡村卫生室256个、乡村医生927人。新农合人均筹资标准130元，参合农民51.7万人，参合率99.97%，筹集资金6359.18万元；为参合农民补偿医疗费用7151.07万元，受益农民4.21万人次。

5．居民生活 自1978年，农村实行家庭联产承包责任制，粮食产量大幅上升，工副业异军突起，居民生活显著改善。1983年，农民温饱问题基本解决。1990年，全民所有制单位职工17326人，年人均工资1678元；集体所有制单位职工7757人，年人均工资1426元。农民年人均纯收入492元，人均占有粮食574千克。年末城乡居民储蓄存款余额15670万元，人均280元。2000年，全县共有在岗职工20640人，年人均工资5659元；农民年人均纯收入2457元，农民年人均生活消费支出1468元。2010年，全县城镇居民人均可支配收入12974元，农民年人均纯收入6950.7元，城乡居民储蓄存款余额38.9亿元，比“十五”期末增加20.9亿元。城镇居民人均居住面积34平方米。城区及周边20万居民告别饮用苦咸水，自来水入村率100%、入户率95%，城乡供水一体化率50%。帮扶零就业和零转移家庭1022户，转移农村劳动力17.7万人次，1.9万人实现再就业。城镇职工基本养老保险参保单位340个，缴费人员13941人；城镇职工医疗保险参保单位187个，参保人数28103人。全县有敬老院12处，集中供养五保对象1619人。

附记：告别饮用苦咸水

商河县地处黄河下游，属黄河冲积平原。受自然地理、水文地质等客观因素的制约，县境内浅层地下水以苦咸水居多，符合饮用水卫生标准的宜井区面积仅占全县总面积的44.6%，造成农村居民饮水困难。据调查统计，2000年年底，全县有390个村、21.87万人存在饮水困难，饮用水问题成为影响居民生活质量，制约全县经济社会快速发展的瓶颈。

自2000年开始，商河县实施农村饮水解困工程。至2005年年底，全县累计投入资金5314万元，共建设联村供水工程26处，单村集中供水工程268处，337个村通上了自来水，自来水受益人口19.68万人，基本解决了全县农村群众饮水困难问题。2006年，按照“高起点规划、高标准建设、高效能管理”的要求，工作重点由“农村饮水解困”向“农村饮水安全”转变。至2011年年底，农村饮水工程总投资1.4亿元，建成集中供水工程47处，铺设主管网665千米，全县农村通自来水入村率100%，入户率95.8%。深井降氟改水工程36处，成功解决了北部乡镇15万人饮用高氟水的问题。

2007年，商河县按照“农村供水城市化、城乡供水一体化”的工作目标，以清源湖水库为水源、以已建农村自来水厂为基础，通过实现与清源水厂供水管网延伸连接，推进城乡供水一体化。2009年10月，通过清源水厂供水管网延伸，玉皇庙镇、许商街道、孙集乡3个乡镇（街道）用上了黄河水。2010年12月，开源水厂竣工通水后，完成了白桥镇、贾庄镇、张坊乡、郑路镇供水水厂并网连接，4个乡镇用上了黄河水，实现了城乡居民同水源、同水网、同水质。为解决商河县北部剩余的5个乡镇近18万群众饮用水源安全保障问题，全面实现城乡供水一体化，于2010年10月实施丰源湖水库和丰源水厂建设工程。丰源湖水库由引水工程和水库工程两部分组成，概算总投资1.95亿元。水库以黄河水为水源，经邢家渡引黄渠、丰源河、商中河引水入库调蓄，总库容721.5万立方米，兴利库容642.9万立方米，年供水量1500万立方米。丰源水厂设计日供水能力2万立方米，计划2014年完成设备安装、调试，投入运行。该工程完成后，全县将全面实现城乡供水一体化，商河人民彻底告别苦咸水，全部喝上优质水。

表1—1—10

2010年商河县乡镇街道情况

名 称	面 积（平方千米）	行政村居（个）	人 口（人）	地方财政收入（万元）	农民人均纯收入（元）
孙集乡	106.0	95	53076	331	6425.0
沙河乡	87.0	66	41557	223	5901.0
韩庙乡	68.3	45	32557	423	6350.2
白桥乡	83.0	81	48366	408	7933.0
张坊乡	37.6	42	23702	106	6004.6
玉皇庙镇	153.8	96	64119	5593	7418.4
龙桑寺镇	92.4	94	44401	876	6887.3
殷巷镇	122.8	104	62426	755	6573.6
怀仁镇	59.0	58	34325	461	7239.8
贾庄镇	109.2	91	53549	2728	7028.6
郑路镇	128.3	97	63113	773	7348.7
许商街道	114.6	94	99174	7885	7232.8

第二篇　自然环境

第一章　地　　质

第一节　地　层

根据山东省岩石地层单位序列，济南市市域属华北地层大区，晋冀鲁豫地层分区及华北平原地层分区。地层南老北新，南部以古生界灰岩为主，北部以新生界黄土及砂砾沉积为主，岩层呈向北倾斜的单斜构造。出露地层有晚太古代、古生代、中生代及新生代地层，其中除太古代地层零星分布外，其余地层均出露较全，且连续性较好。

一、晚太古代地层

晚太古代地层由泰山群变质岩组成，分布在济南市南部地区。章丘西南部白炭窑、团圆沟、小石屋一带和长清界首一带，其走向多为北西向，倾角较陡，由老至新为雁翎关组、山草峪组及柳杭组；三者呈整合接触，在本区厚度2299米。

1．雁翎关组　岩性以暗绿色斜长角闪岩为主，夹黑云角闪变粒岩，底部为绿泥阳起片岩。厚度294米～1700米。

2．山草峪组　岩性以黑云变粒岩为主，夹二云片岩、二云石英片岩、浅粒岩等。厚度512米～2100米。上部往往出现条带状硅铁建造——条带状磁铁角闪石英岩，磁铁矿含量25%～30%。厚度460米～1180米。

3．柳杭组　岩性下部以透闪阳起片岩为主，夹斜长角闪岩和角闪黑云变粒岩，中、上部以斜长角闪岩为主，夹透闪阳起片岩及黑云变粒岩。厚度120米～149米。

二、古生代地层

古生代地层主要分布在平阴县、长清区、济南市区、历城区和章丘市一带，分布面积较大，出露广泛，是区内出露的主要地层。其产状一般为向北倾斜的单斜产出，倾角缓，一般10°左右。早古生代寒武纪岩石地层由老至新有长清群朱砂洞组、馒头组，九龙群张夏组、崮山组、炒米店组、三山子组部分；奥陶纪岩石地层由老至新有三山子组部分，马家沟组的六个岩性段，自下而上依次为东黄山段、北庵庄段、土峪段、五阳山段、阁庄段、八陡段。晚古生代石炭—二叠纪岩石地层有月门沟群的本溪组、太原组、山西组；石盒子组的黑山段、万山段、奎山段、孝妇河段。晚古生代地层主要分布在历城—章丘一带，由于第四系覆盖，出露不多。

（一）长清群

1．朱砂洞组　岩性以含燧石结核的白云岩为主，底部有角砾状白云岩。与下伏地层及元古代、太古代侵入岩体呈不整合接触。厚10.94米～29米。

2．馒头组　岩性以紫红色、黄灰色泥云岩、紫色页岩及粉砂岩为主，下部夹多层灰岩，上部则夹较多的鲕粒灰岩。厚224米～286米。

（二）九龙群

1．张夏组　岩性以鲕粒灰岩和藻灰岩为主。

厚 165 米～ 225.75 米。

2. 崮山组　岩性以黄绿色、紫色页岩和薄板状灰岩、瘤状灰岩为主，夹有竹叶状灰岩。厚 66.81 米～ 94 米。

3. 炒米店组　岩性以中厚层微晶灰岩为主，夹竹叶状灰岩和藻灰岩。厚 172.44 米～ 160 米。

4. 三山子组　三山子组具穿时性，在晚寒武世至早奥陶世形成。岩性以白云岩、含燧石结核白云岩为主。厚 63.18 米～ 318 米。

（三）马家沟组

1. 东黄山段　岩性以灰色白云质灰岩、白云岩为主，夹少量角砾状白云岩。东黄山段厚 10.27 米～ 78 米。

2. 北庵庄段　岩性以灰岩为主，夹白云岩。厚 152 米～ 278 米。

3. 土峪段　岩性以角砾状白云岩、白云岩为主。厚 72.55 米～ 84 米。

4. 五阳山段　主要分布于章丘赵家鹊、庄科、曹范等地。岩性以厚层灰岩为主夹虫迹灰岩、云斑岩及白云岩。厚 85 米～ 355 米。

5. 阁庄段　主要分布于章丘曹范、毛姑山、沙湾庄和历城一带。岩性为褐灰色中厚层白云岩，上部夹角砾状白云岩。厚 63.53 米～ 209 米。

6. 八陡段　岩性为中厚层灰岩夹虫迹灰岩、云斑灰岩及薄层白云岩和砂屑白云岩。厚 128 米～ 430 米。

这一时期形成的主要沉积矿产为石灰岩矿和白云岩矿。

（四）月门沟群

1. 本溪组　底部为铁铝岩段，岩性以浅灰色、紫红色泥页岩和铝土岩为主，以富含铁铝质为特征。厚 14.58 米～ 84 米。

2. 太原组　岩性主要由灰色、黄绿色、深灰色泥岩、页岩、砂岩组成，夹数层煤及四至六层灰岩。厚度 98.29 米～ 264 米。

3. 山西组　岩性主要由深灰色泥岩、砂质泥岩、砂岩及薄厚不一的煤层组成。往往含 4 层煤矿。厚度 68 米～ 123 米。

（五）石盒子组

1. 黑山段　岩性以砂岩、泥岩为主，底部可含不稳定薄煤层。厚 95 米～ 104 米。

2. 万山段　主体岩层岩性为中粗粒、中细粒长石石英砂岩、粉砂岩夹泥质页岩、泥岩。区内厚 36 米～ 210 米。

3. 奎山段　零星出露于明水东西赭山及青龙山。底部以浅灰色、乳白色中粗粒长石石英砂岩，中上部为黄绿色、紫红色粉砂岩、细砂岩、泥岩，顶部为灰色、灰白色厚层状具斜层理的长石石英砂岩。厚 63 米～ 147 米。

4. 孝妇河段　零星出露于章丘于家庄、侯家庄、双青、普集一带。岩性以紫红色泥岩、砂质泥岩夹细砂岩、粉砂岩为主，厚 66 米～ 135.4 米。

三、中生代地层

区内中生界主要分布在章丘北部于家庄、九郎庄、梭庄一带，属陆相沉积地层和陆相火山岩地层，中生界年代地层有三叠系下统、侏罗系、白垩系下统。岩石地层有三叠纪石千峰群孙家沟组、刘家沟组，侏罗纪淄博坊子组、三台组，白垩纪莱阳群法家茔组、青山群八亩地组。

（一）三叠纪石千峰群

1. 孙家沟组　岩性以紫红色粉砂岩、粉砂质泥岩、长石砂岩为主，夹灰白色、紫红色安山质岩屑凝灰岩、紫红色凝灰质长石砂岩等，底部为浅灰紫色砂砾岩，底部含砾石较多。本组在于家庄厚 175.81 米～ 275 米。

2. 刘家沟组　岩性以紫红色、灰白色长石石英砂岩，石英长石砂岩为主，夹少量紫红色粉砂岩。本组在于家庄厚 382.03 米。

（二）侏罗纪淄博群

1. 坊子组　分布于普集盘龙山、绣惠山头店一带。岩性以黄绿色、灰绿以砂岩、粉砂岩为主。厚 179 米～ 468.70 米。

2. 三台组　在章丘石头店一带出露较好。岩性以灰绿色、灰黄色、紫红色中厚层状中细粒长石砂岩为主，夹紫红色砂质页岩、灰绿色粉砂岩。

厚度588米～682米。

（三）白垩纪地层

白垩系在区内仅有下统，岩石地层单位为莱阳群法家茔组和青山群八亩地组。属陆相火山岩地层，具有沉积岩和火山岩双重特征。主要分布于章丘市相公庄、孙家庄、茶叶山一带。

1．莱阳群法家茔组　岩性以灰绿色、暗灰绿色、灰白色中薄层条带状细粒长石砂岩为主，夹中薄层条带状安山质凝灰细砂岩、安山质晶屑岩屑凝灰岩。厚度在章丘相公庄一带大于215.80米。

2．青山群八亩地组　主要分布于章丘市孟白庄、九郎庄、丁家庄一带，另历城唐王西有该组隐伏。

四、新生代地层

新生界可划分为第三系和第四系，区内第四系分布广泛，主要分布于山前平原区和平原区，如历城、章丘北部和鲁北平原的济阳、商河。区内第三系大部均为隐伏地层。主要分布于齐河—广饶断裂以北地区。

第三纪年代地层单位可分为下第三系始新统、渐新统，上第三系中新统、上新统；下第三系分为济阳群，自下而上分为孔店组、沙河街组、东营组；上第三系为黄骅群，自下而上分为馆陶组、明化镇组，章丘地区平行沉积的为牛山组、巴漏河组。济阳、商河一带第三系有良好的生油层和储油层。

（一）济阳群

济阳群为角度不整合于中生界或古生界之上的一套色调、成分复杂的碎屑岩系，含丰富的石油和天然气。

1．孔店组　分为三个岩性段，为一套河湖相沉积，厚1500米左右。

2．沙河街组　分为四段，为一套湖相沉积，厚1700米～3200米。

3．东营组　自下而上分为三段，厚100米～600米。

（二）黄骅群

黄骅群为角度不整合于第三系之上的一套以杂色泥岩为主，夹砂岩及少量含砾或砂砾状砂岩组成的地层。自下而上分为馆陶组、明化镇组。

1．馆陶组　分为上、下两段，总体岩性为灰白色，疏松状中细粒砂岩夹棕红色泥岩，底部为灰白色砾岩。上段夹泥岩稍多，近于互层，下段泥岩少。厚度250米～291米。

2．明化镇组　分上、下两段，下段以棕黄色泥岩为主，含钙质、铁锰质结核；上段为棕黄色泥岩夹灰白色粉细砂岩，属河流相沉积。厚度200米～1089米。

3．巴漏河组　主要分布在章丘绣惠、枣园、历城鸭旺口一带。厚度一般20米～30米。

第四纪年代地层单位划为更新统和全新统，广泛分布于济南北部。岩石地层单位分布有两套，平原区和山地丘陵区，平原区自下而上分布有黑土湖组、武城组、马颊河组、黄河组，山地丘陵区有沂河组、大站组。更新统一般厚20余米，最厚大于50米；全新统一般厚10米左右，最厚大于100米。主要矿产为水泥红土、水泥黄土、砖瓦黏土及中细砂（建筑用砂）。

第二节　岩浆岩

济南地区岩浆岩较为发育，按成因类型分为侵入岩和火山岩。晚太古代侵入岩、早中元古代侵入岩主要分布在章丘—长清的南部地区；中生代侵入岩、火山岩主要分布在济南—历城—章丘北部地区。太古代、元古代侵入岩主要为中酸性岩，普遍遭受变质变形作用与太古界变质地层一起构成结晶基底。中生代侵入岩和火山岩主要为中基性岩。

一、侵入岩

（一）晚太古代侵入岩

赋存的主要矿产有饰面花岗石。桃科单元辉石闪长岩中赋存有铜镍铂矿。

1．万山庄超单元　(1)安子沟单元角闪石岩。集中分布于长清区万德镇王仙庄一带，岩体长约

600米、宽约300米。(2)南官庄单元斜长角闪石岩。集中分布于天桥区北辛庄一带，区内岩体长1400米、宽200米。

2. 蒙山超单元　(1) 望府山单元条带状英云闪长岩。在长清区万德镇朱家峪、上营、万德村一带分布，岩体长5千米、宽2千米。(2) 北官庄单元片麻状中粒角闪英云闪长岩。分布于历城南部下降甘、桃科、黄巢一带，岩体长5千米，宽18千米，为花岗变晶结构、变余花岗结构。(3) 上港单元片麻状中粒奥长花岗岩。主要分布于历城南部西营、锦绣川和长清南部马东乡—黑峪—杜家庄一带，岩体境内长5千米，为灰白色半自形中粒鳞片粒状花岗变晶结构，变余花岗结构。

3. 南涝坡超单元　(1) 西店子单元蛇纹岩、透闪阳起石岩。主要分布于长清南界首小辛庄一带，岩体长800米、宽200米，为灰白—淡绿色纤维鳞片变晶结构，块状构造。(2) 麻塔单元角闪石岩。主要分布于历城南部下降甘、桃科、柳埠、侯家庄一带。岩体长1千米～6千米、宽200米～800米不等，岩体呈岩株、岩脉和岩瘤产出，为黑绿色中粒粒状结构、块状构造。

4. 峄山超单元　(1) 桃科单元中粒辉石闪长岩。主要分布在历城南部桃科以北地区。桃科岩体长7000米、宽1200米，有分叉现象。为暗绿色中粒辉长结构，块状构造为主，主要由角闪石、辉石和斜长石组成。(2) 大众桥单元中粒石英闪长岩。主要分布于长清南部池子崖—白马寺—白石崖一带，岩体长8千米、宽6千米。为灰色、灰黑色半自形中粒结构，块状—片麻状构造。(3) 窝铺单元中粒英云闪长岩。主要分布于历城南部窝铺、里卧龙池一带，岩体长4千米、宽1千米，为浅灰、灰白色中粒及假斑状结构、块状构造。

(二) 早元古代侵入岩

赋存主要矿产为饰面花岗石。如松山单元二长花岗岩产“鲁清红”花岗石和“龙岗红”花岗石；望母山单元斑状二长花岗岩产“长城白”花岗石；狼窝顶单元钾长花岗岩；调军顶二长花岗岩产“柳埠红”花岗石；西房庄单元花岗闪长岩赋存有“灵岩红”花岗石；兔耳山单元二长花岗岩赋存“肥城红”花岗石。

1. 傲徕山超单元　(1) 望母山单元斑状中粒二长花岗岩。分布于长清界首以北皮家庄—油楼山一带，长8000米左右，宽6000米左右。为灰白色，半自形中粒结构，块状、片麻状构造。(2) 松山单元中粒二长花岗岩。分布于长清南部孙家峪、桃尖山、大龙岗一带。岩体长8000米左右，宽1000米左右。历城南部北麻套、桃科一带也广泛分布，为肉红色，似斑状结构，基质半自形中粒结构，块状、片麻状构造。(3) 调军顶单元细粒二长花岗岩。主要分布于历城南部北麻套以东地区，区内长3000米、宽1000米，为灰白色，以细粒为主，半自形粒状结构，块状构造。

2. 四海山超单元　狼窝顶单元钾长花岗岩。分布于历城南部柳埠窝铺一带，长6000米，宽1000米，向南延伸，呈脉状北西向展布，为肉红色，中、细粒花岗结构，块状构造，局部片麻状构造。

3. 红门超单元　(1) 中天门单元中粒石英闪长岩。分布于长清张夏纸房一带，长约5000米、宽1000米，为灰黑色，半自形—他形粒状结构，块状构造。(2) 西房庄单元中细粒黑云母花岗闪长岩。分布于长清南部西房庄—邱家庄一带，岩体长约14千米，宽约4千米，呈北西向展布，为浅肉红色，半自形中细粒结构，块状、片麻状构造。

4. 摩天岭超单元　(1) 兔耳山单元细粒黑云母二长花岗岩。分布于长清南部兔耳山、石横、东龙湾、双泉一带。其中，双泉岩体长4000米、宽2000米，为灰色、灰红色，变余斑状结构，块状构造。(2) 斜峪单元细粒二长花岗岩。分布于长清孙家峪西地区，岩体长4000米、宽2000米，为灰白色，半自形细粒结构，块状—弱片麻状构造。

(三) 中元古代侵入岩

牛岚单元辉绿岩。主要分布在历城南部桃科地区，呈岩脉状侵入于桃科单元岩体中，脉长2千米～10千米不等，宽一般20米～50米，矿物组成有辉石、斜长石等。

（四）中生代侵入岩

主要矿产为饰面花岗石，如卧牛山、匡山、华山一带都产优质“济南青”花岗石。其次在与寒武系、奥陶系的接触带中常形成中、小型接触交代型铁矿，如济南张马屯铁矿等。

1．济南超单元　（1）无影山单元含橄榄辉长岩。分布于济南西郊无影山及东郊卧牛山一带，长约2千米，宽约600米，为灰黑色辉长辉绿结构，块状条带状构造。（2）匡山单元中粒含橄榄苏长辉长岩。分布在匡山、标山、粟山、凤凰山、华山等处，为灰黑色，辉长辉绿结构，块状构造。（3）药山单元中粒苏长辉长岩。分布于济南西郊药山一带，长约1000米，宽500米，为灰黑色，辉长辉绿结构，块状构造。（4）金牛山单元中细粒辉长岩。分布于济南金牛山、鹊山一带，长1千米～5千米，宽0.5千米～2千米，为暗灰色，中细粒辉长辉绿结构，块状构造。（5）马鞍山单元中粒辉石二长岩。分布于济南北马鞍山一带，长600米，宽400米，为灰白色，中粒半自形—他形粒状结构，似斑状构造，块状角砾状构造。

2．埠村超单元　（1）西杜单元辉石闪长岩。分布于历城东部顿丘、沙沟一带，出露面积约10千米。岩体呈北西向延长，长约4千米，宽约2.5千米，侵入于中下奥陶统石灰岩中。（2）大有单元中细粒闪长岩。主要分布在历城南泉、章丘大有、阎家峪—张家庄一带，历城高尔也有出露。其中，大有岩体长2千米，宽0.5千米～1千米；阎家峪—张家庄岩体长约6千米，宽0.3千米～1千米，为灰、灰黑色，中细粒半自形粒状结构，块状构造。（3）李家楼单元闪长玢岩、似斑状闪长岩。分布于章丘大有、六山圈一带及历城卧虎山、得泉沟一带。卧虎山岩体长约1.5千米，宽约0.5千米，为浅灰色斑状结构，块状构造。历城流海、虞山岩体主要在深部连成一体，为灰至灰绿色中粗粒结构，似斑状结构。

3．沂南超单元　（1）茶叶山单元苏长辉长岩。分布于章丘茶叶山、孟白庄、十九郎庄、梭庄一带。其中，茶叶山—孟白庄岩体长达5千米、宽约1千米，呈北西向带状展布，为灰黑—灰色，中细粒辉长结构，块状构造。（2）林泉单元中细粒黑云母辉长岩。分布于梭庄北部，岩体长约1千米，宽0.2千米，为暗灰绿色，辉长辉绿块状构造。

（五）脉岩

脉岩矿产较多，主要有钾长石矿、硅石矿、饰面石材矿、铜金矿、铁矿、重晶石矿等。

1．伟晶岩脉　在历城、长清、章丘都有分布，长清南部一伟晶岩脉长约1800米，宽50米左右，呈北西向脉状产出，为肉红色巨晶文象结构，块状构造，矿物成分为长石、石英、黑云母。

2．煌斑岩脉　长清南部一煌斑岩脉长约3千米，宽30米～50米，呈北北西向脉状产出，为灰黄色，煌斑结构，块状构造。

3．辉长玢岩　分布于章丘梭庄东南部一带，长3千米，宽约30米～50米，呈北东向脉状产出，主要为灰—黑灰色，斑状结构。斑晶由斜长石和普通辉石组成。

4．闪长玢岩　分布于章丘茶叶山南部和梭庄北部，其中有长约500米、宽约400米和长2000米、宽50米的岩体，呈脉状产出，为灰色，具斑状结构。另在历城、长清也有分布。

5．二长斑岩　分布于章丘梭庄北部和丁家庄南部，长1千米～3千米，宽30米～50米，呈近东西向和北东向脉状产出，为灰色、浅肉红色，中粒斑状、似斑状结构。斑晶主要为斜长石，基质以正长石为主，少量斜长石和石英。

6．辉绿玢岩　分布于章丘茶叶山东侧，长约1千米，宽约100米～200米，呈北西向脉状产出，为灰黑色，斑状结构，基质为间粒结构，斑晶主要由辉石组成，有少量橄榄石斑晶。

7．石英脉、细晶岩　在章丘垛庄南明和南石屋一带有分布，历城柳埠、西营也有分布，常形成硅石和破碎用原料。

二、火山岩

（一）章丘北部火山岩

1．火山熔岩类　有玄武岩、玄武安山岩、安山岩、粗安岩4种。

2. 火山碎屑岩　有凝灰岩和角砾凝灰岩、火山角砾岩和集块角砾岩、火山集块岩3种。

3. 火山碎屑熔岩　有玄武质角砾岩、玄武安山质角砾熔岩、安山质角砾熔岩和粗安质角砾熔岩。

4. 次火山岩　有粗玄岩。

（二）历城十里堡—魏化林隐伏火山岩

呈隐伏状产出，长25千米，宽4千米～7千米，南北向分布，面积约150平方千米。根据钻孔揭露可见玄武安山质角砾熔岩、橄榄玄武岩、辉石安山岩、玄武岩等。

（三）惠民凹陷中商河、济阳一带火山岩

分布在商河玉皇庙、济阳曲堤一带。据石油部门勘察，有较多的钻孔见有第三系火山岩，沿临邑大断裂呈线状喷出，自东向西由基性橄榄玄武岩向碱基性钛辉石玄武岩过渡，同时可见辉绿岩侵入。

第三节　构　造

济南地区主要构造形式为断裂构造。褶皱构造在盖层中以单斜构造为主，在济南—章丘一带有部分开阔的背斜、向斜构造，而基底褶皱则发育在泰山群变质岩地层中，以紧密线型褶皱为主。在西南部有韧性剪切带出现。在北部商河、济阳地区为断块构造表现形式。

区内总体构造格架属鲁西弧形断裂构造的北延部分，以北西向断裂为主，伴生有北东向断裂。北部地区受区域东西向构造影响，形成一系列的东西向大断裂和许多断块。断裂构造的应力作用以南北向为主。

一、褶皱

褶皱构造在盖层地区，以宽缓开阔的背斜和向斜构造为主，但大多数地区盖层呈轻微的倾斜状或水平状，以单斜构造为主。而基底褶皱则发育在泰山群变质岩地层中，以紧密线形褶皱为主要特征。

（一）基底褶皱

分布在区内南部，长清界首及章丘西麦腰、火贯一带。

长清界首基底褶皱构造在雁翎关组地层中最常见，主要特征为一些浅色花岗质脉褶，褶皱形态多为等斜褶皱，轴面产状基本与面理、片麻理一致，其形成与区内韧性剪节作用有关。

西麦腰向斜分布于章丘市火贯、西麦腰一带，轴向北西，倾向南西，核部为泰山群柳杭组，被晚太古代奥长花岗岩侵入。东翼倾向南西，倾角70°～83°，西翼倾向北东，倾角50°～73°。

（二）盖层褶皱

分布于历城—章丘东南部，发育于奥陶系五阳山组灰岩中和二叠系中，形成一系列的倾角较缓的褶皱，轴向北西，倾角5°～12°，常组成一个背斜和一个向斜。如历城区赵家鹊山—马头山一带，章丘市山后寨一带，往东南的孟张庄—卢张庄及南石屋—沙弯庄一带。章丘市邢亭山一带也有一背斜构造。章丘东南部的孟家峪背向斜等。

章丘陈家庄背斜位于枣园陈家庄附近，闫家庄断层与大站断层之间，背斜轴向北东，长约3.8千米，两翼地层为石炭、二叠系，为一缓倾斜开阔型短轴背斜。

章丘琅沟向斜位于枣园东南，明水断层和文祖断层之间，轴向北北西，长约4千米。两翼地层零星可见，由石炭—二叠系组成，是两翼对称的倾伏褶曲。

二、韧性剪切带

区内韧性剪切带有两条，发育在前寒武系结晶基底中，界首韧性剪切带和莲花池韧性剪切带。

（一）界首韧性剪切带

由北辛庄—半面山—凤凰台向北北西向尖灭，长约10千米，区内约3千米，总体走向北西，倾向南西，倾角60°～70°，宏观韧性剪切强度具分带性，从边部往中心由初糜棱岩、糜棱岩向斑纹状糜棱岩转变，微观岩石具糜棱岩化，石英多呈条痕状、透镜体状多晶集合体定向排列，长石呈透镜状残斑定向排布。显示右行剪切特征。经计算剪切位移量为3千米。推断形成于早元古代中期。

（二）莲花池韧性剪切带

呈北北西向展布，南起极大山经西庄莲花池村至桃尖山，长11千米，宽800米，区内分布约2千米。总体走向北北西，倾向南西，倾角75°～80°，发育在奥长花岗岩中，岩石糜棱岩化，呈条带状、条纹状，石英呈条痕状，细纹状平行排列，长石多呈眼球状残斑，具定向性。

三、脆性断裂

（一）济阳—商河一带断块构造

区域构造位置位于济阳坳陷西部地区的惠民凹陷中。中生代以来，断裂活动加强，形成一系列的断层构造和块叠状构造，新生代以来齐河—广饶断裂带逐步形成。大致由近东西向三条大的断层组成，由南往北有曲堤断层、夏口断层、临邑断层。

区内有较厚的第四系沉积，根据石油部门资料，惠民凹陷构造分布是一隆两洼南斜坡的格局。一隆即惠民凹陷中夹隆起带，是始新世喜山运动济阳幕开始发育，到渐新世至早中新世喜山运动东营幕才形成。在中央隆起带上分布着受基底断裂控制的北东东断裂体系。两洼即北部洼陷带和南部洼陷带。由于中央隆起带和商河古隆起的控制致使南带和北带明显的差异性。地层沉积南深北浅，南厚北薄，南全北残；东西方向上，南带西厚东薄，北带东厚西薄。共同特点是北断南超、北深南浅的箕形洼陷。

惠民凹陷构造活动强烈，表现为块断运动，凹陷内洼隆相间，强烈的块断运动形成许多上升隆起和下降洼陷，致使洼间有隆，隆间有洼，洼隆相间的平面展布。

惠民凹陷内发育着受基底断裂控制的两大断裂体系，即夏口断裂体系和临邑断裂体系。

夏口断裂体系展布在惠民凹陷南部斜坡边缘带上。从中生代开始活跃，沙四—沙二下时期为最高峰，在东营时期停止活动，为北掉正断层。

临邑断裂体系展布在惠民凹陷中央隆起带上。开始发育于古生代，沙四—沙二下时期是高峰，至馆陶时期结束，落差分别为300米～500米和1000米～1600米。临邑断裂体系具长期构造活动特征。

（二）平阴—章丘一带断裂构造

平阴—章丘一带断裂构造主要有北西向、北东向和南北向三组，它们是区域鲁西弧形断裂构造体系和区域东西向断裂构造体系共同作用的结果。区内北东向断裂构造以张性和张扭性为主；北西向断裂构造为张扭性质，后期有压扭性质相叠加；南北向断裂以张性为主。说明区内断裂构造的应力作用以南北向的应力作用为主，北东向和北西向断裂应属于同期的一组剪切断裂面发展起来的。南北向断裂属追踪张性断裂性质。

区内主要的断裂构造北东向断裂有故县店断裂、旧县断裂、石横断裂、大田庄断裂、武家山断裂、孙村断裂等。北西向断裂有长清断裂、仲宫断裂、王舍人断裂、平陵城断裂、阎家庄断裂、文福苗山断裂、铜治店断裂、北栾宫断裂等。南北向断裂有洪口断裂、锦绣川断裂、崔家村断裂、黄旗山断裂、桃花山断裂、明水断裂、青龙山断裂等。

区内断裂构造控制金属矿的生成。区内已知的铁矿、铜、镍、铂、金矿等，多受断裂构造控制生成和热液型重晶石、硫铁矿等非金属矿生成。同时也对古生代、中生代沉积矿产起破坏作用。

济阳—商河一带断块构造控制石油、天然气的生成。

第四节　水文地质

济南市地下水的赋存与分布均受地质构造、地层岩性、地貌及气象水文等自然因素综合控制。南部隆起区基岩裸露；北部沉降带广布巨厚的黄河冲积层；中部山前过渡带冲洪积物向北延展并与黄泛冲积层交错相接。区内地势自南而北由低山、丘陵过渡到平原，地下水赋存于各水文地质单元之中。

市境南部由太古界泰山群变质岩系组成基底，盖层总体倾向为北，倾角5°～12°，由南往北依次展布寒武系、奥陶系石灰岩，岩层一般为单斜产状，褶皱不显，断裂发育，至山前逐渐隐伏于第四系之下；市区北部下伏中生代燕山期辉长岩、闪长岩，东、西郊的北部地区下伏古生界石炭、二叠系含煤地层，与奥陶系灰岩成假整合接触；新生界第四系松散堆积层广布于山前倾斜平原。其中南大沙河、北大沙河、玉符河、巨野河、绣江河和漯河形成冲洪积层。

市境北部有齐（河）广（饶）东西向隐伏大断裂。黄河以南断裂有三组：北北西向的东梧断裂、千佛山断裂、石马断裂、平安店断裂和马山断裂，近南北向的炒米店断裂，北东向的港沟断裂。这些断裂对济南地区地下水的分布、运移具有一定的控制作用。变质岩山区，基岩裸露，表层普遍存在风化带，含孔隙—裂隙潜水，一般富水性不大。因处于岩溶水系统的至高部位，地下水位往往仅表现为降水补给，浅部循环，短途排泄，雨后以表流和地下径流形式流入岩溶水分布区，成为岩溶水的间接补给区。寒武、奥陶系广布于南部山区及山前地带，呈东北—西南条带状分布。南侧的山地丘陵石灰岩裸露，且降水量较大，地表溶蚀现象明显，溶沟、溶槽、溶蚀裂隙普遍发育，地下岩溶裂隙发育亦较好，而且连通性强，为地下水直接补给区。主要为大气降水补给，赋存裂隙岩溶地下水。

在明水、历城和长清以北，地势逐渐低平，奥陶系灰岩大致向北倾伏于石炭、二叠系之下，地卜裂隙岩溶发育，地下水接受南部裂隙岩溶水的径流补给，在受到煤系地层或岩浆岩体阻隔时，水位回升而富集，在济南、明水一带地势低洼处或构造有利出露部位，上涌成泉排泄，形成本区裂隙岩溶水的承压排泄区。该区地下水赋存条件良好，上游补给面积大，降水多，水量充沛，为裂隙岩溶水的强富水地段。以碎屑岩为主的石炭、二叠及侏罗系地层，分布于章丘、郭店及长清以北一带，在构造上位于泰山隆起向济阳坳陷的倾伏部位。石炭系为一套砂、页岩夹煤层及石灰岩相间的煤系地层，覆盖于奥陶系灰岩之上。因砂、页岩裂隙不发育，石灰岩层厚度薄，岩溶发育较差，岩溶裂隙水不甚富。其补给源以接受奥陶系裂隙岩溶水顶托补给为主，在地形低洼及构造发育地带亦往往成为奥陶系裂隙岩溶水之排泄带。二叠系、侏罗系的砂、页岩及砂砾岩具微弱的孔隙、裂隙，赋存不丰富的孔隙、裂隙水。其中二叠系奎山段砂岩及侏罗系砾岩孔隙发育相对较好，在裸露区接受降水补给，径流排泄于山前地带，并隐伏于冲洪积层之下。除降水补给外，还接受第四系孔隙水补给，故富水性相对较强，成为此区具一定供水意义的主要含水层。章丘市东北部的长白山为火山岩分布的低山丘陵，火山岩气孔不太发育，裂隙发育亦差，所以仅赋存不丰富的孔洞裂隙水。其来源唯大气降水。由于该区地势山高坡陡，降水大部呈表流形式泄于沟谷，地下水多沿地形坡降运移，水位浅，流泄较快，不易蓄存，所以赋存条件差，地下水贫乏。在侵入岩分布地带，如济南北郊辉长岩体、沙沟闪长岩体、茶叶山辉长岩体等处，岩石结构致密，质地坚硬，很少裂隙，风化层薄。地下裂隙水赋存条件差，地下水贫乏。

平原区广泛分布第四系沉积物，岩性松散，孔隙发育，赋存孔隙水。在山前地带分布着冲洪积层，多有黄土状黏性土或砂性土组成。间夹透镜状碎石层，地下水赋存条件不好；北部平原区冲积层几经黄泛沉积而成，岩性松散，具较好的蓄水空间，富水性较强。地下水以大气降水补给为主，沿黄尚接受黄河侧渗补给，山前冲洪积层径流和河川径流的侧渗也是补给源之一。黄河冲积平原深层地下水，赋存于第四系及上第三系的松散岩类孔隙中。含水层分布广，埋藏深度大，层次多，单层厚度薄，累计厚度大，颗粒较粗，孔隙发育，有较好的蓄水空间。此类地下水静压力大，水头高，但运移迟缓，径流途径远，补给困难，可供开采的资源有限。

（一）水文地质分区

1．黄河冲积平原孔隙水水文地质区 主要分布于济南市所辖黄河北的济阳县、商河县及小清河北部沿黄地带。该区地势低平，分布有较厚的第四系地层，由河流冲、洪积而成，以赋存松散岩类孔隙水为主，面积2475平方千米。

2．泰山背斜北翼岩溶水水文地质区 主要分布于平阴—长清—济南市区—明水以南的单斜构造带。区内广泛分布有寒武、奥陶系石灰岩，岩层向北倾斜，地势南高北低，石灰岩裂隙岩溶发育，赋存丰富的裂隙岩溶水，为岩溶水的补给、径流区。南部边缘区出露太古界变质岩类，是地下水、地表水的分水岭。该水文地质区总面积4000余平方千米。

3．山前冲洪积平原孔隙水水文地质区 为济南市区—明水以北的山前平原区，面积1202.7平方千米。地下水含水岩组主要为第四系松散岩类孔隙水含水岩组，特别是山前冲洪积扇地带，砂层较厚，含有丰富的孔隙水，水量大，水质好，是工农业及生活用水的主要水源。在东部侏罗、白垩系出露区存在碎屑岩类裂隙水含水岩组。地下水的补给主要为大气降水入渗补给，其次为农田灌溉回渗补给及冲洪积扇首部在丰水期接受地表河流渗漏补给。第四系松散岩类孔隙水的径流方向为由南向北，地下水排泄主要为农业开采及向下游径流排泄。

（二）地下水类型及含水岩组

根据含水岩层的性质以及地下水在含水岩层中储存运动的特点，将济南地区地下水分为几种不同的含水岩组及地下水类型。

1．松散岩类孔隙水含水岩组 主要分布于黄河以北平原及平阴、长清、济南市区、明水的山前平原区、山间河谷地带，尤以玉符河、北沙河之冲洪积扇含水砂砾层孔隙水最丰富，呈潜水或微承压水形式赋存，其单井出水量一般为1000立方米／日～2000立方米／日。沿黄地带及黄河以北的冲积平原区，含水砂层为多层结构，单层厚度较小，为粉砂、粉细砂，含水层透水性差，单井出水量一般小于200立方米／日。

2．碳酸盐岩类裂隙岩溶水含水岩组 此类岩溶水是济南地区分布广泛、水量大、水质好的主要工农业供水及生活水源，含水岩层由寒武系、奥陶系石灰岩组成。灰岩岩溶、裂隙发育且彼此连通，导水性强，有利于地下水的补给、径流和富集，但受分布位置及构造、地形、埋藏条件的影响，其富水性相差悬殊。在低山丘陵区，因灰岩直接裸露地表，岩溶发育有利于大气降水的渗漏补给、径流、富集，地下水交替强烈，为岩溶地下水的补给、径流区。水位埋深一般为50米～100米。地形、构造、岩性等条件有利时，单井出水量可达500立方米／日，水位年变幅20米～50米。在济南单斜构造的前缘及山前倾斜平原地区，石灰岩多被第四系所覆盖，是岩溶水的排泄区、富集带。东郊地区隐伏灰岩多为奥陶系，这些石灰岩岩溶发育，含水丰富，地下水具有承压性质，水位埋藏浅，有的形成自流水。单井出水量1000立方米／日～5000立方米／日，局部地区大于10000立方米／日。济南城市供水水源井群多分布在该地区。在明水单斜断块，该层水主要分布于中、下奥陶系石灰岩地区。岩溶发育常常处于强透水的灰岩与弱透水的泥灰岩交接部位，其富水性在空间展布上有一定差异，由补给区向排泄区逐渐增大。富水性较强的单井出水量大于5000立方米／日，分布于明水城区周围，大部分为隐伏含水层；富水性较弱的单井出水量小于100立方米／日，主要分布于中部低山区。

3．碎屑岩夹碳酸盐岩类岩溶裂隙含水岩组 该含水岩组由寒武系下统及上统灰岩组成，灰岩厚度薄，岩溶不发育，富水性差，单井出水量一般小于100立方米／日。在构造、地形适宜的地段，单井出水量可达100立方米／日～500立方米／日。该含水层分布的地势一般较高，且有页岩隔水，相互无水力联系，因此地下水无统一的水面。在沟谷切割或构造的控制下，往往出现阶梯水位。

4．变质岩及岩浆岩裂隙水含水岩组 该岩组主要分布于南部山区地表分水岭地带的古老变质岩系及火成岩裸露区，含水岩层为花岗片麻岩、辉长岩、闪长岩。其风化裂隙发育，厚度一般在地表以下10米～15米，含水不丰富，单井出水量较小，一般小于100立方米／日。

（三）地下水的补给、径流、排泄条件

1．补给条件　受地形、地貌、地质构造等因素的制约，地下水的补给来源主要为大气降水渗入补给，在南部广大变质岩分布区，大气降水补给裂隙水，经过排泄径流转而补给灰岩分布区地下岩溶水；其次为地表水的渗漏补给，在玉符河、北沙河的上游地区，当河水流经石灰岩岩溶地区时存在明显的下渗补给现象；再次为第四系孔隙水的下渗补给，在玉符河、北沙河的中、上游河床中，第四系含水砂层直接覆盖于石灰岩之上，直接由孔隙水下渗补给岩溶水。

2．径流条件　岩溶水的运动方向，与地形、地层倾向大体一致，基本为由南向北运动，当地下水径流到北部山前遇到隐伏的火成岩岩体或相对阻水的石炭、二叠系地层时，地下水因受阻而在此富集，并产生一定的压力水头，致使水位上升而溢出地表形成泉水，如市区四大泉群等，更甚者由于钻孔的揭露而形成自流。

3．排泄条件　岩溶水的排泄方式主要有人工开采、泉流、潜流、表流排泄。人工开采是本区岩溶水的主要排泄方式。由于地下水的大量开采，20世纪90年代后达到80万立方米／日，造成岩溶水水位下降，会使泉水断流停止喷涌。其次是泉水排泄。20世纪50年代，泉总流量可达30万立方米／日～35万立方米／日；随着工农业的发展，城市人口的增加，对地下水开采量不断增加，以泉水形式排泄量减少。第三，潜流排泄。在西郊玉符河、北沙河所流经的山前平原区，由于砂砾石层直接覆盖于下伏石灰岩之上，承压的岩溶水顶托补给第四系孔隙水，以潜流形式排泄。第四，表流排泄。在玉符河下游，表现为岩溶水顶托补给孔隙水，而孔隙水又溢出地表形成表流排泄。如小清河源头睦里庄，第四系孔隙水上溢成泉形成表流。

第二章　地　　貌

济南市处于鲁中山地与鲁北平原的过渡地带，市境以南的玉皇顶（1532米），是鲁中山地、也是山东的最高峰。境内山地呈扇形环绕在泰岱的西北部，南高北低。最南部的长城岭，构成了本市与泰安市、莱芜市的分界线，同时也构成了汶河水系与小清河、玉符河的分水岭，最高点（摩天岭）为988.8米。市区西北部为黄河，黄河与山前冲洪积平原之间有小清河，两河均为不对称水系，右岸多支流，左岸无支流或支流少而短。山前洪积、冲积地貌比较发育。济南现在的地貌形态，是长期经受内外营力作用演变的结果，特别是在白垩纪燕山运动，基性至中性岩浆岩大量侵入，在市区、历城、章丘最为活跃，形成了济南岩体、沙沟岩体、唐冶岩体、西杜庄岩体、鱼山岩体、张家庄岩体、流海岩体、荆山庄岩体、茶叶山岩体、大有岩体、驼沟岩体等；同时火山强烈喷发，在历城十里铺到章丘的魏化林、章丘东北部到邹平，火山岩覆盖于二叠系及侏罗系地层之上。伴随着岩浆岩的侵入与火山岩的喷发，产生了大面积的升降、较大的断裂与局部的穹状隆起，南部以大幅度的上升为主。喜马拉雅运动在本区对燕山运动有继承性，进一步破坏并改造了原有形态，基本形成今日之地貌。在喜山期，约在上新世或更早，有一个地壳相对稳定时期，高处经受剥蚀，低处接受沉积，形成了一个夷平面，即鲁中期地面。后来地壳活动加强，继续产生断裂与大面积的上升运动，断裂使鲁中期地面进一步变形，而上升幅度不均匀，上升量约500米～1000米。泰山上升幅度最大，北部、西北部小，使地面向北、北西倾斜，形成泰山穹隆。该地面在市内应以长城岭为代表。在齐河—广饶深大断裂以北继续下降，本市北部接受了第三系沉积。到第三纪末期或第四纪初期，升降渐缓，直至最后稳定，使地面强烈剥蚀堆积，又形成一个夷平面，即临城期地面。此地面与后来的两级阶地两者很难区分，多数留有残丘。更新世中、晚期以来的外力作用，不仅使其表面广泛发育残积层，冲洪积物很发育，厚度可达近百米。到全新世地壳又有过小幅度的动荡，在巴漏河、玉符河、东沙河等地，形成了两级阶地。辖内地貌可分为侵蚀低山、剥蚀丘陵、堆积平原三个区。

第一节 侵蚀低山区

侵蚀低山区海拔在500米～988.8米，切割深度在200米～500米，主要分布在长清、历城、章丘的南部和章丘东北部。根据组成的岩性，可分为三个亚区。

一、由变质岩组成的侵蚀低山亚区

主要分布在章丘市西南部垛庄以西，黄沙埠、弯弯沟以南。鸡爪顶及三平山最高，均为924米。地形坡度多在40°～60°，山谷多呈V形，中等切割，水网密度3千米／平方千米～4千米／平方千米。在历城区境内分布于枣林、西角峪及下降甘、青相峪以南，东与章丘相接。梯子山最高，为976.2米。中等切割，地形坡度多在40°～60°，峭壁较多，山脊多呈尖峭形，如梯子山，也有少数山脊呈浑圆形或方山，如跑马岭（885米）、亓城东南山（851米）。山谷多呈V形，如利岭沟等。在长清区境内东南部分布于拔山顶（769米）、落鹰石（533.4米）以南，以摩天岭为最高（988.8米），是济南辖区的最高点。地形坡度在40°～65°，多呈尖峭山脊。山谷多呈V形，如佛峪、黄连峪。在长清区南部分布于与泰安市、肥城县分界处附近。东起犁铧尖南山（524米），往西为桃尖山（532米）、五花岩山（663米）、黄山（628.8米）、夹子山（600米）、槐树口（560米）、狼顶寨（553米）等。坡度多在35°～55°，山脊部分为尖峭山，部分为浑圆状或方山。

二、碳酸盐岩夹碎屑岩及变质岩组成的侵蚀低山亚区

主要分布在侵蚀低山亚区的外围，以北侧为主，岩层倾向由章丘境内的北东、历城境内的北，转变为长清、平阴境内的北西，倾角多在8°～15°，一般形成南坡陡，北坡缓的单面山。在章丘市东片，东起霹雳尖（833米）、金牛歪歪(gū dei，715.7米)、四鸡山（782.8米），北到胡山（693.8米）、大山（755.3米），西到南山寨（570米）、磨池岭（589.1米），南至笔架山（764米）、九顶山（833.5米）、青山（765.4米）。多呈单面山、方山，中等切割。地形坡度多在40°～60°，多为尖峭山脊，如大山、磨池岭、青山、连叶寨等。山谷多呈V形，如西南峪、法家峪、相峪等。双凤山（795.2米）在中部，两个山头高出附近山头150米以上，周围沟谷深切，空气对流强烈，风速远较别处大，有黑风口之称。在章丘市西片，东起锦屏山（563.5米）、大寨山（546.6米），北自仙仁堂（522米），西至文凤山（807.1米）、大寨（841.4米），南到北峪大顶（720.1米）、架子山（637米）。石柱子（702米）、磨二起（736.4米）、北峪大顶、大寨等为单面山或方山，地形坡度多在40°～65°，沟谷切割深度在200米～400米，多呈V形。如瓮口峪、小凹峪、圣水泉等地。在历城境内，东接仙仁堂、文凤山，西至老仙岭（592米）、杨家寨（705米）、黄山尖（606.4米），北自兴隆山（528米）、官山橛（534米）、白云山（545.4米）、瓦屋脊（554.6米），南到黑山寨（582.3米）、纪儿寨（676米）、黑牛寨（789米）、青岗寨（745.7米），多为单面山或方山。张夏灰岩等厚层灰岩，多形成悬崖峭壁，如锦绣川水库

附近的轿子岭（560.8米）、鸡冠子山（536.5米）、葫芦崖顶（568米）、双尖山（571米），燕棚窝西南的黑龙寨（625.9米）、大王坝（605米），卧虎山水库以南穆格寨（525.5米）、天马寨（697米）等，切割深度在200米～500米，多数沟谷呈V形，如龙洞庄西南的龙洞沟、佛峪沟等。在长清区，本亚区东片与历城境内相连的有老仙岭（592米）、五老神（625.6米）、灵岩山（683.7米）、鸡冠山（513.3米）等；西片分布在张夏西部的青崖寨（552米）、黄山顶（565.5米）和与肥城交界处的玉皇顶（527米），也多为单面山或方山。V形谷在长湾村、积家峪等地发育。南坡陡，北坡缓，坡度多在30°～50°，有些地段岩溶比较发育。

三、由火山岩、岩浆岩组成的侵蚀低山亚区

分布在章丘东北部的长白山（最高峰沫湖顶826.8米）、跑马岭（667米）、白云山（728.8米）、茶叶山（612.1米），地形坡度多在35°～60°，切割深度在200米～400米，多呈尖峭山脊，跑马岭为方山。

第二节　剥蚀丘陵区

剥蚀丘陵区分布在侵蚀低山区的外围，海拔在500米以下，切割深度在200米以内，山麓有残积、坡积物。一般靠南部连续性强，靠北部无明显的脉络走向，坡度多在15°～35°，水系密度1千米／平方千米～3千米／平方千米。根据组成的岩石，可分为四个亚区：

一、由变质岩组成的剥蚀丘陵亚区

主要分布在长清区的青杨、大万德以西，如西山寨（462.6米）、佛爷顶（460米）、凤凰台（471米），段家店、中红庙以东如隋家峪东山（432米）、高家西山（367.2米）、莲花山（392.3米）、青龙山（394.8米），约有300平方千米。

二、由碳酸盐岩组成的剥蚀丘陵亚区

主要分布在一亚区的北侧及平阴县境内。在章丘市的孟家峪、朱家峪以北，至弓家湾、南辛庄、南涧溪以南，如大尖山（375米），马家峪、鹁鸽崖以西如马家峪西山（400米）、鹁鸽崖北山（477米），南明庄、东横河、寨山后以北如高山（442.1米）、寨山后北山（457米），北至西窑头、北曹范。在历城区，分布在南泉庄、西坞、龙洞庄、兴隆庄一线以北，东与章丘市境相接。如黑峪山（498.2米）、偏石山（417.8米）、狸猫山（476.3米）、蝎子山（282米）、棉花山（337米）、橛子山（459.9米），仲宫至长清区的张夏以北，如卧虎山（353.6米）、大寨山（412米）、五老顶（459.1米）、大王寨（344.2米）、马武寨（305.5米），北至鸡山村、武家庄、义和庄、甸柳庄、王官庄、大杨庄、罗而庄。在长清区内，分布于张夏、宋村以北，如馍馍顶（474米）、九女寨（408米）、卧牛寨（338米），宋村、段家店以西，如天台山（210米）、牛头山（404米）、石小子寨（440.4米）、大峰山（376.2米），北至石马、小柿子园、北河洼、翟庄、广里。在平阴县，除孔村、孝直以东及沿黄部分地段外，均属此区。在西南部与东平县交界处地势高，如分界处的箔庄南山（419米）、大寨村南山（451米）、李山头南山（411.7米），最高峰为大寨山（494.8米）。本亚区岩溶发育，有溶沟、溶槽、溶蚀裂隙、溶孔、溶洞、石芽、钟乳石等形态。溶沟、溶槽发育地段，如章丘的太平庄、没口村、山后寨、大寨村、甘泉庄、兴隆官庄等；历城区仲宫镇北岭向西，至寨而头、西渴马一带，南高而以北，中泉庄、涝坡、外石栏、东梧、西彩石；长清境内的讲书院一带，张夏东南及西部至东马庄；平阴县的旧县东南部、牛家庄、安城一带。溶洞多发育在厚层灰岩及白云质灰岩上。有些地段溶洞发育，较大溶洞有：章丘市甘泉庄东的白云洞（标高480米），矿井西南的马山洞（450米）；济南市郊区和历城区龙洞庄西南的龙洞（300米）、潘龙村的龙洞（320米）、九曲东北的老虎洞（270

米）、蛮子庄南的羊洞、白云洞（240 米）、二王寨西坡的八巴洞（210 米）；长清房头村南的溶洞（300 米）、张夏西黄山顶的黄花洞（450 米），平阴旧县北死儿山北侧的洞（200 米）、旧县东北华山西侧的洞（210 米）等。其中甘泉庄的白云洞，高 2.5 米，宽 15 米，可见深 25 米，沿灰岩层面发育，洞顶有少量石钟乳。这些溶洞原是在地下水位附近形成的，后由于燕山运动，主要是喜马拉雅运动，使地面升起，溶洞才出露在今天的高度。玉符河在西渴马一带潜入地下，到丰齐复出；东沙河河水在前大彦潜入地下，西沙河河水在前平潜入地下，使河床形成干谷，为地下河。

三、由火山岩及侵入岩组成的剥蚀丘陵亚区

主要分布在章丘东北部，火山岩、侵入岩组成的侵蚀低山亚区的西南侧，有母猪坡（277 米）、玉泉山（469.7 米）等，玉泉山最高。其他相对高度多在 100 米～ 250 米，地形坡度多在 10°～ 35°。

四、由碎屑岩组成的剥蚀丘陵亚区

由石英砂岩、长石石英砂岩、砂砾岩等坚硬、较坚硬岩石组成。分布在章丘市内，有普集北部的卧牛山（257.4 米）、鸣羊山（202 米），普集南的青龙山（221.1 米）、凤凰山（166.9 米），绣惠东北的玉皇山（218.9 米）、峰峪庵山（297 米），埠村西北的危山（203.3 米）、黄旗山（211.4 米）、北曹范北山（246.2 米）及赭山（154.5 米）。多呈孤岛状分布，山脊浑圆状，坡度多在 15°～ 30°。另外，在剥蚀丘陵区的外围，还有一些剥蚀残丘，呈星点状分布在堆积平原区内，以坚硬岩石为特征，如市区和历城区的华山（197 米）、驴山（42 米）、卧牛山（95.5 米）、标山（55.2 米）、凤凰山（44.4 米）、金牛山（48.6 米）、匡山（80.8 米）、粟山（61.4 米）、药山（114 米）、马鞍山（85.9 米）、无影山（51.5 米）、黄台山（61.4 米）、十里河西山（55 米）、峨嵋山（68.6 米）、康山（99.9 米）、鱼山（101.5 米）、烈士山（80.2 米），章丘市的明水双山（175 米）、普集西山（150 米）、桃花山（90.1 米）、女郎山（116.7 米），长清区的平安店西山（50 米）等。在崮山西北的沙河上，还有剥蚀切割形成的基座阶地。

第三节　堆积平原区

一、山麓河谷堆积平原亚区

在剥蚀丘陵区的坡角与外缘普遍分布着由残积、坡积、洪积物形成的倾斜平原，属山麓河谷堆积，一般由黄土状亚黏土、亚黏土、黏土夹碎石、砂砾石组成，地形坡度多在 5‰～ 10‰，在章丘境内最为发育，分布宽度一般在 3 千米～ 10 千米，冲沟比较发育，切割深度多在 10 米～ 15 米。在一些河谷上发育有洪积扇，如绣江河在西皋以北，玉符河自罗而庄一直延伸到北店子黄河河床下；东沙河上的齐庄西北、西沙河上的前平西北。

二、冲洪积平原亚区

主要分布在山麓河谷堆积平原亚区的外缘，北至小清河。组成物质主要由亚黏土、黏土夹砂组成，向北倾斜，坡度在 3‰～ 7‰，沟谷多呈北西向发育，切割深度在 4 米～ 10 米。

三、冲积平原亚区

主要分布在小清河以北，黄河两岸。总体地势由西南向东北倾斜，坡度在 1/5000 ～ 1/10000。主要由粉砂、亚黏土、亚砂土组成。该区历史上黄河多次改道、泛淤，形成了岗、坡、洼交错分布的地形。

第三章　气　　候

第一节　气候特征

济南市年平均气温14.0℃，年平均降水量635.4毫米，年日照时数2382.1小时。最冷月为1月，月平均气温为-1.4℃，最热月为7月，月平均气温为27.3℃。极端最低气温为-21.1℃，1990年1月31日出现在章丘；极端最高气温为42.0℃，2002年7月15日出现在济南市区。霜冻一般开始于10月下旬至11月上旬，结束于次年3月下旬至4月上旬。主导风向南、南西南，其次是西南和东北，最少的是西北、西西北和西风。

济南市属于暖温带气候区，由于所处的地理位置，形成了夏热冬冷、四季分明的大陆性季风气候。冬季，为极地或极地变形大陆气团所控制，不断受来自西伯利亚干冷气团的侵袭，盛行西北、北和东北风，造成了冬季干冷、天气晴朗，降水少的天气。夏季，受热带、副热带海洋气团所左右，使得冬季的西北季风，由夏季的东南风所代替，因此盛吹西南、南和东南风，形成了夏季湿热，雨量集中，多雷暴天气。春、秋两季是冬季风和夏季风的过渡季节，风向多变。

济南市四季气候的特点是：春季风多干燥，夏季炎热多雨，秋季天高气爽，冬季干冷期长。

4月3日全市日平均气温稳定通过10℃，进入春季；6月2日全市日平均气温稳定通过22℃，进入夏季；9月3日全市日平均气温降至22℃以下，进入秋季；11月1日全市日平均气温降至10℃以下，进入冬季。冬季持续时间最长为153天，夏季次之为93天，秋季最短为59天，春季为60天。

春季（4月3日—6月1日）：气温回升快，日较差大，天气干燥、风多且大、降水少、蒸发量大，土壤失墒快，春旱严重。日较差平均在9.9℃～12.5℃之间，为全年最大。春季风多且大，尤以4月份最大，平均风速为3.5米／秒，为全年平均风速最大月。降水量一般在87毫米左右，仅占全年降水量的15%左右。平均气温18.4℃；日照时数488.2小时。

夏季（6月2日—9月2日）：天气炎热，平均气温26.2℃。该季不仅炎热且多雨，具有雨热同季的特点。降水量平均在420毫米左右，占全年降水量的65%以上，仅7月份降水天数平均在12天左右，日降水量大于等于50毫米的暴雨日数集中在7、8月，占全年暴雨日数的70%左右。在初夏常因高温、风大、湿度小出现干旱。

秋季(9月3日—10月31日):雨季基本结束，高空西风带日渐加强南下，东南季风逐渐向西北季风过渡，形成短促的风速微弱、云量很少，能见度极佳、稳定晴好，呈现风和日丽的“秋高气爽”天气。秋季平均气温为18.0℃，平均降水量76毫米左右。但过少的雨量，会造成秋旱。

冬季（11月1日—次年4月2日）：受蒙古冷高压控制，盛吹寒冷的偏北风。冷空气不断侵入,使气温不断降低。冬季平均气温在3.4℃左右，冬季降水量45毫米左右，仅占全年降水量的7%。整个冬季雨雪稀少、北风频吹、干燥寒冷。

第二节　日　照

一、日照时数

境内年平均日照时数2284.0小时～2565.2小时；年际日照时数，最多年有2564.9小时～2794.9小时，最少年只有1819.8小时～2156.3小时，最多最少年相差623.3小时～933.6小时，平均相差 1/3 左右。1986 至 1990 年日照较多，平均 2569.4 小时；1991 至 2000 年少于 1986 至 1990 年，平均 2437.4 小时；2001 至 2010 年最少，平均2242.9 小时。日照时数在月分布上，5 月最多，全市平均为 259.5 小时；12 月最少，为 153.4 小时。

二、日照百分率

年日照百分率在 51% ～ 58% 之间，最多年可达 58% ～ 63%，最少年只有 41% ～ 49%；多数年份在 50% 以上。

表 1—2—1　　**1981—2010 年济南市日照时数统计表**

单位：小时

年份	商河	章丘	长清	平阴	济阳	济南	全市平均
1981	2922.5	2631.2	2593.2	2606.4	2697.6	2775.8	2704.5
1982	2947.5	2481.6	2538.8	2543.0	2631.3	2713.9	2642.7
1983	2929.6	2646.3	2529.1	2591.0	2689.6	2658.3	2674.0
1984	2671.6	2156.0	2495.1	2301.5	2487.6	2427.7	2423.3
1985	2475.2	2168.7	2410.9	2272.9	2417.1	2392.7	2356.3
1986	2779.6	2543.9	2761.1	2692.1	2766.1	2753.7	2716.1
1987	2746.7	2524.3	2789.0	2563.2	2636.2	2627.9	2647.9
1988	2655.8	2335.9	2740.3	2541.7	2526.8	2533.9	2555.7
1989	2593.9	2313.8	2682.2	2485.5	2468.2	2472.8	2502.7
1990	2544.0	2301.5	2627.9	2379.0	2312.3	2383.3	2424.7
1991	2513.7	2111.0	2453.9	2335.8	2348.2	2369.5	2355.4
1992	2701.1	2198.2	2794.9	2482.4	2510.2	2593.3	2546.7
1993	2584.8	2169.3	2772.2	2446.6	2423.9	2491.3	2481.4
1994	—	2181.7	—	2419.6	2284.7	2311.0	2299.3
1995	—	2529.2	—	2597.2	2469.9	2416.9	2503.3
1996	—	2341.9	—	2368.5	2354.3	2223.0	2321.9
1997	—	2564.9	—	2585.2	2767.4	2498.2	2603.9
1998	—	2315.9	—	2171.6	2437.9	2228.9	2288.6
1999	2604.2	2428.0	2265.3	2251.2	2347.6	1961.2	2309.6
2000	2621.8	2454.5	2403.8	2222.6	2365.0	2233.9	2383.6
2001	2603.3	2513.0	2323.0	2291.1	2336.3	2314.0	2396.8
2002	2685.6	2545.5	2375.0	2382.4	2424.1	2382.0	2465.8
2003	2156.3	2079.9	1979.6	1983.0	2158.2	2017.3	2062.4
2004	2499.6	2325.1	2152.2	2261.8	2311.4	2179.7	2288.3
2005	2616.0	2356.5	2262.6	2403.9	2260.6	2369.5	2378.2

续表 1—2—1

年份	商河	章丘	长清	平阴	济阳	济南	全市平均
2006	2411.5	2109.0	2188.9	2097.0	1890.4	2088.4	2130.9
2007	2367.6	1866.7	2129.1	2088.7	2065.2	1819.8	2056.2
2008	2622.9	1944.1	2355.5	2306.7	2054.9	2004.2	2214.7
2009	2533.0	2100.6	2397.0	2236.4	2109.5	2153.2	2255.0
2010	2462.7	1945.3	2353.3	2292.6	2125.0	2014.3	2198.9
30年平均	2610.0	2306.1	2455.0	2373.4	2389.3	2347.0	2406.3

注：1994—1998年商河、长清按有关规定停止日照观测。

表 1—2—2

1986—2010年济南市平均各月及年日照时数统计表

单位：0.1小时

站名	1	2	3	4	5	6	7	8	9	10	11	12	年
商河	1728	1708	2146	2536	2744	2582	2180	2260	2169	2095	1851	1652	26562
章丘	1536	1588	1930	2291	2508	2232	1853	1924	1911	1939	1658	1470	22840
长清	1629	1628	2042	2428	2637	2423	2086	2173	2004	2011	1787	1555	24403
平阴	1617	1585	1995	2327	2560	2322	1972	2039	1982	1930	1690	1534	23554
济阳	1607	1596	2000	2329	2592	2311	1966	2039	2013	1920	1624	1504	23502
济南	1590	1613	1963	2310	2529	2239	1864	1897	1903	1924	1655	1490	22976
全市平均	1618	1620	2013	2370	2595	2352	1987	2055	1997	1970	1711	1534	23821

表 1—2—3

1986—2010年济南市平均各月及年日照百分率统计表

单位：%

站名	1	2	3	4	5	6	7	8	9	10	11	12	年
商河	56	55	58	64	62	59	49	54	59	61	61	56	58
章丘	50	52	52	58	57	51	42	46	52	56	55	49	51
长清	53	53	55	61	60	55	47	52	54	58	59	52	55
平阴	52	51	53	59	59	53	45	49	54	56	56	51	53
济阳	52	52	54	59	59	53	44	49	55	56	54	50	53
济南	51	52	53	59	58	51	42	46	52	56	55	50	52
全市平均	52	53	54	60	59	54	45	49	54	57	57	51	54

第三节　热　量

一、气温

（一）气温的年、月、日分布

境内年平均气温13.0℃～14.9℃，年际变化，最高年份是1998年13.8℃～16.0℃，最低年份是1986年12.5℃～14.6℃。

年内各月气温分布呈单峰型，最热月一般出现在7月，25年中仅1988年出现在6月，7月平均气温26.8℃～27.6℃；最冷月出现在1月，月平均气温−2.8℃～−0.2℃；年较差全市平均28.8℃。月平均气温超过22℃是6—8月，月平均气温低于10℃的为11月至次年3月；其他月为过渡季节。

气温的日变化是随着太阳运动而变化，与光照有关。一天中最高气温一般出现在13—15时；最低气温则出现在日出前。年平均日较差10.0℃。

表1−2−4　　1981—2010年济南市逐年平均气温统计表

单位：℃

年份	商河	章丘	长清	平阴	济阳	济南	全市平均
1981	12.7	12.8	13.8	13.7	12.8	14.7	13.4
1982	13.1	13.2	14.1	14.0	13.3	15.1	13.8
1983	13.0	13.2	14.2	14.0	13.2	15.1	13.8
1984	11.9	12.1	13.1	12.9	12.1	13.9	12.7
1985	12.0	12.3	13.2	13.1	12.2	13.8	12.8
1986	12.5	12.7	13.8	13.6	12.5	14.6	13.3
1987	12.9	13.3	14.4	14.0	13.0	14.9	13.8
1988	12.6	12.8	14.2	13.7	12.6	14.8	13.5
1989	13.2	13.4	14.5	14.2	13.3	15.1	14.0
1990	13.0	13.3	14.3	14.1	13.1	14.9	13.8
1991	12.6	13.0	14.0	13.8	12.7	14.6	13.5
1992	12.6	13.1	14.2	14.0	12.7	14.8	13.6
1993	12.6	13.3	14.1	13.8	12.6	14.6	13.5
1994	13.6	14.4	15.3	14.9	13.6	15.7	14.6
1995	12.9	14.0	14.8	14.2	12.9	15.2	14.0
1996	12.6	13.6	14.3	13.9	12.6	14.7	13.6
1997	13.3	14.3	15.2	14.5	13.3	15.5	14.4
1998	13.8	15.0	15.8	15.0	13.9	16.0	14.9
1999	13.5	14.9	14.6	14.9	13.6	15.1	14.4
2000	13.2	14.3	14.0	14.5	13.3	14.5	14.0
2001	13.0	14.3	14.1	14.6	13.3	14.6	14.0
2002	13.3	14.8	14.6	15.3	13.6	15.2	14.5
2003	12.7	13.8	13.7	14.1	12.9	13.9	13.5
2004	13.1	14.5	14.3	14.8	13.5	14.8	14.2

续表 1—2—4

年份	商河	章丘	长清	平阴	济阳	济南	全市平均
2005	12.6	13.9	13.7	14.4	12.3	14.4	13.6
2006	13.3	14.9	14.7	15.3	13.5	15.3	14.5
2007	13.3	14.8	14.6	15.2	13.6	15.0	14.4
2008	13.0	14.2	14.2	14.7	13.2	14.6	14.0
2009	12.9	14.2	14.3	14.2	13.2	14.8	13.9
2010	12.3	13.7	14.3	13.9	13.1	14.3	13.6
30 年平均	12.9	13.7	14.3	14.2	13.1	14.8	13.8

表 1—2—5　　1986—2010 年济南市平均各月及年平均气温统计表

单位：℃

站　名	1 月	2 月	3 月	4 月	5 月	6 月	7 月	8 月	9 月	10 月	11 月	12 月	年	年较差
商　河	−2.8	0.8	6.8	14.3	20.0	25.1	26.8	25.2	20.5	14.1	5.8	−0.7	13.0	29.7
章　丘	−1.5	1.9	7.6	15.2	20.9	25.9	27.4	25.3	21.3	15.3	7.3	0.8	13.9	28.8
长　清	−0.8	2.6	8.2	15.6	21.1	26.2	27.4	25.8	21.7	15.6	7.8	1.4	14.4	28.4
平　阴	−0.7	2.7	8.3	15.5	21.1	26.1	27.4	25.9	21.6	15.6	7.6	1.3	14.4	28.3
济　阳	−2.5	0.9	6.9	14.4	20.0	25.1	26.9	25.2	20.6	14.2	5.9	−0.4	13.1	29.5
济　南	−0.2	3.2	8.7	16.3	21.9	26.4	27.6	26.0	22.1	16.2	8.4	2.0	14.9	28.1
全市平均	−1.4	2.0	7.8	15.2	20.8	25.8	27.3	25.6	21.3	15.2	7.1	0.7	14.0	28.8

（二）气温的水平分布

境内气温在水平分布上呈南高北低趋势，相对暖区在黄河以南地区，济南市区为暖中心，而黄河以北地区为低温区。

（三）最高（低）气温及日较差

各月平均最高（低）气温的分布与平均气温分布基本接近。全市年平均最高气温 19.4℃；年平均最低气温 9.4℃；南北差异，最高气温相差不足 1℃，最低气温相差 2℃～3℃。平均最高气温由北向南递增，平均最低气温由南向北递减。月平均最高气温 7 月是峰值，各地均超过 31℃，其中济南 7 月最高，达 32.1℃，年际极值 34.6℃（出现在 2005 年 7 月　济南）。月平均最低气温 1 月为低值，各地均在 −3.5℃以下，其中商河 1 月最低，为 −7.3℃，年际极值 −10.4℃（出现在 2005 年 1 月　济阳）。

气温日较差年平均为 10.0℃，4 月最大，8 月最小。在水平分布上由北向南减小。

表 1—2—6　　1986—2010 年济南市平均各月及年平均最高（低）气温统计表

单位：℃

站　名		1 月	2 月	3 月	4 月	5 月	6 月	7 月	8 月	9 月	10 月	11 月	12 月	年
商　河	最高气温	3.2	7.2	13.0	20.7	26.1	31.1	31.5	30.0	26.8	20.8	12.1	5.0	19.0
	最低气温	−7.3	−4.2	1.4	8.3	13.9	19.2	22.4	21.0	15.3	8.5	0.7	−5.1	7.8
章　丘	最高气温	3.9	7.7	13.5	21.4	26.8	31.4	31.6	30.1	27.0	21.1	12.8	5.9	19.4
	最低气温	−4.7	−1.8	3.5	10.4	15.9	20.9	23.4	22.0	17.0	10.9	3.4	−2.5	9.9

续表 1—2—6

站名		1月	2月	3月	4月	5月	6月	7月	8月	9月	10月	11月	12月	年
长清	最高气温	4.2	8.1	13.7	21.2	26.7	31.6	31.8	30.5	27.1	21.3	13.0	6.1	19.6
	最低气温	−4.7	−1.8	3.5	10.4	15.9	20.9	23.4	22.0	17.0	10.9	3.4	−2.5	9.9
平阴	最高气温	4.2	8.2	13.8	21.2	26.6	31.6	31.8	30.5	27.2	21.3	12.9	6.0	19.6
	最低气温	−4.5	−1.7	3.5	10.1	15.6	20.9	23.5	22.0	17.0	10.8	3.3	−2.5	9.8
济阳	最高气温	3.4	7.3	13.2	20.9	26.3	31.4	31.8	30.1	26.9	21.0	12.4	5.3	19.2
	最低气温	−6.8	−4.1	1.4	8.1	13.7	19.0	22.5	21.1	15.3	8.5	0.8	−4.7	7.9
济南	最高气温	4.2	8.0	13.8	21.8	27.3	31.8	32.1	30.6	27.2	21.3	13.1	6.2	19.8
	最低气温	−3.6	−0.7	4.4	11.5	17.0	21.6	23.6	22.3	17.9	11.9	4.5	−1.4	10.8
全市平均	最高气温	3.9	7.8	13.5	21.2	26.6	31.5	31.8	30.3	27.0	21.1	12.7	5.8	19.4
	最低气温	−5.3	−2.4	3.0	9.8	15.3	20.4	23.1	21.7	16.6	10.3	2.7	−3.1	9.4

表 1—2—7　　**1986—2010 年济南市平均各月及年平均日较差统计表**

单位：℃

站名	1月	2月	3月	4月	5月	6月	7月	8月	9月	10月	11月	12月	年
商河	10.5	11.4	11.6	12.4	12.2	11.9	9.1	9.0	11.5	12.3	11.4	10.1	11.2
章丘	8.6	9.5	10.0	11.0	10.9	10.5	9.2	8.1	10.0	10.2	8.4	8.4	9.5
长清	8.9	9.9	10.2	10.8	10.8	10.7	8.4	8.5	10.1	10.4	9.6	8.6	9.7
平阴	8.9	9.9	10.3	11.1	11.0	10.7	8.3	8.5	10.2	10.5	9.6	8.5	9.8
济阳	10.2	11.4	11.8	12.8	12.6	12.4	9.3	9.0	11.6	12.5	11.6	10.0	11.3
济南	7.8	8.7	9.4	10.3	10.3	10.2	8.5	8.3	9.3	9.4	8.6	7.6	9.0
全市平均	9.2	10.2	10.5	11.4	11.3	11.1	8.7	8.6	9.4	10.8	10.0	8.9	10.0

（四）气温极值

济南各地极端最高气温均在 40℃以上，一般出现在六七月，全市极端最高气温 42.0℃，出现在 2002 年 7 月 15 日（济南）。

极端最低气温各地均出现在 1 月份，境内极端最低气温均在 −10℃以下，全市极端最低气温 −21.1℃，出现在 1990 年 1 月 31 日（章丘）。

25 年内各地日最高气温≥ 35℃的日数差异较大，年最少 1—3 天，年最多 23—34 天，各地平均在 8 天以上。多数出现在 6—7 月份，占全年的 88%，其中 6 月份最多占 47%。连续出现日最高气温≥ 35℃的持续天数最长达 13 天，出现在 2005 年 6 月 12—24 日（平阴），济南 10 天（2005 年 6 月 15—24 日）；日最高气温≥ 35℃日数最多的年份是 1997 和 2002 年，其中济阳最多，分别达 34 天、19 天。

日最低气温≤ −2.0℃的天数平均 48.8 天，10 月至次年 4 月均会出现，但多数在 12 月和次年 1 月，占全年的 72%，其中 1 月最多占全年的 45%。最少年份 36—72 天，最大年份 68—105 天。各地平均日数差异不大，最多、最少南北差异较大，北部日数接近南部的两倍。

日最低气温≤ −15℃的日数全市平均不足 1 天，商河年均 1 天以上，济阳、章丘不足 1 天，济南、长清平均 0 天。出现几率最高的是商河，最低的是济南。日最低气温≤ −15℃的日数主要出现在 12 月至次年 2 月，1 月最多，占 60%。最多年份 2002—2003 年，商河、长清，分别为 9 天、5 天。

表1—2—8　　1986—2010年济南市各月及年极端最高气温及出现日期统计表

单位：℃

站　名		1月	2月	3月	4月	5月	6月	7月	8月	9月	10月	11月	12月	年
商　河	极端最高气温	17.5	22.5	29.1	32.1	35.8	40.6	40.3	35.5	36.7	30.9	26.1	17.5	40.6
	出现日期	11日	13日	18日	30日	31日	23日	15日	3日	2日	1日	1日	3日	6月23日
	出现年份	2002	1996	2009	2006	1986	2005	2002	1992	2002	1998	2003	1989	2005
章　丘	极端最高气温	18.5	25.5	30.8	34.6	37.6	40.5	40.7	36.9	38.4	34.0	25.6	19.0	40.7
	出现日期	11日	13日	18日	30日	27日	23日	15日	11日	2日	1日	15日	3日	7月15日
	出现年份	2002	1996	2009	2006	2007	2005	2002	1989	2002	1998	1998	1989	2002
长　清	极端最高气温	17.9	22.6	29.7	33.8	36.2	41.4	41.3	37.0	36.8	34.4	25.6	18.1	41.4
	出现日期	11日	13日	18日	23日	31日	25日	15日	4日	2日	1日	1日	28日	6月25日
	出现年份	2002	1996	2009	1993	1986	2009	2002	1994	2002	1998	2003	1987	2009
平　阴	极端最高气温	16.9	21.8	28.9	33.3	36.9	41.9	41.9	37.4	36.8	34.1	25.6	18.6	41.9
	出现日期	10日	27日	18日	23日	31日	25日	12日	23日	1日	1日	1日	3日	6月25日、7月12日
	出现年份	2002	1992	2009	1993	2002	2009	2002	2002	2002	1998	2003	1989	2009、2002
济　阳	极端最高气温	18.7	22.9	30.0	33.7	36.3	41.2	40.6	36.5	37.2	31.5	27.1	18.5	41.2
	出现日期	11日	13日	18日	21日	31日	23日	15日	12日	2日	1日	1日	3日	6月23日
	出现年份	2002	1996	2009	2004	1986	2005	2002	2005	2002	1998	2003	1989	2005
济　南	极端最高气温	20.2	25.7	30.2	36.3	37.6	41.2	42.0	38.0	38.5	33.7	26.5	19.2	42.0
	出现日期	11日	13日	18日	30日	23日	25日	15日	2日	2日	1日	1日	3日	7月15日
	出现年份	2002	1996	2009	2006	2002	2009	2002	2002	2002	1998	2003	1989	2002
全　市	极端最高气温	20.2	25.7	30.8	36.3	37.6	41.9	42.0	38.0	38.5	34.4	27.1	19.2	42.0
	出现日期	11日	13日	18日	30日	2天	25日	15日	2日	2日	1日	1日	3日	7月15日
	出现年份	2002	1996	2009	2006	2年	2009	2002	2002	2002	1998	2003	1989	2002

表1—2—9　　1986—2010年济南市各月及年极端最低气温及出现日期统计表

单位：℃

站　名		1月	2月	3月	4月	5月	6月	7月	8月	9月	10月	11月	12月	年
商　河	极端最低气温	−20.8	−15.0	−9.9	−3.3	2.8	8.3	16.5	12.2	5.0	−3.3	−14.3	−18.2	−20.8
	出现日期	31日	1日	6日	13日	3日	1日	27日	30日	27日	30日	21日	28日	1月31日
	出现年份	1990	2000	2007	2010	1995	1997	1989	2009	1995	1986	1993	1986	1990
章　丘	极端最低气温	−21.1	−17.6	−12.9	−6.1	−0.1	9.5	14.1	11.6	4.9	−4.9	−15.6	−16.4	−21.1
	出现日期	31日	1日	1日	1日	2日	8日	1日	30日	30日	30日	22日	22日	1月31日
	出现年份	1990	1990	1994	1991	1991	1987	1991	2009	1986	1986	1993	2008	1990

续表 1—2—9

站　名		1月	2月	3月	4月	5月	6月	7月	8月	9月	10月	11月	12月	年
长　清	极端最低气温	−18.6	−14.1	−8.6	−1.0	4.8	11.7	17.6	12.8	7.7	−1.1	−13.0	−16.6	−18.6
	出现日期	31日	1日	3日	1日	6日	6日	23日	30日	26日	29日	29日	25日	1月31日
	出现年份	1990	2000	1988	1991	2005	1987	1993	2009	1987	2002	1987	2002	1990
平　阴	极端最低气温	−20.3	−14.8	−9.9	−4.1	3.5	10.9	17.5	13.5	6.1	−1.6	−13.7	−14.7	−20.3
	出现日期	31日	1日	7日	1日	2日	1日	12日	30日	27日	29日	21日	25日	1月31日
	出现年份	1990	1990	1988	1991	1991	1997	2003	2009	1995	1986	1993	2002	1990
济　阳	极端最低气温	−20.3	−16.5	−10.3	−3.6	3.9	9.6	16	13.2	4.9	−4.1	−15.1	−15.5	−20.3
	出现日期	31日	1日	3日	2日	3日	1日	1日	22日	27日	30日	21日	27日	1月31日
	出现年份	1990	1990	1988	1996	1995	1997	1991	1989	1995	1986	1993	2002	1990
济　南	极端最低气温	−14.2	−13.3	−7.9	0.0	7.2	11.3	17.0	12.8	9.4	0.0	−9.3	−13.2	−14.2
	出现日期	31日	1日	6日	1日	6日	6日	23日	30日	9日	29日	23日	22日	1月31日
	出现年份	1990	2000	2007	1998	1991	1987	1993	2009	2006	2002	1993	2008	1990
全　市	极端最低气温	−21.1	−17.6	−12.9	−6.1	−0.1	8.3	14.1	11.6	4.9	−4.9	−15.6	−18.2	−21.1
	出现日期	31日	1日	1日	1日	2日	1日	1日	30日	30日	30日	22日	28日	1月31日
	出现年份	1990	1990	1994	1991	1991	1997	1991	2009	1986	1986	1993	1986	1990

表 1—2—10　**1986—2010 年济南市各月及年日最高气温≥ 35℃平均日数及年最长连续日数统计表**

单位：天

站　名	5月	6月	7月	8月	9月	年	年最多	年最长连续日数	年最长连续止日
商　河	0.2	4.5	3.5	0.4	0.0	8.6	29（1997）	6	1997年7月13日
章　丘	0.4	4.5	4.4	1.1	0.2	10.6	23（1994、2002）	6	1994年7月25日、2002年6月7日
长　清	0.4	4.9	4.0	0.6	0.2	10.1	31（1997）	8	1997年7月13日
平　阴	0.3	5.0	3.7	0.7	0.2	9.9	28（2002）	13	2005年6月24日
济　阳	0.3	4.8	4.6	0.6	0.1	10.5	34（1997）	10	1997年8月1日
济　南	0.5	5.7	5.5	1.3	0.2	13.2	30（1997）	10	1997年8月1日
全　市	0.4	4.9	4.3	0.8	0.1	10.5	34（1997）	13	2005年6月24日

表 1—2—11　**1986—2010 年济南市各月日最低气温≤ −2.0℃平均日数及年最长连续日数统计表**

单位：天

站　名	10月	11月	12月	1月	2月	3月	年	年最多	年最长连续日数	年最长连续止日
商　河	2.3	13.0	21.6	10.1	2.0	2.3	48.6	108（1993）	58	1996年2月10日
章　丘	2.2	13.2	21.6	10.1	2.1	2.2	48.8	104（1987）	37	2008年2月17日

续表 1-2-11

站　名	10月	11月	12月	1月	2月	3月	年	年最多	年最长连续日数	年最长连续止日
长　清	2.2	13.2	21.7	10.1	2.0	2.2	48.8	74（2009）	37	2008年2月17日
平阴	2.3	13.1	21.8	10.1	2.0	2.3	48.9	79（1987、1995）	35	2008年2月15日
济阳	2.2	13.2	21.8	10.3	2.1	2.2	49.0	105（1995）	73	2006年2月12日
济南	1.9	13.2	22.1	10.3	2.0	1.9	49.0	68（2004）	35	2008年2月15日
全市	2.2	13.1	21.8	10.2	2.0	2.2	48.8	105（1995）	73	2006年2月12日

表 1-2-12　1986—2010年济南市月日最低气温≤ -15.0℃平均日数及年最长连续日数统计表

单位：天

站　名	12月	1月	2月	年	年最多	年最长连续日数	年最长连续止日
商　河	0.3	0.8	0.0	1.2	9（2002）	3	2003年1月5日
章　丘	0.1	0.5	0.1	0.8	4（1989）	2	1990年2月1日、2001年1月15日
长　清	0.1	0.1	0.0	0.3	5（2002）	2	2002年12月26日
平　阴	0.0	0.0	0.0	0.0	1（1989）	1	1990年1月31日
济　阳	0.1	0.5	0.0	0.7	4（2002）	2	1990年2月1日、1998年1月19日、2001年1月15日、2003年1月5日
济　南	0.0	0.0	0.0	0.0	0	0	

（五）界限温度和积温

在农业上，一般将春季日平均气温≥ 0℃开始，至秋季日平均气温≥ 0℃终止期之间的日数，称为一地区多种作物的生长期；日平均气温＞10℃，是一般喜温作物生长的起点温度，也是喜凉作物迅速生长的温度；日平均气温＞15℃，是喜温作物积极生长的温度，也是棉花纤维成熟的下限温度。

全市稳定通过0℃初日平均在2月14日，终日在12月6日，持续天数295天左右，≥ 0℃的积温平均5162.4℃；通过10℃初日平均在3月31日，终日在10月31日，持续天数215天左右，≥ 0℃的积温平均4662.3℃；通过15℃初日平均在4月23日，终日在10月10日，持续天数169天左右，≥ 0℃的积温平均4013.7℃。

表 1-2-13　1986—2010年济南市稳定通过0℃的初、终日数、持续天数及积温济南市

项　目	初日	终日	持续天数（天）	≥ 0℃的积温（℃）
商　河	2月19日	12月1日	285	4886.3
章　丘	2月19日	12月6日	290	5151.2
长　清	2月9日	12月9日	304	5299.7
平　阴	2月9日	12月10日	304	5281.9
济　阳	2月20日	12月3日	286	4913.5
济　南	2月9日	12月11日	306	5441.5
全市平均	2月14日	12月6日	295	5162.4

表 1—2—14 1986—2010 年济南市稳定通过 10℃的初、终日数、持续天数及积温统计表

项 目	初日	终日	持续天数（天）	≥0℃的积温（℃）
商 河	4 月 4 日	10 月 28 日	208	4414.8
章 丘	3 月 31 日	10 月 31 日	214	4648.7
长 清	3 月 30 日	11 月 2 日	217	4757.4
平 阴	3 月 29 日	11 月 2 日	219	4765.6
济 阳	4 月 2 日	10 月 29 日	211	4483.7
济 南	3 月 29 日	11 月 5 日	221	4903.6
全市平均	3 月 31 日	10 月 31 日	215	4662.3

表 1—2—15 1986—2010 年济南市稳定通过 15℃的初、终日数、持续天数及积温统计表

项 目	初日	终日	持续天数（天）	≥0℃的积温（℃）
商河	4 月 27 日	10 月 6 日	162	3766.5
章丘	4 月 25 日	10 月 10 日	169	3993.6
长清	4 月 23 日	10 月 11 日	172	4107.8
平阴	4 月 21 日	10 月 14 日	176	4170
济阳	4 月 27 日	10 月 6 日	163	3800.3
济南	4 月 20 日	10 月 13 日	177	4243.7
全市平均	4 月 23 日	10 月 10 日	169	4013.7

第四节 降 水

一、降水的年、月分布

济南市的年平均降水量一般在 349.9 毫米～882.4 毫米之间。年间差异明显，各地最多与最少年降水量差异可达 2.2 倍～4.0 倍；各地年最少降水量在 280.1 毫米～376.7 毫米之间，各地年最多降水量在 826.3 毫米～1120.7 毫米之间。

利用降水距平百分率△R%来划分等级，多年平均值采用 1981—2010 年 30 年平均值。全市平均降水量偏多的年份有 1990 年、1993 年、2003 年、2005 年，偏少的年份有 1986 年、1989 年、1992 年、1999 年、2002 年，其余年份正常。

6—9 月是济南市的汛期，降水主要集中在这时段，6—9 月降水量占年降水量的 74%；各月降水量，7 月最多，1 月最少。

表 1—2—16 1981—2010 年济南市逐年降水量统计表

单位：毫米

年份	商河	章丘	长清	平阴	济阳	济南	全市平均
1981	387.1	339.6	362.8	327.8	276.4	386.0	346.6
1982	533.9	501.6	593.1	808.2	466.9	644.6	591.4
1983	672.3	551.3	533.0	722.7	589.3	596.6	610.9

续表 1-2-16

年份	商河	章丘	长清	平阴	济阳	济南	全市平均
1984	656.1	609.3	678.2	647.6	617.4	700.6	651.5
1985	524.9	584.6	694.9	581.4	566.6	606.6	593.2
1986	376.7	377.2	405.9	369.2	313.9	347.0	365.0
1987	516.1	657.0	815.0	590.6	624.1	909.8	685.4
1988	404.2	592.5	500.6	317.7	432.1	550.5	466.3
1989	432.3	280.1	420.6	282.4	318.8	365.0	349.9
1990	805.2	911.9	865.5	808.7	898.5	779.7	844.9
1991	789.3	636.5	724.4	717.1	823.3	776.0	744.4
1992	508.8	381.1	467.5	412.1	447.1	541.1	459.6
1993	773.0	788.6	1005.1	688.2	631.8	834.2	786.8
1994	601.0	669.4	861.2	833.4	729.4	872.2	761.1
1995	655.0	779.8	707.6	560.7	517.0	596.8	636.2
1996	627.0	751.7	707.2	654.5	666.7	834.0	706.9
1997	451.3	724.0	480.1	561.0	573.5	618.1	568.0
1998	683.0	681.0	731.2	800.3	788.4	772.5	742.7
1999	383.5	517.6	390.5	474.6	348.4	574.8	448.2
2000	493.0	615.0	667.4	726.2	588.1	721.2	635.2
2001	437.3	456.7	601.0	398.9	487.1	599.3	496.7
2002	392.4	366.5	370.3	340.1	384.8	456.6	385.1
2003	705.3	887.1	754.2	1120.7	821.6	985.6	879.1
2004	650.3	902.7	992.9	963.7	694.9	1090.0	882.4
2005	429.5	827.5	830.5	565.5	705.0	965.4	720.6
2006	518.4	456.7	523.4	532.8	651.6	652.5	555.9
2007	598.8	736.3	717.6	555.6	591.0	797.1	666.1
2008	422.3	784.6	680.0	502.9	584.3	705.1	613.2
2009	750.8	751.2	721.2	649.6	768.8	701.8	723.9
2010	826.3	722.6	838.3	721.7	643.2	820.9	762.2
30年平均	566.8	628.1	654.7	607.9	585.0	693.4	622.6

表 1-2-17　**1986—2010年济南市各月、年平均降水量统计表**

单位：毫米

站　名	1月	2月	3月	4月	5月	6月	7月	8月	9月	10月	11月	12月	年
商　河	3.8	8.1	10.5	22.6	48.3	84.3	178.8	129.7	36.3	30.1	12.4	4.2	569.2
章　丘	5.2	9.4	14.6	29.3	66.7	81.4	171.4	161.1	57.5	31.3	16.9	5.6	650.2
长　清	4.7	8.4	13.7	26.4	62.1	86.3	197.4	162.3	58.6	30.6	15.6	5.1	671.2
平　阴	5.5	8.9	14.7	26.0	60.7	75.9	165.4	149.1	46.0	31.5	16.2	5.9	605.9

续表 1—2—17

站　名	1月	2月	3月	4月	5月	6月	7月	8月	9月	10月	11月	12月	年
济　阳	4.4	7.9	11.6	25.7	52.0	73.4	183.9	144.0	50.2	30.2	13.6	4.5	601.3
济　南	6.0	9.7	14.2	28.3	68.9	87.7	198.1	187.3	59.0	32.2	17.1	6.2	714.7
全市平均	4.9	8.7	13.2	26.4	59.8	81.5	182.5	155.6	51.3	31.0	15.3	5.3	635.4

二、各量级降水日数

各地≥0.1毫米降水日数平均62.9—72.9天，各地最少在45（商河）—59（济南）天，最多在88（商河）—93（济南）天。降水最多的年份是1990年,各地在80（平阴）—92（济南）天，最少的年份是1999年,各地在45(商河)—64(济南）天。

各地≥10.0毫米降水日数平均16.0—18.4天，各地最少在6（平阴）—9（济南、济阳）天，最多在25（商河、济阳）—29（济南）天。

各地≥25.0毫米降水日数平均7.0—8.5天，各地最少在1(章丘)—4(济南)天,最多在12(章丘、济阳）—23（商河）天。

各地≥50.0毫米降水日数平均1.8—3.0天，年最多在4（商河）—8（济南、平阴）天。各地均有无≥50.0毫米降水日数的年份。

各地一日最大降水量在135.0（商河）～188.0毫米（济南）之间，多出现在7、8月，大于100毫米的日降水量7、8月均有出现，个别台站4—6月、9—10月也有出现。日最大降水量受天气系统和地形的影响较大，分布极不规律。日最大降水量济南最大为188.0毫米（出现在1994年8月7日），商河最小为135.0毫米（2010年8月10日）。

各地最长连续降水日数在8（济南、商河）—10天（济阳）之间，多出现在8月。

各地最长无降水日数59（章丘）—149天（长清）之间，多出现在冬春季节。

表 1—2—18　　1986—2010年济南市各月、年≥0.1毫米降水日数统计表

单位：天

站　名	1月	2月	3月	4月	5月	6月	7月	8月	9月	10月	11月	12月	年
商　河	2.0	2.8	3.3	4.8	6.2	8.2	10.9	9.1	5.4	4.6	3.1	2.5	62.9
章　丘	2.5	3.2	3.9	5.5	7.3	7.8	12.4	11.3	6.5	5.2	3.6	3.4	72.9
长　清	2.4	3.2	3.8	4.6	6.8	8.0	12.0	10.6	6.7	5.0	3.5	2.6	69.2
平　阴	2.2	3.2	3.8	4.8	7.2	8.4	11.2	10.2	6.5	5.1	3.6	2.6	68.9
济　阳	2.5	3.0	3.2	5.0	6.8	8.0	11.3	9.8	6.6	5.0	3.5	2.8	67.6
济　南	2.8	3.2	4.2	5.0	6.8	8.5	12.5	11.5	6.4	4.8	3.5	3.3	72.5
全市平均	2.4	3.1	3.7	5.0	6.8	8.2	11.7	10.4	6.4	5.0	3.5	2.9	69.0

表 1—2—19　　1986—2010年济南市各月、年≥10.0毫米降水日数统计表

单位：天

站　名	1月	2月	3月	4月	5月	6月	7月	8月	9月	10月	11月	12月	年
商　河	0.0	0.2	0.2	0.6	1.6	2.7	4.7	3.3	1.2	1.0	0.4	0.0	16.0
章　丘	0.0	0.3	0.4	0.8	2.0	2.2	4.6	4.2	1.6	1.0	0.4	0.0	17.5

续表 1-2-19

站　名	1月	2月	3月	4月	5月	6月	7月	8月	9月	10月	11月	12月	年
长　清	0.0	0.2	0.4	0.9	1.5	2.5	4.5	3.9	1.4	1.0	0.4	0.0	16.6
平　阴	0.1	0.2	0.4	0.9	1.6	2.4	4.4	3.8	1.6	0.9	0.5	0.0	16.8
济　阳	0.0	0.2	0.3	0.7	1.6	2.2	4.9	3.7	1.5	1.0	0.4	0.0	16.5
济　南	0.1	0.2	0.4	0.8	1.6	2.5	5.5	4.6	1.4	1.0	0.3	0.0	18.4
全市平均	0.0	0.2	0.3	0.8	1.7	2.4	4.8	3.9	1.4	1.0	0.4	0.0	17.0

表 1-2-20　　1986—2010 年济南市各月、年≥ 25.0 毫米降水日数统计表

单位：天

站　名	1月	2月	3月	4月	5月	6月	7月	8月	9月	10月	11月	12月	年
商　河	0.0	0.0	0.1	0.3	0.8	1.4	2.7	2.2	0.6	0.2	0.0	0.0	8.5
章　丘	0.0	0.0	0.0	0.2	0.8	1.2	2.2	2.0	0.7	0.2	0.1	0.0	7.4
长　清	0.0	0.0	0.0	0.2	0.5	1.2	2.8	2.2	0.7	0.2	0.0	0.0	7.9
平　阴	0.0	0.0	0.1	0.2	0.6	0.9	2.4	2.0	0.4	0.3	0.1	0.0	7.0
济　阳	0.0	0.0	0.0	0.2	0.4	0.8	2.8	1.8	0.6	0.2	0.0	0.0	6.9
济　南	0.0	0.0	0.0	0.2	0.8	1.0	2.7	2.2	0.6	0.4	0.1	0.0	8.0
全市平均	0.0	0.0	0.1	0.2	0.7	1.1	2.6	2.1	0.6	0.3	0.1	0.0	7.6

表 1-2-21　　1986—2010 年济南市各月、年≥ 50.0 毫米降水日数统计表

单位：天

站　名	1月	2月	3月	4月	5月	6月	7月	8月	9月	10月	11月	12月	年
商　河	0.0	0.0	0.0	0.0	0.1	0.2	0.8	0.6	0.0	0.0	0.0	0.0	1.8
章　丘	0.0	0.0	0.0	0.1	0.1	0.3	0.8	0.7	0.2	0.1	0.0	0.0	2.3
长　清	0.0	0.0	0.0	0.0	0.2	0.3	1.2	0.7	0.2	0.0	0.0	0.0	2.8
平　阴	0.0	0.0	0.0	0.0	0.2	0.2	0.7	0.9	0.1	0.0	0.0	0.0	2.3
济　阳	0.0	0.0	0.0	0.1	0.0	0.3	1.0	0.8	0.2	0.0	0.0	0.0	2.4
济　南	0.0	0.0	0.0	0.0	0.4	0.4	1.0	1.0	0.2	0.0	0.0	0.0	3.0
全市平均	0.0	0.0	0.0	0.0	0.2	0.3	0.9	0.8	0.2	0.0	0.0	0.0	2.4

表 1-2-22　　1986—2010 年济南市各月一日最大降水量及出现日期统计表

单位：0.1 毫米

站　名		1月	2月	3月	4月	5月	6月	7月	8月	9月	10月	11月	12月	年
商河	一日最大降水量	9.8	23.3	29.3	49.0	91.5	122.7	129.7	135.0	46.9	115.7	23.3	5.4	135.0
	出现日期	28 日	18 日	4 日	17 日	10 日	30 日	18 日	10 日	12 日	11 日	9 日	6 日	8 月 10 日
	出现年份	1990	1990	2007	2003	2009	2002	2007	2010	1997	2003	1993	1997	2010
章丘	一日最大降水量	12.1	20.5	25.1	64.4	110.6	70.9	152.5	139.6	128.1	72.5	32.5	8.6	152.5
	出现日期	7 日	18 日	4 日	22 日	10 日	26 日	24 日	20 日	4 日	11 日	7 日	4 日	7 月 24 日
	出现年份	2001	1990	2007	1998	2009	2005	2005	1997	2003	2003	2003	2003	2005

续表 1—2—22

站名		1月	2月	3月	4月	5月	6月	7月	8月	9月	10月	11月	12月	年
长清	一日最大降水量	16.4	19.4	25.7	54.1	156.0	95.8	159.2	155.6	100.8	76.5	30.2	10.5	159.2
	出现日期	28日	18日	3日	19日	12日	27日	28日	9日	19日	11日	9日	4日	7月28日
	出现年份	1990	1990	2007	2009	1993	1996	1991	2010	2005	2003	1993	2003	1991
平阴	一日最大降水量	15.5	13.9	43.9	56.4	125.0	80.8	140.4	154.2	84.8	98.2	36.2	15.1	154.2
	出现日期	28日	18日	3日	17日	5日	17日	28日	4日	2日	11日	7日	4日	8月4日
	出现年份	1990	1998	2007	2003	2006	1990	2004	1998	1991	2003	2003	2003	1998
济阳	一日最大降水量	10.5	18.4	21.8	60.0	122.3	69.0	105.1	151.5	83.6	62.6	25.0	7.9	151.5
	出现日期	7日	18日	2日	18日	10日	6日	31日	7日	12日	11日	7日	4日	8月7日
	出现年份	2001	1990	1989	2003	2009	1987	2006	1994	1987	2003	2003	2003	1994
济南	一日最大降水量	14.0	17.7	26.3	54.7	115.9	105.2	143.8	188.0	167.4	64.4	32.4	9.5	188.0
	出现日期	28日	21日	2日	19日	5日	18日	18日	7日	19日	11日	7日	4日	8月7日
	出现年份	1990	2004	1989	2009	2006	2004	2007	1994	2005	2003	2003	2003	1994
全市	一日最大降水量	16.4	23.3	43.9	60.0	156.0	122.7	159.2	188.0	167.4	115.7	36.2	15.1	188.0
	出现日期	28日	18日	3日	18日	12日	30日	28日	7日	19日	11日	7日	4日	8月7日
	出现年份	1990	1990	2007	2003	1993	2002	1991	1994	2005	2003	2003	2003	1994

表 1—2—23 **1986—2010年济南市最长连续降水日数、降水量及止日与各月最长无降水日数、止日统计表**

项目		商河	章丘	长清	平阴	济阳	济南
最长连续降水	日数（天）	8	9	9	9	10	8
	降水量（毫米）	22.4	201.3	144.1	135.2	211.9	156.1、119.7
	止日	1995年9月9日	2010年8月27日	2006年8月6日	2010年8月27日	2006年8月6日	2007年8月5日、2010年8月14日
最长无降水	日数（天）	78	59	149	115	66	66
	止日	1999年2月17日	1988年3月13日	1996年3月20日	1996年2月15日	1996年3月20日	1996年3月20日

三、降雪日数和积雪

雪一般出现在11月至次年3月，多出现在1至2月；个别年份最早出现在10月，最晚出现在4月。年平均降雪日数，各地均在10天以上。年最多降雪日数出现在2000—2001年，各地在18(商河）—24天（平阴）之间。

积雪一般出现在11月—次年4月，1月最多；各地年平均积雪日数在10天以上，年最多积雪日数基本与降雪相一致，出现在2000—2001年，在29(济南)—35天(济阳)。最大积雪深度16厘米，1993年11月出现两天（长清）。

表 1—2—24

1986—2010 年济南市各月、年降雪日数统计表

单位：天

站　名	10 月	11 月	12 月	1 月	2 月	3 月	4 月	年
商　河	0.0	1.0	2.2	3.0	2.3	1.5	0.0	10.0
章　丘	0.0	0.9	2.6	3.9	3.1	1.8	0.1	12.6
长　清	0.0	0.9	2.3	3.1	3.0	1.5	0.0	10.8
平　阴	0.0	0.9	2.3	3.2	2.7	1.6	0.1	10.8
济　阳	0.0	0.9	2.3	3.4	2.6	1.4	0.0	10.6
济　南	0.0	1.0	2.8	3.7	3.0	1.7	0.2	12.4
全市平均	0.0	0.9	2.4	3.4	2.8	1.6	0.1	11.2

表 1—2—25

1986—2010 年济南市各月、年最多降雪日数统计表

单位：天

站　名		10 月	11 月	12 月	1 月	2 月	3 月	4 月	年
商河	日数	1	4	9	9	7	7	1	18
	年份	1987	1993、1994、2009	1991	2000	2005	1991	1998	2000—2001
章丘	日数	0	4	9	10	8	9	1	22
	年份		1993	1991	2000	2005	1991	1997、2005、2010	2000—2001
长清	日数	0	4	8	13	11	6	1	21
	年份		1993、2000、2009	1991	2000	2005	1991	1998	2000—2001
平阴	日数	0	4	8	12	10	8	1	24
	年份		1993、2000、2003	1986	2001	2005	1991	1997、2010	2000—2001
济阳	日数	0	3	7	11	8	7	1	21
	年份		1993、2000、2009	1991	2000	2005	1991	1998	2000—2001
济南	日数	0	3	7	11	8	7	1	23
	年份		1993、2000、2003	1991	2000	2005	1991	1998	2000—2001

表 1—2—26

1986—2010 年济南市各月、年积雪日数统计表

单位：天

站　名	11 月	12 月	1 月	2 月	3 月	4 月	年
商　河	1.1	2.5	4.6	2.5	0.8	0.0	11.5
章　丘	1.2	3.0	5.2	2.9	1.2	0.0	13.6
长　清	1.2	2.3	3.6	2.5	0.7	0.0	10.4
平　阴	1.2	2.4	3.5	2.4	0.7	0.0	10.1
济　阳	1.2	3.1	5.7	2.8	1.0	0.0	13.7
济　南	1.2	2.2	4.1	2.2	0.9	0.0	10.6
全市平均	1.2	2.6	4.4	2.5	0.9	0.0	11.7

表 1—2—27　　1986—2010 年济南市各月、年最多积雪日数统计表

单位：天

站　名		11 月	12 月	1 月	2 月	3 月	4 月	年
商河	日数	10	11	25	16	8	0	34
	年份	1993	2004	2001	2005	1991		2000—2001、2004—2005
章丘	日数	9	10	18	16	6	1	30
	年份	1993	1986、2002	2001	2005	1989	1998	2000—2001
长清	日数	10	13	19	10	5	1	30
	年份	1993	2002	2001	2001	1989、1991	1998	2000—2001
平阴	日数	9	11	23	9	5	1	32
	年份	1993、2009	2004	2001	2001	1989、1991	1998	2000—2001
济阳	日数	11	12	23	12	6	0	35
	年份	1993	1991	2001	2005	1989、1991		2000—2001
济南	日数	10	13	19	10	5	1	29
	年份	1993	2003	1999	2005	1989	1998	2000—2001

第五节　风

一、最多风向及频率

受地形的影响，各地年最多风向及频率有所差异，商河多西南—西南偏南风，频率 19% ～ 31%；章丘、长清多南风，频率分别为 23% ～ 41%、32% ～ 45%；平阴多东南偏南风，频率 30% ～ 39%；济阳多西南偏西风—西南，频率 17% ～ 23%；济南多南—西南偏南风，频率 27% ～ 37%。

以 1 月、4 月、7 月、10 月分别代表冬季、春季、夏季、秋季，记述风向的变化。1 月，全市大部风地区盛行偏东风，济南、长清、济阳为东北—东北偏东风，平阴东南偏南，章丘东风，商河以西南风最多。4 月、7 月，各地多南—西南风；10 月多偏南风。

表 1—2—28　　1986 —2010 年济南市各月、年最多风向及频率统计表

站　名		商河	章丘	长清	平阴	济阳	济南
1 月	风向	C　SW	C　E	C　NE	C　SSE	C　ENE	NE
	频率	37　19	22　22	43　31	44　36	58　20	36
2 月	风向	C　NE	C　SSW	C　S	C　SSE	C　ENE	ENE
	频率	32　27	29　29	39　32	40　34	35　27	35
3 月	风向	S　SSW	S	S	C　SSE	ENE	ENE
	频率	23　23	27	40	30　30	23	28

续表 1-2-28

站　名		商河	章丘	长清	平阴	济阳	济南
4 月	风向	SSW	S	S	SSE	C　SW	SSW
	频率	28	41	42	38	28　24	37
5 月	风向	C　SSW	S	S	SSE	C　SW	C　SSW
	频率	31　31	34	41	35	29　23	43　29
6 月	风向	C　SW	S	S	S	C　ENE	S
	频率	40　25	38	37	35	38　26	27
7 月	风向	C　SSW	S	C　S	SSE	C　ENE	SSW
	频率	29　23	30	42　36	38	35　25	34
8 月	风向	C　ENE	C　S	C　NE	C　NNE	C　ENE	C　NE
	频率	37　22	23　23	40　33	39　28	49　23	32　27
9 月	风向	C　SSW	C　S	C　S	C　SSE	C　ENE	C　NE
	频率	42　23	31　30	48　38	43　39	48　18	41　32
10 月	风向	C　S　SSW	C　S	C　S	C　SSE	C　WSW	SE
	频率	32　22　22	31　30	51　45	52　32	45　18	35
11 月	风向	C　SW	C　S	C　S	C　SSE	C　SW	C　SE
	频率	34　19	26　26	41　40	48　31	37　25	29　28
12 月	风向	C　SW	C　S	C　NE	C　SSE	C　WSW	SSW
	频率	38　19	29　29	41　36	45　34	37　17	33
年	风向	C　SW	C　S	C　S	C　SSE	C　SW	SSW
	频率	25　15	23　23	33　30	31　29	31　14	23

注：C 为静风。

二、风速

（一）平均风速

各地年平均风速在 2.0 米／秒（济阳）～ 3.1 米／秒(济南)之间;地理分布是中部大,南部、北部小。

仍以 1 月、4 月、7 月、10 月分别代表冬季、春季、夏季、秋季，记述风向的变化。1 月，平均风速在 1.8 米／秒（济阳）～ 2.7 米／秒（济南）之间；4 月，平均风速在 2.6 米／秒（济阳）～ 4.2 米／秒（章丘）之间；7 月，平均风速在 1.7 米／秒（济阳）～ 2.7 米／秒（济南）之间;10 月，平均风速在 1.7 米／秒（济阳）～ 2.8 米／秒（济南）之间；地理分布与年的分布相一致。

全市月平均风速，4 月最大为 3.5 米／秒，8 月最小为 1.9 米／秒；地理分布与年的分布相一致。

（二）最大风速

年最大风速多出现在夏季，春季次之。

（三）极大风速

年极大风速多出现在春、夏季节。

表 1—2—29 **1986—2010 年济南市各月、年平均风速统计表**

单位：米／秒

站 名	1 月	2 月	3 月	4 月	5 月	6 月	7 月	8 月	9 月	10 月	11 月	12 月	年
商 河	1.9	2.4	2.8	3.1	2.7	2.4	2.0	1.6	1.6	1.9	2.1	2.0	2.2
章 丘	2.6	3.2	3.8	4.2	3.6	3.3	2.6	2.2	2.3	2.7	2.8	2.7	3.0
长 清	2.6	3.0	3.6	3.8	3.3	3.0	2.4	1.9	2.0	2.6	2.9	2.7	2.8
平 阴	2.1	2.4	2.9	3.2	2.8	2.7	2.3	1.9	1.9	2.1	2.3	2.2	2.4
济 阳	1.8	2.2	2.7	2.6	2.3	2.1	1.7	1.4	1.4	1.7	1.9	1.8	2.0
济 南	2.7	3.2	3.6	3.9	3.5	3.2	2.7	2.5	2.6	2.8	3.0	2.8	3.1
全市平均	2.3	2.7	3.2	3.5	3.0	2.8	2.3	1.9	2.0	2.3	2.5	2.4	2.6

表 1—2—30 **1986—2010 年济南市各月最大风速、风向及出现日期统计表**

单位：米／秒

站名		商河	章丘	长清	平阴	济阳	济南
1 月	最大风速	13.0	15.7	14.8	15.6	12.7	15.1
	风向	WNW	SSW	SSW	NNE	WNW	S
	出现日期	1988 年 22 日	1987 年 8 日	2010 年 1 日	2009 年 22 日	1988 年 22 日	2001 年 1 日
2 月	最大风速	10.7	17.0	16.7	13.2	12.0	14.1
	风向	SW	SW	SSW	SSE	WSW	SSE、S
	出现日期	1987 年 21 日	1987 年 8 日	2010 年 23 日	2010 年 23 日	1992 年 24 日	2006 年 13、21 日
3 月	最大风速	14.7	19.0	17.8	14.7	14.0	15.0
	风向	NE	SW、E	SSW	NNW	SSW	NE
	出现日期	1990 年 24 日	1987 年 3 日、1992 年 20 日	2010 年 11 日	2010 年 20 日	1993 年 4 日	1991 年 20 日
4 月	最大风速	15.2	22.3	18.7	17.0	14.7	15.3
	风向	NE	SSW	S	NW	SW	—
	出现日期	2009 年 15 日	1986 年 18 日	2010 年 4 日	2010 年 26 日	1993 年 9 日	2000 年 9 日
5 月	最大风速	17.3	21.0	16.8	14.9	13.7	15.4
	风向	SSW	SSW	SSW	SSE	SSW	S
	出现日期	1987 年 18 日	1987 年 18 日	2010 年 2 日	2009 年 20 日	1987 年 18 日	2005 年 7 日
6 月	最大风速	13.0	17.1	15.6	18.0	15.0	15.9
	风向	NNE、WSW	ENE	SSW	WNW	NNE	SE
	出现日期	1987 年 5 日、1989 年 29 日	2005 年 22 日	2010 年 22 日	1990 年 9 日	1986 年 22 日	2002 年 17 日

续表 1—2—30

站名		商河	章丘	长清	平阴	济阳	济南
7月	最大风速	13.0	14.3	14.7	19.0	13.7	14.6
	风向	WSW	NE、S	SSW	WNW	WNW	S
	出现日期	1990年16日	1986年10日、1991年2日	2010年19日	1990年10日	1990年10日	2004年27日
8月	最大风速	11.0	12.3	12.8	13.7	12.0	16.2
	风向	WSW	SW	NW	NNW	NNW	ENE
	出现日期	1987年18日	1986年12日	2010年4日	1987年26日	1987年19日	2001年7日
9月	最大风速	11.0	18.0	15.2	14.4	9.0	12.0
	风向	WNW	S	NE	NNE	SW	SE
	出现日期	1990年16日	1987年19日	2010年21日	2010年21日	1991年17日	1999年9日
10月	最大风速	13.0	16.0	13.9	12.7	13.3	14.5
	风向	NE	SSW	NE	NE	SW	NE
	出现日期	1987年29日	1986年27日	2010年25日	2010年25日	1986年31日	2003年12日
11月	最大风速	11.0	19.0	17.8	13.5	11.3	12.5
	风向	SSW	SSW	SSW	N	ENE、WNW	S
	出现日期	1987年19日	1987年10日	2010年13日	2009年1日	1987年26日、1990年30日	2000年22日
12月	最大风速	12.3	15.7	19.0	13.0	12.0	12.7
	风向	WNW	S	SSW	N	SW	S
	出现日期	1990年21日	1988年6日	2010年10日	2010年29日	1988年6日	2010年10日
年	最大风速	17.3	22.3	19.0	18.0	15.0	16.2
	风向	SSW	SSW	SSW	WNW	NNE	ENE
	出现日期	1987年5月18日	1986年4月18日	2010年12月10日	1990年6月9日	1986年6月22日	1986年6月22日

注："—"表示资料缺测。

表 1—2—31　　1986—2010年济南市各月极大风速、风向及出现日期统计表

单位：米／秒

站名		商河	章丘	长清	平阴	济阳	济南
1月	极大风速	14.2	18.1	21.9	20.8	13.2	25.8
	风向	N	S	S	NE	NNE	NE
	出现日期	2009年22日	2009年28日	2010年1日	2009年22日	2009年22日	2002年15日
2月	极大风速	19.4	20.8	20.2	18.6	15.4	22.9
	风向	N	SW	S	NE	NE	SSE
	出现日期	2010年17日	2009年21日	2004年27日	2007年14日	2008年22日	2006年13日
3月	极大风速	19.2	21.3	23.4	20.5	16.3	25.8
	风向	WNW	S	S	NNW	NNW、E	SSE
	出现日期	2010年20日	2007年29日	2010年11日	2010年20日	2005年28日、2006年22日	1999年4日

续表 1—2—31

站名		商河	章丘	长清	平阴	济阳	济南
4月	极大风速	22.9	25.6	23.6	22.6	20.8	28.1
	风向	WSW	SSW	SSW	NE	NE	—
	出现日期	2010年26日	2005年6日	2010年4日	2009年15日	2009年15日	2000年9日
5月	极大风速	16.5	24.7	21.5	19.9	16.6	24.3
	风向	NNW	SSW	SSW	SSE	N	S
	出现日期	2005年1日	2005年7日	2010年2日	2008年17日	2005年5日	2005年7日
6月	极大风速	21.5	24.6	21.0	25.0	19.4	26.3
	风向	N	NE	SW	NNW	E	NW
	出现日期	2009年16日	2005年22日	2004年22日	2010年18日	2005年22日	1993年22日
7月	极大风速	16.8	19.2	23.5	19.2	23.6	24.3
	风向	S	NNW	N	NNW	N	N
	出现日期	2006年25日	2007年18日	2004年5日	2007年11日	2006年6日	1989年17日
8月	极大风速	16.5	17.1	25.2	20.3	19.0	26.9
	风向	S	E	WSW	NNW	SE	N
	出现日期	2010年21日	2006年3日	2005年2日	2010年4日	2006年3日	2001年23日
9月	极大风速	13.7	16.4	19.9	20.6	12.7	19.8
	风向	NE	NE	NE	NE	NE、N	NE
	出现日期	2010年21日	2008年23日	2010年21日	2010年21日	2007年3日、2008年10日	2000年5日
10月	极大风速	17.6	14.9	18.1	18.5	13.4	24.2
	风向	ENE	NE	N	NNW	NNW	NE
	出现日期	2010年24日	2005年21日	2003年12日	2009年16日	2009年18日	2003年12日
11月	极大风速	16.4	17.8	22.0	17.8	17.0	23.6
	风向	NNW	E、SSW	SSW	NE	SW	NNE
	出现日期	2005年28日	2006年22日、2007年19日	2010年12日	2009年10日	2007年19日	1987年27日
12月	极大风速	16.7	17.9	24.4	17.3	16.6	20.6
	风向	NNW	NW	SSW	N	NNW	S
	出现日期	2008年21日	2008年21日	2010年10日	2010年29日	2008年21日	2000年4日
年	极大风速	22.9	25.6	25.2	25.0	23.6	28.1
	风向	WSW	SSW	WSW	NNW	N	—
	出现日期	2010年4月26日	2005年4月6日	2005年8月2日	2010年6月18日	2006年7月6日	2000年4月9日

注：1.“—”表示资料缺测；

2.济阳、章丘、商河、平阴、长清观测资料年限2005—2010年。

第六节　相对湿度和蒸发

一、相对湿度

各地年平均相对湿度在57%（济南）～68%（济阳）之间，仅济南在60%以下，其他各地均在60%以上。相对湿度以夏季最大，秋季次之，春季最小。其月分布8月最大，3月最小。地理分布与风速的地理分布相反。

表1—2—32　　**1986—2010年济南市各月、年平均相对湿度统计表**

单位：%

站　名	1月	2月	3月	4月	5月	6月	7月	8月	9月	10月	11月	12月	年
商　河	62	57	55	57	63	62	77	82	76	68	66	66	66
章　丘	57	52	50	51	57	58	74	79	69	61	58	59	60
长　清	56	53	51	53	59	58	74	79	70	62	60	60	61
平　阴	61	56	53	55	60	59	75	80	72	64	63	64	64
济　阳	65	60	57	59	66	65	79	84	78	70	68	68	68
济　南	53	50	47	46	53	56	72	76	66	57	55	56	57
全市平均	59	55	52	53	60	60	75	80	72	64	62	62	63

二、蒸发量

各地年平均蒸发量在1545.8毫米（济阳）～2147.0毫米（章丘）之间，济南、章丘在2100毫米以上，其余各地在1900毫米以下。蒸发量夏季最大，春季次之，冬季最小。各地蒸发量均以春末（5月）、夏初（6月）最大，冬季（12月、1月）最小。6月与1月蒸发量的差值，章丘、济阳在250毫米以上，其余各地在240毫米以下。蒸发量最大的月份均出现在6月，在239.3毫米（济阳）～332.7毫米（章丘）之间。蒸发量最小月份，大部分出现在1月，在37.6毫米（商河）～56.5毫米（济南）之间；仅济阳出现在12月，为35.1毫米。

表1—2—33　　**1986—2010年济南市各月、年平均蒸发量统计表**

单位：毫米

站　名	1月	2月	3月	4月	5月	6月	7月	8月	9月	10月	11月	12月	年
商　河	37.6	63.7	134.6	210.1	237.0	263.9	195.6	155.1	137.8	116.6	67.3	39.4	1658.6
章　丘	54.2	86.9	172.9	273.7	315.4	332.7	233.8	182.3	175.0	160.2	99.4	60.3	2147.0
长　清	50.4	75.5	145.8	219.1	240.6	271.4	200.8	160.4	140.0	127.5	85.0	53.7	1770.2
平　阴	51.8	77.5	153.3	225.4	260.5	297.2	220.8	174.4	156.2	139.3	90.2	53.1	1899.6
济　阳	35.7	61.5	126.2	188.2	211.2	239.3	189.5	150.6	131.0	111.0	66.5	35.1	1545.8
济　南	56.5	83.1	156.9	258.8	298.2	306.7	239.3	196.2	184.9	155.3	102.0	64.8	2118.1
全市平均	47.7	74.7	148.3	229.2	260.5	285.2	213.3	169.8	154.2	135.0	85.1	51.1	1856.6

第七节　物　候

物候现象是环境条件的综合反映，从气象条件来说，它不仅反映当时的气象，而且也反映了过去一个时期内气象影响的积累。物候观测资料可以预告农时，指导农事活动，对作物引种、布局等有广泛的应用价值。

1985—2010年，济南市只有济阳县国家农业气象基本站进行玉米、棉花和木本、草本植物以及动物物候观测，文中所用物候资料均为济阳观测资料。

一、农作物物候期

由于济南市各县（市）区气候的差异，造成同一农作物的物候期在各地出现时间差异。即使在同一地区受气候影响，直播夏玉米、春直播棉花的播种期，年际也存在差异。

表1—2—34　　1986—2010年济阳县夏玉米（直播）平均物候期统计表

月－日

项目	播种	出苗	拔节	抽穗	乳熟	成熟
平均	6—19	6—37	7—8	7—28	8—6	8—16
最早	6—11	6—21	7—2	7—16	7—30	8—6
最晚	7—6	7—16	7—22	8—16	8—29	9—2

表1—2—35　　1986—2010年济阳县棉花（春直播）平均物候期统计表

月－日

项　目	播种	出苗	三真叶	五真叶	现蕾	开花	吐絮	停止生长
平　均	4—26	5—7	5—29	6—9	6—24	7—14	9—6	10—22
最　早	4—19	4—27	5—20	5—31	6—16	7—6	8—21	10—8
最　晚	5—11	5—22	6—10	6—20	7—6	7—26	9—17	10—31

二、木本植物物候期

济阳观测的木本植物有：榆树、小叶杨、旱柳、槐树、刺槐、枣，受气候影响，最早与最晚相差一个月左右。

表1—2—36　　1986—2010年济阳县木本植物平均物候统计表

月－日

项目		芽开放期	展叶期		开花期			果实或种子成熟期	秋叶变色		落叶期	
			始期	盛期	始期	盛期	末期		始变	全变	始期	末期
榆树	平均	2—28	4—6	4—15	3—14	3—20	3—27	4—20	10—22	11—8	11—2	11—16
	最早	2—15	3—20	3—26	2—28	3—2	3—10	4—10	10—12	10—22	10—21	11—4
	最晚	3—16	4—18	4—25	4—2	4—8	4—16	4—28	11—3	11—20	11—18	11—27
小叶杨	平均	3—7	3—31	4—5	3—24	3—28	4—2	4—21	5—1	5—8	10—9	10—25
	最早	2—20	3—10	3—16	3—6	3—10	3—14	4—5	4—22	4—30	9—29	10—13
	最晚	3—20	4—10	4—14	4—4	4—8	4—12	5—13	5—14	5—19	10—24	12—6

续表 1—2—36

项目		芽开放期	展叶期		开花期			果实或种子成熟期	秋叶变色		落叶期	
			始期	盛期	始期	盛期	末期		始变	全变	始期	末期
旱柳	平均	3—12	3—26	4—1	4—3	4—8	4—14	4—25	4—28	5—4	10—29	11—13
	最早	2—24	3—12	3—14	3—14	3—16	3—26	4—16	4—20	4—26	10—18	11—6
	最晚	3—24	4—7	4—20	4—21	4—24	4—29	5—4	5—8	5—15	11—8	11—26
槐树	平均	4—6	4—13	4—20	7—16	7—26	8—8	10—15	10—30	11—14	10—27	11—9
	最早	3—22	3—30	4—6	7—10	7—20	7—28	10—3	10—24	11—3	10—17	10—31
	最晚	4—20	4—24	4—28	7—26	8—8	8—26	10—23	11—23	11—30	11—6	11—22
刺槐	平均	4—5	4—13	4—19	4—30	5—4	5—11	8—14	9—5	9—19	10—14	10—28
	最早	3—22	3—28	4—4	4—16	4—20	4—26	8—4	8—25	9—9	10—2	10—20
	最晚	4—20	4—25	4—27	5—9	5—15	5—20	8—25	9—12	9—26	10—30	11—6
枣	平均	4—18	4—25	5—3	5—25	6—4	6—19	9—8	9—26	10—8	10—5	10—19
	最早	4—8	4—16	4—22	5—16	5—22	6—1	8—18	9—19	9—26	9—23	10—10
	最晚	4—26	5—3	5—15	6—1	6—13	6—30	9—20	10—5	10—18	10—18	11—2

三、草本植物物候期

济阳观测的草本植物有：车前、蒲公英、苍耳、芦苇，受气候影响，最早与最晚相差一个月左右。

表 1—2—37　　**1986—2010 年济阳县草本植物平均物候期统计表**

月—日

项　目		萌芽期	展叶期		开花期			果实或种子成熟期		果实脱落或种子散落期		黄枯期		
			始期	盛期	始期	盛期	末期	始期	全熟期			始期	普遍期	末期
车　前	平均	3—12	3—23	4—3	4—19	4—29	5—14	6—27	7—21	8—4	10—21	11—2	11—12	3—12
	最早	2—25	3—10	3—14	4—8	4—13	4—24	6—7	6—28	7—1	10—6	10—20	10—26	2—25
	最晚	3—29	4—18	4—24	5—7	5—22	6—20	8—28	9—20	9—30	11—10	11—18	11—28	3—29
蒲公英	平均	10—1	3—22	4—1	4—7	4—15	4—28	4—15	4—28	4—26	10—22	11—2	11—12	10—1
	最早	2—7	3—10	3—14	3—26	4—2	4—16	4—6	4—16	4—14	10—11	10—20	10—26	2—7
	最晚	3—26	4—7	4—15	4—20	4—26	5—17	4—28	5—20	5—8	10—30	11—17	11—26	3—26
苍　耳	平均	4—3	4—10	4—20	7—15	8—1	8—13	9—6	9—23	10—5	9—19	9—30	10—9	4—3
	最早	3—20	3—26	4—6	4—30	7—20	7—25	8—18	9—10	9—20	9—8	9—20	9—29	3—20
	最晚	4—11	4—19	4—30	7—28	8—16	8—30	9—18	10—3	10—16	10—5	10—10	10—16	4—11
芦　苇	平均	3—25	4—7	4—17	9—4	9—12	9—21	10—9	10—22	10—31	10—19	10—29	11—6	3—25
	最早	3—3	3—18	3—28	8—27	9—4	9—14	10—2	10—13	10—26	10—5	10—17	10—28	3—3
	最晚	4—18	4—20	4—30	9—14	9—25	9—30	10—20	11—4	11—17	11—6	11—15	11—22	4—18

四、候鸟、昆虫、两栖动物物候

济阳候鸟、昆虫、两栖动物有：豆雁、家燕、大杜鹃、蟋蟀、蛙、蚱蝉。

表 1—2—38　　1986—2010 年济阳县候鸟、昆虫、两栖动物平均物候期统计表

月－日

项　目	豆雁		家燕		大杜鹃		蟋蟀		蛙		蚱蝉	
	始鸣	终鸣	始见	绝见	始鸣	终鸣	始鸣	终鸣	始鸣	终鸣	始鸣	终鸣
平　均	2–28	10–25	4–8	10–8	5–22	7–24	7–22	10–17	4–9	9–21	6–19	9–16
最　早	2–5	10–4	4–2	9–20	5–13	7–10	7–2	10–10	3–28	9–1	6–8	8–21
最　晚	3–18	12–4	4–25	10–22	6–4	8–13	8–10	10–31	5–10	10–15	7–5	10–20

第四章　水　　文

第一节　地表径流

一、年径流量及年际、年内季节变化

大气降水是济南市河川径流最主要的补给来源。全市多年平均降水量（1952—2010 年）648 毫米，折合水体总量为 52.99 亿立方米，其中年径流量为 9.29 亿立方米，即降水量的约 4/5 耗于蒸发、入渗，只有不足 1/5 形成径流。

河川径流的年际变化主要取决于降水的年际变化。径流的年际变化幅度，南部低山丘陵区略小于北部平原区。径流量的年际变化比降水量的变化更为剧烈，不但年际变化幅度大，且丰枯水期交替出现，并往往发生连续丰水、枯水年情况。据济南黄台站 95 年（1916—2010）资料分析，降水量大于 700 毫米的丰水年 31 次；小于 580 毫米的枯水年 33 次，其中 400 毫米以下的特枯水年 10 次；1939—1944 年曾连续 6 年干旱；1961—1964 年曾连续 4 年洪涝。

由于河川径流量主要受降水补给，故河川径流的季节变化亦十分明显。全年径流量有 75% ～ 85% 集中在 6—9 月的雨季汛期，最大月径流出现在 7 或 8 月；枯水期的 8 个月径流量只占全年的 15% ～ 25%，最小月径流量一般出现在 5 月。

二、年径流量的地带性与非地带性变化

济南市总面积 8177 平方千米，多年（1952—2010）平均径流深 113.6 毫米。年径流深的分布由于受气候、降水、地形、地质等条件的综合影响，既具有水平地带性变化和垂直变化，也有局部地区的特殊性。

中国按径流深等值线划分为：大于 800 毫米的丰水带、800 毫米～ 200 毫米的多水带、200 毫米～ 50 毫米的过渡带、50 毫米～ 10 毫米的少水带、小于 10 毫米的干涸带。济南市属于径流过渡带，相当于降水的半湿润带。南部低山丘陵区年径流系数为 0.2 ～ 0.3，而北部平原区年径流系数一般在 0.1 左右。

济南市年径流的非地带性变化，主要表现在下垫面的地形、地质、岩性等对径流的影响特别显著。由于高大的泰山山体构成水气输送的屏障，

迎风坡易凝云致雨，而济南位于背风坡和平原地区的交接处，于是形成了降水的相对低值区。在山区则有随高程增加而增加的垂直变化规律；在岩溶发育的石灰岩区，由于大量渗漏水或从邻近流域得到大量补给，局部地区的径流往往呈现异常现象，如市区泉域排泄区就大得多，而在曹范、彩石、港沟等地，由于裂隙和岩溶发育，降水易于下渗和地下运移，则很少地表径流，形成石灰岩山区缺水区。

第二节　河　流

济南市的河流分属黄河、小清河和徒骇河、德惠新河四大水系。

一、小清河水系

小清河是山东省内一条防洪、除涝、航运、灌溉、排污等综合利用的大型人工河道。主干自睦里闸起，自西向东流经济南、滨州、淄博、东营、潍坊五市，于寿光的羊角沟入渤海，全长232.0千米，流域面积10336平方千米。同时还是省内唯一河海通航、水陆联运的河道。

（一）济南段小清河干流

小清河源于济南市区诸泉，并于清末向西延至睦里闸。河道流经槐荫、天桥、历城及章丘三区一市，于章丘水寨镇小贾庄出境，进入下游的滨州市邹平县境。

小清河在市境内河长70.3千米，汇流面积2792平方千米，其中山区面积约占54.7%。境内的主要支流有28条，大都分布在右侧，呈不规则羽状分布。南岸支流除工商河、东西泺河等城市排水及泉水河道外，其余支流均属山洪性河道；北岸的支流较少，均属平原型坡水河道。沿河还分布着众多的碟状洼地。

1987年8月26日，市区6小时平均降雨294毫米，由于河道宣泄不及而漫溢成灾。次年进行了清障疏浚，并对阻水严重的黄台、还乡店、菜园3座桥梁进行开卡建设。

通过1996—1998年对小清河进行的综合治理，济南境内的小清河干流河道呈现三种断面形式：上游自睦里闸至西外环桥河段长10.5千米，为土渠梯形断面，河底宽20米，河口宽35米～50米；西外环桥至洪园桥河段长18.3千米，为浆砌石矩形断面，子槽底宽20米～30米，深3米，河口宽40米～50米；洪园桥至章邹边界，河段长41.7千米，为土渠梯形复式断面，河底宽30米，大堤中心距210米～330米。

据1958—2010年（其中1961年缺测）资料统计，小清河多年平均径流量2.674亿立方米，最大年径流量（2004年）5.391亿立方米，最小年径流量（1968年）0.999亿立方米，极值比5.396；多年平均流量8.47立方米/秒，实测最大流量（2005年9月19日）206立方米/秒，最小流量（1960年6月29日）0.8立方米/秒。

（二）小清河支流

由于地形、地质等自然条件的影响，市内源于山区、丘陵地带的众多山洪及泉水河道，均从右侧南岸汇入小清河。由于南高北低的地理地势，故右岸入清的山洪性河道，均有河槽上宽下狭、上陡下缓，支流大于主干，暴雨山洪直下等特点，加之小清河干流的行洪能力太低，极易形成南冲北淹的灾害局面。而小清河北岸的支流较少，且规模也小，均为平原坡水排涝河道。排涝河道一般为农田排水干沟，经历次疏浚拓宽而成，无固定源头，与田间排水沟、渠相连，平常基本为灌溉尾水。由于断面小，比降缓，逢遇大雨，行洪缓慢，常积涝成灾。

腊山河与大涧沟　腊山河，又名饮马河。源于段店西南的腊山，北流于吴家堡西入小清河，长8千米，流域面积56.7平方千米。大涧沟，源于十六里河镇大涧村，西北流经复兴、小白庄，于井家沟穿津浦铁路后，北拐直入小清河，长约20千米，流域面积40.2平方千米。

兴济河　原名柳塘河。源于十六里河的兴隆山（玉函山）、大峪山、白土岗等山谷，西北流经十六里河、西十里河庄，于谷家庄穿津浦铁路后折向北流，经段店、老屯、杨庄，于黄岗村西入小清河，河长22千米，流域面积139平方千米。该河分为两段，西十里河庄以上为天然山洪河道，以下进入平原为人工河道。

工商河　位于济南市老城区西北，小清河南岸，是一条人工开挖利于水运及排水的河道。其走向似“U”字形，从北闸子庄南小清河起，向南穿越堤口路，折向东至成通纱厂（后国棉四厂）西，又拐向北于凤凰山庄北侧复入小清河。

西泺河、东泺河　西泺河，南起苇闸桥，向北经边庄，至五柳闸入小清河，长2924米。其上源为趵突泉诸泉水，经西护城河相连。

东泺河，南起坦桥，向北经何家庄，至黄台板桥庄西入小清河，长3150米。其上源为黑虎泉诸泉水，经东护城河相连。

柳行河　又称大柳行头河。南起老城东圩子壕北端（其上游支流有羊头峪西沟和东沟、马家庄沟、尧龙沟等），北流至黄台板桥庄西入小清河，长2.9千米，总流域面积18.2平方千米。

全福河　又名窑头大沟，七里河。源于龙洞庄西的狸猫山两侧峪沟。西支主流经浆水泉庄、窑头庄至姚家庄，与经中井庄、下井庄的东支流相汇，此上游段及全河道又称窑头大沟。河道北流经七里河庄、殷家小庄，于全福庄入小清河，故河道又称七里河、全福河。全长11千米，流域面积24.7平方千米。

大辛河　又名大辛石河，因河道流经大辛庄而得名。河道源于龙洞庄以南诸峪沟，北流经孟家庄、石河岭、贤文庄等，至大辛庄西向北注入小清河。全长21千米，流域面积44.7平方千米。

张马河　源于南部山区的汉峪沟、牛旺沟，在胶济铁路附近汇合后，北流经张马屯，至小水坡庄入小清河，长13千米。

韩仓河　又名梁王河、港沟河、石河。源于麒麟山诸峪，北流入燕棚水库。出库经两河、河西、田庄、章灵丘等，从韩仓西穿过胶济铁路，再经东、西梁王庄之间至曲家庄东入小清河。全长28千米，流域面积154平方千米。

赵王河　又名赵家运粮河、龙王沟。源于港沟南部丘陵。主河自王舍人镇川流村东，北流经董家镇的曹官庄、遥墙四凤闸，在鸭旺口入小清河，长7.5千米，其中四凤闸至小清河一段长2千米，为赵王河下游，又称龙王沟。主河上接刘公河（长26.7千米，流域面积53平方千米）、土河（长21千米，流域面积37.4平方千米）和杨家石河（长21.5千米，流域面积59.3平方千米），三条山洪河道总长69.2千米，流域面积149.7平方千米。

巨野河　又名巨冶河、巨河水、龙山河、抬头河、全节河、遥墙河，是一条古老的山洪河道。源于拔槊泉村，北流经彩石镇玉河泉、虎门、潘河崖、大龙堂至两岔河村，与西南支流的宅科峪水汇于狼猫山水库。出库北流于章丘右纳关卢水（界沟河）、武源水（权庄河）汇入杜张水库。出库又西北流，经唐王镇纸坊、司家和遥墙镇陈家岭、东河北等村，在鸭旺口村东北入小清河。全长48.5千米，流域面积260平方千米。

南太平河　又名西太平河。源于北店子，东流经七里铺，至南吴家堡村南入小清河，长9.5千米，汇流面积22.4平方千米。

曹家圈河　又名虹吸干河。系1957年开挖的人工河道。西起曹家圈，向东经陈家庄，中赵家庄至王炉村入小清河，长14.5千米，汇流面积14平方千米。

北太平河　又名东太平河。源于周官屯村北，经西沙王庄、东沙王庄，至北闸子庄东南入小清河，长10.5千米，汇流面积40.9平方千米。

华山排水沟　华山排水沟为引黄灌区的排水沟。从黄河大堤附近的韩庄南起，经王保庄，东折至陈家庄，又拐向东南，绕过驴山，于还乡店村东入小清河，长4.8千米，汇流面积22.5平方千米。

遥墙排水沟　1959年在黄河与小清河之间开挖济北干渠，到遥墙北部时即与1952年开挖的历（城）章（丘）齐（东）排水沟相接。自小王楼起，至北柴家庄入清处，长15千米，汇流面积58平方千米。1990年，因兴建济南国际机场，沟道又从胡家庄东改道南行，到南郭而庄东，顺入湛家排水沟入清。

绣江河　上游段为西巴漏河，位于章丘境内。绣江河源于明水诸泉，自明水西北流，至金盘村与西巴漏河交会后，经绣惠镇（旧章丘城）绕女郎山又西北流，过水寨，于辛丰村北入小清河。河道总长 87.7 千米，流域面积 667 平方千米（含西巴漏河）。

漯河　古称獭河，又名杨绪沟。上游段称东巴漏河，源于淄博市镇门峪村东南的青龙湾，于胡山镇的石门村进入章丘境内，经普集镇的刘家河洼西北流，至相公庄镇寨子村南的龙头湾，以下始称漯河。漯河北流，经山头店、刁镇至鲍家村南折向东流，于芽庄村北注入芽庄湖，后由邹平县境杏花沟入小清河。河道长 67 千米，流域面积 464 平方千米。

大沙溜排水沟　是章丘小清河左岸的主要排水沟道。沟长 20.9 千米，汇流面积 146.7 平方千米。

二、黄河水系

（一）济南段黄河干流

黄河现行河道，自平阴县东阿镇后姜沟进入济南。河道沿市境逶迤东北，流经平阴县、长清区、槐荫区、天桥区、历城区、章丘市，于济阳县仁风镇老桑家渡出境。境内总长 183.35 千米。其支脉河流均从右侧南岸汇入，主要有浪溪河、玉带河、清水沟、南大沙河、北大沙河、玉符河等。此外还有流经原平阴县店子、孔村、孝直三乡镇的汇河及源于原章丘阎家峪乡东南山峪的嬴汶河，均为黄河支脉大汶河水系。市境内的入黄诸河总流域面积 1973.2 平方千米。

黄河济南段的河道地面高程渐低，河面缩窄，河道弯曲，为全省重要的险段之一。玉符河口以上的平阴、长清境内河段，沿黄为山麓滩区，不设堤防；玉符河以下的河段设堤防，堤距约 1 千米，特别是槐荫区曹家圈等处的河槽狭窄，弯曲多险，堤距仅 480 米，为黄河下游最窄的河段。此外，这段河道上还建有曹家圈、泺口铁路桥及亓庄公路桥等，卡凌壅水，对防洪有一定影响。

黄河水量年内、年际分布不均，变化大。据 1986—2010 年资料统计，泺口水文站多年平均径流量 172.7 亿立方米，多年平均流量 547.2 立方米／秒。年内来水量季节性变化很大，以 8 月来水量最大，6 月来水量最小，汛期（7—10 月）的径流量占年径流量的 60% 左右。

水少沙多是河道下游的特点，泥沙年内和年际亦分布不均。泺口水文站 1986—2010 年多年平均输沙量 3.45 亿吨，多年平均含沙量 18.72 千克／立方米。年内来沙季节性变化强，汛期(7—10 月)输沙量占全年的 80% 以上。

因黄河水含沙量高，致槽滩泥沙淤积严重，河床逐年抬高，济南段早已成为地上“悬河”。主河槽年均淤厚约 0.05 米，滩地年均抬高约 0.1 米，因而水位随之抬高。

黄河历史上有桃、伏、秋、凌四汛，桃汛较小，伏、秋汛最大，暴雨洪水多集中在每年的 7—10 月，径流量和输水量在年内分布上亦多集中于此。冬季时有凌汛，此为山东黄河的一大特征。

黄河的水质较好，矿化度低，硬度不高。据资料 pH 值平均为 7.9，矿化度 404.7 毫克／升，硬度 3.4 毫克／升，适宜于城乡生活及工农业用水。

黄河在给济南带来水沙之利，用于给水、灌溉、通航、淤地改土等的同时，亦给城市和滩区度汛构成很大威胁，并为引水带来相当棘手的泥沙问题。

（二）黄河支流

黄河下游在济南段汇入的支流均为雨源型河道，除浪溪河、玉符河为常年性河流外，其余均为排泄山洪的季节性河流。

浪溪河　源于平阴县洪范池镇南部山区，上游由三条较大的自然冲沟形成，其中两条源于南天观东西两侧峪谷，两沟在张海村东汇流，向北至纸坊，又与另一条源于大寨山东侧的冲沟相汇，从纸坊向北经东阿镇大河口入黄河。全河长 26 千米，流域面积 118 平方千米。流域内寒武系石灰岩地层和岩溶裂隙发育，形成岩溶水，于山间或山脚溢出地面，有丁泉、白雁泉、书院泉、洪范池等多处泉水。浪溪河受泉水补给，常年流水，且水质优良。

玉带河　源于平阴县李沟西南山峪，蜿蜒向北，于刁山坡镇的外山处流入黄河。河长 27.5 千米，流域面积 134 平方千米。系季节性山洪河道，河水最大流量 150 立方米 / 秒。

汇河　为平阴县过境河道，源于肥城市陶山一带，主河道在平阴陈屯村进入境内，于孝直东南的山谷楼出境，入东平县戴村坝汇汶水入黄河。该河全长 49 千米，流域面积 1260 平方千米。其中平阴县境内河长 12.5 千米，流域面积 220 平方千米。

清水沟　又称孝里铺河。源于长清区孝里南部的大峰山东西两侧峪沟，两支流在孝里铺南交汇北流，于老王坡注入黄河。主干流短，河长仅 13.5 千米，但上游汇流区呈扇形，流域面积 107.8 平方千米。河道属雨源型，除汛期有水外，基本常年干涸。

南大沙河　有三条支流，中支流源于长清、肥城交界的桃花山；西支流源于长清区双泉的小泰山，两水在马山漩庄南合流而北；东支流源于青龙山，在归德镇的苾村铺南三流交汇。又西北流，过归德洼，于董庄北入黄河。河长 37.2 千米，流域面积 406 平方千米。

北大沙河　主要源头有三条，中支流源于泰山西麓的桃花山峪；东支流源于历城仲宫清凉台和长清万德摩天岭脚下，两水在万德合流向北；西支流源于万德西南的黄巢寨峰脚下，在万德西三流汇合。又西北，于平安镇老王府村西入黄河。河长 67.7 千米，流域面积 584 平方千米。

玉符河　源于历城南部山区的锦绣川、锦阳川、锦云川。三川均属于常年性山溪，在仲宫镇西汇入卧虎山水库，出库始称玉符河。迤逦西北，流经朱家、寨而头、渴马、崔马等庄，于罗而庄南过津浦铁路，又经丰齐、周王庄至北店子入黄河。河长 85.4 千米（含锦绣川 44.6 千米），总流域面积 751.3 平方千米，为济南境内最大的入黄支流。

赢汶河　属汶河水系。源于章丘阎家峪九顶山东坡的清凉泉，沿峡谷汇诸山峪水，蜿蜒南流，经田家柳、常三行、西周峪、北王庄入莱芜市境。境内长 8.9 千米，流域面积 50 平方千米。

三、徒骇河水系

徒骇河为济南过境河道，位于山东黄河以北的平原地区，属海河水系、独流入海。徒骇河起自莘县文明寨村东，于沾化县西山后北与秦口河汇流后入渤海，全长 436 千米（其中河南省南乐县境内长 19.5 千米）。总流域面积 13902 平方千米，其中山东省 13296 平方千米，河南省 602 平方千米，河北省 4 平方千米。

（一）济南段徒骇河干流

徒骇河自济阳县二太平镇进入济南，蜿蜒西北，先经济阳北部，至南河头又流经济阳、商河两县间，于商河展家出境。境内河长 64 千米，位于干流河道的中部偏下，流域面积 1418.2 平方千米。右岸济阳县汇入的主要支脉有六六河、齐济河、牧马河、大寺河、芦兰河等，均南北流向；而左岸商河县汇入的主要支脉有土马河、清水干沟、沙河等，均东流出境。济南境内河道排涝为 731 立方米 / 秒～ 803 立方米 / 秒，防洪达到 1114 立方米 / 秒～ 1235 立方米 / 秒，基本上可免除洪涝灾害。

（二）徒骇河支流

六六河　上游至齐河县杨珍庄，下游由蔡庄北入济阳县境后，继续向北到前冯入徒骇河。河全长 33 千米（境内长 5.6 千米），总流域面积 156.6 平方千米，最大排水流量 44.4 立方米 / 秒。

齐济河　河长 30.4 千米(境内长 13.5 千米)，总流域面积 230 平方千米（境内 64.4 平方千米），最大排水流量 59.8 立方米 / 秒。

牧马河　上游起自齐河县大吴涵闸，于孙耿盐场村南入境，至老杨沟入徒骇河，河长 31.2 千米，流域面积 208 千米，入河口处排涝量 74.7 立方米／秒。

大寺河　南起齐河大王乡母子洼，经济阳大安洼、李寺洼、大寺洼到魏家铺入徒骇河。河长28.6千米，流域面积191.7平方千米，最大排涝流量57.8立方米／秒。

芦兰河　南起秦圈村西，于仁风芦兰村入徒骇河。河长15.6千米，流域面积104平方千米，最大排涝流量已达33.3立方米／秒。

土马河　为商河县过境河道，自商东河起，东流至原展家乡王老庄东出境，进惠民至大杜家入沙河。河长36.5千米（境内21.4千米），流域面积232平方千米（境内87平方千米）。

沙河　商东河以东河段，东行于小吴家出境，河长65.5千米（境内8.4千米），流域面积836.7平方千米（境内73平方千米）。

清水干沟　为徒骇河流域支脉的沙河、又二级支流的土马河的支流，河长16.2千米，流域面积90平方千米。

四、德惠新河水系

德惠新河开挖之前，这里原系徒骇河与马颊河之间一片地势低洼的狭长地带，坡洼地多，排水出路少，遇到较大降雨，即造成严重灾害。为了从根本上解除洪涝威胁，改善农业生产条件，1968—1970年，开挖该排涝河道，因其流经原德州、惠民两地区而得名。河道起自平原县王凤楼村东，至无棣县沙头堡东北与马颊河汇流入海。主要支流有禹临河、引徒总干、临商河、跃进河、商东河等。全长172.6千米，总流域面积3249平方千米。汇合口处最大排涝流量320立方米／秒，行洪流量472立方米／秒。

（一）济南段德惠新河干流

德惠新河位于商河县北部。自怀仁镇三皇庙西，沿临邑、商河县界东北流，到临商河口西入商河县境，于奎台乡坡李家东又沿乐（陵）商（河）县界再东北流，至韩庙乡买虎站东出境。县境内长度21千米，流域面积846.9平方千米。境内主要支流有临商河、跃进河、商东河、改碱河等，均南北流向。

德惠新河是商河县的主要排水干流，境内堤防长度，左岸9.72千米，右岸22.68千米，堤距122米～212米间，排涝流量170立方米／秒～282立方米／秒，防洪流量256立方米／秒～420立方米／秒，水深3.5米～4米。

（二）德惠新河支流

临商河　又称商西河，起自济阳县徒骇河左岸牛王涵闸，至原奎台乡宋家村东入德惠新河。河长43.5千米，流域面积508平方千米。入河口处排涝流量88.9立方米／秒，防洪流量138.2立方米／秒。

跃进河　又称商中河。起自徒骇河南河头引水涵洞，至郑店西南入德惠新河。河长39千米，流域面积434平方千米。入河口处排涝流量81.2立方米／秒，防洪流量123.7立方米／秒。

商东河　起自徒骇河故道，在聂家营北出境入德惠新河。河长39.23千米（境内35.5千米），流域面积345.8平方千米(境内232.2平方千米)。入河口处排涝流量69.2立方米／秒。

改碱河　源于清水洼的毛清支沟，于大官庄西入德惠新河。河长27千米，流域面积136.4平方千米。入河口处排涝流量42.4立方米／秒。

第三节　湖泊 沼泽 洼地

一、大明湖

大明湖位于济南旧城北部。汇入大明湖的水源主要来自南岸的珍珠泉、濯缨泉、芙蓉泉等多处泉水，由于疏浚后水深增加，调蓄水量由30万立方米左右，增至90万立方米。湖北岸的汇波楼北水门和铁公祠东，设有泄水闸两处，以调节水位和控制向北护城河泄水。由于大明湖所处的地势低洼，湖底为不透水的火成岩构成，至湖水不能下渗，又加合理的排水系统，大明湖具有“淫雨不涨，久旱不涸”的特点。

1957年，大明湖辟建公园，公园面积86公顷，其中水面46公顷。2007—2009年，对大明湖进行扩建，使其由园中湖变为城中湖，大明湖景区面积增加29.4公顷，其中水面增加9.4公顷。

二、白云湖

白云湖位于章丘西北的山前平原与黄泛平原两水文地质区的交接带上，北距小清河4千米，东到绣江河3.5千米，西入历城区，是一个河渠纵横，泊沼接连，水陆相间，沟洫如网的天然湖泊。

新中国成立后，为综合治理小清河，减轻绣江河下游洪水压力，对白云湖曾多次整治。1958年筑堤围湖修建白云湖滞洪工程，湖区东西长有7.5千米，南北宽2.5千米，围堤长18.06千米，堤高4米～6米，顶宽3米～4米，湖面积16.5平方千米，平面呈椭圆形，设计滞洪8000万立方米。同时，内外堤脚还有10米～50米的林带或苗圃。1962—1964年连续3年滞洪蓄水。20世纪70年代以后，入湖水源减少，至1982年春，湖面已经干涸，鱼虾绝迹。1984年筹划利用联合国世界粮食计划署援助，将白云湖建成大型淡水养殖基地。1988年工程竣工，建有近万亩鱼池、孵化场、引黄（河）济白（云湖）工程等，并做到调蓄、养殖统一安排调度。

三、芽庄湖

芽庄湖位于章丘东北隅，章邹（平）两县交界处。湖围堤长10.6千米（其中章丘4.9 千米），堤顶宽3米，全湖面积5.4平方千米（其中章丘2.2平方千米），设计滞洪1500万立方米。在湖东北角建有泄水的浒山闸。一般水深1.9米，最深达2.4米。1990年，对湖区进行粮棉、林、芦苇综合开发，通过植树及修建台条田、渠系、道路、配套建筑等，使湖区面貌发生了很大变化，做到分洪与开发统一管理调度。芽庄湖还盛产鱼、虾、蒲、苇等。

四、东平湖

东平湖处于黄河与汶河下游冲积平原相接的洼地上，总面积627平方千米，其中老湖区209平方千米，新湖区418平方千米。原设计蓄水位46米，总库容40亿立方米，其中老湖区11.94亿立方米，新湖区27.85亿立方米。东平湖东北部的13.3平方千米原属济南平阴县管理。1996年旧县乡划归东平县管理，东平湖全部归泰安市管辖。

五、其他沼泽洼地

济南市南依泰岱，北枕黄河的特殊地理环境，及历史上黄河下游段的多处溃决，使沿黄一带分布着众多的浅平洼地。而济南北部属于海河流域的徒骇、马颊河水系，更是在黄河下游段决徙、改道、泛滥的影响下，屡出屡湮，滚动串流，相互侵夺，变动频繁，致使域内微地貌的岗、坡、洼交错分布。加之黄河河床的逐年淀积抬升，抬高了原汇入黄河的支脉河流的尾闾水位，因而汛期河道下游洼地潴水，汪洋一片。

济南的沼泽洼地，主要分布在平阴、长清的沿黄滩区；市区北郊、历城、章丘的黄河、小清河间和沿河湖区；济阳、商河的黄泛平原区。因黄河泛滥、淀积等而形成的沼泽洼地，面积有大有小，有的大洼内又分多个小洼地。洼地平面上多呈封闭状的蝶形、椭圆形和带形。大洼多地形浅平，进洼不见洼，俗称“漫坡洼”；小洼多分布零散，深浅不一。洼地因形成和自然条件的不同具有一些特性：如洼内的土质不尽相同；排水没有出路，雨季汇流漫溢，洼底积水静待自行消退，有的还常年积水；洼内地下水位较浅，有的矿化度高，水质较差，并相伴着土壤碱化等。

市区北郊、历城的沿黄沼洼地，大多已被引黄泥沙淤高填平，仅存的历史湖泊——美里湖、洋涓湖、华山湖等湖心一带，亦逐年缩小或被开发成水产种植、养殖基地。长清沿黄较大的许寺、城关、归德、孝里四大洼中，前三大洼已排水淤高，仅存的孝里洼湖心一带成为水产养殖基地。平阴沿黄的10处洼地，已变为良田，且县城近处的城西洼，还成为林鱼景观结合的洼地风景区。自古有七十二洼地之称的商河，通过疏挖河道、三田建设、改碱等综合措施，将洼地改造成了农业高产田。

第四节　地下水

一、地下水类型及含水岩组

根据区域水文地质条件和含水特征，区内地下水的类型及含水岩组可划分以下四种类型。

（一）松散岩类孔隙水

赋存于第四系松散沉积物中，特别是冲积、洪积砂砾石层中。主要分布于北部黄河冲积平原和中部山前冲洪积平原地带，另在较大的谷地平原亦有少量分布，因残积、坡洪积出露位置高、厚度小，相对贫水。

（二）碎屑岩类孔隙裂隙水

此类型地下水又分为碎屑盐类孔隙裂隙水和碎屑岩碳酸盐岩孔隙裂隙水。前者主要赋存于二叠系、侏罗系和上第三系地层中，仅在章丘相公庄、普集、埠村、文祖、明水及历城孙村、郭店等地有零星分布；后者主要赋存于石炭系煤系地层中，受煤层影响，一般水质较差，主要集中在埠村、文祖及明水的山前一带。此外在济南西郊长清北部的黄河岸边亦有分布。

（三）碳酸盐岩类裂隙岩溶水

此类地下水可分两个亚类：一是碳酸盐岩裂隙岩溶水，主要赋存于奥陶系、寒武系上统凤山阶厚层灰岩中，在济南分布较广，主要是在丘陵和山前石灰岩隐伏地带。由于石灰岩厚度大，出露广，裂隙岩溶发育，彼此连通，地下水水力联系密切，在重力作用下常有较为统一的区域水位。在单倾构造南侧高、中部位地层出露，地表径流漏失，为岩溶水补给径流区；北部为岩溶水径流排泄区，常形成上升大泉或泉群，多构成大型水源地。二是碳酸盐岩类夹碎屑岩岩溶水，主要赋存于寒武系中，此类多分布于位置上较前一个亚类稍南一些，高程上稍高一等，含水量不及前一亚类。

（四）岩浆岩、变质岩类型裂隙水

主要赋存于岩浆岩和变质岩风化带及构造破碎带中。主要分布在章丘垛庄至长清双泉的长城岭一带，水量少，水位随地形和季节变化而不同，水质好。

二、地下水的运动及富集

水文地质条件受地质构造、地貌等条件的制约。从含水岩层的分布、地下水运动规律等区域水文地质条件分析，黄河—小清河冲积平原与泰山北翼中低山丘陵区具有明显的差异。

（一）黄河、小清河冲积平原潜水

以垂直方向的补给为主，其补给源主要有大气降水的入渗，次为地表水和灌溉水的回渗。本区地势平坦，下垫面以黏质砂土、粉土为主，结构松散，透水性良好，地下水埋深浅，渗入途径短，极利于垂直入渗补给。其补给量受降水量、降水强度、地表径流量、灌溉水量、地下水埋深及下垫面土质、地貌等的控制。其次为黄河侧渗补给。历史上潜水埋深一般在 2 米上下，故蒸发作用强烈，是为潜水的主要排泄途径。人工开采和侧渗沟河，也是重要的排泄途径之一。

本区域内的潜水主要富集于黄河冲积而成的砂层富集带，呈连续条带分布。含水层主要为粉细砂、细砂，局部有中细砂、中粗砂，含水层厚度 5 米～ 20 米。浅层淡水底界面埋深 40 米～ 60 米，降深 6 米的单井出水量一般在 1000 立方米／日左右。

（二）泰山北翼中低山丘陵区岩溶水和山前倾斜平原潜水

裂隙岩溶水含水层往往以一系列单斜构造覆于古老基岩之上，每一构造块断为一独立的岩溶水系统，具有相似的补径排特征。其内部一般可分为间接补给区、补给径流区和排泄区。它们在岩溶水的形成过程中具有不同的作用，相互依存，紧密相连，构成了统一的补径排系统。间接补给区一般由变质岩或岩浆岩组成，多为中低山区，处于岩溶水系统的地形至高部位，地下水表现为降水补给，浅部循环，短途排泄，雨后迅速向谷沟汇集，以表流或地下径流形式流入岩溶水分布区，成为岩溶水的间接补给区。而岩溶水补给径流区位于较高部位，主要由碳酸盐岩类组成的低山丘陵，岩溶裂隙发育，水力坡度大，既是岩溶水补给区，也是岩溶水径流区，其径流方向与地形和岩层倾斜方向基本一致，在径流过程中，常有潜、明流的互相转换，形成河水渗漏、干河谷和明流复出等水文现象。单斜构造前缘部位，则为岩溶水的排泄区，灰岩上覆盖厚度不大的构散岩类，若沿岩溶水运动方向有阻水岩层或阻水构造，致使岩溶水在此储存与富集。由于岩溶水受阻而产生壅水并承压，于地形低洼处往往出露岩溶大泉或泉群，如市区泉水、泉群等；或进而形成表流顺河道下泄入海；或在静水压力作用下，通过弱透水层顶托补给上覆的松散岩类孔隙含水层，并以孔隙水地下径流或河谷潜流继续向系统外排泄。如东郊白泉泉群，属顶托上补；而西郊地下水则有部分排泄出系统之外。

山前倾斜平原处于河流中、下游，潜水——微承压水主要接受大气降水渗入补给，也还得到地表水补给及岩溶水水平方向径流和顶托越流补给，流向与地形倾向基本一致。山前倾斜平原由一系列冲积扇组成，自东向西主要有巴漏河、巨野河、玉符河、南北大沙河冲洪积扇等。冲洪积扇形地含水层分布面积广，岩性为砂、中粗砂及夹卵砾层，含水层厚度5米～40米，有较大的储水空间，故其水量丰富。地下水的富集程度与冲洪积扇的规模大小有关。扇地规模大，含水层厚，颗粒较粗，富水性强，反之则弱。同时扇地顶部的富水性强，中下部相对减小。因扇地边缘的岩性变细，透水性能减弱，致使地下水壅高溢出，故小清河、黄河南岸多有湖泊沼泽地。

三、地下水的动态变化

地下水动态变化取决于自然和人为因素的影响，而气象降水因素影响最为明显。从观测资料来看，对济南地下水动态起主导作用的应是大气降水和人工开采两个方面。春季雨水少，工农业用水多，地下水位急剧下降，一般6月份地下水埋深最大；汛期降水多，地下水得到补给，水位开始上升，一般10月达到年内最高水位。对于开采量较大或超采区，开采量大于补给量或采补量相当的情况下，如济南市城区，地下水位自20世纪70年代，已呈连年下降趋势，泉水喷涌量逐渐减少，进而枯竭，甚至干涸。由于采取节约用水、减少地下水开采以及必要的回灌补源等保泉措施，济南泉水自2003年恢复喷涌，已连续多年。可见人为因素对济南城区附近地下水运动的影响是很大的。

不同的水文地质单元，年内地下水变幅差异较大。在补给和径流区，变幅为30米～60米，甚至更大；在排泄区年变幅则小得多，一般为2米～4米；黄河冲积平原第四系孔隙潜水，年变幅0.5米～2米。

四、地下水化学性质

南部变质岩山区地下水属重碳酸盐水，矿化度小于0.5克/升，pH值在7.4左右，为弱碱性水，总硬度在3～8德国度，属软水。但局部地区如历城孙家崖、杨而庄深层地下水含硫酸根达1500毫克/升，不能饮用。

石灰岩地区裂隙岩溶水属重碳酸盐水，矿化度小于0.5克/升，pH值在7.2～7.6上下，为弱碱性水，总硬度3～12德国度，属软水或微硬水，一般水温18℃左右，是比较理想的水资源。

山前斜倾平原的地下水属重碳酸盐水，矿化度0.1克/升～1克/升，pH值在7～8左右，总硬度10～20德国度，属微硬水，一般水温18℃左右，适宜农业灌溉。部分地区当与煤层水混合时，水质明显变差，矿化度增高，饮用欠佳。

北部黄河冲积平原水化学类型较为复杂，水质具双层或多层结构。小清河沿岸是地下水的排泄自流区，属硫酸盐——氯化物或碳酸盐——氯化物型水，矿化度1克/升～2克/升，属微咸水，

pH 值 7.1～7.6，为弱碱性水，总硬度 10～100 德国度，属微硬水或硬水。章丘北部沿黄一带咸水普遍存在，地表水亦有较多的咸水零星分布，矿化度大于 2 克／升～3 克／升，属微咸水或咸水，水温 18.5℃左右。另外，长清南大沙河两岸的翟家庄、董洼的地下水溶解氧超标，不宜饮用和灌溉。

黄河以北济阳的浅层地下水以重碳酸盐及碳酸盐水分布最广，淡水区矿化度小于 2 克／升，pH 值 7.3～8.4。而商河的浅层淡水埋藏量较大，但分布散乱，且局部水质较差，矿化度一般不超过 3 克／升。

第五章 土　　壤

第一节 土壤类型及分布

一、土壤类型

济南市土壤分类系统采用土类、亚类、土属、土种四级分类制。土壤类型依地形、水文、气候、植被、母岩、母质等自然条件的差异及人为生产活动的影响，在全市范围内由南到北、从高到低，依次分布着棕壤、褐土、潮土、砂姜黑土、水稻土、风沙土、盐土 7 大类，16 个亚类，37 个土属，140 个土种。土壤普查总面积 615000 公顷，棕壤面积 40000 公顷，占 6.5%；褐土面积 325200 公顷，占 52.8%；潮土面积 239000 公顷，占 38.8%；风沙土面积 2600 公顷，砂姜黑土面积 4700 公顷，水稻土面积 900 公顷，盐碱土面积 2600 公顷，四类共占 1.9%。

二、土壤分布

济南市属暖温带半湿润季风气候区。地带性植被为落叶阔叶林，由于地貌、水热条件差别较大，成土母岩、母质多样，形成了种类多样的土壤资源。南部山区成土母质除从章丘垛庄到长清万德古长城岭一带低山丘陵为酸性岩外，其余均为富钙的石灰岩风化物、黄土母质、钙质紫色砂页岩风化物及小面积的残余红土。因此自南向北依次分布着棕壤性土、棕壤、褐土性土、石灰性褐土、普通褐土，在出露的古红土上，分布着林溶褐土；在北部平原上，地下水参与成土过程，分布着潮褐土和人为耕作熟化的水稻土，在交接洼地中分布着石灰性砂姜黑土；在黄泛平原上分布着石灰性潮土。

棕壤集中分布在章丘的垛庄，历城的西营、柳埠、高而，长清的万德、马山、双泉、五峰各乡镇，位于济南与泰安交界的南部山丘地区的砂石山一带，主要是林、农用地。

褐土集中分布于章丘、历城、长清、平阴各县（市）区的南部山丘地区的青石山上和中部山前平原上。褐土形成于富含钙质的母质，与棕壤呈复区分布，主要是农、林用地。

砂姜黑土零星地分布在白云湖周围及平阴县孝直镇宋柳沟一带，位于本市北部和西部的交接洼地上，属石灰性砂姜黑土，全部垦为农田。

潮土集中分布在济阳、商河、平阴、长清、历城、章丘的黄泛平原上，是由黄河冲积母质发育而成，属石灰性潮土，主要是农林用地。

风沙土零星分布在济阳、长清沿黄的决口近河道的地方，主要为林业用地。

水稻土则主要分布在地下水位浅，水资源较丰富的市区东郊和章丘明水。

盐土则主要分布在济阳、商河的盐碱地上。

（一）棕壤

全市棕壤共有 39968.6 公顷，占土壤总面积的 6.5%，集中分布于南部砂石低山丘陵区。海拔一般在200米至988.8米之间。根据济南市土壤分类系统，续分为普通棕壤和棕壤性土两个亚类。

普通棕壤亚类 面积24960.5公顷，占本土类面积的62.5%，其中章丘1495.6公顷、历城8390.0公顷、长清15074.9公顷，是棕壤面积最大的土壤亚类。此土壤集中分布于章丘、历城、长清三县南部砂石山缓坡或丘陵中下部及山麓地带，地形较平缓，土层比较深厚，除部分土壤土层厚60厘米左右外，多在1.5米以上。成土母质以花岗岩或片麻岩风化物的残、坡积或洪积物为主。土壤颜色多为棕色，表层质地为砂壤或轻壤，并有较多的石砾。剖面通体无石灰反应，呈微酸性至中性反应，盐基饱和度较高；有明显的剖面发育，剖面构型为A—B—C型。淋溶层(AB)之下有较明显的淀积层（B层）。淀积层质地中壤或重壤，棱柱状结构，黏粒胶膜明显；也常见黑色的铁锰胶膜；在B层中可出现铁子和铁管，C层（母质层）有时为明显的半风化母岩。普通棕壤绝大部分已经垦为农田，林地和果园面积不大。

棕壤性土亚类 面积15008.1公顷，占土壤总面积的37.5%，其中章丘1632.0公顷、历城3416.8公顷、长清9959.3公顷。此土壤主要分布于南部砂石山、丘的中上部，成土母质为酸性岩的残、坡积物。土壤的主要特点是土层薄，一般仅有10厘米～30厘米，下部为半风化的母岩，颜色随岩性不同而异；质粗砾多，孔隙大，疏松，不抗旱，不保水，不保肥，养分贫瘠，肥力低，是山地丘陵区最瘠薄的土壤；土壤无剖面发育，剖面构型为A—C型；土壤侵蚀严重，水土流失是形成棕壤性土瘠薄的主要原因。该土壤分布于酸性岩山丘地区的中上部，质粗砾多是其主要特点。

（二）褐土

济南褐土是山东带幅最宽的典型褐土的分布区，共有325199.1公顷，占土壤总面积的52.8%，是济南市面积最大的土壤类型。根据济南市土壤分类系统，共划分5个亚类。

普通褐土亚类 面积187491公顷，占本土类面积的57.7%，是褐土类面积最大最有代表性的土壤亚类。其中章丘51546.7公顷、历城13614.1公顷、长清43643.4公顷、平阴29788.9公顷。此亚类广泛分布于市境石灰岩山地、丘陵和山前倾斜、缓平地上，分布区内常见褐土性土、淋溶褐土、潮褐土、石灰性褐土镶嵌其间。普通褐土以石灰岩和钙质砂页岩的风化物为主。此亚类黏化作用和钙化作用较明显。土壤表层颜色多为褐色，心土层为棕色，表层质地适中，黏化层质地较黏重且深厚，棱柱状结构，结构面上黏粒胶膜比较明显。全剖面均有游离的碳酸钙，心土层和底土层常见假菌丝或砂姜等碳酸盐的新生体。石灰反应强弱不等，一般剖面上部强烈，下部较弱，有明显的复钙现象。

石灰性褐土亚类 面积28594.9公顷，占本土类面积的8.8%，其中章丘10885.3公顷、历城4439公顷、长清4809.2公顷、平阴563.8公顷。主要分布于石灰岩山地丘陵山体的中部及近山阶地上。根据母质类型不同，将石灰性褐土又续分为钙质岩坡洪积物石灰性褐土和黄土母质石灰性褐土两个土属。

淋溶褐土亚类 面积5162.9公顷，占本土类面积的1.6%，是褐土类中面积最小的土壤亚类，其中章丘2945.9公顷、历城1654.2公顷、长清562.8公顷。此土壤主要发育在石灰岩低缓丘陵及山前倾斜平地上，母质为钙质岩坡、洪积物和红土母质。根据母质类型不同，将淋溶褐土划分为“钙质岩坡、洪积物淋溶褐土”和“红土母质淋溶褐土”两个土属。

潮褐土亚类 潮褐土过去称草甸褐土，是章丘大葱、唐王大白菜产地的土壤，也是熟化程度较高的土壤。全市共有34445.1公顷，占本土类面积的10.6%，其中章丘15548.1公顷、历城7721.1公顷、长清17415.7公顷、平阴9433.7公顷。此亚类分布于山前洪积扇扇缘缓平地上，与黄泛平原潮土相接。成土母质多为洪冲积物。

由于长期耕种，土壤熟化程度高，耕层厚度约20厘米～25厘米，质地除小部分重壤土黏重外，多为中壤，疏松，下部有较紧实的犁底层。土体构型一般多为均质中壤土或上轻下重的“蒙金型”，通体无障碍层次，耕性好，养分丰富，保肥保水能力强，适宜种植各种作物。土区内水资源丰富，灌溉系统配套，轮灌周期短，耕作制度稳定，一年二作。潮褐土亚类在济南市只有洪、冲积物一个土属，根据土壤质地，土体构型不同，又续分为“均质中壤”,“均质重壤”,“浅位黏层中壤”,“深位黏层中壤”洪、冲积物潮褐土四个土种。

褐土性土亚类　褐土性土群众习惯称为石渣子土、粗砂土、石皮土等。全市共有69502.2公顷，占本土类面积的21.3%，其中章丘18788.4公顷、历城25705.6公顷、长清14782.6公顷、平阴10228.5公顷。褐土性土广泛分布在石灰岩或砂页以及基性岩组成的低山丘陵的中上部。地理景观多为芒草坡或岭坡梯田，是褐土中受侵蚀影响最重的亚类。成土母质为岩石风化的残、坡积物，土层厚度均小于30厘米，并含有大量的砾石。褐土性土剖面构型为A—C，表层质地多为砾质壤土，一般剖面无发育，薄层土壤之下即为基岩或半风化的母质。根据母岩不同将褐土性土划分为“钙质岩残坡积物”“基性岩残坡积物”和“钙质紫色砂页岩残坡积物”褐土性土三个土属。

（三）砂姜黑土

砂姜黑土是一种具有“黑土层”和“砂姜层”两个主要诊断层段的暗色土壤，民间俗称“鸡粪土”。主要分布于章丘、历城两地交界处的白云湖周围。在平阴县东南部孝直镇有少量分布。所处地形是在山前平原与黄泛平原的交接洼地上。面积4727公顷，占土壤总面积的0.77%。砂姜黑土属隐域性土壤，它是在某一特定环境条件下形成和发育的。其中地势低洼，排水不畅，以及地下水中富含HCO_3^-和Ca^{2+}是形成的主要条件。济南市砂姜黑土分布区，属平原区的蝶形洼地。地下水埋深在1米～2米，排水不畅。并且雨季有三个多月的积水过程，各种喜湿或水生草本植物曾茂密生长，为有机质积累提供了物质条件和环境条件。砂姜黑土的成土母质为湖相沉积物。不仅母质中含有较多的游离酸钙，而且地下水化学类型则是HCO_3—Ca^{2+}型。地势低洼又促成了这两种离子的富集，为砂姜的形成奠定了基础。

济南市砂姜黑土只有石灰性砂姜黑土一个亚类，它处于石灰岩和黄土覆盖区与黄泛平原区交织着的沉积区，全剖面除具有“黑土层”和“砂姜层”外，还具有强烈的石灰反应，均为石灰性砂姜黑土。又根据土壤表层有无黄土覆盖，又分为黑土裸露石灰性砂姜黑土和黄土覆盖石灰性砂姜黑土两个土属。

（四）潮土

潮土原称冲积土，其母质为黄河冲积物，是受地下水潮化作用影响，经过耕作熟化而形成的土壤类型。潮土主要分布在市境北部黄泛平原上，共238834.4公顷，占土壤总面积的38.8%，其面积仅次于褐土。根据土壤分类系统，划分为普通潮土、湿潮土、盐化潮土、褐土化潮土四个亚类。由于潮土所处地势平坦，地形微有起伏，坡降很少，土层深厚，水源丰富，现大部分土壤已成为济南市粮、棉、油、菜生产基地。但有部分土壤因地下水位高，地面排水不畅，形成了盐化潮土、湿潮土，阻碍了农业生产的发展。潮土是由黄河冲积沉积物发育的土壤，沉积母质的性质直接影响潮土的形成和特性。黄河冲积母质来源于黄土高原地区，富含钙质，所形成的沉积物具有强石灰性，土壤呈微碱性反应，pH值多在7.4～8.5之间。潮土区的地下水位一般在3米以上，形成过程中受到地下水的影响十分明显。在干旱季节，地下水位低，水位以上的土层为氧化层。而在雨季，地下水位上升，随之氧化层又变成了还原层，发生还原过程。到旱季，水位下降，又恢复了原来的氧化状态。这种在一定层次内氧化还原交替进行的结果，便形成了潮土特有的诊断层次——锈纹锈斑层。潮土区域，由于长期耕种和有机肥料的施用，土壤熟化度较高，改善了土壤结构，使土壤水、肥、气、热四大肥力因素较协调，是济南市粮、菜高产的主要区域。

普通潮土亚类　面积161060.3公顷，占本土类面积的67.4%，是潮土类面积最大的亚类。其中章丘12433.9公顷、历城15665.5公顷、长清9094公顷、平阴6805.3公顷、济阳61132.8公顷、商河55928.8公顷。此亚类集中分布于北部黄泛平原上，常与湿潮土、盐化潮土镶嵌分布。潮土亚类耕作层下有大量的锈纹锈斑，土壤剖面冲积层次明显，通体石灰反应强烈，呈碱性反应，pH高于7.5。潮土亚类所处地形平坦，土层深厚，耕作熟化程度较高，是重要的粮食、蔬菜、棉花、瓜果的生产基地，也是潮土土类中生产性能最好的土壤亚类。根据潮土表层质地情况，分为砂质潮土、壤质潮土、黏质潮土、炉渣菜园潮土四个土属。

湿潮土亚类　面积12445.9公顷，占本土类面积的5.2%。其中章丘8076.1公顷、长清897.4公顷、济阳221.7公顷、商河3238.7公顷，此土壤类型，分布于章丘、长清、济阳、商河四县黄泛平原靠近黄河的蝶形洼地上，潜水埋深0.5米～1米，是在较短期积水或长期较高位潜水条件下形成的土壤，土色较暗，土质黏重，潜育化明显，氮化过程较弱，土体中有较多的锈纹锈斑，通体石灰反应强烈。该亚类有黏质冲积湿潮土、壤质冲积湿潮土和砂质冲积黑潮土三个土属。

盐化潮土亚类　面积59655.1公顷，占本土类面积的25.7%，其中章丘9131.4公顷、历城3307公顷、平阴104.1公顷、济阳23115.7公顷、商河23996.9公顷。此亚类分布于黄泛平原上。盐化潮土中附加盐化过程的土壤，因地下水位浅，多在1.5米～2米之间，加之地下水矿化度高，在1克／升～3克／升之间。地下水在土壤毛管作用下，沿土体上升到地表，并蒸发掉水分，水去盐留，使盐分积累在土壤表层，地面常见盐霜或盐斑，尤以干旱季节为最显著，使土壤20厘米土层中含盐量高达0.1%～1%以上，危害了农作物的生长，缺苗断垄现象严重。此外，土壤母质乃黄河冲积物，心土层或底土层有锈纹锈斑，通体石灰反应强烈，显碱性。根据盐化潮土表层（20厘米）Cl^-：SO_4^{2-}离子大于等于1或小于等于1又分为氯化物盐化潮土和硫酸盐盐化潮土二个土属，济阳、商河根据土壤质地分为沙质盐化潮土、壤质盐化潮土、黏质盐化潮土三个土属。

褐土化潮土亚类　面积5673.2公顷，占本土类面积的2.4%，是本土类面积最小的一个亚类，仅在商河县存在，它是在潜水位下降、出流加强的条件下，由典型潮土演变而来的一种土壤。根据表层质地不同，济南市分为砂质褐土化潮土和壤质褐土化潮土两个土属。砂质褐土化潮土土壤面积1300.6公顷，根据土体构型不同划分为5个土种；壤质褐土化潮土土壤面积4372.6公顷，根据土体构型不同划分为10个土种。

（五）水稻土

济南市水稻土是北方水稻土的典型代表，面积890.3公顷，占土壤总面积的0.14%，是济南市最小的一个土类。水稻土是人为生产活动的产物，是长期种植水稻和培肥条件下形成的一种特殊土壤。根据土壤分类原则，仅划分出潴育水稻土一个亚类，根据其成土母质不同，续分为湖积和冲积水稻土两个土属。

（六）风沙土

风沙土是由黄河带有大量泥沙，使泥沙沉积而成。由于河水的分选作用，在决口附近为扇形的沙质冲积物。因其质地轻，无黏结性，易随风飞扬，故名风沙土。风沙土主要分布在黄河沿岸决口处，面积2571.4公顷，占土壤总面积的0.4%。其中长清2173.5公顷、历城147.3公顷、济阳250.6公顷。济南市风沙土只有半固定冲积风沙土、固定风沙土两个亚类，半固定冲积风沙土仅有冲积物半固定冲积风沙土一个土属，固定风沙土仅有冲积物固定冲积风沙土一个土属，土属以下不再续分。

（七）盐土

盐土主要分布在济阳、商河一带，面积2548.9公顷，占济南市土壤总面积的0.4%。该土类仅有潮盐土一个亚类，其中济阳254.5公顷、商河2294.4公顷。该土类是地表或接近地表含有大量可溶性盐类的一类土壤。济阳仅有壤质油潮盐土一个土属；商河有两个土属，根据盐分的不同和表层质地的差异分为砂质白潮盐土和壤质白潮盐土两个土属，其中砂质白潮盐土463.1公顷、壤质白潮盐土1831.3公顷。

第二节　土壤物理性状

土壤物理性状通常指土壤质地、土体构型和土壤结构以及孔隙度、容重和比重。土壤物理性状对土壤养分含量和相互转化以及对土壤保肥供肥性能都有直接或间接的影响，它是评价土壤水、肥、气、热四大肥力因素协调状况的重要指标。

一、土体构型

土体构型又称土壤剖面构型，是指土壤在形成发育过程中形成的剖面层次，即土壤发生层的组合。土体构型是土壤形成发育过程中的产物，可由此鉴别土壤类型。土壤发育层的分化愈明显，表明土体的非均质性愈显著，说明土壤的发育度愈高。由于各种类型的土壤都有其特定的成土过程，因而在土体构型上一般都有一个特殊的剖面诊断层，是划分土壤类型的主要依据。良好的土体构型是保证农业生产、提高作物产量的重要基础，济南市土壤土体构型有12种，根据土体构型对土壤肥力和土壤生产力的影响归纳为以下几种类型。

（一）薄层型

包括极薄层、薄层、中层三种类型。主要分布在山地丘陵区，土壤类型以棕壤性土、褐土性土为主。土壤质地粗，水土流失严重。土壤保肥供肥能力弱，易受干旱威胁，从利用方向分析宜作为林区开发，林牧结合，发展生产。

（二）壤均质及下位黏土层型

包括轻壤均质、中壤均质、下位夹黏。是良好的土体构型，也是济南市土壤的主要土体构型，适宜种植各种作物。从其他各种物理化学性状分析，土壤养分含量较高，土壤有机质一般在1.5%左右，全氮在0.1%左右，表层土壤容重在1.2克／立方厘米左右。质地适中，适耕期长，土壤保肥保水、供肥供水能力强，是高产稳产田土壤的主要剖面构型。

（三）黏均质及上位黏土层型

主要包括黏均质和上位夹黏两种土体结构，上位夹黏是指表层为砂质或壤质，在20厘米～60厘米深有一黏土层。这两种土体构型通常被认为是不良的土体构型，但只要利用合理，措施得当，也是一种良好的土体构型，从黏均质土壤分布来看，主要在地势低洼的湿潮土区和水稻土区。调查发现黏均质的土体构型正是闻名全国的“明水香稻”主产地水稻土所具有的土体构型。而湿潮土区地下水资源丰富，是种植水稻，发展莲藕的良好土壤。对于上位夹黏的土壤在增施有机肥料的同时，进行深耕，加厚活土层，黏土层又起到了保肥、保水的作用，若再注意排水，可成为“蒙金型”高产土壤。

（四）砂均质及夹砂均质、上位夹砂、下位夹砂、夹砾石层等不良的土体构型

这类土壤特点是保肥、供肥能力弱，且漏水漏肥。该类型的土壤零星分布在棕壤、褐土、潮土区。这类土壤单靠一般的栽培管理措施很难改变和破除这些障碍层次，必须加强农田基本建设，破除砂层和砾石层，以保证作物正常生长。

二、土壤质地

不同质地对土壤的蓄水、导水、保肥、供肥、保温、导温以及耕性好坏都有不同的影响，在土壤分类和鉴定土壤肥力特征时，质地常常是首先考虑的指标之一。

（一）土壤表层质地的特点

土壤质地是风化作用和成土作用的共同产物，它表明了一个地区风化作用的强弱和怎样的成土过程，这是土壤质地在大区域内具有地带性的主要原因。由于受成土母质、侵蚀与沉积以及成土作用的影响，济南市土壤质地仍较复杂，一般石灰岩风化物形成的土壤较黄土母质和冲积物发育的土壤质地轻；红土母质和湖积物发育的土壤较黏；洼地土壤较黏，山地土壤较轻；酸性岩发育的土壤质地轻。

（二）土壤表层质地类型分布及生产性能

砂质土 包括松砂土和紧砂土，按土壤质地类别是物理性砂料（> 0.01 毫米）含量大于 90% 以上时称为砂土。肥力特征总的来说是蓄水性弱，养分含量低，保肥力较差，土温变化快，通透性良好，耕性良好，适耕期长。济南市砂质土面积较少，除沿黄河地区风沙土外，主要分布在章丘高官寨一带冲积物上发育的潮土区和南部山区的褐土性土和棕壤性土，宜作林区开发，不适农业耕作。

黏质土 包括重壤、轻黏土、中黏土、重黏土。物理性黏粒在 45% 以上。济南市主要是重壤，除分布在发育湖积物的水稻土和砂姜黑土区外，主要分布在低洼地的潮土区，从地理位置来看，主要零星分布在孝里、归德一带。黏质土的肥力特点是保水、保肥力较强，养分含量比较丰富，但通气透水性差，适耕期短，耕作较困难，群众有“干时一把刀，湿时一团糟”的说法。

壤质土 是介于砂质土和黏质土之间的一种土壤质地类别。它含有适量的砂粒、粉粒和黏粒，在性质上则兼有砂质土和黏质土之优点，是农业生产一种较理想的土壤。济南市绝大部分土壤为壤质土，土壤大部分耕性良好，宜作农田种植。

（三）各类土壤剖面机械组成的特点

土壤剖面的颗粒分布，即从砂粒到黏粒在土体内的分布状况构成了不同层次的土壤机械组成。它直接反映了土壤成土过程和成土作用的特点，决定了土壤肥力水平的高低，对农业生产有较大的影响。济南市棕壤的机械组成大部分为轻壤或砂壤，且多在 70 厘米～ 100 厘米处有黏粒淀积，一般黏化系数为 1.5 ～ 1.9。褐土类土壤表层质地为中壤或重壤，但因成土母质不同而有较大差异；一般由黄土母质发育的石灰性褐土质地较均一，多为均质中壤；而由石灰岩发育的褐土，则多为中壤或重壤，黏粒在剖面上的分异较明显。潮土类土壤由于成土母质的作用，剖面机械组成较复杂，表层质地砂、壤、黏均有相当大的面积。

三、土壤孔隙状况

土壤的孔隙性是土壤的重要物理性状之一。描述土壤孔性量的指标是土壤孔度或孔隙比，土壤空隙比说明土壤中固相容积与孔隙容积（即水和空气两者的容积之和）的数量比例。大小孔隙分配比例即毛管孔隙和非毛管孔隙比例，是标志土壤孔隙性的质的指标。而土壤孔性如何，则取决于土壤的质地、有机质含量、松紧度和结构性。济南市土壤耕层总孔隙度平均为 52.3%，孔隙比为 1 ： 10，毛管孔隙度为 41.7%，通气孔隙为 10.6%。犁底层总孔隙度，通气孔隙均明显减少，分别为 40% 和 6.3%；毛管孔隙变化不大，为 39.7%。底土层孔隙状况与犁底层基本一致，总孔隙度、通气孔隙、毛管孔隙度分别在 45.9%、39.5%、6.4%。一般适于作物生长发育的土壤孔性指标为：耕层土壤的总孔度为 50% ～ 56%，通气孔度达 15% ～ 20%；犁底层土壤的总孔隙度和通气孔隙度分别为 50% 和 10% 左右。济南市土壤总孔度基本符合指标要求，只是通气孔度偏低，土壤较紧实，特别是犁底层土壤通气状况不良。

四、土壤容重

济南市轻壤土容重为 1.32 克／立方厘米、黏土为 1. 20 克／立方厘米、中壤土为 1.21 克／立方厘米，基本符合上述规律。表层土壤容重一般在 1.20 克／立方厘米～ 1.40 克／立方厘米，平均 1.24 克／立方厘米，其中棕壤 1.44 克／立方厘米、褐土 1.25 克／立方厘米、潮土 1.19 克／立方厘米、砂姜黑土 1.23 克／立方厘米、水稻土 1.16 克／立方厘米。亚表层由于耕作长久，多形成较硬的犁底层，使土壤容重明显提高，平均为 1.43 克／立方厘米，其中棕壤、褐土、潮土均为 1.44 克／立方厘米，砂姜黑土为 1.39 克／立方厘米，水稻土为 1.36 克／立方厘米。底土层与亚表层比较接近，平均为1.44克／立方厘米。据试验，小麦玉米生长较适宜的土壤容重为1.10克／立方厘米～1.33克／立方厘米，济南市土壤耕层容重基本符合小麦、玉米生长发育的要求，但犁底层土壤容重偏高，土壤较紧实。当将容重达1.4克／立方厘米的犁底层破坏后，小麦可大幅度增产。因此，要注意深耕翻土，加厚耕层，打破犁底层，以利作物生长。

第三节　土壤化学性质

土壤化学性质是衡量土壤肥力高低的重要指标。它不仅决定了土壤养分的形态及其迁移转化，而且还决定了土壤保肥、供肥能力。

一、土壤酸碱度

一般认为，土壤pH在6～8之间，大多数养分呈易溶态，对作物的有效性较高。济南市各类土壤pH值一般在6.8～8.5之间。其中，棕壤pH在6.8～7.2之间，褐土类土壤pH值在7.1～8.2之间，潮土在7.4～8.6之间。基本特点是中性偏碱，适宜多种作物生长发育。

二、土壤中碳酸盐含量

（一）棕壤土体中碳酸钙含量分布

土壤中碳酸钙的含量与pH有密切关系，pH在6.5以上时，就可能有极少量的游离碳酸钙存在。通过对济南市棕壤典型剖面的化验分析，表层土壤碳酸钙含量一般<0.1%，平均为0.083%。济南市各类成土母质分布错综复杂，而区域内生物气候差异不甚大，土壤类型主要取决于母质类型，出现了棕壤、褐土交错分布以及人为耕作施肥的影响，致使部分棕壤表层碳酸钙含量较高，有的高达0.4%。

（二）褐土类土体中碳酸钙含量分布

济南市的褐土，绝大多数是在石灰性母质上发育而来的，仅有少部分由基性岩残坡积、坡洪积物发育而来的褐土性土，因此大部分土壤在土体上、下均有石灰反应。但由于母质类型不同，淋溶淀积作用差异以及受人为耕作影响，使各褐土亚类土体中石灰反应差异甚大，游离碳酸钙含量水平大不相同。例如：发育于黄土母质和碳酸岩坡积物上的石灰性褐土石灰反应最强烈，游离碳酸钙含量最高，平均含碳酸钙表层为5.17%，表层以下亦基本在5%以上。黄土母质发育的石灰性褐土，上、下层碳酸钙含量差异不显著。而石灰岩残坡积物上发育的石灰性褐土由上到下游离碳酸钙明显增加，达显著水平，褐土亚类碳酸钙含量较低，表层含量在1.32%，亚表层为1.02%，以下各层均在1%以下。这主要是由济南市褐土亚类多分布在坡麓及倾斜平原上，受附近山地钙质岩类风化物以及生物积累作用影响所致，而前者作用是主要的。潮褐土土体中游离碳酸钙分布特征是，在潴育层，游离碳酸钙明显减少，统计结果表明，差异达极显著水平，这主要是由于地下水洗涤作用的结果。

三、土壤黏土矿物

黏土矿物是形成并稳定于地表特定水热条件下的一类矿物，主要包括：水云母、蒙脱石、蛭石、高岭石、绿泥石和混层矿物，它是土壤矿物的主要成分。黏土矿物对土壤理化性质及土壤肥力有重大影响，其高度分散性、胀缩性、表面能量大、同晶置换作用普遍、阳离子吸附和交换量大以及含水量高，无疑都直接或间接地影响土壤保水、供水、保肥、供肥，以及协调水—气和水—热之间的关系的能力。从黏土矿物的定量分析看出，济南市花岗片麻岗岩发育的棕壤，黏土矿物以水云母为主，并有一定量的蒙脱石、高岭石。石灰岩母质发育的褐土，黏土矿物在0厘米～30厘米以水云母和蒙脱石为主，含少量高岭石，48厘米～70厘米以水云母为主，含一定量的蒙脱石和少量的高岭石。黄土母质发育的褐土，黏土矿物在0厘米～15厘米和15厘米～40厘米以水云母和蒙脱石为主，有少量的高岭石，40厘米～60厘米、60厘米～140和140厘米～180厘米以水云母为主，一定量的蒙脱石和少量高岭石，红外光谱分析还表明有绿泥石、白云母和少量石英，但未见长石。钙质紫色砂页岩风化物母质发育的褐土，黏土矿物在0厘米～25厘米以水云母为主，含有一定量的蒙脱石和少量的高岭石，74厘米～100厘米以云母为主，有一定量的蒙脱石和少量高岭石，该层蒙脱石衍射比表土强。

第六章　植　被

第一节　森林植被

济南市现有的成片森林群落皆为人工栽培次生林。森林植被分为针叶林、落叶阔叶林、竹林3大类。

一、针叶林

针叶林主要由松林和侧柏林组成。松林主要分布在沙石山区，侧柏林主要分布在青石山区。

松林的组成树种主要有赤松、油松、黑松3种，以赤松为多。松林多为纯林，也有松树和麻栎、松树和刺槐、松树和侧柏的混交林。松林下植物种类较多。灌木主要有绣线菊、胡枝子、溲疏、连翘、照山白、锦带花、欧李、三椏乌药、锦鸡儿、铁扫帚、黄荆、酸枣等。藤本有南蛇藤、葛藤等。草本植物有野古草、结缕草、羊胡子草、地榆、桔梗、铃兰、蕨类、百里香、鸡眼草、蒿类、黄背草等。

侧柏林多为纯林，也有小面积的侧柏与刺槐、侧柏与五角枫、侧柏与黄栌等混交林。侧柏林下植物种类少而稀疏。常见的灌木有黄荆、酸枣、胡枝子、连翘、本氏木蓝等。草本植物主要有黄背草、白羊草、狗尾草、结缕草、鹅观草、委陵菜、紫花地丁、珍珠菜、地柏、苦菜等。

二、阔叶林

阔叶林主要为落叶阔叶林，包括杨柳林、刺槐林、经济林及灌木林。

杨柳林主要分布在沿黄平原及山前平原区。杨林由毛白杨和各类杂交杨构成，柳林由旱柳构成。杨柳树多用以营造沿黄防护林、农田林网、围村林及小片速生丰产林。杨柳林下除有少部分人工栽培的紫穗槐、杞柳、白蜡条等灌木外，其他一般无野生灌木层，草本植物亦很稀疏、纤弱。杨林下的草本植物主要有野古草、狗尾草、小蓟、苦菜、马唐、鹅观草等。柳林下常见的草本植物有狗尾草、荻、白茅、木贼、旋复花等。

成片刺槐林均系人工栽植，主要分布在南山区的低山坡及沟谷一带，沿黄平原区亦有成片人工林。刺槐林多为纯林，山坡下部的刺槐林内有少量山槐、苦楝、臭椿等杂木混生。刺槐林下灌木及草本植物皆稀疏。干燥山坡常见的灌木主要有黄荆、酸枣、铁扫帚、胡枝子等；草本植物有白羊草、鬼针草、结缕草、委陵菜、石竹、黄芪、白头翁、毛莨等。在湿润山谷处灌木，主要有胡枝子、芫花、草木樨状紫云英等；草本植物有野古草、黄背草、鹅观草、马唐、小蓟、茵陈蒿、紫菀等。

经济林主要由苹果、梨、桃、杏、李、樱桃、核桃、柿子、板栗、大枣、软枣、山楂、葡萄等果树及花椒组成。核桃、柿子、杏、山楂、花椒等多在低山坡脚、梯田堰边散植，形成层层梯田、行行果树的景观。苹果、梨、桃、葡萄等果树多在山坡下部及平原区集中连片形成果园。

灌木林主要包括紫穗槐林、杞柳林、白蜡林三类，主要作条编之用。杞柳、白蜡灌木林分布在沿黄平原区，紫穗槐林在平原及山区的梯田堰边和低山坡皆有栽培。平阴县有成片栽培的玫瑰园。

四旁植树主要指在“四旁”（村旁、宅旁、路旁、水旁）栽植的小片树林。其组成树种丰富多样，主要指杨、柳、榆、泡桐、刺槐、国槐、合欢、臭椿、香椿、悬铃木、青桐等树木，以及桃、杏、李、石榴、樱桃、葡萄等果树。

三、竹林

竹林栽培面积不大，除历城县柳埠林场有约1公顷成片淡竹林外，其他皆为在公园、庭院及寺观周围的零星小块状栽植。济南市竹林多为淡竹。淡竹林组成单纯，林中偶见毛白杨，枫杨等树混生。淡竹林下一般无灌木，草本植物亦极稀疏，且生长纤弱。主要草本植物有鬼针草、龙牙草、紫花地丁、车前等。

第二节　灌草丛及草甸植被

一、灌草丛植被

灌草丛植被是一种森林经反复破坏后形成的次生植被，多分布在山区。该植被类型包括灌草丛、稀树灌草丛及天然灌木林3种。

（一）灌草丛

构成该群落的灌木主要有荆条、胡枝子、酸枣、草木樨状黄芪、木蓝等。草本植物以狭叶型禾本科草类分布最多最广，其中以白羊草、黄背草占绝对优势。还有大油芒、荻草、火绒草、圆枝卷柏及委陵菜、米口袋、紫菀、小蓟等。其分布规律是：山区的阳坡、半阳坡是以荆条和白羊草为优势的植物群落，因这些地方日照强烈，土壤干瘠，植物盖度往往不超过50%，该群落的其他植物有酸枣、胡枝子、火绒草、猫眼草、远志、蒿类等。在山区的阴坡、半阴坡，分布着荆条、黄背草、圆枝卷柏占优势的植物群落，这些地方立地条件比较好。植物生长较茂密，植物盖度一般可达60%以上。该群落中其他植物还有酸枣、胡枝子、荩草、祁州漏卢、小蓟、委陵菜、山丹、蓬子菜、马蔺等。在海拔800米以下的山坡平缓处及岩石叠土处，则分布着荆条、胡枝子、大油芒、苔草、圆枝卷柏群落，这些地方水肥条件好，植物生长茂密，盖度往往达80%以上。

（二）稀树灌草丛

即残破疏林地，多是经滥伐、滥牧破坏后的人工林地。此类林地上原植树木很稀疏（盖度在30%以下），酸枣、黄荆、黄背草、白羊草等各类灌木杂草丛生，树木低矮、生长差。此类型多分布于山区离村落较近的山坡。

（三）天然灌木林

是森林被破坏后，又经过封山育林形成的次生杂木植被，其组成树种既有黄栌、黄连木、绣线菊类大灌木，亦有山槐、白蜡、山榆、臭椿、栾树、小叶朴等小乔木。天然灌木林中的其他小灌木还有盐肤木、锦带花、连翘、忍冬、照山红、照山白、芫花、三椏乌药、黄荆、酸枣、胡枝子等。藤本植物有葛藤、南蛇藤等。草本植物有黄背草、白羊草、狗尾草、鬼针草、苔草、结缕草等。

二、草甸植被

（一）山地草甸

属森林破坏后的次生植被，多分布于海拔800米以上的山顶平坦处。这些地段土壤肥沃湿润，植物茂盛，其盖度常达80%以上。构成山地草甸的植物群落是胡枝子、苔草群落。群落中胡枝子数量最多，生长最茂，其高度达50厘米～80厘米。群落中的其他植物有绣线菊、护山棘、阿木尔小檗及黄花菜、唐松草、地榆、乌苏里凤毛菊、拳蓼等。

（二）平原草甸

常见于湖边、河滩及平原区的小片荒地和田边地头。在河、湖边，平原草甸多为较耐潮湿和耐盐碱的白茅群落、芦苇群落和马绊草、白茅、芦苇群落。除优势植物外，其他植物有茵陈蒿、节节草、扫帚菜、紫菀、曲曲牙、紫花苦菜、狗牙根、水蓼及罗布麻、柽柳等。在小片荒地和田边地头上，则为马唐、狗尾草群落，其伴生植物有鹅观草、小蓟、地锦草、米口袋、蒺藜、苦菜及胡枝子、酸枣等。

第三节　农业植被

济南的农业植物主要分布在黄河冲积平原区和山前平原区，主要有小麦、玉米、地瓜、水稻、大豆、高粱、谷子、棉花、花生、蔬菜、水果、茶叶、中药材、牧草等。

（一）粮食作物

小麦是济南的主要冬种粮食作物，播种面积占粮食作物播种面积的40%以上，产量占全市粮食总产量的40%左右。主要分布在山前平原及黄河冲积平原地区，包括济阳、商河、章丘等地。2010年，小麦种植面积21.63万公顷。

玉米是济南主要粮食作物之一，播种面积占粮食作物播种面积的约40%；产量占全市粮食总产量的40%～50%。主要集中在章丘、商河、济阳一带。2010年，玉米种植面积20.85万公顷。

地瓜种植面积在粮食作物中居第三位，2010年种植面积1.5万公顷；其次是水稻，2010年种植面积0.87万公顷。还有谷子、高粱、大豆、杂粮及绿豆、赤豆等粮食作物。

（二）油料作物

花生性喜温、较耐旱，需钙特多的土壤，为济南的主要油料作物，在市境从南到北有广阔的种植范围。2010年，花生种植面积1.44万公顷。

油菜种植面积较小，主要集中在平阴部分地区。此外还有有芝麻等油料作物。

（三）经济作物

济南棉花生产历史悠久，基础较好，棉田面积广。2010年，棉花种植面积2.55万公顷。

济南市蔬菜种植面积稳定在9万公顷左右，约占农作物种植面积的16%，集中分布于城市周边的县（市）区。由于蔬菜的生长期较短，适于与农作物间作套种，成为农业生产多种经营的一个重要组成部分。蔬菜的主要种植种类中，根菜类有萝卜、胡萝卜、大头菜等；茎菜类有马铃薯、藕、姜、莴苣、茭白等；叶菜类有大白菜、小白菜、芹菜、韭菜、甘蓝菜、葱、蒜等；果菜类有番茄、黄瓜、冬瓜、南瓜、西瓜、辣椒、茄子、豇豆等。

此外，济南还有小面积的药材类作物种植。

第七章　自然资源

第一节　土地资源

济南市从南向北地形、地貌、气候、土壤、植被、水文等自然条件迥异，土地类型复杂多样，山地、丘陵、平原、洼地皆有，为工农业生产利用土地，特别是发展农林牧渔各业提供了良好的自然条件。根据济南市第二次土地调查结果，截至2009年12月31日0时，全市土地资源总面积为7998.41平方千米。耕地362933.0公顷，其中：水田7401.8公顷，水浇地267319.9公顷，旱地88211.3公顷。园地26966.3公顷，其中：果园20638.6公顷，其他园地6327.8公顷。林地87194.9公顷，其中有林地58006.9公顷，灌木林地6533.3公顷，其他林地22654.7公顷。草地59029.4公顷。城镇村及工矿用地总面积133657.9公顷，其中：城市用地42586.8公顷，建制镇用地12125.6公顷，村庄用地71493.5公顷，采矿用地5239.2公顷，风景名胜及特殊用地2212.8公顷。交通运输用地总面积10803.4公顷，其中：铁路用地1450.5公顷，公路用地8932.2公顷，农村道路17169.0公顷，机场用地420.7公顷。水域及水利设施用地10868.2公顷，其中：河流水面14580.8公顷，湖泊水面215.9公顷，水库水面3752.8公顷，坑塘水面9016.9公顷，内陆滩涂1104.2公顷，沟渠15428.1公顷，水工建筑用地7115.4公顷。其他土地50873.0公顷，其中：设施农用地8485.0公顷，田坎21110.2公顷，盐碱地2875.6公顷，沼泽地0.2公顷，裸地18402.1公顷。全市2009年年末耕地总面积362933.0公顷，户籍总人口603万人，人均耕地0.06公顷，低于全省人均耕地0.08公顷和全国人均耕地0.09公顷的平均水平。

济南市土地资源的特点：(1) 优质耕地面积小，建设用地需求量大，土地供应能力回旋余地小。根据2009年12月31日0时土地调查结果，全市土地资源总面积799841公顷，占全省土地总面积的5.1%。其中，山地和丘陵面积164271公顷，平原面积635570公顷。全市耕地面积为362933.0公顷，具有水资源优势的水田和水浇地为274721.7公顷，旱地为88211.3公顷，所占比例较大。(2) 全市土地类型比较齐全，利于工农各业全面发展。平原地势平坦，土质肥沃，适宜耕种和灌溉，是农业生产的集中区域；山地坡度较陡，土层浅薄，农业耕作受一定限制，适宜于发展林果业和采矿业，丘陵宜农性质介于平原和山地之间。(3) 耕地后备资源匮乏，补充耕地难度大。全市共有未利用地42388公顷，其中田坎21110公顷、盐碱地2876公顷、其他未利用地18402公顷，其中可开发为耕地的数量非常少，耕地后备资源十分匮乏。

第二节　水　资　源

济南市的水资源来自大气降水和过境河流两大部分。大气降水形成地表水和地下水；过境河流系指黄河、徒骇河、德惠新河等水资源。

济南市多年平均（1981—2010年）降水量622.6毫米，折合水量50.91亿立方米。受季风影响，大气降水量的季节分配极不均匀。3—5月降水量一般在80毫米，占全年降水量的12.5%；6—8月降水量在410毫米以上，占全年降水量的64%以上；9—11月降水量约120毫米，占全年降水量的19%；12月一次年2月降水量一般20多毫米，占全年降水量的4%以下。由于季风发生的时间、强弱不同，致使年间的降水量很不稳定。如：济南气象站实测数据1986年降水量仅347毫米，而2004年则达到1090毫米。降水量不仅年际变化大，且丰枯悬殊，有时还会出现连丰连枯现象。

大气降水总量扣除蒸发和渗入地下量，余者则为地表径流。大气降水所产生的地表径流的大小与降水强度、降水中心位置和雨区下垫面的地形、地质、植被及含水量等多种因素有关。形成地表径流的河道主要有山区和平原两种类型。济南南部山区型河流的河道短、坡度大，降雨强度大，洪水涨落猛，流量变化明显；位于中部和北部平原区型河道坡降小，降水强度小，洪水涨落平缓，持续时间长，加上泉水、地下水补给，流量变化相对较小。

济南境内由降水和黄河侧渗产生的地表径流，多年平均水资源量为7.88亿立方米。地表径流因地形的差异和降水自南向北递减的影响，致使南部成为径流的产生区，中北部为径流的散失区，且年内地表径流多集中在6—9月。年径流的分布特点导致洪水的暴涨暴落，不易拦蓄，易发生洪涝水患；而径流少时，则大多数河道干涸，对地表水资源的开发利用带来一定困难。

境内多年平均地下水资源量（包括黄河侧渗补给）为12.77亿立方米。石灰岩分布的低山丘陵及山前平原区是富水区，属深层岩溶水。岩浆岩变质岩分布的山区是贫水区，属风化岩裂隙水。山前平原和黄河冲积平原为中等富水区，属第四系松散岩类孔隙水。

过境河流客水资源主要为黄河、徒骇河、德惠新河。黄河境内流长183.35千米，引水量近4亿立方米。徒骇河引水量近1亿立方米。德惠新河引水量为0.06亿立方米。

济南市水资源总量为20.65亿立方米。多年平均水资源可利用量为12.05亿立方米，其中地表水可利用量为2.6亿立方米、地下水可利用量为9.45亿立方米。

第三节　矿产资源

济南市是山东省的重要成矿带之一，矿产资源较为丰富，境内蕴藏着丰富多样的矿产资源。已发现矿产45种（含亚矿种），矿产地296处。能源矿产5种，金属矿产10种，非金属矿产28种，水汽矿产2种，探明储量的22种，探明储量的矿产地175处。大型矿床中耐火黏土2处（占12.5%），石油、天然气均为小型，煤矿中型5处，小型12处。能源矿产有石油、天然气、煤、泥炭、地热。金属矿产有铁，钴（伴生）、铜、铅、铝土矿、镍、金、铂（钯）、钍。水气资源为：矿泉水、地下水、水源地。其中一些矿产资源潜力大，开发利用配套程度高，如石灰岩、花岗岩、硬质耐火黏土、白云岩、钾长石、铁矿等具中型以上规模，是济南市的优势矿产。

一、能源矿产

济南市的能源矿产主要包括煤、石油、天然气、地热等。能源矿产主要在商河县、济阳县、章丘市及济南市区的北部地区。石油、天然气、地热、煤等能源矿产分布比较集中，便于集中统一开发利用。其中地热、石油、天然气有较大的可挖掘潜力，煤也有一定的资源潜力。

（一）煤矿

煤矿是济南的优势资源，资源量约20亿吨。有煤矿20处，主要分布在以章丘为主的济东煤田和以济阳、长清、天桥为主的黄河北煤田。煤系地层主要是上古生界石炭二叠系，由此决定了煤炭的地理分布，即章丘、历城、长清三县的山前平原黄河沿岸地带和胶济铁路沿线。济南市煤田按其地质、地理特征，分属济东煤田（历城区）、章丘煤田（章丘市境）、黄河北煤田（长清区、槐荫区沿黄地带）。赋煤层均分布在石炭系太原组和二叠系山西组地层内，有14层煤，其中可采煤2层～6层，总厚1米～5.4米，煤层垂深320米～925米，煤的质量较好，属多煤种区，由贫煤、瘦煤、无烟煤、天然焦、肥煤等组成。

（二）石油

石油、天然气资源主要分布在商河县、济阳县部分地区。分布有商河油气田、玉皇庙油田、曲堤油气田3个油气田。石油资源量5000多万吨，天然气资源量近10亿立方米。

（三）地热

自20世纪1970年代，已发现多处地热显示点。济南地区地热分为齐广断裂带南区和北区，具有代表性的有济阳—商河地热田和历城区孙家—鸭旺口地热田。商河地下热水埋藏较浅，易开采、成本低；水温适宜，水质好，属锶、偏硅酸型温泉医疗矿泉水。历城区鸭旺口地热田位于济南辉长岩体北侧，附近分布有火山岩体并处岩体多组断裂交汇处，地下热水通过深循环形成温泉，水中有近10种对人体有益的矿物元素，尤富含铁、硫。

二、金属矿产

济南市的金属矿产主要包括铁矿、钴矿、铜金矿等。

（一）铁矿

济南市铁矿资源比较丰富，分布集中，地质工作程度较高，开发利用条件较好。接触交代型铁矿，主要赋存于燕山晚期的中—基性侵入岩（成矿母岩）与奥陶系中统纯质灰岩（围岩）的接触带及其内外侧。金属矿物含量占80%以上，主要为磁铁矿、黄铁矿和微量的黄铜矿、辉铜矿。济南张马屯铁矿矿床为接触交代型磁铁矿，位于济南辉长岩体东部接触带，是济南铁矿区中规模较大的一个矿床。

（二）钴矿

全市的钴矿均伴生于境内分布的接触交代型铁矿中（含钴磁铁矿），不单独成矿，可作为铁矿开发利用中的副产品综合回收。

三、非金属矿产

济南市的非金属矿产主要包括耐火黏土、熔剂灰岩、钾长石、水泥灰岩、辉长岩、花岗岩、蛇纹岩、建筑用砂石、木纹石、高岭土等。

（一）耐火黏土矿

主要分布于章丘市境内，西以文祖断裂为界东至淄博市境内，地表呈带状分布。章丘盆地硬质耐火黏土矿，成矿时代属于晚二叠世。另产于上奥陶统侵蚀面上，石炭系底部的硬质、半软质耐火黏土矿，因含铁质较高，递变为铝土岩，常与铝土矿共生，矿体一般很小。硬质耐火黏土矿床，均有一定层位，矿体多呈层状产出，共生矿产往往是铝土矿或煤层。矿体一般为1层～2层，厚1米～5米。矿石主要化学成分，氧化铝含量一般为40%左右，氧化硅含量44%左右，特级、Ⅰ级矿石占较大比例。该区矿石的特征是铁质黏土岩，是烧制建材产品和耐火材料的优质原料。市场较好，供不应求。典型矿床为明水镇王家寨黏土矿。

（二）熔剂灰岩

分布于章丘—历城区内，开采条件好。

（三）水泥灰岩

水泥灰岩在济南市分布较广，自章丘市南部向西至长清、平阴一带广泛分布。以章丘市旭升乡横沟矿区水泥岩矿为例，该矿属沉积矿床，具有含矿层位稳定、形态完整、产状平缓、矿石类型单一、品位高等特点，是较理想的露采矿床。

（四）辉长岩

即山东人俗称的“济南青”，分布于济南市东部和章丘市，地上储量表矿1处。主要是济南市区的辉长石和章丘茶叶山辉长岩等。储量较大，埋深较小。

（五）花岗岩矿

主要分布在长清区和济南区南部。上储量表矿床3处，正开发利用3处。查明资源储量5473.59万立方米。地质产状为岩基、岩株、岩墙等储量较大、广泛露出。

（六）蛇纹岩矿

市境内与蛇纹岩有关的超基性岩体群集中分布于长清区界首和李庄等地，为泰安南留—长清界首基性岩带的北端，系一富铁镁质超基性侵入体，为橄榄石、辉石蚀变而成的产物。矿床围岩为泰山群山草峪组、雁翎关组黑云斜长片麻岩。矿体呈透镜状，似层状和脉状顺层侵入，产状与区域构造线方向一致，呈带状展布。

（七）建筑用砂石

主要分布于南部长清、历城、章丘，是经长期风化侵蚀冲刷的第四系现代沉积的产物。黄砂产地主要有长清北沙河、南沙河、玉符河、清水沟和马山、双泉、玉峰山地区的河床中。在历城柳埠，章丘垛庄的河流中也有分布。

（八）木纹石（木鱼石）

岩石学名称为铁质泥制细晶灰岩及铁质白云岩，矿石为灰紫色，块状层纹状结构，铁、钙、泥质胶结，矿石主要由方解石、白云石、石英、褐铁矿及黏土矿物组成。并含有32种微量元素，其中对人体有益元素主要有偏硅酸、锶、锌等。分别有长清的长清湾、马山乡双泉村、张夏镇、长泉下家村、灵岩、徐毛庄以及历城的高尔、仲宫、锦绣川、西营、柳埠等6处，其中大型1处、小型5处。长清区马山乡双泉状木纹石矿可作为新型工艺与保健器皿材料矿产。

（九）脉石英

硅石的一种。济南市脉石英资源分散，规模小，地质工作程度低。历城西营—柳埠间脉石英分布较多，长清万德、章丘南明亦有产出。石英脉围岩为片麻状混合花岗岩，局部产于寒武系，矿体均呈脉状产出。

四、水气矿产

济南市地下矿泉水资源丰富。含锶偏硅酸型矿泉水9处，锶型矿泉水15处，复合型医疗矿泉水1处。成因类型主要是灰岩地区岩溶裂隙水，少数有火成岩基岩裂隙岩。矿泉水经省级及国家级鉴定除平阴1处医疗矿泉水外，其他均属天然饮用矿泉水。

第四节　植物资源

构成济南植被的区系植物计有1175种和变种，分属于149科。其中，木本植物77科、199属、417种、120变种（包括变型、亚种和栽培变种）。木本植物中，裸子植物6科，16属，34种、15变种；被子植物71科，183属、383种、105变种。济南植物区系以华北成分占绝对优势，其他有亚热带成分，多是生态幅度较大的种类。还有来自西北区系的成分，东北、日本的成分，欧美的成分等。乡土树种主要有侧柏、榆、黄栌、构树、酸枣、旱柳、垂柳、荆条等，特有树种有山东枸子和单叶黄荆两种，引进树种主要有苹果、悬铃木属、刺槐、东京樱花、女贞、白蜡等。

一、森林资源

济南森林类型主要有落叶阔叶林、针叶林、竹林等。原始落叶阔叶林早已不复存在。除局部地区尚保留少量次生天然林外，大部分为人工片林、行道树或散生阔叶树。落叶阔叶林乔木优势种有12科、30余种，由其构成的片林主要有杨柳林、刺槐林、栎林、泡桐林及杂木林等。针叶林耐瘠耐旱，广泛分布于山地丘陵区，是主要植被类型之一，有侧柏林、松林。还有少量人工淡竹林。人工栽培树种按树木的用途可分为防护、用材树种，经济树种和城市绿化观赏树种三大类。

（一）防护、用材树种

有侧柏、松树、刺槐、毛白杨、杂交杨、柳树、国槐、臭椿、榆树、泡桐、栎树、苦楝、楸树、枫杨、黄栌、五角枫、火炬树、紫穗槐等。侧柏、松树、刺槐主要分布在山区，面积大，分布广，是营造山区防护林、用材林的主要树种；黄栌、火炬树、五角枫则作为营造针阔混交林、风景林的树种，主要分布在交通干线两侧的山坡及风景旅游点周围；毛白杨、杂交杨、柳树、泡桐、榆树等主要分布在平原地区，是“四旁”绿化及营建农田林网、平原用材林、短轮伐期用材林的主要树种。

（二）经济树种

有核桃、板栗、柿子、枣、花椒、苹果、梨、桃、杏、葡萄、石榴、樱桃、山楂、香椿等，其中薄壳核桃、红荷包杏、玉杏、秀水苹果、玫瑰红苹果为济南市的名、特、优果品。主要栽培经济灌木有紫穗槐、白蜡条、杞柳、玫瑰花、金银花等，平阴玫瑰是济南市特产，享誉中外。

（三）城市绿化观赏树种

有62科，139属，300余种。主要有雪松、蜀桧、白皮松、冷杉、龙柏、银杏、杜仲、悬铃木、栾树、白蜡、水杉、玉兰等。栽培的花卉灌木主要有月季、蔷薇、紫叶李、榆叶梅、海棠、紫荆、杜鹃、连翘等。

二、野生植物资源

济南市野生植物资源丰富，主要分布在荒山荒坡及山谷中。具有较大经济价值的野生植物有380余种，其中药用植物170余种，野生蔬菜、经济草类110余种。

主要野生灌木有酸枣、黄荆、胡枝子、绣线菊、锦鸡儿、构树等。野生药用植物主要有远志、沙参、枸杞、接骨木、桔梗、草参、防风、柴胡、车前、马兜铃、地榆、艾蒿、葛藤、南蛇藤等。野生草类主要有野古草、黄背草、白草、羊胡子草、结缕草、狗尾草、油草、茅草、蒲草等。

据调查，济南市重点野生植物资源有物种10种，分别为青檀、迎红杜鹃、野核桃、刺楸、核桃楸、水曲柳、黄檗、玫瑰、杜仲、银杏。这些物种主要分布在植被茂盛、人迹罕至的南部山区。由于济南市山区海拔高度较低，人类活动比较频繁，尤其是随着经济的发展和对南部山区森林资源的过度开发，严重破坏了野生植物的生存环境，使物种种类和分布数量日趋减少，济南的榉树已灭绝，青檀、刺楸等的数量也越来越少，濒于灭绝，保护措施亟待加强。

三、农作物资源

（一）粮食作物

粮食作物有小麦、玉米、地瓜、谷子、水稻、高粱、大豆、小杂粮八大种类，以小麦和玉米为主。

小麦　20世纪80年代初期，济南小麦种植的主要品种有济南13号、山东辐63、昌乐5号、泰山8号等。自20世纪80年代中期，推广高产稳产优质良种，逐步把一些老品种淘汰。主要种植品种有济南13号、昌乐5号、鲁麦5号、辐63、鲁麦11号、鲁麦7号和鲁麦1号等。进入20世纪90年代，相继引进推广鲁麦14、鲁麦15、鲁麦18、鲁麦21、鲁麦22、济南16、济南17等。2005年，济南市全面实施了优质专用小麦良种推广补贴项目。确定济麦20号、淄麦12号、烟农19号、济南17号、济麦19号、济麦21号、泰山21号、潍麦8号等8个品种作为主要推广的补贴品种。

玉米　20世纪80年代，济南玉米种植主要品种有烟单14号、鲁玉2号、鲁玉3号、沈单7号等。20世纪90年代，主要品种有掖单2号、掖单4号、烟单14号。2005年后，大穗型品种推广金海5号、登海3707、鲁单981、农大108等，耐密紧凑型品种推广鲁单984、聊玉19、郑单958、鲁单9006、聊93–1、鲁单9002等。

地瓜　1988年，主要种植高产、抗病品种徐薯18号。1995年，引进部分脱毒地瓜苗，主要为鲁薯7号、徐薯18号。后又引进北京553。

水稻　20世纪80年代后，主要种植品种有日本晴、京粳5号、京引119、京引33等。20世纪90年代，引进推广临稻4号、临稻5号、镇稻88、豫粳6号、早丰9号等品种。明水香稻原种“大红芒”，虽然米质好、香味浓，但因秆高易倒，低产晚熟，种植面积越来越少，后培育出了明香花育一号和辐香三号2个品种。新品种既保留了“大红芒”的优点，又增加了抗倒伏、耐肥水、早熟高产、营养丰富的优点。

小杂粮　济南杂粮种植种类主要是绿豆、红小豆、芝麻、豇豆等。20世纪90年代，主要种植品种中绿1号、A120、C3737A绿豆品种，渭南红红小豆品种，豫芝4号芝麻品种等。

（二）经济作物

花生　主要品种有花31、花32、临花7号、鲁花1号、双纪2号、白沙171、徐州66–4等新品种。

棉花　20世纪90年代，引进抗棉铃虫新品种。2001年，抗虫棉品种发展到33B、99B、中杂29、鲁棉研15等。

蔬菜　主要有芹菜、菠菜、韭菜、甘蓝、黄瓜、茄子、白菜、青萝卜、番茄、芸豆、豆角、冬瓜、辣椒、莲藕、莴苣等。优良蔬菜品种有济南大长茄、青园脆萝卜、章丘大葱、唐王大白菜、叶儿三黄瓜、朱庄秋瓜、黄马蔺韭菜、一串铃冬瓜等。全市认证无公害农产品183个，绿色食品28个，有机食品42个，章丘大葱、唐王大白菜获得地理标志产品认证。

第五节　动物资源

济南野生动物资源可分为陆栖脊椎动物、陆栖无脊椎动物、淡水动物，其区系成分为华北黄淮平原区。

陆栖脊椎动物共215种，有两栖类6种、爬行类10种、鸟类164种、哺乳类35种。鸟类有14目、39科、164种，其中留鸟31种、夏候鸟36种、冬候鸟20种、旅鸟77种。哺乳类有35种，分为食虫目、翼手目、啮齿目、兔形目和食肉目。济南市有列入国家保护动物目录的陆生野生动物192种，其中哺乳类4目、7科、18种；主要有食虫目的刺猬，啮齿目的松鼠、赤腹松鼠，兔形目的草兔，食肉目的赤狐、狗獾、猪獾、黄鼬、果子狸、豹猫、狼等。

陆栖无脊椎动物主要分为环节动物、软体动物和节肢动物门。节肢动物是种类最多的一门，主要包括多足纲、甲壳纲、蛛形纲和昆虫纲。昆虫种类很多，已知森林害虫100多种，农作物害虫60多种，天敌昆虫40余种。

淡水动物资源主要有浮游动物、底栖动物和鱼类。浮游动物是鱼类的重要饵料，主要有原生动物、轮虫类、枝角类和桡足类组成。底栖动物以螺类、水生寡毛类为主。鱼类有8目、15科、43种。

表1—2—39 **重点保护陆生野生动物分布情况**

名 称	学 名	分布区域	保护级别
白 鹳	*Ciconia ciconia*	分布于市内四区、章丘市白云湖乡等地	Ⅰ
大天鹅	*Cygnus cygnus*	主要分布于商河、济阳、章丘、平阴等县区	Ⅱ
凤头蜂鹰	*Pernis ptilorhynchus*	分布于各县区	Ⅱ
苍 鹰	*Accipiter gentiles*	分布于各县区	Ⅱ
赤腹鹰	*Accipiter slolensis*	分布于各县区	Ⅱ
雀 鹰	*Accipiter nisus*	分布于各县区	Ⅱ
松雀鹰	*Accipiter virgatus*	分布于各县区	Ⅱ
大 鵟	*Buteo hemilasius*	分布于各县区	Ⅱ
普通鵟	*Buteo buteo*	分布于各县区	Ⅱ
毛脚鵟	*Buteo lagopus*	分布于各县区	Ⅱ
金 雕	*Aquila chrysaetos*	分布于各县区	Ⅰ
白肩雕	*Aquila heliaca*	分布于各县区	Ⅰ
鹊 鹞	*Circus pygargus*	分布于各县区	Ⅱ
白头鹞	*Circus aeruginosus*	分布于各县区	Ⅱ
燕 隼	*Falco peregirnus*	分布于各县区	Ⅱ
灰背隼	*Falco columbarius*	分布于各县区	Ⅱ
红脚隼	*Falco vespertinus*	分布于各县区	Ⅱ
黄爪隼	*Falco naumanni*	分布于各县区	Ⅱ
红 隼	*Falco vespertinus*	分布于各县区	Ⅱ
灰 鹤	*Grus grus*	主要分布于章丘、济阳、长清等县区	Ⅱ
小杓鹬	*Numenius minutus*	主要分布于章丘白云湖、黄河流域	Ⅱ
小青脚鹬	*Tringa guttifer*	主要分布于章丘白云湖、黄河流域	Ⅱ
草 鸮	*Tyto capensis*	分布于各县区	Ⅱ
红角鸮	*Otus spilocepHalus*	分布于各县区	Ⅱ
雕 鸮	*Bubo bubo*	分布于各县区	Ⅱ
斑头鸺鹠	*Glaucidium cuculoides*	分布于各县区	Ⅱ
长耳鸮	*Asio otus*	分布于各县区	Ⅱ
短耳鸮	*Asio flammeus*	分布于各县区	Ⅱ
狼	*Canis lupus*	分布于历城、章丘、长清、济阳等县区	省重点
狐	*Vulpes vulpes*	分布于历城、章丘、长清、济阳等县区	省重点
黄 鼬	*Mustela putorius*	分布于历城、章丘、长清、济阳等县区	省重点
獾	*Meles meles*	分布于历城、章丘、长清、济阳等县区	省重点

续表 1—2—39

名　称	学　名	分布区域	保护级别
果子狸	*Paguma larvata*	分布于历城、章丘、长清、济阳等县区	省重点
豹　猫	*Felis bengaiensis*	分布于历城、章丘、长清、济阳等县区	省重点
苍　鹭	*Ardea cinerea*	分布于市内四区、章丘市白云湖乡等地	省重点
草　鹭	*Ardea*	分布于市内四区、章丘市白云湖乡等地	省重点
白　鹭	*Egretta garzetta*	分布于市内四区、章丘市白云湖乡等地	省重点
大白鹭	*Egretta alba*	分布于市内四区、章丘市白云湖乡等地	省重点
栗苇鸦	*Bubulcus ibis*	分布于市内四区、章丘市白云湖乡等地	省重点
灰　雁	*Anser albifrons*	主要分布于商河、济阳、章丘、平阴等县区	省重点
斑头雁	*Anser anser*	主要分布于商河、济阳、章丘、平阴等县区	省重点
针尾鸭	*PHasianus colchicus*	主要分布于商河、济阳、章丘、平阴等县区	省重点
石　鸡	*Alectoris graeca*	分布于各县区	省重点
环颈雉	*PHasianus colchicus*	分布于各县区	省重点
普通秧鸡	*Rallus aquaticus*	分布于各县区	省重点
董　鸡	*Gallicrex cinerea*	分布于各县区	省重点
灰斑鸠	*Stueptopelia decaocto*	分布于各县区	省重点
四声杜鹃	*Cuculus micropterus*	分布于市内四区、章丘、长清县区	省重点
普通夜鹰	*Caprimulgus indicus*	分布于各县区	省重点
三宝鸡	*Eurystomus orientulis*	分布于各县区	省重点
蚁　鴷	*Jynx lugubris*	分布于各县区	省重点
星头啄木鸟	*Dendrocopos canicapillus*	分布于各县区	省重点
凤头百灵	*Galerida cristata*	分布于各县区	省重点
太平鸟	*Bombycilla garrulous*	分布于各县区	省重点
黑枕黄鹂	*Oriolus chinensis*	分布于各县区	省重点
红点颏	*Luscinia calliope*	分布于各县区	省重点
黄　雀	*Cauduelis spinus*	分布于各县区	省重点
朱　雀	*Carpodacus erythrinus*	分布于各县区	省重点
黑斑蛙	*Rana nigromaculata*	分布于各县区	省重点
东方钳蝎	*Buthus martensii*	分布于各县区	省重点

注：Ⅰ为国家一级保护动物，Ⅱ为国家二级保护动物。

土要食虫食鼠益鸟

1．灰喜鹊和喜鹊　均为留鸟。常见于山麓、村边、公园等的疏林内，成群活动。食物以动物性为主，捕食大量农林害虫，如棉花的害虫棉铃虫、棉虫，林业害虫金龟甲、金针虫、椿象、天蛾、松毛虫等。还能捕食家蝇，易驯养。喜鹊喜栖于高大的树上。在田野和村庄附近觅食，多成对活动。5—10 月主要以害虫为食，喜食蝗虫、金龟甲、椿象甲、蝼蛄、天社蛾幼虫、地老虎、蝇蛆、蝉等。

2．啄木鸟　啄木鸟科有斑啄木鸟、黑枕绿啄木鸟、星头啄木鸟、小星头啄木鸟四种留鸟和棕腹啄木鸟（夏候鸟）。主要啄食鞘翅目害虫象甲、伪步行甲、天牛幼虫、金龟甲，其次鳞翅目避债蛾、螟蛾。有“森林医生”之称。

3．杜鹃　杜鹃有四声杜鹃、大杜鹃、中杜鹃、小杜鹃，均为夏候鸟。另有旅鸟棕腹杜鹃，为巢寄生鸟。以鞘翅目、膜翅目、鳞翅目等昆虫为食，是著名的农林益鸟。

4．戴胜　俗称臭姑鸪，头有棕色羽冠为其特征。栖息于开阔田野树干上，在地面觅食。以半翅目、鞘翅目、鳞翅目等昆虫为食，尤嗜食蝼蛄、金针虫、行军虫等地下危害禾本科植物的害虫，是著名农林益鸟。

5．伯劳　重要食虫鸟类。有虎纹伯劳、牛头伯劳、红尾伯劳等。大都栖息在丘陵开阔的林地。主要以昆虫为食，如金龟甲、步行甲、象甲、蝗虫、松毛虫、蝇类，为农林益鸟。

6．黑枕黄鹂　俗称黄莺。主要生活在平原林地，也栖居低山丘陵的山林或村庄附近大树上，为夏候鸟。在育雏期95%以上食虫为害虫，如枯叶蛾、松毛虫、土蟥、椿象、地老虎、梨星虫等。

7．椋鸟　重要食虫鸟类。有灰椋鸟（留鸟）、北椋鸟（夏候鸟）和紫翅椋鸟（ 旅鸟）3种。灰椋鸟全省有分布，筑巢于树洞。杂食性，夏季主要以蚱蜢、金龟甲、椿象甲、叶甲等害虫为食，冬季啄食野生植物果实、种子，但不危害栽培植物，对农林有益。

8．雨燕　雨燕有楼燕、针尾雨燕、白腰雨燕、小白腰雨燕4种，前3种为夏候鸟，后1种为旅鸟。楼燕全部以害虫为食。据统计，一对10天左右的幼鸟，每天由亲鸟喂食昆虫240余个，20天的幼鸟所吃虫数可达3600余个，快出巢时为6900余个。所食虫为蚊、蝇、蚜虫、虻类、蜘蛛、椿象、浮尘子等害虫。

9．家燕　俗称燕子，另一种为金腰燕。家燕营巢在屋内，金腰燕营巢在屋外墙壁上，飞行时张嘴捕捉蝇、蚊等各种昆虫。是人们熟悉的益鸟。

10．山雀　山雀科鸟有大山雀、煤山雀、沼泽山雀、黄腹山雀、银喉长尾山雀，均为留鸟，以大山雀为最多。大山雀俗名仔仔黑、白脸山雀，为山雀科体型最大的一种。多栖于山区针叶林、针阔混交林或阔叶林，在丘陵果园、居民点也常见。大山雀消灭害虫能力很强，嗜食松毛虫、梨象甲、金龟甲、天牛幼虫、椿象等害虫，冬季啄食树皮内越冬害虫。沼泽山雀体型略小，习性亦同，头黑色不具白斑。银喉长尾山雀是常见森林鸟类，尾特长，喉部中央有银灰色块。主食半翅目、鞘翅目、鳞翅目害虫。

11．隼　小型猛禽。隼科有燕隼、红隼等7种，红隼为留鸟，全省可见，多栖于农耕地、田圃附近及开阔的山麓平原，常停翔在空中，见饵物即直下掠食之。嗜食昆虫、小鸟及小型啮齿类动物。

12．雕鸮　又称枭，是夜行性鸟类。大多数种类几乎均以鼠类为食，是重要益鸟。以猫头鹰、长耳鸮和短耳鸮为最常见。

第八章　自然灾害

第一节　旱　灾

旱灾是济南市主要灾害之一，各季均有发生，也常有春夏、夏秋、秋冬春等连旱发生。春季更有“十年九旱”之说。旱灾常常造成作物的减产甚至绝产，人、畜饮水困难，严重的还影响到工业生产、城市供水和生态环境。据统计，济南市旱灾发生的实有年份达72%。

1987年，济南春旱、伏旱、秋旱严重。地下水位曾下降到24.5米，山区地下水位下降10米以上。3015眼机井干枯，977座水库、塘坝、提水站不能利用，南北大沙河、玉符河、巨野河、绣红河、漯河、浪溪河、汇河等河流断流。6月泺口处黄河断流。全市受灾面积 75000 公顷，其中绝产 15000 公顷。166 个村庄、12 万人吃水困难。

1988 年，1—5 月全市平均降水量仅 12 毫米，受灾面积 4.1 万公顷。8—10 月平均降水量 45 毫米，成灾面积 83000 公顷。

1989 年，济南地区遭遇自 1916 年最严重旱灾。年累计降雨量仅 342 毫米，比正常年减少 46.6%，全市受旱面积 29.7 万公顷。

1990 年，济南春旱，全市受灾面积 28000 公顷。

1992 年，济南降水量比常年减少 124.6 毫米。商河县 4 月降水仅 0.3 毫米，70% 耕地受旱。全市受旱农田 313000 公顷。

1993 年，麦收前，全市旱灾严重，受灾面积 68000 公顷。

1994 年，济南市遭受旱灾，受灾面积 75300 公顷。

1997 年 8 月，济南市地下水位出现历史同期最低水位（23.94 米）。锦绣川和卧虎山水库分别仅剩下 400 万立方米和 500 万立方米，其中锦绣川水库为“死库容”。

1999 年，自 7 月 19 日降 43.4 毫米的大雨后，济南市区降水持续偏少，造成大面积伏旱。历城区无水浇条件的地块、山地和丘陵旱情尤为严重。农作物出现白天凋萎夜间恢复的现象，甚至干枯死亡。据统计，粮食作物受灾面积 13333.3 公顷，其中重旱 5333.3 公顷，预计减产 2800 万千克；蔬菜受灾面积 1566.7 公顷，其中重旱 533.3 公顷，预计减产 350 万千克；果品受灾面积 10000 公顷，其中重旱 3333.3 公顷，预计减产 1000 万千克。由于旱情重，有 75 个村庄 10159 户 40424 人和 3355 头大牲畜饮用水出现困难。

2000 年，3 月至 4 月底济南市区降水量仅 26.6 毫米，较常年同期少 23.4 毫米，距平百分率为 -47。历城区到 4 月底受旱面积为 26667 公顷，其中麦田受旱面积 16667 公顷，麦田重旱面积 6667 公顷。由于旱情严重，小麦春季分蘖少，亩有效茎数少，有的提前抽穗。待播田受旱面积 10000 公顷，基本无法播种。另有近 5000 公顷林果受旱。

2001 年，平阴县春季气温偏高，降水偏少，再加上风速较大，旱情严重，25333 公顷作物受旱，10% 的春播作物旱死。

2002 年，自 2001 年冬季，商河县降水稀少，加之灌溉水源不足，全县 70% 的农作物遭受较严重的旱灾。2 月 1 日出现旱情，6 月 22 日解除。主要受灾作物有小麦、春播棉花、蔬菜、果树等。全县农作物受灾面积 4000 公顷，成灾面积 3000 公顷，其中减产 3 成以上的 23333 公顷，5 成以上的 5333 公顷，绝产的 1333 公顷。损失粮食 1 亿千克，造成经济损失 7000 多万元。

2002 年，长清发生冬、春、伏旱。自 2001 年 10 月份至 2002 年 2 月 28 日，降水少，2 月份出现了重旱，旱情不断发展，截至 2 月 28 日，3333.3 公顷麦田出现了死苗、绝产现象。3 月中下旬降水少，气温高，风速大，墒情快速下降，27—28 日测得的麦田 10 厘米～ 20 厘米平均土壤相对湿度为 35%，干土层平均厚度 5 厘米。截至 3 月 28 日，总重旱面积 8666.7 公顷，其中麦田 5333.3 公顷。麦田总受旱面积 10000.0 公顷。马山乡崮头水库已干涸。长清区伏旱，截至 7 月 18 日，长清区有轻旱面积 5933.3 公顷，重旱面积 12066.7 公顷，其中有 3333.3 公顷农田出现了干枯死苗现象。重旱田夏玉米直播基本不能出苗或不能播种。64 个村庄发生人畜吃水困难，其中人口 40000 人，大牲畜 1.97 万头。120 处塘坝、25 座水库干涸。

2002 年 1 月到 5 月上旬，平阴县由于降水偏少，气温持续偏高，田间蒸发增大，土壤墒情下降，平阴县 28667 公顷耕地受旱灾。沿黄沿汇麦区红蜘蛛发生面积 5300 公顷，小麦纹枯病发生面积 8000 公顷。另外平阴 1000 公顷大棚西瓜发生病害。

2002 年 7 月，平阴县降雨量 19.2 毫米，是 1989 年以来的月最少降水量，并且持续的高温天气，加剧了田间的蒸发，全县共有 25400 公顷作物受旱，有 50 个自然村 31000 人、8000 头牲畜吃水困难。

2002年7月中旬，历城区干旱，受灾面积12000公顷，其中重旱5333.3公顷，主要受灾作物为玉米。有80多个自然村5万多人、1万多头大牲畜吃水困难，有18座小型水库、100多个塘坝干枯。

2003年，5月29日—6月8日降水量6.0毫米，较常年偏少13.1毫米，距平为-68.6%。6月6日、7日、8日三天连续出现了干热风天气，部分地块出现了重旱。截至6月8日，长清区有轻旱面积2000公顷，重旱面积666.7公顷，导致夏玉米不能播种。

2004年，春季长清区部分无水浇条件的山地、丘陵和平原出现重旱。从4月18日的测墒结果看，土壤相对湿度：春田5厘米56%、10厘米59%；麦田10厘米32%、20厘米37%、40厘米40%。重旱面积1000公顷，其中麦田667公顷，春田333公顷。干旱影响了春播和播后出苗。

2005年，由于3月降水少；4月气温回升快，降水持续偏少，农田蒸散量大，部分无水浇条件的农田出现旱象。6月上、中旬降水少、气温持续偏高，且风速较大，农田蒸散量大，失墒较快，全市农田大面积受旱，部分套种玉米出现受旱死苗现象，未夏播的无法播种、已夏播出苗的出现凋萎现象。两次干旱共有受旱面积77333.3公顷。

2005年，5月18日—6月25日降水偏少，天气干旱，章丘南部5个乡镇农作物受旱，受旱面积达2000.1公顷，6月26日全市普降大到暴雨70毫米以上，旱情缓解。

2006年，春、夏、秋季均有干旱发生，秋季干旱持续时间长、影响范围大，造成严重的经济损失。

春旱：4月底全市小麦受旱面积23333.3公顷左右，其中重旱8666.7公顷，不利于小麦的生长、发育；春田受旱面积22000公顷左右，其中重旱1333.3公顷，影响春播的顺利进行。

夏旱：进入7月份以来，降水偏少，其中市区7月1日至24日降水量为48.4毫米，较常年偏少110.8毫米，偏少70%；7月下旬出现旱象，到7月24日历城、长清、章丘和平阴的山地、丘陵地区也出现不同程度的干旱，主要受灾作物有玉米、地瓜、谷子等；全市受旱面积达13333.4公顷，其中重旱2000公顷。

秋旱：自9月份降水持续偏少，气温明显偏高，10月上旬出现旱象，历城区、长清区、章丘市、平阴县等县（市、区）不同程度受旱。至11月中旬，全市受旱面积达70666.7公顷，成灾42666.7公顷，其中小麦面积为36000公顷，重旱面积13900公顷，绝收4233.3公顷，还有因旱无法播种的3000公顷。因旱造成农村饮水困难的主要是南部山区乡镇，近25万人、13万头大牲畜出现饮水困难。

2007年3月上旬前期，全市普降大雨局部暴雨，解除了自2006秋季的持续干旱。3月中旬后降水偏少，到4月份旱象开始露头，至5月中旬全市受旱面积达28000公顷，重旱4000公顷。5月下旬降水增多，局部旱情解除，但旱情仍持续发展。6月上旬仅局部出现小雨，气温较常年偏高，旱情有所加重。到6月中旬末，全市普降中雨，旱情缓和或解除。

自2008年10月济南市降水偏少，到2009年2月4日全市小麦受旱面积达71346.7公顷，其中重旱13980公顷。从各地实地调查情况看，受旱的麦田多为山地、丘陵土层较薄和播种偏晚冬前无分蘖的地块，受旱严重的死苗高达30%～40%。

第二节 水 灾

一般的水灾，以洪涝灾害为主。济南市的水灾多因河流决口漫滩、暴雨积水引发，有明显的季节性。

1986年1月9—24日，黄河章丘县段出现自1969年后的特大凌洪。刘家园险工以下4号坝滩地生产堤溃决，滩区27个自然村被水包围，其中8个自然村进水。受灾人口1.26万人，2330公顷土地被淹。

1987年8月26日，济南市遭受特大暴雨和龙卷风袭击。14时至次日2时30分，市区平均降水317.5毫米，积水面积30平方千米，总积水量6600万立方米。市区12座立交桥全部积水无法通车，铁路客货运输分别中断6至7个小时。主要排水河道小清河水位涨至26.78米，超过警戒水位2.6米，河水流量达131立方米/秒。长清县马山、双泉两乡和平阴县的50多个村庄遭受龙卷风袭击，房屋倒塌1.1万多间，损坏1.7万多间。全市47人死亡，595人受伤，805家工厂企业、72座大中型商业库房和一大批零售商店进水，其中618家工厂企业被迫停产，43000公顷农田、3000公顷菜田被淹，直接经济损失3.7亿元。

1988年7月中下旬，历城、槐荫区及章丘县先后出现3次暴雨，最大降水量237毫米，3000公顷农作物受灾。

1988年7月23日，历城区唐王镇遭特大暴雨袭击，造成严重灾害。

1989年7月18日，章丘县垛庄、文祖镇和历城区仲宫镇连遭暴风雨及山洪袭击，一次降雨量150毫米～180毫米，21个村庄受灾，460公顷农作物受灾，倒塌和损坏房屋88间。

1990年7月6—16日，商河县遭受暴风雨袭击，农作物受灾面积达50000公顷。

1990年7—8月，全市平均降水量669毫米，造成河道爆满，水库漫溢，南部丘陵山洪暴发，北部平原大面积农田积涝成灾，101个村庄被洪水围困。8月3日，由于东平湖水漫溢，使平阴县旧县乡秋粮绝收。全市洪涝受灾面积190000公顷。

1993年6月22日18时50分，济南市遭受暴风雨袭击，市区38条供电高压线、300余条低压线遭破坏，近1/6的用户断电，至23日23时恢复正常送电。

1994年6月29日—7月7日，济南市连降大到暴雨，10个县（市）区遭受不同程度的灾害，其中济阳、长清、平阴受灾严重，直接经济损失1.47亿元以上。

1994年8月6日，济南市普降暴雨到大暴雨，市区及长清、济阳、平阴3县的降雨量均在140毫米以上，最大降雨中心在市区为188.0毫米。由于降雨量大、时间短，造成部分河道、水渠漫溢，居民住宅和工厂部分进水，农村部分农田被淹。此次降雨对全市造成巨大的经济损失。本次天气过程的天气形势背景是：7月下旬到8月上半旬，由于副热带高压长时间控制山东上空，造成济南日最高气温在35℃～36℃以上，其中8月4日最高气温38℃。全市日平均气温29.5℃，较常年平均（27.4℃）高出2.1℃。持续高温是形成8月6日的大暴雨天气前期条件。本次大暴雨天气过程后，济南市气温骤降，平均气温下降10℃，7—8日全市出现入夏以来少有的凉爽宜人天气。

1996年7月5日16时，浓厚的乌云自北而南迅速控制济南上空，天空顿时漆黑一片，街道上的汽车只能开亮大灯缓缓行驶。16时20分，降大暴雨，街道水流成河，汽车如水中行舟。市区降雨持续2个小时，降水量为60毫米。

1996年8月，由于连降暴雨和黄河洪峰入侵，济南市黄河滩区淹没耕地14000公顷，受灾村庄335个，受灾人口19.78万人，78个村庄进水或被水围困，损坏或倒塌房屋2.82万间，冲毁道路421千米，桥梁88座，损坏电力、通信线杆2473根，冲毁（淤塞）机井3892眼、扬水站67座，损失粮食8.03万吨，直接经济损失6.33亿元。

2000年8月8日20时至10日06时，受西风槽和副热带高压边缘西南气流的共同影响，济南市区降暴雨，降雨量为73.8毫米，降雨主要集中在9日15时至16时，降雨时间短，来势猛，南部山区出现泥石流。西营、柳埠、高而3个乡镇受灾严重，死亡3人，倒塌房屋1596间，倒塌院墙3677米，损坏树木4.5万棵，冲毁、淹没农田2133.3公顷，绝产666.7公顷，冲毁堤堰4.4万米，冲走淹死牲口1513头（只），冲毁道路7.2万米、桥涵33座、河道护坝1410米、水渠2140米，冲坏自来水管道14000米、旱井227眼、塘坝7座、水池18个、通讯线路6.8千米，电线杆倒、断350根，塑料大棚倒塌487个。直接经济损失约达16837万元。

2003年7月21日，章丘市暴雨，辛寨乡北部16个村受灾，其中干刘、青杨林、黄家、沙罗、辛庄5个村受灾严重，造成玉米倒伏333公顷，棉花花蕊砸掉，受灾面积200公顷，花生、大豆、蔬菜67公顷，树2000棵，砖瓦60万个，直接经济损失59.6万元。

2003年7月24日，长清区暴雨，双泉乡、武家庄乡受灾。造成双泉乡400公顷玉米倒伏，谷子233公顷严重倒伏，杂粮49公顷不同程度的造成损害。冲毁生产路28000米，地堰10430米、围墙800米、塘坝2座、冲倒树木15000株，陈沟村大井塌陷。

2003年9月4日，长清区暴雨，孝里、马山、张夏、万德、武庄6乡镇受灾。农作物受灾93公顷，冲毁堤堰19000米、护坡20米、顺河堰150米、道（土）路11千米、房屋倒塌72间、小学平房倒塌15间；小固山拦河坝北副坝3处漏水，东风水库库区97公顷土地被淹，固山养猪场5公顷被淹，2000余头猪被困。

2003年10月10—12日，商河、平阴、长清暴雨，商河降水量155.9毫米，平阴降水量139.0毫米，长清降水量94.6毫米。商河全县21个乡镇都不同程度的受损，其中展家、殷巷等7个乡镇受灾严重。受灾40000公顷，其中大棚2万个，重灾1.2万个，棉花受灾16667公顷，房屋倒塌1640间，桥涵闸损坏89座，共计损失1.5亿元。长清区11个乡镇受灾：受暴风雨袭击，倒塌房屋280间，小麦受灾810公顷（播种后未出苗，被水冲毁），玉米受灾107公顷（育种基地的玉米），水果142.5万千克，冲毁堤堰9800米，冲毁桥梁2座（五峰—万德的公路桥梁1座，交通中断，万德长城办事处桥梁1座）。平阴县滦弯、安成、刁山坡、玫瑰、李沟、东阿、洪范等乡镇受灾：造成内涝1333公顷，吹倒刮断树木26400株，造成山楂和红富士落果面积173公顷，倒塌蔬菜大棚128个，坍塌堤堰800平方米，冲毁道路3000多平方米，冲毁桥梁1座。同时降暴雨时，雨强大，径流量大，造成市区低洼地段和桥涵洞等积水，严重影响交通。

2004年6月26日，章丘市遭受了历史上罕见的暴雨袭击，降水量达105毫米，西南部的垛庄、圣井、曹范三个乡镇受灾最为严重。这次暴雨造成200余间房屋倒塌，1人死亡、1人受伤，暴雨时雷电击毁电视、电脑90台，直接经济损失达150万元。

自2004年7月，长清区降水明显增多，特别是中旬以后，出现了连阴雨天气，雨量也明显增多，7月降水量372.9毫米，较常年多175.8毫米，偏多89%。7月30日20时至31日8时，全区平均降水量40毫米，南部山区达60毫米，造成大小水库蓄满外溢，沿黄四镇出现严重内涝。农作物受灾面积2000公顷，成灾667公顷；洪水冲毁道路8000米、堤堰3000米，冲毁桥梁4座，已有10座塘坝出现滑坡；毁坏房屋240间，倒塌房屋180间；失踪1人。直接经济损失达2600万元。

2004年7月16—17日，章丘市连续遭受暴雨袭击，降水量达200毫米。这次暴雨影响范围大、雨强较强、持续时间长，损坏房屋2180间、倒塌918间，冲毁堤堰135000平方米，损坏桥梁涵洞6处，受灾农田1080公顷，死亡大牲畜2000头，直接经济损失达1430万元。

2004年7月27日22时42分至28日，受西太平洋副热带高压外围和西南暖湿气流共同影响，平阴出现强对流天气，降暴雨，5小时内降雨达140.4毫米。道路、堤堰、水渠被冲毁，800多间房屋出现漏雨。农作物受灾面积16219公顷，成灾面积10803公顷，绝产面积2175公顷；林果受灾面积6428.2公顷，成灾面积4314.7公顷，绝产面积1282.9公顷，农业直接经济损失7642万元；冲毁道路、堤坝40124米，冲毁地堰13241米，水渠16219米，倒塌房屋26间，损坏房屋119间，直接经济损失1040万元；鱼池满水达8.4公顷，造成直接经济损失12.6万元。以上合计损失约达8694.6万元。

2005年7月2日，长清区出现暴雨天气，归德、孝里等7个乡镇受灾，冲淹土地133.3公顷，冲毁地堰、路堰、道路、公路基、护坡，冲毁塘坝、大口井、机井，多户居民房屋进水，无法居住，院墙倒塌，冲毁桥涵，树木被刮倒。

2005年7月24日，章丘出现暴雨天气，造成140.6公顷农田受灾。

2005年9月16日，济南市区、长清区出现暴雨天气；9月19日济南市区、长清区和章丘市出现暴雨天气。这两次暴雨，由于雨量大、降水持续时间短，造成市区低洼地段、桥涵、洞等多处积水，对交通造成一定影响。同时部分处于低洼处的民房、仓库被淹，造成一定的损失。由于连续出现暴雨天气，造成农田含水量大，农田过湿，影响收秋、秋播的顺利进行，导致全市大部分小麦播种较常年晚10—15天。

2006年5月4日夜间至5日，全市普降大到暴雨，局部大暴雨，受暴雨影响，长清区的孝里、双泉、武庄3乡镇出现了灾情。受灾小麦352.1公顷、棉花22公顷、地瓜5.3公顷、花生1.3公顷、路林8公顷，冲毁地堰40225米、道路2100米、公路路堰两处1500米、生产路37500米，损坏倒塌房屋75间。

2007年，受冷空气和强盛的西南暖湿气流共同影响，7月18日下午到夜间济南市出现历史罕见的强降雨过程，并伴有雷电及短时大风。这次特大暴雨造成市内积水1米以上的路段多达51处，部分涝洼地段最深积水达4米以上。全市因灾死亡37人。其中溺水死亡26人，暴雨导致墙体倒塌砸死5人，触电死亡6人。171人受伤，约33.3万居民受灾。倒塌损坏房屋1805间，市区内受损车辆802辆。城市基础设施遭受重大损失，毁坏市区道路1.4万平方米，冲失井盖500多套；26条线路停电，市内交通公交一度处于瘫痪状态。工商企业遭受很大损失，140多家企业进水受淹。据初步统计，洪涝灾害造成直接经济损失约13.2亿元。

2008年7月29日16时35分至29日20时，受台风外围暖湿气流和弱冷空气影响，章丘市宁家埠镇出现了大暴雨天气过程。宁家埠降雨量103.0毫米，并有大风。章丘测站降水量达47.1毫米，风速达18.3米/秒。雨大水急，致使玉米大面积被淹倒伏，经济作物受到不同程度的损坏。据初步统计：章丘市宁家埠镇受灾面积466.6公顷，玉米内涝倒伏400公顷，房屋倒塌15间，鸡棚倒塌5个，肉食鸡死亡14000只，大葱被淹66.6公顷，受灾人口20000余人，直接经济损失600万元。

2008年8月14日15时34分至14日19时35分，受暖湿气流和高空槽共同影响，章丘市高官寨、宁家埠、文祖、白云湖等乡镇先后出现了强降雨天气过程。高官寨最大，降雨量108.0毫米，并伴有雷电，章丘测站降水量37.8毫米。据统计：玉米受灾约313.3公顷，大葱受损约86.7公顷，倒塌房屋30间，倒塌地堰200米，雷击电视20台，受灾人数6000余人，造成直接经济损失约460万元。

2009年5月9日傍晚到10日上午，受西南暖湿气流和冷空气的共同影响，济南市出现春季历史上罕见的大暴雨，并伴有大风。降雨导致城区积水，交通受阻，农作物受灾。全市平均降水量为97.4毫米，济阳县和济南市区分别达176.4和147.6毫米，均创历年同期之最；极大风速15.0米/秒。据统计，直接经济损失10414万元。小麦受灾28886.68公顷，经济作物受灾6254.71公顷，大棚受损760公顷和462个，倒塌341个，房屋倒塌202间，引发危房111间，房屋进水83间，树木倒伏9300棵。暴雨造成市区82处低洼地区、路段和铁路立交道积水严重，实行交通管制路段18处，被淹车辆74辆，部分居民家中和地下室进水。

2010年7月19日凌晨到夜间，受副高边缘西南暖湿气流和低涡切变线的共同影响，济南出现暴雨过程，全市平均过程降雨量59.0毫米，最大降雨量168.0毫米，出现在商河的怀仁自动站，市区平均降雨量45.5毫米，市区最大降雨量 80.0 毫米，出现在桑梓店镇，商河县受灾严重。这次暴雨商河县平均降水量 98.8 毫米，县城（气象局测点）119.8 毫米。受这次降雨影响，商河县玉米倒伏 1.8 万公顷，积水 1.13 万公顷；棉花倒伏 3733.3 公顷，积水 2133.3 公顷；林木倒伏面积 1333.3 公顷，其中果树 106.7 公顷；倒塌房屋 87 间；冲毁桥梁 5 座、道路 5 千米；部分通讯线路、供电线路、交通设施遭到不同程度损坏；因房屋倒塌造成 1 人死亡、2 人受伤。此次灾情造成直接经济损失 2800 余万元。

2010 年 8 月 8 日至 14 日，受副热带高压边缘西南暖湿气流和西风槽共同影响，济南连阴雨。全市平均降水量 133.8 毫米，其中，商河 210.9 毫米，长清 199.6 毫米，平阴 124.5 毫米，章丘 123.6 毫米，市区 84.9 毫米，济阳 59.0 毫米。这次连阴雨天气造成局部地区出现积水，排水不畅的地块出现内涝，此次降雨长清区多个区域自动站出现了大暴雨。由于强降水持续时间短，雨量大，造成张夏镇、孝里镇、马山镇、归德镇、万德镇、双泉乡、文昌街道受灾严重。据统计，玉米、花生等农作物受灾 2224.7 公顷，其中 76.7 公顷减产。倒塌房屋 1008 间，倒塌院墙 85 米。被水浸泡房屋 92 间，内有家电 40 台，粮食 3500 千克，家具 20 套。大棚进水损坏 1 处，3000 只鸡被淹，其中 1000 只已经死亡，大量药品和饲料也被浸泡。冲毁堤坝 500 米，冲塌地堰 151 处，冲毁道路 8000 米，冲塌机井 1 眼。共计经济损失 3192.15 万元。商河县贾庄等乡镇也受灾严重。因积水玉米叶子已开始卷缩，棉花叶子变黄、萎蔫；新建的大棚墙体坍塌，道路、桥涵被冲毁；房屋被毁坏。这次连阴雨天气造成商河县农作物受灾面积 22333 公顷，玉米积水面积 14000 公顷；棉花受灾 7333 公顷，棉花积水面积 3333 公顷；林木倒伏面积 1000 公顷，其中果树 333 公顷；倒塌房屋 268 间，院墙 65 处；冲毁桥梁 8 座；冲毁道路 3 千米。造成直接经济损失 3000 万元。

2010 年 8 月 19 日至 20 日，受副高边缘西南暖湿气流和低层切变线的共同影响，济南出现暴雨、局部大暴雨过程，并伴有雷电。19 日 0 时至 20 日 8 点全市平均降雨量 78.8 毫米，市区平均降雨量 104.5 毫米，全市最大降雨量 169.6 毫米，出现在市区龟山观测站，全市有 35 个站点雨量超过 100 毫米，市区有 10 个站点雨量超过 100 毫米。其中，商河平均降水量 79.3 毫米，有 3 个站超过 100 毫米；长清平均降水量 90.6 毫米，有九个站点超过 100 毫米。受暴雨影响，长清区、商河县、章丘市、历城区受灾严重，据民政部门统计：商河县受灾人口 44228 人，紧急转移安置人口 1021 人；农作物受灾面积 10634 公顷，其中积水面积 8190 公顷、倒伏面积 708 公顷、倒伏树木 1600 棵，绝收面积 582 公顷；大棚受灾 1467 个；倒塌房屋 463 间，其中遭雷击烧毁房屋 3 间；受损公路 9 千米，受损桥梁 122 座，合计总损失 3862 万元，其中农业损失 3360 万元、其他损失 502 万元。长清区暴雨造成万德镇、归德镇玉米涝灾 1661.3 公顷，房屋倒塌 149 间、损坏 523 间。共计经济损失 900 万元。章丘造成全市 906 公顷玉米受淹，其中绝产 333 公顷；倒塌房屋 45 间，受灾群众 5000 人，直接经济损失 500 万元。历城区受灾农作物 1928.5 公顷，果树受灾 5263 棵，冲毁道路、土堰 5000 多米，受损房屋 244 间，直接经济损失超过 1630 万元。

2010 年 9 月 7 日，长清区 8 点到 19 点出现了暴雨，局部大暴雨。其中，测站 83.1 毫米，崮山 115.0 毫米，城关 53 毫米。长清区崮山镇倒塌房屋 100 间，转移人口 20 人，水淹农作物 40.2 公顷。直接经济损失 100 万元。

第三节　风 冻 冰雹灾害

冬季冷空气频繁南下，易出现偏北大风；春秋过渡季节，偏北、偏南大风交替出现；夏季强对流天气常常伴有大风。大风灾害主要发生在春末、夏初。多由强对流天气造成，其持续时间短，但破坏性很大。

冰雹是常见的灾害性天气之一，具有突发性

强、破坏性强、生命史短的特点。降雹时常伴有大风、阵雨、雷电，砸坏庄稼，刮倒树木、房屋，电线杆，致使作物减产、通讯中断、停电、停产，甚至造成人畜伤亡。济南市多出现在4—7月。

寒潮是冬半年影响济南市的灾害性天气，它带来的低温、霜冻、大风使农作物受灾，还导致河流封冻。

山东省规定的霜冻标准为：地面最低温度≤0℃或出现白霜。入秋以后出现的霜冻称为早霜冻，春季回暖后出现的霜冻称为晚霜冻。初霜多出现在10月中旬至11月下旬，终霜多出现在3月中旬至4月下旬。

1987年11月8日至30日，因受寒潮侵袭，温度骤降，章丘市平均气温48小时降温达14℃以上，低温时间长达10天，低温期平均最低气温-11.5℃，过程最低气温达-15.4℃。冬小麦受灾严重，农作物受灾面积达7093.3公顷，秋菜受害损失达1000万元。

1988年9月7日下午，历城区孙村、彩石、唐王、董家、王舍人、遥墙等8个乡镇和章丘县垛庄、曹范乡一带，遭冰雹和暴雨袭击，6000多公顷农田受灾。

1989年5月9日，章丘县黄河、高官寨和平阴县的旧县、洪范池等乡镇遭受冰雹与狂风袭击，损失约400万元。

2000年4月9日15时15分至16时10分，济南市区出现大风天气，并伴有沙尘暴和雷雨。持续时间55分钟，平均风力7级～8级，个别的阵风达10级，瞬时最大风速大28.1米/秒，出现沙尘暴时，水平能见度极差，仅十几米，致使济南市受灾严重。主要受灾区为历城区。南部山区正值杏、桃、梨并花坐果李节，由于风大、气温低造成柳埠、高而、绣川等乡镇9万余株果树受灾，另有60个3.3公顷塑料大棚受损。董家、遥墙、王舍人等平原乡镇6300多个大棚受损，董家镇大棚墙体倒塌、棚架损坏397个22.5公顷；塑料布全部刮坏的有748个51公顷，拱圆棚886个101.7公顷；保护地瓜菜206.7公顷；综合经济损失376.75万元。大张、张而大棚示范基地受灾严重。此次市区共计损坏树木11万株，其中严重的3万株、果树2万株，倒塌房屋130余间（主要是山区危草房），大棚1万余个，损失严重的6300余个。综合经济损失1360万元。

2001年4月9日下午，济南市遭受近20年来最严重的一次沙尘暴袭击，持续1小时左右。15时许，市区内开始出现大风，风势渐强，裹挟起沙尘杂物，昏天暗日。因黑云压城，能见度低，室内亮起电灯，公路上的机动车辆也不得不打开车灯方能行驶。大风吹折树枝，卷起的杂物使行人和建筑工人受伤，医院外伤病人剧增。受沙尘暴影响，济南机场5个航班暂时无法起落。15时40分，出现一次雷雨过程，沙尘暴得到控制，天气有所好转，至16时天空转亮。

2001年6月22日，平阴县6个乡镇出现暴雨并伴有冰雹，冰雹直径4毫米～5毫米，使187公顷作物受害。

2002年4月23—25日，济南受强冷空气影响，气温下降，出现低温冷害，致使正在开花的小麦授粉不良，部分麦田出现籽粒自行干缩现象，总受害面积21566.7公顷，其中减产30%以下的6666.7公顷，减产30%～50%的7440公顷，绝产7466.7公顷。

由于干旱，当年小麦播种较晚，分蘖很少，2002年12月下旬到2003年1月中旬气温明显偏低，造成小麦受冻，受害面积33333公顷。低温天气使全市大棚蔬菜及水果遭受冻害，受冻害绝产农田133公顷，因冻害、病虫害绝产30%以上的农田有1200公顷。

2003年6月12日，商河县怀仁、殷巷、张坊、城关、常庄、牛堡、胡集等15个乡镇，15：15～16：29连续两次遭受雹灾袭击。全县有雹面积46667公顷，成灾6667公顷，重灾2733公顷。重灾主要在怀仁、殷巷，棉花成光杆，瓜菜、果树落叶。有雹区域普遍减产10%，重灾区减产30%以上，直接经济损失1650万元。

2003年7月7日，历城区唐王镇、港沟镇出现冰雹，主要受灾农作物为玉米和蔬菜，面积133公顷左右，经济损失200万元左右。

2003年10月12日，章丘市枣园、宁家埠、党家、绣惠、龙山、刁镇等遭受大风灾害。大葱总受灾面积5107公顷，直接经济损失6434.4万元；另外宁家埠大棚95个、刁镇大棚70个损失惨重，经济损失超过10万元。

2004年5月16日，受高空冷涡影响，章丘市出现大风、冰雹天气，黄河、辛寨、水寨、枣园等乡镇57个村受灾严重。其中，棉花1400公顷，小麦倒伏73公顷，西瓜387公顷，葱80公顷，果树253公顷，树木500株。直接经济损失约379万元。

2004年6月23日，受高空低涡影响，商河县出现冰雹天气，贾庄、玉皇庙、胡集、钱铺四乡镇，冰雹对棉花、瓜菜、树木等农作物及房屋造成不同程度的损害。受灾面积6800公顷，成灾4907公顷。棉花1780公顷，其中绝产面积1667公顷；毁树1.7万棵，毁坏房屋600余间，院墙倒塌1600余米。经济损失达600多万元。

2004年6月24日，受高空低涡影响，济南市出现雷阵雨天气，历城区孙村镇15时50分—16时25分，降水持续时间35分钟，降水量109毫米，并伴有冰雹（16时—16时20分），冰雹最大直径40毫米。该镇有1667多公顷耕地受灾，主要作物有玉米、棉花、大豆和蔬菜等。少数房屋坍塌，果树受损21500多株。鸡山办事处有351公顷耕地受损，大量农田被淹，部分农户进水达1米多深，大棚养殖受损面积较大，部分企业受损。

2004年7月7日，受冷锋影响，商河县出现冰雹天气，玉皇庙镇付家、王天粥、大张等10个村受灾，受灾面积433公顷，其中棉花233公顷，13.3公顷减产50%以上，100公顷减产20%以上；200公顷玉米每亩减产50千克以上。经济损失达1450万元以上。

2005年6月20日，长清区万德镇南部的马套、界首、店台3个村庄分别遭受了大风和冰雹袭击；6月21日双泉、万德等乡镇遭受一次强降雨过程，暴雨夹杂着冰雹。主要受灾作物为春玉米、花生、地瓜、棉花等，受灾面积达553.3公顷，133.3公顷绝产，8000余株果树近乎绝产。两次冰雹直接经济损失达2110余万元。

2005年8月2日，章丘大风，造成水寨等7个乡镇、济阳县部分乡镇受灾，受灾面积达30008公顷，绝收面积8146公顷，主要受灾作物有玉米、棉花、林果等，经济损失达10197.85万元。

2006年4月16—17日，济南市区出现大风天气，瞬时风速为22.1米／秒，山东大学洪楼校区一棵直径约30厘米的杨树刮倒，一学生被砸身亡；刘志远路一栋在建3层楼房楼顶的彩钢板被刮跑，将另一楼顶砸坏。

2006年4月28日，市区最大风速达到26.0米／秒（风力10级），大风造成2座塔吊倒地；3间门头房屋顶被刮；枯木拦腰折断砸穿房屋，玻璃墙倒塌，2辆汽车被埋；广告牌砸坏8辆汽车，1人被砸伤头部；2人被倒塌的砖墙砸伤。

2006年7月25日，受高空低涡影响，历城区、济阳县、商河县先后下起冰雹，并伴有雷雨大风。15时左右，历城区华山、唐王、董家、遥墙等镇降冰雹，持续时间为20多分钟，最大直径2厘米～3厘米。玉米受灾面积492.7公顷，其中绝产面积83.3公顷；莲藕受灾面积101.3公顷，基本绝产，受灾人口为27530人，直接经济损失824.1万元。16时左右，济阳县济阳、崔寨、太平3镇60多个村庄遭冰雹袭击，受灾作物玉米、棉花、蔬菜，总受灾面积5600公顷，绝产3666.7公顷，沿路树木倒伏1000多棵，受灾人口为1.8万人，直接经济损失3000万元。18时左右，商河县许商街道、贾庄、郑路镇部分村庄降冰雹，受灾面积3333.3公顷，成灾3000公顷，绝产面积1000公顷（棉花433.3公顷，玉米500公顷，蔬菜66.7公顷），减产2000公顷，受灾人口为1.5万人，直接经济损失3600多万元。

2006年7月31日14时，受副高边缘西南暖湿气流和高空槽共同影响，济南市出现强降雨天气，并伴有雷暴。14时左右，市中区十六里河镇部分村庄突遭龙卷风袭击，持续时间1分钟左右，义和村受灾程度最为严重。有40多户、181间房屋受损；玉米和谷子大面积倒伏，基本绝产，受灾面积达200公顷，农业损失约12万元；1万多株树木被折断；供电线路1万多米受损。受灾人口达270人，直接经济损失150多万元。

2006年8月3日19时左右，受副高边缘西南暖湿气流和西风带系统的共同影响，商河县怀仁镇遭受大风袭击，并伴有暴雨。受灾人口20000人，直接经济损失1500多万元。玉米、棉花受灾面积达1133.3公顷，其中：玉米倒伏800公顷（绝产333.3公顷,其余减产3～8成不等）；棉花倒伏333.3公顷，其中，减产7成以上的133.3公顷，减5成～7成的200公顷；葡萄等经济作物受灾66.7公顷，绝产20公顷；蔬菜受灾100公顷，基本绝产。损折树木203600多株，其中成材树3500株。倒折线杆30根，损坏供电线路6000米，致使停电16小时，倒塌房屋13间。

2007年3月3—4日，受西南暖湿气流和冷空气的共同影响，全市普降大雨，局部暴雨，气温降幅较大，6日早晨的最低气温降至-6.4℃～-9.9℃，致使部分小麦受冻。

2007年4月2—3日，受强冷空气的影响，气温明显降低，3日商河最低气温降至-1.7℃，其他县（市）区最低气温降至0℃～2℃，此时小麦处于孕穗阶段，受其影响全市小麦不同程度遭受低温冻害，致使部分小麦不能抽穗。

2007年5月20日17时40分左右，市中区七贤街道井家沟村、杨家庄村遭受冰雹袭击，冰雹持续时间约5分钟。龟山气象观测站观测：冰雹出现时间为17时40分至17时44分，最大冰雹直径为5.0毫米。受灾作物主要是葡萄、苹果、石榴、桃树。此次冰雹造成损失达1096.72万元，受灾面积为90.75多公顷，80多公顷绝产，受灾人口约4080人。

2007年8月9日17时20分至10日6时40分，历城区彩石镇局部地区突降暴雨，路相村及周边的平坊村、王家庄受地形影响，局地短时降暴雨，并伴有大风和冰雹，降雹持续时间12分钟，冰雹直径一般在1厘米～2厘米，最大直径达5厘米，造成重大灾害。玉米、棉花、谷子、大豆大面积倒伏，树木有的被连根拔起，有的被刮倒，房顶被刮坏，作物叶子被冰雹砸烂，未成熟的水果被砸落。路相村有21户居民的房屋被大风刮倒的树木砸坏，计112间、1105平方米，其中13户为重灾户，67间、645平方米的房屋损害严重无法居住；平坊村有2间房屋受损。农作物成灾面积112公顷，主要是玉米、棉花、谷子、大豆、地瓜等，其中绝产72公顷、减产80%的20公顷、减产50%的13.0公顷、减产20%的6.7公顷；林果受灾7.3公顷；冲塌道路挡土墙2处、116.5平方米；损坏部分电力设施，电线杆歪倒11根，造成全村停电。直接经济损失123.5万元，其中农业损失121.5万元。

2007年8月9日18时左右，历城区王舍人镇开始降水，18时50分左右出现大风，持续时间长达一小时；19时15分、20时左右两次降冰雹，持续时间均在20分钟左右，冰雹直径一般1厘米～2厘米，最大直径2.4厘米。据目击者描述，当时乌云压顶，天黑如夜，能见度极低，雨水如瀑布一样泻下，大风伴着冰雹呼啸而至。实地调查时看到,直径30厘米左右的杨树连根拔起，路边的直径在10厘米以上的泡桐、柳树被风刮倒；电线杆倒在路上；棉花、玉米等的叶子被砸烂，部分玉米的雄穗被砸坏；荷叶被砸掉，只剩下叶柄，藕池中飘浮着被砸掉的叶子；玉米、大豆、棉花泡在半米多深的水里。据统计，玉米受灾1385.5公顷（其中，566.67公顷被淹，193.91公顷倒伏，减产187.2公顷，绝产437.73公顷）；棉花受灾11.33公顷；蔬菜受灾63.56公顷；大豆受灾2.67公顷；水稻14.0公顷；14496棵树木受损；220间房屋受损；3处鱼池受损；65米墙倒塌；43根电线杆受损；3座道路口被冲毁；3台电机受损；3人被倒塌房屋砸伤。受灾人口50000人，直接经济损失1800万元,其中农业损失1700万元。

2008年5月17日傍晚前后到夜间，受高空低涡和低层切变线的共同影响，济南市出现强对流天气，18时10分至20时43分，平阴县出现雷雨大风并伴随冰雹天气，据平阴国家气象观测站测定：17日18时10分至23时57分降水量95.7毫米，冰雹最大直径8毫米，降雹时间18时57分至19时06分，极大风速19.9米/秒。从受灾现场看，部分麦穗被砸断，有的麦粒被砸落。据平阴县气象局值班人员描述：降雹密度较大，值班室的铁门被砸得“啪啪”响，在室内打电话都听不清楚。在现场看到值班室铁门上的油漆大部分被砸得脱落、水泥路面上留有密密麻麻的痕迹。这次降雹主要造成平阴、玫瑰和安城3乡镇部分村庄受灾。受暴雨及冰雹影响，平阴县农作物受灾面积达1070.8公顷。其中，776.1公顷小麦倒伏，麦粒脱落，减产6成以上；棉花116公顷，油菜24公顷，花生58公顷，西瓜96.7公顷。经济林果受灾面积192.1公顷，减产6成以上，部分绝产，其中，葡萄65公顷，苹果54.1公顷，杏21.6公顷，核桃24.7公顷，玫瑰26.7公顷；倒塌房屋4间，损坏463间，损坏蚕棚60个，被折断杨树2000余棵，损坏生产道路20余米，安城乡南栾村电器房设备被雷击。全县直接经济损失1127.3万元，其中农业直接经济损失1034万元。

2008年8月26日，受高空低涡影响，11时18分开始降雨，11时55分至12时05分商河县贾庄镇出现雷雨大风并伴随冰雹天气，贾庄、胡集雨量站测定：26日11时至13时降水量12.0毫米、11.0毫米，冰雹最大直径10毫米，目测阵风6级～7级。受大风及冰雹影响，商河县贾庄镇农作物受灾较重。受灾面积1267.3公顷，成灾633.6公顷，绝产66.7公顷，受灾农作物为玉米、棉花。农业直接经济损失180.0万元。

2008年12月3日至5日，强冷空气于3日傍晚开始自西向东影响济南市，受其影响，北风逐渐增大，气温明显下降，5日最低气温达−12.7℃，降温幅度超过15℃，出现在商河，最大风速6.6米/秒，极大风速12.8米/秒，出现在长清。

2008年12月20日夜间，受强冷空气影响，北风增大，气温明显下降，22日最低气温−16.4℃，出现在章丘，降温幅度超过15℃。

2009年4月15日白天，出现大风和降雨天气，气温开始下降，降温幅度较大，16日出现霜冻。全市小麦受灾面积达21200公顷，绝产（减产幅度80%以上）面积为2733.3公顷，重灾（减产幅度60%）面积为5933.3公顷，中灾（减产幅度50%左右）面积为2466.7公顷，轻灾（减产幅度20%左右）面积为10066.7公顷，受灾人口20万人，直接经济损失9000万元。

2009年7月23日夜间，受局地强对流的影响，济南市大部分地区出现大风天气，并伴有雷电、降水。大风造成部分农作物倒伏，树木刮到、折断；降雨导致部分农田积水，部分农作物受灾。直接经济损失2000万元。

2009年8月15日17时至18时，平阴县出现了雷雨大风天气过程，东阿镇、玫瑰镇为主要受灾区，农作物受灾面积近1133.3公顷，成灾面积658.3公顷，绝产面积约226.7公顷，主要类别是玉米、大豆、棉花；部分树木折断，2个村供电中断；受灾人口3000人左右。共造成经济损失约650万元。

2010年4月26日，受冷涡横槽的影响，济南所辖县(市)区均出现大风天气,自15时14分(长清）开始—17时34分（章丘）结束；极大风速在19.2米/秒（章丘）～24.5米/秒（市区）之间。济阳受灾严重,陈旧大棚被刮塌,拱棚棚膜被刮掉,有的竹架被刮跑。共倒塌大棚17个，损坏大棚3396个、小拱棚500个，倒塌房屋5间，受灾人口17652人，造成直接经济损失22735万元。

2010年6月17日17时38分至夜间，平阴县受强对流天气影响，出现大风、冰雹天气，偏北风25.0米/秒，降水量45.4毫米，冰雹直径8毫米。全县农作物和经济作物受灾较为严重，其中，地瓜16.3公顷，花生38.7公顷，春玉米535.5公顷，蔬菜5.9公顷，棉花71.5公顷，苹果46.3公顷，核桃41.3公顷，葡萄3.7公顷，梨树1公顷不同程度的受灾。农业直接经济损失达668万元。

第四节　其他气象灾害

除上述气象灾害外，危害较大的气象灾害还有干热风、雾、连阴雨和雷电等。

1989年1月24日，济南市区出现逆温天气，大气监测发现酸雾，酸度在pH4.5左右，空气中二氧化硫最高值达2.35毫克／立方米，能见度低于10米。

1991年8月29日上午，历城区狼猫山水库因暴雨发生大面积滑坡，至9月29日险情解除。

1998年4月16日清晨，济南上空变成黄色，越来越暗，至7时5分，突然天昏地暗。街上行驶的汽车不得不打开车灯，减速行驶。约5分钟后天空开始变黄变亮，接着，一场零星小雨降下，雨点饱含黄土，实为“泥点”。10时以后能见度开始好转。据气象部门解释，这种现象是由于近日一股冷空气经过黄土高原，将黄尘扬起，受气流影响带到华北地区，气象上称为“扬沙”。加之中低云系对太阳光的阻滞和反射，便形成了黄天黑地的恶劣天气，这在山东省较为罕见。

2004年8月10日上午，省城花园路与华阳路交界处附近，一处高压线遭遇雷击，电缆断裂起火，导致周围百户居民断电，经过工作人员近5个小时的抢修，此处恢复供电。

2004年11月24日，受冷空气和西南暖湿气流共同影响，23时20分开始降雪至25日16时20分结束，降水量29.8毫米，积雪深度15厘米。造成历城区华山镇朱家村20多个保护地大棚被压塌，经济损失近100万元。

2004年11—12月，济南市共出现13天大雾天气，能见度极差，影响交通，造成高速公路关闭，民航多次航班延误起飞或无法降落；雾大光照少，影响保护地栽培作物的生长发育，并易染病害。

2005年5月5日凌晨，槐荫区段店镇常旗屯村的供电线路遭到雷击，该村以及周围多个村庄上千亩的养鱼池增氧机因此停机，使得池塘里的鲤鱼大量死亡，村民们的直接损失达40余万元。

2005年5月10日下午，济南市历城区董家镇西方家村某村民建房时，有1名在房顶干活的民工突遭雷电击中身亡。

2005年5月10日16时20分，济阳县济阳镇郑家村1村民在该村麦田浇水时遭雷击死亡。16时30分，孟家洼村1男青年骑摩托车行至国道220线八里庄附近遭雷击死亡。

2005年6月上、中旬，济南市各地出现了4—11天不等的干热风天气，多为轻干热风，又处在小麦收获期，对小麦产量影响不大。

2005年6月23、24日，济南市出现酷热天气，日最高气温达42.1℃（23日济阳）。

2005年10月12日、10月27日、11月5日、11月19—22日、12月30日，济南出现大雾天气，水平能见度差，影响交通，造成高速公路关闭，民航多次进出港航班延误或取消；雾大光照少，影响保护地栽培作物的生长发育，并易染病害；空气质量下降明显下降。

2005年12月30日—2006年1月4日，济南、章丘出现连续5天大雾天气，水平能见度差，影响交通，造成高速公路关闭，民航多次进出港航班延误或取消；雾大、光照少，影响保护地栽培作物的生长发育，并易染病害；空气质量明显下降。

2006年7月5日夜间，出现雷阵雨天气，商河县殷巷镇高坊村一村民家4间瓦房因遭雷击引起火灾，房屋倒塌，房内物品全部烧毁，估算损失5万元；济南市槐荫区煤矿医院附近，外地在济打工的2名男青年遭雷击死亡。

2006年7月29日早晨，受副高边缘西南暖湿气流影响，济南市区出现雷阵雨天气。5时40分左右，历城区仲宫镇锦绣川办事处东商村、西商村、牛家村等村庄遭受雷击。雷电击毁村内总电表，造成多户村民电视机、洗衣机等家用电器烧毁，有线电视线路被击断，部分供电线路被毁。受灾人口约为1000人，直接经济损失34.0万多元。

2006年11月19日，出现大雾天气，造成济青、济南绕城等多条高速公路济南段封闭，同时济南机场40多个航班延误，9个航班被迫取消。

2006年12月26日，全市出现大雾天气，造成境内高速公路封闭，进、出航班延误或取消。

2007年8月9日16时35分至10日11时15分，章丘市枣园街道、曹范镇遭受雷雨袭击。枣园街道季官村15台电视、1台立式空调、机关6台电脑被雷电击坏，季官村1处民房被轻微击中。曹范镇短时间降雨133毫米并伴有雷电，北曹范村等4个村庄受灾严重，玉米倒伏184.1公顷，水淹13.3公顷；倒塌石堰1000余米；损坏生产路500余米；雷击损坏变电室1座，烧毁零壳14个，烧毁电脑50台，固定电话85部，电视75台，空调15台；损坏桥涵3座，房屋损坏10余间，毁坏大树15棵。章丘市直接经济损失达80万元。

2007年8月9日23时15分左右，历城区董家镇柿子园村某村民家遭雷击，房顶被击穿，门窗玻璃被击破，门口地面击出一坑，供电线路被烧毁，部分棉被被烧，电视机、冰箱被击坏，1人受伤。直接经济损失1.5万元左右。

2007年8月25日8时30分左右，出现强对流天气，局部降大雨，并伴有雷电。历城区唐王镇老僧口办事处老北村村民2人遭雷击，一死一伤。

2007年9月25日—10月12日，出现连阴雨天气，全市平均降水量为69.2毫米，较常年偏多45.8毫米，多196%。各县（市）区降水量均较常年偏多，其中章丘、长清、市区分别较常年多266、251、235%；全市平均日照时数仅为12.0小时，不足常年的1/10。连阴雨天气期间，各县（市）区有13—16天无日照。全市平均气温16.4℃，较常年偏低1.4℃，各县（市）区平均气温均较常年偏低，其中市区较常年偏低2.5℃。连续阴雨天气，造成收获的玉米发霉、变质，有的发芽，品质下降，直接经济损失6432万元，同时造成9月下旬后期至10月中旬前期多数农田表墒呈过湿状态。严重影响秋收、秋种。

2008年，按有一个观测站（及以上）出现大雾计为一个大雾日统计，1月3天、2月1天，春季出现大雾天气3天；夏季6天，秋季各月均出现大雾天气，9月2天，10月4天，11月2天；进入12月以来未出现大雾天气。大雾造成济南市境内高速公路封闭，进、出航班延误或被迫取消。

2009年6月14日9时40分，长清区有雷暴发生。在长清区张夏镇诗庄办事处邵庄村9点45有强雷暴发生，击中正在菜园劳作的数位农民，其中1人死亡。

2009年11月11日夜间至12日白天，受强冷空气和西南暖湿气流的共同影响，济南市出现历史罕见的暴雪天气。全市平均降雪量19.8毫米，平均积雪深度8.2厘米，其中章丘降雪量25.5毫米，市区降雪量24.8毫米。这次暴雪过程造成历城区、长清区、平阴县不同程度受灾，造成直接经济损失2112.4万元，其中农业损失1712.4万元、工业损失400万元。农作物受灾面积2420.6公顷，其中成灾1504.3公顷、绝收916.3公顷。受灾人口6152人，需救助人口5168人，死亡1人。倒塌压漏闲置民房39间，厂房7处，合计49处。

2010年6月22日23时，商河县出现雷雨天气。商河县白桥乡某村民5间瓦房屋顶与没有搬出的家具、电器全部烧毁。经济损失约4万元。

2010年8月20日18时许，章丘市文祖镇三德范西村一村民在村外遭雷击身亡。

第五节 地 震

1986—2010年，全市共发生地震45次。其中，3级以上7次；2级以上22次；1级以上16次。最大的地震为3.3级，分别为1986年9月17日齐河与济南交界地震、2002年1月12日商河地震；最近1次地震为2010年12月27日章丘市1.8级地震。期间，以小震活动为主，频率低，震级小，最大震级不超过4级，地震活动水平相对较弱，主要分布在长清—齐河—济阳、章丘—邹平—博山、肥城—泰安—莱芜及东平地区，震源深度在15千米～22千米左右，以浅源地震为主，地震活动与断裂分布基本一致。

表 1—2—40　　**1986—2010 年济南市地震一览表**

序号	发震时刻	震级（ML）	地理位置（北纬、东经）（度）	深度（千米）	参考位置
1	1986—06—02 09:09:15	3.1	36.07、116.43	12	平阴与东平交界
2	1986—09—17 07:39:21	3.3	36.75、116.80	30	齐河与济南交界
3	1986—10—28 10:19:33	2.1	36.63、117.47	16	章丘市
4	1987—01—07 12:26:15	1.7	36.60、117.15	21	历城区港沟镇
5	1987—09—20 18:03:25	1.8	36.68、117.47	15	章丘市
6	1988—08—25 07:07:04	2.3	36.53、117.72	14	章丘市
7	1990—03—06 08:55:49	2.9	36.50、116.55	24	长清与齐河交界
8	1990—06—12 03:11:16	1.6	36.07、116.52	17	平阴县
9	1990—07—23 15:55:28	1.8	36.55、116.55	—	长清与齐河交界
10	1990—12—23 15:50:28	3.0	37.32、117.05	6	商河县
11	1992—11—16 23:08:30	2.9	36.90、117.02	—	济阳县
12	1993—03—30 03:11:55	2.8	36.32、116.62	—	长清区
13	1993—05—31 13:01:42	1.9	36.07、116.55	20	平阴与东平交界
14	1994—08—08 23:46:27	2.1	36.48、116.72	—	长清区
15	1994—08—31 03:59:52	2.5	37.15、117.37	—	济阳县
16	1995—02—21 09:20:35	1.9	36.07、116.55	—	平阴与东平交界
17	1995—03—02 16:49:25	2.6	36.47、117.08	—	历城区柳埠镇
18	1995—03—02 16:51:20	1.3	36.47、117.08	—	历城区柳埠镇
19	1995—05—03 13:33:58	1.9	36.40、116.87	—	长清区
20	1996—08—31 02:24:13	3.0	36.88、116.87	—	齐河与济阳交界
21	1996—12—15 14:21:39	1.7	36.35、116.93	9	长清区
22	1997—01—13 21:35:48	2.6	36.62、117.33	21	济南市大龙堂
23	1998—02—16 19:42:52	2.3	37.10、117.27	—	济阳县
24	1998—04—25 18:05:16	2.4	36.80、117.58	—	章丘市
25	1999—01—08 00:30:57	2.3	36.75、116.93	22	济南与齐河交界
26	1999—12—02 04:45:44	2.4	36.73、117.62	—	章丘市
27	2000—02—07 10:42:24	2.5	36.50、117.55	—	章丘与莱芜交界
28	2000—06—12 23:00:48	2.0	37.37、117.30		商河县
29	2000—11—02 18:26:56	1.8	36.53、117.65	14	章丘市
30	2000—11—27 01:52:43	3.2	37.37、116.97	—	商河与临邑交界
31	2000—12—10 11:49:17	2.2	36.73、117.25	5	历城区郭店
32	2001—10—31 19:49:56	1.6	36.22、116.33	19	平阴县
33	2002—01—12 18:03:20	2.5	37.20、117.08	—	商河县
34	2002—01—12 18:33:05	3.3	37.30、117.05	—	商河县

续表 1-2-40

序号	发震时刻	震级(ML)	地理位置（北纬、东经）(度)	深度(千米)	参考位置
35	2003-10-19 07:43:54	3.0	36.40、116.52	22	平阴、长清、东阿交界
36	2003-10-21 00:07:48	2.1	36.43、116.52	—	平阴、长清、齐河交界
37	2003-11-04 07:13:39	2.7	36.40、116.55	26	长清区
38	2003-11-21 07:12:08	1.9	36.42、116.50	28	长清区
39	2005-06-05 17:07:56	2.1	37.12、117.00	—	济阳与临邑交界
40	2006-01-03 03:04:00	2.1	37.25、117.40	13	商河县
41	2009-03-28 02:52:42	1.9	36.27、116.97	6	长清区
42	2009-03-30 20:43:37	2.1	36.25、116.97	8	长清区
43	2009-03-31 00:40:27	1.3	36.27、116.97	8	长清区
44	2009-04-19 04:49:34	1.8	36.25、116.97	7	长清区
45	2010-12-27 02:55:48	1.8	36.61、117.66	4	章丘市

第三篇　泉　水

第一章　综　　述

第一节　泉水成因

关于济南泉水的来源，古人有各种不同的猜测，有华清池东移说、通海说等，相关故事传说更不胜枚举。宋代沈括在《梦溪笔谈》中说：济水自王屋山东流，有时隐伏地下，至济南冒出地面而成诸泉。古人将此归纳为“济水伏流说”。宋代曾巩、元代于钦认为济南众泉之源来自南部山区。曾巩在《齐州二堂记》中说：“泰山之北与齐之东南诸谷之水，西北汇于黑水之湾（即锦阳川），又西北汇于柏崖之湾，而至于渴马之崖。盖水之来也众，其北折而西也，悍疾尤甚。及至于崖下，则汩然而止。而自崖以北至于历城之西，盖五十里，而有泉涌出，高或至数尺，其旁之人名之曰趵突之泉……盖泉自渴马之崖潜流地中，而至此复出也。”元于钦在《齐乘》中写道：“盖历下众泉，皆岱阴伏流所发，西则趵突为魁，东则百脉为冠。”

济南的泉属于岩溶泉类型，并以泉点众多、水量丰沛、水质优异以及壮观的喷涌景观，成为中国岩溶泉的典型代表。济南泉水的形成，是济南地区独特的岩石地层、地质构造和地貌等因素综合作用的结果。

济南地区广泛分布总厚度达1300余米的碳酸盐岩（石灰岩、白云岩及大理岩类）。这些岩石属于可溶性岩，是富水性很好的岩溶含水层。在漫长的地质时代中，地下水的溶蚀作用使岩体中形成大量的溶蚀裂隙、溶蚀孔隙孔洞、地下溶洞等。这些溶蚀形态所构成的地下空间网络系统，使岩体中吸纳和储存了大量的地下水，成为济南地区泉水和泉群形成的丰富水源。济南地形地貌由南而北依次为侵蚀低山、剥蚀丘陵、山前平原和冲积平原，总体地势南高北低，为一个大致自南向北，由海拔900余米降至20余米的倾斜地形面。这种地质构造格局、地形地貌及含水层的组合，极有利于济南南部丘陵区大量地下水的汇集，并循岩层倾向往北运移，从而构成济南泉群得以形成的独特、完整的岩溶地下水汇流系统。这一岩溶地下水系统，其南部边界大致在泰山山地以北的山地主分水岭（长城岭），其北部边缘在济南市区至章丘明水一带。根据地下水补排关系和水动力状况由南而北又分为间接补给区、直接补给区和汇集排泄区3个主要功能区。济南市区及章丘的泉群即处于岩溶地下水系统的汇集排泄区，泉水的出露是这个系统中地下水排泄的主要方式。

济南的岩溶地下水系统面积广大，碳酸盐岩含水层厚度大、岩溶化程度较高，具有巨大的地下水储存、调蓄能力。泰山以北（古人称之为“岱阴”）、济南南部山地丘陵区汇集的大量地下水循岩层倾向往北运移，区内一系列北北东向和北北西向的断裂构造，使地下水的向北径流更为通畅。岩溶发育的石灰岩、白云岩含水层在北部山前地带隐伏于地下，南来之地下水汇集于此，使平阴—长清—济南—明水一带形成具有承压性的地下富水长廊。北部边缘地区又有具有隔水性质的岩浆岩侵入体和煤系地层的发育，阻水作用明显，尤其在济南市区北部，垂直于区域地下水流方向展布的岩浆岩侵入体恰似一道地下水坝，阻挡了地下水的向北运动。岩溶发育的含水层、有利的构造和地貌部位、独特的阻水构造，这些条件对排泄区地下水的汇聚非常有利，使济南市区地下水蓄积形成强富水区。在大的静水压力和有利的出露条件作用下，被阻挡的地下水夺窍而出，形成蔚为壮观的泉水景观。

在济南市区，平缓的单斜地层受千佛山断裂和羊头峪断裂的切割、抬升，形成一个北西向、长条状的小地垒构造，称为千佛山地垒。构成地垒的地层向北直插市区地下，且呈舌状向北突出，其两侧和北面皆与岩浆岩侵入体直接接触。这样，两侧的断层和北面的侵入岩体构成一个三面封闭的构造单元，使地下水在此区域内集中向北运动并受阻。济南老城区东起青龙桥、西到杆石桥、北到大明湖、南到南护城河一带，属于山前洪积平原与小清河、黄河冲积平原交接地带，地势低洼，海拔高度在26米～28米之间，正常年份当地的地下水位在27米～30米左右，即是说地下水位高于地面高程。从构造上看，这里恰是济南岩浆岩侵入体与岩溶含水层接触的南部边缘，侵入岩的厚度变小，下伏的岩溶含水层埋深较浅，且在趵突泉和黑虎泉出流区侵入岩体还局部缺失，形成“天窗”。南来的地下水在这里汇聚，加强了可溶岩的溶蚀，地下数十米深度范围形成溶蚀裂隙、溶孔及小溶洞发育带；受到侵入岩体的阻挡，地下水位抬高；在巨大的静水压力下，岩溶地下水循岩体中大量的裂隙、溶隙、溶蚀管道等通道纷纷涌出地表，形成著名的济南老城区四大泉群。

良好的岩溶含水层，独特、完整的地下水汇流和富集系统，以及有利的地下水出露条件，造就了济南地区成因类型多样、水量水质俱佳的泉水景观。

第二节　泉水分布

一、泉点数量

古称济南七十二名泉，始于金代所立的《名泉碑》。元代于钦纂《齐乘》，把《名泉碑》所记七十二泉的名字、位置转录下来。后又有明代人晏璧作《七十二泉诗》，对七十二泉逐一吟咏。清代文人郝植恭作《七十二泉记》，又记有七十二名泉。然而时代沧桑，泉点的位置及名称多有变化，三人虽都称“七十二泉”，但所述泉名并不完全一致，后二人各有增减，涉及的泉达110处。实际上，古人也认为济南的泉远不止72处，如清代沈廷芳在《贤清园记》中说济南的泉“旧者九十，新者五十有五”。清道光《济南府志》中说“总一百五十一泉”。清乾隆时期的文人盛百二在其《听泉斋记》中的说法则更加符合实际：“历下之泉甲海内，著名者七十二，名而不著者五十九，其他无名者奚啻百数。”1942年出版的《济南市山水古迹纪略》中列举描述了济南名泉91处。

新中国成立后，有关部门对济南的泉水进行了大量的调查。据山东省地矿局801队1964年的调查，市区有天然泉池108处。济南市城市规划建设领导小组1980年的调查材料中列举了119处泉池。1983年6—7月和1997年8—10月，济南市园林局又以历史记载为基础进行了调查，在老城区范围内查出有名称的泉池139处，截至1997年10月，除湮没、填埋者外，尚有103处泉池基本完好，其中属金《名泉碑》所列七十二名泉者有41处。另外，在居民院落内还有30处无名称的泉池（或泉井）。这些有名、无名的泉，集中在东起青龙桥、西至筐市街、南至正觉寺街、北到大明湖的面积仅2.6平方千米的旧城区范围内。1997年6月，山东省第八届人民代表大会常务委员会第二十八次会议批准了《济南市名泉保护管理办法》，在此文件中列出的济南古名泉名录中，各区县共有泉254处。1997年，新中国成立后首部《济南市志》出版，志书中专列济南泉水篇目，对全市总共530处泉水做了详细的介绍。其中，济南市区136处，市郊及历城211处，章丘85处，长清64处，平阴34处。该志书中还将1983年及1997年对济南各区县的泉池调查情况用表格形式列出，共计泉579处。1998年，市名泉保护管理机构依照1997年6月6日济南市人大常委会颁布实施的《济南市名泉保护管理办法》的规定，对全市辖区内的泉水进行详细普查，登记建档，经两年多时间，全市普查登记的泉共645处。2003年，济南名泉研究会、济南市名泉保护管理办公室等单位联合开展了济南新七十二名泉评审活动，最后评定的“济南七十二名泉”于2004年4月2日向社会公布。2005年9月29日，山东省第十届人民代表大会常务委员会第十六次会议通过了《济南市名泉保护条例》，该条例所附“济南市名泉名录”中，列出了全市普查登记的名泉共645处（包括新评出的“新七十二名泉”在内）。2011年8—9月，济南市名泉保护部门再次对辖区内的泉水进行实地普查，新登记泉点188处。本志共记载现存的809处泉，其基本情况列于附表（济南泉水一览表）中。

二、分布特征

（一）山前平原区泉水分布

山前平原区泉水分布表现出以下特征：

岩溶大泉众多　济南辖区内流量大于1万立方米/日的岩溶大泉都集中于山前平原区，包括济南市区的趵突泉、黑虎泉、五龙潭泉、天镜泉等，章丘市区的百脉泉、东麻湾泉、西麻湾泉、梅花泉、眼明泉、墨泉等。

沿山前地带呈带状分布　自济南市区至章丘市区，形成一狭长的泉水分布带，有济南西郊的腊泉、市区诸泉、济南东郊的白泉、章丘市区的明水诸泉等。新评出的七十二名泉中有43处分布于这一地区。这一地带地形上属于山地丘陵区与平原区交接之低洼部位，水文地质条件上处于岩溶地下水系统的汇集排泄区。

泉水出露密集成群　在一些泉水出露的水文地质条件特别优越的部位，众泉争涌、密集成群，形成天下闻名的泉群景观，可分为趵突泉群、黑虎泉群、五龙潭泉群、珍珠泉群、白泉泉群、明水泉群。泉群是泉水出露的一种组合形态，指许多泉点在一个不大的区域内集聚分布的形式。上述这些泉群，不仅其构成的主泉特征突出，总涌水量巨大、动态稳定，而且泉点集中度高，如济南趵突泉群，在一个仅0.17平方千米的区域内集中出现包括趵突泉在内的泉点30余处；黑虎泉群有主要泉点16处，集中在长约1千米、宽不足50米的护城河两侧及河中。水文地质学意义上的泉群，不仅仅是泉点的地域集中，这些泉水还应具有一致的水文地质背景和成因联系。以上这些泉群都具有这种水文地质特征，泉群中的个泉皆是同源、同成因的，有着密切的水力联系。泉群被认为是中国北方温带岩溶区岩溶地下水自然出露的一个突出特征，而济南市的泉群具有典型代表性。

泉群聚于城中　众多泉群分布在城市建成区内——如济南市区、章丘城区，也是该区泉水分布的突出特点，具有这种特点的城市世所罕见。泉水不仅成为济南城市发展的重要物质资源，还是泉城深厚历史文化底蕴的重要源泉。蓬勃喷涌的泉水以及与泉水相依的城市水体（河流、湖泊）使济南充满了清新、自然的活力。

（二）山地丘陵区泉水分布

济南南部山地丘陵区面积广大，其泉水分布特征表现为：

泉点众多，中、小型泉为主　《济南市名泉保护条例》（2005年）中所列出的645处“济南市名泉”中，有3/4分布在济南市的山地丘陵区。这些泉水中除个别较大者如平阴书院泉、洪范池、柳埠涌泉等之外，一般为流量较小，季节变动较大的中、小型泉。山地丘陵区处于地下水系统的补给区，与地下水排泄区的泉水不同，这里的泉成因复杂，形式多样，但多为非同源的孤

立泉点，各泉相互间一般缺乏水力联系。

分布广泛　泉水散布于山地之中，下至山谷、河谷、山间平原，上至山坡、甚至山顶，皆有泉水出露。区内出露位置较高的泉如梯子山山顶西坡的饮马泉（海拔高度830多米）、十六里河镇的斗母泉（740多米）、历城仲宫镇泉子岭山顶的白花泉、平阴县大寨山上的天乳泉等。

沿山谷、河谷相对集中　虽有高位置泉水，但由于泉水出露条件所限，仍是山谷、河谷的较低部位易于成泉，沿山地河谷、山谷形成山地区局部的地下水排泄和泉水集中带。如济南东南郊的佛峪龙洞沟，玉符河流域的锦阳川、锦绣川、锦云川三川河谷，历城西营至彩石之间的巨野河沿岸，章丘的西巴漏河谷地及平阴县的浪溪河河谷，都是山区泉水较为集中的地带。

广阔的山地丘陵区多如繁星的泉点，清澈流淌的泉水，赋予济南的山川以鲜活的灵气和迷人的魅力。

第三节　十大泉群

一、泉群的划分

泉群是泉水出露的一种聚集形式。泉群的划分，则是从某种角度对泉水分布所作的人为圈定，如根据泉水分布的地理区域集中性、泉水的水文地质条件和水力联系的划分以及从泉水景观的保护、管理和开发角度进行的划分。

济南泉群的提法或划分早已有之，从发表于中国正式出版的学术刊物中的文献看，最早可追溯至方鸿慈在1948年发表在《地质论评》上的《济南地下水调查及其涌泉机构之判断》一文。文中称：济南泉水依其排列可归纳为以下4个“涌泉群”，即趵突泉涌泉群，有趵突泉、通惠泉、马跑泉、杜康泉、饮虎泉、橘泉等14处以上；黑虎泉涌泉群，有黑虎泉、玛瑙泉、白虎泉、南珍珠泉、任泉等9处以上；贤清泉涌泉群，有贤清泉、小泉、孝感泉、古温泉、姜家池等6处以上；北珍珠泉涌泉群，有北珍珠泉、太乙泉等8处以上。贤清泉是五龙潭泉群中的一泉，故方鸿慈所说的“贤清泉涌泉群”实际就是后来人们所称的五龙潭泉群，而北珍珠泉涌泉群就是现在的珍珠泉群。1957年，山东师范学院地理系的黄春海提出的济南四大泉群，即用了现在人们所熟悉的名称。1959年，山东师范学院地理系的徐本坚在其发表于该院学报的《泰山地区自然地理》的论文中，对济南市区的四个泉群也做了论述：趵突泉泉群，泉数11处；黑虎泉泉群，泉数在11处以上；五龙潭泉群，泉数在12处以上；珍珠泉泉群，泉数为10处。1964年，山东省地矿局801队对济南市区泉水进行了调查并提交了报告，对市区的泉群也是用此名称划分出四大泉群。济南市除了市区的四大泉群外，东郊王舍人庄一带还有白泉、华泉等10余泉。1990年10月，山东省地矿局801队提交了《山东省济南市白泉——武家水源地供水水文地质勘探报告》，报告中明确了白泉泉群及其泉域。这样，济南即有了五大泉群。白泉泉群后因停喷，渐不为人们所注意，人们还是习惯称济南有“四大泉群”。

以上的泉群划分针对的都是济南市区范围内的泉。1978年，济南行政区划变动，章丘县（今章丘市）、长清县（今长清区）划归济南市，1985年，平阴县也划入。故20世纪80年代以后，在有关济南市泉水恢复、保泉供水等研究、调查和文献论述中，泉群的划分就不再仅仅局限于济南城区，而是涉及包括各区县在内的整个济南市辖区。20世纪80年代后，省市有关部门及高校有关科研人员和学者，对济南辖区内的泉群及其泉域划分形成了各种不同的看法，但济南辖区内有3个泉水集中出露区和7个泉群的看法，为大多数人所认同。3个集中出露区即济南市区（包括东、西郊）、章丘市明水、平阴县洪范池一带；7个泉群是：趵突泉泉群、黑虎泉泉群、五龙潭泉群、珍珠泉泉群、白泉泉群、明水泉群、平阴泉群。济南南部山区的泉水数量众多，但从水文地质背景和地下水动力联系来看，它们皆处于以上泉群泉域的补给区中，因此也分属于不同泉群。

2004年4月2日，由济南名泉研究会、济南市名泉保护管理办公室组织进行的、历时五年的济南新七十二名泉评审结果揭晓，同时还公布了新划出的郊区六大泉群，这样加上市区原有的四大泉群，就有了济南十大泉群的新的划分，它们是：趵突泉泉群、黑虎泉泉群、珍珠泉泉群、五龙潭泉群、白泉泉群、涌泉泉群、玉河泉泉群、百脉泉泉群、袈裟泉泉群、洪范池泉群。这次十大泉群的划分，是本着有利于泉水的保护和管理、有利于旅游和开发的原则，依据泉水的地质结构、流域范围和分布相对集中的区域，考虑在20平方千米范围内有泉水数目20处以上，且泉水水势好，正常年份能保持常年喷涌，泉水周围有良好的自然环境和历史文化内涵等标准进行的。

除以上十大泉群外，还有许多泉水散布于各地区，其中不乏在济南名泉之列者。

二、十大泉群分述

（一）趵突泉泉群

位于济南旧城区西南部，趵突泉南路以西、坤顺桥以南，包括趵突泉公园及其附近地区。在约0.17平方千米的区域内，集中分布着泉池31处（根据2012年的泉水统计），其中28处集中在趵突泉公园内，其余的分布在公园以西、以北的街巷中。主要的名泉有：趵突泉、金线泉、皇华泉、柳絮泉、卧牛泉、漱玉泉、马跑泉、无忧泉、石湾泉、湛露泉、满井泉、登州泉、杜康泉、望水泉，这14处泉在新评出的七十二名泉之列。其他泉还有老金线泉、浅井泉、洗钵泉、混沙泉、酒泉、东高泉、螺丝泉、尚志泉、沧泉、花墙子泉、白云泉、泉亭池、白龙湾泉、饮虎池等。

泉水于趵突泉公园东部和北部流出，汇入西护城河。

（二）黑虎泉泉群

位于旧城东南隅，南护城河东段。东起解放阁，西至泉城广场中段，长约1000余米。沿南护城河岸边或河中，共有泉池16处，其中黑虎泉、琵琶泉、玛瑙泉、白石泉、九女泉这5处属于新评出的七十二名泉之列。其他泉还有金虎泉、南珍珠泉、豆芽泉、五莲泉、任泉、胤嗣泉、汇波泉、对波泉、一虎泉、古鉴泉、寿康泉。

该泉群绝大多数泉处于护城河两侧或河中，泉水直接流入南护城河。

（三）珍珠泉泉群

该泉群处于济南明府城内，分布范围东至县西巷，西至太平寺街、西城墙根街，南到舜井街、泉城路，北至大明湖南岸。2004年十大泉群公布时称珍珠泉群有21泉：珍珠泉、散水泉、溪亭泉、濋泉、濯缨泉、玉环泉、芙蓉泉、舜井、腾蛟泉、双忠泉，这10处属于新评出的七十二名泉；其他泉还有感应井泉、灰泉、知鱼泉、云楼泉、刘氏泉、朱砂泉、不匮泉、广福泉、扇面泉、孝感泉、太极泉。根据2011年的泉水普查统计，属于该泉群范围内的泉水计有74处，相对集中在两个片区：省人大常委会机关大院（珍珠泉大院）及其附近的曲水亭街、王府池子街、西更道街、芙蓉街、院前街、舜井街等街巷中，泉群的主泉——珍珠泉等7处泉就在珍珠泉大院中，在大院附近街巷中的有濯缨泉、腾蛟泉、小王府池泉、芙蓉泉、舜井等；省政府大院以西至太平寺街—西城墙根街一带的街巷中，有位列新评出的七十二名泉之列的双忠泉、玉环泉，以及不属新七十二名泉的不匮泉、广福泉和众多的无名泉等。

珍珠泉等诸泉汇流成溪，注入濯缨湖、百花洲，最后汇入大明湖。

（四）五龙潭泉群

在泺源桥以北，西护城河以西，与趵突泉公园隔街相对。此处在1987年建成为五龙潭公园，面积约0.06平方千米。有泉28处，其中五龙潭、古温泉、贤清泉、天镜泉、月牙泉、西蜜脂泉、官家池、回马泉、虬溪泉、玉泉、濂泉等11处泉属于新评出的七十二名泉；其他泉还有东蜜脂泉、洗心泉、静水泉、净池泉、东流泉、北洗钵泉、泺溪泉、潭西泉、七十三泉、青泉、井泉、晴明泉、显明池、裕宏泉、聪耳泉、赤泉、醴泉。五龙潭泉群的泉水直接流入西护城河。

（五）白泉泉群

在济南市东郊王舍人街道纸房村以北，东起梁王庄，经冷水沟，西至芘马、大辛庄、水坡，长约9千米、宽约3千米的狭长地带，当地也称这里为张马湖。有泉10处：白泉、华泉属于新评出的七十二名泉；其他泉还有饮马泉、花泉、灰泉、丫丫葫芦泉、草泉、冷泉、团泉、麻泉。此外，附近还有一些小泉。

泉水自流成河，经孙家卫北入小清河。20世纪70年代后，由于兴建水厂及钻掘工业生产自备井，地下水被大量超采，致使该地区地下水位逐年下降，泉水衰竭严重，但在雨季或丰水年泉水仍有出流。

（六）涌泉泉群

涌泉泉群在济南南部山区，位于历城区玉符河的锦绣川、锦阳川、锦云川流域，泉点散布于柳埠、西营、仲宫等乡镇。共有泉池126处，其中西营52处、仲宫37处、柳埠37处。诸泉中，涌泉、苦苣泉、避暑泉、突泉、泥淤泉、大泉、圣水泉、缎华泉这8处属于新评出的七十二名泉。其他泉还有：醴泉、圣池泉、南泉、簸箩泉、穆家泉、西老泉、悬泉、南甘露泉、琵琶泉、柳泉、车泉、阴阳泉、凉水泉、四清泉、百花泉、拔槊泉、智公泉、枣林泉、盛泉、黄鹿泉、虎洞泉、雪花泉、藕池泉、锡杖泉、水帘洞泉、神异泉、滴水泉、丰乐泉、枪杆泉、咋呼泉、大花泉、试茶泉、卧龙池、冰冰泉、水泉、凉湾泉、鹿跑泉、苦梨泉、三龙潭、熨斗泉等。

除涌泉、苦苣泉、大泉等泉较稳定外，泉群中的其他泉多属于山地小型泉，季节变动较大。许多泉的水流入锦绣、锦阳、锦云三川，成为玉符河的上游水源。

（七）玉河泉泉群

玉河泉泉群位于济南东面的巨野河流域的中上游，属山地泉群，泉点散布于历城区彩石、港沟一带，共有泉池68处，其中彩石60处，港沟8处。诸泉中列新评出的七十二名泉的仅有玉河泉，是巨野河源头；其他主要泉还有淌豆泉、玉漏泉、东流泉、老玉河泉、响呼噜泉、东泉、黄路泉、猪拱泉、虎门泉、忠泉、响泉、黄歇泉、芦井泉、义和泉、黑虎泉等。

（八）百脉泉泉群

百脉泉泉群位于章丘市明水街道，是济南地区东部最大的一个泉群，泉群水文地质背景、成因、泉水特征与济南市区的四大泉群相似。泉群由20处名泉和众多无名泉组成，其中，百脉泉、东麻湾、西麻湾、墨泉、梅花泉、净明泉6处属于新评出的七十二名泉；其他名泉还有漱玉泉、龙湾泉、金镜泉、灵秀泉、荷花泉、眼明泉、大龙眼泉、小龙眼泉、饭汤泉、筛子底泉、鱼乐泉、卸甲池、盘泉、白泉等。

泉群中的百脉泉、东麻湾、西麻湾、墨泉、梅花泉、漱玉泉等泉流入绣江河，为绣江河源头。

（九）袈裟泉泉群

该泉群实际上分为两部分：一部分在长清万德镇的灵岩山风景区及张夏镇、崮云湖街道一带，属于北沙河流域上游；另一部分在长清五峰山街道的五峰山风景区，属于南沙河流域。有泉44处，其中在新评出的七十二名泉之列的有5处：袈裟泉、卓锡泉、檀抱泉、清泠泉、晓露泉，前三处在灵岩山景区内，清泠泉在五峰山景区内。其他泉还有滴水泉、甘露泉、双鹤泉、白鹤泉、上方泉、朗公泉、牛鼻泉、龙居泉、双泉、王家泉、长寿泉、卧龙泉、段家泉、白虎泉、润玉泉、糠沟泉、惠泉、玉珠泉、青龙泉、胜天泉、马山泉等。

（十）洪范池泉群

洪范池泉群是济南西部最著名的泉群，处于平阴县浪溪河中上游河谷右侧，属洪范池镇，分布面积约9平方千米。有名泉22处，其中洪范池、书院泉、扈泉、日月泉4处属于新七十二名泉；其他泉还有姜女池、天池泉、墨池泉、天乳泉、白雁泉、拔箭泉、莲花池、丁泉、狼泉、长沟泉、白沙泉等。诸泉之中，最著名的为洪范池、书院泉、扈泉，其出水量大，变动较稳定，且历史记载悠久。

第二章　七十二名泉

第一节　七十二名泉的由来

济南七十二名泉之说由来已久。古代，“七十二”常被用做数量众多之意。济南泉水数以百计，古人便以“七十二”言其数量之多，并进而以“七十二名泉”推崇、赞誉济南的泉水。金代立有《名泉碑》，趵突泉等七十二泉被选择列入碑记中，为迄今所知济南七十二名泉的最早记载。此后，明清两代又有人视彼时情况，对七十二名泉作出了各自不同的择举，其中以明代晏璧的《七十二泉诗》、清代郝植恭的《七十二泉记》影响最大。20世纪与21世纪之交，根据变化了的济南区域及泉水实情，济南市对七十二名泉重新评定。经市民推荐，专家论证，市政府批准，于2004年4月评定出新的济南七十二名泉。

一、金《名泉碑》

金代《名泉碑》，撰者及镌刻者不详，已佚。最早转载金代《名泉碑》文者，为元代于钦所撰《齐乘》。于钦，山东益都（今山东青州）人，官至兵部侍郎，益都田赋总管，晚年遍游山东，体察风土民情，以成《齐乘》，为现存最早山东省级地方志书。于钦在《齐乘》中盛赞济南名泉，“历下众泉，皆岱阴伏流所发，西则趵突为魁，东则百脉为冠”，并对金《名泉碑》所记七十二泉进行编排，加注方位，给后人留下了珍贵的济南泉水、泉边景物、街巷村舍等历史地理资料。其文曰：

曰金线（趵突东）、曰皇华、曰柳絮、曰卧牛（金线东）、曰东高、曰漱玉（金线南）、曰无忧、曰石湾（趵突南）、曰酒泉、曰湛露（无忧西）、曰满井、曰北煮糠（趵突北）、曰北珍珠（白云楼前）、曰散水、曰溪亭（北珍珠东）、曰濯缨（北珍珠西）、曰灰泉（濯缨西北）、曰知鱼（灰泉东南）、曰朱砂（灰泉西。府城内灰泉最大，自北珍珠以下皆汇于此，周回广数亩，当是大明湖之源也）、曰刘氏（北珍珠西北）、曰云楼（刘氏南）、曰登州、曰望水（万竹园内）、曰洗钵（登州东北）、曰浅井、曰马跑（洗钵西南）、曰舜泉（舜祠下）、曰香泉（舜泉西）、曰鉴泉（舜泉南）、曰杜康（南舜庙）、曰金虎、曰黑虎（李承务巷）、曰东蜜脂（金虎西南）、曰西蜜脂（东蜜脂西）、曰孝感（孝感坊内）、曰玉环（同知巷前，今宪衙街）、曰罗姑（塌行〈竹〉街东）、曰混沙、曰灰池（城西南角场下）、曰南珍珠（铁佛巷东）、曰芙蓉（姜家亭前）、曰滴水（又名清泉，西务北）、曰灰湾、曰悬清（城西五龙堂东）、曰双桃（城西丁字街北）、曰温泉（城西石桥北城下）、曰汝泉（神童寺内）、曰龙门（一名龙泉，神童寺东）、曰染池（龙门东）、曰悬泉（中宫东）、曰都泉（中宫东南）、曰柳泉、曰车泉（中宫东远东庄）、曰煮糟（四里山南）、曰炉泉（南山下）、曰白虎、曰甘露（大佛山）、曰林汲（佛峪内）、曰白泉（王舍店北）、曰金沙、曰白龙（龙洞山中）、曰花泉（张马泊）、曰独孤（灵岩寺）、曰醴泉（簧堂岭北）、曰浆水（盘水镇东南）、曰南煮糠（蟠山窝北）、曰苦苣（柳铺东）、曰熨斗（黎峪门家庄）、曰鹿泉（石固寨）、曰龙居（长城岭西），合趵突、百脉，总七十二。（《齐乘》卷二）

金《名泉碑》所列七十二泉，已不复存在者12泉。其中，香泉、杜康泉、罗姑泉、双桃泉，因城市建设，埋于楼房、道路、院落之下；悬泉、染池泉、龙门泉，因水利建设，湮没于水库之中；汝泉、煮糟泉、炉泉、白虎泉、南煮糠泉，已失迷。现可确认者有60泉。

二、明《七十二泉诗》

明永乐二年（1404），庐陵（今江西吉安）人、诗人晏璧来济南任山东按察司佥事。在济任职期间，晏璧漫步济南山水间，惊大自然之灵秀，叹造物之神奇，激情四射，诗意大发，遂对济南七十二泉，逐一吟咏，成《七十二泉诗》。作者以诗的形式，描绘了济南泉水的优美景致，记载了泉水的自然环境和掌故趣闻，丰富延展了济南泉水的文化内涵。

《七十二泉诗》

[明] 晏　璧

有此天地，即有此山川。山为地之形势，水为地之脉络，皆扶舆清淑之气所钟，和顺积中，英华发外。子在川上曰："逝者如斯"。《孟子》曰"源泉混混"，喻道体也。文人才子，适兴而咏，歌之者宜哉。且济南为谭子国，附庸于齐，南距泰山百余里。郡东南三十里为龙洞，岩穴外阻而中豁，径路斗折而蛇行。多怪石幽泉，能出云气，作雷雨。泉脉环城内外，凡七十有二：曰趵突、曰玉环、曰珍珠、曰漱玉、曰醴泉、曰甘露、曰金线、曰蜜脂、曰白龙、曰黑虎、曰芙蓉、曰柳絮、曰金沙、曰白公、曰孝感、曰无忧、曰洗钵、曰濯缨……虞舜耕于历山，故济南以历城名邑。有虞舜祠，东坡先生书欧阳文忠公舜泉诗刻于石。予永乐二年，持宪节来济南，休沐之暇，与大夫君子升高眺远。凝眸而挹山色，洗耳以听泉流。绮绾绣错，黛蓄膏渟，诚中州之奇观也。抑天造而地设，岂人力所能为哉！昔柳子厚尝记柳、永二州山水，怪造物者不为之于中州，而列于夷狄，使千万年不得一售其技，是固劳而无用于神者。今济南环城不一舍许，而七十二泉献秀呈奇，是造物者为之于中州，使千百年不得一售其技，亦劳而无用于神者。予故取而咏之，惜无柳子之才，足以发扬山水之胜。诗成，济南太守、太原杨有溶请锓梓以传，且贺曰：斯泉也，阅古今而不能售，诗而咏之，是泉之遭也。予遂书之，以附郡志云。

趵突泉

渴马崖前水满川，江心泉迸蕊珠圆。
济南七十泉流乳，趵突独称第一泉。

金线泉

水纹浮绿影摇金，倒挽银河百尺深。
中有锦鱼三十六，碧波荡漾任浮沉。

杜康泉

甘泉一脉舜祠下，此地千年说杜君。
不是重华常嗜酒，几卮聊借解南薰。

朱公泉

陶公已泛五湖船，尚有芳名寄此泉。
营绕柏窗风日永，济南别有一山川。

白公泉

白公当日浚清渠，可灌秋田十顷余。
千载齐民沾地利，离离禾黍秀郊墟。

舜泉

巍巍舜庙历城南，中有清泉味极甘。
流出迎祥仙馆去，汪汪千顷泛波澜。

濯缨泉

石罅流泉可濯缨，夐无斧凿自天成。
一清疑挽银河水，应叹沧浪浪得名。

甘露泉

盘谷清泉一派长，味甘却似饮天浆。
何须沆瀣分仙掌，滴滴斟来透骨凉。

独孤泉

天麻山北水盈渠，山水流传姓独孤。
药岭茏葱含紫翠，清流岂受俗尘污。

湛露泉

泉如湛露味甘香，澗入三焦齿颊凉。
通乐古园饶爽气，厌厌夜饮醉无妨。

双女泉

二妃厘降有虞城，城下流泉冽且清。
麦垄黍田资润泽，田公击壤乐升平。

罗姑泉

阿姑遗迹渺烟萝，赢得流泉尚姓罗。
陵谷变迁无限感，至今于越慕曹娥。

孝感泉

齐城孝子格天心，井涌清泉冽且深。
跃鲤卧冰非好异，流传胜事到于今。

玉环泉

泉脉盘回似玉环，天留胜地在人间。
温泉曾被杨妃辱，故引清流到历山。

南漱玉泉

南泉漱玉派匡庐，应是云门瀑布余。
月照波心清可鉴，岂无湘女解琼琚。

北漱玉泉

泉流北涧瀑飞琼，静日如闻漱玉声。
纤手掬来清彻骨，高人宜尔濯尘缨。

南珍珠泉

神林南面有流泉，流出明珠颗颗圆。
一脉清冷犹合浦，月明老蚌吐深渊。

北珍珠泉

白云楼下水溶溶，滴滴泉珠映日红。
渊客泣来无觅处，恐随流水入龙宫。

南甘露泉

佛顶巍巍青插天，滴来甘露化流泉。
南风六月为霖雨，远借恩波溉井田。

龙门泉

西望龙门海藏通，香泉一脉透齐东。
桃花浪暖春三月，鹍化鹏程九万风。

白龙泉

白龙已逐白云飞，鳞甲时时漾绿漪。
月白风清天似水，一泓元是化龙池。

黑虎泉

石蟠水府色苍苍，深处浑如黑虎藏。
半夜朔风吹石裂，一声清啸月无光。

黑龙泉

澄潭万顷碧如油，泉水流来石洞幽。
夜半龙归云雾黑，散为膏雨泽齐州。

鹿跑泉

泉声清似鹿呦呦，逝者如斯日夜流。
灵囿料应非宿昔，蘼芜杜若满沧洲。

芙蓉泉

峼华紫翠削芙蓉，山下流泉石涧通。
朵朵红妆照清水，秋江寂寞起西风。

双桃泉

前度刘郎不再来，泉头几见碧桃开。
昨宵忽梦三偷客，满泛瑶池阿母杯。

柳絮泉

金线池边杨柳青，泉分石窦晓冷冷。
东风三月飘香絮，一夜随波化绿萍。

柳泉

杏花开遍柳垂丝，柳下清泉漾碧漪。
莫折柔条留系马，绿阴深处听黄鹂。

胡桃泉

胡桃结实昼偏长，树下清泉带露香。
曾过武陵溪上路，落花流水逐渔郎。

苪苣泉

泉名苪苣一河清，万事咸由清苦成。
寤寐不忘冰蘖操，菜根咬得见高情。

金沙泉

白龙泉畔有金沙，清水红莲胜若耶。
一脉直通云汉路，岂无仙客泛灵槎。

白花泉

石泉流出白花浮，喜傍禅林似虎丘。
好悟西来空色意，世间万事等浮沤。

灰池泉

黑风翻海撼蓬莱，吹遍昆明几劫灰。
欲溯水源穷不尽，流来历下净纤埃。

登州泉

文登一脉透谭城，澄彻全无蜃气腥。
安得雪堂苏学士，朗吟万竹濯清泠。

王氏溪亭泉

鱼池西北水涓涓，王氏溪亭尚翼然。
溪上槐阴清昼永，凭栏徙倚听鸣蝉。

贤清泉

中州文物重谭城，故以贤清易水名。
安得箪瓢颜氏子，秋风来此濯尘缨。

东皋泉

金线南泉折向东，犹如江汉远朝宗。
方池半亩源流活，难觅鱼龙变化踪。

清水泉

灏气浮空秋水清，水天一色月华明。
沧浪孺子高歌处，一濯尘缨得此名。

醴泉

九成曾刻醴泉名，历下泉如竹叶清。
山水之间有真乐，何须留连醉翁亭。

酒泉

酒星炯炯映青天，地下方知有酒泉。
一酌饮来甘若醴，相逢谁是酒中仙。

东蜜脂泉

清泉流出碧涟漪，脉贯东西号蜜脂。
说着到头辛苦处，谁知滋味美如饴。

西蜜脂泉

西池泉味比东强，何必天寒割蜜房。
莫道脂甘能悦口，试将一饮胜天浆。

洗钵泉

浅井东边有冽泉，山僧洗钵是何年。
泉中流出伊蒲馔，参透三生石上禅。

香泉

虞帝祠前春草芳，石池漾漾碧泉香。
源头活水恩波远，万顷坡田摆柳黄。

散水泉

珠泉东向水萦回，荡漾涟漪去复来。
时有濯缨佳客至，方池如鉴绝纤埃。

明水泉

清泉一派接银河，宝鉴同明水不波。
步绕方池闲顾影，须眉散作百东坡。

皇华泉

金线池东涌碧泉，皇华使节耀齐川。
圣恩浩荡宽如海，散作甘霖遍八埏。

无忧泉

槛泉西畔漱清流，酌水能消万斛愁。
白叟黄童争击壤，春来有事向东畴。

满井泉

川流不息井泉盈，明秀亭前脉脉清。
应是夜来春雨急，水高三尺小池平。

浅井泉

齐城浅井不满尺，一掬能令尘虑消。
日暮儿童汲瓶处，芭蕉叶上雨萧萧。

石湾泉

石湾池接槛泉南，涌出清流味更甘。
旋汲井花烹石鼎，峼华秋净暮烟涵。

卧牛泉

昔闻陶墓有牛眠，今见齐州溢井泉。
千载历山遗胜迹，秋风禾黍满虞田。

龙居泉

东望扶桑海岱连，澄潭月冷水涓涓。
钓竿一拂珊瑚树，惊起潭心龙夜眠。

马跑泉

马蹄踏破迸飞泉，流出齐城浅水边。
八骏曾闻驰八极，百年几见海成田。

鱼池泉

姜家亭畔水涟漪，无数金鳞逐浪吹。
只恐桃花春浪暖，龙门一跃化天池。

知鱼池泉

谭城浅水似濠梁，有客观鱼慕老庄。
无饵无钩闲罢钓，倦眠莎草映斜阳。

温泉

太真偏爱浴华清，温润何如历下城。
玉韫昆山何借润，不劳薪櫄与煎烹。

悬珠泉

泉脉如悬禾米珠，源头活水世间无。
洞深恐有骊龙卧，吐出香涎下峼湖。

都泉

遥望中宫廿里余，清泉都汇峼山湖。
齐城大旱作霖雨，一滴能苏万物枯。

浆水泉

泉流乳窦比琼浆，入口浑疑透骨凉。
若比醍醐滋味异，较他马湩更甘香。

白泉

槐庭秋水色泓澄，体孕金天玉雪清。
月夜看来疑素练，纤尘不染胜瑶琼。

南煮糠泉

泉通趵突水琳琅，浊世还能扫秕糠。

地位清高隔尘土，琪花瑶草四时芳。

北煮糠泉

趵突西隅作石棚，泉名糟粕待煎烹。
一掬可清无尘滓，何是当年玷浊名。

望水泉

万竹园中景趣幽，双泉一脉望登州。
碧梧百尺栖丹凤，雪浪千堆戏白鸥。

熨斗泉

泉如熨斗气温温，龙洞分来第一源。
欲识坎离交媾意，请参道德五千言。

染池泉

柳子当年记染溪，别分一派出东齐。
忆从濯锦江边过，风漾晴澜五色迷。

车泉

汉家闻有七香车，历下车泉复可嘉。
金井辘轳声轧轧，夕阳芳草噪寒鸦。

悬泉

百尺流泉石上悬，龙归洞口散晴烟。
曾从五老观飞瀑，倒挽银河落九天。

灰泉

珍泉西北带烟埃，乱石堆中蚀翠苔。
何日尘襟净蠲涤，源头寻路觅天台。

混沙泉

曾迎宰相筑新堤，泉石清佳似瀼西。
亦有元戎乘小队，时时问柳到幽栖。

刘氏泉

泉名刘氏果何人，千载风流数伯伦。
天产酿泉清可掬，松花满泛瓮头春。

道士泉

北渚南山碾石涡，寒泉迸涌寺东坡。
种桃道士知何处，偏爱灵泉种得多。

（《历乘》卷十七　文苑，1959年中国书店影印明崇祯刻本）

明《七十二泉诗》所述七十二名泉，不同于金《名泉碑》者13泉。明《七十二泉诗》未收入金《名泉碑》所列朱砂泉、云楼泉、金虎泉、鉴泉、灰湾泉、汝泉、煮糟泉、炉泉、白虎泉、林汲泉、花泉、鹿泉、百脉泉，新收入朱公泉、白公泉、双女泉、北漱玉泉、南甘露泉、黑龙泉、鹿跑泉、胡桃泉、白花泉、明水泉、鱼池泉、悬珠泉、道士泉。金《名泉碑》所列漱玉泉、溪亭泉、知鱼泉、滴水泉、悬清泉、苦苣泉，在明《七十二泉诗》中分别改称南漱玉泉、王氏溪亭泉、知鱼池泉、清水泉、贤清泉、莴苣泉。另外，明《七十二泉诗》中部分泉的方位，与于钦标注的金《名泉碑》泉址有所不同，如独孤泉、醴泉，由原在灵岩寺、章丘黉堂岭，改为在历城县天麻岭和康王山。

三、清《七十二泉记》

《七十二泉记》，作者郝植恭（1832—1885），字梦尧，顺天三河（今河北蓟县）人，曾任夏津、堂邑知县，临清知州，莱州知府。清同治二年（1863）、十二年（1873）及光绪元年（1875）三次为同考官，来济任事。郝植恭能诗善文，在济南期间，慨济南山水之胜，愧客问七十二名泉“茫无以答”，遂翻阅县志，搜集资料，于同治十三年（1874）撰《七十二泉记》。《记》中除了对七十二泉逐一列举，还对各泉的名称一一作了诠释。

《七十二泉记》

［清］郝植恭

客有谈七十二泉者，不能举其目。予来济南十年，亦茫无以答。予乡全鉴三适宰历城，因从乞得县志，为之搜讨排辑，作《七十二泉记》。

济水伏流地中，经历下溢而出者，遍地皆泉。其称名者，盖七十二焉。七十二泉，趵突为大。趵突在城西南吕祖祠，三窟并发，浪花高数尺，跳跃唐突，若有激使然者，故名曰“趵突”。城内则珍珠为大，在明德藩故宫，今巡抚署西偏。平地涌泉，参差错落，如泻万斛之珠，故名曰“珍珠”。都泉在中宫，为岱北诸泉之总都聚也。水之所聚曰“都”。白泉出纸坊北，方十亩，中有大泉，间数刻一发，声如隐雷，以其多白沙也，故名曰“白泉”。曰“响泉”，以其声也；曰“悬泉”，以其形也。曰“温泉”，曰“冷泉”，以其性也。曰“朱砂”，曰“胭脂”，以其色也。可以染，曰“染池”；可以汲，曰“林汲”，以其用也。泉有取象于天者：曰“白云”，如云之英英也；曰“甘露”，如露之滴滴也。泉有以地名者：曰“当道”，横其路也；曰“龙门”，出洞口也；曰“溪亭”，占园林之胜也；曰“菩萨”，出菩萨岩下也。泉有以人名者：曰“舜泉”，历山之遗迹在焉；曰“杜康”，世传杜康尝以此酿酒；曰“孝感”，孝子事亲水远感而出泉；曰“双忠”，则以祠而名之也；曰“贤清”，一名“三娘子湾”，盖以三娘子而得名也；曰“独孤”、曰“窦姑”、曰“罗姑”，泉从乎姓也。泉有以动物名者：曰“马跑”，如马之奔也；曰“鹿跑”，如鹿之逐也；曰“白龙”，如白龙之出峡也；曰“腾蛟”，如蛟之得云雨而飞腾也；曰“虎”，虎啸生风也；曰“金虎”，曰“黑虎”，曰“白虎”，则又以其色而别之也。泉有以植物名者：曰“花”，花纹荡漾也；曰“草”，水草交萦也；曰“芙蓉”，明以艳也；曰“苪苢”，寒以苦也；曰“黄华”，淡而弥永也；曰“柳絮”，水沫纷翻，如絮飞舞也；曰“双桃”，夹岸桃花，如桃源仙境也。泉有以用物名者：缨之濯也，清如；钵之洗也，蠲如；曰“鉴者”，泽如；曰“炉”者，沸如；曰“南叵罗”者，斟如；曰“枪杆”者，其流直如；曰“玉环”者，两泉并出，其形圜如也。泉有以食物名者：曰“试茶”，茗之瀹也；曰“煮糠”，醼之啜也；曰“浆水”，米汁倾也；曰“醴”，酒之甘也；曰“蜜脂”，中边皆甜也。泉有以乐器名者：曰“琴”，流水之调也；曰“琵琶”，浔阳之旧曲也。泉有以珍宝名者：曰“悬珠”，珠之悬也；曰“漱玉”，玉之漱也；曰“金沙”，淘沙而金可拣也。泉有得名于释氏者：曰“印度”，初禅之地；曰“锡杖”，将飞之候也。泉有以得名于女工者：曰“金线”，波纹之细；曰“麻披”，缕缕之不绝也。至于灰之澄也，曰“灰池”；井之满也，曰“浅井”；天倒影而如镜也，曰“天镜”；水悬流而如帘也，曰“水帘”；曰“涌腾”也；曰“团圆”也；曰“避暑”，清凉界也；曰“无忧”，欢喜境也；曰“冰冰”，凝阴之所结也；曰“濋”，盖取《尔雅·释水》之义也。凡此为七十二泉。后人于五龙潭潭西得泉，题曰“七十三泉”，则以无名而名者也。无名而名，故不在此数。

（选自《漱六山房文集》）

清《七十二泉记》所记七十二泉，不同于金《名泉碑》者27泉，不同于明《七十二泉诗》者33泉。其中，金《名泉碑》所列卧牛泉、东高泉、石湾泉、酒泉、湛露泉、满井泉、北煮糠泉、散水泉、灰泉、知鱼泉、刘氏泉、登州泉、望水泉、香泉、东蜜脂泉、混沙泉、南珍珠泉、滴水泉、灰湾泉、汝泉、柳泉、车泉、南煮糠泉、熨斗泉、鹿泉、龙居泉、百脉泉，明《七十二泉诗》所列朱公泉、白公泉、双女泉、北漱玉泉、南甘露泉、黑龙泉、胡桃泉、白花泉、明水泉、鱼池泉、道士泉等，均未记入清《七十二泉记》。清《七十二泉记》新收录响泉、冷泉、胭脂泉、当道泉、菩萨泉、双忠泉、窦姑泉、腾蛟泉、虎泉、草泉、南叵罗泉、枪杆泉、试茶泉、琴泉、琵琶泉、印度泉、锡杖泉、麻披泉、天镜泉、水帘泉、涌泉、团泉、避暑泉、冰冰泉、濋泉25泉。

清《七十二泉记》创新之处在于，对大部分名泉名称的由来作了解释，如“以其多白沙也，故名曰白泉”，“曰响泉，以其声也”，“天倒影而如镜也，曰天镜”，“平地涌泉，参差错落，如泻万斛之珠，故名曰珍珠”等。

四、新评七十二名泉

1998年，济南市政府采纳饶曼妮等18位驻济全国人大代表建议，决定重新评定“济南七十二名泉”。1999年1—7月，济南市名泉保护管理办公室先后两次在《济南时报》、济南电视台等媒体发布关于重新评定七十二名泉的消息，请市民推荐七十二名泉。至8月底，共收到推荐名单238

份，推荐名泉100余处。2001年年底，市名泉办概括市民推荐意见，选出100处泉作为七十二名泉候选名泉。

100处候选名泉是：趵突泉、金线泉、皇华泉、卧牛泉、柳絮泉、马跑泉、洗钵泉、石湾泉、湛露泉、无忧泉、满井泉 、登州泉、杜康泉（北煮糠）、东高泉、望水泉、漱玉泉、黑虎泉、南珍珠泉、玛瑙泉、白石泉、九女泉、琵琶泉、（古）鉴泉、五龙潭、（古）温泉、东蜜脂泉、贤清泉、天镜泉、月牙泉、虬溪泉、官家池、玉泉、濂泉、（北）珍珠泉、散水泉、溪亭泉、濋泉、王府池（濯缨泉）、芙蓉泉、玉环泉、凤翥池、玉乳泉、腾蛟泉、双忠泉、舜井（泉）、孝感泉、华家井、白花泉、斗母泉（窦姑）、南泉、南甘露泉、大泉、柳泉、车泉、涌泉、滴水泉、枪杆泉、水帘洞泉、苦苣泉、避暑泉、卧龙池（龙居泉）、冰冰泉、泥淤泉（印度）、突泉、龙门泉、玉漏泉、东流泉、滴水泉、玉河泉、甘露泉、浆水泉、林汲泉、金沙泉、白龙泉、悬珠泉、白泉、华泉、百脉泉、墨泉（章丘）、梅花泉、西麻湾、大龙眼泉、净明泉（明水泉）、圣水灵泉、西园半井、西园井、双鹤泉、袈裟泉、饮虎泉、檀抱泉、清泠泉、白虎泉、青龙泉、玉珠泉、洪范池、墨泉（平阴）、东流泉、扈泉、白雁泉、丁泉。

2002年11月，济南名泉研究会、济南市名泉办组织28名领导及专家成立济南七十二名泉评审领导及专家组，研究制定了评审原则和评审标准。确定的新七十二名泉评审标准条件是：①市辖区范围内的泉水，均可参加评审，以古城区及风景名胜区名泉为重点，兼顾县（市）区；②本着尊重古人、尊重历史的原则，对金、明、清三代所列七十二名泉进行全面考察，现水势旺盛，正常年份能够常年喷涌，周围环境较好的，要尽量予以保留；③历史上未被列入七十二名泉，但水势旺盛、环境优美，且有一定自然人文景观和旅游价值的泉水，经考评可以列入；④要充分考虑到泉水的自然景观、历史演变、文化演变、文化内涵、周围环境、旅游开发价值等，全面衡量，择优录取。评审领导及专家组成员对100处候选名泉逐一实地考察，反复论证，选定85处名泉进入第二阶段评审。

85处候选名泉是：①金、明、清列入七十二名泉的51处：趵突泉、金线泉、皇华泉、卧牛泉、柳絮泉、马跑泉、无忧泉、漱玉泉、黑虎泉、五龙潭（灰湾泉）、（古）温泉、贤清泉、珍珠泉、散水泉、溪亭泉、王府池（濯缨泉）、芙蓉泉、玉环泉、石湾泉、湛露泉、满井泉、登州泉、杜康（北煮糠）泉、望水泉、（古）鉴泉、琵琶泉、舜井（泉）、濋泉、腾蛟泉、双忠泉、蜜脂泉、天镜泉、孝感泉、甘露泉、浆水泉、林汲泉、金沙泉、涌泉、苦苣泉、避暑泉、卧龙池（龙居泉）、冰冰泉、泥淤（印度）泉、突泉、南甘露泉、柳泉、白泉、斗母（窦姑）泉、百脉泉、净明（明水）泉、袈裟（独孤）泉。②未列入过七十二名泉的34处：月牙泉、起凤泉、玛瑙泉、白石泉、九女泉、官家池、回马泉、虬溪泉、玉泉、濂泉、华家井、无影潭、水帘洞泉、玉河泉、大泉、玉漏泉、缎华泉、华泉、圣水泉、西麻湾、危山泉（圣井）、圣水灵泉、墨泉、梅花泉、双鹤泉、檀抱泉、清泠泉、白虎泉、晓露泉、洪范池、东流泉、白雁泉、扈泉、日月泉。

2003年9月诸泉相继复涌后，评审领导及专家再次对85处候选名泉进行实地考察，根据喷涌量、周边环境等，于当年11月20日初步确定了济南七十二名泉名单，并通过新闻媒体进行为期15天的公示，征求社会各界意见。期间，收到来信、来访300多人次。12月31日，名泉评审领导及专家组再次进行集中评议，最终确定了济南七十二名泉名单。2004年4月2日，报经市政府审批，济南名泉研究会召开新闻发布会，正式向社会公布济南七十二名泉评审结果。

新评济南七十二名泉

趵突泉、金线泉、皇华泉、柳絮泉、卧牛

泉、漱玉泉、马跑泉、无忧泉、石湾泉、湛露泉、满井泉、登州泉、杜康泉（北煮糠泉）、望水泉、珍珠泉、散水泉、溪亭泉、濋泉、濯缨泉（王府池子）、玉环泉、芙蓉泉、舜井、腾蛟泉、双忠泉、黑虎泉、琵琶泉、玛瑙泉、白石泉、九女泉、五龙潭、古温泉、贤清泉、天镜泉、月牙泉、西蜜脂泉、官家池、回马泉、虬溪泉、玉泉、濂泉、华泉、浆水泉、砚池、甘露泉、林汲泉、斗母泉、无影潭、白泉、涌泉、苦苣泉、避暑泉、突泉、泥淤泉、大泉、圣水泉、缎华泉、玉河泉、百脉泉、东麻湾、墨泉、梅花泉、西麻湾、净明泉、袈裟泉、卓锡泉、清泠泉、檀抱泉、晓露泉、洪范池、书院泉（东流泉）、扈泉、日月泉。

在新评出的济南七十二名泉中，历代被列为七十二名泉的有43泉。其中，列入金《名泉碑》、明《七十二泉诗》、清《七十二泉记》的有趵突泉、皇华泉、柳絮泉、漱玉泉、马跑泉、无忧泉、珍珠泉、溪亭泉、濯缨泉（王府池子）、玉环泉、芙蓉泉、舜井、黑虎泉、西蜜脂泉、古温泉、贤清泉、浆水泉、甘露泉、白泉、苦苣泉、突泉、袈裟泉22泉；列入金《名泉碑》、明《七十二泉诗》的有卧牛泉、石湾泉、湛露泉、满井泉、登州泉、杜康泉（北煮糠泉）、望水泉、散水泉8泉；列入金《名泉碑》、清《七十二泉记》的有林汲泉；列入金《名泉碑》的有五龙潭（灰湾）、百脉泉；列入明《七十二泉诗》的有净明泉；列入清《七十二泉记》的有濋泉、腾蛟泉、双忠泉、琵琶泉、天镜泉、斗母泉、涌泉、避暑泉、泥淤泉9泉。金线泉、玛瑙泉、白石泉、九女泉、回马泉等29泉，历史上虽未曾列入七十二名泉，但因水势旺盛，环境优美，且具有旅游价值，新入选济南七十二名泉。

新评定的济南七十二名泉分布于济南老城区的有40泉。其中，趵突泉公园14泉，五龙潭公园11泉，环城公园5泉，省人大机关院内4泉，老城区街巷内6泉。分布于老城区外及历城区境内17泉，长清区境内5泉，章丘市境内6泉，平阴县境内4泉。

第二节　七十二名泉大观

2004年4月，济南市评定出新的七十二名泉。它们散布于公园景区、街巷村舍、山间密林、平原田畴，景致优美，姿采纷呈，是济南泉水名胜的卓然代表。

1.趵突泉

位于趵突泉公园内。又称泺、娥姜（英）水、槛泉、爆流泉，俗称三股水。金《名泉碑》、明《七十二泉诗》、清《七十二泉记》均收录，历代列济南七十二泉之首。泉池历经修葺，为石砌长方形，东西长30米，南北宽20米，深1.75米，泉水标高27.01米（2003年9月6日复涌时标高），日涌量最大可达24万立方米，汇入西护城河。1956年依泉建园，称趵突泉公园。以趵突泉为代表，其周围20余泉被称之为趵突泉泉群。

2002年，有专家根据河南安阳出土的甲骨文考证，趵突泉有文字可考的历史，可上溯至商代，距今3500多年。趵突泉是古泺水之源，春秋时称“泺”。《春秋》载：鲁桓公十八年（前694）“公会齐侯于泺”,“泺”即指今趵突泉一带。据《水经注·泺水》记载，魏晋南北朝时期，因泉边有娥姜庙（亦称“娥英庙”），趵突泉被俗称为“娥姜水”。北宋时又被称为“槛泉”，有赵抃《题刘诏寺丞槛泉亭》诗；又被人称呼为“趵突泉”。曾巩所撰《齐州二堂记》曰：“有泉涌出，高或至数尺，其旁之人名之曰‘趵突’之泉……趵突之泉，冬温，泉旁之蔬甲，经冬常荣，故又谓之‘温泉’。”宋、金时期，趵突泉还被称为“爆流泉”。此名最早见于宋张邦基《墨庄漫录》，后又出现在金元好问《济南行记》中：“凡济南名泉七十有二，‘爆流’为上。”济南百姓还俗称它为“三股水”。在趵突泉诸多名称中，沿用时间最长的还是“趵突泉”。

趵突泉喷涌之气势、喷涌量之大，在济南

趵突泉（2007年）

诸泉中首屈一指。泉水自地下喷涌而出，三窟并发，声若隐雷，势如鼎沸。据20世纪60年代中期监测，最大涌量为1877.6升/秒。“趵突腾空”为明清时济南八景之首。泉水四季恒温18℃左右。严冬，水面上水气袅袅，像一层薄薄的烟雾。一边是泉池幽深，波光粼粼；一边是楼阁彩绘，雕梁画栋，构成了一幅奇妙的人间仙境。趵突泉水质清醇甘洌，含菌量极低，是理想的天然饮用水。相传清乾隆皇帝下江南，出京时带的是北京玉泉水，到济南品尝了趵突泉水后，便改带趵突泉水。趵突泉是历代文人墨客观赏、咏赞的对象。赵孟頫、张养浩先后写下“云雾润蒸华不注，波涛声震大明湖”“三尺不消平地雪，四时常吼半空雷”之千古佳句。蒲松龄赞趵突泉为“海内之名泉第一，齐门之胜地无双”。苏轼、苏辙、元好问、王守仁、王士禛、何绍基、郭沫若、柳亚子等，均对趵突泉及周边的名胜进行题咏。清代济南诗人任弘远还编纂了一部专志——《趵突泉志》。

趵突泉周边名胜古迹有观澜亭、泺源堂、娥英祠、望鹤亭、来鹤桥、蓬山旧迹坊及“观澜”“趵突泉”“第一泉”等历代咏泉诗文碑刻。

2.金线泉

位于趵突泉公园内，趵突泉东北，皇华泉、柳絮泉东南侧。原在今老金线泉处。金《名泉碑》、明《七十二泉诗》、清《七十二泉记》均收录。金线泉泉池呈长方形，石砌，东西2.68米，南北1.65米，深0.66米，常年不竭，汇入西护城河。

该泉是著名的奇泉。宋吴曾《能改斋漫录》载：“石甃方池，广袤丈余，泉乱发其下，东注城壕中，澄澈见底。池心南北有金线一道，隐起水面，以油滴一隅，则线纹远去；或以杖乱之，则线辄不见，水止如故。”宋代，金线不仅白天可以看到，夜间也显明易见。对于这一天下奇泉，历代文人骚客赋诗为文，予以讴歌。其中，尤以宋代文学家曾巩所赋七言律诗最为著名：“玉甃常浮灏气鲜，金丝不定路南泉。云依美藻争成缕，月照灵漪巧上弦。已绕渚花红灼灼，更萦沙竹翠娟娟。无风到底尘埃尽，界破冰绡一片天。”元代戏剧家关汉卿曾编写杂剧《杜蕊娘激赏金线池》，以金线池周边旖旎风光为背景，演绎出书生韩辅臣与歌妓杜蕊娘悲欢离合的爱情故事。清代，濮文暹《见在龛集·说金线泉》对金线的形成作了科学解释：“自西睨之，水纹一丝，横分泉面为二，终不相混，厥色独黄。佥谓有泉并上涌，力均而相敌，界成一线，又斜受日光，状厥形，故以‘金线’名。”

金线泉之“金线”，明清时期尚清晰可见，后因改建泉池，泉基遭破坏，水势减弱，“金线”从此消失。1956年辟建趵突泉公园时，在原金线泉东南侧约20米处一石砌泉池中（即今址），出现了“金线”，便将该泉称之为“金线泉”，并将清同治九年（1870）吴兴人丁彦臣题写的“金线泉”石刻，由原金线泉移至今址泉池东壁上，从此，原金线泉改称为“老金线泉”。今址金线泉泉池东壁、南壁各有泉水流出，两股泉水相拥，聚成一条水纹，漂浮移动，阳光映照下，如同“金线”，可谓名副其实。

3.皇华泉

位于趵突泉公园内，皇华轩门前东侧，西与卧牛泉相对。别名木鱼泉、黄华泉。金《名泉碑》、明《七十二泉诗》、清《七十二泉记》均收录。出露形态为渗流，常年不竭，水自池底沙际中渗出，池盈而流入趵突泉泉池，汇入西护城河。今泉池石砌长方形，东西7.02米，南北4.54米，深1.28米，周围绕以石雕栏杆，池内北壁嵌“皇华泉”石刻，为书法家魏启后1980年题写。

皇华泉之名出自《诗经·小雅·皇皇者华》，意为皇帝的使者。关于皇华泉的传说主要有二：一说是为纪念大舜的。传说虞舜时期，历山下有三条毒蛇残害百姓，舜率领勇士将三蛇斩除，使天下复归太平，百姓得以安居乐业。后人为纪念舜，便将趵突泉边的这处清泉命名为“皇华泉”。二说是为了纪念晁错的。传说汉文帝曾派晁错来济南笔录今文《尚书》，使《尚书》得以流传，后人为纪念他，将该泉命名为“皇华泉”。明晏璧曾赋诗吟咏皇华泉曰：“金线池东涌碧泉，皇华使节耀齐川。圣恩浩荡宽如海，散作甘霖遍八埏。”

4.柳絮泉

位于趵突泉公园内，金线泉北侧，与金线泉隔壁相连。因泉沫纷翻，如絮飞舞得名。金《名泉碑》、明《七十二泉诗》、清《七十二泉记》均收录。泉出露形态为渗流，常年不竭，流入西护城河。新中国成立后新修泉池，长方形，石砌，东西3.68米，南北2.68米，深1.32米。池内有两个涌势相当的泉眼对涌，水面常出现一条东南—西北向水纹，阳光照射下，闪闪发光，如金线泉，常呈“金线”奇观。池东侧栏杆间镌“柳絮泉”三字，为1980年李予昂题写。

相传宋代女词人李清照故居就建在柳絮泉边。清诗人田雯《柳絮泉访李易安故宅》诗云：“跳波溅客衣，演漾回塘路。清照昔年人，门外垂杨树。沙禽一只飞，独向前洲去。”清乾隆年间，《趵突泉志》作者任弘远《柳絮泉访李易安故宅》诗云：“为寻词女舍，却向柳泉行。秋雨黄花瘦，春流漱玉声。收藏惊浩劫，漂泊感生平。往昔风流在，犹传乐府声。”清道光年间，诗人范坰《易安居士故宅诗》云：“漱玉清词玉版笺，易安居士有遗编。远齐道韫应无愧，故宅犹称柳絮泉。”同时期学者俞正燮依据诗人们的结论，在《癸巳存稿》中推断：“易安居士李清照，宋济南人，居历城城西南之柳絮泉上。”为纪念这位杰出的女词人，1959年，市政府在柳絮泉北侧建李清照纪念堂，1999年，又建易安故居。

5.卧牛泉

位于趵突泉公园内，皇华轩南侧，东与皇华泉相对，西北与老金线泉相望。金《名泉碑》、明《七十二泉诗》均收录。泉名一说为纪念舜耕历山而得，另说因昔日常有耕牛躺卧泉旁休息而得。古时的槛泉亭与卧牛泉相距不远，常有牛羊饮其水、卧其旁，故苏辙在《槛泉亭》诗中写到："谁家鹅鸭横波去，日暮牛羊饮道边。"清代，卧牛泉池淤塞。刊印于1928年的《历城县乡土调查录》称该泉已"失考"。1964年扩建趵突泉公园时恢复。今泉水出露形态为渗流，水自池底沙际涌出，晶莹碧透，常年不竭，流入西护城河。泉池长方形，石砌，东西6.87米，南北4.56米，深1.22米。泉池北侧石栏上嵌"卧牛泉"石刻，由济南书法家张立朝于1980年题写。

6.漱玉泉

位于趵突泉公园内，李清照纪念堂前，柳絮泉东南。金《名泉碑》、明《七十二泉诗》、清《七十二泉记》均收录。泉名语出西晋文学家陆机《招隐诗》："山溜何泠泠，飞泉漱鸣玉。"泉流漱石，声若击玉，故名。相传宋代女词人李清照《漱玉集》即以此命题。

漱玉泉出露形态为涌水状，常年喷涌，水自池底或池壁涌出，漫石穿隙，汇入长24米不规则形石砌水塘，再流入西护城河。泉池长方形，石砌，东西5.36米，南北3.72米，深1.50米。池周饰雕石栏杆，池内北壁嵌"漱玉泉"石刻，为济南书画名家关友声于1956年题写。水塘中群鱼嬉游，碧波微荡，云天倒映，景致怡人。泉北李清照纪念堂、易安旧居与泉池相映，为漱玉泉增添了文化内涵。

漱玉泉（2005年）

7.马跑泉

位于趵突泉公园内，西临李清照纪念堂，东南侧为假山。金《名泉碑》、明《七十二泉诗》、清《七十二泉记》均收录。相传北宋末年，济南知府刘豫麾下有一部将骁勇善战，人称大刀关胜。金兵侵犯济南，刘豫欲投降，关胜坚决反对，并屡率兵抗拒金兵。刘豫待关胜出城迎战金兵时，将城门关闭，并命令守城兵士射杀关胜。关胜在内外夹击下，壮烈殒命。他的坐骑见主人遇难，怒吼咆哮，愤而刨地，居然扒出一泓清泉。济南人为纪念这位民族英雄，遂将此泉命名为"马跑泉"，并在泉北岸筑起庙宇，称"关王庙"（亦称 "关公祠"）。元明之后，庙宇塌废。人们在重建该庙时，误将"关胜"错为"关圣" ，塑三国关羽之像，并配周仓及战马赤兔，"关胜庙"便张冠李戴地成为"关羽庙"了。清代济南人朱照在所著《锦秋老屋稿》中辨析称："公讳胜，曾为济南将官。值伪齐刘豫降金叛据济南，公不从，因战斗死。乘马怒哮，扒地出泉，遂有'马跑泉'之名。乡人感其节义，为建祠于泉侧。后历元、明兵燹，基址半塌废，遇有好事者重为修。盖误'胜'为'圣'字，竟塑作壮缪神像矣！配神周仓，战马赤兔，固极周备，然与宋臣全无涉也。"（朱照《关公祠诗并序》）现庙宇早已无踪。马跑泉实际由两泉组成，另一泉为"浅井泉"。原两泉之间有一墙相隔，"浅井"在北，"马跑"在南。1956年辟建趵突泉公园时，把墙去掉，两泉合而为一。泉水出露形态为渗流，泉水自岩石缝隙涌出，泛起串串水泡，沿池底小溪流向东北，注入西护城河。泉池呈不规则形，池岸曲折起伏，参差交错，南北16.30米，东西4.50米，深1.24米。泉池周围，怪石嶙峋，绿树掩映，景致幽雅别致。

8.无忧泉

位于趵突泉公园内，趵突泉南，白雪楼西北角。金《名泉碑》、明《七十二泉诗》、清

《七十二泉记》均收录。传说以酌饮此水能消愁解忧而得名。明晏璧《无忧泉》诗云："槛泉西畔漱清流，酌水能消万斛愁。白叟黄童争击壤，春来有事向东畴。"清张善恒亦赋诗云："盈涸本无常，自行还自止。安得一寸心，化作无忧水。"此泉于1926年修建趵突泉周边景物时被填平，1989年在今址重新修复。泉出露形态为渗流，常年不竭，流入西护城河。泉池呈不规则形，假山石驳岸，深1.42米。池内锦鳞戏逐，闪光耀彩。池周松柏流翠，杨柳垂荫，修竹储润，景色秀丽。

9.石湾泉

位于趵突泉公园内，趵突泉东南，北临白雪楼。金《名泉碑》、明《七十二泉诗》均收录。因巨石驳岸，状如水湾而得名。古今泉址稍异。元于钦《齐乘》云在"趵突泉南"，明《七十二泉诗》称"石湾池接槛泉南"。原池淤塞迷失，明刘敕《历乘》称"有其名而莫辨其址"。清道光《济南府志》载："石湾泉，在趵突泉南……《通志》云今塞。"民国《历城县乡土调查录》称："石湾泉在趵突泉南，与无忧泉并列，今迷。"1997年整修趵突泉公园，在今址开掘一泉，命名为"石湾泉"。泉出露形态为渗流，常年不竭，注入西护城河。泉池呈不规则形，假山石驳岸，深1.08米，池岸岩石上镌"石湾泉"三字。

10.湛露泉

位于趵突泉公园内，趵突泉南，北临无忧泉，东连石湾泉。金《名泉碑》、明《七十二泉诗》均收录。因泉水清湛，甘洌如露而得名。明隆庆年间，内阁大学士殷士儋回归故里后，在通乐园（即今万竹园）大宴宾客。主客谈古论今，畅饮湛露泉水，"厌厌夜饮，不醉无归"。其泉址，元《齐乘》、清道光《济南府志》俱称在无忧泉西。明《历乘》云"有其名而莫辨其址"。民国《历城县乡土调查录》称在"围屏街张子志花园内"，即张怀芝所建万竹园内。1964年山东水文地质队调查时未见其踪。1997年夏，扩建趵突泉公园时在今址恢复，并砌以泉池。泉池呈不规则形，假山石驳岸，长10.15米，宽5.95米，深1.08米。出露形态为渗流，常年不竭，注入西护城河。池岸西部半浸水中的岩石上镌"湛露泉"。泉东北侧是为纪念李攀龙所建的白雪楼。

11.满井泉

位于趵突泉公园内，趵突泉北，三圣殿西南隅。金《名泉碑》、明《七十二泉诗》均收录。因四季涌泉，盈溢井口而得名。明《历乘》载，此泉曾于明末淤塞。1954年被覆盖，1979年遭填埋，1997年重新修复。泉水出露形态为渗流，常年不竭，注入西护城河。泉池呈六边井形，石甃井壁，直径2.26米，深1.40米。池周饰雕石栏杆，南侧栏板刻"满井泉"三字，为济南当代书法家梁修题写。

在满井泉的南北两侧，有3座宫殿式建筑，历史上曾称"娥英祠""泺源堂""吕祖庙"。三建筑之间，立明清以来名人咏泉碑刻19方。其中一方被称为"双御碑"，正面镌刻清康熙皇帝所书"激湍"二字，背面刻清乾隆皇帝《再题趵突泉》诗。

12.登州泉

位于趵突泉公园内，趵突泉西。金《名泉碑》、明《七十二泉诗》均收录。传说因水脉通登州而得名。该泉原坐落于花墙子街57号院内，20世纪中叶被覆盖于厂房下。1994年花墙子街改造时再遭填埋。1997年扩建趵突泉公园时恢复。泉水出露形态为渗流，常年不竭，流入西护城河。泉池长方形，石砌，长6.2米，宽5.5米，深3.10米。

传说登州泉与地处山东半岛的登州（今 蓬莱）水脉相连，泉水是从登州千里迢迢潜流而来，甚至有人曾在泉池中发现过海螺、贝壳。明晏璧为此赋诗曰："文登一脉透谭城，澄彻全无蜃气腥。”古人所谓登州泉水来自登州之说，没有科学根据，按照趵突泉一带地质构造，登州泉与趵突泉属同一水脉。

13.杜康泉（北煮糠泉）

位于趵突泉公园内，趵突泉西北，观澜桥西。金《名泉碑》、明《七十二泉诗》均收录，称“北煮糠泉”。明《历乘》称“煮糠泉”。清代讹传为“杜康泉”。清乾隆《历城县志》卷八“山水考”三：“按今有石刻名‘杜康泉’者，或即北煮糠，以声而讹也。”因明府城内刷律巷有一“杜康泉”，人们为了区别两泉，故将刷律巷杜康泉称为“古杜康泉”，将临近广会桥（大板桥）的杜康泉（即“北煮糠泉”）改称为“广会杜康泉”，并在泉池西壁嵌“广会杜康泉”砖刻。该泉原坐落于花墙子街23号门前，水势旺盛，清洌甘美，昔日为居民饮用水。1994年花墙子街改造时被填埋，1997年趵突泉公园西区扩建时修复。泉水出露形态为渗流，常年不竭，入西护城河。泉池长方形，石砌，长4.50米，宽3.87米，深0.46米，南侧连一井形泉池，池上建亭，额悬“杜康泉亭”木匾。

该泉因酒仙杜康曾于此煮糠酿酒而得名。据金代元好问《济南行记》等文献记载，杜康为酿造上乘佳酿，走遍五湖四海，找寻天下最好的水。他除了观察水的颜色、品尝水的味道外，还以水体分量之轻重，检验水质之优劣，分量轻者为佳。杜康先后品味了无锡品惠山泉、杭州虎跑泉等，发现江苏镇江的中泠泉水为最好，并名之为“中泠水”。但当他来到济南后，发现这里有处泉水，色、味与中泠水相当，而分量却比中泠水轻。于是杜康使用此水酿出天下第一佳酿——“杜康酒”，此泉因此而名为杜康泉。清范坰曾赋诗云：“名泉幸得杜康名，曾共中泠较重轻。瓦铫泥炉观蟹眼，一杯春茗解朝酲。”（《新齐音·风沧集》）

14.望水泉

位于趵突泉公园万竹园西院。金《名泉碑》、明《七十二泉诗》均收录。泉水出露形态为渗流，常年不竭，入西护城河。泉池长方形，石砌，东西15.25米，南北9.96米，深1.33米，北岸池壁嵌“望水泉”刻石。泉池上架南北向三孔石桥，桥南建亭，北连过厅门楼。池周建筑错落，竹林密布。

相传望水泉与邻近登州泉水脉相通，两泉齐望登州，故名。明隆庆年间，内阁大学士殷士儋在此居住时，将万竹园改称“通乐园”。清康熙年间，济南诗人王苹居于此，以望水泉在金代《名泉碑》中排在二十四位，遂称之为“二十四泉”，并将其书斋命名为“二十四泉草堂”。王苹在《二十四泉草堂图记》中记道：“余居望水之上二十年，因取金碑所列水之次第以名吾堂为‘二十四泉草堂’焉。”但查《名泉碑》，望水亭实居名泉之二十三位。不知是王苹无心之误，还是将趵突泉列为名泉第一后，望水泉确属第二十四泉了。1997年扩建趵突泉公园西区，泉址随万竹园划入趵突泉公园。

15.珍珠泉

位于省人大常委会机关大院内，清巡抚院署大堂西北。金《名泉碑》、明《七十二泉诗》、清《七十二泉记》均收录。以平地涌泉，水泡升腾，如泻万斛珍珠而得名。又因城东南护城河中有南珍珠泉，故又名北珍珠泉。泉水标高26.28米，20世纪60年代中期监测最大涌水量145.9升/秒。该泉出露形态为串珠状上涌。池中泉眼遍布，依栏观赏，泉从沙际涌出，忽聚忽散，忽断忽续，忽急忽缓，与池中成群鲤鱼构成“鲤鱼戏珠”之胜景。今泉池整修于1980年，呈长方形，长41.28米，宽30.45米，深2.61米。雕石砌岸，周饰石栏。池中偏东北立白色大理石碑一方，上刻“珍珠泉”，为1980年中共山东省委书记高启云题书。1983年在南岸建一水榭，造型优美，如

珍珠泉（2012年）

展翅大鹏。榭内悬匾额“浮玑”，为1983年山东省人大常委会副主任李予昂题书。

珍珠泉常年不竭，由玉带河北流进濯缨湖，经百花洲注入大明湖。其周围泉水依此泉称之为珍珠泉泉群。

珍珠泉久负盛名，历代文人写下无数脍炙人口的诗文。金代雷渊《济南珍珠泉》诗云：“大地万宝藏，玄冥不敢私。抉开青玉罅，浑浑流珠玑。轻明疑夜光，洁白真摩尼。风吹忽脱串，日射俄生辉。有时如少靳，觱沸却累累。”清康熙帝于康熙二十三年（1684）南巡经过济南，在观赏珍珠泉时欣然题“清漪”二字。清康熙二十八年再次南巡时，驻跸珍珠泉，赋咏《珍珠泉》诗一首，并在诗前作序曰：“济南多名泉，趵突、珍珠二泉为最。昔经过趵突，曾赋篇什，今临珍珠泉上，爱其澄澈，题曰‘作霖’。”清蒲松龄《珍珠泉抚院观风》云：“稷下湖山冠齐鲁，官寮胜地有佳名。玉轮滚滚无时已，珠颗涓涓尽日生。泡涵天影摇空壁，派作溪流绕近城。远波旁润仍千里，直到蓬莱彻底清。”清乾隆帝于乾隆十三年（1748）三月四日游览珍珠泉后，赞美珍珠泉天然无饰，如同仙境称冠群泉。并题记云：“济南多名泉，岳阴水所潴。其中孰巨擘？趵突与珍珠。趵突固已佳，稍藉人工夫。珍珠擅天然，创见讶仙区。卓冠七十二，分汇大明湖。几曲绕琼房，一泓映绮疏。可以涤心志，可以鉴眉须……”后人将此题记刻碑立于泉北岸，至今尚存。

珍珠泉所在的珍珠泉大院，北宋曾巩任齐州知州时曾在此建“名士轩”，今存“宋海棠”，传为其所植。元初，为“济南公”张荣之宅第。明宪宗成化三年（1466），德王朱见潾扩建为德藩王宫，俗称德王府。清代为山东巡抚衙门。民国时期先后为山东督军、督办公署和山东省政府所在地。新中国成立后，为山东省人大机关驻地。2002年4月19日，省人大常委会主任会议决定，将省人大办公区域压缩3/4，把珍珠泉和院内风景名胜对外开放，供人民群众游览观赏，还泉于民，还景于民。4月27日，省人大常委会办公厅召开新闻发布会宣布此事。5月1日，珍珠泉大院正式向社会开放。珍珠泉大院虽历经沧桑，然院内景物尚有清巡抚院署大堂、乾隆御碑、浮玑亭、海棠园、桂香柳等，亭台楼榭，碧水绿荫，风光秀丽。

16.散水泉

位于珍珠泉大院内，清巡抚院署大堂东南角。金《名泉碑》、明《七十二泉诗》、清《七十二泉记》均收录。因泉水奋涌，涟漪旋回，聚而复散而得名。泉水出露形态为渗流，常年不竭，积水成池。1981年重修泉池，正方形，边长1.6米，深2米，石砌池岸，加建石栏。南岸栏板上镌“散水泉”石刻，为山东省人大常委会原副主任李予昂书写。池内水清见底，晶莹碧透。

昔日散水泉，水势旺盛，流量很大，水色空明。明晏璧有诗赞曰：“珠泉东向水萦回，荡漾涟漪去复来。时有濯缨佳客至，方池如鉴绝纤埃。”泉畔清巡抚院署大堂始建于明代，为德王府“承运殿”，清代重建，面阔5间，进深16米，为珍珠泉大院仅存古建筑。

17.溪亭泉

位于珍珠泉大院内，珍珠泉东，清巡抚院署大堂西侧。又名王氏溪亭泉。金《名泉碑》、明《七十二泉诗》、清《七十二泉记》均收录。

因溪流潺潺，亭阁卓然而得名。泉水出露形态为渗流，常年不竭。泉池为长方形，长2.52米，宽1.55米，深0.75米。池岸石砌，东叠山石。石上镌山东现代书法家王讷题写的 “溪亭泉”。池南侧说明牌上有当代济南名士徐北文撰书的《溪亭泉题记》。

唐宋时期，珍珠泉、溪亭泉一带水面广阔，柳绿荷香，鸥鹭翻飞。宋代女词人李清照《如梦令》曰：“常记溪亭日暮，沉醉不知归路。兴尽晚回舟，误入藕花深处。争渡，争渡，惊起一滩鸥鹭。”溪亭泉附近的溪亭是否为李清照词中的“溪亭”，有多种说法。一说，古溪亭当在今溪亭泉不远处，溪亭泉正是以泉边的溪亭而得名。另一说，溪亭泉边的溪亭不是宋代的溪亭，宋代的溪亭在济南城西。苏辙《题徐正权秀才城西溪亭》云：“竹林分径谁通渠，正与幽人作隐居。溪上路穷惟画舫，城中客至有罾鱼。”题诗中的徐正权，时为济南名医，与李清照之父李格非同乡，交往甚密。李清照前往徐氏园林游玩当有可能，所描绘的溪亭当是城西徐正权家园中的溪亭。又一说，“溪亭”非专指某一“溪亭”，此处当做泛指，即溪流边的亭子。凡此种种，至今众说纷纭，莫衷一是。

18.濋泉

位于珍珠泉大院内，珍珠泉东，清巡抚院署大堂西北。清《七十二泉记》、道光《济南府志》均载。泉水出露形态为渗流，常年不竭。1951年秋重修泉池，以石砌岸。池为正方形，边长2.1米，深0.9米，周饰石栏。池壁镌篆体“濋泉”二字，为山东现代书法家王讷书。

清康熙七年（1668），山东巡抚刘芳躅命工役于巡抚大堂西北侧掘土，深至2尺，有泉水涌，复凿2尺，水增数倍。刘芳躅见状，十分高兴，就新泉取名咨询其幕僚朱彝尊。朱彝尊说：“《尔雅》：水自济出为濋，其‘濋泉’乎?”并作《濋泉记》曰：“天下之水，源澄者，流必清；源浊者，流亦浊。然河出昆仑墟，色白；所渠并千七百一川，色黄，则众水混之也。航于下流者，见其浊，以为河之性。然彼徒窥其末而未穷其本，则为之浊也固宜。为政之道亦若是而已。吏至廉也，为之宾客者苟萌营利之心，惑于视听，则混之者日至。源之清浊，流亦异焉。今公既能洁己于上，宾客咸以公之心为心，若泉之在甃，纤尘有所不纳，虽极而至于大小清河， 而入于海， 无非清者矣。”

19.濯缨泉（王府池）

位于历下区王府池子街中段，别名濯缨湖、王府池、王府池子。金《名泉碑》、明《七十二泉诗》、清《七十二泉记》均收录。以《孟子·离娄上》“清斯濯缨，浊斯濯足”之意命名。清代因泉在德王府，称“王府池”。出露形态为串珠状上涌，水自池底及西岸岩孔涌出，沿曲溪向北折向东流，穿民居，过石桥，至曲水亭，汇珍珠诸泉水，经百花洲入大明湖。泉池长方形，长42米，宽31米，水面达1300平方米，深1.7米。昔日，池中有一沙渚，居民多于此戏水捞虾，故俗名“捞虾渚”。清初山东巡抚李树德于池内沙渚上建“王府池新亭”。其亭造型玲珑，彩绘秀美，栏杆精雕。亭周绕以回廊，廊接虹桥，景象万千。

明崇祯《历城县志》载：“濯缨湖，今归入德藩，建濯缨亭其上。俯视澄渊，须眉可鉴，杨柳交匝，锦鳞游泳，龙舟荡漾，盖世奇观。”

王府池子（2009年）

清道光《济南府志》载："城内各泉惟珍珠、濯缨、芙蓉三泉为大……濯缨泉称湖，前在德王宫内，今在院署西墙外百余步，俗称王府池，围圆四十余丈，由地沟北流，穿民居，出起凤桥下，至院后会珍珠泉水，经百花、鹊华两桥入大明湖。"2009年，济南市名泉办在泉侧立《重修濯缨泉记》碑，云："濯缨泉……水甘清洌，泉眼众多，水泡串串，水藻摇曳，游鱼戏逐。池岸民居错落，曲巷藏幽，杨柳叠翠，藤架古朴，水流成溪。"

20.玉环泉

位于省府前街（明清称"布政司街"）中段西侧，别名玉环井。金《名泉碑》、明《七十二泉诗》、清《七十二泉记》均收录。因两泉并涌，水纹相扣如环得名。明嘉靖《山东通志》记曰："两泉并出如环。"该泉于1978年省府前街拓宽时一度被覆盖，1982年重新修复，1998年再次整修。出露形态为渗流，泉水终年不涸，水势甚旺。泉池呈双井形，块石甃成，直径1.1米，深3米。池周绕石柱铁链围栏。南侧立一天然巨石，上刻"玉环泉"三字，背刻《玉环泉碑记》。

21.芙蓉泉

位于历下区芙蓉街路西69号院外。金《名泉碑》、明《七十二泉诗》、清《七十二泉记》均收录。出露形态为渗流。泉池长方形，东西10米，南北5.3米，深1.5米。块石砌岸，中架石桥，东、南、西三面接房屋外壁，北面装雕石栏杆。墙壁上嵌现代书法家魏启后书写的泉名。

元于钦《齐乘》称，芙蓉泉在"姜家亭前"。清道光《济南府志》称："芙蓉泉，在芙蓉街西铺面后，泉池围方十丈余，由地沟北流至府学前。"金元以来，历代在泉畔建有姜家亭、瞻泰楼、芙蓉馆等多处古迹。其中以瞻泰楼最为著名，明代济南诗人李攀龙与许邦才曾在此楼吟诗唱和。后此楼圮废不存。清乾隆年间，济南府平原县人董芸曾寓居芙蓉泉边，并在此撰《历下山水记略》二卷。

2009年在整修芙蓉街关帝庙时，发现一股清泉，水量较大，涌泉状。根据同时出土的清康熙三十四年（1695）石碑碑文及清省城街巷全图记载，此泉当为清中期以前的芙蓉泉。

芙蓉泉所在的芙蓉街，街南北向，长不过千米，但在济南城市文明史上，地位卓越。早在北宋熙宁年间，在今街北首即建起府学文庙，每年在此举行祭孔仪式。明代，芙蓉街成为德王府的西苑。清初，在原德王府建起巡抚院署后，芙蓉街成为街巷民居。清末、民国时期，芙蓉街店铺林立，大多经营古玩、字画、书籍、文具等，文人学士常在此流连赏玩，搜淘珍籍。历史上，芙蓉街自南而北，还曾设有三山号眼镜店、治香楼百货店、广立顺照相馆、张巽臣镶牙所、燕喜堂、大成永鞋帽店等百年老店，成为济南颇负盛名的商贾集聚地。

芙蓉街上，除芙蓉泉外，还有朱砂泉、南芙蓉泉以及若干无名泉。这些泉或深藏于街旁小巷，或隐蔽在巷内民宅。泉水或明或暗，流入濯缨泉池（王府池），汇入大明湖。

22.舜井（舜泉）

位于历下区舜井街中段西侧。别名舜泉，金《名泉碑》、明《七十二泉诗》、清《七十二泉记》均收录。以舜掘井出泉的传说而得名。曾淤塞，1985年修复，并建舜园。后因街区改建，将舜园拆除，仅存圆形井池和一座石碑。泉池呈井形，直径1.56米，深2.8米，石甃井壁，上置块石雕凿的圆口作岸，周饰石栏。井内垂铁链，寓意"舜井锁蛟"。池西墙壁挂"舜井"黑字铜匾。

舜为原始社会后期部落首领，姓姚，号虞氏，名重华，史称虞舜。相传因四岳推举，尧命他摄政，并将自己的两个女儿娥皇、女英许配与他。尧去世后，舜受禅即位。舜耕历山的传说几千年来一直在济南民间流传。历山，一说为今千佛山。相传大舜为民时，曾在山下耕作，故又称舜耕山。北魏郦道元《水经注》载，"泺水"之源，有舜妃娥英庙，城南对山，山上有舜祠，山下有大穴，谓之“舜井”。唐封演《封氏闻见记》载：“齐州城东有孤石，平地耸出，俗称之‘历山’，以北有泉，号‘舜井’。东隔小街，又有石井，汲之不绝，云是舜东家之井。乾元中，有魏炎者于此题诗曰：‘齐州城东舜子郡，邑人虽移井不改。时闻汹汹动渌波，犹谓重华井中在。’”

23.腾蛟泉

位于濯缨泉（王府池）东北，王府池子街北首东侧。清《七十二泉记》收录。因西临古时“腾蛟起凤坊”得名。泉水出露形态为涌状，常年不竭，水自岩孔涌出，汇入大明湖。泉池长方形，南北1米，东西0.55米，深0.86米。池东岸墙壁上嵌清李僩书“腾蛟泉”石刻。

腾蛟泉一带，青砖灰瓦之四合院鳞次栉比，街巷内曲溪绕宅，垂柳依依。清泉碧小，小桥人家，不是江南，胜似江南。清顺治十五年（1658），济南地方官府在此修建了1座石坊，上刻“腾蛟起凤”4个大字，激励到济南应考的学子刻苦攻读，以求飞黄腾达。后来，人们把附近的两个泉分别命名为“腾蛟”“起凤”。坊畔建有一石板桥，名起凤桥。如今，石坊已佚，石桥犹存。

24.双忠泉

位于历下区双忠祠街西首路北。清《七十二泉记》收录。此处为双忠祠故址。明崇祯十二年（1639）清兵入关，绕过北京直取济南，山东巡按御史宋学朱、历城知县韩承宣率领守兵及民众殊死抵抗，城陷阵亡。后人为纪念宋、韩二人，建“双忠祠”。清康熙四十五年（1706），乡人修复已倾圮的双忠祠，掘地时忽有双泉涌出，莹洁甘美，人们莫不叹为灵异，遂命名为“双忠泉”。山东督学赵申季撰《双忠祠记》，刻石立于泉旁。后祠废为民居。民国时期，《双忠祠记》石碑尚嵌于双忠祠街31号院内南屋东山墙上，墙东即为双忠泉。1949年前，修屋拆墙时将碑碣推倒铺地，后损毁，泉也随之填埋。2002年修复双忠祠街西首的一处无名泉，将此泉沿称“双忠泉”。泉水出露形态为渗流，常年不竭。泉池长方形，块石甃成，长2.8米，宽1.7米，深2米。东、北面连接屋墙，西、南面建矮墙为栏，泉旁立“双忠泉”石刻，当代书法家孙墨龙书。

25.黑虎泉

位于护城河南岸崖下，东北与解放阁隔河相望。金《名泉碑》、明《七十二泉诗》、清《七十二泉记》均收录。因水声轰鸣，状若虎啸，或洞卧巨石，形似卧虎而得名。泉池为石砌长方形，东西13米，南北9米，深3米。泉水标高27.88米。泉水出露形态为涌状，常年不竭，1972年11月监测最大涌水量692升/秒。泉水自泉池南壁三石雕兽口喷出（取“口若悬河”之意），跌入泉池。池北为一水闸，水漫流形成水帘，泄入护城河。泉与周围山石树木、亭阁楼台、曲径拱桥等园林建筑相互辉映，蔚为壮观。喷水口的石雕兽名𧈢𧕿，传为龙之第六子。清末池中兽头仅有1个，长0.67米，宽约0.5米，1931年整治泉池时又增2个。昔泉崖之上建有黑虎庙，现为茶社。

黑虎泉在济南诸泉中，喷涌气势极盛。明刘敕《历乘》描述：“喷珠飘练，澄彻可鉴眉睫。泉溢而出，轰轰下泻，澎湃百状。飘者若雪，断者若雾，缀者若旒，挂者若帘。泻为圆池，名曰太极。池中屹然一巨石，水石相击，珠迸玉碎，萦回作态。其声，如昆阳巨鹿之战，万人鸣鼓瓦缶相应，以浮白酬之。坐十丈外，泉濛濛洒，人不寒而栗。”古时黑虎泉被列为济南十六景之一，称“岩畔飞泉”。周围十余处泉点被称之为“黑虎泉泉群”。

黑虎泉一带亭台、楼阁、假山、流水，相互辉映；清泉、绿树、花卉、画舫，风姿各异，共同构成自然与人文景观。明胡缵宗《过泉留题》诗赞道：“济水城南黑虎泉，一泓泻出玉蓝田。

巨鳌伏地来河内，灵液流云到海边。杨柳溪桥青绕石，鹭鸶烟雨碧涵天。金汤沃野还千里，春满齐州花满川。”明晏璧《黑虎泉》诗云：“石蟠水府色苍苍，深处浑如黑虎藏。半夜朔风吹石裂，一声清啸月无光。”清人王培荀在《乡园忆旧录》一书中有载：“‘碧栏之下，寸寸秋色’，古今以为奇语，移赠此泉，洵可无愧。”

26.琵琶泉

位于护城河南岸，黑虎泉西。因水声淙淙，犹如琵琶扬韵而得名。泉池原为自然形态，不规则。1965年整修，今池为长方形，长6米，宽5米，深2米。池壁以青石砌成，四周石雕栏杆装饰。出露形态为串珠状上涌，水自池底岩孔涌出，漫溢二级石阶，跌宕下泻，落入护城河，状若琴弦，与河水相击，声如琴音。

琵琶泉风景优美，清流潺潺，绿树婆娑。泉东侧为1965年建成的一座单孔拱桥，横跨南北两岸，高耸如虹，因泉而得名“琵琶桥”。人于桥上可俯瞰“琴弦”，品听“琴音”，体会唐代大诗人白居易《琵琶行》“大弦嘈嘈如急雨，小弦切切如私语；嘈嘈切切错杂弹，大珠小珠落玉盘”的意境。泉西有一高阁探岸而出，名为“清音阁”。站在清音阁下、琵琶泉旁东望，桥孔宛如取景框，可见高阁（解放阁）巍峨，杨柳拂波。

琵琶泉（2008年）

27.玛瑙泉

位于护城河南岸，黑虎泉东。因水自池底涌起串串水泡，经阳光照射，五彩缤纷，犹如玛瑙

玛瑙泉（2011年）

而得名。泉池呈长方形，长3.7米，宽3.2米，深2.2米，以块石砌岸。泉水出露形态为串珠状上涌，常年不竭，泉水从池上部7个分孔溢出，落入护城河，状如垂帘。

清乾隆年间，管世铭在《城南诸泉记》中记道：“玛瑙泉又在黑虎泉东，清澈与珍珠无异，深广过之，匀圆涣散之态差不及。有草著泉底，冬夏浅碧可爱。”这是有关该泉的最早记载。1928年出版的《历城县乡土调查录》称其“在县城外东南，三皇庙下崖，桥西南”。今玛瑙泉的南面，是当代著名雕塑艺术家、济南人韩美林设计制作的“双虎”雕塑，栩栩如生。北面隔护城河与解放阁相望。

28.白石泉

位于护城河北崖解放阁下，与护城河相融。清道光《济南府志》载：“在南门外东，城壕北崖。”因泉周水中多白石而得名。泉水出露形态为串珠状上涌，常年不竭，水由池岸石隙流出，汇入护城河。今池呈不规则形，长12.16米，宽8.03米，深1.32米，以假山石驳岸。

白石泉出现于清乾隆五十九年（1794）。据清道光《济南金石志》所收桂馥撰书的“白石泉记”碑刻记载：清乾隆五十九年春夏之交，济南干旱。为缓解旱情，山东布政使江兰捐资招募河工疏浚护城河。河工在挖掘河道时，忽有泉水涌出，泉周白石嶙嶙，泉水“味甘如醴”，既可灌溉周边田地，又可为当地居民饮用。

旧时，白石泉边护城河中建有小刹，被称做“金山寺”，又被称做“龙神庙”。泉旁还有亭台、楼榭、宝塔、茶室。清乔岳《泉上即目》诗赞曰：“风满园林月满楼，一泉围绕半城秋。溪西烟树知多少？添个渔船胜虎丘。”

29.九女泉

位于解放阁下，护城河北岸，东与白石泉相邻。1928年出版的《历城县乡土调查录》载：“九女泉，在南关黑虎泉，北依城壕。”1965年重修为椭圆形泉池，长10米，宽4.4米，深1.15米，假山石驳岸，半伸河中。泉水出露形态为串珠状上涌，常年不竭。水泡自池底冒出，袅袅升起，于水面碎裂，与纱藻交织出美丽的图案。因泉池高于河面，形成清澈见底涟漪荡漾的水湾。细流从泉池石缝泄入护城河，与河水相击，如溅珠玑。西侧有重檐飞翘六角翼亭，周围垂柳婆娑，与泉池相映成趣。

30.五龙潭

位于西护城河外，五龙潭公园内，名士阁东侧。金代《名泉碑》、清《七十二泉记》收录。北魏郦道元《水经注》称“净池”，池边建亭，即唐代的历下亭。唐天宝四年（745），诗人杜甫与李邕在此宴饮，即席写下“海右此亭古，济南名士多”之千古佳句。宋时，五龙潭又称“四望湖”。金代《名泉碑》称为“灰湾泉”。元代池旁建五龙庙，故改名“五龙潭”。明《历乘》载，明万历年间历城知县张鹤鸣于此“建一霖雨亭，又为鲛人室，祷雨屡应”。清乾隆《历城县志》载：“五龙潭，在西门外，五龙宫东。潭深不测，疑有蛟龙，大旱搅潭，往往得雨。”

五龙潭（2011年）

五龙潭泉池历经整修，今为不规则形，池长70米、宽35米、深3.68米，以石砌岸，溢水标高25.80米，20世纪60年代中期监测最大涌水量608.7升/秒。泉水出露形态为涌流，常年不竭。池广水深，潭水沿石渠穿街过院，蜿蜒北流，泻入西护城河与生产渠。1986年依潭建五龙潭公园。与周围近20泉被统称为“五龙潭泉群”。

五龙潭泉池深邃阔大，周广数亩，巨石砌岸，巉岩嶙峋，绿柳婆娑，泉水在浓荫下显得幽暗神秘。泉水从池底涌出，不见泉眼，只见水涨而溢，古人深信为龙窟。明代刘敕诗云：“传是蛟龙宅，龙潜何处寻？坛中台殿古，门外石潭深……”

五龙潭名称的由来，传说甚多。其中之一即“秦琼与五龙潭”。秦琼，字叔宝，齐州历城县（今济南市）人。传说秦家世代在济南西关花店街一带以打铁谋生，人称“冶铁秦家”。秦琼年轻时，曾在历城县衙门当捕快。他为人慷慨仗义，广交天下英雄。曾因解救几位犯案好汉，自己甘愿受官府严刑拷打，因而在江湖上获得“仗义”的美名。秦琼曾与徐茂公、程咬金、罗成等人在历城西关贾家楼结拜为江湖“三十六友”。其中许多人后来成为唐王朝的开国名将。这就是有名的“贾家楼聚义”。此后，秦琼追随唐太宗李世民南征北战，因功勋卓著，被封为左武卫大将军，授爵翼国公，后改为胡国公，并在济南古历亭旁建造了一座富丽堂皇、豪华壮观的府第——胡国公府。秦琼过世以后，他的后人仍住在这里，一直到公元712年，唐太宗李世民的重孙玄宗（李隆基）继位。玄宗皇帝晚年沉迷女色，宠爱杨贵妃，朝政由贵妃堂兄杨国忠把持。一时间奸佞当道，忠贤遭斥，举国上下怨声载道。秦琼的后人秉承祖训，一心忠君报国，常约一些知己好友借酒浇愁。酒桌上难免谈及朝政，发发牢骚、吐些怨言。不料，这些议政之语被奸细密报朝廷，皇上听后大怒，立刻下了一道圣旨：查抄秦琼府。就在朝中人马到达济南，正要宣读圣旨时，天空突然乌云翻滚，雷雨交加，大雨倾盆。此时，只见秦琼府上空有五条蛟龙盘旋，久久不肯离去。随着一声震耳巨雷，整个府第沉落不见踪影，遂出现五龙潭。

五龙潭为秦琼故居的说法，最早见于元代文学家张养浩的《复龙祥观施田记》："闻故老言，此唐胡国公秦琼第遗址，一夕雷雨，溃而为渊。有渔者善游，见阶戺皆玉石，尚隐隐可数。……或谓溃而为渊者，龙尝居焉。"此后不知何年，在五龙潭西南处竖起一块石碑，碑上刻有"唐左武卫大将军胡国公秦叔宝之故宅"。于是济南百姓多少年来一直把此地称为"秦琼府"。

秦琼之父秦爱（字季养）墓志铭在济南经七路小纬六路建筑工地施工中曾被发现，秦琼的家世、里居之谜终于被揭开。原来，秦琼并非出身于冶铁世家，其曾祖父、祖父和父亲三代均系北魏、北齐两朝的文职官吏。而秦琼的故居是在历城县怀智里。至于秦琼府"一夕化为渊"，而成五龙潭，不过是个传说。其实，这里池底上层是21.5米厚的第四系黏土层，其下是40米厚的闪长岩，闪长岩下面是奥陶系灰岩，由于石灰岩长期被地下水溶蚀，形成溶洞，日久溶洞渐大，由于重力作用，上层黏土和闪长岩塌陷，于是形成深渊。

31.古温泉

位于五龙潭公园内，五龙潭东南，中共山东省领导机关旧址北侧。金《名泉碑》、明《七十二泉诗》、清《七十二泉记》均收录。因泉水恒温18℃左右，隆冬季节，朔风凛冽，大雪纷飞，此处却热气腾腾，故得名温泉。又因泉历史久远，今人习惯上称古温泉。今出露形态为渗流，水沿暗渠东流汇月牙、虬溪诸泉水，流入西护城河。

过去，泉旁有一条街叫东流水街，故此泉又被称为"东流水泉"。历代沿街多有建筑。清康熙年间，历城人在此建一所庭院，名漪园，当地居民称其为"张家园"。诗人王士禛《游漪园记》载："济南发地皆泉，而其奇犹在城西。温泉者，七十二泉之一也。出自西门，行阛阓间，不百步，折而北，有清流贯乎通逵，汇为方塘。居人之汲者、浣者咸集焉。稍折而东，是为'漪园'。跨水为亭，为堂，为楼阁，为长廊，皆因水为胜……"后来，漪园荒废。民国时期，古温泉南临四合小院，院东的二层小楼即为早期（1925—1927）中共山东省领导机关旧址。院内还有静水泉、洗心泉，两泉毗邻，仅为一墙相隔，水势盛。1964年和1968年，两泉先后与古温泉合。1985年建五龙潭公园，又将古温泉水面扩大为长18米、宽8米、深1.63米的石砌长方形池，池上建水廊、双亭，构成公园内主要景观。

32.贤清泉

位于五龙潭公园内东北隅。金《名泉碑》称"悬清泉"，明《七十二泉诗》、清《七十二泉记》称"贤清泉"。明《历乘》称"三娘子湾"，并称"世传三女子齐坠于此，故名"。清光绪三年（1877），济东泰武道道员李宗岱在泉址建私人宅院"汉石院"，故又被当地人俗称为"李家池子"。古时，泉旁曾建伊人馆、贤清园、朗园等园林名胜。贤清园是济南清乾隆年间的一处私家园林，因泉得名。时任山东按察使的沈廷芳（椒园），曾游览贤清园，后"为考济南泉源之盛"，应园主罗渊碧之请，撰写了《贤清园记》。嘉庆年间，林汲山人周永年之子周震甲购得罗氏贤清园，因其号朗谷，故将园名改为"朗园"。清王培荀在《乡园忆旧录·朗园》记述道："入门巨竹拂云，清泉汹涌过亭下，飒飒如风雨声，汇为方塘，围五六十步，名‘贤清泉’。水最清洌，好事者汲以煮茗，云味冠诸泉。”

1986年辟建五龙潭公园时，将贤清泉圈入五龙潭公园。今泉池呈不规则形，以假山石砌岸，泉上架石桥，泉旁建回廊水榭。出露形态为渗流，常年有水，水深1.38米，流入西护城河。历经数百年沧桑，如今的贤清泉景色仍十分幽美。

33.天镜泉（江家池）

位于五龙潭公园内西南隅，五龙潭南。因泉水平明，日月星云倒影如天垂镜，故名。昔名“江家池”，因明嘉靖年间官至陕西按察副使、锦衣卫武官的历城人江浚世居于此而得名。明万历年间由山东按察司副使张鹤鸣改称为“天镜泉”，但江家池一名仍沿称至今。清乾隆《历城县志》载：“天镜泉，在五龙潭南，即江家池，方广一亩，可鉴须眉。”清郝植恭收入《七十二泉记》：“天倒影而如镜也，曰天镜。”此处原为济南第一放生池，池内有鱼数以百计。今池呈长方形，长14米，宽10米，深1.41米。出露形态为渗流，串串水泡自池底沙际冒出，于水面破裂，形成漂亮的波纹，数百年来，此泉很少干涸。泉水自泉池东北角溢出，顺渠流入潭西泉，汇入五龙潭。

泉池旁曾建有一座闻名遐迩的百年老店汇泉楼饭庄。该饭庄始建于清道光二十八年（1848），坐落于江家池北岸，探于水中，为二层小楼，楼上楼下可摆放十几台餐桌。清末，著名厨师彭柯到饭庄掌灶后，即倡导在江家池内养鲤鱼。一为吸引顾客赏泉观鱼，二为烹烧该饭庄的“糖醋鲤鱼”“三吃黄河鲤鱼”等拿手名菜备足原料。在此赏泉观鱼就餐，别有风趣。故而一年四季顾客盈门，生意十分兴隆。新中国成立后，汇泉楼饭庄改称“汇泉饭店”，由江家池畔迁至西护城河东侧、西门桥北的繁华地带。20世纪90年代后期，因城市改造将汇泉饭店拆除。

34.月牙泉

位于五龙潭公园内东南隅，中共山东省领导机关旧址及古温泉东侧。月牙泉最早见于清道光年间王培荀所撰《乡园忆旧录》：“月牙泉，在西门外北巷中，形似初月，故名。水极清澈。”民国《续修历城县志》载：月牙泉“在西门外东流水路东”。今池整修于20世纪60年代中期，呈不规则形，深1.37米，以假山石驳岸，水中立有以纪念中国第一颗原子弹爆炸成功命名的蘑菇云石，高3米，由山石堆叠而成。泉水出露形态为

月牙泉（2004年）

涌状。水盛时（趵突泉地下水位29米以上），水从3米高的石顶喷出，水花四溅，洒落泉池，形成“月牙飞瀑”景观。泉水沿曲溪，过石桥，穿竹林，流入西护城河。

35.西蜜脂泉

位于五龙潭公园南门西南侧，关帝庙院内。金《名泉碑》、明《七十二泉诗》、清《七十二泉记》均收录。因水质甘美如蜜而得名。泉水出露形态为渗流，常年不竭。今池呈长方形，东西长5.16米，南北宽2.07米，深1.2米，中架石桥，分隔为两个对称的方池，池水相通，池周饰雕石栏杆。其东五龙潭公园南门东侧有东蜜脂泉。

该泉的位置，元《齐乘》称在东蜜脂泉西，与黑虎泉相近的金虎泉西南。依此，西（东）

蜜脂泉似应在护城河南岸。但明末《历乘》记载（东）蜜脂泉在“西门外道北”，西蜜脂泉在“东蜜脂泉西”；清乾隆《历城县志》亦载“西蜜脂泉，在五龙潭坊西，流入五龙潭”，“东蜜脂泉，在天镜泉东”，均与今西蜜脂泉泉址相合。

36.官家池

位于五龙潭公园内西北隅，五龙潭西北侧。“官家”即“众家”的意思。官家池意即众家用水之池。该池泉眼众多，水质清冽甘甜，据说用池水生出的豆芽，既鲜又脆，特别好吃。今泉池呈不规则形，深2米，假山石驳岸，北岸石壁上镌刻泉名。泉水出露形态为渗流，常年不竭，昔日为附近居民炊用水源。泉水自池底多孔涌出，由东岸石上溢出，流入小河（也称生产渠）。由于这里地势较低，泉水涌出标高水位为26.3米，比趵突泉涌出水位低半米多，因此，成为市区泉群中最少断流的泉。池西侧有一圆形草亭，名曰潜确亭。泉池周围绿柳夹岸，茅亭翠竹，小桥卧波，环境十分幽静。

37.回马泉

位于五龙潭公园内，五龙潭东南20米。1986年建五龙潭公园时，与位于其北侧的净池泉连在一起，扩大水面，称“余乐池”。泉水出露形态为渗流，常年不竭，水自池底多孔涌出，升起串串水泡，如泄珠玑，过石桥汇入五龙潭。今池呈长方形，长9.3米，宽5.4米。池内荷花艳开，锦鱼戏游，游人可于廊内、亭下赏泉观鱼。池南岸石壁上嵌“回马泉”石刻。

回马泉名称的由来与传说故事有关。据说当年秦琼在历城县衙当捕快时，有一次，秦琼手持双锏，骑高头大马，追赶贼人至此，与贼人交战。在鏖战中，秦琼所骑的战马猛一回头，蹄力过猛，马蹄落处，一泓清泉从地中汩汩冒出。济南人为纪念秦琼，便将该泉称为回马泉。

38.虬溪泉

位于五龙潭公园内，古温泉东侧，南临月牙泉。此泉为一人工钻孔泉。1965年山东造纸东厂在此处钻井，欲取用地下水，钻探时泉水从钻孔涌出，粗如碗口，水势蔚为壮观。钻探取水被制止后，此钻孔被作为一处泉眼予以保留。因水流喷出如同传说中虬龙盘曲吐水，故1983年得名为虬溪泉。泉水出露形态为涌状，常年不竭，水势甚盛，流入西护城河内。1997年重修泉池。今池呈不规则形，深1.04米，假山石驳岸，参差错落，池东岸壁上镌刻泉名“虬溪”。

39.玉泉

位于五龙潭公园内，五龙潭东南20米，回马泉北。为人工钻孔泉。因泉水清澈见底、晶莹如玉，于1983年得名。泉水出露形态为涌状，常年不竭，水穿石隙，从隐于泉池中的圆管涌出，沿水渠蜿蜒东流，入古温泉北之余乐池，向北流入荷花池，穿曲桥向西泄入五龙潭。今池呈不规则形，长4.2米，宽2.7米，深0.85米，池岸以自然石砌垒。玉泉水质甘洌，泉池旁设有多个泉水涌口，游客可俯身汲饮，附近居民多取此泉水饮用。

40.濂泉

位于五龙潭公园内，五龙潭西北，濂轩下。原在五龙潭附近的濂泉胡同2号院内，据说因陈姓人家六代居住于泉旁，又俗称“陈家池子”。新中国成立后，济南城建部门在进行名泉普查时将其改称“濂泉”，其所在的胡同也因泉名之。1986年扩建五龙潭公园时，濂泉胡同辟为公园绿地，胡同消失。东汉许慎《说文解字》曰：“濂，薄水也……一曰中绝小水。”濂泉之水既平静又清澈见底，没有趵突泉“水涌若轮”的磅礴气势，只有无数涓涓细流如串串珍珠不间断地由池底诸多小孔中涌出，正合“濂”“中绝小水”之意。泉水出露形态为渗流，常年不竭，积水成塘。今池呈不规则形。

濂泉东南隅有一栋1986年建成的仿古园林建筑，名曰濂轩，由亭、轩、门、廊组成，因临近濂泉而得名。其轩建在略高于地面的平台上，四面十二柱，出檐挑角，棕柱青瓦，枋上悬匾额“濂轩”。上饰挂落，下设青石坐凳，前为月台，后依修竹。西接东西向半壁回廊，廊北植花木。沿泉西岸，为南北向水廊，至尽头为大门。门南立太湖石，植竹。门东水廊深入水中，栈桥形式，廊端连接六角小亭，宝顶挑檐，棕柱青瓦，上悬匾额“寒玉”。廊亭内设青石坐凳，可于内观锦鱼、赏清泉。2005年公园对濂泉景区进行改造扩建，将位于其东南侧的裕宏泉、聪耳泉相连成一整体水系，聪耳、裕宏两泉之水溢出泉池，浸入由青石铺设的地面，缓缓向北流入濂泉，形成了“清泉石上流”景观，成为深受游客特别是儿童喜欢的戏水赏泉场所。

41.华泉

位于华山公园华阳宫前，因华不注山而得名。华泉之名始见于《春秋左传》“鞍之战”：“逢丑父与公移位，将及华泉，骖絓于木而止。”说的是公元前589年，齐、晋两国大战于马鞍山，齐军大败，退至华不注山，被晋军追得“三周华不注”。面对晋军的追赶，齐国大夫逢丑父急中生智，假扮齐顷公，佯使齐顷公借去华泉取水之机得以逃脱。自此，华泉以“齐顷公取水处”载入史册，成为最早见于中国古代文献的济南名泉之一。

华泉在史籍中多有记载。北魏《水经注》载：华不注“山下有华泉”。唐段成式《酉阳杂俎》云：“华不注泉，方圆百步；北齐时，有人以绳千尺沉石试之，不穷……”北宋曾巩《华不注山》诗云：“高标特起青云近，壮士三周战气酣。丑父遗忠无处问，空余一掬野泉甘。”明“前七子”之一边贡，嘉靖年间官至户部尚书，后辞官回乡，在华泉畔建一田庄隐居，名“东村”。边贡在此居住三年，写下了大量诗文作品，合集录成《边华泉集》14卷传世。历史上华泉经历了喷涌、淤塞、复涌、再淤塞、再复涌的过程。据史书记载，早在明代，华泉就曾出现过淤塞。刘敕在《历乘》中云：“华泉，华不注山下，昔逢丑父令齐顷公取水于斯，今竭。”清代学者全祖望在《游华不注记》一文中，记述了他在雍正九年（1731）七月游华山时，“沙门（出家人）汲华泉，至拾乱薪烹之。”但“今则华泉一线，渐淤为小沟，游人亦鲜过者。”清乾隆《历城县志》称华泉“今涸”。嘉庆年间董芸在《广齐音·华泉》诗笺注中描述道：“华泉，其涸已久，余曾读书华阳宫，访之土人，莫能知其处。”后复涌。清阮元《小沧浪笔谈》载：“华不注山下泉源灌注，陂池交属，荷稻之利，村民赖之。”20世纪40年代华泉又淤塞。50年代，农村大搞水利建设，在华阳宫一宫门遗址挖出一雕龙石碑。此处虽无明显泉眼，但久旱不涸，冬不结冰。2001年春，再次对其进行清淤挖掘，发现两处泉眼，遂砌筑泉池。池呈长方形，石砌，长17.6米，宽10米，深3.5米。出露形态为渗流，常年不竭。泉水自黏土中涌出，流向华山湖。一池清水，平明如镜，孤山及古庙倒影，与鱼池、荷塘相互映衬，别具风姿。

42.浆水泉

位于历下区姚家街道浆水泉村东，回龙山西麓，南临浆水泉水库。明崇祯《历城县志》、清乾隆《历城县志》均有载。因水质美如琼浆玉液而得名。当地村民形容其水像米脂一样香甜，是浆水泉村的饮用水。泉水出露形态为涌状，水自崖窟洞底岩孔流出，常年不涸。泉池为不规则形，长约2.3米，宽约1.3米。东侧回龙山、南侧老虎山、西侧平顶山（与佛慧山相连）环抱。山上枫树、柿树、红榛树众多。盛夏时，大树参天，绿草深深，野花争艳，令人心旷神怡。

金《名泉碑》、明《七十二泉诗》、清《七十二泉记》均收录“浆水泉”，但并非同一处泉点。据元《齐乘》记载，《名泉碑》之浆水泉在“盘水镇东南”，又作“江水泉”，为发源于龙山镇（金代称“盘水镇”，今地属章丘）之南十余里的武原水之源头，与今址浆水泉并非一泉。明晏璧作《七十二泉诗》时，距元代不远，所咏浆水泉当与《齐乘》记载的金《名泉碑》“浆水泉”相同。明崇祯年间编纂的《历城县志》在记述《齐乘》所载浆水泉时曰：“今考百尺涧东南亦有以‘浆水’名者，每当瀑发，声撼风雷，流经荆山，入七里河。”清乾隆《历城县志》转述了前志的记载。百尺涧，明《历乘》载在“窑头正南，岩秀而长，亦复陡绝”，根据地理方位，当即今浆水泉水库所处山涧。清《七十二泉记》所称浆水泉，似即指此泉。

43.砚池

位于历下区姚家街道砚池山中。据池旁《砚池泉记》碑载，砚池因形如砚台而名。砚池由开山采矿而来。1958年，全民大炼钢铁，因砚池山上有铁矿石层，人们采矿放炮作业时，突有泉水喷涌而出。有关专家对砚池泉水的出现，多次进行地质勘探和科学考察，认为：砚池处南高北低，临山丘与平原结合部，加之岩层复杂，很容易使南山之水渗透过来，加以储存。开采矿石时触到了地下泉源主脉，遂呈现今“甘水涌喷、银柱穿空”的景况。

泉水出露形态为涌状，水自池底涌出，汇聚池内，积水成塘，常年不涸。泉池为塘湾状不规则形，深达20.50米，水面面积约4000平方米。池东北岸，立有碑刻，上书“砚池”，由当代书法家沈鹏题写。泉池西南侧山壁上刻有“秀水天成”四个大字。砚池泉水水质上佳，含有丰富的人体所需多种微量元素，可与趵突泉水媲美。济南市老年游泳队常年在此进行游泳训练。池底地形复杂，从游者需多加注意。

44.甘露泉

位于佛慧山开元寺旧址石碑西6米。又称滴露泉，别名试茶泉、秋棠池。金《名泉碑》、明《七十二泉诗》、清《七十二泉记》均收录。泉水出露形态为渗流，常年不枯。甘露泉藏于悬崖下一半隐形山洞，泉水从岩壁流下，积水成池。今池呈圆形，半石砌，直径1.90米，深0.97米，水清见底。泉周岩壁上有诸多隋唐时期的摩崖造像。泉畔原为开元寺，寺遗址石壁上遗有“大隋皇帝”残字。明《历乘》载：甘露泉在“大佛山寺中一洞，其水涓涓而下汇为一池，味甚甘洌，经岁不竭，有‘天生自来泉’五字”。

甘露泉水来自岩层深处，有“味甘却似饮天浆”的盛誉，尤其适合烹茶。昔日，儒生多于此读书品茗，泉壁上曾刻有“政和五年七月，季德修五人，就甘露泉试北苑茶”字迹，故此泉又名“试茶泉”。明王象春在《齐音·登高》中云：“登高须上大佛头，红树黄花急暮流。佛慧寺旁看石壁，试茶几代有题留。”清任弘远《甘露泉》诗云：“味同甘露冷同冰，大佛山头一勺清。不信此泉堪煮茗，拭苔拂草看题名。”

昔日，甘露泉畔生长多株秋海棠，枝叶茂盛，每逢海棠花开，如火如荼，花落池中，如胭脂色，故又名“秋棠池”。泉旁原有小亭，名“滴露亭”。历经岁月沧桑，海棠树和滴露亭早已无踪，唯有这一泓清泉潺潺流淌，至今不息。

45.林汲泉

位于历下区龙洞南，佛峪寺东崖。金《名泉碑》、明《七十二泉诗》、清《七十二泉记》均收录。泉水自崖壁间石穴涌出，常年不竭。泉池呈不规则形，长4.2米，宽1米，深0.5米。泉池右上方石壁上镌刻“林汲泉”三字（隶书），何时何人题不详。旁又有清乾隆五十四年（1789）题记。题记文字虽经岁月剥蚀，山水冲刷，但至今仍依稀可辨。盛水期，泉水从崖壁泻下，形成小瀑布。

林汲泉四周，林茂谷幽，景色宜人。清《四库全书》主要编辑人之一的周永年，自号林汲山人，曾于此建林汲山房，著书立说，晚年绘制《林汲山房图》。

46.斗母泉

位于市中区兴隆街道青铜山斗母泉村。原名窦姑泉，别名大泉，泉旁有斗母宫。青铜山阳，雕有唐代大佛，山下原有大佛寺。清《七十二泉记》收录。明崇祯《历城县志》载："窦姑泉，在大佛寺北顶。"清乾隆《历城县志》和道光《济南府志》均称窦姑泉。清郝植恭在《七十二泉记》中解释说："曰窦姑……泉从乎姓也。"何时改称"斗母泉"未见文献记载，已无从查考。斗母泉所在的村子因泉而得名。泉水出露形态为涌状，常年不竭，水流量大，积水成池。今池呈正方形，边长3.2米，深1.5米，是当地居民主要饮用水源。

斗母泉地处济南南部山区海拔754米的青铜山上，有趵突泉"晴雨表"之称。夏秋之际盛水期，斗母泉日喷涌量达到七成时，趵突泉必喷无疑。斗母泉池旁，有两棵奇特大树。一棵是刺楸，另一棵是车梁木。两树树根盘曲连生，状如虬龙。刺楸树高10.5米，主干高4.5米，直径37厘米，其树冠呈平顶圆形，直径9米，长势十分旺盛。车梁木直径96厘米，枝干粗壮四展，树冠呈伞状，直径13米，今已枯，巨大的枯干仍盘曲悬卧在崖壁上，长达10米，状如巨龙。

斗母泉（2005年）

47.无影潭

位于天桥区无影山游园内，因无影山而得名。泉因多年掘沙逐渐形成。出露形态为涌状，水由潭底诸多细微岩孔涌出，常年不涸，积水成塘。泉池以石砌岸，为不规则形，长22米。泉池面积约5000平方米，水深2米～3米。水面标高31.80米。2000年7月，有关专家实地考察后认为，无影潭为断层裂隙泉。天桥区政府将此地开发成总面积约2万平方米的社区游园。潭周边砌垒了内外两层护岸。四周绿树夹岸，潭边芦苇丛生。水面北岸设有船坞，供游客乘船游览，成为当地居民游憩胜地。

48.白泉

位于历城区鲍山街道纸坊村北侧。金《名泉碑》、明《七十二泉诗》、清《七十二泉记》均收录。清乾隆《历城县志》认为，"白泉"即《水经注》所称"白野泉"。但民国《续修历城县志》认为，白泉之外另有白野泉。明崇祯《历城县志》载："白泉，在王舍庄东北五里，源广数亩，下灌稻田数十顷。"清乾隆《历城县志》载："白泉，出纸坊庄北，方十亩，中有大泉，间数刻一发，声如隐雷，多涌白沙，故名。"随着地下水开采量增加，白泉水面逐渐缩小。

白泉也被称为百泉，因在历城区王舍人庄以北，东起梁王庄，经冷水沟，西至张马、大辛庄、水坡长约9千米宽3千米的狭长地带，汇集着唐家泉、张家泉、李家泉、当道泉、双保泉、丫丫葫芦泉等数十泉，而白泉居于首位，所以当地老百姓形象地称其为"百泉"。今将周围诸泉称之为"白泉泉群"。昔日，白泉周围是一片湿地，当地人称“张马湖”，水美土肥，素有鱼米之利。

49.涌泉

位于历城区柳埠镇四门塔景区，四季村宾馆东侧。清乾隆《历城县志》载：“（涌泉）在神通寺西，瀑布飞悬，流入锦阳川。”清《七十二泉记》云：“曰涌，腾也。”民国《历城县乡土调查录》称“涌腾泉”。泉水自白虎山山腰涌出，出露形态为线状，泉水旺盛，四季不涸，是当地居民主要饮用水源。泉池呈长方形，石砌，长5.1米，宽4.8米，常年有水。池旁立明代《重修涌泉碑记》及建于明万历六年（1578）的涌泉桥。《重修涌泉碑记》载，泉池建于明天启三年（1623）。泉池中水草浮动，银鳞小鱼戏游。水从池南壁流出，经涌泉桥下，依山势向南三迭而下：一迭注入石砌方形“青龙潭”；二迭流入山石砌岸之不规则小池，池边竹树夹映，青苔满石；三迭由10余米高的悬崖跌落至名为“卧龙洞”的小石潭。崖上奇石叠垒，古藤缠木，苔衣披附。“卧龙洞”石矶卧波，流激磐石，铮铮作响，颇富韵味。水由石潭溢出，形成“细水长流”“锦上添花”“悬崖飞瀑”三处景观。最后缓缓穿过柳树林、芳草地，汇入锦阳川。泉池东侧是一片竹林，景色宜人。旁有“望岳亭”。置身亭内，信目南眺，群山起伏，阡陌纵横，点点农舍，袅袅炊烟；视野尽处，烟岚隐约，白云缭绕，泰岱可见。民国《续修历城县志》赞为“百尺飞流，千樟古木。山光水色，鸟语花香”，洵为胜地。昔日，泉边有一庵，因泉而得名涌泉庵，已不存。今周边尚存吕祖祠、送衣塔和宋代摩崖造像等遗迹。

2004年，历城南部仲宫、柳埠、西营、锦绣川、高而一带120余泉，被统称为“涌泉泉群”。

50.苦苣泉

位于历城区柳埠镇亓城袁洪峪北侧崖下，又名苪苣泉。金《名泉碑》、明《七十二泉诗》、清《七十二泉记》均收录。泉池为圆形，石砌，直径0.7米，由石板覆盖。泉水出露形态为涌状，常年不竭。泉水经暗渠伏流，沿山势落差往西北方向流入“罗曼山庄”度假村院内。然后出露地面，自山石叠成的假山上跌落，形成宽3米、高2米的小型瀑布。又经暗沟，流入院中人工游泳池。池水一年四季清澈碧透，相对保持恒温。池西北端有一暗沟，水自暗沟再流入绿树郁闭之峡谷，注入茶臼河，为锦阳川源头之一。泉边立有现代山水诗人孔孚题写的《苦苣泉》名碑，泉旁有韩复榘别墅遗址。

明清时期苦苣泉被称做“苪苣泉”。明晏璧咏《苪苣泉》诗云：“泉名苪苣一河清，万事咸由清苦成。寤寐不忘冰蘖操，菜根咬得见高情。”清《七十二泉记》云：“曰苪苣，寒以苦也。”苦苣即苦味的苪苣，泉名虽冠以“苦”字，但由于此处地质结构为木鱼石，故水质甘美，最宜泡茶。

51.避暑泉

位于历城区柳埠镇亓城袁洪峪度假村避暑泉生态园内。明、清《历城县志》，清《七十二泉记》均载。因气候凉爽，宜于盛夏避暑而得名。泉池为半露于地上的封闭式圆池，直径5米，深2.1米。泉水出露形态为涌状，水流常年不竭。水由石壁圆孔外泄，顺势西流，入半圆自然水湾中。再顺山坳蜿蜒而下，注入茶臼河。盛水期日涌量可达千立方米以上。泉周山清水秀，绿树辉映。核桃树、柿子树、山楂树、梨树、杏树，覆盖了整个山梁。春季繁花似锦，蝶飞蜂舞，花香四溢；夏季硕果累累，枝繁叶茂，绿意盎然；秋季山楂红透，柿子金黄，丹栌似火，一派丰收景象；冬季落叶飘零，白雪皑皑，山峦沉静，又是一番意境。

52.突泉

位于历城区柳埠镇突泉村皇姑庵旧址，别名都泉。金《名泉碑》、明《七十二泉诗》、清

《七十二泉记》均收录。泉池为方形，水泥砌就，长0.85米，宽0.6米，深3.4米。泉水出露形态为涌状，常年不竭。水经池壁石洞沿暗渠向东再折向南，穿街而过，涌入路南石砌长方形池内，而后注入明渠西流，形成“溪抱渠绕”景观，最后汇入锦阳川。

清乾隆《历城县志》记载：“都泉，在中宫东南皇姑寺，溪抱村流，为岱北诸泉之总。”清《七十二泉记》曰：“都泉，在中宫，为岱北诸泉之总都聚也，水之所聚曰都”。此泉水势旺盛，涌出后呈凸起状，故又以其形称突泉。

突泉泉边，古时有一处皇姑庵。庵内有一座唐代皇姑塔，俗称小龙虎塔。塔为方形密檐式，3米多高，塔身满布浮雕。1972年塔被移到神通寺遗址四门塔处。今皇姑庵遗址尚有横卧的石质八楞经幢两块。突泉周围群山屏列，山花烂漫，风景如画。正如《遁斋诗稿》之朱倬《都泉诗》所咏：“柳埠人家近市廛，稻池林壑太幽偏。最是都泉好风景，山花如绣锦阳川。”

53.泥淤泉

位于历城区柳埠镇亓城峪泥淤泉村，曾名印度泉。清《七十二泉记》收录。泉池为方形，石砌，深6米。泉水出露形态为涌状，常年不竭，为村民主要饮用水源。泥淤泉村有三泉，呈“品”字形分布。泥淤泉地势最低。三泉竞流，哗哗有声。三泉汇流后，分为两股：一股流向东南，一股流向西北。清澈的泉水，时而沿明渠流淌，时而潜伏地下，弯弯曲曲，流过街巷，流过村民门口，到处可见错落跌水和石板小桥，宛然江南水乡。

泥淤泉水质甘洌，四季喷涌不已。村民们除作饮用水外，还利用此泉水洗衣洗菜、浇灌田园，尽得其便。泉旁有一株周长2.8米的古槐，乡人称其为“唐槐”。槐干早已枯萎，顶端却又长出旺盛的新枝。名木名泉交相辉映，成为泥淤泉村一景。

泥淤泉自明崇祯年间起，直到民国，历代文献都称其为“印度泉”。明、清《历城县志》载：阎家河，在梨峪中，源出印度泉，流入锦阳川。又称：印度泉，在梨峪庞家庄。清《七十二泉记》云：“曰印度，初禅之地。”梨峪，今称柳埠西南峪。据村民言，泉所在村子过去叫印度泉村。因该泉在历史上多次被山洪泥沙淤塞，随后经人们淘挖复又成泉，于是村民将其改称为“泥淤泉”。随着泉名的改变，村名亦由印度泉村改称泥淤泉村。

金《名泉碑》所记“熨斗泉”，于钦《齐乘》注解为在“黎峪门家庄”。“印度”与“熨斗”音近，疑印度泉即为熨斗泉。因年代变迁，旧志记载的印度泉所在“庞家庄”、熨斗泉所在“门家庄”今为何村，已无从查考。

54.大泉

位于历城区仲宫镇大泉庄。因水流量大且从未干涸而得名。清道光《济南府志》载：“马帝泉，在马帝峪华严寺下。旧志云，一名大泉，寺废，泉流经孙家庄，入锦绣川。”似指此。马帝峪，清乾隆《历城县志》作“马蹄峪”，称在“南泉寺东，涧壑幽邃，流水无声，有桃源之胜，水入锦绣川”。泉池为不规则形，石砌，直径5.4米，深2.2米。泉源在峪底深处，出露形态为涌状，每小时涌水量达54立方米。水自岩孔涌出，顺势西流，三迭而下，至孤山脚下折向南，汇入面积约4000平方米的池塘，再沿九曲河北流入锦绣川。泉池安装抽水设备，为6个自然村600余人提供饮用水，同时浇灌30多公顷农田。村民称其为“宝泉”。泉周围峰峦叠翠，花果溢香，景致清幽。

55.圣水泉

位于历城区仲宫镇红叶谷生态文化旅游区内，因泉水有灵气之传说而得名。泉水来自山崖一自然洞穴内，如漱玉珠玑跌落泉池中，哗哗有声，溢出池口后，穿过小石桥，形成一瀑布注入另一泉池中。泉池为不规则形，假山石驳岸，深

0.45米。泉水出露形态为涌状，常年不竭。丰水年最大涌流量每日近千立方米。水质清洌甘美，是景区内最古老的天然名泉，也是村民主要饮用水源。这一带清泉、绿树、小桥、流水，风光旖旎。秋天漫山红遍，层林尽染，故称红叶谷。

泉边有兴教寺，民间称朱老庵。相传，寺始建于西汉末年，兴盛于隋、唐，可称千年古寺。周边红叶林，相传是1000多年前，人称朱阁老的隐士居住在这里时种植的。

圣水泉水质清凉甘美，含有多种矿物质及人体必需的微量元素。为了充分利用好这一优质天然水，2000年开发建设红叶谷生态文化旅游区时，在圣水泉两侧建了茶社，取圣水泉之水煮茶，供游客品尝。

56.缎华泉

原称段华泉，明崇祯、清乾隆《历城县志》和清道光《济南府志》俱载，称其“在九塔寺南”。历代志书记载的段华泉今失考。今缎华泉位于九顶塔风景区内，原为20世纪50年代在九塔寺南的圣水泉西南侧六七米处挖凿而成，因与圣水泉相邻且水为一脉，被当地人称做“圣水泉”。泉水清澈，为居民饮用水源，并曾罐装“森乐”牌矿泉水供应市场。1998年，开发建设九顶塔民族风情园时，将其收入园内，整修泉池，称名“缎华泉”。泉池为长方形，石砌，长5.1米，宽4.05米，深2.4米。泉水出露形态为涌状，常年不竭。

段华泉改称缎华泉。“段”与“缎”音同义不同，“段华”改为“缎华”，更加突现了这一名泉的特色。清泉平稳似绸缎，水波涟漪纹如华。离缎华泉不远处有一口无名古泉井，是缎华泉的泉源。缎华泉水正是从该井渗过来的。古泉井终年涌水，故缎华泉常年不涸。泉周自古景色宜人。明代文人许邦才在《九塔寺记》中盛赞：“泰山北下，麓野之间，有地曰齐城，有山曰灵鹫，有川曰锦阳。峰峦复合，林荟苍郁，距郡邑百里，称异境云。”

57.玉河泉

位于历城区彩石镇玉河泉村内河底，别名榆科泉，为巨野河（古称巨合水、巨冶河）的源头。元《齐乘》载：“巨合水出龙山镇南五十里，曰榆科泉。”其地，历史上属章丘县，清道光《章丘县志》载：“榆科泉，在县西南七十余里，榆科东南，泉源竞发，入巨合。”榆科泉何时改称玉河泉，文献未见著录，无从查考。似因“榆科”与“玉河”读音相近，人们便把“榆科”讹为“玉河”。泉池为长方形，石砌，长1.7米，宽1.2米。泉水出露形态为涌状，常年不竭。泉水自岩孔涌出，穿街过户，与周围的牛头泉、响呼噜泉、晴天泉、门口泉、院内泉、西老泉和东老泉等8泉相汇，北流入巨野河。为村民主要饮用水源。2004年将港沟、彩石一带分布的60余泉，统称为“玉河泉泉群”。

58.百脉泉

位于章丘市百脉泉公园。别名珍珠泉，为绣江河源头。因百泉俱出而名。金《名泉碑》收录。北魏《水经注》载：“（泉）出土鼓县故城西，水源方百步，百泉俱出，故谓之百脉水。”历史上百脉泉与趵突泉齐名。元于钦在《齐乘》

百脉泉（2009年）

中写道："盖历下众泉，皆岱阴伏流所发，西则趵突为魁，东则百脉为冠。"清道光《章丘县志》称："百脉泉，在县南二十五里，明水镇东，绣江源也。方圆半亩许，其源直上涌出，百脉沸腾，状如贯珠，历落可数，故名。"历代《章丘县志》都把"百脉寒泉珍珠滚"列为章丘八景之一。2004年将周围20泉统称为"百脉泉泉群"。

百脉泉出露形态为涌状，泉姿优美。泉水自池底无数脉孔涌出，腾起串串水泡，浮上水面，状如滚动的珍珠，形成常年不涸的一泓碧水。因涌水形态如珍珠，故当地人又称其为"珍珠泉"。明李开先《游百脉泉》诗云："水劲无过济，脉泉更著名。不霜清见底，漱石寂无声。颗颗如珠翠，沄沄比镜平。不能容小艇，但可濯长缨。"

百脉泉原为半亩方池。泉边，白玉石栏，雕名人题字，墨宝飘香，雅趣怡然。清乾隆年间，知县张万青曾对百脉泉泉池做了一次修整。泉池改为由"品"字形三池组成。1958年，章丘县政府由绣惠镇迁至明水。在疏浚明水湖的同时，对"品"字形三池进行改建。将三池合并为长方水池，长26米，宽14.5米，水面为385.7平方米。青石垒岸，池周装饰雕刻围栏。东西向架起石拱小桥，横卧于碧波之上。1997年在整修龙泉寺时，再次对泉池进行改建。在原池南增建两个石砌方池，恢复了1958年前的"品"字形格局。改建重修后的泉池，长24米，宽22米，深3.4米，水面528平方米。池水东流，汇入明水湖。

百脉泉所处的龙泉寺，始建于明景泰元年（1450），规模宏大，殿庑台榭，檐连甍接。泉北有"梵王宫"，为龙泉寺正殿，庄严肃穆。1997—1999年，对龙泉寺进行全面修复，今占地面积3500平方米。

59.东麻湾

位于章丘市百脉泉公园绣江桥东，为一天然湖湾。清道光《章丘县志》载："东麻湾，在百脉泉东南里许，水西北流，汇百脉泉于锦江桥南。"清康熙、道光《济南府志》均收录。因在明水老城之东，水域内又泉若繁星，密密麻麻，故而得名。

东麻湾原为自然式塘湾洼地，20世纪70年代扩为明水湖，水面达10余万平方米，比原来的东麻湾扩大了数十倍。1986年建百脉泉公园时，周砌石岸，净化水面，建岛架桥，增设游船，广植花木，成为公园独具特色的景区。今出露形态为水珠涌状，池为不规则形，长236米，宽119米，深2.15米。东麻湾每年涌水量高达1.5亿立方米（包括汇入东麻湾的其他泉水），灌溉附近稻田2万余公顷，是章丘市境内第一大丰水河——绣江河的源头，也是济南七十二名泉中泉域面积最大的名泉。

东麻湾内处处涌泉，状如漱玑泄玉。水面波光粼粼，游艇穿梭。浅水处群泉突涌，水花飞溅。水草丛生，群鸟相戏。湖岸垂柳如丝，百花争艳，恰似一幅天然山水画。

60.西麻湾

位于章丘市眼明泉公园内，与东部的东麻湾遥相对应。清道光《章丘县志》载："西麻湾在百脉泉西南二里许，水自西山北麓石罅中出，东北流，与百脉诸水汇于沙河口。郡国志云十二芹沟，俗名麻湾，即此。"泉池呈不规则河湾形。水岸石砌，水中藻类疏疏朗朗，笮草如梳。河湾浅处，芦苇丛生，河湾岸边，杨柳依依，呈现一派郊野园林秀丽风光。

泉水出露形态为涌状，常年不竭。泉水自地下上涌，形成自然塘湾。西麻湾及其岸坡，随处涌泉。其中，著名的就有净明泉、荷花泉、廉坡泉、黑虎泉等6泉。湾底众泉簇簇，水泡缓缓升起，似串串珍珠达于水面，如银钱浮水，若玉花绽开。甘洌澄澈的泉水，流至堂子庄眼明王庙前，与净明泉水汇合，注入绣江河。

西麻湾风景秀丽，景色宜人。清道光《章丘县志》载：元、明、清各代先后在此建有南园、北园、沥清园、沙家园、李家竹园、宋家竹园、康氏南竹园、康氏北竹园等。2005年，以西麻湾为主体建眼明泉公园，为明水城区开放式公园。西麻湾湖面积299.7公顷，是眼明泉公园的主要景区。眼明泉大桥如同一条水上长虹把西麻湾分为南北两湖。桥南之湖为“源头活水”，桥北之湖水域宽阔，湖水荡漾，莲荷飘香。

61.墨泉

位于章丘市百脉泉公园内，百脉泉西南约30米，龙泉寺大门西南侧。为1966年形成的钻孔喷泉，孔深150米。泉口为一铸铁管，直径0.4米。因铁管色黑，水清透明，在铁管映衬下，泉水黝深如墨，故名。泉池呈方形，石砌，长宽各2.2米。池周雕刻汉白玉护栏，前后刻“墨泉”二字，为现代书法家舒同题写。泉水出露形态为喷涌状，常年喷涌。泉周边烟波蒸腾，雾霭弥漫，柳枝青翠，风景优美。

墨泉水出自深部奥陶纪石灰岩裂隙，涌水量盛时达1立方米/秒。泉水如柱，喷涌而出，高出平地半尺有余。似车轮滚滚，若沉雷轰鸣。泉水沿石渠汇入绣江河。该泉清冽甘美，水中富含矿物质和微量元素，水质接近天然矿泉水。

墨泉涌出泉口时，水色如墨，对此当地编出一段佳话：1960年11月，著名书法家、时任中共山东省委书记的舒同到章丘体验生活，并兼任章丘县委书记。闲暇时，他常在泉旁边的书房里挥毫泼墨，并以泉水涮洗笔砚，自此，泉水变成墨色。后人有诗赞曰：“未出泉口寒如墨，涌渠自流洁如冰。书家临池涮笔砚，馨香四溢怀舒同。”

墨泉与龙泉寺（2004年）

62.梅花泉

位于章丘市百脉泉公园内，为钻孔喷泉。1979年钻，共5孔，孔深250米，直径各0.5米，呈梅花状排列。泉水自5钻孔中喷涌而出，似一朵盛开的梅花，故名梅花泉。泉水出自奥陶纪石灰岩裂隙，涌量为0.5立方米/秒。盛水期喷涌高达数尺，鼎沸浪激，水汽蒸腾。泉水汇入长52米、宽50米、深1米石砌长方池塘。然后从溢水口流出，过锦江桥入绣江河。泉旁“李清照故居”始建于1995年8月，初名“清照园”，1997年5月落成对外开放。2007年清照词园建成后，改称“李清照故居”，总建筑面积1.3万平方米。整个建筑为一组仿宋代古典式建筑，飞檐丹柱，粉墙黛瓦，古色古香。建有易安楼、漱玉堂、吟风榭、海棠轩、感月亭、文叔斋、黄花馆、燕寝凝香厅、长廊等。另有武中奇、欧阳中石等当代书法家碑刻30余方。

63.净明泉

位于章丘市眼明泉公园内东侧。原址在塘子村东的塘子桥西北侧。20世纪八九十年代因地下水源被截而断流。21世纪初移至1965年形成的钻孔喷泉“荷花泉”处，即今址。又名明净泉，别称明水泉。元《齐乘》载：“明水，一名净明泉，出百脉西北石桥边。其泉至洁，纤尘不留，土人以洗目退昏翳。与西麻湾水合流三里余，入绣江，乃东北流……又北，入小清河。”明《七十二泉诗》收录，称为明水泉。清道光《章丘县志》称在“百脉泉西二里许，堂子庄眼明王庙前”。泉池呈不规则形，自然石砌垒，直径4米。泉水出露形态为涌状，常年不竭。正常年份泉水喷涌高出地面数尺，水花四散，蔚为壮观。水质优良，清洌甘甜。泉水冬暖夏凉，三九隆冬雪花落入泉池之内会立刻溶化，被称为“仙泉”。水过之处，河床内窄草如梳，一根根、一簇簇透着深绿。泉畔河旁，绿树掩映，藕池连片，水乡明珠，美如画卷。

泉旁原建有“眼明王庙”，庙内塑童男童女像。清道光二十四年（1844），附近居民捐资重修眼明王庙，撰《重修眼明殿记》，勒石立碑于庙前。现庙宇和《重修眼明殿记》石碑，以及村东古塘子石桥仍存。

64.袈裟泉

位于长清区灵岩寺地藏殿南50米，别名独孤泉、印泉。金《名泉碑》收录。因泉边立有一形似袈裟之铸铁块而得名。泉源在封闭的岩洞中，出露形态为岩缝渗流。水自崖壁石罅流出，汇入一半圆形石潭，溢而为溪，盘桓曲绕，由石雕龙口泄入池。池为不规则形，长8米，宽2米，池中荇藻飘浮，金鳞嬉游。泉周危崖峻峭、丛木悬生、亭廊环绕、鸟语花香，环境清雅幽美，别具风采。2004年将长清区境内40余泉统称为“袈裟泉泉群”。

金《名泉碑》称独孤泉。元《齐乘》称独孤泉在灵岩寺。清康熙《灵岩志》载：“昔有隐者姓独孤，结茅泉侧，后人以姓命泉也。”故名“独孤泉”。明万历年间进士、历城人刘亮采隐居泉畔，建“面壁斋”，因厌恶“独孤”之名，改泉名为“印泉”。“印”为佛语，即用手指作出种种形态，作为法德的标志，以印证功果。但印泉之名未得广泛流传。清代之后，又以泉旁有一形似袈裟的铸铁块取名为“袈裟泉”。“铁袈裟”传为汉代铸铁之遗物。据清《长清县志》《灵岩志》载，北魏法定禅师开创此刹时，袈裟自地涌出。有人又云，当年达摩自西域来面壁九年，道成而去，弃袈裟于此。

袈裟泉（2004年）

65.卓锡泉

位于长清区灵岩寺千佛殿东侧岩壁下。亦名锡杖泉。清康熙《灵岩志》载：“世传为佛图澄锡杖卓出者，故名。流三四步，入大石池内，合寺皆汲于此，名曰‘镜池’，亦曰‘功德池’。”清道光《长清县志》载：“僧法定开创灵岩，苦近庵乏水，乃谋于佛图澄。澄曰：‘何地无水！’至一处，曰：‘此下有甘泉。’以九环锡杖卓之，得泉甘洌，遂名。”今泉水出露形态为涌状，水自岩壁下一洞穴涌出，汇入深1米的水泥砌就的不规则泉池中。

卓锡泉是“灵岩八景”之一——“五步三泉”中的一泉。另外两泉是双鹤泉和白鹤泉。与白鹤、双鹤相比，卓锡泉水势最盛。泉旁石崖苍苔满壁，上垂虬髯翠柏，下植凤尾修竹。

历代名人游览灵岩圣地后，对卓锡泉多有题咏。其中题咏最多的当数清乾隆皇帝。乾隆多次驻跸济南，亦间或游览过趵突泉、珍珠泉，但对灵岩胜景却情有独钟，不仅数次到此观瞻，还在卓锡泉畔筑建了规模宏大的行宫。每次游览卓锡泉后，乾隆帝都题诗咏赞，并有题字。今泉上方石壁上仍镌刻着乾隆御笔题写的泉名，为丹色篆书。泉西侧岩壁上嵌有乾隆咏泉石刻5方。其中一方为《卓锡泉》诗：“泉临卓锡一亭幽，万壑千岩景毕收。最喜东南缥缈处，澄公常共朗公游。”此诗是乾隆二十二年（1757）乾隆帝再次巡视济南，驻跸灵岩寺，乘兴为灵岩八景题诗中的一首。另一方是乾隆五十五年（1790），乾隆帝最后一次来灵岩时，为卓锡泉题的诗：“五年隔复偶斯来，不改青山崔与嵬。信宵便当催辔去，谓他卓锡涉多哉。”

66.清冷泉

位于长清区五峰山玉皇殿东，因清泉激石，泠泠作响而得名；又因位于五峰山志仙峰下，亦名“志仙泉”。清道光《长清县志》《济南府志》俱载。金、元时期，曾在这里建有洞真观，因洞真观是长江以北最大的道教圣地之一，故清冷泉被誉称为观内“第一名泉”。泉池为长方形，石砌，长3米，宽2米，深1米。该泉是洞真观道士主要饮用水源。出露形态为渗流，水自石雕龙口流出，注入方形小池，溢流为二脉：一脉西流约6米穿过小石桥，跌入“连二湾玉女盆”；另一脉伏流至清泠亭西侧，从两个石雕龙口泻出，喷珠溅玉，落入石砌方池，再伏流而西，泻入龙王殿内雕栏石池，潜流至玉皇殿前石桥下出露。

今清泠泉上有单檐四面小亭，建于清嘉庆年间，因泉取名“清泠亭”。亭柱南侧镌黄易于嘉庆二年（1797）以隶书题写的楹联“露滴仙人掌，云流玉女盆”，柱北侧镌英和行书联“到此洗尘虑，对之清客心”。泉周还散布着青龙、白虎、七星、七仙、鹿泉等许多名泉，形成泉群景观。清泠亭西有一株雄雌同株古银杏树，虽历经千年风雨，却依然枝繁叶茂，生机勃勃。

67.檀抱泉

位于长清区灵岩寺第四峪村，别名檀井、东檀泉、东檀池、水屋泉。因泉穴上方岩壁上有一株千年青檀，俯抱此泉，故名。泉池呈长方形，石砌，长4.35米，宽1.2米。泉水出露形态为岩洞涌流，水自青檀树下石穴涌出，积于石砌长方池中，再沿暗渠注入石塘。

当地流传一个神话传说。相传很久以前，东海龙王路过此地，被这里的秀美风光所吸引，慷慨赠与当地百姓两件宝贝：一颗龙珠和一枝海桐花。龙珠落地，化成一泉，润泽着这片土地；海桐花则化作巨大的青檀，树根纵横交错，怀抱清泉，仿佛慈母护卫婴儿般护卫着泉水。于是，当地百姓形象而又贴切地称它为“檀抱泉”。青檀树有泉水滋润，生长得格外旺盛。而檀抱泉受到古檀的呵护，长年喷涌，水质清洌甘甜，四季不竭。

68.晓露泉

位于长清区张夏镇积家峪村东北岩洞中。相传泉水因晨露凝聚而成，故名。民国《长清县志》有载。1997年版《济南市志》称为“肖汝泉”。据说该泉石洞建于明洪武年间，洞深4米，宽、高各2米。洞门由张夏产石材砌垒而成。洞内上方有无数块巧石凌空悬挂，下面是顽石啮波，左右秀石错落。晓露泉清冷的泉水从洞底的岩石缝隙之中喷涌而出，通过暗流，从一汉白玉雕刻的龙头中流出，跌进石砌泉池中，溅起白雪般浪花，声若钟鸣。近年又重建泉池，池呈长方形，甃石为壁，绕以花岗石栏。水盛时溢出池外，沿山沟蜿蜒向北，流入石店水库。因其毗邻灵岩，旧时将此泉列为“灵岩外八景”之一。今泉池旁存有清同治二年（1863）《重修晓露泉记》碑刻。泉洞洞口上方有一棵树龄已逾千年的古柏，树北侧一株虬曲的南蛇藤盘绕其上，两树同生，古奇苍劲，妙趣横生，堪称一景。

69.洪范池

位于平阴县洪范池镇洪范池公园内（原镇政府驻地）。“洪范”一名来自《尚书·洪范》篇，取洪水就范之意。洪范池又名龙池。清道光十八年（1838）《重修洪范池碑记》载：“金完颜时，村人因祷雨辄应，建龙祠于池北，故又号龙池。”距今已有850多年的历史。

洪范池历史上曾地属东阿县，故被《东阿县志》收录。清道光《东阿县志》载：“洪范池，在城东南十五里群山之中，突起一高阜，周围咸巨壑，泉仰吐其上，甃石为池，方十余丈，深三仞，澄澈见底。游人掷钱其中，飘摇旋转不能遽下，盖泉上出之气盛矣。水从龙口喷出，引之绕池，可以流觞。凡祷雨辄应，谓之‘龙池’。金丞相侯公立龙王庙其上。”

洪范池列久负盛名的洪范九泉之首。泉水涌溢而出，四季长流。泉涌水量为每日1000立方米左右。今池呈正方形，石砌，长宽各7米，深4.35米。池周有石栏护围，上有雕刻精细的座狮望柱和花卉栏板。泉池南侧外壁上有一青石雕刻的龙头，从池壁探出，为泉水出口。龙头正上方镌有“龙池”二字，为清代贡生秦维翰书。水池两侧，各有一尊石狮，两侧立清康熙十年（1671）杨士元诗刻。池北虹桥卧波，桥北为“龙祠”，由金末东平路兵马总管侯挚创建。祠前两侧，各有古柏一株，东名“珍珠翠”，西名“龙柏”，两株古柏虬盘鳞结，枝叶繁茂。水自池壁南侧的石雕龙口中涌出，喷珠溅玉，跌入2米见方的小池中，绕大池一周，与众泉相汇入浪溪河。2004年将平阴县内20余处泉点称之为“洪范池泉群”。

洪范池奇特之处有三：一是“洪范浮金”，为古东阿八景之一。游人掷硬币于池中，上涌的泉水使硬币飘摇旋转而不沉，日照其上，金光闪闪，呈现出浮光耀金之奇观。明代嘉靖进士何海晏有《洪范浮金》诗一首：“方池十丈水之浔，洪范锡名称到今。戏掷一钱清澈底，随波荡漾似浮金。”二是“不以旱涝而消长”。即旱涝如一，且水温长年保持17℃恒温。三是水质优良。富含锶、锂、锗、偏硅酸等20多种人体必需的微量元素，不仅可以饮用，还用于熬制阿胶。《中国药学大词典》（1935年版）阿胶条载：“按古法先取浪溪河水以浸泡黑驴皮，后取阿井水熬胶。考浪溪河水源于洪范诸泉，其性阳，阿井水发源于济水，其性阴，取其阴阳相配之意。”

70.书院泉（东流泉）

位于平阴县洪范池镇书院村，亦名东流泉。清道光《东阿县志》称此泉即《水经注》所记“西流泉”。《水经注》载：“西流泉，出城东近山，西北迳谷城（今东阿镇驻地）北，西注狼水（今浪溪河），以其流西，故即名焉。”金、

书院泉（2004年）

元之际，长清人严实倾慕洪范山水，在西流泉建别墅，并改泉名为“东流泉”。明嘉靖年间，此处建有东流书院，故又改名“书院泉”。明嘉靖时，都察院右副都御史刘隅告老返乡，在泉旁构筑精舍，并主持东流书院。清道光《东阿县志》称“东流泉，在天池山下，亦甃石为池，方十余丈，泓澄莹澈，可鉴毛发”，周围“茂林修竹，间以流泉亭台池沼，为一方之胜”，并收录了大量古人咏诵东流泉的诗作。

今泉水从书院村东天池山脚下的岩石缝隙散溢流出，汇入边长约7米的石砌方池，再流入半圆形水池，沿小溪盘村绕户，穿林润木，汇入浪溪河。池中水草摇曳，清澈见底。该泉常年不竭，水极盛，是洪范池泉群中涌水量最大的一泉，日涌水量1万立方米，为居民主要饮用水源。

昔日，泉北侧有一名刹曰洪福寺，相传为唐代洛阳白马寺的高僧清真、悟明、惠僧、圆僧四人创建。明嘉靖年间毁寺建东流书院。现寺庙仅存遗址及明万历年间朱维京、朱应毂《东流泉》诗碑两通。在天池山腰石壁上，雕有四尊与人等高的佛像。据当地百姓说，清真、悟明、惠僧、圆僧四僧人，生前整治泉池，修建河道，为当地百姓造福。四尊佛像是百姓为纪念他们而建。

71.扈泉

位于平阴县洪范池镇云翠山北麓扈山崖下，故名扈泉。此处为一山坳，称扈山坳。山坳周边峭壁陡立，西壁下端，天然溶洞幽深莫测，扈泉

便从此洞中涌出。平时细水长流，盛水时期，泉水从洞中喷涌而出，跌落山谷，声传数里。扈泉之水是当地居民主要饮用水源，水大时亦用于农田灌溉。

扈泉有两大景观：一是“扈口喷雪”。因石洞洞口有一巨岩塞其出口，石洞中激流遇堵，由下而上喷出，珠沫四溅，状如飞雪，成瀑布状奔泻而下，如飞虹架空，跌落山谷，景象壮观。清道光《东阿县志》载：“扈泉，在扈山北峪岩下，有坎如井，深窈不可测。大雨时行，则泉从井中涌出，触岩抵石，声闻数里，散于乱石间，如跳珠飞雪。又从悬崖注下，有瀑布之观。”二是“扈泉涌碧”。因岩壁悬有古柏，碧绿的枝条从石隙中挤出，古人将此处景物称作“扈泉涌碧”，列为古东阿八景之一。如今南壁悬崖上，仍镌刻着明代巡抚都御史孟一脉书写的“扈泉涌碧”4个朱红大字。

72.日月泉

位于平阴县云翠山南天观遗址处。遗址北侧有“回阳洞”，又称“长春洞”，洞口朝北。泉水自洞内岩层渗出，形成涓涓细流，跌进距洞口约一尺的两个半石砌池中。一池在南，用一块新月形中空石板覆盖；一池在北，用一块中为圆洞的石板覆盖，形成日月状，故名“日月泉”。清道光《东阿县志》称“天一泉”，并称“泉出洞而汇为池，谓之‘稻池’”。今泉池呈长方形，长1.6米，宽0.79米，深0.14米。泉水甘洌，常年不涸。泉水距洞口很近，游人可取而饮之，是南天观道士饮用水源。

南天观创建于元武宗至大四年（1311），传说道教全真派创始人丘处机曾在此修炼，为当时全真教有名的道观。已废。

第三章　其他泉

第一节　济南老城区诸泉

在今济南市东起历山路，西到顺河街，南自文化西路，北至明湖北路和明湖东路，分布有趵突泉、黑虎泉、珍珠泉、五龙潭四大泉群和一些散落泉池。除40处名泉被评为新七十二名泉外，还已知有111处有名或无名泉分布于公园、街巷、庭院之中，其中曲水亭街一带泉水穿街越户，溪水萦绕，形成“家家泉水，户户垂杨”的怡人景致。

老金线泉　即金《名泉碑》、明《七十二泉诗》、清《七十二泉记》所载金线泉。位于趵突泉公园内，趵突泉东北，卧牛泉西北侧。泉水自池底两边涌出，流势相当，在水面相交成一条水纹，漂浮移动，阳光下宛如金线，故名。宋、元、明、清均可见“金线”，后水势减弱，“金线”消失。1956年辟建趵突泉公园时，在泉东南侧一石砌泉池中出现“金线”，遂将出现“金线”的泉称之为“金线泉”，将原金线泉冠以“老”字，称“老金线泉”。泉池石砌正方形，边长4.78米，深1.5米，泉水出露形态为涌状。池北壁有一长方条石，上刻隶书“老金线泉”四字，为当代济南书法家李钟余题书。泉旁有皇华泉、尚志堂。

螺丝泉　位于趵突泉公园内，漱玉泉南侧。因簇簇水泡，旋转上涌，其状如螺而名。泉池为不规则形，假山石驳岸，深0.53米。泉水出露形态为渗流，常年不竭，流入西护城河。泉边青松挺拔舒秀，翠竹婀娜多姿。泉旁立“鸢飞鱼跃”刻石。

浅井泉　位于趵突泉公园内，李清照纪念堂东侧，假山西北角下，与马跑泉同池。金《名泉碑》、明《七十二泉诗》、清《七十二泉记》均收录。

昔日，浅井泉与马跑泉中间有一墙相隔，“浅井”在北，“马跑”在南，1956年辟建趵突泉公园时将墙拆除，二泉合为一体。出露形态为渗流，常年有水，流入西护城河。

历史文献对浅井泉位置记载不一。元于钦《齐乘》载，浅井泉与马跑泉同在“洗钵泉西南”。明《历乘》称“有其名而莫辨其址”。清乾隆《历城县志》载“在马跑泉东，西护城河内”。道光《济南府志》称“在马跑泉东”。民国《历城县乡土调查录》载“在马跑泉西南，尚志堂北院楼下，今迷”。

洗钵泉 位于趵突泉公园李清照纪念堂院内西北隅，院外的老金线泉东、马跑泉西。金《名泉碑》、明《七十二泉诗》、清《七十二泉记》均收录。泉池原无名。1985年，依据明崇祯《历城县志》洗钵泉“在‘马跑’西，‘金线’正北”之记载，将此泉命名为洗钵泉。今泉池长8.2米，宽4.6米，深0.55米，假山石驳岸，青条纷披，水清见底。2005年《济南市名泉保护条例》附件一《济南市名泉名录》收录。池北侧石壁上，有1997年所刻“溪泉”二字。

其泉址，《齐乘》称在马跑泉东北。清乾隆《历城县志》、道光《济南府志》亦持此说。民国《历城县乡土调查录》称“在马跑泉西路北民宅内”，与此说基本相同。

混沙泉 位于趵突泉公园内，马跑泉东，假山北侧。金《名泉碑》、明《七十二泉诗》收录。元《齐乘》载，混沙泉与灰池泉同在城西南角下。明末《历乘》载“有其名而莫辨其址”。清乾隆《历城县志》、道光《济南府志》俱称“在灰池南”。民国《历城县乡土调查录》载“在县城西南角护城河下崖，今失迷”。1964年趵突泉公园扩建时，在公园内东北隅，马跑泉以东假山下新涌出一处清泉。1985年以其在西南角护城河和灰池附近，将此泉称之为“混沙泉”，即今址。泉池呈椭圆形，自然石驳岸。泉水漫池岸溢出后，跌落到西护城河中。2005年《济南市名泉保护条例》附件一《济南市名泉名录》收录。池东南石壁上有1997年夏刻写的“浅井泉”三字。

酒泉 位于趵突泉公园内，趵突泉东南，白雪楼门前东侧。金《名泉碑》、明《七十二泉诗》收录。古今泉址不同。元《齐乘》称在“无忧西”。明《历乘》载“有其名而莫辨其址”。清道光《济南府志》载“在无忧泉南”。民国《历城县乡土调查录》称在围屏街张子志（即张怀芝）花园内。1941年出版的《济南名胜古迹辑略》云：“酒泉，在趵突泉南，即石湾泉之改流也。”1964年山东省水文地质队调查时，该泉无踪。1997年夏扩建趵突泉公园时，将公园南门内迎门假山与白雪楼之间，以自然石砌垒的不规则形连体泉池，自西向东依次认定为湛露泉、石湾泉和酒泉，并分别在南侧石壁上镌刻泉名。泉水出露形态为渗流，常年有水，流入西护城河。今池为不规则形，假山石驳岸，直径10米，深0.91米，池内植有荷莲，蓄有锦鲤。

尚志泉 位于趵突泉公园内，趵突泉东北，尚志堂南。清同治九年（1870），山东巡抚丁宝桢在泉边建“尚志堂”，泉以堂得名。泉水出露形态为渗流，常年不竭，流入西护城河。1964年扩建公园时对泉池进行整修。今泉池为不规则形，假山石驳岸，直径3.75米，深0.45米。泉池旁立有“待月峰”奇石。

沧泉 位于趵突泉公园内，沧园南院西北隅，别名新沧泉。因沧园而得名。泉水出露形态为渗流，常年不竭，积水成池。今泉池为不规则形，石砌，直径2.92米。泉旁为王雪涛纪念馆。

花墙子泉 位于趵突泉公园内，趵突泉西北，杜康泉（北煮糠泉）西北侧。原在花墙子街87号院，因街而得名。1983年调查时未见其踪。1997年8月趵突泉公园西区扩建时恢复。泉水出露形态为渗流，常年不竭，流入西护城河。今泉池为石砌长方形，长3.6米，宽2.3米，深1.53米，池周绕以青柱石栏。

板桥泉 位于趵突泉公园内，大板桥东侧北，“泺苑”茶文化街南首。因与大板桥相邻而得名。2006年辟建“泺苑”茶文化街时形成，为人工钻孔泉，孔深160米。泉池石砌方形，四周围以石护栏，西侧墙上嵌“板桥泉”刻石。泉水常年不竭，沿小溪流淌于茶文化街，注入西护城河。

东高泉　位于趵突泉公园内，万竹园东南侧。亦称东皋泉。名列金《名泉碑》和明《七十二泉诗》。因在望水、白云二泉东侧，且地势高于二泉，故名。清代时曾淤塞，清末恢复。泉水出露形态为渗流，常年不竭，流入西护城河。今泉池石砌正方形，边长3.68米。池岸立清末己酉年（1909）石碑，上题楷书“东高泉”3字。泉北是李苦禅纪念馆。

白云泉　位于趵突泉公园内，万竹园西南隅，北临白云轩。泉水出露形态为渗流，常年不竭，积水成池。今泉池为石砌长方形，南北长10.66米，东西宽5.8米，深1.25米。泉池西岸嵌“白云泉”刻石。

白龙湾泉　位于趵突泉公园内，万竹园西南侧。1993年欲在此建楼，因开挖地基，水面扩大至7303平方米，久旱不涸。1999年重建池岸。泉水出露形态为渗流，常年不竭，积水成湾。今泉池为自然土石状，深2.46米，池广水深，清莹碧透。池周山石秀美，起伏错落。明《历乘》、清道光《济南府志》所载　“白龙池”似即指此泉。

泉名源于民间传说。相传，古时这一带为烂泥湾。东海龙王之子小白龙因犯天条被罚至此地。见当地百姓吃水困难，使用魔法让烂泥湾中涌出清泉，从此，烂泥湾变成清水湾。百姓因此将水湾称之为“白龙湾”。

泉亭池　位于趵突泉公园内，万竹园西院。因在泉上建有望鹤亭而得名。泉水出露形态为渗流，常年不竭，流入西护城河。泉池为石砌长方形，长21.16米，宽13米，深0.6米。

灰池泉　位于南护城河西端南岸，趵突泉南路北段东侧，坤顺桥东南隅。金《名泉碑》、明《七十二泉诗》、清《七十二泉记》均收录。泉水出露形态为串珠状上涌，常年不竭，流入护城河。1986年重修泉池，2010年护城河三期通航工程时再次重修。今泉池为长方形，假山石驳岸，长7.5米，宽4.95米。

饮虎池　位于市中区泺源大街与饮虎池街南首交界处东北，泺源大街北侧人行道旁，街因泉而名。属于趵突泉泉群之名泉。原在饮虎池街和西青龙街交界处，池周有约1米高的方形围墙，3米见方，古色古香，水深1米多，清澈见底。1993年拓建泺源大街时，饮虎池正好位于规划中的马路中间，无法避开，被埋。2001年择今址重建，泉池为石砌长方形，长6.16米，宽4米。泉水出露形态为渗流，常年不竭，积水成池。池畔假山上有两只猛虎雕塑，形象逼真，栩栩如生。

迎仙泉　位于天桥区顺河街西圩子壕（锦缠沟）东岸，英贤桥（旧称迎仙桥）南。原为无名泉，2009年8月因与迎仙桥相邻命名为迎仙泉。泉池为石砌正方形，边长2.3米，深1.3米。泉水流入西圩子壕。1965年山东省地质局水文地质观测站整理的《济南泉水一览表》所载迎仙桥处的人工钻孔喷泉，似即此泉。

东蜜脂泉　位于五龙潭公园南门内东侧的小院西墙处，其西关帝庙处有西蜜脂泉。金《名泉碑》、明《七十二泉诗》收录。（泉址变迁参见本篇第一章第二节“西蜜脂泉”）泉水出露形态为渗流，常年不竭，沿西墙外小溪北去，穿过小桥，注入五龙潭。初，泉池由块石三面堆砌。1985年建设五龙潭公园时，改泉池为石砌长方形，长8米，宽5米，深0.94米。

醴泉　位于五龙潭公园南门外，天镜泉西约10米处。原在江家池街路西“醴泉居”酱菜园院内，路东有天镜泉。2000年在实施共青团路拓宽与五龙潭公园开发扩建工程中被覆于新建楼下。2002年在原泉址西侧恢复。今泉池为石砌不规则形，直径4.5米，深1.88米，池西壁刻有“醴泉”二字。泉水出露形态为渗流，常年不竭，水由暗溪流进七十三泉，而后汇入五龙潭。

昔日，酱菜园院里的醴泉池内曾蓄养一条长约1米、粗如碗口的大鲤鱼，鱼鳃上有一铁环，是鱼主人做的标记。酱菜园以醴泉为名并以鲤鱼作为酱园的产品商标。

据志书记载和1983年实地调查，济南地区还有两泉亦称“醴泉”，并均早于本处醴泉而见之于著录：一处在章丘与邹平交界处的长白山黉堂岭，一处在历城仲宫康王山。前者名列金代《名泉碑》，后者为明《七十二泉诗》、清《七十二泉记》所载。因同名，今人常把此泉误认为是历史上的七十二名泉之一。

赤泉 位于五龙潭公园南门外西，关帝庙东侧。以五方神龙中的赤龙命名。原为碎石叠砌池壁，2001年改造后与关帝庙东北侧水池融为一体。

洗心泉 位于五龙潭公园内，五龙潭东南，中共山东省领导机关旧址北侧。泉水出露形态为渗流，常年有水，流入西护城河。1964年和1968年，先后将洗心泉和与其毗邻的南侧静水泉、东侧古温泉连在一起。1985年建五龙潭公园，又将三泉水面扩大为长18米、宽8米的泉池，并在泉上修建了水廊、双亭。

静水泉 位于五龙潭公园内，五龙潭东南，与洗心泉毗邻，并与洗心泉、古温泉同处于一个泉池。泉水出露形态为渗流，常年不竭，汇洗心、古温泉水，沿暗渠东流，与月牙、虬溪诸泉相汇，注入西护城河。

净池泉 位于五龙潭公园内五龙潭东南20米，南临回马泉。1985年建五龙潭公园时，将该泉与回马泉连在一起，扩大水面，称“余乐池”，并蓄锦鱼，建水榭，榭名“鱼乐”，取鱼乐我乐之意。泉水出露形态为渗流，常年不竭。泉出石下，水漫石上，饶有趣味。泉池呈不规则形，自然石驳岸，深1.2米。池内荷花艳开，锦鱼戏游。池上曲桥卧波，桥上设有坐栏，游人凭栏赏看，尽得情趣，其景致被称为“曲池观鱼”。

东流泉 位于五龙潭公园内，中共山东省领导机关旧址西，别名感应泉、东流水泉。1983年泉水调查时发现已被填埋，1987年恢复。泉水出露形态为渗流，常年不竭。今泉池为石砌长方形，长3.34米，宽2.42米，深1.69米。

北洗钵泉 位于五龙潭公园内，古温泉北。1983年泉水调查时发现已被填埋，1987年恢复。泉水出露形态为渗流，常年不竭。泉池为石砌长方形，上饰石栏。池长2.08米，宽1.6米，深0.74米。泉边立一奇石，酷似老僧在此洗钵，故名。

泺溪泉 位于五龙潭公园内，月牙泉东南，西护城河西侧岸下。泉水出露形态为渗流，常年不竭。泉池为不规则形，假山石驳岸，长23米，宽4.2米，深1.49米。

潭西泉 位于五龙潭公园内，名士阁南侧，因处在五龙潭西而得名。泉水出露形态为涌状，常年不竭。丰雨季节水势甚佳，池中主泉呈水轮状向外喷涌，与西蜜脂泉、天镜泉、七十三泉之水相汇，向四面漾出涟漪，浪花飞溅，堪称奇观。泉水通过小桥汇入五龙潭。泉池为石砌长方形，深1米。池北侧石壁上镶有“近水楼台”刻石，为明代书法家张中发书写，原存于贤清泉北侧旧舍墙内，建五龙潭公园时迁至此处。池西建有一亭，名“得月亭”，与“近水楼台”四字相谐。

七十三泉 位于五龙潭公园内，五龙潭西，潭西泉南侧。清道光《济南府志》有载。泉水出露形态为渗流，常年不竭。泉水经小石桥，流入潭西泉，汇入五龙潭。今泉池为不规则形，假山石驳岸，长10米，宽5.2米，深1.4米。

相传清乾隆五十六年（1791），学者桂馥和朋友集资，在五龙潭西侧修建“潭西精舍”，作为四方文人聚会咏诗下榻之处。施工时掘出一泉，水势甚佳，汩汩喷涌，犹如冰壶，呈现“一峰地出疑晶突，六月阴藏忽雪喷”景观。桂馥甚喜，便大宴宾客，为泉起名。众说纷纭，有以形命名的，有以色命名的，有以味命名的……难以定夺。想到济南素有七十二名泉之说，桂馥便索性以“七十三泉”来命名，并题诗曰：

“名泉七十二，不数五龙潭。为劳算博士，筹添七十三。”这一带有戏谑味道的命名，立即博得众人拍手叫绝，于是“七十三泉”之名便流传下来。新泉的出现，使精舍大为增色。为增加水流气势，精舍主人又将南侧天镜泉的水引来与七十三泉相汇。泉水绕屋穿廊，流入五龙潭，潭西精舍成了著名的水景园。清郝植恭《五龙潭七十三泉》诗曰：“潭西精舍听泉声，七十三泉新得名。润物始知流泽远，出门无失在山清。”同时期文人吴友松作《七十三泉记》刻于石上。该石现已没，文收清阮元《小沧浪笔谈》。

精舍早已倾废。1965年在其旧址上修建了潭西阁，即今名士阁。

青泉　又名琼泉，位于五龙潭公园内，名士阁西侧。以昔日此地所祀五方神龙中的青龙命名。泉水出露形态为渗流，常年不竭，水由暗道汇入五龙潭，流入小河（旧称生产渠）。泉池为石砌方形，1965年建，深1.24米，泉水清澈见底，泉池四角植有柳树。

井泉　位于五龙潭公园内，武中奇书法篆刻展览馆展厅东侧，南邻青泉。泉水出露形态为渗流，常年不竭。泉池为石砌圆井形，直径0.26米，深1.3米。

睛明泉　位于五龙潭公园内，南临官家池。原无名，1994年命名睛明泉。出露形态为渗流，常年不竭，流入小河（生产渠）。泉池为石砌长方形，长4.1米，宽4米，深1.38米。

显明池　位于五龙潭公园内，五龙潭北侧，西为官家池。过去曾在池子里种植菱角，故名“鲜菱池”，后易名显明池。泉水出露形态为渗流，常年不竭，汇入五龙潭。今泉池为不规则形，自然石砌岸，深1.78米。

裕宏泉　位于五龙潭公园内，五龙潭西北，濂泉南侧。泉水出露形态为渗流，常年不竭，流入小河（生产渠）。泉池为石砌长方形，长4米，宽3.9米，深1.1米。

聪耳泉　位于五龙潭公园内，五龙潭北，裕宏泉南。池呈人耳状，故名聪耳泉，俗称“耳朵眼儿泉”。1994年市建委组织泉水调查时取为今名。流入西护城河。今泉池为石砌不规则形，深1.2米。泉水出露形态为渗流，常年不竭。泉水从池底涌出，溢出泉池北岸，浸过石铺地面，形成“清泉石上流”景观。泉水向北汇入濂泉。

五莲泉　位于护城河南侧岛上，琵琶泉西。泉眼甚多，泉水簇拥，似盛开的莲花，故名。1965年整修泉池，池岸四方平整，高出河面标高0.5米。泉水涌上池口，向四周漫溢，而后二叠而下，落于南护城河中，如同挂帘。1965年山东省地质局水文地质观测站整理的《济南泉水调查表》称“溪中泉”，民间称之为“玻璃泉”。1986年，泉池四周改为曲岸，堆叠自然石。山石以聚为主，叠砌成岛，高出水面，泉水从岛上石缝中溢出，出露形态为串珠状上涌，常年不竭。今泉池为不规则形，长12米，宽4米，深0.5米。1985年5月辟建环城公园时，在泉南侧河岸上建“五莲轩”，由亭、台、廊、榭组成，规模较大，景观别致。

一虎泉　位于南护城河南岸，五莲泉西。因水从一石刻虎头中流出，故名。此处曾为临清直隶州知州缪润绂的花园，故又称“缪家泉”，亦曾被讹称苗家泉。泉水出露形态为涌状，常年不竭。泉水自河岸斜坡泄出，汇入曲池，然后跌进河中。1983年，此处作为黑虎泉公园的一个景区，整修了泉池，就势叠山理水，自西向东，三个洞穴依次排开，其形各异。池边矶石横卧，水中巨石矗立，水随山转，山因水活，构成独特的城市山林景观。泉池为不规则形，假山石驳岸，长28米，宽7米，深0.7米。泉旁有“一虎泉”简介碑刻。

金虎泉　位于一虎泉西，南护城河南侧河中。名列金代《名泉碑》。元《齐乘》谓其与黑虎泉俱在“李承务巷”。明《历乘》称其“即黑虎泉也”。清代佚。民国《历城县乡土调查录》称“在黑虎泉正西，今失考”，但又云“或谓即在护城河北岸胜绍公司院内，亦有谓在范氏花园者”。今泉水出露形态为串珠状上涌，常年不竭，流入南护城河。泉池为石砌正方形，边长4米，深1.5米。

昔日，今址泉侧有一庭园，名曰“适园”，建于何年无考。适园沿河构筑，东西狭长。园中有溪，溪上架桥，桥旁建亭。后来，园主家境衰败，庭园荒废，被山西商人李卓购买，并加以修复，改园名为“须弥”，称泉名为“金粟”。解放前园荒芜，泉也与岸分开，移至河中。1965年修建泉池。1986年于泉上建亭，透顶翘角，因泉得名“金虎亭”。南侧有三曲平桥与南岸相连，游人可由曲桥步入亭内。

汇波泉　位于护城河南岸，五莲泉西侧。泉水出露形态为涌状，常年不竭，流入护城河。泉池为不规则形，东、西、南三面以山石叠砌形成山峦，北面面向护城河，长4.5米，宽4米，深0.86米。沿池四周，山石交错，泉水在假山脚下涓涓流淌，细流潺潺，犹若山涧小溪。1986年于假山上建“伴月亭”，亭挑出水面，跃跃欲飞。周围绿树垂荫，泉、石、亭、树有机结合，极富情趣。泉旁有“汇波泉”简介碑刻。

对波泉　位于南护城河北岸，与汇波泉相对，故名。泉水出露形态为串珠状上涌，常年不竭，流入护城河。泉池为石砌长方形，长4.7米，宽4.6米，深1.25米。池侧矗立小亭，名“对波亭”，1985年建，因泉得名。泉旁有“对波泉” 简介碑刻。

豆芽泉　位于南护城河南岸，琵琶泉西。昔日，附近居民常用此泉水生豆芽。生出的豆芽，粗而短，吃起来鲜嫩脆生，分外可口，故名。当年，南护城河一带河崖下，有豆芽作坊七八家，皆面河傍泉而居，参差错落。今泉池为石砌长方形，长2.15米，宽2.05米，深1.24米，出露形态为渗流，常年不竭，积水成池，汇入南护城河。

南珍珠泉　位于五莲泉东北侧护城河中。金《名泉碑》、明《七十二泉诗》收录。因串串水泡涌出似珍珠，又因在旧城内的珍珠泉之南，故名。历代志书均有记载。清乾隆年间管世铭在《城南诸泉记》一文中，对南珍珠泉作过生动描述：南珍珠泉“甃石为池，深可七八尺，清澈见底。泉自沙际达于水面，如万斛珠玑，霏霏不绝。诸泉之观，此为最焉，味尤甘冽”。明清以来，不少诗人作诗以颂。今泉水出露形态为串珠状上涌，水自河底涌出，融于南护城河中。

任泉　位于南珍珠泉西北侧，护城河北岸下，南与五莲泉相对。出露形态为涌状，常年不竭，流入南护城河。泉池为不规则形，半石砌，长3.6米，宽3米，深1.4米。北侧石壁上刻泉名，四周石栏围绕。

胤嗣泉　位于护城河南岸，金虎泉三曲小桥南端。其名见之于《城南诸泉记》等清代文献。因泉在张仙庙崖下，故取名“胤嗣”。解放后，庙倾圮。1986年重修泉池。今池为不规则形，假山石驳岸，长6.2米，宽3.1米，深1.45米。泉水出露形态为串珠状上涌，常年不竭，流入南护城河。泉畔石碑镌刻“胤嗣泉”三字，旁边建有三曲小桥通向观泉亭，四周绿柳成荫。

古鉴泉　位于南护城河南岸，南门大桥西南隅，因泉水净明如镜而得名。金《名泉碑》、清《七十二泉记》收录。元《齐乘》称在“舜泉南”。明崇祯《历城县志》载“今考在南门外桥西，池如太极，而水更空明可鉴。流入城河”。清乾隆五十三年（1788），当地居民徐文举因“历年来大雨冲损，汲水者每苦其难”，便独自修池，并立《古鉴泉》碑。碑载：此泉“水净沙明，对之若镜”。1982年整修泉池，长7.6米，宽4.8米，周围建花坛。20世纪90年代初被鉴泉酒家改建为人工喷泉。1998年建泉城广场时被填埋。2001年移今址重建，并立“古鉴泉”石刻。2010年在护城河三期通航工程中，对移建的古鉴泉加以重修，并在泉旁立“舜田门遗址”碑刻。今池为不规则形，假山石驳岸，长3.1米，宽2.85米，深0.82米。泉水出露形态为涌状，常年不竭，流入南护城河。

寿康泉　位于南护城河南岸，古鉴泉西，银座购物广场北侧。因饮用此泉水可望延年益寿而得名。清道光《济南金石志》载，清乾隆三十八年（1773）仲冬，当地老者王瑞等人曾立碑志之，正书“寿康泉”三个大字，并记文二行。

寿康泉泉眼众多，出露形态为串珠状上涌，常年不竭。水泡从泉底冒出，袅袅上升，浮出水面，化为潺潺细流，注入护城河。泉曾一度被填埋。1986年修建环城公园时恢复。修建泉城广场时，又在其原址进行保护性修复。今泉池为长方形，石砌，长9.08米，宽4.55米，深1米。池岸边植有垂柳，绿荫如盖。

小王府池　位于历下区王府池子街南首，别名老王府池子。泉池为长方形，石砌，长3.42米，宽2.75米，深0.64米。泉水出露形态为串珠状上涌，常年不竭，沿途汇合众泉，流向百花洲，注入大明湖。

神庭泉　位于历下区王府池子街41号院内，与玉枕泉、太乙泉、小王府池子相邻。原无名，1994年命名。泉池为长方形，石砌，长0.64米，宽0.4米，深0.94米。泉水出露形态为渗流，常年不竭。

玉枕泉　位于历下区王府池子街39号院内，与神庭泉、太乙泉、小王府池子相邻。原无名，1994年命名。泉水出露形态为渗流，常年不竭，积水成池。泉池为长方形，石砌，长1.56米，宽0.5米，深0.4米。原池水清澈甘甜，并蓄养锦鱼。后有生活用水流入，水质受到污染。

灰泉　位于历下区王府池子街中段，濯缨泉（王府池子）西北侧。别名灰包泉。金《名泉碑》、明《七十二泉诗》收录。泉水出露形态为渗流，常年不竭。泉池为长方形，水泥修筑，长2.1米，宽1.5米，深1.02米。西侧以民居石墙地基为岸，东侧以石墙与濯缨泉相隔，墙下沿有一出水口。泉水由此流出与濯缨泉水汇合，穿墙过院经曲水亭街小溪注入大明湖。古时众泉汇为一塘，水面颇大。清顾祖禹《读史方舆纪要》载：“濯缨湖，在城内倚北，合珍珠泉、散水泉、濯缨泉、朱砂泉汇为湖，周广数亩。本曰灰泉，元人改今名。”

知鱼泉　位于历下区王府池子街6号院，别名知鱼池泉。金《名泉碑》收录，《齐乘》称在“灰泉东南”。明《七十二泉诗》有“知鱼池泉”诗。原在德王府，后消失。明《历乘》载“有其名而莫辨其址”。民国《续修历城县志》载李图《知鱼泉》诗曰：“旧闻开府邸，中有知鱼泉。不见众生处，赤鲜过百年。”民国《历城县乡土调查录》称“在珍珠泉东北”。20世纪50年代初，居住在6号院内的蔡姓居民将其重新修复。泉池为圆井形，石砌，直径0.55米，深1.55米。泉水出露形态为渗流，常年不竭，积水成井，为居民生活用水。池畔墙壁上嵌“知鱼泉”石刻。

清泉　位于历下区王府池子街19号，近邻王府池子。原为无名泉，2007年命名为“清泉”。泉水出露形态为渗流，常年不竭，积水成井。池呈井形，石砌，直径0.6米，深1.2米。

起凤泉　位于历下区起凤桥街9号院内，王府池子北。原为无名泉，1994年以所处街巷命名。泉水出露形态为渗流，常年不竭。泉池方形石砌，长2.19米，宽2.08米，深1.5米。2002年以来，市名泉保护部门多次对其进行维护整修。

平泉　位于历下区平泉胡同路西，金菊巷1号院。原为无名泉，因原平泉已消失，居民便将该无名泉沿用“平泉”名称。出露形态为渗流，常年不竭，是附近居民生活用水。今泉池呈长方形，半石砌，长0.9米，宽0.6米，深1.08米。

银珠泉　位于历下区平泉胡同11号。原为无名泉，2007年命名为“银珠泉”。泉池呈井形，石砌，直径0.55米，深1.2米。泉水出露形态为渗流，常年不竭，积水成井。

源泉　位于历下区西更道街20号。原为无名泉，2007年命名为“源泉”。泉池呈井形，池口石砌，井壁砖砌，直径0.4米，深0.84米。泉水出露形态为渗流，常年不竭，积水成井。

云楼泉　位于历下区西更道街4号院内，珍珠泉北，刘氏泉南。又名白云泉。名列金《名泉碑》，称“云楼泉”。明《历乘》称“白云泉”。清郝植恭以“白云”列入《七十二泉记》。泉水出露形态为涌状。泉池为圆井形，石砌，直径0.42米，深0.72米。夏季泉水水位上升几乎与地表平，即使干旱之年亦常年有水。

云楼泉以原建于珍珠泉畔的白云楼得名。白云楼建于元代，是山东行尚书省兼兵马都元帅张荣府邸中的建筑。

碧玉泉　位于历下区西更道街2号。原为无名泉，2007年命名为“碧玉泉”。泉池呈井形，石砌，直径0.7米，深1.5米。泉水出露形态为渗流，常年不竭，积水成井。

刘氏泉　位于历下区曲水亭街南头，西更道街北端路西。金《名泉碑》、明《七十二泉诗》收录。20世纪60年代初曾被填埋。1998年12月修复。泉水出露形态为渗流，常年不竭。泉池为方形，石砌，长宽各1.8米，深0.68米。东、北、南三面装饰兽头石雕栏杆。泉池南侧为珍珠泉水与王府池子水相会之处，溪流潺潺，小桥卧波，流水当门。西面临水渠，又称曲水河。泉水自西侧池壁溢出，汇入曲水河，流经百花洲，注入大明湖。泉池东南侧为珍珠泉大院。

昔时，曲水河畔建有一凉亭，名曲水亭。泉边亭畔是济南品茗博弈之场所。清代著名书画家郑板桥曾在此题写了上联：“三椽茅屋，两道小桥；几株垂柳，一湾流水。”有人接题了下联：“忙里偷闲，下盘棋去；闹中取静，泡碗茶来。”

承运泉　位于历下区珍珠泉大院内，清巡抚院署大堂北侧。2005年11月在此施工时，在距地表约半米深处，涌出汩汩泉水。经考古发掘，发现3眼古泉井和2处青砖砌筑的积水池。2006年，在所发现的东侧古泉井和积水池遗址处，石砌长方形泉池。池长11.9米，宽5.9米，四周围以汉白玉石栏。修复后的古泉井坐落于池中。2009年，以其位于明德王府承运殿（今称清巡抚院署大堂）旁，命名为“承运泉”。

存心泉　位于珍珠泉大院内，清巡抚院署大堂北侧，承运泉西。2005年11月施工中发现。翌年，在所发现的古泉井及积水池遗址处石砌泉池，池长12.11米，宽9.4米，深0.15米，四周围以汉白玉石栏，修复后的古泉井坐落于池中。2009年命名为“存心泉”。2011年8月泉水普查收录。

九角泉　位于珍珠泉大院内西北部，濯缨湖西北岸。常年渗流，积水成池。池口圆形石砌，直径2米，深1.8米。池周石栏护围，假山石上刻2005年题写的泉名。

南芙蓉泉　位于历下区芙蓉街132号院内，因位于芙蓉泉南而得名。泉池为方形，水泥修筑，长1米，宽0.8米，深1.9米。泉水出露形态为渗流，常年不竭。水位不受季节影响，人称“神泉”。原有泉名砖刻。近年来，因芙蓉街污水管道老化漏水，经常污染泉池。市名泉保护部门多次进行整修。

水芸泉　位于历下区芙蓉街95号。原为无名泉，2007年命名为“水芸泉”。池呈井形，池口石砌，井壁砖砌，直径0.4米，深1.36米。泉水为渗流，常年有水，积水成井。

苏家井　位于历下区芙蓉街76号苏姓居民院内，故得名苏家井。泉池呈井形，水泥修筑，常年有水，积水成井。池岸东房屋墙壁上嵌1995年启功书“苏家井”泉名刻石。

水华泉　位于历下区芙蓉街61号。原为无名泉，2007年命名为“水华泉”。池呈井形，池口石砌，井壁砖砌，直径0.5米。泉水出露形态为渗流，常年不竭，积水成井。

水芝泉　位于历下区芙蓉街5号。原为无名泉，2007年命名为“水芝泉”。泉池呈井形，石砌，直径0.25米。泉水出露形态为渗流，常年不竭，积水成井。

泮池　位于历下区庠门里街南端路西，府学文庙内。因在文庙屏门外，又称外泮池。1998年重修泉池。今池呈半圆形，石砌，长37.32米，宽18.16米，深1.9米。池岸设雕石围栏。池间南北向架五孔石拱桥。泉水出露形态为渗流，常年不竭。泉水与经芙蓉街明渠暗道流入泮池的其他泉水汇合后，注入玉带河，汇入大明湖。池畔所在的文庙，始建于北宋。2005—2010年，市政府投资4000余万元重修。其格局从南到北，依次为影壁、南门、棂星门、中规中矩亭、外泮池、屏门、内泮池、戟门（俗称大成门）、大成殿、东西廊庑、明伦堂、尊经阁等。

岱宗泉 位于历下区岱宗街南端路东。原无名，1994年市建委组织泉水调查时依居民口述命名。泉池呈圆井形，石砌，直径0.6米。泉水出露形态为渗流，常年不竭。昔日，街中居民皆饮此水。

厚德泉 位于历下区后宰门街97号。原为无名泉，2009年命名为“厚德泉”。泉池呈井形，池口石砌，井壁砖砌，直径0.45米，深0.7米。泉水出露形态为渗流，常年不竭，积水成井。

珍池 位于历下区珍池街中段，因珍珠泉水经玉带河流入池内，故得名。泉水出露形态为渗流。旧时，池内多鱼虾，常有鸭子戏水捕食，俗称鸭子湾。后因建珍珠泉宿舍，玉带河被截流，珍池失去重要水源补给，水质变差。1982年重修，池周以青石砌垒。1993年被填埋。1998年修复。池周砌石栏，植绿篱。今池呈扇形，石砌，长21.42米，宽6.28米，深1.5米。池水向北经暗渠流向百花洲，注入大明湖。

王庙池 位于珍池南邻，西墙根下。泉水出露形态为渗流，盛水期则为涌状。1998年进行抢救性修复，今池呈长方形，石砌，长2.15米，宽1.52米。池西墙壁上嵌有泉名石刻。

院后泉 位于历下区院后街9号。原为无名泉，2009年命名为“院后泉”。泉池呈方形，石砌，长宽各0.85米，深0.85米。泉水出露形态为渗流，常年有水，积水成池。水质甘洌，为附近居民生活用水。2011年8月，市名泉保护部门进行了整修。泉池北侧立假山石碑刻。

永安泉 位于历下区县西巷商业街北首，泉乐坊163号北。泉池长方形，水泥砌筑，长12米，宽9.6米，深0.77米。常年不竭。

县东泉 位于历下区县东巷79号。原为无名泉，2009年8月市名泉办联合市民政局面向社会征名，以其所处街巷命名为“县东泉”。泉池为石砌方井，井口长、宽各0.55米，井深2.24米，常年不竭。

涌锡泉 位于历下区泉城路路北335号院内。泉池呈方井形，边长0.55米，池口圆形，直径0.4米，为一块厚石凿成。池壁砖石砌垒，池深3.5米。常年有水，久旱不涸。池岸墙上嵌清道光三年（1823）立刻石，石上“涌锡泉”三字隐约可辨。

凤翥池 位于省政府院（明清时为山东布政使署、贡院）内。清乾隆五十七年（1792），山东布政使江兰分别在布政使署和贡院内，凿成“凤翥池”和“华笔池”，并撰、书《新浚凤翥池记》，刻于石上。“凤翥”取意于《诗经·大雅》“凤凰鸣矣，于彼高冈”，意在勉励来此科考的士子奋发图强，像凤凰般振翅腾飞。今“凤翥池”分东、西两池，中间架一小桥。两池各为正方池，石砌，边长5米，深1.5米。池周饰以石栏，东池北壁嵌“凤翥池”石刻，西池北壁嵌有题记。泉水出露形态为渗流，常年不竭，积水成池。盛水期泉水潺潺，清澈见底。凤翥池北原有一太湖石，形状奇特，翼然而立，如凤起舞，故名“凤翥石”，曾是元张养浩别墅“云庄”中的奇石。泉以石名。石、泉相映，寓意甚丰。

玉乳泉 位于省政府院西部，凤翥池西，因泉滴滴如乳汁而得名。民国《历城县乡土调查录》载“在省公署花园内南端”。泉池长40米，宽30米。1999年7月改建为石砌方池，长8.3米，宽8.2米，深1.2米。泉水出露形态为涌状，常年不竭，沿暗渠北流入大明湖。

雪泉 原在山东布政使署名士轩南，今位于历下区西公界街2号省经委宿舍院内。清道光《济南府志》及民国《续修历城县志》均载。清乾隆年间，山东布政使江兰拓建放生池时得此泉。泉池修好后，桂馥题书泉名，翁方纲作《功德水记》，并书丹刻于石上。当时，泉池甚大，水颇清，荇藻青翠，锦鱼戏游，为济南一大胜景。后又在池旁建讲堂数栋，名为“济南书院”。

解放前，碑刻、书院全废，放生池也与雪泉分为两处。1982年重修泉池。池呈方形，石砌，长宽各2.3米。池周建雕刻石栏，池南壁镶“雪泉”泉名刻石。泉水出露形态为渗流，水势旺盛，常年不涸。

放生池 位于历下区西公界街3号院内，与雪泉相邻，又称功德水，功德泉。清乾隆年间，山东布政使江兰拓建。山东学政翁方纲于乾隆五十八年（1793）撰《功德水记》云：“引署内华笔、凤翥二池之流，汇珍珠、芙蓉诸泉，以成斯池。”泉池呈正方形，石砌，边长3.4米。泉水出露形态为渗流，常年不竭。

不匮泉 位于历下区双忠祠街33号院内，清道光《济南府志》及民国《续修历城县志》均载。泉水出露形态为渗流，常年不竭，积水成池。池呈长方形，石砌，长2.4米，宽1.85米。

据清张贞《不匮泉记》和赵申季《不匮泉跋》载：济东道道台宋广业之母相夫教子，敬奉姑婆，孝名甚著，于清康熙四十四年（1705），诰封一品夫人并赐“北萱映彩”匾额。宋广业遂在署衙西侧建御书碑亭，并把皇帝赐给其母的匾额挂在里面。建亭时，于亭后凿池，得一新泉，泉水甘美清洌。依据《诗经》“孝子不匮，永锡尔类”，将泉命名为“不匮泉”。

广福泉 位于历下区双忠祠街12号大门内西侧。泉水出露形态为渗流，常年不竭，积水成池。原池长1.05米，宽0.7米，深1.75米，条石砌成，后淤塞。2000年5月修复。今池呈长方形，石砌，长3.5米，宽2.9米，池岸筑石柱栏板。

天净泉 位于历下区双忠祠街21号。原为无名泉，2007年命名为“天净泉”。泉池呈正方形，石砌，边长0.7米，深0.5米，泉水出露形态为渗流，常年不竭，积水成池。

华家井 位于历下区启明街49号东侧路北。原为当地居民饮用水源，1965年使用自来水后曾被填埋。市名泉保护部门于2000年5月修复。池呈井形，石砌，直径1.13米，深2.4米。泉水出露形态为渗流，常年不竭，积水成井。

升仙泉 在历下区西城根街44号院旁。原为无名泉，2009年命名为“升仙泉”。泉池长方形，水泥砌筑，长0.73米，宽0.43米。泉水出露形态为渗流，常年不竭，是附近居民主要饮用水源。

太极泉 位于大明湖路西端路南，济南第七职业中专院内。清道光《济南府志》载：“太极泉，在太平寺北……形圆，水清，流入明湖。”泉水出露形态为涌状，常年不竭，水质优良。原泉池呈井形，曾是20世纪60年代水文地质部门的测试点，70年代停用。1997年3月，附近泉眼在建筑施工中被填埋，此泉喷涌溢流，遂建长、宽各1.2米的方形泉池，水顺管道注入排水沟，流进大明湖。今泉池呈长方形，水泥修筑，长1.3米，宽0.9米。

扇面泉 位于大明湖南侧、原省图书馆院内东侧。因泉池呈扇形而得名。石砌泉池，长4.6米，宽3.6米。泉水出露形态为渗流，常年不竭，积水成池。2009年扩建大明湖时，一度被掩埋，后在原址处修复。因水源不旺，水质明显变差。

司家井 原在大明湖路235号司家院内，2009年大明湖风景区扩建时保留为景区院落泉点。泉池呈圆井形，石砌，直径0.43米。泉水出露形态为渗流，常年不竭，积水成井，水质清澈。

感应井泉 位于大明湖北岸，北极阁东侧。明嘉靖《山东通志》载：“感应井，在府城内北极台下。”清康熙《济南府志》载：“城北面滨湖，水味多咸，此井独甘。”泉旁有济南人邹袭撰《感应井泉记》碑刻，立于明正德九年（1514）。后泉井湮没，石碑亦被埋。1999年在原址修复，并建泉池，原被埋碑刻亦挖出立于池旁。泉池为井形，石砌，直径1.2米。泉水出露形态为渗流，常年不竭。

据《感应井泉记》载，此泉出现于明正德年间。当时德王府兴工修缮北极庙，因附近之水苦涩难饮，工匠所饮需到十余里外的罗姑井、玉环泉汲取，不胜其劳。负责修缮工程的德王府承奉白阊默默祷告，祈能解决取水之难。一日夜间，白阊梦见一异物指示其泉水的地点。第二天一早，便命人在所示之处挖掘，果然得一甘泉，遂名此泉为“感应井泉”，并在泉上建一亭，勒石以示纪念。

青龙泉 位于历下区东青龙街路西，护城河东岸，隔河与苗家巷相对。泉水从河东岸石崖涌出，泄入护城河。原无名。2012年春，趵突泉公园管理处在泉水跌落处围以长方形石栏，以其地处东青龙街，取名“青龙泉”，并请书法家张仲亭题写泉名，镌刻于西侧石栏板上。1965年山东省地质局水文地质观测站整理的《济南泉水一览表》所载苗家巷之人工钻孔喷泉，似即此泉。

启福泉 位于历下区启明街35号院内。泉池呈井形，池口由水泥修筑，井壁石砌，直径0.68米。泉水出露形态为渗流，常年不竭，积水成井，水质优。

启禄泉 位于历下区启明街41号院内。泉池呈井形，水泥修筑，直径0.42米。泉水出露形态为渗流，常年不竭，积水成井，水质优。

启寿泉 位于历下区启明街47号院内。泉池呈长方形，池口石砌，池壁由水泥修筑，并贴瓷砖，长0.48米，宽0.41米。泉水出露形态为渗流，常年不竭，积水成池，水质优。

启喜泉 位于历下区启明街87号院内。池呈井形，石砌，直径0.9米。泉水出露形态为渗流，常年不竭，积水成井，水质优。

无名泉 位于历下区启明街101号院内。泉池圆井形，口径0.45米。泉址南侧兴建大型商业楼后，水势衰退，几近枯竭。

无名泉 位于历下区太平寺街2号院室内。昔日为居户饮用水源。泉池圆井形，口径0.4米。泉址南侧兴建大型商业楼后，阻断泉脉，水近枯竭，井口被棚盖。

无名泉 位于历下区太平寺街6号院房根处。泉池圆井形，口径0.45米。南侧兴建大型商业楼后，泉水枯竭，泉井被用混凝土封盖。

公界泉 在历下区西公界街40号院旁。泉池水泥砌筑，井形，井口直径0.72米。泉水出露形态为渗流，常年不竭，水质优。

太平井 在历下区太平胡同5号院旁。泉池为石砌井形，井口长0.56米，宽0.48米。泉水出露形态为渗流，常年不竭，水质优。

福德泉 在历下区孟家胡同1号院旁。石砌圆井形，井口直径0.63米。泉水出露形态为渗流，常年不竭，水质优。

孟家井 在历下区孟家胡同7号院旁。石砌圆井形，井口直径0.5米。泉水出露形态为渗流，常年不竭，水质优。

状元井 位于历下区鞭指巷9号院内。泉旁有陈冕状元府。石砌圆井形，直径0.8米。泉水出露形态为渗流，常年不竭，水质优。

鞭指井 位于历下区鞭指巷31号院内。石砌圆井形，直径0.43米。泉水出露形态为渗流，常年不竭，积水成井，水质优。

关帝庙泉 位于历下区芙蓉街38号关帝庙内。泉池为石砌井形，井口直径0.51米。泉水出露形态为涌流，常年不竭。

武库泉 位于历下区芙蓉街关帝庙北侧吉舜阁内。泉池为石砌井形，井口直径0.53米。泉水出露形态为渗流，常年不竭，水质优。

无名泉 位于历下区芙蓉街38号屋内。泉池为石砌井形，井口直径0.53米。泉水出露形态为渗流，常年不竭，水质优。

佐泉 位于历下区曲水亭街15号。泉池为边长0.42米的水泥砌筑方井。泉水出露形态为渗流，常年不竭，水质优。

佑泉 位于历下区曲水亭街15号。泉池石砌长方形，长0.5米，宽0.4米。泉水出露形态为渗流，常年不竭，水质优。

兴隆泉 位于历下区小兴隆街13号。泉池石砌井形，井口直径0.31米。泉水出露形态为渗流，常年不竭，水质优。

院北井 位于历下区院后街16号院内。石砌圆井形，直径0.78米。泉水出露形态为渗流，常年不竭，积水成井，水质优。

同元井 位于历下区珍池街1号院内。泉池呈井形，水泥修筑，直径0.6米，泉水出露形态为渗流，常年不竭，水质优。

无名泉 位于历下区县西巷商业街路西中段。2011年8月泉水普查收录。泉池为县西巷拓宽改造时所修，石砌方形，边长2米，深1.22米。池口圆形石雕，池周石栏护围。泉水出露形态为渗流，常年不竭。

第二节 老城区外及历城区境诸泉

在济南老城区外和历城区境内，除有17处名列新七十二名泉外，还分布其他已知泉点303处，主要组成为白泉、涌泉、玉河泉三大泉群。

龙泉 位于千佛山兴国禅寺西门内南侧，“龙泉洞”内。明《历乘》载：“（龙泉）冬夏不竭，味甚甘，煮茗堪比雪水。”清刘大绅《咏龙泉洞》诗曰：“千尺高岩万树林，时时洞口老龙吟。不知几夜清秋雨，并作寒泉一水深。”泉水出露形态为渗流。泉池呈深潭状，不规则形。龙泉洞口上方，为篆体“龙泉洞”石刻，济南当代书法家任晓麓题书。洞内南侧石壁上镌有多尊隋代佛像。佛像下有一小门。门内是垂直深潭，面积10余平方米，水深2米。潭水清澈见底，四季不涸。洞壁布满藓苔，粒粒水珠，纷纷滑下，夜深人静时，可闻叮咚之声，如同珠落玉盘，极富琴韵。炎夏登山，走向洞内，凉气袭人，备感清爽。

龙泉水质甘美，昔日寺内僧人即取此水烹茶为饮。明刘敕《咏兴国寺》诗曰：“数里城南寺，松深曲径幽。片湖明落日，孤嶂插青流。云绕山僧室，苔侵石佛头。洞中多法水，为客洗烦愁。”

佛慧泉 位于千佛山风景名胜区南门东300米牌坊下，别称兔子窝山泉。原为自然水坑，修建千佛山景区南门时，砌筑泉池，假山石驳岸，岸壁镌“佛慧泉”泉名。泉水出露形态为渗流，属季节性泉，盛水时水自岩隙渗出。2011年8月普查时已断流。

长生泉 位于千佛山风景名胜区佛慧山开元寺遗址东侧石壁下。清道光《济南府志》载：“长生泉，在开元寺前。”泉名刻于石壁上，由元代山东肃政廉访使察罕菩华题书。石刻上方有唐贞观年间镌刻的佛像一尊。泉水出露形态为渗流，积水成池，经年不涸。水质甘美，旧时供僧众饮用。

漏水泉 位于佛慧山南坡漏水桥西。泉池呈不规则形，人工凿石而成，直径0.8米。崖壁多窟穴，泉自窟穴渗漏而出，汇积于池中，常年不竭。雨季，泉水沿山峪漫流而下。水质甘美。

琵琶泉 位于二环东路西侧，燕子山下，舜联建设集团院内西南角。泉自岩隙流出，汇入水泥修筑的琵琶状水池。池长6米，宽2.5米。南侧立假山石，上镌“琵琶泉”泉名。属季节性泉，2011年8月泉水普查时已断流。

仰泉 位于浆水泉水库东南侧，为水库泉源之一。池呈不规则形，人工凿石。属季节性泉，盛水期水自岩孔腾突喷涌，注入水库。2011年8月泉水普查时已断涌。

黄龙泉 位于浆水泉水库大坝东北约百米处。盛水期水自岩洞流出，积水成池。池呈长方形，长1.3米，宽0.9米，水泥修筑。属季节性泉，2011年8月泉水普查时已断流。

牛腚泉 位于浆水泉水库南300米，牛腚山峪东侧。池呈不规则形，池岸为自然土石。属季节性泉，雨季涌，由暗渠明沟蜿蜒北流，汇入浆水泉水库。2011年8月泉水普查时已断涌。

皮狐泉 位于浆水泉水库大坝中段东部。泉池为自然不规则形，池口最大直径0.4米。常年不竭，为附近居民饮用水源。

西沟峪 位于浆水泉水库大坝西侧峪中。积水成洼。泉池水泥砌筑，长0.3米，宽0.2米，常年不竭。今将泉池封闭，并置管道接至附近居民饮用水管道系统。

无名泉 位于历下区浆水泉村，浆水泉北30米处。泉池为石砌长方形，长1.4米，宽1.2米。常年不竭，为饮用水源。

上泉 位于历下区二环东路南端，老虎山东脚下。分为相距20米的上下两池。上池出露形态为涌状水流，池岸为自然土石，呈水洼状。下池井形，水泥修筑，直径0.75米，深1.2米，水质清澈。常年不竭，为饮用水源。

露华泉 位于龙洞佛峪般若寺遗址，其上为隋唐摩崖石刻造像。泉从石壁渗出，如同漱玉，称“露华泉”。泉旁石壁刻有篆书泉名。又因泉水甘美如同乳香，又称“乳肖泉”。泉池呈不规则形，石砌，长1.1米，宽1米。泉水出露形态为渗流，常年不竭，积水成池。昔日，泉水流入佛殿僧厨，供寺内僧人饮用。临近泉池的岩壁上镌刻有“云殿泉厨”四字，何人书写不详。如今，泉流依然如故，石刻仍存。

壶嘴泉 位于龙洞佛峪般若寺遗址西约200米处的山涧内。水从岩孔流出，状若壶嘴出水，故名。当地人又称之为“茶壶泉”。泉池呈长方形，石砌，长0.9米，宽0.5米。泉池上方石壁上有当地居民镌刻的“茶壶泉”三字。属季节性泉，雨季泉水较旺，积水成池。2011年8月泉水普查时已断流。

金龙泉 位于龙洞佛峪北首东侧山坡。泉池呈长方形，石砌，长3.4米，宽2.1米。出露形态为涌状，常年不竭，积水成池。池以水泥板封盖，水由池壁溢水管流出，泄入河。泉旁岩石书“金龙泉”三字。

金沙泉·白龙泉·黑龙泉 金沙泉，在龙洞西北侧藏龙涧崖壁间。金《名泉碑》、明《七十二泉诗》、清《七十二泉记》均收录。白龙泉，在金沙泉北约30米。金《名泉碑》、明《七十二泉诗》、清《七十二泉记》均收录。黑龙泉，在白龙泉北侧。泉旁有明嘉靖三十二年（1553）六月游人题字。明《七十二泉诗》收录。明末《历乘》和清《历城县志》《济南府志》有载。三泉相隔不远，昔日汇水成潭，分别叫黄龙潭、白龙潭、黑龙潭。盛水季节，泉水相汇，顺山涧层层叠叠而下。枯水季节，水流甚小，积为水洼。两侧为险壁。黑龙泉西北，为藏龙涧尽头，山体陡峭处，有天然石阶可攀，被称为“天梯”。登天梯，可远眺独秀峰、鹫栖岩、龙洞之雄姿；俯瞰涧底，泉水潺潺。

悬珠泉 位于龙洞洞口石壁上。明《七十二泉诗》、清《七十二泉记》收录。水自石壁渗出，滑滚下落，故称“悬珠泉”。无泉池，季节性泉，滴落后蒸发。2011年8月泉水普查时已断流。

一指泉 在龙洞寿圣院遗址西侧，三秀峰下。民国《续修历城县志》收录。民国《历城县乡土调查录》亦载。泉池为石砌井形，上方下圆。池口长宽各约0.5米，井深约5米。常年不涸，为饮用水源。

白云泉 位于龙洞马蹄峪尽头，白云山主峰东北向山梁西侧陡崖下。因白云山而得名。陡崖高约15米，下部凹进，呈石窟状。泉自窟穴中流出，汇入2米宽的石砌方池，然后再入与小池相连的大池。大池南北长20米，东西宽约6米，一面临崖，三面石砌。泉水出露形态为涌状水流，常年不竭，积水成池。池内青藻浮动，水清碧透，久旱不涸。泉北侧为白云洞，又称白衣仙人洞。洞深十余米，宽四五米。此处山高谷深，林木繁茂，白云悠悠，流水潺潺，不是仙境，胜似仙境。

凤凰池 位于龙洞马蹄峪西南峪底北沿一石屋内。泉池呈长方形，石砌，池上覆水泥板。泉水出露形态为涌状，常年不竭。临泉池有长约35米、宽10米～30米的塘湾状的大水池，池中水草繁茂，岸边垂柳依依。周围青山环抱，葱茏苍郁，池水澄明如镜，景致清幽秀美。

老鸹泉 位于龙洞风景区，白龙泉北200米处。泉水出露形态为渗流，积水成洼，用作灌溉农田。

老君泉（老君井） 位于龙洞风景区入口老君崖下。别名老君井、朗公井。因水质甘美，相传道教祖师太上老君常取此水炼丹，故名“老君井”。明崇祯、清乾隆《历城县志》和清道光《济南府志》均称为“朗公井”。水井久旱不涸。泉池井形，石砌，直径1.5米，竖井7米，是附近居民主要饮用水源。

无名泉　位于龙洞风景区停车场南500米处。泉池半石砌，不规则形，泉呈渗流，常年不竭，积水成池。现泉池已作保护性覆盖。

无名泉　位于历下区龙洞庄东侧。泉池石砌，呈不规则形。泉呈渗流，常年不竭，为附近居民饮用水源。

水洞子泉　位于龙洞庄西，狸猫山东南侧洞内。2011年8月泉水普查收录。洞口宽1.6米，高2米多。水自洞上方岩缝流出，跌落口径4～5米的水池中，水满溢出洞口，沿水洞子沟流淌。

小无影潭　位于天桥区无影山中路与无影山路交叉口南。因邻近无影潭，面积较小，故名。泉池为石砌不规则形，水面1324平方米。泉水出露形态为渗流，常年不竭。潭中心矗立一座小亭，潭周垂柳成荫，小桥逶迤，绿地延展，环境清静优美。

田庄苇塘　位于天桥区泺口街道田庄村附近。因靠近田庄而得名。泉水出露形态为渗流。泉池石砌正方形，边长1.1米。常年有水，水质清洌。泉池周围绿树夹岸，芦苇丛生。

铁匠泉　位于天桥区药山西侧崖石下。泉池为石砌方形，长宽各1.5米，深4米。泉水甘甜，从未干涸。以前是村民主要饮用水源，村内通自来水后仍有附近居民取泉水饮用。

蕊珠泉　位于市中区十六里河街道玉函山北侧佛峪寺遗址。清道光《济南府志》载：蕊珠泉“在西佛峪崖上”。泉自佛峪寺内西侧岩壁上渗出，汇成水流，注入方池。因细流撞击，池内常有水泡泛起，如蕊珠，故名“蕊珠泉”。 泉池呈长方形，凿石为岸，长4.3米，宽1.6米。泉水出露形态为渗流，常年不竭。曾是寺内僧人主要饮用水源。盛水季节，泉水自石隙中泄出，顺势跌落崖下，夕阳返照之时，远处观之，犹如一道金线，若值深秋，加之红叶满谷，翠柏相映，景色更佳。

灰泉　位于玉函山北坡佛峪寺下，别名惠池。据清雍正十年（1732）佛峪寺住持通惠所立《佛峪右灰泉记》碑载，该泉属佛峪寺，历来为僧侣所用。后来周围各村也来取水，引起僧徒不满。经僧侣与各庄人士商议，此后“止许峪口拾人度用”，其他人等不能再来此取水。因立此碑，以告民众。今泉池呈不规则形，池岸为自然土石，长0.8米，宽0.6米。泉水出露形态为渗流，常年不竭。泉旁尚存《佛峪右灰泉记》石碑。因长年风化，碑文内容已辨识不清。

鹁鸽泉　位于玉函山佛峪寺西侧，鼓楼峰下。因四周多野生鹁鸽而得名。清代济南诗人方启英《登玉函山过卧佛寺》云：“野鸟频呼侣，山猿自饮泉。”是此泉极为恰当的写照。水自岩缝流出，积于天然土石池内。该泉属季节性泉，2011年8月泉水普查时已断流。

大泉　位于玉函山安息园内。因水势大而得名。泉池为石砌长方形，长3米，宽2米，水出自一巨岩下，出露形态为涌流，常年不竭，积水成池。今人在池东壁雕一龙首，将泉水导入新建的蓄水池，作为消防水源。泉上建有小亭，泉畔垂柳婆娑。由亭内南望玉函山主峰，巍峨壮观，历历如画。

无名泉　位于玉函山安息园内。泉池呈不规则形，石砌，泉塘口径最长13米，常年有水，为玉函山安息园景观泉。

东峪泉　位于十六里河街道柏石峪村。泉眼处在石崖下，山上长满柏树。泉池石砌长方形，长2米，宽1.7米。泉水出露形态为岩缝渗流，常年不竭，积水成池。

沛泉　位于十六里河街道柏石峪村西，帅旗峰下果园内。因泉源丰沛而得名。泉池为石砌长方形，长6.9米，宽6.7米。出露形态为渗流，常年有水，积水成池，是居民主要饮用水源。池底是一整块巨大岩石，泉源在泉池南壁下，从崖间众多细小的洞隙中流出，水盛时溢出方池，漫山而流，为峪内奇观。泉池东壁上嵌泉名碑。据题字可知，泉池重修于清道光元年（1821）三月，下署“东十六里河白石峪公立”字样。

南泉井 位于十六里河街道花山峪村。泉池石砌正方形，边长0.65米，深2.8米。泉水出露形态为渗流，常年不竭，积水成池，是附近居民主要饮用水源。

北泉井 位于十六里河街道花山峪村，南泉井北。泉池圆井形，水泥修筑，直径0.8米，深2米。泉水出露形态为渗流，常年不竭，积水成井，是附近居民主要饮用水源。

永清泉 位于十六里河街道花山峪村南侧，玉函山东侧。泉池为石砌正方井形，边长0.5米、深3米。昔日池旁有1966年所立泉名碑，20世纪八九十年代被毁。泉水出露形态为渗流，常年不竭，为村民饮用水源。水盛时沿井口溢出，沿山谷漫流。泉南约200米崖壁下，还有两眼山泉，无名，无泉池。盛水期，山泉腾突喷涌，汇而成溪，沿山峪下泄，景象壮观。

鹿泉 位于十六里河街道石匣村南，石固寨山（亦称大寨山）北侧崮头下。名列金《名泉碑》。传说泉内有一条白龙，后驾云而去，将片片鳞甲留在泉中，阳光照耀下银光闪烁，故又名“白龙泉”。泉池呈正方形，石砌，边长0.6米。泉水出露形态为渗流，属季节性泉。水质清冽甘美，乡人奉若“圣水”，是村民主要饮用水源。泉旁有村民新建的碧霞元君祠和白龙庙。

双龙泉 位于十六里河街道石匣村东。泉池为石砌长方井，井口长1.2米，宽0.7米，井深6.5米。泉水出露形态为渗流，常年不竭，村民用于浇灌农田。

大汩泉 位于十六里河街道石匣村西。2011年8月泉水普查收录。泉池石砌正方形，边长0.5米，深1米。泉水出露形态为涌状，常年不竭，为村民饮用及农耕水源。

大岭泉 位于市中区兴隆街道大岭村东山脚下。传说曾有苏姓兄弟二人到此落户，发现南北两处泉眼，称之为“鸳鸯泉”。后来大哥搬走，北边的泉眼干涸。人们把南边仍喷涌的泉称作大岭泉。泉池呈不规则形，半石砌，长16米，宽12米，深2米。泉水出露形态为渗流，常年不竭，为农田灌溉水源。

金鱼泉 位于兴隆街道钐村，佛峪钓鱼台东。泉池石砌长方形，长4.3米，宽1.1米。出露形态为线状水流，常年不竭，积水成池，为饮用水源。

逻岩泉（二姑泉） 位于兴隆街道钐村佛峪大沟崖下。该泉因后面山体呈半圆形且直上直下，泉水自岩底流出而得名。传说唐末宋初，来自泰山的两个道姑在此采药时，发现岩底有鸟儿喝水，经挖掘，涌出汩汩泉水。两个道姑遂在此建庙定居，庙称“二姑庙”，泉曰“二姑泉”。今二姑庙已废，遗址处建有护林房。泉水出露形态为涌状，常年不竭。

白花泉 位于兴隆街道白花泉村东。明《七十二泉诗》收录。清道光《济南府志》载：“白花泉，在大佛寺东。旧志云飞泻漫流，曲尽幽姿，流经孤山，入锦绣川。”泉池呈长方形，东临深涧，三面石砌，长10米，宽7米。泉水出露形态为渗流，常年不竭，为农田灌溉水源。

小泉 位于兴隆街道斗母泉村北部，小泉村南侧山崖下台地上。因泉水量小于俗称“大泉”的斗母泉而得名。泉池呈长方形，石砌，长0.7米，宽0.6米。泉水出露形态为渗流，常年不竭，为农田灌溉水源。

南岭泉 位于兴隆街道斗母泉村宝兴山，因源于南岭山顶得名。池呈方形，石砌，长宽各0.55米。泉水出露形态为渗流，常年不竭，水自岩缝涌出，流落池内，哗哗作响，为村民主要饮用水源。

南圈泉 位于兴隆街道南圈村西，泉以村得名。泉池呈长方形，水泥修筑，长2.6米，宽2.3米。泉水出露形态为渗流，常年不竭，水自南壁岩缝流出，积水成池，清澈洁净，为村民主要饮用水源。

边庄北泉·南泉·西泉 位于兴隆街道边庄村，以村得名。三泉又依方位分别取名“北泉”“南泉”“西泉”。泉池均呈长方形，石砌，长7米，宽3米，被水泥板棚盖，留取水孔。泉水出露形态为渗流，常年不竭，四季涌水量较均衡，不涸不溢，为村民主要饮用水源。

西坡北泉 位于兴隆街道西坡村中部偏北，因方位而得名。传说村民如果想吃豆腐，就到泉边烧纸，第二天，泉边就会出现豆腐，故又名“豆腐泉”。泉池呈长方形，水泥修筑，长4.75米，宽3.84米。泉水出露形态为渗流，常年不竭，水质清澈，为村民主要饮用水源。

西坡南泉 位于兴隆街道西坡村中部，因在村中“北泉”之南而得名。泉池呈长方形，石砌，长3.1米，宽2.7米。池顶用料石券为拱形，水自岩缝流落池内。泉池上方有水泥石碑，字迹模糊，无从辨认。泉水出露形态为渗流，常年不竭，积水成池，为村民饮用水源。

寄宝泉 位于兴隆街道碉堡峪村。传说曾有僧人在泉旁石缝寄藏财宝，故名。该村有三泉，统称寄宝泉：一泉在街旁崖下，池呈圆井形，石砌，口径0.75米；一泉在村西北，池呈长方井形，石砌，长0.6米，宽0.5米；另一泉位于村内，池呈方井形，长宽各0.5米。三泉均为村民饮用水源。

吴家泉 位于市中区党家街道土屋村东南。因从前一吴姓地主在泉边种庄稼，每年都大获丰收，故得名吴家泉。泉池石砌长方形，长0.78米，宽0.59米。属季节性泉，2011年8月泉水普查时已断流。

姑嫂泉 位于党家街道蛮子庄，金拱岭北坡，别名淑让泉。泉池石砌长方形，长1.5米，宽0.3米。泉旁立姑嫂塔两座。塔门上镌“红云嫂墓”和“青云姑坟”。两塔间有姑嫂殿遗迹。泉水出露形态为渗流，常年不竭，是村民主要饮用水源。

姑嫂泉的由来，源于传说故事。宋代，有宋氏姑嫂二人，逃难来到此地。时值盛夏，气候干旱，方圆几十里不见人烟。两人干渴难耐，突然发现山峪中有一牛蹄印，蹄印里荡漾着一洼清水。因水太少，只够一人喝。二人互相谦让。小姑子认为，自己年龄小，理应让嫂子先喝。嫂子则觉得，自己年长，应该让妹妹喝。结果两人谁也没有喝，最终双双渴死。神灵得知此事，甚是感动，便在牛蹄印边凿一清泉，称“淑让泉”。老百姓则称之为“姑嫂泉”。人们为了纪念姑嫂二人，把她们葬在了姑嫂泉边，并在墓上筑以双塔。后来又在塔边建造姑嫂殿。后几经扩建，到了明代，姑嫂殿殿宇规模宏大。山下则逐渐形成一个村落，称为蛮子庄。清代，重修姑嫂殿，因为游客不断，四周乡民便在泉边约立香会，香会分两天，农历三月十五主祭小姑，第二天即三月十六主祀嫂子。至民国时期，香客遍布鲁西地区。

圣池泉 位于仲宫镇北道沟村的普门寺遗址。因地处普门寺圣地而得名。明崇祯、清乾隆《历城县志》，道光《济南府志》均有载，称“圣池泉，在普门寺山门外，清洌澄洁，一方攸赖”。泉池为石砌正方形，边长1.4米，深0.9米。泉水出露形态为线状水流，常年不竭，是村民主要饮用水源。

上水泉 位于仲宫镇马家庄杨家寨山西南。明、清《历城县志》和道光《济南府志》有载。泉水呈线状水流，水质甘甜，是居民主要饮用水源。周围环境及景色俱佳。

东老泉 位于仲宫镇东老泉村南。泉池为石砌长方形，长2.8米，宽1.5米，深5米。泉水出露形态为线状水流，为村民主要饮用水源。

西老泉 位于仲宫镇西老泉村东。泉池呈长方井形，水泥修筑，长2.8米，宽2.2米，深14米。泉水出露形态为涌状，涌水旺盛，从未干涸，是村民生活用水水源。

犁峪泉 位于仲宫镇西老泉村西。无泉池，出露后流向河道。属季节性泉， 2011年8月泉水普查时已断流。

梨峪泉 位于仲宫镇王府庄西，因当地盛产泰山小白梨而得名。又因该泉地处村西南300余米之山岗，当地人又称为“小南峪泉”。泉池石砌长方形，长0.8米，宽0.5米。泉水出露形态为涌状，常年不竭，流量较大。距泉200多米处建有占地100多平方米的大水池，用水管将泉水引至池内，池深约2米，水清如镜，是村民主要饮用水源。

西泉　位于仲宫镇王府庄西。出露形态为涌状水流，常年不竭，无泉池，通过长800米管道将水引至村西蓄水量300多立方米的大水池中，是村民主要饮用水源，也用于农业灌溉。

穆家泉　位于仲宫镇穆家庄西，因村得名。泉池为不规则形，自然形成。泉水出露形态为线状水流，常年不竭，水量较大，为村民主要饮用水源。

打虎泉　又称咋呼泉，位于仲宫镇北草沟村南峪。属季节性泉，为村民主要饮用水源。

崔家泉　位于仲宫镇崔家庄东卧虎山。泉水渗流而出，积水成洼。为村民主要饮用水源，也用作农田灌溉。

簸箩泉　位于仲宫镇朱家庄西南，靠近卧虎山水库。泉池呈圆形，直径2米，盛水时泉水呈趵突状涌，雨季涌量达每秒1.2立方米，每日流量10万立方米，半里之外，可闻其声。水自上而下形成1千米长小河，注入玉符河，用于农业灌溉。属季节性泉，2011年8月普查时已断流。

蜜脂泉　位于仲宫镇西董家庄西。泉水自砾石缝流出，澄澈甘洌，沿溪东流，汇入玉符河。属季节性泉，2011年8月泉水普查时已断流。

南泉　位于仲宫镇左而庄南。常年不竭，为村民饮用和灌溉农田水源。

醴泉　位于仲宫镇康王山南坡。因泉水常年不涸且甘美如醴，故名。明崇祯、清乾隆《历城县志》和康熙、道光《济南府志》有载。泉池石砌方形，长宽各3米，深1米。泉水出露形态为渗流，常年不竭，积水成池，是居民主要饮用水源。泉池西侧，为明嘉靖十六年（1537）四合寺（醴泉寺）寺院僧人修建的小龙王庙，现屋顶已塌陷。

金、明、清七十二泉榜中，均列有“醴泉”，但泉址不同。金代《名泉碑》所载之醴泉，元《齐乘》称在“黉堂岭”（今章丘、邹平交界处），此泉今尚在，地属邹平市。据清道光《济南府志》载，旧志（指清康熙《济南府志》）因其距府城太远，故将此康王山之醴泉易之，“盖同名而异地也”。其实，明代晏璧已将此地属历城的醴泉列为七十二名泉，其《七十二泉诗》曰：“历下泉如竹叶清”。清道光《济南府志》称：历城“南山通得‘历’之名”。康王山在济南南部群山中，亦可属历山，晏璧咏誉的“历下”之醴泉，当即康王山处的醴泉。晚清，郝植恭亦将此康王山之醴泉列为七十二名泉之一。

醴泉所处的康王山，位于仲宫镇小并渡口村处的锦阳川东岸，高峻峭拔，松柏蓊郁。山之阳山腰处有醴泉寺，又称四合寺，昔日规模很大，“四阿环以廊庑，凡正殿、月台、佛像、地藏阁”无不“金碧辉煌，烂然掩映”，现已倾圮。在遗址中尚存一方明嘉靖四十一年（1562）的《重修醴泉寺记》碑。碑文载：“醴泉（寺），历之名寺也，去县治六十里，不知何自始立，元至正甲申有重修记录，则寺之创制远矣。其寺依山带河，环以峻岭，中有甘泉，寺之得名，盖取山中出泉之义，诚为殊胜……”

崔家泉　位于仲宫镇小并渡口村北，康王山西北侧，郭而老山山阳脚下，又称龙泉。因泉原处于崔姓地主家田地而得名。泉水出露形态为涌状水流，水自崖下红页岩中渗流而出，常年不竭，经石渠汇入长20米、宽12米的石砌蓄水池内，再经管道自流入户，供小并渡口村民饮用。雨季水盛，溢出池岸漫流山下。泉所处之康王山麓，林木茂密，环境清幽，风景十分优美。

青龙泉　位于仲宫镇仲南大桥南，郭而老山西北坡，当地人又称为“芦家泉”。泉池为半石砌不规则形。泉水出露形态为涌状，水自山崖下红页岩缝隙涌出，积于小长方池内，终年不涸。泉旁立碑，上书“青龙泉”三字。此水含有多种矿物质，水质优良甘美，煮沸无垢，附近居民多汲之烹茶，是村民主要饮用水源，还用于浇灌果树菜蔬。

南泉　位于仲宫镇南泉寺遗址。明万历七年（1579）许邦才《重修南泉寺记》载："寺迄南出泉三四泓，冬夏不涸。"故寺以泉名。南泉寺历经沧桑，今已倾圮荒芜，唯南泉四季长流。泉在寺院遗址的东南隅，泉池为石砌正方形，边长1.2米。泉水自池壁溢水口流出，向西曲行30余米汇入1965年"四清"运动时建成的面积320平方米的"四清水池"。泉水出露形态为渗流，水质优良，清澈甘洌，含锶等微量元素，具有矿泉水性质。水流量大，终年流淌，从不枯竭，东郭全村1500人的饮用水与50多公顷农田的灌溉，皆用此泉水。池岸立清道光二年（1822）《重修南泉寺碑记》，称："历邑之南，大川有三（指锦绣、锦阳、锦云三川），名泉七十有二……此泉居七十二泉之首。"泉北10米处，尚有一石构四面凉亭，为南泉寺遗物。

永清泉　位于仲宫镇南泉寺遗址。原为石壁缝隙中流出的天然泉池，1965年依山岩砌石筑池，取名为"永清泉"，并刻石立碑于池壁。泉池为长方形，水泥修筑，长4米，宽3米。为保持池水清洁，今用水泥板将泉池棚盖。泉水出露形态为渗流，常年不竭，是居民主要饮用水源。

泉子峪泉　位于仲宫镇于家洼村，地处山凹处，东、西、南三面环山。村中原明代洪武元年（1368）碑文记载：此地三面环山，村中有一名泉。泉池为石砌方形，深0.6米。距泉10余米处，建有面积200多平方米的大水池。泉水出露形态为涌状，原常年喷涌，流量较大，是全村生活和农田灌溉用水。20世纪70年代放炮开山后，流量减少，并向地下渗漏。2011年8月普查时已断流。

水石屋泉　位于仲宫镇邱家庄南青龙山脚下，因源于俗称"水石屋"的天然岩棚下得名。泉池为不规则形，人工凿石而成，深1米。泉水出露形态为渗流，水自岩缝流出，汇入泉池，常年不竭，为村民饮用水水源，也用于农业灌溉。泉边古树林立，风光怡人。

小峪泉　位于仲宫镇稻池村南。泉池呈长方形。20世纪70年代，依泉建一容量200立方米蓄水池。泉水出露形态为渗流，常年涌，盛水时，每小时流量6立方米～8立方米，为农田灌溉水源。

朱家峪泉　位于稻池村牛尾山根处。泉水自山底涌出，水质优良，甘甜爽口。泉源四周山花烂漫，松柏常青。属季节性泉，2011年泉水普查时近乎断流。

四清泉　位于仲宫镇廒而庄南，明真观外西北角。原名向阳池，1966年修筑石砌方池，长宽各6米，取名"四清泉"。明真观内一隋代碑文载：此处"林木蔚然，水声淙淙，拾级而上则精舍在焉"。今泉水出露形态为涌状，常年不竭，积水成池，是村民主要饮用水源。

悬泉　位于仲宫镇大泉庄南。泉水自石棚悬崖缝隙流出，故名"悬泉"。石棚位于山谷东崖，崖高数十米，中间凹进，为天然石棚，巍巍险峻，当地村民称为"黄石棚子"。有两泉，一泉自石棚半壁悬崖缝隙流出，高出地面约3米，哗哗飞泻，似一银链，跌入石砌的四方泉池，水雾升腾，声若雷鸣。一泉来自巨石合抱的石罅，状若小溪，潺潺有声，沿山就势，流入泉池。两泉水汇成一条小河，沿山涧蜿蜒而下，流经七峪村，汇入九曲河，后入锦绣川。2003年3月，经专家考证，认为此泉即名列金《名泉碑》、明《七十二泉诗》、清《七十二泉记》的"悬泉"。今泉池为石砌不规则形，长2.1米，宽1.1米。属季节性泉，2011年8月泉水普查时已断流。

凉水泉　位于仲宫镇凉水泉村南。为东西两泉，因中间被一座称为"庙子岭"的小山岭东西分隔，故名"两分泉"。后因泉水清凉，且"两""凉"同音，便改称为"凉水泉"。西泉源于10米深岩洞，水自石缝流出汇于洞内水池，盛时溢出漫流。东泉自岩缝涌出，经石渠，穿苇丛，汇入长11米、宽2米的石砌方池。池水清澈，水中青藻浮动，为村民主要饮用水源。

白云泉　位于仲宫镇白云村，白云沟驴头山西侧山腰岩下。山下为如都庵遗址。山上有白云洞，泉因白云洞而得名。当地百姓又俗称“药泉子”。清乾隆《历城县志》所载“锦绣川水……经马头山北，左纳白云泉水”，即此泉。“马头山”与“驴头山”，当为一山，古今名称不同而已。另据该志《卷六·山一》所载：“马头山下为黄巾石屋，上有白云洞，洞下有白云泉。”“黄巾石屋”即如都庵。泉水出露形态为涌状，水自岩缝流出，再由井壁沿暗管流入长方形蓄水池，池为水泥修筑，长10米，宽9.4米，常年有水，是村民主要饮用水源。此处地势高峻，四周群山巍峨，壁立千仞。雨季，云雾缭绕于山间，景象万千。

阴阳泉　位于仲宫镇孤山西侧，杨家洼西北，大佛路桥西50米。泉池原为自然水坑，溢水后流向河道。后依山修筑长方形泉池，半石砌，长9.5米，宽6米。泉水出露形态为涌状水流，常年不竭，盛水时水深近3米，是村民主要饮用水源。

道士泉　位于仲宫镇大佛寺村南，拦河坝下20米东。因在村南，当地人又称南泉。明晏壁《七十二泉诗》曰：“北渚南山碾石涡，寒泉迸涌寺东坡。种桃道士知何处，偏爱灵泉种得多。”清道光《济南府志》称“在大佛寺东坡”。该村南侧，昔日有大佛寺，现仅存墓塔石和石雕柱基。道士泉即在大佛寺遗址东侧的山坡下，无泉池。泉水出露形态为线状水流，常年不竭，流向河道，是村民主要饮用水源。

清泉　位于仲宫镇大佛寺村南桥下。清道光《济南府志》收录，称“在道士泉北”。无泉池。泉水出露形态为线状水流，常年不竭，沿峪沟自然流淌，是村民主要饮用水源。

陈家老泉　位于仲宫镇大佛寺村。因泉自一陈姓农户院落涌出，故名“陈家老泉”。泉池井形，水泥修筑。泉水出露形态为涌状，常年不竭，是村民主要饮用水源，也用于农业灌溉。据当地人说，早年泉畔立一虎头，亦有碑文，后遗失。

莲花泉　位于仲宫镇大佛寺村北。泉池为水泥修筑，长方形，长11米，宽7.3米，深2米。泉水常年不竭，为村民主要生活用水水源，因水质优良，常有市区居民来此取水。

老庄泉　位于仲宫镇老庄村，近邻青铜山大佛造像，泉以村得名。当地人又称“青松泉”，并立泉名碑刻。原为东西两泉，西泉池呈长方形，水清碧透；东池为井形，苍暗深邃。两池皆以石砌岸，水由暗渠流入8米长的蓄水池。今泉池井形，石砌，长0.85米，宽0.6米。泉常年不竭，为村民主要饮用水源。沿泉旁石阶路可攀登至青铜山大佛造像。

南甘露泉　位于仲宫镇老庄村东沟，大佛造像东。因水质甘美，且为了有别于佛慧山开元寺的甘露泉，故名南甘露泉。明晏壁《七十二泉诗》曰：“佛顶巍巍青插天，滴来甘露化流泉。南风六月为霖雨，远借恩波溉井田。”清道光《济南府志》载“在大佛东南”。泉池为长方形，半石砌，长1.7米，宽1米。1999年村民在泉池下，又建宽8米、长12米方池。泉水出露形态为涌状，常年不竭，雨季日涌量近百立方米，用于农业灌溉。泉四周高峰峭立，翠柏郁森，中央为沃土。山坡果树溢香，畦中菜蔬肥壮，皆因此泉水浇灌。

百花泉　位于仲宫镇北崖村。因群泉簇涌，浪花翻腾得名。出露形态为涌状，水自崖下洞穴中涌出，汇为三面石砌，长8米、宽1.6米的长方形水池，再由池南壁石隙流向20米远的大佛水库，亦称百花水库。该泉是村民主要饮用水源，也用于农业灌溉。泉水四季长流，水温恒定。冬季水雾蒸腾，池岸杨柳依依，景色奇妙。水势颇佳，大旱之年仍可保证北崖村800人生活用水，并灌溉农田百余亩。现为保持水源清洁，用石板将泉池棚盖。

灰泉　位于仲宫镇东崖村北。原由上、下两泉组成。上方泉为季节性泉，无泉池，已断流。泉旁有一钟乳石，部分遭破坏。下方泉水出露形态为线状水流，常年不竭，流入长8米、宽1.6米的长方形蓄水池，为当地村民饮用和农业灌溉主要水源。

老泉　位于仲宫镇东崖村东，地处山腰。岩壁缝隙多处涌泉，滴流状，常年不竭，汇入半石砌长方形泉池。泉池长0.7米，宽0.4米。泉水通过管道引入下方较大蓄水池，再通过管道利用自然压力引至村民家中，供村民饮用。水质优良，含多种人体所需矿物质，因村民常年饮用，村内长寿老人较多。

琵琶泉　位于仲宫镇黄崖村北，因泉出石涧，泉流成韵而得名。明崇祯、清乾隆《历城县志》俱载。今泉源在峪底深处，无泉池。泉水出露形态为滴状水流，常年不竭。水自岩缝流出，顺势西流，三迭而下，至孤山脚下折向南，沿街缓流，南入锦绣川。是村民主要饮用水源。

柳泉　位于仲宫镇北坡村柳泉观右殿前。金《名泉碑》、明《七十二泉诗》收录。泉池石砌，井形，直径0.5米。泉水自井壁南侧石隙中流出，在地下潜流30余米，流入面积2000余平方米一石砌方形大水池中。因水池蓄水量大，故又称柳泉水库。该泉长年涌流，水量大，附近两处村庄的村民多饮用此水。池岸刻“柳泉”二字，为国家文物局原局长孙轶青2008年题写。大水池内绿草浮摇，鹅鸭戏游，东壁留有一溢水口，水自溢水口流出，穿流山峪，浇灌附近农田，最后流入锦绣川。泉池四周杨柳垂翠，红杏满枝。泉旁为柳泉观，建自何代不详，明天顺三年（1459）曾重修，现仍存两座大殿和古石碑。泉北为玉皇山，山上柏林苍郁。

凤凰泉　位于仲宫镇北坡村。泉池长方形，石砌，长10米，宽3.5米。泉出露形态为涌状，常年不竭，积水成池，是村民主要饮用水源。

灰泉　位于仲宫镇灰泉村北，青铜山南侧鸡冠岭下。原名混泉，因读音相近而讹传称为灰泉，村以泉得名。泉池呈长方形，石砌，长7米，宽3米。泉水出露形态为涌状，常年不竭，积水成池，为全村人饮用水源。

林泉　位于仲宫镇灰泉村北。唐代此处曾有林泉观，后林泉观改称吊枝庵，泉也称“吊枝泉”，又称“玉龙泉”。清道光《济南府志》载：“玉龙泉，在吊枝庵西岩。”今泉池位于林泉观遗址西南隅，为石砌长方形，长5米，宽2米，上用石板覆盖。泉水出露形态为滴状水流，常年不竭，水自岩缝涌出，蓄于池内，再沿输水管道顺山势自流，浇灌农田、果园。林泉观已废，现尚存观音殿、凉亭和明景泰二年（1451）《重修林泉观》碑。

车泉　位于仲宫镇车川村东，车泉广场北。金《名泉碑》、明《七十二泉诗》收录。泉池呈不规则形，石砌，长5米，宽3米，深5米。泉水出露形态为涌状，常年不竭，水量大。泉水沿石渠向南伏流20余米，经一石雕龙头口，泻入面积近500平方米的蓄水池。而后自池南壁溢水口流出，注入锦绣川。为兴水利，在池上建房，并安装抽水设备，供全村人畜用水并灌溉农田。现又开发车泉景观，在泉南侧建 “车泉广场”。

黄钱峪泉　位于仲宫镇黄钱峪村正北，当地人又称“北泉”。出露形态为涌状，四季不涸，是村民主要饮用水源。泉池长方形，水泥修筑，长14米，宽8米。水自崖缝涌出，汇入池中，再从池南壁上部溢水口流落至1966年修建的“社教水库”。水盛时，由社教水库溢出，沿峪沟流入锦绣川水库。

韩家泉　位于仲宫镇韩家泉村南。泉池呈方形，石砌，长宽各2米。泉水出露形态为渗流，常年不竭，是村民主要饮用水源。

杨家泉　位于仲宫镇金钢纂村东，因源于杨姓田边得名。泉池长方池，水泥修筑，长10米，宽6米。出露形态为涌状水流，常年不竭，积水成池。水自地下水道向西伏流，汇入村内蓄水池。泉水澄澈，清洌甘美，是村民主要饮用水源。水盛时沿山峪蜿蜒南流5千米余，入锦绣川水库。

枯泉　位于仲宫镇仁里村南。泉池原为自然塘湾，后经改造，面积缩小。今泉池半石砌，呈不规则形，深3米，常年有水，主要用于工业及建筑用水。

月牙泉 位于仲宫镇上核桃园村。泉常年渗流，积水成洼，为农耕水源。

南泉 位于仲宫镇西邱村南，当地人称“嗬啦泉”。泉池为水泥修筑，长方形，长2.7米，宽1.4米，深3.6米。常年渗流，是居民主要饮用水源，也用于农田灌溉。

香炉泉 位于仲宫镇出泉沟水库下。传因原泉池状如香炉而得名。夜深人静，泉水涌流之声在山间回荡，故又名“响泉”。水自黑山寨东山根岩缝流出，积于不规则自然水坑，然后顺山崖缓缓流淌，汇入锦云川。泉水终年不断，出露处岩石青苔吐翠。水质极佳，煮沸无垢，相传饮之可祛病，故远近乡民常至此汲水为饮。

香炉泉西南50米处，也有一泉在石罅中渗出，四季不竭。黑山寨东侧山腰处，亦有山泉常年渗流。

五岭泉 位于仲宫镇出泉沟村南。泉池为水泥长方形，长2.3米，宽4.5米。常年渗流，为村民饮用和灌溉水源。

谢家泉 位于仲宫镇出泉沟村南，原有谢家族人在此居住，故名。泉池井形，方口，边长1.45米。常年不竭，为村民主要饮用水源。

双盆泉 俗称“南泉”。位于仲宫镇南高而村南，黑山寨北山根。因两泉池并列，状似盆而得名。明崇祯、清乾隆《历城县志》和道光《济南府志》俱载：“在高儿庄石崖下，泉泠泠自盆出，其味甘，流入锦云川。”属季节性泉。泉池石砌长方形，长0.5米，宽0.4米。水自岩隙中哗哗流出，形成一自然小池，澄澈洁净，旁植翠竹。又自小池出，蜿蜒西行五六米，再积于椭圆形深池中。深池中亦有泉涌，四季不竭。池水漾溢，漫流成溪，穿村绕屋，流入锦云川。

白花泉 位于仲宫镇孙家崖村泉子岭。因泉涌时水花飞溅似白花朵朵而得名。又因与毗邻的长清县境内山顶的另一山泉相对，又名“对花泉”。清乾隆《历城县志》、道光《济南府志》有载，称“百花泉”。泉池长方形，长4米，宽3米，乱石砌岸。泉水自石缝涌出后，穿过池壁，沿渠流入果树丛中的蓄水池。现池口被覆盖。

咋呼泉 位于仲宫镇孙家崖村北60米处。泉自石洞涌出，属季节性泉，雨季流量每小时达100多立方米。

双泉 位于仲宫镇孙家崖村北400米处。泉水自三道石缝中流出，源源不断，似三龙喷水，为村民饮用水源。

葫芦泉 位于仲宫镇孙家崖村西450米处。旱季时泉水流量5立方米/日～15立方米/日；雨季时流量较大，整个泉的外口像只桶，满涌而出，达500立方米/日以上。

圣水泉 位于仲宫镇北高而村南河边。传为神赐，故名。泉池石砌长方形，长2.78米，宽1.6米。泉池旁立清咸丰三年《重修圣水泉池碑记》和“圣水泉”石碑。1996年被棚盖。泉水向北伏流五六米，汇入临河岸修建的水池。池水常年荡漾，水中小鱼戏游。水盛时溢出池外，注入锦云川。泉水清洌甘美，为村民饮用水源。

杨家井 位于仲宫镇北高而村北，锦云川西岸，杨家寨山东侧山根处。泉池原为天然石坑。后杨姓村民砌为口径0.9米，深2.7米的石井，遂称杨家井。常年不竭，为村民饮用水源。水盛时漫溢井外，沿水渠东流，注入锦云川。

青龙泉 位于仲宫镇北高而村青龙峪中部。泉池呈长方形，石砌，长4.3米，宽1.8米。泉水常年不竭，是村民饮用和农田灌溉水源。

天帘泉 位于仲宫镇西沟村泉子峪。为村民主要饮用水源，也用于农田灌溉。

双虎泉 位于仲宫镇东沟村子房峪东端，铜壁山南坡。由两泉组成，两泉相距约15米。一泉泉池为椭圆形，池口被条石分隔为两个半圆形池孔；另一泉池呈石砌井形，直径0.8米。两泉皆庇荫于一株树龄数百年的黄连木大树下，四季不竭。泉北铜壁山，葱茏峻拔。山上有子房洞，传为张良隐居处。洞前立“双虎泉记”石刻。

水池泉 位于仲宫镇汤家庄东，锦云川西畔，汤家石桥南侧。泉池石砌方形，池口边长0.9米。泉水自池南壁岩缝汩汩涌出，水势旺盛，终年不息，注入锦云川。泉水清澈甘洌，泉旁川边，鹅鸭戏游，林木葱茏。

北池泉 位于仲宫镇汤家庄东北河边。水自岩缝汩汩流出，久旱不竭。

盛泉 位于西营镇佛峪村东，为锦绣川源头之一。民国《续修历城县志》载："锦绣川其源有三：一发于东北章丘佛峪之东山下，石壁玲珑，泉源甚大，号曰盛泉。"今数十米长的岩壁下，有多处涌泉，汇流于临岩砌就的长1米、宽0.8米的长方形池中。池内亦泉眼遍布，腾突簇涌。泉水常年不竭，为村民主要饮用水源。距泉池30米处街旁及河崖处，各有一泉，水自岩缝涌出，沿溪缓流，村民多在溪旁洗涜。

无名泉 位于西营镇佛峪村东。泉池石砌长方形，长1.7米，宽1.0米。泉水常年渗流，积水成池，为村民生活和灌溉农田水源。

南泉 位于西营镇道沟村南。泉池长方形，水泥修筑，长5.7米，宽4.2米，池深2.0米。泉常年不竭，为村民主要饮用水源。

枣林泉 位于西营镇白炭窑村西。因地处枣林水库而得名。无泉池。属季节性泉。泉水出露形态为涌状，流向水库。水库水位高时，泉眼隐于水库中，泉自水下汩汩上涌，至水面漾出碗口粗的水轮，荡起缕缕清波。水库清澈见底，岸边杨柳依依，花木扶疏。

朝阳泉 位于西营镇赵家庄朝阳寺遗址，因源于朝阳寺而得名。今寺院建筑已废，唯清泉常流。泉池为圆井形，石砌，池口已用石板棚盖。泉水常年自池底涌出，晶莹碧透。现村民已引泉水入户，家家吃上了以该泉为水源的自来水。

拔槊泉 位于西营镇拔槊泉村东。泉池为圆口方池，水泥修筑，直径0.55米。泉水自石缝中流出，出露形态为线状水流，从不枯竭。水质清澈甘甜，是村民主要饮用水源。村民为保护泉水，将泉水通过暗渠引到一个蓄水池中，蓄水池上方只留井口大小，供汲水之用；在下方另修一个蓄水池，将多余的水引至该池，供灌溉之用。

灰泉 位于西营镇灰泉子村东。传说李世民东征时，带领人马路过此处，见半山腰有一泓清泉汩汩流淌，便离鞍下马，俯身泉边痛饮。泉水下肚顿觉神清气爽，李世民起身正欲离去时，瞥见泉水中自己的倒影，两只下垂的帽翅竟像两只兔子耳朵那样耷拉着，心中顿觉不悦，便令人寻来草木灰撒到泉中。于是，就有了灰泉之名。另传说李世民当年征东至此，为解士卒干渴，撒灰成泉，故名。又传李世民征东路经此泉，见水浊似有灰，待仔细观察，原来泉底石质呈灰色，并非水混，故取名"灰泉"。今泉池石砌圆井形，直径1.5米。泉常年不竭，是村民主要饮用水源。

饮马泉 位于西营镇哭姑顶山顶。相传是李世民操练兵马时饮马的地方，故得名。当地人又称"浆水泉"。泉池为石砌长方形，长0.9米，宽0.67米。泉水出露形态为渗流，常年不竭，是村民主要饮用水源。泉南约1千米处有"真武庙"。

黄路泉 位于西营镇黄鹿泉顶村。相传当年黄巢起义军到交战顶作战时，路经此泉，故名。泉池为石砌井形，直径0.6米，深10余米。泉常年不竭，是村民主要饮用水源。

积米泉 位于西营镇积米峪村北，又称"渍米泉"。传说李世民东征时从此处经过，发现一眼清泉喷涌如柱，煞是喜爱，想到自己军粮匮乏，就随口说了句：这么旺的泉喷出来的要是米就好了。话音刚落，黄澄澄的米便随着泉水从泉眼滚涌而出，于是人们将这山泉称做"积米泉"。明崇祯、清乾隆《历城县志》俱载，称："渍米泉，在渍米峪中，流入云河。"泉池为水泥修筑。泉如轮涌，常年不涸。如今，村民在泉下筑堤为坝，泉水汇聚成水库。积米峪8个自然村的村民，现都用上了以积米泉为水源的自来水。

鸭子泉 位于西营镇鸭子泉村北。相传，从前有一牧羊人牧羊至此，口渴难耐之时，忽见两只鸭子伏卧于草丛，用竹竿挠之，两只鸭子遂不见踪影，在其伏卧处留下两眼山泉，人们便把这泉称为"鸭子泉"。清道光《济南府志》载："鸭子泉，在渍米峪东”。泉池为石砌井形，直径1.5米。泉水常年不竭，是村民主要饮用水源。

永盛泉　位于西营镇鸭子泉村北，由两处相距较近的石砌井泉组成。一井口径1.2米，另一井口径1米。泉常年不竭，是村民主要饮用水源。昔日，泉西侧建有三清殿，泉为道人饮用水源。20世纪50年代初大殿倾毁。今泉南石堰上，尚嵌有清乾隆十六年重修《永盛观碑记》。

红岭泉　位于西营镇红岭村河堰下。泉水自岩石隙中涌出，流入河中，用于农业灌溉。

河口泉　位于西营镇红岭村。泉池石砌不规则形。泉常年不竭。

马鞍泉　位于西营镇红岭村。泉池为水泥修筑，不规则形。泉常年不竭，为村民主要饮用水源。

滴嗒泉　位于西营镇龙湾村弹房峪内。水自岩缝渗出，形成水珠，沿岩石滴下，故名。泉池为石砌方形，长宽各0.6米。泉水出露形态为渗流，常年不涸，是村民主要饮用水源。泉池由风车形木制屋保护，周围风景怡人。

咋呼泉　位于西营镇龙湾村，港西路西侧路边。为季节性泉，雨季喷涌。因泉水喷涌时哗哗作响，故名。泉水用于灌溉农田。

黄鹿泉　位于西营镇黄鹿泉村。相传，明洪武年间，这里是一片森林，在层叠奇妙的山崖中有一仙泉，泉边的石洞中有两只黄色的鹿居住并饮用此水，黄鹿泉由此得名。古时称“黄栌泉”，明崇祯、清乾隆《历城县志》云：“黄栌泉，在西营北，云河一带之水大半仰给此泉。其流，经擒口峪入锦绣川。”泉池呈方形，水泥修筑，长宽各0.88米，出露形态为线状水流，常年不竭。水质优良，含20多种矿物质，是村民主要饮用水源，并开发生产“鹿羚泉”牌天然矿泉水。

历甲泉　位于西营镇石岭村“玉明贤庄园”内。泉池为石砌圆井形，井口直径0.8米。泉下筑有容水近2万立方米的大水塘。据说该水塘已有200多年的历史。塘内泉水常年不断，是村民主要饮用水源。井边刻有“历甲泉”三字。泉周四季景色各异，如诗如画。

2011年8月泉水普查时，发现该处还有两泉，亦称历甲泉。一泉池长22米，宽18米，深2米；另一泉池也是长方形，长8米，宽6米。两泉均常年不竭。

雪花泉　位于西营镇丁家峪村西北峪。因泉水常年侵蚀，崖壁片片碳酸钙堆积，状如雪花，故名。池呈不规则形，池岸为自然土石，有5米见方。泉水出露形态为渗流，水自石罅流出，沿钟乳滴下，如玉石相击，清脆悦耳。泉水清明如镜，四季不涸，是村民主要饮用水源。泉池北侧为白云洞道观遗址，周围翠柏森郁，景致清幽。

白云泉　位于西营镇丁家峪村西北峪。泉水自自然土石中流出，积水成洼，是村民主要饮用水源。

寒泉　位于西营镇梯子山村西南，当地百姓称为“冻冻台”的山上。民国《续修历城县志》“锦绣川其源有三：……一发于东南箭干庄……冻冻山下之寒泉”，即此。此泉源于海拔约770余米的山峰上端峭壁下，依山岩漫流。因山高阴寒，一年之中长时间结为冰冻，故俗名“冻冻台”。泉水出露形态为渗流，常年不竭，积水成塘。此山与梯子山对峙，峥嵘嵯峨。每年春深日暖，冰释成瀑，从崖上泻下，景色蔚为壮观。

南泉　位于西营镇梯子山村南，因所处方位得名。梯子山海拔976米，是济南市海拔最高的山峰。此处为降甘峪南端，泉水自峪底涌出，汇为由水坝截成的一泓碧水。泉池石砌长方形，长30米，宽20米。泉水出露形态为渗流，积水成塘，常年不竭，是村民主要饮用水源，也是锦绣川源头主脉。池水受环境影响，呈五彩状。池南，柳树成林。周围重山环列，巉岩壁立，青松挺拔，植被覆盖率达95%，葱郁繁茂，气象万千，四季风光无限。

墨林古井　位于西营镇梯子山村南。泉池为石砌圆井，井口直径0.9米。泉水常年不竭，是村民主要饮用水源

柳泉　位于西营镇梯子山腰。泉常年渗流，

积水成洼，为村民饮用和农田灌溉水源。

无名泉　位于西营镇王家庄东。泉常年渗流，积水成井，为村民主要饮用水源。井口呈方形，边长0.63米。

洪泉　位于西营镇降甘村洪泉峪，梯子山村北洪泉子沟口，为锦绣川源头之一。民国《续修历城县志》载："锦绣川其源有三：……一发自东南箭干庄梯子山下之洪泉。"泉池为石砌不规则形。泉水出露形态为渗流，水自冲积砾石缝中流出，常年不竭，甘洌清澈。盛时，池水顺山峪下泄，用于农业灌溉。

胭脂泉　位于西营镇后降甘村北山上。山北侧有玉泉寺、观音洞。因传说是观音菩萨梳洗打扮的地方而得名。明、清《历城县志》俱载：胭脂泉"在玉泉寺岭前"。清《七十二泉记》收录。泉水自一高崖石隙中涌出，形成水帘，落入泉池，哗哗作响。泉池为半石砌长方形，长30米，宽约15米，深4米。泉水下落处苔藓碧绿，池塘内泉水清澈，芦苇丛生。泉水常年不竭，是居民饮用和农田灌溉的主要水源。水盛时汇入降甘水库，流向锦绣川。

玉泉　位于西营镇上阁老村玉泉寺遗址。明崇祯、清乾隆《历城县志》载：玉泉"在龙集寺观音阁下，涓涓东注，龙集独胜"。又据清乾隆《历城县志·古迹考五》：玉泉寺，又名果老庵，在龙集山。盖今村名即由"果老庵"而得。今泉池为长方形，长2.6米，宽2.4米，料石砌岸。泉出露形态为涌状，常流不竭，水自岩缝流出，积水成池。为村民主要饮用水源。泉边有一雄一雌两棵千年银杏树，为玉泉寺遗物。

藕池泉　位于西营镇藕池村，地处千条沟下藕池水库附近。无泉池。泉水出露形态为涌状，常年不竭。泉所在水库的南侧为千条沟大峡谷，幽深蔚秀，气候宜人。

石佛峪泉　位于西营镇石佛峪村东南。泉池长5米，宽3.1米，水泥砌筑，是村民主要饮用水源。该泉上方90米处有三尊石佛造像，刻在三棱锥形天然巨石上。村名和泉名皆因此得名。

秦口泉　位于西营镇秦口峪村口，因村而得名。泉池圆形，水泥修筑，池口直径0.5米。泉常年不竭，是村民主要饮用水源。

老泉　位于西营镇秦口峪村。民国《续修历城县志》载：擒（秦）口峪之东山有泉曰"清历"，其上有泉曰"老泉"，出山腰间，水入锦绣川。清谢阡诗云："峪口泉流清露沙，清泉小围一亭斜。"今泉池石砌长方池，水泥板棚盖，长4米，宽2.65米。泉水出露形态为涌状，泉眼如碗口，常年喷涌，是村民主要饮用水源。泉周山峦葱郁，环境幽雅，空气清新。

小泉　位于西营镇秦口峪村，因泉池小于老泉而得名。泉池边长1.05米，水泥砌就。泉水通过管道引入下方较大蓄水池中，是当地居民主要饮用水源。泉水涌量较大，水质清澈甘美。

智公泉　位于西营镇智公泉村北，因传说智公高僧常饮用此水而得名。明《七十二泉诗》收录，称"朱公泉"。清道光《济南府志》载："朱公泉，在黑牛寨前。"地址与今智公泉合，盖因谐音，将"朱公泉"衍称为"智公泉"。据该村居民称，此泉还曾叫做"济公泉"，泉名之演变由此可见。智公泉由相距较远的南北两泉组成。两泉池均呈长方形，水泥修筑，常年有水，是村民主要饮用水源。南池长4.8米，宽1.4米，泉水出露形态为线状水流，水质清澈，安装水泵，供村民取水用。北池长12米，宽3.6米，泉水出露形态为涌状水流，池旁立有"智公泉"泉名碑和"智公泉天池"石碑。

下罗伽泉　位于西营镇下罗伽村入口处东侧路北。泉池为边长6米的石砌方形。泉眼位于泉池上侧石堰下，常年不竭。

长泉　位于西营镇下罗伽村。泉池为石砌狭长方形，长2.5米，宽0.6米，故名长泉。泉眼位于泉池东侧，属季节性泉，为村民饮用和灌溉农田水源。

杏行泉　位于西营镇杏行子村泉子沟内。泉池为青石砌垒的圆井，井口直径1.5米，常年有水。盛时，泉水外溢，流入泉下水塘，后流入杏行水库。泉池四面环山，池水碧透，景色怡人。

栗行泉　位于西营镇栗行村南，泉以村得名。又因传说李世民在此吟诗煮茶，故当地人称“龙吟泉”。泉池呈不规则形，池岸为自然土石，池长2.66米，宽2.16米。泉水自一古树下的洞穴涌出，出露形态为涌状，常年不竭。泉水沿暗渠流入封闭式蓄水池，再经输水管道流至街头1米见方的石砌方池，清澈明净，俯身可及，是村民主要饮用水源。泉旁有一棵千年古柏，树干周长为3.5米，传说为李世民所栽。右侧有一石板，传为李世民煮茶所用。

黑峪泉　位于西营镇黑峪村，当地人称“虎啸泉”。泉眼地处黑峪村入口处路边东侧一半封闭的洞穴。泉池长方形，水泥修筑，长2.6米，宽0.74米，积水成池，是村民主要饮用水源。洞穴南侧上方有一根常年流水的塑料管，为附近几十户人家提供生产生活用水。泉旁有“虎啸泉”题刻。属季节性泉，2011年8月泉水普查时已断流。

会仙泉　位于西营镇营南坡村东，因源于会仙山而得名。当地人又称“上泉”。泉水自岩缝流出，汇入石砌长方形池中，池长6米，宽2.8米，是村民主要饮用水源。泉旁立1964年《重修会仙泉》碑记。属季节性泉，2011年8月泉水普查时已断流。

下泉　位于西营镇营南坡村东。泉池呈长方形，石砌，长2.3米，宽1.5米。泉水涓涓长流，为农田灌溉水源。

林商泉　位于西营镇营南坡村东。常年不竭。泉池呈井形，石砌，口径1.2米。

虎洞泉　位于西营镇西营村南河边，因源于石虎洞得名。岩壁上刻有“虎洞泉”三字。无泉池。泉水出露形态为涌状，水从石缝中喷涌而出，漫过石梁下泄，四季不竭。水质优良，清冽甘甜。附近村民虽都已用上自来水，但仍有人到此取水饮用。

甘泉　位于西营镇西营村南河边。别名“箭杆泉”，因传说李世民用箭杆射出而得名。泉池呈不规则形，池岸为自然土石。泉水出露形态为渗流，常年不竭，积水成洼，供村民饮用及农田灌溉。因泉水常年不竭且水量很大，20世纪70年代筑堤为坝，形成现在的降甘水库。

三江峪泉　位于西营镇西营村。2011年8月泉水普查收录。泉池方形石砌，边长1.1米，季节性有水。

水帘洞泉　位于柳埠镇水帘峡风景区，双腰山西北山涧内。山势陡峭险峻，在两山之间，有一巨石斜盖中间，与两边山石形成人字形状，隔成两个洞穴，泉水从洞口石崖顶端直泻而下，状如水帘遮掩洞口，故曰“水帘洞”。泉池呈不规则形，石砌，长10米，宽8.5米。泉水出露形态为渗流，常年不涸。泉水过水帘洞后，沿山涧或湍或湲，注入簸箕掌水库，为锦阳川源头之一。水帘洞峡谷幽深，奇树林立，因山上盛产灵芝、黄芩、何首乌、丹参等中草药，泉水富含多种人体有益成分，被称为“神水”“仙水”。每逢农历四月初八、九月初九，人们排起长龙，前来求取“仙水”。

淘米泉　位于柳埠镇水帘峡风景区养生谷北。泉池呈圆井形，水泥修筑，口径4.0米，为水帘峡风景区景观泉。

公主泉　位于柳埠镇水帘峡风景区南侧。泉池为石砌长方形，长2.4米，宽1.9米。泉常年不竭，为水帘峡风景区景观泉。

饮马泉　位于柳埠镇水帘峡风景区双腰山山脊。泉眼海拔832.80米，是目前已知济南海拔最高的泉，为水帘峡风景区内重要景点。该泉为岩缝渗露，积水于塘湾。泉池呈马蹄形，石砌，长宽各4米。传说当年李世民行军至此，饥渴难忍，突然天空一道亮光闪过，战马双蹄踏出一股清泉，秦王爱马心切，让战马先饮，故名饮马泉。因泉池呈马蹄形，故当地人也称之为“马蹄泉”。

苇泉　位于柳埠镇水帘峡风景区石画园路旁。泉池为长宽各4米的石砌方形。泉常年不竭，为农田灌溉水源。

无名泉　位于柳埠镇水帘峡风景区药王庙

旁。泉池石砌，圆井形，口径3.8米，为水帘峡风景区景观泉。

安子沟泉 位于柳埠镇簸箕掌水库东北峪，别名“淘米泉”。泉水自山峪冲积岩石缝中涌出，如丝线一般，乡人又称之为“一线泉”。出露形态为渗流，常年不竭。泉池呈长方形，石砌，长0.6米，宽0.4米。

枪杆泉 位于柳埠镇桃科水库坝东约200米，锦阳川北岸崖下。清《七十二泉记》收录。明崇祯、清乾隆《历城县志》和道光《济南府志》俱载，称：“在南桃科，泉飞滋圃，为龙门诸泉之冠。”今泉池长方形，水泥修筑，长3米，宽2.3米。泉常年不竭，积水成池，水盛时泄入锦阳川，汇入桃科水库。

2011年8月泉水普查时，发现在桃科水库南，坝东约200米处还有两泉，当地人也称之为枪杆泉。一泉在东峪北岸崖下，崖壁有一直径约为40厘米的石洞，泉眼在洞口内，出露形态为渗流，常年不竭。泉池为自然土石，不规则形，水自池中流出洞口，进入长12米、宽2米、深1米的池中。另一泉在锦阳川北岸崖下，出露形态亦为渗流，常年不竭。泉池长方形，石砌，长4.3米，宽2.6米。

跑马泉 位于柳埠镇跑马岭野生动物世界饮马湾。泉池为方形，自然形成，边长10米。泉水涌量较大，每日约150余立方米，是村民主要饮用水源。相传李世民率军东征时，曾在此操练兵马，故此岭取名“跑马岭”。此泉地处跑马岭山腰处，因地取名“跑马泉”。泉水汇集成湾，当地百姓又称为“饮马湾”。所在地平均海拔700多米，林木茂盛，风景秀丽。20世纪90年代在此辟建济南跑马岭野生动物世界。

涌清泉 位于柳埠镇涝峪庄东南。涓涓细流，汇成小溪，流入河道，供农田灌溉。

南园泉 位于柳埠镇涝峪庄南沟。泉常年渗流，积水成洼，为农田灌溉之用。

老鼠洞泉 位于柳埠镇涝峪庄东南大涝峪山腰处。有两泉：一泉池呈方形，边长5米，供村民饮用；另一泉无池，泉水依山势汇流成溪，流入水库。

石窑泉 位于柳埠镇石窑村东，燕子台水库坝下。泉水出露形态为涌状，常年不竭。泉池原为长宽深各3米左右的石垒方池。1992年在池底装地下管道，引水进村入户，供村民饮用，池亦被棚盖。今泉池为圆形，水泥修筑，直径1.9米。

此泉地处跑马岭西，泉东侧为石窑寺遗址。石窑村东北侧昔日也有一泉，石甃井池，直径1米，深五六米，常年不涸，为村民饮用水源。1958年建水库时被淹没。干旱时，水库水位下降方能露出泉眼。此泉水势旺盛。相传当年石窑寺僧人洗衣做饭均用此水。

无名泉 位于柳埠镇石窑村西南。泉池为圆井形，石砌，口径1.4米。泉水清澈甘甜，是居民主要饮用水源。

牛蹄泉 在柳埠镇孙家坡村东。泉池为石砌井形，井口直径1.4米。泉水常年不竭，是村民主要饮用水源。

染池泉 位于柳埠镇龙门庄东。金《名泉碑》、明《七十二泉诗》、清《七十二泉记》均收录。元《齐乘》称在“龙门东”。明崇祯、清乾隆《历城县志》称“在神通寺东，流入锦阳川”。民国《历城县乡土调查录》称“在神通寺龙门泉东”。泉水出露形态为渗流，常年不竭，为农业灌溉水源。泉池为石砌长方形，长3.5米，宽2.9米。

苦梨泉 位于柳埠镇涝洼村东，黄尖山前。泉水从石缝流出，出露形态为渗流，常年有水，流入锦阳川。明崇祯、清乾隆《历城县志》载有苦梨泉，称“在黑牛寨前黄尖下，流经罗伽峪，入云河”。云河，即锦绣川。1997年版《济南市志》以此泉在黄尖山下，视之为“苦梨泉”，但与旧志所载苦梨泉流经不合。今泉池在一居民别墅院内。泉水自崖缝渗流而出，经石雕龙头口中落入石栏围绕的方形小池，而后流经较大的蓄水池，再汇入更大的蓄水池。蓄水池顶用混凝土板封盖，接水管通往村民家中，为村民饮用水。近年在泉旁石壁上镶嵌多方题刻，泉周花木扶疏，景色清幽。

新开泉　位于柳埠镇青杨峪村东北。泉池为石砌长方形，长7米，宽3米。泉常年不竭，为居民饮用和农业灌溉水源。

泛泉　位于柳埠镇青杨峪村西北。泉池为长方形，水泥修筑，长4.5米，宽2米，泉常年不竭，为村民主要饮用水源。

无名泉　位于柳埠镇曲吕峪村内。泉池为井形，半石砌，井口直径1米，井深2.9米。泉常年不竭，为村民主要饮用水源。

泉子峪泉　位于柳埠镇泉子峪村西南。泉池为水泥修筑，长0.86米，宽0.76米。泉自白虎山东北脚下岩缝流出，常年不竭，汇流成渠，流入一较大蓄水池，水旺时外溢，流入山中河道。泉水清冽甘甜，是居民主要饮用水源。

锡杖泉　位于柳埠镇下海螺峪村。因传说为唐代高僧用锡杖戳出，故名。明崇祯、清乾隆《历城县志》均载。清《七十二泉记》收录。传说此泉与东海相通，曾出过海螺壳，被视为东海海眼，故又名“海眼泉”。泉池石砌长方形，长1米，宽0.85米。泉水出露形态为渗流，常年不涸。水盛时溢出池外，沿山峪漫流。上、下海螺峪两村村民均饮用此水。

神异泉　位于柳埠镇四门塔神通寺东侧滴水峪石桥南，滴水峪沟西崖。世传此处原无泉，北魏皇始二年（397）郎公禅师至此，闻地下有水声，命人挖掘，果然涌出一泉，长流不竭，似有灵异，因此得名“神异井”，神通寺之名亦源于此。清道光《济南府志》载：“神异井，在神通寺东廊下。”今泉西尚立明成化十年《神通寺外护记碑》，碑文对此泉的由来作了记载。原泉池为井形，方口。神通寺博物馆建设时改为圆形。泉井直径1米，常年有水。水澄净甘冽，昔日是神通寺僧人饮用水源，相传唐代佛教兴旺时期，供上千僧人饮用。

泉东南约100米处即为隋代古塔“四门塔”。塔东南200多米处的锦阳川两岸，各有一无名泉南北相对。南岸之泉，地处金驴山阴脚下，泉池为椭圆形，临锦阳川砌就，东西长14米，南北宽7米，深四五米，常年不竭，设抽水设备，供金驴山游览点使用。北岸之泉，距锦阳川河崖20余米，为东西长约20米、南北宽约15米的石砌长方池。池水碧绿，常年不涸。池中水草繁茂，鹅鸭戏游。

滴水泉　位于四门塔神通寺滴水峪桥下东侧。昔日，涓涓细流从石壁缝隙中汩汩涌出，积水成池，池满溢出，汇入小溪中，池四周石壁爬满青苔。据说此泉盛水时呈涌流状；枯水时呈滴落状，零零丁丁，别有一份雅趣。今池呈不规则形，半石砌，属季节性泉。

滴水泉泉名源自传说故事。相传，某朝历城县令因不满官场黑暗，挂冠而去，来到四门塔神通寺出家为僧。其女牵挂老父，也追随而来，在寺西尼姑庵内落发为尼，法号明喜。明喜在刨树时挖得一泉，便以泉水为其父洗衣，并在泉的南侧建起送衣塔。送衣塔至今尚存。后其父圆寂，徒弟问明喜这么多年精心照料老父的缘由，明喜道：父亲的养育之恩须好好报答，正所谓滴水之恩当涌泉相报。因此人们把神通寺后的这股泉称之为“滴水泉”。

牛膝泉　位于柳埠镇南山村。泉池为石砌长方形，长0.8米，宽0.6米，泉水常年不竭，为村民主要饮用水源。

丰乐泉　位于柳埠镇柳埠东村院内。泉池长方形，石砌，长1.5米，宽0.6米。为季节性泉。

黄巢泉　位于柳埠镇黄巢村西，泉池为石砌长方形，长2.3米，宽1.7米。泉常年不竭，是农业灌溉水源。

金泉　位于柳埠镇下黄瓜峪东南角，为农田灌溉水源。

三龙潭　位于柳埠镇龙王崖村西，黄巢水库大坝西北，长城岭下，为锦阳川源头之一。在被称作“龙王崖”的山崖下，约百米长的地段上有3个天然石潭：有的形如铁锅，清澈见底；有的状似瓷坛，幽深莫测，统称“三龙潭”。当地人又称其为“仙龙潭”。清乾隆《历城县志》称“龙潭”。泉池呈不规则形，池岸为自然土石。泉水出露形态为渗流，常年不竭，是居民主要饮用水源。1956—1958年在龙潭处筑土坝蓄水，称“三龙潭水库”。70年代，改建成石砌拱坝水库，坝长127.8米，高48米，库容量520多万立方米，水面广阔。因黄巢起义军曾在此驻扎，遂易名为“黄巢水库”。三龙潭现湮没在水库坝下，被水库覆盖。

黄路泉　位于柳埠镇黄路泉村内。相传黄巢率大军路过此地，见泉水清洌纯净，便命兵马休息饮用，此泉因此而得名。泉水自和尚帽山的东北山脚下岩洞流出，汇于长1.1米、宽0.9米，水泥砌成的井形水池。池中安装通往村民各家中的自来水管道，供全村人饮用。为保持泉水清洁，用水泥板将泉池棚盖。盛水季节，泉水沿山漫流，被积于以石坝顺势拦截而成的8个水塘之中。8个水塘高低错落，以水相连，宛若8颗翡翠，镶嵌于山村。

赵家泉　1997年版《济南市志》载为“赵家三泉”。在柳埠镇赵家庄南侧山岭下，东西向有3个泉池，形状各异，深度相近，水势较小，供村民生活用水。三泉相隔20米，最东一泉池石砌长方形，长1.5米，宽1米。泉水出露形态为渗流，常年不竭；中间一泉，池呈圆井形，用水泥筑成，直径2.7米，常年不竭，上用水泥板封盖，留一方形口，方便村民取水；最西一泉，池呈圆形，乱石砌垒，上用石块封盖，为季节性泉，2011年8月泉水普查时已干涸。

在三泉之南，还有两泉。一泉池呈长方形，石砌，长1米，宽0.7米，出露形态为渗流，常年不竭；另一泉池呈长方形，水泥修筑，长1.1米，宽0.8米。泉水出露形态为渗流，常年不竭。两泉均为村民饮用水源。

永乐泉　位于柳埠镇小槲疃村东山山腰。泉池为水泥修筑，长方形，长6米，宽5米，泉常年不竭，为农业灌溉水源。

无名泉　位于柳埠镇小槲疃村东山山腰。泉池为石砌不规则形，最长1.6米，宽1.4米。泉常年不竭，供农田灌溉。

川道泉　位于柳埠镇川道村北峪。泉池为石砌井形，井口直径1.1米。泉常年不竭，为居民主要饮用水源。

马家沟子三泉　位于柳埠镇马家沟村南。三泉泉池均为石砌圆井形，井口直径分别为0.9米、1.3米、0.8米。均常年不竭，主要用于农田灌溉。

无名泉　位于柳埠镇周家峪村东北。泉池为石砌圆井形，井口直径1.2米，泉常年不竭，为村民主要饮用水源。

周家峪泉　位于柳埠镇周家峪村西北。泉池为石砌不规则形，长1.0米，宽0.8米，泉常年不竭，为居民主要饮用水源。

永乐泉　位于历城区柳埠镇槲疃村西南半山腰。泉池石砌长方形，长4米，宽3.5米。泉水从石隙中流出，落入池中，潺潺有声，常年不竭。该泉清澈甘洌，富含锶，为居民主要饮用水源。

相传永乐泉与明燕王朱棣有关。燕王朱棣为平定前朝的残余势力，途经此处时，正值五月大旱，骄阳似火，将士们饥渴难忍，燕王心急如焚。抬眼望去，西山半山腰一片葱郁，燕王督兵前往挖掘，当挖至三尺深时，一股泉水汩汩涌出。将士们欣喜若狂，争相饮用。更为神奇的是，伤残之兵饮用后竟痊愈了。燕王平定天下，定都北京后，年号永乐，并赐封此泉为“永乐泉”。

朱砂泉　位于柳埠镇槲树湾旅游园区东北方，因泉旁有红砂石而得名。泉池为石砌圆井形，井口直径0.5米。泉常年不竭。

卧龙池（龙居泉）　古称“龙居泉”，名列金《名泉碑》。位于柳埠镇外卧龙池村。分里、外卧龙池。因处于形似卧龙的山梁（长城岭）里、外两侧而得名。里卧龙池在山梁之南，龙首崖和里卧龙池村北500米左右，泉池呈石砌不规则形，水面积约700平方米。外卧龙池在山梁之北，位于外卧龙池村西南侧，泉池亦为石砌不规则形。两泉皆常年不竭，枯水期为涓涓细流，盛水期则腾突喷涌，为茶臼河之源。

关于古之龙居泉的位置，元《齐乘》称在“长城岭西”。清道光《济南府志》载 “在长城岭下。”民国《历城县乡土调查录》则较具体地称“在长城岭西北，茶臼河上流”。2005年《济南市名泉保护条例》附件一《济南市名泉名录》分记为“龙居泉”和“卧龙池”两泉，其中卧龙池列入十大泉群之涌泉泉群名录中。

琴泉 位于柳埠镇袁洪峪北之苦洪峪口南侧山坡。因泉夜滴声若琴韵而得名。明崇祯、清乾隆《历城县志》和道光《济南府志》有载，并形容“泉声夜滴，如理丝桐”。清郝植恭列入《七十二名泉记》。泉出露形态为渗流，常年不竭，泉水涓涓，声润如琴。泉池石砌长方形，长2.67米，宽1.66米。水自崖底孔穴流出，注于石砌池中，流向茶臼河。池水清澈明净，水中绿藻飘动。乾隆年间诗人王初桐诗云：“苦洪峪口白云深，试听琴泉泉似琴。何必思贤寻旧谱，高山流水有清音。”近年又在袁洪峪度假村西南建一长方形泉池，亦称琴泉。

试茶泉 位于柳埠镇亓城村茶臼河东崖上。因水质甘美，昔日常有人在此品茶论道，以此鉴别天下茶品之优劣，故名。明崇祯、清乾隆《历城县志》和道光《济南府志》均载，称“其流飞泻，入茶臼河”。又因其坐落于柳埠镇袁洪峪口北，而得名“袁洪峪泉”。泉池石砌长方形，长12米，宽4米。泉水出露形态为渗流，水自河崖上端涌出，滋花润木，哗哗泻下，注入茶臼河。岸边绿树野花倒映在清澈池水中，空灵碧透。

咋呼泉 位于柳埠镇亓城村南。因盛水期泉水顺山崖下泄，水声盈耳得名。清乾隆《历城县志》、道光《济南府志》载：咋呼泉“在交战顶西谷下”。 清《七十二泉记》所记“响泉”，似即此泉。泉池长方形，池岸为自然土石，长1.3米，宽0.65米。泉水出露形态为渗流，常年不竭，水从地堰下崖石缝隙间涌出，顺水渠流向山下，入茶臼河。

大花泉 位于柳埠镇北田庄村北山崖下，因泉水喷涌若花，故名。泉池为石砌长方形，长8.7米，宽4.8米。泉水出露形态为涌状，长年喷涌，水势很旺。涌出后，伏流50余米，汇于石砌蓄水池。水盛时沿山势而下，入茶臼河。水质甘甜清冽，不仅供北田村及凤凰村村民饮用，还灌溉山下千亩良田。

响泉 位于柳埠镇凤凰庄东峪中段南坡。泉池为石砌长方形，长2.1米，宽1米。泉水清澈甘甜，是村民主要饮用水源，也用于农田灌溉。

圣水泉 位于柳埠镇九顶塔风景区，九塔寺南侧。清乾隆《历城县志》、道光《济南府志》均载。因常流不竭，人们认为有“灵气”，故称“圣水泉”。泉池呈井形，块石砌成，直径0.32米。泉水清澈，原为寺内僧人饮用水。20世纪50年代，村民在该泉西南侧六七米处又挖凿出一方形泉池，水势盛过老泉，故将新挖泉池称之为圣水泉。实际上两泉一脉，此消彼长，可称之为“新”“老”圣水泉。20世纪90年代开发九顶塔民族风情园时，将新圣水泉收入园内，护以青石栏杆，以“缎华泉”相称。

尼姑庵泉 位于柳埠镇九顶塔民族风情园中的藏族建筑下方。古有尼姑庵堂，现荡然无存。泉池呈长方形，石砌，长3.2米，宽1.5米。泉水出露形态为涌状，常年不竭，用于农业灌溉。

观山泉 位于柳埠镇石桥村东南观山下。泉池为石砌长方形，长7.5米，宽4.5米。泉旁有建于20世纪50年代的石桥。泉水常年不竭，为村民饮用水源。

无名泉 位于柳埠镇石桥村西南。泉池为石砌方井形，井口边长0.7米，泉水常年不竭，为村民主要饮用水源。

康泉 位于柳埠镇康泉村北。传说此泉之水时有时无，村人来挑水时，明明有水，放下桶去便消失了，故当地人称之为“诓泉”，后因“康”“诓”字音相近，便沿称“康泉”。 明崇祯、清乾隆《历城县志》和道光《济南府志》均载。泉池石砌长方形，长8.9米，宽6.6米，深5米。泉出露形态为涌状，常年不竭，水自岩隙涌出，积水成池。盛水季节漫溢，流入亓城峪沟。泉水供村民饮用和农田灌溉，也为工业生产水源。

冰冰泉 位于柳埠镇冬冻台村南，秋千台山阴，海拔约800米。明崇祯、清乾隆《历城县志》载：此处“山高阴寒，冰积如陵，故亦名‘冰冰台’……其冰，立夏始解。北经龙峡，入茶臼河”。泉以山而名，为茶臼河源头之一。泉水出露形态为渗流，常年不竭，水自峡谷中一石壁下沿流出，水激乱石，哗哗作响，溅起浪花。然后，穿茂密草丛流入一人工砌成的水池。水池长0.8米、宽0.7米，池顶端已保护性覆盖。水池西端下沿有3个溢水口，水从溢水口中喷出，如碗口粗，泄入峡谷，汇流茶臼河，北流入锦阳川。

水泉 位于柳埠镇水泉村，因泉多水盛而得名。村以泉名。该村夹河坐落，村中架大小石桥10余座，盛水期，四处皆泉。主泉在村中泉子崖下，出露形态为涌状，常年喷涌。泉池石砌方形，长宽各0.7米。泉边建一方形蓄水池，容量500立方米。泉南依陡壁悬崖，崖高30余米，崖壁翠柏悬生。泉水清澈甘甜，是居民主要饮用水源。

水泉村南还有两泉。其中一泉泉池为方形，石砌，长宽各15米，用于农业灌溉。另一泉泉池为井形，石砌，直径1.1米，为居民饮用水源。

熨斗泉 位于柳埠镇石匣村西北，子房庵遗址处。因水温偏高如熨斗而得名。金《名泉碑》、明《七十二泉诗》收录。《七十二泉诗》曰：“泉如熨斗气温温，龙洞分来第一源。欲识坎离交媾意，请参道德五千言。”关于此泉的地址，元《齐乘》称在“黎峪门家庄”，今门家庄在何处，不详。明崇祯、清乾隆《历城县志》和道光《济南府志》载“在扶山子房庵”，今按此说。

泉池为石砌方井形，长宽各0.6米。泉常年不竭，用于农业灌溉。泉四周山峦青秀，古柏苍生。泉东侧30米处，有3座古墓。据说左为汉相张良墓，中为张良的老师黄石公墓，右为尹宗墓。传说尹宗是附近尹家店柴夫，一日上山打柴，恰遇张良与黄石公下棋。尹宗观棋入神，等棋下完，扁担已成朽木，原来，“山中方一日，世上已千年”。尹宗因喝了张良的茶，便得道成仙，成了张良和黄石公的益友。现附近有庙庵、仙人桥、登云山、脱壳河、爬天梯等名胜古迹。

风斗泉 位于柳埠镇石匣村子房庵遗址，熨斗泉南侧10米处。因临风斗岭得名。泉池呈井状。泉水清洌甘甜。传说，张良在此隐居时，常饮用此水，故有“圣水”之称。属季节性泉，2011年8月泉水普查时已断流。

鹿跑泉 位于柳埠镇鹿跑泉村西。明《七十二泉诗》收录。明崇祯、清乾隆《历城县志》称之为“鹿趵突”。泉池呈不规则形，石砌，长1.6米，宽0.8米，出露形态为渗流，常年不竭。水盛时溢出，汇于鹿跑泉水库，用于农业灌溉。周围青山绿树，倒映水中，宛然如画。

鹿跑泉之名的由来有两种说法。一是源于传说故事。相传古时此处山深林密，经常有野鹿出没。一日，一头鹿口渴难耐，却找不到水，便双足奋力跑蹬，刨出一股清泉，于是人们将此泉称之为鹿跑泉。另一说是因泉水流淌的声音如鹿鸣，故名。明晏璧诗曰：“泉声清似鹿呦呦，逝者如斯日夜流。灵囿料应非宿昔，蘼芜杜若满沧洲。”

无名泉 位于柳埠镇鹿跑泉村西。泉池为石砌井形，井口长1.30米、宽0.75米。泉水常年不竭，是村民主要饮用水源。

无名泉 位于柳埠镇鹿跑泉村西。泉池为石砌井形，井口长1.0米、宽0.7米，泉水常年不竭，是村民主要饮用水源。

凉湾泉 位于柳埠镇突泉村西南，锦阳川西南岸崖下。水自石穴中涌流而出，清凉甘美，临河汇为自然水湾，故名。泉池半石砌不规则形，长17米，宽8.37米，深1.35米。泉水出露形态为渗流，常年不竭，水由泉池满溢后，流入锦阳川。明崇祯、清乾隆《历城县志》和道光《济南府志》载有水帘泉，称“在都泉西南崖下，一名水帘坡”。清郝植恭亦将水帘泉列入《七十二泉记》。1997年编纂《济南市志·泉水篇》时调查该水帘泉，已无人知晓，只知有凉湾，编纂者取泉名为“凉湾”，并疑凉湾泉即“水帘泉”。

水帘泉 位于柳埠镇突泉村西南锦阳川西南岸，凉湾泉西北。原为无名泉。近年有人依旧志水帘泉的记载，将此泉取名为“水帘泉”。泉池为半石砌不规则形，最长处3米，宽1米。泉水出露形态为渗流，常年不竭，是居民饮用水源之一，盛水期水溢后流入锦阳川。

淌豆泉 位于港沟街道伙路村南淌豆寺旧址。泉水自3米高石壁顺势而下，注入一自然泉池。水质清澈甘甜，涝而不增，旱而不减，检测为优质矿泉水。

关于此泉的由来，有一个传奇故事：隋代末年，李世民带兵东征，被隋兵围困于此。外无援兵，内无粮草，人困马乏。情急之中，李世民用手中长枪戳向3米高的石壁。石壁应声而开，出现一泉眼。泉眼中汩汩流出黄豆，不多不少，正好够李世民兵马之用，遂击退了隋兵的进攻。李世民兵马走后，村中有一财主霸占了此泉，嫌黄豆流量太小，遂派人将泉眼凿大。在凿泉眼的过程中，黄豆停止了流淌，继而流出鲜血，最后流出了清澈的泉水。

玉漏泉 位于港沟街道芦芽岭村云台寺。泉水自云台寺内大殿西南侧的山崖石缝流出，常年水流如线，清澈甘甜，注入自然池中，供僧人及村民饮用。云台寺约建于元代，为县级文物保护单位。

甘露泉 位于港沟街道芦芽岭村云台寺。泉池长方形，水泥修筑，池长4米，宽3米。泉常年不竭，为村民饮用水源。

大泉 位于港沟街道桃科村麒麟山阴。当地人称为“麒麟泉”，并刻有石碑。泉水甘甜，长年流淌。因附近缺水，虽流量不大亦呼之为“大泉”。泉水自山崖数处缝隙流出后汇于一处，从一石雕龙头口中喷出，注入泉池内。泉池石砌方形，池口边长3米，久旱不涸。泉北有“泰山行宫”古迹。泉水旺时，颇似济南城内黑虎泉，弱时仍水流如注。

东流泉 又称东流神泉。位于港沟街道郭家庄朱凤山乡义寺旧址，通天崖东侧。泉水自石崖根部潺潺而出，面朝正东，故名。原为露天泉池，为保护泉水，村民自发捐资，为泉池搭建亭子，既保护了泉水，又成为一道景观。乡义寺，亦名朱凤寺，碑刻记载建于北齐武平年间。鼎盛时期，有僧众逾百人，东流泉供应全寺用水。泉旁有棵五角枫，直径60厘米左右，号称济南的“枫树之王”。

西天神泉 位于港沟街道郭家庄乡义寺旧址。水自崖壁汩汩流淌，久旱不竭。

大泉 位于港沟街道坞西村西。泉从石罅中流出，汇为两面临崖的自然水池，池水碧绿，苇草摇曳，久旱不涸。

滴水泉 位于港沟街道坞东村北高速路下。泉自石崖渗出，顺崖壁滴滴滚落，故名。名列金《名泉碑》。元《齐乘》载：“一名清泉，在西务北。”明晏璧《七十二泉诗》称之为“清水泉”。清道光《济南府志》载：“清水泉，在西务北。”原泉所处河崖高20余米，曲折长约50米，崖顶岩石探出如厦，崖壁枝柯悬生，被称为“滴水崖”。水滴处青苔铺绿。冬季，形成数丈高的冰挂，蔚为壮观。现因高速公路压占，水量明显减小。

老井泉 位于港沟街道坞东村东南。为一年代悠久的井泉，故名。井口石砌，直径0.7米，久旱不涸。

老井泉是深受附近百姓喜爱的泉。早年附近24个村庄的村民全靠老井泉的水生活。炎炎夏日，坐在泉旁可以感觉到阵阵凉意，所以每到盛夏时节，总有不少村民来此纳凉歇息，并取泉水泡茶饮用。泉水经常溢出井口，村民在井中修建了排水道，水旺时泉水顺水道流向下游的水库。

灰泉 位于港沟街道坞东村东。泉自崖壁下端小石穴中流出，淅淅沥沥滴落于崖下自然水池，而后流入河中。

东峪泉 位于港沟街道坞东村东。泉水长年流淌且流量较大，为村民生活用水和农田灌溉水源。

小井子泉 位于港沟街道坞东村南。泉池石砌圆井形，井口直径0.7米。泉水常年不竭，是村民主要饮用水源。

老玉河泉 位于彩石镇玉河泉村内，又名“西老泉”，古称“榆科泉”。泉池石砌长方形，长4.4米，宽1.5米，久旱不涸。2011年8月调查时日流量300立方米。

绕玉河泉村共有8处泉，即：老玉河泉、玉河泉、牛头泉、响呼噜泉、晴天泉、门口泉、院内泉、西老泉，泉水汇集成小河，像一条玉带般绕村一周，故此得名。为巨野河源头。

响呼噜泉 位于彩石镇玉河泉村内西南。泉池圆井形，直径0.6米，四季不竭。雨季来临，泉水喷涌声震四方。泉侧山石上刻有“历史名泉”四字。

东泉 位于彩石镇玉河泉村内幸福路，又名“东老泉”。泉池石砌长方形，长2米，宽0.8米，久旱不涸。

当地人称，早年此泉曰“饮马东泉”。相传唐王李世民东征，在此歇息，人马饥渴难耐，遂命人寻找水源，只听泉声汩汩作响，追寻发现一清泉从石壁下流出，水击彩石，溅起浪花无数，然后隐入茂草丛中，流入山谷。唐王于是在此饮马。因之前有一处“饮马南泉”，遂命此泉为“饮马东泉”，后简称为“东泉”。

院内泉 位于彩石镇玉河泉村56号农户院内。泉池水泥修筑长方形，长1.36米，宽0.53米。常年有水，是村民主要饮用水源。

炸鼓泉 位于彩石镇万粮峪村。泉池石砌长方形，长1.2米，宽0.96米。泉水从石缝中涌出，泻入河道，水声震耳，故名炸鼓泉。当地有“炸鼓泉开泉——透了地”之谚语，意指炸鼓泉开始喷涌时，庄稼地里就已经浇透了。现为万粮峪村村民饮用水源。

下雨泉 位于彩石镇万粮峪村河道旁。属季节性泉，下雨开泉，故名。村民在泉口下方挖一口径1米多的蓄水池，泉水汇入池中，清澄甘美，为村民生活用水。

无名泉 位于彩石镇万粮峪村居民院内。泉池井形，水泥修筑，池口边长0.5米。为季节性泉，积水成井，是村民饮用水源。

南小泉 位于彩石镇徐家场村东南。泉池石砌，长2.5米，宽2米。常年不涸，供农田灌溉。

南山泉 位于彩石镇磨盘峪陈家村。泉池石砌圆井形，口径1.1米。常年不涸，是村民主要饮用水源。

北井泉 位于磨盘峪陈家村。泉池石砌方井形，长0.53米，宽0.43米。常年不涸，是村民主要饮用水源。

三井泉 位于彩石镇磨盘峪吴家村。由三眼井泉组成。其中两眼口径皆半米有余，深2米多。常年不涸，是村民主要饮用水源。另一眼石块封口弃用。

芦井泉 位于彩石镇磨盘峪芦家村。由相距不远的两眼井泉组成。一眼长0.66米，宽0.5米；一眼口径0.6米。皆常年不涸，是村民主要饮用水源。

肖南井 位于彩石镇磨盘峪肖家村。泉池石砌圆井形，口径1.1米。常年不涸，是村民主要饮用水源。

青龙泉 位于彩石镇青龙峪村东沟。泉池依山而建，半石砌，长1米，宽0.6米。该泉常年不竭，水质极佳，是村民主要饮用水源。水量亦很大，日喷涌量500立方米～700立方米，也是农田灌溉水源。

青龙峪南泉 位于彩石镇青龙峪村南，村民以“南泉”相称。由三处泉池组成。两处泉池呈方形，边长4米；另一泉池长方形，长1米，宽0.6米。皆水质优良，是村民的饮用水源。

虎门泉 位于彩石镇虎门村东南峪。泉池水泥修筑，长方形，长4.96米，宽1.13米。常年不涸，是居民主要饮用水源。

猪拱泉　位于彩石镇虎门村北，巨野河东崖。泉池石砌，长3.3米，宽1.7米，常年不涸。经化验，泉水达到矿泉水饮用标准。

忠泉　位于彩石镇中泉村东南峪。泉池水泥修筑，长方形，长4.96米，宽1.13米，常年不涸。

咋呼泉　位于彩石镇中泉村南河东。2011年8月泉水普查收录。泉池自然土石围成，长1.6米，宽0.6米。用于农田灌溉。

鸡跑泉　位于彩石镇中泉村南河西。涓涓细流，流入河道，为农田灌溉水源。

柳泉　位于彩石镇柳泉村。泉池石砌方井形，长0.55米，宽0.4米。泉水从一石缝汩汩流出，常年不竭。

无名泉　位于彩石镇柳泉村西。泉池为石砌圆井形，口径0.5米。水清澈，是村民主要饮用水源。

黑虎泉　位于彩石镇岔峪村南山峪。分东西两泉，为季节性泉。夏秋季节，东侧泉水从地中汩汩喷涌，西侧泉水从岩隙深处洞穴中哗哗流出。两股泉水汇入水池，池水清澈见底，池边草木葱郁。

仙人堂泉　位于彩石镇路相村北。泉池石砌圆井形，口径0.7米。常年不涸，是村民主要饮用水源。

响泉　位于彩石镇西捎近村河边东南。为三眼石砌圆井，口径分别为0.8米、1.0米，0.75米，深皆2.0米有余。常年不涸，是村民主要饮用水源。

据传，清代章丘县财主高大廷到此落户发现此泉，并用条石砌成圆形泉池，作平时饮用水。泉旁有清同治年间石碑一通，载有“响泉”之名。泉南约1000米处有一株被村民称之为“降龙树”的古树，树旁即为清代高家庄遗址，内有古井七眼，千年古柏一棵，周围树木葱郁。

义和泉　位于彩石镇韩家峪村南。泉池石砌长方形，长6.5米，宽1.9米。常年不涸，是村民主要饮用水源。泉水自拱形洞石缝间滴落而下，汇聚为池。一年四季不涨不涸，水质清洌甘甜。

白胡子老头泉　位于彩石镇韩家峪村南。为一深水井，泉眼位于井下，为村民饮用水源，2011年8月普查时断流干涸。据说，该泉旺盛之时，汩汩分流，泛起白花，泉水溢过泉池，流入河道，水流呈线状泛白，如老者长长的白须，故名。清乾隆年间泉畔曾立石碑一通，上记泉水及村名来历。

虎啸泉　位于彩石镇杏峪村北，雨季涌。

南峪泉　位于彩石镇西丝峪村南。为石砌井泉，井口直径0.7米，常年不涸。

黄路泉　位于彩石镇黄路泉村。泉池为石砌长方井形，井口长1.2米、宽0.56米、深5.7米，久旱不涸。

无名泉　位于彩石镇黄路泉村。泉池为石砌井形，常年有水。

断岧泉　位于彩石镇断岧村，当地人称之为“老井”。泉池为石砌井形，常年不涸，是村民主要饮用水源。

无名泉　位于彩石镇断岧村药王庙南。泉池水泥修筑，长方形，长7.0米，宽4.4米。泉水清澈甘甜，为村民主要饮用水源。

石瓮泉　位于彩石镇石瓮峪村。凿石成池，池口直径0.7米，久旱不涸。

康泉　位于彩石镇康泉村。泉池井形，半人工砌垒，井口长1.5米，宽1米。井底涌泉，四季不涸，为村民饮用水源，被当地人称为“英雄泉”，并刻石碑。

无名泉　位于彩石镇康泉村。泉池为石砌圆井形，口径0.9米。泉水清澈甘甜，是村民主要饮用水源。不远处有瓦屋脊战斗英雄纪念碑。

井子峪泉　位于彩石镇井子峪村。为两眼石砌圆井，口径分别为0.53米、0.66米，久旱不涸。遇大旱，附近村庄的村民皆至此汲水。水盛时溢出，穿石绕峪，涓涓流淌，流入狼猫山水库。

无名泉　位于彩石镇井子峪村。为井形水泥泉池，长0.55米，宽0.45米。泉水清澈甘甜，是村民主要饮用水源。

黄歇泉 位于彩石镇黄歇村西。泉池石砌长方形，长5米，宽1.7米。泉水常年不竭，是村民主要饮用水源。

无名泉 位于彩石镇黄歇村西北。泉池半石砌不规则形，最长2.2米，宽1.6米。泉水常年不竭，是周围工矿企业生产水源。

老井泉 位于彩石镇南泉村河南崖。为东西相距约7米的两眼历史悠久的泉井，水清洌。周围山环水绕，绿柳笼荫。水自井壁石隙流入河中，北流入狼猫山水库。

滴水泉 位于彩石镇南泉村北。水自岩缝流出，滴落于崖下，形成“水帘”奇观。相传唐王李世民东征时在此歇息，士兵皆饮此泉水。与东泉村之饮马泉齐名，在当地有“饮马东泉，滴水南泉”之说。1995年村民在崖下砌池蓄水，池口直径0.5米，久旱不涸。

冰心泉 位于彩石镇南泉村西北河南崖下。雨季涌，水自10余米高的山崖岩缝涌出。水质甘美，寒冽如冰水，饮之沁人心脾，故名。泉池石砌长方形，长1.3米，宽0.9米。

南泉 位于彩石镇南泉村。常年渗流，为村民生活用水。

孔井 位于彩石镇南泉村北。自然土石形成的泉池内，蓄积季节性泉水，用于农田灌溉。

东泉 位于彩石镇东泉村河东岸。泉池为石砌圆井形，井口直径0.6米，井深3.5米，是周围居民主要饮用水源。

饮马泉 位于彩石镇东泉村河西南岸。传说唐王李世民曾在此饮马，故名。泉西北为九峰桥，桥旁民国《倡建九峰桥碑》有“右跨饮马泉”的记载。泉水出露形态为渗流。水自岩缝流出，汇积于不规则的土石坑中，坑长1.1米，宽0.8米，久旱不涸。

无名泉 位于彩石镇东泉村东南。雨季涌，积水成洼。

无名泉 位于彩石镇东泉村正南。属季节性泉，泉水直接流入河道。

三泉峪北、上、南三泉 位于彩石镇三泉峪村南北峪。分别以方位取名。北泉，在七八米高的山岩之下，水自数处岩隙中流出，汇积成自然水池；上泉，在北泉西南约100米处，水自崖壁10余处小洞穴中涌出，汇为自然水池；南泉，在北泉西南约500米的山峪尽头，位于一石洞内，水自洞壁石隙渗出，而后漫流于洞外。南北两泉常年不竭，上泉为季节性泉。盛水期，泉水顺山势急流下泻，声闻数里。

玉河泉 位于彩石镇北宅科村东，济南绕城高速公路南。泉池为水泥修筑，长方形，长3.4米，宽2.1米。泉常年不竭，是村民主要饮用水源。

红柿泉 位于彩石镇北宅科村东，绕城高速路南。泉池石砌长方形，长2.6米，宽1.35米。泉水汩汩喷涌，常年不息，顺流而下，注入狼猫山水库。今村民为保护泉水，提升景观，砌一方形泉池，使泉水在泉池下方形成潺潺溪流，穿石绕树，铺绿描翠，构成一幅锦绣家园景色。

咋呼泉 位于彩石镇北宅科村西。属季节性泉，2011年8月普查时断流。

清泉 位于彩石镇北宅科村西。泉池由自然土石围成，长1.5米，宽1.3米。泉水清澈甘甜，是村民主要饮用水源。

七井泉 位于彩石镇东彩石村南。泉池石砌圆井形，口径0.8米。泉水常年不竭，是村民主要饮用水源。

罐子泉 位于彩石镇西彩石村西南。属季节性泉，2011年8月普查时断流。

双乳泉 位于历城区巨野河街道李家楼村西。清道光《章丘县志·卷三》作“双水泉”，为关卢水之源。泉池石砌长方形，长0.8米，宽0.5米，常年不涸。1997年版《济南市志》载：“世传武定府李阁老路经此地，见万松山下两个山泉流出的水呈乳白色，且水味甘美，便取名双乳泉。后来李阁老又在泉边建别墅，成了他的避暑之地。今泉在村内林木笼荫的峪沟里，常年不竭，清冽甘美，供村民饮用。水盛时沿峪沟漫流。”

饮马泉 位于历城区王舍人街道大辛庄西

北，黄台电厂河东侧。泉池为东西长50多米，南北宽40米左右的不规则的天然水塘，常年不涸，可灌农田。水中芦苇摇曳，岸边杨柳婆娑。

泉名的由来源自一个民间传说。相传，三国时代曹操率83万人马攻打孙吴，大败而归，退至历城，粮草皆无，饥饿难忍，移步艰难。曹操仰天长叹："天灭我也！"遂坐在一凹坑内，背靠青石，昏睡过去。一觉醒来，觉得身下潮湿，似有水浸，定睛一看，见脚下一股清泉涌出，须臾，凹坑成一池清水。曹操大喜，刚想伏身饮之，不料他的坐骑竟抢先喝干。曹大怒，正要扬鞭笞马，只见泉复涌满地，曹转怒为喜，高呼："天不灭曹！"曹军喝了泉水，士气为之大振。曹操得意之下，挥刀在大青石上刻下"饮马泉"三个大字。

双宝泉　位于王舍人街道冷水沟村西。1997年版《济南市志》收载："在王舍人镇冷水沟村西南约1千米处的田间。为东西相距百米左右的两泉，皆常年积水。西侧之泉水深，植有荷莲；东侧之泉水浅，呈沼泽状，苇草茂盛。"

草泉　位于鲍山街道纸坊村北侧。明崇祯、清乾隆《历城县志》和道光《济南府志》俱载："在白泉南，源广数亩，流经滩头，入坝子河。"清郝植恭列入《七十二泉记》。民国《历城县乡土调查录》称已"失考"。当地百姓称："草泉"在白泉以东约800米，原为自然水坑，水极旺盛，深达二三米，1975年前后，曾在泉源处打一机井，作灌溉之用，后因水量不足而废弃。1997年版《济南市志》记"现已淤塞"。2011年8月泉水普查记为：泉池呈不规则形，出露形态为涌状，常年不竭，积水成洼，为农业灌溉用水。

团泉　位于鲍山街道纸坊村北，白泉附近。明崇祯、清乾隆《历城县志》和道光《济南府志》俱载："团泉，在白泉西，流入滩头。"清乾隆《历城县志》又载："团泉，一名漂泉。"清郝植恭列入《七十二泉记》。民国《历城县乡土调查录》称作"团圆泉"。1997年版《济南市志》记"已湮失"。2011年8月泉水普查记为：泉为长方池，出露形态为渗流，常年不竭，积水成池，为农业、工业用水水源。

丫丫葫芦泉　又名葫芦头泉。位于纸坊村北，白泉东北约300米处。因平面呈丫丫葫芦形，故名。昔日，泉源奋涌，水深数米。今为面积约700平方米的自然洼坑，淤塞严重；平时积有浅水，旱时干涸，洼坑内长满苇草。

鸭旺温泉　位于历城区临港街道鸭旺口村。为人工钻孔喷泉。1986年5月，由山东省地矿局第五探矿工程队打成第一眼钻孔井，井深771米，孔口水温42℃，含有硫、铁等多种对人体有益的矿物元素。后附近又打出多眼钻孔井，单井日自流量500～1000立方米。可作医疗洗浴用水。

第三节　长清区境诸泉

在济南市长清区，除有5处泉池名列济南新七十二名泉外，还有108处已知泉点分布于境内的山地丘陵间，主要集中为袈裟泉泉群。

双鹤泉　位于灵岩寺千佛殿南，卓锡泉南七八米处。清《长清县志》、道光《济南府志》均收录。泉池为南北向双池，南池壁上题"双鹤泉"三字。与邻近的卓锡泉、白鹤泉水汇为小潭，名曰"镜池"，又称"功德池"。池边原有"卓锡亭"，建于清乾隆年间。今卓锡亭已毁。

"双鹤""白鹤""卓锡"三泉相邻，有"五步三泉"之说，被列为灵岩八景之一。

白鹤泉　位于灵岩寺千佛殿南，卓锡泉东约18米崖壁下。清《长清县志》、道光《济南府志》均载。泉池石窟状，泉水自窟壁缝隙中流出。窟上方岩壁嵌乾隆二十年（1755）"白鹤泉"石刻，行书涂丹。与卓锡泉、双鹤泉构成"五步三泉"景观。

甘露泉　位于灵岩寺大雄宝殿东北500米处的"乾隆行宫"遗址东崖下。因自石隙似露珠般流出，清冽甘美而得名，旧有"灵山第一泉"之称。清《长清县志》、道光《济南府志》均收录。泉池石砌长方形，长5.7米，宽1.1米，久旱不涸。盛水季节，水自池西壁石雕龙头口中泄出，沿溪奔流，声闻数里。池东侧崖壁上嵌“甘露泉”泉名石刻，为乾隆皇帝御笔。

历史上多有文人，如元代的郝经，清代的施闰章、姚鼐、王培荀等咏诗撰文赞美此泉。乾隆皇帝曾在这里建行宫并多次驾临，每次均有诗作留世，其中乾隆四十一年（1776）《甘露泉》诗曰：“石罅淙泉清且冷，观澜每至小徜徉。设云此即是甘露，一滴曹溪谁果尝。”如今，池壁上尚存有乾隆帝咏泉诗刻数方。泉池西侧10余米岩壁上，嵌明嘉靖二十七年（1548）山东巡抚彭黯所书“活水源头”巨字刻石。

饮虎池　位于灵岩寺风景区内，灵岩山积翠证明龛西南约50米的飞云浦北侧危崖下。泉水自岩壁缝隙淌下，积于长1.5米、宽1米石砌长方形池中，泉流处石壁挂满青苔，旁镌“饮虎池”三字。属季节性泉，旱季枯竭。

上方泉　位于灵岩寺风景区内，饮虎池北约20米处的同一岩壁间，亦名“虎跑泉”。清《长清县志》和道光《济南府志》均载。水自岩壁缝隙淌下，流入长1.5米，宽1米的石砌长方池。泉上方岩壁刻“上方泉”三字；再其上，松柏悬生。该泉属季节性泉，雨季甚可观，旱季枯竭。

飞泉　又名“滴水泉”。位于灵岩寺风景区崇兴桥南约0.5千米处，灵岩路观音院内。泉从悬崖半空泻下，故称“飞泉”。水弱时，串串水珠沿崖壁滑下，故又称“滴水泉”，山崖被称做“滴水崖”。飞泉泻下汇入长50米、宽19米的石砌长方池，常年不涸。

飞泉一带石润水滴，淋漓如雨，若遇霞光照耀，颗颗水珠流光溢彩，乾隆皇帝取名为“雨花岩”，并有“未见飞空天女散，落来岩际尽天花”（清道光《济南府志·卷首》）的诗句。此处上临峭壁飞泉，下接清溪潺潺，溪岸芳草萋萋，岩罅松柏森然，青萝垂挂，被古人列为灵岩八景之一。

朗公泉　位于灵岩寺风景区，朗公石东南十八亩地北。清道光《长清县志》《济南府志》均载。属季节性泉，2011年8月泉水普查时已断流。

龙居泉　位于万德镇坡里庄龙居寺遗址。泉自山隙中流出，水流较大，水质清澈甘甜。泉池为石砌圆井形，井口直径1.1米，深2.5米，常年不涸，据传当年寺僧400余人均以此泉为饮用水源。

龙居寺创建于元代，属“四大名刹”之一的灵岩寺的下院。此寺三面环山，山势像条俯卧的巨龙。龙居寺原有山门、天王殿、大佛殿，各殿内塑有泥像。现仅留有大佛殿，为县级重点文物保护单位。殿前有明弘治、清乾隆年间《重修龙居寺碑》两通和千年银杏树一棵。寺南群山逶迤，有齐长城遗址。

牛角岭泉　位于万德镇坡里庄龙居寺西牛角岭山脚。泉池呈不规则形，自然土石池岸。泉水出露形态为渗流，常年不竭，为农业灌溉水源。

老鸹岭泉　位于万德镇坡里庄龙居寺西北老鸹岭。泉水自岩缝流出，常年不竭。

牛鼻泉　位于万德镇卧龙峪风景区，游乐场向东百米路北。泉从山崖流入溪内，颇为壮观。此地沟谷幽深，怪松奇石遍布，植被茂密，潭瀑溪流常年不断，夏秋丰水季节尤为壮美。

龙泉　位于万德镇东侯庄合龙寺大雄宝殿东北侧。泉池井形，水泥修筑，池口直径0.95米。泉水出露形态为渗流，为合龙寺僧人主要饮用水源。合龙寺所在的位置，原为龙泉观遗址。今存明嘉靖二十五年（1546）和明隆庆二年（1568）《重修龙泉观记》石碑两通。

合龙泉　位于万德镇合龙寺内。泉水出露形态为渗流，常年不竭，积水成池，为村民主要饮用水源。泉池长方形，水泥修筑，长0.74米，宽0.63米。

大王泉　位于万德镇大王村。泉水从岩缝中涌出，流入边长为0.85米的正方形泉池，再汇入小溪。水量很大，饮用观赏俱佳。

御泉（黄泉）　位于万德镇黄泉村北。原称“黄泉”，2007年在此地举办“樱桃节”时，根据乾隆皇帝赐名传说改称“御泉”。泉水自岩隙涌出，流入水泥方池，清澄甘美，是村民主要饮用水源。泉边有2株树龄260余年、树高5米、树冠占地40平方米的樱桃树。相传，当年乾隆皇帝赴灵岩寺时曾到此处。乾隆喝了泉水后，顿觉神清气爽，遂赐名“御泉”，并称这两株樱桃树为“夫妻树”。

龙潭　位于万德镇宋家园村西南龙王庙北侧岩壁下。潭池长6.5米，宽5米，常年积水。庙南有龙潭水库，两岸青山绿水，环境幽雅。

朱家泉　位于万德镇朱家泉村。泉池井形，乱石砌壁，长1.5米，宽1.2米。水极清澈，久旱不涸。泉水自井东壁石隙流出，溢而形成小溪，流入附近小河。

西泉　位于万德镇陈家庄，又名“中泉”。泉池井形，水泥修筑，井口直径0.9米，深6米。泉水出露形态为渗流，常年不竭，为村民主要饮用水源。

无名泉　位于万德镇大刘庄北山顶。泉池为石砌，长方形，长0.8米，宽0.5米。泉水常年不竭，是村民主要饮用水源。

神宝泉　位于张夏镇小寺村南山下，方山之阴。清、民国《长清县志》和清道光《济南府志》均载。此处为神宝寺旧址，泉以寺得名。清代《灵岩志》载：此地“凿井不能得水，土民于泉源凿池蓄水，遇秋泉旺，则溢出成溪”。现在泉涌处安装水管引水流入村头石砌井形水池。水池口径3.9米，久旱不涸。泉水清洌甘美，已被开发为神宝泉矿泉水。

据传神宝寺由东晋高僧朗公所建，初名静默寺，南北朝时期遭破坏。北魏正光年间，法定禅师云游至此，重修此寺，并据寺北的宝山和神谷而取名神宝寺。后来法定又在与神宝寺一山之隔的方山之阳修建了灵岩寺。随着灵岩寺规模不断扩大，神宝寺规模愈见其小，故俗称“小寺”。当地人流传着“先有小寺，后有灵岩”之说。后神宝寺废圮。

华严泉　位于张夏镇花岩村南华严寺遗址。又名“花岩泉”。泉因寺而得名。清代、民国《长清县志》和清道光《济南府志》均载。有相距约200米、规模流势相当的南北两处泉池。北泉池在寺遗址南，泉水自山崖流入水井，再由水井流入水池。水池长3.1米，宽2.2米，为村民主要饮用水源；南泉在村南头山崖下，平地砌池，水自池西壁岩缝流入，盛时溢出池外，沿石渠蜿蜒北流，经黄家峪汇入石店水库。两泉泉水清洌，均常年不竭。

野老泉　位于张夏镇东野老村，别名南井。清康熙《灵岩志》载：野老村“乃晋张忠隐居处也”。泉池为石砌圆井形，直径0.65米，深10米。泉水出露形态为渗流，常年不竭，积水成井，是村民主要饮用水源。

东圣泉　位于张夏镇东野老村，别名东野老泉、庄里井池。泉池为长方形，长0.7米，宽0.4米。泉水出露形态为渗流，常年不竭，水泥修筑，是村民主要饮用水源。

龙马泉　位于张夏镇西野老村。据当地人介绍，昔日石堰中有《大唐齐州神宝寺之碣》。碑碣记载，唐李治皇帝当年自神谷石路骑马去泰山，途经此地，人马正饥渴时，李治御马脚踏处，忽然涌出两泉。因皇帝为“龙”，故名“龙马泉”。

1965年，村民在龙马泉处建成直径30米、深3米的半石砌椭圆形泉水池。泉水出露形态为渗流，常年不竭，积水成池，为农业灌溉水源。水盛时，水从池口通道溢出，沿河而流，注入岳庄水库。

三仙泉　位于张夏镇西野老村东。泉池为石砌长方形，长1.8米，宽0.8米，泉水出露形态为渗流，常年不竭，为农耕水源。

井峪泉　位于张夏镇井峪村东。泉池石砌方形，池口边长0.6米，为居民主要饮用水源。此处泉眼密布，小桥众多，有“一步三口泉，八步五座桥”之说。

庄岩泉　位于张夏镇积家峪村西北崖下。泉池长6米，宽1.3米。泉水出自一幽深岩洞，久旱不涸，为村民饮用水源。水盛时溢出池外，蜿蜒东流，与晓露泉水相汇，流入石店水库。

东井　位于张夏镇积家峪村东。泉池为石砌长方形，长4米，宽3米，深4米。泉水出露形态为渗流，常年不竭，为当地主要饮用水源。

于盘泉　位于张夏镇于家盘村北，五郎山腰。水自岩缝流出，流入石砌方池，常年不竭，为村民饮用水源。

银河泉　位于张夏镇于家盘村。泉池为石砌长方形，长2.6米，宽1.1米。泉水出露形态为渗流，常年不竭，为村民主要饮用水源。

段家泉　位于张夏镇纸坊村北山峪。泉水从悬崖下石缝中流出，先流入一个石凿的小池，再流入长14米、宽11米的石砌水池中。雨季时泉水甚旺，落差达3米多，颇具特色。据化验，泉水富含13种对人体有益的微量元素。

上泉　位于张夏镇上泉村西。泉水自岩隙滴流，入长6.2米、宽3.2米池中，池水常年不溢不涸，为村民主要饮用水源。

夹虎泉　位于张夏镇上泉村南。泉水自岩缝流出，积水成池。池长1.89米，宽1.3米。溢后沿山峪北流，入石店水库。

赵家泉　位于张夏镇上泉村西南。泉水自岩缝流出，积水成池。池长1.08米，宽0.92米。溢后沿山峪北流，入石店水库。

井子泉　位于张夏镇井字村。泉池水泥修筑，长方形，长3.9米，宽3.2米，深2.3米。为村民饮用水源。

长湾泉　位于张夏镇长湾村东。泉池直径5.1米，深3.5米，池口被棚盖。为村民饮用水源。

双泉　位于张夏镇张夏村东通明山下，双泉庵（今称义净寺）大雄宝殿前。为南北相对的两个方井形泉池，故名“双泉”。两泉池口长、宽均为0.6米，深数米，池下相通，常年有水，积水成井。两泉口西侧各有参天古柏一株，其中南侧一株主干已枯。泉水经孔道自西侧石堰下石雕龙头口中流出，入水池，是寺院主要饮用水源。此处四周皆山，泉水长流，古木森郁。东侧山顶山岩通透如月，名“通明山”。双泉庵始建年代无考，明代中叶达到鼎盛，新中国成立后荒废。2009年开始修复，2011年秋修竣，有门楼、大雄宝殿、三世佛殿、药师殿、地藏殿、观音殿、朝圣园等建筑和明代至民国时期石碑数通。

井子坡泉　位于张夏镇井字坡村北。泉池石砌方形，池口边长0.6米，池深4.5米。是村民饮用水源。

北泉　位于张夏镇北泉村北岩下。雨后涌。泉水自10余米长岩缝涌出，汇入石砌方形泉池。泉池边长0.55米、深4.5米。水盛时沿峪沟漫流。为村民主要饮用水源。

南井　位于张夏镇车箱峪村。泉池为石砌方井形，井口长宽各0.7米，井深2.5米。为村民主要饮用水源。

杨家泉　位于张夏镇杨家泉村南。此处山崖陡峭，壁立千仞。泉自山崖岩缝涌出，顺势跌落，水花四溅，状如飞瀑，沿山体下泄，入村头蓄水池，供村民饮用。

王家泉　位于张夏镇王家泉村南。泉池南北对列，一为天然石池，一为石砌方池。水质清澈甘美，终年不竭。池口半弧形覆盖，为村民饮用水源。泉周山势嵯峨，林木葱郁。东南侧山崖处，有唐至金元摩崖造像70余尊，保存较为完好。

朝阳泉　位于张夏镇王家泉村东。距村东200米有一石刻佛像，雕刻于隋唐时期，人称“朝阳佛”，朝阳泉位于朝阳佛下，因此而得名。泉池为长方形，水泥修筑，长3米，宽1.6米。泉水出露形态为渗流，常年不竭，甘甜可口，为村民主要饮用水源。

长寿泉　位于张夏镇莲台山丁庄村东山脚下。泉池始建于明代。泉出自木鱼石岩层。据《本草纲目》记载，木鱼石有“益脾、安脏气、定六腑、镇五脏”之功效。丁庄村有“长寿村”之说，盖因村民常年饮用此泉水，遂名为“长寿泉”。

卧龙泉　位于张夏镇莲台山张仙祠东北。

泉池石砌长方形，长0.68米，宽0.42米。泉水甘洌，终年不竭。

王母泉 位于张夏镇莲台山王母洞。泉自王母洞岩壁缝隙涌出，流入井形泉池。传说王母娘娘曾在此洗漱，故名。洞口镌有对联“壶中灵药山中采，宴内蟠桃洞中寻”，横批为“西望瑶池”。王母洞上下两层，登上洞顶可一览群山。

咋呼泉 位于张夏镇莲台山玉柱峰西侧崖下。为季节性泉。盛水期，泉从水桶粗的岩孔涌出，水声轰鸣。在莲台山“莲台胜境坊”南40米处的山崖下，还有两眼山泉，无名，常年不竭，清洌甘美，煮沸后无垢，常有人到此汲水。

木鱼石泉 位于张夏镇莲台山长寿泉山庄。泉水由一天然形成的木鱼石池中流出，故名。泉池为石砌不规则形，长1米，宽0.8米。泉水出露形态为渗流，常年涓涓流淌，为居民主要饮用水源。

青龙潭 位于孝里镇大峰山峰云观东侧。泉水出露形态为渗流，水自山崖下石穴中流出，汇入洞内石砌长方形泉池。泉池长2.13米，宽1.25米，池壁镌“青龙潭”三字。为峰云观道士饮用水源。

豆腐泉 位于孝里镇大峰山峰云观北岩洞中。泉水出露形态为渗流，四季不涸，水自面积20多平方米石洞的顶端滴下，落于洞内，叮咚作响，颇有情韵。泉池井形，直径2.45米，是大峰山著名景观。洞外古柏耸立，杂木悬生，青苔铺绿，浓荫幽深。

璇玑泉 位于孝里镇大峰山璇玑洞。泉水出露形态为渗流，常年不竭，积水成池。池长方形，自然土石池岸，长1.99米，宽1.13米。

玄天泉 位于孝里镇大峰山璇玑洞旁。泉水出露形态为渗流，常年不竭，积水成池。泉池人工凿成，不规则形，长3.1米，宽2.9米。泉旁岩壁有石雕佛像。

大泉 位于孝里镇大峰山主峰西北侧三教堂遗址处。泉池石砌长方形，长0.59米，宽0.38米。泉水出露形态为渗流，水自岩缝流出，常年不竭。

此外，三教堂遗址下侧，璇玑洞西北约200米、峰云观西约500米处，各有无名山泉，或顺势漫流，或蓄水为池，皆常年不竭。

龙泉 位于孝里镇龙泉官庄村西。泉水出露形态为渗流，常年不竭、水量颇丰，泉水自山西、南两面流入长5.7米、宽2米、深6米的石砌水池。池口棚盖，留有三个长方形取水孔，可同时供三人提水。

龙泉寺建于唐初，遗址在村北，占地五六亩。当年龙泉寺内，钟、鼓二楼东西分立，大雄宝殿、观音殿、天王殿巍峨壮观。寺院内僧侣众多，香火兴盛。传说后来，因为寺里和尚对一个过路赶考举子起了歹心，等那举子高中之后，便奏请皇上，扒了龙泉寺。寺里的和尚和香客都转移到了灵岩寺。原比龙泉寺冷清的灵岩寺，香火从此兴盛起来。因此当地有“毁了龙泉，兴了灵岩”之说。

汇宝泉 位于孝里镇房头村东。泉池石砌长方形，长7.7米，宽4.4米。泉水自池底岩缝涌出积于池内，溢出后流入西侧直径约20米的自然水塘。塘深如潭，水色墨绿，可资灌溉。

圣井泉 位于孝里镇房头村东南侧，村小学校门外。泉池为圆井形，直径5.7米，深17米多，水面距池岸仅1米。泉水出露形态为渗流，水量颇大，常涌不竭。池顶半掩，旁建抽水机房。为全村饮用和农田灌溉水源。

响泉 位于孝里镇房头村西南响泉峪。泉水出露形态为涌状，水自岩隙涌出，常年不竭，汇入深潭。潭石砌方形，边长5.4米，深30米，潭顶用水泥板棚盖。盛水季节，泉水由潭口溢出，顺山谷腾突而下，轰鸣震耳，故名。

黄崖泉 位于孝里镇南黄崖村东首。泉水出露形态为涌状，水势旺盛。泉池圆井形，直径1.5米，深约10米，从未干涸。雨季，水自井口溢出；旱季，水深亦在8米以上。大旱年份，方圆八九里的村民均至此汲水。夏日，水中可见小鱼虾，乡民传与海通，故又称此泉为“海眼泉”。

井峪泉　位于孝里镇井峪村。泉池石砌长方形，长1.9米，宽0.9米。泉水出露形态为渗流，为村民饮用水源。

双泉　位于双泉镇双泉庵水库东。泉水出露形态为渗流，常年不竭。由两个泉池组成，故名双泉。一泉池为石砌长方形，长2.1米，宽1.1米；一泉池为假山石垒砌，不规则形，最长处2.04米，宽1.95米。池内常年满水，溢出流入泉北湖中。

黄立泉　位于双泉镇黄立泉村东南，村以泉名。传说因泉边有黄鹂鸟栖息而得名 “黄鹂泉”，后讹称“黄立泉”。泉水出露形态为渗流。水自深约8米、宽约3米的岩洞深处石隙中流出，伏流至洞口前长2.72米、宽1.08米的石砌长方池。居民引水入村内的上、中、下三池。为居民饮用及农田灌溉水源。泉水清澈甘洌，常年不竭。水盛时直接从洞口溢出，在村中纵横流淌。冬季，泉流处终日雾气蒸腾。泉东五六十米为三教堂遗址，周围岩崖峭立，松柏森郁，翠鸟啾鸣，景致清幽。

圣仙泉　位于双泉镇李庄村东台山西坡。李庄村历来缺水，村民通过管道引此泉至村东直径1.3米石砌圆井形水池内，供全村人饮用，也用于农业灌溉。后因该村多长寿者，故当地村民称此泉为圣仙泉。泉水出露形态为渗流，属季节性泉，2011年8月普查时已断流。

上水泉　位于双泉镇大张庄上水庵东15米。泉水出露形态为渗流，常年不竭，积水成池。池为自然水坑，长7米，宽6米，水较浅。池内杂草丛生，泉水溢出流向山下。泉池附近有一古庙，因泉而名上水庵。

张家井泉　位于双泉镇大张庄。泉池为石砌长方形，长0.83米，宽0.61米。泉水出露形态为渗流，常年不竭，为村民主要饮用水源。

无名泉　位于双泉镇大张庄。泉池为石砌长方形，长3.98米，宽2米，泉水出露形态为渗流，常年不竭，为农业用水水源。

五眼井　位于双泉镇五眼井村天齐庙南。外表看是一字排开的五眼井，实际是一泉，泉池上覆四块条石，间隔成五个井眼。泉池石砌，长5.34米，宽1.45米。该村原名魏家庄，后因泉改称“五眼井村”。泉水出露形态为渗流，水势旺盛，枯水季节，水亦不竭，为村民饮用水源。泉东北约百米处是一断崖，盛水时，泉水汇流成溪，流下断崖，形成飞瀑，声如狮吼虎啸，蔚为壮观。泉旁立清嘉庆二十四年（1819）《合庄重修官井建立碑记》石碑。

王庄泉　位于双泉镇王家庄九顶莲柱山，又名“神泉”。泉水自山石岩缝渗流而出，常年不竭，雨季丰沛，为村民饮用水源。泉水汇入石砌长方形泉池。池长5.44米、宽3.3米。

传说，从前这一带闹瘟疫，一天来一老者手拿拂尘往山下扫了一下，山下便涌出一泉，人们喝泉水很快痊愈。众人大悟，原来是太白金星下凡救人，便称泉为“神泉”。后来，人们依此神话传说，曾在泉水上方建金星老爷庙。

清泉　位于双泉镇清泉峪村东。泉池呈井形，长1.02米，宽0.69米，深3.2米。泉水出露形态为渗流，常年不涸，为村民饮用水源。

满井泉　位于双泉镇满井峪村西南。泉池系天然石井，井口长1.17米，宽0.78米。水常溢出井口，故名。泉水出露形态为涌状。雨季，泉水自井口喷出，形似水柱，漫井而出，沿石渠汇入宾谷河。

饭汤泉　位于双泉镇马西村东山坡。传说当年马山奶奶烧饭汤救薛仁贵兵马时，放瓦罐的地方形成一泉，故名。泉池不规则，石砌。泉水出露形态为渗流，常年不竭，为村民饮用水源。

马山泉　位于双泉镇马山庙南。由相距不远的两个季节性泉组成。泉池不规则，石砌，泉水出露形态均为渗流，为村民饮用水源。

鬼谷泉　俗称马眼泉，位于双泉镇马山西南。泉池长方形，石砌，长0.9米，宽0.4米。泉水出露形态为渗流，常年不竭，为农业灌溉水源。

膑谷泉　位于双泉镇马山西南，鬼谷泉南

200米。泉池长方形，石砌，长0.7米，宽0.4米。山露形态为渗流，常年不竭，为农业灌溉水源。

马嘴泉 位于双泉镇马山西南。泉池不规则，石砌。泉水出露形态为渗流，常年不竭，为农田灌溉水源。

饮马泉 位于双泉镇马山。泉水出露形态为渗流，为村民饮用水源。

丰施泉 俗称马尿泉，位于双泉镇马山西。泉池为石砌圆井形，井口直径1.1米。泉水常年不竭，水质佳，为村民饮用水源。

马尾泉 位于双泉镇马山北马尾洞。泉池不规则形，自然土石池岸。泉水出露形态为渗流，属季节性泉，2011年8月普查时已断流。

上泉 位于马山镇双泉庄东。泉常年不竭，泉池为石砌长方形，长13米，宽6米。泉旁建有一座凉亭。

下泉 位于马山镇双泉庄西。泉常年不竭，积水成湾，为农田灌溉水源。

七仙泉 位于五峰山风景区。清《长清县志》和道光《济南府志》均载在“县东南六十里”。清《长清县志》云：斯处“又有白石泉，众水相合，为青崖上流”。 民国《长清县志》载在“五峰东南”。1997年版《济南市志》载在五峰山“青龙峪安乐轩东南”。 2011年8月泉水普查时已干涸。

青龙泉 位于五峰山群仙峰东，青龙峪安乐轩附近。民国《长清县志》载：“在山东岩畔安乐轩下，平时水止细流，大雨时行泉，建瓴而下，声振山谷，流入沙河。”2011年8月泉水普查时已涸。

白虎泉 位于五峰山东南白虎峪。民国《长清县志》有载。泉从水泥塑成的虎口中涌出，注入直径1.2米的泉池。所在白虎峪，为昔日五峰山内八景之一，现在此建成“百鸟林”。

鹿泉 位于五峰山鹿泉峪中，五峰阁东南五六十米处的山崖下。 泉旁岩石上镌有“鹿泉”二字。

玄明泉 位于五峰山鹿泉峪东侧。属季节性泉，2011年8月泉水普查时已断流。

无名泉 位于五峰山南。泉池由自然土石围成。为季节性泉，用于农田灌溉。

润玉泉 位于五峰山街道润玉泉村中石崖下。民国《长清县志》有载。因泉自山崖流下，状如飘雨，取名“润雨泉”，后依音改称今名。原泉水沿山岩漫流，没有泉池。后为方便乡民提水，临崖凿池。泉池方形，池口边长1米。池旁立“润玉泉庄”石碑。泉水盛时溢出池外，沿街漫流。池畔立1929年润玉泉《重修碑碣记》。

此泉北四五十米处，另有一泉，水势不及润玉泉，池畔亦立有“润玉泉”泉名石碑。润玉泉村西、北方，青崖寨、黄山顶等7座山峰锦翠如屏，昔日被称做“润玉七峰”，列为五峰山外八景之一。

万寿泉 位于五峰山街道石窝村中南部。泉池石砌方形，池口边长4.8米。泉水从五峰山伏流而下，自池东壁石雕龙头口喷出，跌落于从池东壁探出的石板上，泉水击石，铿锵有韵，水花四溅，落于池内。石雕龙头上方池壁，嵌1965年雕凿的“万寿泉”泉名石刻一方。村东五峰山西麓莲花洞内，有东魏至隋代石窟造像300余尊。属季节性泉，2011年8月泉水普查时已断流。

胜天泉 位于五峰山街道石窝村，万寿泉西。1966年建石砌方形泉池，池口边长2.2米。池东壁石雕龙头上方嵌“胜天泉”泉名刻石。属季节性泉，2011年8月泉水普查时已断流。

驯山泉 位于五峰山街道石窝村，南距万寿泉百余米。泉池石砌方形，边长2米，池东壁石雕龙头上方嵌1966年镌“驯山泉”泉名石刻。属季节性泉，2011年8月普查时已断流。

缚龙泉 位于五峰山街道石窝村，驯山泉东约30米。泉池石砌方形，边长1.85米。原名“普济泉”。昔日泉上有石亭，今尚存莲花座柱基。清咸丰元年（1851）“普济泉”刻石镶嵌于池壁。1965年重修泉池改为今名，并在池东壁嵌“缚龙泉”泉名石刻。

伏虎泉 位于五峰山街道石窝村，驯山泉西约30米。泉池石砌方形，池口边长2.2米。属季节性泉，旱季干涸。原称“永便泉”，池畔尚立有清咸丰元年《创建永便泉碑记》和“永便泉”石刻。1966年重修泉池，改为今名，并在池东壁嵌立“伏虎泉”泉名石刻。昔日，泉上建有石亭。

无名泉　位于五峰山街道石窝村南。属季节性泉，泉池由自然土石围成，泉水供农耕之用。

糠沟泉　位于五峰山街道马庄东南。民国《长清县志》称：“在青崖山西，东马庄南，每至夏秋，水颇旺，居民多用以灌田。”泉池呈不规则形，自然土石池岸。泉水出露形态为渗流，水自岩隙流出，积水成池，为农田灌溉水源。

明泉　位于五峰山街道西马庄村西，滚球山（滚栗山）东。泉水出露形态为岩隙渗流，水沿崖坡漫流，在朝阳照耀下，闪烁明亮如镜，故名。此景被称做“明泉早照”，昔日列为五峰山外八景之一。为自然土石泉池，不规则形。属季节性泉，2011年8月泉水普查时已断流。

庄南山泉　位于五峰山街道庄南山村老村南。水自石缝流出，汇积于长4米、宽3.5米、深2.3米的石砌水池中，清澈甘美，常年不涸。村民铺设水管，引水入村饮用。距泉东、西500余米远处还各有一泉，均未砌垒泉池，分别被村民称为东大泉、西大泉，亦曾为村民饮用水源。

惠泉　位于庄南山村老村西，滚球山北侧五色崖下。民国《长清县志》称：“其水味甘，用以煮茗甚佳。”泉水出露形态为渗流，常年不竭，水自岩石隙缝流出，积水成池，为农田灌溉水源。泉池为正方形，边长0.6米。

徐南山泉　位于五峰山街道徐南山村老村南崖下。水从木鱼石岩缝涌出，流入长2.5米、宽1.3米、深2.2米的石凿水池内，常年不涸，清澈甘美。池北壁留有出水口，泉水溢出北流，跌入西侧涧中。为保持泉水清洁，泉池被水泥板棚盖，村民铺设水管，引水入村饮用。

五色崖泉　位于徐南山村新村西南，滚球山五色崖下。在长约百米的山崖峭壁上，多处泉水从岩缝流出，落入崖下河中，常年不竭。冬季形成壮观的冰瀑景观。

韩家峪泉　位于五峰山街道柳杭村东南，韩家峪黑岔沟内。水从沟底涌出，常年不断。村民在泉口处用砖砌垒直径1.3米的圆形井池，并铺设水管，将水引至池西200余米处，供村民饮用。水盛时，泉水从井壁出水口溢出，沿黑岔沟西流。

石牛瓮泉　位于五峰山街道宋村北山（卧牛寨）山腰。水池为一自然石窍，上窄下阔，状如石瓮，瓮中有一牛头状天然岩石，故名“石牛瓮泉”。常年有水，水盛时“牛头”淹没。山上有卧牛山寨。

龙涎泉　位于五峰山街道北套村。泉池石砌方井形，边长0.7米。泉水出露形态为渗流，常年不竭，是居民主要饮用水源。泉边有古树相伴。

北泉　位于五峰山街道北套村。水从岩缝渗出，跌落崖下，汇入砖砌方池内，水满溢出流淌。

弥山泉　位于五峰山街道三官庙村北。民国《长清县志》有载。泉池圆井形，水泥修筑，井口直径1米。泉水出露形态为渗流，常年不竭，为农田灌溉水源。

玉珠泉　位于崮云湖街道土山村东南，崮云湖大桥西约百米路南，小白顶山脚下。清《长清县志》和道光《济南府志》均收录，称在“崮山南三里许，出山崖下，状如井筒，水与地平，深不过二尺余。虽大旱，河井皆干，而此泉不竭。附近数十村庄、崮山驿马，皆需此水。灌溉近泉地数十亩，不费人力”。民国《长清县志》作“东泉子”，称“在山茌区土山庄，水颇旺，附近灌田若干亩。世俗天旱，乡村祈雨者多来此取水”，并称此泉“冬温夏凉”。

今泉水水势依然。泉水量大且清洌甘美，是居民主要饮用水源，亦兼以灌溉。泉水出露形态为岩缝渗流。水自土崖下三个碗口粗的洞穴中流出，北流10余米，汇入一石砌长方形池，池长7.3米、宽3米。再从池壁溢水口泄出，沿小溪东流，入崮云湖。崮云湖偎依青山，波光粼粼，景色秀丽。

近年土山村投资30万元，对玉珠泉进行开发。由崮山籍著名书法家武中奇题写的泉名碑矗立泉边，泉西侧建有一亭，泉北侧修筑有三个大小不等的蓄水池，成为崮云湖畔一大景观。

王家泉 位于崮云湖街道王家村南，通沟山东侧。泉池石砌长方形，长9米，宽8米。泉水出露形态为渗流，为村民生活水源。泉南侧不远处的山崖，有保存较为完好的唐至金元摩崖造像70余尊。

皇姑井（韩姑井） 位于崮云湖街道皇姑井村南。清《长清县志》、道光《济南府志》均收录。泉水出露形态为涌状。泉池圆井形，井口直径0.8米，井深5米。关于此泉的由来，清《长清县志》载称："韩姑井，在县东南十五里，地名池子村。山枯无泉，居民苦之，韩姑毅然募工，穿凿数丈始及泉。人咸德之，遂呼今名。"韩姑井改称皇姑井，与一段传说有关。据传，乾隆皇帝下江南时，路过此地，当时正值酷暑，乾隆皇帝和随从口渴难耐，恰遇韩姑。乾隆皇帝上前询问，何处有水解渴？韩姑见是外乡人，便热情地指引乾隆皇帝来到韩姑井边，取水送与乾隆。乾隆喝到甘甜的泉水后，龙颜大悦，便认韩姑为干女儿。韩姑做了乾隆皇帝的女儿，自然成了皇姑，"韩姑井"便改称"皇姑井"。昔日，皇姑井北侧有几通清代立的石碑，南侧还有一座皇姑庙，庙内大殿供奉着皇姑。"文化大革命"期间，皇姑庙被拆除，石碑被砸，碑文内容已不得而知。

此泉水势甚旺。民国《长清县志》载"夏秋间，水自井口涌出。虽大旱，水亦不竭"。今况依然。泉水从古井汩汩喷出，高出井口约20厘米，随后涌进北侧蓄水池中，水盛时，泉水喷出井口半米多高，十分壮观。皇姑井不仅供本村，也供附近村庄饮用。过去只有一个井口，因井口小，取水者多，经常发生同时打水彼此碰破水罐的事情。20世纪50年代，村民在泉眼上方搭建成两个井口，遂成一泉两井格局，这样既避免了磕碰，又方便了村民取水。

佛公井 位于崮云湖街道炒米店村南，京沪铁路复线东侧。清道光《长清县志》《济南府志》收录。井址东侧，旧时是济南通往泰安的大道，东南约200米处有古泰山行宫，清代为灵岩寺的下院。据县志记载，"此地土薄石深，向无井泉"，因无水煮米而得名"炒米店"。过往行人、车马至此歇息，饮水十分困难。康熙三十一年（1692）秋，山东巡抚佛伦去曲阜视察，返回济南路经此地时，问及当地疾苦，灵岩寺下院僧人永泰即以无水告之。又问及地名，告曰"炒米店"。又问为何称"炒米店"，告之仍为无水。佛伦听罢对永泰说：我为你凿井找到泉水，可改"炒米店"之名矣！遂命令长清知县巴柱朝负责办理此事。由济南府同知升任济东泰武临道道员的戴圣聪精于堪舆之学，他观察此处地形后手指一地说：在此处挖六丈多深，可挖到泉水。于是，知县巴柱朝召集工匠凿石挖泉。兴工不久，佛伦升任川陕总督，继任山东巡抚桑格继续过问凿井之事，省司、济南府官员亦亲临工程现场视察。井凿至十二丈深时，仍不见泉水，戴圣聪缒绳下井探视。下到一半深时，听见石内有水声，便用笔在其处作出标记，命工匠旁凿一孔。随之，一股清泉汩汩涌出，在井内蓄积深达五六丈，旱涝不变。为感念佛伦爱民之志，遂将此井泉命名为"佛公井"，将"炒米店"改称"佛公店"，当地百姓又俗称井泉为"仙井"。

新中国成立后当地村民用上自来水后，泉井被弃用，今盖在一村民房屋内。昔日井旁立有泉名石碑，上署"佛大老爷创始，桑大老爷告成"，中刻"仙井"两个大字，井上盖屋后被移至灵岩寺下院故址院内。

履泉 位于长清县城，文昌街道南门里街25号居民家中。民国《长清县志》称作"履泉井"，并将其景誉为长清八景之"通衢名泉"，称："南门大街中间迤西，有井号'履泉'，沾润万家，虽亢旱之时，水亦滔滔不穷。"今泉池圆井形，水泥修筑，井口直径0.7米。泉水出露形态为渗流，常年不竭。现泉井被弃用，井口被覆盖。

水泉 位于文昌街道水泉峪村东。为一古老井泉，井口方形，井壁石甃圆形。井旁有碑，碑文已漫漶不清。不远处有一石砌塘湾，湾旁有1963年水泉峪大队修建幸福水库竣工纪念碑记。

第四节 章丘市境诸泉

在章丘市境内，除6处名泉被评为新济南七十二名泉外，还分布有174处已知泉点。其中章丘市政府驻地明水城区，聚集了百脉泉泉群26处泉点，有“小泉城”之称。

漱玉泉 位于百脉泉公园“李清照故居”内。取李清照《漱玉集》之意命名。为1958年形成的钻孔喷泉。今泉池石砌，井形如盘，口径3米。泉水漫过池壁，落入梅花泉池。

金镜泉 位于百脉泉公园百脉泉以西50米处百脉宾馆院内。清道光《章丘县志》《济南府志》有载。1966年在泉口处扩钻为钻孔喷泉。今泉池圆形，池口直径7米，池畔装石柱铁栏。水自池中高于水面的铸管泉口向外翻滚，状如蘑菇，声若雷鸣。池水清澈，在阳光照耀下，金辉闪烁，如同明镜，故名金镜泉。泉水终年喷涌，从未干涸，分别从东、西池壁的明渠、暗沟流出，注入绣江河。

龙湾泉 位于百脉泉公园汇泉阁北。清道光《章丘县志》有载。1965年在泉口处扩钻。今泉池扁长形，东西长17米，中间略窄；池底铺卵石，池岸弯弯曲曲，高低不平，因此称为“龙湾泉”。涌水量较大，盛水期泉涌如注，泉池水满四溢。盈盈池水被阵阵轻风吹起道道涟漪，波纹时聚时散，十分奇妙。泉水潺潺，流经石砌曲径，千回百折，汇入明水湖。泉旁筑有“漪漪亭”“濯缨亭”，依亭观泉，泉水吐银泛玉、涟漪荡漾的景观尽收眼底。

龙泉 位于百脉泉公园内，明水湖西南隅。为1965年形成的钻孔喷泉。泉池为石砌不规则形，最长119米，宽62米，深0.8米。此泉称之为龙泉，是因为泉眼在湖湾的上源，紧靠南岸，南岸巨石嶙峋，蜿蜒崎岖就像一条横卧的长龙，泉水从卧龙巨石下喷出，如巨龙吐水。龙泉水涌如注，出水量很大，是龙门桥以南明水湖的主要水源。昔日，这里是玉带河的中段，河两岸泉眼甚多，1958年挑挖明水湖时把河道加深加宽而成为广阔的湖面。今湖底不断涌出串串气泡，实则是泉水上涌所致。隆冬时节，多数湖面已结冰，唯独龙泉及其周围水雾弥漫，碧波荡漾，景象奇妙。

筛子泉 位于百脉泉公园西门南。泉池凿石而成，圆形，池径10米、深0.5米，以鹅卵石铺底。因池底泉眼如筛子底密布而得名。

灵秀泉 位于明水街道章丘第四中学院内，北邻荷花公园，为1979年形成的钻孔喷泉。泉眼由3孔钻井组成，呈半菱形（另有小孔径水位观测井一眼）布局。泉池石砌长方形，长2.4米，宽2米，水质清洌甘醇。此地旧时为康家园林，园内有清水泉。明清时代，康家有“一代一举人三秀才”之说，如今泉址所在的章丘四中，曾出过山东高考“理科状元”“文科亚元”。因而此泉被称为“灵秀泉”。

眼明泉 位于明水街道眼明泉公园内东侧，眼明泉大桥北300米处。为1965年形成的钻孔喷泉。泉池为石砌正八边形，直径8米，四周围以大理石护栏，池底铺鹅卵石。泉眼在泉池中间，泉水突突上涌，状如伏在水上的一团蘑菇。池水盈盈，清澈见底，水底鹅卵石历历可数。护栏北端贴岸有一横扁形出水口，泉池所溢之水从此跌下，形成一小型瀑布。据附近居民说，用此泉之水洗眼，少年可不近视，老年可不花眼，故此泉名为“眼明泉”。眼明泉公园也是依此泉命名的。

伏鳌泉 位于明水街道眼明泉公园内西麻湾东侧，眼明泉大桥北200米处，为1965年形成的钻孔喷泉。曾为明水城区第一眼自来水供水井。泉池为石砌六边形，直径2.58米，四周大理石护栏，池底铺鹅卵石。泉常年喷涌，流入西麻湾。

瑞蚨泉 位于明水街道眼明泉公园内东侧，眼明泉大桥北250米处，为1954年形成的钻孔喷泉。泉池为方形，半石砌，边长4.84米，四周大理石护栏，池底铺鹅卵石。泉常年喷涌，流入西麻湾。

中麓泉 位于明水街道眼明泉大桥南20米处。为1954年形成的钻孔喷泉。泉池呈不规则形，假山石驳岸，池深2米，池面直径60余米。此泉原为一钻孔喷泉，修建眼明泉大桥时拔出井管，现今仍见串串水珠涌出。

虎踞泉 位于明水街道眼明泉公园东南处，热力公司供热站西侧，为西麻湾之源头。此泉原为钢铁联合厂生产用水水源，今建成长方形泉池，池长9米、宽5米、深2.4米。池内簇簇水泡缓缓上升，在阳光照耀下如银珠玉花，煞是好看。泉水常年不竭，溢出泉池后注入西麻湾。此泉雄踞原明水小西山脚下，故名“虎踞泉”，寓意“虎虎生威”。

龙盘泉 位于明水街道眼明泉大桥西南山崖下。2011年8月泉水普查时收录，季节性泉。泉池为假山石驳岸长方形，长6米，宽2.44米，四周皆天然岩石。其泉眼原为杨胡提水站抽水坑，今池内仍泉水上涌，然后顺势泄入西麻湾。因为过去在西麻湾之南前有小西山，后有大西山。如果把西麻湾的上源比做山门，那么右有虎踞泉，左就应有“龙盘泉”，故名。

西岭泉 位于明水街道眼明泉公园护心岛西侧，龙盘泉北约5米。因地处西山北麓的山岭上，故名“西岭泉”。泉水呈珠状自然上涌。泉池为不规则形，假山石驳岸，池径28米，常年不涸。

大龙眼泉 位于明水街道桃花山公园内。清道光《章丘县志》有载。泉水自壑东悬崖石洞中流出，水声如龙吟，呈水帘状跌下，在壑底形成一湾深1米的水域，似游龙之首。在沟壑筑坝蓄水后，该泉及附近小龙眼泉、饭汤泉、筛子底泉没于水中，水落泉出。属季节性泉，2011年8月泉水普查时已断流。

小龙眼泉 位于明水街道桃花山公园内。清道光《章丘县志》有载。与大龙眼泉遥相对称。大、小龙眼泉间的沟壑酷似一条卧龙，两泉则似龙的两只眼睛，故名。属季节性泉，2011年8月泉水普查时已断流。

饭汤泉 位于明水街道桃花山公园内。泉水从沟壑西崖下的石隙中流出，在崖下岩石掩映下似米汤，故名。据说若孩子肠胃不好，无食欲，取饭汤泉水饮之即可痊愈。泉水里可能含有适宜人体的矿物质，故能有此疗效。属季节性泉，2011年8月泉水普查时已断流。

筛子底泉 位于明水街道桃花山公园内。泉池为一圆形沙湾，水深1米。泉水自沟壑底沙孔中涌出，拱得细沙粒儿在水中沸沸扬扬，就像用筛子过滤一样，故名“筛子底泉”。属季节性泉，2011年8月泉水普查时已断流。

无名泉 位于明水街道章丘市博物馆南50米。泉池方形，水泥修筑，边长0.6米，为居民生活用水水源。2011年8月普查时已断流。

鱼乐泉 位于明水街道湛汪庄东公路旁，泉畔曾建虹鳟鱼场。原为自然泉，后用机械深钻，成为自流钻孔泉，水自池中泉眼腾涌而出，盛水期泉头高达7米之多，落下时散珠溅玉，异常壮观，是居民主要饮用水源。泉池石砌长方形，长9米，宽3米。

盘泉 位于明水街道侯家庄盘泉寺遗址，今国家农作物品种区域试验站内。清道光《章丘县志》《济南府志》收录，称“南盘泉……平地涌出，西北流入獭”。今泉池水泥砌筑，方形，边长4.5米，深12米。常年不涸，用于农田灌溉。

梆子泉 位于明水街道侯家庄国家农作物品种区域试验站内。泉池为凿石而成，方形，边长1.5米，池深12米。泉常年不竭，积水成池，为农田灌溉水源。

廉坡泉 位于明水街道廉坡村中。村民习称“甜水井”，1997年版《济南市志》称“廉坡泉”，2005年《济南市名泉保护条例》附件一之《济南市名泉名录》以“墨泉”收录。泉池井形，井口石砌，长0.9米，宽0.75米，井深10余米。昔日，泉水清冽甘美，是村民主要饮用水源。水势旺盛，水从井口下方出水口溢出，沿街中挖砌的暗渠东流，汇入绣江河。1997年12月，距该泉西北500米处的矿井采煤打透水脉，地下水涌入煤井，封堵不止。此后，廉坡泉水断井枯。

白泉　位于双山街道白泉村疗养院东。三股泉水自岩缝中并列喷出，清澈甘冽，洁白如练，故名。泉边立一石碑，上刻“白泉”二字。泉水终年不涸，味甘美。村依泉得名。泉东南15米有棵老榆树，枝繁叶茂，遮蔽清泉。泉中树影摇曳，更显山野泉趣。

五峪泉　位于胡山森林公园第五峪。泉水常年不竭，为公园内景观泉。泉池长方形，水泥砌筑，长13米，宽11.5米。

砚池泉　又名“翰墨池”。位于普集镇池子头村济青公路北，原高家祠堂西侧。清道光《章丘县志》《济南府志》收录，称“砚池泉……方塘清冽，北流入獭”。古时，文人学士常聚集泉边，切磋学问、赋诗著述并洗砚于此，故名。泉池颇大，以石砌岸，长40米，宽25米。东岸护以石栏，西池壁嵌清咸丰九年（1859）“翰墨池”巨字石刻。枯水年泉水亦不涸。池水碧绿清幽，鱼虾悠游。雨季池水猛增，池水幽深，白天水天一色，夜间怀星揽月，别有情趣。

无名泉　位于普集镇池子头村北。泉水常年不竭，为农田灌溉水源。泉池圆形，水泥修筑，直径0.5米。

玉泉（育泉）　位于普集镇小辛庄（原称玉泉庄）。清道光《章丘县志》有载。村民依泉建村，并依泉建一井形泉池和一长方形泉池。井形泉池由块石甃成；长方形泉池亦由石块砌成，长9米，宽5米。泉水自池壁岩缝分别流入两泉池。水池北连三面陡崖的自然水湾，湾底亦多有水泡上蹿。此泉是村民唯一饮用水源。为感泉水养育之恩，故取名“育泉”，村也以泉得名“育泉庄”。后又在泉北建育泉桥。清代中叶，村庄失火房屋烧光，村子重建时改名“小辛庄”，泉和桥依然沿用“育泉”“育泉桥”。

古海泉　位于普集镇海套园村东。清道光《章丘县志》《济南府志》称：“泉源百出，南流入獭。”今况亦然。在村民房屋墙下和小河沟边、沟底，散布着许多泉眼，地下暗河流水，声似弹琴吹箫，婉转悠扬。泉水常年不竭，水量较丰，汇为小河，向南流淌约百米，被拦截为面积2000多平方米的大水塘，可资灌溉。水塘南侧石坝留有溢洪道，水盛时经此泄入村南小河，流入漯河。

当地村民中流传着“建立古海楼，黎庶富安宁”的谚语。传说远古时此地是海岛，几经沧桑巨变，海水退去，留一海眼通往大海。泉眼日夜喷涌，轰然作响，使当地人无法入眠。人们特请一神仙用一口铁锅将泉眼盖住，泉水只能自铁锅缝隙中流出，变害为利。后人（年代已不可考）在古海泉东建一古海楼，楼共3层，高6丈余，建筑宏伟壮观。泉北有观音庙，庙宇整齐壮观。如今，古海楼和观音庙已不复存在，只有古海泉仍常年涌流。

庙湾泉　位于章丘市普集镇海套园村西，属季节性泉。泉边建一大口井塘，丰水年塘满四溢，汇成溪流。

龙泉　位于普集镇龙王寨村东河谷中。原村以泉而名龙泉村，村南建有龙泉寺。后河上建桥，桥北建龙王庙，村名遂改为龙王寨。旧时每逢干旱，附近村民多来龙王庙求雨。今龙泉寺、龙王庙已倾圮无存，泉仍在。泉池石砌方形，边长0.8米。属季节性泉，2011年8月泉水普查时已断流。

龙王池　位于普集镇龙王寨村东，龙泉南45米。泉池石砌方形，边长2.7米。属季节性泉，2011年8月泉水普查时已断流。

井泉　位于普集镇井泉庄东侧，西距龙泉三四百米。原为石甃长方形井泉，旁连石桥。60年代扩建为边长18米左右的泉池，泉湮于池中。村民又按原样在水池东北岸砌一边长11米的方形泉池，常年不涸，为村民饮用水源。盛水时，池水外溢，沿山峪漫流。

杨官泉　位于普集镇杨官庄南，茶叶山下。泉池长6.2米、宽4.4米，石砌工整，盛水期碧波荡漾。泉边白杨参天，苗木成畦，为章丘市林业局杨官苗圃所在地。

水泉　位于普集镇水泉庄西冲沟，茶叶山南麓。泉水自石英砂岩裂隙涌出，水量丰沛。明洪武十三年（1380）郑姓由河北枣强迁来建村，村以泉得名“水泉头”，后称水泉庄。泉池为凿石而成，长方形，长15米，宽11米，深4米。池水碧透，久旱不涸。丰水年泉水自池周石隙溢出，顺峪沟汇于300米外的水泉水库。泉旁山崖亦有多处涌泉，旺季喷涌。崖上草木繁茂，松柏滴翠。

无名泉　位于普集镇水泉庄西。泉池石砌方形，边长10米。泉水常年不竭，积水成池，为农田灌溉水源。

杨家河泉　位于普集镇孟白庄西南。泉水常流不竭，汇水成湾。旱年水势衰减。

水坡泉　位于普集镇水坡村北。泉水自岩石缝隙流出，清澈甘洌。泉北为长白山脉鹤伴山顶峰，山高谷阔，怪石嶙峋。鹤伴山建有国有林场，为旅游胜地。

石峪寺泉　位于普集镇北三山峪村石峪寺东。泉北为长白山主峰摩诃顶，海拔826.8米。泉水自岩石缝隙流出，水质清纯，四季长流。泉池长方形，长1.8米，宽1.6米。

1938年初春，万山村人李曼村在中共地方组织领导下，组织抗日救国军60余人在泉边石峪寺起义。此地现辟为爱国主义教育基地。

蛤蟆泉　位于相公庄镇丁家庄东。泉边怪石磊磊，杂木丛生，人迹罕至。泉水自石缝渗出，汇水成溪，为农田灌溉水源。

大泉　位于相公庄镇丁家庄。泉池为边长0.8米的石砌等边三角形。泉常年不竭，主要用于农田灌溉。

上方井　位于相公庄镇梭庄村东，长白山歪歪顶子山峰下。清道光《章丘县志》《济南府志》收录，称“水从石罅流出，冬夏不竭”。山上原筑有“雪山寺”。泉井在寺内，石砌方形，边长0.5米。泉水属火山玄武岩裂隙潜水，四季长流，味甘洌，质清纯，含有多种有益微量元素。今泉边有明清碑刻四方。其中，明万历年间《题上方井》诗刻对当时的泉溪盛况有所描述。其诗曰：“上方颙望远，宛若太山形。路曲羊肠险，溪流燕尾分。鸟啼云外树，花映寺前屏……”

下方井　位于相公庄镇梭庄村东，上方井下500余米。清道光《济南府志》有载，称在“上方井南一里，其泉盈满不流”。今井口作保护性覆盖。

松间泉　位于相公庄镇梭庄梭山北坡下。原为“品”字形3个方池，相互间以桥相连，池中串串水泡恰似珍珠，水草漂摇，鱼虾嬉游，景致十分优美。20世纪70年代大兴水利建设，将“品”字形泉池扩大成东西两个长方池。

圣泉　又称圣井，位于相公庄镇姜家套村北，圣泉寺院内。清道光《章丘县志》载：“圣井，在县东十里圣泉寺，味甘洌，西流入獭。”泉池为一直径0.6米，深数米的石砌圆井，水极清澈，终年不涸，是圣泉寺饮用水源。圣泉寺，又称圣水寺，在村北圣仙峪（又称圣水峪）内，坐北朝南，寺前东西各有同形低丘一座，犹如门前旗杆座墩。此地位于长白山脉西北，四周青山环抱，草木葳蕤，泉水涌流，鸟鸣山幽。清代邑人靳希孟赋《重游圣泉寺》诗赞曰：“一峰侧处一峰横，林木苍苍梵宇清。涧石多年丛细草，山僧少小不知名。经声罄韵空尘世，叠嶂流泉列画屏。”另一清代邑人韩与禄《游圣泉寺》诗中赞道：“危峰四壁立，古径一泉开。”

龙湾头　位于相公庄镇寨子村南河道拐弯处，由此上溯为“东巴漏河”，往下为“漯河”，故名。清道光《章丘县志》《济南府志》收录，称作“龙湾”，并谓其“遇旱不竭，流入獭河”。今况依然。

漯水源　俗称苇湾子泉，位于官庄镇小辛庄（小新庄）村东的石砌洞窟中，洞券门上石额枋镌“漯水源”三字。水自洞壁岩缝流出，经洞口西流约20米，汇入石坝拦截的大水池。池水碧绿，水满漫溢，是章丘东巴漏河（下游称漯河）

支流的源头。属季节性泉，2011年8月泉水普查时已断流。洞门前有一株古柏，胸围1.9米，树冠巨大，枝叶繁茂。

小辛庄泉 位于官庄镇小辛庄西北。原水源稳定，为全村饮用水源。现泉口被保护性封盖，为季节性泉。

车辐峪泉 位于官庄镇石门村西南。泉水常流不竭，积水成池，为村民饮用水源。

响水泉 位于官庄镇响水泉村南。因常年不竭，哗哗作响，故名。村亦以泉名。泉自南顶盖山阴石崖下流出，清澈甘美，供村民饮用。泉边有石刻两块，一为1919年修葺泉池时立，碑文曰："……响水泉庄地虽偏小，民康物阜，峻岭巍峨，树木森森，是有太行盘古之胜景，晋代桃园之遗风。庄南旧有一泉，水流澄清，响声震耳，此庄之所命名焉……今合庄共议，捐资输粟，重立石碑，永垂不朽矣。"另一石上书"石泉社响水泉环水池"，为1958年立。水经暗渠向北伏流20余米，泄入光绪四年（1878）凿就的一小方池中，然后自溢水口流下，绕屋穿村，汇入东巴漏河。

双水泉 位于官庄镇双水泉村西崖下。泉水自崖壁两个岩孔中流出，汇入池中，故名。泉池长方形，水泥修筑，长8米，宽6米。泉水清洌甘美，常年不竭，供村民饮用。池中绿藻浮动，池水盛时溢出，沿山溪漫流。

高漉泉 位于官庄镇双水泉村西的山崖下。泉水自岩缝流出，积于长1.6米、宽0.8米的石砌长方池中。水质清澈甘美，终年不涸。

马泉 位于官庄镇矿井村南。泉池长方形，水泥修筑，长3.3米，宽2.1米。水质清纯，常年不竭。

无名泉 位于官庄镇矿井村内。泉池圆井形，石砌，井口直径0.8米。泉水常年渗流，为村民主要饮用水源。

龙藏泉 位于官庄镇赵八洞村南龙藏洞生态景区。泉向北自流入村，供村民饮用。属季节性泉，2011年8月泉水普查时已断流。龙藏洞为著名岩洞，有历代石刻造像及明代书法家雪蓑手书"通天透地"石刻。

无名泉 位于官庄镇赵八洞村西南。泉池水泥修筑，长方形，长7米，宽6米。常年渗流，为村民主要饮用水源。

盆崖南泉 位于官庄镇上盆崖村东南，天苍岭下。泉水出自石灰岩裂隙，终年不涸，水质甚优。泉池料石护砌，长6.5米，宽5.5米，深3.8米，石栏环边。泉边及沟里岩壁陡峭，林木森然。

庄北池 位于官庄镇上盆崖村内。泉池石砌长方形，长8.1米，宽3.8米。泉水常年不竭，为村民主要饮用水源。

东八井 位于官庄镇东八井村南，正南为九顶山，距主峰3千米。泉池石砌井形，井口直径0.9米，深3.6米。丰水年泉水自井口溢出，平水年从井台下流出，汇流成溪。

龙泉 位于官庄镇东八井村南九鼎山农庄水库东北。泉池为石砌圆形，口径1.7米，为农耕水源。属季节性泉，2011年8月泉水普查时断流。明万历三十六年（1608）在龙泉西边建一刹，依泉得名"龙泉庵"。现院内存有石碑五方，分别铭刻龙泉庵始建和各时期维修及扩建过程。

凤泉 位于官庄镇九鼎山农庄水库西。泉水蓄积在不规则的自然土石围成的泉池内，为农耕水源。属季节性泉，2011年8月泉水普查时已断流。

郭家楼泉 又称"黑虎泉"，位于官庄镇郭家楼村东。泉池石砌圆井形，井口直径1.0米，深3.7米，为村民饮用水源。丰水年泉水自山崖飞流而下，村民曾利用该水力发电，现已废。泉北东风水库水面开阔，风景殊佳。

天井子泉 位于官庄镇天井村东南3千米，大山北坡崖下。泉池石砌长方形，长10米，宽5米。池中设引水管道，接入村民家中，为全村自来水水源。

马泉 位于官庄镇栗家峪村东南。泉池由自然土石围成，最长1.1米，宽0.7米。泉常年不竭，为农耕水源。

南泉 位于官庄镇南张家庄西。泉池石砌方井形，边长0.6米，深5.2米。泉水常年不竭，为村民饮用水源。

北泉 位于官庄镇南张家庄西北。泉池石砌井形，井口边长0.7米，深7.5米。泉水常年不竭，为村民饮用水源。

西山泉 位于官庄镇李家庄西。泉池石砌长方形，长0.9米，宽0.7米。泉水常年不竭，为村民主要饮用水源。

圣水灵泉 位于官庄镇朱家峪村南，胡山东麓山腰石砌拱形石洞内。清道光《章丘县志》《济南府志》收录，称："泉出山半，流入石井中，不溢不涸，祷雨辄应。"今水自洞底岩缝流出，积于池内。池被保护性覆盖。洞门石额枋镌"圣水灵泉"四字，门旁原有石刻楹联"祈数滴渊潜散长空而成时雨，保万家烟火借斯泉以度丰年"，均为清代人黄炳题书。今石刻楹联已不存。石洞之上有龙王庙等古建筑遗存。

西园半井 位于官庄镇朱家峪村笔架山西。这里青山环抱，溪流纵横，花果满山，林茂谷幽，人称"西园"。峪中南北向曾有3个井形泉池。南首之泉原为自然池，仅有半人深，故称"半井"。后几经修建，池深约2米，内阔外窄。现已湮于长44米、宽20米、深6米的蓄水池中。池口被保护性覆盖。

西园井 位于官庄镇朱家峪村西，南距西园半井里许。泉池石砌井形。

长流泉（龙泉、凤泉） 位于官庄镇朱家峪村东岭山石崖下。为南北两泉，紧紧相依，南为"龙泉"，北为"凤泉"。龙泉泉池建于清光绪二十四年（1898）仲春，凤泉泉池凿于1921年3月。龙泉泉池有一对石雕龙头相对，盛水时节，清澈的泉水自石雕龙口中涌出，成为附近著名景观。二泉经暗道汇流入长1.6米、宽1.3米的长方池，为村民饮用水源。

冲天泉 位于官庄镇朱家峪村西园山。由两泉组成，一泉因朝天喷涌，名"向天泉"，又因泉址在团山，得名"团山泉"。另一泉从岩洞里喷出，泉水飞跃山崖，形成瀑布，得名"水帘泉"。两泉流光溢彩，合称"冲天泉"。

坛井 位于官庄镇朱家峪村南部文峰山下。泉池从一巨大沙石岩中凿出，因口小内阔，状如坛，故名。池口方形，边长0.8米，深12米。池底岩缝多处泉眼，水量甚丰，甘甜适口，从未干涸。丰水期泉水自井畔石雕龙口中溢出，蜿蜒北去。在坛井北、东、南三面周围20米范围内，建有石桥7座，纵横交错，曲折相连，别有景致，人称"坛井七桥"，为该村八景之一。

双井泉 位于官庄镇朱家峪村关帝庙南50米。为石甃井泉，井口长1.02米，宽0.94米。中架条石板，分隔为两眼井口，故名。泉水澄澈甘洌。盛水时节，溢出池岸，沿街漫流。

东西井 位于官庄镇朱家峪村，两泉一在路东，一在路西，故名。两泉池均为凿石而成，井形，井口直径0.8米。泉常年不竭，为村民主要饮用水源。

长寿泉 位于官庄镇朱家峪村，因村里多有长寿老人得名。水自岩隙涌出，沿小溪汩汩缓流。溪旁石径蜿蜒，花木丛生，景致清幽。属季节性泉，2011年8月泉水普查时已断流。

池凉泉 位于官庄镇池凉泉村西。清道光《章丘县志》《济南府志》收录。村以泉得名。泉池长方形，水泥修筑，池长9米、宽5米、深3.2米。泉水清澈，常年不涸，为村民饮用水源。水盛时溢池而出，沿街漫流，为瀛汶河第一源泉。

无名泉 位于官庄镇池凉泉村西南。泉水出露形态为渗流，属季节性泉，主要用于农田灌溉。

救命泉（马跑泉） 位于官庄镇马闹坡村东北，天苍岭西300米处。清道光《章丘县志》有载。泉水自岩缝流出，积于自然水坑中，水量不大，但终年不涸。水盛时沿山谷漫流。传说，李世民征东时路经此地，军队被饥饿所困。忽得巨蚁引路，先发现此泉解渴，又在穴洞得粟解饥。于是在山坡上扎营休整，并圈马于沟峪中。谁知夜间天降陨石，马被惊，奔闹不止，嘶鸣不已，造成军营混乱。后人依坡建村时，便以“马闹坡”为名，称该泉为“救命泉”或称“马跑泉”。

柳树泉　位于官庄镇马闹坡村北山崖下。泉池为石砌长方形，长13米，宽10米。泉水清澈甘甜，为村民主要饮用水源。

大拓泉　位于官庄镇马闹坡村南。泉池石砌长方形，长30米，宽20米，深4米。泉水常年不竭，为农耕水源。

四亩地泉　位于官庄镇马闹坡村东。泉池圆井形，石砌，直径1.6米，深6.5米。泉水常年不竭，为农耕水源。

双井泉　位于官庄镇渔湾村西。清道光《章丘县志》《济南府志》收录。泉水自岩缝流出，沿溪流进两眼规格形状相似的石甃井中，故名。水随季节时多时少，从未干涸，为村民饮用水源。

东泉　位于官庄镇渔湾村东。泉水自崖壁裂缝流出，落入崖下自然水池。泉水甘洌，常年不竭，为村民饮用水源。水盛时自山崖上数处洞穴中涌出，顺山而下，奔流湍激。

咋呼泉　位于官庄镇渔湾村南崖下。清道光《章丘县志》《济南府志》收录。因泉水涌出时声音大，宛若人呼喊，故名。当地人又称“打虎泉”。泉水自岩缝流出，汇为小池。为季节性泉，盛水期最大流量每小时20立方米，枯水期断涌。

大泉　位于渔湾村西。泉池方形，水泥砌筑，边长0.6米。泉水常年不竭，为农耕水源。

宝珠泉　位于官庄镇三角湾村南，因源于宝珠山下而得名。泉池石砌长方形，长2.3米，宽0.9米，深3.2米。泉水常年不涸，为村民饮用水源。此处为三壑交叉口，瀛汶河蜿蜒东北而来，积水呈湾为三角形状，村因湾得名。湾岸岩缝多泉，是汇河主要源头。1978年在三角湾处筑坝，蓄水成湖，称宝珠山水库。后堤坝二次加高，泉眼全部隐于水下，宝珠山亦大部没入湖中，出露仅高不过20米，若立若浮在清水碧波中。山顶有宝珠寺，香烟袅袅，苍松翠柳，郁郁葱葱。湖上架有两座石桥，湖水碧绿，岸边垂柳披拂。库水从泄水坝跌下，形成十余米高的瀑布，湍急成河，流入莱芜雪野水库。

太子崖泉　位于官庄镇三角湾村东山崖下。山峰峭壁似刀削，山谷谷底清泉自岩缝涌出，水量甚丰，汇流成溪，注入宝珠山水库。相传唐代李世民东征至泉畔，其妻泉边生下太子，故赐名太子崖泉。今山崖上有一排仍保存完好的凿石孔，传说是生太子时为扎帐篷而凿。

西周峪泉　位于官庄镇西周峪村。泉自峪中石隙中涌出，注入瀛汶河，再汇入大汶河。泉池石砌井形，水量甚丰，常年不竭，为全村人饮用水源。

上白秋泉　位于官庄镇上白秋村西。正常年水流不竭，2011年泉水普查时已断流。

中白秋泉　位于官庄镇中白秋村西河道岸边。泉池石砌方形，边长4.2米。泉水常年不竭，为村民饮用水源。

凉水泉　位于官庄镇石匣村西。泉自山沟南沿岩石裂隙涌出，积于长1.25米、宽0.85米的石砌长方形泉池中，然后由池壁方孔溢出，沿河东流，入宝珠山水库。村中《创修升仙桥序》碑文记载：“庄之西里余有泉焉，汶水所自出也……则此泉为汶源之一无疑也。泉自南来，绕庄南东去。”

珍王庙泉　位于官庄镇石匣村西。泉池石砌长方形，长1.5米，宽0.64米，为村民饮用水源。

刘王庙泉　位于官庄镇石匣村东。泉池石砌长方形，长1.3米，宽0.9米。2011年泉水普查时已断流。

妙泉　位于官庄镇石匣村东相峪。泉自山崖下岩底汩汩涌出，一泉成溪，水质甘洌，清澈碧透，终年不涸。泉前一松，高数丈，形若伞盖，夭矫苍翠，甚为壮观。相传奇松颇灵异，后人遂环松建寺，名曰兴隆寺，当地俗称东寺。据寺前清乾隆八年（1743）碑记云：该寺不知建于何年，到乾隆时已数次重修。寺内碑碣林立，多为清代所刻。寺院为四合院落，南为山门，东、西两厢，北为正殿，香火兴盛。

南井 位于官庄镇石匣村顺河街60号。泉池石砌长方形，长1.5米，宽0.7米，深3.2米。泉常年不竭，为居民主要饮用水源。

汩轮泉 俗称“簸箩泉”，位于文祖镇三槐树村西，齐长城北侧百米处。清道光《章丘县志》《济南府志》收录。属季节性泉，2011年8月泉水普查时已断流。雨季涌，沿石渠东流，汇入三槐树村东河中。今泉口保护性覆盖。

仰泉 俗称“阳沟泉”，位于文祖镇三槐树村。清道光《章丘县志》《济南府志》收录。泉水自石堰下岩缝流出，沿山沟漫流。属季节性泉，2011年8月泉水普查时已断流。

康宝泉 位于文祖镇三槐树村西南沟崖下。泉水自河崖石穴中涌出，积于水泥修筑的长方形泉池中，为村民饮用水源。属季节性泉，2011年8月泉水普查时已断流。

马蹄泉 位于章丘市文祖镇三槐树村北，拦水坝下西侧。属季节性泉，丰水年常年涌水。

西沟泉 位于文祖镇石子口村西。属季节性泉，2011年8月泉水普查时已断流。

井泉 位于文祖镇三德范村北东道街，泉旁有玄帝阁，泉池井形。2011年8月泉水普查时，井口已被掩埋。

电角泉 位于文祖镇东田广村西南，齐长城锦阳关东五里处。此处有一高峰，称“杨家寨”，寨西麓有一清泉，常年喷涌。泉口成方形，却高低不平，被称为“踮脚泉”，因谐音又叫“电角泉”。

马家泉 位于文祖镇东田广村东，峭崖下“马家洞”中，故名。马家洞处于绝壁，洞口在林荫中若隐若现，时有泉水涌出，别有一番情趣。属季节性泉，2011年8月泉水普查时断流。

肥峪泉 位于文祖镇东田广村。泉池石砌不规则形，最长1米，宽0.5米。属季节性泉，2011年8月泉水普查时已干涸。

井峪泉 位于文祖镇东田广村北。泉常年不竭，积水成池。泉池为石砌，不规则形，最长3米，宽2米，为农田灌溉水源。

龙女泉 又名“龙王井泉”。位于文祖镇锦屏山文昌洞。传说龙女私自乘海马下凡，由于海马离水而死，龙女难以归海，遂留在人间，化做锦屏山，其手镯变成“龙女泉”。该泉原为峭壁下的山泉，一年四季潺流不息。清光绪十二年（1886），砌泉池为井形，并名为“龙王井泉”。井深4米，水清澈甘甜，昔日可供“三月三庙会”2000人饮用。今泉池石砌圆井形，口径0.4米，终年不涸。泉北有石龛，上刻“井泉龙王”四字。周围有50多株千年古柏和银杏树，另有石碑、石洞、石牌坊。

朝阳洞泉 位于文祖镇锦屏山老君堂朝阳洞内。洞上壁岩缝通透可见天空，其形望之似一条腾飞的白龙，故又名“白龙池”。泉池在朝阳洞深处，半石砌长方形，长1.4米，宽1.3米，设护池栏杆。此泉夏季不溢，春季不竭，常存半池碧波，取水片刻后，不闻任何声响，水位又会恢复原样。清代乾隆年间道长韩阳成收徒40人，饮用池水，常年不见水少。

“朝阳洞”紧靠百丈峭壁，洞口有一巨柏，高30余米，通直无曲，名曰“赶山柏”。洞顶石壁上刻“灵紫泻清泉，冬温夏凉，洞中别有天地”，为乾隆癸巳年（1773）黄钟题。

朱公泉 古称“猪拱泉”。位于文祖镇朱公泉村。泉水自岩石缝隙流出，入泉下池塘。正常年池塘四季有水，大旱之年则水量甚微。泉的西边有“问童子处”石刻，建立年代不详。传说孔子周游列国时，曾在此向一孩童问路。

传说元代末年，有位壮士赶着牛来到村东头讨水喝，并问出山的路径及山外有无官兵驻扎。那壮士得知此泉名“猪拱泉”后，连说“不雅”。又说，这泉有益于我，我姓朱，就改名“朱公泉”吧！若干年后，众人得知当年来讨水喝的壮士即是明开国皇帝朱元璋，遂将泉名、村名一并改为“朱公泉”，沿袭至今。

上水峪泉 位于文祖镇郭家庄东南上水峪，为峪中多处泉点的统称。泉常年喷涌，为村民饮用水源。20世纪五六十年代，村民在上水峪口筑坝截水，形成水库。雨季水泻，形成瀑布景观。

东张泉 位于文祖镇东张庄。泉水常年不竭。泉东南20米处，有一自流钻井，井口石砌不规则形，水颇盛，一年四季向上喷涌，为全村人饮用及农田灌溉水源。

八仙泉 位于文祖镇东张村，村南为长城岭。附近有8处天然出流泉点，传说为八仙开凿，故名。泉池井形，泉水自井下喷涌而出，形成小河，绕过东山村，朝西北流去。河岸边杨柳成荫，河中鹅鸭成群。泉畔有被称为“鸳鸯柏”的两株千年古柏。两树形态各异，树围均在1.5米以上。村南长城岭风景秀丽，如花似锦。1980年前，在此钻出自流井泉2眼，泉水喷高数米，为章丘南部山区知名泉点。

黄露泉 位于文祖镇黄露泉村，村以泉名。原名皇禄泉，取皇帝赐禄之意。辛亥革命后，改为现名。泉水常年不涸，积入石砌长方形泉池，供村民饮用。

据当地村民传说，明代万历年间，李氏兄弟二人从章丘枣园官庄搬到此地居住。多年后，请一个云游老道为村庄和清泉起名，那道士指着清泉说：大明开国皇帝朱元璋曾遇灾难于此，喝此泉水后逢凶化吉，后成为明太祖。你们在泉边立庄，喝此泉水，后人定会建功立业，吃上皇家俸禄。此泉名、村名统称‘皇禄’为上乘也！就这样，“皇禄泉”从明代叫到清末。辛亥革命推翻了清王朝，因“皇禄”二字与“共和制”的民国犯忌，便将泉名、村名中的“皇禄”改为“黄露”。

无名泉 位于文祖镇黄露泉村西南。泉水常年渗流，积水成池，为村民饮用水源。

甘泉 位于文祖镇甘泉村西北。该村曾称三泉村，因村北山上有三处山泉而得名。后来仅甘泉常流，故改称甘泉村。泉在村西北堰根下，渗流，汇入一直径2.4米的石砌圆井，四季不涸。

圣泉 位于文祖镇马家峪村东，月亮湾水库上方，胡山之阳百丈峭壁下。水自岩缝中流出，汩汩淌入一个直径两米的石砌不规则池湾。泉东30米悬壁之下，为“通天洞”，洞内怪石嶙峋，洞顶能透进丝丝光亮。泉池西侧200米处有一池塘，修建于21世纪初，呈“残月”形状，人称“清月潭”。潭水清澈，可映出胡山之巍峨雄姿。

岳滋南泉 位于垛庄镇岳滋村东南峪中，齐长城脚下100米处。泉池为一天然坑穴。泉下建有水泥修筑的长方形水池，池长0.78米，宽0.68米，终年蓄水，为农业灌溉水源。

夫妻泉 位于垛庄镇岳滋村东沟，通天桥南侧。由两泉组成，一泉池石砌长方形，长4.7米，宽2米；一泉为石砌不规则形，最大直径1.7米。为农业灌溉水源。

玉堂泉 位于垛庄镇岳滋村。泉水常流，汇水成溪，用于农田灌溉。

无名泉 位于垛庄镇岳滋村中。泉池石砌不规则形，长1.4米，宽1.1米。泉常年不竭，为村民生活用水水源。

火贯泉 位于垛庄镇火贯村东北。泉常年渗流，积水成池。为农田灌溉水源。

凉水泉 位于垛庄镇西车厢村。清道光《章丘县志》《济南府志》收录，称“泉水甘冽澄澈”。泉水渗出，流向小河，汇入西巴漏河。

凤凰泉 位于西车厢村南凤凰岭下。2011年8月泉水普查收录。水自天然洞窟中涌出，引流入10余米远处的蓄水池中。常年不竭，是村民主要饮用水源。

牡丹泉 位于西车厢村凤凰泉东20余米处。人称昔日泉北侧有一株千年牡丹树，也有人说泉水喷涌状若银花怒放，形似花王牡丹，故名“牡丹泉”。因泉旁曾建有观音庙，亦称为“观音井”。泉池自然井形，泉口长1米，宽0.6米。水满溢出，跌入水溪。

东车厢泉 位于垛庄镇东车厢村。泉自岩缝渗出，垂落成溪，汇入水泥池中，为村民饮用水源。

山圣泉 位于垛庄镇山圣圈村西南。泉水自花岗片麻岩裂隙涌出，久旱不枯，是村民主要饮用水源。泉池石砌圆井形，井口直径0.5米、深4

米。盛水期泉水溢出，形成瀑布，蔚为壮观。

黑峪泉　位于垛庄镇山圣圈村南。泉水自石隙中涌出，细浪翻滚，绕涧而下。泉周山花烂漫，谷深林密，百鸟啼鸣。泉旁有一棵槭树，树干遒劲，枝繁叶茂，参天入云。泉下修一石砌长方形蓄水池，池长13.2米、宽8.8米、深3米，久旱不涸，为村民饮用及农田灌溉水源。

琴泉　位于垛庄镇下琴子村北。泉水沿山崖而下，形成瀑布，跌入水泥修筑的长方形泉池。池长7.2米，宽4.8米。水溢出漫流成溪。溪水由南向北奔流，蜿蜒数里，流经上琴村和下琴村入海山湖。沿途水溪崖畔，泉眼细密如筛。溪流处处叮咚作响，如弹拨琴曲，故称“琴泉”。

明嘉靖八才子之一的李开先曾到此游览，作《琴泉》诗一首：“焚香抚琴慰知音，斯人已逝悲断魂。千载清泉流不尽，至今时鼓琴魂音。”

南峪泉　位于垛庄镇南峪村南冲沟。泉池石砌长方形，长36米，宽23米。非大旱年泉流不竭，为农田灌溉水源。

太平泉　位于垛庄镇南垛庄村沿河大街中段，镇政府南侧。泉水常年喷涌，高出泉池尺余，白浪翻滚腾跃，为垛庄旧“八大景”之一。水质清澈甘甜，水温常年保持在16℃左右。据说此泉水具有明目、清肺、去疾之特效，可延年益寿，且外出远行带一壶泉水可免水土不服，“太平泉”由此得名。泉池石砌，圆井形，井口直径0.8米。 2006年重修太平泉池，上设护罩，并在泉上建一小亭，名“太平亭”。泉南架跨河小桥，取名“太平桥”。同时，在太平泉下游修建数道拦水坝，形成几个碧波荡漾的小湖。泉附近还有几处泉眼，众泉齐涌，汇成一条清澈的小溪，蜿蜒而流入巴漏河。两岸碧草青翠，野花摇曳，生机勃勃。

圣水泉（滴水泉）　位于垛庄镇圣水泉村西，河道东侧崖下。一年四季不疾不徐，缓缓洒落，一日可滴落一立方米左右，故得名“滴水泉”。此泉虽不似其他山泉奔涌腾跃，但滴水似金，养育一方百姓，村民视此泉为救命圣泉，遂又名为“圣水泉”。

西狸狐泉　位于垛庄镇西立虎村南。泉池长方形，水泥修筑，长30米，宽15.2米，深4米。泉常年不竭，为农田灌溉水源。

无名泉　位于垛庄镇西立虎村东。泉池石砌长方形，长1.2米，宽0.6米。泉常年不竭，为农田灌溉水源。

东狸狐泉　位于垛庄镇东立虎村南。属季节性泉，丰水年全年涌流，枯水年旱季断流。泉下建一塘坝，积水供灌溉之用。

青港泉　位于曹范镇青港泉村西。泉水出自红色页岩，清澈透底。泉下建有石砌长方形蓄水池，池长40米、宽8米。水量甚丰，用于农业灌溉。水盛时溢池而出，沿山溪东流，至垛庄镇南明村入西巴漏河。

上马泉　位于曹范镇青港泉村承德庙下。泉水由红页岩缝渗出，蜿蜒20余米，汇于石砌水池。

西泉　位于曹范镇青港泉村西，故名。泉池井形，水泥修筑，池口长1.35米、宽0.6米。泉常年不枯，为村民饮用水源。

南泉　位于曹范镇青港泉村西南，以方位得名。原泉池井形，水自井底涌出，常年不竭。20世纪80年代在井西侧挖掘一深水池，井泉断涌，泉眼移至深水池。新泉眼四季常涌，为农业灌溉水源。盛水时，泉水沿山沟漫流，入横河。

东泉　位于曹范镇青港泉村东，故名。泉池临街，水泥井形。井口长0.66米、宽0.56米。常年不涸，为农田灌溉用水。

苦枥滩泉　位于曹范镇赵家岭村北双凤山顶。泉水自灰岩夹层渗出，雨季水量较大，旱季水量甚微。泉池石砌圆井形，井口直径0.7米、深1.1米，为农田灌溉水源。

上泉　位于曹范镇赵家岭村北双凤山。2011年8月泉水普查收录。泉池石砌长方形，长0.55米，宽0.4米。常年有水，是村民主要饮用水源。

老泉　位于曹范镇三王峪村，双凤山下。泉池长方形，水泥修筑，长1.48米，宽0.9米。泉常年涌流，为周围村民饮用水源。

淋泉　位于曹范镇三王峪景区内。泉常年不竭，为景区景观泉。泉池石砌长方形，长11米，宽10米。

飞龙泉　位于三王峪景区内。泉水从悬崖石窍中流出，飞泻崖下，似上下翻腾的“飞龙”，故名。

水月泉　位于曹范镇钟楼子村西南山沟中。泉常年不竭，汇水成溪，为农田灌溉水源。

升馨泉　位于曹范镇公益牌村。该泉有四个泉眼，竞相喷涌，状若趵突泉，但比趵突泉水花小，因此又有“小趵突泉”之称。泉池为自然状，不规则形。

大泉　位于曹范镇公益牌村西。该泉由两泉组成，一泉池为自然状，不规则形；另一泉池为石砌，不规则形。两泉皆常年不竭，汇水成溪，为农田灌溉水源。

响泉　位于曹范镇公益牌村。属季节性泉。泉呈喷涌状，水流击石作声，故名。泉上建一凉亭，旁边建有一座小桥，名曰凤桥。

高粱峪泉　位于曹范镇公益牌村。泉常年不竭。泉池为石砌圆井形，井口直径0.8米、深3.4米。

大凹峪泉　位于曹范镇大凹峪村。泉常年不竭，为村民饮用水源。

小凹峪泉　位于曹范镇小凹峪村。泉池为水泥修筑，方形，边长0.7米。属季节性泉，为村民饮用水源。

双凤泉　位于曹范镇小凹峪村双凤山。泉池石砌长方形，长1.9米，宽1.6米。泉常年不竭，为村民主要饮用水源。

纱泉　位于曹范镇小凹峪村双凤山。泉池长方形，水泥修筑，长1.17米，宽0.9米。泉常年不竭，为农业灌溉水源。

羊栏顶泉　位于曹范镇羊栏顶村东崖下。泉自石崖下流出，汇入一半棚盖的水池。池为水泥砌筑，长8米，宽5米。久旱不涸，为村民饮用水源。

大泉　位于曹范镇大泉村西南山腰石崖下。村以泉名。泉水自岩石缝隙涌出，伏流5米，注入长3.97米、宽1.95米、深1.5米的泉池。泉久旱不枯，为村民饮用水源。

小泉　位于曹范镇小泉村。村以泉名。泉池为方形，水泥修筑，边长3米。泉水清澈，久旱不涸，为村民饮用水源。水盛时溢出漫流。

中公泉　位于曹范镇小泉村。泉池石砌不规则形，长1米，宽0.55米。泉水常年不竭，为农田灌溉水源。

布袋站泉　位于曹范镇布袋站村东南崖下。泉水常流不竭。泉池石砌长方形，长1米，宽0.5米。

柳泉　位于曹范镇瓦口岭村南山脚下。泉自岩隙涌出，四季不涸。昔日，泉边柳树成林，故名。

锦鸡泉　位于曹范镇瓦口岭村西南，在柳泉西约150米处的河床北沿。泉水自岩石隙缝涌出，汇入泉前小溪，常年不竭。

鹁鸽泉　位于曹范镇瓦口岭村西南沟口处。泉水常年不竭，旱季，淙淙流淌不息；雨季，腾突奋涌，蔚为壮观。泉水积于小水池，后下泄汇入水塘，为农田灌溉水源。

地泉　位于曹范镇瓦口岭村南。平地涌泉，故名。1957年在泉涌处掘池蓄水，名曰“胜利水塘”。水池长25米、宽15米、深约4米。泉水常年自池壁、池底涌出，汇为一池碧水。今池塘因淤积变为水洼。

家鹤泉　位于曹范镇瓦口岭村东南冲沟。泉水终年不竭，水势颇盛，为农田灌溉水源。泉边建有池塘。

南泉　位于曹范镇瓦口岭村南岭山崖上。泉水自数处石缝中流出，顺山崖淌下，在崖下积成水湾。

无名泉　位于曹范镇瓦口岭村。涓涓细流，汇成小溪，为村民主要饮用水源。

东峪泉　位于曹范镇黄石梁村南。泉池石砌长方形，长2米，宽0.6米。水自泉池底部石缝中涌出，终年不竭，为农业灌溉水源。旱时，水仅积于池底；雨季充盈，且自池口溢出， 沿山峪漫流。

南泉 位于曹范镇黄石梁村南。泉水自峪底岩棚下汩汩涌出，由水坝截成一潭碧水，十分清幽。属季节性泉，2011年8月泉水普查时已断流。

漾泉 位于曹范镇黄石梁村南三王峪。泉池石砌长方井形，井口长1.5米、宽1米。枯水年泉水断流，丰水年水从井口四溢。为农田灌溉水源。

横河泉 位于曹范镇横河村南河道北侧，又名“北横河老井”。1966年钻为机井，井口石砌方形，边长0.6米，深9.1米。泉水久盛不衰，丰水期从井口四溢。井旁西崖五山并立，称“五虎山”。河西岸山上，遍植黄栌。秋日，河水奔流，红叶满山，景色秀丽。

西山泉 位于曹范镇孟张庄西。泉池石砌井形，井口直径1米。泉久旱不枯，为村民饮用及农田灌溉水源。

井泉 位于曹范镇井泉村。原在村中（今447号门前），方口井形，水质甘美，被村民称为“甜水井”，是居民主要饮用水源。20世纪八九十年代村中修路，被覆于水泥路下。在村西南崖下，有一处坑塘状下降泉，今亦被视为“井泉”。此泉常年有水，属上层滞水，用于农业灌溉。

南邓泉 别名天赐泉，位于曹范镇南邓家庄南山坳中。泉水自岩石缝隙涌出，汇入石砌长方形泉池，池长2.7米、宽1.68米。泉旁有一石碑，上书 “天赐泉，大清康熙十八年开泉”。泉北侧石壁镶有一块古碑，上刻“大清康熙仲夏开泉”字样。泉东北侧有一灵巧秀丽的六角亭，亭梁上书“问泉亭”三字。亭东有一蓄水池，长宽各20余米。远近山色倒映水中，随波荡漾。

永泉 位于曹范镇寨山后村南白云寺。因泉终年不竭，名曰“永泉”。泉池井形，直径1.1米。四周镶嵌石栏，井内有三个石雕龙头，三股泉水自龙口喷出。泉水清澈甘洌，为白云寺僧人及村民饮用水源。泉周古树参天，林木葱郁。泉西南不远处有一古井，常年不枯，水质优良。

圣井 又名“圣泉”。位于圣井街道危山风景区，危山北坡。相传，隋唐时此地大旱，百姓饮水困难。一天，有一和尚衣衫褴褛，手执锡杖，自言从天竺国而来，坐于石上，以杖插地，成井一方，泉水随之涌出。百姓遂将此井泉称之为“圣井”。此后每遇天旱，百姓都要到圣井祈雨。今井池青石砌就，井口呈内圆外八角形，直径0.92米。池侧新立一石碑，上刻“圣井”泉名和章丘八景诗。泉水清澈甘洌，周围景色秀丽，林木葱郁，古时被称做“危山圣井”，列为章丘八景之一。

2002年，此地被辟建为危山风景区。危山海拔205米，方圆4平方千米，山顶古时称“铁墓顶”。传西汉济南王刘辟光参与“七国之乱”，死后葬于此山。建设危山风景区时，在山之北坡发现汉代陶兵马俑殉葬坑。

琵琶湾 位于圣井街道危山风景区，危山玉皇顶东。泉水顺山势而下，注入琵琶状池塘，故名。属季节性泉，2011年8月泉水普查时已断流。

第五节 平阴县境诸泉

在平阴县境内，除4处新济南七十二名泉外，还有已知泉点40处。这些泉点大多集中在洪范池镇一带，组成洪范池泉群。

姜女池 位于洪范池镇洪范池西北侧5米处，因临近姜女庙得名。明万历《兖州府志》称“玉女泉”，清道光《东阿县志》称“玉女池”。1997年版《济南市志》称“墨池”。明嘉靖年间建泉池，乾隆二十九年（1764）重修，1990年被填埋，1993年挖掘恢复。2001年重新建池。泉池为石砌方形，边长4米，池水清澈，四季不涸。泉水出露形态为渗流，日流量200余立方米。与洪范池等众泉水相汇流入浪溪河。

当地传说孟姜女当年被秦始皇逼迫无奈跳入东海，被东海龙王救起，安排在身边做干女儿。明嘉靖年间，村民在龙王庙右侧建起姜女阁，并在阁前建一水池，以方便孟姜女洗浴。2008年重修姜女庙时，复用了姜女阁的部分石块。

天池泉 位于洪范池镇天池山顶。清道光《东阿县志》有载。一称“天池”，又称“云泉”。泉水出露形态为渗流，水自岩缝中涌出，蜿蜒七八米，注入一天然水池。池中水色碧澄，绿藻浮动。雨季泉水外溢，沿天池山西坡下泄，流入浪溪河。泉西南的山崖上有唐代摩崖造像两龛四尊，像与人高，面容丰满，为石佛造像珍品。站在天池山顶极目西眺，群山叠翠，浪溪河波光粼粼，景色殊佳。

白沙泉 位于洪范池镇书院村西北。泉水出露形态为涌状，水自天池山石缝中涌出，常有白沙泛波腾旋，故名白沙泉。泉池方形，水泥修筑，边长0.8米，久旱不涸，是村民主要饮用水源。盛水季节，泉水从池中溢出，流入泉前池塘。

白沙泉水质极好，矿物质含量高。与附近书院泉相比，含砷量低，含硒量高。当地人称，用白沙泉泉水做出的豆腐结实、鲜嫩、可口。

聚贤泉 位于洪范池镇书院泉西。泉池为石砌不规则形。泉水常年不竭，为村民主要饮用水源。

墨池泉 位于洪范池镇云翠山北侧。清道光《东阿县志》载：“墨池，在笔峰北址，粗石甃池，水色如墨，故名。其水，时或溢池而出，如江海之潮，亦可异也。”今泉池为边长6.5米的石砌方池，深2米，观之水色如墨，取之清澈如镜。泉水出露形态为渗流，常年不涸，为农田灌溉水源。此泉能随朝夕及月缺、月圆有潮汐，传为东海海眼，堪称奇观。

道塘泉 位于洪范池镇云翠山南天观日月泉南1千米。据传该泉由昔日南天观道士凿挖山岩而成，故称“道塘泉”。泉东南为陡峭壁立的天柱峰。天柱峰古称“小髻”，意思是天仙美女的秀发。因此泉处“小髻”之下，古人又称为“发际泉”。今泉池为方形，水泥修筑，边长0.5米，池深2米。泉水自东侧10米处岩缝流出，澄澈清滢，汇入泉池，大旱之年，亦不干涸。泉池周围，草木茂盛，怪石嶙峋，悬崖峭壁之上点缀着奇花异木，如诗如画。

天乳泉 位于洪范池镇大寨山天门观北。清道光《东阿县志》有载。在陡峭的岩石侧面，有巨石探出，似乳形，石面中部凹进，内有泉水从天然石缝中渗出，盛水时下泄成流，枯水时滴滴下坠，故名“天乳泉”。当地人又俗称“滴水盆”。冬日寒风凛冽，泉水下滴，速结成冰，积久成冰柱，故天乳泉所在石洞被当地人称为冰柱洞。属季节性泉，2011年8月泉水普查时已断流。

白涯泉 位于洪范池镇大寨山白衣道观。泉池为凿石而成，呈不规则形。因泉水自白色岩石缝隙涌出，故名“白涯泉”，并立碑刻名。又因当年此泉是白衣道观道士唯一的饮用泉，故曾称“宝泉”。

无名泉 位于洪范池镇大寨山。季节性有水。泉池由自然土石围成。泉旁有刘公墓。

无名泉 位于洪范池镇大寨山。季节性有水。泉池凿石形成。泉旁有白衣道观、天仙吕祖辰像。

丁泉 位于洪范池镇丁泉村，别名“丁兰泉”，据传因地处二十四孝中的丁兰故里而得名。清道光《东阿县志》有载。泉池为大小两个，以青石砌垒。大池长9.4米、宽5.5米。泉水出露形态为渗流，常年不竭，日涌水量约1400立方米。水自岩缝涌出，汇入大池，再由大池西壁石雕龙头口中喷入小池，小池溢而下泄，浪花四溅，沿街旁小溪，穿村越户，注入浪溪河。大池池岸四周，围以0.8米高的石雕栏杆。临池，昔日建有庙宇，现已废圮，遗址尚存。石栏北侧嵌清乾隆七年（1742）《重修丁泉池碑记》石碑。碑载：“此池不知浚自何代，元至正年间已重修。”1958年兴修水利，对泉池进行改建，并镌《改建丁泉水池碑记》石刻，嵌于石栏上。池水澄明，池底绿藻清晰可见。该泉水势甚好，久旱不涸，为全村村民生活用水水源。

白雁泉　位于洪范池镇白雁泉村。清道光《东阿县志》有载。泉水出露形态为渗流，水势颇佳，四季涌流，日涌量850立方米左右，为村民饮用水源。泉池由块石砌岸，池口呈长方形，长6.5米，宽6米。泉水自池南壁石雕龙头口中泄入一长方形小池，尔后流入水渠，汇入浪溪河。原泉旁建有天平观，已废圮。东侧原立元皇庆元年（1312）《天平观碑志》石碑一通。碑载：汉高祖刘邦当年带兵路过这里，天气炎热，士兵干渴难忍，四处寻水。忽见一群白雁从山下惊起，高祖曰，必有泉！令军士察之，果现清泉。人们便将此泉称为“白雁泉”。金、元之际，济南等路总管严实曾在泉边建别墅，现已废圮。

拔箭泉　位于洪范池镇白雁泉村。清道光《东阿县志》载“在白雁泉东，大雨始发”。今泉水水势甚好，常年不涸，泉涌量与白雁泉相当。相传汉高祖刘邦当年带兵喝过白雁泉的水后，发现不远处也有白雁，便张弓射去。雁受惊飞走，箭却插在地上。军士将箭拔起，随箭涌出一眼清泉，故名“拔箭泉”。现泉池为石砌，1956年兴修水利时扩建而成。池呈长方形，长22.4米，宽18米。池中砌一南北向石墙，将池一分为二。东池狭长而水深，西池面阔而水浅。池南壁分别留有溢水口，盛水季节，泉水经溢水口泄出，沿渠流进村庄和田间，为村民饮用和灌溉水源。

莲花池　位于洪范池镇白雁泉村。因地处九顶莲花山麓而得名。泉水出露形态为渗流，久旱不枯，为农田灌溉水源。泉池为石砌长方形，池口长3.5米、宽3.0米。泉旁原建有天平观。

相传天平观道士赵某因常去泉池边取水浇菜，结识并爱恋上了有沉鱼落雁之姿的李玉花，被道长批准还俗归乡。道士刘某也去池边菜园浇菜，看中了有羞花闭月之貌的陈玉花，也被道长恩准还俗归乡。后来道长得知李玉花和陈玉花的父亲是连襟兄弟，都居住在九顶莲花山下，于是将此泉命名为莲花池。1982年刻泉名碑于泉旁。

龙眼泉　位于洪范池镇白雁泉村莲花池东。泉池为半石砌长方形，长4.5米，宽3米。泉常年不竭，为村民主要饮用水源。

泉池边有清道光年间所刻道观碑。据传因云翠山南天观中有日月泉，后来道士依“三光者，日月星”之意，称此泉为“天星泉”。后因该泉地处龙头山下，附近的白雁泉和拔箭泉被视为龙的两只眼睛，这处泉便被称为“龙腋泉”，天长日久，人们代代相传，讹传成了“龙眼泉”。

白虎泉　位于东阿镇狮耳山西坡。泉水出露形态为渗流，常年不竭，为村民主要饮用水源。水自岩石缝隙流出，流入在石崖上凿出的长方形水池。泉池长1.7米、宽0.7米。

白虎泉所在的狮耳山，又名虎窟山，海拔250米。因十六国时，济南太守胡咨得虎于洞中，故称为“虎窟山”。狮耳山主峰北侧崖下，建有虎窟山观，有观音堂、虎窟书屋、虎窟禅洞（又名白虎洞）、三仙洞、八仙洞、白虎泉、槐底泉、虎窟秋风等胜景。虎窟书屋，传为明代进士赵邦彦读书处。观西的石崖下有两泉池：一曰白虎泉，一曰槐底泉。明万历《兖州府志》、清道光《东阿县志》所记虎窟山佛堂崖下、寺岩之上的两处泉，似即此。

槐底泉　位于东阿镇狮耳山西坡，与白虎泉同处于虎窟山观西侧山岩下。泉水出露形态为渗流，常年不竭。泉池为凿石而成，不规则形。

龙山泉　位于东阿镇太和村西南里余，龙山西侧，因山得名。泉池为石砌长方形，长18.5米，宽12米。泉水出露形态为渗流，水自池底岩缝涌出，汇积池内，水深数米，澄清甘洌。20世纪70年代中期实测泉水涌量810立方米/日。属季节性泉，汛期溢流，旱季时而干涸。

马跑泉　位于孝直镇马跑泉村，赤沟山北崖，东临汇河。清《平阴县志》有载。村以泉得名。泉水自岩洞石缝中渗出，伏流四五米，跌入边长4.2米的半石砌方池。池满而溢，蜿蜒流入汇河，向东注入东山水库。此泉长流不息，雨季，水如瀑布，湍流而下，数里可闻涌流之声；干旱年份，水量变小，泉流如线，但从不干涸，且甘甜清凉，煮后无水垢。为村民饮用水源。泉池北岸立有石碑，上题泉名。

传说当年东汉光武帝刘秀征战河北，准备挥师南阳。途经此处，人困马乏，干渴难忍，刘秀昏睡在了马背上。此时，刘秀的战马看到前方有一棵枝叶繁茂的大树，便飞奔过去，腾起前蹄，用力刨地，泉水顿时喷涌而出，刘秀因而得救。“刘秀下南阳，白马救主、马跑刨泉”的故事就此传开，此泉取名为“马跑泉”。后来，乡民在泉旁建汉王庙。泉边石碑为明正德年间《重修汉王庙记》碑。今古庙已不存，碑身文字亦难以辨认。

汇泉　位于孝直镇马跑泉村西南。泉池水泥砌筑，长方形，长2.1米，宽1.8米。泉水出露形态为渗流，四季不枯，为村民生活及农田灌溉水源。汛期泉水从池中溢出，穿山谷流入汇河。

东拔箭泉　位于孝直镇湿口山村东南，九峪山东北脚下。为有别于湿口山之西的洪范池镇拔箭泉，故名。泉池石砌方形，池口边长2米。泉水出露形态为涌状，属季节性泉，雨季喷涌，汇流于西北侧的东湿口山水库。2011年8月泉水普查时已断流。

泉名源于东汉光武帝刘秀“开弓射雁，拔箭出泉”的故事。相传刘秀当年从附近的马跑泉起身欲下南阳，刚骑上马，抬头看到东南天空有一大雁，便搭弓上箭，一箭射去，将大雁射下。等骑马来到山下，看到箭穿雁身，箭头插进石缝里，遂下马用力将箭从石缝里拔出来，不料泉水喷涌而出，拔箭泉由此得名。

古泉井　位于孔村镇晁峪村烂柯山西侧的车厢峪东坡，形如井状，故称为“古泉井”。泉池石砌长方形，长0.85米，宽0.76米。泉水出露形态为渗流，常年不竭，为农田灌溉水源。盛水时节，泉水溢而漫流至100米处的黑龙池。黑龙池水，观之呈墨绿色。传说原来黑龙池清澈见底，后因有一条黑龙在山峪为非作歹，被村民杀死，黑龙的血流入水池，池水变成了墨绿色。

毛峪泉　位于孔村镇毛峪村西北，俗称“天水井”。泉池圆井形，石砌，口径0.81米。泉水出露形态为渗流，常年不枯，水质清洌甘美，为村民饮用水源。天长日久，汲水绳索将井口勒出深达2厘米～7厘米的道道槽沟。

有本泉　位于玫瑰镇翠屏山西侧宝峰寺内。泉水出露形态为涌状，水自一自然洞穴中涌出，泄入洞前小池，铿锵有韵。洞外两侧岩石上分别镌“有本泉”三字和诗刻一方。相传，唐代慈净和尚云游于此，见该处风景秀丽，松柏掩映，泉水清澈，遂开山凿石，建成宝峰寺，该泉成了众僧人的饮用水源。

浸润泉　位于玫瑰镇翠屏山宝峰寺内。泉西侧上方约5米处的石岩上，刻有“浸润泉”三个大字。清《平阴县志》有载，称浸润泉在水山（即翠屏山）北岩，可供千人饮，　不涸亦不溢。今枯水季节，时有干涸；盛水季节，泉水从岩缝中渗流而出，滋花润木。岩缝西旁有凿于唐天宝十一年（752）的石佛龛两个，内有造像12尊，甚为精美。

杨枝泉　位于玫瑰镇翠屏山西坡。清光绪《平阴县志》有“承以石盆，大旱不涸”的记载。今杨枝泉在一石窟内，泉水自正面石壁上方缝隙中渗出，顺势流下，形成数支细流，状如杨（柳）枝而得名。窟壁上凿佛像三尊，雕《杨枝泉说》《宝峰院记》等石刻。

朝阳泉　位于玫瑰镇翠屏山东侧山腰处。属季节性泉。因泉池正对初升的太阳，故名。泉水源于月牙形的峭壁间，似龙须，故又名“龙须泉”。泉水自岩石缝隙渗出，积于自然形成的泉池。池西、北壁为自然山岩，东、南壁系人工石砌。泉池长12米，宽8米。池上方山崖刻“龙须泉”三字。为村民主要饮用水源。当地习称为“朝阳泉”。

向阳泉　位于玫瑰镇翠屏山南坡，故名。泉水自山腰岩石缝隙渗出，常年不竭，积于自然泉池，池内长满芦苇。

落阳泉　亦名夕阳泉，位于玫瑰镇翠屏山西南侧的山腰陡岩下。泉水从数处石隙中流出，汇入长1米、宽0.65米的石池中，四季不涸。夕阳映照，波光粼粼，故名。盛水时节，水势颇大，池水外溢，漫流于石上。泉池上方岩石上，镌有“落阳泉”和“石门槛”巨字。

南泉　位于玫瑰镇南泉村。泉池石砌长方形，池口长3.8米，宽1.7米。泉水出露形态为渗流，四季不枯，为村民主要饮用水源。

无名泉　位于玫瑰镇南泉村。泉水出露形态为渗流，常年不竭，汇水成溪，为村民饮用水源。

北泉　位于玫瑰镇北泉村，云门山北侧山脚下。泉池石砌长方形，长1米，宽0.5米。泉水出露形态为渗流，与南泉村的南泉相距仅四五米，同出一脉，久旱不涸。村民习惯饮用南泉之水，而北泉水主要用于喂养牲畜。

温泉　位于玫瑰镇大孙庄村小学门前，因有地热源，水温较高，故名。泉水出露形态为渗流。泉池方形，水泥修筑，池口边长2.5米。因泉水温度过高，危害庄稼，现封闭不用。

灵醴泉　位于平阴县城东南隅，青龙山金斗峪西南坡。清光绪《平阴县志》载：此泉旱涝不涸，乡人在泉上盖一石屋，曰“水母娘娘庙”。乾隆二十一年（1756），平阴知县李汝榛改建为阁，名“斗母宫”，并“旁栽柏树千余株，设道院于下，于是始为邑中胜地”。光绪《平阴县志》称之为“金斗峪泉”。今泉在人工砌垒的石洞中，洞高3米。水从洞壁滴下，叮咚作响，汇入直径2.5米的自然圆池。洞前券门上嵌石匾，题“灵醴泉”三字，为乾隆二十三年邑人张翊鸿书。因泉水甘美，附近居民多至此汲水烹茶。石洞上的斗母宫题字“文化大革命”时被毁，现仅存残墙断壁。

抱珠泉　位于平阴县城榆山街道贤子峪村。泉池为人工凿石而成的两个大小相邻的长方池，总长8.2米，宽3.4米。泉水出露形态为渗流，常年不竭，为村民主要饮用水源。水从东南侧石缝中涌出，汇入大池，池满再溢入北侧的小池，小池水满后从西侧溢出，汇成小溪，顺沟峪向西流，是锦水河的源头。400多年来，村人都是以此泉水为饮用水，也是县城居民的饮水补给水源之一。

从前，当地人称此泉为“井泉”。传明代贡生张宗旭来此，发现此泉群山怀抱，常年不涸，清澈甘甜，在月光下就像两颗夜明珠，遂改名为“抱珠泉”，并舍弃功名，举家到此居住。

天井飞泉　又称“天井泉”“石井泉”，位于安城镇段天井水库边。泉池为井形，井口呈矛头状，泉涌出后汇为一长30.0米、宽2.5米的水湾。泉水常年喷涌，沿山涧湍激而下，为安滦河源头之一。清嘉庆《平阴县志》载：天井泉“在山涧石井中，泉势如趵突，飞流界道，虽旱不涸”。因景观壮丽，称“天井飞泉”，为旧时平阴八景之一。历代多有诗人赞咏，清代邑人国进诗曰：“石涧有名泉，泉声日夜喧。滔滔不复住，谁解问真源。”20世纪60年代初兴修水利，在泉北侧筑堤建坝，拦河蓄水，建段天井水库。盛水季节，泉没入水库。枯水季节，水库水位下降，泉则显现，独自成湾。

天井泉的由来，村民中流传两种说法：一说当年二郎神杨戬路经此地，拿长矛往地下一戳，便戳出了一个五六米深的洞，并涌出清泉；另一说，该泉是王母娘娘用金簪扎出来的。

毛铺泉　位于安城镇东毛铺村东北，原为两眼井形泉池，俗称“大海眼”“小海眼”，为汇河源头之一。今泉池石砌长方形，长0.78米，宽0.66米，泉水出露形态为渗流，久旱不涸，水势颇佳，汛期喷涌，年喷涌量约15万立方米，为农田灌溉水源。

石榴峪泉　位于安城镇东毛铺村东天堂山石榴峪内，毛铺水库东北侧。泉池石砌长方形，长16米，宽10米，深4米。泉水出露形态为渗流，常年不竭，为农田灌溉水源。

常源泉　位于安城镇天堂山南桃花峪中。泉常年不竭，大旱年亦涌流不止。20世纪60年代兴修水利时，村民建成石砌长方形泉池。池南北长45米，东西宽14米，深5米，形成仰望群峰竞秀，俯看绿水荡漾之胜境。盛水期，泉水从池口溢出，流入小溪。

虎豹泉 位于安城镇虎豹川村。因村东为虎山，村西为豹山，故名。泉池井形，直径1.3米，深12米。泉水出露形态为渗流，盛时溢出井口，20世纪70年代中期实测涌量146立方米/日。泉水清冽甘美，为村民饮用水源。泉畔横卧清乾隆三十九年（1774）《虎豹川修庙穿井立石记名》碑。为季节性泉，2011年8月泉水普查时已断流。

第六节 消失（失考）的泉

在长期的时代变迁中，由于人为和自然的缘故，一些泉点或填埋湮淤，或失迷失考，如今已不见踪迹。其中，历史上有过记载的泉点125处，包括曾被列为旧日七十二名泉的名泉21处。

双桃泉 位于原济南城西丁字街北，今市中区城顶街北。金《名泉碑》、明《七十二泉诗》、清《七十二泉记》均收录。清乾隆《历城县志》载："在丁字街铺屋下，由地中经蜜脂、江家池入五龙潭。"20世纪80年代初，建济南电信大楼后消失。

孝感泉 在原济南城西门内孝感坊北，今历下区趵突泉北路路东三联商厦停车场处。金《名泉碑》、明《七十二泉诗》、清《七十二泉记》均收录。泉池因长年失修淤积，污染严重。20世纪90年代初建三联大厦时，移址重建泉池。泉池以石砌岸，长3.4米，宽2米，上盖水泥板，池岸自然石镌"孝感泉"三字。后因三联商厦改扩建，被填埋。

古时的孝感泉，清流潺潺，周围翠竹蔽日。其泉名的由来源于一个感人故事。据北宋《太平寰宇记》载："孝感水在县北门……耆老传云，昔有孝子事母，取水远。感此，泉涌出，故名'孝水'。天宝六年，敕改为'孝感水'。"

罗姑泉 又名"罗姑井""瞽女池""曹家井"，位于历下区原县东巷中段路东。金《名泉碑》、明《七十二泉诗》、清《七十二泉记》均收录。元代《齐乘》载：相传这里是唐代大将罗士信的故宅。传说罗士信之姊独居于此，抗暴死，故称为罗姑泉。又因泉呈井形，亦名罗姑井。明末《历乘》载："（在）县治东，一方之水皆苦，独此井甘。昔井上有亭，今圮矣。"

"瞽女池"的来历，民国《续修历城县志》引清王初桐《济南竹枝词》释文曰："罗姑井，相传罗士信故宅。刘廷式聘女而瞽，竟娶之。庭下得泉成池，瞽女凡三饮其泉而得三男，号'瞽女池'。"刘廷式，北宋进士，齐州人。后宅院归曹氏所有，因此，又曾叫"曹家井"。

1965年该泉被覆盖，但井口尚可辨认。1994年此处改建为居民楼，泉被覆于楼体北墙外侧。

杜康泉（古杜康泉） 位于历下区原刷律巷南口路西59号院内。此处原为娥英庙。金《名泉碑》、明《七十二泉诗》、清《七十二泉记》均收录。泉池圆井形，砖石砌垒，直径1米，深4米。泉常年不竭，水质甘美，为居民饮用水源。相传杜康以此泉水酿酒，故名。后来因花墙子街北煮糠泉讹称"杜康泉"，为了区别，后人将此泉称为"古杜康泉"。1993年旧城改造，拆除刷律巷建新大新商厦后，泉在商厦东侧10米左右处。2011年8月泉水普查时已消失。

香泉 位于历下区原济南六十五中校园内，昔日为舜庙西庑下。金《名泉碑》、明《七十二泉诗》收录。明、清历城县志记载：该泉六十年一发大水，发则奔溢满城，道生鱼鳖。水流入大明湖，数月方休。明万历三十五年（1607）曾泛滥成灾。1965年《济南名泉一览表》载，为一石砌水池，水势尚好。20世纪80年代初，六十五中建教学楼时，该泉被填埋于教学楼西南墙脚下。

朱砂泉 位于历下区芙蓉街。金《名泉碑》、清《七十二泉记》收录。泉常年不竭，注入王府池。泉池长方形，由块石砌垒，1994年被覆于水泥地下。1997年版《济南市志》载：朱砂泉，位于芙蓉街94号院内。因该院自芙蓉街

72号可进入，故2003年、2011年8月开展的两次泉水普查均登记为芙蓉街72号院内。

华笔池 位于历下区省政府院内东南隅，池壁嵌“华笔池”名刻。此处，明清时代为贡院。清乾隆五十七年（1792）八月上旬，山东布政使江兰到这里主持科考事宜，使人分别在贡院和布政使署内，凿成“华笔池”和“凤翥池”，导引珍珠、芙蓉二泉之水注于池内。江兰当时撰写《新浚凤翥池记》刻于石上，对华笔、凤翥两池的挖凿做了概括叙述。“华笔池”之名寓有祝愿参加科考的士子妙笔生花之意。池水与珍珠、芙蓉两泉一脉相通，涓涓细流，注入凤翥池，最后流进大明湖。

如今，凤翥池完好无缺，盛水期潺潺流泄，清澈见底。华笔池则因附近建宿舍楼，于1992年被覆于水泥路下。2005年《济南市名泉保护条例》附件一《济南市名泉名录》收录，2011年8月市名泉保护部门普查时记为：填埋消失。

大比泉 位于省政府院内东部。清道光《济南府志》载：“在贡院提调道门内，有明成化年碑。”已湮没，碑已失。

瑞雪泉 位于历下区省直统管房18号。原池长25米、宽16米、深1.5米，块石砌成。20世纪末填埋湮失。

惠民泉 又名“惠民井”。明嘉靖《山东通志》载：在府城内，与玉环井相并。清道光《济南府志》载“在布政司街东”。今失踪。

饮马池 位于历下区泉城路路北。原在山东省统计局院内，21世纪初旧城区改造后，在今红尚坊商厦处。明嘉靖《山东通志》载：“在都司北，池有芙蓉堤，绕文庙东，俗呼叠道。”明崇祯《历乘》、清乾隆《历城县志》、道光《济南府志》均有载。都司，即明代设立的山东都指挥使司。清雍正年间裁撤，在其址设立泺源书院，故饮马池后又称“泺源池”。泉池面积50余平方米，水势甚好。1970年，市自来水公司在泉侧钻井4眼，建成泉城路水厂。此后，泉池水位逐渐降低，最后干涸，遂被填埋，并建房舍。今盛水时墙根处尚有泉水涌出。

太乙泉 位于历下区王府池子街南端，民国《历城县乡土调查录》有载。泉池以砖砌成圆形，直径0.8米，深1米，水旺盛，原为居民饮用水源。20世纪80年代泉池被覆盖，上建小房。

金波泉 位于历下区平泉胡同6号。原为无名泉。2005年《济南市名泉保护条例》附件一《济南市名泉名录》收录。2007年市名泉保护部门面向社会征名为“金波泉”。2011年8月泉水普查时已消失。

术虎泉 位于历下区岱宗街8号。原为无名泉，2005年《济南市名泉保护条例》附件一《济南市名泉名录》收录。2007年市名泉保护部门面向社会征名为“术虎泉”。2011年8月泉水普查时已消失。

北芙蓉泉 位于历下区岱宗街24号院内，因地处芙蓉泉的东北而得名。清嘉庆十六年（1811）涌出成泉，民国《续修历城县志》有载。泉池长1.65米，宽1.3米，深3米，条石砌垒。20世纪70年代初被填埋。

芙蓉池 俗称“王八湾”，位于岱宗街北芙蓉泉西侧。已填埋。

步月泉（鉴泉） 位于历下区原县马园子街9号，今珍池街珍池东15米。原名“鉴泉”，2005年改名“步月泉”。1997年版《济南市志》载：“鉴泉，在县马园子街9号。已填埋，旁有泉名石刻。” 2005年《济南市名泉保护条例》附件一《济南市名泉名录》以“步月泉（鉴泉）”收录。2011年8月泉水普查时登记为：因城区改造占压消失。

中央泉 位于历下区原县西巷2号院内。井形，水清，常年不涸。东墙嵌有清宣统三年（1911）“中央泉”石碣。2002年在旧城改造中被填埋。

无名泉 位于历下区后宰门街2号。2005年《济南市名泉保护条例》附件一《济南市名泉名录》收录。2011年8月泉水普查时已消失。

无名泉 位于历下区原县西巷33号。2005年

《济南市名泉保护条例》附件一《济南市名泉名录》收录。2011年8月泉水普查时已消失。

无名泉 位于历下区原县西巷34号。2005年《济南市名泉保护条例》附件一《济南市名泉名录》收录。2011年8月泉水普查时已消失。

无名泉 位于历下区原县西巷40号。2005年《济南市名泉保护条例》附件一《济南市名泉名录》收录。2011年8月泉水普查时已消失。

无名泉 位于历下区原县西巷61号。2005年《济南市名泉保护条例》附件一《济南市名泉名录》收录。2011年8月泉水普查时已消失。

无名泉 位于历下区原县西巷63号。2005年《济南市名泉保护条例》附件一《济南市名泉名录》收录。2011年8月泉水普查时已消失。

北漱玉泉 位于历下区原趵突泉南路8号院内。明《七十二泉诗》收录。清道光《济南府志》载“在金地院内”。1986年趵突泉南路拓宽时覆于路下。

劳动泉 位于原趵突泉后门街16号门前。20世纪50年代初发现，并正楷书“丹泉”石刻，镶嵌于泉池南壁上。后改称“劳动泉”。泉池呈井形，以砖石砌垒，水质清澈甘甜，为附近居民饮用水水源。1960年趵突泉公园扩建时被填埋。

青龙泉 位于市中区原西青龙街派出所院内。1965年《济南泉水一览表》收录。1983年泉水调查时已被填埋。

井影泉 位于市中区原饮虎池街34号。1965年《济南泉水一览表》收录，称淤塞严重。1983年泉水调查时已被填埋。

道村泉 位于市中区原饮虎池街17号。1965年《济南泉水一览表》收录。1983年泉水调查时已被填埋。

围屏泉 位于市中区原围屏街70号南，金宅。1965年《济南泉水一览表》收录。1983年泉水调查时已被填埋。

对康泉 位于市中区原五路狮子口27号院内。1965年《济南泉水一览表》收录。1993 年改建回民小区时，被埋在居民楼下。

迎香泉 位于万竹园南门内西侧。1997年版《济南市志》收录。原无名，1995年市建委调查时取名。在月牙形水池内，有3个泉眼，丰水期喷涌甚烈，俗称“小趵突”。20世纪90年代后期扩建趵突泉公园西区时填埋。

金泉 位于天桥区原江家池街9号院内。原为无名泉，1984年取名。1993年被填埋。

玉德泉 位于历下区原城根街36号门口。1965年山东省地质局水文地质观测站所编《济南泉水一览表》收录，称已被填埋。

玉露泉 位于历下区原大明湖路197号（原山东省机械厅）院内。泉池长6.2米，宽4米，深1.2米，为碎石砌成。水向东流。泉边有“玉露泉”碑记。后被填埋。

太平泉（东） 位于历下区原后高祥后街南口路西。原泉池呈井形，俗称“苦水井子”。1955年建水站时被填埋。

太平泉（西） 位于历下区原太平寺街40号门前。1965年《济南泉水一览表》收录。 1983年泉水调查时已被填埋。

汇波泉 位于历下区大明湖东南隅清凉岛上。过去，城内众泉水多从清凉岛附近汇入大明湖。所以，地处清凉岛上的这眼清泉，便被称之为“汇波泉”。泉池在明嘉靖三十年 （1551）曾重修并立有碑记。泉现已淹没。昔日，岛上有寺，因泉取名汇泉寺。每逢盛夏，远近文士多来这里乘凉。明张鹤鸣《游湖十绝》诗曰：“汇波泉上夕阳里，紫翠玲珑透鸭茵。”

沃泉 位于历下区珍珠泉北。民国《济南名胜古迹辑略》有载。今失踪。

炉泉 金《名泉碑》、清《七十二泉记》收录。元《齐乘》称在“南山下”，明崇祯、清乾隆《历城县志》载“今迷莫考”。民国《历城县乡土调查录》载：“在千佛山下，今失考。”

南煮糠泉 金《名泉碑》、明《七十二泉诗》收录。元《齐乘》称在“蠕山窝北”。“蠕”，同“蜡”。清道光《济南府志》载：“在蠕山窝北，县志云，今涸。”今址不详。

白虎泉　金《名泉碑》、清《七十二泉记》收录。元《齐乘》称与甘露泉同在“大佛山”，民国《历城县乡土调查录》记载“在县南大佛山开元寺”。大佛山即佛慧山，因山上凿有宋代大石佛故俗称之。今泉已失踪。

一勺泉　清道光《济南府志》载：“在佛洞下，旧志云，池仅如盆，挹取不匮。”今为何址不详。

煮糠泉　名列金《名泉碑》。元《齐乘》曰在“四里山南”。据明崇祯、清乾隆《历城县志》载：“今考山下无泉，或即道旁野井也。”但晚清郝植恭又将此泉列入《七十二泉记》，民国《历城县乡土调查录》称“相传在城西四里，今失考”。

洗砚泉　清乾隆《历城县志》转述王士禛《香祖笔记》载，济南城北砚溪村一带，四面皆稻田，园圃中有一清泉，相传是元代赵孟頫的洗砚泉。一日，园丁整治菜畦，从土中挖出一方石刻，洗净一看，上面刻有用篆体题写的两首诗，其中有诗句曰“泉声振响暗林壑，山色滴翠落莓苔”，诗后刻有“同知济南路总管府事赵孟頫题”字样。乾隆初年，此石刻曾存于臧家屯（今属天桥区北园街道，位于小清河畔）。今石刻藏于济南市博物馆。据调查，今臧家屯村中街旁，昔日有“一品泉”，泉池圆井形，直径约2米，井口覆以大青石，间隔成“品”字形布局的三个小井口，　故俗称“三眼井”。泉井东侧为臧家屯，西侧即为砚溪村（今已连为一村）。村民用上自来水后，“一品泉”泉井渐趋荒废，后拓宽街道时，泉井被填埋于路下。疑此“一品泉”即古之洗砚泉。

腊泉　在槐荫区腊山。泉在天然洞穴内，深不可测，水质甘美。2005年《济南市名泉保护条例》附件一《济南市名泉名录》收录。同年因房地产开发被填埋。

跂泉　位于槐荫区峨嵋山。民国《长清县志》有载。今失考。

王母池　在市中区十六里河街道玉函山顶。山顶平阔，东侧原有兴隆寺，亦叫卧佛寺，建于唐代。西侧原有宋代所建的泰山行宫，因祀泰山碧霞元君，所以也叫碧霞祠。现寺院遗址仅存少量建筑。王母池在碧霞祠废墟北侧，形似方井，亦称“瑶池”。传说是王母娘娘沐浴的地方，并有“惊鸟留玉函”的故事传世。相传汉武帝登泰山封禅，归途中来到池边，池边一鸟惊飞，鸟飞处留一玉函，所以后人将此山称作玉函山。2011年8月泉水普查时已被填埋。

云外泉　清道光《济南府志》载：“在函山佛峪。”今失考。

冷泉　位于历城区鲍山街道纸房村北白泉附近。清郝植恭列入《七十二泉记》。明崇祯、清乾隆《历城县志》和道光《济南府志》俱载：“在白泉南，流入滩头。”乾隆县志又载白泉“旁有冷泉、漫泉”。1997年版《济南市志》载“今已湮于农田”。

麻泉　位于鲍山街道纸房村北白泉附近。泉源深广，清郝植恭列入《七十二泉记》，称“麻披泉”。明崇祯、清乾隆《历城县志》和道光《济南府志》载“在白泉北，流入滩头”。1997年版《济南市志》载“今已湮于农田”。

漂泉　位于鲍山街道纸房村白泉东。明崇祯、清乾隆《历城县志》和道光《济南府志》俱载：“在白泉东，发源迅疾，流经曲家庄，入遥墙河。”1997年版《济南市志》载“已湮失”。

惠泉　位于鲍山街道纸房村东约300米。明崇祯、清乾隆《历城县志》和道光《济南府志》俱载：“在白泉南，流与冷泉合。”1997年版《济南市志》载“今早已沦为农田”。

漫泉　位于鲍山街道纸房村西。明崇祯、清乾隆《历城县志》和道光《济南府志》俱载：“在冷泉西南，流入滩头。”昔日水盛，几与麻泉相连，故乾隆县志载：“漫泉，一名麻披泉。”1997年版《济南市志》载“今已沦为农田”。

灰泉　位于鲍山街道纸房村北。1997年版《济南市志》载：“在丫丫葫芦泉西北约300米，面积3000平方米左右。已夷为稻田，仍常年积水。”2011年8月泉水普查登记为失考。

猪拱泉 位于鲍山街道南滩头村。1997年版《济南市志》记载：“在王舍人镇南滩头村西南田间，无砌垒泉池。由于地下径流上源的大量开采，此泉已成季节性泉。旱季干涸，雨季出露，平时周围土壤湿润。”20世纪末，村中开发建设时填埋。

当道泉 位于鲍山街道西梁王庄北。清《七十二泉记》收录。乾隆《历城县志》载：“源流深长，可资水利，流入坝子河。”泉池甚广，可垂钓，泉畔建有钓鱼台寺。解放前，寺已毁。20世纪50年代，泉池日渐淤塞，沦为稻田。

柳叶泉 位于鲍山街道西梁王庄北。清道光《济南府志》有载。20世纪50年代末淤塞，沦为稻田。

花泉 位于历城区王舍人街道陈家张马村东北隅，双龙桥东三四十米处。清乾隆《历城县志》载：“在张马泊，泉源数泓，周广数亩，一方水利所关，流经耙道河，东北入沙河。”又载：耙道河，源出张马泊花泉。该泉因泉眼聚集十余处，竞相喷涌，水面波纹激荡，状若花朵盛开而得名。昔日泉源旺盛，水势很大，与附近的钊家泉、柳冈泉、耿家泉相汇，在附近形成“张马泊”。泉畔有一桥为“双龙桥”，古为通往遥墙的交通要道。

据倒卧于双龙桥旁的清道光十九年（1839）《重修双龙桥碑记》载，当时花泉已融于藕池中。1970年以前，尚可见池底涌泉。后因附近张马屯铁矿的开掘，泉渐停涌，水泊也被改为稻田、菜地。1993年在桥东辟建鱼塘，花泉遂没于塘内。雨季，双龙桥附近的钊家泉、柳冈泉、耿家泉等无池小泉仍时有出露，积水成洼。旱季干涸。2011年8月泉水普查时已消失。

珍珠泉（双龙泉） 位于历城区郭店街道虞山东南坡。虞山为地处山前平原的一座孤山，松柏苍郁，岩石嶙峋。昔日，山上建有泰山行宫，颇有名气，每年农历三月举行为期4天的庙会，远近香客、游人每天万余，皆饮此泉水。清乾隆《历城县志》载：“康熙四十四年大雨，有泉出于山巅，至今不涸，土人名之曰‘神应泉’。”后来，此泉衍称为“双龙泉”，因位于白龙石、黑龙石之间而得名。民国《续修历城县志·山水考六》载：“双龙泉，在虞山白龙石、黑龙石之间，一泓澄澈，岁亢旱不涸，祷雨辄应。前志载‘神应泉’，疑即此泉。”又载此泉“甘美可饮，天旱，取之不竭”。1997年版《济南市志》疑珍珠泉即昔日之神应泉、双龙泉，并载珍珠泉“为直径20米、深5米左右的天然水坑，终年不涸”。岁月迁延，今山上遍布采石矿坑，2011年8月泉水普查时泉已失踪。

老母泉 位于历城区荷花路街道堰头村。清康熙、道光《济南府志》俱载，称在堰头北，“其泉日涌寒沙，好事者系石试之，莫测其底，流入大清河”。1997年版《济南市志》载“已淤失”。

灰包泉 清道光《济南府志》载“在韩家店东北”，并引康熙《济南府志》语：“流经闸口西，入小清（河）。”据乾隆《历城县志·山水考四》载：“韩家店闸，在府城东北十二里。”今失考。

白公泉 明《七十二泉诗》收录。明崇祯《历乘》载“在开元寺西”。清乾隆《历城县志》和道光《济南府志》载，此泉在卧虎山后。今失考。

双女泉 明《七十二泉诗》收录。清道光《济南府志》载“在西务西坡”。西务，即今历城区港沟街道坞西。已失考。

胡桃泉 明晏璧《七十二泉诗》收录。清道光《济南府志》载“在猪头岭北”。清乾隆《历城县志》载：“猪头岭，在大涧岭西，西营之径。”今失考。

独孤泉 明《七十二泉诗》、清《七十二泉记》收录。明崇祯、清乾隆《历城县志》和道光《济南府志》俱载：“在天麻岭下，北流入锦阳川。”民国《历城县乡土调查录》称：“在县东南九十余里天麻岭下，与泰安交界。”今失考。

菩萨泉　清郝植恭列其为七十二名泉之一。明崇祯、清乾隆《历城县志》和道光《济南府志》俱载：“在南菩萨庵石崖下，大旱不竭，大涝不溢，流入锦阳川。”民国《历城县乡土调查录》称“在中宫镇东南菩萨庵下崖”。今失考。

龙门泉　位于历城区柳埠镇龙门村东。金《名泉碑》、明《七十二泉诗》和清《七十二泉记》均收录。传此泉形如半掩的洞门，内藏龙状巨石而得名。昔日池形多变，广数亩，人称龙门湾。水势旺盛，常年不涸，供全村饮水及灌溉粮田。1958年在泉北筑坝蓄水，建龙门水库，泉融于水库中。

汝泉　名列金《名泉碑》。元《齐乘》称在“神通寺内”。此泉久已失迷。清道光《济南府志》称：“旧志云，今按神通寺中本无泉，惟方丈西有白龙池，或即汝泉欤？然又塞于僧舍下。”

南薄罗泉　清《七十二泉记》收录，作“南叵罗泉”。明崇祯、清乾隆《历城县志》和道光《济南府志》俱载：“在齐王寨后岩下。”齐王寨，乾隆《历城县志》称“在神通寺东北，一名齐家寨”。今失考。

马帝泉　清道光《济南府志》载“在马蹄峪华岩寺下”，并引康熙《济南府志》语：“一名大泉，寺废，泉流经孙家庄，入锦绣川。”清乾隆《历城县志》称：“马蹄峪，在南泉寺东，涧壑幽邃，流水无声，有桃源之胜。水入锦绣川。”又载：华岩寺，在“马蹄峪，元建今废”。1997年版《济南市志》载：“今泉在何址不详，疑即今大泉村之大泉。”

北薄罗泉　清道光《济南府志》载“在马蹄峪东”，并引康熙《济南府志》语　“泉端有连理树”。今不详。

水波泉　清道光《济南府志》载“在水峪，旧志云，流入锦绣川”。清乾隆《历城县志》引明崇祯《历城县志》云：“水峪，在马蹄峪东，内有三教堂，清幽莫匹。”今不详。

响泉　清郝植恭列为七十二名泉之一。明崇祯、清乾隆《历城县志》和道光《济南府志》俱载。乾隆《历城县志》称在亓城峪“交战顶西谷下”，道光《济南府志》称“在交战顶西谷中”，民国《历城县乡土调查录》称“在中宫乡南高而庄南交战岭”。今失考。

涝泉　明崇祯、清乾隆《历城县志》和道光《济南府志》俱载：“在涝泉岭后。”（府志作“劳泉”）今失考。

孟家泉　明崇祯、清乾隆《历城县志》和道光《济南府志》俱载：“在涝泉东。”今失考。

涌清泉　清道光《济南府志》载：“在涝峪东石崖内，旧志云，流入锦云川。”今失考。

上水泉　明崇祯、清乾隆《历城县志》和道光《济南府志》俱载：“在杨家寨后，泉气阴森，沁人肌肤。”今失考。

扫帚泉　位于历城区仲宫镇孙家崖村八达岭水库东200米。汛期开泉，自岩缝喷涌，状如扫帚，故名。1997年版《济南市志》、2005年《济南市名泉保护条例》附件一《济南市名泉名录》收录。2011年8月泉水普查时记为：“湮于水库。”

尼姑泉　位于历城区彩石镇潘河崖村。2005年《济南市名泉保护条例》附件一《济南市名泉名录》收录。此泉长年水盛，久旱不涸，曾是周围五六个村庄的主要饮用水源。1964年第三次整修潘河崖水库时湮于库中。

岭北泉　位于历城区彩石镇磨盘峪吴家村。泉池井形，深2米左右，常年有水。2005年《济南市名泉保护条例》附件一《济南市名泉名录》收录。2011年8月泉水普查时已消失。

开山井　位于长清区崮云湖街道开山村西。20世纪70年代修津浦铁路复线时被填埋。清道光《长清县志》载：“开山旧苦无水，雍正年间，戴保段家庄段萃枝捐资创修，至今人咸感之，立有碑记。”

白石泉　清《长清县志》有载。民国《长清县志》载：“白石泉，在五峰山东南，与七仙泉水相合，为五峰上流之水。”今消失。

黄龙泉 又名黄龙池，位于长清区灵岩寺黄茅冈南侧之北溪，白羊沟水库上游的沟壑中。清道光《长清县志》《济南府志》有载。清《灵岩志》称“在寺西南里许”，方位、里程与今址合。20世纪60年代在溪中筑石坝，蓄为小水库，泉湮于水库中。

卧象泉 位于灵岩寺风景区黄茅冈北溪的南侧河崖下。清《灵岩志》称“在黄龙泉西南数十步”。清道光《长清县志》《济南府志》有载。泉自石隙中流出，汇入溪水。昔日泉旁刻有“卧象泉”三字。20世纪60年代建水库后，泉被湮于水库中。

石龟泉 清道光《长清县志》《济南府志》有载。清康熙《灵岩志》称：“在铁袈裟迤东，泉由石龟腹而出。”昔为灵岩十二景之一。今失踪。

观彩泉 清道光《长清县志》《济南府志》有载。清《灵岩志》称：“在寺东二里许，野径幽壑之内。流入寺中，由虎溪桥下西流而去。”今失考。

醴泌泉 清道光《长清县志》《济南府志》有载，称“在灵岩”。今失考。

黄牛泉 位于长清区灵岩寺风景区。1997年版《济南市志》记载：“又名黄牛池，在灵岩寺檀园宾馆西南约30米处。水自岩隙中流出，汇为自然水池，曾为附近居民饮用水，使用自来水后，渐废置。如今淤塞严重，但池形尚存，雨季仍有积水。”今失迷。

七星泉 位于长清区五峰山风景区。清道光《长清县志》《济南府志》均载“在五峰山”。民国《长清县志》载“在龙王殿东”。为昔日五峰山内八景之一。今失迷。

黑虎泉 位于长清区五峰山街道石窝村。泉池方形，边长3米左右，自然石砌垒，池壁嵌石雕虎头，故名。水从虎口中涌出，积水成池。2005年《济南市名泉保护条例》附件一《济南市名泉名录》收录。2011年8月泉水普查时已消失。

兴龙泉 民国《长清县志》有载，称“在石窝庄南，周景王七年修”。今失考。

普润泉 民国《长清县志》，称“在石窝庄南首”。今失考。

建瓴泉 民国《长清县志》载：“在蔡家庄西，沙河东岸，水势汹涌，若建瓴然，故名。”蔡家庄，应即今五峰山街道蔡家庄，其村西现为钓鱼台水库南区，疑泉已湮于水库中。

寿松泉 民国《长清县志》载：“在钓鱼台左侧。”今失考。

李密泉 民国《长清县志》载：“在黄山顶西石崖中。相传李密战败至此，渴甚，以戟刺崖，泉水流出，故名。”黄山顶在今五峰山街道润玉泉村北，泉失考。

大峪湾泉 位于长清区张夏镇大峪湾村山林中。2005年《济南市名泉保护条例》附件一《济南市名泉名录》收录。2011年8月泉水普查时已消失。

龙头泉 位于长清区张夏镇莲台山宾馆东南百余米山坡下。1997年版《济南市志》载：“水自石雕龙头口中吐出，跌入石砌长方形池内，终年不竭。”2005年《济南市名泉保护条例》附件一《济南市名泉名录》收录。2011年8月泉水普查时已消失。

米泔泉 位于长清区双泉镇马山西南“马头”处，石砌泉池。2005年《济南市名泉保护条例》附件一《济南市名泉名录》收录。2011年8月泉水普查时已消失。

民国《长清县志》载有“米泔泉”，又作“水泔泉”，称“在马山之北。相传，唐时东征兵行于兹，渴甚，乱石中忽涌一泉，其味甘，一军饮之，渴解，故名。”今昔“米泔泉”，是同名异址，还是同一泉，不详。

圣慧泉 位于长清区马山西南，石砌泉池。2005年《济南市名泉保护条例》附件一《济南市名泉名录》收录。2011年8月泉水普查时已消失。

民国《长清县志》载有“圣惠泉”，又作

“圣水泉”，称“在马山募粮台下”。又记道：“马山寺西山门下，从石中有清泉一，水浅，仅供数口之用。咸（丰）同（治）年间，发匪过境，山上避乱人民数万，泉水暴涨，池蓄之，用之不竭，故名‘圣水泉’。”似即此泉。

白虎泉　据民国《长清县志》载，在峪泉庄南泉子峪沟底。峪泉庄即今长清区文昌街道水泉峪村。今失考。

黑虎泉　据民国《长清县志》载，在峪泉庄西北，东北沟东岩下。今失考。

大沟泉　民国《长清县志》载：“在峪泉庄西南，夏秋之交大雨时，水自地中出，不久即竭，乡人寻掘数次，亦无痕迹。”今失考。

张公池　位于章丘市百脉泉旁龙泉寺大悲阁南。清道光《章丘县志》《济南府志》收录。为乡民感念乾隆十六年至二十一年（1751—1756）任章丘知县的张万青凿池成泉而名之张公池。1996年被填埋。

卸甲池　位于章丘市双山街道鲍庄村南。相传唐太宗李世民征东时曾在池旁卸甲休息，故名。原为自然圆池，20世纪60年代扩建为水塘，遂没入塘内。

道济三泉　清道光《章丘县志》《济南府志》收录。道光《章丘县志》载：在昔日章丘城（今绣惠镇驻地）道济门外。又载：“西城苦无泉，乾隆二十年知县张万青疏浚壕堑，于吊桥南涌出泉三处，相距各十数武，民皆便之……今涸。”

月湾泉　位于章丘市普集镇袭家庄北，茶叶山南麓。2005年《济南市名泉保护条例》附件一《济南市名泉名录》收录。2011年8月泉水普查时已消失。

会英泉　位于章丘市普集镇池子头村东。昔日泉水旺盛，泉旁有马鞍桥、关帝庙。庙前古柏笼荫。20世纪50年代，庙毁，古柏亦伐，泉水渐淤塞，今已不复见。

泡罐泉　位于章丘市曹范镇大北头村东北泡罐沟崖下。1997年版《济南市志》收录，称在“横河南崖下。井形，直径1米，深4米余。久旱不涸。平时水面距井口2米余，丰水季节，俯身可汲”。2005年《济南市名泉保护条例》附件一《济南市名泉名录》收录。2011年8月泉水普查时已因河道沙土沉降掩埋消失。

四贤泉　位于章丘市圣井街道危山顶药王庙东。相传为纪念孔、孟、颜、曾四位古代贤人而得名。1997年版《济南市志》、2005年《济南市名泉保护条例》附件一《济南市名泉名录》收录。2011年8月泉水普查时已因修建“元音寺”湮失。

王母池　位于章丘市圣井街道危山顶。2009年版《章丘市志》载：“位于圣井危山王母宫北殿前，匾额为‘王母瑶池’……殿前，瑶池泉水，清澈甘冽。”2005年《济南市名泉保护条例》附件一《济南市名泉名录》收录。2011年8月泉水普查时已因修建“元音寺”而消失，现仅存“王母池”石碑一方。

四峪口泉　2005年颁布的《济南名泉保护条例》附件一《济南市名泉名录》记为在章丘胡山森林公园第四峪口。2011年8月泉水普查时到此处调查，无果。

明泉　2005年颁布的《济南名泉保护条例》附件一《济南市名泉名录》记为在章丘胡山森林公园第三峪口。2011年8月泉水普查时到此处调查，无果。

墨泉　俗称黑水湾，位于章丘市宁家埠镇阎码村。清道光《章丘县志》载：“在城西北十里闫马庄南，以水色如墨故名。”20世纪50年代整治土地时被填埋。

报效泉　清道光《章丘县志》收录，称：在县“东南九十里野狐岭南，泉源涌出，西南汇双井、乍勿二泉……经莱芜上流庄东，入泰安寨里河”。今失考。

七女泉　清道光《章丘县志》载：“在县东南四十里阎家峪，久旱不涸，北流入獭。”今失考。

圣水　清道光《章丘县志》载：“在县东十

里余，去圣泉寺南半里，发自小荆山，西流入獭。”今失考。

大佛寺泉 位于平阴县锦水街道大佛寺村东南。清光绪《平阴县志》载：“出大佛寺之东南，经土楼之东，西北入锦水。”1997年版《济南市志》称“今况不详”。

湖溪泉 原位于平阴县湖溪渡大清河南岸，后被黄河淹没。清光绪《平阴县志》有载。昔日，景色佳丽，称“湖溪沈月”，为平阴八景之一。

甘露泉 清光绪《平阴县志》载：“在城东北会仙山之西麓，久涸，泉形尚存。”1997年版《济南市志》称“今况不详”。

拔泉井 清光绪《平阴县志》载：“出县西南九峪山北，至石硖折而西，经王蒿店之官桥又西，至外山入河。”1997年版《济南市志》称“今况不明”。

沮汝泉 清光绪《平阴县志》载：“在县北傅家寨之东南，数泓出主高原中，筑大堤后始有之，潴于堤外土塘，渟涸无常，田为污莱。”1997年版《济南市志》称“今况不详”。

柳沟泉 清光绪《平阴县志》载：“在县东南王家小屯之南，明崇祯六年浚，出高堤沙土中，东南行至刘家小屯之北，肥城衡鱼河从东北来会之，名曰‘汇河’。”后因建房填埋。

太液泉 清光绪《平阴县志》载：“距柳沟泉六十九步，雍正十一年浚，由柳沟泉入汇河。”今失考。

狼泉 浪溪河源头，古洪范九泉之一。清道光、民国《东阿县志》有载。明《兖州府志》称：“丁泉之北为黄崖山，狼泉之水出焉。”该泉在建设平阴县浪溪河水库时没入水库中。

长沟泉 古洪范九泉之一。清道光、民国《东阿县志》均收录，称：“在扈山西，此沟直通南山，夏时随处有泉，秋冬惟此泉不涸。北流至洪范池，汇东流泉，三水合而为浪溪。” 2011年8月泉水普查时已消失。

表1—3—1

济南泉水一览表

（2011年8月）

序号	泉 名	泉 址	泉池结构形状	泉水出露形态及流向	泉水主要用途	备 注
			济南老城区诸泉			
1	趵突泉	趵突泉公园内	石砌长方池	涌流，常年不竭，流入西护城河	景观	金、明、清、新
2	金线泉	趵突泉公园内	石砌长方池	涌流，常年不竭，流入西护城河	景观	新
3	皇华泉	趵突泉公园内	石砌长方池	渗流，常年不竭，流入西护城河	景观	金、明、清、新
4	柳絮泉	趵突泉公园内	石砌长方池	渗流，常年不竭，流入西护城河	景观	金、明、清、新
5	卧牛泉	趵突泉公园内	石砌长方池	渗流，常年不竭，流入西护城河	景观	金、明、清、新
6	漱玉泉	趵突泉公园李清照纪念堂前	石砌长方池	涌流，常年不竭，流入西护城河	景观	金、明、清、新
7	马跑泉	趵突泉公园内	假山石砌不规则	涌流，常年不竭，流入西护城河	景观	金、明、清、新
8	无忧泉	趵突泉公园内	假山石砌不规则	渗流，常年不竭，流入西护城河	景观	金、明、清、新
9	石湾泉	趵突泉公园白雪楼前	假山石砌不规则	渗流，常年不竭，流入西护城河	景观	金、明、新
10	湛露泉	趵突泉公园白雪楼南	假山石砌不规则	渗流，常年不竭，流入西护城河	景观	金、明、新
11	满井泉	趵突泉公园娥英祠院西北隅	石砌六角井	渗流，常年不竭，流入西护城河	景观	金、明、新
12	登州泉	趵突泉公园内	石砌长方池	渗流，常年不竭，流入西护城河	景观	金、明、新
13	杜康泉（北煮糠泉）	趵突泉公园内	石砌长方池	渗流，常年不竭，流入西护城河	景观	金、明、新
14	望水泉	趵突泉公园万竹园西院	石砌长方池	渗流，常年不竭，流入西护城河	景观	金、明、新
15	老金线泉	趵突泉公园内	石砌方池	涌流，常年不竭，流入西护城河	景观	金、明、清
16	螺丝泉	趵突泉公园内	假山石砌不规则	渗流，常年不竭，流入西护城河	景观	
17	浅井泉	趵突泉公园内，与马跑泉合	假山石砌不规则	渗流，常年不竭，流入西护城河	景观	金、明
18	洗钵泉	趵突泉公园李清照纪念堂院内	假山石垒砌	涌流，常年不竭，积水成池	景观	金、明、清
19	混沙泉	趵突泉公园内马跑泉东	假山石垒砌	涌流，常年不竭，积水成池	景观	金、明
20	酒 泉	趵突泉公园内白雪楼旁	假山石砌不规则	渗流，常年不竭，流入西护城河	景观	金、明
21	尚志泉	趵突泉公园内	假山石砌不规则	渗流，常年不竭，流入西护城河	景观	
22	沧 泉	趵突泉公园内	石砌不规则池	渗流，常年不竭，积水成池	景观	

续表 1—3—1—1

序号	泉 名	泉 址	泉池结构形状	泉水出露形态及流向	泉水主要用途	备 注
23	花墙子泉	趵突泉公园内	石砌长方池	渗流，常年不竭，流入西护城河	景观	
24	板桥泉	趵突泉公园内	石砌方池	涌流，常年不竭，流入西护城河	景观	2012年调查编入
25	东高泉	趵突泉公园内万竹园东南	石砌方池	渗流，常年不竭，流入西护城河	景观	金、明
26	白云泉	趵突泉公园万竹园西南	石砌长方池	渗流，常年不竭，积水成池	景观	
27	白龙湾泉	趵突泉公园万竹园西南	自然长方塘湾	渗流，常年不竭，积水成湾	景观	
28	泉亭池	趵突泉公园内	石砌长方池	渗流，常年不竭，流入西护城河	景观	
29	灰池泉	趵突泉南路北段，坤顺桥东南隅	石砌长方池	涌珠，常年不竭，流入护城河	景观	金、明、清
30	饮虎池	泺源大街与饮虎池街南首交界处东	石砌长方池	渗流，常年不竭，积水成池	景观	
31	迎仙泉	西圩子壕东崖，英贤桥南	石砌长方形	渗流，常年不竭	景观	★2009年8月命名
32	五龙潭（灰湾泉）	五龙潭公园内	假山石砌不规则	涌流，常年不竭，流入西护城河	景观	金、新
33	回马泉	五龙潭公园偏南	石砌长方池	渗流，常年不竭，流入西护城河	景观	新
34	濂 泉	五龙潭公园内	假山石砌不规则	渗流，常年不竭，积水成塘	景观	新
35	古温泉	五龙潭公园内东南	石砌长方池	渗流，常年不竭，流入西护城河	景观	金、明、清、新
36	贤清泉（悬清泉）	五龙潭正北	假山石砌不规则	渗流，常年不竭，流入西护城河	景观	金、明、清、新
37	官家池	五龙潭公园内	假山石砌不规则	渗流，常年不竭，流入西护城河	景观	新
38	天镜泉（江家池）	五龙潭南	石砌长方池	渗流，常年不竭，流入潭西泉	景观	清、新
39	月牙泉	五龙潭公园东南	假山石砌不规则	涌流，季节性泉	景观	新
40	虬溪泉	五龙潭公园偏东	假山石砌不规则	涌流，常年不竭，流入西护城河	景观	新
41	玉 泉	五龙潭公园内	石砌不规则	涌流，常年不竭，流入西护城河	景观	新
42	西蜜脂泉	五龙潭公园南门外西侧，关帝庙院内	石砌长方池	渗流，常年不竭，流入西护城河	景观	金、明、清、新
43	东蜜脂泉	五龙潭公园南门内东侧	石砌长方池	渗流，常年不竭，流入西护城河	景观	金、明
44	醴 泉	五龙潭公园南门外西侧	石砌不规则	渗流，常年不竭，流入西护城河	景观	2002年移址重建
45	赤 泉	五龙潭公园南门外西，关帝庙东侧	碎石叠砌池壁	渗流，常年不竭，流入护城河	景观	
46	洗心泉	五龙潭公园东南，与古温泉合	石砌长方不规则	渗流，常年不竭，流入护城河	景观	
47	静水泉	五龙潭公园东南，与古温泉合	石砌长方不规则	渗流，常年不竭，流入护城河	景观	

续表 1—3—1—2

序号	泉名	泉址	泉池结构形状	泉水出露形态及流向	泉水主要用途	备注
48	净池泉	五龙潭公园内，南连回马泉	自然石砌不规则	渗流，常年不竭，流入西护城河	景观	
49	东流泉	五龙潭公园内山东省委秘书处旧址	石砌长方池	渗流，常年不竭，流入西护城河	景观	
50	北洗钵泉	五龙潭公园内	石砌长方池	渗流，常年不竭，流入西护城河	景观	
51	泺溪泉	五龙潭公园内	假山石砌不规则	渗流，常年不竭，流入西护城河	景观	
52	潭西泉	五龙潭公园内	石砌长方池	涌流，常年不竭，流入西护城河	景观	
53	七十三泉	五龙潭公园内	假山石砌不规则	渗流，常年不竭，汇入五龙潭	景观	
54	青　泉	五龙潭公园内	石砌方池	渗流，常年不竭，流入西护城河	景观	
55	井　泉	五龙潭公园内	石砌圆井形	渗流，常年不竭，流入西护城河	景观	
56	睛明泉	五龙潭公园内	石砌长方池	渗流，常年不竭，流入西护城河	景观	
57	显明泉	五龙潭公园内	自然石砌不规则	渗流，常年不竭，流入西护城河	景观	
58	裕宏泉	五龙潭公园内	块石砌岸L形	渗流，常年不竭，流入西护城河	景观	
59	聪耳泉	五龙潭公园内	石砌不规则形	渗流，常年不竭，流入西护城河	景观	
60	黑虎泉	解放阁西南，护城河南岸	石砌长方池	涌流，常年不竭，流向护城河	景观	金、明、清、新
61	白石泉	解放阁南，护城河北侧	假山石砌不规则	涌珠，常年不竭，流入护城河	景观	新
62	九女泉	解放阁南，护城河北侧	假山石砌不规则	涌珠，常年不竭，流入护城河	景观	新
63	琵琶泉	环城公园黑虎泉西	石砌长方池	涌珠，常年不竭，流入护城河	景观	新
64	玛瑙泉	环城公园黑虎泉东	石砌长方池	涌珠，常年不竭，流入护城河	景观	新
65	五莲泉	环城公园琵琶泉西，护城河南侧河中	石砌长方不规则	涌珠，常年不竭，流入护城河	景观	
66	一虎泉（缪家泉）	环城公园护城河南岸，五莲泉西	假山石砌不规则	涌流，常年不竭，流入护城河	景观	
67	金虎泉	环城公园护城河南侧，一虎泉西	石砌长方池	涌珠，常年不竭，流入护城河	景观	金
68	汇波泉	环城公园护城河南岸	假山石砌不规则	涌流，常年不竭，流入护城河	景观	
69	对波泉	环城公园护城河北岸	石砌长方池	涌珠，常年不竭，流入护城河	景观	
70	豆芽泉	环城公园护城河南岸	石砌长方池	渗流，常年不竭，积水成池	景观	
71	南珍珠泉	环城公园五莲泉东北侧护城河中	无池，有碑	涌珠，常年不竭，流入护城河	景观	金、明
72	任　泉	环城公园护城河北岸下	半石砌不规则形	涌流，常年不竭，流入护城河	景观	

续表 1—3—1—3

序号	泉 名	泉 址	泉池结构形状	泉水出露形态及流向	泉水主要用途	备 注
73	胤嗣泉	环城公园护城河南岸	假山石砌不规则	涌珠，常年不竭，流入护城河	景观	
74	古鉴泉	环城公园护城河南岸	假山石砌不规则	涌流，常年不竭，流入西护城河	景观	金、清，2000年移址重建
75	寿康泉	环城公园护城河南岸，古鉴泉西	石砌长方池	涌珠，常年不竭，流入护城河	景观	
76	珍珠泉	省人大常委会机关院内	石砌长方池	涌珠，常年不竭，流入濯缨湖	景观	金、明、清、新
77	溪亭泉	省人大常委会机关院内	石砌长方池	渗流，常年不竭，积水成池	景观	金、明、清、新
78	散水泉	省人大常委会机关院内	石砌方池	渗流，常年不竭，积水成池	景观	金、明、新
79	濋 泉	省人大常委会机关院内	石砌方池	渗流，常年不竭，积水成池	景观	清、新
80	承运泉	省人大常委会机关院内	石砌长方池	渗流，常年不竭，积水成池	景观	★2009年8月命名
81	存心泉	省人大常委会机关院内	石砌长方池	渗流，常年不竭，积水成池	景观	★2009年8月命名
82	九角泉	省人大常委会机关院内	石砌圆井	渗流，常年不竭，积水成池	景观	★
83	濯缨泉 （王府池）	王府池子街中段	石砌长方池	涌珠，常年不竭，注入大明湖	景观	金、明、清、新
84	腾蛟泉	王府池子街北首路东	石砌长方池	涌流，常年不竭，积水成池	景观	清、新
85	小王府池	王府池子街41号门前	石砌长方池	涌珠，常年不竭，汇入王府池子	景观	
86	神庭泉	王府池子街41号院内	石砌长方池	渗流，常年不竭，积水成池	生活	
87	玉枕泉	王府池子街39号院内	石砌长方池	渗流，常年不竭，积水成池	景观	
88	灰 泉	三府池子街濯缨泉西北侧	水泥长方池	渗流，常年不竭，汇入王府池子	景观	金、明
89	知鱼泉	三府池子街6号院内	石砌圆井	井泉，常年不竭，积水成井	生活	金、明
90	清 泉	王府池子街19号	砖石圆井	井泉，常年不竭，积水成井	生活	2007年12月命名
91	起凤泉	起凤桥街9号院内	石砌长方池	渗流，常年不竭，积水成池	生活	
92	平 泉	金菊巷1号旁门内	砖石砌长方池	渗流，常年不竭，积水成池	景观	
93	银珠泉	平泉胡同 11 号	石砌圆井	井泉，常年不竭，积水成井	生活	2007年12月命名
94	源 泉	西更道街20 号	砖石圆井	井泉，常年不竭，积水成井	生活	2007年12月命名
95	云楼泉（白云泉）	西更道街4号院内	石砌圆井	井泉，常年不竭	生活	金
96	碧玉泉	西更道街2 号	砖石圆井	井泉，常年不竭，积水成井	生活	2007年12月命名
97	刘氏泉	曲水亭街南首，西更道街北端路西	石砌方池	渗流，常年不竭，汇入曲水亭	景观	金、明

续表 1—3—1—4

序号	泉　名	泉　址	泉池结构形状	泉水出露形态及流向	泉水主要用途	备　注
98	佐　泉	曲水亭街15号西屋	水泥方井	渗流，常年不竭，积水成井	饮用	★　▲
99	佑　泉	曲水亭街15号东屋	水泥长方池	渗流，常年不竭，积水成池	饮用	★　▲
100	芙蓉泉	芙蓉街69号院外	石砌长方池	渗流，常年不竭，流入泮池	景观	金、明、清、新
101	南芙蓉泉	芙蓉街132号院内	水泥长方池	渗流，常年不竭，积水成池	景观	
102	水芸泉	芙蓉街95号	砖石方池	井泉，常年不竭，积水成井	生活	2007年12月命名
103	苏家井	芙蓉街76号院内	水泥井形	井泉，常年不竭，积水成井	景观	
104	无名泉	芙蓉街73号	砖石井形	井泉，常年不竭，积水成井	生活	★
105	水华泉	芙蓉街61号	砖石圆井	井泉，常年不竭，积水成井	生活	2007年12月命名
106	关帝庙泉	芙蓉街38号关帝庙内	石砌井形	井泉，常年不竭，积水成井	景观	★　▲
107	武库泉	芙蓉街关帝庙北侧吉舜阁内	石砌井形	井泉，常年不竭，积水成井	生活	★　▲
108	水芝泉	芙蓉街5号	石砌井形	井泉，常年不竭，积水成井	生活	2007年12月命名
109	泮　池	庠门里街南端	石砌不规则形	渗流，常年不竭，流入大明湖	景观	
110	岱宗泉	岱宗街南首路东	石砌圆井	井泉，常年不竭，积水成井	景观	
111	厚德泉	后宰门街97号	石砌井形	井泉，常年不竭，积水成井	生活	2009年8月命名
112	珍　池	珍池街中段	石砌扇形	渗流，常年不竭，流入百花洲	景观	
113	王庙池	珍池南邻	石砌长方池	渗流，常年不竭，积水成池	景观	
114	同元井	珍池街1号	水泥井形	井泉，常年不竭，积水成井	生活	▲
115	院后泉	院后街9号	石砌方池	渗流，常年不竭，积水成池	生活景观	2009年8月命名
116	院北泉	院后街16号	石砌井形	井泉，常年不竭，积水成井	生活	▲
117	兴隆泉	小兴隆街13号	石砌圆井	井泉，常年不竭，积水成井	饮用	★　▲
118	永安泉	县西巷商业街北首	水泥长方池	涌水，常年不竭，积水成池	景观	★
119	无名泉	县西巷商业街路西中段	石砌方池	渗流，常年不竭，积水成池	景观	★
120	县东泉	县东巷79号	石砌方井	井泉，常年不竭，积水成井	景观	★2009年8月命名
121	舜井（舜泉）	舜井街中段路西	石砌圆井	井泉，常年不竭，积水成井	景观	金、明、清、新
122	涌锡泉	泉城路335号	砖石方井	井泉，常年不竭，积水成井	生活	

续表 1—3—1—5

序号	泉　名	泉　址	泉池结构形状	泉水出露形态及流向	泉水主要用途	备　注
123	凤翥池	省政府院内	石砌方池	渗流，常年不竭，积水成池	景观	
124	玉乳泉	省政府院内	石砌不规则形	涌流，常年不竭，积水成池	景观	
125	雪　泉	西公界街2号院内	石砌方池	渗流，常年不竭，积水成池	景观	
126	放生池	西公界街3号院内	石砌方池	渗流，常年不竭，积水成池	景观	
127	公界泉	西公界街40号	水泥井形	井泉，常年不竭，积水成井	生活	★ ▲
128	玉环泉	省府前街中段路西	石砌双圆井	渗流，常年不竭，积水成井	景观	金、明、清、新
129	双忠泉	双忠祠街西首路北	石砌长方池	渗流，常年不竭，积水成池	景观	清、新，2004年移址重建
130	不匮泉	双忠祠街33号院内	石砌长方池	渗流，常年不竭，积水成池	景观	
131	广福泉	双忠祠街12号大门内西侧	石砌长方池	渗流，常年不竭，积水成池	生活	
132	天净泉	双忠祠街21号	石砌方池	渗流，常年不竭，积水成池	生活	2007年12月命名
133	启福泉	启明街35号	砖石圆井	井泉，常年不竭，积水成井	生活	▲
134	启禄泉	启明街41号	水泥圆井	井泉，常年不竭，积水成井	生活	▲
135	启寿泉	启明街47号	石砌长方池	渗流，常年不竭，积水成池	景观	▲
136	华家井	启明街49号东侧路北	石砌井形	井泉，常年不竭，积水成井	生活	
137	启喜泉	启明街87号	石砌圆井	井泉，常年不竭，积水成井	景观	▲
138	无名泉	启明街101号	圆井形	渗流，几近枯竭		弃用
139	无名泉	太平寺街2号	圆井形	渗流，几近枯竭		弃用
140	无名泉	太平寺街6号	圆井形	渗流，几近枯竭		弃用
141	太平井	太平胡同5号	水泥井形	井泉，常年不竭，积水成井	生活	★ ▲
142	福德泉	孟家胡同1号	石砌井形	井泉，常年不竭，积水成井	生活	★ ▲
143	孟家井	孟家胡同7号	水泥圆井	井形，常年不竭，积水成井	生活	★ ▲
144	状元井	鞭指巷9号	石砌井形	井泉，常年不竭，积水成井	生活	★ ▲
145	鞭指井	鞭指巷31号	砖石圆井	井泉，常年不竭，积水成井	生活	▲
146	升仙泉	西城根街44号	水泥长方池	渗流，常年不竭，积水成池	饮用	★2009年8月命名
147	太极泉	大明湖路西端路西，市七职专院内	水泥长方池	涌流，常年不竭，积水成池	景观	

续表 1—3—1—6

序号	泉　名	泉　址	泉池结构形状	泉水出露形态及流向	泉水主要用途	备　注
148	扇面泉	大明湖南侧，原省图书馆院内	石砌扇形	渗流，常年不竭，积水成池	景观	
149	司家井	大明湖公园南岸，司家大院内	石砌圆井	井泉，常年不竭，积水成井	景观	
150	感应井泉	大明湖公园北岸，北极庙东	石砌方池圆井	井泉，常年不竭，积水成井	景观	
151	青龙泉	东青龙街路西，护城河东岸	长方形石栏围泉	涌流，　泻入护城河	景观	2012年调查编入
			老城区外及历城区境诸泉			
152	龙　泉	千佛山兴国禅寺西门内南侧	石砌不规则形	渗流，常年不竭，积水成池	景观	
153	佛慧泉	千佛山南门东300米牌坊下	自然形	断流，季节性泉，积水成池	景观	
154	甘露泉	佛慧山开元寺遗址石碑西6米	半石砌圆形	渗流，常年不竭，积水成洼	景观	金、明、清、新
155	长生泉	佛慧山开元寺遗址东侧石壁下	岩洞	渗流，常年不竭，积水成池	景观	
156	漏水泉	佛慧山南山坡漏水桥西	石凿不规则形	滴状，常年不竭，积水成洼	景观	
157	砚　池	历下区姚家街道砚池山北	石凿不规则形	涌流，常年不竭，积水成塘	景观	新
158	琵琶泉	二环东路西侧，燕子山东脚下	水泥长方池	断流，季节性泉，积水成池	景观	
159	浆水泉	历下区姚家街道浆水泉村东，回龙山西	石凿不规则形	涌流，常年不竭，积水成洼	景观	清、新
160	无名泉	历下区浆水泉北30米处	石砌长方池	渗流，常年不竭，积水成池	生活	★
161	仰　泉	姚家街道浆水泉水库底部东南侧	石凿不规则形	断流，季节性泉	景观	
162	黄龙泉	浆水泉水库坝东北约百米处游览路旁	水泥长方池	断流，季节性泉，积水成池	景观	
163	牛腚泉	浆水泉水库南300米牛腚山峪东侧	峪中岩孔	断流，季节性泉，流入河道	景观	
164	皮狐泉	浆水泉水库坝中段东部	自然状态	渗流，常年不竭，积水成洼	饮用	★
165	西沟峪泉	浆水泉水库坝西侧峪中	水泥方池	渗流，常年不竭，积水成池	生活	
166	上　泉	二环东路东南拐角处，老虎山东脚下	自然状态	涌流，常年不竭，积水成洼	景观	
			水泥井形	涌流，常年不竭，积水成洼	景观	
167	林汲泉	龙洞风景区佛峪寺东崖	石砌不规则形	涌流，常年不竭，流入河道	景观	金、清、新
168	露华泉	龙洞风景区南佛峪寺内石壁处	石砌不规则形	渗流，常年不竭，积水成池	景观	
169	壶嘴泉	龙洞风景区般若寺西山涧内	石砌长方池	断流，季节性泉，积水成池	景观	
170	金龙泉	龙洞风景区佛峪寺北首东坡	石砌长方池	涌流，常年不竭，积水成池	景观	

续表 1—3—1—7

序号	泉 名	泉 址	泉池结构形状	泉水出露形态及流向	泉水主要用途	备 注
171	金沙泉	龙洞风景区寿圣院西北藏龙涧内	自然形			金、明、清
172	白龙泉	龙洞风景区寿圣院西北	自然形			金、明、清
173	黑龙泉	龙洞风景区寿圣院西北	自然形			明、清
174	悬珠泉	龙洞风景区寿圣院洞口石壁上	石壁渗滴	断流，季节性泉	景观	明、清
175	一指泉	龙洞风景区寿圣院遗址西侧	石砌井形	渗流，常年不竭，积水成池	饮用	1997年版《济南市志》收录，2012年5月查实。
176	白云泉	龙洞风景区白云山上	石砌方池	渗流，常年不竭，积水成池	景观	
177	凤凰池	龙洞风景区马蹄峪	石砌不规则形	涌流，常年不竭，积水成塘	景观	
178	老鸹泉	龙洞风景区白龙泉北200米	自然状态	渗流，常年不竭，积水成洼	农田灌溉	★
179	老君泉（老君井）	龙洞风景区门口老君崖下	石砌井池	井泉，常年不竭，积水成井	饮用	
180	无名泉	龙洞风景区停车场南500米	半石砌不规则形	渗流，常年不竭，积水成池	景观	★
181	无名泉	历下区龙洞街道龙洞村东	石砌不规则形	渗流，常年不竭，积水成池	饮用	★
182	水洞子泉	历下区龙洞街道龙洞村西	自然状态	渗流，常年不竭，积水成洼	景观	★
183	无影潭	天桥区无影山路游园内	石砌不规则形	涌流，常年不竭，积水成塘	景观	新
184	小无影潭	天桥区无影山中路与无影山路交叉口	石砌不规则形	渗流，常年不竭，积水成塘	景观	
185	田庄苇塘	天桥区泺口街道田庄村	石砌方池	渗流，常年不竭，积水成池	景观	
186	铁匠泉	天桥区洋涓庄222—1号东侧，药山下	石砌方池	渗流，常年不竭，积水成池	饮用	★ ▲
187	蕊珠泉	市中区十六里河街道玉函山佛峪寺内	石凿长方池	滴流，常年不竭，积水成池	饮用	
188	灰　泉	市中区十六里河街道玉函山山腰北坡	自然状态	渗流，常年不竭，积水成洼	景观	
189	鹁鸽泉	市中区十六里河街道玉函山山腰	自然状态	断流，季节性泉		
190	大　泉	市中区十六里河街道玉函山安息园内	石砌长方池	涌流，常年不竭，积水成池	景观	
191	无名泉	市中区十六里河街道玉函山安息园内	石砌不规则形	渗流，常年不竭，积水成池	景观	★
192	东峪泉	市中区十六里河街道柏石峪村中	石砌长方池	渗流，常年不竭，积水成池	景观	
193	沛　泉	市中区十六里河街道柏石峪村西	石砌长方池	渗流，常年不竭，积水成池	饮用	
194	南泉井	市中区十六里河街道花山峪村	石砌方池	渗流，常年不竭，积水成池	饮用	

续表 1—3—1—8

序号	泉　名	泉　址	泉池结构形状	泉水出露形态及流向	泉水主要用途	备　注
195	北泉井	市中区十六里河街道花山峪村	水泥圆井	渗流，常年不竭，积水成井	饮用	
196	永清泉	市中区十六里河街道花山峪村南	石砌方池	渗流，常年不竭，积水成池	饮用	1997年版《济南市志》收录，2012年5月查实。
197	鹿　泉	市中区十六里河街道石匣村南山腰	石砌方池	渗流，季节性泉	饮用	金
198	双龙泉	市中区十六里河街道石匣村东	石砌长方池	渗流，常年不竭，积水成池	农田灌溉	★
199	大汩泉	市中区十六里河街道石匣村西	石砌方池	涌流，常年不竭，汇水成溪	饮用	★
200	大岭泉	市中区兴隆街道大岭村东山脚下	半石砌不规则	渗流，常年不竭，积水成塘	农田灌溉	
201	金鱼泉	市中区兴隆街道矿村佛峪钓鱼台东	石砌长方池	线状流，常年不竭	饮用	
202	逻岩泉	市中区兴隆街道矿村佛峪崖下	自然形	渗流，常年不竭		★
203	白花泉	市中区兴隆街道白花泉村东	石砌长方池	渗流，常年不竭，积水成池	农田灌溉	明
204	斗母泉（窦姑泉）	市中区兴隆街道斗母泉村北	石砌方池	涌流，常年不竭，蓄水成池	饮用兼景观	清、新
205	小　泉	市中区兴隆街道斗母泉村北部	石砌长方池	渗流，常年不竭，积水成池	农田灌溉	
206	南岭泉	市中区兴隆街道斗母泉村宝兴山生态陵园内	石砌方池	渗流，常年不竭，积水成池	饮用	
207	南圈泉	市中区兴隆街道南圈村西	水泥长方池	渗流，常年不竭，积水成池	饮用	
208	边庄北泉	市中区兴隆街道边庄村	石砌长方池	渗流，常年不竭，积水成池	饮用	
209	边庄南泉	市中区兴隆街道边庄村	石砌长方池	渗流，常年不竭，积水成池	饮用	
210	边庄西泉	市中区兴隆街道边庄村西	石砌长方池	渗流，常年不竭，积水成池	饮用	
211	西坡南泉	市中区兴隆街道西坡村中部	石砌长方池	渗流，常年不竭，积水成池	饮用	
212	西坡北泉	市中区兴隆街道西坡村南	石砌长方池	渗流，常年不竭，积水成池	饮用	
213	寄宝泉	市中区兴隆街道磵堡峪村1号	石砌方池	渗流，常年不竭，积水成池	饮用	
		市中区兴隆街道磵堡峪村	石砌圆井	渗流，常年不竭，积水成井	饮用	
		市中区兴隆街道磵堡峪村西北	石砌方池	渗流，常年不竭，积水成池	饮用	
214	吴家泉	市中区党家街道土屋村东南	石砌长方池	断流，季节性泉	农田灌溉	
215	姑嫂泉	市中区党家街道蛮子庄金拱岭北坡	石砌长方池	渗流，常年不竭，积水成池	饮用	
216	圣池泉	历城区仲宫镇北道沟村	石砌方池	线流，常年不竭，积水成池	饮用兼景观	

续表 1—3—1—9

序号	泉名	泉址	泉池结构形状	泉水出露形态及流向	泉水主要用途	备注
217	上水泉	历城区仲宫镇马家庄杨家寨山西南	自然状态	线流，常年不竭，积水成池	饮用	
218	东老泉	历城区仲宫镇东老泉村南	石砌长方池	渗流，常年不竭，积水成池	饮用	★
219	西老泉	历城区仲宫镇西老泉村东	水泥长方井	井泉，常年不竭，积水成井	饮用	
220	犁峪泉	历城区仲宫镇西老泉村西	自然形	断流，季节性泉，流入河道	景观	
221	梨峪泉	历城区仲宫镇王府庄西	石砌长方池	涌流，常年不竭，积水成池	饮用	
222	西　泉	历城区仲宫镇王府庄西	自然形	涌流，常年不竭，流入水池	饮用兼 农田灌溉	
223	穆家泉	历城区仲宫镇穆家庄西山脚	自然形	线流，常年不竭，积水成池	饮用	
224	打虎泉	历城区仲宫镇北草沟村南峪	自然井形	渗流，季节性不竭，积水成洼	饮用	★
225	崔家泉	历城区仲宫镇崔家庄东卧虎山	自然形	渗流，常年不竭，积水成洼	饮用兼 农田灌溉	★
226	簸箩泉	历城区仲宫镇朱家庄西南	自然圆池	断流，季节性泉	农田灌溉	
227	蜜脂泉	历城区仲宫镇西董家庄西	自然岩缝	断流，季节性泉		
228	南　泉	历城区仲宫镇左而庄南	石砌不规则形	渗流，常年不竭，流入河道	饮用兼 农田灌溉	★
229	醴　泉	历城区仲宫镇康王山南坡	水泥方池	渗流，常年不竭，积水成池	饮用	明、清
230	崔家泉	历城区仲宫镇小井渡口村北，郭而老山南坡	石砌长方池	涌流，常年不竭，积水成池	饮用	
231	青龙泉	历城区仲宫镇仲南大桥南，郭而老山西北坡	半石砌不规则形	涌流，常年不竭，流入河道	饮用兼 农田灌溉	
232	南　泉	历城区仲宫镇南泉寺旧址	石砌方池	渗流，常年不竭，积水成池	饮用兼 农田灌溉	
233	永清泉	历城区仲宫镇南泉寺旧址	石砌长方池	渗流，常年不竭，积水成池	饮用	
234	泉子峪泉	历城区仲宫镇于家洼村	石砌方池	涌流，常年不竭，积水成池	饮用兼 农田灌溉	
235	水石屋泉	历城区仲宫镇邱家庄南青龙山脚	石凿不规则形	渗流，常年不竭，积水成洼	饮用兼 农田灌溉	
236	小峪泉	历城区仲宫镇稻池村南	石砌长方池	涌流，常年不竭，积水成池	农田灌溉	
237	朱家峪泉	历城区仲宫镇稻池村牛尾山根	自然形	断流，季节性泉，流入河道	景观	
238	四清泉	历城区仲宫镇廒而庄南明真观	石砌方池	涌流，常年不竭，积水成池	饮用	

续表 1—3—1—10

序号	泉名	泉址	泉池结构形状	泉水出露形态及流向	泉水主要用途	备注
239	大泉	历城区仲宫镇大泉庄	石砌不规则形	涌流，常年不竭，积水成塘	景观	新
240	悬泉	历城区仲宫镇大泉庄南	石砌不规则形	断流，季节性泉，流入河道	景观	金、明、清
241	凉水泉	历城区仲宫镇凉水泉村南	水泥长方池	涌流，常年不竭，积水成池	饮用	
242	白云泉	历城区仲宫镇白云村	水泥长方池	涌流，常年不竭，积水成池	饮用	
243	阴阳泉	历城区仲宫镇孤山西侧，大佛路桥西	半石砌长方池	涌流，常年不竭，积水成池	饮用	
244	道士泉	历城区仲宫镇大佛寺村南拦河坝下	自然岩缝	线流，常年不竭，流入河道	饮用	明
245	清泉	历城区仲宫镇大佛寺村南道士泉北侧	自然形	线流，常年不竭，流入河道	饮用	
246	陈家老泉	历城区仲宫镇大佛寺村委东	石砌圆井	井泉，常年不竭，积水成井	饮用兼农田灌溉	
247	莲花泉	历城区仲宫镇大佛寺村北	水泥长方池	线流，常年不竭，积水成池	饮用	★
248	老庄泉	历城区仲宫镇老庄村内	石砌长方井	井泉，常年不竭，积水成井	饮用	
249	南甘露泉	历城区仲宫镇老庄村东沟，大佛造像东	半石砌长方池	涌流，常年不竭，积水成池	农田灌溉	明
250	百花泉	历城区仲宫镇北崖村	石砌长方池	涌流，常年不竭，积水成池	饮用兼农田灌溉	
251	灰泉	历城区仲宫镇东崖村	半石砌长方池	线流，常年不竭，积水成池	饮用兼农田灌溉	
		历城区仲宫镇东崖村	自然形	断流，季节性泉	农田灌溉	
252	老泉	历城区仲宫镇东崖村东中段	半石砌长方池	滴状，常年不竭，积水成池	饮用	
253	琵琶泉	历城区仲宫镇黄崖村北	自然岩缝	滴状，常年不竭，流入河道	饮用	
254	柳泉	历城区仲宫镇北坡村柳泉观	石砌椭圆井	井泉，常年不竭，积水成井	农田灌溉兼景观	金、明
255	凤凰泉	历城区仲宫镇北坡村	石砌长方池	涌流，常年不竭，积水成池	饮用	
256	灰泉	历城区仲宫镇灰泉村北，青铜山南鸡冠岭下	石砌长方井	涌水，常年不竭，积水成池	饮用	
257	林泉	历城区仲宫镇灰泉村北	石砌长方池	滴水，常年不竭，积水成池	农田灌溉	
258	车泉	历城区仲宫镇车川村东车泉广场北	石砌不规则形	涌流，常年不竭，积水成池	饮用兼景观	金、明
259	黄钱峪泉	历城区仲宫镇黄钱峪村正北	水泥长方池	涌流，常年不竭，积水成池	饮用	
260	韩家泉	历城区仲宫镇韩家泉村南	石砌方池	渗流，常年不竭，积水成池	饮用	
261	杨家泉	历城区仲宫镇金刚纂村东	水泥长方池	涌流，常年不竭，积水成池	饮用	

续表 1—3—1—11

序号	泉　名	泉　址	泉池结构形状	泉水出露形态及流向	泉水主要用途	备　注
262	枯　泉	历城区仲宫镇仁里村南	半石砌不规则形	渗流，常年不竭，积水成塘	景观兼工业	
263	圣水泉	历城区仲宫镇红叶谷生态文化旅游区内	假山石砌不规则	涌流，常年不竭，流入河道	景观	新
264	月牙泉	历城区仲宫镇上核桃园村	石砌不规则形	渗流，常年不竭，积水成洼	农田灌溉	★
265	南　泉	历城区仲宫镇西邱村南	水泥长方池	渗流，常年不竭，积水成池	饮用兼 农田灌溉	★
266	香炉泉	历城区仲宫镇出泉沟水库下	自然岩缝	渗流，常年不竭，积水成洼	饮用	
267	五岭泉	历城区仲宫镇出泉沟村南500米处	石砌长方形	渗流，常年不竭，积水成洼	饮用兼 农田灌溉	★
268	谢家泉	历城区仲宫镇出泉沟村村南	水泥井形	井泉，常年不竭，积水成井	饮用	★
269	双盆泉（南泉）	历城区仲宫镇南高而村南，黑山寨北山根	石砌长方池	断流，季节性泉，流入河道	饮用	
270	白花泉	历城区仲宫镇孙家崖村泉子岭	水泥长方池	渗流，常年不竭，积水成池	饮用	
271	咋呼泉	历城区仲宫镇孙家崖村北60米处	自然状态	渗流，季节性泉，流入河道		★
272	双　泉	历城区仲宫镇孙家崖村北400米处	自然岩缝	渗流，常年不竭，流入河道	饮用	★
273	葫芦泉	历城区仲宫镇孙家崖村西450米处	自然状态形	渗流，常年不竭，流入河道	饮用	★　▲
274	圣水泉	历城区仲宫镇北高而村南河边	石砌长方池	渗流，常年不竭，积水成池	饮用	
275	杨家井	历城区仲宫镇北高而村北	石砌圆井	井泉，常年不竭，积水成井	饮用	
276	青龙泉	历城区仲宫镇北高而村青龙峪中部	石砌长方形	渗流，常年不竭，流入河道	饮用兼 农田灌溉	★
277	天帘泉	历城区仲宫镇西沟村泉子峪	自然状态	渗流，常年不竭，流入河道	饮用兼 农田灌溉	★
278	双虎泉	历城区仲宫镇东沟村子房峪东端，铜壁山南坡	石砌井形	井泉，常年不竭，积水成井	饮用	
279	水池泉	历城区仲宫镇汤家庄东河边	石砌方池	渗流，常年不竭，积水成池	饮用	
280	北池泉	历城区仲宫镇汤家庄东北河边	自然状态	渗流，常年不竭，积水成洼	饮用	
281	盛　泉	历城区西营镇佛峪村东	石砌长方池	涌流，常年不竭，积水成池	饮用	
282	无名泉	历城区西营镇佛峪村村东	石砌长方池	渗流，常年不竭，积水成池	生活兼 农田灌溉	★
283	南　泉	历城区西营镇道沟村南	水泥长方池	渗流，常年不竭，积水成池	饮用	★
284	枣林泉	历城区西营镇白炭窑村西	无泉池	涌流，季节性泉，流向水库		

续表 1—3—1—12

序号	泉　名	泉　址	泉池结构形状	泉水出露形态及流向	泉水主要用途	备　注
285	朝阳泉	历城区西营镇赵家庄朝阳寺旧址	石砌井形	井泉，常年不竭，积水成井	饮用	
286	拔槊泉	历城区西营镇拔槊泉村东	水泥圆口方井	线流，常年不竭，积水成池	饮用	
287	灰　泉	历城区西营镇灰泉子村东	石砌方井	井泉，常年不竭，积水成井	饮用	
288	饮马泉（浆水泉）	历城区西营镇哭姑顶山顶	石砌长池	渗流，常年不竭，积水成池	饮用	
289	黄路泉	历城区西营镇黄鹿泉顶村	石砌井形	井泉，常年不竭，积水成井	饮用	
290	积米泉（渍米泉）	历城区西营镇积米峪村北	水泥井形	井泉，常年不竭，积水成井	饮用	
291	鸭子泉	历城区西营镇鸭子泉村北	石砌圆井	井泉，常年不竭，积水成井	饮用	
292	永盛泉	历城区西营镇鸭子泉村北	石砌井形	井泉，常年不竭，积水成井	饮用	
			石砌井形	井泉，常年不竭，积水成井	饮用	
293	红岭泉	历城区西营镇红岭村	自然状态	渗流，常年不竭，积水成洼	农田灌溉	
294	河口泉	历城区西营镇红岭村	石砌不规则形	渗流，常年不竭，积水成洼	农田灌溉	★
295	马鞍泉	历城区西营镇红岭村	水泥不规则形	渗流，常年不竭，积水成池	饮用	★
296	滴嗒泉	历城区西营镇龙湾村弹房峪内	石砌方池	渗流，常年不竭，积水成池	景观兼饮用	
297	咋呼泉	历城区西营镇龙湾村，港西路西侧路边	石砌不规则形	渗流，季节性泉	农田灌溉	★
298	黄鹿泉	历城区西营镇黄鹿泉村	水泥方池	线流，常年不竭，积水成池	饮用	
299	历甲泉	历城区西营镇石岭村	水泥井形	井泉，常年不竭，积水成井	饮用	
			石砌长方池	渗流，常年不竭，积水成池	景观	
			石砌长方池	渗流，常年不竭，积水成池	景观	
300	雪花泉	历城区西营镇丁家峪村西北峪	自然状态	渗流，常年不竭，积水成洼	饮用	
301	白云泉	历城区西营镇丁家峪村西北峪	自然状态	渗流，常年不竭，积水成池	饮用	★　▲
302	寒　泉	历城区西营镇梯子山村	自然岩缝	渗流，常年不竭，流入河道	景观	
303	南　泉	历城区西营镇梯子山村南	石砌长方形	渗流，常年不竭，积水成塘	饮用	
304	墨林古井	历城区西营镇梯子山村南	石砌圆井	井泉，常年不竭，积水成井	饮用	★
305	柳　泉	历城区西营镇梯子山腰	石砌不规则	渗流，常年不竭，积水成洼	饮用	★
306	无名泉	历城区西营镇王家庄东	水泥井形	渗流，常年不竭，积水成井	饮用	★

续表 1—3—1—13

序号	泉 名	泉 址	泉池结构形状	泉水出露形态及流向	泉水主要用途	备 注
307	洪 泉	历城区西营镇降甘村洪泉峪	石砌不规则	渗流，常年不竭，积水成洼	农田灌溉	
308	胭脂泉	历城区西营镇后降甘村北	自然状态	渗流，常年不竭，积水成洼	饮用兼农田灌溉	清
309	玉 泉	历城区西营镇上阁老村玉泉寺旧址	水泥长方池	涌流，常年不竭，积水成池	饮用	
310	藕池泉	历城区西营镇藕池村大石梁	自然状态	涌流，常年不竭，流入河道	饮用	
311	石佛峪泉	历城区西营镇石佛峪村东南	水泥长方池	渗流，常年不竭，积水成池	饮用	★
312	秦口泉	历城区西营镇秦口峪村口	水泥井形	井泉，常年不竭，积水成井	饮用	★
313	老 泉	历城区西营镇秦口峪村	石砌长方池	涌流，常年不竭，积水成池	饮用	
314	小 泉	历城区西营镇秦口峪村	水泥井形	线流，常年不竭，积水成池	饮用	★
315	智公泉（朱公泉）	历城区西营镇智公泉村北上山坡西侧	水泥长方池	涌流，常年不竭，积水成池	饮用	明
		历城区西营镇智公泉村南	水泥长方池	线流，常年不竭，积水成池	饮用	
316	下罗伽泉	历城区西营镇下罗伽村入口处东侧路北	石砌方池	渗流，常年不竭，积水成池	农田灌溉	★
317	长 泉	历城区西营镇下罗伽村	石砌长方池	断流，季节性泉，积水成池	农田灌溉	★
318	杏行泉	历城区西营镇杏行子村泉子沟内	石砌井形	井泉，常年不竭，积水成井	饮用	★
319	栗行泉	历城区西营镇栗行村南	自然状态	线流，常年不竭，积水成洼	饮用	
320	黑峪泉	历城区西营镇黑峪村	水泥长方池	断流，季节性泉，积水成池	饮用	
321	会仙泉	历城区西营镇营南坡村东	石砌长方池	断流，季节性泉，积水成池	饮用	
322	下 泉	历城区西营镇营南坡村东	石砌长方池	渗流，常年不竭，积水成池	农田灌溉	★
323	林商泉	历城区西营镇营南坡村东	石砌井形	井泉，常年不竭，积水成井	农田灌溉	★
324	虎洞泉	历城区西营镇西营村村南河边	自然岩缝	涌流，常年不竭，流入河道	饮用	
325	甘泉（箭杆泉）	历城区西营镇西营村村南河边	自然岩缝	渗流，常年不竭，积水成洼	饮用	
326	三江峪泉	历城区西营镇西营村	石砌方池	断流，季节性泉，积水成池	农田灌溉	★
327	水帘洞泉	历城区柳埠镇水帘峡风景区内	石砌不规则形	渗流，常年不竭，积水成洼	景观	
328	淘米泉	历城区柳埠镇水帘峡风景区养生谷北	水泥圆形	渗流，常年不竭，积水成池	景观	★
329	公主泉	历城区柳埠镇水帘峡风景区南侧	石砌长方池	滴流，常年不竭，积水成池	景观	★
330	饮马泉	历城区柳埠镇水帘峡风景区双腰山山脊	石砌方池	渗流，常年不竭，积水成池	景观	★

续表 1—3—1—14

序号	泉名	泉址	泉池结构形状	泉水出露形态及流向	泉水主要用途	备注
331	苇泉	历城区柳埠镇水帘峡风景区石画园路旁	石砌方形	渗流，常年不竭，积水成洼	农田灌溉	★
332	无名泉	历城区柳埠镇水帘峡风景区药王庙旁	石砌圆池	渗流，常年不竭，积水成池	景观	★
333	安子沟泉	历城区柳埠镇簸箕掌水库东北峪	石砌长方形	渗流，常年不竭，积水成洼	景观	
334	枪杆泉	历城区柳埠镇桃科水库南	水泥长方池	渗流，常年不竭，积水成池	农田灌溉	清
			土石水湾	渗流，常年不竭，积水成池	农田灌溉	
			石砌长方池	渗流，常年不竭，积水成池	农田灌溉	
335	跑马泉	跑马岭野生动物世界饮马湾	自然方池	涌流，常年不竭，积水成池	饮用	★
336	涌清泉	历城区柳埠镇涝峪庄东南	自然状态	渗流，常年不竭，汇水成溪	农田灌溉	★
337	南园泉	历城区柳埠镇涝峪庄南沟	自然状态	渗流，常年不竭，积水成洼	农田灌溉	★
338	老鼠洞泉	历城区柳埠镇涝峪村东南大涝峪	自然状态	渗流，常年不竭，汇水成溪	饮用	★
			石砌长方池	渗流，常年不竭，积水成池	饮用	
339	石窑泉	历城区柳埠镇石窑村东燕子台水库坝下	水泥圆池	涌流，常年不竭，流入水库	饮用	
340	无名泉	历城区柳埠镇石窑村西南	石砌井形	井泉，常年不竭，积水成井	饮用	★
341	牛蹄泉	历城区柳埠镇孙家坡村东	石砌井形	井泉，常年不竭，积水成井	饮用	★ ▲
342	染池泉	历城区柳埠镇龙门庄东	石砌长方池	渗流，常年不竭，积水成洼	农田灌溉	金、明、清
343	苦梨泉	历城区柳埠镇涝洼村东	石砌方池	渗流，常年不竭，积水成井	景观	
344	新开泉	历城区柳埠镇青杨峪村东北	石砌长方池	渗流，常年不竭，积水成池	饮用兼农田灌溉	★
345	泛泉	历城区柳埠镇青杨峪村西北	水泥长方池	渗流，常年不竭，积水成池	饮用	★
346	无名泉	历城区柳埠镇曲吕峪村内	半石砌井形	井泉，常年不竭，积水成井	饮用	★
347	泉子峪泉	历城区柳埠镇泉子峪村西南	水泥长方池	渗流，常年不竭，积水成池	饮用	
348	锡杖泉	历城区柳埠镇下海螺峪村	石砌长方池	渗流，常年不竭，积水成池	饮用	清
349	涌泉	历城区柳埠镇四门塔景区四季村宾馆东侧	石砌长方池	线流，常年不竭，流入河道	景观	清、新
350	神异泉	历城区柳埠镇四门塔景区滴水峪	石砌圆井	井泉，常年不竭，积水成井	景观	
351	滴水泉	历城区柳埠镇四门塔景区滴水峪桥下东侧	半石砌不规则形	断流，季节性泉，积水成池	景观	
352	牛膝泉	历城区柳埠镇南山村45号东	石砌长方池	渗流，常年不竭，积水成池	饮用	★ ▲

续表 1—3—1—15

序号	泉　名	泉　址	泉池结构形状	泉水出露形态及流向	泉水主要用途	备　注
353	丰乐泉	历城区柳埠镇柳东村	半石垒长方池	断流，季节性泉，积水成池	农田灌溉	
354	黄巢泉	历城区柳埠镇黄巢村西	石砌长方池	渗流，常年不竭，汇入河流	农田灌溉	★
355	金　泉	历城区柳埠镇下黄瓜峪东南角	石砌不规则形	渗流，常年不竭，积水成池	农田灌溉	★
356	三龙潭	历城区柳埠镇龙王崖村黄巢水库大坝西北	天然石潭	渗流，常年不竭，流入水库	饮用	
357	黄路泉	历城区柳埠镇黄路泉村	水泥井形	井泉，常年不竭，积水成井	饮用	1997年版《济南市志》收录
358	赵家泉	泉1在历城区柳埠镇赵家庄西南	水泥井形	井泉 常年不竭，积水成井	饮用	
		泉2在泉1西	无泉池	断流，季节性泉	农田灌溉	
		泉3在泉1东	石砌长方池	渗流，常年不竭，积水成池	饮用	
		泉4在泉1南	石砌长方池	渗流，常年不竭，积水成池	饮用	
		泉5在泉1南	水泥长方池	渗流，常年不竭，积水成池	饮用	
359	永乐泉	历城区柳埠镇小槲疃村东山山腰	水泥长方池	渗流，常年不竭，积水成池	农田灌溉	★　▲
360	无名泉	历城区柳埠镇小槲疃村东山山腰	石砌不规则形	渗流，常年不竭，积水成洼	农田灌溉	★
361	川道泉	历城区柳埠镇川道村北峪	石砌井形	井泉，常年不竭，积水成井	饮用	★　▲
362	马家沟子泉	历城区柳埠镇马家沟子村南	石砌圆井	井泉，常年不竭，积水成井	农田灌溉	★
			石砌圆井	井泉，常年不竭，积水成井	农田灌溉	
			石砌圆井	井泉，常年不竭，积水成井	农田灌溉	
363	无名泉	历城区柳埠镇周家峪村东北	石砌圆井	井泉，常年不竭，积水成井	饮用	★
364	周家峪泉	历城区柳埠镇周家峪村西北	石砌不规则形	渗流，常年不竭，积水成池	饮用	★　▲
365	永乐泉	历城区柳埠镇槲疃村西南	石砌长方池	涌水，常年不竭，积水成池	饮用	★
366	朱砂泉	历城区柳埠镇槲树湾公园东北方	石砌圆池	井泉，常年不竭，积水成井	景观	★
367	卧龙池（龙居泉）	历城区柳埠镇里卧龙池村北	石砌方池	渗流，常年不竭，积水成池	饮用	金
		历城区柳埠镇外卧龙池村西南山腰	池石砌，不规则	渗流，常年不竭，积水成洼	农田灌溉	
368	琴　泉	历城区柳埠镇亓城苦洪峪口南侧	石砌长方池	渗流，常年不竭，积水成池	景观	清
369	苦苣泉	历城区柳埠镇亓城袁洪峪度假村内北侧崖下	石砌圆井	涌流，常年不竭，流入茶臼河	景观	金、明、清、新

续表 1—3—1—16

序号	泉　名	泉　址	泉池结构形状	泉水出露形态及流向	泉水主要用途	备　注
370	避暑泉	历城区柳埠镇亓城袁洪峪度假村避暑泉生态园	水泥圆井	涌流，常年不竭，积水成井	景观	清、新
371	试茶泉	历城区柳埠镇亓城村茶臼河边	石砌长方池	渗流，常年不竭，积水成池	景观	清
372	咋呼泉	历城区柳埠镇亓城村南	长方池	渗流，常年不竭，积水成洼	农田灌溉	
373	大花泉	历城区柳埠镇北田庄村北山崖下	石砌长方池	渗流，常年不竭，积水成池	饮用	
374	响　泉	历城区柳埠镇凤凰庄东峪中段南坡	石砌长方池	渗流，常年不竭，积水成池	饮用兼 农田灌溉	★
375	缎华泉	历城区柳埠镇九顶塔风景区内南边	石砌长方池	涌流，常年不竭，流入河道	景观	新
376	圣水泉	历城区柳埠镇九顶塔风景区内南边	石砌圆井	井泉，常年不竭，积水成井	景观	
377	尼姑庵泉	历城区柳埠镇孟家村东北	石砌长方池	涌流，常年不竭	农田灌溉	
378	观山泉	历城区柳埠镇石桥村东南观山下	石砌长方形	渗流，常年不竭，积水成池	饮用	★
379	无名泉	历城区柳埠镇石桥村西南	石砌井形	井泉，常年不竭，积水成井	饮用	★
380	康　泉	历城区柳埠镇康泉村北	石砌方池	渗流，常年不竭，积水成池	工业	
381	冰冰泉	历城区柳埠镇冬冻台村南	石砌长方池	渗流，常年不竭，积水成池	饮用	清
382	泥淤泉（印度泉）	历城区柳埠镇泥淤泉村街旁	石砌方井	涌流，常年不竭，流入河道	景观	清、新
383	水　泉	泉1在历城区柳埠镇水泉村综合商店对面	石砌方池	滴状，常年不竭，积水成池	饮用	
		泉2在历城区柳埠镇水泉村南	石砌方池	渗流，常年不竭，积水成池	农田灌溉	
		泉3在历城区柳埠镇水泉村南	石砌井形	井泉，常年不竭，积水成井	饮用	
384	熨斗泉	历城区柳埠镇东石匣村西北，子房庵遗址处	石砌井形	井泉，常年不竭，积水成井	农田灌溉	金、明
385	风斗泉	历城区柳埠镇子房庵遗址，熨斗泉南侧	石砌不规则形	断流，季节性泉，积水成洼	农田灌溉	
386	鹿跑泉	历城区柳埠镇鹿跑泉村西	石砌不规则形	渗流，常年不竭，流入水库	农田灌溉	明
387	无名泉	历城区柳埠镇鹿跑泉村西	石砌井形	井泉，常年不竭，积水成井	饮用	★
388	无名泉	历城区柳埠镇鹿跑泉村西	石砌井形	井泉，常年不竭，积水成井	饮用	★
389	突泉（都泉）	历城区柳埠镇突泉村皇姑庵遗址	水泥方池	涌流，常年不竭，流入河道	景观	金、明、清、新
390	凉湾泉	历城区柳埠镇突泉村西南河崖下	半石砌不规则形	渗流，常年不竭，流入河道	景观	

续表 1—3—1—17

序号	泉 名	泉 址	泉池结构形状	泉水出露形态及流向	泉水主要用途	备 注
391	水帘泉	历城区柳埠镇突泉村西南河崖下，凉湾泉北	半石砌不规则形	渗流，常年不竭，积水成池	饮用	★
392	淌豆泉	历城区港沟街道伙路村南淌豆寺旧址	自然状态	渗流，常年不竭，积水成池	饮用	
393	玉漏泉	历城区港沟街道芦芽岭村南云台寺	自然岩洞	渗流，常年不竭，积水成池	饮用	
394	甘露泉	历城区港沟街道芦芽岭村南云台寺	水泥长方形	渗流，常年不竭，积水成池	饮用	★
395	大　泉	历城区港沟街道桃科村麒麟山阴	石砌方池	渗流，常年不竭，积水成池	饮用	
396	东流泉	历城区港沟街道郭家庄朱凤山乡义寺	石砌不规则形	渗流，常年不竭，积水成洼	饮用	
397	西天神泉	历城区港沟街道郭家庄乡义寺	自然状态	渗流，常年不竭，积水成洼	饮用	
398	大　泉	历城区港沟街道坞西村西	自然状态	线流，常年不竭，积水成洼	饮用	
399	滴水泉	历城区港沟街道坞东村北高速路下南端桥东	自然岩壁	滴状，常年不竭，积水成洼	饮用	金、明
400	老井泉	历城区港沟街道坞东村东南	石砌圆井	井泉，常年不竭，积水成井	饮用	
401	灰　泉	历城区港沟街道坞东村东	土石岩缝	渗流，常年不竭，流入河道	饮用	
402	东峪泉	历城区港沟街道坞东村东	自然状态	渗流，常年不竭，积水成池	饮用	
403	小井子泉	历城区港沟街道坞东村南	石砌井形	井泉，常年不竭，积水成井	饮用	★
404	玉河泉	历城区彩石镇玉河泉村内河底	石砌长方池	涌流，常年不竭，流入河道	景观	新
405	老玉河泉	历城区彩石镇玉河泉村内	石砌长方池	渗流，常年不竭，积水成池	饮用	
406	响呼噜泉	历城区彩石镇玉河泉村西南	石砌圆井	井泉，常年不竭，积水成井	饮用	
407	东　泉	历城区彩石镇玉河泉村内幸福路旁	石砌长方池	渗流，常年不竭，积水成池	饮用	
408	院内泉	历城区彩石镇玉河泉村56号院内	水泥长方池	渗流，常年不竭，积水成池	饮用	
409	炸鼓泉	历城区彩石镇万粮峪村	石砌长方池	断流，常年不竭，积水成池	农田灌溉	
410	下雨泉	历城区彩石镇万粮峪村	自然状态	断流，季节性泉，流入河道	农田灌溉	
411	无名泉	历城区彩石镇万粮峪村47号院内	水泥井形	断流，季节性泉，积水成井	饮用	★
412	南小泉	历城区彩石镇徐家场村东南	石砌井形	井泉，常年不竭，积水成井	农田灌溉	
413	南山泉	历城区彩石镇磨盘峪陈家村	石砌井形	井泉，常年不竭，积水成井	饮用	
414	北井泉	历城区彩石镇磨盘峪陈家村	石砌井形	井泉，常年不竭，积水成井	饮用	

续表 1—3—1—18

序号	泉　名	泉　址	泉池结构形状	泉水出露形态及流向	泉水主要用途	备　注
415	三井泉	历城区彩石镇磨盘峪吴家村	石砌井形	井泉，常年不竭，积水成井	饮用	
416	芦井泉	历城区彩石镇磨盘峪芦家村	石砌井形	井泉，常年不竭，积水成井	饮用	
417	肖南井	历城区彩石镇磨盘峪肖家村	石砌井形	井泉，常年不竭，积水成井	饮用	
418	青龙泉	历城区彩石镇青龙峪村东沟	半石砌方形	渗流，常年不竭，流入河道	饮用兼 农田灌溉	★
419	青龙峪南泉	历城区彩石镇青龙峪村南	石砌方池	渗流，常年不竭，积水成池	饮用	★
			石砌长方池	渗流，常年不竭，积水成池	饮用	
			石砌方池	渗流，常年不竭，积水成池	饮用	
420	虎门泉	历城区彩石镇虎门村东南峪	水泥长方池	渗流，常年不竭，积水成池	饮用	
421	猪拱泉	历城区彩石镇虎门村北河东崖	石砌不规则形	渗流，常年不竭，积水成洼	饮用	
422	忠　泉	历城区彩石镇中泉村东南峪	水泥长方池	渗流，常年不竭，积水成池	饮用	2012年3月调查时已埋于路下
423	咋呼泉	历城区彩石镇中泉村南河东	自然状态	渗流，常年不竭，积水成洼	农田灌溉	
424	鸡跑泉	历城区彩石镇中泉村南河西	自然状态	渗流，常年不竭，流入河道	农田灌溉	★
425	柳　泉	历城区彩石镇柳泉村	石砌井形	渗流，常年不竭		
426	无名泉	历城区彩石镇柳泉村西	石砌圆井	井泉，常年不竭，积水成井	饮用	★
427	黑虎泉	历城区彩石镇岔峪村	自然状态	涌流，季节性泉，流入河道	农田灌溉	
428	仙人堂泉	历城区彩石镇路相村北	石砌井形	井泉，常年不竭，积水成井	饮用	
429	响　泉	历城区彩石镇西捎近村河边东南	石砌井形	井泉，常年不竭，积水成井	饮用	
430	义和泉	历城区彩石镇韩家峪村南	石砌长方池	渗流，常年不竭，积水成池	饮用	
431	白胡子老头泉	历城区彩石镇韩家峪村南	自然井形	断流，季节性泉，积水成井		
432	虎啸泉	历城区彩石镇杏峪村北	石砌不规则形	断流，季节性泉，流入河道	农田灌溉	
433	南峪泉	历城区彩石镇西丝峪村南	石砌圆井	井泉，常年不竭，积水成井	农田灌溉	
434	黄路泉	历城区彩石镇黄路泉村东	石砌长方池	渗流，常年不竭，积水成井	农田灌溉	
435	无名泉	历城区彩石镇黄路泉村	石砌井形	井泉，常年不竭，积水成池		★
436	断岩泉	历城区彩石镇断岩村	石砌井形	井泉，常年不竭，积水成井	饮用	

续表 1—3—1—19

序号	泉 名	泉 址	泉池结构形状	泉水出露形态及流向	泉水主要用途	备 注
437	无名泉	历城区彩石镇断岩村药王庙南	水泥长方池	渗流，常年不竭，积水成池	饮用	★
438	石瓮泉	历城区彩石镇石瓮峪村	石凿成圆池	渗流，常年不竭，积水成池	农田灌溉	
439	康 泉	历城区彩石镇康泉村北	石砌长方池	渗流，常年不竭，积水成池	农田灌溉	
440	无名泉	历城区彩石镇康泉村	石砌圆井	渗流，常年不竭	饮用	
441	井子峪泉	历城区彩石镇井子峪村西北	石砌圆井	井泉，常年不竭，积水成井	饮用	
			石砌圆井	井泉，常年不竭，积水成井	饮用	
442	无名泉	历城区彩石镇井子峪村	水泥井形	井泉，常年不竭，积水成井	饮用	★
443	黄歇泉	历城区彩石镇黄歇村西	石砌长方池	渗流，常年不竭，积水成池	饮用	
444	无名泉	历城区彩石镇黄歇村西北	半石砌不规则形	渗流，常年不竭，积水成洼	工业	★
445	老井泉	历城区彩石镇南泉村河南崖	石砌井形	井泉，常年不竭，积水成井	饮用	
446	滴水泉	历城区彩石镇南泉村北	自然岩缝	常年不竭，积水成池	饮用	
447	冰心泉	历城区彩石镇南泉村西北河南崖	石砌长方池	断流，季节性泉，积水成池	农田灌溉	
448	南 泉	历城区彩石镇南泉村	自然状态	渗流，常年不竭，流行河道	饮用	★
449	孔 井	历城区彩石镇南泉村北	自然状态	断流，季节性泉	农田灌溉	★
450	东 泉	历城区彩石镇东泉村河东岸	石砌圆井	井泉，常年不竭，积水成井	饮用	
451	饮马泉	历城区彩石镇东泉村河西南岸	自然岩缝	渗流，常年不竭，积水成洼	农田灌溉	
452	无名泉	历城区彩石镇东泉村东南	自然状态	断流，季节性泉，积水成洼	农田灌溉	★
453	无名泉	历城区彩石镇东泉村正南	自然状态	断流，季节性泉，流入河道	农田灌溉	★
454	三泉峪北泉	历城区彩石镇三泉峪村南北峪	自然岩洞	渗流，常年不竭，积水成洼	农田灌溉	
455	三泉峪上泉	历城区彩石镇三泉峪村泉子峪南	自然岩洞	渗流，季节性泉，积水成洼	农田灌溉	
456	三泉峪南泉	历城区彩石镇三泉峪村泉子峪	岩洞	渗流，常年不竭，积水成洼	饮用	
457	玉河泉	历城区彩石镇北宅科村东，绕城高速路南	水泥长方池	渗流，常年不竭，积水成池	饮用	★
458	红柿泉	历城区彩石镇北宅科村东，绕城高速路南	水泥长方池	渗流，常年不竭，入狼猫山水库	饮用	
459	咋呼泉	历城区彩石镇北宅科村西	石砌不规则形	断流，季节性泉，流入河道		

续表 1—3—1—20

序号	泉 名	泉 址	泉池结构形状	泉水出露形态及流向	泉水主要用途	备 注
460	清 泉	历城区彩石镇北宅科村西	自然状态	渗流，常年不竭，积水成池	饮用	★
461	七井泉	历城区彩石镇东彩石村南	石砌井形	井泉，常年不竭，积水成池	饮用	
462	罐子泉	历城区彩石镇西彩石村西南	自然状态	断流，季节性泉，流入河道		
463	双乳泉	历城区巨野河街道李家楼村西	石砌长方池	渗流，常年不竭，积水成池	景观	
464	饮马泉	历城区王舍人街道大辛庄西北	长方池	渗流，常年不竭，积水成池	农田灌溉	
465	双宝泉	历城区王舍人街道冷水沟村西南	自然状态	渗流，常年不竭，积水成池		1997年版《济南市志》收录
466	白 泉	历城区鲍山街道纸坊村北	不规则形	淤塞		金、明、清
467	草 泉	历城区鲍山街道纸坊村北	不规则形	涌流，常年不竭，积水成洼	农田灌溉	清
468	团 泉	历城区鲍山街道纸坊村北	长方池	渗流，常年不竭，积水成池	饮用	清
469	丫丫葫芦泉	历城区鲍山街道纸坊村北	不规则形	淤塞		
470	鸭旺温泉	历城区临港街道鸭旺口村	人工钻孔	涌流，常年不竭	医疗洗浴	
471	华 泉	历城区华山风景区华阳宫南	石砌长方池	渗流，常年不竭，流入华山湖	景观	新
			长清区境诸泉			
472	袈裟泉（独孤泉）	灵岩寺内地藏殿南	石砌不规则形	渗流，常年不竭，汇水成潭	景观	金、新
473	卓锡泉	灵岩寺内千佛殿东侧岩壁下	水泥不规则池	涌流，常年不竭，汇入泉池	景观	新
474	檀抱泉	灵岩寺第四峪村东	石砌长方池	涌流，常年不竭，注入下方水塘	景观	新
475	双鹤泉	灵岩寺内千佛殿南	水泥不规则形	渗流，常年不竭，积水成池	景观	
476	白鹤泉	灵岩寺内千佛殿南	水泥不规则形	渗流，常年不竭，积水成池	景观	
477	甘露泉	灵岩寺内	石砌长方池	渗流，常年不竭，积水成池	景观	
478	饮虎泉	灵岩寺内积翠岩西北岩下	石砌长方池	断流，季节性泉	景观	
479	上方泉	灵岩寺饮虎池北 20 米处	石砌长方池	渗流，季节性泉	景观	
480	飞泉（滴水泉）	灵岩寺观音院内	石砌长方池	渗流，常年不竭，积水成池	景观	
481	朗公泉	灵岩寺景区朗公石东南十八亩地北	自然状态	断流，季节性泉	景观	
482	龙居泉	万德镇坡里庄龙居寺西南	石砌圆井	常年不竭，汇水成井	农田灌溉	
483	牛角岭泉	万德镇坡里庄龙居寺西牛角岭山脚	自然状态	渗流，常年不竭，积水成池	农田灌溉	

续表 1—3—1—21

序号	泉 名	泉 址	泉池结构形状	泉水出露形态及流向	泉水主要用途	备 注
484	老鸹岭泉	万德镇坡里庄村西老鸹岭	自然状态	渗流，常年不竭，积水成洼	农田灌溉	
485	牛鼻泉	万德镇卧龙峪风景区	自然状态	渗流，常年不竭，汇入小溪	景观	
486	龙 泉	万德镇东侯庄合龙寺大雄宝殿北侧	水泥井形	渗流，常年不竭，	饮用	
487	合龙泉	万德镇合龙寺内	水泥长方池	渗流，常年不竭，积水成池	饮用	★ ▲
488	大王泉	万德镇大王村	石凿，不规则形	涌流，常年不竭，汇水成池	饮用	
489	御泉（黄泉）	万德镇黄泉村北	水泥方池	渗流，常年不竭，积水成池	饮用	
490	龙 潭	万德镇宋家园村西南龙王庙北	石砌不规则形	渗流，常年不竭，积水成塘	农田灌溉	
491	朱家泉	万德镇朱家泉村	石砌长方口圆井	渗流，常年不竭，积水成井	饮用	封盖
492	西 泉	万德镇陈家庄	水泥圆井	渗流，常年不竭，积水成池	饮用	
493	无名泉	万德镇大刘庄北山顶	石砌长方池	渗流，常年不竭，积水成池	饮用	★
494	神宝泉	张夏镇小寺村南山下	水泥圆井	渗流，常年不竭，积水成井	饮用	
495	华岩泉	张夏镇花岩村北	水泥长方池	渗流，常年不竭，积水成池	饮用	
496	野老泉	张夏镇东野老村	石砌圆井	渗流，常年不竭，积水成井	饮用	★
497	东圣泉	张夏镇东野老村	水泥长方池	渗流，常年不竭，积水成池	饮用	★
498	龙马泉	张夏镇西野老村	半石砌椭圆形	渗流，常年不竭，积水成池	农田灌溉	★
499	三仙泉	张夏镇西野老村东	石砌长方池	渗流，常年不竭，积水成池	农田灌溉	★
500	井峪泉	张夏镇井峪村	石砌方池	渗流，常年不竭，积水成池	饮用	
501	晓露泉（肖汝泉）	张夏镇积家峪村东北岩洞中	石砌长方池	涌流，常年不竭，注入水池	景观	新
502	庄岩泉	张夏镇积家峪村西北崖下	水泥长方池	渗流，常年不竭	饮用	
503	东 井	张夏镇积家峪村东	石砌井形	渗流，常年不竭，积水成池	饮用	★
504	于盘泉	张夏镇于家盘村北岩下	自然状态	渗流，常年不竭	饮用	
505	银河泉	张夏镇于家盘村	石砌长方池	渗流，常年不竭，积水成池	饮用	★
506	段家泉	张夏镇纸坊村北	自然长方池	渗流，常年不竭，积水成池	饮用	
507	上 泉	张夏镇上泉村西	水泥长方池	渗流，常年不竭	饮用	
508	夹虎泉	张夏镇上泉村南	自然岩缝	渗流，常年不竭	农田灌溉	

续表 1—3—1—22

序号	泉　名	泉　址	泉池结构形状	泉水出露形态及流向	泉水主要用途	备　注
509	赵家泉	张夏镇上泉村西南	自然岩缝	渗流，常年不竭	饮用	
510	井子泉	张夏镇井字村	水泥长方池	渗流，常年不竭，积水成池	饮用	
511	长湾泉	张夏镇长湾村东	水泥长方池	渗流，常年不竭，汇水成湾	农田灌溉	
512	双　泉	张夏镇双泉庵（今称义净寺）大雄宝殿前	石砌方池	渗流，常年不竭，积水成井	饮用兼景观	
513	井子坡泉	张夏镇井字坡村北	石砌方池	渗流，常年不竭，积水成井	饮用	
514	北　泉	张夏镇北泉村北岩下	石砌方池	渗流，季节性泉	饮用	
515	南　井	张夏镇车箱峪村	石砌井形	渗流，常年不竭，积水成井	饮用	★
516	杨家泉	张夏镇杨家泉村南		渗流，常年不竭	饮用	保护性覆盖
517	王家泉	张夏镇王家泉村南		渗流，常年不竭，积水成池	饮用	保护性覆盖
518	朝阳泉	张夏镇王家泉村东南	水泥长方池	渗流，常年不竭，积水成池	饮用	★
519	长寿泉	张夏镇莲台山丁庄	石砌	渗流，常年不竭，积水成池	饮用	保护性覆盖
520	卧龙泉	张夏镇莲台山张仙祠东北	石砌长方池	渗流，常年不竭，积水成池	景观	
521	王母泉	张夏镇莲台山王母洞	石凿不规则形	滴流，常年不竭，积水成洼	景观	
522	咋呼泉	张夏镇莲台山玉柱峰西侧	自然形态	涌流，季节性泉，	景观	
523	木鱼石泉	张夏镇莲台山长寿泉山庄	石砌不规则形	渗流，常年不竭，积水成池	饮用	★
524	青龙潭	孝里镇大峰山峰云观东	石砌长方池	渗流，常年不竭，积水成池	饮用	
525	豆腐泉	大峰山峰云观北	自然圆井形	渗流，常年不竭，积水成井	景观	
526	璇玑泉	大峰山璇玑洞	自然长方池	渗流，常年不竭，积水成池	景观	★
527	玄天泉	大峰山璇玑洞旁	石凿不规则形	渗流，常年不竭，积水成洼	景观	★
528	大　泉	大峰山三教堂遗址处	石砌长方池	渗流，常年不竭，积水成池	农田灌溉	
529	龙　泉	孝里镇龙泉官庄	石砌长方井	渗流，常年不竭，积水成井	饮用	
530	汇宝泉	孝里镇房头村东	石砌长方池	渗流，常年不竭，积水成池	农田灌溉	
531	圣井泉	孝里镇房头村小学校门外	石砌圆井	渗流，常年不竭，积水成井	饮用兼农田灌溉	
532	响　泉	孝里镇房头村西南响泉峪	石砌方池	涌流，常年不竭，积水成池	农田灌溉	

续表 1—3—1—23

序号	泉　名	泉　址	泉池结构形状	泉水出露形态及流向	泉水主要用途	备　注
533	黄崖泉	孝里镇南黄崖村东首	石砌圆井形	涌流，常年不竭，积水成井	饮用	
534	井峪泉	孝里镇井峪村	石砌长方池	渗流，常年不竭，积水成池	饮用	
535	双　泉	双泉镇双泉庵水库东	石砌长方池	渗流，常年不竭，积水成池	景观	
536	黄立泉	双泉镇黄立泉村东南	石砌长方池	渗流，常年不竭，引水入池	饮用	
537	圣仙泉	双泉镇李庄村东台山西坡	石砌井形	渗流，季节性泉	饮用兼 农田灌溉	★
538	上水泉	双泉镇大张庄村上水庵东15米	自然形态	渗流，常年不竭，积水成洼	农田灌溉	★
539	张家井泉	双泉镇大张庄村	石砌长方池	渗流，常年不竭，积水成池	饮用	★
540	无名泉	双泉镇大张庄村	石砌长方池	渗流，常年不竭，积水成池	农田灌溉	★
541	五眼井	双泉镇五眼井村天齐庙南	石砌长方池	渗流，常年不竭，积水成池	饮用	
542	王庄泉	双泉镇王庄村九顶莲柱山	石砌长方池	渗流，常年不竭，积水成池	饮用	
543	清　泉	双泉镇清泉峪村东	石砌井形	渗流，常年不竭，积水成井	饮用	
544	满井泉	双泉镇满井峪村西南	水泥天然石井	涌流，常年不竭，积水成井	饮用	
545	饭汤泉	双泉镇马西村东山坡中	石砌不规则形	渗流，常年不竭，积水成池	饮用	
546	马山泉	双泉镇马山庙南	石砌不规则形	渗流，季节性泉	饮用	
547	鬼谷泉	双泉镇马山西南	石砌长方池	渗流，常年不竭，积水成池	农田灌溉	★　▲
548	膑谷泉	双泉镇马山西南，鬼谷泉南200米	石砌长方池	渗流，常年不竭，积水成池		▲
549	马嘴泉	双泉镇马山西南	自然岩隙	渗流，常年不竭，积水成洼	农田灌溉	
550	饮马泉	双泉镇马山	自然岩缝	渗流，常年不竭，引流入村	饮用	
551	丰施泉	双泉镇马山西	石砌圆井	渗流，常年不竭，积水成井	农田灌溉	★　▲
552	马尾泉	双泉镇马山北	自然岩缝	渗流，季节性泉	景观	
553	上　泉	马山镇双泉庄村东	石砌长方池	渗流，常年不竭，积水成池	农田灌溉	★
554	下　泉	马山镇双泉庄村西	石砌不规则形	涌流，常年不竭，积水成湾	农田灌溉	★
555	清泠泉	五峰山街道五峰山玉皇殿东	石砌长方池	渗流，常年不竭，注入方池	景观	新
556	七仙泉	五峰山洞真观龙王殿东侧	自然岩缝	季节性泉，大雨后出现		
557	青龙泉	五峰山群仙峰东青龙峪安乐轩附近	自然岩洞	季节性泉，大雨后出现		

续表 1—3—1—24

序号	泉　名	泉　　址	泉池结构形状	泉水出露形态及流向	泉水主要用途	备　　注
558	白虎泉	五峰山东南白虎峪	水泥圆井	涌流，常年不竭，积水成池	景观	
559	鹿　泉	五峰山五峰阁东南五六十米处的山崖下	石砌	渗流，常年不竭，汇水成池	饮用	
560	玄明泉	五峰山鹿泉峪东侧	石砌不规则形	断流，季节性泉	景观	
561	无名泉	五峰山南	自然形态	渗流，季节性泉	农田灌溉	★
562	润玉泉	五峰山街道润玉泉村中石崖下	石砌方池	渗流，常年不竭，汇水成池	饮用	
563	万寿泉	五峰山街道石窝村中南部	石砌方池	渗流，季节性泉	景观	
564	胜天泉	五峰山街道石窝村51号南	石砌方池	渗流，季节性泉	农田灌溉	
565	驯山泉	五峰山街道石窝村旧址	石砌方池	渗流，季节性泉	景观	
566	缚龙泉	五峰山街道石窝村旧址	石砌方池	渗流，常年不竭，积水成池	农田灌溉	
567	伏虎泉（永便泉）	五峰山街道石窝村旧址	石砌方池	渗流，季节性泉	景观	
568	无名泉	五峰山街道石窝村南	自然形态	渗流，季节性泉	农田灌溉	★
569	糠沟泉	五峰山街道马庄村东南	自然岩缝	渗流，季节性泉，积水成洼	农田灌溉	
570	明　泉	五峰山街道滚球山东	自然不规则形	渗流，季节性泉	农田灌溉	
571	庄南山泉	王峰山街道庄南山村南	石砌长方池	渗流，常年不竭	饮用	2012年8月调查编入
572	惠　泉	五峰山街道庄南山村南五色崖下	自然状态	渗流，常年不竭	农田灌溉	
573	徐南山泉	五峰山街道徐南山村南崖下	石凿长方池	渗流，常年不竭	饮用	2012年8月调查编入
574	五色崖泉	五峰山街道徐南山村西南五色崖下	自然状态	渗流，常年不竭	景观	2012年8月调查编入
575	韩家峪泉	五峰山街道柳杭村东南韩家峪	砖砌圆井	渗流，常年不竭	饮用	2012年8月调查编入
576	石牛瓮泉	五峰山街道宋村北山（卧牛寨）	自然石窍	渗流，常年不竭	农田灌溉	2012年8月调查编入
577	龙涎泉	五峰山街道北套村	石砌井形	渗流，常年不竭，积水成井	饮用	★
578	北　泉	五峰山街道北套村	自然岩缝	渗流，常年不竭	生活	
579	弥山泉	五峰山街道三官庙村北	水泥圆井	渗流，常年不竭，积水	农田灌溉	
580	玉珠泉	崮云湖街道土山村东	石砌不规则	渗流，常年不竭，积水成池	饮用兼农田灌溉	

续表 1—3—1—25

序号	泉　名	泉　　址	泉池结构形状	泉水出露形态及流向	泉水主要用途	备　注
581	王家泉	崮云湖街道王家村南	石砌长方池	渗流，常年不竭，积水成池	饮用	
582	皇姑泉（韩姑井）	崮云湖街道皇姑井村南	石砌圆井形	涌流，常年不竭，入蓄水池	饮用	
583	佛公井	崮云湖街道炒米店村南				2012年调查编入
584	履　泉	文昌街道老县城南门里街25号	水泥圆井	渗流，常年不竭，积水成井		弃用
585	水　泉	文昌街道水泉峪村东	石砌圆井	渗流，常年不竭，积水成井	饮用	2012年8月调查编入
章丘市境诸泉						
586	百脉泉	百脉泉公园龙泉寺内	石砌品字形	涌流，常年不竭，汇入绣江河	景观	金、新
587	墨　泉	百脉泉公园龙泉寺西南	石砌方池	涌流，常年不竭，积水成池	景观	新
588	梅花泉	百脉泉公园李清照故居内	石砌方池	涌流，常年不竭，汇水成塘	景观	新
589	东麻湾	百脉泉公园绣江桥东	石砌不规则湖湾	涌珠状，常年不竭，汇水成湾	景观	新
590	漱玉泉	百脉泉公园李清照故居内	石砌圆池	涌流，常年不竭，积水成湾	景观	
591	金镜泉	百脉泉公园百脉泉宾馆院内	石砌圆池	常年不竭，积水成池入绣江河	景观	
592	龙湾泉	百脉泉公园汇泉阁北	自然石砌不规则	渗流，常年不竭，积水成湾	景观	
593	龙　泉	百脉泉公园内	石砌不规则形	涌流，常年不竭，流入明水湖	景观	★
594	筛子泉	百脉泉公园西门以南	石凿圆池	涌流，常年不竭，汇入明水湖	景观	★
595	灵秀泉（清水泉）	章丘四中院内	石砌长方池	渗流，常年不竭，积水成池	景观	
596	西麻湾	眼明泉公园内西	石砌不规则形	涌流，常年不竭，汇水成湾	景观	新
597	净明泉（明水泉）	眼明泉公园内东	石砌不规则形	涌流，常年不竭，流入绣江河	景观	明、新，移址重建
598	眼明泉	眼明泉公园内东	石砌正八边形	渗流，常年不竭，积水成池	景观	
599	伏鳌泉	眼明泉公园内东	石砌正六边形	渗流，常年不竭，流入明水湖	景观	★
600	瑞蚨泉	眼明泉大桥北250米处	半石砌方池	渗流，常年不竭，流入明水湖	景观	★
601	中麓泉	眼明泉大桥南20米	假山石砌不规则	渗流，常年不竭，流入明水湖	景观	★
602	虎踞泉	眼明泉公园内东南	石砌长方池	渗流，常年不竭，积水成池	景观	★
603	龙盘泉	眼明泉大桥西南山麓下	假山石砌不规则	渗流，季节性泉	景观	★

续表 1—3—1—26

序号	泉 名	泉 址	泉池结构形状	泉水出露形态及流向	泉水主要用途	备 注
604	西岭泉	眼明泉公园护心岛西侧	假山石砌不规则	渗流，常年不竭，积水成湾	景观	★
605	大龙眼泉	桃花山公园内	自然形态	渗流，季节性泉	景观	
606	小龙眼泉	桃花山公园内	自然形态	渗流，季节性泉	景观	
607	饭汤泉	桃花山公园内	自然形态	渗流，季节性泉	景观	
608	筛子底泉	桃花山公园内	自然形态	渗流，季节性泉	农田灌溉	
609	无名泉	章丘市博物馆南50米	水泥方池	断流，季节性泉	饮用	★
610	鱼乐泉	明水街道湛汪庄村东	水泥方池	渗流，常年不竭，积水成池	饮用	
611	盘 泉	明水街道侯家庄农作物试验站内	水泥方井	渗流，常年不竭，汇水成池	农田灌溉	
612	梆子泉	明水街道侯家庄农作物试验站内	石凿长方池	常年不竭，积水成池	农田灌溉	★
613	廉坡泉（墨泉）	明水街道廉坡村	石砌井形	断流		被覆盖
614	白 泉	双山街道白泉村疗养院东	水泥方池	渗流，常年不竭，汇水成池	农田灌溉	
615	五峪泉	胡山森林公园第五峪	水泥长方池	常年有水，积水成池	景观	
616	砚池泉（翰墨池）	普集镇池子头村	石砌长方池	常年不竭，积水成池	景观	
617	无名泉	普集镇池子头村北	水泥圆井	渗流，常年不竭，积水成池	农田灌溉	★
618	玉泉（育泉）	普集镇小辛庄东冲沟	石砌长方池	渗流，常年不竭，积水成池	农田灌溉	
619	古海泉	普集镇海套园村东	自然形态	渗流，常年不竭，汇水成塘	饮用	
620	庙湾泉	普集镇海套园村西	井塘	渗流，季节性泉	生活	
621	龙 泉	普集镇龙王寨村东	石砌方池	渗流，季节性泉	农田灌溉	
622	龙王池	普集镇龙王寨村东龙泉南	石砌方池	渗流，季节性泉		★
623	井 泉	普集镇井泉庄东	石砌方池	常年有水，汇水成池	饮用	
624	杨官泉	普集镇杨官庄南杈岈山南麓	石砌长方池	渗流，常年不竭，积水成池	农田灌溉	
625	水 泉	普集镇水泉庄西冲沟	石凿长方池	渗流，常年不竭，汇水成池	农田灌溉	
626	无名泉	普集镇水泉庄西	石砌方池	渗流，常年不竭，积水成池	农田灌溉	★
627	杨家河泉	普集镇孟白庄西南	自然形态	渗流，常年不竭，汇水成湾	农田灌溉	
628	水坡泉	普集镇水坡村北	自然形态	渗流，常年不竭，积水成洼	饮用	

续表 1-3-1-27

序号	泉 名	泉 址	泉池结构形状	泉水出露形态及流向	泉水主要用途	备 注
629	石峪寺泉	普集镇北三山峪村石峪寺东	石砌长方池	渗流，常年不竭，积水成池	农田灌溉	
630	蛤蟆泉	相公庄镇丁家庄东	自然形态	渗流，常年不竭，汇水成溪	农田灌溉	
631	大 泉	相公庄镇丁家庄	石砌三角形	渗流，常年不竭	农田灌溉	★
632	上方井	相公庄镇梭庄村东	石砌方池	渗流，常年不竭，积水成井	景观	
633	下方井	相公庄镇梭庄村东				保护性覆盖
634	松间泉	相公庄镇梭庄梭山北坡	石砌长方池			2010年版《泉韵章丘》收载
635	圣泉（圣井）	相公庄镇姜家套村北圣泉寺	石砌圆井	渗流，常年不竭，积水成井	饮用	★
636	龙湾头	相公庄镇寨子村南	自然形态	渗流，常年不竭，积水成湾	农田灌溉	
637	漯水泉（苇湾子泉）	官庄镇小辛庄村南岩下	石砌不规则形	渗流，季节性泉	农田灌溉	
638	小辛庄泉	官庄镇小辛庄西北	自然形态	渗流，季节性泉	农田灌溉	
639	车辐峪泉	官庄镇石门村西南	自然形态	渗流，常年不竭，积水成池	饮用	
640	响水泉	官庄镇响水泉村南	石砌长方池	渗流，常年不竭，积水成池	饮用	
641	双水泉	官庄镇双水泉村西	水泥长方池	渗流，常年不竭，积水成池	饮用	
642	高漉泉	官庄镇双水泉西	石砌长方池	渗流，常年不竭，积水成池	农田灌溉	
643	马 泉	官庄镇矿井村南	水泥长方池	渗流，常年不竭，积水成池	饮用	
644	无名泉	官庄镇矿井村中	石砌圆井	渗流，常年不竭，积水成井	饮用	★
645	龙藏泉	官庄镇赵八洞村南龙藏洞景区	石凿不规则形	渗流，季节性泉	景观	
646	无名泉	官庄镇赵八洞村西南	水泥长方池	渗流，常年不竭，积水成池	饮用	★
647	盆崖南泉	官庄镇上盆崖村东南	石砌长方池	渗流，常年不竭，积水成池	饮用	
648	庄北池	官庄镇上盆崖村中	石砌井形	渗流，常年不竭，积水成井	饮用	★
649	东八井	官庄镇东八井村南	石砌圆井	渗流，常年不竭，积水成井	饮用	
650	龙 泉	官庄镇东八井村九鼎山农庄水库东北	石砌圆池	渗流，季节性不竭	景观	★
651	凤 泉	官庄镇东八井村九鼎山农庄水库西	自然形态	渗流，季节性泉	农田灌溉	★
652	郭家楼泉（黑虎泉）	官庄镇郭家楼村东	石砌圆井	渗流，常年不竭，积水成池	饮用	

续表 1—3—1—28

序号	泉　名	泉　址	泉池结构形状	泉水出露形态及流向	泉水主要用途	备　注
653	天井子泉	官庄镇天井村东南3千米	石砌长方池	渗流，常年不竭，积水成池	饮用	
654	马　泉	官庄镇栗家峪村东南	自然形态	渗流，常年不竭，积水成洼	农田灌溉	★
655	南　泉	官庄镇南张家庄西	石砌方池	渗流，常年不竭，积水成池	饮用	
656	北　泉	官庄镇南张家庄西北	石砌方井	渗流，常年不竭，积水成井	饮用	
657	西山泉	官庄镇李家庄西	石砌长方池	渗流，常年不竭，积水成井	饮用	★
658	圣水灵泉	官庄镇朱家峪村南	石凿方池	渗流，常年不竭，积水成池	饮用	保护性覆盖
659	西园半井	官庄镇朱家峪村笔架山西	石凿方井	渗流，常年不竭，积水成池	农田灌溉	保护性覆盖
660	西园井	官庄镇朱家峪村笔架山西				保护性覆盖
661	长流泉	官庄镇朱家峪村东岭山石崖下	石砌岩洞凿方池	渗流，常年不竭，积水成池	饮用	
662	冲天泉	官庄镇朱家峪村西园	石凿不规则形	渗流，常年不竭，积水成洼	景观	
663	坛　井	官庄镇朱家峪村文峰山下	半石砌方井	渗流，常年不竭，积水成池	饮用	
664	双井泉	官庄镇朱家峪村关帝庙南50米	石砌长方井	渗流，常年不竭，积水成井	饮用	
665	东西井	官庄镇朱家峪村	石凿井形	渗流，常年不竭，积水成井	饮用	★
666	长寿泉	官庄镇朱家峪村南岩下	石砌不规则形	渗流，季节性泉		
667	池凉泉	官庄镇池凉泉村西	水泥长方池	渗流，常年不竭，积水成池	饮用	
668	无名泉	官庄镇池凉泉村西南	自然形态	渗流，季节性泉	农田灌溉	★
669	救命泉（马跑泉）	官庄镇马闹坡村东北	自然形态	渗流，常年不竭，积水成池	农田灌溉	
670	柳树泉	官庄镇马闹坡村北	石砌长方池	渗流，常年不竭，积水成池	饮用	
671	大拓泉	官庄镇马闹坡村南	石砌长方池	渗流，常年不竭，积水成池	农田灌溉	★
672	四亩地泉	官庄镇马闹坡村东	石砌圆井	渗流，常年不竭，积水成井	农田灌溉	★
673	双井泉	官庄镇鱼湾村西	石砌方池	渗流，常年不竭，积水成池	饮用	
674	东　泉	官庄镇鱼湾村东	石砌不规则形	渗流，常年不竭，积水成池	饮用	
675	咋呼泉	官庄镇鱼湾村南崖下	自然岩缝	渗流，季节性泉，积水成池	饮用	
676	大　泉	官庄镇鱼湾村西	水泥方池	渗流，常年不竭，积水成池	农田灌溉	★
677	宝珠泉	官庄镇三角湾村南	石砌长方池	渗流，常年不竭	饮用	

续表 1—3—1—29

序号	泉 名	泉 址	泉池结构形状	泉水出露形态及流向	泉水主要用途	备 注
678	太子崖泉	官庄镇三角湾村东	石砌长方池	渗流，常年不竭，积水成池	饮用	
679	西周峪泉	官庄镇西周峪村中心	条石砌长方池	渗流，常年不竭，积水成池	饮用	
680	上白秋泉	官庄镇上白秋村西	自然形态	渗流，季节性泉	农田灌溉	
681	中白秋泉	官庄镇中白秋村西	石砌方池	渗流，常年不竭，积水成池	饮用	
682	凉水泉	官庄镇石匣村西	石砌长方池	渗流，常年不竭，积水成池	饮用	
683	珍王庙泉	官庄镇石匣村西	石砌长方池	渗流，常年不竭，积水成池	饮用	
684	刘王庙泉	官庄镇石匣村东	石砌长方池	渗流，季节性泉	饮用	
685	妙 泉	官庄镇石匣村东相峪	岩底汩涌	渗流，常年不竭，积水成池	农田灌溉	
686	南 井	官庄镇石匣村顺河街60号	石砌长方井	渗流，常年不竭，积水成井	饮用	★
687	汩轮泉	文祖镇三槐树村西	自然岩洞	渗流，季节性泉	农田灌溉	
688	仰 泉	文祖镇三槐树村	自然岩缝	渗流，季节性泉	农田灌溉	
689	康宝泉	文祖镇三槐树村西南沟崖下	自然岩缝	季节性泉	饮用	
690	马蹄泉	文祖镇三槐树村北拦水坝下	自然状态	季节性泉		
691	西沟泉	文祖镇石子口村西		渗流，季节性泉	农田灌溉	
692	井 泉	文祖镇三德范村北东道街				井口被掩埋
693	电角泉	文祖镇东田广村西南杨家寨西		渗流，常年不竭		
694	马家泉	文祖镇东田广村东	自然形态	渗流，季节性泉	农田灌溉	
695	肥峪泉	文祖镇东田广村	石砌不规则形	渗流，季节性泉	农田灌溉	
696	井峪泉	文祖镇东田广村北	石砌不规则性	渗流，常年不竭，积水成池	农田灌溉	★
697	龙女泉（龙王井泉）	文祖镇锦屏山文昌阁山腰	石砌圆井	渗流，常年不竭，积水成井	饮用	
698	朝阳洞泉（白龙池）	文祖镇锦屏山老君崖朝阳洞中	半石砌长方池	渗流，常年不竭，积水成池	景观	
699	朱公泉	文祖镇朱公泉村	自然岩缝	渗流，常年有水，积水成池	饮用	
700	上水峪泉	文祖镇郭家庄东南上水峪中	多泉统称	渗流，常年不竭	农田灌溉	
701	东张泉	文祖镇东张村中	石砌不规则形	渗流，常年不竭，积水成池	饮用	
702	八仙泉	文祖镇东张村中	石砌方池	渗流，常年不竭，积水成池	饮用	

续表 1—3—1—30

序号	泉　名	泉　址	泉池结构形状	泉水出露形态及流向	泉水主要用途	备　注
703	黄露泉（皇禄泉）	文祖镇黄露泉村	石砌长方池	渗流，常年不竭，积水成池	饮用	
704	无名泉	文祖镇黄露泉村西南	水泥长方池	渗流，常年不竭；积水成池	饮用	★
705	甘　泉	文祖镇甘泉村西北	石砌圆井	渗流，常年不竭，积水成井	农田灌溉	
706	圣　泉	文祖镇马家峪村月亮湾水库上方	石砌不规则形	渗流，常年不竭，积水成池	农田灌溉	★
707	岳滋南泉	垛庄镇岳滋村东南峪	水泥长方池	渗流，常年不竭，积水成池	农田灌溉	
708	夫妻泉	垛庄镇岳滋村东沟	石砌不规则形	渗流，常年不竭，积水成池	农田灌溉	
709	玉堂泉	垛庄镇岳滋村星台风小区内	自然形态	渗流，常年不竭，汇水成溪	农田灌溉	
710	无名泉	垛庄镇岳滋村中	石砌不规则形	渗流，常年不竭，积水成池	饮用	★
711	火贯泉	垛庄镇火贯村东北	自然形态	渗流，常年不竭，积水成池	农田灌溉	
712	凉水泉	垛庄镇西车厢村	石砌不规则形	渗流，常年不竭，流入小河中	饮用	
713	凤凰泉	垛庄镇西车厢村南	自然岩洞	渗流，常年不竭，积水成池	饮用	★
714	牡丹泉	垛庄镇西车厢村南	自然井形	渗流，常年不竭，积水成池	农田灌溉	
715	东车厢泉	垛庄镇东车厢村	水泥修筑	渗流，常年不竭，积水成池	饮用	
716	山圣泉	垛庄镇山圣圈村西南	石砌圆井	渗流，常年不竭，积水成井	饮用	
717	黑峪泉	垛庄镇山圣圈村南	石砌长方池	渗流，常年不竭，积水成池	农田灌溉	
718	琴　泉	垛庄镇下琴子村北	水泥长方池	渗流，常年不竭，积水成池	农田灌溉	
719	南峪泉	垛庄镇南峪村南冲沟内	石砌长方池	渗流，常年不竭，积水成池	农田灌溉	
720	太平泉	垛庄镇垛庄村东	石砌圆井	渗流，常年不竭，积水成井	饮用	
721	圣水泉（滴水泉）	垛庄镇圣水泉村西河道东侧	不规则形	渗流，常年不竭，积水成池	农田灌溉	
722	西狸狐泉	垛庄镇西立虎村南	水泥长方池	渗流，常年不竭，积水成池	农田灌溉	
723	无名泉	垛庄镇西立虎村东	石砌长方池	渗流，常年不竭，积水成池	农田灌溉	★
724	东狸狐泉	垛庄镇东立虎村南	自然形态	渗流，季节性泉	农田灌溉	
725	青港泉	曹范镇青港泉村西	石砌长方池	渗流，常年不竭，积水成池	农田灌溉	
726	上马泉	曹范镇青港泉村承德庙下		常年不竭	农田灌溉	保护性覆盖
727	西　泉	曹范镇青港泉村西	石砌长方池	渗流，常年不竭	饮用	

续表 1—3—1—31

序号	泉 名	泉 址	泉池结构形状	泉水出露形态及流向	泉水主要用途	备 注
728	南 泉	曹范镇青港泉村西南	石砌长方池	渗流，常年不竭	农田灌溉	
729	东 泉	曹范镇青港泉村东	水泥长方池	渗流，常年不竭，积水成池	农田灌溉	★
730	苦枥滩泉	曹范镇赵家岭村北双凤山顶	石砌圆井	渗流，常年不竭，积水成井	农田灌溉	
731	上 泉	曹范镇赵家岭村北双凤山	石砌长方池	渗流，常年不竭，积水成井	饮用	★
732	老 泉	曹范镇三王峪村	水泥长方池	渗流，常年不竭，积水成井	景观	
733	淋 泉	曹范镇三王峪景区内	石砌长方池	渗流，常年不竭，积水成池	景观	
734	飞龙泉	曹范镇三王峪景区内	自然形态	渗流，常年不竭	景观	2012年9月调查编入
735	水月泉	曹范镇钟楼子村西南	自然形态	渗流，常年不竭，汇水成溪	农田灌溉	
736	升馨泉	曹范镇公益牌村	自然形态	涌流，常年不竭，积水成池	景观	★
737	大 泉	曹范镇公益牌村西	自然形态	渗流，常年不竭，汇水成溪	农田灌溉	★
			石砌不规则形	渗流，常年不竭，积水成池	农田灌溉	
738	响 泉	曹范镇公益牌村	自然形	渗流，季节性泉	景观	★
739	高粱峪泉	曹范镇公益牌村	石砌圆井	渗流，常年不竭，积水成池	农田灌溉	★
740	大凹峪泉	曹范镇大凹峪村附近		渗流，常年不竭，积水成井	饮用	
741	小凹峪泉	曹范镇小凹峪村附近	水泥方池	渗流，季节性泉	饮用	
742	双凤泉	曹范镇小凹峪村双凤山	石砌长方池	渗流，常年不竭，积水成池	饮用	★
743	纱 泉	曹范镇小凹峪村双凤山	水泥长方池	渗流，常年不竭，积水成池	农田灌溉	★
744	羊栏顶泉	曹范镇羊栏顶村西南崖下	石砌长方池	渗流，常年不竭，积水成池	饮用	
745	大 泉	曹范镇大泉村侧	石砌长方池	渗流，常年不竭，积水成池	饮用	
746	小 泉	曹范镇小泉村附近	水泥方池	渗流，常年不竭，积水成池	饮用	
747	中公泉	曹范镇小泉村	石砌不规则形	渗流，常年不竭，积水成池	农田灌溉	★
748	布袋站泉	曹范镇布袋站村东南崖下	石砌长方池	渗流，常年不竭，积水成池		弃用
749	柳 泉	曹范镇瓦口岭村西山脚下	自然形态	渗流，常年不竭，汇水成洼	农田灌溉	
750	锦鸡泉	曹范镇瓦口岭村西南	自然岩缝	渗流，常年不竭，汇水成洼	农田灌溉	
751	鹁鸽泉	曹范镇瓦口岭村西南沟口处	自然洞穴	渗流，常年不竭，积水成塘	农田灌溉	

续表 1—3—1—32

序号	泉 名	泉 址	泉池结构形状	泉水出露形态及流向	泉水主要用途	备 注
752	地 泉	曹范镇瓦口岭村南	自然形态	渗流，常年不竭，积水成湾	农田灌溉	
753	家鹤泉	曹范镇瓦口岭村东南冲沟	石砌不规则形	渗流，常年不竭，积水成池	农田灌溉	
754	南 泉	曹范镇瓦口岭村南	自然岩缝	渗流，常年不竭，积水成池	饮用	
755	无名泉	曹范镇瓦口岭村	自然形态	渗流，常年不竭，汇水成溪	饮用	★
756	东峪泉	曹范镇黄石梁村南	石砌长方池	渗流，常年不竭，积水成池	农田灌溉	
757	南 泉	曹范镇黄石梁村南	自然岩缝	渗流，季节性泉，积水成池	农田灌溉	
758	漾 泉	曹范镇黄石梁村南三王峪	石砌长方池	渗流，常年不竭，积水成池	农田灌溉	
759	横河泉	曹范镇横河村南河道北侧	石砌方池	渗流，常年不竭，积水成池	饮用	
760	西山泉	曹范镇孟张庄西	石砌井池	常年不竭		2010年版《泉韵章丘》收载
761	井 泉	曹范镇井泉村西南	坑塘	渗流，常年不竭，积水成塘	农田灌溉	
762	南邓泉（天赐泉）	曹范镇南邓家庄村南	石砌长方池	渗流，常年不竭，积水成池	景观	
763	永 泉	曹范镇寨山后村南白云寺	石砌圆池	渗流，常年不竭，积水成井	饮用	
764	圣 井	圣井街道危山风景区危山之阴	石砌圆池	渗流，常年不竭，积水成井	景观	
765	琵琶湾（琵琶泉）	圣井街道危山风景区玉皇顶东	自然形态	渗流，季节性泉	景观	
			平阴县境诸泉			
766	洪范池（龙池）	洪范池镇洪范池公园内	石砌方池	涌流，常年不竭，经池入狼溪河	景观	新
767	姜女池（墨池）	洪范池镇洪范池公园内	石砌方池	渗流，常年不竭，积水成池	景观	
768	天池泉	洪范池镇天池山顶	石砌方池		景观	
769	书院泉（东流泉）	洪范池镇书院村	石砌方池	涌流，常年不竭，经池入狼溪河	景观	新
770	白沙泉	洪范池镇书院村西北	水泥方池	涌流，常年不竭，积水成池	饮用	
771	聚贤泉	洪范池镇书院村	石砌不规则形	涌流，常年不竭，汇入书院泉池	饮用	★ ▲
772	扈 泉	洪范池镇云翠山北崖下	自然形态	涌流，常年不竭	饮用兼农田灌溉	新
773	日月泉	洪范池镇云翠山元代南天观遗址	半石砌长方池	渗流，常年不竭，流入天一洞	饮用	新
774	墨池泉	洪范池镇云翠山北	石砌方池	渗流，常年不竭，积水成池	农田灌溉	

续表 1—3—1—33

序号	泉 名	泉 址	泉池结构形状	泉水出露形态及流向	泉水主要用途	备 注
775	道塘泉	洪范池镇云翠山南天观遗址南	水泥方池	渗流，常年不竭，积水成池	洗浴	★
776	天乳泉	洪范池镇大寨山	自然圆形池	渗流，季节性泉	景观	
777	白涯泉	洪范池镇大寨山白衣道观	石凿不规则形	渗流，常年不竭，积水成池	饮用	★
778	无名泉	洪范池镇大寨山	自然形态	渗流，季节性泉	景观	★
779	无名泉	洪范池镇大寨山	石凿不规则形	渗流，季节性泉	景观	★
780	丁 泉	洪范池镇丁泉村	石砌长方池	渗流，常年不竭，积水成池	农田灌溉兼生活	
781	白雁泉	洪范池镇白雁泉村	石砌长方池	渗流，常年不竭，积水成池	饮用兼农田灌溉	
782	拔箭泉	洪范池镇白雁泉村	石砌长方池	渗流，常年不竭，积水成池	农田灌溉	
783	莲花池	洪范池镇白雁泉村	石砌长方池	渗流，常年不竭，积水成池	农田灌溉	
784	龙眼泉	洪范池镇白雁泉村莲花池东	半石砌长方池	渗流，常年不竭，积水成池	饮用	★
785	白虎泉	东阿镇狮耳山西坡	石凿长方池	渗流，常年不竭，积水成池	饮用	
786	槐底泉	东阿镇狮耳山西坡	石凿不规则形	渗流，常年不竭，水量微小	景观	★
787	龙山泉	东阿镇龙山西，润发机械公司院内	石砌长方池	渗流，季节性泉	工业	
788	马跑泉	孝直镇马跑泉村	半石砌方池	渗流，常年不竭，积水成池	饮用	
789	汇 泉	孝直镇马跑泉村西南	水泥长方池	渗流，常年不竭，积水成池	饮用	
790	东拔箭泉	孝直镇湿口山村东南	石砌方形	涌流，季节性泉	工业	
791	古泉井	孔村镇晁峪村车厢峪东坡	石砌长方池	渗流，常年不竭，积水成井	农田灌溉	★
792	毛峪泉	孔村镇毛峪村西北	石砌圆井	渗流，常年不竭，积水成井	饮用	
793	有本泉	玫瑰镇翠屏山宝峰寺内	石砌长方池	渗流，常年不竭，积水成池	景观	
794	浸润泉	玫瑰镇翠屏山宝峰寺内	自然形态	渗流，季节性泉	景观	
795	杨枝泉	玫瑰镇翠屏山西坡	石石凿洞	渗流，常年不竭，积水成洼	景观	
796	朝阳泉	玫瑰镇翠屏山东坡山腰	半砌垒长方池	渗流，季节性泉	农田灌溉	
797	向阳泉	玫瑰镇翠屏山南坡	自然形态	渗流，常年不竭，积水成洼	农田灌溉	
798	落阳泉	玫瑰镇翠屏山西坡	自然形态	渗流，季节性泉	农田灌溉	

续表 1—3—1—34

序号	泉　名	泉　　址	泉池结构形状	泉水出露形态及流向	泉水主要用途	备　　注
799	南　泉	玫瑰镇南泉村	石砌长方池	渗流，常年不竭，积水成井	饮用	
800	无名泉	玫瑰镇南泉村	自然形态	渗流，常年不竭，汇水成溪	饮用	★
801	北　泉	玫瑰镇北泉村	石砌长方池	渗流，常年不竭，积水成池	饮用	
802	温　泉	玫瑰镇大孙庄村孙庄小学内	水泥方池	渗流，常年不竭，积水成池		封闭停用
803	灵醴泉（金斗峪泉）	县城东南，青龙山金斗峪西南坡	半石砌长方池	渗流，常年不竭，汲水而用	饮用	
804	抱珠泉	榆山街道贤子峪村	石凿长方池	渗流，常年不竭，积水成池	饮用	
805	天井飞泉	安城镇段天井水库	自然形态	渗流，常年不竭，积水成湾	农田灌溉	
806	毛铺泉	安城镇东毛铺村东北	石砌长方池	渗流，常年不竭，积水成井	农田灌溉	
807	石榴峪泉	安城镇东毛铺村天堂山石榴峪	石砌长方池	渗流，常年不竭，积水成池	农田灌溉	
808	常源泉	安城镇东毛铺村天堂山南	石砌长方池	渗流，常年不竭，积水成池	农田灌溉	★
809	虎豹泉	安城镇虎豹川村	石砌圆井	渗流，季节性泉	饮用	

注：

1. 本表收录的泉为2011年8月泉水普查时存在的泉点，不包括当时已消失或失考的泉点。在所收录的809处现存泉点中，属2005年9月济南市人大常委会公布的《济南市名泉保护条例》附件一之《济南市名泉名录》收录的泉点605处，在“备注”栏不作标记；属2011年8月济南市名泉保护办公室泉水普查新收录的泉点189处，在“备注”栏用★标记；其他来源泉点15处，在“备注”栏注明其出处。

2. 本表“备注”栏标注的“金、明、清”，分别系指金《名泉碑》、明《七十二泉诗》、清《七十二泉记》所记载的名泉；“新”，系指2004年新评七十二名泉。

3. 2013年2月5日济南市人民政府新命名的30处泉，在“备注”栏用▲标记。

4. 本表“泉址”使用的地名，为2011年8月状况。

第四篇　人　口

第一章　人口状况

第一节　人口数量

1986年，济南市共有98.72万户、388.13万人。1989年区划调整，原属德州地区的济阳县整建制划归济南；商河除奎台乡划归德州地区乐陵县外，其余乡镇均划归济南；原齐河县的靳家乡、大王乡和桑梓店镇3个乡镇划归济南市历城区。区划调整后，全市共有134.77万户、513.39万人。1996年平阴县的旧县乡划归泰安市东平县后，全市共156.42万户、543.45万人。2010年年底，全市（辖六区三县一市）共有190.65万户、604.08万人。

表1—4—1　　1986—2010年济南市人口（户籍人口）

年份	面积（平方千米）	户数（万户）	人口（万人）			在总人口中	
			总计	男	女	非农业人口（万人）	农业人口（万人）
1986	5775	98.72	388.13	197.00	191.13	135.56	252.57
1987	5775	101.35	394.16	200.13	194.03	140.22	253.93
1988	5818	105.63	401.33	203.81	197.52	155.63	245.70
1989	8227	134.77	513.39	260.79	252.61	157.79	355.60
1990	8227	140.36	523.60	265.91	257.69	160.67	362.93
1991	8227	143.42	527.43	267.78	259.65	163.29	364.14
1992	8227	147.50	530.70	269.46	261.25	166.01	364.69
1993	8227	149.42	533.53	270.77	262.76	169.31	364.22
1994	8227	153.60	537.31	272.76	264.54	180.28	357.03
1995	8227	156.45	542.12	274.98	267.14	186.04	356.08
1996	8154	156.42	543.45	275.59	267.86	190.97	352.48
1997	8154	157.66	549.20	278.30	270.90	194.23	354.97
1998	8154	160.93	553.54	279.91	273.63	199.29	354.25
1999	8154	163.52	557.63	281.71	275.93	202.47	355.16

续表 1—4—1

年份	面积（平方千米）	户数（万户）	人口（万人）			在总人口中	
			总计	男	女	非农业人口（万人）	农业人口（万人）
2000	8154	166.63	562.65	284.19	278.46	207.68	354.97
2001	8177	168.46	569.00	287.39	281.61	222.24	343.14
2002	8177	170.10	575.01	290.58	284.43	285.83	285.17
2003	8177	172.18	582.56	294.04	288.52	297.21	283.58
2004	8177	173.24	590.08	297.25	292.82	307.96	281.64
2005	8177	177.69	597.44	300.42	297.02	330.26	267.18
2006	8177	179.48	603.35	302.72	300.63	338.61	264.74
2007	8177	181.88	604.85	302.87	301.98	—	—
2008	8177	184.63	603.99	302.00	301.99	—	—
2009	8177	187.70	603.27	301.26	302.01	—	—
2010	8177	190.65	604.08	301.28	302.80	—	—

第二节　人口分布与密度

1986 年，济南市总人口 3881267 人，土地面积为 5775 平方千米，人口密度每平方千米 672 人。1989 年，全市有 5133934 人，土地面积为 8227 平方千米，人口密度每平方千米 624 人。2010 年，济南总人口 604.08 万人，土地面积为 8177 平方千米，人口密度每平方千米 739 人。

表 1—4—2　**1986 年济南市人口分布与密度（户籍人口）**

	总人口（人）	土地面积（平方千米）	人口密度（人／平方千米）
全　市	3881267	5775	672
市　区	1464325	483	3032
历下区	284707	—	—
市中区	228381	—	—
天桥区	234214	—	—
槐荫区	207381	—	—
郊　区	509642	—	—
历城县	635273	1417	448
章丘县	925903	1855	499
长清县	498633	1120	445
平阴县	357133	900	397

表 1—4—3

1987 年济南市人口分布与密度（户籍人口）

	总人口（人）	土地面积（平方千米）	人口密度（人／平方千米）
全　市	3941584	5775	683
市　区	2144236	1900	1129
历下区	361671	—	—
市中区	280778	—	—
天桥区	337524	—	—
槐荫区	328320	—	—
历城区	835943	1417	590
章丘县	938243	1855	506
长清县	500985	1120	447
平阴县	351812	900	398

表 1—4—4

1988 年济南市人口分布与密度（户籍人口）

	总人口（人）	土地面积（平方千米）	人口密度（人／平方千米）
全　市	4013298	5818	690
市　区	2191895	1943	1128
历下区	370168	109	3396
市中区	286632	58	4942
天桥区	344185	73	4715
槐荫区	334649	149	2246
历城区	856270	1554	551
章丘县	945742	1855	510
长清县	507451	1120	453
平阴县	368210	900	409

表 1—4—5

1989 年济南市人口分布与密度（户籍人口）

	总人口（人）	土地面积（平方千米）	人口密度（人／平方千米）
全　市	5133934	8227	624
市　区	2288789	2119	1080
历下区	381264	109	3498
市中区	290974	58	5017
天桥区	348880	73	4779
槐荫区	337031	149	2262
历城区	930640	1730	538
章丘县	948193	1855	511

续表 1—4—5

	总人口（人）	土地面积（平方千米）	人口密度（人／平方千米）
长清县	509131	1120	455
平阴县	367184	900	408
济阳县	486780	1076	452
商河县	533857	1157	461

表 1—4—6　**1996 年济南市人口分布与密度（户籍人口）**

	总人口（人）	土地面积（平方千米）	人口密度（人／平方千米）
全　市	5434509	8154	666
市　区	2509101	2119	1184
历下区	465249	109	4268
市中区	345106	58	5950
槐荫区	345893	149	2321
天桥区	380302	73	5209
历城区	972551	1730	562
章丘市	972798	1855	524
长清县	518698	1120	463
平阴县	347553	827	420
济阳县	514884	1076	478
商河县	571475	1157	494

表 1—4—7　**2001 年济南市人口分布与密度（户籍人口）**

	总人口（万人）	土地面积（平方千米）	人口密度（人／平方千米）
全　市	569	8177	696
市　区	322.45	3257	990
历下区	54.58	101	5404
市中区	51.18	280	1828
槐荫区	33.95	151	2248
天桥区	47.66	249	1914
历城区	82.08	1298	632
长清区	53	1178	450
章丘市	98.73	1855	532
平阴县	36.23	827	438
济阳县	52.5	1075	488
商河县	59.09	1163	508

表 1—4—8　　2010 年济南市人口分布与密度（户籍人口）

	总人口（万人）	土地面积（平方千米）	人口密度（人/平方千米）
全　市	604.08	8177	739
市　区	348.02	3257	1069
历下区	54.22	101	5368
市中区	57.13	280	2040
槐荫区	38.07	151	2521
天桥区	50.38	249	2023
历城区	92.2	1298	710
长清区	56.03	1178	476
平阴县	37.27	827	451
济阳县	55.24	1076	513
商河县	62.04	1162	534
章丘市	101.51	1855	547

第二章　人口构成

第一节　性别构成

1990 年 7 月 1 日，据第四次人口普查资料，济南市常住人口中，男性占 50.82%，女性占 49.18%，性别比例 103.31。

2000 年 11 月 1 日，据第五次人口普查资料，济南市常住人口中，男性占 50.70%，女性占 49.30%，性别比例 102.82。

2010 年 11 月 1 日，据第六次人口普查资料，济南市常住人口中，男性占 50.25%，女性占 49.75%，性别比例 101.00。

表 1—4—9　　1990 年济南市人口性别比例（常住人口）

	总人口（人）			占总人口的 %		性别比（女 = 100）
	合计	男	女	男	女	
总　计	5293314	2689808	2603506	50.82	49.18	103.31
历下区	389897	208564	181333	53.49	46.51	115.02
市中区	328443	168994	159449	51.45	48.55	105.99
槐荫区	337044	172737	164307	51.25	48.75	105.13
天桥区	382418	195134	187284	51.03	48.97	104.19
历城区	966144	496475	469669	51.39	48.61	105.71
章丘县	941435	465128	476307	49.41	50.59	97.65

续表 1—4—9

	总人口（人）			占总人口的％		性别比（女＝100）
	合计	男	女	男	女	
长清县	504513	254889	249624	50.52	49.48	102.11
平阴县	369789	185417	184372	50.14	49.86	100.57
济阳县	517453	261059	256394	50.45	49.55	101.82
商河县	556178	281411	274767	50.60	49.40	102.42

表 1—4—10　**2000 年济南市人口性别比例（常住人口）**

	总人口（人）			占总人口的％		性别比（女＝100）
	合计	男	女	男	女	
总　计	5921891	3002142	2919749	50.70	49.30	102.82
历下区	582520	302819	279701	51.98	48.02	108.27
市中区	572141	289628	282513	50.62	49.38	102.52
槐荫区	396846	203421	193425	51.26	48.74	105.17
天桥区	570296	291448	278848	51.10	48.90	104.52
历城区	878131	451751	426380	51.44	48.56	105.95
长清县	506579	254075	252504	50.16	49.84	100.62
平阴县	344386	171590	172796	49.82	50.18	99.30
济阳县	518879	260865	258014	50.27	49.73	101.10
商河县	574789	290620	284169	50.56	49.44	102.27
章丘市	977324	485925	491399	49.72	50.28	98.89

表 1—4—11　**2010 年济南市人口性别比例（常住人口）**

	总人口（人）			占总人口的％		性别比（女＝100）
	合计	男	女	男	女	
总　计	6813984	3423904	3390080	50.25	49.75	101.00
历下区	754136	386087	368049	51.20	48.80	104.90
市中区	713581	362397	351184	50.79	49.21	103.19
槐荫区	476811	243771	233040	51.13	48.87	104.60
天桥区	688415	347853	340562	50.53	49.47	102.14
历城区	1124306	571050	553256	50.79	49.21	103.22
长清区	578740	285406	293334	49.32	50.68	97.30
平阴县	331712	162972	168740	49.13	50.87	96.58
济阳县	517948	256802	261146	49.58	50.42	98.34
商河县	564125	281313	282812	49.87	50.13	99.47
章丘市	1064210	526253	537957	49.45	50.55	97.82

第二节　年龄构成

1990年7月1日第四次人口普查资料表明，济南市常住人口中：0岁～14岁人口比例为22.8%；15岁～59岁人口比例为67.2%；60岁及以上人口比例为10.0%。

2000年11月1日第五次人口普查资料表明，常住人口中：0岁～14岁人口比例为17.9%；15岁～59岁人口比例为70.3%；60岁及以上人口比例为11.8%。

2010年11月1日第六次人口普查资料表明：0岁～14岁人口比例为13.6%；15岁～59岁人口比例为72.5%；60岁及以上人口比例为13.9%。

表1—4—12　**1990年济南市人口年龄状况（常住人口）**

年龄分组	各年龄组人口数（人）	占总人口的比（%）
总人口数	5293314	100.00
0岁～4岁	455768	8.61
5岁～9岁	371913	7.03
10岁～14岁	380255	7.18
15岁～19岁	512957	9.69
20岁～24岁	560433	10.59
25岁～29岁	524376	9.91
30岁～34岁	458343	8.66
35岁～39岁	455886	8.61
40岁～44岁	347189	6.56
45岁～49岁	243153	4.59
50岁～54岁	231508	4.37
55岁～59岁	221927	4.19
60岁～64岁	189898	3.59
65岁～69岁	148801	2.81
70岁～74岁	96499	1.82
75岁～79岁	56030	1.06
80岁～84岁	27336	0.52
85岁～89岁	9429	0.18
90岁～94岁	1404	0.03
95岁～99岁	197	0.00
100岁及以上	12	0.00

表 1—4—13　**2000 年济南市人口年龄状况（常住人口）**

年龄分组	各年龄组人口数（人）	占总人口的比（%）
总人口数	5921891	10.00
0 岁～ 4 岁	297209	5.02
5 岁～ 9 岁	274929	4.64
10 岁～ 14 岁	489731	8.27
15 岁～ 19 岁	482070	8.14
20 岁～ 24 岁	468978	7.92
25 岁～ 29 岁	536178	9.05
30 岁～ 34 岁	603057	10.18
35 岁～ 39 岁	562234	9.49
40 岁～ 44 岁	457386	7.72
45 岁～ 49 岁	469012	7.92
50 岁～ 54 岁	346350	5.85
55 岁～ 59 岁	238427	4.03
60 岁～ 64 岁	214132	3.62
65 岁～ 69 岁	187821	3.17
70 岁～ 74 岁	143378	2.42
75 岁～ 79 岁	89113	1.50
80 岁～ 84 岁	42291	0.71
85 岁～ 89 岁	14806	0.25
90 岁～ 94 岁	3887	0.07
95 岁～ 99 岁	864	0.01
100 岁及以上	38	0.00

表 1—4—14　**2010 年济南市人口年龄状况（常住人口）**

年龄分组	各年龄组人口数（人）	占总人口的比（%）
总人口数	6813984	100.00
0 岁～ 4 岁	319128	4.68
5 岁～ 9 岁	302038	4.43
10 岁～ 14 岁	307901	4.52
15 岁～ 19 岁	409309	6.01
20 岁～ 24 岁	857271	12.58
25 岁～ 29 岁	539441	7.92
30 岁～ 34 岁	505681	7.42
35 岁～ 39 岁	573394	8.41

续表 1—4—14

年龄分组	各年龄组人口数（人）	占总人口的比（%）
40 岁～44 岁	610730	8.96
45 岁～49 岁	552773	8.11
50 岁～54 岁	442783	6.50
55 岁～59 岁	448538	6.58
60 岁～64 岁	321515	4.72
65 岁～69 岁	210186	3.08
70 岁～74 岁	169575	2.49
75 岁～79 岁	128659	1.89
80 岁～84 岁	75205	1.10
85 岁～89 岁	30312	0.44
90 岁～94 岁	7847	0.12
95 岁～99 岁	1561	0.02
100 岁及以上	137	0.00

第三节　文化构成

1990 年 7 月 1 日第四次人口普查资料表明，济南市 6 周岁及以上人口中：具有大学（指大专以上）受教育程度的占 3.6%；15 岁及以上人口中文盲或半文盲（15 岁及以上不识字或很少识字的人）人口占 20.79%。2000 年 11 月 1 日第五次人口普查资料表明，济南市 6 周岁及以上人口中：具有大学（指大专以上）受教育程度的占 8.99%；15 岁及以上人口中文盲人口（15 岁及以上不识字的人）占 8.03%。2010 年 11 月 1 日第六次人口普查资料表明，济南市 6 周岁及以上人口中：具有大学（指大专以上）受教育程度的占 21.10%；15 岁及以上人口中文盲人口（15 岁及以上不识字的人）占 4.42%。

表 1—4—15　**1990 年济南市各种文化程度人口（常住人口）**

单位：人

	6 岁及以上人口	大学本科	大学专科	中专	高中	初中	小学	文盲或半文盲
总　计	4770185	75712	95633	146830	445886	1415758	1741086	849280
历下区	361826	36131	28928	37811	66265	92103	69709	30879
市中区	301367	11183	21161	22104	64354	88422	63427	30716
槐荫区	306564	4580	10235	18226	57583	98188	79377	38375
天桥区	349724	6816	14458	21437	68049	117549	81247	40168
历城区	870675	15253	12392	20919	67947	266516	321773	165875
章丘县	856407	638	2787	7801	39519	275650	345376	184636
长清县	456410	327	1681	5388	28685	145804	180820	93705
平阴县	325915	323	1598	4623	18445	102685	135379	62862
济阳县	448674	234	1187	4207	20052	114118	229837	79039
商河县	492623	227	1206	4314	14987	114723	234141	123025

表 1—4—16　　2000 年济南市各种文化程度人口（常住人口）

单位：人

	6 岁及以上人口	研究生	大学本科	大学专科	中专	高中	初中	小学	扫盲班	未上过学
合　计	5567516	15091	201098	284536	356614	586273	2E+06	1606864	69526	398401
历下区	558858	7193	86002	82112	88397	84588	122533	71062	2172	14799
市中区	543564	2601	42219	59217	57312	92431	163900	99467	6692	19725
槐荫区	376795	718	11543	27655	41444	70335	130108	73469	2394	19129
天桥区	541631	907	20954	42275	53735	93560	190400	108954	3052	27794
历城区	823941	3525	30277	37738	51379	80626	326636	222495	10746	60519
长清县	468737	43	2049	6727	11752	33822	212976	146665	5890	48813
平阴县	322808	11	1850	6860	12264	23940	137198	100960	3851	35874
济阳县	488427	18	1402	4807	9703	27877	169155	210756	11439	53270
商河县	540418	40	1269	4455	9119	22663	196447	243094	8621	54710
章丘市	902337	35	3533	12690	21509	56431	399760	329942	14669	63768

表 1—4—17　　2010 年济南市各种文化程度人口（常住人口）

单位：人

	6 岁及以上人口	研究生	大学本科	大学专科	高中	初中	小学	未上过学
总　计	6431140	66654	586593	703686	1139551	2290022	1349024	295610
历下区	724252	26007	158291	145916	169062	148781	67103	9092
市中区	677748	12525	118744	101499	167439	174375	88258	14908
槐荫区	448870	4180	45406	61970	123493	142312	60867	10642
天桥区	650805	4082	52030	104706	172902	204891	95882	16312
历城区	1057166	15294	96750	147023	205225	356743	189947	46184
长清区	548416	3293	58874	36973	63938	225157	126421	33760
平阴县	312303	203	7816	14072	42284	145471	78662	23795
济阳县	480212	199	10804	12480	44489	206312	159120	46808
商河县	520209	152	5896	10752	38649	220033	191842	52885
章丘市	1011159	719	31982	68295	112070	465947	290922	41224

第四节　行业及职业构成

1990 年 7 月 1 日，全市在业人口总数 3232726 人。按行业分：农林牧渔、水利业 2002864 人，占在业人口的 61.95%；工业 614058 人，占在业人口的 18.99%；地址普查和勘探业 4573 人，占在业人口的 0.14%；建筑业 92467 人，占在业人口的 2.86%；交通运输、邮电通讯业 72873 人，占在业人口的 2.25%；商业、公共饮食业、物资供销和仓储业 145832 人，占在业人口的 4.51%；房地产管理、公共事业居民服务和咨询服务业 41524 人，占在业人口的 1.28%；卫生、体育和社会福利业 37401 人，占在业人口的 1.15%；教育、文化艺术和广播电视业 103908 人，占在业人口的 3.21%；科学研究和综合技术服务事业 17623 人，占在业人口的 0.54%；金融保险业 11960 人，占在业人口的 0.37%；国家机关、党政机关和社会团体 87302 人，占在业人口的 2.70%；其他行业 108 人，占在业人口的 0.0033%。按职业分，1990 年 7 月 1 日，全市：各类专业、技术人员 245951 人，占在业人口的 7.61%；国家机关党群组织、企事业单位负责人 75355 人，占在业人口的 2.33%；办事人员和有关人员 90476 人，占在业人口的 2.79%；商业工作人员 107896 人，占在业人口的 3.33%；服务性工作人员 106793 人，占在业人口的 3.30%；农林牧渔劳动者 1976966 人，占在业人口的 61.15%；生产工人、运输工人和有关人员 627760 人，占在业人口的 19.41%；其他劳动者 1529 人，占在业人口的 0.04%。

2000 年 11 月 1 日，全市在业人员 336143 人。按各行业门、大类分：农林牧渔业 186763 人，占在业人口的 55.56%；采掘业 3360 人，占在业人口的 0.99%；制造业 50520 人，占在业人口的 15.02%；电力、燃气及水的生产和供应业 2318 人，占在业人口的 0.68%；建筑业 9935 人，占在业人口的 2.95%；地质勘查业、水利管理业 552 人，占在业人口的 0.16%；交通运输、仓储及邮电通讯业 10551 人，占在业人口的 3.13%；批发和零售贸易、餐饮业 28066 人，占在业人口的 8.34%；金融、保险业 2942 人，占在业人口的 0.87%；房地产业 1390 人，占在业人口的 0.41%；社会服务业 8678 人，占在业人口的 2.58%；卫生、体育和社会福利业 5176 人，占在业人口的 1.53%；教育、文化艺术及广播电影电视业 11375 人，占在业人口的 3.38%；科学研究和综合技术服务业 2196 人，占在业人口的 0.65%；国家机关、党政机关和社会团体 10916 人，占在业人口的 3.24%；其他行业 1405 人，占在业人口的 0.41%。按职业分：国家机关、党群组织、企业、事业单位负责人 7684 人，占在业人口的 2.28%；专业技术人员 27969 人，占在业人口的 8.32%；办事人员和有关人员 18624 人，占在业人口的 5.54%；商业、服务业人员 37019 人，占在业人口的 11.01%；农、林、牧、渔、水利业生产人员 187559 人，占在业人口的 55.79%；生产、运输设备操作人员及有关人员 57288 人，占在业人口的 17.04%；不便分类的其他从业人员 14 人，占在业人口的 0.0041%。

2010 年 11 月 1 日（行业、职业数据为长表抽样调查内容，以下表中数据均为长表数据，未推算总体数据），就业人口 354674 人。按行业分：农、林、牧、渔业 144543 人，占就业人口的 40.75%；采矿业 3160 人，占就业人口的 0.89%；制造业 51124 人，占就业人口的 14.43%；电力、燃气及水的生产和供应业 3018 人，占就业人口的 0.85%；建筑业 21767 人，占就业人口的 6.13%；交通运输、仓储和邮政业 14658 人，占就业人口的 4.13%；信息传输、计算机服务和软件业 4226 人，占就业人口的 1.19%；批发和零售业 43753 人，占就业人口的 12.33%；住宿和餐饮业 9941 人，占就业人口的 2.80%；金融业 5450 人，占就业人口的 1.53%；房地产业 3753 人，占就业人口的 1.05%；租赁和商务服务业 4130 人，占就业人口的 1.16%；科学研究、技术服务和地质勘查业 2562 人，占就业人口的 0.72%；水利、环境和公共设施管理业 2310 人，占就业人口的 0.65%；居民服务和其他服务业 5937 人，占就业人口的 1.67%；教育 12060 人，占就业人口的 3.40%；卫生、社会保障和社会福利业 6562 人，占就业人口的 1.85%；文化、体育和娱乐业 2494 人，占就业人口的 0.70%；公共管理和社会组织 13219 人，占就业人口的 3.72%。按职业分：国家机关、党群组织、企业、事业单位负责人 10815 人，占就业人口的 3.04%；专业技术人员 40617 人，占就业人口的 11.45%；办事人员和有关人员 20905 人，占就业人口的 5.89%；商业、服务业人员 70169 人，占就业人口的 19.78%；农、林、牧、渔、水利业生产人员 144323 人，占就业人口的 40.69%；生产、运输设备操作人员及有关人员 67508 人，占就业人口的 19.03%；不便分类的其他从业人员 337 人，占就业人口的 0.09%。

表 1—4—18　　**1990 年济南市分地区、分行业的就业人口统计表（一）**

单位：人

	在业人口总数	农林牧渔、水利业	工业	地址普查和勘探业	建筑业	交通运输、邮电通讯业	商业、公共饮食业、物资供销和仓储业
总　计	3232726	2002864	614058	4573	92467	72873	145832
历下区	221716	12738	84081	2510	17148	7948	21802
市中区	194698	9918	81202	104	14059	13120	23166
槐荫区	203492	45818	84110	59	11155	10532	22524
天桥区	229434	10526	129774	172	15281	18579	21982
历城区	589176	405689	98500	1706	16230	8733	18599
章丘县	593074	463458	76537	19	9756	5599	14217
长清县	321703	273142	18413	1	4039	4730	7905
平阴县	225877	183267	20797	—	3554	2406	5230
济阳县	312234	286054	8682	—	627	647	5184
商河县	341322	312254	11962	2	618	579	5223

注：据第四次人口普查资料。

表 1—4—19　　**1990 年济南市分地区、分行业的就业人口统计表（二）**

单位：人

	房地产管理、公共事业居民服务和咨询服务业	卫生、体育和社会福利业	教育、文化艺术和广播电视业	科学研究和综合技术服务事业	金融保险业	国家机关、党政机关和社会团体	其他行业
总　计	41524	37401	103908	17623	11960	87302	108
历下区	9723	9606	27536	6346	1481	20765	17
市中区	8667	6396	13240	2773	3259	18568	68
槐荫区	6058	4201	6998	2936	1030	8056	5
天桥区	7742	4139	7944	2511	1314	9432	14
历城区	4014	4365	17144	2870	1332	9985	1
章丘县	2350	3277	10265	70	1072	6449	2
长清县	1183	1944	5626	41	692	3982	
平阴县	986	1330	4524	58	518	3203	1
济阳县	475	1166	5330	5	638	3422	
商河县	326	977	5301	13	624	3440	

注：据第四次人口普查资料。

表 1—4—20　　1990 年济南市分地区、分职业的就业人口统计表（一）

单位：人

	在业人员总计	各类专业、技术人员	国家机关党群组织、企事业单位负责人	办事人员和有关人员
总　计	3232726	245951	75355	90476
历下区	221716	53390	14279	20227
市中区	194698	377759	13166	17850
槐荫区	203492	25643	8758	10253
天桥区	229434	30766	11764	14567
历城区	589176	37280	10392	11239
章丘县	593074	21817	5851	5502
长清县	321703	11457	3271	3094
平阴县	225877	9504	2568	2601
济阳县	312234	9401	3315	2426
商河县	341322	8934	1991	2717

注：据第四次人口普查资料。

表 1—4—21　　1990 年济南市分地区、分职业的就业人口统计表（二）

单位：人

	商业工作人员	服务性工作人员	农林牧渔劳动者	生产工人、运输工人和有关人员	其他劳动者
总　计	107896	106793	1976966	627760	1529
历下区	15832	18353	12221	86993	421
市中区	17780	17346	7970	82584	243
槐荫区	14429	14264	45130	84799	196
天桥区	16882	20054	10078	124987	336
历城区	14644	15808	401932	97642	247
章丘县	11163	10194	457507	81039	1
长清县	6149	3520	267830	26358	22
平阴县	4269	3261	179492	24136	46
济阳县	3208	2078	283105	8693	8
商河县	3520	1915	311689	10547	9

注：据第四次人口普查资料。

表 1—4—22 **2000 年济南市分地区、分行业的就业人口统计表（一）**

单位：人

	总计	农林牧渔业	采掘业	制造业	电力、燃气及水的生产和供应业	建筑业	地质勘查业、水利管理业	交通运输、仓储及邮电通讯业	批发和零售贸易、餐饮业
总计	336143	186763	3360	50520	2318	9935	552	10551	28066
历下区	23573	438	65	5971	335	1126	214	1087	3874
市中区	26799	3672	222	6257	359	1581	6	1862	4251
槐荫区	18792	3399	16	5903	171	715	33	1175	3556
天桥区	28269	4993	14	8931	343	943	15	1869	5412
历城区	51494	31044	328	8560	446	1399	176	1408	3116
长清县	31536	24594	74	1924	142	961	29	682	1202
平阴县	21655	14765	210	2753	133	520	18	553	1110
济阳县	34581	31784	30	552	37	99	32	56	574
商河县	39644	36019	97	1001	60	114	3	116	812
章丘市	59800	36055	2304	8668	292	2477	26	1743	4159

注：据第五次人口普查资料。

表 1—4—23 **2000 年济南市分地区、分行业的就业人口统计表（二）**

单位：人

	金融、保险业	房地产业	社会服务业	卫生、体育和社会福利业	教育、文化艺术及广播电影电视业	科学研究和综合技术服务业	国家机关、党政机关和社会团体	其他行业
总计	2942	1390	8678	5176	11375	2196	10916	1405
历下区	706	408	1983	1208	3024	854	1887	393
市中区	684	420	1697	806	1963	426	2365	228
槐荫区	227	130	1020	621	700	171	742	213
天桥区	445	265	1936	666	969	389	1242	37
历城区	321	99	949	507	1525	279	1196	141
长清县	107	18	241	300	600	16	617	29
平阴县	90	3	236	216	480	10	543	15
济阳县	68	13	155	145	451	35	491	59
商河县	114	2	64	149	489		558	16
章丘市	180	32	597	558	1174	16	1245	274

注：据第五次人口普查资料。

表 1—4—24 **2000 年济南市分地区、分职业的就业人口统计表**

单位：人

	合计	国家机关、党群组织、企业、事业单位负责人	专业技术人员	办事人员和有关人员	商业、服务业人员	农、林、牧、渔、水利业生产人员	生产、运输设备操作人员及有关人员	不便分类的其他从业人员
总　计	336143	7684	27969	18624	37019	187559	57288	14
历下区	23573	1051	6248	4534	5272	493	5975	
市中区	26799	1619	4845	3846	5587	3670	7232	
槐荫区	18792	746	2581	1903	4574	3418	5570	
天桥区	28269	1274	3479	3317	6963	4995	8241	
历城区	51494	1333	3905	1914	4567	31188	8587	8
长清县	31536	424	1361	520	1541	24583	3107	3
平阴县	21655	319	1067	482	1427	14704	3656	3
济阳县	34581	190	861	350	727	31791	662	
商河县	39644	165	929	344	1022	36055	1129	
章丘市	59800	563	2693	1414	5339	36662	13129	

注：据第五次人口普查资料。

表 1—4—25 **2010 年济南市分地区、分行业的就业人口统计表（一）**

单位：人

地　区	合计	农、林、牧、渔业	采矿业	制造业	电力、燃气及水的生产和供应业	建筑业	交通运输、仓储和邮政业
总　计	354674	144543	3160	51124	3018	21767	14658
历下区	30251	143	68	4622	476	2499	1113
市中区	32397	3093	53	4981	533	2532	2366
槐荫区	21500	1529	50	4002	265	1300	1702
天桥区	32366	3366	73	6091	370	1599	2631
历城区	54866	19967	209	9433	615	3954	2722
长清区	30760	17958	79	2568	118	3028	1010
平阴县	19732	11617	215	2866	133	894	590
济阳县	33612	27509	89	1577	74	862	355
商河县	39484	32037	81	1939	83	1549	315
章丘市	59706	27324	2243	13045	351	3550	1854

注：据第六次人口普查资料。

表 1—4—26　　2010 年济南市分地区、分行业的就业人口统计表（二）

单位：人

地　区	信息传输、计算机服务和软件业	批发和零售业	住宿和餐饮业	金融业	房地产业	租赁和商务服务业	科学研究、技术服务和地质勘查业
总　计	4226	43753	9941	5450	3753	4130	2562
历下区	1129	5785	1999	1169	798	948	992
市中区	795	5616	1513	1449	689	662	404
槐荫区	589	5660	844	563	519	572	178
天桥区	599	9365	1302	786	609	723	357
历城区	709	6638	1564	622	694	631	493
长清区	113	1973	759	195	188	205	42
平阴县	48	1141	308	147	37	53	9
济阳县	51	1167	273	97	38	56	21
商河县	37	1281	296	112	28	37	8
章丘市	156	5127	1083	310	153	243	58

注：据第六次人口普查资料。

表 1—4—27　　2010 年济南市分地区、分行业的就业人口统计表（三）

单位：人

地　区	水利、环境和公共设施管理业	居民服务和其他服务业	教育	卫生、社会保障和社会福利业	文化、体育和娱乐业	公共管理和社会组织
总　计	2310	5937	12060	6562	2494	13219
历下区	455	765	2830	1254	736	2468
市中区	271	896	1896	1055	709	2884
槐荫区	310	520	799	888	214	995
天桥区	362	785	1064	862	289	1131
历城区	447	1007	2159	802	288	1911
长清区	98	518	747	309	94	758
平阴县	69	180	460	257	25	683
济阳县	50	200	443	231	18	501
商河县	15	384	485	184	10	603
章丘市	233	682	1177	720	111	1285

注：据第六次人口普查资料。

表 1—4—28　　　　2010 年济南市分地区、分职业的就业人口

单位：人

	合　计	国家机关、党群组织、企业、事业单位负责人	专业技术人员	办事人员和有关人员	商业、服务业人员	农、林、牧、渔、水利业生产人员	生产、运输设备操作人员及有关人员	不便分类的其他从业人员
总　计	354674	10815	40617	20905	70169	144323	67508	337
历下区	30251	2270	9078	4562	9271	108	4916	46
市中区	32397	1677	7393	3768	9841	3342	6316	60
槐荫区	21500	974	4105	2135	8476	1483	4283	44
天桥区	32366	1320	5494	2780	13277	3307	6071	117
历城区	54866	1799	6185	3370	10807	19903	12800	2
长清区	30760	538	1645	874	3709	17936	6058	0
平阴县	19732	314	1180	677	1942	11613	4006	0
济阳县	33612	146	916	530	1820	27482	2715	3
商河县	39484	401	1093	705	1787	31907	3583	8
章丘市	59706	1376	3528	1504	9239	27242	16760	57

注：据第六次人口普查资料。

第五节　民族构成

1990 年 7 月 1 日，全市有人口 5293314 人，37 个民族。其中：汉族占 98.30%；少数民族占 1.70%，外国人加入中国籍 7 人。2000 年 11 月 1 日，全市有人口 5921891 人，49 个民族。其中：汉族占 98.15%；少数民族占 1.85%，外国人加入中国籍 4 人。2010 年 11 月 1 日，全市常住人口 6813984 人，53 个民族。其中：汉族占 99.14%；少数民族占 0.86%，外国人加入中国籍 3 人。

表 1—4—29　　　　1990 年济南市各民族人口

单位：人

民族	人口数	民族	人口数	民族	人口数
合计	5293314				
汉族	5203303	黎族	6	撒拉族	
壮族	161	傣族	5	布朗族	
满族	1572	畲族	16	塔吉克族	
回族	86217	傈僳族	4	阿昌族	
苗族	282	仡佬族	4	普米族	
维吾尔族	42	东乡族		鄂温克族	
土家族	82	高山族	12	怒族	
彝族	41	拉祜族	2	京族	6
蒙古族	273	水族	4	基诺族	1

续表 1—4—29

民族	人口数	民族	人口数	民族	人口数
藏族	505	佤族	10	德昂族	
布依族	53	纳西族	9	保安族	
侗族	159	羌族	1	俄罗斯族	10
瑶族	10	土族	9	裕固族	
朝鲜族	358	仫佬族	16	乌孜别克族	
白族	67	锡伯族	24	门巴族	
哈尼族	27	柯尔克孜族		鄂伦春族	1
哈萨克族		达斡尔族	1	独龙族	
珞巴族		景颇族		塔塔尔族	
赫哲族	5	毛南族	1	外国人加入中国籍	7

注：据第四次人口普查资料。

表 1—4—30

2000年济南市各民族人口

单位：人

民族	人口数	民族	人口数	民族	人口数
合计	5921891				
汉族	5812583	黎族	33	撒拉族	2
壮族	585	傣族	64	布朗族	20
满族	3231	畲族	46	塔吉克族	9
回族	97043	傈僳族	106	阿昌族	
苗族	669	仡佬族	10	普米族	6
维吾尔族	542	东乡族	2	鄂温克族	8
土家族	283	高山族	11	怒族	7
彝族	499	拉祜族	55	京族	
蒙古族	2884	水族	2	基诺族	5
藏族	407	佤族	106	德昂族	
布依族	377	纳西族	12	保安族	
侗族	249	羌族	2	俄罗斯族	15
瑶族	47	土族	14	裕固族	
朝鲜族	729	仫佬族	23	乌孜别克族	
白族	102	锡伯族	38	门巴族	
哈尼族	984	柯尔克孜族	2	鄂伦春族	3
哈萨克族	5	达斡尔族	10	独龙族	28
珞巴族	2	景颇族	4	塔塔尔族	2
赫哲族	10	毛南族	6	外国人加入中国籍	4

注：据第五次人口普查资料。

表 1—4—31　　**2010 年济南市各民族人口**

单位：人

民族	人口数	民族	人口数	民族	人口数
合计	6813984				
汉族	6687428	黎族	127	普米族	10
蒙古族	3069	傈僳族	184	塔吉克族	2
回族	107465	佤族	159	怒族	40
藏族	345	畲族	109	乌孜别克族	1
维吾尔族	414	高山族	19	俄罗斯族	25
苗族	1192	拉祜族	133	鄂温克族	20
彝族	800	水族	5	德昂族	11
壮族	928	东乡族	23	保安族	
布依族	309	纳西族	26	裕固族	12
朝鲜族	923	景颇族	32	京族	10
满族	6466	柯尔克孜族	18	塔塔尔族	2
侗族	298	土族	113	独龙族	
瑶族	156	达斡尔族	71	鄂伦春族	13
白族	144	仫佬族	30	赫哲族	10
土家族	957	羌族	45	门巴族	3
哈尼族	1249	布朗族	37	珞巴族	
哈萨克族	207	撒拉族	32	基诺族	3
傣族	105	毛南族	7	其他未识别的民族	29
锡伯族	89	仡佬族	73	外国人加入中国籍	3
阿昌族	3				

注：据第六次人口普查资料

第三章　人口变动

第一节　自然变动

自 1986 年至 2010 年，济南市人口出生总体上没有特别大的起伏变化，但 1987 年、1989 年、1990 年、2000 年、2010 年受当时政策影响有所变化。1987 年济南市农村地区实行了间隔二胎政策（即对第一胎是女孩的允许生育第二胎），导致 1987 年出生申报人口达到 72053 人，比 1986 年的 58195 人多 13858 人，出生率高出 3.27 个千分点。1989 年经国务院批准，将原德州地区的商河、济阳两县和齐河县的桑梓店镇、大王乡、靳家乡划归济南市，划归的县、镇（乡）出生申报人口数为13990人，1989年全市出生申报人口总数为76380人,比1988年的62089人多14291人。1989年至1990年，按照《国务院批转人口普查领导小组、公安部关于在第四次全国人口普查前进行户口整顿工作报告的通知》要求，在全市范围内组织开展了人口普查前的户口整顿工作，全市补报超计划生育户口45985人，致使1990年出生申报人口数高达109537人。2000年7月22日开始至11月1日，按照国务院办公厅转发国务院第五次全国人口普查领导小组、公安部《关于在第五次全国人口普查前进行户口整顿工作意见的通知》要求和山东省户口整顿工作会议精神，在全市范围内组织开展了户口整顿工作，全市补报超计划生育户口13601人，2000年全市出生申报人口总数为62059人，比1999年的55931人多6128人，出生率高出1.01千分点，自然增长率为4.03‰。2010年第六次人口普查全市补报超计划生育户口7004人，全年出生申报人口总数为67162人，比2009年的56694人多10468人，出生率高出1.74个千分点。济南市自1985年至2010年死亡申报人口没有很大的变化。出生申报人口直接影响当年度的人口自然增长情况。

表1—4—32　**1986—2010年济南市人口自然变动情况**

年份	总人口（万人）	出生		死亡		自然增长人	
		人数（人）	率（‰）	人数（人）	率（‰）	人数（人）	率（‰）
1986	388.13	58195	15.09	24362	6.32	33833	8.77
1987	394.16	72053	18.42	23481	6.00	48572	12.42
1988	401.33	62089	16.20	26562	6.70	37953	9.26
1989	513.39	76380	14.97	30721	6.02	45659	8.95
1990	523.60	109537	12.88	33916	6.54	32890	14.58
1991	527.43	59374	11.30	32675	6.20	26699	5.08
1992	530.70	52825	9.98	34969	6.61	17856	3.38
1993	533.53	46007	8.65	35317	6.64	10690	2.73
1994	537.31	49940	9.30	35308	6.60	14632	2.70
1995	542.12	54132	10.03	34107	6.32	20025	3.71
1996	543.45	58254	10.73	36452	6.71	21802	4.02
1997	549.20	62245	11.39	35768	6.55	26477	4.85
1998	553.54	62490	11.33	36497	6.64	25893	4.69
1999	557.63	55931	10.07	34956	6.29	20975	3.78
2000	562.65	62059	11.08	39499	7.05	22560	4.03
2001	569.00	55536	9.82	33816	5.98	21720	3.84
2002	575.01	57317	10.02	36234	6.33	21083	3.69
2003	582.56	54599	9.43	42539	7.35	12060	2.08
2004	590.08	60670	10.35	38158	6.51	22512	3.84
2005	597.44	60240	10.15	37782	6.36	22458	3.78
2006	603.35	57706	9.61	39040	6.50	18666	3.11
2007	604.85	58367	9.66	39752	6.58	18615	3.08

续表 1—4—32

年份	总人口（万人）	出生		死亡		自然增长人	
		人数（人）	率（‰）	人数（人）	率（‰）	人数（人）	率（‰）
2008	603.99	59600	9.86	39887	6.60	19716	3.26
2009	603.27	56694	9.39	40911	6.78	15783	2.61
2010	604.08	67162	11.13	50380	8.35	16782	2.78

第二节　机械变动

自 1986 年至 2010 年济南市人口机械增长率基本平衡。1996 年、1998 年、2003 年受有关户籍政策调整影响有所变动。

1994 年济南市迁入 113164 人，比 1993 年 73148 人多迁入 40016 人，迁出基本持平，机械增长率比 1993 年上升 1.83 个千分点。

1996 年平阴县旧县乡 28340 人划归泰安地区管辖，导致济南市人口机械负增长，机械增长率为 −0.97‰。

1998 年，济南市公安局为解决群众“办户口难”问题，制定出台了“户口限时办结”规定，对办理夫妻投靠“农转非”和“山东省地方城镇户口”条件进行调整，共集中为符合条件的居民办理落户 11185 户、17988 人。1998 年机械增长率为 10.54‰，比 1997 年提高了 7.64 个千分点。

1999—2003 年，济南市陆续出台了一系列户籍新政，2003 年机械增长率为 14.17‰，比 2002 年上升 8.02 个千分点。

2007 年公安部出台政策，实行大中专院校招收新生户口迁移自愿的原则，导致济南市大多数院校新生不再迁移户口，机械增长率比 2006 年下降 7.12 个千分点。2008 年省公安厅《关于我省大中专院校（技工学校）录取本省新生不再办理户口迁移手续的通知》规定本省生源的学生不再迁移户口，而同时毕业学生又大量迁出，导致 2008 年机械增长率为 −5‰，比 2007 年又下降 4.24 个千分点。基于上述同样原因，2009 年、2010 年的人口机械增长率继续保持为负值，分别为 −4.02‰和 −2.3‰。

表 1—4—33　**1986—2010 年济南市区人口机械变动情况**

年份	迁入人数（人）	迁出人数（人）	机械增长人数（人）
1986	65288	47500	17788
1987	72426	61098	11328
1988	56898	45788	11110
1989	69361	51919	17442
1990	71677	52915	18762
1991	64299	50892	13407
1992	69903	58597	11306
1993	73148	56983	16165
1994	113164	87088	26076
1995	84613	62497	22116
1996	82898	88145	−5247
1997	78723	62849	15874

续表 1—4—33

年份	迁入人数（人）	迁出人数（人）	机械增长人数（人）
1998	85456	62980	22476
1999	81950	65690	16260
2000	104061	77904	26157
2001	55536	33816	21720
2002	113521	78315	35206
2003	174133	92101	82032
2004	150395	86023	64372
2005	178031	127322	50709
2006	155143	116945	38198
2007	100623	105323	−4700
2008	121721	152039	−30318
2009	71251	95538	−24287
2010	71589	85835	−14246

第三节　暂住人口

1988 年之前，全市暂住人口总量不超过 10 万人，到 1994 年年底，市区已登记管理暂住人口 13.4 万人。

1999 年济南市市级、区级暂住人口信息数据库全部建成，暂住人口管理进入科技时代。至 1999 年年底，市区已登记管理暂住人口 24.99 万人。

2001 年年底，全市登记暂住人口达到 58 万人。

2002 年，随着暂住人口管理费的取消等暂住人口相关政策的重大调整，暂住人口数量剧增。

2006 年，全市实有暂住人口达 78.2 万人，当年新登记办证暂住人口 63 万人，较 2005 年同期比升 110%。登记出租房屋共 13.4 万户，比 2005 年同期比升 139%。

2007 年，全市当年新登记办证暂住人口 73.3 万人，暂住人口总数达 115.7 万人。

2008 年，济南市围绕“奥运安保”、立足反恐实战，进一步强化流动人口和出租房屋治安管理，以登记办证、租赁房屋管理、混乱地区整治为重点，暂住人口信息登记办证率明显提高，当年全市登记暂住人口高峰期达到 140.5 万人，登记出租房屋 20.6 万户，当年暂住人口新登记办证 72 万人。

2009 年，全运会在济南召开，济南市集中开展暂住人口租赁房屋清理整治“净土”专项行动，对暂住人口、出租房屋连续开展“地毯式”“拉网式”大规模清查。截至 2009 年年底，全市登记暂住人口已达 180 万人，当年新办暂住证 103.6 万人，首次突破百万大关。

2010 年，对全市 831 家房屋中介进行全面摸底，选择其中 67 家规模较大、业务量较多的房屋中介开展试点，安装了房屋中介信息采集终端。依托网络、电信资源，先后开通“暂住证”、租赁房屋网上申报系统和租赁房屋电话报备系统，使房主和暂住人口足不出户即可登记信息。2010 年，全市新登记办理暂住证 100.4 万人，再次突破百万大关，登记暂住人口总量达 179 万人。

表 1—4—34　　1986—2010 济南市部分年份暂住人口统计表

年份	暂住人口总数（人）	年份	暂住人口总数（人）
1988 年之前	10 万以下	2005 年	529639
1994 年	134000	2006 年	783621
2000 年	400761	2007 年	1156506
2001 年	534562	2008 年	1510075
2002 年	677493	2009 年	1891535
2003 年	611547	2010 年	1788927
2004 年	586912		

第四章　计划生育

1986 年开始，济南市进入人口生育高峰期，计划生育工作的重点是严格控制人口增长。全市层层实行计划生育责任制，积极落实宣传教育、避孕节育、经常工作“三为主”的工作方针，建立健全各项规章制度、考核标准和奖惩办法，计划生育工作步入制度化、经常化、科学化轨道。1990 年，济南市完成严格控制人口增长的任务目标，全市人口出生率为 12.59‰，自然增长率为 6.26‰，进入低生育水平时期，并出台了《济南市计划生育管理办法》。1997 年济南市获省人口责任目标考核一等奖，1998 年市计生委被评为全国计划生育先进集体，2000 年年底所辖 10 个县（市）区全部达到“三为主”合格县（市）区标准。1991—2000 年，全市年均人口出生率为 10.03‰，自然增长率为 4‰，育龄妇女总和生育率下降至更替水平以下，成功探索了一条符合济南实际的综合治理人口问题的路子。2000 年 11 月 23 日，中共济南市委、济南市人民政府出台《关于加强人口与计划生育工作稳定低生育水平的实施意见》，全面贯彻落实中共中央、国务院《关于加强人口与计划生育工作稳定低生育水平的决定》精神，济南市计划生育事业进入稳定低生育水平时期。2001—2005 年，全市年均人口出生率为 9.87‰，自然增长率为 3.45‰，育龄妇女总和生育率为 1.3，低生育水平进一步稳定。2006 年 12 月中共中央、国务院出台《关于全面加强人口和计划生育工作统筹解决人口问题的决定》，济南市制定了相关实施意见，济南市人口计生工作全面进入稳定低生育水平、统筹解决人口问题、促进人的全面发展的新阶段。

第一节　生育政策与管理制度

一、生育政策

1987 年 12 月 29 日，市计生委下发《关于抱养孩子问题几项规定的实施办法》，于 1988 年 1 月 1 日开始在全市执行。文件明确规定：（一）不孕症，由市计划生育技术协作组确诊；第一个孩子为遗传性疾病，由市病残儿鉴定小组确诊。（二）符合抱养孩子条件，并作出明确诊断者，向所在单位提出申请，由所在单位报市计生委批准后，方能抱养孩子。（三）抱养孩子的入户证明，由区、各局（公司）的计划生育部门到市计生委办理；对先抱养孩子后申请者，一律不予入户。（四）市区居民不准到外地或农村抱养孩子。（五）各县、历城区参照上述规定执行。

1988年4月6日，市政府办公厅转发市计生委等四个部门《关于贯彻省计生委等四个部门（1988）鲁计育字第2号文件的意见》，对禁止早婚和不登记就以夫妇关系同居的问题作出了五条具体规定。其主要内容：（一）对早婚和不登记就以夫妻关系同居者，令其分居；不服从者，给予经济处罚；怀孕者，限期终止妊娠，并加重经济处罚；坚决纠正早婚和非法同居。（二）对已到晚婚年龄或晚育年龄，又推迟结婚或生育时间者，每推迟一年由所在单位奖励60元；对已到法定年龄，不到晚婚年龄，坚持登记结婚者，准予登记，但必须让其双方分别同所在单位签订晚育合同，落实晚育措施。（三）婚姻登记机关要依法办事，不徇私情，对违法乱纪、造成早婚者，要严加查处。（四）有关部门齐抓共管。对工会、共青团、妇联、司法、民政、公安等部门提出了具体要求。

1988年7月23日，济南市开始执行1988年7月20日山东省第七届人民代表大会常务委员会第四次会议通过的《山东省计划生育条例》中规定的生育政策。1996年10月14日山东省第八届人民代表大会常务委员会第二十四次会议对《山东省计划生育条例》进行了修订。2002年9月28日，济南市开始执行第九届山东省人民代表大会常务委员会第三十一次会议通过的《山东省人口与计划生育条例》中规定的生育政策。

二、利益导向政策

1988年9月22日，市委、市政府出台《关于计划生育工作有关问题的决定》。其主要内容：（一）自1988年7月1日起，对计划生育专职人员每人每月发给岗位津贴15元。（二）凡从事计划生育工作满五年的现职计划生育临时工作人员分期、分批转为合同制工人。（三）受省委、省政府以上表彰的计划生育先进工作者，退休后加发退休金10%；受市委、市政府表彰的连续从事计划生育工作8年以上的计划生育先进工作者，退休后加发5%的退休金。（四）对被评为全国或省级计划生育先进工作者，并连续从事计划生育工作10年以上的专职人员，其本人是农业户口的可转为非农业户口；本人是非农业户口的，其家属可转为非农业户口。（五）给市计生委增加部分行政编制和20人的事业编制。（六）市、县和历城区的计划生育事业费按总人口计算，每人每年0.5元；从1989年起，市每年拨出一定资金作为基本建设补助费和设备购置费。（七）市政府每年与各县、区签订计划生育工作合同，年终奖惩兑现。市每年拨6万元作为计划生育奖励基金。

1992年9月，市政府下发《关于进一步落实计划生育奖励优待政策的通知》，规定：自1992年9月始，在职职工独生子女保健费由每月5元提高到8元，有条件的县（市）区农业人口等其他类型的独生子女保健费也可适当增加；对符合条件允许生第二个孩子而自愿只要一个孩子的夫妇，由所在单位给予500元～1000元的一次性奖励。

2001年，济南市791对按政策退掉二胎生育指标的夫妇分别得到2000元以上的奖励；首次落实了独生子女参加中考加5分的政策。

2003年，市人口和计划生育领导小组制定《关于建立健全计划生育利益导向机制的实施意见》，对计划生育奖励、扶持、保障、救助和优先优惠政策等做出明确规定。市财政划拨20万元建立计划生育公益基金，专项用于计划生育特困家庭的救助和抚恤。

2004年，市政府出台《济南市城镇企业职工生育保险暂行办法》、市人口计生委与民政局联合下发《关于对计划生育困难家庭优先实施社会救助的通知》，对计划生育奖励、扶持、保障、救助和优先优惠政策等做出相应规定。全市包括农村及下岗失业人员在内的独生子女父母奖励费基本以现金形式兑现到位；对3000多个自愿退掉二胎生育指标的家庭分别给予1000元～2000元的奖励；800多户计划生育特困家庭领到计划生育公益救助资金16万元。

2005年，济南市在全省率先全面推行对农村部分计划生育家庭实行奖励扶助制度，即对农村只有一个子女、或两个女孩、或无子女且年满60周岁的夫妇，按每人每月50元的标准，以“直通车”方式发放奖励扶助金。

2008年1月1日起，济南市全面实施计划生育家庭特别扶助制度和农村双女绝育户奖励制度。计划生育家庭特别扶助制度规定：城镇和农村独生子女死亡后未再生育或收养子女的夫妻，由政府给予每人每月不低于100元的扶助金，直至亡故为止；独生子女伤、病残后未再生育或收养子女的夫妻，由政府给予每人每月不低于80元的扶助金，直至亡故或子女康复为止。因丧偶或离婚的单亲家庭，男方或女方须年满49周岁。扶助对象再生育或合法收养子女后，中止领取扶助金。对于已享受农村部分计划生育家庭奖励扶助制度的独生子女伤残或死亡的扶助对象，相应调整扶助标准；对于符合独生子女伤残死亡家庭扶助制度基本条件的农村对象，年龄达到60周岁以后，仍继续执行该方案规定，不再重复执行农村部分计划生育家庭奖励扶助制度。农村双女绝育户奖励制度规定：全市农村符合计划生育政策的双女绝育户，实施绝育手术的一方，自满55周岁的当年起，按每月50元的标准发放奖励扶助金。已超过55周岁的，自制度开始执行时的实际年龄为起点发放。年龄达到60周岁以后，纳入农村部分计划生育家庭奖励扶助范围，不再享受农村双女绝育户奖励制度。

2009年11月14日，市委、市政府出台《关于进一步完善人口和计划生育导向体系的意见》，内容包括鼓励机制和惩处机制两大方面。鼓励机制涉及节育优待、教育优待、生产优待、生活优待、就业优待、养老优待，确定在全面落实国家和省统一政策的基础上，对全市年满60周岁的城镇低保独生子女父母，参照农村奖励扶助标准给予奖励；对双女绝育户家庭给予每月60元奖励；村（居）在分配集体福利和集体经济收入时，独生子女家庭按2个子女计算。惩处机制方面，在涉及按人头分配的集体福利或占地及地上附着物的补助、补贴时，对违法生育的男女双方当事人自违法生育之日（隐瞒未报的，自发现之日）起7年内各减发50%的补助、补贴，已发放的由发放单位予以追回；对违法生育子女的一律不得录用为国家机关工作人员；对违法生育的党员、干部、职工，夫妻双方一律开除党籍、开除公职（解除劳动合同）。

2010年6月24日，市人口计生委和市财政局联合下发《关于实施城镇低保家庭独生子女父母奖励扶助制度的通知》，对全市符合奖励扶助条件的独生子女父母按照每人每月60元的标准进行奖励。

三、管理制度

1988年年底，市政府与各县区政府签订“1989年人口目标责任书”。责任书规定了四项指标，明确了奖励、处罚标准和考核办法，保证年终奖惩兑现。

1989年9月5日，市委、市政府出台《市级有关部门计划生育工作职责分工及考评办法》，明确了市级32个部门的计划生育工作职责和年终考核内容、方法及奖惩办法。

1990年9月10日，市政府颁布《济南市计划生育管理实施办法》，市计生委成立行政复议小组，确定了两名诉讼代理人，聘请两名常年法律顾问，并对新中国成立以来市制定的规范性文件进行清理。

1991年，济南市委、市政府及市直有关部门先后制定《济南市计划生育依法行政规划》《关于把计划生育合同纳入法制管理轨道的通知》《关于建立几项计划生育行政执法内部监督制度的通知》等制度，进一步完善了计划生育政策法规体系。

1992年，济南市委、市政府下发《济南市基层计划生育工作实现“三为主”的规划》，市计生委先后颁布《关于对党政领导干部落实计划生育职责离职审计追踪奖惩的实施细则》和《关于贯彻〈山东省计划外生育费征收管理办法〉的通知》等文件，计划外生育清查清理工作取得明显成绩，征管用基本纳入法制化轨道。

1993年，实行育龄夫妇证件（结婚证、身份证、生育证、节育措施证）一袋制，婚姻管理、户籍管理、生育政策等各项制度得到落实。

1994年，市人口计生委制定《关于实行计划生育执法责任制的方案》，从市到县、乡、村，形成了比较完善配套、便于操作、合法有效的计划生育政策法规体系。市、县两级计划生育部门全部成立了计划生育行政复议应诉领导小组，确定了诉讼代理人，市和部分县区计生委聘请了法律顾问。全市计划生育法制干部全部取得“行政执法证书”。9月28日，济南市政府出台《关于进一步加强企业计划生育工作的试行意见》。

1996年，市计生委、市农委等12个部门联合下发《关于在全市农村大力开展计划生育“三结合”工作的通知》，分管计划生育工作的副市长代表市委、市政府与市直12个部门签订责任书，提出工作目标和要求。同年，改革市区计划生育管理体制，对原来市直管理的46个局（公司）的计划生育工作，实行属地管理，以块为主、条块结合，双向管理，双向考核；对中央、省驻济单位和市直千人以下的局（公司）以及三资企业、私营企业、流动人口的计划生育工作，仍然实行属地管理，逐步在全市建立起“以块为主，条块结合”的计划生育管理体制。

1997年，济南市对以往的乱收费项目和各种计划生育押金分阶段进行清理清退。10月8日，省计生委下发《关于调整济南军区驻济部队、济南铁路局驻济单位计划生育工作管理办法的意见》，确定从1998年1月1日起，济南军区负责驻济单位（包括济南军区空军）现役军人、企事业单位的职工、在济南无固定职业的家属、临时用工和房产权、管辖权区域内流动人口的计划生育工作；济南铁路局负责驻济（含济南铁路分局）机关、企事业单位的干部职工、在济南无固定职业的家属、临时用工和房产权、管辖权区域内流动人口的计划生育工作。济南市不再对两单位实施计划生育管理。

1998年年初，济南市提出关于开展计划生育“三为主”（即宣传教育为主、避孕节育为主、经常性工作为主）模范村（居）创建活动的三年目标，制订出具有可操作性的措施和意见，全市开展了村级争创“五个一百”（计划生育率、统计合格率、晚婚率、避孕节育率、流动人口发证建档率都达到100%）活动。

1999年，市人口计生委制定《推行计划生育村民自治的意见》，丰富完善了“依法建制、以制定规、群众参与、民主管理、优质服务、利益引导”的做法，形成了具有济南特色的计划生育村民自治的经验，被省社科院专家概括为“依法建制、民主管理、优质服务”三位一体的村级管理模式。

2000年11月23日，市委、市政府出台《关于加强人口与计划生育工作稳定低生育水平的实施意见》，全面贯彻落实中共中央、国务院《关于加强人口与计划生育工作稳定低生育水平的决定》。济南市政府出台《济南市企业下岗职工计划生育管理暂行规定》，加强和规范了企业下岗职工的计划生育管理。

2006年，市人口计生委下发《济南市独生子女父母光荣证管理试行办法》，自2006年4月1日起试行。

2008年10月，市人口计生委制定《济南市计划生育服务手册发放管理办法》，对夫妻双方或一方户籍在济南市行政区域内的公民《计划生育服务手册》的发放和使用程序进行了规定和明确。

第二节 宣传教育

一、宣传活动

20世纪80年代后期，主要是宣传人口形势、人口理论、生育政策、避孕节育和优生优育知识。

通过宣传教育，促进群众婚育观念的转变，提高群众实行计划生育的自觉性。到1988年年底，全市有32.5万对夫妇坚持终生只生一个孩子，占已婚育龄妇女总数的43.4%。进入90年代后，每年举办“世界人口日”（联合国将1990年7月11日确定为第一个“世界人口日”，自此后每年的7月11日定为“世界人口日”）和“三下乡”（计划生育宣传、政策、技术服务）宣传咨询活动，大力宣传婚育新风，引导群众建立科学、文明、进步的婚育观念。2000年以后，积极开展“关爱女孩”“婚育新风进万家”活动，利用报纸、电视、电台、网络等媒体，开设人口计生工作宣传栏、宣传橱窗，积极宣传人口计生政策、生殖健康知识、优生优育等内容，逐步引导群众转变婚育观念。2001年，济南市选送的《我学我知道》画册获中国人口文化奖三等奖。2003年，选送的《沂蒙风情画》《鹤飞》等节目获第十一届中国人口文化奖金奖。2004年，选送的《关爱女孩成长、关注民族未来宣传画》《计划生育五期科普知识展板挂图》《计划生育优质服务画册》《生殖健康伴您行》分获第十二届中国人口文化奖金奖、银奖和两个铜奖。2005年，以上作品又分获国家人口计生委主办的全国计生系列文图宣传品一、二、三等奖。

开展人口日宣传活动　1988年7月1日为“亚洲30亿人口日”。6月28日，市人大常委会、市政府举行了“亚洲30亿人口日”报告会。7月1日，市区万余名干部群众走上街头，宣传人口过快增长的严峻形势、现行生育政策和避孕节育科学知识。张贴标语、悬挂横幅1万余条，出动宣传车14辆，派出文艺宣传队20多个，设立宣传站156个、咨询站129个、服务点362个，28家医院的150余名医务人员活跃在大街小巷，宣传优生优育知识，发放避孕药具。1989年4月14日为“中国11亿人口日”。4月11日，省计生委有关负责人、副市长刘统侠与章丘县负责人一起走上街头参加宣传活动，并走访慰问了明水镇明四村部分独生子女家庭。4月12日，济南市召开“中国11亿人口日”座谈会。4月14日，市区主要街道悬挂标语近千条，近百个宣传点向行人发放宣传品、避孕药具、提供咨询服务，受教育人员达20万人次。1990年7月11日是联合国确定的第一个“世界人口日”，济南市上万名干部群众走上街头开展宣传活动，并在各主要街道、闹市区和大商店建筑物上悬挂标语和宣传牌。省委组织部、宣传部、团省委、省计生委和济南市有关部门的领导人，以及出席全省宣传贯彻《中共中央关于控制我国人口增长问题致全体共产党员、共青团员的公开信》（简称《公开信》）先进代表座谈会人员，冒雨参加了大明湖公园的宣传活动。1995年2月15日，济南市组织开展“中国12亿人口日”宣传活动，举办优生、优育知识巡回展览，参观人数达8万人次；在新闻媒体开办计划生育专栏，电视台、电台分别播出45期、84期。

实施关爱女孩行动　2004年7月，济南市制定《关于开展关爱女孩行动工作方案》。2006年9月，济南市人口计生委成立关爱女孩行动领导小组，明确了领导小组职责。目标是力争经过3年的努力，确保提前实现中央《决定》提出的“出生婴儿性别比趋于正常、初步形成新的婚育观念和生育文化”。每年的工作目标是：2005年组织有关人员对全市关爱女孩行动的工作进展情况进行具体指导，推动关爱女孩行动健康向前发展；2006年统一组织对全市关爱女孩行动进行重点检查和评估指导，推动全市出生婴儿性别比趋于正常水平，新的婚育观念和生育文化初步形成；2007年对关爱女孩行动进行总结表彰，交流经验，推出典型，巩固成果，全面推进。

开展“双进、双建”活动　2006年，济南市12部门联合下发《济南市2006—2010年婚育新风进万家暨“双进、双建”活动实施意见》（宣传教育进村、婚育新风进家；建设新型生育文化、建设文明幸福家庭），其宣传主题是宣传晚婚晚育、少生优生、优育优教、生男生女顺其自然、社会性别平等、计划生育丈夫有责等观念；积极传播“五期”（青春期、新婚期、孕产期、哺乳期、更年期）教育生殖健康知识，传授0岁～6岁独生子女教育方法和知识，宣传预防性病、艾滋病知识；开展人口和计划生育政策法规宣传与服务，提倡文明健康的生活方式，倡导家庭美德和社会公德。

第三届泉城人口文化节历下演出活动（2010年7月23日）

举办泉城人口文化节　从2006年开始，济南市每两年举办一届泉城人口文化节。2006年7—9月，举办首届泉城人口文化节。围绕关爱女孩、奖励扶助、平抑四高、和谐计生等主题，利用专题文艺晚会、广场文艺演出、摄影展和百场电影下乡等形式，共编排节目146个，演出32场，巡回放映电影120场，评选出30个文艺节目优秀奖、60个摄影作品奖、12名“新时期最可爱的人”。国家人口计生委主任张维庆、山东省副省长王军民、济南市市长鲍志强观看了开幕式演出，为泉城人口文化节首日封揭牌并签名。2008年4—7月，济南市委宣传部、市人口计生委、市文化局、市计划生育协会联合举办“第二届泉城人口文化节”。经各县（市）区组织发动、创作排练、初步选拔和全市集中汇演复赛两个阶段，最后举办集中汇报演出。2010年6—8月，市委宣传部、市人口计生委、市文化局联合举办“第三届泉城人口文化节”。此次文化节宣传活动重点突出“人口文化乡村（社区）行”特色，坚持部门配合、共同参与、资源共享，通过各种措施和手段引导各种宣传文化力量投入到活动中去，收到了很好的社会效果。

开展集中宣传活动　1989年，开展《山东省计划生育条例》实行1周年和《中华人民共和国人口与计划生育法》集中宣传活动，强化了计划生育的社会舆论环境。据民政部门统计，1989年全市女性初婚晚婚率达到83.3%，比1988年提高9个百分点。据抽样调查，全市计划生育率达到94.4%，比1988年提高11.8个百分点。

1993年，济南市在山东省农业展览馆举办“走向科学、文明、健康——人类与性”科普知识专题展览。共展出版面87块，展期3个月，市区6万名已婚育龄群众前往参观。

1995年，市计生委举办“三优”知识大型展览，历时1个月，并在各县（市）区进行3个月的巡回展出，先后有近10万育龄群众参观。

2000年9月25日，市委组织部、宣传部和团市委、市人事局、市计生委5部门联合召开大会，纪念《公开信》发表20周年，同时表彰了济南市第一批带头响应《公开信》号召，自愿终生只生育一个孩子的100名计划生育先进个人。市中区七里山街道第三居委会主任兼计生办主任、计生协会会长田宝明被国家计生委授予全国计划生育战线“新时期最可爱的人”称号。2000年5月20日，国家计生委主任张维庆在市中区七里山街道第三居委会考察时，为田宝明题词：“群众心目中最可爱的人——向田宝明同志学习”。《公开信》发表20年，济南市的人口出生率由1980年的13.29‰下降到1999年的9.86‰，人口自然增长率由10.02‰下降到3.89‰，出生人口总数比省下达的生育计划指标累计少生40万人。广大群众的婚育观念发生了很大变化，晚婚率一直保持在95%以上，全市独生子女家庭高达45万多户，其中5000多对夫妇符合二孩生育政策而自愿选择了终生只要一个孩子，妇女总和生育率降至更替水平以下。

2006年，济南市开始推行面向0岁～3岁婴幼儿早期教育的“人口开端计划”，对人口计生工作网络进行职能拓展和功能延伸。实行城区和农村两种工作模式，即在城区实行“社区早教为主体，入户施教为基础，计生基地为示范，社会办园为补充”的工作模式；在农村实行“县乡抓培训，落实在村级，家长为重点，免费搞服务”的工作模式。2006年7月，全国人口早期教育工作座谈会在济南召开，济南市做了典型发言，并提供了市中区和槐荫区两个参观现场。

2008年，市人口计生委在全市广泛开展了以制作一部专题片、出版一本画册、举办一个成果展览、出版一本书籍、进行一次文艺调演、举办一次演讲会、举办一场泉城人口发展论坛为主要内容的“七个一”纪念改革开放30周年人口和计划生育工作系列活动，在全市营造出了“大宣传、大联合、出特色、出精品”的浓厚氛围。

2010年9月25日，市委、市政府召开纪念《公开信》发表30周年座谈会。据统计，30年全市累计少出生人口266.7万人，保持了低生育水平，人口出生率、自然增长率由1980年的13.29‰和10.02‰分别下降到2009年的8.79‰和2.01‰；符合政策生育率由72.6%提高到96.1%。全市仅少生的人口就节省社会抚养费1000亿元，减少GDP消耗的35%，对人均国内生产总值贡献1.7万元，人均财政收入增加4918元，对全市经济社会发展的总贡献率达32.5%。

二、人口计生知识培训

1989年4月，市计生委完成对各县（区）、市直各局（公司）的师资培训，编辑出版了《人口与计划生育基础知识讲话》，年底完成了近百个乡、村和街道、居委会的教育试点。1990年，全市有53个街道、55个乡镇办起以计生基础知识教育为主要内容的人口学校，受教育人数达55万人次。1992年，计生部门先后为基层培训通讯报道员74名，编印《计划生育常识问答》《村级计划生育工作规范》教材和计划生育读物等18万余册，发放到育龄妇女小组。全市4155所人口学校和分校坚持常年上课，先后有68万人次的育龄群众在各级人口学校受到系统培训、教育。市委党校坚持在各类培训班中开设人口理论和政策法规课程，济南联合大学、省教育学院和部分中学在毕业班中坚持开设人口与计划生育课。1994年，市、县、乡三级党校将人口理论、人口政策列为必修课，全年共培训党员干部近5万人次。1995年，全市4759个行政村全部建立人口学校，参学率达到90%以上，应知应会率在85%以上。市、县两级共举办适应性培训班43期，培训人员8542人；乡级举办培训班245期，培训20669人。培训中使用济南市统一编印的“基层计划生育人员适应性培训教材”。1997年起，基础知识教育开始由各县区制订计划并组织实施；驻区单位计生干部由区街负责培训。各种宣传品由市计生委向区和市直单位发放，改为市计生委向各区发放，再由区向驻区单位发放。

济南市平阴县李沟乡计划生育服务站工作人员向育龄妇女宣传计生知识（1986年7月）

三、宣传形式

1993年，市计生委在《济南日报》开辟“人口专版”和“党政领导谈计划生育征文”专栏，广泛在主流媒体宣传计划生育政策知识。1995年，在新闻媒体开办计划生育专栏45期，在电视台、电台播出计划生育专题84期。1998年，主流媒体通讯报道力度进一步加大，各种大型社会宣传活动和文艺演出更加丰富多彩。2000年以后，在加强主流媒体宣传报道的同时，在全市搞好户外宣传，市区和县城驻地建立了生殖健康宣传教育基地和一批高质量、高品位的计划生育公益性宣传牌、灯箱和橱窗，农村建立了人口文化大院、阅览室、宣传一条街，积极宣传新型婚育文化。2007年9月25日，济南市举办《21世纪前20年济南市人口发展战略研究》成果发布会，并由济南出版社出版发行。该项课题研究由济南市政协人口资源环境委员会和市人口计生委联合开展，主要内容包括人口发展与现代化区域中心城市建设，济南市人口发展面临的机遇，济南市人口发展现状，济南市人口发展面临的问题和挑战，21世纪前20年济南市人口结构的变化趋势、发展目标和对策等。2010年，在省级以上主流媒体发稿737篇，创建"婚育文明示范点"561个，精品点43个，并在章丘市和历下区召开经验交流会。9月20日，全省表彰了10个计划生育先进单位，济南市一村、一户受到表彰。10月28日，中央电视台1套《人口》栏目播出电视专题片《倔犟的女人》，报道了济南市济阳县农民周宏夫妇退掉二孩指标、一心培育女儿成才的先进事迹。

第三节　流动人口计生服务管理

济南市从1986年开始加强流动人口计划生育管理，1987年发布了《济南市暂住人口计划生育管理试行规定》，市计生委、市工商局、市个体劳动者协会制定了《个体工商户计划生育管理实施意见》，各县区针对本辖区特点，制定了具体管理办法。

1989年，全市流动人口近14万人，其中育龄妇女6.3万多人，市属五区流动人口已婚育龄妇女11725人，全部落实了节育措施，计划生育率100%。天桥区流动人口计划生育管理的经验被国务院转发到各省（市、自治区）。

1993年，市政府出台《济南市流动人口计划生育管理办法》，对流动人口的计划生育管理服务作出规定。

1995年，市计划生育领导小组出台《关于进一步规范流动人口计划生育管理工作意见》，对流动人口计划生育管理组织设置、服务对象、程序、制度、检查考核等提出具体要求。市、县、乡三级普遍成立流动人口计划生育管理领导协调组织，规定了计生、公安、工商、建管、劳动、卫生、民政等有关部门的职责分工，建立了例会制度。据统计，在全市43万流动人口中，流入的已婚育龄妇女5.16万人，流出的已婚育龄妇女2.92万人；流出已婚育龄妇女发证率在95%以上。

1997年，济南市按照"属地管理、单位负责、居民自治、社区服务"的总要求，建立了"党政领导、部门指导、各方配合、群众参与"的流动人口宏观工作机制，并逐步建立起市、县、乡"三级领导"，市、县、乡、村"四级网络"，市、县、乡、村、单位法人代表"五级落实"的管理框架，基本理顺了流动人口计划生育管理的网络体系。

1999年，济南市探索、总结了流动人口计划生育"四强一化"管理机制，即完善两位一体，实行同抓共管制；完善职责分工，实行主管协管制；完善源头管理，实行村抓乡管制；完善有奖举报，实行群防群管制；坚持以人为本，实行服务社区化。

2000年9月7日，国务委员兼国务院秘书长王忠禹视察济南市人口与计划生育工作，先后察看了北园派出所流动人口管理工作、白鹤警务责任区暂住人口计划生育工作和七里山街道第三居委会计划生育社区服务工作，认为济南市建立将流动人口计划生育纳入警务责任区管理的新机制，收到了明显成效。这个做法是在发展市场经济新形势下的创举，可以在全国进行宣传推广。

2001年3月6日，国家计生委、公安部联合下发《关于转发〈山东省人民政府关于济南市依托暂住人口管理服务站，计生、公安密切配合，做好流动人口计划生育工作的情况报告〉的通知》，对济南市在流动人口计划生育管理工作中探索出的“政府领导，计生、公安密切配合，各方共同参与，综合治理”管理经验给予充分肯定，并要求在全国推广。济南市在此经验基础上不断深化完善，形成流动人口计划生育“四制”管理模式和小型企业委托代理工作制。“四制”管理模式，即在城郊结合部，实行计生、公安合署办公的“同抓共管制”；在纯市区和大中型集贸市场，实行街道、居委会和公安、工商的“主管协管制”；在农村，实行村两委主要负责人为第一责任人的“村抓乡管制”；全方位监督，实行群众参与的“群防群管制”。小型企业委托代理制，即将完善计划生育协会组织网络作为加强小型企业计划生育管理工作的切入点，成立委托代办站、代办点或事务所，将驻地公司、店铺等小型企业全部纳入社区协会组织网络，形成了“政府指导、单位委托、协会代办、服务承诺”的计划生育委托代理工作机制。

2004年，市人口和计划生育委员会单设流动人口计划生育管理处。2004年年底，市政府下发《关于加强住宅小区人口和计划生育工作的意见》，推行“四种模式、五位一体”办法，创新住宅小区管理。“四种模式”：一种是符合单独建立社区居委会条件的住宅小区，应依法设立社区居民委员会，并将计划生育纳入社区居委会日常工作；一种是不具备建立社区居委会条件的旧城改造住宅小区，应将人口和计划生育纳入所在地社区居委会管理；一种是不具备建立社区居委会条件的旧村改造住宅小区，应按照“谁开发、谁负责，谁受益、谁管理”的原则，将计划生育纳入村委会管理；一种是尚未设立社区居委会或社区居委会管理工作尚未覆盖的住宅小区，应建立由街道计生办牵头、多方参与的协调管理组织，具体负责管理。“五位一体”，即“居（村）负责、民警配合、物业协助、业主参与、协会推动”为一体的管理体制。

2005年，市人口计生委、公安局、工商局联合行文，对“流动人口婚育证明”的发放和审验等项工作进一步规范，正式启用新版“流动人口婚育证明”，取消“流动人口婚育证明”工本费的收费项目，免费向流动人口发放。

2006年，市人口计生委对城区人户分离现象进行调研，撰写完成了《关于对计划生育人户分离情况的调研报告》。按照山东省人口计生委等9部门通知要求，开展了流动人口管理服务年活动，帮扶困难家庭600多家，赠送图书1000多套。6月6日，全省流动人口计划生育工作会议在济南召开。济南市在会上作了题为《以人为本综合施治全面做好特殊人群的计划生育管理服务工作》的典型发言。推广了历下区中创开元山庄社区居委会“管理高档封闭住宅小区计划生育工作经验”、槐荫区美里湖街道“探索园区企业属地管理的新路子，建立计划生育事务所”、天桥区北园街道凤凰山社区居委会“联合办公，一站式服务流动人口”、历城区东风街道七里河社区居委会“分类管理，综合服务”的工作模式。

2007年，济南市开始推广槐荫区棚户区改造期间的计划生育管理“三不断”工作方法，即联系不断线、管理不断档、服务不断人。

2009年，按照国务院《流动人口计划生育工作条例》和《全国流动人口计划生育服务管理工作规范》要求，济南市对流动人口计划生育服务管理工作进行了较大的政策性调整：一是在全市现居住地管理总的原则不变的基础上，以县（市）区为单位，对居住地和从业地予以划分，实施“从业地管理为主、居住地密切配合”的管理办法；二是将区与区之间的人口流动不再视作流动人口，纳入常住人口管理；三是户籍不在济南市但在济南市长期居住的属婚嫁行为的外省、市和县（市）区的已婚育龄妇女，由女方户籍地委托户籍在济南市的男方所在地村（居）委会负责管理。

2010年10月，国家四部委联合召开“全国创新流动人口服务管理体制研讨会暨推进流动人口计划生育基本公共服务均等化试点工作启动会”，济南市被确定为49个试点城市之一。市委、市政府把试点工作列入重要议事日程，制定了《济南市创新流动人口服务管理体制，推进流动人口计划生育基本公共服务均等化试点工作实施方案》，成立了试点工作领导小组，加大了经费投入，并于2010年12月召开人口和计划生育领导小组（扩大）会议，全面启动了流动人口计划生育基本公共服务均等化试点工作，在全市广泛开展“爱在流动、‘双十’行动”主题活动，为流动人口提供十项免费服务、落实十项优惠待遇。

军地人口和计划生育“双管双助”工作。2005年11月25日，济南市人口和计划生育领导小组召开理顺驻济部队人口和计划生育管理体制工作会议，将驻济部队人口和计划生育工作全部纳入属地化管理。济南市人口计生委和济南警备区联合下发《关于贯彻落实山东省军地人口和计划生育“双管双助”工作实施意见的通知》，并召开全市军地人口和计划生育“双管双助”工作会议予以全面部署和贯彻落实。（“双管”是指对军人家属和营区内的地方流动人员婚、孕情实施军地双方共同管理；“双助”是指对婚前医学检查、避孕节育、产期保健、生殖健康检查和独生子女家庭生活中的实际困难，由军地双方共同帮助解决。）2008年上半年，济南市对全市“双管双助”工作开展的基本情况、主要做法和存在问题等进行了深入细致的调查和研究，并撰写了专题调研报告。11月12日，国家人口计生委主任李斌在济南视察了军地人口和计划生育“双管双助”工作情况，对驻济部队和济南市人口计生工作所取得的成绩给予充分肯定。2009年4月14日，全军计生办、国家人口计生委政法司联合到济南市就军民共建人口和计划生育工作情况进行调研，对济南市的工作情况给予了充分肯定。2009年7月，济南市人口计生委获“全国军民共建人口和计划生育工作先进单位”。

流动人口计划生育“一盘棋”工作。2008年，按照国家和省人口计生委《关于促进全国流动人口计划生育工作“一盘棋”格局的意见》的有关要求，济南市下发《关于促进全市流动人口计划生育工作“一盘棋”格局的意见》，对促进全市流动人口计划生育工作“一盘棋”格局作出了部署。2009年6月，根据国家及省的统一部署，按照“统筹管理，服务均等，信息共享，区域协作，双向考核”的20字工作机制，济南市出台《关于落实省流动人口计划生育工作“一盘棋”“三年三步走”实施方案》，初步建立了符合济南实际的“计生系统上下之间、职责部门横向之间和流入流出地双向之间”的流动人口计划生育“一盘棋”管理服务工作机制，形成了政府主导、统筹协调、部门联动、综合治理的流动人口计划生育工作“一盘棋”格局。12月，济南市向省内16个地级市人口计生委发出了《关于开展流动人口计划生育服务管理“协查年”活动的函》，大力开展流动人口“协查年”活动，户籍地或现居住地对流出或流入未纳入服务管理的省内流动人口进行全面清理协查。2010年，推进了与省内外地市间的区域协作，促进人口计划生育工作区域一体化，提高“一盘棋”工作水平，完成国家规定的各项流动人口计划生育服务管理绩效指标。2010年1月25日，国家人口计生委流动人口服务管理省内“一盘棋”暨人口计生工作联合评估组到济南市开展联合评估工作，对济南市人口计生工作给予充分肯定。

第四节　科技与服务

自1985年开始，济南市逐步建立健全了市、县、乡（镇）、村四级服务网络，广泛开展了宣传、技术、药具和生活服务活动。2007年6月—2010年6月，市人口计生委在全市范围内广泛开展计划生育科技大练兵活动，进一步提高了优质服务质量，获2010年全国计划生育科技大练兵活动先进单位。

一、科技工作

1989年，济南市计划生育科研工作取得系列成果。1984年开始进行的《独生子女病残儿医学标准》研究，历时5年，总结了4116例独生子女病残儿查体的经验，于12月26日在济南通过省级鉴定。该项科研成果在省内属首创，居国内同类课题领先水平。1986年开始进行的“济南市城乡育龄妇女避孕节育状况抽样调查”研究，于12月16日在泰安通过省级鉴定,达到省内先进水平。1989年进行的《济南市人口发展最佳方案研讨》，于12月30日通过市级鉴定，该项科研成果在问题分析、方案优化、模型设计和软件编制上均达到国内先进水平。在3月15日召开的全国生育节育抽样调查总结表彰电话会议上，济南市、平阴县被评为国家级先进单位，全市有41人被评为国家级先进个人；在4月7日召开的全省生育节育抽样调查总结表彰会议上，章丘县被评为省级先进单位，全市有29人被评为省级先进个人。

1991年，市计生委先后完成了市科委下达的“济南人口发展优化方案研究”“人口统计失真的调查分析和对策探讨”两项科研课题。专家鉴定认为，两项科研成果具有很强的现实意义和较高的学术价值。在省内外报刊发表人口理论文章50余篇，其中《山东人口发展与控制四十年》等5篇文章在省市社会科学优秀成果评选中分别获省三等奖和市二等奖。《论人口出生高峰》《关于人口与农业生态系统的初步研究》等8篇文章在省人口学会获优秀论文奖。

自1992年起，人口与计划生育科学研究主要由省、市各有关院校、医院、科研单位的专家、教授、学者等组成的科研队伍承担。济南市成立计划生育服务中心后，市人口计生科技工作转向为育龄群众提供优质服务，主要是进行优生优育、生殖健康指导，推广避孕药具，进行出生缺陷一级干预等。

二、服务工作

1986年，国家计生委批准济南市章丘县埠村镇和旭升乡为中日合作进行的计划生育、母子保健、寄生虫控制“三结合”项目第二阶段试点地区。1987年项目开始实施，省、市、县联合成立了“三结合”项目指导委员会，制定了三年规划目标。1988年重点抓了强化宣传教育为主、避孕节育为主、经常工作为主的“三为主”工作方针，改进计划生育工作方法，促进计划生育政策的全面落实；开展母子保健系列化管理，搞好食物营养研究和膳食指导；改良厕所、水源和环境卫生，从根本上防治寄生虫病等三项工作。1989年试点完成，并通过鉴定验收。埠村镇和旭升乡成为全市计划生育先进乡镇。山东省委、省政府授予埠村镇“计划生育模范单位”称号。日本专家对“三结合”项目的实施情况给予高度评价,称之为“合情合理的计划生育方法”。

1989年12月—1990年6月，济南市首次进行农民计划生育专业技术人员职务评定。全市共有744名农民计生人员申报各类专业技术职务，其中641名评定为卫生专业技术职务，93名评定为统计专业技术职务，10名评定为会计专业技术职务。分别由市、县（区）科委批准,并颁发“济南市农民技术人员技术职务资格证书”。

1990年是济南市实施计划生育服务站建设三年规划的第二年，至年底全市市、县、乡三级计划生育服务网络基本形成。全市6个县（区）中有5个县（区）建起服务站，111个乡镇中有98个建起服务站。平阴县服务站被评为全省先进县级计划生育服务站。各级计划生育服务站广泛开展了避孕节育、优生优育咨询服务，全年共向14万名已婚育龄妇女发放了避孕药具，避孕有效率98%以上，计划生育技术服务水平明显提高。1991年7月13日,济南市计划生育服务中心成立,至年底举办各类培训班4期，培训138人次；为育龄群众提供技术服务4933人次。

1992年，济南市各级党委、政府把计划生育服务站室建设纳入“人口与计划生育目标管理”和计划生育“三为主”工作达标的重要考核内容，全市计划生育服务站室建设取得突破性进展。至年底，全市建立县级计划生育服务站7个；111个乡镇计划生育服务站全部建立，其中95个服务站达到市规定标准；80%的行政村建起计划生育服务室。市、县、乡三级计划生育服务站建筑面积达26550平方米，各种仪器设备投资达300

多万元；工作人员1025人，其中技术人员占70%以上。各级服务站年内共做各种节育手术49742例，占当地同期节育手术总数的75.53%；开展妇科病防治、优生优育咨询、技术培训等服务67万人次。

1994年，全市111个乡镇全部建立服务站，其中105个达到市规定的标准。在全市开展的争创优秀乡镇计划生育服务站活动中，章丘市计划生育服务站被评为全省首批优秀县级服务站。各级服务站对已婚育龄妇女自安排生育计划起实施全程跟踪服务，同时开展了计划生育系列保险，服务范围由单纯开展节育手术向多功能全方位为育龄夫妇进行系列化服务的方向发展。

1995年，全市6个农村县（市）区服务站中，有5个达到省规定的标准；111个乡镇服务站中，有27个达到市规定的优秀服务站标准。村村建立了计划生育服务室，并配备了必要的设备和人员。市、县、乡、村四级计划生育技术网络已经形成。年内全市计划生育技术服务机构共做手术39969例，全市避孕节育措施落实率100%，避孕药具应用率100%，有效率99.5%。计划生育技术服务工作的重点开始转移到生殖健康服务上来。县、乡服务站加强了对已婚育龄妇女的孕期跟踪服务工作，全市已落实生育计划6.78万名，其中有98%实行了跟踪服务。

1998年，济南市开展计划生育优质服务年活动，推广章丘市计划生育十上门、十到人“双十”服务活动的经验和做法。在市区实施了社区计划生育“连心”工程，区、街、居建立了服务网络，围绕生殖健康开展了婚、孕、育、教以及性保健等方面的系列化服务。农村县（市）区加大了资金投入，普遍扩建了基础设施，增加了诊疗设备，扩大了服务领域。

2001年，济南市全面开展计划生育优质服务，制定优质服务工作意见，下发实施方案，成立优质服务工作领导小组，全面开展争创省级“计划生育优质服务先进县（市）区”和创建“合格村协会”活动；坚持以技术服务为重点，全面实施避孕节育知情选择、出生缺陷干预和生殖道感染综合防治“三大工程”，县级服务站全部达到省级优秀服务站标准，90%以上的乡级站达到市级优秀服务站标准，95%以上的村（居）建起了服务室；举办了由市、县、乡三级计生干部参加的《计划生育技术服务管理条例》培训班，积极推行计划生育持证上岗执法制度。

2002年9月，市计划生育系统启动了以7月11日世界人口日命名的“711计划生育优质服务工程”。主要做法：一是建立“711”优质服务热线。市、县、乡三级全部开通尾数为“711”的计划生育服务热线，内容涉及政策法规、优生优育、生殖保健、避孕节育等，并为育龄群众特设《悄悄话》栏目。二是配置“711”优质服务车辆。车辆统一印有“711计划生育优质服务”标志，与医院“120”急救车联动，实行24小时值班，对育龄妇女在婚、孕、育、术过程中遇到的困难进行紧急救助，对危重和疑难病人进行第一时间抢救、诊治。相关医院对持有“711”生殖健康服务卡的育龄群众，在住院就诊时给予10%～20%的优惠。三是开设“711”优质服务门诊。市、县、乡三级计划生育服务机构运用B超、乳腺诊疗仪、波姆光治疗仪等先进医疗设备，开展为育龄群众实行免费查体、低费治疗的计划生育常规诊疗服务；与医院联合和聘请医疗专家或医务人员，开展免费为育龄群众进行咨询和医疗诊断的义诊服务。四是成立“711”优质服务分队。各级抽调专业技术过硬的工作人员，统一配发服务证件，定期到农村巡回开展送医、送药和查病、治病活动，普及优孕、优生、优育和生殖健康等知识。自此，“711计划生育优质服务”成为济南市计划生育优质服务的服务品牌。

2003年，市财政局、市卫生局、市物价局联合下发《济南市关于向农村实行计划生育的育龄夫妻免费提供避孕节育技术服务管理方法》，在全市计划生育技术服务机构统一使用避孕节育手术免费结算单、免费专用章，向农村实行计划生育的育龄夫妻免费提供避孕节育技术。全年各级共承担免费经费1319万元。

2004年，市人口计生委建立知情同意工作规范。在实施避孕节育手术前，手术者须向受术者及近亲属进行宣传，做好必要的解释工作，讲明术中和术后可能发生的并发症、医疗意外及注意事项。在计划生育技术服务机构接受男性绝育术、女性绝育术、放置（取出）宫内节育器术、人工流产（钳刮）术、药物流产术、中期妊娠引产术和皮下埋植术等，均应征得受术者同意，并签订避孕节育手术知情同意书。

2005年，市人口计生系统开始推广全面质量管理方法，广泛开展QC（Quality Control）小组活动，以PDCA循环（即“计划—实施—检查—处理”）为基本方法，以群众需求热点和工作难点为课题展开攻关，取得显著成效。规范实行了新建住宅小区“社区管理、物业负责、业主参与、综合治理”的管理模式，被评为省人口和计划生育工作创新奖。对县级计划生育服务站实行人事制度改革，为服务站发展注入了新的活力。规范实行“711”计划生育优质服务工程“七个一”工作法（即一封承诺信、一个办证窗口、一条服务热线、一辆服务车、一个特色门诊、一支流动队伍、一个指挥中心），制度化和科学化水平不断提高。全市共有8项全面质量管理成果被选送到国家人口计生委，6个单位获全国计划生育质量管理小组活动先进单位称号。

2006年，市人口计生委实施科技人才工程，安排专项资金对全市各级计划生育技术服务机构中从事妇产科、超声诊断、临床检验、心电图检查工作的技术人员分年度安排到市级以上医疗机构进修学习，提升了技术服务人员临床技能，提高了全市计划生育技术服务质量。

2007年，市人口计生系统对计划生育服务站进行全面改造升级、规范统一，服务站整体面貌有了全新改观。全年各级累计投入3000余万元，新建乡级计划生育技术服务站4个，改扩建服务站80个，占全市服务站总数的85%。

2008年，济南市率先建立计划生育优质服务长效机制，优质服务创建活动深入开展，促进了全市人口和计划生育事业持续、健康、稳定发展。自2000年全面开展创建计划生育优质服务先进县（市）区活动以来，章丘市、市中区、历下区3个县（市）区被评为全国计划生育优质服务先进县，10个县（市）区全部被评为省级计划生育优质服务先进县，121个乡（镇、街办）被评为市级计划生育优质服务先进乡（镇、街办）。

2009年，济南市委、市政府提出为全市符合计划生育政策的城乡低保已婚育龄妇女提供免费健康查体服务，并将其列入当年的为民办十件实事之一。市人口计生委制定了详细的工作方案和实施细则，对免费查体对象范围、查体项目和检查标准等进行统一规范。各县（市）区计生服务站购进先进医疗设备，组织专家和主要技术骨干充实到工作队伍中，为做好免费健康查体提供技术保障。市财政拨付410万元，保证了工作的顺利开展。符合条件的人员每人可享受免费健康查体项目11个，当年共查体40205人，查出患妇科疾病的2万多人（次）。此后，济南市决定将这项工作作为一项常规工作，每年进行一次。

2010年，济南市认真落实国家和省人口计生委关于加强计划生育优质服务先进县（市）区动态管理、提升计划生育优质服务水平的指示精神，推动科技创新与服务管理体制改革，保持了计划生育优质服务的良好循环。全市先后有8个县（市）区被评为全国计划生育优质服务先进县。2010年7月，历下区、市中区2个县级计划生育服务站及章丘市、历城区5个乡级计划生育服务站被评为全国计划生育优质服务示范站称号。

第五节　优生优育

20世纪80年代，济南市正式将优生优育列入工作日程。1983年济南市计划生育宣传技术指导所建成开业，逐步开展婚前健康检查、优生优育咨询指导、胎儿监护和病残儿医学鉴定工作。1991年成立济南市计划生育服务中心，有高、中级专业技术人员12人，是集计划生育技术服务、技术指导、科研、宣传培训、药具发放管理、优生优育、生殖健康为一体的综合服务机构。2000年以后，各计划生育服务中心深入开展计划生育优质服务活动，开展优生咨询指导、四项病毒检测、唐氏筛查、孕期保健服务、病残儿再生育二胎家庭全程跟踪服务、优生监护等出生缺陷干预工程。

1991年，济南市在节育技术和优生优育科学研究方面，先后完成了省、市科委和省计生委下达的科研项目，其中"输精管电灼（凝）干术"获国家计生委科技进步三等奖；"独生子女病残儿医学鉴定标准"科研项目经专家鉴定属国内领先水平，被省计生委、省卫生厅联合转发全省参照执行。编写出版了《科学育儿指南》《孕妇营养指南》《人口与计划生育基础知识讲话》等专著与科普小册子10余部，其中《科学育儿指南》获华东地区优秀科普宣传材料奖，《人口与计划生育基础知识讲话》在省人口学会优秀作品评选中获优秀成果奖。在优生优育优教工作中，槐荫区积极办好"四校"，收到明显效果。一是开办未婚青年夜校，对未婚男女青年进行生理卫生、优生优育指导、法律知识、婚前注意事项等方面的教育，至1991年年底，受教育面达未婚青年的90%以上，先后有3395对青年男女接受婚前查体，其中因病暂缓结婚的男青年49人、女青年29人。二是举办新婚夫妇夜校，进行新婚注意事项、新婚性生活、避孕节育、家庭和睦的教育。至1991年年底，共举办培训班50期，参加人数5000多对次。三是开办孕妇学校，进行孕期保健教育。在审批"准生证"的同时，发放孕妇学校入学通知书，各街道及基层单位分设教学点，每月集中上课1次～2次。四是开办家长学校，对婴幼儿家长讲授家庭教育原则、家长心理学、儿童营养学的知识。据1991年调查，开办家长学校以来，槐荫区溺爱型家庭由15%降到8%，放任型家庭由28%降到14%，管理粗暴型家庭由34%降到13%，运用正确方法教育孩子的家庭由23%增加到76%。

1994年4月，由济南市计划生育服务中心承担的"第一胎儿童病残智力低下之母所生二胎儿童智力低下流行病学调查与研究"通过省级鉴定，达到国内领先水平。该课题调查于1993年3月开始，同年10月结束。调查对象涉及8个县（市）区和30多个市直局(公司)。主要调查了解家族史、遗传史、其母在孕产期患过何种疾病和引起残疾儿出生的其他因素等，进行临床检查，做出诊断。调查共查体1258例，其中病例组580例、对照组678例。通过病例—对照研究和单因素、多因素分析相结合的方法，了解到济南地区1984—1988年第一胎病残智力低下之母所生二胎儿童智力低下患病率为6.23%，而间隔式二胎儿童智力低下患病率仅为0.59%。探讨了一、二胎儿童智力低下的主要相关因素。提出预测二胎儿童智力状况，对间隔式二胎生育的优生建议以及采取干预措施挖掘智力低下儿童潜力三点建议。

2000年后，济南市开始着重加强计划生育服务机构的标准化、规范化建设，加快了计划生育技术队伍职业化建设，全面提高技术人员的整体素质和综合服务能力。加强与驻地科研院所、医疗机构的技术合作，突出计划生育科技工作的特色，在避孕节育、不孕不育、优生优育等应用临床科学的研究形成自主优势和技术优势。每年均开展优生咨询、孕期保健服务、病残儿医学鉴定及再生育二胎家庭全程跟踪服务、优生监护等工作。

2010年，国家免费孕前优生健康检查项目试点工作在18个省（区、市）100个县启动。济南市历城区作为试点县（区）之一，积极研究方案要求，加强优生检验室基础设施建设，提高了优生服务能力和水平，为免费孕前优生健康检查项目试点工作顺利开展做好充分准备，全年共为518名夫妇进行了孕前优生健康查体，实现了辖区内每一对计划怀孕夫妇都能享受到免费孕前优生健康检查服务。

第六节　管理机构

一、领导机构

在1985年机构改革中，市委撤销计划生育领导小组。1986年12月，重新成立济南市计划生育领导小组，成员共17人。2004年更名为济南市人口和计划生育领导小组，成员共41人。

二、办事机构

1983年10月，济南市计划生育局改为济南市计划生育委员会，行政编制25人，设秘书科、宣传教育科、统计规划科和科技科。2001年8月，市计划生育委员会内设处室6个，分别为办公室（挂财务处牌子）、组织人事处、法规处（流动人口和计划生育管理处）、规划统计处、宣传教育处、科学技术处，机关编制总额34人。2004年12月，市计划生育委员会更名为市人口和计划生育委员会，内设机构增至7个，分别为办公室、政策法规处、发展规划处、宣传教育处、科学技术处、流动人口计划生育管理处、组织人事处，机关编制总额40人。2010年4月，内设机构办公室更名为办公室（挂财务审计处牌子），机关编制总额增至50人。

三、业务机构

1983年12月，济南市计划生育技术指导所改称济南市计划生育宣传技术指导所，事业编制20人，为市计生委所属事业单位。1985年2月，建立济南市计划生育药具管理站，为市计生委所属科级事业单位，人员编制4人。此外，还建有济南市计划生育技术指导科研协作组，分为男性和女性两个组，其成员分别由市属各综合性医院和妇幼保健院的外科、泌尿科、妇产科医师兼任。1990年12月，市计划生育宣传技术指导所成立。1991年7月，撤销济南市计划生育宣传技术指导所、济南市计划生育药具管理站，组建济南市计划生育服务中心，人员编制44人。1993年7月，成立济南市计划生育抽样调查队，编制10人。1998年7月，市计划生育抽样调查队更名为市计划生育信息中心。

1986年7月，济南市计划生育协会成立。1991年5月，成立济南市计划生育协会办公室，为市计生委直属事业单位，人员编制5人。2008年11月，市计划生育协会办公室纳入参照公务员法管理事业单位。2010年1月，市计划生育协会列入群众团体序列，协会机关设2个职能处室，分别为办公室和基层群众工作处，编制10人。

四、基层机构

1985年年底，济南市四县及郊区设计划生育委员会，行政编制10人～15人；市内四区设计划生育局，行政编制6人～10人；市属各局（公司）设计划生育办公室或专（兼）职干部。从1984年起，各县和郊区陆续建立计划生育宣传服务站，为县（区）计生委所属事业单位，编制10人左右；乡镇建立计划生育宣传服务站，招聘不脱产人员，每乡镇5人左右。2004年，各县（市）区计划生育局更名为人口和计划生育局。2010年，各县（市）区人口和计划生育局更名为人口和计划生育委员会，行政编制10人左右，内设机构设4至5个科室，市内四区设流动人口计划生育管理科。各乡镇（街道）设人口和计划生育科，至少有2名行政执法人员。各县（市）区和乡镇均设计划生育服务站，专业技术人员均具有相应医师资格。

济南市史志编纂委员会

(2005.9 ～ 2008.12)

济南市史志编纂委员会

(2008.12 ～ 2012.2)

注：* 表示离任

分卷统编和主要审稿、撰稿人员

分卷统编　郭建群　丁爱军　庞新华（卷首、第一卷）

市情综述

审稿　郭建群

撰稿　冯　雷　刘晓冉

大事记

审稿　王笑荣

撰稿　程　锦　刘世萍

境域篇

审稿　刘田刚

撰稿　刘　琦　邹　娟　于继东　荣　耀　杨　军　金　颖　王壮壮　莫　玲
夏丰远　张吉强　边绍林　亓远程　李秀芝　于瑞东　付媛媛　肖端良
陈丽梅　李增花

自然环境篇

审稿　秦玉朝　李城让　张仁君　李景全　方明甲　杨志利　郭世金

撰稿　梁国庆　墨　振　王秋堂　李永伟　周菡蒂　王　翀　于　洋　毛晓平
李　亚

泉水篇

审稿　韩晓光

撰稿　尤凤尧　徐家茂　于文玲

人口篇

审稿　张振民　郭金豹　韩　磊　窦庆福

撰稿　韦在虎　王文明　申晓华　糜长山　杨　冰　逄　勇　田　丽　刘　祎

照片提供

渠海、王琴、满琦、贺鸿道、孙广、常德宝、王亮朝、孟繁林、李凤民、董丽娜、王海梦、李瑞勇、李亮、商杨、韩少鹏、汤序民、张泉刚、王锋等

市城市园林绿化局、市公安局、市民政局、市档案局、济钢、机床二厂、市水利局、市林业局、市农业局、舜网等